云 南 统 计 年 鉴

YUNNAN STATISTICAL YEARBOOK

2008

（总第 24 期 No.24）

云 南 省 统 计 局　编

Compiled by Statistical Bureau of Yunnan Province

中国统计出版社

China Statistics Press

（京）新登字 041 号

图书在版编目（CIP）数据

云南统计年鉴 . 2008/云南省统计局编.—北京: 中国统计出版社, 2008.6

ISBN 978-7-5037-5402-9/F • 2643

Ⅰ.云 …

Ⅱ.云 …

Ⅲ.统计资料-云南省-2008-年鉴

Ⅳ.C832.74-54

中国版本图书馆 CIP 数据核字(2008) 第 054632 号

云南统计年鉴-2008

作　　者 / 云南省统计局
责任编辑 / 郑淼淼
E-mail / yearbook@state.gov.cn
封面设计 / 陆　浩
出版发行 / 中国统计出版社
通信地址 / 北京市西城区三里河月坛南街 57 号　中国统计出版社
邮　　编 / 100826
电　　话 / (010)63376907
印　　刷 / 昆明鹰达印刷有限公司
经　　销 / 新华书店
开　　本 / 890 毫米×1240 毫米 1/16
字　　数 / 160 万字
印　　张 / 50
印　　数 / 1000 册
版　　别 / 2008 年 10 月第 1 版
版　　次 / 2008 年 10 月第 1 次印刷
书　　号 / ISBN 978-7-5037-5402-9/F • 2643
定　　价 / 350.00 元　　Price:350.00 yuan(RMB)

《云南统计年鉴—2008》

编委会和编辑部人员

编委会

编辑部

Yunnan Statistical Yearbook–2008
EDITORIAL BOARD AND STAFF

编者说明

一、《云南统计年鉴一2008》是一部全面反映云南省国民经济和社会发展情况的资料书。本书汇集了全省及各地、州、市、县2007年经济和社会发展各方面的统计数据，以及全省历年主要统计数据。

二、全书内容分为25个部分，即：1.行政区划和自然资源；2.综合；3.国民经济核算；4.人口；5.就业人员和职工工资；6.固定资产投资；7.财政、金融和保险；8.价格指数；9.人民生活；10.农业；11.工业；12.能源、原材料生产和消费；13.运输和邮电；14.建筑业；15.国内贸易；16.对外经济贸易和旅游；17.教育、科技；18.文化、体育、卫生和其他；19.企业调查；20.基本单位调查；21.民族自治地方情况；22.城市概况；23.各县（市、区)概况；24.乡镇概况；25.附录。有关部分附有主要统计指标解释，对主要统计指标的含义、统计范围和统计方法作了简要说明。

三、本年鉴的资料来源，大部分来自年度统计报表，少部分来自抽样调查。由于条块统计分工关系，部分指标各地、州、市、县数字相加不等于全省总计，在使用中请注意。由于统计制度仍处于改革过程中，因此，一些统计指标的统计口径范围有所变化，本年鉴对有关数据作了相应的调整，并在有关统计表下作了解释。

四、度量衡单位均采用国家颁布的国际统一标准计量单位。

五、本年鉴中的符号使用说明：

"…"表示数据不足本表最小单位数；

"空格"表示无该项统计指标数据；

"#"表示其中的主要项。

六、《云南统计年鉴—2008》的中英文对照，全面作了重新翻译和校订。本年鉴在统计指标设置上有所增减，更趋于合理，并对部分版面进行了改版，更加方便读者参阅。

七、本年鉴按照国家2005年颁布的行政区划进行编辑，原丽江地区撤地改市后相关个别县（区）的统计数据有所变动。

八、本年鉴在编辑过程中，由于时间和水平关系，如有差错之处，热忱希望读者批评指正。为使本年鉴不断改进和完善，更好地满足社会各界的需要，希望广大读者提出宝贵的意见。

PREFACE

I. Yunnan Statistical Yearbook 2008 is an annual statistics publication fully reflecting the national economy and social development in Yunnan province. The present yearbook covers very comprehensive data in each city, county and prefecture in 2008 as well as some selected data series in historically significant years for the whole province.

II. The book contains the following twenty-five parts: 1. Division of Administrative Areas and Natural Resources; 2. General Survey; 3. National Accounts; 4. Population; 5. Employment and Wages; 6. Investment in Fixed Assets; 7. Finance, Banking and Insurance; 8. Price Indices; 9. People's Livelihood; 10. Agriculture; 11. Industry; 12. Production and Consumption of Energy and Raw Material; 13. Transport, Post and Telecommunication Services; 14. Construction; 15. Domestic Trade; 16. Foreign Economy and Trade and Tourism; 17. Education, Science and Technology; 18. Culture, Sports, Public Health and Others; 19. Survey of Enterprises; 20.Survey of Basic Entities; 21.General Survey of Minority Nationality Autonomous Areas; 22. General Survey of Cities; 23. General Survey of Counties (Districts and Cities); 24. General Survey of Townships and Towns. 25. Appendix. In addition, Explanatory Notes on Principal Statistical Indicators are provided at the end of each part to describe the content, scope and method of provincial statistical indicators briefly.

III. The major data in this publication are obtained from annual statistical reports and a small part from sample surveys. It is advisable to note in the reference that the sum of data of each city, county and prefecture may not correspondingly equal the total of the whole province in some statistical indicators due to vertical and horizontal statistical division. Since the statistical system is still under reform and the statistical requirements and scope are somewhat changed, the relevant data are adjusted and explained accordingly in the present yearbook.The data of 2nd National Agricaltural Census are settling,so some data can' t put in the table in this yearbook.

IV. The units of measurement used in this book are international standard measurement units issued by the state.

V. Notations used in this yearbook:

"…" indicates that the figure is not large enough to be measured with the smallest unit in the table;

"(Blank)" indicates that the data are not available;

"#" indicates that the major items of the total.

VI. The English version of 2008 Yearbook has been retranslated and checked against authoritative texts completely,Some indicators are either supplemented or reduced and it turns out to be more reasonable. In addition, some layouts are modified in the present yearbook. Therefore, it appears to be more convenient for readers' reference.

VII. The present yearbook is edited following the divisions of administrative areas issued by the state in 2005. Relevant statistical data of few counties (regions) have been changed moderately since the former Li Jiang region is replaced by the present Li Jiang city.

VIII. Readers are welcome to correct our mistakes made during the compiling due to our limited time and level. In order to perfect the yearbook and meet the requirements of all social circles better, comments from various readers are highly appreciated.

目 录 索 引
CONTENTS INDEX

目 录
CONTENTS

一、行政区划和自然资源
Chapter 1 Divisions of Administrative Areas and Natural Resources

二、综合
Chapter 2 General Survey

三、国民经济核算
Chapter 3 National Accounts

四、人口
Chapter 4 Population

五、就业人员和职工工资
Chapter 5 Employment and Wages

六、固定资产投资
Chapter 6 Investment in Fixed Assets

七、财政、金融和保险
Chapter 7 Finance, Banking and Insurance

八、价格指数
Chapter 8　Price Indices

九、人民生活
Chapter 9 People's Livelihood

十、农业
Chapter 10 Agriculture

十一、工业
Chapter 11 Industry

十二、能源、原材料生产和消费
Chapter 12 Production and Consumption of Energy and Raw Material

十三、运输和邮电
Chapter 13　Transport, Post and Telecommunication Services

十四、建筑业
Chapter 14 Construction

十五、国内贸易
Chapter 15 Domestic Trade

十六、对外经济贸易和旅游
Chapter 16 Foreign Trade and Economy Cooperation , Tourism

十七、教育和科技
Chapter 17 Education, Science and Technology

十八、文化、体育、卫生和其他
Chapter 18 Culture, Sports, Public Health and Others

十九、企业调查
Chapter 19 Enterprises Survey

二十、基本单位
Chapter 20 Survey of Basic Entities

二十一、民族自治地方
Chapter 21 General Survey of Minority Nationality Autonomous Areas

二十二、城市概况
Chapter 22 General Survey of Cities

二十三、各县市主要指标
Chapter 23 Principal Socio-economic Indicators by County and City

二十四、乡镇概况
Chapter 24 General Survey of Townships and Towns

二十五、附录
Chapter 25 Appendix

一、行政区划和自然资源

Divisions of Administrative Areas and Natural Resources

Chapter 1

1-1 全省行政区划(2007年)
Divisions of Administrative Areas in Yunnan (2007)

州、市 Autonomous Prefectures and Municipalities	市、县、区 Cities at County Level, Counties and Districts under the Jurisdiction of Cities	县级市、县、区数 Number of Cities at County Level, Counties and Districts under the Jurisdiction of Cities
昆明市 Kunming	盘龙区 五华区 官渡区 西山区 东川区 呈贡县 晋宁县 富民县 宜良县 石林县 嵩明县 禄劝县 寻甸县 安宁市 Panlong District, Wuhua District, Guandu District, Xishan District, Dongchuan District, Chenggong, Jinning, Fumin, YiLiang, Shilin, Songming, Luquan, Xundian, Anning City	5个市辖区、1个市、8个县 5 districts under municipal jurisdiction , 1 city and 8 counties
曲靖市 Qujing	麒麟区 马龙县 陆良县 师宗县 罗平县 富源县 会泽县 沾益县 宣威市 Qilin District, Malong, Luliang, Shizong, Luoping, Fuyuan, Huize, Zhanyi, Xuanwei City	1个市辖区、1个市、7个县 1 district under municipal jurisdiction, 1 city and 7 counties
玉溪市 Yuxi	红塔区 江川县 澄江县 通海县 华宁县 易门县 峨山县 新平县 元江县 Hongta District, Jiangchuan, Chengjiang, Tonghai, Huaning, Yimen, Eshan, Xinping,Yuanjiang	1个市辖区、8个县 1 district under municipal jurisdiction and 8 counties
保山市 Baoshan	隆阳区 施甸县 腾冲县 龙陵县 昌宁县 Longyang District, Shidian, Tengchong, Longling, Changning	1个市辖区、4个县 1 district under municipal jurisdiction and 4 counties
昭通市 Zhaotong	昭阳区 鲁甸县 巧家县 盐津县 大关县 永善县 绥江县 镇雄县 彝良县 威信县 水富县 Zhaoyang District, Ludian, Qiaojia, Yanjin, Daguan, Yongshan, Suijiang, Zhenxiong, Yiliang, Weixin, Shuifu	1个市辖区、10个县 1 district under municipal jurisdiction and 10 counties
丽江市 Lijiang	古城区 玉龙县 永胜县 华坪县 宁蒗县 Gucheng District,Yulong, Yongsheng, Huaping, Ninglang	1个市辖区、4个县 1 district under municipal jurisdiction and 4 counties
普洱市 Pu'er	思茅区 宁洱县 墨江县 景东县 景谷县 镇沅县 江城县 孟连县 澜沧县 西盟县 Simao District, Ning'er, Mojiang, Jingdong, Jinggu, Zhenyuan, Jiangcheng, Menglian, Lancang, Ximeng	1个市辖区、9个县 1 distract under municipal jurisdiction and 9 counties
临沧市 Lincang	临翔区 凤庆县 云县 永德县 镇康县 双江县 耿马县 沧源县 Linxiang District, Fengqing, Yunxian, Yongde, Zhenkang, Shuangjiang, Gengma, Cangyuan	1个市辖区、7个县 1 distract under municipal and 7 counties
楚雄州 Chuxiong	楚雄市 双柏县 牟定县 南华县 姚安县 大姚县 永仁县 元谋县 武定县 禄丰县 Chuxiong City, Shuangbo, Mouding, Nanhua, Yao'an, Dayao, Yongren, Yuanmou, Wuding, Lufeng	1个市、9个县 1 city and 9 counties
红河州 Honghe	个旧市 开远市 蒙自县 屏边县 建水县 石屏县 弥勒县 泸西县 元阳县 红河县 金平县 绿春县 河口县 Gejiu City, Kaiyuan City, Mengzi, Pingbian, Jianshui, Shiping, Mile, Luxi, Yuanyang,Honghe, Jinping, Luchun, Hekou	2个市、11个县 2 cities and 11 counties
文山州 Wenshan	文山县 砚山县 西畴县 麻栗坡县 马关县 丘北县 广南县 富宁县 Wenshan, Yanshan, Xichou, Malipo, Maguan, Qiubei, Guangnan, Funing	8个县 8 counties
西双版纳州 Xishuangbanna	景洪市 勐海县 勐腊县 Jinghong City, Menghai, Mengla	1个市、2个县 1 city and 2 counties
大理州 Dali	大理市 漾濞县 祥云县 宾川县 弥渡县 南涧县 巍山县 永平县 云龙县 洱源县 剑川县 鹤庆县 Dali City, Yangbi, Xiangyun, Binchuan, Midu, Nanjian, Weishan, Yongping, Yunlong,Eryuan, Jianchuan, Heqing	1个市、11个县 1 city and 11 counties
德宏州 Dehong	瑞丽市 潞西市 梁河县 盈江县 陇川县 Ruili City, Luxi City, Lianghe, Yingjiang, Longchuan	2个市、3个县 2 cities and 3 counties
怒江州 Nujiang	泸水县 福贡县 贡山县 兰坪县 Lushui,Fugong,Gongshan,Lanping	4个县 4 counties
迪庆州 Diqing	香格里拉县 德钦县 维西县 Shangri-La, Deqin, Weixi	3个县 3 counties

1-1 续表1 continued

地区	Region	街道办事处 Community Offices	镇 Town	乡 Township	民族乡 Townships of Nationalities	合计 Total
全省合计	**Total**	**57**	**584**	**732**	**196**	**1 373**
昆明市	**Kunming**	**30**	**53**	**53**	**10**	**136**
五华区	Wuhua	9		2	1	11
盘龙区	Panlong	8		2		10
官渡区	Guandu	6	1	3	1	10
西山区	Xishan	7	3		3	10
东川区	Dongchuan		7	1		8
呈贡县	Chenggong		3	4		7
晋宁县	Jinning		3	6	2	9
富民县	Fuming		2	5	1	7
宜良县	Yiliang		5	4	2	9
石林县	Shilin		7	1		8
嵩明县	Songming		5	2		7
禄劝县	Luquan		3	13		16
寻甸县	Xundian		6	10		16
安宁市	Anning		8			8
曲靖市	**Qujing**	**9**	**59**	**47**	**8**	**115**
麒麟区	Qilin	5	3	3		11
马龙县	Malong		5	3		8
陆良县	Luliang		8	2		10
师宗县	Shizong		4	4	3	8
罗平县	Luoping		6	6	3	12
富源县	Fuyuan		8	3	1	11
会泽县	Huize		8	13	1	21
沾益县	Zhanyi		3	5		8
宣威市	Xuanwei	4	14	8		26
玉溪市	**Yuxi**	**3**	**45**	**27**	**13**	**75**
红塔区	Hongta	3	6	2	2	11
江川县	Jiangchuan		5	2	1	7
澄江县	Chengjiang		6			6
通海县	Tonghai		6	3	4	9
华宁县	Huaning		4	1	3	5
易门县	Yimen		3	4	3	7
峨山县	Eshan		5	3		8
新平县	Xinping		6	6		12
元江县	Yuanjiang		4	6		10

1-1 续表2 continued

地区	Region	街道办事处 Community Offices	镇 Town	乡 Township	民族乡 Townships of Nationalities	合 计 Total
保 山 市	**Baoshan**	**2**	**24**	**46**	**15**	**72**
隆阳区	Longyang	2	6	10	7	18
施甸县	Shidian		5	8	2	13
腾冲县	Tengchong		5	13	2	18
龙陵县	Longling		3	7	1	10
昌宁县	Changning		5	8	3	13
昭 通 市	**Zhaotong**	**3**	**54**	**86**	**19**	**143**
昭阳区	Zhaoyang	3	3	14	4	20
鲁甸县	Ludian		3	9	2	12
巧家县	Qiaojia		6	10		16
盐津县	Yanjin		4	6		10
大关县	Daguan		6	3	1	9
永善县	Yongshan		6	9	2	15
绥江县	Suijiang		4	1		5
镇雄县	Zhenxiong		16	12	4	28
彝良县	Yiliang		3	12	5	15
威信县	Weixin		2	8	1	10
水富县	Shuifu		1	2		3
丽 江 市	**Lijiang**	**4**	**12**	**47**	**22**	**63**
古城区	Gucheng	4		5		9
玉龙县	Yulong		3	13	6	16
永胜县	Yongsheng		5	10	7	15
华坪县	Huaping,		3	5	8	8
宁蒗县	Ninglang		1	14	1	15
普 洱 市	**Pu'er**		**30**	**73**	**14**	**103**
思茅区	Simao		4	3	3	7
宁洱县	Ning'er		2	7		9
墨江县	Mojiang		2	13	2	15
景东县	Jingdong		4	9		13
景谷县	Jinggu		4	6		10
镇沅县	Zhenyuan		4	5		9
江城县	Jiangcheng		2	5		7
孟连县	Menglian		3	3		6
澜沧县	Lancang		3	17	8	20
西盟县	Ximeng		2	5	1	7
临 沧 市	**Lincang**	**2**	**32**	**43**	**22**	**77**
临翔区	Linxiang	2	1	7	2	10
凤庆县	Fengqing		8	5	6	13
云 县	Yunxian		7	5	7	12
永德县	Yongde		3	7	3	10
镇康县	Zhenkang		3	4	1	7
双江县	Shuangjiang		2	4		6
耿马县	Gengma		4	5	2	9
沧源县	Cangyuan		4	6	1	10

1-1 续表3 continued

地 区	Region	街道办事处 Community Offices	镇 Town	乡 Township	民族乡 Townships of Nationalities	合 计 Total
楚 雄 州	**Chuxiong**		**53**	**50**	**6**	**103**
楚雄市	Chuxiong		11	4		15
双柏县	Shuangbo		5	3		8
牟定县	Mouding		4	3		7
南华县	Nanhua		6	4	1	10
姚安县	Yao'an		5	4		9
大姚县	Dayao		3	9	1	12
永仁县	Yongren		3	4	2	7
元谋县	Yuanmou		3	7		10
武定县	Wuding		3	8	2	11
禄丰县	Lufeng		10	4		14
红 河 州	**Honghe**	**3**	**54**	**77**	**9**	**134**
个旧市	Gejiu	1	7	2		10
开远市	Kaiyuan	2	1	5	1	8
蒙自县	Mengzi		7	4	4	11
屏边县	Pingbian		1	6		7
建水县	Jianshui		8	6		14
石屏县	Shiping		7	2		9
弥勒县	Mile		10	2		12
泸西县	Luxi		5	3		8
元阳县	Yuanyang		2	12	1	14
红河县	Honghe		1	12	1	13
金平县	Jinping		2	11	1	13
绿春县	Luchun		1	8		9
河口县	Hekou		2	4	1	6
文 山 州	**Wenshan**		**43**	**59**	**16**	**102**
文山县	Wenshan		8	7	5	15
砚山县	Yangshan		4	7	4	11
西畴县	Xichou		2	7		9
麻栗坡县	Malipo		4	7	1	11
马关县	Maguang		9	4		13
丘北县	Qiubei		3	9	5	12
广南县	Guangnan		7	11		18
富宁县	Funing		6	7	1	13
西双版纳州	**Xishuangbanna**	**1**	**18**	**13**	**14**	**32**
景洪市	Jinghong	1	5	5	2	11
勐海县	Menghai		6	5	7	11
勐腊县	Mengla		7	3	5	10

1-1 续表4 continued

地 区	Region	街道办事处 Community Offices	镇 Town	乡 Township	民族乡 Townships of Nationalities	合 计 Total
大 理 州	**Dali**		**66**	**44**	**17**	**110**
大理市	Dali		10	1	1	11
漾濞县	yangbi		3	6		9
祥云县	Xiangyun		8	2	3	10
宾川县	Binchuan		8	2	3	10
弥渡县	Midu		5	3	1	8
南涧县	Nanjian		4	4		8
巍山县	Weishan		4	6		10
永平县	Yongping		3	4	6	7
云龙县	Yunlong		4	7	2	11
洱源县	Eryuan		6	3		9
剑川县	Jianchuan		5	3		8
鹤庆县	Heqing		6	3	1	9
德 宏 州	**Dehong**		**23**	**27**	**5**	**50**
瑞丽市	Ruili		3	3		6
潞西市	Luxi		5	6	1	11
梁河县	Lianghe		3	6	2	9
盈江县	Yingjiang		8	7	1	15
陇川县	Longchuan		4	5	1	9
怒 江 州	**Nujiang**		**9**	**20**	**3**	**29**
泸水县	Lushui		3	6	2	9
福贡县	Fugong		1	6		7
贡山县	Gongshan		1	4		5
兰坪县	Lanping		4	4		8
迪 庆 州	**Diqing**		**9**	**20**	**3**	**29**
香格里拉县	Shangri-La		4	7	1	11
德钦县	Deqing		2	6	2	8
维西县	Weixi		3	7		10

合 计 **8个省辖市、8个民族自治州、9个州市辖市、79个县、29个民族自治县、12个市辖区**

Total **8 provincial jurisdiction cities,8 Nationality autonomous prefectures, 9 prefecture jurisdiction cities, 79 counties, 29 Nationality autonomous counties and 12municipal jurisdiction districts**

1-2 历届省人民代表大会的代表人数

Number of Deputies to All the Previous Provincial People's Congresses

单位：人 (person)

项目	Item	一 届 1954年 8月 First Congress Aug.1954	二 届 1958年 11月 Second Congress Nov.1958	三 届 1963年 12月 Third Congress Dec.1963	五 届 1977年 12月 Fifth Congress Dec.1977	六 届 1983年 4月 Sixth Congress Apr.1983
代 表 总 数	**Total Number of Deputies**	**392**	**395**	**495**	**1 016**	**885**
在代表总数中	Of Which					
女 代 表	Female Deputies	59	55	92	213	212
占代表总数%	Proportion to Total	15.1	13.9	18.6	20.9	23.9
在代表总数中	Of Which					
少数民族代表	Minority Nationality Deputies	160	165	197	359	360
占代表总数%	Proportion to Total	40.8	41.8	39.8	35.3	40.6

1-2 续表 continued

单位：人 (person)

项目	Item	七 届 1988年 4月 Seventh Congress Apr.1988	八 届 1993年 5月 Eighth Congress May.1993	九 届 1998年 1月 Ninth Congress Jan.1998	十 届 2003年 1月 Tenth Congress Jan.2003	十一 届 2008年 1月 Eleventh Congress Jan.2008
代 表 总 数	**Total Number of Deputies**	**588**	**629**	**619**	**621**	**626**
在代表总数中	Of Which					
女 代 表	Female Deputies	134	127	147	164	168
占代表总数%	Proportion to Total	22.8	20.2	23.7	26.4	26.8
在代表总数中	Of Which					
少数民族代表	Minority Nationality Deputies	259	287	286	291	295
占代表总数%	Proportion to Total	44.0	45.6	46.2	46.9	47.1

注：因文化大革命，1968年8月云南省革命委员会成立，云南省第四届省人代会没有召开代表大会，

Note: The Fourth Session of the People's Congress of Yunnan Province was not held. The Revolutionary Committee of Yunnan Province was established in August, 1968.

1-3 历届省政治协商会议的委员人数

Number of Deputies to All the Previous Provincial People's Political Consultative Conferences

单位：人 (person)

项 目	Item	一 届 1955年 2月 First Conference Feb.1955	二 届 1959年 7月 Second Conference July.1959	三 届 1963年 12月 Third Conference Dec.1963	四 届 1977年 12月 Fourth Conference Dec.1977	五 届 1983年 4月 Fifth Conference Apr.1983
委员总数	**Total Number of Deputies**	**157**	**390**	**387**	**419**	**526**
在委员总数中	Of Which					
中共委员	Deputies from the CPC	33	111	134	158	196
占总数%	Proportion to Total	21.0	28.5	34.6	37.7	37.3
在委员总数中	Of Which					
女委员	Female Deputies	4	29	30	47	71
占总数%	Proportion to Total	2.6	7.4	7.8	11.2	13.5
在委员总数中	Of Which					
少数民族委员	Minority Nationality Deputies	44	119	106	96	137
占总数%	Proportion to Total	28.0	30.5	27.4	22.9	26.0

1-3 续表 continued

单位：人 (person)

项 目	Item	六 届 1988年 4月 Sixth Conference Apr.1988	七 届 1993年 4月 Seventh Conference Apr.1993	八 届 1998年 1月 Eighth Conference Jan.1998	九 届 2003年 1月 Ninth Conference Jan.2003	十 届 2008年 1月 Tenth Conference Jan.2008
委员总数	**Total Number of Members**	**561**	**589**	**612**	**643**	**647**
在委员总数中	Of Which					
中共委员	Members of the CPC	204	228	228	247	259
占总数%	Proportion to Total	36.4	38.7	37.3	38.4	40.0
在委员总数中	Of Which					
女委员	Female Deputies	84	98	134	172	163
占总数%	Proportion to Total	15.0	16.6	21.5	26.6	25.2
在委员总数中	Of Which					
少数民族委员	Minority Nationality Deputies	160	172	183	206	203
占总数%	Proportion to Total	28.5	29.2	29.9	32.0	31.4

1-4 人 口 和 自 然 资 源
Population and Natural Resources

指标	Item	2007年
全省年底人口总数(万 人)	Total Population (year-end)(10 000 persons)	4 514.00
人口密度(人/平方公里)	Population Density (person/sq .km)	115.00
全省土地面积(万平方公里)	Total Area (10 000 sq .km)	39.40
民族自治地方土地面积(万平方公里)	Autonomous Area of Nationalities (10 000 sq.km)	27.67
全省年末耕地总资源(万公顷)	Total cultivated Land Resources at the Year-end (10 000 hectares)	607.24
# 常用耕地面积(万公顷)	Area of Cultivated Land in Common Use (10 000 hectares)	419.69
# 临时性耕地面积(万公顷)	Area of Provisionality Cultivated Land (10 000 hectares)	187.55
# 25度以上陡坡耕地面积(万公顷)	Area of Cultivated Land Gradient over 25 Degree (10 000 hectares)	79.94
牧草地面积(万公顷)	Area of Grassland (10 000 hectares)	78.23
全省森林面积(万公顷)	Forest Area (10 000 hectares)	1 501.50
全省活立木总蓄积量(亿立方米)	Standing Stock Volume (100 million cu.m)	15.48
全省水面面积(万公顷)	Water Area (10 000 hectares)	27.90
全省水能理论蕴藏量(万千瓦)	Hydropower Resources by Theoretic (10 000 kw)	10 437.00
全省经济可开发装机容量(万千瓦)	Economic and Developable Resources (10 000 kw)	9 795.00
全省水资源量总量(亿立方米)	Fotal of Water Resources (100 million cu.m)	2 210.00
全省铁矿保有资源储量(亿 吨)	Ensured Reserves of Iron Ore (100 million tons)	35.69
全省煤矿保有资源储量(亿 吨)	Ensured Reserves of Coal Ores (100 million tons)	271.07
全省磷矿石保有资源储量(亿 吨)	Ensured Reserves of Phosphate Ores (100 million tons)	40.28

注：森林资源有关数据系2002年全省森林资源连续清查第四次复查统计数。
Note: The figure on forest area is the statistic data of the 4th review of the continuous census provincial forest resources continuously censused in 2002.

1-5 主 要 湖 泊 情 况
Major Lakes

名 称	Lake	所属水系 River System	湖面面积 (平方公里) Lake Area (sq · km)	最大水深 (米) Maximum Depth (m)	平均水深 (米) Average Depth (m)	平均水位 (米) Average Water Level (m)	总容水量 (亿立方米) Water Volume (100 million cu.m)
滇 池	Dianchi Lake	金沙江 Jinsha River	306.3	8	5	1 885	15.70
洱 海	Erhai Lake	澜沧江 Lancang River	250	23	10.5	1 974	30.00
抚仙湖	Fuxian Lake	南盘江 Nanpan River	212	151.5	87	1 720	185.00
阳宗海	Yangzonghai Lake	南盘江 Nanpan River	31	30	20	1 770	6.02
星云湖	Xingyun Lake	南盘江 Nanpan River	39	12	9	1 723	2.30
程 海	Chenghai Lake	金沙江 Jinsha River	78.8	36.9	15	1 503	27.00
泸沽湖	Lugu Lake	金沙江 Jinsha River	51.8	73.2	40	2 685	20.72
异龙湖	Yilong Lake	泸 江 Lu River	31	6.6	2.8	1413	1.27
杞麓湖	Qilu Lake	南 盘 江 Nanpan River	37.3	6.8	4	1792	1.68

1-6 土地状况
Land Characteristics

项　　目	Item	面积 Area	占总面积(%) Proportion to Total Area (%)
按地形分类：（万平方公里）	**By Topographic Feature (10 000 sq.km)**		
山　地	Mountains	约 33.1	84
高　原	Plateaus	约 3.9	10
盆　地	Basins	约 2.4	6
按特征分类：（万公顷）	**By Land Use (10 000 hectares)**		
常用耕地面积	Cultivated Land Area	420.02	10.6
森　林	Forest	1 501.50	38.0
疏林地、灌木林	Sparse Forest and Shrubbery	660	16.8
荒山草坡地	Undeveloped Land on the Slope	565.11	9.7
水面面积	Water Area	28.00	0.7
其　他	Others	953	24.2

1-7 主要山峰高程
Height of Major Mountain Peaks

名　　称	Mountain Range	标高(米) Height of Mountain Peak(m)	所属地、州、市	Region
高黎贡山	Gaoligong Mountains	3 374	保　山	Baoshan
碧罗雪山	Biluo Snow Mountains	4 141	怒　江	Nujiang
梅里雪山(卡格博峰)	Meili Snow Mountains (Kagebo Peak)	6 740	迪　庆	Diqing
玉龙雪山(扇子陡峰)	Yulong Snow Mountains (Shanzi Peak)	5 596	丽　江	Lijiang
点苍山(马龙峰)	Diancang Mountains (Malong Peak)	4 122	大　理	Dali
大雪山	Daxue Mountains	3 504	临　沧	Lincang
无量山	Wuliang Mountains	3 291	大理、普洱	Dali, Pu'er
哀牢山	Ailao Mountains	2 940	普洱、玉溪、红河	Pu'er,Yuxi, Honghe
五莲峰	Wulian Mountains	2 561	昭　通	Zhaotong
拱王山	Gongwang Mountains	3 677	昆　明	Kunming
梁王山	Liangwang Mountains	2 833	曲　靖	Qujing

注：全省最低点为河口县境内的南溪河与元江汇合处，海拔76.4米。
Note:The minimum height is that of 76.4 meters of the confluence of the Nanxi River and the Yuanjiang River in Hekou county.

1-8 主要河流情况
Major Rivers

名　　称	River	境内河长(公里) Internal Length(km)	集水面积(平方公里) Catchments Area(sq.km)
大盈江	Daying River	196	5 859
瑞丽江	Ruili River	370	9 743
怒　江	Nu River	618	33 366
澜沧江	Lancang River	1 227	88 574
金沙江	Jinsha River	1 560	105 614
元　江	Yuan River	680	37 455
南盘江	Nanpan River	677	43 342

1-9 各县市土地、气温、降水量(2007年)

Land Characteristics, Temperature and Precipitation of Cities, Counties and Prefectures (2007)

地　区	Region	土地面积 (平方公里) Land Area (sq.km)	牧草地面积 (千公顷) Area of Grazing Land (1000 hectares)	年平均气温 (℃) Annual Average Temperature (℃)	年降水量 (毫米) Annual Precipitation (mm)
全省合计	**Total**	**394 139**	**782.30**	**16.7**	**1131.6**
昆 明 市	**Kunming**	**21 582**	**44.85**	**15.6**	**957.8**
五华区	Wuhua				
盘龙区	Panlong	2 190		15.6	932.7
官渡区	Guandu		1.27		
西山区	Xishan		0.03		
东川区	Dongchuan	1 674	21.45	19.6	805.8
呈贡县	Chenggong	541	0.00	15.4	767.9
晋宁县	Jinning	1 391	3.62	15.0	893.0
富民县	Fuming	1 030	0.12	15.8	916.6
宜良县	Yiliang	1 880	7.23	16.7	886.2
石林县	Shilin	1 777	0.35	16.5	954.2
嵩明县	Songming	1 442	0.91	14.7	1 166.3
禄劝县	Luquan	4 378	0.00	15.5	1 148.4
寻甸县	Xundian	3 966	9.85	15.1	947.9
安宁市	Anning	1 313	0.01	15.3	921.4
曲 靖 市	**Qujing**	**29 855**	**40.87**	**14.4**	**1 097.8**
麒麟区	Qilin	1 442	7.10	15.1	112.3
马龙县	Malong	1 751	1.59	13.6	951.9
陆良县	Luliang	2 096	8.96	15.1	949.3
师宗县	Shizong	2 858	2.61	14.3	1 219.7
罗平县	Luoping	3 116	0.81	15.3	1 656.3
富源县	Fuyuan	3 348	2.53	14.5	1 056.5
会泽县	Huize	6 077	3.72	13.3	954.6
沾益县	Zhanyi	2 910	12.78	14.6	907.1
宣威市	Xuanwei	6 257	0.77	13.9	1 061.8
玉 溪 市	**Yuxi**	**15 285**	**0.22**	**17.1**	**909.8**
红塔区	Hongta	1 004		16.0	881.3
江川县	Jiangchuan	850		15.9	907.4
澄江县	Chengjiang	773	0.16	16.4	823.7
通海县	Tonghai	721	0.00	15.7	838.2
华宁县	Huaning	1 313		16.7	866.8
易门县	Yimen	1 571		16.7	917.5
峨山县	Eshan	1 972	0.05	16.3	950.1
新平县	Xinping	4 223		17.1	989.1
元江县	Yuanjiang	2 858		23.5	1 013.9

注：土地资源为以前清查数。

Note: The figures on land are obtained from the previous surveys.

1-9 续表1 continued

地 区	Region	土地面积 (平方公里) Land Area (sq.km)	牧草地面积 (千公顷) Area of Grazing Land (1000 hectares)	年平均气温 (℃) Temperature Annual Average (℃)	年降水量 (毫米) Annual Precipitation (mm)
保 山 市	**Baoshan**	**19 637**	**39.61**	**15.9**	**1 483.8**
隆阳区	Longyang	5 011	4.69	16.3	1 037.0
施甸县	Shidian	2 009	11.91	17.2	1 121.0
腾冲县	Tengchong	5 845	1.91	15.6	1 784.8
龙陵县	Longling	2 884	20.93	15.0	2 210.9
昌宁县	Changning	3 888	0.17	15.2	1 265.1
昭 通 市	**Zhaotong**	**23 021**	**117.84**	**16.0**	**896.6**
昭阳区	Zhaoyang	2 240	21.54	12.3	655.1
鲁甸县	Ludian	1 519	18.27	12.4	851.1
巧家县	Qiaojia	3 245	54.15	21.1	772.3
盐津县	Yanjin	2 096		18.6	1 161.1
大关县	Daguan	1 802	0.27	15.2	1 036.5
永善县	Yongshan	2 833	21.88	17.4	754.8
绥江县	Suijiang	882	0.01	18.6	1 048.7
镇雄县	Zhenxiong	3 785	1.32	12.3	891.3
彝良县	Yiliang	2 884	0.17	17.9	694.2
威信县	Weixin	1 416	0.23	14.4	1 101.2
水富县	Shuifu	319			
丽 江 市	**Lijiang**	**21 219**	**26.48**	**14.5**	**1 056.9**
古城区	Gucheng	1255		12.9	1 054.0
玉龙县	Yulong	6393	19.72	12.9	1 054.0
永胜县	Yongsheng	5 099	1.25	13.4	1 133.4
华坪县	Huaping	2 266		19.1	1 076.6
宁蒗县	Ninglang	6 206	5.52	12.6	963.4
普 洱 市	**Pu'er**	**45 385**	**22.86**	**19.1**	**1 544.7**
思茅区	Simao	4 093	7.01	19.1	1 429.9
宁洱县	Ning'er	3 670	0.58	18.4	1 439.2
墨江县	Mojiang	5 459	1.00	17.7	1 459.4
景东县	Jingdong	4 532		18.3	1 504.3
景谷县	Jinggu	7 777		20.3	1 290.8
镇沅县	Zhenyuan	4 223	0.02	18.9	1 518.0
江城县	Jiangcheng	3 476	13.94	18.9	2 210.1
孟连县	Menglian	1 957	0.02	20.0	1 141.7
澜沧县	Lancang	8 807	0.24	20.3	1 290.8
西盟县	Ximeng	1 391	0.03	19.4	1 716.3
临 沧 市	**Lincang**	**24 469**	**3.91**	**18.5**	**1 414.5**
临翔区	Linxiang	2 652	0.04	18.0	1 322.5
凤庆县	Fengqing	3 451	0.03	16.5	1 450.4
云 县	Yunxian	3 760		19.7	1 280.9
永德县	Yongde	3 296	0.21	17.4	1 347.9
镇康县	Zhenkang	2 642	2.24	19.6	1 831.6
双江县	Shuangjiang	2 292	1.02	19.8	1 102.6
耿马县	Gengma	3 837	0.22	19.2	1 429.1
沧源县	Cangyuan	2 539	0.16	17.9	1 550.6

1-9 续表2 Continued

地 区	Region	土地面积 (平方公里) Land Area (sq.km)	牧草地面积 (千公顷) Area of Grazing Land (1000 hectares)	年平均气温 (℃) Annual Average Temperature (℃)	年降水量 (毫米) Annual Precipitation (mm)
楚 雄 州	**Chuxiong**	**29 258**	**3.33**	**16.1**	**882.6**
楚雄市	Chuxiong	4 482	0.32	15.7	819.1
双柏县	Shuangbo	4 045	0.00	14.9	1 168.1
牟定县	Mouding	1 494	0.04	16.2	808.5
南华县	Nanhua	2 343	1.02	14.7	695.8
姚安县	Yao'an	1 803		15.3	817.4
大姚县	Dayao	4 146	1.78	15.4	836.6
永仁县	Yongren	2 189		16.9	813.3
元谋县	Yuanmou	1 803	0.01	20.8	684.5
武定县	Wuding	3 322	0.14	14.7	1 107.3
禄丰县	Lufeng	3 631	0.02	16.1	1 075.3
红 河 州	**Honghe**	**32 931**	**6.20**	**18.7**	**1 285.9**
个旧市	Gejiu	1 597	0.00	16.3	1 183.2
开远市	Kaiyuan	2 009	0.92	19.9	886.2
蒙自县	Mengzi	2 228	0.44	19.2	900.1
屏边县	Pingbian	1 906	0.00	16.4	1 420.5
建水县	Jianshui	3 940	0.71	18.9	968.0
石屏县	Shiping	3 090	0.03	17.7	1 099.9
弥勒县	Mile	4 004	0.00	17.3	979.1
泸西县	Luxi	1 674		15.1	845.9
元阳县	Yuanyang	2 292	0.62	23.7	1 049.3
红河县	Honghe	2 034		20.3	1 047.9
金平县	Jinping	3 677	0.04	18.1	2 351.1
绿春县	Luchun	3 167	3.43	16.8	2 411.0
河口县	Hekou	1 313		23.6	1 574.5
文 山 州	**Wenshan**	**32 239**	**19.46**	**17.6**	**1 028.3**
文山县	Wenshan	3 064		18.6	990.3
砚山县	Yangshan	3 888	0.24	16.2	999.5
西畴县	Xichou	1 545		16.1	1 138.1
麻栗坡县	Malipo	2 395	0.76	18.2	924..5
马关县	Maguang	2 755		17.4	1 077.4
丘北县	Qiubei	5 150	11.54	16.6	1 292.9
广南县	Guangnan	7 983	0.24	17.3	957.7
富宁县	Funing	5 459	6.68	20.3	846.1
西双版纳州	**Xishuangbanna**	**19 700**	**1.22**	**21.1**	**1 311.1**
景洪市	Jinghong	7 133	0.81	22.7	1 096.8

1-9 续表3 continued

地 区	Region	土地面积 (平方公里) Land Area (sq.km)	牧草地面积 (千公顷) Area of Grazing Land (1000 hectares)	年平均气温 (℃) Annual Average Temperature (℃)	年降水量 (毫米) Annual Precipitation (mm)
勐海县	Menghai	5 511	0.33	19.0	1 418.2
勐腊县	Mengla	7 056	0.08	21.7	1 418.3
大 理 州	**Dali**	**29 459**	**62.90**	**15.7**	**931.2**
大理市	Dali	1 468	0.27	15.0	1 166.6
漾濞县	yangbi	1 957	0.26	16.3	1 314.3
祥云县	Xiangyun	2 498	12.50	14.7	937.7
宾川县	Binchuan	2 627	39.89	18.2	629.9
弥渡县	Midu	1 571	0.14	16.7	880.4
南涧县	Nanjian	1 802		18.9	1 015.9
巍山县	Weishan	2 266	0.75	15.7	764.6
永平县	Yongping	2 884	1.50	15.8	1 020.9
云龙县	Yunlong	4 712	0.10	16.5	727.5
洱源县	Eryuan	2 961	0.02	14.7	725.6
剑川县	Jianchuan	2 318	7.47	12.5	795.3
鹤庆县	Heqing	2 395		13.7	1 196.2
德 宏 州	**Dehong**	**11 526**	**4.94**	**19.7**	**1 598.1**
瑞丽市	Ruili	1 020	0.02	21.0	1 402.1
潞西市	Luxi	2 987		19.8	1 723.7
梁河县	Lianghe	1 159	3.05	18.3	1 666.0
盈江县	Yingjiang	4 429	1.87	20.0	1 711.7
陇川县	Longchuan	1 931		19.3	1 487.2
怒 江 州	**Nujiang**	**14 703**	**9.74**	**16.0**	**1 299.3**
泸水县	Lushui	2 938	0.32	19.9	1 110.7
福贡县	Fugong	2 804		17.5	1 371.2
贡山县	Gongshan	4 506	7.74	15.0	1 759.2
兰坪县	Lanping	4 455	1.68	11.7	956.2
迪 庆 州	**Diqing**	**23 870**	**377.88**	**8.4**	**814.8**
香格里拉县	Shangri-La	11 613	263.23	6.7	776.9
德钦县	Deqing	7 596	99.52	6.3	837.4
维西县	Weixi	4 661	15.13	12.3	830.1

主要统计指标解释

森林面积 指生长着乔木和竹林，郁闭度在 0.2 以上(包括 0.2)的林地面积或冠幅宽度 10 米以上的林带面积，即有林地面积。它是反映森林资源总面积的重要指标。森林面积包括天然林面积和人工林面积。但不包括灌木林地和疏林地面积。

森林覆盖率 通常是指森林面积占土地总面积之比，一般用百分数表示。但国家规定在计算森林覆盖率时，森林面积还包括灌木林面积，农田林网树占地面积以及四旁(村旁、路旁、水旁、宅旁)树木的覆盖面积。森林覆盖率，是反映一个国家或地区森林资源和绿化水平的重要指标。

活立木总蓄积量 指一定范围内土地上树木蓄积的总量。包括森林蓄积、疏林蓄积、散生木蓄积和四旁树蓄积。

林木蓄积量 指森林面积上生长着的林木树干材积总量。它反映一个国家或地区森林资源总规模和水平的重要指标。

淡水总面积 指江、河、湖泊、塘堰、水库等各种流水或蓄水的占地面积。

矿产保有储量 指探明的矿产储量（包括工业储量和远景储量）扣除已开采部分和地下损失量后的年底实有储量。它反映国家矿产资源的现状。

Explanatory Notes on Principal Statistical Indicators

Forest Area refers to the area of forest land where trees and bamboo grow with canopy density above 0.2 or tree crest width above 10 m, including land of natural woods and planted woods, but excluding shrubbery land and sparse forest land. It reflects the total area of forest resources.

Forest Cover Rate refers to the ratio of the area of forest land to total land area, which is usually expressed in percentage. But the state stipulates that upon calculating forest cover rate, the area of forest land should include the area of shrubby land, the area of forest land inside farm land and the area of trees planted by the side of villages and farm houses and along roads, rivers and fields. It is a very important indicator that reflects the forest resources and afforesting level in a country or a region.

Total Standing Stock Volume refers to the stock volume of trees growing in land, including trees in forest, trees in sparse forest, scattered trees and trees planted by the side of villages and farm houses and along the roads, rivers and fields.

Stock Volume of Forest refers to total stock volume of wood growing in forest area, which shows the total scale and level of forest resources of a country or a region.

Total Freshwater Area refers to water area of rivers, lakes, ponds, reservoirs, etc.

Ensured Mineral Reserves refer to the actual mineral reserves, which is equal to the proved mineral reserves (including industrial and prospective reserves) minus extracted parts and underground losses. It reflects the status of mineral resources of a country.

Explanatory Notes on Principal Statistical Indicators

Forest Area refers to the area of forest land where trees and bamboo grow with canopy density above 0.2 or tree crest width above 10 m, including land of natural woods and planted woods, but excluding shrubbery land and sparse forest land. It reflects the total area of forest resources.

Forest Cover Rate refers to the ratio of the area of forest land to total land area, which is usually expressed in percentage. But the state stipulates that upon calculating forest cover rate, the area of forest land should include the area of shrubby land, the area of forest land inside farm land and the area of trees planted by the side of villages and farm houses and along roads, rivers and fields. It is a very important indicator that reflects the forest resources and afforesting level in a country or a region.

Total Standing Stock Volume refers to the stock volume of trees growing in land, including trees in forest, trees in sparse forest, scattered trees and trees planted by the side of villages and farm houses and along the roads, rivers and fields.

Stock Volume of Forest refers to total stock volume of wood growing in forest area, which shows the total scale and level of forest resources of a country or a region.

Total Freshwater Area refers to water area of rivers, lakes, ponds, reservoirs, etc.

Ensured Mineral Reserves refer to the actual mineral reserves, which is equal to the proved mineral reserves (including industrial and prospective reserves) minus extracted parts and underground losses. It reflects the status of mineral resources of a country.

二、综 合

General Survey

Chapter 2

2-1 按经济成份划分的主要社会经济指标(2007年)

Principal Socio-economic Indicators by Sector of Economy (2007)

指　　标	Item	绝对数 Absolute Figure	比重 (%) As Percentage to Total (%) (total=100)
生产总值(亿元)	**GDP (100 million yuan)**	**4 741.31**	**100.0**
国有经济	State-owned Economy	2 232.80	47.1
集体经济	Collective-owned Economy	735.26	15.5
非公有制经济	Non-publice-owned Economy	1 773.25	37.4
就业人员总数(万人)	**Total Number of Employed Persons (10 000 persons)**	**2 573.80**	**100.0**
城镇国有单位就业人员	Employed Persons in State-owned Entities	182.14	7.1
城镇集体单位就业人员	Employed Persons in Urban Collective-owned Entities	12.82	0.5
城镇其他经济类型单位就业人员	Employed Persons in Entitiws of Other Types of Ownership	93.62	3.6
城镇个体私营就业人员	Self-employed Individuals and Others	181.03	7.0
其他就业人员	Other Employed Persons	7.68	0.3
乡村就业人员	Rural Employed Persons	2 096.51	81.5
农业总产值(亿元)	**Gross Output Value of Agriculture (100 million yuan)**	**1 414.79**	**100.0**
规模以上工业增加值(亿元)	**Added Value of Industry (100 million yuan)**	**1 566.10**	**100.0**
国有企业	State-owned Enterprises	499.37	31.9
集体企业	Collective-owned Enterprises	19.08	1.2
股份合作制企业	Joint Stock Cooperative Enterprises	5.83	0.4
股份制企业	Joint Stock Enterprises	187.57	12.0
外商及港澳台资企业	Foreign-funded and Enterprises funded by Hong Kong,Macao and Taiwan	86.62	5.5
有限责任公司	Limted Liability Companies	538.61	34.4
私营企业	Individual and Private Enterprises	226.83	14.5
其他工业	Other Enterprises	2.19	0.1
固定资产投资总额(亿元)	**Total Investment in Fixed Assets (100 million yuan)**	**2 798.89**	**100.0**
国有经济	State-owned Enterprises	1 211.78	43.3
集体经济	Collective-owned Enterprises	193.99	6.9
个体私营经济	Individual and Private Enterprises	586.36	20.9
其它各种经济	Other Types of Ownership	806.76	28.8
社会消费品零售总额(亿元)	**Total Retail Sales of Consumer Goods (100 million yuan)**	**1 394.54**	**100.0**
国有及国有控股	State-owned and State-Owned holding Enterprises	162.62	11.7
集体及股份合作	Collective-owned and Joint Stock Cooperative Enterprises	81.45	5.8
个私经济	Individual and Private Enterprises	967.48	69.4
其中：个体经济	Individual Enterprises	621.84	44.6
其它各种经济	Other Types of Ownership	182.99	13.1
普通中学和小学教师总人数(万人)	**Total Teachers and Primary Shools (10 000 persons)**	**36.58**	**100.0**
教育部门和集体办	Shools Run by Educational Departments and Collective Entities	35.67	97.5
社会力量办	Shools Run by Non-government Entities	0.84	2.3
其他部门办	Shools Run by Other Departments	0.07	0.2

注：农业总产值、工业增加值按当年价格计算。
Note: The gross output value of agriculture and industry are calculated at the current prices.

2-2 主要年份国民经济主要指标

指标	Item	1952年
人口	**Population**	
年末总人口数（万人）	Total Population at the Year-end (10 000 persons)	1 695.00
年末就业人员数（万人）	**Total Number of Employed Persons at the Year-end (10 000 persons)**	**761.00**
# 职工人数（万人）	Staff and Workers (10 000 persons)	26.00
工农业总产值（亿元）	**Gross Output Value of Industry and Agriculture (100 million yuan)**	**13.41**
生产总值(当年价)(亿元)	**Gross Domestic Product (at Current prices) (100 Million yuan)**	**11.78**
# 非公经济增加值(亿元)	#Added Value of Individual and Private Economy (10 000 yuan)	
万元生产总值能耗(吨标准煤/万元)	**Total Energy Consumption per 10 000 yuan of GDP (tons of SEC/10 000 yuan)**	**1.61**
农业生产	**Agriculture Production**	
农林牧渔业总产值(当年价)(亿元)	Gross Output Value of Farming, Forestry, Animal Husbandry and Fishery (at current prices) (100 million yuan)	9.60
主要农产品产量	Output of Major Agricultural Products	
粮食（万吨）	Grain (10 000 tons)	451.00
油料（万吨）	Oil-bearing Crops(10 000 tons)	3.37
甘蔗（万吨）	Sugarcane(10 000 tons)	30.13
烤烟（万吨）	Flue-cured Tobacco (10 000 tons)	0.57
水果（万吨）	Fruits (10 000 tons)	
茶叶（万吨）	Tea (10 000 tons)	0.36
猪、牛、羊肉（万吨）	Pork,Beef and Mutton (10 000 tons)	8.36
水产品（万吨）	Aquatic Product (10 000 tons)	0.14
工业生产	**Industrial Production**	
工业总产值(当年价)(亿元)	Gross Output Value of Industry (at current prices)(100 million yuan)	3.81
轻工业产值（亿元）	Total Output Value of Light Industry (100 million yuan)	2.30
重工业产值（亿元）	Total Output Value of Heavy Industry (100 million yuan)	1.51
能源生产与消费	**Production and Consumption of Energy**	
能源生产总量(万吨标准煤)	Total Energy Production (10 000 tons of SCE)	17.50
能源消耗总量(万吨标准煤)	Total Energy Consumption (10 000 tons of SCE)	19.00
主要工业产品产量	**Output of Majar Industrial Products**	
布（万米）	Cloth (10 000 m)	3 641
机制纸及纸板（万吨）	Machine-made Paper and Paperboards (10 000 tons)	0.08
糖（万吨）	Sugar (10 000 tons)	2.00
卷烟（万箱）	Cigarettes (10 000 cases)	2.00
粗钢（万吨）	Steel (10 000 tons)	0.25
成品钢材（万吨）	Steel Products (10 000 tons)	0.13

注：工业总产值及轻重工业产值从1995年开始按新规定的计算方法统计。

Principal Indicators on National Economy in Significant Years

1978年	1990年	1995年	2000年	2005年	2006年	2007年
3 091.50	3 730.60	3 989.60	4 240.80	4 450.40	4 483.00	4 514.00
1 313.39	**1 922.65**	**2 149.00**	**2 295.40**	**2 461.32**	**2 517.60**	**2 573.80**
216.04	291.87	311.50	273.40	235.71	247.98	280.72
95.45	**556.98**	**1 704.47**	**2 270.22**	**4 318.42**	**5 320.01**	**6 552.09**
69.05	**451.67**	**1 222.15**	**2 011.19**	**3 472.89**	**4 006.72**	**4 741.31**
	46.97	188.24	411.00	1 215.00	1 464.22	1 773.25
15.44	**4.33**	**2.16**	**1.72**	**1.73**	**1.66**	**1.51**
40.02	211.72	474.46	680.86	1 068.58	1 209.76	1 414.79
864.05	1 061.21	1 188.91	1 467.80	1 514.90	1 457.60	1 460.70
5.51	13.31	19.58	26.98	36.22	39.01	36.65
160.01	661.88	1 055.92	1 420.29	1 415.50	1 678.73	1 938.67
12.26	43.60	76.07	64.61	77.22	75.78	76.68
11.62	31.97	55.71	76.95	136.63	162.56	202.37
1.78	4.48	6.40	7.94	11.59	13.82	16.99
29.23	74.74	120.45	191.51	277.32	296.13	238.60
1.12	4.60	8.44	16.62	23.85	29.24	33.39
55.43	345.26	1 079.46	1 589.36	3 249.84	4 110.25	5 137.30
23.84	181.14	584.60	802.70	1 120.47	1 269.63	1 830.16
31.60	164.12	494.86	786.66	2 129.37	2 840.62	3 307.14
1 002.60	1 594.50	2 313.65	2 471.77	5 353.36	6 095.10	6 587.28
1 065.90	1 954.18	2 640.55	3 468.33	6 023.97	6 640.58	7 173.26
10 507	17 974	13 964	5 855	1 385	1 002	616
5.12	15.43	30.41	22.32	28.88	33.26	37.72
14.00	51.00	94.00	152.25	153.57	140.31	188.04
63.00	448.00	680.00	612.77	631.47	648.10	670.26
35.12	80.15	140.50	189.41	531.41	635.38	883.85
25.59	68.97	144.34	183.71	486.93	588.06	789.99

Nota:The gross output value of light and heavy industries have been calculated by a new approach since 1995.

2-2 续表1

指 标	Item	1952年
原 煤（万 吨）	Raw Coal (10 000 tons)	28
发电量（亿千瓦小时）	Electricity (100 million kwh)	0.52
水 泥（万 吨）	Cement (10 000 tons)	1
运输邮电	**Transport, Posts and Telecommunication Services**	
货运周转量（亿吨公里）	Freight Traffic(100 million ton-km)	1.54
#铁 路（亿吨公里）	Railways	0.64
公 路（亿吨公里）	Highways	0.87
水 运（亿吨公里）	Waterways	0.03
民用航空（亿吨公里）	Civil Aviation (100 million ton-km)	
旅客周转量（亿人公里）	Passenger Traffic(100 million passenger-km)	1.32
#铁 路（亿人公里）	Railways	0.73
公 路（亿人公里）	Highways	0.59
水 运（亿人公里）	Waterways	
民用航空（亿人公里）	Civil Aviation (100 million persons-km)	
邮电业务总量（亿 元）	Total Posts and Telecommunication Services(10 000 yuan)	0.03
函 件（万 份）	Number of Mail Delivered (10 000 pieces)	666
报刊期发行数（万 份）	Number of Newspapers and Magazines Distributed (10 000 copies)	
固定资产投资（亿 元）	**Investment in Fixed Assets(100 million yuan)**	
全社会固定资产投资	Total Investment in Fixed Assets	0.59
国有经济固定资产投资	Investment in Fixed Assets of State-owned Entities	0.59
集体经济固定资产投资	Investment in Fixed Assets of Collective-owned Entities	
城 镇	Urban Entities	
农 村	Rural Entities	
个体私营经济固定资产投资	Investment in Fixed Assets of Individual and Private Entities	
城 镇	Urban Entities	
农 村	Rural Entities	
其它经济固定资产投资	Investment in Fixed Assets of Other Economic Entities	
国内贸易	**Domestic Trade**	
社会消费品零售总额（亿 元）	Total Retail Sales of Consumer Goods (100 million yuan)	4.87

注：报刊发行累计数包括报纸和杂志发行累计数。

continued

1978年	1990年	1995年	2000年	2005年	2006年	2007年
1483	2227	2803	2216	6 462.14	7 339.08	7 755.19
52.51	125.78	228.42	317.46	624.2	753.64	904.51
131	471	997	1 642.80	2 832.62	3 305.97	3 568.53
62.34	260.67	307.71	479.52	656.49	692.21	770.96
43.52	93.91	114.24	180.76	270.37	277.21	314.23
18.57	166.10	192.10	296.65	381.96	409.46	450.83
0.24	0.59	1.06	0.98	2.93	4.22	4.59
0.01	0.07	0.31	1.13	1.23	1.32	1.31
24.25	87.67	137.93	237.94	331.60	362.40	393.40
9.92	17.22	23.03	31.35	41.01	47.22	52.63
13.89	65.77	93.10	171.24	233.12	247.71	265.80
0.12	0.46	0.35	0.78	1.05	1.17	1.21
0.32	4.22	21.45	34.57	56.39	66.30	73.76
0.3	1.27	13.97	99.07	272.23	337.58	469.35
5 572	8 958	16 024	10 001	7 933	7 280	6 696
255	466	485	758	318	343	265
15.04	75.74	380.57	697.94	1 755.30	2 220.45	2 798.89
13.44	51.22	262.84	466.20	815.27	1 067.50	1 211.78
1.15	12.57	38.55	47.44	79.47	136.81	193.99
0.20	5.28	9.92	10.39	16.18	61.11	73.01
0.95	7.29	28.63	37.05	63.29	75.70	120.98
0.46	11.96	39.52	110.03	240.58	377.03	586.36
	0.91	3.57	60.27	177.30	234.14	352.24
0.46	11.05	35.95	49.75	63.28	142.90	234.12
		39.66	74.28	619.98	639.11	806.76
28.38	145.59	369.55	583.17	1 034.40	1 188.88	1 394.54

Note: The figures include the accumulated figures of the newspapers and magazines issued.

2-2 续表2

指 标	Item	1952年
对外贸易（万美元）	**Foreign Trade (USD 10 000)**	
进出口总额	Total Value of Exports and Imports	32
出口额	Exports Value	5
进口额	Imports Value	27
财 政（亿 元）	**Government Finance (100 million yuan)**	
财政总收入	Government Revenue	1.87
财政支出	Government Expenditure	0.99
物价指数（以1952年价格为100）	**Price Indices (%) (prices in 1952 = 100)**	
农副产品收购价格总指数（%）	General Index of Purchase Prices of Farm and Sideline Products (%)	100
零售价格总指数（%）	General Index of Retail Price (%)	100
城镇居民消费价格总指数（%）	Urban Consumer Price Index (%)	100
职工工资	**Wages of Staff and Workers**	
职工工资总额（亿 元）	Total Wages of Staff and Wokers (100 million yuan)	
#国有单位职工工资总额（亿 元）	Total Wages of Staff and Wokers of State-owned Entities (100 million yuan)	0.73
职工年平均货币工资（元）	Annual Average Wages of Staff and Workers (yuan)	371
#国有单位职工年平均工资（元）	Annual Average Wages of Staff and Workers of State-owned Units (yuan)	371
教育文化	**Education and Culture**	
高等学校数（所）	Number of Regular Institutions of Higher Education (unit)	2
高等学校在校学生数（万人）	Student Enrollment of Regular Institutions of Higher Education (10 000 person)	0.33
中等专业学校在校学生数（万人）	Student Enrollment of Specialized Secondary Schools (10 000 person)	0.66
普通中学在校学生数（万 人）	Student Enrollment of Regular Secondary Schools (10 000 persons)	4.73
小学在校学生数（万 人）	Student Enrollment of Primary Schools (10 000 persons)	114.85
艺术表演团体（个）	Number of Art Performance Groups (unit)	
报纸出版数量（亿 份）	Number of Newspapers Issued (100 million pieces)	
各类杂志出版数量（万 册）	Number of Magazines Issued (10 000 copies)	
图书出版数量（亿 册）	Number of Books Published (100 million copies)	
卫 生	**Health Care**	
卫生机构数（个）	Number of Health Institutions (unit)	350
床位数（万 张）	Number of Sickbeds of Health Institutions (10 000)	0.43
#医院病床数（万 张）	Number of Sickbeds of Hospital (10 000)	0.36
专业卫生技术人员（万 人）	Number of Medical Technical Personnel (10 000 persons)	0.38
#医 生（万 人）	Doctors (10 000 persons)	0.07

注：1.进出口总额包括边境贸易,1998年以前为外贸业务数,1999年以后为海关进出口统计数。
2.财政收入为总收入，包括上划中央的“两税”收入。
3.从1996年开始卫生机构数包括主要卫生机构、诊所、卫生保健所、医务室等。

continued

1978年	1990年	1995年	2000年	2005年	2006年	2007年
10420	54 842	189 609	181 283	473 822	623 174	877 976
6948	43 449	121 548	117 516	264 158	339 143	473 612
3472	11 393	68 061	63 767	209 664	284 031	404 363
11.76	77.43	285.26	432.95	766.40	886.00	1 111.30
18.28	90.76	235.10	414.11	766.31	893.58	1 135.22
192.1	547.2	992.2	842.6			
100.1	102.1	118.1	97.6	100.1	100.8	104.4
100	101.6	120.3	97.6	101.9	101.9	105.9
12.68	60.66	158.96	254.46	377.15	458.62	566.49
11.42	53.56	137.81	209.5	283.30	339.88	398.49
608	2 130	5 149	9 231	16 140	18 711	20 481
629	2 200	5 286	9 422	16 900	20 017	22 884
15	26	26	24	44	50	51
1.59	4.35	5.14	9.04	23.21	26.81	30.21
2.66	7.38	10.26	11.92	15.56	17.35	18.63
128.54	123.95	127.25	185.97	238.88	244.70	251.77
436.03	446.86	462.41	472.06	441.23	452.26	453.31
149	137	134	129	135	126	131
	2.23	2.59	3.60	4.97	5.33	5.59
75	954	1 604	2 877	2308	2898	2793
0.45	1.23	1.19	1.34	1.29	1.74	1.60
5 529	6 671	6 400	13 356	10 110	10 020	9 693
5.97	8.45	9.56	9.75	10.70	11.05	11.90
5.41	7.61	8.39	6.61	7.47	7.74	8.32
6.55	10.16	11.25	12.41	11.84	12.14	12.37
3.11	5.39	5.95	6.26	5.58	5.65	5.66

Note: a.The total value of imports and exports includes frontier trade value. The data before 1998 refer to those of foreign trade, and those after 1999 refer to the statistical data of imports and exports of the customs.
b.The government revenue is a total including the two taxes turned over to the central government.
c.The number of health institutions have included main health institutions, clinics, care centers and so forth since 1996.

2-3 主要年份国民经济指标指数及增速

指　　标	Item	1952年
人　口	**Population**	**266.3**
工农业总产值	**Gross Output Value of Industry and Agriculture**	**9 250.1**
生产总值	**Gross Domestic Product**	**6 791.2**
农业生产	**Agricultural Production**	
农林牧渔业总产值	Gross Output Value of Agriculture	1 243.5
主要农产品产量	Output of Major Agriculture Products	
粮　食	Grain	323.9
油　料	Oil-bearing Crops	1 087.5
甘　蔗	Sugarcane	6 434.4
烤　烟	Flue-cured Tobacco	13 452.6
水　果	Fruits	
茶　叶	Tea	4 719.4
猪、牛、羊肉	Pork,Beef and Mutton	2 854.1
水产品	Aquatic Products	23850
工业生产	**Industrial Production**	
工业总产值	Gross Output Value of Industry	46 499.9
轻工业产值	Total Output Value of Light Industry	25 045.9
重工业产值	Total Output Value of Heavy Industry	75 359.8
主要工业产品产量	Output of Major Industrial Products	
布	Cloth	16.9
机制纸及纸板	Machine-made Paper and Paperboards	47 150.0
糖	Sugar	9 402.0
卷　烟	Cigarettes	33 513.0
粗　钢	Steel	353 540.0
成品钢材	Steel Products	607 684.6

Indices and Growth Rate of Principal Indicators on National Economy in Significant Years

指数(2007年为以下各年) Index(2007 as percentage of the folling years)						年平均增长速度(%) Average Annual Growth Rate(%)	
1978年	1990年	1995年	2000年	2005年	2006年	1953-2007年	1979-2007年
146.0	**121.0**	**113.1**	**106.4**	**101.4**	**100.7**	**1.8**	**1.3**
1 605.5	**578.4**	**328.4**	**221.3**	**137.5**	**115.9**	**8.6**	**10.0**
1 477.0	**483.9**	**294.0**	**193.4**	**125.9**	**112.5**	**8.0**	**9.7**
498.9	262.0	210.2	154.7	117.2	108.1	4.7	5.7
169.1	137.6	122.9	99.5	96.4	100.2	2.2	1.8
665.2	275.4	187.2	135.8	101.2	94.0	4.4	6.8
1 211.6	292.9	183.6	136.5	137.0	115.5	7.9	9.0
625.4	175.9	100.8	118.7	99.3	101.2	9.3	6.5
1 741.6	633.0	363.3	263.0	148.1	124.5		10.4
954.5	379.2	265.5	214.0	146.6	122.9	7.3	8.1
816.3	319.2	198.1	124.6	86.0	80.6	6.3	7.5
2 981.3	725.9	395.6	200.9	140.0	114.2	10.5	12.4
2 908.8	835.9	401.6	262.0	144.2	118.2	11.8	12.3
2 269.3	507.3	245.0	176.3	131.7	118.2	10.6	11.4
3 328.5	1 198.8	572.9	341.5	149.9	117.4	12.8	12.8
5.9	3.4	4.4	10.5	44.5	61.5	-3.2	-9.3
736.7	244.5	124.0	169.0	130.6	113.4	11.8	7.1
1 343.1	368.7	200.0	123.5	122.4	134.0	8.6	9.4
1 063.9	149.6	98.6	109.4	106.1	103.4	11.2	8.5
2 516.7	1 102.7	629.1	466.6	166.3	139.1	16.0	11.8
3 087.1	1 145.4	547.3	430.0	162.2	134.3	17.2	12.6

2-3 续表

指 标	Item	指数 Index 1952年
原 煤	Coal	27 697.1
发电量	Electricity	173 944.2
水 泥	Cement	356 853.0
运 输	**Transportation**	
货运周转量	Freigh Traffic	50 062.3
旅客周转量	Passenger Traffic	29 803.0
全社会固定资产投资总额	**Total Investment in Fixed Assets**	**474 388.3**
# 国有单位固定资产投资总额	Total Investment in Fixed Assets of State-owned Entities	205 386.9
社会消费品零售总额	**Total Retail Sales of Consumer Goods**	**28 635.3**
进出口总额	**Total Value of Exports and Imports**	**2 743 675.0**
出口额	Export Value	9 472 240.0
进口额	Import Value	1 497 640.7
财 政	**Government Finance**	
财政总收入	Government Revenue	59 427.8
财政支出	Government Expenditure	114 668.7
零售物价总指数	**General Retail Price Total Index**	**429.2**
国有单位职工平均工资	**Average Wages of Staff and Workers of State-owned Entities**	**6 168.2**
教育文化	**Education and Culture**	
高等学校在校学生数	**Student Enrollment of Regular Institutions of Higher Education**	**9 154.5**
中等专业学校在校学生数	**Student Enrollment of Specialized Secondary Schools**	**2 822.7**
普通中学在校学生数	**Student Enrollment of Regular Secondary Schools**	**5 322.8**
小学在校学生数	**Student Enrollment of Primary Schools**	**394.7**
卫 生	**Health Care**	
医院病床数	**Number of Hospital Sickbeds**	**2 311.1**
专业卫生技术人员	**Number of Medical Technical Personnel**	**3 255.3**
# 医 生	Number of Doctors	8 085.7

注：2002年进出口总额因口径与1995年以前不一致,故不可比。

continued

(2007年为以下各年) (2007 as percentage)						年平均增长速度(%) Average Annual Growth Rate (%)	
1978年	1990年	1995年	2000年	2005年	2006年	1953-2007年	1979-2007年
522.9	348.2	276.7	350.0	120.0	105.7	10.8	5.9
1 722.5	719.1	396.0	284.9	144.9	120.0	14.5	10.3
2 724.1	757.6	357.9	217.2	126.0	107.9	16.0	12.1
1 236.7	295.8	250.5	160.8	117.4	111.4	12.0	9.1
1 622.3	448.7	285.2	165.3	118.6	108.6	10.9	10.1
18 609.6	**3 695.4**	**735.4**	**401.0**	**159.5**	**126.1**	**16.1**	**19.3**
9 016.2	2 365.8	461.0	259.9	148.6	113.5	14.7	16.9
4 913.8	**957.9**	**377.4**	**239.1**	**134.8**	**117.3**	**10.8**	**14.4**
8 425.9	**1 600.9**	**463.0**	**484.3**	**185.3**	**140.9**	**20.4**	**16.5**
6 816.5	1 090.0	389.7	403.0	179.3	139.6	23.2	15.7
11 646.4	3 549.2	594.1	634.1	192.9	142.4	19.1	17.8
9 449.8	1 435.2	389.6	256.7	145.0	125.4	12.3	17.0
6 210.2	1 250.8	482.9	274.1	148.1	127.0	13.7	15.3
401.9	**200.6**	**110.4**	**106.3**	**105.2**	**104.4**	**2.7**	**4.9**
3 638.2	**1 040.2**	**432.9**	**242.9**	**135.4**	**114.3**	**7.8**	**13.2**
1 900.0	**694.5**	**587.7**	**334.2**	**130.2**	**112.7**	**8.6**	**10.7**
700.4	**252.4**	**181.6**	**156.3**	**119.7**	**107.4**	**6.3**	**6.9**
195.9	**203.1**	**197.9**	**135.4**	**105.4**	**102.9**	**7.5**	**2.3**
104.0	**101.4**	**98.0**	**96.0**	**102.7**	**100.2**	**2.5**	**0.1**
153.8	**109.3**	**99.2**	**125.9**	**111.4**	**107.5**	**5.9**	**1.5**
188.9	**121.8**	**110.0**	**99.7**	**104.5**	**101.9**	**6.5**	**2.2**
182.0	105.0	95.1	90.4	101.4	100.2	8.3	2.1

Note: The total Value of import and export in 2000 can not be compared with those before 1995 because of the different accountng approaches.

2-4 主要年份国民经济主要比例关系

单位：%

指　　　标	Item	1978年
人口中的城乡比例	**Proportion of Urban and Rural Population**	
城镇	Urban Population	12.2
乡村	Rural Population	87.8
生产总值中三次产业比例	**Proportion of the 3 Types of Industry to GDP**	
第一产业	Primary Industry	42.7
第二产业	Secondary Industry	39.9
第三产业	Tertiary Industry	17.4
非公经济增加值占GDP比重	Proportion of Individual and Private Economy to GDP	
全社会固定资产投资的资金来源比例	**Proportion of Sources of Funds to Total Investment in Fixed Assets**	
国家预算内资金	State Budgetary Appropriations	
国内贷款	Domestic Loans	
债　券	Bonds	
利用外资	Foreign Investment	
自筹和其它	Self-raised Funds and Others	
国有经济固定资产投资农轻重比例	**Proportion of Investment in Fixed Assets of State-owned Entities in Agriculture, Light and Heavey Industries**	
农　业	Agriculture	14.2
轻工业	Light Industry	6.0
重工业	Heavy Industry	55.8
基建投资中能源工业和运输邮电业比例	**Investment in Capital Construction of Energy Industry and Transport,Postal and Telecommunication Services**	
能源工业	Energy Industry	20.1
运输邮电业	Tansport,Posts and Telecommunication Services	8.2
财政总收入占国内生产总值的比例	**Proportion of Govermment Revenue to GDP**	**17.0**
基建拨款占财政支出的比例	**Proportion of Capital Construction Appropriations to Government Expenditure**	**39.6**
文教卫生科学事业费占财政支出的比例	**Proportion of Expenditure on Culture,Education and Health Care to Government Expenditure**	**14.9**
能源使用比例	**Proportion of Energy Consumption**	
物质生产部门消费	Consumption of Material Output Entitites	
非物生产质部门消费	Consumption of Non-material Output Entitites	
生活消费	Livelihood Consumption	
工农业总产值中农轻重比例	**Proportion of Agriculture, Light and Heavy Industries to Gross Output Value of Industry and Agriculture**	
农　业	Agriculture	41.9
轻工业	Light Industry	25.0
重工业	Heavy Industry	33.1
工业总产值中轻重工业比例	**Proportion of Light and Heavy Industries to Gross Output Value of Industry**	
轻工业	Light Industry	43.0
重工业	Heavy Industry	57.0
农业总产值中农、林、牧、渔及其服务业比例	**Proportion of Farming, Forestry,Animal Husbandry,Fishery and Sideline Production to the Gross Output Value of Agriculture**	
农　业	Farming	71.4
林　业	Forestry	6.2
牧　业	Animal Husbandry	17.7
渔　业	Fishery	0.2
农、林、牧、渔服务业	Sideline Production	4.5

注：本表按当年价格计算。

Principal Proportional Relations of National Economy in Significant Years

(%)

1990年	1995年	2000年	2005年	2006年	2007年
40.5	45.7	23.4	29.5	30.5	31.6
59.5	54.3	76.6	70.5	69.5	68.4
37.2	24.8	21.5	19.3	18.7	17.7
34.9	43.7	41.4	41.3	42.7	43.3
27.9	31.5	37.1	39.4	38.6	39.1
10.4	15.6		35.0	36.5	37.4
13.2	4.9	8.2	6.6	8.2	7.4
20.8	21.0	21.8	28.5	28.7	27.6
	0.2	0.4	0.3	0.3	
1.8	5.7	1.1	1.3	1.0	0.5
64.2	68.2	68.5	63.3	61.8	64.5
7.9	2.4		5.5	5.0	16.8
5.2	5.3		4.0	2.1	7.2
42.1	36.0		21.6	23.1	76.0
28.3	20.1		21.6		
13.2	20.7		22.0		
17.1	**23.3**	**21.5**	**22.1**	**22.1**	**24.8**
10.0	**14.1**	**14.6**	**11.5**	**9.6**	
23.5	**23.0**	**23.8**	**25.1**	**26.4**	
79.8	81.8	79.4	74.2	82.0	78.7
1.2	1.6	3.4	9.5	1.5	11.8
19.0	16.6	17.2	16.3	9.5	9.5
38.0	27.8	30	24.7	22.7	21.6
32.5	38.5	35.4	26.0	23.9	27.9
29.5	33.7	34.6	49.3	53.4	50.5
52. 5	53.4	50.5	34.5	30.9	23.4
47.5	46.6	49.5	65.5	69.1	60.3
56.5	63.1	61.2	52.3	52.1	50.0
8.6	8.5	7.3	9.9	11.8	11.0
25.5	26.8	29.6	31.8	30.0	32.5
0.7	1.6	1.9	2.2	2.2	2.5
8.7			3.8	3.9	4.0

Note:The figures in this table are calculated at Current prices.

2-5 云南平均每天社会经济活动情况部分指标
Selected Indicators on Average Daily Social and Economic Activities

项　　　目	Item	2004年	2005年	2006年	2007年
全省每天创造的财富	**Daily Production**				
工农业总产值（万 元）	Gross Output Value of Industry and Agriculture (10 000 yuan)	94 364	118 313	145 754	179 509
# 农业总产值（万 元）	Gross Output Value of Agriculture (10 000 yuan)	26 444	29 276	33 144	38 761
工业总产值（万 元）	Gross Output Value of Industry (10 000 yuan)	67 920	89 036	112 609	140 748
生产总值(按当年价计算)(万 元)	Gross Domestic Product (at prices of previous years) (10 000 yuan)	81 082	95 132	109 773	129 899
地方财政收入（万 元）	Local Government Revenue (10 000 yuan)	7 215	8 566	10 410	13 335
布（万 米）	Cloth (10 000 m)	6	4	3	2
机制纸及纸板（吨）	Machine-made Paper and Paperboards (ton)	996	791	911	1 034
原 煤（万 吨）	Coal (10 000 tons)	13.82	17.80	20.00	21
发电量（万千瓦小时）	Electricity (10 000 kwh)	15 015	15 849	20 648	24 781
钢（吨）	Steel (ton)	9 759	14 049	17 408	24 215
成品钢材（吨）	Steel Products (ton)	10 104	13 153	16 111	21 644
卷烟(万箱)	Cigarettes (10 000 cases)	1.7	1.7	1.8	1.8
全省城乡居民每天消费总额（万 元）	**Total Daily Expenditure on Consumption of Provincial Residents (10 000 yuan)**	**39 915**	**45 524**	**49 869**	**56 114**
平均每人每天消费额（元）	Per Capita Daily Expenditure Consumption (yuan)	8.1	10.2	11.2	12.5
全省每天社会消费品零售总额（万 元）	**Daily Total Retail Sales of Consumer Goods (10 000 yuan)**	**25 077**	**28 340**	**32 572**	**38 207**
平均每人每天社会消费品零售总额（元）	**Per Capita Daily Retail Sales of Consumer Goods (yuan)**	5.7	6.4	7.3	8.5
全省每天其它经济活动	**Other Daily Economic Activities**				
城镇新建住宅面积（万平方米）	Floor Space of Residential Buildings Newly Completed in Urban Areas (10 000 sq.m)	3.86	4.48	4.22	
农民个人新建住宅面积（万平方米）	Floor Space of Residential Buildings Newly Completed in Rural Areas (10 001 sq.m)	0.79	0.11	5.41	
出版图书（万 册）	Number of Books Published (10 000 copies)	41	35	48	43.7
出版杂志（万 册）	Number of Magazines Issued (10 000 copies)	6.5	6.3	7.9	7.7
出版报纸（万 份）	Number of Newspapers Issued (10 000 pieces)	129	136	146	153.3
邮寄函件（万 件）	Number of Mail (10 000 pieces)	23	22	20	18.4
全省每天人口变动	**Daily Changes in Population**				
出 生（人）	Births (person)	1 879	1 542	1 616	1 606
死 亡（人）	Deaths (person)	795	819	770	773

注：城镇新建住宅面积包括国有单位、其它单位、城镇集体单位、城镇个人及城镇房地产开发新建住宅面积。

Note: Floor space of residential buildings newly completed in urban areas includes that of state-owned Entities,collective-owned Entities, individuals and real estates department.

2-6 全省社会经济主要指标每人年平均水平

Principal Socioeconomic Indicators Per Capita Annual Level of the Whole Province

指　　标	Item	1995年	2000年	2001年	2005年	2006年	2007年
工农业总产值(当年价格)(元)	**Gross Output Value of Industry and Agriculture (at current prices) (yuan)**	**4 299**	**5 384**	**5 578**	**9 742**	**11 910**	**14 565**
农业总产值（元）	Gross Output Value of Agriculture (yuan)	1 197	1 615	1 650	2 411	2 708	3 145
工业总产值（元）	Gross Output Value of Industry (yuan)	3 103	3 769	3 928	7 331	9 168	11 420
(含村及村以下工业)	(Including that of Entities at below Village Level)						
生产总值(当年价格)(元)	**Gross Domestic Product (at current prices) (yuan)**	**3 044**	**4 637**	**4 866**	**7 833**	**8 970**	10 540
地方财政收入（元）	**Local Government Revenue (yuan)**	**248**	**429**	**449**	**705**	**851**	**1 082**
森林面积（公 顷）	**Forest Area (hectare)**	**0.24**	**0.31**	**0.30**	**0.40**	**0.34**	**0.33**
主要工农业产品产量	**Output of Major Industrial and Agricultural Products**						
纱（千 克）	Yarn (kg)	0.9	0.5	0.5	0.3	0.3	0.2
布（米）	Cloth (m)	3.5	1.4	1.1	0.2	0.2	0.1
农用化肥（千 克）	Chemical Fertilizer (kg)	30.6	46.7	48.9	59.4	68.3	70.6
糖（千 克）	Sugar (kg)	23.8	36.1	29.4	34.7	31.4	41.9
卷 烟（箱）	Cigarettes (case)	0.2	0.1	0.1	0.1	0.1	0.1
粗 钢（千 克）	Steel (kg)	35.4	44.9	52.1	115.0	142.2	196.5
成品钢材（千 克）	Steel Products (kg)	36.4	43.6	43.7	108.0	131.7	175.6
原 煤（千 克）	Coal (kg)	707	525	561	1 466	1 643	1 724
发电量（千瓦小时）	Electricity (kwh)	576	753	843	1 305	1 687	2 011
粮 食（千 克）	Grain (kg)	300	348	349	342	326.3	324.7
油 料（千 克）	Oil-bearing Crops (kg)	4.9	6.4	6.5	8.2	8.7	8.1
甘 蔗（千 克）	Sugarcane (kg)	266	337	347	319	376	431
烤 烟（千 克）	Flue-cured Tobacco (kg)	19.2	15.3	14.1	16.3	17.0	17.0
水 果（千 克）	Fruits (kg)	14.1	18.2	23.1	30.8	36.4	45.0
猪牛羊肉（千 克）	Pork, Beef and Mutton (kg)	30.4	45.4	47.8	67.4	66.3	72.7
牛 奶（千 克）	Milk (kg)	2.4	3.1	3.7	6.9	8.1	9.4
水产品（千 克）	Aquatic Products (kg)	2.1	3.9	4.2	5.3	6.5	7.4
交通、邮电(每万人拥有)	**Transport, Posts and Telecommunition Services(owned per 10 000 persons)**						
铁路营业里程（公 里）	Length of Railways in Operation (km)	0.37	0.45	0.45	0.43	0.43	0.43
公路通车里程（公 里）	Length of Highways in Operation (km)	15.28	36.63	36.71	43.54	44.44	44.53
民用航空航线里程（公 里）	Length of Civil Aviation Routes (km)	11.56	26.80	30.25	30.32	30.62	28.87
固定电话机（户）	Number of Telephones (subscriber)	212	711	828	1 348	1 442	1 398
移动电话机（户）	Number of Mobile Telephones (subscriber)			791	2 028	2 391	2 993
社会消费品零售总额（元）	**Total Retail Sales of Consumer Goods (yuan)**	**932**	**1 383**	**1 503**	**2 334**	**2 662**	**3 100**
城乡储蓄存款余额（元）	**Balance of Savings Deposits in Urban and Rural Areas (yuan)**	**1 254**	**2 684**	**3 029**	**5 461**	**6 391**	**6 772**

2-7 云南省国民经济占全国的比重

指标	Item	全 国 National Total 2006年
年末总人口(万人)	**Total Population at the Year-end (10 000 persons)**	**131 448.00**
生产总值(亿元)	**Gross Domestic Product (100 million yuan)**	**209 406.80**
第一产业	Primary Industry	24 700.00
第二产业	Secondary Industry	102 004.04
第三产业	Tertiary Industry	82 702.80
全社会固定资产投资(亿元)	**Total Investment in Fixed Assets (100 million yuan)**	**109 869.80**
社会消费品零售总额(亿元)	**Total Retail Sales of Consumer Goods (100 million yuan)**	**76 410.00**
对外贸易进出口总额	**Total Value of Export and Import in Foreign Trade (USD 100 million)**	**17 606.90**
# 出口总额	Total Export Value	9 690.70
外商直接投资(亿美元)	**Direct Foreign Investment (USD 100 million)**	**694.68**
普通高等学校在校学生数(万人)	**Student Enrollment of Regular Institutions of Higher Education(10 000 persons)**	**1 738.84**
卫生机构病床数(万张)	**Number of Hospital Sickbeds (10 000)**	**327.10**
卫生技术人员(万人)	**Medical Technical Personnel (10 000 persons)**	**462.40**
# 医生	Doctors	199.50
全部职工平均工资(元)	**Average Wages of All Staff and Workers (yuan)**	**21 001.00**
农民人均纯收入(元)	**Per Capita Net Income of Farmers (yuan)**	**3 587.00**
城镇居民年平均可支配收入(元)	**Annual Average Disposable Income of Urban Households (yuan)**	**11 759.45**
城乡居民储蓄存款余额(亿元)	**Outstanding Balance of Savings Urban and Rural Residents Deposits of (100 m**	**161 587.30**
工农业主要产品产量	**Output of Major Industrial and Farm Products**	
粮　食(万吨)	Grain (10 000 tons)	49 747.89
烤　烟(万吨)	Flue-cured Tobacco (10 000 tons)	248.70
油　料(万吨)	Oil-bearing Crops (10 000 tons)	3 059.39
猪、牛、羊肉(万吨)	Pork , Beef and Mutton (10 000 tons)	6 416.90
粗　钢(万吨)	Steel (10 000 tons)	42 266.00
成品钢材(万吨)	Steel Products (10 000 tons)	47 340.60
原　煤(亿吨)	Coal (100 million tons)	23.80
发电量(亿千瓦小时)	Electricity (100 million kwh)	28 344.00
水　泥(万吨)	Cement (10 000 tons)	123 500.00
农用化肥(折100%)(万吨)	Chemical Fertilizer (10 000 tons)	5 592.80
布(亿米)	Cloth (100 million m)	550.00
糖(万吨)	Sugar (10 000 tons)	949.00
卷 烟(万箱)	Cigarettes (10 000 cases)	4 043.63

Proportion of Yunnan Province to the National Economy of China

全国 National Total	云南 Yunnan Total		云南占全国的比重(%) Proportion of Yunnan to National Total (%)	
2007年	2006年	2007年	2006年	2007年
132 129.00	4 483.00	4 514.00	3.4	3.4
251 481.20	4 006.72	4 741.31	1.9	1.9
28 095.00	749.81	837.35	3.0	3.0
121 381.30	1 712.60	2 051.08	1.7	1.7
100 053.50	1 544.31	1 852.88	1.9	1.9
137 239.00	2 220.45	2 798.89	2.0	2.0
89 210.00	1 188.88	1 394.54	1.6	1.6
21 738.30	62.32	87.80	0.4	0.4
12 180.10	33.91	47.36	0.3	0.4
853.20	3.02	3.95	0.4	0.5
1 884.90	26.81	30.21	1.5	1.6
343.80	11.05	11.90	3.4	3.5
478.60	12.14	12.37	2.6	2.6
201.30	5.65	5.66	2.8	2.8
24 932.00	18 711.00	20 481.00	89.1	82.1
4 140.40	2 250.46	2 634.09	62.7	63.6
13 786.00	10 069.89	11 496.11	85.6	83.4
172 534.20	2 855.00	3 046.40	1.8	1.8
50 148.30	1 542.21		3.1	
217.80	75.78	76.68	30.5	35.2
2 548.90	39.01	36.65	1.3	1.4
5 283.80	296.13	326.96	5.0	6.2
48 966.00	635.38	883.85	0.7	1.8
56 894.40	588.06	789.99	1.2	1.4
25.36	0.73	0.78	3.1	3.1
32 777.00	753.64	904.51	2.7	2.8
136 000.00	3 305.97	3 568.53	2.7	2.6
5 786.90	305.04	316.26	5.5	5.5
660.00	0.10	0.06		0.0
1 271.00	140.31	188.04	14.8	14.8
4 282.76	648.10	670.26	16.0	15.7

2-8 历年全省工农业总产值
Historic Gross Output Value of Industry and Agriculture

(按当年价格计算) (Data below are calculated at current prices)

单位:万元 (10 000 yuan)

年份 Year	工农业总产值 Gross Output Value of Industry and Agriculture	农业总产值 Gross Output Value of Agriculture	工业总产值 Gross Output Value of Industry	轻工业总产值 Gross Output Value of Light Industry	重工业总产值 Gross Output Value of Heavy Industry
1949	102 500	83 000	19 500	12 480	7 020
1952	134127	96 000	38 127	22 991	15 136
1957	277 533	165 600	111 933	63 578	48 355
1960	411 006	133 274	277 732	95 818	181 914
1962	332 928	188 280	144 648	63 934	80 714
1965	431 402	228 306	203 096	89 768	113 328
1970	557 125	248 918	308 207	102 325	205 882
1971	615 612	288 135	327 477	127 716	199 761
1972	697 536	328 105	369 431	146 295	223 136
1973	768 814	355 521	413 293	166 144	247 149
1974	745 037	329 113	415 924	182 591	233 333
1975	777 341	354 034	423 307	186 255	237 052
1976	665 206	339 163	326 043	165 630	160 413
1977	796 903	334 745	462 158	216 752	245 406
1978	954 547	400 225	554 322	238 358	315 964
1979	1 070 921	447 083	623 838	262 636	361 202
1980	1 135 544	482 029	653 515	295 389	358 126
1981	1 277 445	552 010	725 435	351 836	373 599
1982	1 454 407	618 381	836 026	412 997	423 029
1983	1 607 918	656 790	951 128	473 662	477 466
1984	1 896 300	773 552	1 122 748	551 269	571 479
1985	2 251 410	888 826	1 362 584	659 277	703 307
1986	2 430 325	960 149	1 470 176	677 101	793 075
1987	2 930 947	1 112 497	1 818 450	855 253	963 197
1988	3 800 173	1 353 906	2 446 267	1 216 368	1 229 899
1989	4 575 929	1 526 820	3 049 109	1 546 107	1 503 002
1990	5 569 820	2 117 233	3 452 587	1 811 436	1 641 151
1991	6 165 571	2 229 305	3 936 266	2 038 510	1 897 756
1992	7 274 242	2 503 535	4 770 707	2 408 461	2 362 246
1993	9 712 867	2 812 100	6 900 767	3 332 846	3 567 921
1994	13 054 849	3 567 761	9 487 088	5 146 859	4 340 229
1995	17 044 717	4 744 641	12 300 076	6 565 984	5 734 092
1996	18 588 947	5 675 149	12 913 798	6 955 577	5 958 221
1997	20 521 244	6 120 148	14 401 096	7 511 543	6 889 553
1998	21 232 596	6 200 248	15 032 348	7 747 162	7 285 186
1999	22 035 572	6 424 748	15 610 824	7 938 783	7 672 041
2000	22 702 182	6 808 567	15 893 615	8 027 044	7 866 571
2001	23 786 392	7 035 331	16 751 061	8 637 582	8 113 479
2002	25 880 114	7 375 491	18 504 623	9 542 729	8 961 894
2003	29 757 250	7 993 267	21 763 983	10 147 043	11 616 940
2004	34 442 963	9 652 238	24 790 725	9 172 079	15 618 646
2005	43 184 173	10 685 800	32 498 373	11 204 660	21 293 713
2006	53 200 062	12 097 600	41 102 462	12 696 331	28 406 131
2007	65 520 868	14 147 868	51 373 000	18 301 640	33 071 360

注：村及村以下办工业产值包括在工业总产值中。

Note: a.Gross output value of industry is included industrial output value of Entities at village level and below its.

2-9 历年工农业总产值指数

Indices of Historic Gross Output Value of Industry and Agriculture

(按可比价格计算,以1949年为100) (Data below are calculated at current prices ,1949=100)

年 份 Year	工农业总产值 Gross Output Value of Industry and Agriculture	农业总产值 Gross Output Value of Agriculture	工业总产值 Gross Output Value of Industry	轻工业总产值 Gross Output Value of Light Industry	重工业总产值 Gross Output Value of Heavy Industry
1949	100	100	100	100	100
1952	129.1	115.7	195.4	184.2	215.4
1957	246.9	175.8	601.0	556.8	679.5
1960	366.8	138.8	1 512.0	851.5	2 591.9
1962	252.3	159.6	715.9	515.4	1 046.9
1965	332.3	192.2	1 033.8	744.3	1 511.8
1970	454	206.1	1 697.5	918.6	2 969.9
1971	480.6	219.3	1 791.7	1 057.9	2 992.8
1972	539.1	244.4	2 021.1	1 211.6	3 343.2
1973	594	264.2	2 261.8	1 376.2	3 704.4
1974	583.2	251.3	2 276.5	1 512.2	3 498.8
1975	610	272.4	2 315.7	1 544.6	3 547.5
1976	521	261.0	1 782.5	1 371.8	2 400.1
1977	625.4	256.7	2 528.9	1 797.4	3 674.4
1978	743.8	288.4	3 123.7	2 033.0	4 876.8
1979	764.8	272.2	3 378.6	2 153.3	5 357.0
1980	795.2	290.8	3 459.9	2 366.3	5 194.7
1981	859.9	316.7	3 725.9	2 782.1	5 171.4
1982	958.5	350.6	4 175.0	3 171.4	5 699.9
1983	1 049.4	370.0	4 691.4	3 596.9	6 346.6
1984	1 211.1	426.3	5 420.4	4 097.6	7 435.1
1985	1 354.1	453.6	6 261.4	4 819.9	8 436.9
1986	1 409.5	442.9	6 789.1	5 347.3	8 963.4
1987	1 588.5	470.0	7 921.6	6 368.8	10 261.3
1988	1 810.1	501.0	9 347.9	7 669.9	11 873.5
1989	1 909.3	515.4	9 981.1	8 140.1	12 752.8
1990	2 064.7	549.1	10 869.9	9 093.4	13 540.5
1991	2 234.3	579.8	11 937.7	9 780.0	15 169.0
1992	2 502.3	605.6	13 904.3	11 407.0	17 644.9
1993	2 785.9	623.7	16 097.9	13 154.8	20 503.4
1994	3 166.4	642.9	19 101.2	15 955.5	23 828.9
1995	3 635.9	684.4	22 624.4	18 827.5	28 332.6
1996	4 073.1	735.3	25 747.2	21 029.5	32 843.1
1997	4 447.2	795.6	28 204.6	22 178.0	37 276.1
1998	4 658.8	831.7	29 568.7	23 086.3	39 327.4
1999	5 011.7	872.9	32 082.0	24 803.2	43 056.1
2000	5 396.9	930.0	34 680.6	26 167.4	47 533.9
2001	5 725.2	963.4	37 118.0	26 925.7	52 577.3
2002	6 195.7	1 008.0	40 643.9	28 515.9	59 095.9
2003	6 981. 3	1 075.0	46 667.3	30 211.5	71 837.6
2004	7 623. 6	1 148.1	53 807.4	32 537. 8	87 785. 5
2005	8 683. 3	1 227.3	63 008.5	35 036.7	108 274.6
2006	10 302. 7	1 330.9	76 870.4	39 030.9	138 266.7
2007	11 923. 3	1 428.1	90 860.8	46 134.5	162 325.1

注：1. 村及村以下办工业产值包括在工业总产值中；

2.用本表指数可以直接计算年度或时期的增长速度。

Note: a.Gross output value of industry is included industrial output value of Entities at village level and below its.

b.A growth rate or in a Year period can be directly calculated with the indices in this table.

2-10 历年工农业总产值构成
Composition of Historic Gross Output Value of Industry and Agriculture

(按当年价格计算) (Data below are calculated at current prices ,1949=100)

单位 % (%)

年 份 Year	以工农业总产值为100 Gross Output Value of Industry and Agriculture =100				以工业总产值为100 Gross Output Value of Industry =100	
	农业总产值 Gross Output Value of Agriculture	工业总产值 Gross Output Value of Industry	轻工业总产值 Gross Output Value of Light Industry	重工业总产值 Gross Output Value of Heavy Industry	轻工业总产值 Gross Output Value of Light Industry	重工业总产值 Gross Output Value of Heavy Industry
1949	81.0	19.0	12.2	6.8	64.0	36.0
1952	71.6	28.4	17.1	11.3	60.3	39.7
1957	59.7	40.3	22.9	17.4	56.8	43.2
1960	32.4	67.6	23.3	44.3	34.5	65.5
1962	56.6	43.4	19.2	24.2	44.2	55.8
1965	52.9	47.1	20.8	26.3	44.2	55.8
1970	44.7	55.3	18.4	36.9	33.2	66.8
1971	46.8	53.2	20.7	32.5	39.0	61.0
1972	47.0	53.0	21.0	32.0	39.6	60.4
1973	46.2	53.8	21.6	32.2	40.2	59.8
1974	44.2	55.8	24.5	31.3	43.9	56.1
1975	45.5	54.5	24.0	30.5	44.0	56.0
1976	51.0	49.0	24.9	24.1	50.8	49.2
1977	42.0	58.0	27.2	30.8	46.9	53.1
1978	41.9	58.1	25.0	33.1	43.0	57.0
1979	41.7	58.3	24.5	33.8	42.1	57.9
1980	42.4	57.6	26.0	31.6	45.2	54.8
1981	43.2	56.8	27.5	29.3	48.5	51.5
1982	42.5	57.5	28.4	29.1	49.4	50.6
1983	40.8	59.2	29.5	29.7	49.8	50.2
1984	40.8	59.2	29.1	30.1	49.1	50.9
1985	39.5	60.5	29.3	31.2	48.4	51.6
1986	39.5	60.5	27.9	32.6	46.1	53.9
1987	38.0	62.0	29.2	32.8	47.0	53.0
1988	35.6	64.4	32.0	32.4	49.7	50.3
1989	33.4	66.6	33.8	32.8	50.7	49.3
1990	38.0	62.0	32.5	29.5	52.5	47.5
1991	36.2	63.8	33.0	30.8	51.8	48.2
1992	34.4	65.6	33.1	32.5	50.5	49.5
1993	29.0	71.0	34.3	36.7	48.3	51.7
1994	27.3	72.7	39.4	33.3	54.3	45.7
1995	27.8	72.2	38.5	33.7	53.4	46.6
1996	30.5	69.5	37.4	32.1	53.9	46.1
1997	29.8	70.2	36.6	33.6	52.2	47.8
1998	29.2	70.8	36.5	34.3	51.5	48.5
1999	29.2	70.8	36.0	34.8	50.9	49.1
2000	30.0	70.0	35.4	34.6	50.5	49.5
2001	29.6	70.4	36.3	34.1	51.6	48.4
2002	28.5	71.5	36.9	34.6	51.6	48.4
2003	26.9	73.1	34.1	39.0	46.6	53.4
2004	28.0	72.0	26.6	45.4	37.0	63.0
2005	24.7	75.3	26.0	49.3	34.5	65.5
2006	22.7	77.3	23.9	53.4	30.9	69.1
2007	21.6	78.4	27.9	50.5	35.6	64.4

注：村及村以下办工业产值包括在工业总产值中。
Note: a.Gross output value of industry is included industrial output value of Entities at village level and below its.

2-11 各地区工农业总产值(2007年)

Gross Output Value of Industry and Agriculture by Region (2007)

单位：万元 (10 000 yuan)

地 区	Region	工农业总产值 Gross Output Value of Industry and Agriculture	农业总产值 Gross Output Value of Agriculture	工业总产值 Gross Output Value of Industry	轻工业总产值 Gross Output Value of Light Industry	重工业总产值 Gross Output Value of Heavy Industry
全省合计	**Total**	**65 520 868**	**14 147 868**	**51 373 000**	**18 301 640**	**33 071 360**
昆 明	Kunming	19 235 746	1 504 193	17 731 553	3 766 413	12 378 585
曲 靖	Qujing	9 916 681	2 045 518	7 871 163	1 360 392	4 793 292
玉 溪	Yuxi	7 975 071	828 958	7 146 113	2 770 544	3 439 868
保 山	Baoshan	1 714 399	859 230	855 169	182 522	393 718
昭 通	Zhaotong	2 343 534	808 906	1 534 628	470 886	785 947
丽 江	Lijiang	757 590	304 391	453 199	60 879	232 790
普 洱	Pu'er	1 495 418	747 256	748 162	181 783	394 578
临 沧	Lincang	1 412 526	765 749	646 777	289 531	250 744
楚 雄	Chuxiong	3 628 712	1 010 184	2 618 528	554 170	1 344 838
红 河	Honghe	7 170 576	1 190 541	5 980 035	1 062 324	3 977 718
文 山	Wenshan	2 373 091	824 937	1 548 154	231 868	902 236
西双版纳	Xishuangbanna	947 260	544 618	402 642	227 742	132 911
大 理	Dali	4 089 178	1 367 926	2 721 252	632 838	1 209 927
德 宏	Dehong	897 764	383 571	514 193	181 065	211 414
怒 江	Nujiang	530 747	77 588	453 159		416 092
迪 庆	Diqing	281 641	90 116	191 525	36 081	109 168

注：本表按当年价格计算,工业总产值按工业普查的新规定统计；各州市轻重工业总产值为规模以上口径。
Note: The figures above are calculated at current price in this table, and gross output value of industrial is calculated by a new industrial census approach.

2-12 各地区工农业总产值构成 (2007年)

Composition of Gross Output Value of Industry and Agriculture by Region (2007)

单位% (%)

地 区	Region	以工农业总产值为100 Gross Output Value of Industry and Agriculture =100				以工业总产值为100 Gross Output Value of Industry =100	
		农业总产值 Gross Output Value of Agriculture	工业总产值 Gross Output Value of Industry	轻工业总产值 Gross Output Value of Light Industry	重工业总产值 Gross Output Value of Heavy Industry	轻工业总产值 Gross Output Value of Light Industry	重工业总产值 Gross Output Value of Heavy Industry
全省合计	**Total**	**21.6**	**78.4**	**27.9**	**50.5**	**35.6**	**64.4**
昆 明	Kunming	7.8	92.2	19.6	64.4	21.2	69.8
曲 靖	Qujing	20.6	79.4	13.7	48.3	17.3	60.9
玉 溪	Yuxi	10.4	89.6	34.7	43.1	38.8	48.1
保 山	Baoshan	50.1	49.9	10.6	23.0	21.3	46.0
昭 通	Zhaotong	34.5	65.5	20.1	33.5	30.7	51.2
丽 江	Lijiang	40.2	59.8	8.0	30.7	13.4	51.4
思 茅	Simao	50.0	50.0	12.2	26.4	24.3	52.7
临 沧	Lincang	54.2	45.8	20.5	17.8	44.8	38.8
楚 雄	Chuxiong	27.8	72.2	15.3	37.1	21.2	51.4
红 河	Honghe	16.6	83.4	14.8	55.5	17.8	66.5
文 山	Wenshan	34.8	65.2	9.8	38.0	15.0	58.3
西双版纳	Xishuangbanna	57.5	42.5	24.0	14.0	56.6	33.0
大 理	Dali	33.5	66.5	15.5	29.6	23.3	44.5
德 宏	Dehong	42.7	57.3	20.2	23.5	35.2	41.1
怒 江	Nujiang	14.6	85.4		78.4		91.8
迪 庆	Diqing	32.0	68.0	12.8	38.8	18.8	57.0

注：1.本表按当年价格计算；2.各州市工农业总产值和工业总产值构成计算中的轻重工业总产值构成为规模以上口径。
Note: a.The figures in this table are calculated at current prices.
b.Composition calculated with gross output value of light industry and heavy industry are industrial enterprises above designated size by region.

主要统计指标解释

当年价格 指报告期的实际价格，如工厂的出厂价格，农产品的收购价格，商业的零售价格等。按当年价格计算，是指一些以货币表现的物量指标，如社会总产值、工农业总产值、国民收入、国民生产总值等，按照当年的实际价格来计算总量。使用当年价格计算的数字，是为了使国民经济各项指标互相衔接，便于考察当年社会经济效益，便于对生产和流通、生产和分配、生产和消费进行经济核算和综合平衡。

按当年价格计算的价值指标，在不同年份之间进行对比时，因为包含有各年间价格变动的因素，不能确切地反映实物量的增减变动。必须消除价格变动因素后，才能真实反映经济发展动态。因此，在计算增长速度时都使用按可比价格计算的数字。

可比价格 指在不同时期的价值指标对比时，扣除了价格变动的因素，以确切反映物量的变化。按可比价格计算有两种方法：一种是直接按产品产量乘其不变价格计算；一种是用价格指数换算。

不变价格 用某一时期的同类产品的平均价格作为固定价格，来计算各个时期的产品价值。新中国成立后，随着工农业产品价格水平的变化，国家统计局先后五次制定了全国统一的工业产品不变价格和农业产品不变价格，从 1949 年到 1957 年使用 1952 年工（农）业产品不变价格，从 1957 年到 1971 年使用 1957 不变价格，从 1971 年到 1981 年使用 1970 年不变价格，从 1981 年到 1990 年使用 1980 年不变价格，从 1990 年开始使用 1990 年不变价格。

本《年鉴》所列“社会总产值指数”、“工农业总产值指数”、“国民收入指数”等都是按可比价格计算的。如计算有关年份产值增长情况，可用指数直接进行对比。

平均每年增长速度 在我国计算平均增长速度有两种方法，一种是习惯上经常使用的“水平法”，又称几何平均法，是以间隔期最后一年的水平同基期水平对比来计算平均每年增长（或下降）速度。另一种是“累计法”，又称代数平均法或方程法，是以间隔期内各年水平的总和同基期水平对比来计算平均每年增长（或下降）速度。（具体计算方法，可参阅中国财政经济出版社出版的《平均增长速度查对表》。）

在一般正常情况下，两种方法计算的平均每年增长速度比较接近，但在经济发展不平衡，出现大起大落时，两种方法计算的结果差别较大。

本《年鉴》内所列的平均每年增长速度，一般都是用“水平法”计算的。从某年到某年平均增长速度的年份，均不包括基期年在内。如建国三十六年的平均增长速度是以 1949 年为基期计算的，则写为 1950—1985 年平均增长速度，余类推。固定资产投资则是用“累计法”计算的。

各个计划时期 表内所用各个“时期”代表的年份如下：恢复时期为 1950 年到 1952 年；第一个五年计划时期（简称“一五”时期）为 1953 年到 1957 年；第二个五年计划时期（简称“二五”时期）为 1958 年到 1962 年；第三个五年计划时期（简称“三五”时期）为 1966 年到 1970 年；第四个五年计划时期（简称“四五”时期）为 1971 年到 1975 年；第五个五年计划时期（简称“五五”时期）为 1976 年到 1980 年；第六个五年计划时期（简称“六五”时期）为 1981 年到 1985 年；第七个五年计划时期（简称“七五”时期）为 1986 年到 1990 年；第八个五年计划时期（简称“八五”时期）为 1991 年到 1995 年；第九个五年计划时期（简称“九五”时期）为 1996 年 2000 年；第十个五年计划时期（简称“十五”时期）为 2001 年到 2006 年；从 2007 年开始为第十一个五年计划时期。

国有经济单位 指生产资料归全民所有的企业、事业单位，以及各级国家机关、人民团体等单位。

集体经济单位 指生产资料归劳动者集体所有的各种企事业单位。包括农村各种经济组织经营的农、林、牧、渔业，乡（社）村（队）经营的企业、事业单位；城市、县、镇以及街道举办的集体所有制的企业、事业单位。

Explanatory Notes on Principal Statistical Indicators

Current Prices refer to the actual prices in the report period, such as ex-factory prices, purchase prices of agricultural products, retail prices, etc. Calculation at current prices means some quantitative indicators in monetary terms such as gross domestic product, gross output value of industry and agriculture, national income, gross national product, etc. are calculated at the actual prices in a certain year. Figures calculated at current prices are used to dovetail each indicators of national economy so as to conveniently observe the socioeconomic benefits and conduct economic accounting and aggregate balancing in production and circulation, production and distribution, and production and consumption.

Because of the factors of price variation in each year, value indicators calculated at current prices cannot accurately reflect increase-decrease variations in physical quantity when compared with the figures in different years. Only after the factors of price variation are removed can the trend of economic development be truly reflected. Therefore, figures calculated at comparable prices are usually used to calculate growth rate.

Comparable Prices refer to prices in which the factors of price variation are deducted so as to reflect the changes in the quantity of goods accurately when comparing value indicators in different periods. Two methods are used for calculating value indicators at comparable prices:

1. Multiplying the output of products by their constant prices of a certain year;
2. Converting data at current prices by relevant price indices.

Constant Price refers to the average price of homogeneous products in a certain year, which is used as fixed price for calculating product value in different periods. Since 1949, with the changes in general price level, National Bureau of Statistics has issued nationally unified constant prices five times: the 1952 constant prices for 1949-1957; the 1957 constant prices for 1957-1971; the 1970 constant prices for 1971-1981; the 1980 constant prices for 1981-1990; and the 1990 constant prices initiated in 1990. Such indices as "Index of GDP", "Index of Gross Output Value of Industry and Agriculture", "Index of National Income" etc. in this statistical yearbook are calculated at constant prices; thus they can be directly compared with one another in calculating a growth rate of a certain year.

Average Annual Growth Rate Two methods for calculating average annual growth rate are applied in China, one is often called "level approach", or geometric average approach, i.e. an average annual growth rate is made by dividing the level of the last year of the interval by that of the base year; the other is called "accumulative approach" or algebraic average or equation approach, i.e. an average annual growth rate is made by dividing the sum of the actual figure of each year in the interval by the figure of the base year.

Under normal conditions results calculated by the two methods are fairly close, but they differ sharply when disequilibria in economic development occur with striking fluctuations in growth.

The average annual growth rates listed in this statistical yearbook are calculated by "level approach" except those of investment in fixed assets. The base years are not included in the years listed for average annual growth rates. For instance, the average annual growth rate of 36 years since 1949 is listed as that of 1950-1985 without listing the base year 1949. And the rest can be reasoned out by analogy.

Plan Periods The specific years of each "period" in the tables are as follows: the recovering period was from 1950 to 1952; the First Five-Year Plan was from 1953 to 1957; the Second Five-Year Plan was from 1958 to 1962; the Third Five-Year Plan was from 1966 to 1970; the Fourth Five-Year Plan was from 1971 to 1975; the Fifth Five-Year Plan was from 1976 to 1980; the Sixth Five-Year Plan was from 1981 to 1985; the Seventh Five-Year Plan was from 1986 to 1990; the Eighth Five-Year Plan was from 1991 to 1995; the Ninth Five-Year Plan was from 1996 to 2000; the Tenth Five-Year Plan was from 2001 to 2006; and the Eleventh Five-Year Plan started from 2007.

State-owned Economic Entities refer to various enterprises and institutions whose means of production belong to the whole people, government departments at all levels and mass organizations, etc.

Collective-owned Economic Entities refer to enterprises and institutions whose means of production belong to the labor collectives, including rural economic entities of farming, forestry, animal husbandry and fishery, enterprises and institutions run by townships and villages, collective-owned enterprises and institutions run by cities, counties, towns and communities.

三、国民经济核算

National Accounts

Chapter 3

3-1 历年云南省生产总值和指数
Historic Gross Domestic Product and Its Indices

年 份 Year	云南省生产总值(亿元) Gross Domestic Product of Yunnan Province(100 million yuan)				云南省生产总值指数(%) Indices of Gross Domestic Product of Yunnan Province(%)			
	云南省生产总值 Gross Domestic Product of Yunnan Province	第一产业 Primary Industry	第二产业 Secondary Industry	第三产业 Tertiary Industry	云南省生产总值 Gross Domestic Product of Yunnan Province	第一产业 Primary Industry	第二产业 Secondary Industry	第三产业 Tertiary Industry
1957	22.53	12.47	5.43	4.63	177.1	150.8	307.1	159.9
1962	24.50	13.64	6.55	4.31	167.4	138.0	344.5	127.6
1965	33.62	17.31	11.01	5.30	233.1	174.0	577.5	159.9
1966	36.39	18.37	12.18	5.84	255.7	184.6	656.0	177.3
1967	34.18	18.49	10.17	5.52	235.5	185.7	538.6	165.4
1968	26.51	17.36	4.74	4.41	178.7	174.4	267.1	130.8
1969	34.34	18.63	10.01	5.70	236.2	187.0	528.6	171.3
1970	38.52	18.87	13.38	6.27	270.7	186.4	726.3	189.8
1971	43.47	21.99	14.57	6.91	291.8	197.0	789.5	211.1
1972	49.50	24.84	16.89	7.77	328.9	217.9	910.3	235.2
1973	54.57	27.23	18.85	8.49	362.4	238.2	1 003.2	264.6
1974	51.78	24.29	18.98	8.51	349.0	218.4	1 005.2	258.0
1975	54.29	26.34	19.12	8.83	367.1	238.7	1 025.3	269.1
1976	49.27	25.70	14.96	8.61	332.6	233.0	829.5	266.1
1977	55.84	24.36	21.45	10.03	377.8	220.0	1 117.3	304.4
1978	69.05	29.46	27.58	12.01	459.8	250.1	1 441.3	362.8
1979	76.83	32.38	30.50	13.95	474.1	232.6	1 524.9	416.5
1980	84.27	35.89	33.98	14.40	514.4	255.4	1 678.9	426.9
1981	94.13	41.23	35.80	17.10	554.5	279.2	1 734.3	500.3
1982	110.12	47.04	42.39	20.69	640.4	314.9	1 996.2	602.4
1983	120.07	49.33	47.28	23.46	694.2	328.1	2 173.9	682.5
1984	139.58	57.33	54.38	27.87	794.9	373.0	2 454.3	811.5
1985	164.96	66.07	65.41	33.48	898.2	398.4	2 788.1	970.6
1986	182.28	71.32	70.83	40.13	936.8	389.2	2 972.1	1 039.5
1987	229.03	84.06	84.30	60.67	1 052.0	419.2	3 281.2	1 254.7
1988	301.09	103.47	112.40	85.22	1 220.3	451.9	3 888.2	1 493.1
1989	363.05	119.01	138.06	105.98	1 291.1	466.4	4 039.8	1 661.8
1990	451.67	168.13	157.80	125.74	1 403.4	506.0	4 435.7	1 779.8
1991	517.41	169.48	179.56	168.37	1 496.0	511.6	4 830.5	1 975.6
1992	618.69	186.80	219.03	212.86	1 659.1	526.9	5 642.0	2 240.3
1993	783.27	191.45	325.57	266.25	1 843.3	540.1	6 415.0	2 621.2
1994	983.78	236.25	428.68	318.85	2 068.2	556.3	7 524.8	3 006.5
1995	1 222.15	302.69	534.78	384.68	2 310.2	584.1	8 540.6	3 463.5
1996	1 517.69	360.48	669.06	488.15	2 566.6	614.5	9 522.8	3 986.5
1997	1 676.17	387.02	743.82	545.33	2 815.6	642.8	10 532.2	4 476.8
1998	1 831.33	403.43	818.26	609.64	3 043.7	662.1	11 501.2	4 937.9
1999	1 899.82	406.87	811.90	681.05	3 265.9	691.9	12 306.3	5 397.1
2000	2 011.19	431.80	833.25	746.14	3 510.8	730.6	13 020.1	5 958.4
2001	2 138.31	444.42	868.06	825.83	3 749.5	759.1	13 527.9	6 655.5
2002	2 312.82	463.44	934.88	914.50	4 087.0	787.9	14 786.0	7 414.2
2003	2 556.02	494.60	1 047.66	1 013.76	4 446.7	831.2	16 279.4	8 088.9
2004	3 081.91	593.59	1 281.63	1 206.69	4 949.2	875.3	18 346.9	9 124.3
2005	3 472.89	669.81	1 432.76	1 370.32	5 394.6	928.7	19 833.0	10 164.5
2006	4 006.72	749.81	1 712.60	1 544.31	6 036.6	991.9	23 204.6	11 099.6
2007	4 741.31	837.35	2 051.08	1 852.88	6 791.2	1 046.5	26 731.7	12 498.1

注：1.云南省生产总值按当年价格计算。
2.云南省生产总值指数按可比价格计算,以1952年为100。
3.云南省生产总值(GDP)即原国内生产总值(GDP)。

Note: a.Ggross Domestic Product is calculated at current prices.
b. Indices of Gross Domestic Product are calculated at comparable prices taking the data of in 1952 as 100.
c. Gross Domestic Product of Yunnan Province in this table refers to the Original indicator of Gross Domestic Product.

3-2 各地区生产总值(2007年)

Gross Domestic Product by Region (2007)

地区	Region	生产总值（万元） Gross Domestic Product (10 000 yuan)	第一产业 Primary Industry	第二产业 Secondary Industry	工业 Industry	建筑业 Construction	第三产业 Tertiary Industry
全省	**Total**	**47 413 100**	**8 373 500**	**20 510 800**	**17 117 800**	**3 393 000**	**18 528 800**
昆明	Kunming	14 050 473	939 467	6 465 495	5 294 073	1 171 422	6 645 511
曲靖	Qujing	6 504 206	1 186 778	3 546 192	3 216 193	329 999	1 771 236
玉溪	Yuxi	4 959 279	532 757	3 028 212	2 879 449	148 763	1 398 310
保山	Baoshan	1 623 779	524 335	455 533	343 704	111 829	643 911
昭通	Zhaotong	2 266 935	543 645	982 834	746 177	236 657	740 456
丽江	Lijiang	848 176	184 489	280 318	161 554	118 764	383 369
普洱	Pu'er	1 515 080	493 489	447 418	291 960	155 458	574 173
临沧	Lincang	1 357 830	492 552	448 784	322 697	126 087	416 494
楚雄	Chuxiong	2 535 665	634 651	1 032 359	870 098	162 261	868 655
红河	Honghe	4 297 455	788 471	2 347 635	2 052 482	295 153	1 161 349
文山	Wenshan	2 082 839	570 179	727 900	554 602	173 298	784 760
西双版纳	Xishuangbanna	1 075 431	344 300	321 643	206 765	114 878	409 488
大理	Dali	3 214 275	852 926	1 196 483	993 591	202 892	1 164 866
德宏	Dehong	841 651	249 115	238 474	186 715	51 759	354 062
怒江	Nujiang	499 666	53 118	291 981	253 981	38 000	154 567
迪庆	Diqing	447 518	61 233	179 940	120 322	59 618	206 345

3-2 续表 continued

地区	Region	交通运输、仓储及邮政业 Transport,Storage, Post and Telecommunication Services	批发和零售业 Wholesale and Retail Trade and food Service	人均生产总值（元） Per Capita Gross Domestic Product (yuan)	构成 Composition (%) 第一产业 Primary Industry	第二产业 Secondary Industry	第三产业 Tertiary Industry
全省	**Total**	**1 960 600**	**3 543 200**	**10 540**	**17.7**	**43.2**	**39.1**
昆明	Kunming	853 822	1 473 741	22 762	6.7	46.0	47.3
曲靖	Qujing	310 005	405 086	11 381	18.2	54.5	27.2
玉溪	Yuxi	148 506	432 342	21 992	10.7	61.1	28.2
保山	Baoshan	62 447	123 272	6 630	32.3	28.1	39.7
昭通	Zhaotong	78 285	115 866	4 372	24.0	43.3	32.7
丽江	Lijiang	50 858	55 176	6 984	21.8	33.0	45.2
普洱	Pu'er	51 126	76 161	5 884	32.6	29.5	37.9
临沧	Lincang	36 397	44 938	5 737	36.2	33.1	30.7
楚雄	Chuxiong	107 948	183 741	9 469	25.0	40.7	34.3
红河	Honghe	102 217	259 978	9 859	18.4	54.6	27.0
文山	Wenshan	94 060	176 512	6 126	27.4	34.9	37.7
西双版纳	Xishuangbanna	55 988	36 139	10 138	32.0	29.9	38.1
大理	Dali	150 024	177 669	9 321	26.5	37.2	36.3
德宏	Dehong	27 991	59 896	7 187	29.6	28.3	42.1
怒江	Nujiang	10 384	24 767	9 471	10.6	58.5	30.9
迪庆	Diqing	19 416	42 739	11 988	13.7	40.2	46.1

注：由于各州、市分别计算，各州、市数相加不等于全省数。

Note:The sum of the data of all prefectures and cities is not necessary equal to the provincial total because the regional tata are calculated respectively.

3-3 支出法云南省生产总值

Gross Domestic Product by Expenditure Approach

年 份 Year	支出法云南省生产总值(亿元) Gross Domestic Product of Yunnan Province by Expenditure Approach (100 million yuan)	最终消费 Final Consumption Expenditure	资本形成总额 Gross Capital Formation	净出口 Net Export	最终消费率(%) Final Consumption Rate(%)	资本形成率(%) Capital Formation Rate (%)
1978	69.05	52.03	26.96	-9.94	75.4	39.0
1980	84.27	63.35	30.30	-9.38	75.2	36.0
1985	164.96	119.86	56.76	-11.66	72.7	34.4
1990	451.67	298.97	132.16	20.54	66.2	29.3
1995	1 222.15	697.85	498.64	25.66	57.1	40.8
1997	1 676.17	1 002.35	717.40	-43.58	59.8	42.8
1998	1 831.33	1 113.45	785.64	-67.76	60.8	42.9
1999	1 899.82	1 286.18	761.83	-148.19	67.7	40.1
2000	2 011.19	1 524.48	746.15	-259.44	75.8	37.1
2001	2 138.31	1 473.30	957.96	-292.95	68.9	44.8
2002	2 312.82	1 581.97	920.50	-189.65	68.4	39.8
2003	2 556.02	1 656.30	1 188.55	-288.83	64.8	46.5
2004	3 081.91	2 042.43	1 450.44	-410.96	66.3	47.1
2005	3 472.89	2 321.75	1 989.93	-838.79	66.9	57.3
2006	4 006.72	2 615.77	2 386.22	-995.27	65.3	59.6
2007	4 741.31	2 908.08	2 666.73	-833.50	61.3	56.2

3-4 支出法云南省生产总值构成

Composition of Gross Domestic Product by Expenditure Approach

年 份 Year	资本形成总额 Gross Capital Formation: 绝对数(亿元) Absolute Figure (100 million yuan): 固定资本形成总额 Gross Fixed Capital Formation	存货增加 Changes in Inventory	比重(总投资=100) Proportion (Total Investment=100): 固定资本形成总额 Gross Fixed Capital Formation	存货增加 Changes in Inventory	最终消费 Final Consumption Expenditure: 绝对数(亿元) Absolute Figure (100 million yuan): 居民消费 Household Consumption	农村居民 Rural Households	城镇居民 Urban Households	政府消费 Government Conusmption	比重(总消费=100) Proporton (Total Consumption=100): 居民消费 Household Consumption	政府消费 Government Conusmption
1978	20.55	6.41	76.2	23.8	47.80	33.76	14.04	4.23	91.9	8.1
1980	28.70	1.60	94.7	5.3	58.87	39.13	19.74	4.48	92.9	7.1
1985	50.07	6.69	88.2	11.8	110.69	76.46	34.23	9.17	92.3	7.7
1990	89.25	42.91	67.5	32.5	269.68	191.16	78.52	29.29	90.2	9.8
1993	288.95	83.89	77.5	22.5	417.49	264.69	152.80	56.39	88.1	11.9
1994	337.09	100.69	77.0	23.0	498.67	315.66	183.01	77.83	86.5	13.5
1995	399.91	98.73	80.2	19.8	595.27	364.90	230.37	102.58	85.3	14.7
1996	472.82	150.95	75.8	24.2	736.07	450.47	285.60	138.12	84.2	15.8
1997	560.29	157.11	78.1	21.9	821.93	524.39	297.54	180.42	82.0	18.0
1998	703.15	82.49	89.5	10.5	866.26	559.60	306.66	247.19	77.8	22.2
1999	738.21	23.62	96.9	3.1	998.08	684.68	313.40	288.10	77.6	22.4
2000	722.27	23.88	96.8	3.2	1 097.63	644.66	452.97	426.85	72.0	28.0
2001	770.20	187.76	80.4	19.6	962.06	417.68	544.38	511.24	65.3	34.7
2002	860.67	59.83	93.5	6.5	1 061.50	433.10	628.40	520.47	67.1	32.9
2003	1 068.51	120.04	89.9	10.1	1 126.28	416.22	710.06	530.02	68.0	32.0
2004	1 352.78	97.66	93.3	6.7	1 456.91	521.78	935.13	585.52	71.3	28.7
2005	1 755.30	234.63	88.2	11.8	1 661.64	603.77	1 057.87	660.11	71.6	28.4
2006	2 156.84	229.38	90.4	9.6	1 820.22	670.60	1 149.62	795.55	69.6	30.4
2007	2 616.77	49.96	98.1	1.9	2 048.36	789.86	1 258.50	859.72	70.4	29.6

3-5 支出法地区生产总值(2007年)
Gross Domestic Product by Expenditure Approach and Region (2007)

地 区	Region	支出法生产总值(万元) Gross Domestic Product by Expenditure Approach (10 000 yuan)	最终消费 Final Consumption Expenditure	资本形成总额 Gross Capital Formation	最终消费率(%) Final Consumption Rate (%)	资本形成率(%) Capital Formation Rate(%)
全 省	**Total**	**47 413 100**	**29 080 800**	**26 667 300**	**61.3**	**56.2**
昆 明	Kunming	14 050 473	6 998 098	7 290 406	49.8	51.9
曲 靖	Qujing	6 504 206	2 796 025	3 100 603	43.0	47.7
玉 溪	Yuxi	4 959 279	1 311 807	1 715 327	26.5	34.6
保 山	Baoshan	1 623 779	1 065 337	1 042 840	65.6	64.2
昭 通	Zhaotong	2 266 935	1 692 405	1 344 543	74.7	59.3
丽 江	Lijiang	848 176	462 168	715 414	54.5	84.3
普 洱	Pu'er	1 515 080	1 259 024	1 137 437	83.1	75.1
临 沧	Lincang	1 357 830	905 774	779 876	66.7	57.4
楚 雄	Chuxiong	2 535 665	1 583 257	866 596	62.4	34.2
红 河	Honghe	4 297 455	2 002 480	2 335 870	46.6	54.4
文 山	Wenshan	2 082 839	1 502 628	1 384 732	72.1	66.5
西双版纳	Xishuangbanna	1 075 431	603 912	624 518	56.2	58.1
大 理	Dali	3 214 275	1 896 673	1 359 240	59.0	42.3
德 宏	Dehong	841 651	671 315	509 490	79.8	60.5
怒 江	Nujiang	499 666	189 234	262 846	37.9	52.6
迪 庆	Diqing	447 518	232 334	212 036	51.9	47.4

注：1.由于受净出口及计算误差影响,最终消费加资本形成总额不等于支出法地区生产总值。
2.由于各州、市分别计算,各州、市数相加不等于全省数。

Note:a.The sum of final consumption expenditure plus gross capital formation is not equal to Gross Domestic by Expenditure Approach because of the influence of net export and calculation errors.
b.The sum of data of all prefectures and cities is not equal to the provincial total because the regional data are calculated respectively.

3-6 各地区资本形成总额及构成 (2007年)
Gross Capital Formation and Its Composition by Region (2007)

地 区	Region	资本形成总额(万元) Gross Capital Formation (10 000 yuan)	固定资本形成总额 Gross Fixed Capital Formation	存货增加 Changes in Inventory	(资本形成总额为100) Composition (Ggross Capital Formation=100) 固定资本形成总额 Gross Fixed Capital Formation	存货增加 Changes in Inventory
全 省	**Total**	**26 667 300**	**26 167 700**	**499 600**	**98.1**	**1.9**
昆 明	Kunming	7 290 406	7 076 860	213 546	97.1	2.9
曲 靖	Qujing	3 100 603	2 656 413	444 190	85.7	14.3
玉 溪	Yuxi	1 715 327	1 338 152	377 175	78.0	22.0
保 山	Baoshan	1 042 840	979 783	63 057	94.0	6.0
昭 通	Zhaotong	1 344 543	1 278 480	66 063	95.1	4.9
丽 江	Lijiang	715 414	680 991	34 423	95.2	4.8
普 洱	Pu'er	1 137 437	1 060 870	76 567	93.3	6.7
临 沧	Lincang	779 876	690 509	89 367	88.5	11.5
楚 雄	Chuxiong	866 596	747 142	119 454	86.2	13.8
红 河	Honghe	2 335 870	2 217 539	118 331	94.9	5.1
文 山	Wenshan	1 384 732	1 216 668	168 064	87.9	12.1
西双版纳	Xishuangbanna	624 518	613 982	10 536	98.3	1.7
大 理	Dali	1 359 240	1 267 454	91 786	93.2	6.8
德 宏	Dehong	509 490	478 063	31 427	93.8	6.2
怒 江	Nujiang	262 846	246 096	16 750	93.6	6.4
迪 庆	Diqing	212 036	203 069	8 967	95.8	4.2

注：由于各州、市分别计算,各州、市数相加不等于全省数。

Note:The sum of data of all prefectures and cities is not equal to the provincial total because the regional data are calculated respectively.

3-7 各地区最终消费及构成(2007年)

Final Consumption Expenditure and Its Composition by Region(2007)

地 区	Region	最终消费 (万元) Final Consumption Expenditure(10 000 yuan)	居民消费 Household Consumption	农村居民 Rural Households	城镇居民 Urban Households	政府消费 Government Conusmption	构成(最终消费=100)(%) Composition (%) 居民消费 Household Consumption	政府消费 Government Conusmption
全 省	**Total**	**29 080 800**	**20 483 600**	**7 898 600**	**12 585 000**	**8 597 200**	**70.4**	**29.6**
昆 明	Kunming	6 998 098	4 785 435	1 086 094	3 699 341	2 212 663	68.4	31.6
曲 靖	Qujing	2 796 025	2 440 128	1 030 405	1 409 723	355 897	87.3	12.7
玉 溪	Yuxi	1 311 807	1 029 077	603 168	425 909	282 730	78.4	21.6
保 山	Baoshan	1 065 337	840 292	440 610	399 682	225 045	78.9	21.1
昭 通	Zhaotong	1 692 405	1 376 378	679 027	697 351	316 027	81.3	18.7
丽 江	Lijiang	462 168	410 868	301 884	108 984	51 300	88.9	11.1
普 洱	Pu'er	1 259 024	825 513	440 770	384 743	433 511	65.6	34.4
临 沧	Lincang	905 774	604 393	288 651	315 742	301 381	66.7	33.3
楚 雄	Chuxiong	1 583 257	1 092 399	621 430	470 969	490 858	69.0	31.0
红 河	Honghe	2 002 480	1 501 542	692 145	809 397	500 938	75.0	25.0
文 山	Wenshan	1 502 628	1 169 139	455 588	713 551	333 489	77.8	22.2
西双版纳	Xishuangbanna	603 912	409 430	154 425	255 005	194 482	67.8	32.2
大 理	Dali	1 896 673	1 491 720	1 053 475	438 245	404 953	78.6	21.4
德 宏	Dehong	671 315	454 147	147 301	306 846	217 168	67.7	32.3
怒 江	Nujiang	189 234	99 200	56 520	42 680	90 034	52.4	47.6
迪 庆	Diqing	232 334	123 414	52 769	70 645	108 920	53.1	46.9

注：由于各州、市分别计算,各州、市数相加不等于全省数。
Note:The sum of data of all prefectures and cities is not equal to the provincial total because the regional data are calculated respectively.

3-8 各地区生产总值构成项目(2007年)

Composition of Gross Domestic Product by Region (2007)

地 区	Region	生产总值(万元) Gross Domestic Product (10 000 yuan)	劳动者报酬 Remuneration For Labourers	生产税净额 Net Taxe on Production	固定资产折旧 Depreciation of Surplus	营业盈余 Operating Surplus
全 省	**Total**	**47 413 100**	**21 181 800**	**9 726 800**	**6 452 800**	**10 051 700**
昆 明	Kunming	14 050 473	4 949 574	2 878 511	2 086 472	4 135 916
曲 靖	Qujing	6 504 206	2 641 666	1 607 546	908 134	1 346 860
玉 溪	Yuxi	4 959 279	1 308 295	1 930 964	477 517	1 242 503
保 山	Baoshan	1 623 779	883 213	201 648	221 084	317 834
昭 通	Zhaotong	2 266 935	1 196 284	335 445	279 279	455 927
丽 江	Lijiang	848 176	469 670	102 460	114 264	161 782
普 洱	Pu'er	1 515 080	930 556	149 471	190 910	244 143
临 沧	Lincang	1 357 830	852 338	107 651	191 997	205 844
楚 雄	Chuxiong	2 535 665	1 245 592	473 330	330 594	486 149
红 河	Honghe	4 297 455	1 866 080	1 150 759	577 521	703 095
文 山	Wenshan	2 082 839	930 512	244 650	278 345	629 332
西双版纳	Xishuangbanna	1 075 431	641 278	94 326	128 821	211 006
大 理	Dali	3 214 275	1 597 782	549 862	482 528	584 103
德 宏	Dehong	841 651	489 350	89 105	123 131	140 065
怒 江	Nujiang	499 666	175 662	61 177	46 809	216 018
迪 庆	Diqing	447 518	223 964	54 895	76 315	92 344

注：由于各州、市分别计算，各州、市数相加不等于全省数。
Note:The sum of data of all prefectures and cities is not equal to the provincial total because the regional data are calculated respectively.

3-9 各地区非公有制经济增加值(2007)

Added Value of Non-Public Ownership Economy by Region(2007)

单位：万元 (10 000 yuan)

地 区	Region	非公有制经济增加值 Added Value of Non-Public ownership Economy	第一产业 Primary Industry	第二产业 Secondary Industry	第三产业 Tertiary Industry
全省合计	**Total**	**17 732 500**	**1 909 200**	**7 981 900**	**7 841 400**
昆 明	Kunming	6 099 060	226 412	2 766 079	3 106 569
曲 靖	Qujing	2 409 265	420 120	1 230 584	758 561
玉 溪	Yuxi	1 260 842	120 721	613 452	526 669
保 山	Baoshan	572 348	57 538	247 106	267 704
昭 通	Zhaotong	761 036	101 118	408 992	250 926
丽 江	Lijiang	403 483	38 005	202 025	163 453
普 洱	Pu'er	544 527	101 165	223 494	219 868
临 沧	Lincang	440 985	106 882	185 091	149 012
楚 雄	Chuxiong	1 172 821	161 226	627 502	384 093
红 河	Honghe	1 341 661	135 617	796 741	409 303
文 山	Wenshan	967 434	126 935	438 593	401 906
西双版纳	Xishuangbanna	353 653	34 410	181 279	137 964
大 理	Dali	1 420 797	239 672	711 251	469 874
德 宏	Dehong	331 978	33 382	180 522	118 074
怒 江	Nujiang	216 147	10 093	159 228	46 826
迪 庆	Diqing	212 901	13 287	118 853	80 761

主要统计指标解释

地区生产总值（GDP） 即原国内生产总值（GDP，国家仍称国内生产总值），指按市场价格计算的一个国家（或地区）所有常住单位在一定时期内生产活动的最终成果。地区生产总值有三种表现形态，即价值形态、收入形态和产品形态。从价值形态看，它是所有常住单位在一定时期内生产的全部货物和服务价值超过同期投入的全部非固定资产货物和服务价值的差额，即所有常住单位的增加值之和；从收入形态看，它是所有常住单位在一定时期内创造并分配给常住单位和非常住单位的初次收入之和；从产品形态看，它是所有常住单位在一定时期内最终使用的货物和服务价值减去货物和服务进口价值。在实际核算中，地区生产总值有三种计算方法，即生产法、收入法和支出法。

地区收入总值（GNI） 即原国民生产总值（GNP，国家称国民总收入），是指一个国家（或地区）所有常住单位在一定时期内收入初次分配的最终成果。一国（或地区）常住单位从事生产活动所创造的增加值在初次分配中主要分配给该国（或地区）的常住单位，但也有一部分以生产税及进口税（扣除生产和进口补贴）、劳动者报酬和财产收入等形式分配给非常住单位；同时，国（或地区）外生产所创造的增加值也有一部分以生产税及进口税（扣除生产和进口补贴）、劳动者报酬和财产收入等形式分配给该国（或地区）的常住单位，从而产生了地区收入总值的概念。它等于地区生产总值加上来自国（或地区）外的净要素收入。与地区生产总值不同，地区收入总值（GNI）是个收入概念，而地区生产总值是个生产概念。

生产法 是从生产的角度衡量常住单位在核算期内新创造价值的一种计算方法。即从生产的全部货物和服务总产品的价值中，扣除生产过程中投入的中间产品的价值，得到增加值。全社会所有常住单位增加值的总和就是地区生产总值。计算公式为：增加值=总产出-中间投入。

收入法 也称分配法，是从生产过程创造收入的角度，根据生产要素在生产过程中应得的收入份额反映最终成果的一种计算方法。计算公式为：增加值=劳动者报酬+固定资产折旧+生产税净额+营业盈余。

支出法 是从最终使用的角度衡量核算期内新生产的货物和服务的最终去向的一种计算方法。计算公式为：地区生产总值=最终消费+资本形成总额+货物和服务净出口。

国（地区）外净要素收入 是指本国（或本地区）居民对国（或本地区）外从事投资和提供劳务所得的要素收入，与外国（或本地区）居民对本国（或本地区）从事投资和提供劳务所得的要素收入的差额。

三次产业 三次产业的划分是世界上较为常用的产业结构分类，但各国的划分不尽一致。中国的三次产业划分是：

第一产业：是指农（种植）、林、牧、渔业，农林牧渔服务业。

第二产业：是指采掘业，制造业，电力、煤气及水的生产和供应业，建筑业。

第三产业：是指除第一、二产业以外的其他行业。包括：交通运输、仓储和邮政业，信息传输、计算机服务和软件业，批发和零售业，住宿和餐饮业，金融业，房地产业，租赁和商务服务业，科学研究、技术服务和地质勘查业，水利、环境和公共设施管理业，居民服务和其他服务业，教育，卫生、社会保障和社会福利业，文化、体育和娱乐业，公共管理和社会组织。

总产出 指常住单位在核算期内生产的货物和服务的价值总和，总产出中既包括核算期内新增加的价值，也包括中间投入的转移价值，它反映了国民经济各个部门生产活动的总规模。

中间投入 指常住单位在生产货物或提供服务的过程中，消耗和使用的所有原材料、燃料动力等货物和各种服务的价值。中间投入也称中间消耗，货物投入是生产过程中消耗或转换的有形的物质产品，不包括固定资产。服务投入是在生产过程中消耗的各种服务，包括金融保险、运输邮电、文化教育等等。

劳动者报酬 指劳动者因从事生产活动所获得的全部报酬。包括劳动者获得的各种形式的工资、奖金和津贴，既包括货币形式的，也包括实物形式的，还包括劳动者所享受的公费医疗和医药卫生费、上下班交通补贴、单位支付的社会保险费、住房公积金等。对于个体经济来说，其所有者所获得的劳动报酬和经营利润不易区分，这两部分统一作为劳动者报酬处理。

固定资产折旧 指一定时期内为弥补固定资产损耗按照规定的固定资产折旧率提取的固定资产折旧，

或按国民经济核算统一规定的折旧率虚拟计算的固定资产折旧。它反映了固定资产在当期生产中的转移价值。各类企业和企业化管理的事业单位的固定资产折旧是指实际计提的折旧费；不计提折旧的政府机关、非企业化管理的事业单位和居民住房的固定资产折旧是按照统一规定的折旧率和固定资产原值计算的虚拟折旧。原则上，固定资产折旧应按固定资产的重置价值计算，但是目前中国尚不具备对全社会固定资产进行重估价的基础，所以暂时只能采用上述办法。

生产税净额 指生产税减去生产补贴后的余额。生产税指政府对生产单位从事生产、销售和经营活动以及因从事生产活动使用某些生产要素（如固定资产、土地、劳动力）所征收的各种税、附加费和规费。生产补贴与生产税相反，指政府对生产单位的单方面转移支出，因此视为负生产税，包括政策亏损补贴、价格补贴等。

营业盈余 指常住单位创造的增加值扣除劳动者报酬、固定资产折旧、生产税净额后的余额。它相当于企业的营业利润加上生产补贴，但要扣除从利润中开支的工资和福利等。

支出法地区生产总值 是从最终使用的角度反映一个国家（或地区）一定时期内生产活动最终成果的一种方法，包括最终消费、资本形成总额及货物和服务净出口三部分。

最终消费 指常住单位为满足物质、文化和精神生活的需要，从本国经济领土和国外购买的货物和服务的支出。它不包括非常住单位在本国领土内的消费支出。最终消费分为居民消费和政府消费。

居民消费 指常住住户在一定时期内对于货物和服务的全部最终消费支出。居民消费除了直接以货币形式购买的货物和服务的消费支出外，还包括以其他方式获得的货物和服务的消费支出，即所谓的虚拟消费支出。居民虚拟消费支出包括如下几种类型：单位以实物报酬及实物转移的形式提供给劳动者的货物和服务；住户生产并由本住户消费了的货物和服务，其中的服务指住户的自有住房服务和付酬的家庭雇员提供的家庭和个人服务；金融机构提供的金融媒介服务；保险公司提供的保险服务。

政府消费 指政府部门为全社会提供的公共服务的消费支出和免费或以较低的价格向居民住户提供的货物和服务的净支出，前者等于政府服务的产出价值减去政府单位所获得的经营收入的价值，后者等于政府部门免费或以较低价格向居民住户提供的货物和服务的市场价值减去向住户收取的价值。

资本形成总额 指常住单位在一定时期内获得减去处置的固定资产和存货的净额，包括固定资本形成总额和存货增加两部分。

固定资本形成总额 指生产者在一定时期内获得的固定资产减处置的固定资产的价值总额。固定资产是通过生产活动生产出来的，且其使用年限在一年以上、单位价值在规定标准以上的资产，不包括自然资产。可分为有形固定资本形成总额和无形固定资本形成总额。有形固定资本形成总额包括一定时期内完成的建筑工程、安装工程和设备工器具购置（减处置）价值，以及土地改良、新增役、种、奶、毛、娱乐用牲畜和新增经济林木价值。无形固定资本形成总额包括矿藏的勘探、计算机软件等获得减处置。

存货增加 指常住单位在一定时期内存货实物量变动的市场价值，即期末价值减期初价值的差额，再扣除当期由于价格变动而产生的持有收益。存货增加可以是正值，也可以是负值，正值表示存货上升，负值表示存货下降。存货包括生产单位购进的原材料、燃料和储备物资等存货，以及生产单位生产的产成品、在制品和半成品等存货。

货物和服务净出口 指货物和服务出口减货物和服务进口的差额。出口包括常住单位向非常住单位出售或无偿转让的各种货物和服务的价值；进口包括常住单位从非常住单位购买或无偿得到的各种货物和服务的价值。由于服务活动的提供与使用同时发生，一般把常住单位从非常住单位得到的服务作为进口，非常住单位从常住单位得到的服务作为出口。货物的出口和进口都按离岸价格计算。

资本形成率 指资本形成总额在支出法地区生产总值中所占的比重。

最终消费率 指最终消费在支出法地区生产总值中所占比重。

Explanatory Notes on Principal Statistical Indicators

Regional Gross Domestic Product (GDP) refers to the final products at market prices produced by all resident entities in a country (or territory) during a certain period of time. Gross domestic product is expressed in three different forms, i.e. value, income, and product respectively. GDP in its value form refers to the difference between the total value of all goods and services produced by all resident entities during a certain period of time and that of goods and services of the nature of non-fixed assets input in the same period, i.e. it is the sum of added value of all resident entities. GDP in the form of income refers to the total initial income created by all resident entities and distributed to resident and non-resident entities in a certain period of time. GDP in the form of product refers to the balance of the value of all goods and services for final consumption by all resident units minus the net export value of goods and services during a given period of time. In the practice of national accounting, gross domestic product is calculated by three approaches, i.e. production approach, income approach and expenditure approach.

Regional Gross National Income (GNI) also known as gross national product, refers to the final results of the primary distribution of the income created by all the resident entities of a country (or territory) during a certain period of time. The added value created by resident entities engaged in production activities is distributed, during the primary distribution, mainly to resident entities, while part of it is distributed to non-resident entities in the forms of production tax and import duties (deducting subsidies an production and import), remuneration for laborers and property income. In the meantime, a part of the added value created abroad is also distributed to resident entities in the forms of production tax and import duties (deducting subsidies on production and import), remuneration for laborers and property income. The concept of gross national income is thus developed, which equals gross domestic product plus net factor income from abroad. Unlike gross domestic product, which is a concept of production, gross national income is a concept of income.

Production Approach refers to the calculation method for measuring the newly increased value of resident entities in the accounting period from the perspective of production, i.e. the value of total goods and services produced minus that of intermediate products input in the process of production is added value. The sum of added value created by all resident entities makes GDP. The formula is as follows: Added Value = Total Output – Intermediate Input

Income Approach also known as "distribution approach," refers to the calculation method for reflecting the final results of production according to the income portions that factors of production should gain in the process of production from the perspective of income from production. The formula is as follows:

Added Value = Laborer Remuneration + Depreciation of Fixed Assets + Net Taxes on Production + Operating Surplus

Expenditure Approach refers to the calculation method for measuring the final consumption of goods and services newly produced in the accounting period from the perspective of final use. The formula is as follows:

GDP = Final Consumption + Total Capital Formation + Net Exports of Goods and Services

Net Factor Income from Abroad refers to the difference between factor income earned by residents of a country (or territory) from their investment and labor services in foreign countries (or territories) and that earned by residents of foreign countries (or territories) from their investment and labor services in that country (or territory).

Three Industries Classification of economic activities into three industries is a common practice in the world, although the grouping varies to some extent form country to country. In China, economic activities are categorized as follows:Primary industry refers to farming, forestry, animal husbandry and fishery.

Secondary industry refers to mining and quarrying, manufacturing, production and supply of electricity, water and gas, and construction.

Tertiary industry refers to all other economic activities not included in primary or secondary industry, including services of farming, forestry, animal husbandry and fishery, communications and transportation, storage and postal services, information transmission, computer and software services wholesale and retail trade, hotel and food services, banking, real estate, lease and commercial services, scientific research and technical service, geological prospecting, management services of water conservancy, environment and public facilities, resident and other services, education, health care, social security and welfare, culture, sports and entertainment, public management and social organizations.

Total Output refers to the total value of goods and services produced by resident entities in the accounting period, including newly increased value and transfer value in intermediate input, which reflects the general scale of productive activities of each sector of the national economy.

Intermediate Input also known as intermediate consumption, refers to the value of goods such as raw materials, fuels, power, etc. and various services consumed and used in the process of production or provision of services. Goods input refers to tangible material products consumed or transferred in production; and services input are those consumed in production, including banking, insurance, communications and transportation, culture, education, etc.

Laborer Remuneration refers to all payments of various forms made to laborers for their productive activities. It includes wages, bonuses and allowances earned by laborers both in monetary terms and in kind. It also includes free medical services provided to laborers and medical expenses, traffic subsidies and social insurance, housing accumulation fund paid by their employers. As for individual entities, since laborer remuneration is not easily distinguished from operating profits, both are considered as laborer remuneration.

Depreciation of Fixed Assets refers to the depreciation of fixed assets of a given period, drawn in accordance with the stipulated depreciation rate for the purpose of compensating wear and tear of fixed assets or the depreciation of fixed assets calculated in a fictitious way in accordance with the stipulated unified depreciation rate in the national economic accounting system. It reflects the value of transfer of fixed assets in production of the current period. The depreciation of fixed assets in various enterprises and institutions managed as enterprises refers to the depreciation expenses actually drawn, in government departments and institutions not managed as enterprises which do not draw the depreciation expenses, as well as for housing of residents, it is the fictitious depreciation which is calculated in accordance with the stipulated unified depreciation rate and original value of fixed assets. In principle, depreciation of fixed asset s should be calculated on the basis of replacement value of fixed assets. However, there is no actual condition for re-evaluating all the fixed assets in China; therefore, the above-mentioned methods are temporarily adopted at present.

Net Taxes on Production refers to the difference between taxes on production and subsidies on production. Taxes on production refers to various taxes, surcharges and fees levied on production entities on their production, sale and operation as well as on the use of certain factors of production, such as fixed assets, land and labor force in their production. In contrast to taxes on production, subsidies on production refer to unilateral transfer expenditure by governments to production entities and are therefore regarded as negative taxes on production, including subsidies on losses permitted by policy, price subsidies, etc.

Operating Surplus refers to the balance of added value created by resident entities deducting laborer remuneration, net taxes on production and depreciation of fixed assets. It is equivalent to operating profits of enterprises plus subsidies on production, but wages and welfare expenses paid from the profits should be deducted.

GDP by Expenditure Approach refers to the method of measuring the final results of production activities of a country (territory) during a given period from the perspective of final use. It includes final consumption, total capital formation and net exports of goods and services, i.e.:

GDP by Expenditure Approach = Final Consumption + Total Capital Formation + Net Exports of Goods and Services

Final Consumption refers to the total expenditure of resident entities for purchase of goods and services from domestic economic territory and abroad to meet the requirements of material and cultural life. It excludes the expenditure of non-resident entities on consumption in the economic territory of the country. Final consumption is divided into household consumption and government consumption.

Household Consumption refers to the total expenditure of resident households on the final consumption of goods and services. In addition to consumption expenditure on goods and services bought by households directly with money, household consumption also includes expenditure on goods and services obtained by households in other ways, i.e. so-called fictitious consumption expenditure, which covers the following categories: (a) goods and services provided to households by their employers in the forms of payment in kind and transfer in kind; (b) goods and services produced and consumed by households themselves, in which the services refer only to household private housing services and domestic and individual services provided by paid household workers; (c) financial intermediate services provided by financial institutions; (d) insurance services provided by insurance companies.

Government Consumption refers to expenditure on public services provided by the government to the whole society and net expenditure on goods and services provided by the government to households free of charge or at low prices; the former equals the output value of government services minus the value of operating income obtained by government departments, and the latter equals the market value of goods and services provided by the government free of charge or at low prices to households minus the value received by the government from the households.

Total Capital Formation refers to the balance of fixed assets acquired minus those disposed of and the net value of inventory, including total fixed capital formation and increase in inventory.

Total Fixed Capital Formation refers to the value of fixed assets acquired minus those disposed of during a given period. Fixed assets are the assets produced through production with specified unit value, which could be used for over one year, excluding natural assets. Total fixed capital formation can be categorized into total tangible capital formation and total intangible capital formation. Total tangible capital formation includes the value of completed construction and installation projects, the value of equipment, apparatus and instruments purchased (deducting the value of those disposed of) and the value of land improved, newly increased draught animals, breeding stock, livestock for milk, wool and for recreational purpose, and newly increased cash forest during a given period. Total intangible capital formation includes the balance of acquisitions of prospecting of mineral resources, computer software, etc. minus those disposed of.

Increase in Inventory refers to the market value of changes in inventory of resident entities during a given period, i.e. the difference of value between the beginning and the end of the period minus holding gains on changes in prices in the period. Increase in inventory can be positive or negative: a positive value indicates an increase in inventory while a negative one indicates a decrease in stock. Inventory includes stocks of raw materials, fuels and reserve materials purchased by production entities and of finished products, semi-finished products, products in progress, etc. produced by them.

Net Exports of Goods and Services refer to the difference between exports of goods and services and imports of them. Imports include the value of various goods and services sold or gratis transferred by resident entities to non-resident entities and exports cover the value of various goods and services purchased or gratis acquired by resident entities from non-resident entities. Because the provision of services and the use of them happen simultaneously, services acquired by resident entities from non-resident entities are usually treated as imports while those acquired by non-resident entities from resident entities as exports. Both exports and imports of goods are calculated at FOB.

Rate of Capital Formation refers to the proportion of total capital formation to GDP by expenditure approach.

Rate of Final Consumption refers to the proportion of final consumption to GDP by expenditure approach.

四、人口

Population

Chapter 4

4-1 历年全省年末人口数
Historic Population at the Year-end

单位:万人 (10 000 persons)

年份 Year	总人口 Total Population	按性别分 By Sex 男 Male	女 Female	按城乡分 By Residence 城镇人口 Urban	乡村人口 Rural	按农业、非农业分 Agricultural and Non-Agricultural 农业人口 Agricultural Population	非农业人口 Non-Agricultural Population
1949	1 595.0						
1952	1 695.1			82.3	1 612.8		
1957	1 896.8	941.9	954.8	237.1	1 659.7	1 717.0	179.8
1958	1 914.5	959.9	954.6	349.7	1 564.8	1 647.4	267.1
1960	1 894.6	937.8	956.7	305.2	1 589.4	1 615.9	278.7
1962	1 963.7	966.2	997.5	275.0	1 688.7	1 776.5	187.2
1965	2 160.4	1 075.3	1 085.1	261.4	1 899.0	1 925.5	234.9
1970	2 503.3	1 246.4	1 256.9	271.2	2 232.1	2 256.0	247.3
1973	2 746.9	1 369.7	1 377.2	323.9	2 423.0	2 461.7	285.2
1974	2 819.0	1 408.0	1 411.0	326.1	2 492.9	2 524.7	294.3
1975	2 884.3	1 441.8	1 442.5	335.9	2 548.4	2 585.9	298.4
1976	2 951.7	1 477.1	1 474.6	343.3	2 608.4	2 646.7	305.0
1977	3 024.6	1 515.0	1 509.6	351.7	2 672.9	2 712.4	312.2
1978	3 091.5	1 548.7	1 542.8	375.7	2 715.8	2 767.5	324.0
1979	3 134.8	1 569.1	1 565.6	388.3	2 746.5	2 798.2	336.6
1980	3 173.4	1 590.0	1 583.4	395.4	2 778.0	2 828.8	344.6
1981	3 222.8	1 622.2	1 600.6	416.5	2 806.3	2 873.0	349.8
1982	3 283.1	1 657.5	1 625.6	433.0	2 850.1	2 924.8	358.3
1983	3 330.8	1 683.1	1 647.7	472.0	2 858.8	2 963.1	367.7
1984	3 372.1	1 707.3	1 664.8	698.7	2 673.4	2 994.8	377.3
1985	3 418.1	1 733.7	1 684.4	904.6	2 513.5	3 021.9	396.2
1986	3 480.0	1 766.8	1 713.2	1 007.5	2 472.5	3 071.8	408.2
1987	3 534.0	1 797.7	1 736.3	996.2	2 537.8	3 112.0	422.0
1988	3 594.0	1 829.0	1 765.0	1 426.1	2 167.9	3 159.5	434.5
1989	3 648.0	1 861.2	1 786.8	1 524.5	2 123.5	3 204.8	443.2
1990	3 730.6	1 910.8	1 819.8	1 510.1	2 220.5	3 271.7	458.9
1991	3 782.1	1 939.1	1 843.0	1 555.2	2 226.9	3 312.0	470.1
1992	3 831.6	1 967.1	1 864.5	1 608.1	2 223.5	3 346.9	484.7
1993	3 885.2	1 997.0	1 888.2	1 664.0	2 221.2	3 380.5	504.7
1994	3 939.2	2 027.1	1 912.1	1 782.1	2 157.1	3 414.5	524.7
1995	3 989.6	2 055.2	1 934.4	1 821.3	2 168.3	3 445.5	544.1
1996	4 041.5	2 084.8	1 956.7	1 857.4	2 184.1	3 477.2	564.3
1997	4 094.0	2 112.9	1 981.1	1 937.3	2 156.7	3 506.1	587.9
1998	4 143.8	2 139.0	2 004.8	1 951.7	2 192.1	3 538.0	605.8
1999	4 192.4	2 165.8	2 026.6	1 991.3	2 201.1	3 554.8	637.6
2000	4 240.8	2 192.0	2 048.8	990.6	3 250.2	3 584.3	656.5
2001	4 287.4	2 217.4	2 070.0	1 066.0	3 221.4	3 609.9	677.5
2002	4 333.1	2 240.6	2 092.5	1 127.0	3 206.1	3 636.3	696.8
2003	4 375.6	2 263.6	2 112.0	1 163.9	3 211.7	3 662.4	713.2
2004	4 415.2	2 284.1	2 131.1	1 240.7	3 174.5	3 691.1	724.1
2005	4 450.4	2 302.2	2 148.2	1 312.9	3 137.5	3 720.5	729.9
2006	4 483.0	2 319.1	2 163.9	1 367.3	3 115.7	3 740.2	742.8
2007	4 514.0	2 335.1	2 178.9	1 426.4	3 087.6	3 764.3	749.7

4-2 各地区户数、人口数及构成(2007年)

Number of Households, Population and Its Composition by Region (2007)

地区	Region	总户数(万户) Family Households (10 000 households)	总人口(万人) Total Population (10 000 persons)	按性别分(万人) By Sex (10 000 Persons) 男 Male	女 Female	按城乡分(万人) By Residence (10 000 Persons) 市镇人口 Urban	乡村人口 Rural	按农业、非农业分(万人) By Agricultural and Non-Agricultural (10 000 Persons) 农业人口 Agricultural Population	非农业人口 Non-Agricultural Population	人口密度(人/平方公里) Population Density (person/sq.km)
全省合计	**Total**	**1 222.3**	**4 514.0**	**2 335.1**	**2 178.9**	**1 426.4**	**3 087.6**	**3 764.3**	**749.7**	**114.5**
昆明	Kunming	168.4	619.3	319.4	300.0	366.0	253.3	364.4	255.0	287.0
曲靖	Qujing	171.4	572.9	301.4	271.5	176.5	396.4	505.7	67.2	191.9
玉溪	Yuxi	66.9	226.4	116.4	110.0	78.5	147.9	187.9	38.5	148.1
保山	Baoshan	63.6	245.0	126.0	119.1	57.0	188.0	220.7	24.4	124.8
昭通	Zhaotong	146.9	525.2	269.8	255.4	92.0	433.2	486.6	38.6	228.1
丽江	Lijiang	33.8	121.6	62.5	59.1	30.4	91.2	104.7	16.9	57.3
普洱	Pu'er	66.1	257.6	135.3	122.3	72.1	185.5	223.9	33.7	56.8
临沧	Lincang	56.0	236.8	124.3	112.5	64.2	172.6	213.3	23.5	96.8
楚雄	Chuxiong	73.8	268.4	137.9	130.5	76.2	192.2	229.5	38.9	91.7
红河	Honghe	115.7	437.3	226.2	211.1	144.3	293.0	361.9	75.4	132.8
文山	Wenshan	87.0	340.9	177.9	162.9	83.5	257.3	311.7	29.1	105.7
西双版纳	Xishuangbanna	24.7	106.5	53.7	52.7	36.5	70.0	74.5	31.9	54.0
大理	Dali	97.5	348.0	177.7	170.3	95.7	252.3	305.9	42.1	118.1
德宏	Dehong	27.6	117.7	59.8	57.9	35.9	81.8	95.4	22.3	102.1
怒江	Nujiang	14.0	52.9	27.4	25.5	9.5	43.5	45.5	7.4	36.0
迪庆	Diqing	8.9	37.5	19.2	18.2	8.0	29.4	32.8	4.6	15.7

4-3 全省分民族人口数(2007年)

Provincial Population by Nationality (2007)

单位：万人 、 %　　　　(10 000 persons ,%)

民族	Nationality	人口数 Population	比重 Proportion	民族	Nationality	人口数 Population	比重 Proportion
总计	**Total**	**4 514.0**	**100.00**	藏族	Tibetan	14.4	0.32
汉族	Han Nationality	2 979.9	66.02	景颇族	Jingpo Nationality	14.9	0.33
彝族	Yi Nationality	503.7	11.16	布朗族	Bulang Nationality	11.2	0.25
白族	Bai Nationality	165.2	3.66	普米族	Pumi Nationality	3.8	0.08
哈尼族	Hani Nationality	154.8	3.43	怒族	Nu Nationality	3.1	0.07
壮族	Zhuang Nationality	121.4	2.69	阿昌族	Achang Nationality	3.5	0.08
傣族	Dai Nationality	133.2	2.95	基诺族	Jinuo Nationality	2.6	0.06
苗族	Miao Nationality	106.5	2.36	德昂族	De'ang Nationality	1.9	0.04
傈僳族	Lisu Nationality	67.5	1.50	蒙古族	Mongolian	2.0	0.04
回族	Hui Nationality	69.8	1.55	独龙族	Dulong Nationality	0.6	0.01
拉祜族	Lahu Nationality	47.4	1.05	满族	Manchu Nationality	1.3	0.03
佤族	Wa Nationality	41.7	0.92	水族	Shui Nationality	1.1	0.02
纳西族	Naxi Nationality	32.0	0.71	布依族	Buyi Nationality	4.8	0.11
瑶族	Yao Nationality	20.9	0.46	其他族	Other Nationalities	4.6	0.10

4-4 主要年份全省人口出生率、死亡率、自然增长率

Birth Rate, Death Rate and Natural Growth Rate of Provincial Population in Significant Years

单位：万人 、 ‰ (10 000 persons, ‰)

年 份 Year	年平均人口 Annual Average Population	出 生 Birth		死 亡 Death		自然增长 Natural Growth	
		人 数 Population	出生率 Birth Rate	人 数 Population	死亡率 Death Rate	人 数 Population	自然增长率 Natural Growth Rate
1952	1 677.70	56.5	33.69	27.1	16.16	29.4	17.50
1957	1 869.20	67.8	36.27	30.5	16.29	37.3	19.90
1962	1 931.80	76.7	39.71	21.0	10.85	55.7	28.90
1965	2 124.40	93.5	44.01	27.6	12.99	65.9	31.00
1970	2 548.00	97.1		20.4	8.02	76.7	30.10
1975	2 851.60	90.5	31.72	24.7	8.68	65.7	23.00
1976	2 918.00	92.9	31.83	22.9	7.84	70.0	24.00
1977	2 988.20	92.6	31.01	22.8	7.65	69.8	23.36
1978	3 058.00	86.8	28.37	21.2	6.93	65.6	21.44
1979	3 113.10	75.0	24.08	25.3	8.13	49.7	15.95
1980	3 154.10	65.9	20.91	23.2	7.36	42.7	13.54
1981	3 198.10	81.1	25.36	27.5	8.60	53.6	16.76
1982	3 252.90	77.4	23.80	32.1	9.88	45.3	13.92
1983	3 307.00	77.8	23.57	30.3	9.19	47.5	14.38
1984	3 351.50	67.8	20.29	26.5	7.92	41.3	12.37
1985	3 395.10	72.9	21.55	27.2	8.03	45.8	13.52
1986	3 449.50	89.1	26.03	27.0	7.87	62.1	18.16
1987	3 507.00	83.5	23.97	29.3	8.40	54.2	15.57
1988	3 564.00	84.9	24.00	25.2	7.13	59.7	16.87
1989	3 621.00	83.0	23.07	29.0	8.05	54.0	15.02
1990	3 689.30	87.0	23.60	29.0	7.92	58.0	15.68
1991	3 756.40	81.9	21.80	30.4	8.10	51.5	13.70
1992	3 806.90	79.9	21.00	30.5	8.00	49.5	13.00
1993	3 858.40	84.9	22.00	31.3	8.10	53.6	13.90
1994	3 912.20	85.3	21.80	31.3	8.00	54.0	13.80
1995	3 964.40	82.3	20.75	31.8	8.03	50.5	12.73
1996	4 015.60	83.8	20.87	31.9	7.94	51.9	12.93
1997	4 067.80	84.7	20.82	32.2	7.91	52.5	12.91
1998	4 118.90	82.4	20.01	32.6	7.91	49.8	12.10
1999	4 168.10	81.2	19.48	32.6	7.82	48.6	11.66
2000	4 216.60	80.3	19.05	31.9	7.57	48.4	11.48
2001	4 264.10	78.9	18.51	32.3	7.57	46.6	10.94
2002	4 310.25	77.3	17.90	31.5	7.30	45.7	10.60
2003	4 354.35	74.0	17.00	31.4	7.20	42.6	9.80
2004	4 395.40	68.6	15.60	29.0	6.60	39.6	9.00
2005	4 432.80	65.3	14.72	29.9	6.75	35.4	7.97
2006	4 466.70	59.0	13.20	28.1	6.30	30.9	6.90
2007	4 498.50	58.6	13.08	27.9	6.22	30.8	6.86

注：本表从1983年起的数字系抽样调查推断数。其余年份数字均为人口年报数。

Note:In the table data from 1983 are estimated on the basis of population sample serveys,and the others are obtained from annual population reports.

4-5 各地区人口出生率、死亡率、自然增长率(2007年)

Birth Rate, Death Rate and Natural Growth Rate of Population by Region (2007)

单位：万人、‰ (10 000 persons, ‰)

地　区	Region	出　生 Birth 人　数 Population	出生率 Birth Rate	死　亡 Death 人　数 Population	死亡率 Death Rate	自然增长 Natural Growth 人　数 Population	自然增长率 Natural Growth Rate
全省合计	**Total**	**58.63**	**13.08**	**27.88**	**6.22**	**30.75**	**6.86**
昆　明	Kunming	6.46	10.47	2.75	4.45	3.72	6.02
曲　靖	Qujing	7.16	12.52	2.86	5.01	4.29	7.51
玉　溪	Yuxi	2.20	9.76	1.19	5.26	1.01	4.50
保　山	Baoshan	2.91	11.90	1.57	6.40	1.35	5.50
昭　通	Zhaotong	8.19	15.80	3.44	6.63	4.76	9.18
丽　江	Lijiang	1.13	9.30	0.62	5.10	0.51	4.20
普　洱	Pu'er	3.33	12.95	1.80	6.98	1.54	5.97
临　沧	Lincang	3.08	13.00	1.78	7.50	1.30	5.50
楚　雄	Chuxiong	2.81	10.50	1.61	6.00	1.21	4.50
红　河	Honghe	5.80	13.30	2.83	6.50	2.96	6.80
文　山	Wenshan	4.49	13.20	2.01	5.90	2.48	7.30
西双版纳	Xishuangbanna	1.25	11.82	0.53	5.02	0.72	6.80
大　理	Dali	3.47	9.95	2.03	5.83	1.43	4.12
德　宏	Dehong	1.59	13.60	0.69	5.90	0.90	7.70
怒　江	Nujiang	0.74	14.10	0.37	7.10	0.37	7.00
迪　庆	Diqing	0.41	11.03	0.23	6.23	0.18	4.80

4-6 全省户数、平均人口及人口密度

Number of Households, Average Population and Population Density

年　份 Year	户　数 (万户) Number of Households (10 000 households)	平均每户人数 (人/户) Average Households Size (person/household)	年平均人口 (万人) Annual Average Population (10 000 persons)	农业人口 (万人) Agricultural Population (10 000 person)	非农业人口 (万人) NonAgricultural Population (10 000 person)	人口密度 (人/平方公里) Population Density (person/sq.km)
1965	446.3	4.8	2 124.40	1 903.9	220.6	54.8
1970	481.4	5.2	2 548.00	2 217.3	245.8	63.5
1975	538.3	5.4	2 851.60	2 555.3	296.4	73.2
1978	571.8	5.4	3 058.00	2 740.0	318.1	78.5
1980	590.9	5.4	3 154.10	2 813.5	340.6	80.5
1985	667.4	5.1	3 395.10	3 008.4	386.8	86.8
1990	812	4.5	3 689.30	3 238.3	451.1	94.7
1995	925.9	4.3	3 964.40	3 430.0	534.4	101.3
1997	965.4	4.2	4 067.80	3 491.7	576.1	103.9
1998	991.3	4.2	4 118.90	3 522.1	596.9	105.2
1999	1 012.0	4.2	4 168.10	3 554.8	637.6	106.4
2000	1 030.6	4.1	4 216.60	3 584.3	656.5	107.6
2001	1 046.7	4.1	4 264.10	3 609.9	677.5	108.8
2002	1 063.3	4.1	4 310.25	3 636.3	696.8	109.8
2003	1 083.1	4.0	4 354.34	3 662.4	713.2	111.0
2004	1 117.1	4.0	4 395.40	3 691.1	724.1	112.0
2005	1 216.2	3.7	4 432.80	3 720.5	729.9	112.9
2006	1 183.9	3.8	4 466.70	3 740.2	742.8	113.8
2007	1 222.3	3.7	4 498.50	3 764.3	749.7	114.5

主要统计指标解释

人口数 指一定时点，一定地区范围内的有生命的自然人的总和。

总人口及其他相关指标是按照抽样调查推算的，统计口径为常住人口。

市人口 指居住在城市市区的人口。即指经国务院批准设市建制的城市市区，包括：设区市的市区和不设区市的市区。

（一）设区市的市区是指：

1. 市政区人口密度在1500人/平方公里及以上的，市区为区辖全部行政区域；

2. 市辖区人口密度不足1500人/平方公里的，市区为市辖区人民政府驻地和区辖其他街道办事处地域；

3. 前款市辖区人民政府驻地的城区建设已延伸到周边建制镇（乡）的部分地域，其市区还应包括该建制镇（乡）的全部行政区域。设区市的其他区分别按镇、乡村划分。

（二）不设区市的市区是指：

1. 市人民政府驻地和市辖其他街道办事处地域；

2. 市人民政府驻地的城区建设已延伸到周边建制镇（乡）的部分地域，其市区还应包括该建制镇（乡）的全部行政区域。

不设区市的其他地区分别按本规定的镇、乡村划分。

镇人口 指居住在镇区的人口，即指经批准设立的建制镇的镇区，包括：县及县以上（不含市）人民政府、行政公署所在建制镇的镇区和其他建制镇的镇区。镇区是指：

1. 镇人民政府驻地和镇辖其他居委会地域；

2. 镇人民政府驻地的城区建设已延伸到周边村民委员会的驻地，其镇区还应包括该村民委员会的全部区域。

乡村人口 指居住在乡村的人口，乡村指市镇划定的城镇地区以外的其他地区，包括集镇和农村。

集镇是指乡、民族乡人民政府所在地和经县人民政府确认由集市发展而成的作为农村一定区域经济、文化和生活服务中心的非建制镇。农村指集镇以外的地区。

凡地处城镇地区以外的工矿区、开发区、旅游区、科研单位、大专院校等特殊地区，常住人口在3000人以上的，按镇划定；常住人口不足3000人，按乡村划定。

人口密度 指一定时点一定地区的人口数与该地区的面积数之比，即一定时点的单位土地面积上的人口数通常以每平方公里的居民人数来表示。计算公式：

人口密度（人/平方公里）=该地区的人口数/该地区的土地面积

出生率（又称粗出生率）指一定时期内（通常为一年内）平均每千人所出生的人数的比例，一般用千分率表示。计算公式：出生率（‰）=年出生人数/年平均人数×1000‰

出生人数是指活产婴儿，即胎儿脱离母体时（不管怀孕月数）有过呼吸或其他生命现象。

年平均人数是年初、年末人口数的平均数，也可用年中人口数代替。

死亡率 指在一定时期内（通常为一年内）一定地区的死亡人数与同期平均人数（或期 中人数）之比，一般用千分率表示。计算公式：

死亡率（‰）=年死亡人数/年平均人数 ×1000‰

人口自然增长率 在一定时期内（通常为一年内）人口自然增加数（出生人数减死亡人数）与平均人数（或期中人数）之比，一般用千分率表示。计算公式：

人口自然增长率=（本年出生人口数-本年死亡人口数）/年平均人口数×1000%

人口自然增长率（‰）=人口出生率-人口死亡率

性别比 反映两性人口比例的指标，指在总人口中或各年龄组人口中，男性人数与女性人数之比。通常以每100个女性人口相对应的男性人口数。计算公式：

性别比=男性人口/女性人口×100

农业、非农业人口 根据公安部门下发的“户口簿”的户口性质统计。

Explanatory Notes on Principal Statistical Indicators

Total Population refers to the total number of people alive at a certain point within a given area.

City Population refers to the number of people living in cities, i.e. urban areas in which are cities established with the approval of the State Council, including cities with administrative divisions of city and district and those without administrative divisions of city and districts.

I. Cities with administrative divisions of city and district refer to:

1. Those administrative areas in which the population density of is equal to or over 1500 persons per sq·km and the urban areas include all the administrative areas under the jurisdiction of district governments;

2. Those administrative area in which the population density is less than 1500 person per sq·km and the in urban areas include the seat of people's governments under municipal jurisdiction and other areas of community offices under district jurisdiction.

3. Those administrative areas mentioned above in which the urban construction of the seat areas of people's governments under municipal jurisdiction has extended and other administrative areas of towns and townships. Its urban area includes the total administrative area of towns or townships.

II Cities without administrative divisions of city and district.

1. The seats of people's municipal government and other areas of community offices under the municipal jurisdiction.

2. The urban construction of the seats of municipal governments has extended to some surrounding administrative areas of towns or townships .Its urban area should include the total administrative area of towns or townships.

Other areas, which are without administrative divisions of cities and districts, are classified by town and village in accordance with this regulation respectively.

Town Population refers to the number of people living within towns established with the approval of the people's governments of provinces, autonomous regions, ordinary cities and those directly under the jurisdiction of the State Council, including those where the people's governments and administrative offices at and county-level (excluding city-level) are located and others. The areas of towns specifically refer to:

1. The seats of the town governments and other areas under residents, committees under the jurisdiction of the town governments;

2. The total areas under certain villagers' committees on condition that the urban construction of the seats of the town governments has extended as far as their surrounding areas where the villagers' committees are located.

Rural Population refers to the number of people living in countryside, which is the areas outside cities and towns, including market towns and villages.

Market towns refer to the seats of the township governments and economic, cultural and living centers in rural areas developed from country fairs and confirmed by the town governments. Villages are the areas other than market towns in countryside.

Special areas what such as mining areas, development zones, tourist areas, scientific research institutes. Institutions of higher education located outside cities and towns are classified as towns (with a population of more than 300) or countryside (with a population of less than 300).

Population Density refers to the ratio of population to the area at a certain point of time within a given area, i.e., the population of unit land area at a certain point of time, which is often expressed as number of inhabitants per square kilometer:

Population density = number of population in the region/land area in the region

Birth Rate or (crude Birth Rate) refers to the ratio of the number of births to the average population during a certain period of time (usually a year) which is often expressed in ‰. The formula is as follows:

Birth Rate = Number of Births/Annual Average Number of Population × 1000‰.

Number of births refers to live births, i.e., the births when babies had showed any vital phenomena regardless of the length of pregnancy.

Annual Average Number of Population is the average of the number of population at the beginning of the year and that at the end of the year. Sometimes it is substituted for with the mid year population.

Death Rate (or Crude Death Rate) refers to the ratio of the number of deaths to the average population (or mid-period population) during a certain period of time (usually a year) which is often expressed in ‰. The formula is as follows:

Death Rate = Number of Deaths/Annual Average Number of Population × 1000‰.

Natural Growth Rate of Population refers to the ratio of natural increase in population (number of births minus number of deaths) in a certain period of time (usually a year) to the average population (or mid-period population)of the same period which is often expressed in ‰. The formulas are as follows:

Natural Growth of Population = (Number of Birth—Number of Deaths)/Average Number of Population × 1000‰.

Natural Growth Rate of Population = Birth Rate—Death Rate

Sex Ratio reflects the indicator of male population and female population, which refers to the ratio of male population to female population in total population or population by age group. It usually means relevant male population per 100 female populations. The formula is as follows:

Sex ratio = male population/female population ×100%. .

Agricultural and Non-agricultural Population is classified according to people's residence registration nature recorded on their permanent residence booklets issued by public security organs.

五、就业人员和职工工资

Employment and Wages

Chapter 5

5-1 就业基本情况
Employment

项目	Item	1999年	2000年	2005年	2006年	2007年
就业人员(万人)	**Total Number of Employed Persons (10 000 persons)**	**2 244.0**	**2 295.4**	**2 461.3**	**2 517.6**	**2 573.8**
第一产业	Primary Industry	1 720.4	1 695.9	1 709.2	1 697.0	1 684.7
第二产业	Secondary Industry	197.5	210.4	245.1	262.5	279.8
第三产业	Tertiary Industry	326.1	389.2	507.0	558.2	609.3
就业人员构成(合计=100)	**Composition of Employed Persons (total=100)**					
第一产业	Primary Industry	76.7	73.9	69.4	67.4	65.4
第二产业	Secondary Industry	8.8	9.2	10.0	10.4	10.9
第三产业	Tertiary Industry	14.5	17.0	20.6	22.2	23.7
按城乡分就业人员(万人)	**Number of Employed Persons by Urban and Rural Areas (10 000 persons)**					
城镇就业人员(万人)	Urban Employed Persons (10 000 persons)	361.9	346.1	410.4	418.6	477.3
# 国有单位	State-owned Units	236.6	224.6	175.3	177.4	182.1
城镇集体单位	Urban Collective-owned Units	28.8	26.0	11.5	13.6	12.8
股份合作单位	Cooperative Units	3.4	3.9	2.8	2.6	2.6
联营单位	Joint Ownership Units	0.2	0.3	0.2	0.3	0.3
有限责任公司	Limited Liability Corporations	10.6	12.7	33.6	35.2	37.5
股份有限公司	Share-holding Corporations Ltd.	9.3	9.2	20.4	25.7	55.5
私营企业	Private Enterprises	21.0	22.9	76.1	71.1	75.3
港澳台商投资单位	Units with Funds from Hong Kong, Macao & Taiwan	2.0	1.7	1.6	2.0	2.4
外商投资单位	Foreign Funded Units	1.2	1.3	1.7	2.5	2.9
个体	Self-employed Individuals	48.9	43.5	87.3	88.2	105.7
乡村就业人员(万人)	Rural Employed Persons (10 000 persons)	1 881.8	1 948.9	2 050.9		2 096.51
# 乡镇企业	Township and Village Enterprises	413.9	267.8	358.2	379.9	400.6
乡镇私营企业	Private Enterprisess	28.7	35.5	77.0	81.7	81.9
乡镇个体企业	Self-employed Individuals	308.3	160.1	236.4	247.7	253
城镇单位在岗职工人数(万人)	**Number of Staff and Workers in Urban Units (10 000 persons)**	**284.5**	**273.4**	**235.7**	**248.0**	**280.7**
# 国有单位	State-owned Units	231.3	220.6	168.4	171.0	175.2
# 企业	Enterprises	112.5	102.5	52.6	51.1	54.4
# 地方企业	Local Enterprises	85.3	79.0	33.7	31.8	35.3
事业	Institutions	80.7	81.8	80.0	83.4	83.7
机关	Agencies & Organizations	38.2	36.3	35.8	37.3	38.1
城镇集体单位	Urban Collective-owned Units	26.7	23.7	10.6	12.6	11.9
其他单位	Units of Other Types of Ownership	26.5	29.1	56.7	64.4	93.6
城镇单位女性就业人员(万人)	Number of Female Employment in Urban Units (10 000 persons)	107.8	102.8	89.0	93.1	102.4
城镇登记失业人数(万人)	Number of Registered Unemployed Persons in Urban Areas (10 000 persons)	6.2	6.8	13.0	13.8	14.02
城镇登记失业率(%)	Registered Unemployment Rate in Urban Areas (%)	2.5	2.6	4.3	4.28	4.18

注：1.乡镇企业及乡镇私营、个体企业就业人员人数由于规范统计口径，2000年及以后的数据与1999年及以前的数据不可比。
2.2000年及以后就业人员人数，按一、二、三产业划分的就业人员人数，计算方法详见本篇末指标解释。

Note: a.The figures of township enterprises, township private units and individual enterprises recorded after 2000 can not be compared with those of 1999 due to the standardized statistics.
b.Starting from 2000, the statistical method for employed persons in primary, secondary and tertiary industries is adjusted. The detail is explained in the explanatory notes.

5-2 主要年份按三次产业分的年末就业人员数
Number of Employed Persons at the Year-end by Type of Industry in Significant Years

单位：万人 (10 000 persons)

年 份 Year	合 计 Total	第一产业 Primary Industry	第二产业 Secondary Industry	第三产业 Tertiary Industry	构成 Percentage (%) (total=100) 第一产业 Primary Industry	第二产业 Secondary Industry	第三产业 Tertiary Industry
1980	1 404.0	1 194.0	113.1	96.9	85.04	8.06	6.90
1985	1 672.3	1 329.2	172.0	171.1	79.48	10.29	10.23
1987	1 777.5	1 411.1	182.9	183.5	79.39	10.29	10.32
1988	1 826.9	1 454.4	183.3	189.2	79.61	10.03	10.36
1989	1 880.7	1 503.2	183.9	193.6	79.93	9.78	10.29
1990	1 922.7	1 537.8	184.8	200.1	79.98	9.61	10.41
1992	2 032.6	1 612.9	198.0	221.7	79.35	9.92	10.73
1993	2 071.5	1 630.9	203.6	237.0	78.73	9.88	11.44
1994	2 108.7	1 642.1	215.8	250.8	77.87	10.23	11.90
1995	2 149.0	1 656.1	216.6	276.3	77.06	10.08	12.86
1996	2 186.2	1 596.9	242.7	346.6	73.04	11.10	15.86
1997	2 223.5	1 653.2	236.0	334.3	74.35	10.61	15.04
1998	2 240.5	1 687.5	232.0	321.0	75.32	10.35	14.33
1999	2 244.0	1 720.4	197.5	326.1	76.67	8.80	14.53
2000	2 295.4	1 695.9	210.4	389.2	73.88	9.17	16.95
2001	2 322.5	1 710.4	207.9	404.2	73.65	8.95	17.40
2002	2 341.3	1 715.8	206.5	419.0	73.29	8.82	17.90
2003	2 353.3	1 709.3	209.9	434.1	72.63	8.92	18.45
2004	2 401.4	1 711.9	218.4	471.1	71.29	9.09	19.62
2005	2 461.3	1 709.2	245.1	507.0	69.44	9.96	20.60
2006	2 517.6	1 697.0	262.5	558.2	67.4	10.43	22.17
2007	2 573.8	1 684.7	279.8	609.3	65.4	10.9	23.70

注：2000年及以后就业人员人数，按一、二、三产业划分的就业人员人数计算方法有调整，详见本篇末指标解释。

Note: Starting from 2000, the statistical method for employed persons in primary, secondary and tertiary industries is adjusted. The detail is explained in the explanatory notes.

5-3 主要年份按城乡分的年末就业人员数
Number of Employed Persons at the Year-end by Residence in Urban and Rural Areas in Significant Years

单位：万人 (10 000 persons)

年份 Year	就业人员 Total	城镇单位就业人员 Number of Employed Persons in Urban Units					城镇个体和私营就业人员 Urban and Rural Self-employed Individuals and Private Enterprises
		职工人数 Number of Staff and Workers	国有单位 State-owned Economic Entities	集体单位 Collective-owned Economic Entities	其他单位 Other Types of Ownership	其他就业人员 Others	
1978	1 313.39	216.04	190.66	25.38			0.24
1980	1 404.03	229.82	200.67	29.15			0.83
1985	1 672.34	263.00	222.41	40.16	0.43		11.66
1990	1 922.65	291.87	249.26	41.94	0.67		13.75
1995	2 149.00	311.50	262.86	43.28	5.36	7.23	32.30
1998	2 240.50	295.10	245.20	30.50	19.40	9.10	57.50
1999	2 244.00	284.50	231.30	26.70	26.50	7.80	69.90
2000	2 295.40	273.40	220.60	23.70	29.10	6.80	66.40
2001	2 322.53	261.61	207.31	20.03	34.27	8.07	81.83
2002	2 341.25	249.26	195.78	16.62	36.86	8.77	92.54
2003	2 353.33	244.01	181.78	14.61	47.62	9.24	97.38
2004	2 401.39	235.43	171.15	12.24	51.74	10.52	125.45
2005	2 461.32	235.71	168.39	10.65	56.67	11.32	163.35
2006	2 517.60	247.98	170.98	12.63	64.37	11.24	159.28
2007	2 573.82	280.72	175.17	11.93	93.62	15.56	181.03

5-4 各地区按城乡分的年末就业人员数(2007年)
Number of Employed Persons at the Year-end by Residence in Urban and Rural Areas and by Region (2007)

单位：万人 (10 000 persons)

地区	Region	就业人员 Total	城镇单位就业人员 Urban Employed Persons					城镇个体和私营 Urban and Rural Self-employed Individuals and Private Enterprises	乡村就业人员 Rural Employed Persons
			职工人数 Number of Staff and Workers	国有单位 State-owned Economic Entities	集体单位 Collective-owned Economic Entities	其他单位 Other Types of Ownership	其他就业人员 Others		
全省合计	**Total**	**2 573.82**	**280.72**	**175.17**	**11.93**	**93.62**	**15.56**	**181.03**	**2 096.51**
昆明	Kunming	353.27	83.98	44.60	4.29	35.09	4.21	82.96	182.11
曲靖	Qujing	343.08	27.97	17.97	1.35	8.64	1.37	14.46	299.29
玉溪	Yuxi	140.84	16.49	9.20	1.15	6.14	0.49	12.06	111.79
保山	Baoshan	143.98	12.11	6.81	0.43	4.88	0.03	2.56	129.28
昭通	Zhaotong	276.84	15.74	12.24	0.60	2.90	0.36	8.50	252.23
丽江	Lijiang	69.17	6.96	4.39	0.24	2.33	0.42	3.35	58.45
思茅	Simao	144.18	11.27	8.43	0.39	2.45	2.58	9.52	120.82
临沧	Lincang	127.13	9.98	6.88	0.16	2.94	0.95	5.48	110.73
楚雄	Chuxiong	159.20	14.21	9.86	0.42	3.94	0.91	6.81	137.27
红河	Honghe	247.77	25.14	16.85	0.92	7.37	1.22	13.69	207.73
文山	Wenshan	200.68	12.64	9.46	0.38	2.80	0.66	5.37	182.01
西双版纳	Xishuangbanna	50.78	9.98	8.03	0.37	1.58	0.03	3.77	37.00
大理	Dali	200.42	18.91	10.22	0.84	7.85	1.41	6.02	174.08
德宏	Dehong	66.17	10.20	6.06	0.34	3.80	0.29	3.81	51.86
怒江	Nujiang	29.18	3.00	2.34	0.02	0.64	0.39	1.33	24.46
迪庆	Diqing	21.11	2.13	1.83	0.04	0.27	0.23	1.34	17.40

注：昆明市城镇单位就业人员数据包括省统计局直属单位数据。昆明市城镇个体和私营就业人员数据包括省工商局直属单位数据。

Note: The number of employed persons in urban units in Kunming includes the data of the units directly under Statistical Bureau of Yunnan Province. The number of employed persons in urban private enterprises and self-employed individuals in Kunming includes the data of the units directly under Yunnan Provincial Administration of Industry and Commerce.

5-5 主要年份分行业年末职工人数
Number of Staff and Workers by Sector(year-end)

单位：万人 (10000 persons)

行业	Sector	2006年	2007年
合 计	**Total**	**247.98**	**280.72**
按行业分	**By Sector**		
农、林、牧、渔业	Farming,Forestry,Animal Husbandry and Fishery	14.85	15.09
采矿业	Mining	6.79	11.93
制造业	Manufacturing	44.69	53.04
电力、燃气及水的生产和供应业	Production and Supply of Electricity, Gas and Water	6.86	7.45
建筑业	Construction	18.87	29.89
交通运输、仓储及邮政业	Transportation,Storage and Post	12.38	12.00
信息传输、计算机服务和软件业	Information Transmission, Computers Service and Software Service	2.76	2.94
批发和零售业	Wholesale and Retaile Trade	11.04	13.34
住宿和餐饮业	Hotel and Food Service	4.18	5.57
金融业	Banking	6.82	6.95
房地产业	Real Estate	2.09	2.91
租赁和商务服务业	Leasing Treade and Business Service	3.37	4.65
科学研究、技术服务和地质勘查业	Scientific Research, Technology Service and Geological Prospecting	5.47	5.44
水利、环境和公共设施管理业	Water Conservancy, Admistration of Environment and Public facilities	4.07	4.22
居民服务和其他服务业	Services of Resident and Other	0.48	0.55
教育	Education	47.81	47.89
卫生、社会保障和社会福利业	Health Care, Social Ensure and Social Welfare	12.73	13.08
文化、体育和娱乐业	Culture, Sports and Entertainment	3.26	3.35
公共管理和社会组织	Common Administration and Social Organization	39.47	40.43

5-6 各地区按三次产业分的年末就业人员数(2007)
Number of Employed Persons at the Year-end by Type of Industry and Region (2007)

单位：万人 (10 000 persons)

地区	Region	合计 Total	第一产业 Primary Industry	第二产业 Secondary Industry	第三产业 Tertiary Industry	构成 Percentage (%) (total=100) 第一产业 Primary Industry	第二产业 Secondary Industry	第三产业 Tertiary Industry
全省合计	**Total**	2573.8	1 684.70	279.8	609.3	65.4	10.9	23.70
昆　明	Kunming	383.75	136.72	92.04	154.99	35.60	24.00	40.40
曲　靖	Qujing	359.30	218.23	49.69	91.38	60.74	13.83	25.43
玉　溪	Yuxi	143.98	82.74	25.11	36.13	57.47	17.44	25.09
保　山	Baoshan	147.32	106.42	16.63	24.27	72.23	11.29	16.48
昭　通	Zhaotong	277.98	194.35	22.38	61.25	69.92	8.05	22.03
丽　江	Lijiang	66.96	47.80	5.06	14.10	71.39	7.56	21.06
普　洱	Pu'er	150.93	108.70	10.39	31.84	72.02	6.88	21.10
临　沧	Lincang	135.18	92.99	11.85	30.34	68.79	8.76	22.45
楚　雄	Chuxiong	161.47	112.83	17.52	31.12	69.88	10.85	19.27
红　河	Honghe	247.64	178.10	23.29	46.25	71.92	9.40	18.68
文　山	Wenshan	194.42	147.76	17.11	29.55	76.00	8.80	15.20
西双版纳	Xishuangbanna	54.42	39.89	3.18	11.35	73.30	5.84	20.86
大　理	Dali	201.73	132.99	28.37	40.37	65.92	14.06	20.01
德　宏	Dehong	66.10	46.91	4.99	14.20	70.97	7.55	21.48
怒　江	Nujiang	28.98	22.24	1.44	5.30	76.74	4.96	18.30
迪　庆	Diqing	22.84	15.09	1.29	6.46	66.04	5.65	28.31

5-7 各地区分行业年末城镇单位就业人员数(2007年)
Number of Employed Persons in Urban Entities at the Year-end by Sector and Region (2007)

单位：人 (person)

地 区	Region	合 计 Total	农、林、牧、渔业 Farming, Forestry, Animal Husbandry and Fishery	采矿业 Mining	制造业 Manufacturing	电力、燃气及水的生产和供应业 Production and Supply of Electricity,Gas and Water
全省合计	**Total**	**2 962 811**	**165 548**	**128 649**	**561 305**	**76 298**
昆 明	Kunming	877 124	8 756	13 965	196 310	14 246
曲 靖	Qujing	293 392	5 648	38 166	65 298	10 584
玉 溪	Yuxi	169 856	3 574	8 837	49 808	4 550
保 山	Baoshan	121 408	5 506	2 875	18 156	2 763
昭 通	Zhaotong	161 069	4 364	9 091	13 872	4 540
丽 江	Lijiang	73 747	5 088	5 345	6 958	2 138
普 洱	Pu'er	138 464	16 412	2 630	29 390	3 845
临 沧	Lincang	109 268	11 357	3 545	18 688	3 510
楚 雄	Chuxiong	151 209	5 298	10 804	21 708	3 566
红 河	Honghe	263 623	18 481	11 383	69 615	9 039
文 山	Wenshan	133 024	8 056	6 505	12 153	5 328
西双版纳	Xishuangbanna	100 093	47 026	1 160	6 808	1 279
大 理	Dali	203 164	6 862	5 839	34 278	5 783
德 宏	Dehong	104 968	16 468	1 170	16 656	3 167
怒 江	Nujiang	33 935	1 516	6 167	542	1 042
迪 庆	Diqing	23 650	1 136	1 167	1 065	918

注：不含城镇规模以下私营、个体就业人员。
Note: The number of employed persons in urban private units is excluded.

5-7 续表1 continued

单位：人 (person)

地 区	Region	建筑业 Construction	交通运输、仓储和邮政业 Transportation, Storage and Post	信息传输、计算机服务和软件业 Information Transmission, Computers Service and Software Service	批发和零售业 Wholesale and Retaile Trade	住宿和餐饮业 Hotel and Food Service
全省合计	**Total**	**325 729**	**124 830**	**37 425**	**139 214**	**58 284**
昆 明	Kunming	144 655	72 936	18 610	52 209	26 813
曲 靖	Qujing	26 146	5 463	2 059	9 495	2 026
玉 溪	Yuxi	9 615	3 497	675	14 663	2 681
保 山	Baoshan	20 028	2 760	1 048	7 328	1 010
昭 通	Zhaotong	10 360	4 722	2 242	6 235	1 137
丽 江	Lijiang	4 854	1 815	808	2 530	3 801
普 洱	Pu'er	9 514	3 871	1 622	4 089	1 134
临 沧	Lincang	6 502	3 013	659	3 173	1 471
楚 雄	Chuxiong	19 246	3 543	1 931	6 390	1 999
红 河	Honghe	18 192	6 581	2 077	8 804	4 452
文 山	Wenshan	6 535	4 643	1 330	5 180	1 028
西双版纳	Xishuangbanna	4 474	1 938	768	3 207	2 515
大 理	Dali	33 846	5 797	1 730	9 870	4 588
德 宏	Dehong	10 312	2 314	1 077	4 533	2 970
怒 江	Nujiang	995	1 124	391	747	39
迪 庆	Diqing	455	813	398	761	620

5-7 续表2 continued

单位：人 (person)

地 区	Region	金融业 Banking	房地产业 Real Estate	租赁和商务服务业 Leasing Treade and Business Service	科学研究、技术服务和地质勘查业 Scientific Research, Technology Service and Geological Prospecting	水利、环境和公共设施管理业 Water Conservancy, Admistration of Environment and Public facilities
全省合计	**Total**	**74 515**	**30 931**	**48 669**	**57 437**	**45 025**
昆 明	Kunming	23 478	17 014	28 743	31 080	9 996
曲 靖	Qujing	6 060	1 300	1 219	2 466	4 225
玉 溪	Yuxi	5 948	229	2 055	1 463	1 959
保 山	Baoshan	2 760	2 903	1 023	1 209	2 339
昭 通	Zhaotong	3 977	638	175	2 210	2 647
丽 江	Lijiang	2 046	436	1 126	1 000	2 114
普 洱	Pu'er	3 102	434	390	2 364	2 077
临 沧	Lincang	2 362	695	296	782	1 135
楚 雄	Chuxiong	5 181	238	561	1 781	2 214
红 河	Honghe	5 135	1 088	6 100	3 735	5 354
文 山	Wenshan	2 978	1 781	425	1 453	2 374
西双版纳	Xishuangbanna	2 058	471	871	1 744	1 725
大 理	Dali	5 297	2 563	3 152	2 622	4 140
德 宏	Dehong	2 448	1 063	2 461	2 381	1 029
怒 江	Nujiang	808	78	10	321	469
迪 庆	Diqing	877	1	62	826	1 228

5-7 续表3 continued

单位：人 (person)

地 区	Region	居民服务和其他服务业 Services of Resident and Other	教育 Education	卫生、社会保障和社会福利业 Health Care, Social Ensure and Social Welfare	文化、体育和娱乐业 Culture, Sports and Entertainment	公共管理和社会组织 Common Administration and Social Organization
全省合计	**Total**	**6 026**	**492 036**	**136 911**	**34 308**	**419 671**
昆 明	Kunming	3 689	82 899	35 447	11 981	84 297
曲 靖	Qujing	415	63 661	11 836	1 983	35 342
玉 溪	Yuxi	34	26 572	8 652	1 522	23 522
保 山	Baoshan	88	25 047	5 773	1 217	17 575
昭 通	Zhaotong	224	46 477	7 815	4 521	35 822
丽 江	Lijiang	107	14 634	3 880	676	14 391
普 洱	Pu'er	25	26 076	7 879	1 216	22 394
临 沧	Lincang	137	24 292	5 264	1 018	21 369
楚 雄	Chuxiong	55	27 991	8 263	1 187	29 253
红 河	Honghe	232	44 836	11 760	2 492	34 267
文 山	Wenshan	101	38 960	7 643	1 705	24 846
西双版纳	Xishuangbanna	473	10 364	3 599	667	8 946
大 理	Dali	219	35 329	11 134	2 035	28 080
德 宏	Dehong	224	13 453	4 378	1 004	17 860
怒 江	Nujiang		7 136	2 114	650	9 786
迪 庆	Diqing	3	4 309	1 474	434	7 104

5-8 各地区城镇单位分行业年末职工人数(2007年)
Number of Staff and Workers in Urban Entities at the Year-end by Sector and Region (2007)

单位：人 (person)

地　区 Region		合　计 Total	农、林、牧、渔业 Farming,Forestry, Animal Husbandry and Fishery	采矿业 Mining	制造业 Manufacturing	电力、燃气及水的生产和供应业 Production and Supply of Electricity,Gas and Water
全省合计	**Total**	**2 807 197**	**150 876**	**119 332**	**530 381**	**74 469**
昆　明	Kunming	835 001	8 581	13 859	190 620	14 098
曲　靖	Qujing	279 695	5 239	37 737	62 332	10 525
玉　溪	Yuxi	164 909	3 560	8 437	48 333	4 425
保　山	Baoshan	121 104	5 505	2 868	18 129	2 753
昭　通	Zhaotong	157 443	4 267	8 812	13 791	4 493
丽　江	Lijiang	69 560	4 615	5 317	6 712	2 095
普　洱	Puer	112 652	9 546	2 611	15 515	3 473
临　沧	Lincang	99 778	10 611	3 234	15 743	3 370
楚　雄	Chuxiong	142 140	4 612	9 300	21 020	3 433
红　河	Honghe	251 439	14 331	11 302	68 401	8 975
文　山	Wenshan	126 403	7 657	6 485	11 631	5 203
西双版纳	Xishuangbanna	99 764	46 987	1 160	6 793	1 279
大　理	Dali	189 098	6 329	2 711	33 378	5 271
德　宏	Dehong	102 031	16 384	1 160	16 480	3 152
怒　江	Nujiang	30 048	1 516	3 642	487	1 014
迪　庆	Diqing	21 330	1 136	697	1 016	910

5-8 续表1 continued

单位：人 (person)

地　区 Region		建筑业 Construction	交通运输、仓储和邮政业 Transportation, Storage and Post	信息传输、计算机服务和软件业 Information Transmission, Computers Service and Software Service	批发和零售业 Wholesale and Retaile Trade	住宿和餐饮业 Hotel and Food Service
全省合计	**Total**	**298 887**	**119 993**	**29 397**	**133 411**	**55 676**
昆　明	Kunming	134 702	70 908	12 605	49 605	25 609
曲　靖	Qujing	21 087	5 312	1 656	8 767	1 837
玉　溪	Yuxi	9 462	3 240	675	14 521	2 567
保　山	Baoshan	19 995	2 752	1 047	7 304	1 010
昭　通	Zhaotong	10 226	4 538	1 903	6 157	1 134
丽　江	Lijiang	3 996	1 315	509	2 465	3 514
普　洱	Puer	8 407	3 699	1 608	3 703	1 123
临　沧	Lincang	4 929	2 879	644	2 987	1 470
楚　雄	Chuxiong	17 264	3 265	1 912	5 991	1 763
红　河	Honghe	16 912	6 086	2 033	8 623	4 290
文　山	Wenshan	5 413	4 446	725	5 106	990
西双版纳	Xishuangbanna	4 471	1 853	768	3 188	2 514
大　理	Dali	30 307	5 506	1 549	9 187	4 262
德　宏	Dehong	10 266	2 311	1 077	4 432	2 936
怒　江	Nujiang	995	1 097	391	696	39
迪　庆	Diqing	455	786	295	679	618

5-8 续表2 continued

单位：人 (person)

地 区 Region		金融业 Banking	房地产业 Real Estate	租赁和商务服务业 Leasing Treade and Business Service	科学研究、技术服务和地质勘查业 Scientific Research,Technology Service and Geological Prospecting	水利、环境和公共设施管理业 Water Conservancy, Admistration of Environment and Public facilities
全省合计	**Total**	**69 519**	**29 101**	**46 493**	**54 401**	**42 204**
昆 明	Kunming	22 731	15 699	26 866	29 027	9 910
曲 靖	Qujing	5 632	1 256	1 208	2 420	4 210
玉 溪	Yuxi	5 468	228	2 022	1 432	1 836
保 山	Baoshan	2 669	2 901	1 017	1 203	2 334
昭 通	Zhaotong	3 943	631	168	2 193	2 566
丽 江	Lijiang	2 003	428	1 085	976	1 587
普 洱	Puer	2 898	429	366	2 162	1 900
临 沧	Lincang	2 288	612	287	767	1 051
楚 雄	Chuxiong	3 940	229	553	1 751	2 072
红 河	Honghe	4 583	1 040	6 077	3 652	5 059
文 山	Wenshan	2 763	1 630	417	1 407	1 722
西双版纳	Xishuangbanna	2 056	466	864	1 726	1 716
大 理	Dali	5 153	2 438	3 071	2 425	3 949
德 宏	Dehong	1 824	1 036	2 420	2 310	1 028
怒 江	Nujiang	787	78	10	321	390
迪 庆	Diqing	781		62	629	874

5-8 续表3 continued

单位：人 (person)

地 区 Region		居民服务和其他服务业 Services of Resident and Other	教育 Education	卫生、社会保障和社会福利业 Health Care, Social Ensure and Social Welfare	文化、体育和娱乐业 Culture, Sports and Entertainment	公共管理和社会组织 Common Administration and Social Organization
全省合计	**Total**	**5 495**	**478 935**	**130 792**	**33 493**	**404 342**
昆 明	Kunming	3 221	80 713	34 723	11 668	79 856
曲 靖	Qujing	415	62 780	10 928	1 937	34 417
玉 溪	Yuxi	32	25 891	8 370	1 475	22 935
保 山	Baoshan	88	25 045	5 729	1 215	17 540
昭 通	Zhaotong	217	45 054	7 515	4 515	35 320
丽 江	Lijiang	106	14 162	3 859	674	14 142
普 洱	Puer	25	25 134	6 989	1 214	21 850
临 沧	Lincang	135	23 367	4 900	963	19 541
楚 雄	Chuxiong	52	27 595	8 017	1 180	28 191
红 河	Honghe	229	43 243	11 097	2 445	33 061
文 山	Wenshan	95	37 785	7 144	1 584	24 200
西双版纳	Xishuangbanna	471	10 364	3 561	662	8 865
大 理	Dali	210	33 804	10 390	1 955	27 203
德 宏	Dehong	196	13 435	4 263	980	16 341
怒 江	Nujiang		6 651	1 947	628	9 359
迪 庆	Diqing	3	3 912	1 360	398	6 719

5-9 各地区国有单位分行业年末职工人数(2007年)
Number of Staff and Workers in State-owned Entities at the Year-end by Sector and Region (2007)

单位：人 (person)

地区	Region	合计 Total	农、林、牧、渔业 Farming,Forestry,Animal Husbandryand Fishery	采矿业 Mining	制造业 Manufacturing	电力、燃气及水的生产和供应业 Production and Supply of Electricity, Gas and Water
全省合计	**Total**	**1 751 698**	**143 245**	**36 455**	**133 877**	**37 687**
昆明	Kunming	441 165	5 822	7 010	47 925	5 842
曲靖	Qujing	179 748	4 973	9 633	23 706	7 019
玉溪	Yuxi	92 042	3 560	3 375	6 173	3 325
保山	Baoshan	68 057	5 469		472	293
昭通	Zhaotong	122 378	4 267	821	5 529	2 921
丽江	Lijiang	43 913	4 274			319
普洱	Pu'er	84 254	8 187	1 243	4 076	2 198
临沧	Lincang	68 798	10 252	7	142	1 841
楚雄	Chuxiong	98 580	4 517	6 574	5 068	2 267
红河	Honghe	168 527	13 944	5 508	33 681	5 279
文山	Wenshan	94 568	7 389	1 498	2 087	956
西双版纳	Xishuangbanna	80 319	46 354	92	1 121	1 212
大理	Dali	102 187	6 095	2	2 772	3 025
德宏	Dehong	60 641	15 525		884	288
怒江	Nujiang	23 442	1 516		117	293
迪庆	Diqing	18 277	1 101	692	124	609

5-9 续表1 continued

单位：人 (person)

地区	Region	建筑业 Construction	交通运输、仓储和邮政业 Transportation, Storage and Post	信息传输、计算机服务和软件业 Information Transmission, Computers Service and Software Service	批发和零售业 Wholesale and Retaile Trade	住宿和餐饮业 Hotel and Food Service
全省合计	**Total**	**61 145**	**85 210**	**17 665**	**41 269**	**14 063**
昆明	Kunming	47 236	49 216	4 796	8 684	7 491
曲靖	Qujing	2 569	5 031	1 180	4 967	550
玉溪	Yuxi	1 649	3 173	387	3 523	1 041
保山	Baoshan	81	1 621	781	4 569	57
昭通	Zhaotong	95	3 952	1 807	3 815	383
丽江	Lijiang	232	1 212	430	943	425
普洱	Pu'er	1 609	2 487	1 568	1 320	398
临沧	Lincang	126	2 699	593	1 447	109
楚雄	Chuxiong	2 736	2 424	1 624	2 165	443
红河	Honghe	1 256	3 461	864	3 154	852
文山	Wenshan	183	3 113	640	2 640	348
西双版纳	Xishuangbanna	326	1 329	715	367	538
大理	Dali	1 702	2 660	790	2 234	1 141
德宏	Dehong	890	1 201	811	790	223
怒江	Nujiang		983	391	252	
迪庆	Lincang	455	648	288	399	64

5-9 续表2 continued

单位：人 (person)

地　区	Region	金融业 Banking	房地产业 Real Estate	租赁和商务服务业 Leasing Treade and Business Service	科学研究、技术服务和地质勘查业 Scientific Research, Technology Service and Geological Prospecting	水利、环境和公共设施管理业 Water Conservancy, Admistration of Environment and Public facilities
全省合计	**Total**	**40 697**	**4 403**	**13 580**	**49 308**	**36 988**
昆　明	Kunming	13 354	1 792	7 972	24 806	8 769
曲　靖	Qujing	3 148	445	1 084	2 334	3 257
玉　溪	Yuxi	3 673	149	395	1 403	1 832
保　山	Baoshan	1 539	371	554	1 100	1 733
昭　通	Zhaotong	2 290	23	33	2 171	2 152
丽　江	Lijiang	1 369	36	61	941	1 207
普　洱	Pu'er	1 686	165	138	2 157	1 820
临　沧	Lincang	1 298	81	85	693	1 003
楚　雄	Chuxiong	2 144	108	343	1 722	1 618
红　河	Honghe	2 594	556	268	3 556	5 048
文　山	Wenshan	1 590	274	86	1 401	1 648
西双版纳	Xishuangbanna	1 167	222	246	1 726	1 391
大　理	Dali	2 536	176	1 030	2 241	3 816
德　宏	Dehong	1 151	5	1 260	2 109	965
怒　江	Nujiang	590		4	321	390
迪　庆	Diqing	568		21	627	339

5-9 续表3 continued

单位：人 (person)

地　区	Region	居民服务和其他服务业 Services of Resident and Other	教育 Education	卫生、社会保障和社会福利业 Health Care, Social Ensure and Social Welfare	文化、体育和娱乐业 Culture, Sports and Entertainment	公共管理和社会组织 Common Administration and Social Organization
全省合计	**Total**	**1 934**	**474 605**	**127 074**	**30 083**	**402 410**
昆　明	Kunming	1 102	77 625	33 557	9 489	78 677
曲　靖	Qujing	58	62 659	10 875	1 937	34 323
玉　溪	Yuxi	29	25 793	8 367	1 288	22 907
保　山	Baoshan	53	25 045	5 627	1 199	17 493
昭　通	Zhaotong	111	45 054	7 399	4 505	35 050
丽　江	Lijiang	54	13 902	3 764	623	14 121
普　洱	Pu'er	25	25 128	6 989	1 214	21 846
临　沧	Lincang	12	23 313	4 715	868	19 514
楚　雄	Chuxiong	52	27 570	7 949	1 128	28 128
红　河	Honghe	170	43 243	9 640	2 445	33 008
文　山	Wenshan	95	37 764	7 129	1 584	24 143
西双版纳	Xishuangbanna	83	10 342	3 561	662	8 865
大　理	Dali	45	33 409	10 145	1 208	27 160
德　宏	Dehong	42	13 195	4 050	926	16 326
怒　江	Nujiang		6 651	1 947	628	9 359
迪　庆	Diqing	3	3 912	1 360	379	6 688

5-10 各地区城镇集体单位分行业年末职工人数(2007年)
Number of Staff and Workers in Urban Collective-owned Entities at the Year-end by Sector and Region (2007)

单位：人 (person)

地区	Region	合计 Total	农、林、牧、渔业 Farming,Forestry,Animal Husbandry and Fishery	采矿业 Mining	制造业 Manufa-cturing	电力、燃气及水的生产和供应业 Production and Supply of Electricity, Gas and Water
全省合计	**Total**	**119 271**	**805**	**3 139**	**25 623**	**987**
昆明	Kunming	42 908	186	441	14 107	186
曲靖	Qujing	13 521		541	2 232	358
玉溪	Yuxi	11 470		24	678	62
保山	Baoshan	4 255		68	974	
昭通	Zhaotong	6 021			1 704	93
丽江	Lijiang	2 354			638	
普洱	Pu'er	3 889	56		388	
临沧	Lincang	1 581			190	48
楚雄	Chuxiong	4 209	95	418	315	69
红河	Honghe	9 195	66	1 292	2 384	
文山	Wenshan	3 833		118	212	102
西双版纳	Xishuangbanna	3 654	230	115	196	2
大理	Dali	8 426	172		666	60
德宏	Dehong	3 368		117	905	7
怒江	Nujiang	219			34	
迪庆	Diqing	368		5		

5-10 续表1 continued

单位：人 (person)

地区	Region	建筑业 Construction	交通运输、仓储和邮政业 Transportation, Storage and Post	信息传输、计算机服务和软件业 Information Transmission, Computers Service and Software Service	批发和零售业 Wholesale and Retaile Trade	住宿和餐饮业 Hotel and Food Service
全省合计	**Total**	**30 895**	**1 748**	**226**	**20 421**	**4 259**
昆明	Kunming	12 133	977	58	4 376	2 668
曲靖	Qujing	4 823	177	117	1 331	258
玉溪	Yuxi	156			7 549	78
保山	Baoshan	518		51	1 151	36
昭通	Zhaotong	1 785	330		180	29
丽江	Lijiang	547	33		362	53
普洱	Pu'er	1 400			673	102
临沧	Lincang	183			253	26
楚雄	Chuxiong	842			294	
红河	Honghe	2 257	171		944	50
文山	Wenshan	1 105			1 056	29
西双版纳	Xishuangbanna	321	26		948	581
大理	Dali	3 944	29		955	291
德宏	Dehong	880	5		138	58
怒江	Nujiang	1			79	
迪庆	Diqing				132	

5-10 续表2 continued

单位：人 (person)

地 区 Region		金融业 Banking	房地产业 Real Estate	租赁和商务服务业 Leasing Treade and Business Service	科学研究、技术服务和地质勘查业 Scientific Research, Technology Service and Geological Prospecting	水利、环境和公共设施管理业 Water Conservancy, Admistration of Environment and Public facilities
全省合计	**Total**	**17 144**	**919**	**6 350**	**886**	**1 992**
昆 明	Kunming	1938	718	2529	820	119
曲 靖	Qujing	2121		104		953
玉 溪	Yuxi	1163		1624		4
保 山	Baoshan	962	30	279		2
昭 通	Zhaotong	1626				
丽 江	Lijiang	573		10		
普 洱	Pu'er	1037	15	128		80
临 沧	Lincang	793	2	9	29	
楚 雄	Chuxiong	1562		22	17	434
红 河	Honghe	1523	79	265		11
文 山	Wenshan	1056		67		
西双版纳	Xishuangbanna	399	33	213		325
大 理	Dali	1481	42	575	18	64
德 宏	Dehong	603		498		
怒 江	Nujiang	105				
迪 庆	Diqing	202		27	2	

5-10 续表3 continued

单位：人 (person)

地 区 Region		居民服务和其他服务业 Services of Resident and Other	教育 Education	卫生、社会保障和社会福利业 Health Care, Social Ensure and Social Welfare	文化、体育和娱乐业 Culture, Sports and Entertainment	公共管理和社会组织 Common Administration and Social Organization
全省合计	**Total**	**1230**	**855**	**725**	**135**	**932**
昆 明	Kunming	505	602	170	135	240
曲 靖	Qujing	348	11	53		94
玉 溪	Yuxi	3	98	3		28
保 山	Baoshan	35		102		47
昭 通	Zhaotong	4				270
丽 江	Lijiang		24	95		19
普 洱	Pu'er		6			4
临 沧	Lincang		4	17		27
楚 雄	Chuxiong		10	68		63
红 河	Honghe	20		80		53
文 山	Wenshan		21	15		52
西双版纳	Xishuangbanna	243	22			
大 理	Dali	72	2	29		26
德 宏	Dehong		55	93		9
怒 江	Nujiang					
迪 庆	Diqing					

5-11 各地区其他单位分行业年末职工人数(2007年)
Number of Staff and Workers in Entities of Other Types of Ownership at the Year-end by Sector and Region (2007)

单位：人 (person)

地区	Region	合计 Total	农、林、牧渔业 Farming,Forestry, Animal Husbandry and Fishery	采矿业 Mining	制造业 Manufacturing	电力、燃气及水的生产和供应业 Production and Supply of Electricity,Gas and Water
全省合计	**Total**	**936 228**	**6 826**	**79 738**	**370 881**	**35 795**
昆明	Kunming	350 928	2 573	6 408	128 588	8 070
曲靖	Qujing	86 426	266	27 563	36 394	3 148
玉溪	Yuxi	61 397		5 038	41 482	1 038
保山	Baoshan	48 792	36	2 800	16 683	2 460
昭通	Zhaotong	29 044		7 991	6 558	1 479
丽江	Lijiang	23 293	341	5 317	6 074	1 776
普洱	Pu'er	24 509	1 303	1 368	11 051	1 275
临沧	Lincang	29 399	359	3 227	15 411	1 481
楚雄	Chuxiong	39 351		2 308	15 637	1 097
红河	Honghe	73 717	321	4 502	32 336	3 696
文山	Wenshan	28 002	268	4 869	9 332	4 145
西双版纳	Xishuangbanna	15 791	403	953	5 476	65
大理	Dali	78 485	62	2 709	29 940	2 186
德宏	Dehong	38 022	859	1 043	14 691	2 857
怒江	Nujiang	6 387		3 642	336	721
迪庆	Diqing	2 685	35		892	301

5-11 续表1 continued

单位：人 (person)

地区	Region	建筑业 Construction	交通运输、仓储和邮政业 Transportation, Storage and Post	信息传输、计算机服务和软件业 Information Transmission, Computers Service and Software Service	批发和零售业 Wholesale and Retaile Trade	住宿和餐饮业 Hotel and Food Service
全省合计	**Total**	**206 847**	**33 035**	**11 506**	**71 721**	**37 354**
昆明	Kunming	75 333	20 715	7 751	36 545	15 450
曲靖	Qujing	13 695	104	359	2 469	1 029
玉溪	Yuxi	7 657	67	288	3 449	1 448
保山	Baoshan	19 396	1 131	215	1 584	917
昭通	Zhaotong	8 346	256	96	2 162	722
丽江	Lijiang	3 217	70	79	1 160	3 036
普洱	Pu'er	5 398	1 212	40	1 710	623
临沧	Lincang	4 620	180	51	1 287	1 335
楚雄	Chuxiong	13 686	841	288	3 532	1 320
红河	Honghe	13 399	2 454	1 169	4 525	3 388
文山	Wenshan	4 125	1 333	85	1 410	613
西双版纳	Xishuangbanna	3 824	498	53	1 873	1 395
大理	Dali	24 661	2 817	759	5 998	2 830
德宏	Dehong	8 496	1 105	266	3 504	2 655
怒江	Nujiang	994	114		365	39
迪庆	Diqing		138	7	148	554

5-11 续表2 continued

单位：人 (person)

地 区	Region	金融业 Banking	房地产业 Real Estate	租赁和商务服务业 Leasing Treade and Business Service	科学研究、技术服务和地质勘查业 Scientific Research, Technology Service and Geological Prospecting	水利、环境和公共设施管理业 Water Conservancy, Admistration of Environment and Public facilities
全省合计	**Total**	**11 678**	**23 779**	**26 563**	**4 207**	**3 224**
昆 明	Kunming	7 439	13 189	16 365	3 401	1 022
曲 靖	Qujing	363	811	20	86	
玉 溪	Yuxi	632	79	3	29	
保 山	Baoshan	168	2 500	184	103	599
昭 通	Zhaotong	27	608	135	22	414
丽 江	Lijiang	61	392	1 014	35	380
普 洱	Pu'er	175	249	100	5	
临 沧	Lincang	197	529	193	45	48
楚 雄	Chuxiong	234	121	188	12	20
红 河	Honghe	466	405	5 544	96	
文 山	Wenshan	117	1 356	264	6	74
西双版纳	Xishuangbanna	490	211	405		
大 理	Dali	1 136	2 220	1 466	166	69
德 宏	Dehong	70	1 031	662	201	63
怒 江	Nujiang	92	78	6		
迪 庆	Diqing	11		14		535

5-11 续表3 continued

单位：人 (person)

地 区	Region	居民服务和其他服务业 Services of Resident and Other	教育 Education	卫生、社会保障和社会福利业 Health Care, Social Ensure and Social Welfare	文化、体育和娱乐业 Culture, Sports and Entertainment	公共管理和社会组织 Common Administration and Social Organization
全省合计	**Total**	**2 331**	**3 475**	**2 993**	**3 275**	**1 000**
昆 明	Kunming	1 614	2 486	996	2 044	939
曲 靖	Qujing	9	110			
玉 溪	Yuxi				187	
保 山	Baoshan				16	
昭 通	Zhaotong	102		116	10	
丽 江	Lijiang	52	236		51	2
普 洱	Pu'er					
临 沧	Lincang	123	50	168	95	
楚 雄	Chuxiong		15		52	
红 河	Honghe	39		1 377		
文 山	Wenshan					5
西双版纳	Xishuangbanna	145				
大 理	Dali	93	393	216	747	17
德 宏	Dehong	154	185	120	54	6
怒 江	Nujiang					
迪 庆	Diqing				19	31

5-12 各地区城镇单位分登记注册类型年末就业人员数(2007年)

Number of Employed Persons in Urban Entities at the Year-end by Status of Registration and Region (2007)

单位：人 (person)

地　区	Region	就业人员合计 Number of Employed Persons in Urban Entities	国有单位 State-owned Entities	城镇集体单位 Urban Collective-owned Entities	其他单位 Others
全省合计	**Total**	**2 962 811**	**1 821 353**	**128 225**	**1 013 233**
昆　明	Kunming	877 124	452 543	46 688	377 893
曲　靖	Qujing	293 392	184 892	14 940	93 560
玉　溪	Yuxi	169 856	95 079	11 583	63 194
保　山	Baoshan	121 408	68 271	4 257	48 880
昭　通	Zhaotong	161 069	125 382	6 081	29 606
丽　江	Lijiang	73 747	45 826	2 711	25 210
普　洱	Pu'er	138 464	95 101	4 231	39 132
临　沧	Lincang	109 268	73 173	1 628	34 467
楚　雄	Chuxiong	151 209	104 225	4 471	42 513
红　河	Honghe	263 623	177 692	9 971	75 960
文　山	Wenshan	133 024	99 404	3 881	29 739
西双版纳	Xishuangbanna	100 093	80 569	3 659	15 865
大　理	Dali	203 164	107 243	9 556	86 365
德　宏	Dehong	104 968	62 615	3 416	38 937
怒　江	Nujiang	33 935	24 672	231	9 032
迪　庆	Diqing	23 650	19 849	921	2 880

5-13 各地区城镇单位分企事业机关年末就业人员数(2007年)

Number of Employed Persons in Urban Entities at the Year-end by Enterprise, Public Institution and Government Agency and by Region (2007)

单位：人 (person)

地　区	Region	就业人员合计 Number of Employed Persons in Urban Entities	企业 Enterprise	事业 Institution	机关 Agencies and Organization
全省合计	**Total**	**2 962 811**	**1 702 670**	**865 378**	**394 763**
昆　明	Kunming	877 124	623 318	173 721	80 085
曲　靖	Qujing	293 392	165 566	93 654	34 172
玉　溪	Yuxi	169 856	100 668	47 927	21 261
保　山	Baoshan	121 408	63 412	41 730	16 266
昭　通	Zhaotong	161 069	56 161	69 546	35 362
丽　江	Lijiang	73 747	34 372	26 320	13 055
普　洱	Pu'er	138 464	68 365	48 772	21 327
临　沧	Lincang	109 268	51 495	36 662	21 111
楚　雄	Chuxiong	151 209	73 944	49 234	28 031
红　河	Honghe	263 623	147 803	82 018	33 802
文　山	Wenshan	133 024	50 504	59 505	23 015
西双版纳	Xishuangbanna	100 093	70 345	21 853	7 895
大　理	Dali	203 164	114 453	62 047	26 664
德　宏	Dehong	104 968	63 531	25 078	16 359
怒　江	Nujiang	33 935	11 391	12 980	9 564
迪　庆	Diqing	23 650	7 342	9 514	6 794

注：5-12、5-13不含城镇规模以下私营、个体就业人员。

Note: The number of employed persons in urban private Entities is excluded.

5-14 城镇单位分登记注册类型和细行业全部就业人员人数(2007年)

Number of Employed in Urban Entities by Status of Registration and Sector in Detail (2007)

单位：人 (person)

行业	Sector	就业人员合计 Number of Employed Persons in Urban Entities	国有单位 State-owned Economy	城镇集体单位 Urban Collective-owned Entities	其他单位 Entities of Other Types of Ownership
全省合计	**Total**	**2 962 811**	**1 821 353**	**128 225**	**1 013 233**
按企业、事业、机关分组	**Grouped by Enterprises Institutions and Agencies and Organization**				
企业	Enterprises	1 702 670	572 136	122 370	1 008 164
事业	Institutions	865 378	855 470	4 839	5 069
机关	Agencies & Organizations	394 763	393 747	1 016	
按国民经济行业分组	**Grouped by Industry Sector**				
农、林、牧、渔业	**Farming,Forestry,Animal Husbandry and Fishery**	**165 548**	**157 243**	**915**	**7 390**
农业	Farming	46 789	42 911	339	3 539
林业	Forestry	67 067	64 208	236	2 623
畜牧业	Animal Husbandry	1 805	623	126	1 056
渔业	Fishery	127	94		33
农、林、牧、渔服务业	Farming,Forestry,Animal Husbandry and Fishery Services	49 760	49 407	214	139
采矿业	**Mining**	**128 649**	**38 644**	**3 636**	**86 369**
煤炭开采和洗选业	Coal Mining and Dressing	62 153	19 900	409	41 844
石油和天然气开采业	Petroleum and Natural Gas Extraction	232	57		175
黑色金属矿采选业	Ferrous Metals Mining and Dressing	7 763	2 026	71	5 666
有色金属矿采选业	Nonferrous Metals Mining and Dressing	48 603	10 417	2 718	35 468
非金属矿采选业	Nonmetal Minerals Mining and Dressing	9 898	6 244	438	3 216
其他采矿业	Other Minerals Mining				
制造业	**Manufacturing**	**561 305**	**135 953**	**26 528**	**398 824**
农副食品加工业	Agricultural Non-staple Food Processing	40 575	2 211	687	37 677
食品制造业	Food Manufacturing	12 200	972	1 000	10 228
饮料制造业	Beverage Manufacturing	33 095	400	585	32 110
烟草制品业	Tobacco Production	27 881	25 093		2 788
纺织业	Textile Industry	13 000	5	1 455	11 540
纺织服装、鞋、帽制造业	Textile,Clothing, Footwear Production	2 968	678	1 116	1 174
皮革、毛皮、羽毛(绒)及其制品业	Leather, Furs, Down and Related Products	924	11	156	757
木材加工及木、竹、藤、棕、草制品业	Timber Processing, Bamboo, Cane, Palm Fiber and Straw Products	12 921	2 245	683	9 993

注：不含城镇规模以下私营、个体就业人员。

Note: The number of employed persons in urban private units is not excluded.

5-14 续表1 continued

单位：人 (person)

行　　业	Sector	就业人员合计 Number of Employed Persons in Urban Entities	国有单位 State-owned Economy	城镇集体单位 Urban Coll-ective-owned Entities	其他单位 Entities of Other Types of Ownership
家具制造业	Furniture Manufacturing	1 103		284	819
造纸及纸制品业	Papermaking and Paper Products	12 107	1 238	2 106	8 763
印刷业和记录媒介的复制	Printing and Record Medium Reproduction	13 125	2 234	1 202	9 689
文教体育用品制造业	Cultural, Educational and Sports Goods	263	54	95	114
石油加工、炼焦及核燃料加工业	Petroleum Processing,Coking and Nuclear fuel Processing	7 147	377	17	6 753
化学原料及化学制品制造业	Raw Chemical Materials and Chemical Products	71 207	21 897	1 793	47 517
医药制造业	Medical and Pharmaceutical Products	13 807	1 161	510	12 136
化学纤维制造业	Chemical Fiber Manufacturing	356		23	333
橡胶制品业	Rubber Products	2 153	1 269	157	727
塑料制品业	Plastic Products	8 254	288	1 350	6 616
非金属矿物制品业	Nonmetal Mineral Products	53 222	4 211	6 127	42 884
黑色金属冶炼及压延加工业	Smelting and Pressing of Ferrous Metals	56 870	20 953	1 372	34 545
有色金属冶炼及压延加工业	Smelting and Pressing of Nonferrous Metals	93 027	30 979	555	61 493
金属制品业	Metal Products	8 147	1 311	1 275	5 561
通用设备制造业	General-purpose Machinery Manufacturing	20 186	4 360	1 712	14 114
专用设备制造业	Special Purposes Equipment	20 572	5 520	285	14 767
交通运输设备制造业	Transport Equipment	18 883	7 110	571	11 202
电气机械及器材制造业	Electric Equipment and Machinery	9 306	1 098	845	7 363
通信设备、计算机及其他电子设备制造业	Communication Equipment, Computers and other Electronic Equipment Production	1 317	153	10	1 154
仪器仪表及文化、办公用机械制造业	Instruments, Meters, Cultural and Clerical Machinery	4 899	93	74	4 732
工艺品及其他制造业	Handicraft Articles and Other Goods Production	1 621	32	434	1 155
废弃资源和废旧材料回收加工业	Discarded Resources and Waste Materials Recovery and Processing	169		49	120
电力、燃气及水的生产和供应业	**Production and Supply of Electric Power,Gas and Water**	**76 298**	**38 554**	**1 012**	**36 732**
电力、热力的生产和供应业	Production and Supply of Electric Power and Heat	65 746	31 174	833	33 739
燃气生产和供应业	Gas Production and Supply	2 715	2 516		199
水的生产和供应业	Water Production and Supply	7 837	4 864	179	2 794
建筑业	**Construction**	**325 729**	**62 248**	**34 008**	**229 473**
房屋和土木工程建筑业	House Building and civil Engineering	290 085	57 931	30 040	202 114
建筑安装业	Construction Installation	17 694	3 712	3 269	10 713
建筑装饰业	Building Fiting up and Decoration	12 517	174	578	11 765
其他建筑业	Other Construction	5 433	431	121	4 881
交通运输、仓储和邮政业	**Transport, Storage and Post**	**124 830**	**88 720**	**2 022**	**34 088**
铁路运输业	Railway transport	37 555	37 398		157
道路运输业	Highway Transport	45 721	31 086	1 072	13 563
城市公共交通业	Urban Public Transit	12 787	1 632	446	10 709

5-14 续表2 continued

单位：人 (person)

行 业	Sector	就业人员合计 Number of Employed in Urban Entities	国有单位 State- owned Economy	城镇集体单位 Urban Collective-owned Entities	其他单位 Entities of Other Types of Ownership
水上运输业	Water Way Transport	532	313		219
航空运输业	Air Transport	6 610	2 662	26	3 922
管道运输业	Pipeline Transport	3	3		
装卸搬运和其他运输服务业	Lording, Unlording, Carrying and Other Transport Services	6 265	1 552	343	4 370
仓储业	Storage	3 061	1 941	112	1 008
邮政业	Postal	12 296	12 133	23	140
信息传输、计算机服务和软件业	**Information Transmission Computer Service and Software Service**	**37 425**	**20 221**	**244**	**16 960**
电信和其他信息传输服务业	Telecommunication And Other Information Transmission Service	34 161	19 433	62	14 666
计算机服务业	Computer Service	1 749	604	135	1 010
软件业	Software Service	1 515	184	47	1 284
批发和零售业	**Wholesale and Retail Trade**	**139 214**	**42 760**	**21 323**	**75 131**
批发业	Wholesale	74 500	33 614	5 242	35 644
零售业	Retail Trade	64 714	9 146	16 081	39 487
住宿和餐饮业	**Hotel and Food Service**	**58 284**	**15 068**	**4 496**	**38 720**
住宿业	Hotel	49 788	13 938	3 970	31 880
餐饮业	Food Service	8 496	1 130	526	6 840
金融业	**Finance and Insurance**	**74 515**	**43 940**	**17 363**	**13 212**
银行业	Banking	60 579	37 327	17 175	6 077
证券业	Securities Industry	753	200		553
保险业	Insurance	12 595	6 215		6 380
其他金融活动	Other Financial Trade	588	198	188	202
房地产业	**Real Estate Trade**	**30 931**	**4 607**	**962**	**25 362**
房地产开发经营	Development and Operation of Real Estate Trade	18 224	2 229	219	15 776
物业管理	Substance Management	9 302	950	322	8 030
房地产中介服务	Real Estate Agency Service	1 892	563	236	1 093
租赁和商务服务业	**Leasing Treade and Business Service**	**48 669**	**14 015**	**7 211**	**27 443**
租赁业	Leasing Treade	954	62	38	854
商务服务业	Commercial Serive	47 715	13 953	7 173	26 589
科学研究、技术服务和地质勘查业	**Scientific Research,Technology Service and Geological Prospecting**	**57 437**	**50 795**	**1 534**	**5 108**
研究与试验发展	R & D	14 152	13 183	30	939
自然科学研究与试验发展	R & D of Science Technology	2 424	2 307		117
工程和技术研究与试验发展	R & D of Engineering Technology	6 215	5 640	2	573
农业科学研究与试验发展	R & D of Agriculture Science	3 689	3 452	8	229
医学研究与试验发展	R & D of Medicine	616	576	20	20
社会人文科学研究与试验发展	R & D of Social Literae Humaniores	1 208	1 208		
专业技术服务业	Professional Technology Service	25 029	20 734	733	3 562

5-14 续表3 continued

单位：人 (person)

行 业	Sector	就业人员合计 Number of Employed Persons in Urban Entities	国有单位 State-owned Economy	城镇集体单位 Urban Collective-owned Entities	其他单位 Entities of Other Types of Ownership
# 气象服务	Werther Service	2 104	2 098		6
地震服务	Earthquake Service	1 359	1 359		
海洋服务	Ocean Service	17	17		
测绘服务	Mapping Service	962	829		133
技术检测	Technology Service	3 310	3 032	58	220
环境监测	Environment	1 188	1 188		
工程技术与规划管理	Engineering Technology and Programming Administration	14 746	11 177	554	3 015
科技交流和推广服务业	Communion and Popularizing of Science Technology	11 295	10 138	719	438
地质勘查业	Geological Prospecting	6 961	6 740	52	169
水利、环境和公共设施管理业	**Water Conservancy, Admistration of Environment and Public facilities**	**45 025**	**39 232**	**2 023**	**3 770**
水利管理业	Water Conservancy Admistrition	11 337	11 310	27	
环境管理业	Admistration of Environment	20 086	17 414	1 752	920
公共设施管理业	Admistration of Public facilities	13 602	10 508	244	2 850
居民服务和其他服务业	**Services of Resident and Other**	**6 026**	**1 997**	**1 252**	**2 777**
居民服务业	Resident Service	3 454	1 179	540	1 735
其他服务业	Other Service	2 572	818	712	1 042
教育	**Education**	**492 036**	**486 230**	**1 577**	**4 229**
# 初等教育	Primary Education	251 298	250 916	59	323
中等教育	Secondary Education	171 456	170 068	163	1 225
高等教育	Higher Education	31 209	29 700	480	1 029
卫生、社会保障和社会福利业	**Health Care, Social Ensure and Social Welfare**	**136 911**	**132 753**	**886**	**3 272**
卫生	Health Care	130 575	126 668	853	3 054
社会保障业	Social Ensure	4 133	4 096		37
社会福利业	Social Welfare	2 203	1 989	33	181
文化、体育和娱乐业	**Culture, Sports and Entertainment**	**34 308**	**30 833**	**147**	**3 328**
新闻出版社	News and Publishing	3 002	2 980	2	20
广播、电视、电影和音像业	Broadcast, Television,Filmdom and Audio & Video Production	12 071	11 719	47	305
文化艺术业	Culture and Arts	12 834	12 683		151
体育	Sports	1 602	1 484	9	109
娱乐业	Entertainment	4 799	1 967	89	2 743
公共管理和社会组织	**Common Administration and Social Organization**	**419 671**	**417 540**	**1 086**	**1 045**
# 中国共产党机关	Organs of Communist Prty of China	20 367	20 367		
国家机构	Government Agencies of Country	385 248	384 468	763	17
人民政协和民主党派	Chinese People's Political Consultative Conferences and Democracy Parties	4 930	4 883	4	43
群众社团、社会团体和宗教组织	Mass Groups, Social Groups and Religion Organization	7 138	6 006	189	943

5-15 城镇单位分登记注册类型和细行业女性就业人员人数(2007年)

Number of Female Employed in Urban Entities by Status of Registration and Sector in Detail (2007)

单位：人 (person)

行业	Sector	女性就业人员合计 Number of Female Employed Persons in Urban Entities	国有单位 State-owned Economy	城镇集体单位 Urban Collective-owned Entities	其他单位 Entities of Other Types of Ownership
全省合计	**Total**	**1 024 395**	**691 660**	**42 656**	**290 079**
按企业、事业、机关分组	**Grouped by Enterprises Institutions and Agencies**				
企业	Enterprises	523 025	195 325	40 223	287 477
事业	Institutions	393 971	389 235	2 134	2 602
机关	Agencies & Organizations	107 399	107 100	299	
按国民经济行业分组	**Grouped by Sector**				
农、林、牧、渔业	**Farming,Forestry,Animal Husbandry and Fishery**	**61 842**	**59 421**	**398**	**2 023**
农业	Farming	19 823	18 681	149	993
林业	Forestry	26 593	25 888	126	579
畜牧业	Animal Husbandry	626	207	45	374
渔业	Fishery	32	25		7
农、林、牧、渔服务业	Farming,Forestry,Animal Husbandry and Fishery Services	14 768	14 620	78	70
采矿业	**Mining**	**20 034**	**9 451**	**809**	**9 774**
煤炭开采和洗选业	Coal Mining and Dressing	9 142	5 847	59	3 236
石油和天然气开采业	Petroleum and Natural Gas Extraction	74	19		55
黑色金属矿采选业	Ferrous Metals Mining and Dressing	1 527	521	4	1 002
有色金属矿采选业	Nonferrous Metals Mining and Dressing	6 542	864	660	5 018
非金属矿采选业	Nonmetal Minerals Mining and Dressing	2 749	2 200	86	463
其他采矿业	Other Minerals Mining				
制造业	**Manufacturing**	**182 584**	**46 424**	**9 551**	**126 609**
农副食品加工业	Agricultural Non-staple Food Processing	14 298	902	294	13 102
食品制造业	Food Manufacturing	5 690	506	605	4 579
饮料制造业	Beverage Manufacturing	15 105	120	208	14 777
烟草制品业	Tobacco Production	10 317	9 062		1 255
纺织业	Textile Industry	8 517	2	616	7 899
纺织服装、鞋、帽制造业	Textile,Clothing, Footwear Production	1 952	509	688	755
皮革、毛皮、羽毛(绒)及其制品业	Leather, Furs, Down and Related Products	730	3	96	631
木材加工及木、竹、藤、棕、草制品业	Timber Processing, Bamboo, Cane, Palm Fiber and Straw Products	4 526	883	237	3 406
家具制造业	Furniture Manufacturing	304		77	227
造纸及纸制品业	Papermaking and Paper Products	4 067	420	811	2 836
印刷业和记录媒介的复制	Printing and Record Medium Reproduction	6 161	978	627	4 556
文教体育用品制造业	Cultural, Educational and Sports Goods	94	16	30	48
石油加工、炼焦及核燃料加工业	Petroleum Processing,Coking and Nuclear fuel Processing	1 529	98		1 431

5-15 续表1 continued

单位：人 (person)

行 业	Sector	女性就业人员合计 Number of Female Employed Persons in Urban Entities	国有单位 State-owned Economy	城镇集体单位 Urban Collective-owned Entities	其他单位 Entities of Other Types of Ownership
化学原料及化学制品制造业	Raw Chemical Materials and Chemical Products	22 117	8 224	541	13 352
医药制造业	Medical and Pharmaceutical Products	6 579	609	251	5 719
化学纤维制造业	Chemical Fiber Manufacturing	63		3	60
橡胶制品业	Rubber Products	817	517	37	263
塑料制品业	Plastic Products	4 059	123	564	3 372
非金属矿物制品业	Nonmetal Mineral Products	14 545	1 409	1 463	11 673
黑色金属冶炼及压延加工业	Smelting and Pressing of Ferrous Metals	14 266	6 347	505	7 414
有色金属冶炼及压延加工业	Smelting and Pressing of Nonferrous Metals	22 905	9 599	183	13 123
金属制品业	Metal Products	2 102	381	445	1 276
通用设备制造业	General-purpose Machinery Manufacturing	5 115	1 288	454	3 373
专用设备制造业	Special Purposes Equipment	6 146	1 798	102	4 246
交通运输设备制造业	Transport Equipment	4 372	2 150	177	2 045
电气机械及器材制造业	Electric Equipment and Machinery	2 804	389	284	2 131
通信设备、计算机及其他电子设备制造业	Communication Equipment, Computers and other Electronic Equipment Production	401	41	4	356
仪器仪表及文化、办公用机械制造业	Instruments, Meters, Cultural and Clerical Machinery	2 166	40	32	2 094
工艺品及其他制造业	Handicraft Articles and Other Goods Production	772	10	210	552
废弃资源和废旧材料回收加工业	Discarded Resources and Waste Materials Recovery and Processing	65		7	58
电力、燃气及水的生产和供应业	**Production and Supply of Electric Power,Gas and Water**	**24 553**	**12 923**	**406**	**11 224**
电力、热力的生产和供应业	Production and Supply of Electric Power and Heat	20 386	9 943	330	10 113
燃气生产和供应业	Gas Production and Supply	857	792		65
水的生产和供应业	Water Production and Supply	3 310	2 188	76	1 046
建筑业	**Construction**	**46 418**	**10 627**	**6 444**	**29 347**
房屋和土木工程建筑业	House Building and civil Engineering	39 626	9 723	5 356	24 547
建筑安装业	Construction Installation	3 894	785	872	2 237
建筑装饰业	Building Fiting up and Decoration	1 902	23	177	1 702
其他建筑业	Other Construction	996	96	39	861
交通运输、仓储和邮政业	**Transport, Storage and Post**	**37 846**	**26 512**	**550**	**10 784**
铁路运输业	Railway transport	7 834	7 784		50
道路运输业	Highway Transport	16 006	10 601	287	5 118
城市公共交通业	Urban Public Transit	3 693	579	88	3 026
水上运输业	Water Way Transport	121	96		25
航空运输业	Air Transport	2 708	1 209	16	1 483
管道运输业	Pipeline Transport	3	3		
装卸搬运和其他运输服务业	Lording, Unlording, Carrying and Other Transport Services	1 296	489	122	685

5-15 续表2 continued

单位：人 (person)

行 业	Sector	女性就业人员合计 Number of Female Employed Persons in Urban Entities	国有单位 State-owned Economy	城镇集体单位 Urban Collective-owned Entities	其他单位 Entities of Other Types of Ownership
仓储业	Storage	1 092	707	33	352
邮政业	Postal	5 093	5 044	4	45
信息传输、计算机服务和软件业	**Information Transmission Computer Service and Software Service**	**15 803**	**8 084**	**76**	**7 643**
电信和其他信息传输服务业	Telecommunication And Other Information Transmission Service	14 808	7 818	16	6 974
计算机服务业	Computer Service	556	188	43	325
软件业	Software Service	439	78	17	344
批发和零售业	**Wholesale and Retail Trade**	**62 079**	**15 448**	**10 595**	**36 036**
批发业	Wholesale	28 553	11 494	1 996	15 063
零售业	Retail Trade	33 526	3 954	8 599	20 973
住宿和餐饮业	**Hotel and Food Service**	**32 568**	**8 807**	**2 541**	**21 220**
住宿业	Hotel and Food Service	27 739	8 164	2 262	17 313
餐饮业	Food Service	4 829	643	279	3 907
金融业	**Finance and Insurance**	**33 331**	**20 340**	**5 809**	**7 182**
银行业	Banking	25 975	16 840	5 768	3 367
证券业	Securities Industry	337	82		255
保险业	Insurance	6 832	3 326		3 506
其他金融活动	Other Financial Trade	187	92	41	54
房地产业	**Real Estate Trade**	**11 357**	**1 760**	**408**	**9 189**
房地产开发经营	Development and Operation of Real Estate Trade	6 651	863	87	5 701
物业管理	Substance Management	3 231	272	127	2 832
房地产中介服务	Real Estate Agency Service	805	242	110	453
租赁和商务服务业	**Leasing Treade and Business Service**	**13 908**	**4 149**	**1 357**	**8 402**
租赁业	Leasing Treade	398	39	13	346
商务服务业	Commercial Serive	13 510	4 110	1 344	8 056
科学研究、技术服务和地质勘查业	**Scientific Research, Technology Service and Geological Prospecting**	**17 881**	**16 141**	**502**	**1 238**
研究与试验发展	R & D	4 962	4 723	14	225
自然科学研究与试验发展	R & D of Science Technology	849	815		34
工程和技术研究与试验发展	R & D of Engineering Technology	1 785	1 691	1	93
农业科学研究与试验发展	R & D of Agriculture Science	1 504	1 414	4	86
医学研究与试验发展	R & D of Medicine	362	341	9	12
社会人文科学研究与试验发展	R & D of Social Literae Humaniores	462	462		
专业技术服务业	Professional Technology Service	7 571	6 519	250	802
其中：气象服务	Werther Service	744	740		4
地震服务	Earthquake Service	411	411		
海洋服务	Ocean Service	3	3		
测绘服务	Mapping Service	328	288		40

5-15 续表3 continued

单位：人 (person)

行业	Sector	女性就业人员合计 Number of Employed Persons in Urban Entities	国有单位 State-owned Economy	城镇集体单位 Urban Collective-owned Entities	其他单位 Entities of Other Types of Ownership
技术检测	Technology Service	1 187	1 116	8	63
环境监测	Environment	463	463		
工程技术与规划管理	Engineering Technology and Programming Administration	3 971	3 135	188	648
科技交流和推广服务业	Communion and Popularizing of Science Technology	3 627	3 225	226	176
地质勘查业	Geological Prospecting	1 721	1 674	12	35
水利、环境和公共设施管理业	**Water Conservancy, Admistration of Environment and Public facilities**	**20 363**	**17 345**	**1 218**	**1 800**
水利管理业	Water Conservancy Admistrition	2 858	2 851	7	
环境管理业	Admistration of Environment	11 469	9 897	1 108	464
公共设施管理业	Admistration of Public facilities	6 036	4 597	103	1 336
居民服务和其他服务业	**Services of Resident and Other**	**2 346**	**752**	**345**	**1 249**
居民服务业	Resident Service	1 480	448	165	867
其他服务业	Other Service	866	304	180	382
教育	**Education**	**222 977**	**219 908**	**767**	**2 302**
# 初等教育	Primary Education	111 488	111 242	41	205
中等教育	Secondary Education	75 813	75 152	111	550
高等教育	Higher Education	14 246	13 435	203	608
卫生、社会保障和社会福利业	**Health Care, Social Ensure and Social Welfare**	**87 160**	**84 354**	**540**	**2 266**
卫生	Health Care	84 471	81 821	513	2 137
社会保障业	Social Ensure	1 632	1 603		29
社会福利业	Social Welfare	1 057	930	27	100
文化、体育和娱乐业	**Culture, Sports and Entertainment**	**14 417**	**13 158**	**50**	**1 209**
新闻出版社	News and Publishing	1 153	1 144	2	7
广播、电视、电影和音像业	Broadcast, Television,Filmdom and Audio & Video Production	4 362	4 247	16	99
文化艺术业	Culture and Arts	6 411	6 348		63
体育	Sports	604	574	5	25
娱乐业	Entertainment	1 887	845	27	1 015
公共管理和社会组织	**Common Administration and Social Organization**	**116 928**	**116 056**	**290**	**582**
# 中国共产党机关	Organs of Communist Prty of China	5 439	5 439		
国家机构	Government Agencies of Country	106 621	106 399	213	9
人民政协和民主党派	Chinese People's Political Consultative Conferences and Democracy Parties	1 250	1 216		34
群众社团、社会团体和宗教组织	Mass Groups, Social Groups and Religion Organization	3 171	2 582	62	527

5-16 城镇单位职工分登记注册类型和细行业专业技术人员人数(2007年)

Number of Professional and Technical Personnel by Status of Registration and Sector in Detail (2007)

单位：人 (person)

行 业	Sector	专业技术人员合计 Persons Number of Employed in Urban Entities	国有单位 State-owned Economy	城镇集体单位 Urban Collective-owned Entities	其他单位 Entities of Other Types of Ownership
全省合计	**Total**	**956 788**	**758 424**	**27 436**	**170 928**
按企业、事业、机关分组	**Grouped by Enterprises Institutions and Agencies**				
企业	Enterprises	317 985	122 646	26 365	168 974
事业	Institutions	607 288	604 466	868	1 954
机关	Agencies & Organizations	31 515	31 312	203	
按国民经济行业分组	**Grouped by Industry Sectors**				
农、林、牧、渔业	**Farming,Forestry,Animal Husbandry and Fishery**	**43 870**	**42 505**	**179**	**1 186**
农业	Farming	4 450	3 736	44	670
林业	Forestry	8 205	7 896	2	307
畜牧业	Animal Husbandry	324	134	19	171
渔业	Fishery	29	23		6
农、林、牧、渔服务业	Farming,Forestry,Animal Husbandry and Fishery Services	30 862	30 716	114	32
采矿业	**Mining**	**11 871**	**4 701**	**349**	**6 821**
煤炭开采和洗选业	Coal Mining and Dressing	5 118	2 803	2	2 313
石油和天然气开采业	Petroleum and Natural Gas Extraction	65	46		19
黑色金属矿采选业	Ferrous Metals Mining and Dressing	1 136	289	14	833
有色金属矿采选业	Nonferrous Metals Mining and Dressing	4 402	909	325	3 168
非金属矿采选业	Nonmetal Minerals Mining and Dressing	1 150	654	8	488
其他采矿业	Other Minerals Mining				
制造业	**Manufacturing**	**88 234**	**27 652**	**3 392**	**57 190**
农副食品加工业	Agricultural Non-staple Food Processing	5 727	216	245	5 266
食品制造业	Food Manufacturing	1 788	165	77	1 546
饮料制造业	Beverage Manufacturing	3 529	87	69	3 373
烟草制品业	Tobacco Production	6 180	5 817		363
纺织业	Textile Industry	1 078	4	84	990
纺织服装、鞋、帽制造业	Textile,Clothing, Footwear Production	343	20	89	234
皮革、毛皮、羽毛(绒)及其制品业	Leather, Furs, Down and Related Products	151		49	102
木材加工及木、竹、藤、棕、草制品业	Timber Processing, Bamboo, Cane, Palm Fiber and Straw Products	1 573	379	81	1 113
家具制造业	Furniture Manufacturing	235		17	218
造纸及纸制品业	Papermaking and Paper Products	1 887	615	168	1 104
印刷业和记录媒介的复制	Printing and Record Medium Reproduction	2 177	327	231	1 619
文教体育用品制造业	Cultural, Educational and Sports Goods	34	17	2	15
石油加工、炼焦及核燃料加工业	Petroleum Processing,Coking and Nuclear fuel Processing	442	56	1	385
化学原料及化学制品制造业	Raw Chemical Materials and Chemical Products	12 345	5 173	280	6 892
医药制造业	Medical and Pharmaceutical Products	3 485	307	99	3 079
化学纤维制造业	Chemical Fiber Manufacturing	169		5	164
橡胶制品业	Rubber Products	393	208	33	152
塑料制品业	Plastic Products	1 210	39	158	1 013
非金属矿物制品业	Nonmetal Mineral Products	8 483	1 040	623	6 820
黑色金属冶炼及压延加工业	Smelting and Pressing of Ferrous Metals	7 325	3 694	236	3 395
有色金属冶炼及压延加工业	Smelting and Pressing of Nonferrous Metals	12 630	6 015	70	6 545

5-16 续表1 continued

单位：人 (person)

行业	Sector	专业技术人员合计 Number of Employed Persons in Urban Entities	国有单位 State-owned Economy	城镇集体单位 Urban Collective-owned Entities	其他单位 Entities of Other Types of Ownership
金属制品业	Metal Products	1 068	150	141	777
通用设备制造业	General-purpose Machinery Manufacturing	2 819	725	211	1 883
专用设备制造业	Special Purposes Equipment	4 595	1 121	50	3 424
交通运输设备制造业	Transport Equipment	4 646	1 142	104	3 400
电气机械及器材制造业	Electric Equipment and Machinery	2 208	316	162	1 730
通信设备、计算机及其他电子设备制造业	Communication Equipment, Computers and other Electronic Equipment Production	211	19		192
仪器仪表及文化、办公用机械制造业	Instruments, Meters, Cultural and Clerical Machinery	1 274		3	1 271
工艺品及其他制造业	Handicraft Articles and Other Goods Production	204		104	100
废弃资源和废旧材料回收加工业	Discarded Resources and Waste Materials Recovery and Processing	25			25
电力、燃气及水的生产和供应业	**Production and Supply of Electric Power,Gas and Water**	**21 439**	**10 323**	**243**	**10 873**
电力、热力的生产和供应业	Production and Supply of Electric Power and Heat	19 335	8 950	225	10 160
燃气生产和供应业	Gas Production and Supply	521	510		11
水的生产和供应业	Water Production and Supply	1 583	863	18	702
建筑业	**Construction**	**65 990**	**12 171**	**8 570**	**45 249**
房屋和土木工程建筑业	House Building and civil Engineering	59 414	10 952	8 135	40 327
建筑安装业	Construction Installation	3 760	936	267	2 557
建筑装饰业	Building Fiting up and Decoration	1 752	34	133	1 585
其他建筑业	Other Construction	1 064	249	35	780
交通运输、仓储和邮政业	**Transport, Storage and Post**	**19 234**	**13 435**	**232**	**5 567**
铁路运输业	Railway transport	4 636	4 629		7
道路运输业	Highway Transport	9 483	6 343	106	3 034
城市公共交通业	Urban Public Transit	742	164	39	539
水上运输业	Water Way Transport	51	48		3
航空运输业	Air Transport	1 931	545	3	1 383
管道运输业	Pipeline Transport	2	2		
装卸搬运和其他运输服务业	Lording, Unlording, Carrying and Other Transport Services	831	316	60	455
仓储业	Storage	546	380	22	144
邮政业	Postal	1 012	1 008	2	2
信息传输、计算机服务和软件业	**Information Transmission Computer Service and Software Service**	**10 730**	**6 686**	**67**	**3 977**
电信和其他信息传输服务业	Telecommunication And Other Information Transmission Service	9 842	6 519	20	3 303
计算机服务业	Computer Service	330	149	34	147
软件业	Software Service	558	18	13	527
批发和零售业	**Wholesale and Retail Trade**	**24 228**	**10 548**	**1 875**	**11 805**
批发业	Wholesale	15 979	9 027	754	6 198
零售业	Retail Trade	8 249	1 521	1 121	5 607
住宿和餐饮业	**Hotel and Food Service**	**6 992**	**1 590**	**420**	**4 982**
住宿业	Hotel and Food Service	6 189	1 503	369	4 317
餐饮业	Food Service	803	87	51	665
金融业	**Finance and Insurance**	**42 881**	**28 431**	**9 614**	**4 836**
银行业	Banking	39 659	27 034	9 461	3 164
证券业	Securities Industry	135	105		30
保险业	Insurance	2 825	1 270		1 555
其他金融活动	Other Financial Trade	262	22	153	87
房地产业	**Real Estate Trade**	**7 646**	**1 345**	**191**	**6 110**
房地产开发经营	Development and Operation of Real Estate Trade	5 767	758	99	4 910
物业管理	Substance Management	1 120	79	38	1 003
房地产中介服务	Real Estate Agency Service	331	169	25	137

5-16 续表2 continued

单位：人 (person)

行 业	Sector	专业技术人员合计 Number of Employed Persons in Urban Entities	国有单位 State-owned Economy	城镇集体单位 Urban Collective-owned Entities	其他单位 Entities of Other Types of Ownership
租赁和商务服务业	**Leasing Treade and Business Service**	**7 990**	**2 604**	**534**	**4 852**
租赁业	Leasing Treade	423	13	1	409
商务服务业	Commercial Serive	7 567	2 591	533	4 443
科学研究、技术服务和地质勘查业	**Scientific Research, Technology Service and Geological Prospecting**	**32 120**	**29 956**	**379**	**1 785**
研究与试验发展	R & D	7 961	7 630		331
自然科学研究与试验发展	R & D of Science Technology	1 374	1 352		22
工程和技术研究与试验发展	R & D of Engineering Technology	3 323	3 074		249
农业科学研究与试验发展	R & D of Agriculture Science	2 200	2 148		52
医学研究与试验发展	R & D of Medicine	403	395		8
社会人文科学研究与试验发展	R & D of Social Literae Humaniores	661	661		
专业技术服务业	Professional Technology Service	14 266	12 619	265	1 382
# 气象服务	Werther Service	1 472	1 472		
地震服务	Earthquake Service	808	808		
海洋服务	Ocean Service	5	5		
测绘服务	Mapping Service	713	666		47
技术检测	Technology Service	1 529	1 440		89
环境监测	Environment	783	783		
工程技术与规划管理	Engineering Technology and Programming Administration	8 333	6 870	257	1 206
科技交流和推广服务业	Communion and Popularizing of Science Technology	6 530	6 380	97	53
地质勘查业	Geological Prospecting	3 363	3 327	17	19
水利、环境和公共设施管理业	**Water Conservancy, Admistration of Environment and Public facilities**	**8 187**	**7 542**	**221**	**424**
水利管理业	Water Conservancy Admistrition	4 812	4 808	4	
环境管理业	Admistration of Environment	1 767	1 562	168	37
公共设施管理业	Admistration of Public facilities	1 608	1 172	49	387
居民服务和其他服务业	**Services of Resident and Other**	**866**	**313**	**150**	**403**
居民服务业	Resident Service	393	132	83	178
其他服务业	Other Service	473	181	67	225
教育	**Education**	**406 063**	**403 887**	**329**	**1 847**
# 初等教育	Primary Education	209 641	209 495	4	142
中等教育	Secondary Education	147 417	146 660	43	714
高等教育	Higher Education	20 318	19 771	115	432
卫生、社会保障和社会福利业	**Health Care, Social Ensure and Social Welfare**	**103 301**	**100 675**	**521**	**2 105**
卫生	Health Care	102 407	99 819	520	2 068
社会保障业	Social Ensure	594	575		19
社会福利业	Social Welfare	300	281	1	18
文化、体育和娱乐业	**Culture, Sports and Entertainment**	**20 490**	**19 552**	**28**	**910**
新闻出版社	News and Publishing	1 737	1 718		19
广播、电视、电影和音像业	Broadcast, Television,Filmdom and Audio & Video Production	8 880	8 783	5	92
文化艺术业	Culture and Arts	8 226	8 199		27
体育	Sports	286	263		23
娱乐业	Entertainment	1 361	589	23	749
公共管理和社会组织	**Common Administration and Social Organization**	**34 656**	**34 508**	**142**	**6**
# 中国共产党机关	Organs of Communist Prty of China	584	584		
国家机构	Government Agencies of Country	33 491	33 350	141	
人民政协和民主党派	Chinese People's Political Consultative Conferences and Democracy Parties	163	163		
群众社团、社会团体和宗教组织	Mass Groups, Social Groups and Religion Organization	401	394	1	6

5-17 各地区私营企业年末就业人员人数(2007年)

Number of Employed Persons in Private Enterprises at the Year-end by Region (2007)

单位：户、人 (enterprises, persons)

地区	Region	合计 Total 户数 Number of Enterprises	合计 Total 就业人数 Number of Employed Persons	城镇 Urban Areas 户数 Number of Enterprises	城镇 Urban Areas 就业人数 Number of Employed Persons	乡村 Rural Areas 户数 Number of Enterprises	乡村 Rural Areas 就业人数 Number of Employed Persons
全省合计	**Total**	**84 736**	**1 431 649**	**73 106**	**1 023 399**	**11 630**	**408 250**
昆明	Kunming	49 556	606 873	47 721	521 232	1 835	85 641
曲靖	Qujing	5 520	118 328	4 067	64 545	1 453	53 783
玉溪	Yuxi	5 146	136 102	3 358	74 096	1 788	62 006
保山	Baoshan	1 585	29 532	1 046	17 087	539	12 445
昭通	Zhaotong	2 286	56 086	1 493	36 523	793	19 563
丽江	Lijiang	1 643	31 505	1 121	19 429	522	12 076
普洱	Pu'er	1 987	64 980	1 562	38 756	425	26 224
临沧	Lincang	1 224	34 720	749	19 823	475	14 897
楚雄	Chuxiong	2 366	74 863	1 740	49 700	626	25 163
红河	Honghe	4 222	109 892	3 170	69 665	1 052	40 227
文山	Wenshan	1 965	36 176	1 581	26 056	384	10 120
西双版纳	Xishuangbanna	1 506	23 004	1 306	18 637	200	4 367
大理	Dali	2 982	53 734	2 030	32 798	952	20 936
德宏	Dehong	1 679	27 402	1 430	21 073	249	6 329
怒江	Nujiang	558	10 188	412	7 269	146	2 919
迪庆	Diqing	511	18 264	320	6 710	191	11 554

注：昆明市私营企业就业人员人数包括省工商局直属部分。

Note: The number of employed persons in private and individual units includes that of the units directly under the provincial administrative bureau for industry and commerce.

5-18 各地区年末个体就业人员人数(2007年)

Number of Self-employed Individuals at the Year-end by Region (2007)

单位：户、人 (enterprises, persons)

地区	Region	合计 Total 户数 Number of Enterprises	合计 Total 就业人数 Number of Employed Persons	城镇 Urban Areas 户数 Number of Enterprises	城镇 Urban Areas 就业人数 Number of Employed Persons	乡村 Rural Areas 户数 Number of Enterprises	乡村 Rural Areas 就业人数 Number of Employed Persons
全省合计	**Total**	**852 305**	**1 718 670**	**516 226**	**1 056 861**	**336 079**	**661 809**
昆明	Kunming	191 820	512 328	133 296	363 058	58 524	149 270
曲靖	Qujing	91 783	188 443	58 465	116 207	33 318	72 236
玉溪	Yuxi	66 600	153 767	40 819	77 946	25 781	75 821
保山	Baoshan	40 860	56 970	18 244	25 858	22 616	31 112
昭通	Zhaotong	52 892	100 129	28 477	51 009	24 415	49 120
丽江	Lijiang	25 162	37 915	17 290	26 539	7 872	11 376
普洱	Pu'er	37 827	97 783	24 493	60 371	13 334	37 412
临沧	Lincang	30 731	52 163	18 220	35 996	12 511	16 167
楚雄	Chuxiong	49 704	82 720	24 778	41 073	24 926	41 647
红河	Honghe	82 892	156 662	49 500	97 781	33 392	58 881
文山	Wenshan	45 712	61 471	26 012	36 887	19 700	24 584
西双版纳	Xishuangbanna	25 708	51 028	12 516	24 303	13 192	26 725
大理	Dali	66 807	93 210	35 903	52 372	30 904	40 838
德宏	Dehong	30 096	50 339	20 106	33 592	9 990	16 747
怒江	Nujiang	6 401	11 222	4 016	7 133	2 385	4 089
迪庆	Diqing	7 310	12 520	4 091	6 736	3 219	5 784

注：昆明市个体就业人员人数包括省工商局直属部分。

Note: The number of employed persons in private and individual units includes that of the units directly under the provincial administrative bureau for industry and commerce.

5-19 主要年份城镇私营企业年末分行业就业人数

Number of Employed Persons in Urban Private Enterprises at the Year-end by Sector in Significant Years

单位：万人 (10 000 persons)

行业	Sector	2000年	2001年	2005年	2006年	2007年
合计	**Total**	**22.90**	**32.41**	**76.09**	**71.10**	**102.34**
农、林、牧、渔业	Farming,Forestry,Animal Husbandry and Fishery	0.70	0.99	2.53	2.33	3.54
采掘业	Mining and Quarrying	0.50	0.47	1.96	2.38	3.01
制造业	Manufacturing	5.80	6.63	14.50	16.42	19.26
电力、煤气及水的生产和供应业	Production and Supply of Electricity,Gas and Water			0.75	1.01	1.38
建筑业	Construction	2.60	3.76	22.84	11.90	14.50
交通运输、仓储及邮电通讯业	Transport,Storage,Post and Telecommunication Services	0.60	0.45	3.73	1.75	2.32
信息传输、计算机服务和软件业	Information Transmission, Computers Service and Software Service			1.61	1.91	3.52
批发和零售业	Wholesale and Retail Trade & Food Services	8.70	13.62	15.38	17.80	32.32
住宿和餐饮业	Hotel and Food Service			1.83	2.03	2.93
房地产业	Real Estate Trade			2.52	3.23	4.54
租赁和商务服务业	Social Services	3.40	5.13	3.55	4.29	6.78
居民服务和其他服务业	Health Care,Sports and Social Welfare			1.85	2.06	3.04
卫生、社会保障和社会福利业	Education,Culture and Arts,Radio,Film and Television			0.32	0.42	0.65
文化、体育和娱乐业	Scientific Research and Polytechnic Services			0.49	0.65	1.03
其他合计	Others	0.60	1.37	2.22	2.92	3.52

5-20 主要年份城镇个体就业人员年末分行业就业人数

Number of Self-employed Individuals in Urban Areas at the Year-end by Sector in Significant Years

单位：万人 (10 000 persons)

行业	Sector	2000年	2001年	2005年	2006年	2007年
合计	**Total**	**43.50**	**49.42**	**87.26**	**88.18**	**105.69**
农、林、牧、渔业	Farming,Forestry,Animal Husbandry and Fishery	0.10	0.12	0.27	0.34	0.44
采掘业	Mining and Quarrying	0.10	0.11	0.21	0.30	0.35
制造业	Manufacturing	5.00	5.67	6.55	6.99	7.91
电力、煤气及水的生产和供应业	Production and Supply of Electricity,Gas and Water			0.01	0.02	0.02
建筑业	Construction	0.20	0.26	0.22	0.24	0.28
交通运输、仓储及邮电通讯业	Transport,Storage,Post and Telecommunication Services			2.89	2.48	2.57
信息传输、计算机服务和软件业	Information Transmission, Computers Service and Software Service	2.10	2.28	0.46	0.48	0.52
批发和零售业	Wholesale and Retail Trade & Food Services	29.20	32.80	47.73	48.91	62.44
住宿和餐饮业	Hotel and Food Service			17.29	13.68	16.82
房地产业	Real Estate Trade			1.05	0.62	0.01
租赁和商务服务业	Social Services	6.50	7.77	0.65	0.66	0.86
居民服务和其他服务业	Health Care,Sports and Social Welfare			7.92	8.70	10.59
卫生、社会保障和社会福利业	Education,Culture and Arts,Radio,Film and Television			0.57	0.64	0.86
文化、体育和娱乐业	Scientific Research and Polytechnic Services			1.00	1.10	1.49
其他合计	Others	0.30	0.42	0.45	3.02	0.54

5-21 主要年份城镇登记失业人数和登记失业率

Registered Urban Unemployment and Unemployment Rate in Significant Years

单位:万人、% (10 000 persons,%)

年 份 Year	城镇登记失业人数（万人） Urban Unemployed Persons(10 000 persons)	# 女性 Female	# 长期失业者人数 Permanent Unemployed Persons	城镇登记失业率 (%) Urban Unemployment Rate (%)
1978	6.40			2.70
1980	6.00			2.30
1985	4.21			2.50
1990	7.76			2.50
1992	7.53			2.30
1993	7.34			2.30
1994	7.14			2.23
1995	8.10			2.26
1996	8.01			2.80
1997	7.84			2.70
1998	6.01	3.02		2.20
1999	6.20	3.10	3.10	2.50
2000	6.77	3.28	3.42	2.60
2001	8.00	3.89	3.64	3.30
2002	9.80	4.04	4.79	4.00
2003	12.12	5.94	5.64	4.10
2004	11.95	6.28	4.85	4.30
2005	12.97	6.12	5.17	4.30
2006	13.79	6.35	5.01	4.28
2007	14.02	6.37	4.2	4.18

5-22 各地区城镇单位分企事业机关职工工资总额(2007年)

Total Wages of Employed Persons in Urban Entities at the Year-end by Enterprise, Public Institution and, Government Agency and by Region (2007)

单位：千元 (1 000 yuan)

地 区	Region	职工工资总额 Total Wages of Employed Persons：合 计 Total	企业 Enterprise	事业 Institution	机关 Agencies and Organization
全省合计	**Total**	**56 649 254**	**31 166 458**	**17 225 087**	**8 257 709**
昆 明	Kunming	18 585 043	13 761 996	3 390 877	1 432 170
曲 靖	Qujing	5 791 997	3 210 100	1 890 749	691 148
玉 溪	Yuxi	3 643 413	1 947 929	1 078 909	616 575
保 山	Baoshan	2 024 109	862 856	790 457	370 796
昭 通	Zhaotong	3 040 729	1 110 184	1 304 360	626 185
丽 江	Lijiang	1 439 673	527 911	593 660	318 102
普 洱	Pu'er	2 222 035	742 859	987 150	492 026
临 沧	Lincang	1 823 283	662 595	716 057	444 631
楚 雄	Chuxiong	2 703 077	1 193 233	946 725	563 119
红 河	Honghe	4 781 496	2 575 579	1 552 216	653 701
文 山	Wenshan	2 410 974	799 275	1 144 815	466 884
西双版纳	Xishuangbanna	1 699 880	972 917	505 498	221 465
大 理	Dali	3 624 144	1 769 254	1 234 423	620 467
德 宏	Dehong	1 601 301	692 908	538 086	370 307
怒 江	Nujiang	618 110	209 273	236 247	172 590
迪 庆	Diqing	569 321	127 589	244 189	197 543

5-23 主要年份全部职工工资总额和指数

Total Wages of Staff and Workers and Related Indices in Significant Years

单位：万元，% (10 000 yuan, %)

年份 Year	职工工资总额 Total Wages				工资总额指数 Indices of Total Wages			
	合计 Total	国有单位 State-owned Entities	城镇集体单位 Urban Collective-owned Entities	其他单位 Other Ownership	合计 Total	国有单位 State-owned Entities	城镇集体单位 Urban Collective-owned Entities	其他单位 Other Ownership
1978	126 803	114 225	12 578		115.3	117.4	99.6	
1980	171 550	154 601	16 949		120.3	120.4	119.6	
1985	301 329	262 970	37 902	457	118.5	118.3	119.4	
1990	606 598	535 607	69 695	1 296	115.3	116.3	108.6	
1992	814 347	712 593	99 500	2 254	118.6	118.2	120.9	135.2
1993	970 155	841 224	124 990	3 941	119.1	118.1	125.6	174.8
1994	1 389 418	1 213 488	155 660	20 270	143.2	144.3	124.5	514.3
1995	1 589 569	1 378 077	182 208	29 284	114.4	113.6	116.7	144.5
1996	1 940 655	1 690 621	202 732	47 303	122.1	122.7	111.3	161.5
1997	2 190 837	1 907 523	210 466	72 849	112.9	112.8	103.8	154.0
1998	2 260 931	1 931 463	187 028	142 440	103.2	101.3	88.9	195.5
1999	2 359 332	1 959 697	175 717	223 918	104.4	101.5	94.0	157.2
2000	2 544 580	2 095 029	167 795	281 756	107.9	106.9	95.5	125.8
2001	2 759 817	2 253 345	143 717	362 755	108.5	107.6	85.7	128.7
2002	3 008 517	2 452 154	132 134	424 229	109.0	108.8	91.9	116.9
2003	3 149 842	2 462 394	123 447	564 001	104.7	100.4	93.4	132.9
2004	3 445 228	2 640 176	115 346	689 706	109.4	107.2	93.4	122.3
2005	3 771 553	2 832 996	108 039	830 518	109.5	107.3	93.7	120.4
2006	4 586 169	3 398 771	146 975	1 040 423	121.6	120.0	136.0	125.3
2007	5 664 925	3 984 942	163 189	1 516 794	123.5	117.2	111.0	145.8

5-24 各地区全部职工工资总额和平均工资(2007年)

Total Wages and Annual Average Wages of Staff and Workers by Region (2007)

单位：千元，元/人 (1 000 yuan, yuan/person)

地区	Region	职工工资总额 Total Wages				职工平均工资 Average Wages			
		合计 Total	国有单位 State-owned Entities	城镇集体单位 Urban Collective-owned Entities	其他单位 Other Ownership	合计 Total	国有单位 State-owned Entities	城镇集体单位 Urban Collective-owned Entities	其他单位 Other Ownership
全省合计	**Total**	**56 649 254**	**39 849 423**	**1 631 891**	**15 167 940**	**20 481**	**22 884**	**14 054**	**16 697**
昆明	Kunming	18 585 043	11 252 626	536 965	6 795 452	22 432	25 524	12 123	19 792
曲靖	Qujing	5 791 997	4 112 725	214 035	1 465 237	20 879	22 899	15 533	17 437
玉溪	Yuxi	3 643 413	2 589 550	88 833	965 030	22 780	27 845	11 177	16 359
保山	Baoshan	2 024 109	1 349 559	48 425	626 125	16 988	20 251	11 304	12 983
昭通	Zhaotong	3 040 729	2 555 800	98 632	386 297	19 875	21 409	17 192	13 857
丽江	Lijiang	1 439 673	1 040 909	38 268	360 496	20 976	23 822	16 086	15 979
普洱	Pu'er	2 222 035	1 854 073	59 460	308 502	19 978	22 199	17 545	12 689
临沧	Lincang	1 823 283	1 434 585	31 928	356 770	18 263	20 962	20 018	11 971
楚雄	Chuxiong	2 703 077	2 109 111	78 210	515 756	19 607	21 642	18 914	14 219
红河	Honghe	4 781 496	3 640 566	128 786	1 012 144	19 328	21 647	15 214	14 306
文山	Wenshan	2 410 974	1 891 093	59 724	460 157	19 257	20 158	15 738	16 678
西双版纳	Xishuangbanna	1 699 880	1 437 001	52 386	210 493	17 235	17 951	14 305	14 111
大理	Dali	3 624 144	2 423 995	138 339	1 061 810	19 524	23 877	15 488	14 125
德宏	Dehong	1 601 301	1 101 226	47 490	452 585	16 364	18 555	15 110	12 798
怒江	Nujiang	618 110	464 850	3 234	150 026	20 613	20 058	15 183	22 735
迪庆	Diqing	569 321	521 085	7 176	41 060	27 265	29 139	19 714	15 589

注：昆明市职工工资总额数据包括省统计局直属单位数据。

Note:Total wage of staff and worker in kunming is cluded the unit belong to the province to statistics.

5-25 主要年份全部职工平均工资及指数

Average Wages of Staff and Workers and Related Indices in Significant Years

单位：元/人，%　　　　(yuan/person,%)

年 份	职工平均工资 Average Wages				平均工资指数(上年=100，%) Indices of Average Wages (preceding year = 100 ,%)							
					货币工资 Money Wages				实际工资 Real Wages			
Year	合计 Total	国有单位 State-owned Units	集体单位 Urban Collective-owned Units	其他单位 Other Ownership	合计 Total	国有单位 State-owned Units	集体单位 Urban Collective-owned Units	其他单位 Other Ownership	合计 Total	国有单位 State-owned Units	城镇集体单位 Urban Collective-owned Units	其他单位 Other Owner-ship
1978	608	629	496		112.0	108.5	128.8					
1980	760	782	604		115.2	115.2	114.2					
1985	1 171	1 207	970	1 100	115.5	115.1	117.9					
1990	2 130	2 200	1 713	2 037	113.3	113.6	109.9		111.5	111.8	108.2	
1993	3 170	3 253	2 690	3 898	118.0	117.2	123.2					
1994	4 514	4 673	3 518	5 201	142.4	143.7	130.8	133.4	121.4	122.5	111.5	113.7
1995	5 149	5 286	4 237	5 802	114.1	113.1	120.4	111.6	94.8	94.0	100.1	92.7
1996	6 231	6 419	4 926	6 863	121.0	121.4	116.3	118.3	111.3	111.7	107.0	108.8
1997	7 037	7 237	5 473	7 852	112.9	112.7	111.1	114.4	107.9	107.7	106.2	109.4
1998	7 667	7 882	6 029	7 564	109.0	108.9	110.2	96.3	106.4	106.4	107.6	94.1
1999	8 276	8 449	6 505	8 566	107.9	107.2	107.9	113.2	109.2	108.5	109.2	96.5
2000	9 231	9 422	7 033	9 566	111.5	111.5	108.1	111.7	114.3	114.3	110.8	95.2
2001	10 537	10 880	7 203	10 407	114.1	115.5	102.4	108.8	116.4	117.7	104.4	92.7
2002	11 987	12 429	7 947	11 443	113.8	114.2	110.3	110.0	114.7	115.2	111.2	93.7
2003	12 870	13 471	8 519	11 886	107.4	108.4	107.2	103.9	106.0	107.0	105.8	88.5
2004	14 581	15 320	9 519	13 307	113.3	113.7	111.7	112.0	106.8	107.2	105.3	95.4
2005	16 140	16 900	10 516	14 894	110.69	110.3	110.5	111.9	108.8	108.5	108.6	110.1
2006	18 711	20 017	12 193	16 447	115.9	118.4	115.9	110.4	113.8	116.2	113.8	108.4
2007	20 481	22 884	14 054	16 697	109.46	114.3	115.3	101.5	103.36	108.0	108.8	95.9

5-26 离休、退休、退职人员人数及保险福利费用构成情况(2007)

Number of Retirees and Composition of Their Insurance and Welfare Funds (2007)

行 业	Sector	离休、退休、退职人员年末人数(人) Number of Retirees at Year-end (person)			
		合 计 Total	#女 性 Female	离休人员 Retired Veterans	退休人员 Retired Persons
总 计	**Total**	**1 417 390**	**655 765**	**28 576**	**1 388 814**
企业	Enterprises	1 068 350	551 232	15 660	1 052 690
事业	Institutions	178 005	66 512	4 424	173 581
机关	Agencies	147 188	26 796	8489	138 699
其他	Other	23 847	11 225	3	23 844

5－26 续表 continued

行　业	Sector	保险福利费用构成(千元) Composition of Insurance and Welfare Funds (1 000 yuan) 合　计 Total	离休金 Fund for Retired Veterans	退休金 Fund for Retired Persons	医疗卫生费 Fund for Medical Care	其他 Others
总　计	**Total**	**24 625 331**	**1 251 099**	**22 746 843**		**627 389**
企业	Enterprises	17 322 371	748 354	16 160 426		413 591
事业	Institutions	4 057 449	221 249	3 733 571		102 629
机关	Agencies	3 041 493	281 361	2 649 594		110 538
其他	Other	204 018	135	203 252		631

5-27 各地区城镇单位分行业职工平均工资(2007年)

Average Wages of Staff and Workers in Urban Entities by Sector and Region (2007)

单位：元/人 (yuan/person)

地　区	Region	合　计 Total	农、林、牧、渔业 Farming,Forestry,Animal Husbandry and Fishery	采矿业 Mining	制造业 Manufacturing	电力、燃气及水的生产和供应业 Production and Supply of Electric Power,Gas and Water
全省合计	**Total**	**20 481**	**13 899**	**19 009**	**20 625**	**33 318**
昆　明	Kunming	22 432	14 581	23 271	23 274	42 381
曲　靖	Qujing	20 879	18 304	15 179	22 979	39 977
玉　溪	Yuxi	22 780	20 349	26 920	21 823	33 261
保　山	Baoshan	16 988	15 414	15 506	13 266	29 098
昭　通	Zhaotong	19 875	17 924	18 029	25 877	29 175
丽　江	Lijiang	20 976	17 790	20 786	13 889	23 448
普　洱	Pu'er	19 978	15 637	18 309	14 056	27 104
临　沧	Lincang	18 263	11 030	12 215	13 039	27 485
楚　雄	Chuxiong	19 607	18 261	18 314	17 829	28 507
红　河	Honghe	19 328	15 797	23 397	20 569	30 650
文　山	Wenshan	19 257	14 657	19 182	14 079	28 871
西双版纳	Xishuangbanna	17 235	12 599	19 618	14 532	36 523
大　理	Dali	19 524	17 638	14 680	18 470	33 241
德　宏	Dehong	16 364	6 360	13 576	12 936	19 692
怒　江	Nujiang	20 613	17 338	27 183	10 626	34 433
迪　庆	Diqing	27 265	25 605	18 650	9 620	32 801

5-27 续表1 continued

单位：元/人 (yuan/person)

地区	Region	建筑业 Construction	交通运输、仓储和邮政业 Transportation, Storage and Post	信息传输、计算机服务和软件业 Information Transmission, Computers Service and Software Service	批发和零售业 Wholesale and Retaile Trade	住宿和餐饮业 Hotel and Food Service
全省合计	**Total**	**14 403**	**26 337**	**31 461**	**18 409**	**11 383**
昆　明	Kunming	16 786	33 055	41 180	18 053	12 678
曲　靖	Qujing	14 717	15 831	18 808	22 614	10 713
玉　溪	Yuxi	13 074	15 765	26 374	15 176	9 682
保　山	Baoshan	9 908	14 239	23 111	15 960	11 031
昭　通	Zhaotong	12 995	13 579	24 394	22 586	10 480
丽　江	Lijiang	12 202	25 860	24 055	21 356	12 393
普　洱	Pu'er	9 972	14 313	29 301	14 879	9 879
临　沧	Lincang	8 072	17 256	25 498	22 196	7 179
楚　雄	Chuxiong	13 746	16 084	23 037	22 773	10 882
红　河	Honghe	13 344	16 733	18 022	18 416	10 516
文　山	Wenshan	11 303	19 342	29 778	17 150	8 806
西双版纳	Xishuangbanna	11 917	19 489	22 691	15 877	14 326
大　理	Dali	12 308	17 565	23 796	19 465	8 638
德　宏	Dehong	12 188	16 037	27 670	12 993	7 411
怒　江	Nujiang	9 804	16 840	33 656	16 355	8 256
迪　庆	Diqing	20 769	23 378	30 149	21 601	15 268

5-27 续表2 continued

单位：元/人 (yuan/person)

地区	Region	金融业 Banking	房地产业 Real Estate	租赁和商务服务业 Leasing Treade and Business Service	科学研究、技术服务和地质勘查业 Scientific Research, Technology Service and Geological Prospecting	水利、环境和公共设施管理业 Water Conservancy, Admistration of Environment and Public facilities
全省合计	**Total**	**36 774**	**15 920**	**16 910**	**24 171**	**14 380**
昆　明	Kunming	47 818	17 462	21 842	26 500	13 896
曲　靖	Qujing	29 526	15 241	18 353	20 766	14 282
玉　溪	Yuxi	30 546	22 525	9 304	25 411	15 928
保　山	Baoshan	31 643	12 242	10 436	21 140	10 993
昭　通	Zhaotong	28 049	12 817	13 244	20 910	12 471
丽　江	Lijiang	27 840	19 717	13 740	22 947	15 799
普　洱	Pu'er	32 537	16 235	17 174	21 829	15 327
临　沧	Lincang	33 352	14 501	9 115	19 198	15 556
楚　雄	Chuxiong	32 078	18 919	9 801	18 617	15 757
红　河	Honghe	29 681	13 123	5 350	20 103	12 822
文　山	Wenshan	32 721	12 469	17 740	22 071	14 245
西双版纳	Xishuangbanna	34 507	17 492	13 424	23 217	14 447
大　理	Dali	34 996	13 475	12 734	22 120	17 275
德　宏	Dehong	34 974	14 138	9 280	21 021	11 630
怒　江	Nujiang	35 042	18 167	16 700	18 280	17 539
迪　庆	Diqing	30 741		16 466	26 252	20 045

5-27 续表3 continued

单位：元/人 (yuan/person)

地 区	Region	居民服务和其他服务业 Services of Resident and Other	教育 Education	卫生、社会保障和社会福利业 Health Care, Social Ensure and Social Welfare	文化、体育和娱乐业 Culture, Sports and Entertainment	公共管理和社会组织 Common Administration and Social Organization
全省合计	**Total**	**13 352**	**21 081**	**21 733**	**19 058**	**21 727**
昆 明	Kunming	13 750	18 936	22 815	16 994	18 545
曲 靖	Qujing	8 669	21 973	20 044	20 756	20 558
玉 溪	Yuxi	16 806	24 883	22 143	21 262	29 160
保 山	Baoshan	17 898	20 128	19 767	18 202	22 489
昭 通	Zhaotong	10 438	19 558	20 643	19 968	19 351
丽 江	Lijiang	15 443	24 552	23 021	22 616	24 859
普 洱	Pu'er	22 520	23 942	21 729	21 017	23 973
临 沧	Lincang	9 496	21 121	20 031	20 953	23 448
楚 雄	Chuxiong	20 784	19 863	23 459	19 840	21 118
红 河	Honghe	16 339	20 225	18 365	19 331	19 949
文 山	Wenshan	18 532	20 329	20 822	18 460	20 373
西双版纳	Xishuangbanna	12 320	24 474	25 824	23 509	27 601
大 理	Dali	12 295	21 394	21 763	19 078	24 267
德 宏	Dehong	12 974	21 713	24 852	20 436	24 621
怒 江	Nujiang	20 329	20 329	19 480	18 721	19 015
迪 庆	Diqing	33 000	30 710	27 233	27 677	31 103

5-28 各地区城镇单位分企事业机关年末职工平均工资(2007年)

Average Wages of Staff and Workers in Urban Entities at the Year-end by Enterprise,Public Institution and Government Agency and by Region (2007)

单位：元/人 (yuan/person)

地 区	Region	全部职工平均工资 Average Wage of Staff and Workers	企业单位职工平均工资 Staff and Workers of Enterprises	事业单位职工平均工资 Staff and Workers of Institution	机关单位职工平均工资 Staff and Workers of Agencies and Organization
全省合计	**Total**	**20 481**	**19 975**	**20 745**	**22 001**
昆 明	Kunming	22 432	23 575	20 046	18 946
曲 靖	Qujing	20 879	20 871	20 925	20 790
玉 溪	Yuxi	22 780	20 962	23 266	29 871
保 山	Baoshan	16 988	13 949	19 206	22 974
昭 通	Zhaotong	19 875	20 784	19 504	19 148
丽 江	Lijiang	20 976	17 176	23 587	24 990
普 洱	Pu'er	19 978	16 042	22 184	24 098
临 沧	Lincang	18 263	14 306	20 756	23 376
楚 雄	Chuxiong	19 607	18 565	20 106	21 249
红 河	Honghe	19 328	18 713	20 043	20 230
文 山	Wenshan	19 257	17 508	20 043	20 818
西双版纳	Xishuangbanna	17 235	14 055	23 331	28 602
大 理	Dali	19 524	17 462	21 007	24 293
德 宏	Dehong	16 364	11 893	21 830	24 775
怒 江	Nujiang	20 613	23 564	19 433	19 286
迪 庆	Diqing	27 265	21 512	28 630	30 765

5-29 分细行业职工平均工资(2007年)

Average Wages of Staff and Workers by Sector in Detail (2007)

单位：元/人 (yuan/person)

行业	Sector	全部职工 Total Staff and Workers	国有单位 State-owned Entities	城镇集体单位 Urban Collective-ownedEntities	其他单位 Other Ownership
全省合计	**Total**	**20 481**	**22 884**	**14 054**	**16 697**
按企业、事业、机关分组	**Grouped by Enterprises Institutions and Agencies and Organization**				
企业	Enterprises	19 975	26 627	14 050	16 693
事业	Institutions	20 745	20 800	13 184	17 465
机关	Agencies & Organizations	22 001	22 009	18 621	
按国民经济行业分组	**Grouped by Industry Sector**				
农、林、牧、渔业	**Farming,Forestry,Animal Husbandry and Fishery**	**13 899**	**14 035**	**12 288**	**11 158**
农业	Farming	8 487	8 374	9 525	9 700
林业	Forestry	13 327	13 391	12 496	11 761
畜牧业	Animal Husbandry	14 257	14 355	9 313	14 590
渔业	Fishery	12 520	13 505		9 656
农、林、牧、渔服务业	Farming,Forestry,Animal Husbandry and Fishery Services	19 401	19 424	19 224	10 815
采矿业	**Mining**	**19 009**	**22 903**	**14 475**	**17 439**
煤炭开采和洗选业	Coal Mining and Dressing	17 714	20 938	14 854	16 289
石油和天然气开采业	Petroleum and Natural Gas Extraction	31 522	22 386		34 497
黑色金属矿采选业	Ferrous Metals Mining and Dressing	22 153	23 423	8 333	21 848
有色金属矿采选业	Nonferrous Metals Mining and Dressing	18 974	21 850	14 802	18 419
非金属矿采选业	Nonmetal Minerals Mining and Dressing	24 349	29 994	13 452	14 234
其他采矿业	Other Minerals Mining				
制造业	**Manufacturing**	**20 625**	**33 067**	**11 553**	**16 639**
农副食品加工业	Agricultural Non-staple Food Processing	13 964	11 779	12 471	14 114
食品制造业	Food Manufacturing	13 568	10 111	10 137	14 307
饮料制造业	Beverage Manufacturing	12 548	13 245	11 268	12 570
烟草制品业	Tobacco Production	64 042	67 540		26 606
纺织业	Textile Industry	8 838	6 600	9 189	8 804
纺织服装、鞋、帽制造业	Textile,Clothing, Footwear Production	9 343	14 809	4 492	10 996
皮革、毛皮、羽毛(绒)及其制品业	Leather, Furs, Down and Related Products	6 378	9 636	8 274	5 920
木材加工及木、竹、藤、棕、草制品业	Timber Processing, Bamboo, Cane, Palm Fiber and Straw Products	11 575	12 555	11 502	11 329
家具制造业	Furniture Manufacturing	7 742		9 213	7 238
造纸及纸制品业	Papermaking and Paper Products	12 527	16 954	9 167	12 761
印刷业和记录媒介的复制	Printing and Record Medium Reproduction	19 849	19 239	11 396	21 069
文教体育用品制造业	Cultural, Educational and Sports Goods	10 075	10 846	10 115	9 698
石油加工、炼焦及核燃料加工业	Petroleum Processing,Coking and Nuclear fuel Processing	16 416	12 770	6 250	16 643
化学原料及化学制品制造业	Raw Chemical Materials and Chemical Products	18 622	24 938	14 102	15 715
医药制造业	Medical and Pharmaceutical Products	16 196	24 433	11 839	15 541
化学纤维制造业	Chemical Fiber Manufacturing	47 393		12 905	49 568
橡胶制品业	Rubber Products	10 757	10 135	7 755	12 507
塑料制品业	Plastic Products	12 094	13 313	14 266	11 578
非金属矿物制品业	Nonmetal Mineral Products	13 940	16 094	10 105	14 282
黑色金属冶炼及压延加工业	Smelting and Pressing of Ferrous Metals	24 454	39 087	23 887	14 977
有色金属冶炼及压延加工业	Smelting and Pressing of Nonferrous Metals	24 053	26 131	14 643	23 033

5-29 续表1 continued

单位：元/人 (yuan/person)

行 业	Sector	全部职工 Total Staff and Workers	国有单位 State-owned Entities	城镇集体单位 Urban Collective-owned Entities	其他单位 Other Ownership
金属制品业	Metal Products	13 027	11 888	12 433	13 445
通用设备制造业	**General-purpose Machinery Manufacturing**	**18 830**	**13 380**	**12 409**	**21 391**
专用设备制造业	Special Purposes Equipment	19 792	17 130	12 175	20 998
交通运输设备制造业	Transport Equipment	20 050	20 217	9 207	20 509
电气机械及器材制造业	Electric Equipment and Machinery	21 069	16 101	13 124	22 633
通信设备、计算机及其他电子设备制造业	Communication Equipment, Computers and other Electronic Equipment Production	26 895	9 535	6 000	29 678
仪器仪表及文化、办公用机械制造业	**Instruments, Meters, Cultural and Clerical Machinery**	**13 294**	**10 783**	**8 810**	**13 405**
工艺品及其他制造业	Handicraft Articles and Other Goods Production	10 199	10 281	8 184	10 936
废弃资源和废旧材料回收加工业	Discarded Resources and Waste Materials Recovery and Processing	10 402		8 592	11 142
电力、燃气及水的生产和供应业	**Production and Supply of Electric Power,Gas and Water**	**33 318**	**34 764**	**22 586**	**32 068**
电力、热力的生产和供应业	Production and Supply of Electric Power and Heat	35 005	37 792	23 852	32 664
燃气生产和供应业	Gas Production and Supply	24 146	25 141		11 057
水的生产和供应业	Water Production and Supply	22 413	20 379	16 193	26 372
建筑业	**Construction**	**14 403**	**18 544**	**12 152**	**13 489**
房屋和土木工程建筑业	House Building and civil Engineering	14 280	18 802	11 389	13 261
建筑安装业	Construction Installation	15 488	14 552	17 908	14 948
建筑装饰业	Building Fiting up and Decoration	14 373	17 264	14 643	14 325
其他建筑业	Other Construction	17 395	17 753	12 437	17 495
交通运输、仓储和邮政业	**Transport, Storage and Post**	**26 337**	**29 307**	**12 827**	**19 335**
铁路运输业	Railway transport	41 950	42 047		17 824
道路运输业	Highway Transport	15 362	15 968	11 253	14 298
城市公共交通业	Urban Public Transit	16 204	14 374	13 773	16 542
水上运输业	Water Way Transport	12 600	16 291		7 443
航空运输业	Air Transport	52 220	62 669	15 962	45 598
管道运输业	Pipeline Transport	23 000	23 000		
装卸搬运和其他运输服务业	Lording, Unlording, Carrying and Other Transport Services	17 992	19 820	17 997	17 352
仓储业	Storage	18 475	16 434	10 177	23 692
邮政业	Postal	22 429	22 367	11 304	29 756
信息传输、计算机服务和软件业	**Information Transmission Computer Service and Software Service**	**31 461**	**31 155**	**13 550**	**32 301**
电信和其他信息传输服务业	Telecommunication And Other Information Transmission Service	32 538	31 445	14 603	34 642
计算机服务业	Computer Service	16 752	26 498	11 614	14 291
软件业	Software Service	26 428	12 578	17 000	29 044
批发和零售业	**Wholesale and Retail Trade**	**18 409**	**28 169**	**10 224**	**14 050**
批发业	Wholesale	23 229	31 747	10 949	15 788
零售业	Retail Trade	12 406	15 055	9 922	12 521
住宿和餐饮业	**Hotel and Food Service**	**11 383**	**12 436**	**10 315**	**11 104**
住宿业	Hotel	11 679	12 668	10 623	11 383
餐饮业	Food Service	9 691	9 612	8 302	9 818
金融业	**Finance and Insurance**	**36 774**	**40 825**	**27 477**	**36 259**
银行业	Banking	38 787	42 532	27 482	48 012
证券业	Securities Industry	64 103	70 090		61 987
保险业	Insurance	19 982	20 748		19 398
其他金融活动	Other Financial Trade	34 829	72 133	27 026	22 426
房地产业	**Real Estate Trade**	**15 920**	**16 735**	**12 025**	**15 919**
房地产开发经营	Development and Operation of Real Estate Trade	17 645	17 689	15 967	17 664

5-29 续表2 continued

单位：元/人 (yuan/person)

行业	Sector	全部职工 Total Staff and Workers	国有单位 Stateowned Entities	城镇集体单位 Urban Collective-owned Entities	其他单位 Other Ownership
物业管理	Substance Management	13 665	13 212	11 868	13 794
房地产中介服务	Real Estate Agency Service	11 836	16 448	9 951	9 774
租赁和商务服务业	**Leasing Treade and Business Service**	**16 910**	**18 827**	**10 454**	**17 512**
租赁业	Leasing Treade	15 539	8 861	9 694	16 073
商务服务业	Commercial Serive	16 938	18 854	10 458	17 560
科学研究、技术服务和地质勘查业	**Scientific Research, Technology Service and Geological Prospecting**	**24 171**	**24 458**	**14 180**	**22 986**
研究与试验发展	R & D	30 364	29 799	10 567	39 805
自然科学研究与试验发展	R & D of Science Technology	21 388	21 163		25 570
工程和技术研究与试验发展	R & D of Engineering Technology	43 755	42 931	12 000	52 133
农业科学研究与试验发展	R & D of Agriculture Science	18 482	18 867	6 500	10 353
医学研究与试验发展	R & D of Medicine	19 898	20 462	12 050	10 500
社会人文科学研究与试验发展	R & D of Social Literae Humaniores	21 791	21 791		
专业技术服务业	Professional Technology Service	23 635	24 639	14 063	18 676
#气象服务	Werther Service	22 331	22 361		12 000
地震服务	Earthquake Service	23 846	23 846		
海洋服务	Ocean Service	14 313	14 313		
测绘服务	Mapping Service	20 459	20 914		16 824
技术检测	Technology Service	19 943	20 667	8 591	14 045
环境监测	Environment	21 363	21 363		
工程技术与 规划管理	Engineering Technology and Programming Administration	23 750	25 097	15 038	19 357
科技交流和推广服务业	Communion and Popularizing of Science Technology	19 170	19 352	14 649	17 200
地质勘查业	Geological Prospecting	20 717	20 734	18 182	20 288
水利、环境和公共设施管理业	**Water Conservancy, Admistration of Environment and Public facilities**	**14 380**	**14 612**	**11 948**	**13 135**
水利管理业	Water Conservancy Admistrition	18 150	18 151	17 760	
环境管理业	Admistration of Environment	12 115	12 179	11 346	12 815
公共设施管理业	Admistration of Public facilities	14 152	14 370	15 622	13 186
居民服务和其他服务业	**Services of Resident and Other**	**13 352**	**15 359**	**9 955**	**13 465**
居民服务业	Resident Service	14 645	17 059	10 169	14 358
其他服务业	Other Service	11 859	13 062	9 797	12 317
教育	**Education**	**21 081**	**21 106**	**13 629**	**19 593**
#初等教育	Primary Education	20 615	20 629	11 439	11 469
中等教育	Secondary Education	21 798	21 791	17 372	23 374
高等教育	Higher Education	21 398	21 257	20 112	28 785
卫生、社会保障和社会福利业	**Health Care, Social Ensure and Social Welfare**	**21 733**	**21 940**	**15 458**	**14 108**
卫生	Health Care	21 870	22 089	15 736	13 481
社会保障业	Social Ensure	18 437	18 518		7 348
社会福利业	Social Welfare	18 685	18 304	9 667	24 851
文化、体育和娱乐业	**Culture, Sports and Entertainment**	**19 058**	**19 747**	**16 778**	**12 765**
新闻出版社	News and Publishing	19 824	19 859	32 500	13 700
广播、电视、电影和音像业	Broadcast, Television,Filmdom and Audio & Video Production	19 862	19 971	6 543	17 021
文化艺术业	Culture and Arts	19 653	19 711		14 733
体育	Sports	16 070	16 113	10 556	15 921
娱乐业	Entertainment	15 907	21 143	21 079	12 120
公共管理和社会组织	**Common Administration and Social Organization**	**21 727**	**21 767**	**16 426**	**9 323**
#中国共产党机关	Orangs of Communist Prty of China	24 538	24 538		
国家机构	Government Agencies of Country	21 600	21 605	18 430	20 500
人民政协和民主党派	Chinese People's Political Consultative Conferences and Democracy Parties	26 774	26 800	7 500	17 400
群众社团、社会团体和宗教组织	Mass Groups, Social Groups and Religion Organization	20 712	22 576	14 111	9 156

5-30 各地区城镇单位分行业年末就业人员劳动报酬(2007年)

Earnings of Employed Persons in Urban Units by Sector and by Region (2007)

单位：千元 (1 000 yuan)

地区	Region	合计 Total	农、林、牧渔业 Farming,Forestry,Animal Husbandry and Fishery	采矿业 Mining	制造业 Manufacturing	电力、燃气及水的生产和供应业 Production and Supply of Electricity,Gas and Water
全省合计	**Total**	**19 912**	**13 088**	**18 755**	**20 028**	**32 832**
昆　明	Kunming	21 988	14 521	23 226	23 023	42 339
曲　靖	Qujing	20 254	17 178	15 186	22 336	39 872
玉　溪	Yuxi	22 477	20 309	27 215	21 527	33 363
保　山	Baoshan	16 974	15 413	15 507	13 265	29 029
昭　通	Zhaotong	19 535	17 561	17 717	25 821	28 935
丽　江	Lijiang	20 446	16 463	20 883	13 814	23 268
普　洱	Pu'er	17 550	11 176	18 351	10 906	25 903
临　沧	Lincang	17 383	10 495	12 473	12 457	26 667
楚　雄	Chuxiong	18 988	16 826	17 909	17 616	27 896
红　河	Honghe	18 730	13 203	23 448	20 388	30 439
文　山	Wenshan	18 753	14 280	19 165	13 999	28 096
西双版纳	Xishuangbanna	17 201	12 592	19 618	14 525	36 523
大　理	Dali	18 894	16 622	16 214	18 294	30 985
德　宏	Dehong	16 157	6 366	13 640	13 042	19 647
怒　江	Nujiang	19 350	17 338	20 908	10 782	33 635
迪　庆	Diqing	25 368	26 324	12 734	9 528	32 577

5-30 续表1 continued

单位：千元 (1 000 yuan)

地区	Region	建筑业 Construction	交通运输、仓储和邮政业 Transportation, Storage and Post	信息传输、计算机服务和软件业 Information Transmission, Computers Service and Software Service	批发和零售业 Wholesale and Retaile Trade	住宿和餐饮业 Hotel and Food Service
全省合计	**Total**	**14 098**	**25 691**	**29 288**	**17 869**	**11 371**
昆　明	Kunming	16 282	32 385	35 683	17 845	12 747
曲　靖	Qujing	13 915	15 607	16 827	19 612	10 832
玉　溪	Yuxi	13 042	15 102	26 374	15 084	9 631
保　山	Baoshan	9 910	14 236	23 092	15 929	11 031
昭　通	Zhaotong	12 939	13 389	21 160	22 409	10 484
丽　江	Lijiang	13 069	21 971	26 640	21 063	11 853
普　洱	Pu'er	10 361	13 950	29 208	14 349	9 890
临　沧	Lincang	8 760	16 890	25 081	21 302	7 178
楚　雄	Chuxiong	13 523	15 193	22 886	20 351	10 424
红　河	Honghe	13 066	16 302	17 821	18 247	10 400
文　山	Wenshan	11 349	18 955	25 003	17 097	8 787
西双版纳	Xishuangbanna	11 912	18 742	22 691	15 855	14 326
大　理	Dali	12 159	17 131	22 689	18 233	8 672
德　宏	Dehong	12 195	16 022	27 670	12 872	7 488
怒　江	Nujiang	9 804	16 674	33 656	15 917	8 256
迪　庆	Diqing	20 769	22 855	26 685	20 619	16 089

5-30 续表2 continued

单位：千元 (1000 yuan)

地 区	Region	金融业 Banking	房地产业 Real Estate	租赁和商务服务业 Leasing Treade and Business Service	科学研究、技术服务和地质勘查业 Scientific Research, Technology Service and Geological Prospecting	水利、环境和公共设施管理业 Water Conservancy, Admistration of Environment and Public facilities
全省合计	**Total**	**35 352**	**15 805**	**16 651**	**23 564**	**13 873**
昆 明	Kunming	46 966	17 217	21 154	25 786	13 886
曲 靖	Qujing	28 061	15 195	18 331	20 642	14 254
玉 溪	Yuxi	29 014	22 446	9 249	25 062	15 344
保 山	Baoshan	31 277	12 238	10 435	21 081	10 972
昭 通	Zhaotong	27 938	12 893	12 953	20 804	12 186
丽 江	Lijiang	27 570	19 621	13 495	22 623	13 911
普 洱	Pu'er	32 122	16 163	17 040	20 191	14 294
临 沧	Lincang	32 650	13 671	8 996	19 099	14 922
楚 雄	Chuxiong	27 758	18 557	9 730	18 452	15 216
红 河	Honghe	27 924	12 871	5 426	19 710	12 360
文 山	Wenshan	31 404	12 777	17 535	21 870	11 766
西双版纳	Xishuangbanna	34 479	17 556	13 334	23 249	14 436
大 理	Dali	34 249	13 505	12 644	21 094	16 708
德 宏	Dehong	30 706	14 095	9 295	20 475	11 640
怒 江	Nujiang	34 197	18 167	16 700	18 280	15 443
迪 庆	Diqing	28 887		16 466	20 681	16 419

5-30 续表3 continued

单位：千元 (1000 yuan)

地 区	Region	居民服务和其他服务业 Services of resident and Other	教 育 Education	卫生、社会保障和社会福利业 Health Care, Social Ensure and Social Welfare	文化、体育和娱乐业 Culture, Sports and Entertainment	公共管理和社会组织 Common Administration and Social Organization
全省合计	**Total**	**12 927**	**20 674**	**21 103**	**18 866**	**21 143**
昆 明	Kunming	13 103	18 823	22 620	16 894	17 860
曲 靖	Qujing	8 669	21 713	18 847	20 532	20 281
玉 溪	Yuxi	16 273	24 404	21 928	21 140	28 676
保 山	Baoshan	17 898	20 129	19 718	18 178	22 462
昭 通	Zhaotong	10 491	19 048	20 254	19 966	19 106
丽 江	Lijiang	15 467	23 987	22 928	22 575	24 586
普 洱	Pu'er	22 520	23 178	20 161	21 099	23 564
临 沧	Lincang	9 443	20 490	18 885	20 157	21 848
楚 雄	Chuxiong	19 852	19 643	22 926	19 738	20 510
红 河	Honghe	16 197	19 601	17 638	19 004	19 406
文 山	Wenshan	17 820	19 817	19 907	17 939	19 997
西双版纳	Xishuangbanna	12 323	24 474	25 678	23 424	27 377
大 理	Dali	12 169	20 674	20 842	18 669	23 740
德 宏	Dehong	12 147	21 699	24 311	20 246	22 998
怒 江	Nujiang		19 281	18 249	18 294	18 339
迪 庆	Diqing	33 000	28 546	25 327	25 986	29 812

5-31 各地区国有单位分行业职工平均工资(2007年)
Average Wages of Staff and Workers of State-owned Units by Sector and Region (2007)

单位：元 / 人 (yuan/person)

地 区	Region	合 计 Total	农、林、牧、渔业 Farming,Forestry,Animal-Husbandry and Fishery	采矿业 Mining	制造业 Manufacturing	电力、燃气及水的生产和供应业 Production and Supply of Electricity,Gas and Water
全省合计	**Total**	**22 884**	**14 035**	**22 903**	**33 067**	**34 764**
昆 明	Kunming	25 524	15 612	29 124	36 900	34 382
曲 靖	Qujing	22 899	18 765	17 238	29 661	38 475
玉 溪	Yuxi	27 845	20 349	21 477	63 896	37 309
保 山	Baoshan	20 251	15 457		9 331	22 849
昭 通	Zhaotong	21 409	17 924	45 414	43 239	31 684
丽 江	Lijiang	23 822	18 303			28 196
普 洱	Pu'er	22 199	15 990	15 203	17 621	30 582
临 沧	Lincang	20 962	11 080	18 000	15 133	33 788
楚 雄	Chuxiong	21 642	18 410	18 865	29 725	30 553
红 河	Honghe	21 647	15 929	29 894	25 689	34 269
文 山	Wenshan	20 158	14 871	23 168	17 548	24 514
西双版纳	Xishuangbanna	17 951	12 642	17 727	12 488	37 361
大 理	Dali	23 877	17 811	16 000	53 944	42 902
德 宏	Dehong	18 555	6 301		11 687	6 893
怒 江	Nujiang	20 058	17 338		12 550	32 396
迪 庆	Diqing	29 139	25 848	18 519	13 835	28 519

5-31 续表1 continued

单位：元 / 人 (yuan/person)

地 区	Region	建 筑 业 Construction	交通运输、仓储和邮政业 Transportation, Storage and Post	信息传输、计算机服务和软件业 Information Transmission, Computers Service and Software Service	批发和零售业 Wholesale and Retaile Trade	住宿和餐饮业 Hotel and Food Service
全省合计	**Total**	**18 544**	**29 307**	**31 155**	**28 169**	**12 436**
昆 明	Kunming	19 132	37 689	44 491	30 568	13 689
曲 靖	Qujing	20 921	15 314	19 575	28 972	11 870
玉 溪	Yuxi	14 506	15 665	33 137	22 318	10 760
保 山	Baoshan	11 744	16 034	24 422	19 268	6 931
昭 通	Zhaotong	7 526	14 521	24 814	30 238	12 020
丽 江	Lijiang	14 306	26 499	26 471	31 680	16 737
普 洱	Pu'er	9 456	16 831	29 827	23 198	12 099
临 沧	Lincang	11 413	17 680	27 002	35 640	8 505
楚 雄	Chuxiong	17 965	16 110	22 391	33 769	11 376
红 河	Honghe	28 257	20 676	19 856	27 806	9 454
文 山	Wenshan	14 241	18 605	32 115	23 131	10 789
西双版纳	Xishuangbanna	19 810	21 511	23 287	37 311	10 912
大 理	Dali	7 315	20 339	28 291	36 315	9 880
德 宏	Dehong	14 236	17 770	31 326	24 196	9 341
怒 江	Nujiang		17 428	33 656	16 183	
迪 庆	Diqing	20 769	25 467	30 424	29 180	7 040

5-31 续表2 continued

单位：元/人 (yuan/person)

地 区	Region	金融业 Banking	房地产业 Real Estate	租赁和商务服务业 Leasing Treade and Business Service	科学研究、技术服务和地质勘查业 Scientific Research, Technology Service and Geological Prospecting	水利、环境和公共设施管理业 Water Conservancy, Admistration of Environment and Public facilities
全省合计	**Total**	**40 825**	**16 735**	**18 827**	**24 458**	**14 612**
昆 明	Kunming	53 412	16 916	22 016	27 179	13 670
曲 靖	Qujing	32 403	19 545	18 643	20 849	15 519
玉 溪	Yuxi	33 822	17 486	18 504	25 603	15 941
保 山	Baoshan	39 982	11 950	11 591	22 150	10 892
昭 通	Zhaotong	30 652	21 565	25 414	20 939	13 035
丽 江	Lijiang	26 374	19 447	23 484	23 185	17 172
普 洱	Pu'er	34 593	17 952	15 940	21 826	15 670
临 沧	Lincang	37 090	13 691	13 929	20 293	15 904
楚 雄	Chuxiong	38 606	22 596	8 615	18 691	15 787
红 河	Honghe	29 343	16 157	17 643	19 971	12 809
文 山	Wenshan	33 920	13 691	14 174	22 079	14 399
西双版纳	Xishuangbanna	41 831	18 438	22 813	23 217	14 416
大 理	Dali	41 756	17 397	15 448	22 541	17 363
德 宏	Dehong	34 127	3 000	9 218	21 410	11 648
怒 江	Nujiang	39 869		11 000	18 280	17 539
迪 庆	Diqing	32 224		17 333	26 251	29 718

5-31 续表3 continued

单位：元/人 (yuan/person)

地 区	Region	居民服务和其他服务业 Services of Resident and Other	教育 Education	卫生、社会保障和社会福利业 Health Care, Social Ensure and Social Welfare	文化、体育和娱乐业 Culture, Sports and Entertainment	公共管理和社会组织 Common Administration and Social Organization
全省合计	**Total**	**15 359**	**21 106**	**21 940**	**19 747**	**21 767**
昆 明	Kunming	13 771	18 984	23 164	17 901	18 671
曲 靖	Qujing	19 339	21 957	20 095	20 756	20 560
玉 溪	Yuxi	16 964	24 927	22 148	22 311	29 155
保 山	Baoshan	22 189	20 128	19 692	18 364	22 482
昭 通	Zhaotong	8 757	19 558	20 779	19 963	19 405
丽 江	Lijiang	11 889	24 553	23 038	23 309	24 864
普 洱	Pu'er	22 520	23 943	21 729	21 017	23 973
临 沧	Lincang	14 750	21 139	20 575	21 408	23 447
楚 雄	Chuxiong	20 784	19 871	23 527	20 003	21 107
红 河	Honghe	18 901	20 225	18 620	19 331	19 954
文 山	Wenshan	18 532	20 335	20 839	18 460	20 381
西双版纳	Xishuangbanna	18 988	24 478	25 824	23 509	27 601
大 理	Dali	26 044	21 353	21 926	23 118	24 273
德 宏	Dehong	12 238	21 934	25 466	21 188	24 625
怒 江	Nujiang		20 329	19 480	18 721	19 015
迪 庆	Diqing	33 000	30 710	27 233	28 734	31 200

5-32 各地区城镇集体单位分行业职工平均工资(2007年)
Average Wages of Staff and Workers in Urban Collective-owned Entities by Sector and Region (2007)

单位：元/人　　　　(yuan/person)

地　区	Region	合　计 Total	农、林、牧、渔业 Farming,Forestry,Animal Husbandry and Fishery	采矿业 Mining	制造业 Manufacturing	电力、燃气及水的生产和供应业 Production and Supply of Electricity,Gas and Water
全省合计	**Total**	**14 054**	**12 288**	**14 475**	**11 553**	**22 586**
昆　明	Kunming	12 123	10 667	10 758	12 091	14 567
曲　靖	Qujing	15 533		7 192	13 891	34 587
玉　溪	Yuxi	11 177		23 542	12 533	21 741
保　山	Baoshan	11 304		6 057	8 227	
昭　通	Zhaotong	17 192			15 449	14 806
丽　江	Lijiang	16 086			8 442	
普　洱	Pu'er	17 545	11 877		9 813	
临　沧	Lincang	20 018			8 495	14 857
楚　雄	Chuxiong	18 914	11 208	14 781	22 809	19 349
红　河	Honghe	15 214	14 061	18 249	8 340	
文　山	Wenshan	15 738		10 364	6 102	15 455
西双版纳	Xishuangbanna	14 305	11 642	24 888	9 954	8 500
大　理	Dali	15 488	14 930		7 164	12 533
德　宏	Dehong	15 110		19 514	7 352	9 286
怒　江	Nujiang	15 183			8 500	
迪　庆	Diqing	19 714		30 000		

5-32　续表1　continued

单位：元/人　　　　(yuan/person)

地　区	Region	建　筑　业 Construction	交通运输、仓储和邮政业 Transportation, Storage and Post	信息传输、计算机服务和软件业 Information Transmission, Computers Service and Software Service	批发和零售业 Wholesale and Retaile Trade	住宿和餐饮业 Hotel and Food Service
全省合计	**Total**	**12 152**	**12 827**	**13 550**	**10 224**	**10 315**
昆　明	Kunming	11 324	13 771	14 500	11 228	10 503
曲　靖	Qujing	13 976	21 488	11 558	11 698	13 324
玉　溪	Yuxi	9 980			9 936	8 844
保　山	Baoshan	6 388		16 422	7 718	5 500
昭　通	Zhaotong	15 659	5 606		12 717	5 414
丽　江	Lijiang	10 703	26 970		10 491	14 642
普　洱	Pu'er	15 909			9 032	8 535
临　沧	Lincang	8 269			9 835	6 692
楚　雄	Chuxiong	18 531			10 439	
红　河	Honghe	13 070	10 590		9 028	7 808
文　山	Wenshan	9 372			7 775	9 345
西双版纳	Xishuangbanna	6 988	15 962		10 314	10 864
大　理	Dali	10 973	6 655		12 014	7 924
德　宏	Dehong	12 070	7 200		7 712	7 413
怒　江	Nujiang	20 000			11 620	
迪　庆	Diqing				10 864	

5-32 续表2 continued

单位：元/人 (yuan/person)

地区	Region	金融业 Banking	房地产业 Real Estate	租赁和商务服务业 Leasing Treade and Business Service	科学研究、技术服务和地质勘查业 Scientific Research, Technology Service and Geological Prospecting	水利、环境和公共设施管理业 Water Conservancy, Admistration of Environment and Public facilities
全省合计	**Total**	**27 477**	**12 025**	**10 454**	**14 180**	**11 948**
昆明	Kunming	22 390	11 724	10 510	13 933	9 355
曲靖	Qujing	26 066		15 442		9 829
玉溪	Yuxi	19 309		7 091		10 000
保山	Baoshan	20 589	13 767	8 278		
昭通	Zhaotong	24 554				
丽江	Lijiang	31 923		25 455		
普洱	Pu'er	28 839	7 467	21 194		7 410
临沧	Lincang	30 891	29 000	18 333	8 867	
楚雄	Chuxiong	22 339		22 182	16 071	15 363
红河	Honghe	30 292	12 350	18 234		18 636
文山	Wenshan	32 617		19 897		
西双版纳	Xishuangbanna	38 031	24 000	13 502		14 586
大理	Dali	38 150	7 071	13 137	31 889	14 855
德宏	Dehong	37 842		7 065		
怒江	Nujiang	20 273				
迪庆	Diqing	26 202		13 000	26 500	

5-32 续表3 continued

单位：元/人 (yuan/person)

地区	Region	居民服务和其他服务业 Services of Resident and Other	教育 Education	卫生、社会保障和社会福利业 Health Care, Social Ensure and Social Welfare	文化、体育和娱乐业 Culture, Sports and Entertainment	公共管理和社会组织 Common Administration and Social Organization
全省合计	**Total**	**9 955**	**13 629**	**15 458**	**16 778**	**16 426**
昆明	Kunming	12 509	13 080	11 443	16 778	11 523
曲靖	Qujing	6 685	15 273	9 585		19 935
玉溪	Yuxi	15 333	13 163	8 000		33 143
保山	Baoshan	11 400		23 863		24 909
昭通	Zhaotong	6 750				11 187
丽江	Lijiang		11 708	22 358		22 750
普洱	Pu'er		21 000			22 750
临沧	Lincang		18 000	5 000		24 087
楚雄	Chuxiong		21 000	15 561		25 742
红河	Honghe	8 450		13 049		16 980
文山	Wenshan		9 632	13 200		17 115
西双版纳	Xishuangbanna	10 926	22 739			
大理	Dali	4 208	7 500	11 828		21 000
德宏	Dehong		16 382	15 444		22 700
怒江	Nujiang					
迪庆	Diqing					

5-33 各地区其他单位分行业职工平均工资(2007年)
Average Wages of Staff and Workers in Entities of Other Types of Ownership by Sector and Region (2007)

单位：元／人 (yuan/person)

地　区	Region	合计 Total	农、林、牧、渔业 Farming, Forestry, Animal Husbandry and Fishery	采矿业 Mining	制造业 Manufacturing	电力、燃气及水的生产和供应业 Production and Supply of Electricity,Gas and Water
全省合计	**Total**	**16 697**	**11 158**	**17 439**	**16 639**	**32 068**
昆　明	Kunming	19 792	12 362	17 429	19 266	49 175
曲　靖	Qujing	17 437	9 733	14 645	19 084	43 989
玉　溪	Yuxi	16 359		30 759	15 462	21 000
保　山	Baoshan	12 983	8 889	15 741	13 654	29 842
昭　通	Zhaotong	13 857		15 984	12 757	25 112
丽　江	Lijiang	15 979	11 413	20 786	14 475	22 624
普　洱	Pu'er	12 689	13 619	21 186	12 862	20 479
临　沧	Lincang	11 971	9 522	12 202	13 075	19 711
楚　雄	Chuxiong	14 219		17 366	13 830	24 734
红　河	Honghe	14 306	10 084	16 175	15 961	25 739
文　山	Wenshan	16 678	8 625	18 243	13 611	30 216
西双版纳	Xishuangbanna	14 111	8 239	19 259	15 172	22 862
大　理	Dali	14 125	7 968	14 679	15 319	20 410
德　宏	Dehong	12 798	7 415	12 935	13 403	20 873
怒　江	Nujiang	22 735		27 183	10 328	35 221
迪　庆	Diqing	15 589	18 000		8 991	41 465

5-33　续表1　continued

单位：元／人 (yuan/person)

地　区	Region	建筑业 Construction	交通运输、仓储和邮政业 Transportation, Storage and Post	信息传输、计算机服务和软件业 Information Transmission, Computers Service and Software Service	批发和零售业 Wholesale and Retaile Trade	住宿和餐饮业 Hotel and Food Service
全省合计	**Total**	**13 489**	**19 335**	**32 301**	**14 050**	**11 104**
昆　明	Kunming	16 281	22 626	39 301	15 626	12 537
曲　靖	Qujing	13 668	31 481	18 724	13 316	9 457
玉　溪	Yuxi	12 799	20 567	17 807	11 730	8 942
保　山	Baoshan	9 995	11 710	20 269	13 946	11 504
昭　通	Zhaotong	12 379	9 494	16 458	9 502	9 885
丽　江	Lijiang	12 314	14 386	10 040	16 332	11 751
普　洱	Pu'er	9 123	9 140	8 108	10 763	8 664
临　沧	Lincang	7 976	10 845	8 623	9 517	7 081
楚　雄	Chuxiong	12 477	16 001	26 514	15 117	10 717
红　河	Honghe	11 897	11 749	16 651	11 752	10 828
文　山	Wenshan	11 679	21 104	12 294	11 755	7 630
西双版纳	Xishuangbanna	11 657	13 804	14 688	13 883	16 938
大　理	Dali	12 877	15 363	19 185	12 830	8 212
德　宏	Dehong	12 000	14 196	16 365	10 675	7 257
怒　江	Nujiang	9 794	11 851		17 508	8 256
迪　庆	Diqing		13 587	18 286	11 020	15 646

5-33 续表2 continued

单位：千元 (1000 yuan)

地　区 Region	金融业 Banking	房地产业 Real Estate	租赁和商务服务业 Leasing Treade and Business Service	科学研究、技术服务和地质勘查业 Scientific Research, Technology Service and Geological Prospecting	水利、环境和公共设施管理业 Water Conservancy, Admistration of Environment and Public facilities
全省合计 Total	**36 259**	**15 919**	**17 512**	**22 986**	**13 135**
昆　明 Kunming	44 236	17 857	23 556	24 642	16 359
曲　靖 Qujing	25 104	12 821	17 632	18 488	
玉　溪 Yuxi	32 142	31 235	26 667	16 172	
保　山 Baoshan	16 874	12 273	10 071	10 638	11 275
昭　通 Zhaotong	14 423	12 485	10 630	18 000	9 325
丽　江 Lijiang	22 754	19 746	12 997	16 412	11 400
普　洱 Pu'er	34 601	15 618	15 589	22 800	
临　沧 Lincang	16 640	14 597	6 151	9 370	9 345
楚　雄 Chuxiong	36 489	15 738	10 519	11 000	22 000
红　河 Honghe	29 590	9 135	4 061	24 280	
文　山 Wenshan	17 857	12 207	18 362	20 167	10 849
西双版纳 Xishuangbanna	12 563	15 804	7 959		
大　理 Dali	15 220	13 283	10 491	15 470	14 638
德　宏 Dehong	24 451	14 196	10 947	16 843	11 344
怒　江 Nujiang	20 924	18 167	20 500		
迪　庆 Diqing	36 545		24 000		13 415

5-33 续表3 continued

单位：千元 (1000 yuan)

地　区 Region	居民服务和其他服务业 Services of Resident and Other	教育 Education	卫生、社会保障和社会福利业 Health Care, Social Ensure and Social Welfare	文化、体育和娱乐业 Culture, Sports and Entertainment	公共管理和社会组织 Common Administration and Social Organization
全省合计 Total	**13 465**	**19 593**	**14 108**	**12 765**	**9 323**
昆　明 Kunming	14 129	18 886	12 574	12 869	8 978
曲　靖 Qujing	15 000	31 373			
玉　溪 Yuxi				12 850	
保　山 Baoshan				6 250	
昭　通 Zhaotong	12 412		12 121	22 400	
丽　江 Lijiang	19 135	25 926		14 255	8 000
普　洱 Pu'er					
临　沧 Lincang	8 957	11 523	6 779	17 189	
楚　雄 Chuxiong		4 000		16 231	
红　河 Honghe	9 154		16 849		
文　山 Wenshan					17 400
西双版纳 Xishuangbanna	10 843				
大　理 Dali	11 903	25 612	12 022	12 004	20 500
德　宏 Dehong	13 175	7 275	10 037	7 982	16 500
怒　江 Nujiang					
迪　庆 Diqing				7 211	10 452

主要统计指标解释

就业人员 指从事一定社会劳动并取得报酬或经营收入的人员，这一指标反映了一定时期内全部劳动力资源的实际利用情况，是研究全省基本省情省力的重要指标。它包括全部职工、城镇私营企业就业人员、城镇个体就业人员、农村就业人员、其他就业人员(包括再就业的离、退休人员；民办教师；以及在各单位中工作的外方人员和港澳台方人员、兼职人员、借用的外单位人员和第二职业者等)。2000 年及以后的就业人员人数按此口径直接相加计算得到。

职工 指在国有经济、城镇集体经济、联营经济、股份制经济、外商和港、澳、台经济、其他经济单位及其附属机构中工作,并由其支付工资的各类人员。不包括返聘的离、退休人员；民办教师、在国有经济单位工作的外方人员和港、澳、台人员（1998 年以后的数据均为在岗职工数据，其他相关指标如职工工资总额、职工平均工资等指标也从 1998 年按此口径进行了相应调整)。

在岗职工 指在本单位工作并由其支付工资的人员，以及有工作岗位，但由于学习、病伤产假等原因暂未工作，仍由单位支付工资的人员。

国有单位职工 指在各级国有经济单位工作,并由其支付工资的各类人员。

城镇集体单位职工 指在城镇集体经济企业、事业及其管理部门中工作,并由其支付工资的各种人员。

其他单位职工 指在联营经济(国有与集体联营企业,国有与私人联营企业,集体与私人联营企业,国有、集体与私人联营企业),股份制经济(股份有限公司、有限责任公司),外商投资经济(中外合资经营企业,中外合作经营企业,外资企业),港、澳、台投资经济(与大陆合资经营企业,与大陆合作经营企业,港、澳、台独资企业),其他经济等单位中工作,并由其支付工资的人员。

城镇登记失业人员 指有非农业户口,在一定的劳动年龄内,有劳动能力，无业而要求就业,并在当地就业服务机构进行求职登记的人员。

城镇登记失业率 指反映城镇劳动者就业程度的指标,它的计算公式:

城镇登记失业率=城镇登记失业人数÷（城镇登记就业人数+城镇登记失业人数）×100%

职工工资总额 指各单位在一定时期内直接支付给单位全部职工的劳动报酬总额。工资总额的计算原则上应以直接支付给职工的全部劳动报酬为根据。各单位支付给职工的劳动报酬以及其他根据有关规定支付的工资，不论是计入成本的还是不计入成本的，不论是按国家规定列入计征奖金税项目的，还是未列入计征奖金税项目的，不论是以货币形式支付的还是以实物形式支付的，均包括在工资总额内。

奖金 指支付给职工的超额劳动报酬和增收节支的劳动报酬。

津贴和补贴 指为了补偿职工特殊或额外的劳动消耗和因其他特殊原因支付给职工的津贴，以及为了保证职工工资水平不受物价影响支付给职工的物价补贴。

职工平均工资 指企业、事业、机关单位的职工在一定时期内平均每人所得的货币工资额。它表明一定时期职工工资收入的高低程度，是反映职工工资水平的主要指标。计算公式为:

职工平均工资=报告期实际支付的全部职工工资总额÷报告期全部职工平均人数

职工平均工资指数 指报告期职工平均工资与基期职工平均的比率，是反映不同时期职工货币工资水平变动情况的相对数。计算公式为:

职工平均工资指数=报告期职工平均工资÷基期职工平均工资

职工平均实际工资指数 职工平均实际工资指扣除物价变动因素后的职工平均工资。职工平均实际工资指数是反映实际工资变动情况的相对数。计算公式为:

职工平均实际工资指数=报告期职工平均工资指数÷报告期城镇居民消费价格指数 x100%。

Explanatory Notes on Principal Statistical Indicators

Employed Persons refer to the persons who are engaged in social working and receive remuneration payment or earn business income. This indicator, which reflects the actual utilization of the total labor force resources in a certain period of time, is an important one for the research on the provincial basic situation and power. It includes total staff and workers, employees in urban private enterprises, self-employed persons in cities and towns, rural employed persons, other employed persons (including re-employed retirees, teachers in non-government funded schools, personnel from foreign countries, Hong Kong, Macao and Taiwan, part-time employees, employees temporarily transferring to current positions from other entities, second job-holders, etc.). Data of this indicator have been calculated according to this standard since 2000.

Staff and Workers refer to the persons who work in (and receive payment there from) enterprises and institutions of state ownership, collective ownership, joint ownership, joint stock ownership, foreign ownership, ownership by entrepreneurs from Hong Kong, Macao, and Taiwan, and other types of ownership and their affiliated entities. They do not include re-employed retirees, teachers in non-government funded schools; personnel from foreign countries, Hong Kong, Macao and Taiwan who work in state-owned economic entities (the data after 1998 all refer to fully employed staff and workers and the other relevant indicators such as total wages and average wage of staff and workers have also been adjusted accordingly in this way since 1998).

Staff and Workers at Post refer to persons who work in and receive wages from their working entities, as well as persons who have their work posts, but are temporarily absent from work for reasons of study or on sick, injury or maternity leave and still receive wages from their entities.

Staff and Workers in State-owned Economic Entities refer to the persons who work in the state-owned economic entities or their attached entities and are listed on their payrolls.

Staff and Workers in Urban Collective-owned Entities refer to the persons who work in collective-owned enterprises, institutions and their administration departments in urban areas and receive payment there from.

Staff and Workers in Entities of Other types of Ownership refer to those who work in and receive payment there from enterprises and institutions of joint ownership (state and collective jointly-run enterprises, state and private jointly-run enterprises, collective and private jointly-run enterprises, state and collective and private jointly-run enterprises), joint stock ownership (incorporated corporations, limited liability corporations), foreign ownership (Sino-foreign joint ventures, Sino-foreign cooperative enterprises, foreign-funded enterprises), ownership by entrepreneurs from Hong Kong, Macao, and Taiwan (including enterprises jointly funded or jointly run with the mainland) and other ownership.

Registered Urban Unemployed Persons refer to the persons registered as permanent residents in urban areas and at certain working ages, who are capable of work, unemployed but desirous of being employed and have been registered at the local employment service agencies to apply for a job.

Registered Urban Unemployment Rate reflects the employment scale of urban laborers. The formula is as follows:

Registered Urban Unemployment Rate = Number of Registered Urban Unemployed Persons / (Number of Registered Urban Employed Persons + Number of Registered Urban Unemployed Persons) × 100%.

Total Wages of Staff and Workers refer to the total direct remuneration payments to all staff and workers in an entity in a certain period of time. The calculation of total wages is based on the total direct remuneration payments to staff and workers. Therefore, all the wages and salaries and other payments to staff and workers are included in the total wages irrespective of their sources, category, and forms (in kind or cash).

Bonuses refer to the rewards to staff and workers for their above-norm work and contributions to production or cost saving.

Allowances and Subsidies refer to the payments to staff and workers to compensate their extra or special labor and other special reasons in form of allowances and to keep their wage level from unfavorable effects of price rises in form of subsidies.

Average Wage of Staff and Workers refers to the average per capita wage in monetary terms during a certain period of time in enterprises, institutions, and government departments, which reflects the general level of wage income during a certain period of time and is calculated as follows:

Average Wage of Staff and Workers = Total Wages of Staff and Workers in the Report Period/Average Number of Staff and Workers in the Base Period.

Index of Average Wage of Staff and Workers refers to the ratio of the average wage of staff and workers in the report period and that in the base period, which is a relative figure reflecting the variation level of the wages of staff and workers in monetary terms. It is calculated as follows:

Average Wage of Staff and Workers = Average Wage of Staff and Workers in the Report Period/Average Wage of Staff and Workers in the Base Period.

Index of Average Real Wage of Staff and Workers Average real wage of staff and workers refers to the average wage of staff and workers after removing the effects of price changes and the related index, which is a relative figure reflecting the variation level of the real wages of staff and workers. It is calculated as follows:

Index of Average Real Wage of Staff and Workers = Index of Average Wage of Staff and Workers in the Report Period/ Urban Consumer Price Index in the Report Period ×100%.

六、固定资产投资

Investment in Fixed Assets

Chapter 6

6-1 全社会固定资产投资

Total Investment in Fixed Assets

单位：万元 (10 000 yuan)

指　　标	Item	2000年	2003年	2005年	2006年	2007年
投 资 总 额	**Total Investment**	**6 979 424**	**10 211 828**	**17 552 979**	**22 204 518**	**27 988 908**
按经济类型分	**Grouped by Ownership**					
国有经济	State-owned Entities	4 661 973	5 444 794	8 152 698	10 674 963	12 117 827
城镇投资	Urban Entities	4 236 855	5 291 222	8 041 201	10 397 196	11 826 394
房地产投资	Real Estate	335 118	153 572	111 497	277 767	291 433
集体经济	Collective-owned Entities	474 362	548 857	794 687	1 368 140	1 939 902
城镇投资	Urban Entities	82 036	95 501	138 292	292 614	703 211
房地产投资	Real Estate	21 800	23 940	23 533	318 497	26 885
农村集体	Rural Collective-owned Units	370 526	429 416	632 862	757 029	1 209 806
个体私营经济	Individuals and Private Economic Entities	1 100 266	1 979 262	2 405 791	3 770 292	5 863 626
城镇个体私营投资	Urban Individuals and Private Economic Entiti	602 732	1 322 501	1 772 964	2 341 280	3 522 435
农村私人建房	Building Construction of Rural Individuals	497 534	656 761	632 827	1 429 012	2 341 191
其它经济	Others	742 823	2 238 915	6 199 803	6 391 123	8 067 553
房地产投资	Real Estate	336 168	668 308	1 536 578	1 119 417	1 913 395
按资金来源分	**Grouped by Source of Funds**					
国家预算内资金	State Budgetary Appropriations	571 601	747 382	1 164 292	1 817 181	2 064 122
国内贷款	Domestic Loans	1 524 937	2 796 391	5 007 778	6 377 588	7 721 432
债　券	Bonds	19 965	1 265	50 000	76 283	945
利用外资	Foreign Investment	78 666	170 135	221 110	212 325	143 965
自筹和其它	Self-raised Funds and Others	4 784 255	6 496 655	11 109 799	13 721 141	18 058 444
按构成分	**Grouped by Use of Funds**					
建筑安装工程	Construction and Installation	4 749 711	6 610 609	11 853 611	15 093 686	18 879 963
设备购置	Purchase of Equipment	1 363 513	1 729 746	2 804 364	3 612 840	4 071 067
其它费用	Others	776 200	1 871 473	2 895 004	3 497 992	5 037 878

注：1.其它经济投资指上述三项未包括的投资。

2.个体私营企业投资为 1999年年报新纳入统计范围的投资。

Note: a. Investment by entites of types of ownership refers to the investment which is not included in the above three types.

b. Investment by individual and private economic entites economy refers to the investment which has been included in the Statistical items since 1999 .

6-2 全社会固定资产投资各种分组情况

单位：万元

指　　标	Item	1990年 合　计 Total	#地方 Region
投资总额	**Total Investment**	**757 446**	**592 999**
按资金来源分	**Grouped by Source of Funds**		
国家预算内资金	State Budgetary Appropriation	99 709	53 920
国内贷款	Domestic Loans	157 374	115 733
债券	Bonds		
利用外资	Foreign Investment	13 841	5 317
自筹资金	Self-raised Funds	486 522	418 029
其它资金	Others		
按构成分	**Grouped by Use of Funds**		
建筑安装工程	Construction and Installation Engineering	519 620	429 991
设备、工具、器具购置	Purchase of Equipment and Instruments	165 587	119 937
其它费用	Others	72 239	43 071
按建设性质分	**Grouped by Types of Construction**		
新　建	New Construction	185 501	124 488
扩　建	Extension	194 825	146 865
改　建	Reconstruction	130 779	89 405
按国民经济行业分	**Grouped by Economic Sector**		
#农　业	Agriculture	48 855	41 750
工　业	Industry	328 344	213 705
能源工业	Energy Industry	100 840	31 431
运输邮电	Transport, Postal and Telecommunication Services	78 646	52 202
教　育	Education		
新增固定资产	**Newly Increased Fixed Assets**	**525 679**	**345 504**
施工项目个数(个)	**Number of Projects**		
本年新开工项目	Number of Projects Started in the Current Year		
本年投产项目个数(个)	**Number of Projects Put into Use in the Current Year**		
施工房屋面积(万平方米)	**Floor Space of Buildings under Construction (10 000 sq.m)**	**3 045.4**	**2 839.0**
住宅	Residential Buildings	2 037.2	
竣工房屋面积(万平方米)	**Floor Space of Buildings Completed (10 000 sq.m)**	**2 485.5**	**2 373.5**
住　宅	Residential Buildings	1 789.2	1 735.2

注：1.1993年以前按“建设性质分”和“新增固定资产”不包括农村集体投资和城乡私人投资；
　　按“国民经济行业分”不包括城乡私人投资。
　2.按国民经济行业分中的农业投资含水利服务业投资(水利建设投资)。

Various Groups of Total Investment in Fixed Assets

(10 000 yuan)

2000年		2005年		2006年		2007年	
合 计 Total	#地方 Region	合 计 Total	#地 方 Region	合计 Total	#地 方 Region	合 计 Total	#地 方 Region
6 979 424	**5 433 968**	**17 552 979**	**14 766 381**	**22 204 518**	**18 894 382**	**27 988 908**	**24 389 887**
571 601	448 757	1 164 292	950 883	1 817 181	1 527 765	2 064 122	1 842 460
1 524 937	903 569	5 007 778	3 747 179	6 377 588	4 627 022	7 721 432	5 734 548
19 965	6 501	50 000		76 283	42 029	945	945
78 666	70 630	221 110	212 110	212 325	168 825	143 965	126 450
2 712 775	2 020 713	7 430 742	6 234 318	8 930 828	7 904 564	11 934 432	10 686 902
1 981 480	1 893 798	3 679 057	3 621 891	4 790 313	4 624 177	6 124 012	5 998 582
4 749 711	3 888 029	11 853 611	10 463 151	15 093 686	13 467 611	18 879 963	17 249 937
1 363 513	785 846	2 804 364	1 920 545	3 612 840	2 568 696	4 071 067	2 994 389
776 200	670 093	2 895 004	2 382 685	3 497 992	2 858 075	5 037 878	4 145 561
2 426 474	1 701 443	9 118 585	7 256 364	11 214 840	8 963 229	14 472 901	11 913 805
1 226 191	805 364	2 547 241	2 011 892	3 164 192	2 629 044	3 747 704	3 258 779
800 527	484 960	2 031 931	1 679 068	2 285 570	2 039 024	2 453 699	2 242 833
411 201	386 191	797 570	768 106	948 149	923 502	1 094 692	1 065 779
1 332 645	683 417	6 498 951	4 661 312	7 964 217	5 712 079	9 785 667	7 150 651
597 706	125 909	3 783 873	2 137 502	5 056 070	2 910 921	5 922 707	3 416 214
1 880 301	1 112 460	3 861 876	3 044 847	4 460 150	3 550 706	4 073 682	3 783 605
145 387	143 997	378 328	378 328	474 293	467 383	592 474	592 339
4 991 474	**3 869 041**	**9 167 468**	**8 035 046**	**12 075 796**	**10 723 627**	**13 318 105**	**12 948 659**
16 571	**15 910**	**15 893**	**15 537**	**12 691**	**12 394**	**15 108**	**14 822**
13 405	13 042	12 405	12 179	9 167	8 962	11 375	11 212
13 471	**13 102**	**11 170**	**10 968**	**8 311**	**8 152**	**8 462**	**8 311**
5 071.5	**4 719.8**	**6 064.5**	**5 941.4**	**8 714.3**	**8 595.6**	**11 815.2**	**11 652.0**
3 219.4	3 061.9	3 758.3	3 710.1	5 864.4	5 817.4	7 738.2	7 706.1
3 552.0	**3 359.8**	**2 902.2**	**2 833.4**	**5 181.4**	**5 135.2**	**5 370.4**	**5 343.3**
2 464.2	2 360.3	1 755.9	1 729.6	3 578.5	3 567.5	3 699.0	3 686.7

Note: a. The two items,"newly increased fixed assets" and "grouped by types of construction", did not include the investment by rural collective entities and by individuals before 1993, and "grouped by sector" did not include the investment by individuals before 1993.

b.Investment in agriculture includes that in water concervancy.

6-3 全社会固定资产投资(按经济类型分)(2007年)

单位：万元

指 标	Item	本年完成投资 Investment Made in the Current Year
合 计	**Total**	**27 988 908**
按资金来源分	**Grouped by Source of Funds**	
国家预算内资金	State Budgetary Appropriations	2 064 122
国内贷款	Domestic Loans	7 721 432
债券	Bonds	945
利用外资	Foreign Investment	143 965
自筹资金	Self-raised Funds	11 934 432
其它资金	Others	6 124 012
按构成分	**Grouped by Use of Funds**	
建筑安装工程	Construction and Installation Engineering	18 879 963
设备、工具、器具购置	Purchase of Equipment and Instruments	4 071 067
其它费用	Others	5 037 878
施工房屋面积(平方米)	Floor Space of Buildings under Construction (sq.m)	118 152 058
竣工房屋面积(平方米)	Floor Space of Buildings Completed (sq.m)	53 703 792
住宅	Residential Buildings	36 989 875
新增固定资产	Newly Increased Fixed Assets	13 318 105
按管理渠道分	Grouped by Channel of Management	
城镇投资	Urban	20 209 318
农村投资	Rural	3 550 997
房地产投资	Real Estate	4 228 593
按建设地区分	**Grouped by Region**	
昆 明	Kunming	7 179 969
曲 靖	Qujing	3 402 643
玉 溪	Yuxi	1 347 282
保 山	Baoshan	992 451
昭 通	Zhaotong	1 300 419
丽 江	Lijiang	839 565
普 洱	Pu'er	1 060 870
临 沧	Lincang	690 257
楚 雄	Chuxiong	1 139 410
红 河	Honghe	2 442 174
文 山	Wenshan	1 389 955
西双版纳	Xishuangbanna	615 860
大 理	Dali	1 282 135
德 宏	Dehong	538 197
怒 江	Nujiang	243 218
迪 庆	Diqing	495 950
不分地区	Not Grouped by Region	3 028 553

注：1.1998年起全省全社会固定资产投资总额及国有投资、地方投资、第三产业投资合计数中包括了基本建设、更新改造、其他投资的50万元以下项目投资。1998年为51780万元,1999年为61598万元，2000年为90000万元，2001年为110000万元,2002年为90000万元。其他各种分组均不包括。
2.其它投资包括其它单位投资、个体私营企业、农村集体、城乡私人建房的投资(下同)。

Total Investment in Fixed Assets by Ownership (2007)

(10 000 yuan)

国有经济 State-owned Entities	集体经济 Collective-owned Entities	#农 村 Rural Entities	个体私营经济 Individual and Private Economic Entities	#农 村 Rural Entities
12 117 827	**1 939 902**	**1 209 806**	**5 863 626**	**2 341 191**
1 712 594	320 854	304 959	6 717	1 111
4 415 755	158 504	104 000	540 974	54 360
685	260	260		
45 879	1 230	934	12 650	346
4 659 247	1 049 870	563 579	2 167 530	247 015
1 283 667	409 184	236 074	3 135 755	2 038 359
8 429 987	1 496 400	956 607	4 348 708	1 937 503
1 657 286	229 421	145 234	717 818	366 334
2 030 554	214 081	107 965	797 100	37 354
26 217 300	13 339 743	9 495 260	51 281 830	26 481 688
9 065 429	4 504 340	2 376 432	33 863 091	26 293 711
4 510 631	2 940 362	1 504 299	25 481 104	20 800 302
5 665 823	5 665 823	1 136 787	681 647	3 897 692
11 826 394	11 826 394	703 211		1 525 555
		1 209 806	1 209 806	2 341 191
291 433	291 433	26 885		1 996 880
2 853 541	2 853 541	245 186	69 866	1 950 926
1 270 548	1 270 548	556 556	427 521	571 178
512 920	512 920	155 848	76 442	387 970
583 353	583 353	57 101	50 043	123 660
677 482	677 482	86 333	28 095	277 326
231 748	231 748	62 085	20 092	63 088
192 230	192 230	88 020	82 762	167 559
267 827	267 827	80 041	51 200	196 776
590 817	590 817	82 165	60 560	258 639
1 345 028	1 345 028	171 837	114 390	412 276
762 582	762 582	121 605	90 908	238 460
247 927	247 927	14 971	14 231	107 297
449 052	449 052	109 357	70 590	264 219
108 426	108 426	15 602	5 990	153 074
62 370	62 370	25 397	3 856	60 497
210 271	210 271	55 411	43 260	52 881
1 751 705	1 751 705	12 387		577 800

Note: a. Since 1998 the total investment in fixed assets and the total investment from state-owned economy, regional economy and tertiary industry have included the investment in capital construction, innovation and other investment below 500 000 yuan. The total investment in 1998, 1999, 2000,2001 and 2002 are 517.8 million yuan, 615.98 million yuan, 900 million yuan, 1100 million yuan and 900 million yuan respectively. And other groups do not include these items.

b. Other investment refers to the investment by other entities, individualand private enterprises, rural collective-owned entities and individuals in private construction. It's the same as in the following tables.

6-3 续表 continued

单位：万元 (10 000 yuan)

指标	Item	联营经济 Joint Ownership Economic Entities	股份制经济 Joint Venture Economic Entities	外商投资经济 Foreign Funded Economic Entities	港澳台投资经济 Economic Entities Funded by Hong Kong, Macao and Taiwan	其它经济 Others
合计	**Total**	**26 817**	**1 531 322**	**169 326**	**285 074**	**6 055 014**
按资金来源分	**Grouped by Source of Funds**					
国家预算内资金	State Budgetary Appropriations	185	9 963		200	13 608
国内贷款	Domestic Loans	3 500	203 112	37 120	74 014	2 288 453
债券	Bond					
利用外资	Foreign Investment		1 723	31 454	30 072	20 957
自筹资金	Self-raised Funds	15 348	1 046 765	86 840	82 699	2 826 132
其它资金	Others	7 784	269 759	13 912	98 089	905 864
按构成分	**Grouped by Composition of Funds**					
建筑安装工程	Construction and Installation	20 491	1 022 010	59 539	184 178	3 318 650
设备、工具、器具购置	Purchase of Equipment and Instruments	1 492	231 792	35 045	22 067	1 176 146
其它费用	Other	4 834	277 520	74 742	78 829	1 560 218
施工房屋面积(平方米)	Floor Space of Buildings (sq.m)	195 861	5 788 186	389 591	1 803 819	19 135 728
竣工房屋面积(平方米)	Floor Space Completed (sq.m)	90 883	1 273 537	49 079	121 977	4 735 456
住宅	Residential Buildings	9 700	693 438	2 000	79 589	3 273 051
新增固定资产	Newly Increased Fixed Assets	14 345	710 890	42 054	34 720	1 815 794
按管理类别分	Grouped by Channel of Management					
城镇投资	Urban Entities	21 597	1 252 347	117 249	82 245	4 680 720
农村投资	Rural Entities					
房地产投资	Real Estate investment	5 220	278 975	52 077	202 829	1 374 294
按建设地区分	**Grouped by Region**					
昆明	Kunming	8 430	426 529	117 399	180 335	1 397 623
曲靖	Qujing		107 103		34 007	863 251
玉溪	Yuxi	142	43 618	2 175	2 142	242 467
保山	Baoshan	1 875	108 344	770	1 093	116 255
昭通	Zhaotong	2 500	116 131	399	78	140 170
丽江	Lijiang		68 061	5 556	13 893	395 134
普洱	Pu'er	270	31 418	14 573		566 800
临沧	Lincang		21 147	1 500	10 285	112 681
楚雄	Chuxiong		34 428		850	172 511
红河	Honghe	13 600	152 306	2 812	18 904	325 411
文山	Wenshan		118 147	3 500	4 400	141 261
西双版纳	Xishuangbanna		37 962			207 703
大理	Dali		77 574	9 161	10 621	362 151
德宏	Dehong		93 633	11 181	5 806	150 475
怒江	Nujiang		9 044	300	200	85 410
迪庆	Diqing		69 295		2 460	105 632
不分地区	Not Classified by Region		16 582			670 079

6-4 全社会固定资产投资主要指标(2007年)

Principal Indicators on Total Investment in Fixed Assets (2007)

单位：万元 (10 000 yuan)

指标	Item	合计 Total	城镇投资 Urban Entities	农村投资 Rural Entities	房地产开发 Real Estate Development
项目个数(个)	**Number of Projects**				
本年施工项目	Number of Projects Under Construction in the Current Year	15 108	12 032	3 076	
本年新开工项目	Number of Projects Started in the Current Year	11 375	8 761	2 614	
本年投产项目	Number of Projects Put into Use in the Current Year	8 462	6 510	1 952	
投资额和新增固定资产	**Total Investment and Newly Increased Fixed Assets**				
计划总投资	Total Planned Investment	101 414 364	80 731 939	4 958 756	15 723 669
自开始建设累计完成投资	Investment Accumulated from Starting Construction	59 068 323	46 165 621	3 923 230	8 979 472
本年完成投资	Investment in in the Current Year	27 988 908	20 209 318	3 550 997	4 228 593
按构成分：	**Grouped by Use of Funds**				
建筑工程	Construction Engineering	17 757 727	12 059 110	2 835 385	2 863 232
安装工程	Installation Engineering	1 122 236	949 015	58 725	114 496
设备、工具、器具购置	Purchase of Equipment and Instruments	4 071 067	3 506 031	511 568	53 468
购置旧设备	Purchase of Used Equipment	300	300		
其它费用	Others	5 037 878	3 695 162	145 319	1 197 397
旧建筑物购置	Purchase of Old Buildings	58 213			58 213
本年新增固定资产	Newly Increased Fixed Assets in the Current Year	13 318 105	8 793 907	2 900 372	1 623 826
资金来源(财务拨款)	**Sources of Funds (financial appropriation)**				
本年资金来源合计	**Total Sources of Funds in in the Current Year**	**31 521 992**	**20 706 304**	**3 649 239**	**7 166 449**
上年末结余资金	Surplus Funds in the Preceding year	2 437 817	1 126 353	19 804	1 291 660
本年资金来源	Funds in the Current Year	29 084 175	19 579 951	3 629 435	5 874 789
国家预算内资金	State Budgetary Appropriations	2 040 289	1 708 344	331 945	
国内贷款	Domestic Loans	7 873 168	6 722 497	168 271	982 400
债券	Bonds	998	738	260	
利用外资	Foreign Investment	160 347	141 175	2 585	16 587
统借统还	Consolidated Borrowings and Repayments				
自筹资金	Self-raised Funds	12 388 950	9 690 435	845 651	1 852 864
中央各部门自筹	Funds Raised by Central Departments				
省自筹	Funds Raised by the Province				
地(市)自筹	Funds Raised by Prefectures and Cities				
县自筹	Funds Raised by Counties				
企事业单位自有资金	Funds Possessed by Enterprises and Institutions	5 673 385	4 448 936	258 538	965 911
发行股票	Issuing Stocks				
其它资金	Other Funds	6 620 423	1 316 762	2 280 723	3 022 938
集　资	Raising Funds				
各项应付款合计	**Total Payments**	**2 863 135**	**2 164 073**	**88 613**	**610 449**
工程款	Projects	1 657 609	1 290 716	43 877	323 016
设备、器材款	Equipment and Instruments	847 089			847 089

6-5 全社会固定资产投资(按来源、构成、地区分)(2007年)
Total Investment in Fixed Assets by Source of Funds and Composition of Funds and Region (2007)

单位：万元 (10 000 yuan)

指标	Item	合计 Total	#地方 Region	城镇投资 Urban Entities	#地方 Region	房地产开发 Real Estate Development	#地方 Region
投资总额	**Total Investment**	**27 988 908**	**24 389 887**	**20 209 318**	**16 617 705**	**4 228 593**	**4 225 491**
按资金来源分	**Grouped by Source of Funds**						
国家预算内资金	State Budgetary Appropriations	2 064 122	1 842 460	1 758 052	1 538 206		
国内贷款	Domestic Loans	7 721 432	5 734 548	6 938 405	4 951 725	624 667	624 463
债券	Bonds	945	945	685	685		
利用外资	Foreign Investment	143 965	126 450	127 079	109 564	15 606	15 606
自筹资金	Self-raised Funds	11 934 432	10 686 902	9 580 310	8 337 386	1 543 528	1 540 631
企事业单位自有资金	Funds Possessed by Enterprises and Institutions	11 934 432	10 686 902	9 580 310	8 337 386	1 543 528	1 540 631
其它资金来源	Other Source	6 124 012	5 998 582	1 804 787	1 680 139	2 044 792	2 044 791
按构成分	**Grouped by Composition of Funds**						
建筑安装工程	Construction and Installation Engineering	18 879 963	17 249 937	13 008 125	11 382 583	2 977 728	2 977 098
设备、工具、器具购置	Purchase of Equipment and Instruments	4 071 067	2 994 389	3 506 031	2 429 392	53 468	53 468
其它费用	Others	5 037 878	4 145 561	3 695 162	2 805 730	1 197 397	1 194 925
本年新增固定资产	**Newly Increased Fixed Assets in the Current Year**	**12 041 559**	**11 675 232**	**8 793 907**	**8 427 580**	**1 623 826**	**1 623 826**
房屋建筑面积(平方米)	**Floor Space of Building Construction (sq.m)**						
施工面积	Floor Space of Buildings under Construction	125 017 657	123 389 673	39 332 563	37 704 579	42 842 547	42 842 547
住宅	Residential Buildings	84 369 998	84 050 935	12 716 452	12 397 389	35 826 773	35 826 773
竣工面积	Floor Space of Buildings Completed	34 171 000	33 900 454	15 896 298	15 625 752	9 137 351	9 137 351
住宅	Residential Buildings	22 223 138	22 099 946	7 147 410	7 024 218	7 537 864	7 537 864

6-5 续表1 continued

单位：万元 (10 000 yuan)

指 标	Item	农村投资 Rural Entities	# 地方 Region	在农村投资中 In Rural Entities: 农村集体 Rural Collective-owned Economic Entities	# 地方 Region	个体私营 Individual and Private Economic Entities	# 地方 Region
投资总额	**Total Investment**	**3 550 997**	**3 546 691**	**1 209 806**	**1 205 500**	**2 341 191**	**2 341 191**
按资金来源分	**Grouped by Source of Funds**						
国家预算内资金	State Budgetary Appropriations	306 070	304 254	304 959	303 143	1 111	1 111
国内贷款	Domestic Loans	158 360	158 360	104 000	104 000	54 360	54 360
债券	Bonds	260	260	260	260		
利用外资	Foreign Investment	1 280	1 280	934	934	346	346
自筹资金	Self-raised Funds	810 594	808 885	563 579	561 870	247 015	247 015
企事业单位自有资金	Funds Possessed by Enterprises and Institutions	810 594	808 885	563 579	561 870	247 015	247 015
其它资金来源	Other Source	2 274 433	2 273 652	236 074	235 293	2 038 359	2 038 359
按构成分	**Grouped by Composition of Funds**						
建筑安装工程	Construction and Installation Engineering	2 894 110	2 890 256	956 607	952 753	1 937 503	1 937 503
设备、工具、器具购置	Purchase of Equipment and Instruments	511 568	511 529	145 234	145 195	366 334	366 334
其它费用	Others	145 319	144 906	107 965	107 552	37 354	37 354
本年新增固定资产	**Newly Increased Fixed Assets in the Current Year**	**2 900 372**	**2 897 253**	**681 647**	**678 528**	**2 218 725**	**2 218 725**
房屋建筑面积(平方米)	**Floor Space of Building Construction (sq.m)**						
施工面积	Floor Space of Buildings under Construction	35 976 948	35 972 798	9 495 260	9 491 110	26 481 688	26 481 688
住 宅	Residential Buildings	28 838 601	28 837 041	8 015 812	8 014 252	20 822 789	20 822 789
竣工面积	Floor Space of Buildings Completed	28 670 143	28 670 023	2 376 432	2 376 312	26 293 711	26 293 711
住 宅	Residential Buildings	22 304 601	22 304 601	1 504 299	1 504 299	20 800 302	20 800 302

6-5 续表2 continued

单位：万元 (10 000 yuan)

指标	Item	本年完成投资 Investment Finished in the Curent Year	#地方 Region	城镇投资 Urban Entities	#地方 Region	房地产开发 Real Estatc Development	#地方 Region
投资总额	**Total Investment**	**27 988 908**	**24 389 887**	**20 209 318**	**16 617 705**	**4 228 593**	**4 225 491**
按经济类型分	**Grouped by Ownership**						
国有经济	State-owned Entities	12 117 827	9 789 597	11 826 394	9 501 266	291 433	288 331
集体经济	Collective-owned Entities	1 939 902	1 930 712	703 211	698 327	26 885	26 885
农村	Rural Entities	1 209 806	1 205 500				
个体私营经济	Individuals and Private Economic Entities	5 863 626	5 863 626	1 525 555	1 525 555	1 996 880	1 996 880
农村	Rural Entities	2 341 191	2 341 191				
联营经济	Joint Stock Economic Entities	26 817	26 817	21 597	21 597	5 220	5 220
股份制经济	Share Holding Economic Entities	1 531 322	1 509 506	1 252 347	1 230 531	278 975	278 975
外商投资经济	Foreign-funded Economic Entities	169 326	155 828	117 249	103 751	52 077	52 077
港澳台投资经济	Economic Entities Funded by Hong Kong, Macao and Taiwan	285 074	283 867	82 245	81 038	202 829	202 829
其它经济	Other Types of Ownership	6 055 014	4 829 934	4 680 720	3 455 640	1 374 294	1 374 294
按建设地区分	**Grouped by Region**						
昆明	Kunming	7 179 969	6 384 131	4 433 828	3 641 771	2 219 936	2 216 834
曲靖	Qujing	3 402 643	3 364 241	2 324 001	2 285 599	359 883	359 883
玉溪	Yuxi	1 347 282	1 265 217	873 398	793 115	212 932	212 932
保山	Baoshan	992 451	963 115	812 460	783 282	72 520	72 520
昭通	Zhaotong	1 300 419	1 071 472	1 072 099	843 152	87 255	87 255
丽江	Lijiang	839 565	768 605	678 605	607 645	122 003	122 003
普洱	Pu'er	1 060 870	744 980	793 860	477 970	106 598	106 598
临沧	Lincang	690 257	680 880	499 420	490 043	66 445	66 445
楚雄	Chuxiong	1 139 410	1 119 086	831 439	811 115	149 545	149 545
红河	Honghe	2 442 174	2 317 900	2 023 985	1 900 915	192 570	192 570
文山	Wenshan	1 389 955	1 389 262	1 020 176	1 019 966	217 501	217 501
西双版纳	Xishuangbanna	615 860	445 488	477 986	307 614	71 769	71 769
大理	Dali	1 282 135	1 274 262	896 373	888 500	221 409	221 409
德宏	Dehong	538 197	531 402	429 063	422 268	76 648	76 648
怒江	Nujiang	243 218	243 218	222 578	222 578	7 429	7 429
迪庆	Diqing	495 950	494 320	369 294	367 664	44 150	44 150
不分地区	Not Grouped by Region	3 028 553	1 332 308	2 450 753	754 508		

6-5 续表3 continued

单位：万元 (10 000 yuan)

指　标	Item	农村投资 Rural Entities	#地方 Region	在农村投资中 In Rural Entities 农村集体 Rural Collective-owned Entities	#地方 Region	个体私营 Individuals and Private Economic Entities	#地方 Region
投资总额	**Total Investment**	**3 550 997**	**3 546 691**	**1 209 806**	**1 205 500**	**2 341 191**	**2 341 191**
按经济类型分	**Grouped by Ownership**						
国有经济	State-owned Entities						
集体经济	Collective-owned Entities	1 209 806	1 205 500	1 209 806	1 205 500		
农村	Rural Entities	1 209 806	1 205 500	1 209 806	1 205 500		
个体私营经济	Individuals and Private Economic	2 341 191	2 341 191			2 341 191	2 341 191
农村	Rural Entities	2 341 191	2 341 191			2 341 191	2 341 191
联营经济	Joint Stock Economic Entities						
股份制经济	Share Holding Economic Entities						
外商投资经济	Foreign-funded Economic Entities						
港澳台投资经济	Economic Entities Funded by Hon						
其它经济	Other Types of Ownership						
按建设地区分	**Grouped by Region**						
昆　明	Kunming	526 205	525 526	69 866	69 187	456 339	456 339
曲　靖	Qujing	718 759	718 759	427 521	427 521	291 238	291 238
玉　溪	Yuxi	260 952	259 170	76 442	74 660	184 510	184 510
保　山	Baoshan	107 471	107 313	50 043	49 885	57 428	57 428
昭　通	Zhaotong	141 065	141 065	28 095	28 095	112 970	112 970
丽　江	Lijiang	38 957	38 957	20 092	20 092	18 865	18 865
普　洱	Pu'er	160 412	160 412	82 762	82 762	77 650	77 650
临　沧	Lincang	124 392	124 392	51 200	51 200	73 192	73 192
楚　雄	Chuxiong	158 426	158 426	60 560	60 560	97 866	97 866
红　河	Honghe	225 619	224 415	114 390	113 186	111 229	111 229
文　山	Wenshan	152 278	151 795	90 908	90 425	61 370	61 370
西双版纳	Xishuangbanna	66 105	66 105	14 231	14 231	51 874	51 874
大　理	Dali	164 353	164 353	70 590	70 590	93 763	93 763
德　宏	Dehong	32 486	32 486	5 990	5 990	26 496	26 496
怒　江	Nujiang	13 211	13 211	3 856	3 856	9 355	9 355
迪　庆	Diqing	82 506	82 506	43 260	43 260	39 246	39 246
不分地区	Not Grouped by Region	577 800	577 800			577 800	577 800

6-6 全社会分行业固定资产投资额与新增固定资产(2007年)

(按行业分)
单位：万元

行业名称	Sector	合计 Total
合计	**Total**	**27 988 908**
按三次产业分	**Grouped by Type of Industry**	
第一产业	Primary Industry	721 921
第二产业	Secondary Industry	9 974 710
第三产业	Tertiary Industry	17 292 277
按行业类别分	**Grouped by Sector**	
(一)农、林、牧、渔业	**Agriculture, Forestry, Animal Husbandry and Fisher**	**721 921**
农业	Agriculture	261 111
谷物及其他作物的种植	Planting of Ceral and Other Crops	156 496
蔬菜、园艺作物的种植	Planting of Vegetable and horticultural Crops	25 363
水果、坚果、饮料和香料作物的	Planting of Fruits,Nuts,beverage and Spiceberry	68 453
中药材的种植	Planting of Chinese Traditional Medicine Material	10 799
林业	Forestry	106 704
林木的培育和种植	Planting and Cultivating Forests	90 860
木材和竹材的采运	Gathering and Transportion of Wood and Bamboo	11 760
林产品的采集	Gathering of Forestry Produce	4 084
畜牧业	Animal Husbandry	75 857
牲畜的饲养	Breeding Livestock	15 307
猪的饲养	Breeding Hog	43 831
家禽的饲养	Breeding Poultry	10 476
其他畜牧业	Others	6 243
渔业	**Fisher**	**11 005**
海洋渔业	Fisher of Ocean	4 930
内陆渔业	Inland Fisher	6 075
农、林、牧、渔服务业	Service in Support of Agriculture, Forestry, Animal Husbandry and Fisher	267 244
农业服务业	Service in Support of Agriculture	256 361
林业服务业	Service in Support of Forestry	8 461
畜牧服务业	Service in Support of Animal Husbandry	2 372
渔业服务业	Service in Support of Fisher	50
(二)采矿业	Mining	1 283 346
煤炭开采和洗选业	Mining and Washing of Coal	509 177
烟煤和无烟煤的开采洗选	Mining and Washing of Soft Coal and Blind Coal	432 986
褐煤的开采洗选	Mining and Washing of Lignite	69 162
其他煤炭采选	Mining and Washing of Others	7 029
黑色金属矿采选业	Mining and Processing of Ferrous Metal Ores	117 077
铁矿采选	Mining and Processing of Iron Ore	110 034
其他黑色金属矿采选	Mining and Processing of Others	7 043
有色金属矿采选业	Mining and Processing of Non-Ferrous Metal Ores	554 253
常用有色金属矿采选	Mining and Processing of Non-Ferrous Metal Ores in Comon Use	510 913

Total Investment in Fixed Assets and Newly Increased Fixed Assets by Sector(2007)

(By sector)
(10 000 yuan)

投资额 Investment			按城乡划分 Grouped by Rural and Urban Area		新增固定资产 Newly Increased Fixed Assets
# 地方 Region	# 国有 State-owned Entities	# 地方 Region	城镇 Urban Entities	农村 Rural Entities	
24 389 887	**12 776 743**	**10 444 207**	**24 437 911**	**3 550 997**	**13 318 105**
693 008	481 443	454 701	455 933	265 988	419 116
7 337 450	3 116 889	1 732 932	9 424 764	549 946	3 468 182
16 359 429	9 178 411	8 256 574	14 557 214	2 735 063	9 430 807
693 008	**481 443**	**454 701**	**455 933**	**265 988**	**419 116**
255 140	138 234	134 434	191 794	69 317	170 869
152 696	115 718	111 918	116 759	39 737	120 524
25 363	770	770	10 348	15 015	17 965
68 453	21 725	21 725	54 999	13 454	28 030
8 628	21	21	9 688	1 111	4 350
88 507	74 643	56 446	87 568	19 136	50 392
72 663	72 252	54 055	72 617	18 243	38 953
11 760	1 760	1 760	11 760		5 760
4 084	631	631	3 191	893	5 679
75 857	38 981	38 981	31 209	44 648	25 171
15 307	6 128	6 128	8 921	6 386	8 680
43 831	32 000	32 000	10 109	33 722	5 330
10 476			9 446	1 030	8 370
6 243	853	853	2 733	3 510	2 791
11 005			**5 755**	**5 250**	**5 733**
4 930			4 930		
6 075			825	5 250	5 733
262 499	229 585	224 840	139 607	127 637	166 951
253 116	219 259	216 014	134 648	121 713	159 285
6 961	8 461	6 961	3 724	4 737	6 026
2 372	1 825	1 825	1 185	1 187	1 635
50	40	40	50		5
1 283 227	342 067	341 948	1 045 514	237 832	609 760
509 177	115 124	115 124	369 226	139 951	259 274
432 986	62 347	62 347	299 228	133 758	234 974
69 162	52 777	52 777	67 564	1 598	17 079
7 029			2 434	4 595	7 221
117 077	20 672	20 672	104 440	12 637	49 543
110 034	20 672	20 672	99 722	10 312	45 034
7 043			4 718	2 325	4 509
554 134	171 781	171 662	474 194	80 059	252 986
510 794	171 290	171 171	439 918	70 995	241 819

6-6 续表1

(按行业分)
单位：万元

行业名称	Sector	合计 Total
贵金属矿采选	**Mining and Processing of Noble Metal Ores**	**22 180**
稀有稀土金属矿采选	**Mining and Processing Far-between Thulium Metal Ores**	**21 160**
非金属矿采选业	Mining and Processing of Nonmetal Ores	89 649
土砂石开采	Mining of Clay and Sands	15 804
化学矿采选	Mining and Processing of Chemic Ores	66 874
采盐	**Salt Ores Mining**	**982**
石棉及其他非金属矿采选	**Mining and Processing of Asbestos and other Nonmetal Ores**	**5 989**
其他采矿业	Mining of Other Ores	13 190
(三)制造业	Manufacturing	3 182 395
农副食品加工业	Processing of Food from Agricultural Products	171 934
谷物磨制	Processing of Corn	1 822
饲料加工	Processing of Feed	3 910
植物油加工	Processing of Vegetal Oil	3 196
制糖	Refining Sugar	37 747
屠宰及肉类加工	Butchering and Processing of Meat	45 278
水产品加工	Processing of Aquatic Products	3 760
蔬菜、水果和坚果加工	Processing of Vegetable, Fruits, Nuts	30 773
其他农副食品加工	Processing of Others	45 448
食品制造业	Manufacture of Foods	82 242
焙烤食品制造	Manufacture of Baking Foods	13 225
糖果、巧克力及蜜饯制造	Manufacture of Candy, Chocolate and Succade	1 343
方便食品制造	**Manufacture of Convenient Foods**	**14 472**
液体乳及乳制品制造	Manufacture of Liquid Milk and Dairy Products	10 887
罐头制造	Canning	379
调味品、发酵制品制造	Manufacture of Condiments and Zymotic Produce	11 080
其他食品制造	Manufacture of Others	30 856
饮料制造业	Manufacture of Beverages	117 342
酒精制造	Manufacture of Alcohol	3 070
酒的制造	Manufacture of Vino	31 106
软饮料制造	Manufacture of Soft Beverages	30 683
精制茶加工	Manufacture of Refining Tea	52 483
烟草制品业	Manufacture of Tobacco	146 845
烟叶复烤	Tobacco Leaf baking	17 278
卷烟制造	Manufacture of Cigarette	121 326
其他烟草制品加工	Manufacture of Other Tobacco	8 241
纺织业	Manufacture of Textile	22 371
棉、化纤纺织及印染精加工	Manufacture of Textile with Cotton and Chemical Fiber	11 205
麻纺织	Manufacture of Textile with Hemp	2 365
丝绢纺织及精加工	Manufacture of Textile with Silk	7 242

continued

(By sector)
(10 000 yuan)

投资额 Investment			按城乡划分 Grouped by Rural and Urban Area		新增固定资产
# 地 方 Region	# 国 有 State-owned Entities	# 地 方 Region	城镇 Urban Entities	农村 Rural Entities	Newly Increased Fixed Assets
22 180	**231**	**231**	**19 330**	**2 850**	**3 892**
21 160	**260**	**260**	**14 946**	**6 214**	**7 275**
89 649	26 490	26 490	84 665	4 984	39 056
15 804	18	18	11 566	4 238	13 813
66 874	25 926	25 926	66 874		21 547
982	**350**	**350**	**982**		**350**
5 989	**196**	**196**	**5 243**	**746**	**3 346**
13 190	8 000	8 000	12 989	201	8 901
3 053 991	488 460	368 718	2 976 616	205 779	1 679 095
171 934	3 587	3 587	161 734	10 200	106 286
1 822			1 569	253	303
3 910			3 910		3 480
3 196			2 696	500	3 305
37 747	1 953	1 953	34 446	3 301	29 174
45 278	390	390	45 218	60	29 141
3 760			2 260	1 500	
30 773	156	156	26 187	4 586	20 555
45 448	1 088	1 088	45 448		20 328
82 242	467	467	71 034	11 208	45 510
13 225			13 002	223	1 240
1 343			1 343		338
14 472			**8 332**	**6 140**	**11 644**
10 887	225	225	10 887		5 831
379			379		379
11 080	242	242	10 620	460	15 528
30 856			26 471	4 385	10 550
117 342	1 060	1 060	98 375	18 967	63 437
3 070			3 070		1 700
31 106			30 003	1 103	8 687
30 683	650	650	22 927	7 756	24 078
52 483	410	410	42 375	10 108	28 972
43 677	141 662	38 494	144 243	2 602	91 881
6 575	17 087	6 384	14 731	2 547	4 216
29 599	121 266	29 539	121 326		87 275
7 503	3 309	2 571	8 186	55	390
22 371			21 961	410	15 193
11 205			11 205		1 242
2 365			2 365		2 365
7 242			7 242		9 315

6-6 续表2

(按行业分)
单位：万元

行业名称	Sector	合计 Total
纺织制成品制造	**Manufacture of Finished Products of Textile**	**410**
针织品、编织品及其制品制造	**Manufacture of Knitgoods and Knitting**	**1 149**
纺织服装、鞋、帽制造业	Manufacture of Textile Wearing Apparel, Footware and Caps	4 750
纺织服装制造	Manufacture of Textile Wearing Apparel	4 750
皮革、毛皮、羽毛(绒)及其制品业	Manufacture of Leather, Fur, Feather and Related Products	
皮革制品制造	**Manufacture of Leather**	
木材加工及木、竹、藤、棕、草制	**Processing of Timber, Manufacture of Wood, Bamboo, Rattan,Palm and Strav**	**34 216**
锯材、木片加工	Processing of Timber	6 042
人造板制造	Manufacture of Synthetic Board	16 508
人造板制造	Manufacture of	16 508
木制品制造	Manufacture of Woodwork	9 097
竹、藤、棕、草制品制造	Manufacture of Bamboo, Rattan,Palm and Straw Products	2 569
家具制造业	Manufacture of Furniture with Wood	7 350
木质家具制造	Manufacture of Furniture with Wood	6 900
金属家具制造	Manufacture of Furniture with Metal	150
其他家具制造	Manufacture of Furniture with Other Material	300
造纸及纸制品业	Manufacture of Paper and Paper Products	82 245
纸浆制造	Manufacture of Paper Pulp	15 079
造纸	Manufacture of Paper	31 395
纸制品制造	Manufacture of Paper Products	35 771
印刷业和记录媒介的复制	Printing, Reproduction of Recording Media	17 717
印刷	**Printing**	**15 084**
装订及其他印刷服务活动	Binding and Service for Printing	2 633
石油加工、炼焦及核燃料加工业	Processing of Petroleum, Coking, Processing of Nuclear Fuel	227 363
精炼石油产品的制造	Manufacture of Refining Petroleum	380
炼焦	Coking	226 983
化学原料及化学制品制造业	Manufacture of Raw Chemical Materials and Chemical Products	661 504
基础化学原料制造	Manufacture of Raw Chemical Materials for Basic Use	216 514
肥料制造	Manufacture of Fertilizer	400 277
农药制造	Manufacture of Pesticide	1 704
涂料、油墨、颜料及类似产品制	Manufacture of Dope, Printing Ink and Analogous Products	4 339
合成材料制造	Manufacture of Compound Material	9 013
专用化学产品制造	Manufacture of Chemical Products for Special Purpose	23 237
日用化学产品制造	Manufacture of Chemical Products for Daily Use	6 420
医药制造业	Manufacture of Medicines	35 179
化学药品原药制造	Manufacture of Raw Chemical Medicines	3 225
化学药品制剂制造	Manufacture of Preparation of Chemical Medicines	7 244
中药饮片加工	Processing of Flake and Drink of Chinese Traditional Medicines	3 700
中成药制造	Manufacture of Chinese Traditional Medicines	15 404

continued

(By sector)
(10 000 yuan)

投资额 Investment			按城乡划分 Grouped by Rural and Urban Area		新增固定资产
#地方 Region	#国有 State-owned Entities	#地方 Region	城镇 Urban Entities	农村 Rural Entities	Newly Increased Fixed Assets
410				**410**	**1 610**
1 149			**1 149**		**661**
4 750			4 750		720
4 750			4 750		720
34 216	**2 400**	**2 400**	**31 706**	**2 510**	**28 025**
6 042			4 642	1 400	4 590
16 508			16 178	330	16 515
16 508			16 178	330	16 515
9 097	2 400	2 400	8 317	780	3 197
2 569			2 569		3 723
7 350			7 350		7 340
6 900			6 900		6 890
150			150		150
300			300		300
82 245	15 000	15 000	79 102	3 143	40 233
15 079			15 079		3 462
31 395			28 252	3 143	24 890
35 771	15 000	15 000	35 771		11 881
17 717	110	110	16 152	1 565	8 344
15 084	**110**	**110**	**14 534**	**550**	**7 179**
2 633			1 618	1 015	1 165
227 363			195 974	31 389	49 645
380			380		380
226 983			195 594	31 389	49 265
653 042	106 561	106 561	652 864	8 640	208 465
208 052			212 450	4 064	65 160
400 277	98 661	98 661	397 777	2 500	118 540
1 704			1 704		380
4 339			4 270	69	4 219
9 013	1 900	1 900	9 013		2 523
23 237	5 200	5 200	22 130	1 107	14 512
6 420	800	800	5 520	900	3 131
35 179	40	40	33 314	1 865	28 045
3 225			3 225		2 375
7 244			7 244		6 183
3 700			3 700		1 975
15 404	40	40	13 854	1 550	7 390

6-6 续表3

(按行业分)
单位：万元

行业名称	Sector	合计 Total
兽用药品制造	Manufacture of Medicines for Beast Use	133
生物、生化制品的制造	Manufacture of Biologic, biochemical Products	5 256
卫生材料及医药用品制造	Manufacture of Hygeian Material and Curatorial Things	217
人造板制造		16 508
人造板制造		16 508
橡胶制品业	Manufacture of Rubber	8 805
轮胎制造	Manufacture of Tyre	250
橡胶板、管、带的制造	Manufacture of Rubber Board,Tube and Strip	5 903
橡胶靴鞋制造	Manufacture of Rubber Shoes	2 100
其他橡胶制品制造	Manufacture of Other Rubber Products	552
塑料制品业	Manufacture of Plastics	12 837
塑料薄膜制造	Manufacture of Plastic Pellicle	90
塑料板、管、型材的制造	Manufacture of Plastic Board,Tube and Strip	5 478
塑料丝、绳及编织品的制造	Manufacture of Plastic Sillk, Rope and Knitting	1 140
泡沫塑料制造	Manufacture of Foam	1 030
塑料包装箱及容器制造	Manufacture of Plastic Packaging Boxes and Plastic Containers	2 907
日用塑料制造	Manufacture of Plastics for Daily Use	50
其他塑料制品制造	Manufacture of Other Plastics	2 142
非金属矿物制品业	Manufacture of Non-metallic Mineral Products	619 160
水泥、石灰和石膏的制造	Manufacture of Cement, Calcareousness and Plaster	474 943
水泥及石膏制品制造	Manufacture of Products of Cement and Plaster	23 852
砖瓦、石材及其他建筑材料制造	Manufacture of Tile, Rock Material and Other Structural Material	88 347
玻璃及玻璃制品制造	Manufacture of Glass and Glasswork	13 227
陶瓷制品制造	Manufacture of Ceramic	431
耐火材料制品制造	Manufacture of Products of Fire-resistant Material	422
石墨及其他非金属矿物制品制造	Manufacture of Graphite and Other Non-metallic Mineral Products	17 938
黑色金属冶炼及压延加工业	Smelting and Pressing of Ferrous Metals	268 807
炼铁	Pudding	36 406
炼钢	Steel-making	114 636
钢压延加工	Pressing of Steel	92 385
铁合金冶炼	Smelting of Ferroalloy	25 380
有色金属冶炼及压延加工业	Smelting and Pressing of Non-ferrous Metals	358 472
常用有色金属冶炼	Smelting of Non-ferrous Metals in Common Use	297 914
贵金属冶炼	Smelting of Noble Metals	7 930
稀有稀土金属冶炼	Smelting of Far-between Thulium Metals	23 598
有色金属合金制造	Manufacture of Alloy of Non-ferrous Metals	10 909
有色金属压延加工	Pressing of Non-ferrous Metals	18 121
金属制品业	Manufacture of Metal Products	35 369
结构性金属制品制造	Manufacture of Structural Metal Products	13 154

continued

(By sector)
(10 000 yuan)

投资额 Investment			按城乡划分 Grouped by Rural and Urban Area		新增固定资产 Newly Increased Fixed Assets
# 地 方 Region	# 国 有 State-owned Entities	# 地方 Region	城镇 Urban Entities	农村 Rural Entities	
133			133		800
5 256			4 941	315	9 322
217			217		
16 508			16 178	330	16 515
16 508			16 178	330	16 515
8 805	2 652	2 652	8 253	552	4 217
250			250		250
5 903			5 903		1 315
2 100	2 100	2 100	2 100		2 100
552	552	552		552	552
12 837			11 577	1 260	8 629
90			90		90
5 478			4 948	530	3 597
1 140			1 140		930
1 030			950	80	1 030
2 907			2 257	650	790
50			50		50
2 142			2 142		2 142
618 960	102 523	102 523	555 475	63 685	311 256
474 943	101 772	101 772	441 518	33 425	190 669
23 852			23 852		35 751
88 147	678	678	61 087	27 260	68 711
13 227			12 227	1 000	5 635
431			431		431
422			422		70
17 938	73	73	15 938	2 000	9 989
253 054	50 801	35 048	252 361	16 446	331 093
36 406	2 907	2 907	24 050	12 356	23 825
108 836	5 800		114 636		65 878
82 432	42 094	32 141	89 306	3 079	230 124
25 380			24 369	1 011	11 266
358 472	19 600	19 600	346 378	12 094	160 308
297 914	17 111	17 111	289 770	8 144	141 255
7 930			4 478	3 452	3 678
23 598			23 598		6 162
10 909			10 909		3 238
18 121	2 489	2 489	17 623	498	5 975
35 369	98	98	35 036	333	25 002
13 154	98	98	13 021	133	14 979

6-6 续表4

(按行业分)
单位：万元

行业名称	Sector	合计 Total
文化、办公用机械制造	Manufacture of Machinery for Cultural Activity and Office Work	1 000
工艺品及其他制造业	Manufacture of Artwork and Other Manufacturing	79 498
工艺美术品制造	Manufacture of Artwork	1 965
日用杂品制造	Manufacture of Sundry Goods for Daily Use	2 173
煤制品制造	Manufacture of Coal Products	2 241
其他未列明的制造业	Manufacture of Artwork	73 119
废弃资源和废旧材料回收加工业	Recycling and Disposal of Waste	4 975
金属废料和碎屑的加工处理	Recycling and Disposal of Metallic Flotsam and Oddment	315
非金属废料和碎屑的加工处理	Recycling and Disposal of Nonmetallic Flotsam & Oddment	4 660
电力、燃气及水的生产和供应业	Production and Distribution of Electricity,Gas and Water	5 319 926
电力、热力的生产和供应业	Production and Supply of Electric Power and Heat Power	5 118 566
电力生产	Production of Electric	4 319 671
电力供应	Distribution of Electric	798 825
热力生产和供应	Production and Distribution of Heat Power	70
燃气生产和供应业	Production and Distribution of Gas	67 601
水的生产和供应业	Production and Distribution of Water	133 759
自来水的生产和供应	Production and Distribution of Tap Water	95 670
污水处理及其再生利用	Recycling and Disposal of Waste Water	27 421
其他水的处理、利用与分配	Recycling and Disposal of Other Waste	10 668
建筑业	Construction	189 043
房屋和土木工程建筑业	Construction of Building & Civil Engineering	178 473
房屋工程建筑	Construction of Building	102 662
土木工程建筑	Construction of Civil Engineering	75 811
建筑安装业	Architectural Installation	909
建筑装饰业	Architectural Decoration	2 004
其他建筑业	Other Construction	7 657
工程准备	Project Preparing	2 185
提供施工设备服务	Providing Service of Construction Equipments	105
其他未列明的建筑活动	Activities of Other Construction	5 367
交通运输、仓储和邮政业	Traffic, Transport, Storage and Post	4 099 498
铁路运输业	Transport Via Railway	331 684
铁路旅客运输	Passenger Transport Via Railway	10 090
铁路货物运输	Freight Transport Via Railway	279 295
道路运输业	Transport Via Road	3 606 090
公路旅客运输	Passenger Transport Via Road	1 653 346
道路货物运输	Freight Transport Via Road	1 815 125
城市公共交通业	Urban Public Traffic	45 777
公共电汽车客运	Passenger Transport Via Bus and Trolley	12 250
出租车客运	Passenger Transport Via Taaxi	700

continued

(By sector)
(10 000 yuan)

投资额 Investment			按城乡划分 Grouped by Rural and Urban Area		新增固定资产 Newly Increased Fixed Assets
# 地方 Region	# 国有 State-owned Entities	# 地方 Region	城镇 Urban Entities	农村 Rural Entities	
1 000			1 000		1 000
79 498	14 838	14 838	67 275	12 223	62 431
1 965			1 965		1 765
2 173			2 173		2 173
2 241			2 241		1 500
73 119	14 838	14 838	60 896	12 223	56 993
4 975			4 975		4 660
315			315		
4 660			4 660		4 660
2 813 433	2 174 127	912 275	5 236 691	83 235	1 095 975
2 612 073	1 992 807	730 955	5 040 103	78 463	1 028 542
2 511 224	1 224 691	660 885	4 266 124	53 547	953 404
100 779	768 116	70 070	773 909	24 916	75 138
70			70		
67 601	61 456	61 456	66 338	1 263	4 900
133 759	119 864	119 864	130 250	3 509	62 533
95 670	84 484	84 484	93 666	2 004	44 214
27 421	27 421	27 421	27 421		7 553
10 668	7 959	7 959	9 163	1 505	10 766
186 799	112 235	109 991	165 943	23 100	83 352
176 229	107 503	105 259	159 383	19 090	77 650
102 662	41 699	41 699	90 308	12 354	44 995
73 567	65 804	63 560	69 075	6 736	32 655
909			909		909
2 004	714	714	1 504	500	2 654
7 657	4 018	4 018	4 147	3 510	2 139
2 185			170	2 015	170
105			105		105
5 367	4 018	4 018	3 872	1 495	1 864
3 809 421	3 890 423	3 600 346	3 928 882	170 616	2 200 421
42 728	329 667	40 711	331 594	90	129 140
90	10 090	90	10 000	90	90
339	278 956		279 295		86 751
3 605 777	3 441 660	3 441 347	3 435 564	170 526	1 987 189
1 653 188	1 578 586	1 578 428	1 612 522	40 824	1 584 896
1 814 970	1 748 756	1 748 601	1 724 052	91 073	329 278
45 777	44 259	44 259	45 777		31 721
12 250	11 582	11 582	12 250		17 207
700			700		

6-6 续表5

(按行业分)
单位：万元

行业名称	Sector	合计 Total
其他城市公共交通	Urban Other Public Traffic	32 827
水上运输业	Water Transport	6 931
水上旅客运输	Freight Via Water Transport	541
水上运输辅助活动	Passenger Via Water Transport	6 390
航空运输业	Air Transport	79 885
航空客货运输	Passenger Via Air Transport	37 708
通用航空服务	Air Service in Comon Use	369
航空运输辅助活动	Assistant Activities of Air Transport	41 808
装卸搬运和其他运输服务业	Loading, Unloading, Portage and Other Transport Services	3 315
装卸搬运	Loading, Unloading and Portage	50
运输代理服务	Transport Services Surrogating	3 265
仓储业	Storage	24 594
谷物、棉花等农产品仓储	Storage Corn, Cotton and so on	2 377
其他仓储	Other Storage	22 217
邮政业	Post	1 222
国家邮政	National Post	1 222
信息传输、计算机服务和软件业	Information Transmission, Computer Services and Software	546 699
电信和其他信息传输服务业	Telecom & Other Information Transmission Services	543 273
电信	Telecom	536 479
互联网信息服务	Computer Services	3 345
广播电视传输服务	Broadcast & Video Information Transmission Services	3 449
软件业	Software Industry	3 426
公共软件服务	Public Software Service	90
其他软件服务	Other Software Service	3 336
批发和零售业	Wholesale and Retail Trades	392 383
批发业	Wholesale Trade	220 341
农畜产品批发	Wholesale of Farm Produce and Livestock Products	14 747
食品、饮料及烟草制品批发	Wholesale of Food, Beverages and Tobaccos	85 952
纺织、服装及日用品批发	Wholesale of Textiles, Garments and Daily Consumer Articales	22 383
文化、体育用品及器材批发	Wholesale of Culture, Sports Appliances and Equipments	3 565
医药及医疗器材批发	Wholesale of Medicines and Medical Appliances	2 512
矿产品、建材及化工产品批发	Wholesale of Mineral Products, Building Materials and Chemical Products	30 488
机械设备、五金交电及电子产品	Wholesale of Machinery, Hardware and Electronic Equipment	1 866
其他批发	Other Wholesale	58 828
零售业	Retail Trade	172 042
综合零售	Integrated Retail	75 671
食品、饮料及烟草制品专门零售	Special Retail of Food, Beverages and Tobaccos	17 065
纺织、服装及日用品专门零售	Special Retail of Textiles, Garments and Daily	870
文化、体育用品及器材专门零售	Special Retail of Culture, Sports Appliances and Equipments	1 539

continued

(By sector)
(10 000 yuan)

投资额 Investment			按城乡划分 Grouped by Rural and Urban Area		新增固定资产 Newly Increased Fixed Assets
#地 方 Region	#国 有 State-owned Entities	#地方 Region	城镇 Urban Entities	农村 Rural Entities	
32 827	32 677	32 677	32 827		14 514
6 931	6 390	6 390	6 931		4 398
541			541		541
6 390	6 390	6 390	6 390		3 857
79 077	66 102	65 294	79 885		31 675
36 900	37 708	36 900	37 708		10 018
369	369	369	369		369
41 808	28 025	28 025	41 808		21 288
3 315			3 315		3 315
50			50		50
3 265			3 265		3 265
24 594	1 123	1 123	24 594		11 883
2 377	1 043	1 043	2 377		1 684
22 217	80	80	22 217		10 199
1 222	1 222	1 222	1 222		1 100
1 222	1 222	1 222	1 222		1 100
40 688	542 998	37 082	535 329	11 370	65 994
37 262	539 662	33 746	531 903	11 370	62 658
31 242	533 525	28 288	526 393	10 086	58 183
2 571	3 250	2 571	2 666	679	2 915
3 449	2 887	2 887	2 844	605	1 560
3 426	3 336	3 336	3 426		3 336
90			90		
3 336	3 336	3 336	3 336		3 336
377 659	100 120	85 507	372 666	19 717	279 127
208 549	87 259	75 467	211 570	8 771	141 933
12 663	8 928	6 844	13 097	1 650	8 754
77 534	73 436	65 018	83 276	2 676	57 822
22 383			22 383		22 366
3 565	3 565	3 565	3 565		170
2 512			2 512		1 764
29 198	1 290		26 518	3 970	20 465
1 866			1 866		1 886
58 828	40	40	58 353	475	28 706
169 110	12 861	10 040	161 096	10 946	137 194
75 671	4 359	4 359	67 173	8 498	53 442
14 244	6 329	3 508	15 359	1 706	14 365
870			870		990
1 539	1 023	1 023	1 539		1 203

6-6 续表6

(按行业分)
单位：万元

行业名称	Sector	合计 Total
医药及医疗器材专门零售	Special Retail of Medicines and Medical Appliances	62
汽车、摩托车、燃料及零配件专门零售	Retail of Motor Vehicles, Motorcycles, Fuel	46 335
家用电器及电子产品专门零售	Special Retail of Household Electric Appliances and Electronic Products	1 139
五金、家具及室内装修材料专门零售	Special Retail of Hardware, Furniture and Decoration Material	17 929
无店铺及其他零售	Non-shop and Other Retails	11 432
住宿和餐饮业	Hotels and Food Services	221 098
住宿业	Hotels	178 371
旅游饭店	Hotel for Tour	95 709
一般旅馆	General Hotel	74 913
其他住宿服务	Other Hotel Service	7 749
餐饮业	Food Services	42 727
正餐服务	Dinner Service	23 169
快餐服务	Snack Service	450
饮料及冷饮服务	Service of Beverages and Cold Drink	4 565
其他餐饮服务	Other Food Services	14 543
金融业	Financial Intermediation	42 159
银行业	Bank	39 877
中央银行	Central Baank	6 021
商业银行	Commercial Bank	25 869
其他银行	Other Bank	7 987
保险业	Insurance	1 464
人寿保险	Life Insurance	1 352
非人寿保险	Property Insurance	112
其他未列明的金融活动	Other Financial Activities	818
房地产业	Real Estate	5 169 421
房地产开发经营	Development and Management of Real Estate	4 464 666
物业管理	Property Management	634
房地产中介服务	Agency Services for Real Estate	650
其他房地产活动	Other Activities of Real Estate	706 471
租赁和商务服务业	Leasing and Business Services	159 397
租赁业	Leasing	1 210
机械设备租赁	Leasing of Mechanical Equipments	900
文化及日用品出租	Leasing of Culture and Daily Consumer Articales	310
商务服务业	Business Services	158 187
企业管理服务	Managing Service for Enterprises	91 132
职业中介服务	Professional Agency Service	390
市场管理	Market Management	8 529
旅行社	Travel Agency	

continued

(By sector)

(10 000 yuan)

投资额 Investment			按城乡划分 Grouped by Rural and Urban Area		新增固定资产
#地 方 Region	#国 有 State-owned Entities	#地方 Region	城镇 Urban Entities	农村 Rural Entities	Newly Increased Fixed Assets
62			62		2 680
46 224	500	500	45 693	642	44 218
1 139			1 139		1 139
17 929	550	550	17 929		9 860
11 432	100	100	11 332	100	9 297
221 098	13 098	13 098	217 565	3 533	111 531
178 371	11 100	11 100	176 360	2 011	83 731
95 709	10 850	10 850	95 459	250	36 521
74 913			73 300	1 613	42 553
7 749	250	250	7 601	148	4 657
42 727	1 998	1 998	41 205	1 522	27 800
23 169	1 998	1 998	21 882	1 287	13 552
450			450		450
4 565			4 565		65
14 543			14 308	235	13 733
12 780	23 798	4 154	41 589	570	26 430
11 731	22 935	3 923	39 396	481	22 748
80	5 941		6 021		832
3 794	14 859	1 918	25 448	421	19 435
7 857	2 135	2 005	7 927	60	2 481
231	863	231	1 464		2 864
231	751	231	1 352		2 752
	112		112		112
818			729	89	818
5 160 608	568 809	559 996	5 122 383	893 790	47 038
4 458 564	298 947	295 845	4 461 099	232 506	567
634			634	634	
650	650	650	650	650	
700 760	269 212	263 501	660 000	660 000	46 471
154 879	104 710	100 192	255 071	195	39 431
1 210			1 210		900
900			900		900
310			310		
153 669	104 710	100 192	157 992	195	38 531
86 638	60 425	55 931	91 022	110	28 957
390	390	390	390		390
8 529	1 385	1 385	8 444	85	6 684

6-6 续表7

(按行业分)
单位：万元

行业名称	Sector	合计 Total
其他商务服务	**Other Business Service**	**58 136**
科学研究、技术服务和地质勘查业	**Scientific Research, Technical Service and Geologic Prospecting**	**128 577**
研究与试验发展	Research and Experimental Development	11 455
自然科学研究与试验发展	Natural Science Research and Experimental Development	4 798
工程和技术研究与试验发展	Research and Experimental Development of Engineering and Technology	655
农业科学研究与试验发展	**Research and Experimental Development of Agricultural Science**	**437**
医学研究与试验发展	**Medicinal Research and Experimental Development**	**5 565**
专业技术服务业	Professional Technical Services	34 479
气象服务	Weather Service	1 580
地震服务	Earthquake Service	1 588
技术检测	Technology Checking and Measuring	1 892
环境监测	Environment Monitoring	21 757
工程技术与规划管理	Progiamming and Managemt of Engineering and Technology	1 334
其他专业技术服务	Other Professional Technical Services	6 328
科技交流和推广服务业	Services of Science and Technology Exchanges and Generalizing	15 975
技术推广服务	Services of Science and Technology Generalizing	5 838
科技中介服务	Agency Service of Science and Technology	9 816
其他科技服务	Other Service of Science and Technology	321
地质勘查业	Geologic Prospecting	66 668
矿产地质勘查	Geologic Prospecting of Mineral	64 129
基础地质勘查	Basic Geologic Prospecting	2 539
水利、环境和公共设施管理业	**Management of Water Conservancy, Environment and Public Facilities**	**1 980 648**
水利管理业	Management of Water Conservancy	372 771
防洪管理	Management of Preventing Flood	37 443
水资源管理	Management of Water Resource	259 181
其他水利管理	Management of Other Water Conservancy	76 147
环境管理业	Environmental Management	132 322
自然保护	Natural Protected	19 053
环境治理	Environment Fathered	113 269
公共设施管理业	Management of Public Facilities	1 475 555
市政公共设施管理	Management of Public Facilities of Civicism	1 208 478
城市绿化管理	Management of Virescence	29 093
游览景区管理	Management of Sight-seeing Area	237 984
(十五)居民服务和其他服务业	Services to Households and Other Services	34 833
居民服务业	Services to Households	27 898
理发及美容保健服务	Service to Haircut,Hairdressing and Health Care	150
洗浴服务	Service to Bath	7 801
殡葬服务	Service to Interment	5 547
其他居民服务	Services to Other Households	14 400

continued

(By sector)
(10 000 yuan)

投资额 Investment			按城乡划分 Grouped by Rural and Urban Area		新增固定资产 Newly Increased Fixed Assets
#地 方 Region	#国 有 State-owned Entities	#地方 Region	城镇 Urban Entities	农村 Rural Entities	
58 112	**42 510**	**42 486**	**58 136**		**2 500**
127 392	**101 046**	**99 861**	**76 253**	**52 324**	**98 590**
10 499	4 803	3 847	11 455		13 543
3 978	3 722	2 902	4 798		13 030
655	655	655	655		215
301	**361**	**225**	**437**		**248**
5 565	**65**	**65**	**5 565**		**50**
34 250	34 479	34 250	34 479		27 115
1 451	1 580	1 451	1 580		1 390
1 588	1 588	1 588	1 588		1 588
1 892	1 892	1 892	1 892		1 221
21 757	21 757	21 757	21 757		21 757
1 334	1 334	1 334	1 334		1 159
6 228	6 328	6 228	6 328		
15 975	2 759	2 759	15 680	295	2 140
5 838	2 438	2 438	5 688	150	1 597
9 816			9 816		
321	321	321	176	145	543
66 668	59 005	59 005	14 639	52 029	55 792
64 129	56 466	56 466	12 100	52 029	53 253
2 539	2 539	2 539	2 539		2 539
1 959 027	**1 725 551**	**1 703 930**	**1 849 619**	**131 029**	**947 745**
372 771	339 042	339 042	289 421	83 350	232 204
37 443	37 012	37 012	32 174	5 269	39 026
259 181	234 099	234 099	196 024	63 157	125 630
76 147	67 931	67 931	61 223	14 924	67 548
132 322	112 664	112 664	121 514	10 808	72 264
19 053	13 787	13 787	18 987	66	1 660
113 269	98 877	98 877	102 527	10 742	70 604
1 453 934	1 273 845	1 252 224	1 438 684	36 871	643 277
1 186 857	1 126 106	1 104 485	1 174 147	34 331	551 433
29 093	28 953	28 953	28 953	140	25 514
237 984	118 786	118 786	235 584	2 400	66 330
34 833	8 360	8 360	31 731	3 102	17 836
27 898	4 066	4 066	27 898		13 164
150			150		150
7 801			7 801		7 621
5 547	3 716	3 716	5 547		5 343
14 400	350	350	14 400		50

6-6 续表8

(按行业分)
单位：万元

行业名称	Sector	合计 Total
其他服务业	**Other Services**	**6 935**
修理与维护	**Repairing and Maintenance**	**1 611**
清洁服务	Cleaning Service	609
其他未列明的服务	Others	4 715
教育	**Education**	**592 474**
学前教育	Beforehand Education	9 818
初等教育	Junior Education	109 876
中等教育	Secondary Education	228 027
高等教育	Senior Education	221 426
其他教育	Other Education	23 327
卫生、社会保障和社会福利业	Health, Social Security and Social Welfare	176 452
卫生	Health	165 155
医院	Hospital	112 009
卫生院及社区医疗活动	Clinique and Medical Treatment Activities in Community	20 815
门诊部医疗活动	Outpatient Department Medical Treatment Activities	6 295
计划生育技术服务活动	Technology Service Activities of Family Planning	1 853
妇幼保健活动	Health Care Activities of Women and Children	5 324
专科疾病防治活动	Prevention and Cure Activities of Specialize Disease	11 924
疾病预防控制及防疫活动	Prevention and Contral Activities of Epidemic Disease	4 894
其他卫生活动	Other Health Activities	2 041
社会保障业	**Social Security**	**4 333**
社会福利业	Social Welfare	6 964
提供住宿的社会福利	Social Welfare of Afforded Accommodation	4 588
不提供住宿的社会福利	General Social Welfare	2 376
文化、体育和娱乐业	Culture, Sports and Entertainment	245 416
新闻出版业	Journalism and Publishing Activities	327
新闻业	Journalism	327
广播、电视、电影和音像业	Broadcasting, Movies, Television and Audiovisual Activities	22 659
广播	Broadcasting	989
电视	Television	19 549
电影	Movies	1 552
音像制作	Audiovisual Activities	569
文化艺术业	Cultural and Art Activities	71 290
文艺创作与表演	Literature Produce and Perform	1 137
艺术表演场馆	Artistic Perform Centers	4 946
图书馆与档案馆	Public Libraries and Archive House	8 568
文物及文化保护	Cultural Relic and Culture Protected	10 139
博物馆	Museum	5 392

continued

(By sector)
(10 000 yuan)

投资额 Investment			按城乡划分 Grouped by Rural and Urban Area		新增固定资产
#地 方 Region	#国 有 State-owned Entities	#地方 Region	城镇 Urban Entities	农村 Rural Entities	Newly Increased Fixed Assets
6 935	**4 294**	**4 294**	**3 833**	**3 102**	**4 672**
1 611			**1 611**		**1 492**
609	609	609	609		
4 715	3 685	3 685	1 613	3 102	3 180
592 339	**550 552**	**550 417**	**569 862**	**22 612**	**242 477**
9 818	5 750	5 750	9 045	773	6 509
109 741	100 849	100 714	91 289	18 587	80 767
228 027	219 676	219 676	224 775	3 252	103 233
221 426	214 755	214 755	221 426		31 215
23 327	9 522	9 522	23 327		20 753
169 336	154 384	147 268	160 826	15 626	115 667
158 039	143 928	136 812	150 829	14 326	102 388
104 943	97 685	90 619	108 507	3 502	64 810
20 765	17 651	17 601	16 133	4 682	16 746
6 295	2 872	2 872	3 577	2 718	5 734
1 853	1 853	1 853	1 742	111	1 575
5 324	5 324	5 324	5 324		4 429
11 924	11 924	11 924	11 754	170	959
4 894	4 894	4 894	2 857	2 037	6 294
2 041	1 725	1 725	935	1 106	1 841
4 333	**4 333**	**4 333**	**4 016**	**317**	**3 969**
6 964	6 123	6 123	5 981	983	9 310
4 588	4 510	4 510	4 368	220	4 026
2 376	1 613	1 613	1 613	763	5 284
245 416	164 523	164 523	241 628	3 788	79 652
327	327	327	327		69
327	327	327	327		69
22 659	5 436	5 436	22 659		21 796
989	989	989	989		
19 549	2 626	2 626	19 549		16 645
1 552	1 252	1 252	1 552		5 151
569	569	569	569		
71 290	59 728	59 728	68 928	2 362	27 002
1 137	1 137	1 137	1 137		
4 946	2 699	2 699	4 946		4 662
8 568	8 168	8 168	8 268	300	2 207
10 139	3 552	3 552	10 139		2 531
5 392	4 400	4 400	5 392		4 000

6-6 续表9

(按行业分)
单位：万元

行业名称	Sector	合计 Total
烈士陵园、纪念馆	**Martyr Cemetery and Memorial**	**625**
群众文化活动	**Mass Cultural Activities**	**21 041**
其他文化艺术	Other Cultural Activities	19 442
体育	Sports Activities	93 770
体育组织	Gymnastic Organization	2 135
体育场馆	**Palaestra**	**90 934**
其他体育	**Other Gym**	**701**
娱乐业	Entertainment	57 370
室内娱乐活动	Indoor Spotful Activities	3 165
游乐园	Amusement Park	1 300
休闲健身娱乐活动	Activities of lie fallow, Do Exercises and Amusement	50 968
其他娱乐活动	Other Entertainment	1 937
(十九)公共管理和社会组织	Public Management and Social Organization	1 494 310
中国共产党机关	Organs of Communist Party of China	23 971
国家机构	Government Agencies	1 161 295
国家权力机构	All Level People's Congress Council	12 722
国家行政机构	All Level Administration Agencies of Government	1 117 033
人民法院和人民检察院	All level People's Court and People's Procuratorate	22 127
其他国家机构	Other Government Agencies	9 413
人民政协和民主党派	People's Political Consultative Conference and Democratic Parties	2 965
人民政协	People's Political Consultative Conference	2 965
群众团体、社会团体和宗教组织	**Non-Governmental Organizations, Social Organizations and Religion Organiz**	**5 784**
群众团体	Mass Organization	1 288
社会团体	Social Organization	458
宗教组织	Religion Organizations	4 038
基层群众自治组织	Mass Autonomous Organization in Grass Roots	300 295
社区自治组织	Autonomous Organization Belong to Community	58 075
村民自治组织	Autonomous Organization Belong to Villager	242 220

continued

(By sector)
(10 000 yuan)

投资额 Investment			按城乡划分 Grouped by Rural and Urban Area		新增固定资产
#地 方 Region	#国 有 State-owned Entities	#地方 Region	城镇 Urban Entities	农村 Rural Entities	Newly Increased Fixed Assets
625	**625**	**625**	**625**		**200**
21 041	**19 790**	**19 790**	**19 074**	**1 967**	**12 499**
19 442	19 357	19 357	19 347	95	903
93 770	73 472	73 472	93 480	290	17 031
2 135	1 975	1 975	2 135		1 885
90 934	**70 846**	**70 846**	**90 874**	**60**	**14 884**
701	**651**	**651**	**471**	**230**	**262**
57 370	25 560	25 560	56 234	1 136	13 754
3 165	457	457	2 029	1 136	3 675
1 300			1 300		
50 968	24 639	24 639	50 968		8 680
1 937	464	464	1 937		1 399
1 445 041	1 230 039	1 181 840	1 249 679	244 631	1 067 230
6 604	23 971	6 604	23 491	480	19 266
1 130 247	1 108 621	1 078 643	1 086 442	74 853	857 338
12 066	12 331	11 675	12 632	90	4 926
1 087 137	1 064 750	1 035 924	1 043 431	73 602	818 415
21 631	22 127	21 631	21 963	164	24 469
9 413	9 413	9 413	8 416	997	9 528
2 965	2 965	2 965	2 965		1 032
2 965	2 965	2 965	2 965		1 032
5 784	**3 521**	**3 521**	**4 760**	**1 024**	**3 622**
1 288	1 133	1 133	1 162	126	753
458	458	458	458		91
4 038	1 930	1 930	3 140	898	2 778
299 441	90 961	90 107	132 021	168 274	185 972
58 075	257	257	47 404	10 671	34 880
241 366	90 704	89 850	84 617	157 603	151 092

6-7 全社会地方固定资产投资主要指标(2007年)

Principal Indicators on Total Regional Investment in Fixed Assets (2007)

单位：万元 (10 000 yuan)

指标	Item	合计 Total	城镇投资 Urban Entities	农村投资 Rural Entities	房地产开发 Real Estate Development
项目个数(个)	**Number of Projects**	**14 822**	**11 753**	**3 069**	
本年施工项目	Number of Projects Under Construction in the Current Year	11 212	8 604	2 608	
本年新开工项目	Number of Projects Started in the Current Year	8 311	6 363	1 948	
本年投产项目	Number of Projects Put into Use in the Current Year				
投资额和新增固定资产	**Total Investment and Newly Increased Fixed Assets**				
计划总投资	Total Planned Investment	79 084 613	58 474 280	4 954 664	15 655 669
自开始建设累计完成投资	Investment Accumulated from Starting Construction	49 837 272	36 941 978	3 918 924	8 976 370
本年完成投资	Investment in in the Current Year	24 389 887	16 617 705	3 546 691	4 225 491
按构成分	**Grouped by Use of Funds**				
建筑工程	Construction Engineering	16 350 879	10 656 746	2 831 531	2 862 602
安装工程	Installation Engineering	899 058	725 837	58 725	114 496
设备、工具、器具购置	Purchase of Equipment and Instruments	2 994 389	2 429 392	511 529	53 468
购置旧设备	Purchase of Used Equipment	300	300		
其它费用	Others	4 145 561	2 805 730	144 906	1 194 925
旧建筑物购置	Purchase of Old Buildings	58 213			58 213
本年新增固定资产	Newly Increased Fixed Assets in the Current Year	12 948 659	8 427 580	2 897 253	1 623 826
资金来源(财务拨款)	**Sources of Funds (financial appropriation)**				
本年资金来源合计	**Total Sources of Funds in in the Current Year**	**28 062 624**	**17 316 374**	**3 644 813**	**7 101 437**
上年末结余资金	Surplus Funds in the Preceding year	2 320 825	1 016 504	19 804	1 284 517
本年资金来源	Funds in the Current Year	25 741 799	16 299 870	3 625 009	5 816 920
国家预算内资金	State Budgetary Appropriations	1 807 839	1 477 710	330 129	
国内贷款	Domestic Loans	6 058 658	4 911 787	168 271	978 600
债　券	Bonds	998	738	260	
利用外资	Foreign Investment	142 634	123 462	2 585	16 587
统借统还	Consolidated Borrowings and Repayments				
自筹资金	Self-raised Funds	11 163 455	8 520 813	843 822	1 798 820
中央各部门自筹	Funds Raised by Central Departments				
省自筹	Funds Raised by the Province				
地(市)自筹	Funds Raised by Prefectures and Cities				
县自筹	Funds Raised by Counties				
企事业单位自有资金	Funds Possessed by Enterprises and Institutions	4 618 286	3 449 463	256 956	911 867
发行股票	Issuing Stocks				
其它资金	Other Funds	6 568 215	1 265 360	2 279 942	3 022 913
集资	Raising Funds				
各项应付款合计	**Total Payments**	**2 513 584**	**1 814 522**	**88 613**	**610 449**
工程款	Projects	1 600 314	1 233 421	43 877	323 016
设备、器材款	Equipment and Instruments	843 289			843 289

6-8 全社会固定资产投资项目(2007年)

Number of Total Projects of Investment in Fixed Assets (2007)

单位：个 (unit)

地区	Region	施工项目 Number of Projects Under Construction	#地方 Region	新开工项目 Number of Projects Started	#地方 Region	投产项目 Number of Projects Put into Use	#地方 Region
全省合计	**Total**	**15 108**	**14 822**	**11 375**	**11 212**	**8 462**	**8 311**
昆明	Kunming	2 042	1 990	1 717	1 673	1 305	1 289
曲靖	Qujing	1 003	984	536	529	383	380
玉溪	Yuxi	1 085	980	772	717	726	631
保山	Baoshan	719	713	535	533	434	431
昭通	Zhaotong	1 483	1 473	1 134	1 127	843	839
丽江	Lijiang	722	716	587	582	489	484
普洱	Pu'er	783	773	553	547	441	437
临沧	Lincang	729	724	474	471	321	318
楚雄	Chuxiong	1 280	1 274	1 110	1 106	767	765
红河	Honghe	2 237	2 222	1 764	1 755	1 438	1 435
文山	Wenshan	682	679	422	421	272	271
西双版纳	Xishuangbanna	201	198	141	141	122	120
大理	Dali	949	933	781	769	452	451
德宏	Dehong	703	694	527	523	299	295
怒江	Nujiang	172	172	108	108	71	71
迪庆	Diqing	224	222	154	152	43	42
不分地区	Not Grouped by Region	94	75	60	58	56	52

6-9 国有经济农业、轻工业、重工业固定资产投资及构成

Investment in Fixed Assets of State-owned Entities and Composition by Agriculture,Light and Heavy Industry

行业	Sector	投资额 Investment 2005年	2006年	2007年
农、轻、重合计(万元)	**Total Investment (10 000 yuan)**	**2 532 160**	**3 226 941**	**3526175**
农业	Agriculture	448 895	535 346	593 096
轻工业	Light Industry	323 963	227 108	254 930
以农产品为原料的工业	Using Agricultural Products as Materials	202 354	127 060	160 816
以非农产品为原料的工业	Using Non-agricultural Products as Materials	121 609	100 048	94 114
重工业	Heavy Industry	1 759 302	2 464 487	2 678 149
采掘工业	Mining and Quarrying	138 302	255 275	337 029
原料工业	Raw Material Industry	1 546 492	2 109 013	2 202 089
加工工业	Processing Industry	74 508	100 199	139 031
构成(以农轻重合计为100%)	**Composition (the total investment=100) (%)**			
农业	Agriculture	17.7	16.6	16.8
轻工业	Light Industry	12.8	7.0	7.2
以农产品为原料的工业	Using Agricultural Products as Materials	8.0	3.9	4.6
以非农产品为原料的工业	Using Non-agricultural Products as Materials	4.8	3.1	2.7
重工业	Heavy Industry	69.5	76.4	76
采掘工业	Mining and Quarrying	5.5	7.9	9.6
原料工业	Raw Material Industry	61.1	65.4	62.5
加工工业	Processing Industry	2.9	3.1	3.9

6-10 全社会主要年份竣工房屋面积
Floor Space of Total Completed Buildings in Significant Years

单位：万平方米 (10 000 sq.m)

指标	Item	1978年	1990年	1995年	2000年	2005年	2006年	2007年
全省竣工房屋面积	**Floor Space of All Completed Buildings**	**621.90**	**2 485.45**	**3 442.00**	**3 552.02**	**2 902.22**	**5 181.38**	**5 370.38**
国有经济	State-owned Entities	283.49	564.48	1 047.65	1 157.91	843.84	807.49	906.54
城镇投资	Urban Entities	283.49	505.97	840.09	905.52	801.54	726.35	829.77
房地产开发	Real Estate Development		58.51	207.56	252.39	42.30	81.14	76.77
集体经济	Collective-owned Entities	88.41	222.09	287.23	265.76	259.94	375.21	450.43
城镇投资	Urban Collective-owned Entities	8.39	70.06	52.32	58.14	56.41	83.67	198.69
房地产开发	Real Estate Development			6.16	10.08	13.99	135.67	14.10
农村集体	Rural Collective-owned Entities	80.02	152.03	228.75	197.54	189.54	155.87	237.64
个体私营经济	Individual and Private Economic Entities	250.00	1 698.88	2 015.70	1 942.24	1 117.37	3 095.87	3 386.31
城镇个体私营投资	Urban Individual and Private Economic Entities		49.93	100.92	293.08	1 068.31	701.71	2 629.37
农村居民建房	Building Construction of Farmers	250.00	1 648.95	1 914.78	1 649.16	49.06	2 394.16	756.94
其它经济	Other Entities			91.42	186.11	681.06	902.81	627.09
房地产开发	Real Estate Development			52.13	93.51	411.12	439.60	407.47
全省竣工住宅面积	**Floor Space of Total Completed Residential Buildings**	**376.74**	**1 789.24**	**2 291.19**	**2 464.30**	**1 755.90**	**3 578.54**	**3 698.99**
国有经济	State-owned Entities	103.54	287.48	585.25	731.47	385.56	328.09	451.06
城镇投资	Urban Entities	103.54	235.27	408.22	518.45	348.45	254.85	380.70
房地产开发	Real Estate Development		52.21	177.04	213.03	37.11	73.24	70.36
集体经济	Collective-owned Entities	48.17	94.45	68.01	87.55	121.91	210.32	294.04
城镇投资	Urban Collective-owned Entities	2.07	20.05	19.82	23.89	28.92	32.09	129.51
房地产开发	Real Estate Development			5.87	9.19	12.35	114.09	14.10
农村集体	Rural Collective-owned Entities	46.10	74.40	42.32	54.47	80.64	64.14	150.43
个体私营经济	Individual and Private Economic Entities	225.03	1 407.31	1 587.71	1 555.05	849.19	2 452.41	2 548.11
城镇个体私营投资	Urban Individual and Private Economic Entities		44.32	79.28	234.14	807.36	477.38	2 080.03
农村居民建房	Building Construction by Farmers	225.03	1 362.99	1 508.43	1 320.91	41.83	1 975.04	468.08
其它经济	Other Entities			50.21	90.23	399.25	587.72	405.78
房地产开发	Real Estate Development			41.52	64.94	345.34	345.64	337.55

6-11 全省国有经济固定资产投资主要指标(2007年)

Provincial State-owned Entities (2007)

单位：万元 (10 000 yuan)

指 标	Item	合 计 Total	城镇投资 Urban Entities	房地产开发 Real Estate Development
项目个数	**Number of Projects**			
本年施工项目	Number of Projects Under Construction in the Current Year	6 499	6 499	
新开工项目	Number of Projects Started in the Current Year	4 439	4 439	
本年投产项目	Number of Projects Put into Use in the Current Year	3 137	3 137	
投资额和新增固定资产	**Total Investment and Newly Increased Fixed Assets**			
计划总投资	Total Planned Investment	49 021 909	47 732 576	1 289 333
自开始建设累计完成投资	Investment Accumulated from Starting Construction	28 625 273	28 093 950	531 323
本年完成投资	Investment Made in in the Current Year	12 117 827	11 826 394	291 433
按构成分	**Grouped by Use of Funds**			
建筑工程	Construction Engineering	8 018 884	7 794 391	224 493
安装工程	Installation Engineering	411 103	405 902	5 201
设备、工具、器具购置	Purchase of Equipment, Instruments and Appliances	1 657 286	1 655 452	1 834
购置旧设备	Purchase of Used Equipment			
其它费用	Others	2 030 554	1 970 649	59 905
旧建筑物购置	Purchase of Used Buildings	8 916		8 916
本年新增固定资产	Newly Increased Fixed Assets	5 665 823	5 535 516	130 307
资金来源(财务拨款)	**Source of Funds (financial appropriation)**			
本年资金来源合计	Total Sources of Funds in the Current Year	12 262 881	11 708 142	554 739
上年末结余资金	Surplus Funds in the Preceding Year	674 439	617 360	57 079
本年资金来源小计	Funds in the Current Year	11 588 442	11 090 782	497 660
国家预算内资金	State Budgetary Appropriations	1 656 453	1 656 453	
国内贷款	Domestic Loans	4 282 822	4 118 758	164 064
债券	Bonds	738	738	
利用外资	Foreign Investment	45 882	45 882	
自筹资金	Self-raised Funds	4 617 231	4 474 155	143 076
其它资金	Others	985 316	794 796	190 520
各项应付款合计	Total Payments	1 780 792	1 731 277	49 515
工程款	Projects	1 107 688	1 102 473	5 215
设备、器材款	Equipment, Instruments	71 288		71 288
房屋建筑面积(万平方米)	**Floor Space of Building Construction (10 000 sq.m)**			
施工面积	Floor Space of Buildings under Construction	2621.7	2312.1	309.7
住 宅	Residential Buildings	969.3	690.1	279.2
竣工面积	Floor Space of Buildings Completed	906.5	829.8	76.8
住 宅	Residential Buildings	451.1	380.7	70.4

6-12 地方国有经济固定资产投资主要指标（2007年）
Regional State-owned Entities (2007)

单位：万元 (10 000 yuan)

指 标	Item	合 计 Total	城镇投资 Urban Entities	房地产开发 Real Estate Development
项目个数	**Number of Projects**			
本年施工项目	Number of Projects Under Construction in the Current Year	6 242	6 242	
新开工项目	Number of Projects Started in the Current Year	4 289	4 289	
本年投产项目	Number of Projects Put into Use in the Current Year	2 996	2 996	
投资额和新增固定资产	**Total Investment and Newly Increased Fixed Assets**			
计划总投资	Total Planned Investment	34 609 957	33 388 624	1 221 333
自开始建设累计完成投资	Investment Accumulated from Starting Construction	23 054 767	22 526 546	528 221
本年完成投资	Investment Made in in the Current Year	9 789 597	9 501 266	288 331
按构成分	**Grouped by Use of Funds**			
建筑工程	Construction Engineering	7 096 697	6 872 834	223 863
安装工程	Installation Engineering	229 336	224 135	5 201
设备、工具、器具购置	Purchase of Equipment, Instruments and Appliances	808 550	806 716	1 834
购置旧设备	Purchase of Used Equipment			
其它费用	Others	1 655 014	1 597 581	57 433
旧建筑物购置	Purchase of Used Buildings	8 916		8 916
本年新增固定资产	Newly Increased Fixed Assets	5 323 195	5 192 888	130 307
资金来源(财务拨款)	**Source of Funds (financial appropriation)**			
本年资金来源合计	Total Sources of Funds in the Current Year	10 079 265	9 589 538	489 727
上年末结余资金	Surplus Funds in the Preceding Year	576 280	526 344	49 936
本年资金来源小计	Funds in the Current Year	9 502 985	9 063 194	439 791
国家预算内资金	State Budgetary Appropriations	1 425 819	1 425 819	
国内贷款	Domestic Loans	3 456 405	3 296 141	160 264
债券	Bonds	738	738	
利用外资	Foreign Investment	29 882	29 882	
自筹资金	Self-raised Funds	3 618 563	3 529 531	89 032
其它资金	Others	971 578	781 083	190 495
各项应付款合计	Total Payments	1 501 600	1 452 085	49 515
工程款	Projects	1 060 495	1 055 280	5 215
设备、器材款	Equipment, Instruments	67 488		67 488
房屋建筑面积(万平方米)	**Floor Space of Building Construction (10 000 sq.m)**			
施工面积	Floor Space of Buildings under Construction	2474.3	2164.7	309.7
住 宅	Residential Buildings	949.5	670.3	279.2
竣工面积	Floor Space of Buildings Completed	880.6	803.8	76.8
住 宅	Residential Buildings	438.7	368.4	70.4

6-13 国有经济固定资产投资（2007年）

Investment in Fixed Assets of State-owned Entities (2007)

（按行业分和农轻重分） (By sector, by Agriculture, Light Indutry and Heavy Industry)

单位：万元 (10 000 yuan)

行业	Sector	本年完成投资 Investment Made in the Current Year	#地方 Region	城镇投资 Urban Entities	#地方 Region	房地产开发 Real Estate Development	#地方 Region
合计	**Total**	**12 117 827**	**9 789 597**	**11 826 394**	**9 501 266**	**291 433**	**288 331**
按行业类别分	**Grouped by Sector**						
农、林、牧、渔业	Agriculture, Forestry, Animal Husbandry and Fisher	310 671	286 194	310 671	286 194		
采矿业	Mining	335 619	335 500	335 619	335 500		
制造业	Manufacturing	481 231	361 489	481 231	361 489		
电力、燃气及水的生产和供应业	Production and Supply of Electricity, Gas and Wate	2 141 061	879 209	2 141 061	879 209		
建筑业	Construction	100 220	97 976	100 220	97 976		
交通运输、仓储和邮政业	Transport, Storage and Post	3 779 543	3 489 624	3 779 543	3 489 624		
信息传输、计算机服务和软件业	Information Transmission, Computer Services and Software	533 748	28 511	533 748	28 511		
批发和零售业	Wholesale and Retail Trades	95 468	81 155	95 468	81 155		
住宿和餐饮业	Hotels and Food Services	13 047	13 047	13 047	13 047		
金融业	Financial Intermediation	23 798	4 154	23 798	4 154		
房地产业	Real Estate	554 005	545 192	262 572	256 861	291 433	288 331
租赁和商务服务业	Leasing and Business Services	104 710	100 192	104 710	100 192		
科学研究、技术服务和地质勘查业	Scientific Research, Technical Service and Geologic	48 872	47 687	48 872	47 687		
水利、环境和公共设施管理业	Management of Water Conservancy, Environment and	1 629 694	1 608 073	1 629 694	1 608 073		
居民服务和其他服务业	Services to Households and Other Services	5 816	5 816	5 816	5 816		
教育	Education	534 372	534 237	534 372	534 237		
卫生、社会保障和社会福利业	**Health, Social Security and Social Welfare**	**146 033**	**138 967**	**146 033**	**138 967**		
文化、体育和娱乐业	Culture, Sports and Entertainment	163 226	163 226	163 226	163 226		
公共管理和社会组织	Public Management and Social Organization	1 116 693	1 069 348	1 116 693	1 069 348		
按农轻重分	Grouped by Agriculture, Light Indutry and Heavy Industry						
农业	Agriculture	593 096	568 619	593 096	568 619		
轻工业	Light Indutry	254 930	151 762	254 930	151 762		
以农产品为原料的工业	Industry as Material with Agricultural Products	160 816	57 648	160 816	57 648		
以非农产品为原料的工业	Industry as Material with Non-agricultural Products	94 114	94 114	94 114	94 114		
重工业	Heavy Industry	2 678 149	1 399 604	2 678 149	1 399 604		
采掘工业	Industry of Excavate	337 029	336 910	337 029	336 910		
原材料工业	Industry of Raw and Processed Materials	2 202 089	924 484	2 202 089	924 484		
制造工业	Industry of Manufacture	139 031	138 210	139 031	138 210		

6-14 各地区全社会固定资产投资(2007年)

Total Investment in Fixed Assets by Region (2007)

(按用途分) (By use)

单位：万元 (10 000 yuan)

地　区	Region	本年完成投资 Investment Made in the Current Year	农林牧渔业 Farming, Forestry, Animal Husbandry and Fishery	工业、建筑业 Industry and Construction	商业、运输邮电业 Commerce,Transport, Post and Telecommuni-cation Services	住　宅 Residential Buildings	其　它 Others
全省合计	**Total**	**27 988 908**	**711 298**	**9 863 043**	**4 978 281**	**5 271 164**	**7 165 122**
昆　明	Kunming	7 179 969	81 536	1 351 039	892 405	2 460 524	2 394 465
曲　靖	Qujing	3 402 643	107 988	1 599 736	266 375	656 418	772 126
玉　溪	Yuxi	1 347 282	43 962	555 999	114 792	319 867	312 662
保　山	Baoshan	992 451	41 157	259 521	408 160	107 488	176 125
昭　通	Zhaotong	1 300 419	33 829	593 355	251 602	206 251	215 382
丽　江	Lijiang	839 565	31 035	428 991	60 250	121 878	197 411
普　洱	Pu'er	1 060 870	19 998	610 387	99 811	166 773	163 901
临　沧	Lincang	690 257	101 629	199 216	102 524	96 517	190 371
楚　雄	Chuxiong	1 139 410	66 890	263 546	296 341	174 141	338 492
红　河	Honghe	2 442 174	64 142	912 979	529 050	322 562	613 441
文　山	Wenshan	1 389 955	23 114	287 301	587 159	194 436	297 945
西双版纳	Xishuangbanna	615 860	14 516	204 657	229 020	80 816	86 851
大　理	Dali	1 282 135	44 985	444 664	206 569	217 947	367 970
德　宏	Dehong	538 197	8 609	233 982	31 019	69 547	195 040
怒　江	Nujiang	243 218	4 453	161 872	17 189	20 617	39 087
迪　庆	Diqing	495 950	5 258	230 137	53 994	46 716	159 845
不分地区	Not Grouped by Region	3 028 553	18 197	1 525 661	832 021	8 666	644 008

6-15 各地区国有经济固定资产投资(2007年)

Investment in Fixed Assets of State-owned Entities by Region(2007)

(按用途分) (By use)

单位：万元 (10 000 yuan)

地　区	Region	本年完成投资 Investment Made in the Current Year	农林牧渔业 Farming,Forestry,Animal Husbandry and Fishery	工业、建筑业 Industry and Construction	商业、运输邮电业 Commerce,Transport,Post and Telecommuni-cation Services	住　宅 Residential Buildings	其　它 Others
全省合计	**Total**	**12 117 827**	**307 204**	**3 021 996**	**4 375 222**	**680 693**	**3 732 712**
昆　明	Kunming	2 853 541	30 775	332 916	737 152	289 669	1 463 029
曲　靖	Qujing	1 270 548	22 299	562 467	215 323	65 583	404 876
玉　溪	Yuxi	512 920	9 912	187 452	65 089	51 674	198 793
保　山	Baoshan	583 353	33 616	67 327	363 330	11 343	107 737
昭　通	Zhaotong	677 482	29 896	253 995	233 337	53 584	106 670
丽　江	Lijiang	231 748	15 628	85 736	27 686	14 500	88 198
普　洱	Pu'er	192 230	4 129	24 690	67 178	14 561	81 672
临　沧	Lincang	267 827	42 216	16 463	83 556	20 511	105 081
楚　雄	Chuxiong	590 817	35 029	74 743	268 839	8 411	203 795
红　河	Honghe	1 345 028	26 519	398 799	449 772	86 466	383 472
文　山	Wenshan	762 582	5 954	43 810	554 259	18 173	140 386
西双版纳	Xishuangbanna	247 927	5 225	655	221 508	1 570	18 969
大　理	Dali	449 052	18 360	63 147	179 925	29 764	157 856
德　宏	Dehong	108 426	4 915	6 247	21 765	2 184	73 315
怒　江	Nujiang	62 370	1 416	10 009	12 704	5 195	33 046
迪　庆	Diqing	210 271	3 118	54 540	41 778	2 876	107 959
不分地区	Not Grouped by Region	1 751 705	18 197	839 000	832 021	4 629	57 858

6-16 历年国有经济固定资产投资

Historic Investment in Fixed Assets of State-owned Entities

单位：万元 (10 000 yuan)

年 份 Year	投资总额 Total Investment	基本建设投资 Investment in Capital Construction	# 国家预算内投资 State Budgetary Appropriations	更新改造投资 Innovation	其它单位投资 Others	房地产开发投资 Real Estate Development
1952	5 910	5 823	5 262	87		
1965	87 957	82 282	77 216	5 675		
1966	114 216	108 770	105 798	5 446		
1967	86 281	79 624	79 624	6 657		
1968	42 489	37 098	37 098	5 391		
1969	76 813	70 360	67 484	6 453		
1970	103 112	95 338	80 551	7 774		
1971	103 076	92 371	75 964	10 705		
1972	102 871	90 996	71 629	11 875		
1973	106 863	92 861	72 142	14 002		
1974	107 554	91 387	69 729	16 167		
1975	110 861	94 197	70 515	16 664		
1976	100 185	85 126	67 313	15 059		
1977	97 204	82 599	56 898	14 605		
1978	134 351	117 738	82 190	16 613		
1979	144 513	127 081	82 872	17 432		
1980	159 530	140 120	55 355	19 410		
1981	137 433	90 548	32 745	46 885		
1982	198 120	129 732	34 490	49 613		
1983	185 436	120 109	45 878	57 995	7 332	
1984	221 059	137 255	57 041	77 424	6 380	
1985	319 945	214 707	63 383	97 786	7 452	
1986	339 113	199 004	64 212	128 970	11 139	
1987	360 852	200 059	65 315	151 218	9 575	
1988	456 149	212 967	63 302	230 737	12 445	
1989	417 209	231 674	60 282	156 466	29 069	
1990	512 178	280 045	70 208	175 721	35 775	20 637
1991	711 943	384 655	62 699	258 330	35 415	33 543
1992	1 039 297	638 355	53 031	322 149	33 701	45 092
1993	1 813 763	1 079 029	103 988	542 075	45 731	146 928
1994	2 211 139	1 199 059	115 110	740 801	44 071	227 208
1995	2 628 381	1 333 185	133 171	964 528	49 920	280 748
1996	2 986 736	1 641 163	163 078	1 043 131	52 871	249 571
1997	3 670 414	2 118 608	329 895	1 158 096	116 318	277 392
1998	4 838 979	3 153 524	329 242	1 180 468	117 619	335 588
1999	4 983 534	3 550 222	455 369	826 547	110 413	434 754
2000	4 661 973	3 421 166	448 885	719 188	96 501	335 118
2001	4 904 053	3 488 040	546 728	881 879	84 965	339 169
2002	5 223 422	3 906 632	901 308	889 916	107 360	229 514
2003	5 444 794	4 136 894	592 349	962 404	91 924	153 572
2004	6 273 098	4 839 926	802 131	1 037 043	114 277	61 485
2005	8 288 489	6 693 981	1 052 581	1 231 879	115 341	111 497
2006	10 674 963					277 767
2007	12 776 743					291 433

6-17 全省房地产业生产经营情况
Production and Operation of Real Estate

指　　标	Item	2004年	2005年	2006年	2007年	2007年比2006年增长(±%) Increase Rate in 2007 over 2006 (±%)
本年完成投资(万元)	**Investment Made in the Current Year (10 000 yuan)**	**1 694 675**	**2 469 114**	**3 321 513**	**4 228 593**	**27.3**
# 住 宅	Residential Buildings	1 219 722	1 733 652	2 387 174	3 204 592	34.2
# 经济适用房屋	Affordable Housing	173 173	117 999	118 994	131 287	10.3
# 土地开发投资	Land Development	156 846	219 277	379 379	410 661	8.2
施工面积(万平方米)	Floor Space of Buildings under Construction(10 000 sq.m)	1 830	2 807	3 322	4 302	29.5
本年新开工	Floor Space of Buildings Started in the Current Year	922	1 294	1 255	2 019	60.8
商品房竣工价值(万元)	Value of Commercial Housing Completed(10 000 yuan)	841 552	1 090 677	1 660 914	1 457 067	-12.3
商品房竣工面积(万平方米)	Floor Space of Commercial HousingCompleted (10 000 sq.m)	705	858	1 160	1 017	-12.3
土地开发面积(万平方米)	Area of Land Development (10 000 sq.m)	402	478	649	750	15.4
商品房销售额(万元)	Sales of Commercial Housing (10 000 yuan)	233 728	3 100 083	4 029 805	4 839 256	20.1
住宅	Residential Buildings	51 605	2 590 989	3 286 386	4 100 775	24.8
商品房销售面积(万平方米)	Floor Space of Commercial Housing Sold (10 000 sq.m)	727	1 432	1 693	1 974	16.6
住宅	Residential Buildings	651	1 295	1 500	1 788	19.2
房地产业主营业务收入(万元)	Total Operating Revenue of Major Business Estate Operation (10 000 yuan)	1 645 724	2 147 686	3 168 906	3 088 892	-2.5
利润总额(万元)	Tatal Profits (10 000 yuan)	42 861	129 414	207 480	136 293	-34.3

6-18 各地区房地产开发投资和新增固定资产(2007年)

Investment in Real Estate Development and Newly Increased Fixed Assets by Region (2007)

单位：万元 (10 000 yuan)

地　区	Region	投资额 Investment	# 住宅 Residential Buildings	本年土地购置面积 Land Space Purchased This Year(sq.m)	本年土地成交价款 # 国有经济 Total Sale of Land bargaining
全省合计	**Total**	**4 228 593**	**3 204 592**	**12 790 235**	**811 893**
昆　明	Kunming	2 219 936	1 824 555	4 192 274	332 189
曲　靖	Qujing	359 883	323 997	1 511 892	82 368
玉　溪	Yuxi	212 932	184 771	794 332	60 800
保　山	Baoshan	72 520	56 791	224 739	6 847
昭　通	Zhaotong	87 255	57 168	445 236	18 890
丽　江	Lijiang	122 003	85 837	424 773	4 677
普　洱	Pu'er	106 598	48 247	844 606	28 424
临　沧	Lincang	66 445	42 456	117 976	5 475
楚　雄	Chuxiong	149 545	117 600	181 261	9 026
红　河	Honghe	192 570	114 931	409 763	45 477
文　山	Wenshan	217 501	120 156	917 316	75 772
西双版纳	Xishuangbanna	71 769	50 952	162 744	9 128
大　理	Dali	221 409	111 575	1 342 755	109 089
德　宏	Dehong	76 648	38 791	1 065 906	21 076
怒　江	Nujiang	7 429	5 295	2 067	212
迪　庆	Diqing	44 150	21 470	152 595	2 443

6-18 续表 contined

单位：万元 (10 000 yuan)

地　区	Region	经济适用房建设投资额 Economically Affordable Housing Investment Completed	别墅高档公寓投资 Apartments Investment Villas, Hihg-grade Affordable Completed	土地开发投资额 Land Investment Completed	本年完成土地开发面积 Land Space Developed This Year (sq.m)
全省合计	**Total**	**131 287**	**603 047**	**410 661**	**7 496 120**
昆　明	Kunming	15 018	295 856	243 557	2 238 704
曲　靖	Qujing	36 787	85 638	31 774	941 501
玉　溪	Yuxi	17 987	36 849	12 893	430 771
保　山	Baoshan	1 384	25 765	8 540	53 753
昭　通	Zhaotong	2 740	2 014	5 166	267 531
丽　江	Lijiang	2 608	15 128	5 849	548 386
普　洱	Pu'er	4 908	1 500	16 738	267 817
临　沧	Lincang	9 783	17 396	4 360	90 544
楚　雄	Chuxiong	5 259	11 488	5 100	216 208
红　河	Honghe	8 354	13 092	20 085	324 972
文　山	Wenshan		16 484	32 283	799 095
西双版纳	Xishuangbanna	5 976	5 916	9 809	166 844
大　理	Dali	7 168	53 942	6 979	319 510
德　宏	Dehong	6 536	17 871	4 086	576 480
怒　江	Nujiang		896	42	2 067
迪　庆	Diqing	6 779	3 212	3 400	251 937

6-19 各地区房地产开发投资(2007年)

Investment in Real Estate Development by Region (2007)

(按用途分) (By use)

单位：万元 (10 000 yuan)

地区	Region	本年完成投资 Investment Made in the Current Year	住宅 Residential Buildings	办公楼 Office Buildings	商业营业用房 Houses for Business Use	其它 Others
全省合计	**Total**	**4 228 593**	**3 204 592**	**64 576**	**446 199**	**513 226**
昆明	Kunming	2 280 217	1 876 183	51 919	173 012	179 103
曲靖	Qujing	345 933	310 247	1 781	22 356	11 549
玉溪	Yuxi	175 958	151 643	1 167	15 494	7 654
保山	Baoshan	72 520	56 791	22	13 532	2 175
昭通	Zhaotong	87 255	57 168	1 860	17 348	10 879
丽江	Lijiang	122 003	85 837		17 092	19 074
普洱	Pu'er	106 908	48 497	264	9 710	48 437
临沧	Lincang	66 445	42 456	183	19 706	4 100
楚雄	Chuxiong	144 752	115 362	120	19 915	9 355
红河	Honghe	189 496	113 619	1 123	37 492	37 262
文山	Wenshan	217 501	120 156	4 567	21 383	71 395
西双版纳	Xishuangbanna	69 969	49 502	330	8 075	12 062
大理	Dali	221 409	111 575	611	41 101	68 122
德宏	Dehong	76 648	38 791	329	15 213	22 315
怒江	Nujiang	7 429	5 295	300	70	1 764
迪庆	Diqing	44 150	21 470		14 700	7 980

6-20 各地区房地产开发施工房屋面积(2007年)

Floor Space of Buildings Under Construction Through Real Estate Development by Region (2007)

单位：平方米 (sq.m)

地区	Region	施工房屋面积 Floor Space of Buildings under Construction	#新开工面积 Floor Space Started This Year	施工住宅面积 Floor Space of Residential Buildings under Construction	#新开工面积 Residential Buildings
全省合计	**Total**	**43 018 774**	**20 185 255**	**35 979 203**	**17 043 425**
昆明	Kunming	18 841 042	8 077 967	15 845 127	7 081 411
曲靖	Qujing	4 696 444	1 735 462	4 331 489	1 544 515
玉溪	Yuxi	2 338 141	1 413 049	2 059 046	1 247 365
保山	Baoshan	864 023	603 536	737 662	559 573
昭通	Zhaotong	1 353 561	743 091	992 835	595 416
丽江	Lijiang	850 263	343 786	749 107	310 706
普洱	Pu'er	1 365 872	909 153	1 100 903	790 334
临沧	Lincang	1 165 518	198 308	859 818	127 860
楚雄	Chuxiong	2 076 903	1 186 802	1 668 380	951 801
红河	Honghe	2 416 855	1 588 640	1 891 856	1 231 552
文山	Wenshan	2 354 423	1 339 327	2 054 145	1 108 222
西双版纳	Xishuangbanna	1 088 268	292 215	974 003	246 191
大理	Dali	2 368 298	1 183 675	1 860 239	963 338
德宏	Dehong	874 475	449 850	582 920	239 189
怒江	Nujiang	150 442	18 124	122 427	8 682
迪庆	Diqing	214 246	102 270	149 246	37 270

6-20 续表 Continued

单位：平方米 (sq.m)

地 区 Region		竣工房屋面积 Floor Space of Buildings Completed	竣工房屋价值 Value of Buildings Completed	竣工住宅面积 Floor Space of Residential Buildings Completed	竣工住宅价值 Value of Residential Buildings Completed
全省合计	**Total**	**10 173 917**	**1 457 067**	**8 365 694**	**1 147 028**
昆 明	Kunming	3 475 131	662 565	2 694 390	509 302
曲 靖	Qujing	1 472 832	206 451	1 361 785	185 678
玉 溪	Yuxi	951 768	98 287	825 318	83 344
保 山	Baoshan	94 250	13 986	81 812	11 528
昭 通	Zhaotong	354 551	31 535	244 642	19 021
丽 江	Lijiang	491 332	57 005	437 937	51 608
普 洱	Pu'er	308 627	30 919	227 180	20 777
临 沧	Lincang	579 270	69 132	438 368	45 547
楚 雄	Chuxiong	130 619	14 515	97 825	9 970
红 河	Honghe	612 686	72 071	535 238	59 883
文 山	Wenshan	356 533	30 029	323 357	26 542
西双版纳	Xishuangbann	249 382	31 482	227 802	27 810
大 理	Dali	664 565	62 013	607 837	56 321
德 宏	Dehong	127 379	17 137	50 226	6 704
怒 江	Nujiang	133 325	26 640	105 310	18 993
迪 庆	Diqing	171 667	33 300	106 667	14 000

6-21 各地区房地产开发企业情况(2007年)
Enterprises of Real Estate Development by Region (2007)

地 区 Region		开发公司个数(个) Number of Enterprises	年平均职工人数 (人) Annual Average Number of Employed Persons (person)	资产总计(万元) Total Assets (10000 yuan)
全省合计	**Total**	**1 228**	**40 592**	**12 084 596**
昆 明	Kunming	429	11 458	7 893 418
曲 靖	Qujing	80	3 962	771 742
玉 溪	Yuxi	80	1 674	304 382
保 山	Baoshan	29	2 030	181 640
昭 通	Zhaotong	25	639	100 937
丽 江	Lijiang	44	962	342 285
普 洱	Pu'er	48	1 047	177 440
临 沧	Lincang	67	1 155	168 810
楚 雄	Chuxiong	51	1 216	337 163
红 河	Honghe	139	2 790	461 041
文 山	Wenshan	53	9 200	63 706
西双版纳	Xishuangbanna	34	790	391 447
大 理	Dali	99	2 872	684 369
德 宏	Dehong	41	725	196 415
怒 江	Nujiang	5	72	9 801
迪 庆	Diqing	4		

6-21 续表 Continued

地 区	Region	负债合计（万元） Total Liabilities (10000 yuan)	所有者权益 （万元） Creditors' Equity (10000 yuan)	利润总额（万元） Total Profits (10000 yuan)
全省合计	**Total**	**9 762 112**	**2 322 484**	**136 293**
昆 明	Kunming	6 518 101	1 375 317	121 580
曲 靖	Qujing	663 243	108 499	12 953
玉 溪	Yuxi	231 927	72 455	- 1 080
保 山	Baoshan	153 450	28 190	- 2 928
昭 通	Zhaotong	71 304	29 633	2 580
丽 江	Lijiang	280 501	61 784	1 219
普 洱	Pu'er	136 848	40 592	5 223
临 沧	Lincang	119 618	49 192	2 753
楚 雄	Chuxiong	245 389	91 774	7 912
红 河	Honghe	362 674	98 367	3 127
文 山	Wenshan	43 741	19 965	431
西双版纳	Xishuangbanna	228 916	162 531	5 657
大 理	Dali	549 991	134 378	- 13 188
德 宏	Dehong	155 924	40 491	- 10 113
怒 江	Nujiang	485	9 316	167
迪 庆	Diqing			

6-22 各地区房地产开发资金来源情况(2007年)

Source of Funds of Real Estate Development by Region (2007)

单位：万元 (10 000 yuan)

地 区	Region	本年资金来源合计 Source of Total Funds in the Current Year	上年末结余资金 The Balance of Funds in Preceding Year-end	本年资金来源 Source of Funds in the Current Year	国内贷款 Domestic Loans	利用外资 Foreign Investment	自筹资金 Self-raised Funds	其它资金 Others
全省合计	**Total**	**7 166 449**	**1 291 660**	**5 874 789**	**982 400**	**16 587**	**1 852 864**	**3 022 938**
昆 明	Kunming	4 501 515	1 025 347	3 476 168	645 470	9 562	938 664	1 882 472
曲 靖	Qujing	557 766	65 864	491 902	48 045		115 822	328 035
玉 溪	Yuxi	247 085	7 011	240 074	51 504		89 508	99 062
保 山	Baoshan	84 119	4 318	79 801	13 027		36 338	30 436
昭 通	Zhaotong	92 935	5 686	87 249	14 500		20 246	52 503
丽 江	Lijiang	131 713	40 270	91 443	3 935	7 000	36 314	44 194
普 洱	Pu'er	124 267	14 884	109 383	24 648		31 966	52 769
临 沧	Lincang	72 667	4 398	68 269	6 460		36 723	25 086
楚 雄	Chuxiong	219 070	31 381	187 689	24 411		81 018	82 260
红 河	Honghe	242 660	16 399	226 261	19 257		87 981	119 023
文 山	Wenshan	307 762	14 141	293 621	63 411		107 092	123 118
西双版纳	Xishuangbann	115 795	6 337	109 458	12 228	25	15 685	81 520
大 理	Dali	316 419	47 315	269 104	44 862		152 935	71 307
德 宏	Dehong	100 933	8 309	92 624	10 642		53 528	28 454
怒 江	Nujiang	7 593		7 593			4 894	2 699
迪 庆	Diqing	44 150		44 150			44 150	

6-23 各地区商品房屋现房平均销售价格(2007年)

Average Price of Commercial Housing by Region(2007)

(按用途分) (By use)

单位：元/平方米 (yuan/sq.m)

地区 Region	房屋现房销售价格 Average Selling Price of Housing	住宅 Residential Buildings	别墅、高档公寓 Villas and Apartments High-grade	经济适用房屋 Affordable Housing	办公楼 Office Buildings	商业营业用房 Houses for Business Use	其他 Others
全省合计 Total	**2 104**	**1 916**	**2 673**	**1 074**	**3 246**	**3 077**	**2 874**
昆明 Kunming	3 135	2 895	4 609	1 481	3 939	4 860	2 882
曲靖 Qujing	1 954	1 862	1 491	1 156		2 592	2 397
玉溪 Yuxi	1 440	1 347	1 871	1 073		2 452	4 496
保山 Baoshan	6 046	6 781	2 394	1 259		3 058	
昭通 Zhaotong	1 622	1 390	2 058	1 276		2 374	1 488
丽江 Lijiang	2 282	2 086	8 620	1 202	2 067	3 607	
普洱 Pu'er	1 267	1 073		1 184	1 032	3 406	2 434
临沧 Lincang	1 209	1 092	1 622	705		1 496	5 076
楚雄 Chuxiong	1 778	1 569		1 344		2 711	1 713
红河 Honghe	1 488	1 311	2 172	1 208	7 318	2 832	1 415
文山 Wenshan	1 453	1 364	1 600			5 002	
西双版纳 Xishuangbanna	1 824	1 721	2 442	1 310		4 547	
大理 Dali	1 339	1 198	986	1 066	1 676	3 949	
德宏 Dehong	1 705	1 653	1 501			1 740	3 077
怒江 Nujiang	1 421	1 267	894			2 927	2 829
迪庆 Diqing	2 800					2 800	

6-24 各地区商品房屋销售情况(2007年)

Sales of Commercial Housing by Region (2007)

(按用途分) (By use)

地区 Region	现房销售面积(平方米) Floor space of completed apartments sold(10 000sq.m)	#住宅 Residential Buildings	期房销售面积(平方米) Floor space of forward delivery housing sold(10 000sq.m)	#住宅 Residential Buildings	现房销售额(万元) Total Sales of Commercial Houses(10 000yuan)	#住宅 Residential Buildings
全省合计 Total	**4 503 882**	**3 762 404**	**15 234 913**	**14 115 256**	**947 702**	**721 061**
昆明 Kunming	1 395 540	1 123 218	7 753 253	7 379 840	437 528	325 169
曲靖 Qujing	255 239	222 332	1 997 428	1 906 470	49 861	41 395
玉溪 Yuxi	627 891	591 165	415 773	386 473	90 441	79 605
保山 Baoshan	59 541	47 784	296 692	286 193	35 996	32 401
昭通 Zhaotong	178 204	134 016	246 902	198 077	28 903	18 631
丽江 Lijiang	194 686	168 850	290 892	288 518	44 427	35 223
普洱 Pu'er	103 473	89 222	524 797	433 954	13 106	9 572
临沧 Lincang	339 755	245 009	102 778	84 956	41 075	26 761
楚雄 Chuxiong	80 667	65 601	564 816	474 067	14 342	10 290
红河 Honghe	529 928	465 500	919 868	820 918	78 830	61 013
文山 Wenshan	113 822	111 017	754 962	694 498	16 542	15 139
西双版纳 Xishuangbanna	75 185	72 467	398 204	364 863	13 711	12 475
大理 Dali	340 019	315 110	534 554	464 260	45 532	37 746
德宏 Dehong	96 994	40 458	433 994	332 169	16 534	6 687
怒江 Nujiang	77 938	70 655			11 074	8 954
迪庆 Diqing	35 000				9 800	

6-24 续表 continued

地 区	Region	期房销售额（万元）Total Sales of forward delivery housing(10 000yuan)	# 住宅 Residential Buildings	现房销售套数（套）Number of completed apartments sold	期房销售套数（套）Number of forward delivery housing sold	现房平均销售价格(元) Average selling price of completed apartments	期房平均销售价格(元) Average Selling Price of forward delivery Housing
全省合计	**Total**	**3 891 554**	**3 379 714**	**26 894**	**111 668**	**2 104**	**2 554**
昆 明	Kunming	2 428 835	2 238 160	9 826	60 081	3 135	3 133
曲 靖	Qujing	363 996	335 464	1 099	14 576	1 954	1 822
玉 溪	Yuxi	75 968	68 272	3 114	2 966	1 440	1 827
保 山	Baoshan	64 919	52 320	446	1 763	6 046	2 188
昭 通	Zhaotong	39 532	25 754	916	1 533	1 622	1 601
丽 江	Lijiang	59 982	58 881	1 002	1 979	2 282	2 062
普 洱	Pu'er	123 868	67 188	789	4 081	1 267	2 360
临 沧	Lincang	17 330	11 695	1 660	593	1 209	1 686
楚 雄	Chuxiong	109 433	82 436	409	3 658	1 778	1 937
红 河	Honghe	165 671	128 234	4 046	6 826	1 488	1 801
文 山	Wenshan	157 547	93 506	915	5 193	1 453	2 087
西双版纳	Xishuangbanna	80 758	66 043	535	3 661	1 824	2 028
大 理	Dali	145 144	109 770	1 409	2 905	1 339	2 715
德 宏	Dehong	58 571	41 991	260	1 853	1 705	1 350
怒 江	Nujiang			468		1 421	
迪 庆	Diqing					2 800	

6-25 各地区按国民经济行业分的城镇集体投资（2007年）

Investment of Urban Collective-owned Entities by Region and Sector (2007)

单位：万元 (10 000 yuan)

地 区	Region	投资额 Investment	农、林、牧、渔业 Agriculture, Forestry, Animal Husbandry and Fisher	采矿业 Mining	制造业 Manufacturing	电力、燃气及水的生产和供应业 Production and Supply of Electricity, Gas and Wate
全省合计	**Total**	**703 211**	**19 135**	**74 028**	**116 074**	**37 253**
昆 明	Kunming	163 957	552	4 181	8 916	676
曲 靖	Qujing	125 102		32 650	29 157	4 884
玉 溪	Yuxi	79 406		4 202	56 511	3 900
保 山	Baoshan	7 058		153	43	
昭 通	Zhaotong	52 345	300		1 994	77
丽 江	Lijiang	41 993	70	230		1 730
普 洱	Pu'er	5 258	190	350	101	
临 沧	Lincang	28 841	11 309		360	20
楚 雄	Chuxiong	20 450	2 915	3 973	4 421	415
红 河	Honghe	52 907	3 731	21 429	4 850	
文 山	Wenshan	30 696	5		4 060	
西双版纳	Xishuangbanna	740			740	
大 理	Dali	38 767	63		4 833	
德 宏	Dehong	9 612			88	
怒 江	Nujiang	21 541				21 111
迪 庆	Diqing	12 151		6 860		4 440

6-25 续表1 continued

单位：万元 (10 000 yuan)

地 区	Region	建筑业 Construction	交通运输、仓储和邮政业 Transport, Storage and Post	信息传输、计算机服务和软件业 Information Transmission, Computer Services and Software	批发和零售业 Wholesale and Retail Trades	住宿和餐饮业 Hotel and Food Service
全省合计	**Total**	**12 208**	**11 471**		**47 364**	**14 523**
昆 明	Kunming	6 260	3 132		20 021	
曲 靖	Qujing	610	1 828		7 740	1 200
玉 溪	Yuxi		1 200		4 692	4 570
保 山	Baoshan	4 293	577		215	
昭 通	Zhaotong	170	278			
丽 江	Lijiang				8 121	
普 洱	Pu'er	164	185		1 172	385
临 沧	Lincang		890		162	
楚 雄	Chuxiong		1 691		956	1 107
红 河	Honghe	619	1 490		3 737	279
文 山	Wenshan				98	
西双版纳	Xishuangbanna					
大 理	Dali		200		100	450
德 宏	Dehong					
怒 江	Nujiang				350	
迪 庆	Diqing	92				

6-25 续表2 continued

单位：万元 (10 000 yuan)

地 区	Region	金融业 Financial Intermediation	房地产业 Real Estate	租赁和商务服务业 Leasing and Business Services	科学研究、技术服务和地质勘察业 Scientific Research, Technical Service and Geologic	水利、环境和公共设施管理业 Management of Water Conservancy, Environment and Public Facilities
全省合计	**Total**	**7 327**	**118 225**	**3 195**	**9 979**	**96 978**
昆 明	Kunming	776	2 607	2 300	9 115	19 251
曲 靖	Qujing	1 198	31 410	500		6 200
玉 溪	Yuxi	566	489			694
保 山	Baoshan	1 606				171
昭 通	Zhaotong		131			47 680
丽 江	Lijiang		23 231			1 000
普 洱	Pu'er		2 405			
临 沧	Lincang	180	8 236			
楚 雄	Chuxiong		3 169	85		468
红 河	Honghe	165	11 939			633
文 山	Wenshan		8 283			16 597
西双版纳	Xishuangbanna					
大 理	Dali	2 273	19 600		105	3 484
德 宏	Dehong	483	6 725	310		800
怒 江	Nujiang	80				
迪 庆	Diqing				759	

6-25 续表3 continued

单位：万元 (10 000 yuan)

地　区	Region	居民服务和其他服务业 Services to Households and Other Services	教育 Education	卫生、社会保障和社会福利业 Health, Social Security and Social Welfare	文化、体育和娱乐业 Culture, Sports and Entertainment	公共管理和社会组织 Public Management and Social Organization
全省合计	**Total**	**14 921**	**9 567**	**2 296**	**16 383**	**92 284**
昆　明	Kunming	14 000	3 175	78	7 580	61 337
曲　靖	Qujing			370		7 355
玉　溪	Yuxi		83		150	2 349
保　山	Baoshan					
昭　通	Zhaotong					1 715
丽　江	Lijiang	50	4 500			3 061
普　洱	Pu'er					306
临　沧	Lincang					7 684
楚　雄	Chuxiong			453	153	644
红　河	Honghe	150	1 809	580		1 496
文　山	Wenshan	721				932
西双版纳	Xishuangbanna					
大　理	Dali				7 500	159
德　宏	Dehong			815		391
怒　江	Nujiang					
迪　庆	Diqing					

6-26 各地区按国民经济行业分的农村集体投资(2007年)

Investment of Rural Collective-owned Entities by Region and Sector (2007)

单位：万元 (10 000 yuan)

地　区	Region	投资额 Investment	农、林、牧、渔业 Agriculture, Forestry, Animal Husbandry and Fisher	采矿业 Mining	制造业 Manufacturing	电力、燃气及水的生产和供应业 Production and Supply of Electricity, Gas and Wate
全省合计	**Total**	**1 209 806**	**245 702**	**71 888**	**98 486**	**62 032**
昆　明	Kunming	69 866	16 194		1 233	5 777
曲　靖	Qujing	427 521	81 400	27 704	44 239	2 250
玉　溪	Yuxi	76 442	30 199	392	8 558	2 528
保　山	Baoshan	50 043	2 843	1 420	14 300	
昭　通	Zhaotong	28 095	2 948	6 894		10 236
丽　江	Lijiang	20 092	4 587	778		436
普　洱	Pu'er	82 762	6 615	9 974	6 468	1 653
临　沧	Lincang	51 200	23 886	3 513	4 192	7 126
楚　雄	Chuxiong	60 560	16 644	4 887	6 851	1 996
红　河	Honghe	114 390	23 511	4 390	1 750	360
文　山	Wenshan	90 908	9 075	6 575	6 476	8 890
西双版纳	Xishuangbanna	14 231	724		2 500	320
大　理	Dali	70 590	20 076	500	1 867	896
德　宏	Dehong	5 990	1 977	136		
怒　江	Nujiang	3 856	2 883		52	
迪　庆	Diqing	43 260	2 140	4 725		19 564

6-26 续表1 continued

单位：万元 (10 000 yuan)

地区	Region	建筑业 Construction	交通运输、仓储和邮政业 Transport, Storage and Post	信息传输、计算机服务和软件业 Information Transmission, Computer Services and Software	批发和零售业 Wholesale and Retail Trades	住宿和餐饮业 Hotel and Food Service
全省合计	**Total**	**21 318**	**165 994**	**11 370**	**18 445**	**742**
昆明	Kunming	450	7 708	679	738	
曲靖	Qujing	8 886	15 591			170
玉溪	Yuxi	1 261	14 657	250	1 155	36
保山	Baoshan	2 118	9 939			
昭通	Zhaotong	1 646	3 538			
丽江	Lijiang		3 961		5 651	
普洱	Pu'er	60	24 489		676	
临沧	Lincang		3 691	35		
楚雄	Chuxiong		9 155	120	2 170	150
红河	Honghe	250	26 889		3 997	251
文山	Wenshan	4 489	15 207	10 235	2 970	
西双版纳	Xishuangbanna		6 723		122	
大理	Dali	143	13 485	51	966	
德宏	Dehong		80			135
怒江	Nujiang					
迪庆	Diqing	2 015	10 881			

6-26 续表2 continued

单位：万元 (10 000 yuan)

地区	Region	金融业 Financial Intermediation	房地产业 Real Estate	租赁和商务服务业 Leasing and Business Services	科学研究、技术服务和地质勘察业 Scientific Research, Technical Service and Geologic	水利、环境和公共设施管理业 Management of Water Conservancy, Environment and Public Facilities
全省合计	**Total**	**570**	**45 856**	**110**	**52 324**	**128 873**
昆明	Kunming					11 836
曲靖	Qujing		17 027		52 029	44 879
玉溪	Yuxi		632			8 647
保山	Baoshan		4 090			11 055
昭通	Zhaotong	60	565		150	205
丽江	Lijiang		150			810
普洱	Pu'er	60	11 267			10 666
临沧	Lincang	116	800			2 254
楚雄	Chuxiong	89	277			11 508
红河	Honghe	185	4 393		145	12 439
文山	Wenshan		2 689			3 313
西双版纳	Xishuangbanna					701
大理	Dali		3 712	110		8 531
德宏	Dehong		254			526
怒江	Nujiang					80
迪庆	Diqing	60				1 423

6-26 续表3 continued

单位：万元 (10 000 yuan)

地 区	Region	居民服务和其他服务业 Services to Households and Other Services	教育 Education	卫生、社会保障和社会福利业 Health, Social Security and Social Welfare	文化、体育和娱乐业 Culture, Sports and Entertainment	公共管理和社会组织 Public Management and Social Organization
全省合计	**Total**	**3 102**	**22 449**	**15 626**	**3 788**	**241 131**
昆 明	Kunming		221	600		24 430
曲 靖	Qujing		7 314	3 719	110	122 203
玉 溪	Yuxi		819	1 028	1 126	5 154
保 山	Baoshan	558	1 172		96	2 452
昭 通	Zhaotong					1 853
丽 江	Lijiang			97		3 622
普 洱	Pu'er		80	1 387	335	9 032
临 沧	Lincang		960			4 627
楚 雄	Chuxiong		1 221	806	268	4 418
红 河	Honghe		4 028	1 711	1 585	28 506
文 山	Wenshan		2 854	1 166		16 969
西双版纳	Xishuangbanna		675	789		1 677
大 理	Dali	2 544	2 672	4 323	268	10 446
德 宏	Dehong					2 882
怒 江	Nujiang					841
迪 庆	Diqing		433			2 019

6-27 全省商品房屋销售出租情况 (2007年)
Sales and Lease of Commercial Housing (2007)

指 标	Item	商品房销售面积(平方米) Floor Space of Commercialized Buildings Sold (sq.m)	不可销售面积(平方米) Floor Space of Commercialized Buildings cannot besold (sq.m)	出租面积(平方米) Floor Space of Houses Leased (sq.m)
全省合计	**Total**	**19 738 795**	**337 717**	**385 006**
住宅	Residential Buildings	17 877 660	144 594	26 086
# 别墅、高档公寓	Villas and Apartments High-grade	2 151 218		
经济适用房屋	Affordable Housing	1 241 509	39 436	2 369
办公楼	Office Buildings	129 800	14 166	63 242
商业营业用房	Houses for Business Use	1 412 193	39 484	278 394
其它	Others	319 142	139 473	17 284

6-28 城镇集体单位固定资产投资主要指标

Principal Indicators on Investment in Fixed Assets of Urban Collective-owned Entities

指　　标	Item	1995年	2000年	2005年	2006年	2007年
本年完成投资（万元）	**Investment Made in the Current Year (10 000 yuan)**	**91 502**	**82 036**	**138 292**	**292 614**	**703 211**
按资金来源分	**Grouped by Source of Funds**					
国家预算内资金	State Budgetarg Appropriations	142	854	2 156	7 114	15 895
国内贷款	Domestic Loans	34 268	20 258	12 747	3 544	43 656
股票和债券	Stocks and Bonds					
利用外资	Foreign Investment	1 369			17	296
自筹和其它	Self-raised and Others	55 723	60 924	123 389	281 939	643 364
按构成分	**Grouped by Use of Funds**					
建安工程	Construction	55 083	58 921	105 572	226 648	515 091
设备购置	Purchase of Equipment	28 146	14 187	25 353	19 556	83 787
其它费用	Others	8 273	8 928	7 367	46 410	104 333
项目个数(个)	**Number of Projects**					
施工项目	Number of Projects Under Construction	396	326	293	614	926
新开工项目	Projects Started in the Current Year	270	229	234	534	794
全部建成投产项目	Number of Projects Put into Use	259	216	152	516	718
新增固定资产（万元）	**Newly Increased Fixed Assets (10 000 yuan)**	**69 828**	**81 974**	**86 251**	**177 585**	**426 398**
房屋建筑面积(万平方米)	**Floor Space of Building Construction (10 000 sq.m)**					
施工面积	Floor Space of Buildings under Construction	80	90	75	117	344
住　宅	Residential Buildings	28	38	40	49	211
竣工面积	Floor Space of Buildings Completed	52	58	56	84	199
住　宅	Residential Buildings	20	24	29	32	130

6-29 各地区农村集体固定资产投资(2007年)

Investment in Fixed Assets of Rural Collective-owned Entities by Region (2007)

地　区	Region	投资额(万元) Investment (10 000 yuan)	本年施工项目个数(个) Number of Projects under Construction(unit)	本年新开工项目个数(个) Number of Projects Started in the Current Year(unit)	本年投产项目个数(个) Number of Projects Put into Use (unit)	计划总投资(万元) Total Planned Investment(10 000 yuan)
全省合计	**Total**	**1 209 806**	**2 569**	**2 194**	**1 632**	**2 177 158**
昆　明	Kunming	69 866	137	133	120	85 169
曲　靖	Qujing	427 521	270	169	102	830 293
玉　溪	Yuxi	76 442	261	232	196	107 828
保　山	Baoshan	50 043	136	131	117	58 954
昭　通	Zhaotong	28 095	75	61	30	58 437
丽　江	Lijiang	20 092	66	57	21	29 276
普　洱	Pu'er	82 762	251	205	139	144 210
临　沧	Lincang	51 200	87	60	37	128 169
楚　雄	Chuxiong	60 560	299	290	201	78 922
红　河	Honghe	114 390	442	403	324	132 040
文　山	Wenshan	90 908	208	154	111	152 865
西双版纳	Xishuangbanna	14 231	35	33	26	19 570
大　理	Dali	70 590	249	223	184	104 669
德　宏	Dehong	5 990	24	21	13	10 288
怒　江	Nujiang	3 856	12	8	9	6 088
迪　庆	Diqing	43 260	17	14	2	230 380

6-29 续表 continued

地　区	Region	本年新增固定资产（万元）Newly Increased Fixed Assets in the Current Year (10 000yuan)	房屋建筑面积（平方米）Floor Space of Buildings Construction (sq.m) 施工面积 Floor Space of Buildings under Construction	#住　宅 Residential Buildings	竣工面积 Floor Space of Buildings Completed	#住　宅 Residential Buildings
全省合计	**Total**	**681 647**	**9 495 260**	**8 015 812**	**2 376 432**	**1 504 299**
昆　明	Kunming	58 462	157 416	79 473	72 385	442
曲　靖	Qujing	172 235	7 437 637	6 908 736	1 087 877	842 459
玉　溪	Yuxi	61 607	209 970	54 204	158 725	36 609
保　山	Baoshan	46 753	26 549	4 630	24 683	4 630
昭　通	Zhaotong	10 174	127 343	112 497	122 141	112 277
丽　江	Lijiang	7 362	40 936	38 000	40 536	38 000
普　洱	Pu'er	56 437	477 528	332 837	181 652	113 433
临　沧	Lincang	18 834	31 173	4 171	12 763	3 643
楚　雄	Chuxiong	40 063	75 177	2 300	42 724	800
红　河	Honghe	85 882	298 485	138 745	231 069	107 534
文　山	Wenshan	66 826	329 110	190 002	274 400	180 802
西双版纳	Xishuangbann	3 958	10 830	4 240	4 770	180
大　理	Dali	39 081	211 880	101 130	88 904	35 170
德　宏	Dehong	2 810	19 803	14 880	2 373	
怒　江	Nujiang	4 911	5 180		680	
迪　庆	Diqing	6 252	36 243	29 967	30 750	28 320

6-30 各地区城镇集体施工、竣工房屋建筑面积(2007年)

Floor Space of Buildings Completed and Under Construction of Urban Collective-owned Units by Region (2007)

单位：平方米 (sq.m)

地　区	Region	施工面积 Floor Space of Buildings under Construction	#住宅 Residential Buildings	竣工面积 Floor Space of Buildings Completed	#住宅 Residential Buildings	竣工率(%) Completion Rate(%)	#住宅 Residential Buildings
全省合计	**Total**	**3 443 533**	**2 107 680**	**1 986 908**	**1 295 063**	**57.70**	**61.44**
昆　明	Kunming	1 044 357	391 828	709 566	262 428	67.94	66.98
曲　靖	Qujing	889 009	716 707	460 864	431 426	51.84	60.20
玉　溪	Yuxi	163 863	39 058	50 159	19 664	30.61	50.35
保　山	Baoshan	59 746	52 820	52 820	52 820	88.41	100.00
昭　通	Zhaotong	164 939	133 044	106 209	94 320	64.39	70.89
丽　江	Lijiang	188 546	102 071	150 346	102 071	79.74	100.00
普　洱	Pu'er	102 692	77 932	73 001	72 124	71.09	92.55
临　沧	Lincang	125 993	118 060	92 292	89 689	73.25	75.97
楚　雄	Chuxiong	49 695	19 444	29 727	9 140	59.82	47.01
红　河	Honghe	208 480	139 469	145 133	86 828	69.61	62.26
文　山	Wenshan	116 114	92 323	33 700	33 700	29.02	36.50
西双版纳	Xishuangbanna	14 179		14 179		100.00	
大　理	Dali	142 086	108 498	11 986	198	8.44	0.18
德　宏	Dehong	116 348	78 511	15 840	13 800	13.61	17.58
怒　江	Nujiang	4 820	2 200	1 620		33.61	
迪　庆	Diqing	6 140	600	1 200		19.54	

6-31 各地区农村个人固定资产投资(2007年)

Investment in Fixed Assets of Rural Individuals by Region (2007)

单位：万元 (10 000 yuan)

地　区	Region	投资额 Investment	竣工房屋价值 Value of Buildings Completed	#住宅 Residential Buildings	购置生产性固定资产投资 Investment in Productive Fixed Assets
全省合计	**Total**	**2 341 191**	**1 754 590**	**1 090 035**	**366 334**
昆　明	Kunming	456 339	392 809	369 786	44 559
曲　靖	Qujing	291 238	184 167	165 216	58 357
玉　溪	Yuxi	184 510	116 772	107 181	47 606
保　山	Baoshan	57 428	44 807	36 163	10 937
昭　通	Zhaotong	112 970	50 034	44 684	16 792
丽　江	Lijiang	18 865	9 668	7 969	4 939
普　洱	Pu'er	77 650	42 627	71 027	12 838
临　沧	Lincang	73 192	30 819	26 154	33 938
楚　雄	Chuxiong	97 866	57 726	47 086	36 400
红　河	Honghe	111 229	71 396	67 335	29 961
文　山	Wenshan	61 370	32 110	27 051	13 761
西双版纳	Xishuangbanna	51 874	31 970	25 599	17 193
大　理	Dali	93 763	66 480	57 422	21 861
德　宏	Dehong	26 496	20 930	15 430	5 566
怒　江	Nujiang	9 355	6 774	6 156	2 331
迪　庆	Diqing	39 246	17 701	15 776	9 295

6-32 各地区农村个人建房(2007年)

Building Construction by Individuals in Rural Areas by Region (2007)

地　区	Region	建房户数(户) Number of Households of Building Construction	施工房屋建筑面积(平方米) Floor Space of Buildings under Construction (sq.m)	竣工房屋建筑面积(平方米) Floor Space of Buildings Completed (sq.m)	#住宅 Residential Buildings	竣工房屋造价(元/平方米) Cost of Buildings Completed (yuan/sq.m)	#住宅 Residential Buildings
全省合计	**Total**	**234 680**	**26 062 787**	**26 062 787**	**20 718 469**	**673**	**526**
昆　明	Kunming	25 448	6 451 608	6 451 608	5 206 722	609	710
曲　靖	Qujing	31 407	3 222 713	3 222 713	2 121 693	571	779
玉　溪	Yuxi	10 668	1 641 012	1 641 012	1 494 955	712	717
保　山	Baoshan	12 019	1 527 047	1 527 047	922 156	293	392
昭　通	Zhaotong	26 833	1 513 362	1 513 362	1 308 286	331	342
丽　江	Lijiang	5 066	495 805	495 805	389 465	195	205
普　洱	Pu'er	27 918	2 616 779	2 616 779	2 173 718	163	327
临　沧	Lincang	11 236	664 294	664 294	548 627	464	477
楚　雄	Chuxiong	18 262	1 558 236	1 558 236	1 236 332	370	381
红　河	Honghe	20 808	1 829 751	1 829 751	1 679 229	390	401
文　山	Wenshan	11 649	1 228 103	1 228 103	1 012 918	261	267
西双版纳	Xishuangbanna	5 294	616 971	616 971	517 587	518	495
大　理	Dali	11 130	1 358 766	1 358 766	1 123 502	489	511
德　宏	Dehong	8 468	611 228	611 228	394 745	342	391
怒　江	Nujiang	4 324	268 269	268 269	227 742	253	270
迪　庆	Diqing	4 150	458 843	458 843	360 792	386	437

主要统计指标解释

全社会固定资产投资 固定资产投资是社会固定资产再生产的主要手段，也是加快经济和社会发展重要的途径。一个国家或地区通过建造和购置固定资产活动,不断采用先进技术装备,建立新兴部门,进一步调整经济结构和生产力的地区分布,培育支柱产业，增强国民经济实力,创造就业机会，为改善人民物质文化生活创造物质条件,这对加快我国社会主义现代化进程和全面建设小康社会具有重要意义。

固定资产投资额是以货币表现的建造和购置固定资产活动的工作量,它是反映固定资产投资规模、速度、结构、比例关系和使用方向的综合性指标。全社会固定资产投资包括国有经济单位投资、城乡集体经济单位投资、各种经济类型的单位投资和城乡居民个人投资。按照2004年前我国管理渠道划分,国有渠道经济单位固定资产投资总额分为基本建设、更新改造、房地产开发投资(1994年后,基本建设、更新改造和房地产开发投资纳入这些计划的其他经济类型的投资)和其他固定资产投资四个部分；集体经济单位投资包括城镇集体所有制单位投资和农村集体所有制投资；各种经济类型的单位投资包括联营经济、股份制经济、个体私营经济、外商投资经济、港澳台商投资经济的单位投资。城乡居民个人投资包括城市、县城、镇、工矿区所辖范围的个人建房和农村个人建房及购买生产性固定资产的投资。

其他单位固定资产投资 是指按照国家规定不纳入基本建设和更新改造计划管理,其总投资在5万元以上的固定资产投资。具体包括：国有经济单位用油田维护费和石油开发基金进行的油田维护和开发工程；煤炭、铁矿、森林工业等采掘采伐业用维简费进行的开拓延伸工程；交通部门用公路养路费对原有公路、桥梁进行改建的工程；商业部门用简易建筑费建造的仓库工程。1994年后其他投资还包括未纳入基本建设、更新改造计划的其他经济类型(不包含城乡私人和农村集体)的投资。

房地产开发投资 是以货币形式表现的房地产开发企业(单位)在一定时期内进行房屋建造及土地开发完成工作量及相关费用总称。

实际销售面积 指报告期已竣工的房屋面积中已正式交付给购房者或已签订(正式)销售合同的商品房屋面积。不包括已签订预售合同正在建设的商品房屋面积，但包括报告期或报告期以前签订了预售合同，在报告期又竣工的商品房屋面积。

实际销售额 指报告期内出售房屋的总收入(即双方签署的正式买卖合同中所确定的合同总价)。该指标与实际销售面积同口径，包括正式交付的商品房屋在建设前期预收的定金、预收的款项及结算尾款和拖欠款。不包括未交付的商品房所预收的款项。收取的外汇按当时外汇调节市场价折算在其中。如果商品房是跨年完成的，应包括以前年度所收的定金及预收款。

固定资产投资的资金来源 根据固定资产投资的资金来源不同,分为上年末结余资金和本年资金来源。其中本年资金来源又分为六种:

(1) 国家预算内资金 指国家预算、地方财政、主要部门和国家专业投资公司拨给或委托银行贷给建设单位的基本建设拨款和中央基本建设基金，拨给企业单位的更新改造拨款，以及中央财政安排的专项拨款中用于基本建设的资金。

(2) 国内贷款 指报告期企、事业单位向银行及非银行金融机构借入的用于固定资产投资的各种国内借款。国内贷款包括：银行利用自有资金及吸收的存款发放的贷款、上级主管部门拨入的国内贷款、国家专项贷款(包括煤代油贷款、劳改煤矿专项贷款等)，地方财政专项资金安排的贷款、国内储备贷款、周转贷款等。

(3) 债券 是企业(公司)或金融机构通过发行各种债券筹集到的用于固定资产投资的资金。包括由银行代理国家专业投资公司发行的重点企业债券和重点建设债券。

(4) 利用外资 指报告期收到的用于固定资产投资的国外资金,包括统借统还、自借自还的国外贷款,中外合资项目中的外资,以及无偿捐赠等。其中,国家统借统还的外资,是指由我国政府出面同外国政府、团体或金融组织签订贷款协议,并负责偿还本息的国外贷款。

(5) 自筹资金 指建设单位报告期收到的,用于进行固定资产投资的上级主管部门、地方和本单位自筹资金。

(6) 其他资金来源　指报告期收到的除以上各种拨款、借款、自筹资金之外,其他用于固定资产投资的资金。

固定资产投资按国民经济行业分　建设项目归哪个行业，按其建成投产后的主要产品或主要用途及社会经济活动性质来确定。基本建设按建设项目划分国民经济行业，更新改造、国有经济单位其他固定资产投资及城镇集体投资根据整个行业来划分。一般情况下，一个建设项目或一个企业、事业单位只能属于国民经济一种行业，为了更准确地反映国民经济各行业之间的比例关系，联合企业（总厂）所属分厂属于不同行业的，原则上按分厂划分行业。

固定资产投资按建设性质分　建设项目的性质一般分为新建、扩建、改建、迁建、恢复。基本建设按建设项目分建设性质，更新改造、国有经济单位其他固定资产投资及城镇集体投资按整个行业、事业单位的建设情况确定建设性质。目前基本建设和更新改造是根据我国管理渠道区分的，所以基本建设和更新改造都可以分别按新建、扩建和改建等划分。

(1) 新建　一般是指从无到有，“平地起家”新开始建设的单位。有的单位原有的基础很小，经过建设后其新增加的固定资产价值超过原有固定资产价值（原值）三倍以上的也算新建。

(2) 扩建　一般是指为扩大原有的生产能力，在厂内或其他地点增建主要生产车间（或主要工程）、独立的生产线或总厂之下的分厂的企业；事业单位和行政单位在原单位增建业务用房（如学校增建教学用房、医院增建门诊部或病床用房、行政机关增建办公楼）也作为扩建。

(3) 改建　一般是指现有企业、事业单位为了技术进步，提高产品质量，增加花色品种，促进产品升级换代，降低消耗和成本，加强资源综合利用和三废治理，劳保安全等，采用新技术、新工艺、新设备、新材料等对现有设施、工艺条件进行技术改造或更新（包括相应配套的辅助性生产、生活福利设施），有的企业为充分发挥现有生产能力，进行填平补齐而增建不增加本单位主要产品生产能力的车间等，也属于改建。

固定资产投资按构成分　固定资产投资活动按其工作内容和实现方式分为建筑安装工程、设备、工具、器具购置和其他费用三个部分。

(1) 建筑安装工程（建筑工作量）　指各种房屋、建筑物的建造工程和各种设备、装置和安装工程。包括各种房屋建造工程，各种用途设备基础和各种工业窖炉的砌筑工程；为施工而进行的各种准备工作和临时工程及完工后的清理工作等；铁路、道路的铺设，矿井的开凿及石油管道的架设等；水利工程；防空地下建筑等特殊工程；以及各种机械设备的安装工程；为测定安装工程质量，对设备进行试行工作。在安装工程中，不包括被安装设备本身的价值。

(2) 设备、 工具、器具购置　指购置或自制达到固定资产标准的设备、工具、器具的价值，固定资产的标准由财务部门规定。新建单位、扩建的新建车间按照设计和计划要求购置或自制的全部设备、工具、器具，不论是否达到固定资产标准均计入“设备、工具、器具购置”中。

(3) 其他费用　指除建筑安装和设备、工具、器具购置以外的投资完成额。它包括两种性质的费用，一种是属于增加固定资产的费用，主要有：建设单位管理费，土地、青苗等补偿费用和安置补助费、勘察设计费、研究试验费、农林单位牲畜购置费、各种经济林木的营造费、办公和生活家具，器具购置费、引进技术和进口设备项目的其他费用、联合试运转费等；另一种是属于不增加固定资产的费用，主要有：施工机械转移费、生产职工培训费、农业开荒费用及报废工程损失费等。

基本建设项目按大中型划分　基本建设划分大中小型项目原则上应按照上级批准的设计任务书初步设计所确定的总规模或总投资划分，没有正式批准设计任务书或初步设计的，按国家或省、自治区、直辖市年度基本建设投资计划中所列的总投资划分。上述两条均不具备的，按本年计划施工工程的建设总规模或总投资划分。生产单一产品的工业项目，按产品的设计能力划分；生产多种产品的工业项目，按其主要产品的设计能力划分；品种繁多，难以按生产能力划分的，按全部计划投资额划分。划分标准以国家颁发的《大中小型建设项目划分标准》为依据。国家曾在1958年、1962年、1977年1979年先后五次修订《大中小型建设项目划分标准》。因此各历史时期的大中小型项目数不完全可比。

施工项目　指报告期内曾进行建筑或安装施工活动的建设项目。包括报告期内新开工项目、报告期以前开工跨入报告期继续施工的项目,以及报告期施工并在报告期内全部建成投产或停缓建的项目。

全部建成投产项目　工业项目是设计文件规定形成生产能力的主体工程及其相应配套的辅助设施全部

建成,已负荷试运转,证明具备生产设计规定合格产品的条件,并经过验收鉴定合格或达到竣工验收标准,与生产性工程配套的生活福利设施可以满足近期正常生产的需要,正式移交生产的建设项目；非工业项目是指设计文件规定的主体工程和相应的配套工程全部建成,能够发挥设计规定的全部效益,经验收鉴定合格或达到竣工验收标准,应正式移交使用的建设项目。

新增生产能力 指通过固定资产投资活动而增加的设计能力或工程效益,它是用实物形态表示的固定资产投资的成果。新增生产能力的计算,是以能独立发挥生产能力或效益的单项工程(或项目)为对象。当单项工程(或项目)建成,经有关部门鉴定合格,正式移交投入生产,即可计算新增生产能力。

新增生产能力或工程效益有以下几种表现形式:

(1) 以建设项目或单位工程建成后的年产能力表示。如煤炭开采、石油开采等。

(2) 以建设项目或单项工程建成后处理原料的能力表示。如选矿工程的年处理矿石能力、洗煤厂年洗煤能力等。

(3) 以新增的主要设备数量或容量表示。如棉纺锭锭数、发电机组容量等。

(4) 以建筑物容积、容量、面积或长度表示。如水库容量、铁路、公路里程等。

新增生产能力的数量一般按设计能力计算。设计能力是指设计文件中规定的在正常情况下能够达到的生产能力,而不论投产后的实际产量如何。以设备数量、建筑物容积、面积、长度等表示的新增生产能力(或效益),则按建成的实际数量计算。

施工和竣工房屋建筑面积 房屋建筑面积是从房屋外墙线算起的各层平面面积的总和。包括房屋结构(如柱、墙)占用的面积和地下室面积。多层建筑按各自然层面积总和计算,包括房屋内的楼隔层,突出墙面的眺望间、门斗、有柱雨罩的面积。不包括突出墙面的构件、艺术装饰等所占的面积,如台阶等。凹阳台、挑阳台按其水平投影面积一半计算建筑面积。

竣工面积 指在报告期内房屋建筑按照设计要求已全部完工,达到入住和使用条件,经验收鉴定合格,正式移交使用单位的建筑面积。

房屋建筑面积竣工率 指一定时期内房屋竣工面积占同期房屋施工面积的比率。它是从房屋建筑施工速度的角度反映投资效果和建筑业经济效益的指标。

新增固定资产 指通过投资活动所形成的新的固定资产价值。包括已经建成投入生产或交付使用的工程价值和达到固定资产标准的设备、工具、器具的价值及有关应摊入的费用。它是以价值形式表示的固定资产投资成果的综合性指标,可以综合反映不同时期、不同部门、不同地区的固定资产投资效果。

建设项目投产率 指一定时期内全部建成投入生产的项目个数占同期正式施工项目个数的比率。它是从项目建设速度的角度反映投资效果的指标。

固定资产交付使用率 指一定时期新增固定资产与同期完成投资额的比率。它是反映各个时期固定资产动用速度,衡量建设过程中投资效果的一个综合性指标 。

Explanatory Notes on Principal Statistical Indicators

Total Investment in Fixed Assets in the Whole Country Investment in fixed assets is an essential means for social reproduction of fixed assets and an important way to speed economic and social development. By means of construction and purchase of fixed assets, more advanced technologies and equipment are adopted in the national economy, and new sectors are established, which promote the adjustment of economic structure and the regional distribution of productive forces, enhance the economic strength and create employment opportunities so as to provide the material conditions for improving people's livelihood. This is significant for speeding up the drive of socialist modernization in China.

Amount of investment in fixed assets refers to the volume of work in construction and purchase of fixed assets in monetary terms, which is a comprehensive indicator showing the size, pace, proportional relations and use orientation of investment in fixed assets. Total investment in fixed assets in the whole country includes the investment by state-owned entities, collective-owned entities, various economic entities and urban and rural individuals. According to China's management system before 2004, investment in fixed assets by state-owned is classified into the following four parts: investment in capital construction, in renovation and in real estate development and other investment in fixed assets; investment by collective economic entities includes investment by urban collective-owned units and rural collective-owned entities; investment by various economic entities includes the investment by joint ownership entities, joint stock entities, individual and private economic entities as well as investment from foreign countries , Hong Kong, Macao and Taiwan; investment by urban and rural individuals includes building construction and purchase of productive fixed assets by individuals in cities, counties , towns, mining areas and rural areas.

Other Investment in Fixed Assets refers to the construction and purchase of fixed assets with a total investment above 50,000 yuan which are not listed in the plan of capital construction or of in innovation according to the state regulation. It specifically includes: projects of oilfield maintenance and exploitation with the oilfield maintenance funds and petroleum development funds by state-owned economic entities; opening and extending projects with the maintenance funds by mining and logging industries such as coal, iron and forest industries; projects of reconstruction of original highways and bridges with the highway maintenance funds by communication departments; projects of construction of warehouses with the funds of simple construction by commercial departments. After 1994 other investment also includes the investment by economic entities of other types of qwnership (excluding urban and rural individuals and rural collective-owned entities) not listed in the capital construction and innovation plans.

Investment in Real Estate Development refers to the volume of work in monetary terms and relevant expenses by real estate enterprises (institutions) in house building and land development in a certain period of time.

Floor Space Actually Sold refers to the floor space of commercial housing that has been handed over to the purchasers or been under sales contracts in the total of buildings completed in the report period, including that of commercial housing completed in the report period irrespective of sales contract award dates, but excluding that under sales contracts yet uncompleted in the report period.

Effective Sales refer to the total revenue from sales of housing in the report period (i.e. the total value of sales contracts signed), including prepaid deposits and advance payments, settlement balance and payments in arrears for commercial housing handed over in the report period irrespective of start time of construction, but excluding advance payments for that under construction, which follow the same statistical standards as the indicator of "Floor Space Actually Sold"; as for payments in foreign currency, they are calculated into sales after conversion at current regulatory market prices of foreign exchange.

Sources of Funds for Investment in Fixed Assets include the surplus funds in the preceding fiscal year and the funds in the current year according to different sources. The sources of funds in the current year are classified into six parts:

(1) *State budgetary appropriations* refers to the appropriations for capital construction in the budgets of the central and local governments and from main departments and state specialized investment companies, central funds for capital construction, appropriations for innovation, and funds for capital construction included in the special appropriation from the budget of the central government.

(2) *Domestic loans* refer to the various domestic borrowings by enterprises and institutions from banks and non-bank financial institutions during the report period for the purpose of investment in fixed assets, including loans granted by banks from their self-owned funds and deposits, loans appropriated by higher department in charge, state special loans (including loans for substituting coal for petroleum with coal, special loans for reform-through-labor coal mines), loans arranged by local governments from special funds, domestic reserve loans, and working loans, etc.

(3) *Bonds* refer to the funds raised by enterprises (companies) or financial institutions through issuing various bonds for investment in fixed assets. They include key enterprise bonds and key project bonds issued by banks on behalf of state specialized investment companies.

(4) *Foreign Investment* refers to foreign funds received during the report period for the purpose of investment in fixed assets, including foreign funds borrowed and managed by the government, by individual entities, foreign funds in joint venture programs, and gratis donations. Foreign funds borrowed and managed by the government refer to foreign loans borrowed by the government from foreign governments, organizations, or financial institutions under official agreements signed by both parties, under which the government is responsible for the repayment of both the principal and interests of the foreign loans.

(5) *Self-raised funds* refer to the extra-budgetary funds received by construction enterprises from their higher department in charge, local governments, or raised by enterprises or institutions themselves for the purpose of investment in fixed assets during the report period.

(6) *Others* refer to the funds received during the report period, which are not included in the above-mentioned sources.

Investment in Fixed Assets by Sector The classification of construction projects by sector is determined by the major products or the purpose of the projects when they are put into production or use, and by the nature of their socio-economic activities. Investment in capital construction is divided into different sectors of the national economy by the nature of construction projects. While investment in innovation and other investment in fixed assets by state-owned entities and collective-owned entities are divided according to the sector to which the whole enterprise or institution belongs to. In general, one project or one enterprise or institution can only belong to one sector. In order to reflect more accurately the proportional relation among various sectors, the branch factories of an integrated complex are classified into different sectors according to their economic activities.

Investment in Fixed Assets by Type of Construction Construction projects in general can be classified by the type of construction into new construction, extension, reconstruction, moving and restoration. In capital construction, the type of construction is determined by the nature of the project, while investment in innovation and other investment by state-owned entities and collective-owned entities, the type of construction is determined by the construction condition of the whole enterprise or institution. Capital construction and innovation are distinguished according to China's current management system, so they can be divided into new construction, extension and reconstruction.

(1) *New construction* in general refers to newly constructed units. In the case in which the value of the original fixed assets is quite small, and the value of newly added fixed assets exceeds the original ones by three times, the kind of extension is considered as new construction.

(2) *Extension* refers to the construction of a new major production workshop, branch factory or independent

production line within a factory or in other locations so as to increase the production capacity of original products. Newly constructed houses for vocational work in institutions and administrative organizations (such as the newly constructed classroom buildings in schools, buildings for clinics or wards in hospitals, and office buildings in administrative organizations, etc.) are also classified as extension.

(3) *Reconstruction* refers to the technical innovation or transformation of existing facilities and technical conditions (including auxiliary production and welfare facilities) undertaken by enterprises and institutions in order to advance technology, improve product quality, increase variety of products, promote and upgrade new generation of products, reduce production consumption and cost, promote comprehensive utilization of resources, strengthen disposal of waste gas, waste water and solid wastes, and strengthen safety in production, etc. through application of new technologies and techniques, use of new equipment and new materials. Construction of new workshops for improving existing production capacity of main products rather than increasing it is also considered as reconstruction.

Investment in Fixed Assets by Use of Funds By their contents and ways of work, investment activities are classified into three categories, i.e., construction and installation, purchase of equipment and instruments, and other expenses.

(1) *Construction and installation (work volume of construction and installation)* refers to construction of various houses and buildings and installation of various kinds of equipment and instruments, including construction of various houses, equipment foundations and industrial kilns and stoves, preparation work for project construction and clearing up work after completion of projects, building of railways and roads, drilling of mines and erection of oil pipelines, construction of projects of water conservancy, construction of underground air-raid shelters and other special projects, installation of various machinery and equipment, trial operation of equipment for determining the quality of installation projects. The value of equipment installed is not included in the value of installation projects.

(2) *Purchase of equipment and instruments* refers to the total value of equipment, tools, and instruments purchased or self-produced which come up to standards of fixed assets stipulated by financial departments. Equipment, tools and instruments purchased or self-produced for new workshops by newly established or extended entities are categorized into the item of "purchase of equipment and instruments" no matter whether they come up to the standards of fixed assets or not.

(3) *Other expenses* refer to the amount of investment completed other than that in construction and installation and purchase of equipment and instruments. They include two kinds of expenses: one can increase fixed assets, which covers overhead expenses of constructor, compensation and settlement allowances for land and young crops, expenses on prospecting and design, expenses on research and experiment, expenses on purchase of livestock by agricultural or forestry entities, various expenses on planting cash trees expenses on purchase of office, furniture, instruments and import of technology and equipment, expenses on joint test run, etc.; the other can not increase fixed assets which covers transfer fees of construction machinery, expenses on production staff and workers training, expenses on wasteland reclamation, losses of rejected projects, etc.

Capital Construction Projects by Size Capital construction projects are classified into large, medium-sized and small-sized ones. In principle, they should be determined according to the total scale or investment set in the construction design plan approved by higher department in charge, or the total investment set in the current capital construction plan of the state, province, autonomous region, or municipality directly under the Central Government. If the above two cannot be applied, the classification should be determined according to the total scale or total investment set in the current construction plan. Industrial projects which produce unitary products are classified by the designed capacity of products; these which produce diversified products by the designed capacity of the major product or by the total planned investment if the products are too diversified to be classified by the designed capacity. Standards for the Classification of Construction Projects into Large, Medium-sized and Small-sized Ones issued by the state is the basis for classification of construction projects by size, which was revised five times in 1958, 1962, 1972, 1977, and 1979 respectively and therefore, data on projects by size are not entirely comparable from year to year.

Projects under Construction refer to projects with construction and installation activities undertaken in the report period, including projects started in the report period, continued from the previous period, completed and put into production or suspended in the report period.

Projects Completed and Put into Use Industrial projects refer to major projects and auxiliary facilities forming production capacity according to design documents, which have been completed, made trials, checked and accepted, and formally put into production with auxiliary living and welfare facilities being capable of ensuring normal production. Non-industrial projects refer to major projects and auxiliary facilities completed, which possess the designed capacity and have been checked, accepted and formally put into production.

Newly Increased Production Capacity refers to the increased designed capacity and project benefit through investment in fixed assets, which reflects the results of investment in fixed assets in kind. Calculation of newly increased production capacity is based on an individual project, which independently brings its production capacity or benefit into play. When an individual project is completed, checked and accepted and put into production, its newly increased production capacity can be calculated.

Newly increased production capacity or project benefit is usually expressed in one of the following forms:

(1) Annual production capacity, e.g. coal mining and extraction of petroleum;

(2) Raw material processing capacity, e.g. annual ore dressing capacity of ore dressing project and coal washing capacity of coal cleaning plant;

(3) Number or capacity of major equipment, e.g. the number of increased cotton spindles and capacity of increased generating sets;

(4) Physical measures of construction, such as volume, capacity, area and length, e.g. capacity of reservoirs and length of railways or highways.

Volume of newly increased production capacity is calculated at designed capacity in general, which refers to the production capacity of a project under normal conditions designed in construction documents regardless of actual output. Newly increased production capacity (or benefit) in terms of number of equipment, volume, area and length of buildings, etc. is calculated according to the actual quantity.

Floor Space of Buildings under Construction and Completed refers to the total of plane floor space of each story of buildings calculated from the outside line of building walls, including the space occupied by constructions like pillars or walls and the floor space of basements. Floor space of multi-story buildings refers to the total of floor space of each story, including the floor space of, projecting lofts, small vestibules outside doors, pillared canopies but excluding the floor space occupied by projecting components, artistic decoration etc. like doorsteps. The floor space of concave and projecting balconies is calculated by half on the basis of their horizontal shadowy area.

Floor Space of Buildings Completed refers to the floor space of buildings completed in the report period, which have come up to the designed standards, and have been checked and accepted and put into use.

Completion Rate of Floor Space of Buildings refers to the ratio of the floor space of buildings completed in certain period of time to the floor space of buildings under construction in the same period, which reflects the investment results and economic effect of the construction industry from the angel of the speed of project construction.

Newly Increased Fixed Assets refer to the newly increased value of fixed assets through investment, including the value of projects completed and put into production, the value of equipment, tools, and instruments considered as fixed assets, and relevant expenses. This is a comprehensive indicator on investment in fixed assets, reflecting the results of investment in fixed assets in different periods, sectors and regions.

Rate of Construction Projects Completed and Put into Use refers to the ratio of the number of construction projects completed and put into use in certain period of time to the number of projects under construction in the same period. This indicator reflects the investment results from the angle of the speed of project construction.

Rate of Projects of Fixed Assets Completed and Put into Operation refers to the ratio of the newly increased fixed assets in a certain period of time to the total investment made in the same period. This is a comprehensive indicator reflecting the speed of employment of fixed assets in different periods and investment results in the process of construction.

increased fixed assets in a certain period of time to the total investment made in the same period. This is a comprehensive indicator reflecting the speed of employment of fixed assets in different periods and investment results in the process of construction.

七、财政、金融和保险

Finance,Banking and Insurance

Chapter 7

7-1 财 政 收 入
Government Revenue

单位：万元 (10 000 yuan)

年份 Year	地方财政收入 Local Government Revenue	国有资产经营收益 Operating Income from State-owned Assets	税收收入 Tax Revenue	国有企业计划亏损补贴 Planned Subsidies to Loss-making	其它收入 Other Revenue
1978	117 606	18 441	92 233		6 932
1980	116 407	13 162	98 052		5 793
1985	274 321	4 644	253 725		15 952
1990	774 346	12 527	772 501	-78 676	67 994
1994	676 018	4 993	710 383	-69 095	29 737
1995	983 491	9 420	905 902	-75 138	143 307
1996	1 300 129	11 494	1 178 209	-78 216	188 642
1997	1 504 181	7 565	1 345 394	-64 931	216 153
1998	1 682 347	11 987	1 392 892	-32 289	309 757
1999	1 726 690	7 434	1 440 829	-31 299	309 726
2000	1 807 450	9 014	1 531 141	-27 211	294 506
2001	1 912 799	5 632	1 635 198	- 28 677	300 646
2002	2 067 594	6 814	1 733 635	- 19 829	346 974
2003	2 289 992	17 793	1 844 269	- 23 597	451 527
2004	2 633 618	31 124	2 093 636	- 17 891	526 749
2005	3 126 490	86 476	2 461 489	- 18 405	596 930
2006	3 799 702	80 930	2 993 886	- 17 479	742 365
2007	4 867 146	101 937	3 786 361		978 848

7-2 各 项 税 收
Government Tax Revenue

单位：万元 (10 000 yuan)

年份 Year	各项税收合计 Total Tax Revenue	工商税收 Taxes on Industry and Commerce	农牧和耕地占用税 Taxes on Agriculture,Animal Husbandry and Use of Cultivated Land	企业所得税 Business Income Taxe	企业所得税退税 Return of Business Income Tax	个人所得税 Personal Income Tax
1978	92 233	81 220	9 282			
1980	98 052	89 687	7 075			
1985	253 795	243 588	10 207	59 845		
1990	772 501	680 172	26 071	72 086		
1994	710 383	515 030	129 311			
1995	905 902	587 648	240 008	68 000		
1996	1 178 209	738 729	351 684	106 647		
1997	1 345 394	849 048	405 940	96 969		
1998	1 392 892	1 006 759	248 957	144 691		
1999	1 440 829	1 086 634	215 895	149 479		
2000	1 531 141	1 055 279	204 659	201 689		
2001	1 635 198	1 065 849	197 741	262 891		
2002	1 733 635	1 113 978	267 567	257 779	-143	94 454
2003	1 844 269	1 234 610	310 848	214 963	-3	83 851
2004	2 093 636	1 458 279	257 118	277 797	-6	100 448
2005	2 461 489	1 721 278	287 301	333 481	- 6	119 435
2006	2 993 886	2 151 416	284 899	413 009		144 562
2007	3 786 361	2 697 810	339 532	557 110	- 6	191 915

注：2002年税收口径为新调整的口径。

Note:The data of tax income in 2002 was calculated according to the adjusted standards.

7-3 历年全省财政分项目支出
Historic Government Expenditures by Item

单位：万元 (10 000 yuan)

年 份 Year	财政支出 Total Government Expenditures	基本建设拨款 Appropriation for Capital Construction	流动资金 Circulating Capital	企业挖潜改造资金 Innovation Capital of Enterprises	城市维护费 Expenditure on Urban Maintenance	地质勘探费 Expenditure on Geological Prospecting	工、交、商部门事业费 Operating Expenses on Industry,Transportation and Commerce Department
1978	182 840	72 327	7 155	6 938	1 291	7 077	2 877
1980	173 210	45 562	4 176	7 792	2 692	5	2 857
1985	366 986	61 208	1 385	25 835	12 486	10	9 696
1990	907 586	90 556	2 084	64 930	33 588	33	20 926
1993	2 006 172	288 398	6 565	351 545	67 024	281	63 990
1994	2 037 309	305 975	1 256	167 995	87 083	1 060	55 011
1995	2 350 993	330 791	891	172 434	103 340	964	64 038
1996	2 703 945	354 440	1 240	152 214	96 744	2 736	67 511
1997	3 132 012	442 387	1 147	142 545	110 414	2 059	68 128
1998	3 280 023	422 513	888	134 465	128 154	1 685	52 083
1999	3 780 468	634 850	158	124 658	158 519	739	71 174
2000	4 141 074	604 507	1 329	158 680	146 200	13 783	92 550
2001	4 964 302	830 696	40	123 494	158 702	27 287	81 816
2003	5 873 475	705 029		176 823	181 702	27 641	81 293
2004	6 636 354	648 877		162 489	191 362	28 517	99 618
2005	7 663 115	878 316		141 045	269 366	26 928	121 024
2006	8 935 821	860 634	300	119 060	280 649	32 432	164 333
2007	11 352 175						

7-3 续表 continued

单位：万元 (10 000 yuan)

年 份 Year	支援农业支出 Expenditure on Supporting Agriculture Production Funds	文教、科学、卫生事业费 Operating Expenses on Culture, Education, Science and Health care	抚恤和社会救济费 Pensions and Social Relief Funds	行政管理费 Administrative Expenses	科技三项费用 Expenses on Science and Technology Promotion	其它支出 Other Expenditures
1978	22 616	27 322	3 516	16 067	1 495	14 159
1980	26 447	37 941	4 108	20 510	986	20 134
1985	41 767	93 818	11 419	49 158	2 919	57 285
1990	132 048	213 211	37 033	88 814	3 678	220 685
1993	238 180	373 626	33 776	167 296	5 540	409 951
1994	250 572	489 124	36 114	214 043	6 380	422 696
1995	282 832	540 638	59 238	244 747	8 154	542 926
1996	325 054	690 417	92 600	302 168	14 085	604 736
1997	338 153	750 078	95 484	305 799	18 468	857 350
1998	346 635	805 044	86 461	320 730	22 028	959 337
1999	365 858	898 645	75 827	334 725	26 481	1 088 834
2000	392 018	987 030	88 609	372 394	32 685	1 251 289
2001	452 593	1 167 030	102 327	447 596	40 526	1 532 195
2003	489 887	1 439 869	172 517	554 288	45 658	1 998 768
2004	718 976	1 706 008	188 120	677 565	39 883	2 174 939
2005	734 992	1 920 630	202 968	781 218	57 536	2 529 092
2006	838 568	2 361 613	251 795	952 075	63 474	3 010 888
2007						

注:2007年因财政科目改变,数据空缺。
Note: No data of 2007, because financial subjects were changed in 2007.

7-4 全省主要年份文教、科学、卫生事业费分项目数

Government Expenditures on Culture, Education, Science and Health Care in Significant Years

单位：万元　　　　(10 000 yuan)

年 份 Year	合 计 Total Expenditures	文化事业费 Operating Expenses on Culture	计划生育事业费 Operating Expenses on Birth Control of Population	教育事业费 Oerating Expenses on Education	卫生事业费 Oerating Expenses on Health Care	公费医疗经费 Funds for Free Medical Service	体育事业费 Oerating Expenses on Sports	科学事业费 Oerating Expenses on Scientific Research
1965	8 632	337	38	5 450	1 883	511	179	158
1970	9 981	558		5 764	2 914		107	37
1975	20 121	982	326	11 944	4 267	1 065	480	349
1980	37 941	1 681	759	23 032	7 790	1 919	882	536
1985	93 818	3 534	1 936	57 177	16 447	4 846	2 174	2 428
1990	213 211	7 247	6 228	122 831	28 831	19 483	4 990	7 832
1995	540 638	15 663	15 720	317 416	69 350	51 008	11 797	22 700
1996	690 417	19 681	19 990	412 850	90 516	63 336	13 403	29 123
1997	750 078	20 349	21 511	440 181	97 384	76 349	13 041	33 122
1998	805 044	20 157	19 695	499 317	99 222	74 546	14 587	32 027
1999	898 645	26 744	21 786	559 911	102 604	91 079	11 520	34 194
2000	987 030	26 617	24 067	623 109	110 200	104 260	14 462	33 796
2001	1 167 030	28 666	28 207	762 797	128 113	109 951	16 303	34 435
2002	1 323 734	36 657	44 249	1 042 717	287 744	135 796	19 331	60 601
2003	1 439 869	38 631	48 166	1 173 755	327 463	142 820	17 311	67 016
2004	1 625 692	43 084	64 808	1 118 233	361 946	167 176	14 084	43 602
2005	1 920 630	48 124	71 679	1 222 810	448 073	192 852	15 557	44 405
2006	2 361 613	59 461	77 325	1 503 948	571 204	208 892	22 115	47 653
2007	3 005 012	77 587	85 234	1 905 371	771 123		35 101	130 596

注:2007年财政科目有调整,口径与往年略有不同。

Note: The data of 2007 was difference in former years a little, because financial subjects were adjusted.

7-5 全省主要年份财政支援农业的资金

Government Expenditures on Supporting Agriculture in Significant Years

单位：万元　　　　(10 000 yuan)

年 份 Year	支援农业支出合计 Total Expenditures on Supporting Agriculture	农林水气象等部门事业费 Oerating Expenses of Department of Farming,Forestry,Water Conservancy and Meteorology	支援农村生产支出 Expenditure on Supporting Agricultural Production	农业基本建设支出 Expenditure on The Capital Construction of Agriculture	农业科技三项费用 Expenses on Science and Technology Promotion
1978	36 181	22 616		13 558	7
1980	35 203	26 448	26 448	8 356	399
1985	48 356	41 767	21 077	6 090	499
1990	148 055	132 048	93 355	15 297	710
1995	323 631	282 832	190 180	37 313	3 486
1997	398 641	338 153	206 819	55 706	4 782
1998	407 189	346 635	187 607	56 332	4 222
1999	469 112	365 858	170 307	96 717	6 537
2000	533 013	392 018	163 951	133 608	7 387
2001	682 639	452 593	165 281	220 201	9 845
2002	555 434	463 470	137 457	84 514	7 450
2003	693 369	489 887	257 792	199 551	3 931
2004	850 347	718 976	291 589	127 059	4 312
2005	867 740	734 992	336 445	125 971	6 777
2006	1 000 762	838 568	388 096	151 672	10 522
2007					

注 2007年因财政科目改变,数据空缺。

Note: No data of 2007, because financial subjects were changed in 2007

7-6 云南省金融机构信贷资金平衡表(资金运用)

Balance Sheet of Credit Funds of Financial Institutions by Use of Funds

(年末余额)
单位：万元 (10 000 yuan)

项　目	Item	1995年	2000年	2003年	2004年	2005年	2006年	2007年
贷款合计	**Loans Total**	**9 246 652**	**19 878 301**	**29 555 721**	**33 982 873**	**39 875 767**	**48 035 098**	**56 716 646**
流动资金贷款	**Circulating Funds Loans**	**7 133 201**	**13 803 463**	**16 400 514**	**17 238 223**	**16 074 921**	**18 817 003**	**21 251 571**
工业贷款	Industrial Loans	2 315 234	3 399 585	3 980 706	4 263 667	4 476 856	6 010 140	6 071 439
商业贷款	Commercial Loans	3 236 407	4 336 597	3 023 246	2 719 592	2 461 884	2 177 200	2 202 354
建筑业贷款	Construction Loans	105 541	305 866	587 646	472 878	433 329	438 006	553 173
农业贷款	Agricultural Loans	459 441	1 185 182	2 026 232	2 392 710	2 792 151	3 135 967	4 445 567
乡镇企业贷款	Loans to Township Enterprises	438 863	815 616	810 077	907 254	1 154 404	1 282 020	1 626 087
三资企业贷款	Loans to Sino-foreign Joint Ventures and Cooperative Enterprises and Foreign-funded Enterprises	91 096	171 471	113 401	66 068	67 858	55 309	78 133
私营企业及个体贷款	Loans to Private Enterprises and Self-employed Individuals	21 717	185 058	210 606	250 040	275 586	337 433	415 287
其他短期贷款	Other Short-term Loans	464 902	3 404 088	5 648 600	6 166 014	4 412 854	5 380 929	5 859 531
固定资产贷款	**Fixed Assets Loans**	**1 626 134**	**5 490 099**	**12 130 712**	**15 691 810**	**22 274 941**	**27 356 140**	**33 632 493**
基本建设贷款	Capital Construction Loans	555 893	2 681 225	5 947 706	7 755 078	9 526 663	12 632 597	14 229 311
技术改造贷款	Technical Innovation Loans	544 648	1 104 064	326 745	283 179	295 054	195 959	197 311
其它中长期贷款	Other Medium-term & Long-term Loans	134 053	1 704 8 10	5 856 261	7 653 553	12 453 224	14 527 584	19 205 871
信托贷款	**Trust Loans**	**336 920**	**21 551**	**65 746**	**5 915**	**1 370**		
其它贷款	**Other Loans**	**150 397**	**563 188**	**958 749**	**1 046 925**	**1 524 535**	**1 861 955**	**1 832 582**

注：1998年后的流动资金贷款包括中期流动资金贷款。
Note:Since 1998, circulating funds loans have included medium-term circulating funds loans.

7-7 云南省金融机构信贷资金平衡表(资金来源)

Balance Sheet of Credit Funds of Financial Institutions by Source of Funds

(年末余额)
单位：万元 (10 000 yuan)

项　目	Item	1995年	2000年	2003年	2004年	2005年	2006年	2007年
存款合计	**Deposits Total**	**11 872 364**	**24 656 844**	**37 474 641**	**44 043 607**	**51 405 021**	**61 312 508**	**71 708 676**
企业存款	Deposits of Enterprises	4 788 949	10 384 035	13 447 043	16 888 145	17 736 285	20 665 007	25 788 416
财政存款	Treasury Deposits	743 959	538 962	853 056	1 084 611	1 139 454	1 439 939	2 467 814
储蓄存款	Savings Deposits	5 001 334	11 382 215	17 665 071	20 521 210	24 302 841	28 548 640	30 464 040
#定期储蓄	Fixed Deposits		7 506 727	10 650 054	11 971 507	13 991 357	15 673 852	15 633 571
农业存款	Agricultural Deposits	396 509	830 666	1 316 255	1 627 976	2 203 942	2 809 288	3 488 469
信托存款	Trust Deposits	663 008	243 582	108 111				
其它存款	Other Deposits	278 605	1 277 384	4 085 105	3 921 665	6 022 499	7 849 634	9 499 937

7-8 历年云南省金融机构现金收支情况

Historic Cash Income and Expenditures of Financial Institutions

单位：万元 (10 000 yunan)

年 份 Year	现金收入 Cash Revenue	# 商品销售收入 Sales Revenue of Goods	现金支出 Cash Expenditures	# 工资性支出 Expenditures on Wages	# 产品采购支出 Expenditures on Purchase of products	投放 Currency Issuance
1978	299 657	216 218	306 099	144 400	30 478	6 442
1980	428 907	298 595	454 839	213 332	51 746	25 932
1985	1 204 862	681 745	1 261 591	440 951	218 240	56 729
1990	3 095 363	1 347 624	3 134 779	960 650	455 596	39 377
1995	14 033 672	3 865 337	14 509 164	2 913 771	1 309 018	475 492
2000	50 477 852	6 541 556	50 602 544	3 998 215	2 947 615	124 692
2001	57 462 998	6 849 326	57 424 550	4 046 578	2 980 193	- 38 448
2002	70 241 260	7 587 840	70 429 897	4 425 818	3 285 990	188 637
2003	77 029 649	8 189 410	77 360 251	5 108 934	3 797 430	330 602
2004	91 333 523	8 895 198	91 639 714	5 505 405	4 786 594	306 191
2005	102 872 669	9 722 840	103 424 544	6 523 434	5 544 224	551 875
2006	131 865 730	10 476 982	132 676 441	7 555 588	6 401 328	810 710
2007	148 915 562	12 126 803	149 683 716	8 270 878	7 343 214	768 155

7-9 全省保险业务经济技术指标（2007年）

Economic and Technical Indicators of Insurance Companies (2007)

单位:万元 (10 000 yunan)

项 目	Item	保费金额 Premium	保费收入 Premium Income	各项赔款和给付 Insurance Indemnities Payments
合 计	**Total**	**323 551 356**	**1 118 573**	**477 547**
一、财产保险公司	**Property Insurance Companies**	**242 241 904**	**513 041**	**250 148**
企业财产保险	Enterprise Property Insurance	32 605 420	47 359	17 576
家庭财产保险	Family Property Insurance	1 135 327	2 509	1 013
机动车辆保险	Motor Vehicle Insurance	32 122 516	371 244	190 325
船舶保险	Ship Insurance	11 214	227	88
货物运输保险	Freight Transport Insurance	5 912 518	14 380	2 862
建筑、安装工程险	Construction and Installation Projects	2 861 639	11 313	6 076
责任保险	Liability Insurance	52 269 881	10 172	3 419
保证保险	Guarantee Insurance	322 810	2 462	3 056
信用保险	Export Credit Insurance	227 819	1 543	175
农业保险	Agricultural Insurance	47 348 332	16 666	6 897
特殊风险保险		11 350 156	3 553	120
健康险	Health Insurance	368 316	2 836	2 168
人身意外伤害保险	Unforeseen Human Injury Insurance	55 699 208	28 772	16 374
其他保险	Other Insurance	6 747	5	
二、人寿保险公司	**Life Insurance Companies**	**81 309 452**	**605 532**	**227 399**
寿险	Life Insurance	5 111 496	502 630	185 300
健康险	Health Insurance	13 955 814	71 098	33 907
人身意外伤害保险	Unforeseen Human Injury Insurance	62 242 142	31 805	8 192

主要统计指标解释

财政收入

1.企业收入 包括各部门所属国有企业、事业单位上交国家的利润。

2.各项税收 包括营业税、增值税、资源税、企业所得税、个人所得税、印花税、农牧业税、城镇土地使用税、屠宰税、房产税、城市维护建设税等税收收入。

财政支出

1.基本建设支出 是指国家预算内的基本建设拨款，不包括国家预算外自筹的各种基本建设基金。为加强基本建设投资规模的控制，提高资金使用效益，国家从1985年起，对预算内基本建设拨款实行拨款改贷款的新的管理办法。即由原来直接无偿的拨给建设单位，改为拨给建设银行视同信贷基金管理，建设银行根据国家预算安排的基建项目，给予有偿贷款，用投产后新增利润还本付息。因改革之中情况不一，目前仍有一些基建项目未实现拨改贷办法。

2.流动资金 是指国家预算增拨各部门所属国有企业的流动资金和增拨银行的信贷资金。

3.文教科学卫生事业费,包括科学、文化、教育、卫生、公费医疗、体育、通讯和广播、地震、海洋、文物、计划生育等方面的事业费 。

存款 企业、机关、团体或居民根据可以收回的原则,把货币资金存入银行或其他信用机构保管并取得一定利息的一种信用活动形式。根据存款对象的不同可划分为企业存款、财政存款、机关团体存款、信托存款、城镇居民储蓄存款、农村存款等科目。

贷款 银行或其他信用机构根据必须归还的原则,按一定利率,为企业、个人等提供资金的一种信用活动形式。我国银行贷款,分流动资金贷款、中短期设备贷款以及农户贷款等科目。

承保额 又叫保险金额。它是保险人对被保险人负担损失补偿或约定给付的金额。它是保险合同上的最高责任额,也是计算保费的依据。

保费 被保险人按其得到保险利益的保障程度(保险金额)的一定比率向保险人缴付的费用。

赔款 保险人对财产保险的保险事故给予的经济补偿或对人身保险的保险事故给付的保险金。分为已决赔款和未决赔款。

Explanatory Notes on Principal Statistical Indicators

Government Revenue

1. *Enterprise Income* includes the profits handed over to the state by state-owned enterprises and institutions subordinated to government departments.

2. *General tax revenues* include the revenue of business tax, value added tax, resources tax, enterprise income tax, personal income tax, stamp tax, tax on agriculture and animal husbandry, tax on use of urban land, butchery tax, real estate tax, tax on urban maintenance and development, etc.

Government Expenditure

1. *Expenditure on capital construction* refers to the state budgetary appropriation for capital construction, excluding various extra-budgetary self-raised funds for capital construction. In order to strengthen the control of the investment scale of capital construction and increase the rate of fund utilization, a new administrative method of changing the state budgetary appropriation into loans for budgetary capital construction has been carried out since 1985. That is, the former unpaid appropriation to a constructor is changed to the credit funds allocated and managed by to the banks of construction, which grant onerous loans to constructors according to state budgetary capital construction projects; and the principal and interest of loans are paid with the newly increased profits upon completion of projects. Because of different situations, some capital construction projects are not currently practiced in this way.

2. *Circulating funds* refer to the state budgetary additional allocations of circulating funds to enterprises subordinated to government departments and of credit funds to the banks.

3. *Operating Expenses on culture, education, science and health care* refer to the funds for public undertakings in science, culture, education, health care, free medical care, sports, telecommunication and broadcasting, earthquake, marine, cultural and historical relics, family planning, etc.

Deposit is a form of credit by which enterprises, institutions, organizations or residents put their monetary capital into banks and other credit institutions for safekeeping and earn interest under the principle of free withdrawal. According to different depositors, deposits are divided into enterprise deposits, treasury deposits, deposits of government agencies and organizations, deposits in trust, savings deposits of urban residents, rural deposits, etc.

Loan is a form of credit by which banks and other credit institutions provide funds at certain interest rates for enterprises and individuals in the light of the principle of unconditional repayment. Loans from Chinese banks include circulating capital loans, medium-term and short-term loans on equipment, loans to rural households, etc.

Amount Insured refers to the amount that the insurer pays the insurant as compensation for his/her loss or damage or as contractual payment. It is the maximum liability amount in the insurance contract and the basis for calculating the premium.

Premium is the fee paid by the insurant to the insurer at a certain rate of the amount insured.

Insurance Claim is the compensation paid by the insurer to the insurant for accidents covered against in property or life insurance contracts. It is divided into a settled claim and an outstanding claim.

八、价格指数

Price Indices

Chapter 8

8-1 主要年份各种物价总指数
General Price Indices in Significant Years

(2007年以各年价格为100) (2007 is on the basis of preceding years=100)

年 份 Year	全省居民消费价格总指数 General Consumer Price Index	全省商品零售价格总指数 General Retail Price Index	城镇居民消费价格总指数 General Urban Consumer Price Index	农村居民消费价格总指数 General Rural Consumer Price Index
1952		429.2	586.0	
1965		406.9	529.5	
1978	519.6	401.9	520.3	521.7
1980	512.8	377.5	476.7	496.7
1985	461.9	326.8	402.9	445.0
1990	264.6	200.6	246.4	268.1
1991	257.5	193.3	237.7	261.2
1992	249.8	179.4	215.4	239.9
1993	229.2	151.0	181.1	194.7
1994	189.0	130.4	154.5	162.5
1995	158.6	110.4	128.4	133.3
1996	130.8	103.5	118.6	122.5
1997	120.3	101.2	113.5	117.9
1998	115.3	102.0	110.7	116.7
1999	113.4	103.8	112.1	115.7
2000	116.1	106.3	114.9	117.7
2001	117.2	108.1	117.1	117.1
2002	117.4	110.2	118.0	116.5
2003	116.0	110.3	116.4	115.3
2004	109.4	105.3	109.7	108.9
2005	107.9	105.2	107.9	107.8
2006	105.9	104.4	105.9	105.9

8-1 续表 continued

(各年以上年价格为100) (preceding year=100)

年 份 Year	全省居民消费价格总指数 General Consumer Price Index	全省商品零售价格总指数 General Retail Price Index	城镇居民消费价格总指数 General Urban Consumer Price Index	农村居民消费价格总指数 General Rural Consumer Price Index
1957		101.3		
1965		99.3	100.1	
1978	100.2	100.1	100.0	100.3
1980	104.7	105.7	108.1	103.7
1985	108.2	108.0	111.9	105.7
1990	102.8	102.1	101.6	103.4
1991	103.1	103.7	103.8	102.7
1992	108.9	107.7	110.4	108.8
1993	121.3	118.9	118.8	123.3
1994	119.2	115.8	117.3	119.9
1995	121.3	118.1	120.3	121.8
1996	108.7	106.6	108.2	108.8
1997	104.3	102.3	104.6	103.9
1998	101.7	99.2	102.4	101.1
1999	99.7	98.3	98.8	100.7
2000	97.9	97.6	97.6	98.4
2001	99.1	98.4	98.1	100.6
2002	99.8	98.1	99.3	100.5
2003	101.2	99.9	101.3	101.0
2004	106.0	104.7	106.1	105.9
2005	101.4	100.1	101.7	101.0
2006	101.9	100.8	101.9	101.8
2007	105.9	104.4	105.9	105.9

8-2 商品零售价格和居民消费价格指数
Retail Price Indices and Residents' Consumer Price Indices

(以上年价格为100) (preceding year=100)

项 目	Item	全 省 Province		城 镇 Urban		农 村 Rural Areas	
		2006年	2007年	2006年	2007年	2006年	2007年
商品零售价格总指数	**General Retail Price Indices**	**100.8**	**104.4**	**100.0**	**103.8**	**101.7**	**105.1**
食　品　类	Food	102.0	114.4	101.6	115.2	102.5	113.6
饮料、烟酒类	Beverages, Tobacco and Liquor	101.5	103.2	101.8	103.5	101.3	103.0
服装、鞋帽类	Garments, Shoes and Hats	96.7	97.3	93.6	95.1	100.1	99.6
纺织品类	Textiles	96.9	98.7	91.7	95.4	99.7	100.6
家用电器及音像器材类	Household Appliances and Audiovisual Equipment	96.1	95.5	95.2	94.5	97.6	97.3
文化办公用品类	Cultural Goods and Office Supplies	97.1	93.3	96.3	90.3	98.4	98.4
日用品类	Articles for Dasly Use	101.6	102.4	103.1	102.6	100.0	102.1
体育娱乐用品类	Sports and Recreational Goods	98.5	97.2	97.8	95.0	99.0	99.1
交通、通信用品类	Transport and Communicational Goods	92.3	92.1	90.7	90.8	95.6	94.4
家具类	Furniture	100.2	101.0	100.0	100.4	100.4	101.6
化妆品类	Cosmetics	99.5	99.2	99.1	98.8	100.5	99.9
金银珠宝类	Jewelry	123.5	108.9	124.5	109.1	122.2	108.6
中西药品及医疗保健用品类	Chinese and Western Medicines and Medical Health Care Goods	98.7	105.5	100.2	107.0	96.6	103.3
书报杂志及电子出版物类	Books, Newspaper, Magazine and Electrical Publications	99.9	98.1	99.5	97.8	100.4	98.4
燃料类	Fuels	111.8	103.9	110.6	102.3	113.7	106.1
建筑材料及五金电料类	Building and Materials Metal and Electrical Materials and Appliances	105.4	103.0	104.6	104.0	106.0	102.2
农业生产资料零售价格指数	Retail Price Indices of Agricultural Means of Production	102.8	107.0			102.8	107.0
农用手工工具	Manual Tool for Farming	105.5	104.7			105.5	104.7
半机械化农具	Semi-mechanization Farm Tools	100.2	102.0			100.2	102.0
机械化农具	Mechanization Farm Machinery	101.4	99.6			101.4	99.6
化学肥料	Chemical Fertilizer	99.3	104.1			99.3	104.1
农药及农药械	Pesticide & Its Appliances	101.2	103.4			101.2	103.4
服务项目价格指数	Price Indices of Service Items	104.9	103.8	105.6	103.4	103.5	104.4
居民消费价格总指数	Consumer Price Indices	101.9	105.9	101.9	105.9	101.8	105.9
食品类	Food	102.4	114.1	102.1	114.7	102.8	113.6
烟酒及用品类	Tobacco, Liquor and Necessities	101.6	102.9	102.3	103.3	100.8	102.5
衣着类	Clothing	97.0	97.8	94.8	96.3	100.6	99.7
家庭设备用品及维修服务类	Household Facilities and Repairing Services	100.2	101.7	100.4	101.2	99.9	102.2
医疗保健和个人用品类	Medical and Health and Individual-use Articles	105.3	105.9	106.8	107.0	102.4	103.7
交通和通讯类	Transport and Communication	100.2	98.6	99.8	98.0	101.1	99.8
娱乐教育文化用品及服务类	Recreation, Education, Cultural Goods and Services	99.2	100.0	100.3	100.3	97.2	99.7
居住类	Dwelling	107.1	104.2	107.2	103.1	107.0	105.8

8-3 各市居民消费价格分类指数(2007年)

Consumer Price Indices by Category and City (2007)

(以上年价格为100) (preceding year=100)

项　　目	Item	全省城市平均 Provincial Average of cities	昆明市 Kunming City	东川区 Dongchuan District	个旧市 Gejiu City	大理市 Dali City	楚雄市 Chuxiong City	玉溪红塔区 Hongta District of Yuxi	保山隆阳区 District Baoshan
居民消费价格总指数	**General Consumer Price Indices**	**105.9**	**105.8**	**107.8**	**107.0**	**105.7**	**104.9**	**104.5**	**106.9**
食品类	Food	114.7	113.9	121.4	116.6	115.3	113.0	116.0	116.6
粮　食	Grain	106.5	105.3	105.1	110.1	103.9	109.8	110.7	109.6
油脂类	Oil or Fat	137.2	143.5	140.6	136.1	129.8	115.6	125.4	124.0
肉禽及其制品	Meat, Poultry and Their Products	133.1	130.7	140.3	134.0	141.3	130.8	140.7	138.6
鲜　蛋	Fresh Eggs	113.6	111.7	128.1	109.0	126.8	119.4	114.7	117.8
鲜　菜	Fresh Vegetables	117.7	116.2	119.6	112.3	121.4	116.0	125.5	124.6
烟酒及用品类	Beverages, Tobacco and Liquor	103.3	103.4	99.2	103.9	102.8	102.0	98.7	104.6
衣着类	Clothing	96.3	94.4	99.9	102.1	100.5	97.7	96.9	99.6
#服　装	Garments	95.8	93.6	99.9	102.5	100.3	96.9	96.6	100.0
家庭设备用品及维修服务类	Household Facilities and Maintenance Service	101.2	101.6	99.8	102.1	99.2	100.6	97.9	102.2
耐用消费品	Durable Consumer Goods	101.2	101.9	99.6	101.8	98.3	99.2	96.6	100.0
医疗保健和个人用品类	Health Care and Personal Articles	107.0	108.2	103.7	104.5	106.4	102.7	101.0	101.6
医疗保健	Health Care	107.9	109.0	102.0	107.3	108.1	101.4	101.7	99.9
个人用品及服务	Personal Articles and Services	104.5	105.6	108.8	99.9	103.0	105.3	98.7	108.1
交通和通信类	Transportation and Communication	98.0	96.8	99.8	99.5	99.8	102.8	96.6	99.5
交　通	Transportation	100.1	98.9	100.1	103.7	101.0	105.7	97.5	101.5
通　信	Communication	95.9	94.9	99.6	95.9	98.1	99.3	95.1	97.9
娱乐教育文化用品及服务类	Entertainment, Educational and Cultural Goods and Services	100.3	101.2	101.7	99.6	100.5	98.7	99.5	98.5
文娱用耐用消费品及服务	Durable Consumer Goods and Services for Entertainment	86.7	84.7	99.7	89.0	90.6	92.9	95.4	96.8
居住类	Residence	103.1	102.8	100.4	104.3	102.6	101.5	105.1	106.5
水、电、燃料	Water, Electricity and Fuels	102.8	102.4	100.0	105.4	103.8	99.9	105.9	106.5

8-4 各市商品零售价格分类指数(2007年)

Retail Price Indices by Category of Commodities and City (2007)

(以上年价格为100) (preceding year=100)

项 目	Item	全省城市平均 Provincial Average of cities	昆明市 Kunming City	东川区 Dongchuan District	个旧市 Gejiu City	大理市 Dali City	楚雄市 Chuxiong City	玉溪红塔区 Hongta District	保山隆阳区 Longyang District
商品零售价格总指数	**General Retail Price Indices**	**103.8**	**103.4**	**107.2**	**105.7**	**104.3**	**104.1**	**105.0**	**107.4**
食品类	Food	115.2	114.9	121.3	116.1	115.7	113.2	116.0	117.1
粮 食	Grain	106.0	105.1	105.3	109.9	103.9	109.8	110.3	109.9
油脂类	Oil or Fat	137.1	141.6	137.6	134.0	129.9	115.6	126.6	124.0
肉禽及其制品	Meat, Poultry and Their Products	131.9	130.7	139.0	132.6	138.2	130.8	139.9	135.4
鲜蛋	Fresh Eggs	112.5	111.7	128.1	109.0	126.8	119.4	114.7	117.8
水产品	Aquatic Products	102.8	101.4	104.9	109.8	107.1	110.4	105.5	107.8
鲜 菜	Fresh Vegetables	117.3	116.2	119.6	112.3	121.4	116.0	125.5	124.6
干菜及菜制品	Dry Vegetables and Their Products	130.6	131.7	127.2	108.5	131.5	123.5	124.3	123.7
鲜瓜果	Fresh Fruits	96.2	96.0	96.5	101.5	96.0	90.9	105.9	92.5
干(坚)果	Dried Fruits and Nut	107.5	104.3	122.6	107.9	124.0	111.7	110.6	117.1
其它食品	Other Foods	111.4	114.8	118.4	114.2	103.7	106.1	103.3	113.2
饮料、烟酒类	Beverages, Tobacco and Liquor	103.5	103.7	100.8	102.5	103.0	102.6	100.7	104.7
茶及饮料	Teas and Beverages	104.4	104.5	107.2	96.8	102.6	101.4	103.0	106.9
烟 草	Tobacco	103.1	103.4	97.9	103.3	102.7	101.3	99.8	105.3
酒	Liquor	102.8	102.5	105.5	103.0	103.7	107.6	100.8	101.5
服装、鞋帽类	Garments, Footwear and Headgear	95.1	93.7	99.9	101.8	100.5	97.6	97.3	99.7
#服 装	Garments	94.6	92.9	99.9	102.4	100.4	96.9	97.0	100.1
纺织品类	Textiles	95.4	93.6	100.0	100.1	98.5	99.1	98.9	99.6
家用电器及音像器材类	Household Appliances and Audiovisual Equipment	94.5	94.6	99.5	94.0	88.0	94.0	95.2	99.3
文化办公用品类	Cultural Goods and Office Supplies	90.3	89.2	100.0	90.5	98.3	98.8	100.1	97.9
日用品类	Articles for Daily Use	102.6	103.0	100.0	101.3	100.0	102.9	100.2	102.3
体育娱乐用品类	Sports and Entertainment Goods	95.0	92.4	100.0	102.8	99.3	103.0	101.7	98.5
交通、通信用品类	Transportation and Communication Goods	90.8	90.3	99.1	91.5	90.3	96.4	96.0	94.4
家具类	Furniture	100.4	100.0	100.0	102.9	102.9	98.4	100.9	99.9
化妆品类	Cosmetics	98.8	98.7	96.6	98.1	101.0	97.7	99.4	101.1
金银珠宝类	Jewelry	109.1	110.0	102.4	104.9	106.9	109.5	106.2	107.4
中西药品及医疗保健用品类	Chinese Traditional and Western Medicines and Health Care Goods	107.0	107.7	102.2	108.1	109.7	101.0	102.3	99.9
书报杂志及电子出版物类	Books, Newspapers, Magazines and Electrical Publications	97.8	97.6	100.0	99.7	98.6	98.7	98.1	99.2
燃料类	Fuels	102.3	101.7	101.6	103.1	103.6	101.1	104.9	113.7
建筑材料及五金电料类	Building Materials, Hardware and Electrical Materials and Appliances	104.0	104.4	100.7	100.6	100.6	102.8	103.8	109.5

8-5 农村商品零售价格分类指数(2007年)

Retail Price Indices by Category in Rural Areas (2007)

(以上年价格为100) (preceding year=100)

地 区	Region	商品零售价格总指数 Retail Price Indices	食品类 Food	粮 食 Grain	油脂类 Oil or Fat	肉禽及其制品类 Meat, Poultry and Their Products	水产品 Aquatic Products	鲜 菜 Fresh Vegetables	干菜及菜制品 Dry Vegetables and Their Products	鲜瓜果 Fresh Fruits
全省农村	**Rural**	**105.1**	**113.6**	**105.8**	**126.9**	**129.1**	**108.6**	**113.0**	**119.9**	**98.4**
宣 威	Xuanwei	106.4	114.6	101.8	146.4	130.0	106.7	107.5	141.6	89.0
建 水	Jianshui	104.4	114.2	106.2	118.8	135.6	111.9	114.5	112.4	108.8
西 畴	Xichou	104.0	109.2	108.0	114.7	120.2	111.3	104.9	110.3	78.9
昭通昭阳区	Zhaoyang	107.8	120.1	103.1	153.3	139.6	119.0	114.1	138.3	125.9
丽江古城区	Gucheng	105.0	113.1	102.9	113.7	132.5	114.5	115.8	116.0	103.8
宁 洱	Ning'er	108.6	118.9	109.1	148.3	137.1	106.2	122.0	118.0	102.8
临沧临翔区	Linxiang	104.1	114.4	116.0	117.4	129.1	111.8	104.2	99.6	110.3
大 姚	Dayao	106.3	115.5	101.9	134.0	127.1	106.8	110.5	130.4	85.9
文 山	Wenshan	104.8	111.5	103.0	114.4	120.1	105.0	116.6	125.1	101.2
景 洪	Jinghong	104.6	109.8	111.7	125.0	118.9	108.1	114.6	103.8	91.9
潞 西	Luxi	104.9	115.3	112.3	127.4	132.1	101.6	114.7	144.3	103.6

8-5 续表1 continued

(以上年价格为100) (preceding year=100)

地 区	Region	干(坚)果 Dried Fruits and Nuts	其它食品 Beverages, Other Foods	饮料烟酒类 Tobacco and Liquor	茶及饮料 Teas and Beverages	烟草 Tobacco	酒类 Liquor	服装鞋帽类 Garments, Footwear and Headgear	纺织品类 Textiles	家用电器及音像器材 Household Appliances and Audiovisual Equipment
全省农村	**Rural**	**115.0**	**103.6**	**103.0**	**105.0**	**103.1**	**100.9**	**99.6**	**100.6**	**97.3**
宣 威	Xuanwei	125.8	107.8	100.6	94.3	102.6	102.0	100.6	99.4	98.7
建 水	Jianshui	113.9	102.1	104.2	101.8	108.9	104.0	99.0	102.6	95.1
西 畴	Xichou	104.4	100.0	107.4	102.2	106.8	111.6	104.9	105.0	95.4
昭通昭阳区	Zhaoyang	115.9	106.4	102.0	103.2	101.7	101.3	100.3	98.7	99.7
丽江古城区	Gucheng	99.4	102.3	103.2	114.7	102.1	98.1	99.5	100.0	97.5
宁 洱	Ning'er	122.6	100.4	113.8	149.1	107.4	100.9	95.6	99.0	95.8
临沧临翔区	Linxiang	132.4	111.0	100.0	105.4	98.8	97.5	93.0	100.0	98.9
大 姚	Dayao	114.3	105.6	102.4	112.2	101.9	100.0	101.7	103.3	95.5
文 山	Wenshan	96.8	94.8	100.4	100.7	110.4	93.2	101.0	101.1	97.4
景 洪	Jinghong	111.1	100.1	107.6	113.4	106.0	104.4	101.8	100.9	99.7
潞 西	Luxi	99.5	109.4	103.2	111.9	101.1	98.4	99.4	100.0	100.1

8-5 续表2 continued

(以上年价格为100) (preceding year=100)

地 区	Region	文化办公用品类 Cultural Goods and Office Supplies	日用品类 Articles for Daily Use	体育娱乐用品类 Sports and Entertainment Goods	交通、通信用品类 Transportation and Communication Goods	家具类 Furniture
全省农村	**Total Rural Areas**	**98.4**	**102.1**	**99.1**	**94.4**	**101.6**
宣 威	Xuanwei	97.0	107.3	96.1	95.9	111.4
建 水	Jianshui	94.6	99.8	99.1	85.5	105.5
西 畴	Xichou	99.1	100.9	99.9	96.2	103.0
昭通昭阳区	Zhaotong	100.1	99.9	104.7	93.7	106.8
丽江古城区	Lijiang	99.4	98.9	101.1	96.7	99.1
宁 洱	Ning'er	88.9	100.6	94.0	92.4	102.5
临沧临翔区	Lincang	100.4	100.1	99.7	92.3	102.4
大 姚	Dayao	98.1	101.4	98.7	95.6	97.6
文 山	Wenshan	105.7	102.8	98.8	99.4	101.6
景 洪	Jinghong	99.1	101.4	100.0	99.4	101.4
潞 西	Luxi	97.3	105.3	99.9	93.6	99.2

8-5 续表3 continued

(以上年价格为100) (preceding year=100)

地 区	Region	化妆品类 Cosmetics	金银、珠宝类 Jewelry	中西药品及医疗保健用品类 Chinese Tradition and Western Medicines and Health Care Good	书报杂志及电子出版物类 Books, Newspapers, Magazines and Electrical Publications	燃料类 Fuels	建筑装璜材料类及五金电料 Building Materials Hardware and Electrical Materials and Appliances
全省农村	**Total Rural Areas**	**99.9**	**108.6**	**103.3**	**98.4**	**106.1**	**102.2**
宣 威	Xuanwei	96.5	113.0	106.2	98.0	108.5	102.6
建 水	Jianshui	99.9	109.9	95.3	99.8	104.2	103.6
西 畴	Xichou	101.8	106.3	98.9	98.4	104.3	94.6
昭通昭阳区	Zhaotong	98.2	109.8	105.1	95.0	112.9	97.9
丽江古城区	Lijiang	100.0	109.3	104.4	100.0	103.7	101.7
宁 洱	Ning'er	101.7	107.5	114.0	97.5	110.8	111.1
临沧临翔区	Lincang	99.2	103.7	104.1	100.5	97.7	103.2
大 姚	Dayao	102.6	107.9	109.7	96.8	103.0	105.3
文 山	Wenshan	106.6	110.3	99.0	96.9	105.4	103.7
景 洪	Jinghong	100.0	108.0	104.4	100.8	103.1	98.9
潞 西	Luxi	99.3	104.1	95.1	98.6	103.4	101.0

8-5 续表4 continued

(以上年价格为100) (preceding year=100)

地 区	Region	农业生产资料 Means of Agricultural Production	农用手工工具 Manual Tools for Agriculture	饲料 Forage	产品畜 Livestock Raiseal For Meat	半机械化农具 Semi-mechanized Farm Tools
全省农村	**Total Rural Areas**	**107.0**	**104.7**	**109.3**	**128.5**	**102.0**
宣 威	Xuanwei	107.3	100.6	104.6	148.5	101.2
建 水	Jianshui	106.4	102.2	104.4	116.4	101.2
西 畴	Xichou	110.6	109.1	107.8	157.4	94.8
昭通昭阳区	Zhaotong	106.4	100.0	100.5	128.6	111.7
丽江古城区	Lijiang	106.4	112.1	110.7	131.8	106.8
宁 洱	Ning'er	103.8	107.0	102.7	124.6	100.9
临沧临翔区	Lincang	111.0	102.2	129.6	129.0	105.1
大 姚	Dayao	104.1	108.2	111.2	128.2	108.2
文 山	Wenshan	107.4	97.4	100.2	112.1	89.6
景 洪	Jinghong	101.4	103.4	100.3	104.7	100.0
潞 西	Luxi	105.7	100.0	111.3	118.1	100.0

8-5 续表5 continued

(以上年价格为100) (preceding year=100)

地 区	Region	机械化农具 Mechanized Farm Machinery	化学肥料 Chemical Fertilizer	农药及农药械 Pesticide & Its Appliances	农用机油 Farm Engine oil for Farm Machinery	其它农业生产资料 Others	农业生产服务 Agricultural Service
全省农村	**Total Rural Areas**	**99.6**	**104.1**	**103.4**	**105.2**	**102.9**	**103.3**
宣 威	Xuanwei	98.1	96.4	102.4	107.3	96.8	98.2
建 水	Jianshui	100.0	105.8	104.7	104.2	105.9	106.4
西 畴	Xichou	101.8	100.8	100.8	103.3	109.1	100.0
昭通昭阳区	Zhaotong	99.7	100.5	103.3	101.1	112.0	115.9
丽江古城区	Lijiang	104.4	101.2	107.0	101.2	100.6	100.0
宁 洱	Ning'er	100.4	100.7	98.0	101.7	102.4	100.0
临沧临翔区	Lincang	105.9	109.3	104.5	103.8	102.5	112.1
大 姚	Dayao	107.1	103.9	100.3	104.4	88.5	109.4
文 山	Wenshan	105.2	109.5	110.6	104.3	104.0	87.8
景 洪	Jinghong	99.7	101.5	99.9	105.9	103.3	100.0
潞 西	Luxi	101.0	102.3	103.9	107.6	101.4	101.3

8-6 农村居民消费价格分类指数(2007年)

Rural Consumer Price Indices by Category (2007)

(以上年价格为100) (preceding year=100)

地 区	Region	农村居民消费价格总指数 Rural Consumer Price Index	食品类 Food	烟酒及用品类 Tobacco and Liquor	衣着类 Clothing	家庭设备用品及维修服务类 Household Facilities and Maintenance Service	医疗保健和个人用品类 Health Care and Personal Articles	交通和通讯类 Means of Transportation and Communication	娱乐教育文化用品及服务类 Enternment, Education and Cultural Articles	居住类 Residence
全省农村	**Total Rural Areas**	**105.9**	**113.6**	**102.5**	**99.7**	**102.2**	**103.7**	**99.8**	**99.7**	**105.8**
宣 威	Xuanwei	106.2	114.1	102.2	100.6	105.5	105.7	99.4	98.9	106.0
建 水	Jianshui	105.4	114.1	107.0	99.4	102.3	97.9	99.5	98.7	105.3
西 畴	Xichou	104.8	108.3	108.2	106.3	101.8	101.2	101.3	101.8	99.3
昭通昭阳区	Zhaotong	106.7	119.4	101.0	101.2	103.3	102.1	94.0	99.7	101.7
丽江古城区	Lijiang	105.5	113.1	101.0	99.8	99.5	104.8	103.2	100.2	102.3
宁 洱	Ning'er	108.5	119.6	105.8	95.5	101.2	108.8	97.8	97.0	108.9
临沧临翔区	Lincang	105.1	113.8	98.9	93.4	100.0	102.2	98.9	102.1	102.3
大 姚	Dayao	106.4	115.1	101.4	101.7	100.5	107.3	100.4	98.1	105.7
文 山	Wenshan	104.4	108.7	99.8	100.4	103.7	101.2	101.9	99.7	107.7
景 洪	Jinghong	105.4	111.5	104.9	102.4	101.2	103.5	101.0	101.8	100.6
潞 西	Luxi	106.0	115.4	100.5	99.4	102.9	98.0	102.3	101.0	102.2

8-7 全省工业品出厂价格分类指数

Ex-factory Price Indices of Industrial Products by Sector

(各年以上年价格为100) (preceding year=100)

类 别	Item	1995年	1998年	1999年	2000年	2005年	2006年	2007年
全省总指数	**Provincial General Index**	**110.2**	**97.2**	**98.2**	**101.2**	**104.5**	**104.6**	**105.7**
轻工业	Light Industry	105.2	99.1	98.5	100.5	101.2	102.5	100.1
以农产品为原料	Using Farm and Sideline Products as Raw Materials	104.7	99.2	98.8	100.9	100.9	102.0	100.3
以非农产品为原料	Using Non-farm Products as Raw Materials	113.6	97.3	97.0	97.5	102.3	104.7	99.4
重工业	Heavy Industry	117.1	94.4	97.8	101.8	107.4	106.1	109.9
采 掘	Mining & Quarrying	123.1	95.2	100.1	107.6	120.9	112.3	113.0
原 料	Raw Materials Industry	114.7	95.0	97.2	102.4	106.6	109.3	112.3
加 工	Manufacturing	118.8	93.1	97.7	98.7	105.6	97.8	104.2
生产资料	Means of Production	117.5	94.9	97.7	101.5	106.8	105.9	108.6
采 掘	Mining and Quarrying	123.1	95.2	100.1	107.5	120.9	111.6	112.9
原 料	Raw Materials Industry	115.6	95.2	97.2	102.2	106.6	109.4	112.1
加 工	Manufacturing	118.8	94.1	97.4	98.7	104.8	99.9	102.8
生活资料	Consumer Goods	104.6	98.9	98.9	100.8	100.6	102.0	100.1
食 品	Food	102.7	99.1	99.3	101.4	100.8	102.2	100.3
衣 着	Clothing	125.7	95.7	90.8	97.6	101.3	103.7	99.6
一般日用品	Articles for Daily Use	112.9	98.5	99.4	98.6	98.5	99.9	98.2
耐用消费品	Durable Consumer Goods	104.5	93.3	95.8	96.2	102.8	99.9	104.0

8-8 全省原材料、燃料、动力购进价格分类指数

Purchase Price Indices of Major Raw Materials, Fuels and Power by Sector

(各年以上年价格为100) (preceding year=100)

类 别	Item	1995年	1998年	1999年	2000年	2005年	2006年	2007年
全省总指数	**Provincial General Index**	**113.2**	**100.7**	**98.8**	**101.5**	**106.5**	**107.6**	**108.2**
燃料、动力类	Fuels and Power	107.1	100.8	100.2	106.5	109.3	106.8	106.6
黑色金属材料类	Ferrous Materials	91.0	96.1	94.0	99.3	107.2	96.6	110.3
有色金属材料和电线类	Nonferrous Materials & Wire	140.4	86.6	96.1	107.0	109.8	127.7	120.9
化工原料类	Chemical Materials	126.1	95.1	95.0	100.2	106.9	102.0	103.2
木材及纸浆类	Timber and Paper Pulp	106.6	94.3	102.7	103.6	101.4	102.2	105.3
建筑材料及非金属矿类	Building Materials and Nonmetal Minerals	98.6	101.0	97.6	98.1	106.2	107.4	105.7
其它工业原材料及半成品类	Other Raw Materials & Semi-products	108.7	91.7	99.7	102.3	104.7	104.8	105.4
农副产品类	Farm & Sideline Products	132.7	116.8	104.5	96.8	105.4	111.1	108.4
纺织原料类	Textile Raw Materials	155.3	96.5	89.4	95.8	100.8	101.6	100.7

8-9 农产品生产价格指数

Production Price and Price Indices of Agricultural Products

(以上年价格为100) (preceding year=100)

农产品名称	Names of Agricultural Product	生产价格指数(2006年) Producer's Price Index	生产价格指数(2007年) Producer's Price Index
总指数	**General Index**	**106.64**	**117.51**
农业产品	**Farm Products**	**108.42**	**113.33**
谷物	Cereals	99.13	107.57
小麦	Wheat	92.29	111.71
稻谷	Paddy	101.51	105.73
玉米	Maize	96.05	109.16
薯类	Tubers	110.90	107.04
豆类	Beans and Peas	98.01	112.68
油料	Oil-bearing Crops	92.95	144.03
糖料	Sugar Crops	144.25	98.42
烟叶	Tobacco	100.78	106.99
蔬菜	Vegetables	103.10	102.47
菠菜	Spinach	95.41	100.10
芹菜	Celery	101.15	113.75
大白菜	Chinese Cabbage	92.82	113.65
莴笋	Lettuce	96.18	96.06
黄瓜	Cucumbers	99.01	95.80
萝卜	Radish	83.81	111.85

8-9 续表 continued

(以上年价格为100) (preceding year=100)

农产品名称	Names of Agricultural Product	生产价格指数(2006年) Producer's Price Index	生产价格指数(2007年) Producer's Price Index
胡萝卜	Carrots	100.77	101.50
生姜	Ginger	95.44	97.09
茄子	Eggplant	91.60	112.62
西红柿	Tomatoes	113.49	91.76
辣椒	Capsicum	112.59	115.45
大葱	Chinese Onions	99.22	114.40
韭菜	Chives	96.82	94.85
四季豆	Kidney Beans	106.67	90.92
莲藕	Lotus Roots	102.59	130.31
蘑菇(鲜品)	Mushrooms (Flesh)	99.51	83.23
鲜切花	Fresh Flowers Cut	128.75	120.08
康乃馨	Carnations	134.98	122.01
满天星	Gypsophila	135.75	152.22
勿忘我	Limonium Sinuate		187.50
玫瑰	Roses	122.17	117.90
水果	Fruits	102.94	104.11
苹果	Apples	109.08	123.05
梨	Pears	99.07	124.14
柑桔类	Citrus	101.19	99.23
香蕉	Banana	99.80	
西瓜	Watermelon	65.97	88.31
桃子	Peach	88.10	90.17
茶叶	Tea	109.52	213.98
中药材	Chinese Tradition Medicine Materials	95.65	102.89
林业产品	**Forest Products**	**123.30**	**97.73**
木材竹材采运	Cutting And Conveyance Of Timber And Bamboo	101.05	94.87
林产品	Forest Products	130.92	98.28
橡胶	Rubber	137.31	96.69
油桐籽	Tung Tree Seeds	69.42	
棕片	Palm Bark	106.67	156.25
松脂	Pine Resin	175.34	79.68
核桃	Walnuts	114.13	109.30
板栗	Chestnuts	92.79	100.97
松子	Pine Nut	100.00	
花椒	Prickly Ash	99.18	105.51
牧业产品	**Livestock Products**	**99.99**	**128.61**
牲畜(毛重)	Livestock(Gross)	99.75	130.90
牛	Beef	96.28	130.90
羊	Mutton	107.48	113.23
猪	Pork	99.08	136.04
家禽(毛重)	Poultry(Gross)	102.55	115.54
鸡	Chicken	102.47	115.56
鸭	Duck	106.84	116.47
鹅	Goose	100.23	102.39
禽蛋	Poultry Eggs	102.09	108.72
奶类	Milk	102.91	104.86
牛奶	Cow Milk	102.91	104.86
渔业产品	**Fishery Products**	**93.95**	**113.02**
草鱼	Grass Carp	93.71	115.17
鲤鱼	Carp	87.63	107.62
鲫鱼	Crucian Carp	91.03	122.31
罗非鱼	Africa Crucian	93.33	103.82

主要统计指标解释

物价指数　物价指数是反映两个时期商品或服务项目价格变化和平均升降程度的相对数，通常用百分比表示。例如1988年全省商品零售价格总指数为119.6%，它说明零售物价总水平1988年比1987年平均上升19.6%。其中既包括了涨价的商品，也包括降价和价格不变的商品，是1988年的商品价格和1987年的商品零售价格综合比较的结果。

居民消费价格指数　是反映一定时期内城乡居民所购买的生活消费品价格和服务项目价格变动趋势和程度的相对数，是进行宏观经济分析和决策、价格总水平监测和调控以及国民经济核算的重要指标。目前世界各国都把居民消费价格指数作为反映通货膨胀或紧缩的主要指标。

商品零售价格指数　是反映一定时期内城乡商品零售价格变动趋和程度的相对数。编制目的在于掌握商品价格的变动趋势，为国家宏观调控和国民经济核算提供参考依据。

农业生产资料价格指数　反映一定时期内农业生产资料价格变动趋势和程度的相对数。编制目的在于掌握农业生产资料的价格水平，为国家制定经济政策提供依据；同时，为研究城乡市场流通和国民经济核算提供参考依据。

居民消费价格指数、商品零售价格指数和农业生产资料价格指数的计算方法　根据现行流通和消费价格统计调查方案，居民消费价格指数、商品零售价格指数和农业生产资料价格指数的编制方法，均采用新的计算公式—链式拉氏公式计算。居民消费价格指数首轮基期以2000年的价格编制计算；商品零售价格指数和农业生产资料价格指数以2002年的价格为基期编制计算。

链式拉氏公式：

$$L_t = \left(\sum W_{t-1} \frac{P_t}{P_{t-1}} \right) \times L_{t-1}$$

Explanatory Notes on Principal Statistical Indicators

Price Index is the relative figure that reflects the trend and degree of changes in commodity or service price between two different periods, which is usually expressed by percentage. For instance, the general retail price index in 1988 in Yunnan province was 119.6%, which showed that the retail price in 1988 was increased by 19.6% than that in 1987 on average; it covered the commodities with prices going up and those with prices going down or unchanging and was the result of comprehensive comparison of the commodity prices in 1988 and 1987.

Consumer Price Index is the relative figure that reflects the degree of changes in prices of consumer goods and services purchased by urban and rural residents. It is an important indicator for macroeconomic analysis and decision-making, monitoring and regulation of general price level, and national economic accounting. It is taken as a principal indicator to measure inflation and deflation in all countries.

Retail Price Index reflects the trend and degree of changes in retail price of commodities. It provides a reference basis for macroeconomic regulation and control and national economic accounting.

Price Index of Agricultural Production Means reflects the trend and degree of changes in price of agricultural production means. It aims to measure the average price level of agricultural production means, which serves as a basis for making national economic policies, and to provide a reference basis for analysis of urban and rural market circulation and rational economic accounting.

Purchase Price Index of Agricultural and Sideline Products is divided into 11 categories and 25 sub-categories covering main agricultural and sideline products in the whole province. It is calculated with a weighted reciprocal average formula (i.e., according to the weighted comprehensive method of the actual purchase amount in the report period).

Fair Trade Price Index is the relative figure that reflects the trend and degree of changes in price of commodities in urban and rural fair trade. Fair trade price index is divided into two main parts: consumer goods and agricultural production means. It is calculated with a weighted reciprocal average formula with business volume of fair trade in the report period as weighted data.

Calculation Method for Consumer Price Index, Retail Price Index and Price Index of Agricultural Production Means According to the current statistical survey programs, consumer price index, retail price index and price index of means of agricultural production are calculated by the new formula – Chained Lapsers Formula. Consumer price index is calculated on the basis of 2000’s prices; retail price index and price index of means of agricultural production are calculated on the basis of 2000’s prices. The Chained Lapsers Formula is as follows:

$$L_t = \Sigma[W_{t-1}(Pt \div P_{t-1})] \times L_{t-1}$$

九、人民生活

People’s Livelihood

Chapter 9

9-1 主要年份居民消费水平及其指数

Annual Average Living Expenditures of Residents and Related Indices in Significant Years

(指数以1952年为100) (By index of 1952=100)

年 份 Year	消费水平(元) Expenditure on Consumption (yuan)				指 数(%) Index (%)		
	全省居民 Provincial Residents	农村居民 Rural Residents	城镇居民 Urban Residents	农与非农对比 Ratio of Rural Residents' level to That of Urban Residents	全省居民 Provincial Residents	农村居民 Rural Residents	城镇居民 Urban Residents
1952	54	47	123	2.6	100.0	100.0	100.0
1978	156	124	406	3.3	303.1	276.6	338.6
1985	327	258	814	3.2	536.6	533.5	468.4
1990	731	601	1 549	2.6	1 022.8	1 057.9	753.3
1995	1 501	1 064	4 310	4.1	1 382.4	1 337.8	1 190.6
1996	1 833	1 302	5 153	4.0	1 424.3	1 376.5	1 212.0
1997	2 021	1 502	5 164	3.4	1 480.3	1 436.4	1 228.5
1998	2 103	1 589	5 137	3.2	1 508.3	1 468.1	1 226.6
1999	2 395	1 931	5 041	2.6	1 751.7	1 813.1	1 224.1
2000	2 603	1 895	5 564	2.9	1 914.1	2 054.2	1 075.3
2001	2 256	1 291	5 294	4.1	1 647.1	1 389.7	1 015.6
2002	2 463	1 348	5 731	4.3	1 800.8	1 431.4	1 113.4
2003	2 587	1 297	6 199	4.8	1 855.9	1 354.4	1 177.9
2004	3 315	1 634	7 778	4.8	2 263.3	1 627.7	1 403.9
2005	3 749	1 913	8 285	4.3	2 507.7	1 876.7	1 460.1
2006	4 075	2 145	8 579	4.0	2 675.7	2 060.6	1 486.4
2007	4 553	2 547	9 010	3.5	2 806.8	2 285.2	1 470.0

注：绝对数按当年价格计算。农与非农消费水平对比没有剔除城乡价格不可比的因素,以农村居民为1。

Note:The absolute figures are calculated at the current prices. Calculation of the ratio of rural residents' expenditures to those of urban residents does not take the incomparable factors of price differences between rural and urban areas into consideration, here taking rural residents' expenditure as 100 .

9-2 主要年份全省城乡储蓄存款余额

Balance of Savings Deposits in Significant Years

单位：万元 (10 000 yuan)

年 份 Year	总 计 Total	城镇储蓄合计 Total Urban Savings Deposits	# 定期储蓄 Fixed Deposits	农户储蓄 Rural Savings Deposits
1978	42 010	32 353	26 572	9 649
1985	298 259	231 158	222 759	67 101
1990	1 178 897	948 827	784 846	230 070
1991	1 522 838	1 221 682	1 008 686	301 156
1992	1 958 154	1 564 095	1 245 073	394 059
1993	2 512 327	1 995 352	1 556 572	516 975
1994	3 514 008	2 808 076	2 204 069	705 932
1995	5 001 334	4 047 009	3 216 902	954 325
1996	6 712 022	5 469 939	4 302 375	1 242 083
1997	8 059 887	6 567 800	5 030 542	1 492 087
1998	9 128 919	7 514 500	5 522 222	1 614 419
1999	10 289 259	8 517 513	5 982 205	1 771 746
2000	11 382 215	9 374 993	6 050 216	2 007 222
2001	12 985 261	10 748 286	6 718 548	2 236 975
2002	15 002 399	12 439 584	7 622 882	2 562 815
2003	17 665 071	14 650 954	8 724 437	3 014 117
2004	20 521 210	17 012 083	11 971 507	3 509 127
2005	24 302 841		13 991 357	
2006	28 548 640		15 673 852	
2007	30 464 040		15 633 571	

9-3 主要年份人民物质文化生活水平

项　　目	Item	1978年
城乡居民收入（元）	**Income of Rural and Urban Residents (yuan)**	
农村居民家庭人均纯收入(抽样调查)	Per Capita Annual Net Income of Rural Residents (from sample survey)	130.6
城市居民家庭人均可支配收入(抽样调查)	Per Capita Annual Disposable Income of Urban Residents (from sample survey)	327.7
全部职工年平均工资	Annual Average Wages of All Staff and Workers	608
生活消费（元）	**Living Expenditure (yuan)**	
居民每人每年平均消费水平	Per Capita Annual Expenditure of Residents	156
居民每人每年社会消费品零售额	Per Capita Annual Expenditure on Retailed Consumer Goods of Residents	92.81
住房面积（平方米）	**Floor Space of Residential Buildings (sq.m)**	
农村人均住房面积(抽样调查)	Per Capita Floor Space in Rural Areas	7.69
交　通	**Communications**	
城镇每百户拥有自行车（辆）	Number of Bicycles per 100 Urban Households	70
城市每万人拥有公共车辆(城市年报)(辆)	Number of Buses per 10 000 Persons in Cities (from city year reports)	
邮电、通讯	**Postal and Telecommunication Services**	
每万人拥有固定电话机（部）	Number of Telephones per 10 000 Persons	29.47
每人每年函件交寄（件）	Per Capita Annual Number of Mail (piece)	1.82
储　蓄	**Savings**	
城乡居民储蓄存款余额（亿元）	Annual Balance of Savings Deposits of Rural and Urban Residents	4.2
平均每人储蓄存款余额（元）	Per Capita Annual Balance of Savings Deposits (yuan)	13.59
文　化	**Culture**	
城镇每百户拥有彩色电视机（台）	Number of Color TV Sets per 100 Households in Urban Areas	
农村每百户拥有电视机（台）	Number of TV Sets per 100 Households in Rural Areas	
每百人每天拥有报纸（份）	Daily Number of Newspapers per 100 Persons (piece)	2.73
每人每年拥有图书、杂志（册）	Per Capita Annual Number of Books and Magazines (copy)	1.51
广播人口覆盖率（%）	Broadcast Covering Rate of Population (%)	30
电视人口覆盖率（%）	TV Covering Rate of Population (%)	17
教　育	**Education**	
学龄儿童入学率（%）	Enrollment Ratio of School-age Children (%)	88.6
每万人口中在校大学生数（人）	University Students Enrollment per 10 000 Persons (person)	5.14
卫　生	**Health Care**	
每万人拥有医院病床数（张）	Number of Hospital Sickbeds per 10 000 Persons	17.5
每万人拥有医生数（人）	Number of Doctors per 10 000 Persons (person)	10.08
就　业(人)	**Employment (person)**	
城镇每一就业者负担人数(包括就业者本人)	Number of Persons Supported Each Urban Employee (including employee himself or herself)	2.07

注：1.1990年农民人均纯收入农民自用部分按新价计算,故与历年不可比。
　　2."每人每年拥有图书杂志"系我省出版数。

People's Material and Cultural Living Level in Significant Years

1990年	1995年	2000年	2005年	2006年	2007年
540.21	1 010.97	1 478.60	2 041.79	2 250.46	2 634.09
1 514.81	4 064.93	6 324.64	9 265.90	10 069.89	11 496.11
2 130	5 149	9 231	16 140	18 711	20 481.00
731	1 484	2 530	3 749	4 075	4 553.00
394.64	932.18	1 383 .03	2 334	2 652	3 100.00
16.96	19.78	22.18	25.24	25.79	26.73
170	190	139	114	102	9.87(助力车)
1.4	2.57	8.10	17.32	8.75	9.49
47.64	211.66	710.86	1 360.00	1 442.30	1 397.53
2.43	4.04	2.37	1.90	1.62	1.49
117.89	500.13	1 138.22	2 430.28	2 854.86	3 046.40
316	1 253.60	2 683.97	5 482.49	6 368.20	6 772.04
62	90	116	122	126	121.93
21	56	71	85.92	90.46	85.70
2.64	3.23	2.28	2.90	3.26	3.40
3.6	3.4	3.86	3.42	4.53	4.17
68	74	87.45	91.00	92.00	92.65
65	79	89.00	92.60	93.70	94.02
94.64	97.4	99.02	96.30	96.57	97.59
11.67	12.89	21.32	52.15	59.80	69.16
20.41	21.04	15.59	16.80	17.26	26.50
14.44	14.91	14.76	12.50	12.60	12.60
1.85	1.73	1.76	2.23	2.16	20.70

Note:a.The per capita net income of Farmers in 1990 can not be compared with that of historic records, because part of the net income which was spent by themselves is caculated at current prices.

b.The per capita annual number of books and magazines is the number of those issued in Yunnan.

9-4 历年城镇居民家庭生活基本情况
Historic Statistics on Livelihood of Urban Households

年份 Year	平均每户家庭人口(人) Average Household Size (person)	平均每户就业人口(人) Average Number of Employed Persons per Household (person)	平均每户就业面(%) Percentage of Employment per Household (%)	负担人数(人) Number of Persons Supported by Each Employee(person)	人均年可支配收入(元) Per Capita Annual Disposable Income (yuan)	人均年消费性支出(元) Per Capita Annual Living Expenditures (yuan)	#食品 On Food
1960	4.32	1.62	37.60	2.67	252.82	238.33	143.00
1965	4.19	1.62	38.60	2.59	261.95	240.69	143.32
1966	4.66	1.78	38.20	2.62	259.39	234.43	140.43
1967	4.69	1.79	38.10	2.62	260.55	228.33	136.62
1968	4.68	1.78	38.00	2.63	277.69	260.98	161.33
1969	4.66	1.77	38.00	2.63	281.47	263.12	167.04
1970	4.65	1.79	38.40	2.60	298.93	266.46	165.76
1971	4.63	1.78	38.50	2.60	291.02	268.77	167.02
1972	4.60	1.77	38.50	2.60	294.77	272.25	169.01
1973	4.58	1.77	38.60	2.59	297.08	275.98	171.14
1974	4.55	1.76	38.60	2.59	297.81	277.68	172.01
1975	4.53	1.75	38.70	2.59	300.29	282.53	174.62
1976	4.50	1.76	39.10	2.56	298.01	284.39	175.59
1977	4.48	1.80	40.10	2.49	296.28	283.89	175.10
1978	4.45	2.15	48.30	2.07	327.70	303.12	190.94
1979	4.39	2.16	49.30	2.03	362.40	342.60	214.56
1980	4.34	2.14	49.40	2.03	420.45	380.64	236.66
1981	4.28	2.20	51.40	1.95	446.41	411.57	247.19
1982	4.24	2.27	53.50	1.87	492.51	455.92	273.26
1983	4.21	2.29	54.40	1.83	532.54	480.13	285.94
1984	4.13	2.27	55.00	1.82	608.23	527.27	311.02
1985	3.85	2.03	52.70	1.89	752.29	703.56	360.39
1986	3.80	2.03	53.40	1.88	871.75	813.92	423.93
1987	3.77	2.01	53.30	1.88	989.37	883.52	481.85
1988	3.69	1.92	52.00	1.93	1 156.49	1 143.29	553.70
1989	3.67	1.92	52.30	1.91	1 305.15	1 140.71	621.33
1990	3.57	1.93	54.10	1.85	1 514.81	1 272.09	679.18
1991	3.48	1.91	54.90	1.82	1 703.16	1 428.28	763.42
1992	3.37	1.91	56.70	1.76	2 061.74	1 704.15	861.60
1993	3.30	1.87	56.70	1.76	2 639.07	2 186.29	1 066.99
1994	3.20	1.83	57.10	1.75	3 433.97	2 843.69	1 441.93
1995	3.17	1.84	57.80	1.73	4 064.93	3 448.27	1 808.71
1996	3.13	1.86	59.40	1.68	4 977.95	4 007.48	1 971.54
1997	3.12	1.88	60.30	1.66	5 558.29	4 537.08	2 109.53
1998	3.05	1.83	60.00	1.67	6 042.78	5 032.67	2 222.58
1999	3.05	1.80	59.00	1.69	6 178.68	4 941.26	2 194.25
2000	3.12	1.77	56.70	1.76	6 324.64	5 185.31	2 091.70
2001	3.04	1.60	52.60	1.90	6 797.71	5 252.60	2 105.66
2002	3.00	1.56	52.00	1.92	7 240.62	5 828.06	2 423.43
2003	2.99	1.55	51.84	1.93	7 643.57	6 023.56	2 506.62
2004	2.96	1.41	47.64	2.10	8 870.88	6 837.01	2 895.60
2005	2.96	1.33	44.93	2.23	9 265.90	6 996.90	2 997.06
2006	2.95	1.37	46.44	2.16	10 069.89	7 379.81	3 102.46
2007	2.88	1.39	48.26	2.07	11 496.11	7 921.83	3 562.33

注：2002年以后可支配收入按新口径计算。
Note:The data of disposable income after 2002 are calculated according to new standards.

9-5 主要年份城镇居民家庭基本情况

Basic Statistics on Urban Households in Significant Years

项　　目	Item	1990年	1995年	2000年	2005年	2006年	2007年
调查户数（户）	Number of Households Surveyed (household)	950	950	1 250	1 600	1 550	1750
平均每户家庭人口数(人)	Average Household Size (person)	3.57	3.17	3.12	2.96	2.95	2.88
平均每户就业人口数（人）	Average Number of Employed Persons per Household (person)	1.93	1.84	1.77	1.33	1.37	1.39
平均每户就业面（%）	Percentage of Employment per Household (%)	54.06	58	56.70	44.93	46.44	48.26
平均每一就业者负担人数(人)(包括就业者本人)	Number of Persons Supported by Each Employee (including the employee himself or herself)(person)	1.85	1.73	1.76	2.23	2.16	2.07
平均每人全年全部收入（元）	Per Capita Annual Income (yuan)	1 528	4 113	6 370	9 995	10 848	12 296
# 可支配收入(元)	Disposable Income (yuan)	1 515	4 065	6 325	9 266	10 070	11 496
按每人每月可支配收入分组户数占总户数的比重:(%)	Proportion of the Number of Households Grouped by per Capita Monthly Disposable Income to Tota Number of Households (%):	100	100	100	100	100	100
无收入	No Income						
200元以下（%）	200 yuan and below (%)	100	1.28	3.3	3.48	2.19	2.07
200-400元（%）	200-400 yuan (%)		67.78	26.29	17.06	14.58	11.1
400-600元（%）	400-600 yuan (%)		10.78	36.78	18.64	15.88	16.04
600-800元（%）	600-800 yuan (%)		2.55	19.7	19.40	17.72	17.04
800-1000元（%）	800-1000 yuan (%)		0.78	8.52	15.19	17.02	15.29
1000-1500元（%）	1000-1500 yuan (%)			5.41	18.56	22.34	21.95
1500-2000元（%）	1500-2000 yuan (%)				5.90	6.55	8.97
2000-2500元（%）	2000-2500 yuan (%)				1.28	2.45	3.37
2500-3000元（%）	2500-3000 yuan (%)				0.25	0.77	1.65
3000-4000元(%)	3000-4000 yuan (%)				0.19	0.39	1.46
4000-5000元(%)	4000-5000 yuan (%)				0.05	0.02	0.48
5000元以上(%)	5000 yuan and over (%)						0.58
平均每人全年消费性支出(元)	Per Capita Annual Living Expenditures (yuan)	1 272	3 448	5 185	6 997	7 380	7 922

9-6 城镇居民家庭生活基本情况(2007年)

项　　目	Item	全 省 Provincial Total	按收入等级分 最低收入户 Lowest Income Households (first decile)	#困难户 Poor Households (fist firve percent)
调查户数(户)	Number of Households Surveyed (Household)	1750	175	88
比　重(%)	Proportion (%)	100	10	5
平均每户家庭人口数(人)	Average Household Size (person)	2.88	3.47	3.47
平均每户就业人口数(人)	Average Number of Employed Persons per Household (person)	1.39	1.06	1
平均每户就业面(%)	Percentage of Employment per Household (%)	48.26	30.55	28.82
平均每一就业者负担人数(人)(包括就业者本人)	Number of Persons Surpported by Each Employee (including the employee himself or herself) (person)	2.07	3.27	3.47
平均每人全年全部收入(元)	Per Capita Annual Income (yuan)	12 296.42	3 586.73	2 782.41
平均每人全年可支配收入(元)	Per Capita Annual Disposable Income (yuan)	11 496.11	3 227.19	2 415.93
平均每人全年消费性支出(元)	Per Capita Annual Living Expenditures (yuan)	7 921.83	3 065.90	2 415.86

9-7 各市县城镇居民家庭基本情况(2007年)

项　　目	Item	全省平均 Provincial Average	昆明市四城区 Kunming City
调查户数(户)	Number of Households Surveyed (Household)	1 750	800
比　重(%)	Proportion (%)	100.0	45.7
平均每户家庭人口数(人)	Average Household Size (person)	3	3
平均每户就业人口数(人)	Average Number of Employed Persons per Household (person)	1	1
平均每户就业面(%)	Percentage of Employment per Household (%)	48.3	46.8
平均每一就业者负担人数(人)(包括就业者本人)	Number of Persons Surpported by Each Employee (including the employee himself or herself) (person)	2.1	2.1
平均每人全年全部收入(元)	Per Capita Annual Income (yuan)	12 296	12 847
平均每人全年可支配收入(元)	Per Capita Annual Disposable Income (yuan)	11 496	12 021
平均每人全年消费性支出(元)	Per Capita Annual Living Expenditures (yuan)	7 922	8 726

Basic Statistics on Livelihood of Urban Households (2007)

Groupe by Percentile of Households					
低 收 入 户 Low Income Households (second decile)	中等偏下户 Lower Middle Income Households (second quintile)	中等收入户 Middle Income Households (third quintile)	中等偏上户 Upper Middle Income Households (fourth quintile)	高收入户 High Income Households (ninth decile)	最高收入户 Highest Income Households (tenth decile)
175	350	350	350	175	175
10	20	20	20	10	10
3.17	3.15	2.80	2.84	2.43	2.26
1.19	1.47	1.36	1.56	1.50	1.39
37.54	46.67	48.57	54.93	61.73	61.50
2.66	2.14	2.05	1.82	1.62	1.63
5 776.24	8 214.93	11 370.03	15 316.69	20 366.90	30 320.63
5 339.84	7 694.62	10 694.86	14 336.44	19 224.74	28 183.92
4 408.02	5 983.80	7 949.37	9 521.83	12 337.04	15 926.66

Basic Statistics on Urban Households in Cities and County Towns (2007)

个旧市 Gejiu City	大理市 Dali City	昆明市东川区 Dongchuan District	保山市隆阳区 Longyang District	玉溪市红塔区 Hongta District	宣威市 Xuanwei City
100	100	100	100	100	100
5.7	5.7	5.7	5.7	5.7	5.7
3	3	3	3	3	3
1	2	1	2	1	1
53.0	50.7	54.1	57.3	46.2	50.0
1.9	2.0	1.9	1.8	2.2	2.0
11 284	13 258	11 003	11 601	13 685	11 386
10 206	11 611	10 376	11 075	12 016	10 449
8 011	8 440	7 297	8 111	9 380	7 549

9-7 续表1

项　　目	Item	宁洱县 Ning'er County	丽江市古城区 Gucheng District
调查户数(户)	Number of Households Surveyed (Household)	50	50
比　重(%)	Proportion (%)	2.9	2.9
平均每户家庭人口数(人)	Average Household Size (person)	3	3
平均每户就业人口数(人)	Average Number of Employed Persons per Household (person)	1	1
平均每户就业面(%)	Percentage of Employment per Household (%)	45.1	38.7
平均每一就业者负担人数(人)	Number of Persons Surpported by Each Employee	2	3
(包括就业者本人)	(including the employee himself or herself) (person)		
平均每人全年全部收入(元)	Per Capita Annual Income (yuan)	13 208	11 371
平均每人全年可支配收入(元)	Per Capita Annual Disposable Income (yuan)	12 545	11 129
平均每人全年消费性支出(元)	Per Capita Annual Living Expenditures (yuan)	7 568	6 470

9-8 城镇居民家庭不同收入水平基本情况(2007年)

(按人均月可支配收入分组)

项　　目	Item	全省合计 Provincial Total
调查户数(户)	Number of Households Surveyed (Household)	1 750
比　重(%)	Proportion (%)	100.0
平均每户家庭人口数(人)	Average Household Size (person)	3
平均每户就业人口数(人)	Average Number of Employed Persons per Household (person)	1
平均每户就业面(%)	Percentage of Employment per Household (%)	48.3
平均每一就业者负担人数(人)	Number of Persons Surpported by Each Employee	2
(包括就业者本人)	(including the employee himself or herself) (person)	
平均每人全年全部收入(元)	Per Capita Annual Income (yuan)	12 296
平均每人全年可支配收入(元)	Per Capita Annual Disposable Income (yuan)	11 496
平均每人全年消费性支出(元)	Per Capita Annual Living Expenditures (yuan)	7 922

continued

腾冲县 Tengchong County	武定县 Wuding County	会泽县 Huize County	盐津县 Yanjin County	文山县 Wenshan County
50	50	50	50	50
2.9	2.9	2.9	2.9	2.9
3	3	3	3	3
2	1	2	2	2
46.0	49.7	50.0	49.4	52.0
2	2	2	2	2
10 671	11 934	10 938	10 767	11 551
10 337	10 995	10 285	10 452	11 064
6 936	6 918	6 172	6 770	7 500

Basic Statistics on Urban Households of Different Income Levels (2007)

(grouped by per capita monthly disposable income)

无收入 No Income	200元以下 200 yuan and below	200－400元 200-400 yuan	400－600元 400-600 yuan	600－800元 600-800 yuan	800－1000元 800-1000 yuan
	36	194	281	298	268
	2.1	11.1	16.1	17.0	15.3
	3	3	3	3	3
	1	1	1	1	1
	31.8	35.2	42.4	49.5	49.1
	3	3	2	2	2
	2 143	3 983	6 383	8 969	11 397
	1 772	3 602	5 945	8 371	10 655
	2 808	3 534	5 124	6 757	8 356

9-8 续表

(按人均月可支配收入分组)

项 目	Item	1000－1500元 1000-1500 yuan
调查户数(户)	Number of Households Surveyed (Household)	384
比 重(%)	Proportion (%)	21.9
平均每户家庭人口数(人)	Average Household Size (person)	2.69
平均每户就业人口数(人)	Average Number of Employed Persons per Household (person)	1.48
平均每户就业面(%)	Percentage of Employment per Household (%)	55.0
平均每一就业者负担人数(人)(包括就业者本人)	Number of Persons Supported by Each Employee (including the employee himself or herself) (person)	2
平均每人全年全部收入(元)	Per Capita Income (yuan)	15 413
平均每人全年可支配收入(元)	Per Capita Disposable Income (yuan)	14 484
平均每人全年消费性支出(元)	Per Capita Living Expenditures (yuan)	9 556

9-9 城镇居民家庭按收入水平分组的平均每人全年消费性支出和构成(2007年)

项 目	Item	总平均 Total Average	最低收入户 Lowest Income Households (first decile)	# 困难户 Poor Households (first five percent)
消费性支出(元)	**Total Living Expenditures (yuan)**	**7 921.83**	**3 065.90**	**2 415.86**
食 品	Food	3 562.33	1 855.64	1 514.09
衣 着	Clothing	859.65	207.50	120.41
家庭设备、用品及服务	Hhouseholds Facilities, Articles and Services	280.62	39.08	26.99
医疗保健	Health Care	631.70	271.50	183.76
交通和通讯	Transport, Post and Telecommunication Services	1 034.71	223.36	155.17
娱乐、教育、文化服务	Entertainment, Education and Cultural Services	705.51	145.50	156.44
居 住	Residence	673.07	306.14	244.64
杂项商品和服务	Miscellaneous Commodities and Services	174.23	17.17	14.36
消费性支出构成(%)	**Composition of Living Expenditures (%)**	**100.00**	**100.00**	**100.00**
食 品	Food	44.97	60.53	62.67
衣 着	Clothing	10.85	6.77	4.98
家庭设备、用品及服务	Household Facilities, Articles and Services	3.54	1.27	1.12
医疗保健	Health Care	7.97	8.86	7.61
交通和通讯	Transport, Post and Telecommunication Services	13.06	7.29	6.42
娱乐、教育、文化服务	Entertainment, Education and Cultural Services	8.91	4.75	6.48
居 住	Residence	8.50	9.99	10.13
杂项商品和服务	Miscellaneous Commodities and Services	2.20	.54	.59

continued

(grouped by per capita monthly disposable income)

1500-2000元 1500-2000 yuan	2000-2500元 2000-2500 yuan	2500-3000元 2500-3000 yuan	3000－4000元 3000-4000 yuan	4000－5000元 4000-5000 yuan	5000元以上 5000 yuan and over
157	59	29	26	8	10
9.0	3.4	1.7	1.5	0.5	0.6
2.44	2.11	2.51	2.37	2.24	2.75
1.42	1.12	1.74	1.56	1.48	1.88
58.2	53.1	69.3	65.8	66.1	68.4
2	2	1	2	2	1
21 830	28 344	34 799	43 072	54 343	99 218
20 528	26 475	32 705	41 262	53 017	96 051
12 529	13 606	180.68.92	21 695	16 502	33 557

Per Capita Annual Living Expenditures of Urban Households and Their Composition by Income Level (2007)

低收入户 Low Income Households (second decile)	中等偏下户 Lower Middle Income Households (second quintile)	中等收入户 Middle Income Households (third quintile)	中等偏上户 Upper Middle Income Households (fourth quintile)	高收入户 High Income Households (ninth decile)	最高收入户 Highest Income Households (tenth decile)
4 408.02	**5 983.80**	**7 949.37**	**9 521.83**	**12 337.04**	**15 926.66**
2 480.11	3 075.41	3 832.50	4 035.67	4 788.44	5 613.03
388.84	655.24	850.03	1 123.49	1 329.24	1 826.41
84.25	173.41	243.99	333.17	475.78	915.46
316.99	486.03	689.05	655.20	980.97	1 372.68
413.48	608.72	911.28	1 609.54	1 799.66	2 209.23
288.19	458.92	707.58	862.78	1 100.75	1 891.24
359.42	455.06	572.71	680.55	1 610.06	1 420.91
76.73	71.03	142.23	221.44	252.15	677.70
100.00	**100.00**	**100.00**	**100.00**	**100.00**	**100.00**
56.26	51.40	48.21	42.38	38.81	35.24
8.82	10.95	10.69	11.80	10.77	11.47
1.91	2.90	3.07	3.50	3.86	5.75
7.19	8.12	8.67	6.88	7.95	8.62
9.38	10.17	11.46	16.90	14.59	13.87
6.54	7.67	8.90	9.06	8.92	11.87
8.15	7.60	7.21	7.15	13.05	8.92
1.75	1.19	1.79	2.33	2.05	4.26

9-10 城镇居民家庭平均每人全年消费性支出及构成(2007年)

Per Capita Annual Living Expenditures of Urban Households and Their Composition (2007)

指　标	Item	金额（元）Amount (yuan)	构成（%）Propor-tion (%)
消费性支出	**Total Living Expenditures**	**7921.83**	**100.00**
食　品	Food	3 562.33	44.97
粮食	Grain	260.08	3.28
油脂	Oil and Fat	55.30	0.70
# 植物油	Vegetable Oil	41.96	0.53
肉类	Meat	497.46	6.28
# 猪肉	Pork	366.13	4.62
禽类	Poultry	174.13	2.20
# 活鸡	Chickens	147.46	1.86
蛋类	Eggs	67.14	0.85
水产品	Aquatic Products	94.61	1.19
# 鱼	Fish	73.59	0.93
蔬菜类	Vegetables	380.77	4.81
# 鲜 菜	Fresh Vegetables	365.57	4.61
糖类	Sugar	32.42	0.41
烟草	Tobacco	367.27	4.64
酒类	Liquor	42.17	0.53
饮料	Beverages	65.65	0.83
干鲜瓜果	Dried and Fresh Melons and Fruits	224.51	2.83
# 鲜果	Fresh Fruits	182.31	2.30
奶及奶制品	Milk and Dairy Products	56.58	0.71
饮食服务	Food Service	1 026.65	12.96
衣着	Clothing	859.65	10.85
服装	Garments	624.73	7.89
衣着材料	Clothing Materials	7.94	0.10
家庭设备、用品及服务	**Household Facilities,Articles and Services**	**280.62**	**3.54**
# 耐用消费品	DurableConsumerGoods	146.49	1.85
医疗保健	Health Care	631.70	7.97
药品费	Medicines	370.83	4.68
医疗费	Medical Services	207.57	2.62
交通和通讯	Transport, Post and Telecommunication Services	1 034.71	13.06
交通	Transport Services	478.32	6.04
通讯	Post and Telecommunication Services	556.39	7.02
娱乐、教育、文化服务	Entertainment, Education and Cultural Services	705.51	8.91
文化娱乐用品	Consumer Goods for Entertainment	163.41	2.06
文化娱乐服务	Entertainment, Cultural Services	240.42	3.03
教 育	Education	301.68	3.81
# 教育费用	Tuition and Incidental Expenses	279.86	3.53
居 住	Residence	673.07	8.50
住房	Housing	240.03	3.03
水电燃料及其他	Water,Electricity,Fuels and Others	411.35	5.19
居住服务费	Residence Services	21.68	0.27
杂项商品和服务	Miscellaneous Commodities and Services	174.23	2.20
杂项商品	Miscellaneous Commodities	107.97	1.36
金银珠宝首饰	Gold,Silver and Jewel Ornaments	19.33	0.24
理发美容用具	Articles for Haircut and Cosmetology	1.81	0.02
化妆品	Cosmetics	39.52	0.50
服务	Services	66.26	0.84

9-11 主要年份城镇居民家庭平均每人全年购买主要商品数量
Per Capita Annual Purchases of Major Commodities of Urban Households in Significant Years

品　名	Item	1990年	1995年	2000年	2005年	2006年	2007年
粮　食(千克)	Grain (kg)	140.23	89.6	80.5	81.32	78.39	73.44
鲜　菜(千克)	Fresh Vegetables (kg)	148.43	127.3	122.0	159.48	147.66	145.95
油　脂(千克)	Oil and Fat (kg)	3.74	7.1	6.0	5.82	4.94	4.39
猪　肉(千克)	Pork (kg)	20.09	21.9	22.9	22.70	22.89	20.44
牛羊肉(千克)	Beef and Mutton (kg)	3.1	1.9	2.4	2.48	2.58	3.21
家　禽(千克)	Poultry (kg)	2.74	5.2	6.9	7.84	7.47	8.93
鲜　蛋(千克)	Eggs (kg)	3.56	5.6	7.0	7.49	7.56	6.41
水产品(千克)	Aquatic (kg)	3.68	4.5	5.6	7.16	6.79	6.63
白　酒(千克)	Liquor (kg)	4.02	3.1	3.1	2.88	3.09	3.14
果　酒(千克)	Fruit Wine (kg)						0.18
服　装(件)	Garments (piece)	2.3	5.4	6.0	5.77	5.86	5.6

9-12 主要年份城镇居民家庭平均每百户年末主要耐用消费品拥有量
Number of Major Durable Consumer Goods Owned Per 100 Urban Households at Year-end in Significant Years

品　名	Item	1990年	1995年	2000年	2005年	2006年	2007年
成套家具（套）	Complete Sets of Furniture (set)				70	77.24	
摩 托 车（辆）	Motorcycle (unit)				22	28.92	32.39
自 行 车(辆)	Bicycle (unit)	170	190	139	114	101.5	
助 力 车（辆）	Motive Bicycle (unit)				9	8.09	9.87
家用汽车(辆)	Automobile (unit)				8	8.67	8.85
洗 衣 机(台)	Washing Machine (set)	84	92	92	90	94.3	89.5
电 风 扇(台)	Electric Fan (set)	25	35	42	29	32.31	
电 冰 箱(台)	Refrigerator (set)	23	56	70	78	81.07	78.09
彩色电视机(台)	Color TV Set (set)	62	90	116	122	125.89	121.93
影 碟 机(台)	Video Disc Player (set)			60	80	82.99	
收 录 机(台)	Radio-cassette Recorder (set)	76	79	51	40	40.94	
录放像机(台)	Video Recorder (set)				18	17.74	
家用电脑(台)	Computer (set)			8	29	32.36	35.69
组合音响(套)	Hi-Fi Stereo Component System (set)	8	11	32	37	37.78	35.64
摄 像 机(台)	Video Camera (set)			1	3	3.33	3.87
照 相 机(架)	Camera (set)	20	38	48	45	47.21	40.38
钢　　琴(架)	Piano (set)				2	2.43	2.68
微 波 炉(台)	Microwave Oven (unit)			17	45	42.33	39.83
健身器材(台)	Fitness Equipment (set)				4	4.15	2.47
普通电话(部)	Telephone (unit)				83	83.23	72.62
移动电话(部)	Mobile Phone (unit)				131	153.86	167.98

9-13 城镇居民家庭平均每人全年购买主要商品数量(2007年)

商品名称	Item	总平均 Total Average	最低收入户 Lowest Income House-holds (first decile)	#困难户 Poor House-holds (first five percent)
大　米(千克)	Rice (kg)	55.5	62.34	60.39
面　粉(千克)	powder	1.98	2.05	3.14
食用植物油(千克)	Edible Vegetable Oil (kg)	3.63	3.27	3.24
猪　肉(千克)	Pork (kg)	20.44	15.69	11.33
牛　肉(千克)	Beef (kg)	2.93	2.07	1.57
羊　肉(千克)	Mutton (kg)	0.28	0.18	0.07
鸡(千克)	Chicken (kg)	7.7	4.09	3.16
鲜　蛋(千克)	Fresh Egge (kg)	6.41	4.93	4.64
鱼　(千克)	Fish (kg)	6.28	4.09	2.7
虾　(千克)	Shrimps (kg)	0.35	0.15	0.08
鲜　菜(千克)	Fresh Vegetables (kg)	145.95	124.76	109.37
白　酒(千克)	Liquor (kg)	3.14	2.8	2.41
鲜　果(千克)	Fresh Fruits (kg)	44.42	23.57	19.22
鲜　瓜(千克)	Fresh Melons (kg)	3.88	1.79	1.53
鲜乳品(千克)	Fresh Diary Products (kg)	7.8	1.63	1.1
服　装(件)	Garments (piece)	5.6	2.09	1.35
万户购买耐用品	Durable Consumer Goods Bought per 10000 Households			
洗衣机(台)	Washing Machine (set)	273	36	70
电冰箱(台)	Refrigerator (set)	199	72	140
彩色电视机(台)	Color TV Set (set)	199	180	352
空调器(台)	Air Conditioner (unit)	190		
沐浴热水器(台)	Water Heater for Shower (unit)	178		
微波炉(台)	Microwave Oven (unit)	196		
消毒柜(台)	Disinfection Cupboard (unit)	34		

Per Capita Annual Purchases of Major Commodities of Urban Households (2007)

低收入户 Low Income House-hold (second decile)	中等偏下户 Lower Middle Income House-holds (second quintile)	中等收入户 Middle Income House-holds (third quintile)	中等偏上户 Upper Middle Income House-holds (fourth quintile)	高收入户 High Income Households (ninth decile)	最高收入户 Highest Income Households (tenth decile)
56.66	53.23	60.15	49.53	54.11	54.85
1.81	1.43	2.09	1.86	3.65	1.85
3.28	3.05	3.81	3.79	4.33	4.56
17.82	19.15	23.03	20.83	22.56	24.75
2.04	2.82	3.22	2.94	4.49	3.21
0.09	0.54	0.18	0.25	0.31	0.24
5.72	7.22	8.7	8.36	8.99	11.4
6.18	5.79	7.06	6.4	7.93	7.45
5.11	5.85	6.84	7.08	7.64	7.32
0.23	0.23	0.38	0.46	0.57	0.54
145.2	140.05	160.64	143.91	155.24	154.27
3.34	3.48	2.71	2.56	4.82	3.17
30.67	40.34	47.34	50.82	55.74	68.31
3.32	3.4	3.85	4.77	4.65	6.08
4.03	7.21	7.14	10.55	11.06	14.56
3.83	4.82	5.87	7.02	7.61	8.87
48	170	308	234	391	782
42	181	201	350	113	278
	148	237	87	146	681
	15	6	58	29	
	276	16	213	263	485
	119	276	396	142	201
	19		60	176	

9-14 城镇居民家庭平均每百户年末主要消费品拥有量(2007年)

Number of Major Consumer Goods Owned per 100 Urban Households at Year-end (2007)

商品名称	Item	总平均 Total Average	最低收入户 Lowest Income Households (first decile)	#困难户 Poor Households (first five percent)	低收入户 Low Income Households (second decile)	中等偏下户 Lower Middle Income Households (second quintile)	中等收入户 Middle Income Households (third quintile)	中等偏上户 Upper Middle Income Households (fourth quintile)	高收入户 High Income Households (ninth decile)	最高收入户 Highest Income Households (tenth decile)
摩托车(辆)	Motorcycle (unit)	32.39	22.1	25.59	26.71	33.09	35.84	38.58	29.02	30.41
助力车(辆)	Motive Bicycle (unit)	9.87	3.93	4.8	16.69	8.74	12.62	7.15	13.86	8.2
家用汽车(辆)	Automobile (unit)	8.85	0.82		3.05	5.53	4.55	13.29	14.7	21.88
洗衣机(台)	Washing Machine (set)	89.5	81.53	81.33	82.95	84.39	90.95	95.15	86.91	101.88
电冰箱(台)	Refrigerator (set)	78.09	56.85	48.23	58.03	76.29	78.3	89.85	81.86	92.22
彩色电视机(台)	Color TV Set (set)	121.93	110.58	113.46	108.16	115.18	120.46	127.92	128.72	142.07
家用电脑(台)	Computer (set)	35.69	15.53	6.53	16.11	32.78	33.38	43.76	41.1	60.91
摄像机(台)	Video Camera (set)	3.87	3.4			2.11	1.35	4.7	6.29	11.89
照相机(台)	Camera (set)	40.38	20.43	19.56	16.24	40.78	34.92	54.89	43.36	58.96
钢琴(架)	Piano (set)	2.68	1.32	0.7	1.12	2.11	2.15	4.86	0.72	5.04
微波炉(台)	Microwave Oven (unit)	39.83	18.87	14.48	29.65	35.94	40.54	45.77	52.75	50.78
淋浴热水器(台)	Shower (set)	82.6	55.86	51.21	74.34	81.14	83.47	91.92	85.26	96.06
健身器材(套)	Fitness Equipment (set)	2.47	2.12		3.28	1.43	1.33	2.35	5.14	3.91
普通电话(部)	Telephone (unit)	72.62	62.34	48.46	73.33	73.41	74.23	76.14	69.66	73.45
移动电话(部)	Mobile Phone (unit)	167.98	105.43	109.53	125.49	167.34	174.72	195.28	183.2	185.13
洗碗机(台)	Dishwasher (unit)	1	0.97		0.92	0.21	1.34	0.66	2.28	1.41
其它中高档乐品	Goods of Other High and Medium Grade	4.03	0.97		1.97	5.52	3.44	4.69	3.18	6.59

9-15 主要年份农民家庭生活基本情况
Basic Statistics on Rural Household Livelihood in Significant Years

年份 Year	平均每户常住人口(人) Number of Permanent Residents per Household (person)	平均每户整半劳动力(人) Number of Able-bodied and Semi-able-bodied Laborers per Household (person)	平均每个劳动力负担人口(人) Average Number of Dependents of Each Laborer (person)	平均每人全年纯收入(元) Per Capita Annual Net Income (yuan)	平均每人全年生活消费支出(元) Per Capita Annual Living Expenditures (yuan)	#食品 For Food	平均每人年末居住面积(平方米) Per Capita Living Space at Year-end (sq.m)
1962	4.76	2.36	2.01	92.12	84.20	55.30	8.50
1965	4.88	2.51	2.00	101.00	90.70	64.40	7.71
1975	6.15	2.83	2.18	110.14	105.00	71.60	8.35
1978	6.28	3.03	2.10	130.60	113.40	84.00	7.69
1980	5.98	2.90	2.06	147.70	122.63	86.21	8.96
1985	5.83	3.31	1.76	325.74	267.01	177.91	14.92
1986	5.76	3.22	1.79	338.14	304.99	205.19	15.45
1987	5.68	3.20	1.77	364.57	325.65	217.26	15.86
1988	5.58	3.19	1.75	427.72	389.20	240.49	16.31
1989	5.50	3.20	1.72	477.89	436.18	269.18	16.56
1990	5.42	3.16	1.72	489.75	453.03	274.73	16.96
1991	5.20	3.02	1.72	572.58	501.36	315.10	18.02
1992	5.18	3.05	1.70	617.98	536.06	324.96	18.07
1993	5.10	3.11	1.64	674.79	625.19	382.60	20.12
1994	5.01	3.07	1.62	802.95	764.91	458.43	18.68
1995	4.94	3.12	1.59	1 010.97	981.10	602.92	19.78
1996	4.90	3.15	1.56	1 229.28	1 209.16	743.33	19.80
1997	4.82	3.10	1.55	1 375.50	1 318.07	818.51	20.42
1998	4.68	3.05	1.53	1 387.25	1 312.31	801.99	20.64
1999	4.59	2.96	1.55	1 437.63	1 269.33	815.67	21.37
2000	4.56	2.85	1.60	1 478.60	1 270.83	749.22	22.18
2001	4.49	2.83	1.59	1 533.76	1 422.85	811.71	22.42
2002	4.48	2.87	1.57	1 608.77	1 381.54	772.61	23.72
2003	4.45	2.85	1.56	1 697.12	1 405.70	744.58	23.45
2004	4.41	2.88	1.53	1 864.19	1 569.98	847.24	23.53
2005	4.33	2.79	1.56	2 041.79	1 789.00	975.72	25.24
2006	4.35	2.85	1.53	2 250.46	2 195.64	1071.13	25.79
2007	4.32	2.85	1.52	2 634.09	2 637.18	1226.69	26.73

9-16 主要年份农民家庭基本情况
Basic Statistics on Rural Households in Significant Years

项　　目	Item	1990年	1995年	2000年	2001年	2005年	2006年	2007年
调查户数　(户)	Number of House Surveyed (household)	2 400	2 400	2 400	2 400	2 400	2 400	2 400
调查户常住人口　(人)	Number of Permanent Residents of Households Surveyed (person)	13 001	11 862	10 940	10 786	10 396	10 449	10 371
平均每户常住人口　(人)	Average Number of Permanent Residents per Household (person)	5.42	4.94	4.56	4.49	4.33	4.35	4.32
平均每户整、半劳动力　(人)	Average Number of Able-bodied and Semi-able-bodied Laborers per Household (person)	3.16	3.12	2.85	2.83	2.79	2.85	2.85
平均每个劳动力负担人口　(人)	Average Number of Dependents of Each Laborer (person)	1.72	1.59	1.60	1.59	1.56	1.53	1.52
平均每人居住面积　(平方米)	Per Capita Living Space (sq.m)	16.96	19.78	22.18	22.42	25.24	25.79	26.73

9-17 主要年份农民家庭按平均每人纯收入水平分组的户数构成
Proportion of Rural Households by per Capita Annual Net Income in Significant Years

单位：%　　(%)

分　　组	Group	2004年	2005年	2006年	2007年
2001元以上的户	2001 yuan and over	36.2	37.1	46.3	58.4
1501-2000元的户	1501-2000 yuan	18.6	19.7	17.3	16.3
1201--1500元的户	1201-1500 yuan	13.5	15.1	11.3	9.3
1001-1200元的户	1001-1200 yuan	9.6	9.5	8	5.4
851-1000元的户	851-1000 yuan	6.7	6.5	5.3	4.1
651-850元的户	651-850 yuan	8.4	7.5	5.8	3.7
501-650元的户	501-650 yuan	4.3	3	2.9	1.2
301-500元的户	301-500 yuan	2.2	1.2	2.8	1.3
300元以下的户	300 yuan and below	0.5	0.4	0.4	0.3

9-18 农民家庭每人平均总收支及纯收入情况
Per Capita Annual Total Income & Expenditures and Net Income of Rural Households

单位：元 (yuan)

项　　目	Item	2004年	2005年	2006年	2007年
全年总收入	**Annual Income Total**	**2 831.49**	**3 179.15**	**3 593.60**	**4 215.06**
工资性收入	Wage Income	325.86	348.31	441.81	521.63
家庭经营收入	Income from Household Business	2 337.06	2 652.55	2 952.35	3 459.15
农业收入	Farming	1 271.77	1 490.32	1 634.63	1 919.89
林业收入	Forestry	81.00	145.95	250.82	265.14
牧业收入	Animal Husbandry	754.87	783.73	765.26	965.81
渔业收入	Fishery	5.87	6.55	5.01	5.79
工业收入	Industry	38.85	15.95	33.26	27.67
建筑业收入	Construction	13.07	12.32	17.63	23.40
交通、运输、邮电业收入	Transportation and Postal and Telecommunication	52.62	78.42	87.44	97.08
批发和零售贸易、餐饮业收入	Wholesale and Retail Trade and Catering Services	50.70	77.59	100.50	111.47
社会服务业收入	Social Services	26.25	9.08	9.42	9.53
文教卫生业收入	Culture, Education and Health Care	2.29	5.46	3.66	4.49
其他家庭经营收入	Other Business of Households	38.15	23.91	41.56	26.10
转移性收入	Transfer Income	96.81	102.77	117.24	147.86
财产性收入	Property Income	71.76	75.52	82.19	86.41
每人平均全年纯收入	Per Capita Annual Net Income	1 864.19	2 041.79	2 250.46	2 634.09

9-18 续表 continued

单位：元 (yuan)

项　　目	Item	2004年	2005年	2006年	2007年
全年总支出	**Annual Expenditure Total**	**2 623.12**	**3 017.00**	**3 686.88**	**4 399.71**
家庭经营费用支出	Expenditures on Household Business	848.62	1 015.40	1 208.10	1 423.87
农业生产支出	Planting	357.47	458.99	544.80	633.04
林业生产支出	Forestry	8.10	10.81	64.02	57.94
牧业生产支出	Animal Husbandry	402.19	476.77	473.17	607.24
渔业生产支出	Fishery	0.70	3.00	3.41	3.11
工业生产支出	Industry	15.99	7.09	23.30	17.48
建筑业支出	Construction	1.36	2.01	1.04	1.35
交通、运输和邮电业支出	Transportation and Postal and Telecommunication	23.76	29.92	42.06	48.57
批发和零售贸易、餐饮业支出	Wholesale and Retail Trade and Catering Services	16.30	15.32	36.80	45.56
社会服务业支出	Social Services	8.61	2.05	2.15	1.57
文教卫生业支出	Culture, Education and Health Care	1.26	2.41	2.09	1.44
其他经营支出	Other Business of Households	12.89	7.05	15.26	6.58
购置生产用固定资产支出	Purchase of Productive Fixed Assets	96.11	101.59	152.68	172.46
税费支出	Expenditure for Tax	20.51	5.36	4.03	2.80
生活消费支出	Living Expenditures	1 569.98	1 789.00	2 195.64	2 637.18
财产性支出	Expenditure for Property	14.05	22.20	15.23	19.14
转移性支出	Expenditure for Transfer	70.18	83.00	109.26	141.91

9-19 农村住户现金收支情况

Cash Income and Expenditures of Rural Households

单位：元 (yuan)

项目	Item	2004年	2005年	2006年	2007年
全年现金收入合计	**Annual Cash Income Total**	**1 859.66**	**2 175.11**	**2 664.77**	**3 190.62**
工资性收入	Wages Income	325.15	348.27	441.77	521.57
家庭经营现金收入	Income from Household Business	1 379.77	1 660.19	2 039.13	2 446.35
出售产品的现金收入	From Selling the Products of the Following	1 144.36	1423.84	1750.86	2 145.63
出售农业产品的现金收入	Planting	654.15	771.99	948.84	1 173.97
出售林业产品的现金收入	Forestry	67.59	137.40	238.38	239.55
出售牧业产品的现金收入	Animal Husbandry	408.55	494.79	524.96	701.57
出售渔业产品的现金收入	Fishery	1.87	6.67	4.75	3.95
出售工业产品的现金收入	Industry	10.57	9.70	30.75	23.80
出售其他产品的现金收入	Others	1.63	3.29	3.18	2.79
工业加工费的现金收入	Industry Processing	28.28	6.24	2.51	3.87
建筑业的现金收入	Construction	13.07	12.32	17.63	23.40
交通运输业的现金收入	Transportation	52.62	78.42	87.44	97.08
批发和零售贸易、餐饮业的现金收入	Commerce	50.70	77.59	100.50	111.47
社会服务业的现金收入	Services Trade	26.25	9.08	9.42	9.53
文教卫生业的现金收入	Culture, Education and Health Care	2.29	5.46	3.66	4.49
其他家庭经营的现金收入	Others	37.59	23.89	41.08	24.92
转移性收入	Transfer Income	89.62	96.52	115.57	142.28
财产性收入	Property Income	65.11	70.13	68.29	80.43

9-19 续表 continued

单位：元 (yuan)

项目	Item	2004年	2005年	2006年	2007年
全年现金支出合计	**Annual Cash Expenditure Total**	**1 821.07**	**2 146.79**	**2 763.50**	**3 338.18**
生产费用支出的现金	Cash Expenditure on Production	634.52	783.16	1038.21	1 193.07
家庭经营费用支出的现金	Expenditure for Household Business	534.75	681.12	883.59	1 018.27
农业生产支出	Planting	256.54	350.00	462.94	507.96
林业生产支出	Forestry	5.27	8.15	55.43	54.74
牧业生产支出	Animal Husbandry	194.16	225.74	243.29	330.82
渔业生产支出	Fishery	0.67	3.00	3.40	3.11
工业生产支出	Industry	14.45	6.85	23.17	17.19
建筑业生产支出	Construction	1.11	1.38	0.84	1.35
交通运输业生产支出	Transportation	23.76	29.70	41.60	48.57
批发和零售贸易、餐饮业的现金支出	Commerce	16.08	14.90	36.68	45.07
社会服务业支出	Service Trade	8.61	2.05	2.15	1.57
文教卫生业支出	Culture, Education and Health Care Others	1.26	2.41	2.09	1.44
其他现金支出	Others	12.84	6.96	12.01	6.46
购置生产用固定资产支出	Purchase of Productive Fixed Assets	96.11	101.59	152.68	172.46
税费支出	Taxes Paid	16.74	3.87	4.02	2.18
生活消费支出的现金	Living Expenditures	1 087.22	1 256.84	1 597.26	1 982.29
财产性支出	Expenditure for Property	14.05	22.20	15.23	19.14
转移性支出	Expenditure for Transfer	68.54	80.72	108.78	141.50

9-20 农民家庭平均每人生活消费支出和构成
Per Capita Living Expenditures of Rural Households and Their Composition

项目	Item	绝对数(元) Absolute Amount (yuan)			构成(%) Proportion (%)		
		2005年	2006年	2007年	2005年	2006年	2007年
生活消费支出合计	**Living Expenditures Total**	**1 789.00**	**2 195.64**	**2 637.20**	**100.00**	**100.00**	**100.00**
食品支出	Food	975.72	1 071.13	1 226.69	54.54	48.78	46.52
衣着支出	Clothing	80.33	93.62	112.52	4.48	4.26	4.27
居　住	Residence	225.79	435.87	586.07	12.62	19.85	22.22
家庭设备、用品及服务	Household Facilities, Articles and Services	67.03	83.81	107.15	3.75	3.82	4.06
医疗保健	Medicines and Medical Services	122.33	138.16	167.92	6.84	6.29	6.37
交通和通讯	Transport, Post and Communication Services	99.81	157.25	216.67	5.58	7.16	8.22
文化教育娱乐用品及服务	Cultural, Educational and Recreational Articles and Services	182.62	177.89	181.73	10.21	8.10	6.89
其它商品	Other Commodities	35.37	37.91	38.43	1.98	1.73	1.46

9-21 农民家庭每人平均商品性和自给性生活消费支出及构成
Per Capita Living Expenditures on Commercial and Self-supplied Goods of Rural Households and Their Composition

项目	Item	合计 Total		食品 Food		衣着 Clothing		居住 Residence	
		2006年	2007年	2006年	2007年	2006年	2007年	2006年	2007年
生活消费支出(元)	**Living Expenditures(yuan)**								
合　计	Total	2 195.6	2 637.2	1 071.1	1 226.7	93.6	112.5	435.9	586.1
商品性	Commercial	1 597.3	1 982.3	530.8	619.0	93.6	112.5	378.1	539.4
自给性	Self-supplied	598.4	654.9	540.3	607.7			57.8	46.7
构成(%)	**Proportion (%)**								
合　计	Total	100.0	100	100.0	100	100.0	100	100.0	100
商品性	Commercial	72.7	75.2	49.6	50.5	100.0	100	86.7	92.04
自给性	Self-supplied	27.3	24.8	50.4	49.5			13.3	7.96

9-22 主要年份农民家庭平均每人主要消费品消费量
Per Capita Consumption of Major Consumer Goods in Rural Households in Significant Years

单位：千克 (kg)

品名	Item	1990年	1995年	2000年	2001年	2005年	2006年	2007年
粮食(原粮)	Grain (unprocessed)	232	248.22	238.25	233.13	194.37	202.51	183.07
蔬菜	Vegetables	145	126.82	104.07	99.08	98.3	93.32	86.44
食油	Edible Oil	4	4.45	4.63	5.22	3.26	3.21	3.07
肉类	Meat	16.4	21.42	25.25	27.32	31.89	34.75	33.04
蛋类	Eggs	1.4	1.66	1.78	1.72	1.67	1.86	1.87
鱼虾	Fish and Shrimp	0.5	0.82	0.98	1.15	1.03	1.31	1.58
食糖	Sugar	1.8	1.75	1.18	1.33	1.21	1.12	1.13
酒	Liquor	4.5	5.24	5.93	6.66	6.72	7.52	7.52

9-23 主要年份农民家庭平均每百户耐用消费品年末拥有量
Number of Durable Consumer Goods Owned per 100 Rural Households at the Year-end in Significant Years

单位：辆，台 (unit)

品名	Item	2002年	2003年	2004年	2005年	2006年	2007年
自行车(辆)	Bicycle	46.75	44.2	42.6	30.96	30.88	28.5
洗衣机(台)	Washing Machine	19.58	21.00	23.3	21.25	24.67	30.29
计算机(台)	Computer	0.46	0.38	0.67	0.71	0.42	0.63
电冰箱(台)	Refrigerator	3.63	4.17	5.46	6.92	7.5	8.38
电话机(台)	Telephone	15.54	31.1	40.8	55.58	29.92	30.88
# 移动电话(台)	Mobile Telephone	7.25	11.8	19.4	32.29	47.13	69.83
电视机(台)	TV Set	77.58	82.88	84.1	85.92	90.46	91.76
家用汽车(辆)	Automobile	0.08	0.29	0.46	0.42	0.75	0.71
摩托车(辆)	Motorcycle	6.63	8.1	11.7	16.25	22.96	27.29

主要统计指标解释

城镇居民家庭就业人口 指从事社会劳动并取得劳动报酬或经营收入的人口。我国的就业方针是："在国家统筹规划和指导下,实行劳动部门介绍就业,自愿组织起来就业和自谋职业相结合"的方针。因此通过这三种方式就业的,不论在国有、集体经济单位工作或从事个体劳动,不论有固定性职业或临时性职业都是就业人口。城镇就业人口包括"国有经济单位职工"、"城镇集体经济单位职工"、"其他各种经济类型单位职工"、"个体经营者"、"个体被雇人员"、"离退休再就业人员"、"其他就业人员"七项。

城镇居民家庭总收入 指调查户中生活在一起的所有家庭成员在调查期得到的工薪收入、经营净收入、财产性收入、转移性收入的总和。不包括出售财物和借贷收入。

城镇居民家庭可支配收入 指居民家庭可用于最终消费支出和其他非义务性支出以及储蓄的总和。即居民家庭可以用来自由支配的收入。它是家庭总收入扣除交纳的所得税、个人交纳的社会保障费以及调查户的记账补贴后的收入。

城镇居民家庭消费性支出 指调查户用于本家庭日常生活的全部支出,包括食品、衣着、家庭设备用品及服务、医疗保健、交通和通讯、娱乐教育文化服务、居住、杂项商品和服务八大类支出。

农村居民总收入 指调查期内农村住户和住户成员从各种来源渠道得到的收入总和。按收入的性质划分为工资性收入、家庭经营收入、财产性收入和转移性收入。

农村居民纯收入 指农村住户当年从各个来源得到的总收入相应地扣除所发生的费用后的收入总和。纯收入主要用于再生产投入和当年生活消费支出,也可用于储蓄和各种非义务性支出,计算方法:

纯收入＝总收入－家庭经营费用支出－税费支出－生产性固定资产折旧－赠送农村外部亲友支出

农村居民总支出 指农村住户用于生产、生活和再分配的全部支出。家庭经营费用支出、购置生产性固定资产支出、生产性固定资产折旧、税费支出、生活消费支出、财产性支出和转移性支出。

城乡居民储蓄存款余额 包括城镇居民储蓄和农民个人储蓄两部分的余额。不包括工矿企业、部队、机关团体等集团存款。

城镇居民储蓄存款余额是指各专业银行的城市居民储蓄、华侨储蓄之和。农民个人储蓄是指信用社社员储蓄。

Explanatory Notes on Principal Statistical Indicators

Employed Population of Urban Households refers to the persons who are engaged in social labor activities and gain labor remuneration or business income. China's employment policy reads: "Under the overall planning and guidance of the state, a combined employment policy of being employed through the introduction of labor departments, self-organization and self-employment is carried out." Therefore, whether they work in state-owned or collective-owned economic entities or are engaged in individual labor or whether they have permanent occupations or temporary positions, those who are employed by the above three ways are considered employed population. Urban employed population falls into seven categories: staff and workers of state-owned economic entity, staff and workers of collective-owned economic entities, staff and workers of other ownership entity, self-employed persons, and employees of individual economic entities, re-employed retirees and other employees.

Total Income of Urban Households refers to the sum total of wage income, net business income, income from properties and transfer income of the sample households in the survey period. Income from sales of properties and borrowings are excluded.

Disposable Income of Urban Households refers to the actual income at the disposal of the sample households which is used for final consumption, other non-compulsory expenditures and savings, i.e., total income minus personal income tax, personal social security payments and sample household subsidy.

Consumption Expenditure of Urban Households refers to the total expenditure of sample households on consumption in daily life, falling into eight main categories such as expenditure on food, clothing, household appliances and services, health and medical care, transport and telecommunication, services of entertainment, education and culture, housing, miscellaneous goods and services.

Total Income of Rural Households refers to the sum of income earned from various sources by rural households and their members within the survey period composed of wage income, business income, and income from properties and transfer income.

Net Income of Rural Households refers to the total income of rural households after deduction of their relevant expenses incurred from their total income in the current year. It is mainly used as capital input for reproduction and for living expenses, savings and other non-compulsory expenditures. The formula is as follows:

Net Income = Total Income – Household Operating Costs – Depreciation of Productive Fixed Assets – Taxes and Fees – Expenses on Gifts to Non-rural to Relatives.

Total Expenditure of Rural Households refers to the total actual expenses of rural households on production, in daily life consumption and redistribution, including expenses on household operating costs, expenses on purchase of productive fixed assets, depreciation of productive fixed assets, payments for taxes and fees, expenses on consumption in daily life expenditures, on properties and transfer expenditures.

Savings Deposits of Urban and Rural Residents refer to the balance of savings deposits of urban residents and of rural residents, excluding the group deposits of industrial and mining enterprises, military units, government agencies , social organizations etc.

The savings deposits of urban residents refer to the total deposits of urban residents and overseas Chinese saved in various professional banks. The savings deposits of rural residents refer to the total deposits of members of credit cooperatives.

十、农 业

Agriculture

Chapter 10

10-1 主要年份全省农业生产基本情况
Basic Conditions of Agricultural Production in Significant Years

指 标	Item	1990年	1995年	2000年	2005年	2007年
户数、人口、从业人员	**Number of Households, Population and Employed Persons**					
乡村总户数（万户）	Total of Rural Households (10 000 households)	590	769	830	877	900
乡村总人口（万人）	Total Rural Population (10 000 persons)	3 226	3 335	3 450	3 568	3 620
乡村就业人员（万人）	Rural Employed Persons (10 000 persons)	1 647	1 835	1 949	2 051	2 097
#农、林、牧、渔业（万人）	Employed Persons of Farming, Forestry, Animal Husbandry and Fishery (10 000 persons)	1 503	1 632	1 674	1 690	1 664
工 业（万人）	Employed Persons of Industry (10 000 persons)	36	48	52	59	69
建筑业（万人）	Employed Persons of Construction (10 000 persons)	28	39	53	63	76
交通运输、仓储和邮政业从业人员（万人）	Employed Persons of Transport,Storage and Post Service (10 000 persons)	16	27	36	39	42
批发与零售业(万人)	Employed Persons of Wholesale and Retaile Trade (10 000 persons)	12	22	37	38	40

10-2 农村基本情况
Basic Conditions of Rural Areas

指 标	Item	1995年	2000年	2005年	2006年	2007年
农村基层组织情况	**Rural Grass-roots Units**					
乡镇个数（个）	Number of Townships and Towns (unit)	1 574	1 564	1 296	1 207	1 201
#镇个数（个）	Number of Towns (unit)	370	462	459	474	479
村委会个数（个）	Number of Villagers' Committees (unit)	13 415	13 433	12 940	13 080	13 120
乡村户数、人口、就业人员	**Number of Rural Households, Population and Employed Persons**					
乡村户数（万户）	Number of Rural Households (10 000 households)	769	830	877	867	900
乡村人口数（万人）	Rural Population (10 000 persons)	3 335	3 450	3 568	3 594	3 620
乡村就业人员（万人）	Number of Rural Employed Persons (10 000 persons)	1 835	1 949	2 051	2 074	2 097
按性别分	Grouped by Sex					
男就业人员（万人）	Male (10 000 persons)	943	1 009	1 069	1 081	1 093
女就业人员（万人）	Female (10 000 persons)	892	940	982	993	1 004
按行业分	Grouped by Sector					
农、林、牧、渔就业人员（万人）	Farming, Forestry, Animal Husbandry and Fishery (10 00(	1 632	1 674	1 690	1 677	1 664
工业就业人员（万人）	Industry (10 000 persons)	48	52	59	64	69
建筑业就业人员（万人）	Construction (10 000 persons)	39	53	63	70	76
交通运输、仓储和邮政业就业人员（万人）	Employed Persons of Transport,Storage and Post Service (10 000 persons)	27	36	39	41	42
批发与零售业就业人员（万人）	Employed Persons of Wholesale and Retail Trade (10 00(	22	37	38	39	40
其他就业人员（万人）	Others (10 000 persons)	67	97	162	183	206

注：1.乡村总人口是按1984年前的老口径统计，故本表的数字大于人口篇乡村总人口。从2001年起，乡镇个数中不包括城关镇。

2.“交通运输、仓储和邮政业就业人员”统计口径：2003年以前为“交通运输和邮电通讯业就业人员”，2003年为“交通运输、仓储和邮电业就业人员”；“批发、零售、餐饮、金融、保险就业人员”改为“批发与零售业就业人员”。2003年以前为原口径数。

Note: a. The total rural population is calculated accolding to original standards before 1984, so the data in this table are larger than the rural population in chapter on population. since 2001,the data of townships and towns have not included those of urban towns.

b.The Employed Persons of Transport, Storage and Post Service have calculated including the Telecommunication Service and unincorporated the Stoarge before 2003; But including the Storage Telecommunication Service in 2003. Employed Persons of Wholesale Trade, Retail Trade,Food Services,Banking and Insurance have changed to"Employed Persons of Wholesale and Retail Trade.

10-3 全省水库库容量
Storage Capacity of Reservoirs

指 标	Item	水 库 (座) Number of Reservoirs		水库库容量(亿立方米) Reservoir Capacity (100 million cu.m)		2007年比2006年 (± %) Increase Rate in 2007 Over 20056(±%)	
		2006年	2007年	2006年	2007年	水 库 Number of Reservoirs	水库库容量 Capacity of Reservoirs
合 计	**Total**	**5 399**	**5 403**	**104.36**	**106.23**	**0.1**	**1.8**
大型水库	Large Reservoirs	6	6	21.62	21.62		
中型水库	Mediumsized Reservoirs	171	173	48.98	50.33	1.2	2.8
小型水库	Small Reservoirs	5 222	5 224	33.76	34.28	0.0	1.5

10-4 主要年份全省主要农业机械拥有量
Number of Major Agricultural Machinery Owned in Significant Years

年 份 Year	农用大中型拖拉机(台) Large and Mediumsized Agricultural Tractors (unit)	农用小型及手扶拖拉机(台) Small and Walking Agricultural Tractors (unit)	大中型拖拉机机引农具(部) Farm Tools Towed by Large and Mediumsized Tractors (unit)	联合收割机(台) Combine Harvesters (unit)	农业机械总动力(万千瓦) Total Power of Agricultural Machinery (10 000 kw)
1978	14 361	25 215	22 270	215	243
1980	17 234	33 431	21 097	184	295
1985	17 741	73 783	12 813	53	439
1989	16 751	128 064	9 747	124	612
1990	16 247	141 277	9 362	120	649
1991	15 545	159 914	9 002	154	710
1992	13 937	172 167	8 572	125	754
1995	9 568	216 192	6 568	134	906
1999	15 557	304 434	8 187	360	1 255
2000	38 331	300 694	8 138	450	1 301
2001	52 600	304 826	8 805	484	1 398
2002	66 954	299 060	10 319	483	1 460
2003	86 347	305 106	9 051	652	1 543
2004	91 483	304 830	9 002	817	1 608
2005	44 978	274 764	11 545	1 150	1 666
2006	48 635	278 764	12 331	1 570	1 755
2007	75 097	286 790	15 078	2 168	1 862

10-5 全省农业机械和农产品加工机械拥有量(年末数)

Number of Agricultural Machinery and Machinery for Processing Farm Products Owned at the Year-end

机械名称	Item	2005年	2006年	2007年
农用大中型拖拉机（台/万瓦特）	Lager and Mediumsized Agricultural Tractors (unit/10 000 watt)	44 978/121 380	48 635/128 300	75 097/181 000
小型及手扶拖拉机（台/万瓦特）	Small and Walking Tractors (unit/10 000 watt)	274 764/307 360	27 8764/28 1250	286 790/328 120
大中型拖拉机机引农具（部）	Farm Tools Towed by Large and Mediumsized Tractor (unit)	11 545	12 331	15 078
小型手扶拖拉机机引农具（部）	Farm Tools Towed by Small Tractor (unit)	180 819	188 251	202 281
农用水泵（台）	Water Pumps for Agricultural Use (unit)	117 705	127 210	147 306
联合收割机（台）	Combine Harvesters (unit)	1 150	1 570	2 168
机动脱粒机（台）	Power-driver Shellers (unit)	123 967	148 155	176 746
农业机械总动力(万千瓦)	Total Power of Agricultural Machinery (10 000 kw)	1 666	1 755	1 862

10-6 各地区农业水利情况(2007年)

Basic Conditions of Water Conservancy by Region (2007)

单位：千公顷 (1 000 hectares)

地区	Region	水库座数(座) Number of Reservoirs (unit)	水库总库容(万立方米) Capacity of Reservoirs (10 000 cu.m)	农田水利情况 Irrigation and Water Conservancy		
				有效灌溉面积 Irrigated Area	旱涝保收面积 Area With Stable Yields Despite Drought or Waterlogging	机电排灌面积 Mechenical and Electric Irrigation and Drainage Area
全省合计	**Total**	**5 403**	**1 062 317.95**	**1 517.24**	**910.25**	**185.36**
昆　明	Kunming	798	260 047.50	133.53	88.43	45.54
曲　靖	Qujing	640	167 112.87	175.03	110.24	25.81
玉　溪	Yuxi	554	69 630.58	80.81	57.51	17.44
保　山	Baoshan	257	41 028.00	103.48	78.20	6.80
昭　通	Zhaotong	168	58 469.10	104.85	51.03	4.66
丽　江	Lijiang	132	30 386.70	64.63	35.07	8.43
普　洱	Pu'er	276	47 538.00	111.30	60.45	0.85
临　沧	Lincang	218	29 025.64	82.99	46.66	1.94
楚　雄	Chuxiong	1 040	103 934.20	115.79	79.33	9.90
红　河	Honghe	421	95 498.33	169.10	91.20	30.06
文　山	Wenshan	223	39 369.50	98.15	55.15	5.19
西双版纳	Xishuangbanna	177	31 328.70	45.24	27.50	0.08
大　理	Dali	429	66 440.50	140.65	79.37	26.36
德　宏	Dehong	66	20 905.33	59.75	28.60	0.34
怒　江	Nujiang	2	90.00	14.32	10.77	
迪　庆	Diqing	2	1 513.00	17.62	10.74	1.96

10-7 各地区农业化肥施用量(2007年)

Consumption of Chemical Fertilizers by Region (2007)

单位：吨 (ton)

地区	Region	化肥施用量合计(按折纯计算) Consumption of Chemical Fertilizer	氮肥 Nitrogenous Fertilizer	磷肥 Phosphate Fertilizer	钾肥 Potash Fertilizer	复合肥 Compound Fertilizer
全省合计	**Total**	**1 582 661**	**866 255**	**248 298**	**135 697**	**332 411**
昆明	Kunming	162 055	88 139	33 339	11 609	28 968
曲靖	Qujing	262 277	135 058	45 147	22 533	59 539
玉溪	Yuxi	79 216	49 764	10 458	14 145	4 849
保山	Baoshan	94 317	55 745	13 159	12 023	13 390
昭通	Zhaotong	114 852	71 009	17 714	10 313	15 816
丽江	Lijiang	65 200	33 105	17 114	4 349	10 632
普洱	Pu'er	52 945	38 752	5 392	2 996	5 805
临沧	Lincang	97 832	45 825	5 495	4 107	42 405
楚雄	Chuxiong	118 606	73 194	22 105	4 081	19 226
红河	Honghe	169 710	87 229	31 120	16 420	34 941
文山	Wenshan	118 987	72 953	17 374	11 560	17 100
西双版纳	Xishuangbanna	34 916	13 208	2 024	2 961	16 723
大理	Dali	143 449	62 803	19 363	16 580	44 703
德宏	Dehong	56 695	32 515	5 944	1 578	16 658
怒江	Nujiang	4 667	3 127	650	100	790
迪庆	Diqing	6 937	3 829	1 900	342	866

10-8 各地区农村基本情况及农业生产条件(2007年)

Basic Conditions of Rural Areas and Agricultural Production by Region (2007)

地区	Region	乡镇个数(个) Number of Townships and Towns (unit)	镇个数(个) Number of Towns (unit)	村委会个数(个) Number of Villagers' Commitees (unit)	自来水受益村数(个) Villages with Tap Water Supply (unit)	通汽车村数(个) Villages with Highway (unit)	通电话村数(个) Villages with Telephone Service (unit)	农村用电量(万千瓦小时) Rural Consumption of Electricity (10 000 kwh)	乡村办电站/装机容量(个/万瓦特) Number of Power Stations Owned by Villages and Their Installed Capacity(10 000 w)
全省合计	**Total**	**1 201**	**479**	**13 120**	**11 844**	**12 892**	**12 601**	**484 695**	**455/24 584**
昆明	Kunming	96	43	1 239	1 203	1 236	1 226	74 014	29/3 183
曲靖	Qujing	99	58	1 557	1 407	1 553	1 419	58 221	16/827
玉溪	Yuxi	64	37	665	646	664	664	92 932	13/267
保山	Baoshan	66	24	883	842	881	882	21 046	47/2 238
昭通	Zhaotong	130	44	1 178	916	1 187	1 163	31 018	110/6 871
丽江	Lijiang	55	8	443	373	436	418	9 235	35/3 242
普洱	Pu'er	94	21	994	979	861	848	16 263	29/328
临沧	Lincang	68	25	897	883	889	876	8 849	4/158
楚雄	Chuxiong	93	43	1 048	1 002	1 042	1 045	28 502	18/1 350
红河	Honghe	118	40	1 178	985	1 169	1 104	53 094	24/732
文山	Wenshan	94	35	947	744	947	916	24 920	31/1 711
西双版纳	Xishuangbann	31	18	220	219	220	208	6 268	3/31
大理	Dali	98	53	1 093	929	1 061	1 088	46 805	62/1 524
德宏	Dehong	45	18	336	323	336	315	3 834	
怒江	Nujiang	25	6	258	255	234	256	3 493	10/1 891
迪庆	Diqing	26	6	184	161	178	175	6 202	24/231

10-9 历年农、林、牧、渔业总产值
Historic Total Output Value of Agriculture

(按当年价格计算) (at current prices)

单位：亿元 (100 million yuan)

年 份 Year	农、林、牧、渔业总产值 Total Agriculture Output Value	农 业 Farming	林 业 Forestry	牧 业 Animal Husbandry	副 业 Sideline	渔 业 Fishery
1957	16.56	10.52	.35	2.58	3.11	
1960	13.33	9.89	.46	1.55	1.40	.03
1961	15.21	11.24	.23	1.61	2.10	.03
1962	18.83	12.99	.30	2.81	2.69	.04
1963	20.03	13.12	.46	3.53	2.88	.04
1964	22.52	14.75	.68	4.12	2.93	.04
1965	22.83	14.63	.73	4.57	2.85	.05
1966	24.04	15.72	.75	4.49	3.03	.05
1967	24.25	15.93	.75	4.49	3.03	.05
1968	23.17	14.83	.76	4.52	3.01	.05
1969	24.64	16.26	.77	4.53	3.03	.05
1970	24.89	18.32	.77	4.65	1.10	.05
1971	28.81	22.30	.92	3.89	1.67	.03
1972	32.81	23.76	1.31	6.17	1.54	.03
1973	35.55	25.70	1.46	6.75	1.60	.04
1974	32.91	23.37	1.45	6.45	1.58	.06
1975	35.40	25.81	1.73	6.16	1.63	.07
1976	33.92	24.72	1.36	6.14	1.63	.07
1977	33.47	23.60	1.84	6.26	1.71	.07
1978	40.02	28.58	2.48	7.08	1.80	.08
1979	44.71	31.03	3.17	8.27	2.15	.09
1980	48.20	33.02	2.94	10.22	1.83	.19
1981	55.20	38.32	3.77	10.74	2.17	.20
1982	61.84	41.90	3.87	12.79	3.07	.21
1983	65.68	42.30	4.73	13.84	4.57	.24
1984	77.36	48.78	5.97	15.79	6.55	.27
1985	88.88	52.02	7.90	20.33	8.23	.40
1986	96.01	51.80	7.40	26.14	9.96	.71
1987	111.25	61.75	8.85	29.42	10.28	.95
1988	135.39	76.11	10.05	37.01	10.66	1.56
1989	152.68	84.30	12.97	41.68	11.80	1.93
1990	211.72	119.63	18.27	54.01	18.42	1.39
1991	222.93	130.67	18.69	55.68	16.52	1.37
1992	250.35	146.70	22.84	61.54	17.25	2.02
1993	281.21	179.39	25.39	72.89		3.54
1994	356.78	228.99	30.41	92.13		5.25
1995	474.46	299.48	40.53	127.19		7.26
1996	567.51	369.36	43.21	146.03		8.91
1997	612.01	397.09	40.40	163.93		10.59
1998	620.02	381.26	41.77	184.83		12.16
1999	642.48	394.96	45.60	188.82		13.10
2000	680.86	416.36	49.75	201.49		13.26
2001	703.53	431.31	47.21	210.63		14.38
2002	737.55	445.35	53.52	223.49		15.19
2002(新口径)	743.75	414.89	59.27	223.49		15.19
2003	799.33	433.91	73.17	242.53		16.56
2004	965.22	516.92	86.40	305.42		19.14
2005	1 068.58	559.32	105.53	339.68		22.97
2006	1 209.76	630.19	142.59	362.89		26.30
2007	1 414.79	707.15	156.27	459.63		35.73

注：1、1993年起副业产值已划归农业产值和牧业产值。
2、从2003年开始，按新国民经济行业分类标准，农业总产值中取消“农民家庭兼营的商品性工业”；“木材采运”改为全社会口径；增加“农林牧渔服务业”。“农林牧渔服务业”包含在“农业总产值”中(下同)。

Note: a. The output value of sideline products has been divided into that of farming and animal husbandry Since 1993.
b. According to the new standards for the classification of National Economy; Subsidiary commercial industry operated by farmers has been deleted from the output value of agriculture since 2003. The logging and transport of timber has changed to the standard of thewhole society. Services of farming, forestry,animal husbandry and fishery are added items.Services of farming, forestry,animal husbandry and fishery are included in the output value of agriculture (The same in the following).

10-10 历年农、林、牧、渔业总产值指数
Indices of Historic Gross Output Value of Agriculture

(以1952年为100) (1952=100)

年 份 Year	农、林、牧、渔业总产值 Total Agricultural Output Value	农 业 Farming	林 业 Forestry	牧 业 Animal Husbandry	副 业 Sideline	渔 业 Fishery
1952	100.00	100.00	100.00	100.00	100.00	100.00
1957	151.90	137.80	2 428.80	179.60	171.10	225.60
1965	166.10	152.30	4 105.90	250.80	124.40	920.10
1966	174.90	163.50	4 238.70	246.90	132.00	1 163.30
1967	176.50	165.80	4 238.70	246.90	132.00	930.10
1968	168.60	154.30	4 238.70	248.10	132.00	930.10
1969	179.30	169.30	4 309.30	249.30	132.00	1 045.50
1970	178.10	187.60	4 263.40	251.20	46.80	1 002.80
1971	189.50	191.90	5 097.00	237.40	101.70	749.60
1972	211.10	200.00	7 168.20	369.60	91.30	806.70
1973	228.20	215.80	8 026.20	404.10	94.00	720.10
1975	235.30	224.40	9 917.40	381.20	98.70	1 627.1
1976	225.50	215.10	7 708.30	379.80	100.10	1 099.90
1977	221.70	204.60	10 327.50	386.90	104.00	1 139.20
1978	249.20	233.00	13 119.80	410.20	103.50	1 296.60
1979	235.20	213.50	14 288.80	404.30	103.90	1 619.30
1980	251.20	231.30	14 938.30	418.30	104.90	1 759.00
1981	273.60	255.70	16 118.20	439.90	105.70	1 886.90
1982	302.90	274.10	16 885.30	525.00	150.00	1 946.70
1983	319.70	274.80	19 622.10	568.20	222.20	2 225.70
1984	368.30	303.70	25 504.00	645.60	321.50	2 500.90
1985	391.80	308.20	29 241.50	700.00	404.40	3 058.10
1986	382.60	288.00	25 449.10	717.40	489.30	3 599.10
1987	406.00	315.80	24 428.50	738.90	504.90	4 402.00
1988	432.80	339.70	25 935.50	781.70	524.10	5 771.30
1989	445.30	346.40	27 366.20	821.80	530.00	5 091.10
1990	474.50	366.10	29 995.20	882.90	566.60	5 318.00
1991	501.10	398.60	30 756.40	929.50	514.00	5 702.40
1992	523.00	416.50	33 893.60	968.50	503.70	6 181.40
1993	538.80	422.10	40 280.40	991.90	479.00	7 462.50
1994	555.40	426.30	42 959.20	1 050.20		9 256.10
1995	591.20	457.00	43 946.10	1 112.70		11 177.80
1996	634.90	490.80	46 714.70	1 195.00		13 223.30
1997	686.90	530.10	49 941.70	1 303.40		14 728.10
1998	718.10	533.20	52 506.40	1 467.90		18 282.10
1999	753.70	555.60	53 943.50	1 571.60		20 274.70
2000	802.70	589.30	56 155.90	1 705.50		20 850.30
2001	831.50	611.67	54 154.90	1 800.60		22 289.40
2002	869.99	633.27	59 030.67	1 891.99		24 368.04
2003	927.84	663.05	67 532.55	2 027.39		25 600.09
2004	990.72	703.77	70 033.76	2 204.52		28 027.15
2005	1 059.08	734.03	76 196.73	2 431.59		31 222.25
2006	1 148.48	791.07	86 271.61	2 610.61		36 558.87
2007	1 232.32	844.07	94 553.68	2 767.25		44 309.35

注：本表按可比价格计算。
Note : The data in this table are calculated at comparable prices.

10-11 全省农、林、牧、渔业总产值

Gross Output Value of Farming, Forestry, Animal Husbandry and Fishery

单位：亿元 (100 million yuan)

项　　目	Item	按当年价格 At Current Prices	
		2006年	2007年
农、林、牧、渔业总产值总计	**Gross Output Value of Farming, Forestry, Animal Husbandry and Fishery**	**1 209.75**	**1 414.79**
农业产值合计	**Gross Output Value of Farming**	**630.19**	**707.15**
1、谷物及其他作物	Cereals and Other Crops	431.16	457.71
#谷物	Corn Cereals	201.17	221.29
薯类	Tubers	36.80	36.73
油料	Oil-bering Crops	11.52	12.53
豆类	Beans and Peas	21.15	22.03
糖料	Sugar Crops	34.45	41.05
烟草	Tobacco	89.36	94.39
2、蔬菜园艺作物	Vegetables and Horticultural Crops	135.03	158.44
3、水果、坚果、饮料和香料作物	Fruits，Nuts, Beverages and Spiceberry Crops	55.19	81.40
4、中药材	Traditional Chinese Medicinal Materials	8.81	9.60
林业产值合计	**Gross Output Value of Animal Husbandry**	**142.59**	**156.27**
林木的培育和种植	Cultivation of Forest Trees	17.99	18.66
竹木采运	Logging and Transport of Timber and Bamboo	27.64	30.94
林产品	Forest Products	96.96	106.67
牧业产值合计	**Gross Output Value of Animal Husbandry**	**362.89**	**459.63**
牲畜饲养产值	Livestock Raising	61.69	67.81
生猪产值	Hogs	245.54	333.91
家禽产值	Poultry	47.98	50.18
狩猎和捕捉动物	Hunting	0.05	0.05
其他畜牧业	Others	7.63	7.68
渔业产值	**Gross Output Value of Fishery**	**26.30**	**35.73**
农、林、牧、渔业服务业产值	**Output Value of Services for Farming, Forestry, Animal Husbandry and Fishery**	**47.78**	**56.01**

10-12 各地区农、林、牧、渔业总产值(2007年)

Gross Output Value of Farming, Forestry,Animal Husbandry and Fishery by Region (2007)

(按当年价格计算) (at current prices)

单位：万元 (10 000 yuan)

地　区	Region	农林牧渔业总产值 Gross Output Value of Farming, Forestry,Animal Husbandry and Fishery	农业产值 Farming	林业产值 Forestry	牧业产值 Animal Husbandry	渔业产值 Fishery
全省合计	**Total**	**14 147 868**	**7 071 514**	**1 562 709**	**4 596 339**	**357 267**
昆　明	Kunming	1 504 193	786 403	45 862	589 042	32 801
曲　靖	Qujing	2 045 518	993 009	55 915	937 091	31 568
玉　溪	Yuxi	828 958	463 037	24 981	311 817	14 971
保　山	Baoshan	859 230	437 058	114 813	272 723	18 276
昭　通	Zhaotong	808 906	383 277	35 721	364 338	2 452
丽　江	Lijiang	304 391	139 194	20 343	119 741	14 609
普　洱	Pu'er	747 256	380 083	160 641	174 591	14 313
临　沧	Lincang	765 749	469 540	90 753	179 260	7 360
楚　雄	Chuxiong	1 010 184	473 152	62 829	371 782	15 518
红　河	Honghe	1 190 541	612 386	87 283	432 716	34 966
文　山	Wenshan	824 937	440 329	34 073	328 353	6 098
西双版纳	Xishuangbanna	544 618	158 351	317 669	44 100	11 669
大　理	Dali	1 367 926	666 291	112 593	530 608	31 492
德　宏	Dehong	383 571	231 010	44 754	80 643	14 699
怒　江	Nujiang	77 588	33 447	11 143	25 756	127
迪　庆	Diqing	90 116	41 643	10 856	27 868	725

10-13 各地区农、林、牧、渔业总产值指数(2007年)

Indices of Gross Output Value of Farming, Forestry, Animal Husbandry and Fishery by Region (2007)

(以上年为100) (preceding year= 100)

单位：% (%)

地　区	Region	农林牧渔业总产值 Gross Output Value of Farming, Forestry,Animal Husbandry and Fishery	农业产值 Farming	林业产值 Forestry	牧业产值 Animal Husbandry	渔业产值 Fishery
全省合计	**Total**	**107.3**	**106.7**	**109.6**	**106.0**	**121.2**
昆　明	Kunming	107.0	105.7	102.0	110.5	97.1
曲　靖	Qujing	108.3	109.3	116.6	106.1	102.1
玉　溪	Yuxi	106.3	105.5	108.2	107.6	104.3
保　山	Baoshan	108.7	106.8	107.6	113.0	108.5
昭　通	Zhaotong	105.5	104.7	112.4	106.0	106.3
丽　江	Lijiang	108.9	111.5	115.6	104.5	108.7
普　洱	Pu'er	111.5	111.4	107.6	116.8	115.1
临　沧	Lincang	108.8	110.1	110.2	104.8	105.5
楚　雄	Chuxiong	107.4	105.7	129.4	105.5	125.7
红　河	Honghe	106.3	106.8	109.7	104.3	107.9
文　山	Wenshan	106.6	104.4	105.9	110.1	111.8
西双版纳	Xishuangbanna	107.6	108.8	107.0	105.1	122.1
大　理	Dali	109.4	106.0	120.8	112.3	107.7
德　宏	Dehong	110.6	110.8	111.6	110.3	111.7
怒　江	Nujiang	109.8	102.4	103.5	105.2	107.1
迪　庆	Diqing	103.9	103.0	109.7	101.1	101.8

注：本表按可比价格计算。

Note : The data in the table are calculated at comparable prices.

10-14 各地区农、林、牧、渔业总产值构成(2007年)
Composition of Gross Output Value of Farming, Forestry, Animal Husbandry and Fishery by Region (2007)

(按当年价格计算) (at current prices)

单位：% (%)

地　　区	Region	农、林、牧、渔业总产值 Gross Output Value of Farming, Forestry,Animal Husbandry and Fishery	农业产值 Farming	林业产值 Forestry	牧业产值 Animal Husbandry	渔业产值 Fishery
全省合计	**Total**	**100.0**	**50.0**	**11.1**	**32.5**	**2.5**
昆　明	Kunming	100.0	52.3	3.0	39.2	2.2
曲　靖	Qujing	100.0	48.5	2.7	45.8	1.5
玉　溪	Yuxi	100.0	55.9	3.0	37.6	1.8
保　山	Baoshan	100.0	50.9	13.4	31.7	2.1
昭　通	Zhaotong	100.0	47.4	4.4	45.0	0.3
丽　江	Lijiang	100.0	45.7	6.7	39.3	4.8
普　洱	Pu'er	100.0	50.9	21.5	23.4	1.9
临　沧	Lincang	100.0	61.3	11.9	23.4	1.0
楚　雄	Chuxiong	100.0	46.8	6.2	36.8	1.5
红　河	Honghe	100.0	51.4	7.3	36.3	2.9
文　山	Wenshan	100.0	53.4	4.1	39.8	0.7
西双版纳	Xishuangbanna	100.0	29.1	58.3	8.1	2.1
大　理	Dali	100.0	48.7	8.2	38.8	2.3
德　宏	Dehong	100.0	60.2	11.7	21.0	3.8
怒　江	Nujiang	100.0	43.1	14.4	33.2	0.2
迪　庆	Diqing	100.0	46.2	12.0	30.9	0.8

10-15 各地区农、林、牧、渔业增加值(2007年)
Added Value of Farming, Forestry, Animal Husbandry and Fishery by Region (2007)

(按当年价格计算) (at current prices)

单位：万元 (10 000 yuan)

地　　区	Region	合　计 Total	农　业 Farming	林　业 Forestry	牧　业 Animal Husbandry	渔　业 Output of Fishery
全省合计	**Total**	**8 693 628**	**4 588 840**	**1 160 640**	**248 126**	**245 788**
昆　明	Kunming	903 779	503 086	33 377	320 880	18 774
曲　靖	Qujing	1 200 059	611 345	40 855	508 893	19 981
玉　溪	Yuxi	485 036	311 603	15 937	137 495	10 763
保　山	Baoshan	553 552	282 172	83 762	164 697	12 264
昭　通	Zhaotong	543 645	278 379	29 091	219 271	1 829
丽　江	Lijiang	174 999	79 516	12 701	67 608	8 937
普　洱	Pu'er	493 489	253 873	112 766	104 253	9 149
临　沧	Lincang	473 374	302 348	62 224	93 063	4 725
楚　雄	Chuxiong	602 992	293 876	39 346	206 540	9 428
红　河	Honghe	715 850	379 245	56 937	243 465	22 062
文　山	Wenshan	527 843	282 267	24 902	206 180	4 613
西双版纳	Xishuangbanna	344 282	90 275	212 005	24 232	7 568
大　理	Dali	802 752	399 731	79 183	287 993	19 759
德　宏	Dehong	249 115	145 375	38 810	48 646	9 629
怒　江	Nujiang	49 920	22 198	8 330	15 644	84
迪　庆	Diqing	60 892	28 535	9 960	14 356	600

注：从2003年开始，农林牧渔业增加值为按新口径核算数。

Note: The data of added value of Farming, Forestry, Animal Husbandry and Fishery have been calculated according to the new standards sinc 2003.

10-16 各地区农、林、牧、渔业中间消耗（2007年）
Intermediate Consumption of Farming, Forestry, Animal Husbandry and Fishery by Region (2007)

（按当年价格计算） (at current prices)

单位：万元 (10 000 yuan)

地　区	Region	合计 Total	农业 Farming	林业 Forestry	牧业 Animal Husbandry	渔业 Fishery
全省合计	**Total**	**5 454 240**	**2 482 674**	**402 069**	**2 107 213**	**111 479**
昆　明	Kunming	600 414	283 317	12 485	268 162	14 027
曲　靖	Qujing	845 459	381 664	15 060	428 198	11 587
玉　溪	Yuxi	343 922	151 434	9 044	174 322	4 208
保　山	Baoshan	305 678	154 886	31 051	108 026	6 012
昭　通	Zhaotong	265 261	104 898	6 630	145 067	623
丽　江	Lijiang	129 392	59 678	7 642	52 133	5 672
普　洱	Pu'er	253 767	126 210	47 875	70 338	5 164
临　沧	Lincang	292 375	167 192	28 529	86 197	2 635
楚　雄	Chuxiong	407 192	179 276	23 483	165 242	6 090
红　河	Honghe	474 691	233 141	30 346	189 251	12 904
文　山	Wenshan	297 094	158 062	9 171	122 173	1 485
西双版纳	Xishuangbanna	200 336	68 076	105 664	19 868	4 101
大　理	Dali	565 174	266 560	33 410	242 615	11 733
德　宏	Dehong	134 456	85 635	5 944	31 997	5 070
怒　江	Nujiang	27 668	11 249	2 813	10 112	43
迪　庆	Diqing	29 224	13 108	896	13 512	125

10-17 各地区农、林、牧、渔业中间消耗、增加值占总产值比重（2007年）
Proportion of Intermediate Consumption and Added Value of Farming, Forestry, Animal Husbandry and Fishery to Gross Output Value (2007)

（按当年价格计算） (at current prices)

单位：万元 (10 000 yuan)

地　区	Region	农林牧渔业总产值 Gross Output Value of Farming, Forestry, Animal Husbandry and Fishery	农林牧渔业中间消耗 Intermediate Consumption of Farming, Forestry, Animal Husbandry and Fishery	农林牧渔业增加值 Added Value of Farming,Forestry, Animal Husbandry and Fishery	占农林牧渔业总产值比重(%) Proportion to Gross Output Value (%)	
					中间消耗 Intermediate Consumption	增加值 Added Value
全省合计	**Total**	**14 147 868**	**5454 240**	**8 693 628**	**38.6**	**61.4**
昆　明	Kunming	1 504 193	600 414	903 779	39.9	60.1
曲　靖	Qujing	2 045 518	845 459	1 200 059	41.3	58.7
玉　溪	Yuxi	828 958	343 922	485 036	41.5	58.5
保　山	Baoshan	859 230	305 678	553 552	35.6	64.4
昭　通	Zhaotong	808 906	265 261	543 645	32.8	67.2
丽　江	Lijiang	304 391	129 392	174 999	42.5	57.5
普　洱	Pu'er	747 256	253 767	493 489	34.0	66.0
临　沧	Lincang	765 749	292 375	473 374	38.2	61.8
楚　雄	Chuxiong	1 010 184	407 192	602 992	40.3	59.7
红　河	Honghe	1 190 541	474 691	715 850	39.9	60.1
文　山	Wenshan	824 937	297 094	527 843	36.0	64.0
西双版纳	Xishuangbanna	544 618	200 336	344 282	36.8	63.2
大　理	Dali	1 367 926	565 174	802 752	41.3	58.7
德　宏	Dehong	383 571	134 456	249 115	35.1	64.9
怒　江	Nujiang	77 588	27 668	49 920	35.7	64.3
迪　庆	Diqing	90 116	29 224	60 892	32.4	67.6

10-18 各地区主要农作物播种面积（2007年）
Total Sown Areas of Main Farm Crops by Region (2007)

单位：公顷 (hectare)

地区	Region	总播种面积 Total Sown Area	粮食播种面积 Sown Area of Grain Crops	#稻谷 Rice	#小麦 Wheat	#玉米 Maize	#豆类 Beans and Peas	#薯类 Tubers
全省合计	**Total**	**5 801 900**	**3 994 500**	**990 200**	**426 800**	**1 282 100**	**522 200**	**561 700**
昆明	Kunming	391 063	247 249	45 900	35 395	55 350	45 294	31 729
曲靖	Qujing	851 133	516 366	53 034	33 710	151 545	53 934	150 771
玉溪	Yuxi	223 656	90 310	24 644	20 864	24 580	10 498	4 281
保山	Baoshan	333 242	216 483	58 877	19 844	64 236	28 531	17 215
昭通	Zhaotong	634 156	465 674	27 571	56 044	190 122	37 712	134 442
丽江	Lijiang	154 010	126 110	19 975	19 556	32 112	26 696	15 084
普洱	Pu'er	384 636	282 430	92 569	25 324	101 875	38 084	11 077
临沧	Lincang	390 366	253 544	54 445	38 206	89 573	38 024	15 141
楚雄	Chuxiong	315 063	208 772	61 926	33 410	41 631	44 939	6 025
红河	Honghe	519 501	321 147	91 368	40 699	95 179	43 082	21 589
文山	Wenshan	592 268	390 586	64 578	49 859	129 694	84 342	45 905
西双版纳	Xishuangbanna	109 423	73 920	45 575	114	24 833	2 155	1 013
大理	Dali	366 570	258 830	63 126	16 541	69 148	50 893	13 375
德宏	Dehong	198 236	97 018	48 250	5 513	28 076	6 043	8 815
怒江	Nujiang	86 967	72 494	6 625	8 387	24 609	15 077	9 915
迪庆	Diqing	55 338	46 747	2 684	10 104	15 859	5 680	4 109

10-18 续表 continued

单位：公顷 (hectare)

地区	Region	油料播种面积 Oil-bearing Crops	#花生 Peanuts	#油菜籽 Rapeseeds	甘蔗 Sugarcane	烤烟播种面积 Flue-cured Tobacco	蔬菜播种面积 Vegetables and Melon	其它作物 Other Farm Crops
全省合计	**Total**	**218 718**	**43 595**	**161 178**	**312 922**	**367 627**	**561 946**	**397 669**
昆明	Kunming	8 366	754	7 018	70	43 038	61 541	29 037
曲靖	Qujing	44 931	804	43 338	61	83 333	78 805	120 524
玉溪	Yuxi	11 342	508	10 476	21 380	47 203	47 723	4 557
保山	Baoshan	19 618	592	18 887	39 899	19 717	21 011	9 408
昭通	Zhaotong	14 270	4 443	9 539	2 066	29 241	66 668	51 946
丽江	Lijiang	4 384	821	3 007	1 383	6 532	7 977	5 295
普洱	Pu'er	10 533	8 669	1 767	40 730	8 512	20 514	19 454
临沧	Lincang	8 292	1 975	5 790	89 159	4 789	16 597	12 870
楚雄	Chuxiong	16 258	1 056	13 748	397	35 044	45 101	6 887
红河	Honghe	19 322	8 830	10 168	22 910	37 746	70 999	41 197
文山	Wenshan	34 885	12 519	14 662	9 709	20 416	57 407	71 765
西双版纳	Xishuangbanna	1 610	1 591		16 089		9 514	1 634
大理	Dali	13 433	319	12 665	3 002	32 054	39 428	13 804
德宏	Dehong	8 621	576	8 027	64 473		10 341	3 933
怒江	Nujiang	1 714	138	1 031	1 594		6 885	1 688
迪庆	Diqing	1 139		1 055		2	1 435	3 670

注：2001年起全省粮食播种面积用抽样调查数。
Note: Since 2001 the data from sample surveys have been used for the total sown area of grain crops in the whole province.

10-19 主要年份全省主要农产品产量
Yields of Main Farm Products in Significant Years

单位：万吨 (10 000 tons)

年 份 Year	粮 食 Grain	#稻 谷 Rice	#小 麦 Wheat	油 料 Oil-bearing Crops	#花 生 Peanuts	#油菜籽 Rapeseeds	烤 烟 Flue-cured Tobacco
1952	450.70	255.75	19.60	3.37	0.82	2.10	0.57
1957	583.20	325.50	29.60	8.01	2.46	4.07	2.82
1962	534.50	273.55	27.10	3.53	1.07	2.05	2.55
1965	586.95	304.75	31.85	8.75	2.75	5.75	4.65
1970	698.45	396.65	36.65	4.77	2.01	2.68	3.25
1975	798.90	400.00	60.32	6.97	1.80	5.08	9.72
1978	864.05	411.60	85.95	5.51	2.05	3.18	12.26
1980	865.55	387.60	78.55	6.48	1.83	4.18	10.32
1985	935.00	482.95	61.90	11.81	3.60	7.17	41.00
1990	1 061.21	509.44	106.79	13.31	2.93	9.65	43.60
1995	1 188.91	515.77	138.50	19.58	4.33	14.29	76.07
1996	1 246.30	535.15	145.39	18.81	4.32	13.61	88.39
1997	1 271.90	533.77	166.14	17.43	3.82	12.80	109.28
1998	1 319.50	540.86	152.22	17.46	4.55	11.95	56.37
1999	1 399.25	534.34	153.47	20.62	4.78	14.54	60.95
2000	1 467.80	536.29	151.19	26.98	5.35	19.11	64.61
2001	1 486.30	595.87	137.88	27.66	5.40	20.42	60.08
2002	1 424.74	543.20	134.11	27.52	5.37	20.52	66.15
2003	1 471.01	635.89	124.35	29.70	5.34	22.75	63.68
2004	1 509.50	639.40	121.67	33.41	5.59	26.23	69.24
2005	1 514.93	646.34	106.86	36.22	5.75	29.02	77.22
2006	1 457.60	612.90	93.00	39.01	5.80	31.57	75.78
2007	1 460.70	589.70	91.20	36.65	6.11	29.07	76.68

10-19 续表 continued

单位：万吨 (10 000 tons)

年 份 Year	糖 料 Sugar Crops	#甘 蔗 Sugar cane	茶 叶 Tea	水 果 Fruits	猪牛羊肉 Pork, Beef and Mutton	禽 蛋 Poultry Eggs	水产品 Aquatic Products
1952	30.13	30.13	0.36				
1957	66.60	66.60	0.84	6.07			0.50
1962	42.25	42.25	0.63				0.75
1965	107.35	107.35	0.89		24.58		0.80
1970	88.32	88.32	1.05	8.78			0.92
1975	133.31	133.31	1.64	12.93	28.56		1.40
1978	160.04	160.01	1.78	11.62	29.23		1.12
1980	184.59	184.45	1.78	11.63	30.91		1.52
1985	480.13	479.77	3.11	21.18	56.82	3.90	2.65
1990	662.32	661.88	4.48	31.97	74.74	4.90	4.60
1995	1 056.31	1 055.92	6.40	55.71	120.45	6.85	8.44
1996	1 143.36	1 143.08	6.82	59.01	133.37	7.41	10.20
1997	1 435.18	1 434.92	7.08	66.02	148.95	8.51	11.89
1998	1 598.09	1 597.71	7.75	68.07	166.21	8.70	13.84
1999	1 526.89	1 526.53	7.51	73.83	180.35	9.83	15.53
2000	1 420.61	1 420.29	7.94	76.95	191.51	10.63	16.62
2001	1 481.49	1 481.10	8.07	79.29	203.84	11.80	18.02
2002	1 733.66	1 733.36	8.36	85.63	218.74	13.16	19.26
2003	1 695.24	1 694.96	8.59	96.53	234.53	14.39	20.43
2004	1 688.80	1 688.49	9.51	115.52	257.10	16.49	22.05
2005	1 415.89	1 415.50	11.59	136.63	277.32	20.35	23.85
2006	1 679.06	1 678.73	13.82	162.56	296.13	20.54	29.24
2007	1 938.81	1 938.67	16.99	202.37	238.60	18.00	33.39

注：1、1991年起粮食产量为抽样推算数,由国家统计局云南调查总队提供,分品种、分地区为全面统计数。
2、猪牛羊肉产量1996-1998年,2006-2007年为农业普查衔接数,由国家统计局云南调查总队提供。
3、2001年起粮食分品种为抽样调查数。

Note: a. Since 1991 yields of grain crops have been estimated on the basis of sample surveys,from NBS Survey Office in Yunnan. The data of varieties and regions have been obtained from statistical data .

b. The output of pork, beef and mutton from 1996 to 1998 and from 2006 to 2007 are the link data of agricultural census. from NBS Survey Office in Yunnan

c. Since 2001,the data of the grain varieties have been based on sample surveys.

10-20 各地区主要农作物产量（2007年）

Yields of Main Farm Crops by Region (2007)

单位：吨 (ton)

地　区	Region	粮食总产量 Crain Crops	谷物产量 Cereals	#稻谷 Rice	#小麦 Wheat	#玉米 Maize	豆类产量 Beans and Peas	#蚕豆 Broad beans
全省合计	**Total**	**14 607 000**	**12 184 000**	**5 897 000**	**912 000**	**4 986 000**	**801 000**	**451 700**
昆　明	Kunming	1 136 634	892 067	361 861	91 323	356 692	109 387	67 342
曲　靖	Qujing	2 196 771	1 392 755	360 490	64 585	826 801	144 256	76 746
玉　溪	Yuxi	472 780	428 529	199 935	58 536	156 358	23 168	10 625
保　山	Baoshan	994 050	896 530	423 282	56 957	339 056	45 181	15 764
昭　通	Zhaotong	1 405 878	955 357	149 049	83 489	695 536	56 461	7 915
丽　江	Lijiang	410 248	322 263	126 679	55 238	117 504	49 450	22 497
普　洱	Pu'er	834 590	773 528	415 753	40 700	300 793	38 094	7 551
临　沧	Lincang	720 028	640 177	267 523	57 059	287 376	39 245	14 567
楚　雄	Chuxiong	979 195	848 425	465 822	91 200	230 074	103 099	78 695
红　河	Honghe	1 311 138	1 175 582	608 437	78 509	414 823	67 765	22 620
文　山	Wenshan	1 135 873	984 103	397 027	66 743	500 976	75 556	10 141
西双版纳	Xishuangbanna	326 590	321 632	247 256	153	73 874	2 371	240
大　理	Dali	1 308 651	1 115 865	481 540	47 926	418 102	135 842	86 712
德　宏	Dehong	425 944	393 713	276 594	16 466	100 338	6 687	1 633
怒　江	Nujiang	166 636	136 455	36 172	12 864	77 413	16 636	2 830
迪　庆	Diqing	133 478	113 828	14 224	26 302	58 501	9 620	1 411

10-20　续表　continued

单位：吨 (ton)

地　区	Region	薯类产量 Tubers	油料产量 Oil-bearing Crops	#花生 Peanuts	#油菜籽 Rapeseeds	甘蔗 Sugarcane	烤烟产量 Flue-cured Tobacco
全省合计	**Total**	**1 622 000**	**366 472**	**61 054**	**290 695**	**19 386 732**	**766 818**
昆　明	Kunming	135 180	13 907	1 274	11 362	3 123	90 377
曲　靖	Qujing	659 760	95 272	1 290	91 053	909	176 364
玉　溪	Yuxi	21 083	27 337	1 057	25 623	1 407 236	98 622
保　山	Baoshan	52 339	35 173	1 091	33 662	2 560 906	40 475
昭　通	Zhaotong	394 060	17 326	6 445	10 549	158 829	54 006
丽　江	Lijiang	38 535	7 827	1 616	5 746	116 214	13 034
普　洱	Pu'er	22 968	11 803	9 322	2 384	2 138 571	17 249
临　沧	Lincang	40 606	10 488	2 836	7 260	4 868 003	9 712
楚　雄	Chuxiong	27 671	36 264	2 247	32 131	17 436	75 401
红　河	Honghe	67 791	31 800	12 145	18 711	1 448 500	82 443
文　山	Wenshan	76 214	34 350	18 465	12 290	524 986	39 118
西双版纳	Xishuangbanna	2 587	1 659	1 647		976 995	
大　理	Dali	56 944	31 080	857	29 318	285 324	70 005
德　宏	Dehong	25 544	9 009	631	8 351	4 782 018	
怒　江	Nujiang	13 545	1 010	131	426	97 682	
迪　庆	Diqing	10 030	2 167		1 829		12

10-21 历年全省大小春粮食面积和产量

Historic Sown Areas and Yields of Grain Harvested in Early and Late Spring

年 份 Year	粮食总计(万吨) Total Yield of Grain (10 000 tons)	小春 Late Spring 面积(万亩) Area(10 000 mu)	小春 Late Spring 粮食产量(万吨) Grain Yield(10 000 tons)	大春 Early Spring 面积(万亩) Area(10 000 mu)	大春 Early Spring 粮食产量(万吨) Grain Yield(10 000 tons)
1952	450.70	853.69	52.32	3 240.02	398.38
1957	583.20	1 186.22	71.35	3 859.32	511.85
1960	489.35	1 263.93	56.55	3 883.33	432.80
1965	586.95	1 162.83	76.88	3 894.48	510.07
1966	628.60	1 227.65	73.85	3 874.02	554.75
1967	634.20	1 349.81	84.09	3 805.81	550.11
1968	587.05	1 269.68	85.95	3 742.02	501.10
1969	650.50	1 194.97	62.19	3 808.99	584.31
1970	698.45	1 354.15	84.41	3 838.69	614.04
1971	671.05	1 544.48	104.01	3 665.85	567.04
1972	735.05	1 518.91	110.10	3 692.10	624.95
1973	798.80	1 459.01	107.49	3 702.35	691.31
1974	680.35	1 406.28	88.52	3 739.64	591.83
1975	798.90	1 427.81	111.13	3 767.41	687.77
1976	761.30	1 443.83	122.76	3 734.60	638.54
1977	730.20	1 441.53	115.90	3 845.15	614.30
1978	864.05	1 578.92	134.79	3 937.87	729.26
1979	792.90	1 557.12	107.27	3 973.99	685.63
1980	865.55	1 409.80	126.64	3 979.23	738.91
1981	917.10	1 323.67	124.01	3 986.30	793.09
1982	945.90	1 240.77	111.59	3 970.09	834.31
1983	954.35	1 272.87	140.28	3 933.34	814.07
1984	1 005.00	1 281.50	135.28	3 880.56	869.72
1985	935.00	1 268.20	109.23	3 709.57	825.77
1986	870.00	1 266.33	75.48	3 733.04	794.52
1987	934.84	1 288.10	133.89	3 758.63	800.95
1988	940.72	1 392.94	138.49	3 733.81	802.23
1989	998.41	1 467.68	132.19	3 822.92	866.22
1990	1 061.21	1 543.05	170.02	3 890.39	891.19
1991	1 093.00	1 566.19	184.25	3 862.21	908.75
1992	1 070.40	1 584.30	196.00	3 788.70	874.40
1993	1 085.24	1 598.05	211.24	3 692.51	874.00
1994	1 146.47	1 704.37	201.36	3 798.90	945.11
1995	1 188.91	1 690.28	228.18	3 773.79	960.73
1996	1 246.30		234.30		1 012.00
1997	1 271.90		254.70		1 017.20
1998	1 319.50		240.15		1 079.35
1999	1 399.25	1 951.28	234.49	4 111.83	1 164.76
2000	1 467.80	1 897.13	241.00	4 090.38	1 226.80
2001	1 486.30	1 995.02	233.86	4 513.53	1 252.44
2002	1 424.74	1 827.33	240.85	4 413.54	1 183.89
2003	1 471.01	1 791.71	244.55	4 310.89	1 226.46
2004	1 509.50	1 765.11	236.32	4 472.60	1 273.18
2005	1 514.93	1 783.40	222.31	4 597.50	1 292.62
2006	1 457.60	1 658.25	220.60	4 374.90	1 237.00
2007	1 460.70	1 645.80	223.40	4 345.95	1 237.30

10-22 全省主要农作物产量
Yields of Main Farm Crops

单位：吨 (ton)

指　标	Item	2002年	2005年	2006年	2007年	2007年比2006年(±%) Increase or Decrease Rate in 2007 Against 2006
粮食	Grain	14 247 400	15 149 300	14 576 000	14 607 000	0.2
稻谷	Rice	5 432 000	6 463 400	6 129 000	5 897 000	-3.8
小麦	Wheat	1 341 100	1 068 600	930 000	912 000	-1.9
玉米	Maize	4 615 000	4 493 100	478 000	4 986 000	943.1
大豆	Soybeans	158 900	173 900	109 000	179 000	64.2
薯类	Tubers	1 538 800	1 786 000	1 574 000	1 622 000	3.0
油料	Oil-bearing Crops	275 203	362 231	390 078	366 472	-6.1
油菜籽	Rapeseeds	205 231	290 210	315 662	290 695	-7.9
棉花	Cotton	378	220	241	308	27.8
麻类	Fiber Crops	23 305	140 975	58 781	24 221	-58.8
糖类	Sugar Crops	17 336 643	14 158 860	16 790 584	19 388 123	15.5
# 甘蔗	Sugarcane	17 333 635	14 154 968	16 787 261	19 386 732	15.5
烟叶	Tobacco	718 012	790 909	777 274	791 249	1.8
# 烤烟	Flue-cured Tobacco	661 522	772 193	757 773	766 818	1.2

10-23 全省茶叶、水果生产情况
Area and Output of Provincial Tea and Fruits

单位：公顷、吨 (hectare, ton)

指　标	Item	2005年		2006年		2007年	
		面积 Area	产量 Yield	面积 Area	产量 Yield	面积 Area	产量 Yield
茶 叶	Tea	218 450	115 880	247 540	138 176	302 882	169 866
红毛茶	Black Tea		11 422		10 498		8 827
绿毛茶	Green Tea		102 661		124 999		159 849
水 果	Fruits	224 750	1 366 290	241 990	1 625 584	265 065	2 023 728
香 蕉	Bananas	22 430	245 224	24 610	338 112	36 199	540 046
苹 果	Apples	31 500	159 396	30 250	201 962	31 122	234 855
柑 桔	Citrus	27 850	211 091	29 110	243 628	32 075	280 769
梨	Pears	39 700	197 028	41 650	216 936	43 391	240 519
葡 萄	Grapes	5 610	69 734	6 340	90 117	6 989	93 800
菠 箩	Pineapples	3 370	22 102	3 740	19 542	3 760	24 892

10-24 全省主要农产品产量与历史最高年比较

Comparison of Output of Main Farm Products with the Highest in History

项 目	Item	历史最高年 The Highest Output in History		2007年产量	2007年比历史最高年增减 Increase or Decrease of 2007 as Compared with the Highest in History	
		年 份 Year	产 量 Output	Output in 2007	绝对数 Absolute Figure	(%) Rate (%)
主要农产品产量	**Yield of Major Farm Crops**					
粮食总产量(万吨)	Crain Crops (10 000 tons)	2006	1 457.60	1 460.70	3.10	0.2
小春粮食产量(万吨)	Yield in Late Spring Harvest (10 000 tons)	1997	220.60	223.40	2.80	1.3
大春粮食产量(万吨)	Yield in Early Spring Harvest (10 000 tons)	2006	1 237.00	1 237.30	0.30	0.0
主要经济作物	Main Cash Crops (10 000 tons)					
花 生(万吨)	Peanuts (10 000 tons)	2006	5.80	6.11	0.31	5.3
油菜籽(万吨)	Rapeseeds (10 000 tons)	2006	31.57	29.07	-2.50	-7.9
甘 蔗(万吨)	Sugarcane (10 000 tons)	2002	1 733.36	1 938.67	205.31	11.8
烤 烟(万吨)	Flue-cured Tobacco (10 000 tons)	1997	109.28	76.68	-32.60	-29.8
茶 叶(万吨)	Tea (10 000 tons)	2006	13.82	16.99	3.17	22.9
主要林产品产量	**Output of Major Forest Products**					
橡胶(万吨)	Rubber (10 000 tons)	2006	26.42	28.22	1.80	6.8
松脂(万吨)	Pine Resin (10 000 tons)	2006	11.05	11.05		
核桃(万吨)	Walnuts (10 000 tons)	2006	10.65	12.63	1.98	18.6
板栗(万吨)	Chestnuts (10 000 tons)	2006	2.46	2.82	0.36	14.6
主要畜产品产量	**Output of Major Livestock Products**					
肉猪出栏头数(万头)	Number of Slaughtered Fattened Hogs(10 000 heads)	2006	2 755.20	2 536.10	-219.10	-8.0
猪牛羊肉总产量(万吨)	Output of Pork, Beef and Mutton (10 000 tons)	2006	296.13	238.60	-57.53	-19.4
#猪肉产量(万吨)	Pork (10 000 tons)	2006	235.90	203.60	-32.30	-13.7
牛奶产量(万吨)	Milk (10 000 tons)	2006	36.40	42.33	5.93	16.3
水产品产量	**Output of Aquatic Products**	**2006**	**29.24**	**33.39**	**4.15**	**14.2**

10-25 热带、亚热带作物面积和产量

Areas and Yields of Tropical and Subtropical Crops

单位：公顷，吨 (hectare, ton)

指 标	Item	年末实有面积 Real Area at Year-end		收获面积 Harvest Area		总 产 量 Total Output	
		2006年	2007年	2006年	2007年	2006年	2007年
橡 胶	Rubber	334 100	396 523	153 290	166 595	264 238	282 233
咖 啡	Coffee	18 370	20 400	14 190	14 929	25 399	29 625
香料作物(折香料油)	Perfume Plants (perfume oil)	6 950	5 203	5 290	4 008	949	891
胡 椒	Pepper	601	749	410	438	341	522
砂 仁	Fructus Amomis	8 322	7 247	7 072	6 062	1 395	1 149

10-26 各地区营林生产情况(2007年)

Forestry Production by Region (2007)

单位：千公顷 (1000 hectares)

地　区	Region	造林面积 Afforested Area	#飞播造林 Area of Aerial Seeding	迹地更新面积 Area of Reforested Slash	幼林抚育作业面积 Area of Cultivating Young Growth	成林抚育面积 Area of Cultivating Mature Forest	零星(四旁)植树(万株) Area of Planting Trees Around(10 000)	育苗面积(公顷) Area of Growing Seedlings (hectares)
全省合计	**Total**	**319.23**		**10.29**	**63.96**	**39.60**	**8 649.73**	**1 911**
昆　明	Kunming	6.34				0.10	1 024.12	45
曲　靖	Qujing	61.72		0.72	3.47	1.91	1 780.21	125
玉　溪	Yuxi	12.61				0.63	269.67	64
保　山	Baoshan	11.47				4.21	480.80	139
昭　通	Zhaotong	17.88		0.07	15.27	0.30	1 016.00	261
丽　江	Lijiang	15.34				0.47	155.56	101
普　洱	Pu'er	20.94		9.50	12.44	7.08	409.39	174
临　沧	Lincang	10.55					404.14	294
楚　雄	Chuxiong	34.52					1 327.21	90
红　河	Honghe	26.65			9.41	6.84	241.36	194
文　山	Wenshan	15.27			19.80		539.96	75
西双版纳	Xishuangbanna	8.91					127.05	51
大　理	Dali	52.95			3.17	13.33	550.73	99
德　宏	Dehong	7.81			0.40	4.73	143.58	136
怒　江	Nujiang	13.47					114.55	45
迪　庆	Diqing	2.80					65.40	18

10-27 各地区主要林产品产量(2007年)

Output of Main Forest Products by Region (2007)

单位：百公斤 (100 kg)

地　区	Region	橡胶 Rubber	松脂 Pine Resin	油桐籽 Tung-oil Seeds	油茶籽 Rapeseeds	核桃 Walnuts	板栗 Chestnuts	紫胶 Shellac
全省合计	**Total**	**2 822 330**	**1 105 044**	**183 628**	**52 322**	**1 262 616**	**281 549**	**22 803**
昆　明	Kunming		940	480	130	19 554	102 187	
曲　靖	Qujing		1 399	10 155	1 960	46 891	24 827	461
玉　溪	Yuxi		42 101			17 927	17 666	104
保　山	Baoshan		5 769	1 847	747	142 762	11 265	1 200
昭　通	Zhaotong			30 041	9	57 966	8 437	
丽　江	Lijiang		1 583	2 774		55 625	3 281	
普　洱	Pu'er	193 807	931 661	774	18	43 761	3 530	4 686
临　沧	Lincang	178 516	47 575	967	519	234 420	8 785	6 295
楚　雄	Chuxiong		49 284	450	326	156 342	61 873	
红　河	Honghe	196 211	528	319		17 376	7 530	9 672
文　山	Wenshan	11 683	2 626	119 883	48 552	13 301	10 957	
西双版纳	Xishuangbanna	2 180 650	8 681				2 191	59
大　理	Dali		3 677	4 804		303 283	12 459	142
德　宏	Dehong	61 463	8 960	3 096	61	5 050	1 390	184
怒　江	Nujiang			7 990		42 595	1 620	
迪　庆	Diqing		260	48		105 763	3 551	

10-28 主要年份全省大牲畜年末数

Number of Large Livestock at the Year-end in Significant Years

单位：万头 (10 000 heads)

年 份 Year	大牲畜 Large Livestock	黄 牛 Cattle	水 牛 Buffaloes	马 Horses	驴 Donkeys	骡 Mules
1978	656.29	365.97	187.44	68.07	12.43	22.38
1980	678.9	373.83	196.61	71.4	14.31	22.75
1985	874.12	484.66	247.46	90.26	20.88	30.87
1990	929.75	495.47	272.06	94.24	26.32	41.66
1993	938.52	485.79	280.08	93.5	29.69	49.46
1994	946.09	488.57	280.76	94.14	30.4	52.22
1995	966.37	501.21	284.79	94.14	31.44	54.69
1996	928.28	453.72	286.97	88.04	32.64	55.17
1997	940.58	462.79	291.56	86.3	32.75	57.06
1998	951.01	472.51	295.12	86.35	33.08	58.4
1999	1 000.37	511.76	292.61	87.87	32.34	61.46
2000	1 036.32	534.85	309.53	86.28	32.1	63.12
2001	973.21	495.68	287.16	83.66	31.87	64.29
2002	930.23	469.09	269.44	83.07	31.98	64.78
2003	941.5	478.22	269.22	81.18	32.61	65.14
2004	966.61	493.67	274.60	79.76	32.88	65.35
2005	937.58	480.44	259.65	78.26	33.27	65.89
2006	892.65	452.99	241.22	78.77	34.01	66.87
2007	903.07	463.92	242.74	75.48	33.97	67.95

10-29 主要年份全省猪、羊年末数及肉猪出栏数

Number of Hogs, Sheep and Goats at the Year-end and Slaughtered Fattened Hogs in Significant Years

单位：万头、万只 (10 000 heads)

年 份 Year	猪年末数 Hogs (year-end)	当年生猪出栏头数 Number of Slaughtered Hogs in the Year	出栏率(%) Slaughter Ratio (%)	羊 Goats and Sheep	山 羊 Goats	绵 羊 Sheep
1978	1 297.93	514.76	41.9	707.75	528.54	179.21
1980	1 312.98	523.96	40	746.77	561.28	185.49
1985	1 703.30	740.73	43.5	723.94	558.83	165.11
1990	2 064.91	897.37	44.8	722.38	568.65	153.73
1993	2 168.20	1 112.04	52.6	627.19	508.17	119.02
1994	2 215.29	1 234.86	57	666.29	547.15	119.14
1995	2 295.07	1 368.07	61.8	718.66	597.79	120.87
1996	2 432.44	1 602.98	69.8	734.44	637.9	96.54
1997	2 461.63	1 764.88	72.6	767.83	672.35	95.48
1998	2 507.91	1 926.01	78.2	802.01	705.03	96.98
1999	2 459.40	1 944.88	79.1	836.38	717.41	118.97
2000	2 587.14	2 033.26	82.7	892.92	770.83	122.09
2001	2 518.63	2 135.87	82.6	838.31	731.62	106.70
2002	2 486.90	2 259.86	89.7	784.12	689.23	94.89
2003	2 554.13	2 384.54	95.9	809.56	716.19	93.37
2004	2 420.16	2 585.92	101.24	853.16	759.61	93.55
2005	2 585.07	2 761.42	114.10	912.15	816.20	95.95
2006	2 365.00	2 755.20	---	793.40	719.10	74.40
2007	2 457.60	2 536.10	72.3	825.80	752.05	73.77

10-30 全省畜牧业生产情况

Basic Conditions of Animal Husbandry Production

指　　标	Item	2001年	2003年	2005年	2006年	2007年
牲畜年末头数	**Number of Livestock (at year-end)**					
大牲畜(万头)	Large Livestock (10 000 heads)	973.21	941.50	937.58	892.65	903.07
牛(万头)	Cattle and Buffaloes (10 000 heads)	793.39	762.57	760.16	713.00	725.67
马(万头)	Horses (10 000 heads)	83.66	81.18	78.26	78.77	75.48
驴(万头)	Donkeys (10 000 heads)	31.87	32.61	33.27	34.01	33.97
骡(万头)	Mules (10 000 heads)	64.29	65.14	65.89	66.87	67.95
猪(万头)	Hogs (10 000 heads)	2 518.63	2 554.13	2 585.07	2 365.01	2 457.60
羊(万只)	Goats and Sheep (10 000 heads)	838.31	809.56	912.15	793.50	825.82
畜禽产品产量	**Output of Livestock and Poultry Products**					
肉类总产量(万吨)	Total Output of Meat (10 000 tons)	219.54	253.69	300.04	300.40	266.10
猪　肉(万吨)	Pork (10 000 tons)	183.69	208.77	244.96	235.90	203.60
牛　肉(万吨)	Beef (10 000 tons)	13.82	17.58	21.99	22.90	24.80
羊　肉(万吨)	Mutton (10 000 tons)	6.34	8.18	10.37	9.30	10.20
其它畜禽产品产量	**Output of Other Livestock and Poultry Products**					
牛　奶(万吨)	Milk (10 000 tons)	15.59	21.75	30.91	36.40	42.30
山羊毛(吨)	Coat Wool (ton)	90	100	63	101	76
绵羊毛(吨)	Sheep Wool (ton)	1 660	1 758	1 959	1 999	3 862
禽　蛋(万吨)	Poultry Eggs (10 000 tons)	11.80	14.39	19.00	16.90	18.00
蚕　茧(吨)	Silkworm Cocoons (ton)	9 284	13 093	19 226	23 677	29 637

注：2006年畜牧业主要产品数据为第二次农业普查修正数据，2007年为农普衔接数。

10-31 各地区畜产品产量(2007年)

Output of Livestock Products by Region (2007)

单位：吨 (ton)

地　区	Region	猪牛羊肉产量 Output of Pork, Beef and Mutton	#猪肉 Pork	#牛肉 Beef	#羊肉 Mutton	奶类 Milk	#牛奶 Cow Milk	绵羊毛 Sheep Wool	禽蛋 Eggs	蜂蜜 Honey
全省合计	**Total**	**2 386 000**	**2 036 000**	**248 000**	**102 000**	**446 525**	**423 287**	**3 862**	**180 000**	**6 239**
昆　明	Kunming	320 622	283 174	24 854	12 594	112 955	102 219	249	72 083	298
曲　靖	Qujing	825 576	761 531	42 243	21 802	15 284	6 285	2 487	29 894	1 880
玉　溪	Yuxi	174 526	154 081	14 963	5 482	488	351	5	45 864	97
保　山	Baoshan	192 214	170 580	16 863	4 771	5 456	5 456	9	9 498	446
昭　通	Zhaotong	252 331	232 317	14 580	5 434	1 511	1 511	630	15 081	207
丽　江	Lijiang	76 485	60 529	9 585	6 371	2 525	2 518	119	3 075	211
普　洱	Pu'er	100 033	87 240	10 299	2 494	487	487		4 425	461
临　沧	Lincang	95 051	81 176	10 343	3 532	1 473	1 473		3 082	237
楚　雄	Chuxiong	242 232	189 724	38 505	14 003	3 682	3 682	21	6 466	960
红　河	Honghe	288 478	262 893	19 970	5 615	20 084	18 331	21	29 095	227
文　山	Wenshan	248 538	216 030	27 579	4 929	199	199		6 130	164
西双版纳	Xishuangbanna	24 388	19 124	5 193	71	7	7		1 119	45
大　理	Dali	338 284	270 855	46 052	21 377	266 116	264 689	222	28 909	716
德　宏	Dehong	49 717	43 701	4 956	1 060	2 271	2 271		2 712	58
怒　江	Nujiang	23 547	18 760	2 299	2 488	50	50	39	705	135
迪　庆	Diqing	17 599	12 697	3 737	1 165	13 759	13 758	65	714	98

注：各地州市数据为全面统计数,全省合计为农普口径。
Note: The data of the prefectures and cities are obtained from a sample survey.

10-32 各地区水产品产量及养殖面积(2007年)

Output of Aquatic Products and Aquaculture Areas by Region (2007)

单位：吨，公顷 (ton,hectare)

地区	Region	水产品产量 Output of Aquatic Products	养殖产量 Artificially Cultured	捕捞产量 Naturally Grown	鱼类 Fish	虾蟹类 Shrimps, Prawns and Crabs	贝类 Shell-fish	其它 Others	水产养殖面积 Aquiculture Area
全省合计	**Total**	**333 911**	**303 951**	**29 960**	**326 980**	**5 524**	**324**	**1 083**	**100 790**
昆明	Kunming	41 028	33 483	7 545	38 617	2 411			9 277
曲靖	Qujing	57 081	53 635	3 446	56 784	277		20	14 239
玉溪	Yuxi	12 756	10 420	2 336	12 623	131		2	10 795
保山	Baoshan	19 790	19 145	645	19 786	4			3 191
昭通	Zhaotong	6 242	6 062	180	6 240	2			3 772
丽江	Lijiang	9 228	7 459	1 769	8 678				3 798
普洱	Pu'er	22 301	21 722	579	22 199	36		550	7 073
临沧	Lincang	11 164	10 065	1 099	10 984	65	52	14	2 535
楚雄	Chuxiong	14 653	14 454	199	14 652		49	66	8 814
红河	Honghe	40 493	40 065	428	40 361	117	1		13 134
文山	Wenshan	19 732	17 953	1 779	19 391	220	4	11	8 279
西双版纳	Xishuangbanna	20 599	19 845	754	20 537	53	96	25	4 024
大理	Dali	40 752	32 396	8 356	38 651	2 078		9	8 235
德宏	Dehong	16 864	16 093	771	16 249	130	14	9	2 775
怒江	Nujiang	438	424	14	438		108	377	49
迪庆	Diqing	790	730	60	790				800

10-33 各地区主要蔬菜产品产量(2007年)

Yields of Main Vegetable Products by Region (2007)

单位：吨 (ton)

地区	Region	蔬菜产量 Yield of Vegetable	叶菜类 Foliage Vegetables	瓜菜类 Melon Vegetables	块根块茎类 Root and Stem Vegetables	茄果菜类 Eggplant Vegetables	葱蒜类 Onion and Garlic Vegetables
全省合计	**Total**	**11 133 345**	**4 633 190**	**778 271**	**2 195 655**	**1 029 185**	**1 085 884**
昆明	Kunming	1 844 771	953 944	140 057	215 662	143 040	145 972
曲靖	Qujing	1 577 476	651 361	53 099	527 635	118 464	57 571
玉溪	Yuxi	1 232 583	435 071	61 213	308 049	67 691	148 162
保山	Baoshan	338 903	124 452	30 287	40 301	72 297	14 666
昭通	Zhaotong	923 584	523 620	63 215	195 910	70 544	25 708
丽江	Lijiang	162 476	73 487	9 424	9 646	11 952	28 208
楚雄	Chuxiong	250 783	112 575	49 932	34 124	22 360	10 274
红河	Honghe	321 329	117 995	44 674	66 913	28 474	14 773
文山	Wenshan	1 123 241	438 161	58 791	299 204	116 371	42 802
普洱	Pu'er	1 465 049	585 258	122 423	302 845	219 718	81 233
西双版纳	Xishuangbanna	548 754	284 738	61 625	72 181	36 617	22 983
大理	Dali	81 630	27 645	11 859	4 274	29 719	1 761
德宏	Dehong	1 055 631	218 952	42 095	80 638	79 453	481 699
怒江	Nujiang	114 992	52 456	17 010	9 174	9 106	4 380
迪庆	Diqing	67 557	23 627	10 429	26 725	1 915	1 511
临沧	Lincang	24 587	9 849	2 137	2 375	1 463	4 184

10-34 各地区特种作物生产情况（2007年）
Yields of Special Crops by Region (2007)

单位：百公斤 (100 kg)

地区	Region	鲜切花（万枝）Fresh Cut Flowers (10 000 branches)	盆栽观赏植物（盆）Potted Ornamental Plants (pot)	药材（百公斤）Medicinal Materials (100 kg)	食用菌（百公斤）Edible Mushrooms (100 kg)
全省合计	**Total**	**498 600**	**63 130 000**	**636 391**	**280 793**
昆明	Kunming	361 826	6 554 404	21 547	20 009
曲靖	Qujing	5 311	1 183 902	122 475	81 477
玉溪	Yuxi	30 895	2 125 742	5 174	2 781
保山	Baoshan	111	159 905	5 336	19 049
昭通	Zhaotong	31	75 265	56 753	7 616
丽江	Lijiang	576	83 301	21 056	680
普洱	Pu'er	49	31 794	10 280	10 048
临沧	Lincang	175	200 084	12 937	14 866
楚雄	Chuxiong	3 087	175 134	29 130	34 347
红河	Honghe	788	365 183	160 228	10 182
文山	Wenshan	1 247	372 452	64 210	11 809
西双版纳	Xishuangbanna	149	9 660	2 662	8 800
大理	Dali	1 038	1 748 783	59 789	48 325
德宏	Dehong	27	146 443	23 703	10 634
怒江	Nujiang		169 553	5 994	55
迪庆	Diqing	10	128 499	35 117	115

10-35 农村住户人口与劳动力就业抽样调查情况

Population and Labour Force of Rural Households by Samples Survey

单位：元，人 (yuan，person)

指标	Item	数量 Quantity 2006年	数量 Quantity 2007年
农村住户人口状况	**Population Status of Rural Households Surveyed**		
全年家庭常住人口	Resident Population of Household in Whole Year	10 449	10 371
常住人口与户主关系	Relations of Resident Population and Householder		
户主	Householder	2 400	2 400
配偶	Spouse	2 280	2 255
子女	Children	4 345	4 296
孙子女	Grandchildren	423	471
父母	Parents	811	771
祖父母	Grandparents	41	27
兄弟姐妹	Brothers and Sisters	130	119
其他亲属	Other Kinfolks	17	32
非亲属	Non-Kinfolks		
家庭常住人口年龄状况	Age Composition of Households Resident Population		
6岁及以下	Age 6 and Below	803	754
7-15岁	Age7-15	1 499	1 463
16-20岁	Age 16-20	684	623
21-25岁	Age 21-25	870	904
26-30岁	Age 26-30	497	494
31-35岁	Age 31-35	822	772
36-40岁	Age 36-40	1 764	1 721
41-45岁	Age 41-45	1 606	1 683
46-50岁	Age 46-50	1 019	1 051
50岁以上	Age 50 and Over	885	906
在校学生人数	Number of Students Enrollment	2 005	1 953
其中:7-15岁在校学生人数	Number of Students Enrollment at Age 7-15	1 431	1 398
农村住户劳动力素质状况	**Quality of Rural Households Labour Force**		
整半劳动力数	Number of Able-bodied Laborers and Correspond with the Half	6 833	6 831
其中:男劳动力人数	Male Laborers	3 600	3 612
整劳动力	Able-bodied Laborers	5 245	5 236
劳动力与户主关系	Relations of Labour Force and Householder		
户主	Householder	2 309	2 295
配偶	Spouse	2 191	2 145
子女	Children	1 992	2 076
孙子女	Grandchildren	25	17
父母	Parents	188	177
祖父母	Grandparents	5	
兄弟姐妹	Brothers and Sisters	115	102
其他亲属	Other Kinfolks	8	19
非亲属	Non-Kinfolks		

10-35 续表1 continued

单位：元，人 (yuan，person)

指 标	Item	数 量 Quantity	
		2006年	2007年
劳动力年龄结构	Age Composition of Labour force		
16-20岁	Age 16-20	743	676
21-25岁	Age 21-25	836	874
26-30岁	Age 26-30	820	767
31-35岁	Age 31-35	836	856
36-40岁	Age 36-40	924	861
41-45岁	Age 41-45	979	1 045
46-50岁	Age 46-50	620	631
50岁以上	Age 50 and Over	1 075	1 121
劳动力文化程度	Educational Level of Labour Force		
不识字或识字很少	Illiterate	880	912
小学程度	Primary School	2 791	2 721
初中程度	Junior High School	2 719	2 739
高中程度	Secondary School	342	331
中专	Specialized Secondary School	77	98
大专及以上	College and Higher Education	24	30
劳动力接受培训情况	Skill Training		
受过专业培训的人数	Trained	986	1 363
未受过专业培训的人数	Not Trained	5 847	5 468
农村住户劳动力就业状况	**Labour Force Employment of Rural Households Surveyed**		
就业劳动力人数	Number of Employees	6 819	6 825
其中:男劳动力人数	Male Laborers	3 594	3 611
整劳动力人数	Able-bodied Laborers	5 236	5 233
受专业培训的人数	Trained	986	1 362
就业劳动力与户主关系	Relations of Employee and Householder		
户主	Householder	2 308	2 294
配偶	Spouse	2 187	2 141
子女	Children	1 986	2 075
孙子女	Grandchildren	25	17
父母	Parents	188	177
祖父母	Grandparents	5	
兄弟姐妹	Brothers and Sisters	112	102
其他亲属	Other Kinfolks	8	19
非亲属	Non-Kinfolks		
就业劳动力年龄结构	Age Composition of Employees		
16-20岁	Age 16-20	740	676
21-25岁	Age 21-25	832	872
26-30岁	Age 26-30	818	767
31-35岁	Age 31-35	836	856
36-40岁	Age 36-40	922	861
41-45岁	Age 41-45	979	1 045
46-50岁	Age 46-50	620	628
50岁以上	Age 50 and Over	1 072	1 120
就业劳动力文化程度	Educational Level of Rural Household Labour Force Transferred		
不识字或识字很少	Illiterate	880	912
小学程度	Primary School	2 787	2 717
初中程度	Junior High School	2 714	2 737
高中程度	Secondary School	340	331
中专	Specialized Secondary School	76	98
大专及以上	College and Higher Education	22	30
一产业就业劳动力	Employees of Primary Industry	6 041	5 950
二产业就业劳动力	Employees of Secondary Industry	297	346

10-35 续表2 continued

单位：元，人 (yuan，person)

指 标	Item	数 量 Quantity 2006年	2007年
三产业就业劳动力	Employees of Tertiary Industry	481	529
农村住户劳动力外出务工情况	**Rural Household Labour Force Go Out Engaged in Project or Other Working**		
外出就业的劳动力人数	Number of Employees in Labour Force Go Out	472	545
其中:男劳动力人数	Male Laborers	332	360
整劳动力人数	Able-bodied Laborers	431	509
受过专业培训的人数	Trained	86	128
首次外出的人数	Go out Laborers at First	144	131
外出就业劳动力年龄结构	Age Composition of Employees in Labour Force Go Out		
16-20岁	Age 16-20	140	155
21-25岁	Age 21-25	148	181
26-30岁	Age 26-30	85	87
31-35岁	Age 31-35	25	35
36-40岁	Age 36-40	30	31
41-45岁	Age 41-45	23	32
46-50岁	Age 46-50	12	14
50岁以上	Age 50 and Over	9	10
外出就业劳动力文化程度	Educational Level of Employees		
不识字或识字很少	Illiterate	13	12
小学	Primary School	162	173
初中	Junior High School	252	301
高中	Secondary School	37	41
中专	Specialized Secondary School	7	15
大专及以上	College and Higher Education	1	3
外出就业劳动力外出方式	Methods of Employees in Labour Force Go Out		
政府(单位)组织外出人数	Number of Employees by Government Organize to Go Out or by Their Unit	34	35
亲属介绍外出人数	Number of Employees by Their Kinfolks Introduce to Go Out	258	299
自发外出	Number of Employees by Spontaneity Go Out	180	211
外出就业劳动力外出地区	Regions of Employees in Labour Force Go Out		
东部地区	East	150	219
中部地区	Central Section	6	9
西部地区	West	315	316
其他地区	Other Section	1	1
外出就业劳动力外出地区类型	Region Types of Employees in Labour Force Go Out		
直辖市	Municipalities Directly Under the Central Government	14	24
省会城市	Cities at Provincial Capital]	134	155
地区级城市	Cities at Region Prefecture Level	152	209
县级市	Cities at County Level	71	85
建制镇	Towns by Organizational System	46	16
其他地区	Other Regions	55	56
外出就业劳动力外出务工时间(月)	Time of Employees in Labour Force Go Out	3 554.0	4 346.1
外出就业劳动力从业时间情况	Time Status of Employees in Labour Force Go Out		
外出就业劳动力中从业累计1个月以下的人数	Number of Employees in 1 Month Below	3	5.0
外出就业劳动力中从业累计1-3个月人数	Number of Employees in 1-3 Months	52	27.0
外出就业劳动力中从业累计3-6个月人数	Number of Employees in 3-6 Months	73	82.0
外出就业劳动力中从业累计6个月以上的人数	Number of Employees in 6 Months Over	344	431.0
外出就业劳动力在外务工总收入	Total Income of Employees in Labour Force Go Out	2 770 611.0	3 989 265.0
其中：寄回带回现金	Cash by Remit Back to Home or by Lead Back	671 969.5	740 781.0
外出务工分地区收入情况	Income of Employees in Labour Force Go Out by Regions		
在东部地区的收入	East	1 019 485.0	1 805 500.0
在中部地区的收入	Central Section	38 200.0	67 800.0
在西部地区的收入	West	1 704 926.0	2 100 965.0

10-35 续表3 continued

单位：元，人 (yuan，person)

指　　标	Item	数 量 Quantity 2006年	2007年
在其他地区的收入	Other Section	8 000	15 000
外出就业劳动力外出务工分地区类型收入情况	Incom of Employees in Labour Force Go Out by Region Types		
在直辖市得到的收入	Municipalities Directly Under the Central Government	111 500	214 000
在省会城市得到的收入	Cities at Provincial Capital]	918 560	1 165 040
在地区级城市得到的收入	Cities at Region Prefecture Level	789 960	1 579 470
在县级市得到的收入	Cities at County Level	522 065	610 880
在建制镇得到的收入	Towns by Organizational System	182 841	72 100
在其他地区得到的收入	Other Regions	245 685	347 775
外出就业劳动力在外务工总消费支出	Total Consumption Expenditures of Employees in Labour Force Go Out	1 230 080	1 780 120
其中:食品	Foods	649 778	1 007 260
衣着	Clothing	151 669	235 060
居住	habitation	122 430	144 410
交通通讯	Transport, Postal and Telecommunication	143 842	210 250
农村住户外出劳动力返回情况	**Rural Household Labour Force Go Out Engaged in Project or Other Working then Come Back Home**		
当年返回劳动力人数	Number of Labour Force Come Back Home in Current Year	57	74
返回劳动力的文化程度	Educational Level of Labour Force Come Back Home		
不识字或识字很少	Illiterate	3	2
小学	Primary School	16	22
初中	Junior High School	36	44
高中	Secondary School	1	3
中专	Specialized Secondary School	1	3
大专及以上	College and Higher Education		
返回地区	Come from Rigons of Labour Force Come Back Home		
由东部地区返回	East	7	19
由中部地区返回	Central Section		2
由西部地区返回	West	50	52
由其他地区返回	Other Section		1
返回地区类型	Come from Rigon Types of Labour Force Come Back Home		
由直辖市返回	Municipalities Directly Under the Central Government	2	
由省会城市返回	Cities at Provincial Capital]	4	17
由地区级城市返回	Cities at Region Prefecture Level	11	40
由县级市返回	Cities at County Level	6	10
由建制镇返回	Towns by Organizational System	21	5
由其他地区返回	Other Regions	13	2
返回原因	Reasons of Labour Force Come Back to Their Home		
找不到工作	Unemployed in local Place	4	4
要不到工资	Wages Can't be Got	10	27
缺乏安全感	Shorted Safe-feel	1	4
生活不习惯	Conditioned to living Not Yet		
疾病或伤残	Sickness or Wounded and Deformity	1	
回家结婚、生育	Marriage and Procreating	8	25
家中缺乏劳动力	Shorted of Labour Force	2	3
其它	Others	31	11
农村住户劳动力转移情况	**Rural Household Labour Force Transferred**		
转移劳动力人数	Number of Rural Household Labour Force Transferred	720	792
其中:男劳动力人数	Male Laborers	507	541
整劳动力人数	Able-bodied Laborers	635	706
受过专业培训的人数	Trained	220	280
有组织转移的劳动力人数	Organized	42	
转移劳动力与户主关系	Relations of Rural Household Labour Force Transferred		

10-35 续表4 continued

单位：元，人 (yuan，person)

指 标	Item	数 量 Quantity	
		2006年	2007年
户主	Householder	234	249
配偶	Spouse	78	93
子女	Children	389	438
孙子女	Grandchildren	1	1
父母	Parents	3	2
祖父母	Grandparents		
兄弟姐妹	Brothers and Sisters	15	9
其他亲属	Other Kinfolks		
非亲属	Non-Kinfolks		
转移劳动力年龄结构	Age Composition of Rural Household Labour Force Transferred		
16-20岁	Age 16-20	126	135
21-25岁	Age 21-25	172	193
26-30岁	Age 26-30	114	109
31-35岁	Age 31-35	70	92
36-40岁	Age 36-40	76	78
41-45岁	Age 41-45	68	80
46-50岁	Age 46-50	39	48
50岁以上	Age 50 and Over	55	57
转移劳动力文化程度	Educational Level of Rural Household Labour Force Transferred		
不识字或识字很少	Illiterate	10	13
小学	Primary School	190	208
初中	Junior High School	400	442
高中	Secondary School	76	74
中专	Specialized Secondary School	32	41
大专及以上	College and Higher Education	12	14
产业转移人数	Number of Persons of Rural Household Labour Force Industry Transferred	376	361
其中:男劳动力人数	Male Laborers	279	264
整劳动力人数	Able-bodied Laborers	313	297
受过专业培训的人数	Trained	154	171
产业分布情况	Grouped by Sector		
转移到二产业就业劳动力	Transferred to Secondary Industry	127	113
转移到三产业就业劳动力	Transferred to Primary Industry	249	248
地域转移人数	Transferred to Another Regions		
其中:男劳动力人数	Male Laborers	228	277
整劳动力人数	Able-bodied Laborers	322	409
受过专业培训的人数	Trained	66	109
转移地区	Transferred to the Regions		
转向东部地区	To East	113	181
转向中部地区	To Central Section	5	3
转向西部地区	To West	225	246
转向其他地区	To Other Section	1	1
转移地区类型	Region Types of Transferred		
转向直辖市	Municipalities Directly Under the Central Government	12	20
转向省会城市	Cities at Provincial Capital]	101	131
转向地区级城市	Cities at Region Prefecture Level	131	173
转向县级市	Cities at County Level	62	63
转向建制镇	Towns by Organizational System	20	8
转向其他地区	Other Regions	18	36
外出方式	Methods of Go Out Transferred		
政府(单位)组织外出人数	Number of Persons by Government Organize to Go Out or by Their Unit	32	28
亲属介绍外出人数	Number of Persons by Their Kinfolks Introduce to Go Out	174	219
自发外出	Number of Persons by Spontaneity Go Out	138	

主要统计指标解释

农、林、牧、渔业总产值 指以货币形式表现的农林渔业全部产品总量和对农、林、牧、渔业生产活动进行的各种支持性服务活动的价值。它反映了一定时期(通常指一年)农、林 牧、渔业生产及其服务的总成果和总规模。

1957 年以前的农业总产值包括了厩肥和农民自给性手工业(如农民自制衣服、鞋、袜,自己从事粮食初步加工等)。1958 年及以后的农业总产值,林业中增加了村及村以下竹木采伐产值;牧业中取消了厩肥产值;副业中取消了农民自给性手工业产值,增加了村及村以下的工业产值;渔业中增加了机械化捕鱼产值。1980 年及以后农业总产值,在副业中增加了农民商品性家庭手工业的产值。从 1984 年起村及村以下办工业产值划归工业。1993 年取消副业产值,农业总产值改为农、林、牧、渔业总产值。原副业产值的采集野生植物和农民家庭兼营商品性工业划归农业产值;捕猎野兽野禽划归牧业产值。2003 年开始,增加农林牧渔服务业产值,同时取消农民家庭兼营商品性工业,竹木采运由村及村以下扩大到全社会口径。

农、林、牧、渔业中间消耗 指各种经济类型的农业生产单位和农户在农业生产经营过程中投入(或消耗)的各种物质产品和劳务价值的总和。包括中间物质消耗和中间劳务消耗两个部份。计入中间消耗必须具备以下两个条件:一是与总产出相对应的生产过程中消耗的物质产品和劳务活动;二是本期投入并一次性消耗的不属于固定资产的非耐用品。

农、林、牧、渔业增加值 指各种经济类型的农业生产单位和农户从事农业生产经营活动所提供的社会最终产品的货币表现。增加值的计算方法有两种,一是生产法:农、林、牧、渔业增加值=农、林、牧、渔业总产出-农、林、牧、渔业中间消耗;二是分配法:农、林、牧、渔业增加值=固定资产折旧+劳动者报酬+生产税净额(生产税-生产补贴)+营业盈余。

自来水受益村数 包括取水、净水、输配水三部分组成的自来水供给的,或由取水和输配水两部分的符合饮用卫生标准的简易自来水年末实际受益的村委会个数。

通汽车村数 指拥有乡级以上公路通过,并通达客运或货运汽车的村委会个数。

粮食产量 指全社会的产量。包括国营农场等全民所有制经营的、集体统一经营的和农民家庭经营的粮食产量,还包括工矿企业家属办的农场和其他生产单位的产量。粮食除包括稻谷、小麦、玉米、高粱、谷子及其他杂粮外,还包括薯类和大豆。其产量计算方法,豆类按去豆荚后的干豆计算;薯类(包括甘薯和马铃薯,不包括芋头和木薯)1963 年以前按每 4 公斤鲜薯折 1 公斤粮食计算,从 1964 年以后按 5 公斤鲜薯折 1 公斤粮食计算。其他粮食一律按脱粒后的原粮计算。

谷物 指稻谷、小麦、玉米、谷子、高粱和其他谷物,不包括薯类和豆类。其他谷物指除稻谷、小麦、玉谷、高粱以外的一些子实主要用作粮食的作物,包括大麦、元麦(青稞)、莜麦、荞麦、糜子等。

水产品产量 指人工养殖的水产品的天然生长的水产品的捕捞量。包括海水的鱼类、虾蟹类、贝类和藻类以及淡水的鱼类、虾蟹类、贝类,不包括淡水水生植物。

猪、牛、羊产量 指当年的猪、牛、羊的肉产量。即屠宰后除去头、蹄下水后带骨肉(即胴体重)的重量。

灌溉面积 指有效灌溉面积,即具有一定的水源,地块比较平整,灌溉工程或设备已经配套,在一般年景下当年能够正常灌溉的耕地面积。

Explanatory Notes on Principal Statistical Indicators

Gross Output Value of Farming, Forestry, Animal Husbandry and Fishery refers to the total value of products of farming, forestry, animal husbandry and fishery and the value of support services for production of farming, forestry, animal husbandry and fishery, which reflects the total scale and result of agricultural production and services during a given period (generally one year).

The gross agricultural output value before 1957 included output value of barnyard manure and farmers' self-supporting handicraft industry (e.g., self-made clothing, shoes, socks, initial grain processing, etc.). Since 1958, output value of felling timber and bamboo by villages and organizations has been included in below village that of forestry; output value of barnyard manure has been excluded from that of animal husbandry; output value of farmers' self-supporting handicraft industry has been excluded from that of sideline production, while output value of industries run by villages and organizations had been included in it; output value of mechanized fishing has been included in that of fishery. Since 1980, output value of farmers' commercial household handicraft industry has been added to that of sideline production. Since 1984, output value of industries run by villages or organizations below village has been classified into that of industry. Since 1993, output value of sideline production has been cancelled and gross agricultural output value has been changed to gross output value of farming, forestry, animal husbandry and fishery; output value of wild plants gathering and commercial industry run by rural households has been incorporated to agricultural output value; output value of animal and bird hunting has been classified into that of animal husbandry. Since 2003, output value of services of farming, forestry, animal husbandry and fishery has been added while farmers' commercial household industry has been cancelled, and transporting and felling timber and bamboo by villages and organizations below village has been expanded to all levels.

Intermediate Consumption of Farming, Forestry, Animal Husbandry and Fishery refers to the total value of material products and labor input (or consumed) by various agricultural production entities and rural households in the process of agricultural production and operation. It is composed of intermediate material consumption and intermediate labor consumption. Items calculated into intermediate consumption should satisfy the following two conditions: first, they are material products and labor consumed in the process of production against total output; second, they are is non-durable goods that do not belong to fixed assets but input and consumed up one time in the present phase.

Added Value of Farming, Forestry, Animal Husbandry and Fishery refers to the final social products in monetary terms provided by various agricultural production entities and rural households through their agricultural production and operation. There are two methods to calculate value added: one is the method of production: added value of farming, forestry, animal husbandry and fishery = total output of farming, forestry, animal husbandry and fishery - intermediate consumption of farming, forestry, animal husbandry and fishery; the other is the method of distribution: added value of farming, forestry, animal husbandry and fishery = depreciation of fixed assets - remuneration of laborers + net production tax (production tax — production subsidy) + business surplus.

Number of Villages Benefiting from Tap Water Supply refers to the number of villages practically enjoying tap water supply composed of water intakes, water treatment and water conveyance and distribution or up-to-standard potable water supply composed of water intakes and water conveyance and distribution at the year-end.

Number of Villages Accessible to Motor Vehicle refers to the number of villages with town-level road passing through and transport service.

Grain Yield refers to the total yield in the whole country including grain produced by state farms, collective entities, rural households, industrial enterprises and mines. Grain includes rice, wheat, maize, sorghum, millet and other cereals as well as tubers and soybeans. Output of beans refers to dry beans without pods. Output of tubers (sweet potatoes and potatoes, not including taros and cassava) was converted into that of grain at the ratio 4:1, i.e. 4 kilograms of fresh tubers was equivalent to 1 kilogram of grain up to 1963. Since 1964 the ratio for conversion has been 5:1. Tubers supplied as vegetables (such as potatoes) in cities and suburbs are calculated as fresh vegetables and their output is not included in the output of grain. Other kinds of grain are calculated as husked grain.

Cereals refer to rice, wheat, maize millet, sorghum and other kinds of grain, but tubers and beans are not included. Other kinds of grain refer to some crops whose seeds are mainly used for food such as barley, highland barley, naked oats, buckwheat, broom corn millet, etc.

Output of Aquatic Products refers to catches of both artificially cultured and naturally grown aquatic products, including fish, shrimps, crabs and shellfish in sea and inland water as well as seaweed. Freshwater plants are not included.

Output of Pork, Beef, and Mutton refers to the weight of the meat of slaughtered hogs, cattle, sheep and goats with head, feet, and offal taken away.

Irrigated Area refers to area under effective irrigation, i.e., area of cultivated land which is relatively level and has water source and complete sets of irrigation facilities to lift and move adequate water for irrigation purpose under normal conditions.

十一、工　业

Industry

Chapter 11

11-1 年主营业务收入500万元及以上独立核算工业企业分经济类型工业总产值和比重（2007年）

Gross Output Value and Their Proportion of All Industrial Annual Revenue over 5 Million Yuan from Principal Business by Economic Industry (2007)

指标	Item	工业企业单位数(个) Total Number of Industrial Enterprises(unit)	
		绝对数 Absolute Figure	比重(%) Proportion (%)
总计	**Total**	**2 698**	**100.00**
在总计中：国有企业	Of Which: State-owned Enterprises	218	8.10
集体企业	Collective-owned Enterprises	139	4.82
股份合作企业	Joint Stock Cooperative Enterprises	48	1.78
联营企业	Joint Ownership Enterprises	11	0.41
有限责任公司	Limited Liability Companies	666	24.68
股份有限公司	Incorporated Corporations	119	4.41
私营企业	Private Enterprises	1 277	47.33
港澳台商投资企业	Enterprises Invested by Hong Kong,Macao and Taiwan Individual Enterprise	97	3.60
外商投资企业	Foreign-funded Enterprises	113	4.19
其他企业	Other Enterprises	10	0.37
在总计中：轻工业	Of Which: Light Industry	740	27.42
重工业	Heavy Industry	1 958	72.58

11-1 续表 continued

指标	Item	工业总产值(万元) Gross Industrial Output Value (10 000 yuan)	
		绝对数 Absolute Figure	比重(%) Proportion (%)
总计	**Total**	**42 982 861**	**100.0**
在总计中：国有企业	Of Which: State-owned Enterprises	9 286 951	21.6
集体企业	Collective-owned Enterprises	622 517	1.4
股份合作企业	Joint Stock Cooperative Enterprises	123 318	0.3
联营企业	Joint Ownership Enterprises	26 232	0.1
有限责任公司	Limited Liability Companies	13 232 101	30.8
股份有限公司	Incorporated Corporations	8 450 478	19.7
私营企业	Private Enterprises	8 419 398	19.6
港澳台商投资企业	Enterprises Invested by Hong Kong,Macao and Taiwan Individual Enterprise	926 188	2.2
外商投资	Foreign-funded Enterprises	1 866 321	4.3
其他企业	Other Enterprises	29 356	0.1
在总计中：轻工业	Of Which: Light Industry	12 009 036	27.9
重工业	Heavy Industry	30 973 825	72.1

11-2 年主营业务收入500万元及以上独立核算工业企业从业人员平均人数(2007年)

Average Number of Employed Persons of All Industrial Annual Revenue over 5 Million Yuan from Principal Business with Enterprises with Independent Accounting Systems (2007)

单位：人 (person)

行业	Sector	全部从业人员年平均人数 Annual Average Number of Employed Persons	# 国有企业 State-owned Enterprises	# 集体企业 Collective-owned Enterprises	# "三资"企业 Sino-foreign Joint and Cooperative and Foreign-funded Enterprises
总计	**Total**	**820 608**	**175 100**	**36 361**	**50 601**
按轻重工业分	**Grouped by Light and Heavy Industry**				
轻工业	Light Industry	174 900	32 387	6 408	27 218
重工业	Heavy Industry	632 592	138 405	26 120	23 383
按工业行业分	**Grouped by Industrial Sector**				
煤炭开采和洗选业	Coal Mining and Dressing	71 831	18 756	8 016	
石油和天然气开采业	Extraction of Petroleum and Natural Gas	57			
黑色金属矿采选业	Mining and Dressing of Ferrous Metals	16 378	9 184	181	240
有色金属矿采选业	Mining and Dressing of Nonferrous Metals	83 885	3 046	2 041	2 791
非金属矿采选业	Mining and Dressing fo Nonmetal Minerals	9 924		344	
农副食品加工业	AgricuLtural Non-staple Food Processing	41 843	918	493	5 407
食品制造业	Food Production	9 673	211	220	2 480
饮料制造业	Beverage Production	21 986	551	111	3 130
烟草制品业	Tobacco Production	29 617	26 023	913	
纺织业	Textile Industry	13 086	1 110	354	590
纺织服装、鞋、帽制造业	Textile Clothing, Footwear and Headgear Production	1 127	456		133
皮革、毛皮、羽绒及其制品业	Leather, Furs, Down and Related Products	143		143	
木材加工及竹、藤、棕、草制品业	Timber Processing, Bamboo, Cane, Palm Fiber and Straw Products	11 520	1 638	170	2 228
家具制造业	Furniture Manufacturing	502	364		
造纸及纸制品业	Papermaking and Paper Products	14 498	570	2 553	2 857
印刷业、记录媒介的复制	Printing and Record Medium Reproduction	12 295	1 577	367	4 884
文教体育用品制造业	Cultural, Educational and Sports Goods	27			
石油加工、炼焦业及核燃料加工业	Petroleum Processing,Coking and Nuclear fuel Processing	16 804	4 579	234	660
化学原料及化学制品制造业	Raw Chemical Materials and Chemicals Products	71 686	12 747	1 612	3 643
医药制造业	Medical and Pharmaceutical Products	18 642	979	485	5 103
化学纤维制造业	Chemical Fiber Products	336			336
橡胶制品业	Rubber Products	1 003	499		290
塑料制品业	Plastic Products	7 751	79	204	1 055
非金属矿物制品业	Nonmetal Mineral Products	57 173	1 976	7 361	4 312
黑色金属冶炼及压延加工业	Smelting and Pressing of Ferrous Metals	56 687	6 747	1 664	118
有色金属冶炼及压延加工业	Smelting and Pressing of Nonferrous Metals	103 125	29 113	3 509	1 681

注：国有企业中含国有联营企业、国有独资公司。

Note: The state-owned enterprises include state-owned joint ownership enterprises and wholly state-funded enterprises.

11-2 续表 continued

行业	Sector	全部从业人员年平均人数 Annual Average Number of Employe Persons (person)	#国有企业 State-owned Enterprises	#集体企业 Collective-owned Enterprises	#"三资"企业 Sino-foreign Joint and Cooperative and Foreign-funded Enterprises
金属制品业	Metal Products	5 696	1 678	487	389
通用设备制造业	Special-purpose Equipment Manufacturing	17 416	2 833	1 293	3 352
专用设备制造业	Transport Equipment Manufacturing	14 795	3 354	480	219
交通运输设备制造业	Transport Equipment	18 611	1 622	346	359
电气机械及器材制造业	Electric Equipment and Machinery	9 958	971	245	437
通信设备、计算机及其他电子设备制造业	Communication Equipment, Computers and other Electronic Equipment Production	2 225			502
仪器仪表及文化、办公用机械制造业	Instruments, Meters, Cultural and Clerical Machinery Manufacturing	4 565	1 111	105	874
工艺品及其他制造业	Handicraft Articles and Other Goods Production	2 614	1 052	148	308
废弃资源和废旧材料回收加工业	Recycling and Dispasal of Waste	436		200	
电力、热力的生产和供应业	Production and Supply of Electric Power and Heat	66 446	36 909	353	1 132
燃气生产和供应业	Gas Production and Supply	2 095	2 095		
水的生产和供应业	Water Production and Supply	4 152	2 352	98	1 091
按州市分	**Grouped By Region**				
昆明市	Kunming	219 939	49 049	9 291	26 186
曲靖市	Qujing	131 853	31 943	12 573	3 977
玉溪市	Yuxi	78 741	14 316	4 066	3 966
保山市	Baoshan	23 665	377	964	1 605
昭通市	Zhaotong	34 722	7 776	889	919
丽江市	Lijiang	13 134	404	1 276	
普洱市	Pu'er	26 183	5 560	117	1 132
临沧市	Lincang	19 006	1 153	448	335
楚雄州	Chuxiong	80 666	7 602	1 467	2 114
红河州	Honghe	91 055	43 885	1 260	2 527
文山州	Wenshan	22 324	1 581	291	350
西双版纳州	Xishuangbanna	9 739	3 045	217	1 018
大理州	Dali	42 929	4 980	1 144	2 437
德宏州	Dehong	14 934	849	1 299	3 474
怒江州	Nujiang	8 040	484		
迪庆州	Diqing	3 678	804	720	561

11-3 年主营业务收入500万元及以上独立核算工业企业单位数及总产值(2007年)

Number of All Industrial Enterprises of Annual Revenue over 5 Million Yuan from Principal Business with Independent Accounting Systems and Their Gross Output Value (2007)

单位：万元 (10 000 yuan)

行业	Sector	企业单位数(个) Number of Enterprises (unit)	# 亏损企业 Loss-making Enterprises	工业总产值(当年价) Gross Industrial Output Value (at current price)	工业销售产值(当年价) Industrial Sale Output Value (at current price)	工业增加值(当年价) Value-added of Industry (at current price)
总计	**Total**	**2 698**	**744**	**42 982 861**	**42 256 643**	**15 661 014**
按登记注册类型分	**Grouped by Status of Registration**					
内资企业	Domestic-funded Enterprises	2 491	693	40 190 352	39 488 132	14 794 788
国有经济	State-owned Enterprises	217	55	9 286 951	9 300 490	4 993 721
集体企业	Collective-owned Enterprises	139	44	622 517	606 367	190 794
股份合作企业	Joint Stock Cooperative Enterprises	48	15	123 318	117 703	58 335
联营企业	Joint Ownership Enterprises	11	1	26 232	26 358	11 542
有限责任公司	Limited Liability Companies	666	170	13 232 101	12 873 755	5 386 059
股份有限公司	Incorporation Enterprises	119	19	8 450 478	8 430 329	1 875 715
私营企业	Private Enterprises	1 277	386	8 419 398	8 105 433	2 268 333
其他企业	Other Enterprises	10	3	29 356	27 696	10 289
港、澳、台商投资企业	Enterprises Funded by Hong Kong, Macao and Taiwan	97	21	926 188	931 026	302 664
外商投资企业	Foreign-funded Enterprises	113	30	1 866 321	1 837 486	563 562
	Heavy Industries					
按轻重工业分	**Grouped by Light and Heavy Industries**					
轻工业	Light Industry	742	193	12 009 036	11 761 042	7 324 416
重工业	Heavy Industry	1 959	551	30 973 825	30 495 601	8 336 598
按企业规模分	**Grouped by Scale of Enterprises**					
大型企业	Large-scale Enterprises	39	1	16 709 753	16 604 960	7 264 096
中型企业	Medium-scale Enterprises	474	75	16 495 486	16 054 545	5 630 887
小型企业	Small-scale Enterprises	2 188	668	9 777 621	9 597 138	2 766 031
按工业行业分	**Grouped by Industrial Sector**					
煤炭开采和洗选业	Coal Mining and Processing	216	61	807 858	800 376	453 992
石油和天然气开采业	Extraction of Petroleum and Natural Gas	1		2 028	2 028	699
黑色金属矿采选业	Mining and Dressing of Ferrous Metals	38	4	466 399	458 898	219 402
有色金属矿采选业	Mining and Dressing of Nonferrous Metals	103	19	1 343 133	1 266 332	631 447
非金属矿采选业	Mining and Dressing of Nonferrous Metals	26	4	358 076	351 707	162 659
化学矿采选	Mining and Dressing of Chemical Minerals	19	3	207 789	199 703	112 674
采盐	Salt Mining	1		141 638	143 841	47 090
农副食品加工业	Agricultural Non-staple Food Processing	179	46	1 374 414	1 317 119	350 301
制糖	Sugar Refining	52	14	635 768	611 844	224 499

11—3 续表1 continued

单位：万元 (10 000 yuan)

行业	Sector	企业单位数(个) Number of Enterprises (unit)	#亏损企业 Loss-making Enterprises	工业总产值(当年价) Gross Industrial Output Value (at current price)	工业销售产值(当年价) Industrial Sale Output Value (at current price)	工业增加值(当年价) Value-added of Industry (at current price)
食品制造业	Food Production	53	11	250 810	257 697	60 944
饮料制造业	Beverage Production	112	23	669 502	578 910	267 898
精制茶加工	Refined Tea Processing	58	5	386 524	319 974	152 861
烟草制品业	Tobacco Production	24		7 497 655	7 515 850	5 812 277
卷烟制造	Cigarettes Manufacture	8		6 226 728	6 180 352	4 970 032
纺织业	Textile Industry	19	9	98 197	88 761	24 843
纺织服装、鞋、帽制造业	Textile Clothing, Footwear Headgear Production	6	4	16 719	17 694	3 845
皮革、毛皮、羽绒及其制品业	Leather, Furs, Down and Related Products	1		616	585	267
木材加工及竹、藤、棕、草制品业	Timber Processing, Bamboo, Cane,Palm Fiber and Straw Products	43	20	151 903	148 554	35 895
家具制造业	Furniture Manufacturing	4	1	5 655	5 265	2 368
造纸及纸制品业	Papermaking and Paper Products	81	28	373 581	358 679	122 121
印刷业、记录媒介的复制	Printing and Record Medium Reproduction	63	9	441 684	447 387	174 465
文教体育用品制造业	Cultural, Educational and Sports Goods	1		770	666	194
石油加工、炼焦业及核燃料加工业	Petroleum Processing,Coking and Nuclear fuel Processing	39	5	975 085	973 496	235 736
化学原料及化学制品制造业	Raw Chemical Materials and Chemical Products	274	95	3 606 100	3 589 880	870 790
基础化学原料制造	Basic Raw Chemical Materials Products	107	49	1 039 784	1 056 352	234 765
肥料制造	Fertilizer Production	87	23	1 984 804	1 953 562	491 805
日用化学产品制造	Chemical Products of Daily Use	15	5	95 207	93 093	18 343
医药制造业	Medical and Pharmaceutical Products	97	25	790 114	691 913	344 197
中成药制造	Traditional Chinese Medicine Products	50	13	382 423	347 047	179 203
化学纤维制造业	Chemical Fiber Production	1		105 985	106 500	39 776
橡胶制品业	Rubber Products	5		27 494	28 586	6 932
塑料制品业	Plastic Products	75	23	238 078	238 592	49 767
非金属矿物制品业	Nonmetal Mineral Products	288	136	1 137 473	1 101 449	341 917
水泥制造	Cement Products	197	101	880 500	864 425	278 112
黑色金属冶炼及压延加工业	Smelting and Pressing of Ferrous Metals	137	44	4 633 265	4 601 220	825 162
有色金属冶炼及压延加工业	Smelting and Pressing of Nonferrous Metals	206	46	9 980 672	9 775 182	2 144 916
金属制品业	Metal Products	52	10	178 417	186 260	35 185
通用设备制造业	General-purpose Equipment Manufacturing	79	28	476 704	444 574	158 539
专用设备制造业	Special-purpose Equipment Manufacturing	42	13	372 354	357 188	101 637
交通运输设备制造业	Transport Equipment Manufacturing	41	10	801 330	784 302	184 445
汽车制造	Motor Vehicles Manufacturing	37	10	693 009	655 914	141 745

11—3 续表2 continued

单位：万元 (10 000 yuan)

行业	Sector	企业单位数(个) Number of Enterprises (unit)	#亏损企业 Loss-making Enterprises	工业总产值(当年价) Gross Industrial Output Value (at current price)	工业销售产值(当年价) Industrial Sale Output Value (at current price)	工业增加值(当年价) Value-added of Industry (at current price)
电气机械及器材制造业	Electric Equipment and Machinery Manufacturing	56	17	541 953	518 719	106 340
通信设备、计算机及其他 电子设备制	Communication Equipment, Computers and other Electronic Equipment Production	12	1	114 702	112 868	32 540
仪器仪表及文化、 办公用机械制造业	Instruments, Meters, Cultural and Clerical Machinery Manufacturing	28	5	101 522	103 405	23 613
光学仪器制造	Optical Instrument Manufacturing	21	5	91 205	92 388	21 155
工艺品及其他制造业	Handicraft Articles and Other Goods Production	8	1	57 381	55 489	16 512
废弃资源和废旧材料回收加工业	Recycling and Daspasal of Waste	4	2	15 242	15 682	3 719
电力、热力的生产和供应业	Production and Supply of Electric Power and Heat	255	27	4 770 636	4 757 846	1 756 959
燃气生产和供应业	Gas Production and Supply	2	2	94 227	92 346	7 582
水的生产和供应业	Water Production and Supply	30	15	105 129	104 639	51 134
按州市分	**Grouped by Region**					
昆明市	Kunming	889	245	16 144 998	16 190 791	4 590 857
曲靖市	Qujing	334	122	6 153 684	6 027 081	2 299 300
玉溪市	Yuxi	302	115	6 210 411	6 140 446	2 769 434
保山市	Baoshan	88	19	576 239	535 897	229 089
昭通市	Zhaotong	148	26	1 256 832	1 230 777	622 099
丽江市	Lijiang	56	7	293 668	270 188	136 047
普洱市	Pu'er	92	25	576 360	537 805	242 034
临沧市	Lincang	70	20	540 275	496 433	240 805
楚雄州	Chuxiong	134	29	1 899 008	1 833 204	779 034
红河州	Honghe	168	43	5 040 042	4 910 678	1 832 042
文山州	Wenshan	111	22	1 134 104	1 098 564	476 543
西双版纳州	Xishuangbanna	55	11	360 653	319 227	196 463
大理州	Dali	156	36	1 842 765	1 741 004	758 559
德宏州	Dehong	68	16	392 479	388 989	143 797
怒江州	Nujiang	12	4	416 092	392 251	242 672
迪庆州	Diqing	15	4	145 249	143 309	102 239

11-4 年主营业务收入500万元及以上独立核算国有工业企业单位数及总产值(2007年)

Number of All State-owned Industrial Enterprises of Annual Revenue over 5 Million Yuan from Principal Business with Independent Accounting Systems and Their Gross Output Value (2007)

单位：万元 (10 000 yuan)

行业	Sector	企业单位数(个) Number of Enterprises (unit)	#亏损企业 Loss-making Enterprises	工业总产值(当年价) Gross Industrial Output Value (at current price)	工业销售产值(当年价) Industrial Sale Output Value (at current price)	工业增加值(当年价) Added Value of Industry (at current price)
总计	**Total**	**250**	**62**	**14 375 634**	**14 308 695**	**7 847 534**
按轻重工业分	**Grouped by Light and Heavy Industries**					
轻工业	Light Industry	67	17	7 612 846	7 626 929	5 839 413
重工业	Heavy Industry	185	45	6 762 788	6 681 767	2 008 122
按企业规模分	**Grouped by Scale of Enterprises**					
大型企业	Large-scale Enterprises	14		8 540 782	8 473 060	5 251 059
中型企业	Medium-scale Enterprises	83	15	5 012 681	5 015 806	2 307 298
小型企业	Small-scale Enterprises	155	47	822 171	819 829	289 178
按工业行业分	**Grouped by Sector**					
煤炭开采和洗选业	Coal Mining and Processing	13	4	258 822	259 921	155 032
黑色金属矿采选业	Mining and Dressing of Ferrous Metals	2		204 486	204 486	77 466
有色金属矿采选业	Mining and Dressing of Nonferrous Metals	4	1	294 575	306 582	121 136
铜矿采选业	Mining and Dressing fo Copper Mine	2	1	256 518	270 759	95 879
非金属矿采选业	Mining and Dressing fo Nonmetal Minerals					
石灰石、石膏开采业	Mining of Limestone and Gypsum					
农副食品加工业	Agricultural Non-staple Food Processing	3		25 263	24 004	10 250
制糖	Sugar Refining	3		25 263	24 004	10 250
食品制造业	Food Production	2	1	4131	4002	1211

注：本表国有企业含国有联营企业、国有独资公司。

Note: The state-owned enterprises include state-owned joint ownership enterprises and wholly state-funded enterprises .

11-4 续表1 continued

单位：万元 (10 000yuan)

行业	Sector	企业单位数（个）Number of Enterprises (unit)	#亏损企业 Loss-making Enterprises	工业总产值（当年价）Gross Output Value of Industry (at current prices)	工业销售产值（当年价）Product Sales of Industry (at current prices)	工业增加值（当年价）Value-added of Industry (at current prices)
饮料制造业	Beverage Production	5	1	32 869	31 818	5 181
精制茶加工	Refined Tea Processing	4		32 233	31 367	4 845
烟草制品业	Tobacco Production	15		7 402 797	7 421 447	5 769 085
卷烟制造	Cigarettes Production	7		6 201 586	6 156 064	4 963 832
纺织业	Textile Industry	1	1	3 399	3 083	- 3 596
纺织服装、鞋、帽制造业	Textile Clothing, Footwear Headgear Production	1		4 635	5 414	1 672
木材加工及竹、藤、棕、草制品业	Timber Processing, Bamboo, Cane, Palm Fiber and Straw Products	3	1	10 838	11 206	3 769
家具制造业	Furniture Manufacturing			1 094	1 093	453
造纸及纸制品业	Papermaking and Paper Products	1		2 210	1 676	916
印刷业、记录媒介的复制	Printing and Record Medium Reproduction	9	1	21 650	23 110	7 360
文教体育用品制造业	Cultural, Educational and Sports Goods					
石油加工、炼焦业及核燃料加工业	Petroleum Processing,Coking and Nuclear fuel Processing	1		190 197	183 542	18 070
化学原料及化学制品制造业	Raw Chemical Materials and Chemical Products	22	6	749 625	707 437	247 197
基础化学原料制造	Basic Raw Chemical Materials Products	2	1	9 859	13 513	- 4 187
肥料制造	Fertilizer Production	9	2	607 438	560 707	190 723
日用化学产品制造	Chemical Products of Daily Use	1	1	4 446	4 402	555
医药制造业	Medical and Pharmaceutical Products	5	2	38 181	35 131	18 661
中成药制造	Traditional Chinese Medicine Products	3	1	12 421	11 737	3 063
橡胶制品业	Rubber Products	1		11 008	11 080	3 445
塑料制品业	Plastic Products	1	1	1 008	841	222
非金属矿物制品业	Nonmetal Mineral Products	8	5	36 771	36 897	9 666
水泥制造	Cement Products	7	5	20462	20587	6947
黑色金属冶炼及压延加工业	Smelting and Pressing of Ferrous Metals	8	5	525 962	530 423	66 454
有色金属冶炼及压延加工业	Smelting and Pressing of Nonferrous Metals	6	1	967 595	928 447	171 106

注：本表国有企业含国有联营企业、国有独资公司。

Note: The state-owned enterprises include state-owned joint ownership enterprises and wholly state-funded enterprises .

11—4 续表2 continued

单位：万元 (10 000 yuan)

行 业	Sector	企业单位数(个) Number of Enterprises (unit)	#亏损企业 Loss-making Enterprises	工业总产值(当年价) Gross Industrial Output Value (at current price)	工业销售产值(当年价) Industrial Sale Output Value (at current price)	工业增加值(当年价) Added Value of Industry (at current price)
金属制品业	Metal Products	6	3	26 866	32 286	4 870
通用设备制造业	General-purpose Machinery Manufacturing	6	4	27 582	27 943	8 846
专用设备制造业	Special-purpose Equipment Manufacturing	8	4	45 091	46 359	12 682
交通运输设备制造业	Transport Equipment Manufacturing	6	2	27 182	27 889	9 137
汽车制造	Motor Vehicles Manufacturing	5	2	22 286	23 114	6 441
电气机械及器材制造业	Electric Equipment and Machinery Manufacturing	2		34 426	28 679	7 737
仪器仪表及文化、办公用机械制造业	Instruments, Meters, Cultural and Clerical Machinery Manufacturing	2		19 596	19 121	4 654
光学仪器制造	Optical Instrument Manufacturing	1		18 741	18 100	4 430
工艺品及其他制造业	Handicraft Articles and Other Goods Production	1		40 152	40 219	13 170
电力、热力的生产和供应业	Production and Supply of Electric Power and Heat	85	7	3 241 377	3 230 686	1 079 607
燃气生产和供应业	Gas Production and Supply	2	2	94 227	92 346	7 582
水的生产和供应业	Water Production and Supply	22	10	32 021	31 531	14 497
按州市分	**Grouped by Region**					
昆明市	Kunming	77	26	4 080 497	4 097 260	2 103 816
曲靖市	Qujing	40	13	2 151 511	2 150 856	1 022 695
玉溪市	Yuxi	18	1	3 343 846	3 335 101	2 138 611
保山市	Baoshan	4	3	19 298	19 261	7 225
昭通市	Zhaotong	13	2	711 562	703 843	377 914
丽江市	Lijiang	3	3	13 156	12 863	6 595
普洱市	Pu'er	13	3	97 538	92 352	41 296
临沧市	Lincang	4	1	104 998	104 998	79 866
楚雄州	Chuxiong	15	2	604 930	598 721	416 593
红河州	Honghe	26	5	2 514 333	2 462 802	1 192 946
文山州	Wenshan	8		151 888	157 521	102 903
西双版纳州	Xishuangbanna	12	3	83 663	80 773	47 275
大理州	Dali	10	1	423 757	420 287	288 593
德宏州	Dehong	4	3	22 602	21 194	1 942
怒江州	Nujiang	2		40 079	40 079	13 702
迪庆州	Diqing	3	2	11 976	10 785	5 564

11-5 年主营业务收入500万元及以上的独立核算“三资”工业企业单位数及总产值（2007年）

Number of All Industrial Enterprises of Annual Revenue over 5 Million Yuan from Principal Business with Hong Kong, Macao, Taiwan and Foreign Funds and Independent Accounting Systems and Their Gross Output Value (2007)

单位：万元 (10 000 yuan)

行业	Sector	企业单位数（个） Number of Enterprises (unit)	#亏损企业 Loss-making Enterprises	工业总产值（当年价） Gross Industrial Output Value (at current price)	工业销售产值（当年价） Industrial Sale Output Value (at current price)	工业增加值（当年价） Added Value of Industry (at current price)
总计	**Total**	**210**	**51**	**2 792 509**	**2 768 511**	**866 226**
按轻重工业分	**Grouped by Light and Heavy Industries**					
轻工业	Light Industry	**108**	**21**	**1 357 855**	**1 339 746**	**470 554**
重工业	Heavy Industry	102	30	1 434 654	1 428 766	395 672
按企业规模分	**Grouped by Scale of Enterprises**	**210**	**51**	**2 792 509**	**2 768 511**	**866 226**
大型企业	Large-scale Enterprises	2		200 339	194 083	103 501
中型企业	Medium-scale Enterprises	46	8	1 543 497	1 521 896	469 665
小型企业	Small-scale Enterprises	162	43	1 048 673	1 052 532	293 060
按工业行业分	**Grouped by Sector**	**210**	**51**	**2 792 509**	**2 768 511**	**866 226**
有色金属矿采选业	Nonferrous Metals Mining and Dressing	7		102 389	82 715	66 751
农副食品加工业	AgricuLtural Non-staple Food Processing	21	4	267 722	254 631	68 742
制糖	Sugar Refining	3		128 955	126 846	52 376
食品制造业	Food Production	12	4	100 068	113 207	21 441
饮料制造业	Beverage Production	15	4	135 796	135 326	58 474
精制茶加工	Refined Tea Processing	3	1	2 682	2 093	593
纺织业	Textile Industry	2	1	22 808	23 639	5 098
纺织服装、鞋、帽制造业	Textile Clothing, Footwear Headgear Production	1	1	2 802	2 802	331
木材加工及竹、藤、棕、草制品业	Timber Processing, Bamboo, Cane, Palm Fiber and Straw Products	9	7	39 622	40 365	6 745
造纸及纸制品业	Papermaking and Paper Products	9	2	106 585	101 532	33 709
印刷业、记录媒介的复制	Printing and Record Medium Reproduction	19	2	261 304	270 722	101 976
石油加工、炼焦业及核燃料加工业	Petroleum Processing,Coking and Nuclear fuel Processing	1		126 981	128 328	29 370
化学原料及化学制品制造业	Raw Chemical Materials and Chemical Products	29	10	350 169	363 529	56 143
基础化学原料制造	Basic Raw Chemical Materials Products	11	5	60 221	68 761	17 816
肥料制造	Fertilizer Production	8	3	210 190	214 897	25 917
日用化学产品制造	Chemical Products of Daily Use	4		56 435	56 680	7 600
医药制造业	Medical and Pharmaceutical Products	16	2	195 482	173 526	89 150
中成药制造	Traditional Chinese Medicine Products	9	2	63 901	53 197	30 805
化学纤维制造业	Chemical Fiber Production	1		105 985	106 500	39 776

11－5 续表 continued

单位：万元 (10 000 yuan)

行业	Sector	企业单位数(个) Number of Enterprises (unit)	#亏损企业 Loss-making Enterprises	工业总产值(当年价) Gross Industrial Output Value (at current price)	工业销售产值(当年价) Industrial Sale Output Value (at current price)	工业增加值(当年价) Added Value of Industry (at current price)
橡胶制品业	Rubber Products	1		10 834	11 497	2 182
塑料制品业	Plastic Products	10	3	76 381	79 251	16 244
非金属矿物制品业	Nonmetal Mineral Products	11	3	160 654	160 218	27 827
水泥制造	Cement Products	8	3	146 749	145 945	25 262
黑色金属冶炼及压延加工业	Smelting and Pressing of Ferrous Metals	2		3 243	3 222	1 573
有色金属冶炼及压延加工业	Smelting and Pressing of Nonferrous Metals	7	2	204 199	205 752	35 737
金属制品业	Metal Products	2		19 800	19 002	2 585
通用设备制造业	General-purpose Equipment Manufacturing	6	1	176 793	169 864	74 812
专用设备制造业	Special-purpose Equipment Manufacturing	3		5 170	5 603	2 299
交通运输设备制造业	Transport Equipment Manufacturing	5		8 499	8 668	2 390
汽车制造	Motor Vehicles Manufacturing	5		8 499	8 668	2 390
电气机械及器材制造业	Electric Equipment and Machinery Manufacturing	3		42 474	40 626	15 096
通信设备、计算机及其他电子设备制造业	Communication Equipment, Computers and other Electronic Equipment Production	4	1	18 367	18 245	4 723
仪器仪表及文化、办公用机械制造业	Instruments, Meters, Cultural and Clerical Machinery Manufacturing	5	1	15 628	17 401	4 212
光学仪器制造	Optical Instrument Manufacturing	5	1	15 628	17 401	4 212
工艺品及其他制造业	Handicraft Articles and Other Goods Production	2		1 281	1 217	761
电力、热力的生产和供应业	Production and Supply of Electric Power and Heat	5	3	151 324	150 974	46 876
水的生产和供应业	Water Production and Supply	1		61 690	61 690	32 339
按州市分	**Grouped by Region**					
昆明市	Kunming	116	26	1 584 591	1 581 908	445 969
曲靖市	Qujing	15	5	333 476	332 355	85 053
玉溪市	Yuxi	23	9	203 419	213 708	48 238
保山市	Baoshan	6		34 180	34 798	17 332
昭通市	Zhaotong	4	1	48 596	46 443	17 379
普洱市	Pu'er	6	1	64 769	48 985	35 416
临沧市	Lincang	3	1	22 112	18 971	10 466
楚雄州	Chuxiong	11	2	62 925	59 634	17 303
红河州	Honghe	5	1	113 150	111 572	41 487
文山州	Wenshan	2		8 013	7 937	6 895
西双版纳州	Xishuangbanna	2		24 972	24 972	8 669
大理州	Dali	8	1	119 415	111 072	40 172
德宏州	Dehong	6	3	116 280	115 753	45 982
迪庆州	Diqing	3	1	56 611	60 404	45 866

11-6 各地区按轻重工业分的规模以上工业企业单位数及总产值
Number of Industrial Enterprises above Designated Size and Their Gross Output Value by Region and by Light & Heavy Industries

单位:个、万元 (unit, 10 000 yuan)

地区	Region	轻工业 Light Industry				重工业 Heavy Industry			
		单位数 Number of Enterprises		总产值 Gross Output Value		单位数 Number of Enterprises		总产值 Gross Output Value	
		2006年	2007年	2006年	2007年	2006年	2007年	2006年	2007年
全省合计	**Total**	**767**	**740**	**10 016 676**	**12 009 036**	**1 834**	**1 958**	**23 914 197**	**30 973 825**
昆明	Kunming	279	264	3 182 040	3 766 413	610	625	10 131 537	12 378 585
曲靖	Qujing	45	47	1 136 454	1 360 392	257	287	3 896 623	4 793 292
玉溪	Yuxi	94	90	2 318 610	2 770 544	198	212	2 291 416	3 439 868
保山	Baoshan	32	33	164 779	182 522	51	55	287 263	393 718
昭通	Zhaotong	21	20	409 266	470 886	80	128	567 931	785 947
丽江	Lijiang	18	18	47 125	60 879	43	38	178 543	232 790
普洱	Pu'er	32	29	126 940	181 783	64	63	303 927	394 578
临沧	Lincang	29	34	194 390	289 531	35	36	208 384	250 744
楚雄	Chuxiong	45	36	489 761	554 170	91	98	945 404	1 344 838
红河	Honghe	45	39	954 895	1 062 324	134	129	2 932 130	3 977 718
文山	Wenshan	23	22	167 250	231 868	94	89	580 732	902 236
西双版纳	Xishuangbanna	23	28	111 156	227 742	22	27	112 088	132 911
大理	Dali	53	62	532 339	632 838	89	94	889 908	1 209 927
德宏	Dehong	19	17	148 850	181 065	45	51	140 147	211 414
怒江	Nujiang	1		333		11	12	396 093	416 092
迪庆	Diqing	8	1	32 487	36 081	10	14	52 073	109 168

11-7 各地区按企业规模分的工业单位数及总产值(2007年)
Number of Industrial Enterprises and Their Gross Output Value by Region and Enterprise Scale (2007)

单位:个、万元 (unit, 10 000 yuan)

地区	Region	大型企业 Large-scale Enterprises		中型企业 Medium-scale Enterprises		小型企业 Small-scale Enterprises	
		单位数 Number of Enterprises	总产值 Gross Output Value	单位数 Number of Enterprises	总产值 Gross Output Value	单位数 Number of Enterprises	总产值 Gross Output Value
全省合计	**Total**	**37**	**16 709 753**	**473**	**16 495 486**	**2 188**	**9 777 621**
昆明	Kunming	12	7 644 891	124	4 831 532	753	3 668 575
曲靖	Qujing	6	1 749 889	80	3 351 469	251	1 052 325
玉溪	Yuxi	3	2 914 536	65	2 119 514	234	1 176 361
保山	Baoshan	1	67 206	17	295 946	70	213 088
昭通	Zhaotong	2	570 077	18	362 238	128	324 517
丽江	Lijiang			7	119 744	49	173 924
普洱	Pu'er	1	34 712	21	341 990	70	199 658
临沧	Lincang			22	401 543	48	138 732
楚雄	Chuxiong	3	1 001 899	19	581 099	112	316 010
红河	Honghe	5	1 522 931	40	2 441 139	123	1 075 972
文山	Wenshan	2	284 124	14	367 482	95	482 498
西双版纳	Xishuangbanna			6	184 385	49	176 264
大理	Dali	2	467 442	28	912 774	126	462 549
德宏	Dehong	1	103 983	7	106 967	60	181 529
怒江	Nujiang	1	348 063	2	39 059	9	28 970
迪庆	Diqing			4	38 604	11	106 645

注：1.本表为年主营业务收入500万元及以上独立核算工业数据；
2.工业总产值按当年计算。

Note: a.The data above are obtained from all industrial enterprises of annual revenue over 5 million yuan from principal business with independent accounting systems.
b.The gross output value is calculated at current price.

11-8 各地区主要行业工业企业单位数及总产值(2007年)

Number of Industrial Enterprises of Major Sectors and Their Gross Output Value by Region (2007)

单位:个、万元 (unit, 10 000 yuan)

地区	Region	煤炭开采和洗选业 Coal Mining and Dressing		黑色金属矿采选业 Mining and Dressing of Ferrous Metals		有色金属矿采选业 Mining and Dressing of Nonferrous Metals		非金属矿采选业 Mining and Dressing of Nonferrous Metals	
		单位数 Number of Enterprises	总产值 Gross Output Value	单位数 Number of Enterprises	总产值 Gross Output Value	单位数 Number of Enterprises	总产值 Gross Output Value	单位数 Number of Enterprises	总产值 Gross Output Value
全省合计	**Total**	**216**	**807 858**	**38**	**466 399**	**103**	**1 343 133**	**26**	**358 076**
昆明	Kunming	5	34 328	2	124 968	14	117 287	18	343 465
曲靖	Qujing	103	396 947			3	17 250	1	1 601
玉溪	Yuxi	3	10 804	10	189 145	5	300 286	3	7 086
保山	Baoshan	1	891	4	15 730	7	51 318	1	610
昭通	Zhaotong	65	92 462			12	168 559		
丽江	Lijiang	13	65 790	1	1 506				
普洱	Pu'er	4	4 054			7	65 125	1	1 067
临沧	Lincang	1	915			4	39 253		
楚雄	Chuxiong	8	34 940	3	4 862	13	211 280	1	1 174
红河	Honghe	6	138 684	3	23 217	5	28 690		
文山	Wenshan	4	25 507	2	5 810	15	247 281	1	3 075
西双版纳	Xishuangbanna			4	52 294	3	4 987		
大理	Dali	3	2 537	8	30 409	6	30 215		
德宏	Dehong					3	4 392		
怒江	Nujiang					2	5 927		
迪庆	Diqing			1	18 460	4	51 284		

注：本表为年主营业务收入500万元及以上独立核算工业数据,工业总产值按当年价计算。

Note: .In this table, the data are obtained from all industrial enterprises of annual revenue over 5 million yuan from principal business with independent accounting systems. The gross output value is calculated at current price.

11-8 续表1 continued

单位:个、万元 (unit, 10 000 yuan)

地区	Region	农副食品加工业 Agricultural Non-staple Food Processing		食品制造业 Food Production		饮料制造业 Beverage Production		烟草制品业 Tobacco Production	
		单位数 Number of Enterprises	总产值 Gross Output Value	单位数 Number of Enterprises	总产值 Gross Output Value	单位数 Number of Enterprises	总产值 Gross Output Value	单位数 Number of Enterprises	总产值 Gross Output Value
全省合计	**Total**	**179**	**1 374 414**	**53**	**250 810**	**112**	**669 502**	**22**	**7 497 655**
昆明	Kunming	54	439 760	22	96 683	21	110 694	4	1 968 446
曲靖	Qujing	16	62 598	2	8 412	1	2 843	4	1 124 270
玉溪	Yuxi	17	134 949	6	13 147	4	5 317	4	2 311 187
保山	Baoshan	10	90 956	2	1 776	8	31 624	2	26 554
昭通	Zhaotong	3	9 469	3	3 610	1	3 600	1	384 336
丽江	Lijiang	8	33 799	2	4 927	1	1 812		
普洱	Simao	9	67 120			16	51 883		-
临沧	Lincang	13	175 980			18	104 532		
楚雄	Chuxiong	9	19 074	2	8 815	3	21 479	1	415 924
红河	Honghe	10	55 454	1	1 339	5	23 128	2	873 885
文山	Wenshan	5	29 274	5	18 547	4	7 473	2	103 383
西双版纳	Xishuangbanna	4	37 679			19	184 508		
大理	Dali	11	46 575	8	93 554	10	84 528	4	289 671
德宏	Dehong	10	171 727						
怒江	Nujiang								
迪庆	Diqing					1	36 081		

11-8 续表2 continued

单位:个、万元 (unit, 10 000 yuan)

地 区	Region	纺织业 Textile Industry		纺织服装、鞋、帽制造业 Textile,Clothing, Footwear Production		皮革、毛皮、羽毛(绒)及制品业 Textile Clothing, Footwear Headgear Production		木材加工及竹藤棕草制品业 Timber Processing, Bamboo, Cane,Palm Fiber and Straw Products	
		单位数 Number of Enterprises	总产值 Gross Output Value	单位数 Number of Enterprises	总产值 Gross Output Value	单位数 Number of Enterprises	总产值 Gross Output Value	单位数 Number of Enterprises	总产值 Gross Output Value
全省合计	**Total**	**19**	**98 197**	**6**	**16 719**	**1**	**616**	**43**	**151 903**
昆 明	Kunming	3	14 318	6	16 719	1	616	9	25 295
曲 靖	Qujing	3	37 616						
玉 溪	Yuxi							3	7 323
保 山	Baoshan	1	13 000					11	22 782
昭 通	Zhaotong	1	6 039						
丽 江	Lijiang	1	595						
普 洱	Pu'er	1	1 098					14	76 088
临 沧	Lincang								
楚 雄	Chuxiong	4	6 385					1	3 829
红 河	Honghe							1	2 222
文 山	Wenshan								
西双版纳	Xishuangbanna							1	5 854
大 理	Dali	5	19 147					1	663
德 宏	Dehong							2	7 848
怒 江	Nujiang								
迪 庆	Diqing								

11-8 续表3 continued

单位:个、万元 (unit, 10 000 yuan)

地 区	Region	家具制造业 Furniture Manufacturing		造纸及纸制品业 Paper-making and Paper Products		印刷业、记录 媒介的复制 Printing and Record Medium Reproduction		石油加工、炼焦及核燃料加工业 Petroleum Processing, Coking and Nuclear fuel Processing	
		单位数 Number of Enterprises	总产值 Gross Output Value	单位数 Number of Enterprises	总产值 Gross Output Value	单位数 Number of Enterprises	总产值 Gross Output Value	单位数 Number of Enterprises	总产值 Gross Output Value
全省合计	**Total**	**4**	**5 655**	**81**	**373 581**	**63**	**441 684**	**39**	**975 085**
昆 明	Kunming	4	5 655	20	42 243	30	219 908	9	233 526
曲 靖	Qujing			6	39 078	4	16 134	23	598 069
玉 溪	Yuxi			22	110 673	15	94 593	1	8 675
保 山	Baoshan			2	5 324				
昭 通	Zhaotong			5	9 028	1	37 847		
丽 江	Lijiang			1	824			2	12 499
普 洱	Pu'er			1	58 409				
临 沧	Lincang			1	5 800				
楚 雄	Chuxiong			4	13 573	6	27 841	1	92 060
红 河	Honghe			9	60 970	2	25 446	3	30 255
文 山	Wenshan			1	1 645				
西双版纳	Xishuangbanna								
大 理	Dali			8	25 046	5	19 915		
德 宏	Dehong			1	967				
怒 江	Nujiang								
迪 庆	Diqing								

11-8 续表4 continued

单位:个、万元 (unit, 10 000 yuan)

地 区	Region	化学原料及化学制品制造业 Raw Chemical Materials and Chemical Products		医药制造业 Medical and Pharmaceutical Products		橡胶制品业 Rubber Products		塑料制品业 Plastic Products	
		单位数 Number of Enterprises	总产值 Gross Output Value	单位数 Number of Enterprises	总产值 Gross Output Value	单位数 Number of Enterprises	总产值 Gross Output Value	单位数 Number of Enterprises	总产值 Gross Output Value
全省合计	**Total**	**274**	**3 606 100**	**97**	**790 114**	**5**	**27 494**	**75**	**238 078**
昆 明	Kunming	122	1 566 675	53	551 918	4	16 486	42	109 437
曲 靖	Qujing	37	696 050	2	6 811			9	24 504
玉 溪	Yuxi	41	433 899	7	26 617			9	71 374
保 山	Baoshan	3	3 587	3	9 970				
昭 通	Zhaotong	8	264 117	1	2 884			2	6 168
丽 江	Lijiang	1	26 952	3	15 272				
普 洱	Pu'er	8	27 483	1	908				
临 沧	Lincang	2	8 798	1	2 373			1	5 906
楚 雄	Chuxiong	18	105 912	6	38 468			3	4 285
红 河	Honghe	19	374 128	4	15 389	1	11 008	2	6 082
文 山	Wenshan	6	75 634	4	70 437				
西双版纳	Xishuangbanna	2	3 443	4	3 488				
大 理	Dali	7	19 421	5	39 681			5	8 282
德 宏	Dehong			3	5 898			2	2 041
怒 江	Nujiang								
迪 庆	Diqing								

11-8 续表5 continued

单位:个、万元 (unit, 10 000 yuan)

地 区	Region	非金属矿物制品业 Nonmetal Mineral Products		黑色金属冶炼及压延加工业 Smelting and Pressing of Ferrous Metals		有色金属冶炼及压延加工业 Smelting and Pressing of Nonferrous Metals		金属制品业 Metal Products	
		单位数 Number of Enterprises	总产值 Gross Output Value	单位数 Number of Enterprises	总产值 Gross Output Value	单位数 Number of Enterprises	总产值 Gross Output Value	单位数 Number of Enterprises	总产值 Gross Output Value
全省合计	**Total**	**288**	**1 137 473**	**137**	**4 633 265**	**206**	**9 980 672**	**52**	**178 417**
昆 明	Kunming	83	333 017	30	1 809 626	61	4 633 338	41	156 703
曲 靖	Qujing	36	109 075	14	326 292	24	1 287 517	3	8 091
玉 溪	Yuxi	52	146 436	40	1 446 719	12	298 275	5	10 012
保 山	Baoshan	8	27 411	1	20 905	14	145 713		
昭 通	Zhaotong	13	52 503	2	3 896	3	42 521		
丽 江	Lijiang	10	56 267	2	5 202	1	1 860		
普 洱	Pu'er	10	63 617	1	1 754	3	67 710		
临 沧	Lincang	7	13 027	3	10 075	3	42 012		
楚 雄	Chuxiong	9	28 610	3	425 645	15	225 039	1	517
红 河	Honghe	14	74 500	5	284 729	28	2 314 664	1	2 265
文 山	Wenshan	8	43 187	21	189 733	10	113 165		
西双版纳	Xishuangbanna	5	8 401	3	9 700				
大 理	Dali	19	142 210	9	79 521	12	375 110	1	829
德 宏	Dehong	12	35 195			16	74 784		
怒 江	Nujiang	1	1 018			3	356 893		
迪 庆	Diqing	1	3 000	3	19 469	1	2 070		

11-8 续表6 continued

单位:个、万元 (unit, 10 000 yuan)

地区	Region	通用设备制造业 General-purpose Equipment Manufacturing 单位数 Number of Enterprises	总产值 Gross Output Value	专用设备制造业 Special-purpose Equipment Manufacturing 单位数 Number of Enterprises	总产值 Gross Output Value	交通运输设备制造业 Transport Equipment Manufacturing 单位数 Number of Enterprises	总产值 Gross Output Value
全省合计	**Total**	**79**	**476 704**	**42**	**372 354**	**41**	**801 330**
昆明	Kunming	56	395 626	34	229 845	27	383 565
曲靖	Qujing	3	3 229	2	31 206	6	180 451
玉溪	Yuxi	12	60 838			3	3 088
保山	Baoshan						
昭通	Zhaotong	1	1 177				
丽江	Lijiang	1	3 616				
普洱	Pu'er			1	1 569		
临沧	Lincang						
楚雄	Chuxiong	2	4 207	1	3 363	2	2 814
红河	Honghe	1	2 035			1	564
文山	Wenshan			1	5 031		
西双版纳	Xishuangbanna						
大理	Dali	2	4 407	2	100 557	2	230 849
德宏	Dehong	1	1 569	1	783		
怒江	Nujiang						
迪庆	Diqing						

11-8 续表7 continued

单位:个、万元 (unit, 10 000 yuan)

地区	Region	电力、热力的生产和供应业 Production and Supply of Electric Power and Heat 单位数 Number of Enterprises	总产值 Gross Output Value	燃气生产和供应业 Gas Production and Supply 单位数 Number of Enterprises	总产值 Gross Output Value	水的生产及供应业 Water Production and Supply 单位数 Number of Enterprises	总产值 Gross Output Value
全省合计	**Total**	**255**	**4 770 636**	**2**	**94 227**	**30**	**105 129**
昆明	Kunming	25	1 267 005	2	94 227	3	65 156
曲靖	Qujing	25	1 120 313			6	11 822
玉溪	Yuxi	14	417 912			2	2 430
保山	Baoshan	6	105 233			3	2 043
昭通	Zhaotong	22	154 544			2	2 661
丽江	Lijiang	8	60 407			1	2 340
普洱	Pu'er	14	86 112			1	2 364
临沧	Lincang	15	130 757			1	845
楚雄	Chuxiong	14	163 317			1	2 613
红河	Honghe	38	679 216			5	4 735
文山	Wenshan	21	193 813			1	1 110
西双版纳	Xishuangbanna	9	48 232			1	2 067
大理	Dali	19	191 100			1	3 205
德宏	Dehong	15	85 537			2	1 740
怒江	Nujiang	6	52 254				
迪庆	Diqing	4	14 886				

11-9 历年主要工业产品产量
Historic Output of Major Industrial Products

年 份 Year	纱(万吨) Yarn (10 000 tons)	布(亿米) Cloth (100 million m)	机制纸及纸板(万吨) Machine-made Paper and Paperboards (10 000 tons)	原盐(万吨) Salt (10 000 tons)	糖(万吨) Sugar (10 000 tons)	卷烟(万箱) Cigarettes (10 000 cases)	合成洗涤剂(万吨) Synthetic Detergents (10 000tons)	原煤(万吨) Coal (10 000 tons)	发电量(亿千瓦小时) Electricity (100 million kwh)
1978	2.20	1.05	5.12	27.30	13.49	63.30	0.62	1 483	52.51
1980	2.92	1.32	6.46	23.90	16.87	89.00	0.80	1 174	56.20
1985	3.57	1.52	10.16	29.15	32.83	206.30	1.92	1 638.00	75.45
1989	4.05	1.79	15.22	38.32	46.39	407.40	4.53	2 181	114.12
1990	4.03	1.80	15.43	32.45	51.01	448.25	4.96	2 227	125.78
1991	4.17	1.73	17.46	28.01	60.02	437.49	4.88	2 194	140.85
1992	4.33	1.79	19.43	29.82	83.66	466.17	5.41	2 379	155.75
1993	3.89	1.72	21.82	41.40	89.98	532.02	6.25	2 402	172.07
1994	3.54	1.33	32.03	40.71	80.85	611.09	8.22	2 597	203.43
1995	3.57	1.40	30.41	42.98	94.21	680.45	7.10	2 803	228.42
1996	3.16	1.28	39.42	44.03	83.65	656.38	8.37	3 072	253.65
1997	2.67	1.12	38.51	46.59	112.12	624.80	9.06	3 296.67	253.14
1998	1.99	0.73	28.51	47.44	125.59	632.99	7.54	3 090.67	264.62
1999	2.13	0.61	23.90	42.13	162.52	603.97	3.97	2 663.63	298.20
2000	2.27	0.59	22.32	49.43	152.25	612.77	3.30	2 215.61	317.46
2001	1.95	0.49	22.81	49.83	125.49	599.49	4.93	2 394.12	359.53
2002	1.93	0.42	22.86	51.78	146.98	610.31	6.40	3 066.25	426.99
2003	1.37	0.26	26.30	47.79	191.12	614.70	3.58	4 059.78	474.80
2004	1.42	0.21	26.03	60.80	195.26	621.38	1.09	5 316.61	543.78
2005	1.44	0.14	28.89	67.78	153.57	631.47	1.86	6 462.14	624.20
2006	1.22	0.10	33.26	79.55	140.31	648.10	2.02	7 339.08	753.64
2007	0.99	0.06	37.72	82.87	188.04	670.26	2.14	7 755.19	904.51

11-9 续表 continued

年 份 Year	生铁(万吨) Pig Iron (10 000 tons)	钢(万吨) Steel (10 000 tons)	成品钢材(万吨) Steel Products (10 000 tons)	十种有色金属(万吨) Ten Nonferrous Metals (10 000 tons)	水泥(万吨) Cement (10 000 tons)	平板玻璃(万重量箱) Plate Glass (10 000weight cases)	农用化肥(万吨) Chemical Fertilizer (10 000 tons)	小型拖拉机(万辆) Small Tractors (10 000 units)	汽车(辆) Motor Vehicles (unit)
1978	48.94	35.12	25.59	7.48	131.23	46.08	42.05	0.79	1 084
1980	50.03	46.33	29.46	9.92	163.00	26.29	46.40	0.27	1 313
1985	69.28	56.16	45.96	14.98	307.76	87.42	60.20	1.16	5 455
1989	106.91	72.22	61.85	20.00	452.42	138.44	81.12	1.73	9 906
1990	119.81	80.15	68.97	21.73	470.73	120.17	90.32	1.85	6 131
1991	123.98	93.62	83.77	24.69	565.19	128.32	95.72	2.23	9 582
1992	126.82	103.02	97.18	27.78	663.87	157.00	96.79	2.34	16 431
1993	166.89	116.63	113.07	29.13	732.25	131.57	94.06	2.28	25 115
1994	172.41	134.89	139.35	34.20	865.26	166.85	105.09	1.83	25 942
1995	180.75	140.50	144.34	40.67	996.93	165.88	121.46	2.47	19 009
1996	181.17	161.83	171.71	44.45	1 152.28	155.65	133.93	3.05	11 867
1997	213.57	184.00	185.78	47.48	1 341.26	110.50	144.31	3.35	11 432
1998	205.33	176.22	184.12	51.36	1 558.66	259.97	163.39	1.81	10 940
1999	234.90	178.72	182.01	64.51	1 622.77	302.56	177.78	1.51	10 931
2000	309.42	189.41	183.71	74.85	1 642.80	289.84	197.22	1.48	22 110
2001	337.95	222.02	186.20	83.58	1 640.86	293.48	208.66	1.14	26 949
2002	414.20	274.74	210.34	89.57	1 841.04	311.74	240.03	1.26	38 571
2003	512.38	294.75	286.54	96.96	2 052.79	336.43	260.58	1.72	44 156
2004	689.17	349.31	350.55	129.42	2 312.63	313.34	262.67	1.61	51 248
2005	845.92	513.41	486.93	147.44	2 832.63	270.15	265.84	2.1	62 879
2006	939.49	635.38	588.06	206.85	3 305.97	302.49	305.04	2.65	37 477
2007	1202.77	883.85	789.99	233.77	3 568.53	329.79	316.26	3.2	47 085

11-10 主要年份全省主要工业产品产量
Output of Major Industrial Products in Significant Years

产品名称	Item	2000年	2001年	2005年	2006年	2007年
原煤（万吨）	Coal(10 000 tons)	2 215.61	2 394.12	6 462.14	7 339.08	7 755.19
洗精煤（万吨）	Washed Coal(10 000 tons)	207.71	212.72	488.10	683.23	670.91
铁矿石原矿量（万吨）	Final Iron Ores Products (10 000 tons)	503.53	528.05	983.70	1 515.38	1 847.94
铜金属含量（吨）	Copper Content(ton)	92 001	98 110	132 705	195 141	248 274
铅金属含量（吨）	Lead Content (ton)	138 647	100 905	109 845	152 895	111 023
锌金属含量（吨）	Zinc Content (ton)	220 357	256 131	504 927	627 729	611 561
锡金属含量（吨）	Tin Content (ton)	43 052	31 144	40 634	39 346	44 095
硫铁矿生产量（万吨）	Sulphur Iron Ores (10 000 tons)	14.5	9.73	30.69	40.46	51.27
磷矿生产量（万吨）	Phosphate Ores (10 000 tons)	921.11	934.16	1 065.95	1 413.60	1 488.11
原盐（吨）	Salt (ton)	494 338	498 310	677 765	795 494	828 746
发电量总计（万千瓦小时）	Electricity(10 000 kwh)	3 174 567	3 595 254	6 241 998	7 536 360	9 045 061
水力发电（万千瓦小时）	Hydro Power (10 000 kwh)	2 160 783	2 164 774	3 491 923	3 557 227	4 309 550
火力发电（万千瓦小时）	Thermal Power (10 000 kwh)	1 013 784	1 430 480	2 750 074	3 979 133	4 735 510
自来水（生产量）（万吨）	Tap Water(output)	49 887	50 143	54 791	56 704	58 658
糖（吨）	Sugar (ton)	1 522 548	1 254 934	1 535 726	1 403 058	1 880 360
糖果（吨）	Sweets (ton)	1 865	1 360	1 804	3 955	5 900
糕点（吨）	Cake (ton)	41 368	49 030	50 491	45 646	44 163
罐头（吨）	Canned Food (ton)	7 667	7 505	16 946	23 277	29 444
饮料酒（混合量）（吨、千升）	Wine(mixed output) (ton、kiloliter)	385 297	395 467	478 136	535 858	597 925
白酒（商品量）（吨、千升）	Liquor(commercial output) (ton、kiloliter)	216 821	205 734	219 676	219 717	231 721
啤酒（吨、千升）	Beer (ton、kiloliter)	158 675	179 213	246 114	301 145	354 412
精制茶（万吨）	Refined Tea (10 000 tons)	2.82	3.28	6.04	9.16	10.74
卷烟（万箱）	Cigarettes (10 000 cases)	612.77	599.49	631.47	648.10	670.26
复烤烟叶（万吨）	Flue-cured Tobacco (10 000 tons)	22.26	34.67	47.34	54.16	51.57
纱总计（吨）	Yarn Total (ton)	22 722	19 503	14 399	12 249	9 904
布总计（万米）	Cloth Total (10 000 m)	5 855	4 896	1 385	1 002	616
棉布（万米）	Cotton Cloth (10 000 m)	2 454	2 654	1 234	800	481
毛线（吨）	Knitting Wool (ton)	297	138			
呢绒总计（万米）	Woolen Fabric (10 000 m)	6.2	4.1			
服装（万件）	Garments (10 000 pieces)	1 452	1 465	1 120.52	964.91	873.63
皮鞋（万双）	Leather Shoes (10 000 pairs)	235.4	111.78	189.60	182.87	105.96
锯材（万立方米）	Sawn Wood (10 000 cu.m)	17.85	18.52	31.93	30.50	35.54
人造板（立方米）	Artificial Boards (cu.m)	448 020	457 439	776 900	787 873	874 701
胶合板（立方米）	Plywood (cu.m)	53 693	38 399	74 472	78 370	87 715
家具（万件）	Furniture (10 000 pieces)	482.93	555.10	469.47	489.19	348.05
木制家具（万件）	Wooden Furniture (10 000 pieces)	412.67	497.82	383.38	428.63	279.66
机制纸及纸板（吨）	Machine-made Paper and Paperboards(ton)	223 206	228 050	288 849	332 590	377 210
焦炭（万吨）	Coke (10 000 tons)	359.87	444.02	1 213.72	1 233.67	1 184.40

11-10 续表 continued

产品名称	Item	2000年	2001年	2005年	2006年	2007年
硫酸(吨)	Sulfuric Acid (ton)	2 055 179	2 464 912	6 040 621	6 947 805	8 054 937
烧碱(氢氧化钠)(吨)	Caustic Soda (ton)	30 533	38 417	52 308	82 597	144 890
合成氨(吨)	Synthetic Ammonia (ton)	1 294 528	1 376 637	1 771 690	1 837 930	1 936 448
农用化学肥料总计(折纯)(吨)	Chemical Fertilizer (ton)	1 972 192	2 086 624	2 658 388	3 050 418	3 176 383
氮肥(吨)	Nitrogenous Fertilizers (ton)	966 949	1 001 175	1 238 823	1 369 771	1 304 570
磷肥(吨)	Phosphate Fertilizer (ton)	1 004 547	1 083 809	1 419 565	1 680 647	1 858 042
三聚磷酸钠(吨)	Trimer Sodium Phosphate (ton)	42 209	66 801	47 910	75 292	91 390
酒精(商品量)(吨、千升)	Alcohol (ton、kiloliter)	152 743	115 121	155 853	150 194	205 705
火柴(万件)	Matches (10 000 pieces)	33.2	30.23	9.00		
合成洗涤剂(吨)	Synthetic Detergents (ton)	33 049	49 264	18 597	20 247	21 378
肥皂(吨)	Soap (ton)	5 856	4 009	3 205	3 217	2 875
中成药(吨)	Traditional Chinese Medicine (ton)	5 175	6 266	10 120	11 446	13 662
轮胎外胎(条)	Tires	748 520	242 396	9 056	6 338	4 132
力车胎外胎(条)	Cart Tires	6 658 200	7 520 800	4 071 000	4 520 000	5 670 000
塑料制品(吨)	Plastic Products (ton)	104 470	108 260	162 325	167 527	179 966
水泥(万吨)	Cement (10 000 tons)	1 642.80	1 640.86	2 832.62	3 305.97	3 568.53
砖(万块)	Bricks (10 000)	878 851	891 598	988 721	1 018 609	1 081 906
瓦(万片)	Tiles(10 000)	185 294	188 814	157 636	103 352	105 460
平板玻璃(万重量箱)	Plate Glass (10 000 weight cases)	289.84	293.48	270.15	302.5	329.79
日用玻璃制品(吨)	Glass Products of Daily Use (ton)	33 788	29 256	91 352	119 508	161 490
日用陶瓷器(万件)	Household Ceramics (10 000 pieces)	15 888	17 779	16 671	18 182	19 556
钢(万吨)	Steel (10 000 tons)	189.41	222.02	513.41	635.38	883.85
生铁(万吨)	Pig Iron (10 000 tons)	309.42	337.95	845.92	935.10	1 202.77
成品钢材(万吨)	Steel Products (10 000 tons)	183.71	186.20	486.93	588.06	789.99
十种有色金属(吨)	Ten Nonferrous Metals (ton)	748 452	835 792	1 474 448	2 068 545	2 337 745
铜(吨)	Copper (ton)	160 558	188 491	324 132	370 127	401 654
铅(吨)	Lead (ton)	162 369	163 524	253 559	474 326	456 722
锌(吨)	Zinc (ton)	234 962	263 522	419 703	659 062	791 053
锡(吨)	Tin (ton)	47 287	55 473	68 913	81 538	81 922
铝(吨)	Aluminum (ton)	138 317	156 980	392 570	465 657	578 658
内燃机生产量总计(万千瓦)	Internal Combustion Engines (10 000 kw)	401.28	603.49	943.51	964.77	1 145.55
金属切削机床(台)	Metal-cutting Machine Tools (unit)	7 333	5 938	9 798	14 370	27 691
泵(台)	Pumps (unit)	6 816	7 569	120 699	96 062	113 104
小型拖拉机(台)	Small Tractors (unit)	14 759	11 446	20 972	26 465	31 979
汽车(辆)	Motor Vehicles (unit)	22 110	26 949	62 879	37 477	47 085
载货汽车(辆)	Trucks (unit)	21 172	26 240	60 997	34 459	42 248
变压器(万千伏安)	Transformer (10 000 kva)	369.85	461.21	885.97	1 132.70	1 144.22
发电设备(500千瓦及以上)(千瓦)	Power Generating Equipment (500 kw and over) (kw)	1 54 181	101 067	654 825	789 792	887 100
交流电动机(千瓦)	Alternators (kw)	975 414	1 147 035	1 275 507	1 302 965	1 774 843
电子元件(万只)	Electronic Elements (10 000 pieces)	73.93	82.30			

11-11 各地区主要工业产品产量(2007年)
Output of Major Industrial Products by Region (2007)

地 区	Region	原煤（万吨）Coal (10 000 tons)	焦炭（万吨）Coke (10 000 tons)	发电量（万千瓦时）Electricity (10 000 kwh)	水电（万千瓦时）Hydro Power (10 000 kwh)	自来水（万吨）Coke (10 000 tons)	成品糖（吨）Sugar (ton)	糕点（吨）Cake (ton)
全省合计	**Total**	**7 755.19**	**1 184.40**	**9 045 061**	**4 309 550**	**58 658**	**1 880 360**	**44 163**
昆 明	Kunming	503.11	276.46	1 627 286	689 938	23 497		10 528
曲 靖	Qujing	3 366.24	767.14	3 036 989	534 210	5 522		1 107
玉 溪	Yuxi	51.78	10.34	119 058	112 642	3 088	106 858	3 494
保 山	Baoshan	44.60		246 972	241 443	1 719	250 099	3 213
昭 通	Zhaotong	1,267.76		232 950	232 745	1 908	7 195	1 824
丽 江	Lijiang	508.89	10.29	83 150	72 476	1 590	11 938	2 784
普 洱	Pu'er	53.61		158 065	143 013	1 931	194 582	351
临 沧	Lincang	34.50		692 927	677 705	1 542	529 409	424
楚 雄	Chuxiong	147.81	62.78	90 892	78 401	2 372		1 963
红 河	Honghe	1,421.67	57.39	1 674 239	473 885	5 316	102 357	12 880
文 山	Wenshan	132.52		427 611	416 647	1 719	26 158	4 680
西双版纳	Xishuangbanna	1.20		84 243	80 821	1 987	117 977	24
大 理	Dali	218.91		223 405	222 923	3 631	15 706	691
德 宏	Dehong	2.58		311 790	297 217	2 067	518 081	36
怒 江	Nujiang			91 265	91 265	332		
迪 庆	Diqing			110 965	110 965	436		165

11-11 续表1 continued

地 区	Region	白酒（千升）Liquor (Kiloliter)	啤酒（千升）Beer (Kiloliter)	精制茶（吨）Refined Tea (ton)	卷烟（亿支）Cigarettes (10 0 million pieces)	布（万米）Cloth (10 000 m)	服装（万件）Garments (10 000 pieces)	皮鞋（万双）Leather Shoes (10 000 pairs)
全省合计	**Total**	**231 721**	**354 412**	**107 362**	**3 351.32**	**616**	**873.63**	**105.96**
昆 明	Kunming	19 168	84 087	6 791	1 251.09		494.56	6.47
曲 靖	Qujing	20 246				58	69.14	27.96
玉 溪	Yuxi	10 990		3 000	1 391.13		5.73	2.74
保 山	Baoshan	8 281	38 655	8 382			4.64	
昭 通	Zhaotong	16 858		30	254.60		50.66	9.00
丽 江	Lijiang	5 836		12		32	4.87	2.73
普 洱	Pu'er	4 545	28 879	26 279		10	0.32	
临 沧	Lincang	16 176	18 852	25 659			10.87	0.80
楚 雄	Chuxiong	19 193	52 511	88		69	18.29	9.74
红 河	Honghe	41 076	16 875	979	454.50	4	24.60	4.49
文 山	Wenshan	39 421		1 038			111.29	14.03
西双版纳	Xishuangbanna	269		23 358			0.24	
大 理	Dali	18 601	112 705	7 898		443	65.75	28.00
德 宏	Dehong	924	1 848	3 848			8.70	
怒 江	Nujiang	1 184					1.92	
迪 庆	Diqing	8 953					2.05	

注：因昆明、曲靖卷烟厂组建为红云集团，因此曲靖的卷烟不再单列

Note: The output of cigarettes is no longer listed in this table, because Kunming Cigarette Factory and Qujing Cigarette Factory have already incorporated then become Corporation Group of Hongyuan.

11-11 续表2 continued

地 区	Region	锯材（立方米）Sawn Wood (cu.m)	人造板（立方米）Artificial Boards (cu.m)	机制纸及纸板(吨) Machine-made Paper and Paperboards (ton)	农用化肥（吨）Chemical Fertilizer (ton)	中成药(吨) Medicine (ton)	塑料制品（吨）Traditional Chinese Plastic Products (ton)	水泥（万吨）Cement (10 000 tons)
全省合计	**Total**	**355 420**	**874 701**	**377 210**	**3 176 383**	**13 662**	**179 966**	**3 568.53**
昆 明	Kunming	3 882	32 376	108 295	1 211 254	8 273	88 071	631.72
曲 靖	Qujing	1 877		57 888	605 013	181	20 271	449.18
玉 溪	Yuxi		63 331	90 232	103 769	748	47 641	524.74
保 山	Baoshan	9 576	47 726	12 378	3 744	1 723	1 570	91.87
昭 通	Zhaotong			4 858	390 621	214	3 731	233.00
丽 江	Lijiang			392	65 871	133	77	155.03
普 洱	Pu'er	198 221	619 677			32	521	217.00
临 沧	Lincang	1 880		3 034			1 427	53.61
楚 雄	Chuxiong		47 524	9 675	78 892	964	4 329	113.05
红 河	Honghe	4 850	36 461	46 885	687 131	514	4 144	305.08
文 山	Wenshan	21 248		3 480	16 317	334	148	221.88
西双版纳	Xishuangbanna	22 683	587			160	470	27.13
大 理	Dali			33 695	13 771	257	5 782	414.61
德 宏	Dehong	86 943	27 019	4 868		129	1 783	109.52
怒 江	Nujiang	4 260						3.10
迪 庆	Diqing			1 530				18.00

11-11 续表3 continued

地 区	Region	生铁（吨）Pig Iron (ton)	钢（吨）Steel (ton)	成品钢材(吨) Steel Products (ton)	铁合金（吨）Ferroalloy (ton)	十种有色金属(吨) Ten Nonferrous Metals (ton)	#铜(吨) Copper (ton)	#锌(吨) Zinc (ton)
全省合计	**Total**	**12 027 735**	**8 838 530**	**7 899 890**	**645 884**	**2 337 745**	**401 654**	**791 053**
昆 明	Kunming	4 358 563	4 085 462	4 399 844	66 785	813 340	396 229	76 235
曲 靖	Qujing	1 890 304	96 011		6 005	596 407		337 500
玉 溪	Yuxi	3 494 162	2 470 203	1 674 179	25 114	2 135	1 295	
保 山	Baoshan		66 853	63 180		28 154	19	28 135
昭 通	Zhaotong	15 835			9 453	23 172		23 172
丽 江	Lijiang				9 029	502	502	
普 洱	Pu'er				6 328	17 753	2 081	2 083
临 沧	Lincang					15 410		15 410
楚 雄	Chuxiong	1 144 984	1 224 583	1 115 186		19 176	738	5 577
红 河	Honghe	955 314	895 418	567 721	88 593	535 823	333	76 087
文 山	Wenshan				363 614	18 482		6 042
西双版纳	Xishuangbanna				15 016			
大 理	Dali	168 573		79 780	26 598	131 755	457	98 030
德 宏	Dehong				465	12 854		
怒 江	Nujiang					122 024		122 024
迪 庆	Diqing				28 884	758		758

11-12 全省主要工业产品生产、销售、库存量(2007年)

Output, Sales and Inventory of Major Industrial Products (2007)

产品名称	Item	年初库存量 Inventory at the Beginning of the Year	本年生产量 Output of the Current Year	本年销售量 Sales of the Current Year	年末库存量 Inventory at the Year-end
原煤(吨)	Coal (ton)	575 843	37 388 588	33 493 964	260 841
洗煤(吨)	Washed Coal (ton)	46 431	6 192 482	5 390 789	66 362
铁矿石原矿量(吨)	Final Iron Ores Products (ton)	900 815	11 661 023	7 891 023	818 767
硫铁矿(折含S 35%)(吨)	Sulphur Iron Ores (35% of S) (ton)		507 185	501 286	
磷矿石(折含P205 30%)(吨)	Phosphate Ores (30% of P205) (ton)	674 325	13 860 107	11 683 951	833 085
原盐(吨)	Salt (ton)	131 388	819 464	712 131	96 193
精制食用植物油(吨)	Refining Edible Vegetable Oil (ton)	2 090	125 936	124 890	3 124
成品糖(吨)	Sugar (ton)	74 866	1 868 440	1 815 100	123 062
配混合饲料(吨)	Mixed Feed (ton)	24 657	1 125 072	1 099 007	21 409
乳制品(吨)	Dairy Products (ton)	4 205	235 926	234 365	4 117
罐头(吨)	Canned Food (ton)	3 107	29 313	27 817	4 571
白酒(千升)	Liquor (ton)	1 827	32 914	31 685	3 056
啤酒(千升)	Beer (ton)	50 502	352 564	334 337	36 257
软饮料(吨)	Soft Beverages (ton)	23 007	947 164	945 981	23 782
卷烟(万支)	Cigarettes (case)	256 165	33 513 168	33 312 605	435 702
化学纤维(吨)	Chemical Fiber (ton)	2 395	62 571	62 741	2 220
纱(吨)	Yarn (ton)	2 101	8 411	7 978	2 489
布 (万米)	Cloth (10 000 m)	187	90	166	102
棉布(万米)	Cotton Cloth (10 000 m)	103	26	74	46
混纺交织布 (万米)	Blend Cloth (10 000 m)	74	32	70	36
丝 (吨)	Silk (ton)	88	1 829	1 624	255
服装(万件)	Garments (10 000 pieces)	219	436	513	142
人造板(立方米)	Artificial Boards (cu.m)	67 173	824 200	831 385	58 639
机制纸及纸板(吨)	Machine-made Paper and Paperboard (ton)	39 740	322 980	309 345	45 395
润滑油 (吨)	Lubricant (ton)	827	18 066	17 959	934
焦炭 (吨)	Coke (ton)	177 457	10 322 368	10 384 016	109 083
硫酸(折100%)(吨)	Sulfuric Acid (100%) (ton)	103 740	8 026 395	2 436 267	143 563
氢氧化钠(烧碱)(折100%)(吨)	Caustic Soda(100%) (ton)	4 146	144 890	121 925	10 263
碳酸钠(纯碱)(吨)	Soda Ash (ton)	3 323	183 899	185 635	1 587
碳化钙(电石)(折 300升 / 千克)(吨)	Calcium Carbide (300 liters/kg) (ton)	4 654	384 546	321 228	4 771
合成氨 (吨)	Synthetic Ammonia (ton)	17 402	1 936 448	377 889	8 021
农用氮、磷、钾化学肥料总计(折纯)(吨)	Chemical Fertilizers (ton)	323 933	3 118 533	3 165 042	247 301
氮肥(折含N 100%)(吨)	Nitrogen Fertilizers(100% of Na)(ton)	130 786	1 304 570	1 329 677	95 711
尿素 (吨)	Urea (ton)	55 658	822 495	810 775	67 375
磷肥(折合P205 100%) (吨)	Phosphate Fertilizers (100% of P2O5) (ton)	192 959	1 813 963	1 832 808	151 203

注：本表为年主营业务收入500万元及以上独立核算工业数据；

Note:The data above are obtained from all industrial enterprises of annual revenue over 5 million yuan from principal business with independent accounting systems.

11-12 续表 continued

产品名称	Item	年初库存量 Inventory at the Beginning of the Year	本年生产量 Output of the Current Year	本年销售量 Sales of the Current Year	年末库存量 Inventory at the Year-end
化学农药（吨）	Chemical Pesticide (ton)	563	588	2 899	517
纯苯（吨）	Pure Benzene (ton)	160		10 872	354
油漆（吨）	Varnish (ton)	1 227	11 011	11 222	1 016
塑料树脂及共聚物（吨）	Plastics Resin and Polymer (ton)	1 900	141 429	132 904	10 425
合成纤维聚合物（吨）	Synthetic Fibre Polymer (ton)	145	28 788	28 128	800
合成洗涤剂（吨）	Synthetic Detergent (ton)	1 550	21 378	21 561	1 344
化学原料药（吨）	Chemical Medicine (ton)	194	588	444	67
塑料制品（吨）	Plastic Products (ton)	21 813	161 092	160 968	19 908
农用薄膜（吨）	Farming Films (ton)	8 918	37 670	41 191	5 397
水泥（万吨）	Cement (10 000 tons)	757 140	33 800 003	33 633 553	868 262
平板玻璃(重量箱)(吨)	Plate Glass (weight case) (ton)	421 860	3 281 163	2 300 151	1 349 852
生铁（吨）	Pig Iron (ton)	107 185	11 799 268	4 785 320	132 676
粗钢(吨)	Steel (ton)	112 548	8 838 530	2 414 346	114 485
钢材(未扣除外购国产钢材用量)(吨)	Rolled Steel (ton)	192 970	7 880 739	7 838 080	104 908
其中:大型型钢(吨)	Large Steel Bar(ton)	585		585	
中小型型钢(吨)	Middling and Minitype Steel Bar(ton)	10 212	260 595	264 949	5 858
盘条(线材)(吨)	Wire Rod (ton)	32 477	1 836 124	1 835 962	32 638
中板(吨)	Medium Steel Plate (ton)	1 082	314 604	313 849	1 837
热轧薄板(吨)	Steel Sheet (ton)	843	22 132	22 845	130
中厚宽钢带(吨)	Steel Sheets (ton)	1 347	194 547	195 894	
焊接钢管（吨）	Seamed Steel Tubes (ton)	14 891	277 376	278 482	13 785
铁合金（吨）	Ferroalloy (ton)	48 959	542 671	536 174	53 862
十种有色金属（吨）	Ten Nonferrous Metals (ton)	74 965	2 195 414	2 039 458	93 804
铜（吨）	Copper (ton)	20 135	400 260	418 423	1 941
铅（吨）	Lead (ton)	13 749	371 857	346 049	17 540
锌（吨）	Zinc (ton)	26 042	749 546	701 713	56 085
锡（吨）	Tin (ton)	2 995	79 866	77 987	4 786
铝（吨）	Aluminum (ton)	11 418	578 658	482 138	10 747
铜加工材（吨）	Rolled Copper (ton)	1 782	102 637	102 421	1 998
铝材（吨）	Rolled Aluminum (ton)	9 865	146 437	127 574	10 931
工业锅炉（蒸发量吨）	Industrial Boilers (steam ton)	63	292	273	82
内燃机(万千瓦)	Internal Combustion Engines(10 000 kw)	106	1 146	1 139	153
金属切削机床（台）	Metal-cutting Machine Tools(unit)	4 659	27 691	28 790	3 557
数控机床（台）	Numerically Controlled Machine Tools(unit)	741	3 824	3 164	1 401
小型拖拉机（台）	Small Tractors (unit)	2 200	31 979	31 687	2 492
汽车（辆）	Motor Vehicles(unit)	3 474	47 085	46 121	4 438
载货汽车（辆）	Trucks(unit)	2 986	42 248	41 336	3 898
公路客车（辆）	Buses(unit)	293	2 879	2 813	359
轿车(辆)	car (unit)	195	1 958	1 972	181
发电设备（千瓦）	Power Generating Equipment(kw)	237 300	887 100	844 760	281 460
交流电动机（千瓦）	Alternator (kw)	226 605	1 774 843	1 601 108	413 068
打印机(台)	Printer (unit)	4 695	95 470	96 935	3 230

11-13 全省年主营业务收入500万元及以上独立核算工业企业主要财务指标(一)(2007年)

单位:万元

行业	Sector	流动资产合计 Total Current Assets
总　计	**Total**	**25 049 721**
按轻重工业分:	**Grouped by Light and Heavy Industry**	
轻工业	Light Industry	9 147 663
重工业	Heavy Industry	15 902 059
按工业行业分	**Grouped by Industrial Sector**	
煤炭开采和洗选业	Coal Mining and Dressing	589 244
石油和天然气开采业	Extraction of Petroleum and Natural Gas	427
黑色金属矿采选业	Mining and Dressing of Ferrous Metals	450 376
有色金属矿采选业	Mining and Dressing of Nonferrous Metals	947 900
非金属矿采选业	Mining and Dressing fo Nonmetal Minerals	267 192
化学矿采选	Mining and Dressing of Chemical Minerals	208 846
采盐	Salt Mining	54 613
农副食品加工业	Agricultural Non-staple Food Processing	698 653
制糖	Sugar Refining	410 017
食品制造业	Food Production	99 320
饮料制造业	Beverage Production	569 201
精制茶加工	Refined Tea Processing	347 886
烟草制品业	Tobacco Production	6 123 782
卷烟制造	Cigarettes Production	5 056 412
纺织业	Textile Industry	75 033
纺织服装、鞋、帽制造业	Textile Clothing, Footwear and Headgear Production	27 225
皮革、毛皮、羽绒及其制品业	Leather, Furs, Down and Related Products	605
木材加工及竹、藤、棕、草制品业	Timber Processing, Bamboo, Cane, Palm Fiber and Straw Products	148 137
家具制造业	Furniture Manufacturing	3 908
造纸及纸制品业	Papermaking and Paper Products	226 912
印刷业、记录媒介的复制	Printing and Record Medium Reproduction	299 714
文教体育用品制造业	Cultural, Educational and Sports Goods	404
石油加工、炼焦业及核燃料加工业	Petroleum Processing,Coking and Nuclear fuel Processing	544 169
化学原料及化学制品制造业	Raw Chemical Materials and Chemical Products	2 072 503
基础化学原料制造	Basic Raw Chemical Materials Products	620 714
肥料制造	Fertilizer Production	1 113 926
日用化学产品制造	Chemical Products of Daily Use	63 226
医药制造业	Medical and Pharmaceutical Production	645 886
中成药制造	Made Traditional Chinese Medicine Products	379 233
化学纤维制造业	Chemical Fiber Manufacturing	48 655
橡胶制品业	Rubber Products	10 388
塑料制品业	Plastic Products	126 168
非金属矿物制品业	Nonmetal Mineral Products	749 859
水泥制造	Cement Products	562 524

Main Finance Indicators of Industrial Enterprises of Annual Revenue over 5 Million Yuan from Principal Business with Independent Accounting Systems in Whole Province (Ⅰ)(2007)

(10 000 yuan)

流动资产年平均余额 Annual Average Balance of Current Assets	固定资产合计 Total Fixed Assets	固定资产原价合计 Original Value of Fixed Assets	累计折旧 Cumulative Depreciation	固定资产净值年平均余额 Annual Average Balance of Net Value of Fixed Assets
22 708 190	**25 705 890**	**31 304 762**	**10 782 450**	**19 109 336**
8 530 714	5 705 717	6 625 405	3 465 637	3 168 486
14 177 476	20 000 173	24 679 358	7 316 813	15 940 850
479 504	563 868	660 516	241 810	410 200
531	892	2 143	1 290	952
456 834	472 915	672 239	212 514	356 001
787 251	475 680	544 257	156 812	366 573
246 329	259 462	335 918	119 847	215 863
193 444	123 136	154 976	74 911	73 819
49 362	130 848	174 389	43 541	136 842
691 565	525 139	869 436	380 965	492 536
435 377	391 850	707 468	332 195	378 380
91 944	90 899	126 620	42 649	85 158
500 954	247 052	322 486	99 700	217 875
286 011	63 734	74 621	20 473	45 324
5 757 344	3 477 750	3 245 277	2 127 952	1 123 055
4 817 638	3 149 698	2 623 893	1 765 099	880 454
61 674	82 438	105 782	39 414	65 887
22 819	7 752	11 108	3 408	6 693
350	244	396	153	216
139 743	123 499	214 216	92 814	119 829
3 578	2 106	2 575	1 143	1 417
201 581	251 127	409 109	175 213	235 245
277 453	203 658	418 734	230 968	200 431
406	32	207	175	35
657 493	546 886	551 542	74 548	296 823
1 882 921	1 835 531	2 685 336	1 076 919	1 493 540
538 818	567 487	780 132	264 255	487 117
1 019 012	1 078 019	1 569 332	643 721	843 671
67 016	25 503	99 721	68 804	31 800
574 006	299 617	420 018	141 129	281 011
318 636	124 403	168 601	50 976	120 035
42 005	27 913	63 857	35 944	29 533
9 834	2 162	4 091	1 972	2 193
118 691	74 583	134 514	61 683	72 888
752 998	1 174 491	1 578 179	562 583	996 705
580 165	1 016 324	1 351 037	485 315	852 762

11-13 续表

单位:万元

行业	Sector	流动资产合计 Total Current Funds
黑色金属冶炼及压延加工业	Smelting and Pressing of Ferrous Metals	1 628 288
有色金属冶炼及压延加工业	Smelting and Pressing of Nonferrous Metals	4 483 902
金属制品业	Metal Products	119 677
通用设备制造业	General-purpose Equipment Manufacturing	318 406
专用设备制造业	Special-purpose Equipment Manufacturing	364 811
交通运输设备制造业	Transport Equipment Manufacturing	739 024
汽车制造	Motor Vehicles Manufacturing	582 314
电气机械及器材制造业	Electric Equipment and Machinery Manufacturing	395 023
通信设备、计算机及其他电子设备制造	Communication Equipment, Computers and other Electronic Equipment Production	131 420
仪器仪表及文化、办公用机械制造业	Instruments, Meters, Cultural and Clerical Machinery Manufacturing	187 806
光学仪器制造	Optical Instrument Manufacturing	178 203
工艺品及其他制造业	Handicraft Articles and Other Goods Production	46 712
废弃资源和废旧材料回收加工业	Recycling and Disposal of Waste	7 995
电力、热力的生产和供应业	Production and Supply of Electric Power and Heat	1 741 766
燃气生产和供应业	Gas Production and Supply	60 981
水的生产和供应业	Water Production and Supply	98 252
按州市分	**Grouped By Region**	
昆明市	Kunming	9 813 888
曲靖市	Qujing	3 257 894
玉溪市	Yuxi	3 638 068
保山市	Baoshan	389 740
昭通市	Zhaotong	847 648
丽江市	Lijiang	158 669
普洱市	Pu'er	438 274
临沧市	Lincang	310 501
楚雄州	Chuxiong	1 081 047
红河州	Honghe	2 560 273
文山州	Wenshan	655 529
西双版纳州	Xishuangbanna	270 095
大理州	Dali	1 018 662
德宏州	Dehong	276 403
怒江州	Nujiang	232 433
迪庆州	Diqing	100 598

Continued

(10 000 yuan)

流动资产年平均余额 Annual Average Balance of Current Funds	固定资产合计 Value of Total Fixed Assets	固定资产原价合计 Original Value of Total Fixed Assets	累计折旧 Cumulative Depreciation	固定资产净值年平均余额 Annual Average Balance of Value of Fixed Assets
1 413 190	1 681 293	1 936 684	415 090	1 478 091
3 936 562	2 167 501	2 544 795	605 801	1 855 782
105 466	31 285	42 873	14 948	25 638
267 170	122 230	182 800	69 949	108 705
352 971	107 729	173 794	72 976	98 130
488 398	222 188	303 819	142 444	170 013
357 433	203 318	276 570	134 048	154 542
354 327	108 718	148 421	57 550	85 125
123 202	41 461	54 249	16 709	36 034
172 200	162 642	157 551	31 629	114 877
164 685	161 747	156 182	31 135	114 022
45 505	18 667	21 199	7 318	13 766
7 492	2 853	3 888	1 228	2 631
1 531 167	9 794 955	11 818 386	3 319 319	7 675 235
65 829	114 902	112 941	64 831	42 759
86 907	383 773	424 812	81 053	331 894
8 665 344	6 332 462	8 893 077	3 266 342	5 443 403
2 981 672	4 548 508	5 888 850	1 934 606	3 513 471
3 538 825	3 764 225	3 297 380	1 419 657	1 736 625
369 957	649 299	707 678	203 319	459 313
761 558	1 003 723	1 309 534	508 009	769 247
160 839	289 771	342 928	87 073	253 616
376 851	1 251 340	1 175 101	290 458	783 940
322 995	587 420	974 943	408 061	528 175
978 364	1 106 976	1 167 314	410 933	688 816
2 291 232	3 158 901	4 109 086	1 239 777	2 641 207
551 311	648 673	755 994	180 711	532 502
256 977	204 869	290 652	98 652	189 887
889 488	1 117 196	1 314 320	501 762	776 180
258 168	540 953	617 005	149 245	436 059
222 644	305 557	311 460	51 096	241 664
81 965	196 017	149 441	32 749	115 232

11-14 全省年主营业务收入500万元及以上独立核算工业企业主要财务指标(二) (2007年)

单位:万元

行业	Sector	资产合计 Total Assets
总计	**Total**	**58 341 157**
按轻重工业分:	**Grouped by Light and Heavy Industry**	
轻工业	Light Industry	16 108 375
重工业	Heavy Industry	42 232 782
按工业行业分	**Grouped by Industrial Sector**	
煤炭开采和洗选业	Coal Mining and Dressing	1 282 762
石油和天然气开采业	Extraction of Petroleum and Natural Gas	1 747
黑色金属矿采选业	Mining and Dressing of Ferrous Metals	1 520 872
有色金属矿采选业	Mining and Dressing of Nonferrous Metals	1 710 640
非金属矿采选业	Mining and Dressing fo Nonmetal Minerals	582 436
化学矿采选	Mining and Dressing of Chemical Minerals	358 860
采盐	Salt Mining	212 557
农副食品加工业	Agricultural Non-staple Food Processing	1 517 486
制糖	Sugar Refining	1 004 422
食品制造业	Food Production	215 783
饮料制造业	Beverage Production	910 937
精制茶加工	Refined Tea Processing	433 988
烟草制品业	Tobacco Production	9 959 562
卷烟制造	Cigarettes Production	8 518 226
纺织业	Textile Industry	236 807
纺织服装、鞋、帽制造业	Textile Clothing, Footwear and Headgear Production	35 785
皮革、毛皮、羽绒及其制品业	Leather, Furs, Down and Related Products	848
木材加工及竹、藤、棕、草制品业	Timber Processing, Bamboo, Cane, Palm Fiber and Straw Products	325 194
家具制造业	Furniture Manufacturing	7 414
造纸及纸制品业	Papermaking and Paper Products	548 284
印刷业、记录媒介的复制	Printing and Record Medium Reproduction	556 895
文教体育用品制造业	Cultural, Educational and Sports Goods	549
石油加工、炼焦业及核燃料加工业	Petroleum Processing,Coking and Nuclear fuel Processing	2 052 492
化学原料及化学制品制造业	Raw Chemical Materials and Chemical Products	4 771 209
基础化学原料制造	Basic Raw Chemical Materials Products	1 402 132
肥料制造	Fertilizer Production	2 636 430
日用化学产品制造	Chemical Products of Daily Use	110 406
医药制造业	Medical and Pharmaceutical Production	1 147 097
中成药制造	Made Traditional Chinese Medicine Products	612 240
化学纤维制造业	Chemical Fiber Manufacturing	77 022
橡胶制品业	Rubber Products	13 879
塑料制品业	Plastic Products	230 653
非金属矿物制品业	Nonmetal Mineral Products	2 147 906
水泥制造	Cement Products	1 774 037

Main Finance Indicators of Industrial Enterprises of Annual Revenue over 5 Million Yuan from Principal Business with Independent Accounting Systems in Whole Province (Ⅱ)(2007)

(10 000 yuan)

流动负债合计 Total Current Liabilities	长期负债合计 Total Long-term Liabilities	所有者权益合计 Total Owner's Equity	主营业务收入 Revenue from Principal Business	# 主营业务成本 Cost of Principal Business
21 909 590	**9 201 269**	**26 604 564**	**43 066 145**	**32 109 800**
4 775 159	670 612	10 628 955	11 590 951	5 663 760
17 134 431	8 530 657	15 975 609	31 475 195	26 446 040
473 455	221 494	580 662	816 497	550 651
1 537		210	1 548	1 120
368 632	174 252	977 650	461 597	313 697
733 420	158 570	804 699	1 391 877	931 908
225 396	62 777	293 175	425 346	292 138
142 155	30 057	185 560	276 049	183 018
75 278	32 074	105 204	141 151	103 154
834 779	164 054	503 094	1 399 728	1 162 334
567 380	120 243	315 667	638 416	471 044
102 302	29 846	83 494	258 799	210 943
542 851	90 360	273 503	578 625	396 976
240 355	26 842	166 745	316 909	198 606
1 996 657	4 317	7 958 249	7 305 116	2 465 060
1 510 550	250	7 007 190	5 959 578	1 774 802
126 732	31 983	77 772	85 957	80 445
23 331	3 662	8 791	16 982	14 485
488	111	250	585	415
129 096	52 612	143 470	151 827	138 082
6 511	127	681	5 623	4 802
184 739	109 238	249 703	350 430	280 184
218 184	25 430	313 281	446 154	320 215
180		370	666	633
515 382	335 234	1 191 539	987 291	891 776
2 303 386	665 454	1 792 051	3 603 437	3 031 574
833 178	129 699	438 534	1 067 627	929 883
1 176 248	490 502	963 384	1 938 075	1 605 259
54 467	682	54 220	93 744	81 367
471 928	101 100	570 238	656 668	348 262
291 490	27 566	290 385	323 401	144 177
6 220		70 802	106 500	81 101
12 332	100	1 447	27 992	25 877
111 414	11 434	106 415	242 241	215 200
1 056 650	321 798	763 826	1 080 707	915 341
845 721	282 287	641 876	836 568	702 187

11-14 续表

单位:万元

行 业	Sector	资产合计 Total Assets
黑色金属冶炼及压延加工业	Smelting and Pressing of Ferrous Metals	3 824 185
有色金属冶炼及压延加工业	Smelting and Pressing of Nonferrous Metals	7 706 228
金属制品业	Metal Products	167 777
通用设备制造业	General-purpose Equipment Manufacturing	520 472
专用设备制造业	Special-purpose Equipment Manufacturing	569 520
交通运输设备制造业	Transport Equipment Manufacturing	1 088 181
汽车制造	Motor Vehicles Manufacturing	895 997
电气机械及器材制造业	Electric Equipment and Machinery Manufacturing	557 374
通信设备、计算机及其他电子设备制造	Communication Equipment, Computers and other Electronic Equipment Production	209 941
仪器仪表及文化、办公用机械制造业	Instruments, Meters, Cultural and Clerical Machinery Manufacturing	369 912
光学仪器制造	Optical Instrument Manufacturing	356 403
工艺品及其他制造业	Handicraft Articles and Other Goods Production	66 195
废弃资源和废旧材料回收加工业	Recycling and Disposal of Waste	11 267
电力、热力的生产和供应业	Production and Supply of Electric Power and Heat	12 698 850
燃气生产和供应业	Gas Production and Supply	185 679
水的生产和供应业	Water Production and Supply	511 320
按州市分	**Grouped by Region**	
昆明市	Kunming	19 677 587
曲靖市	Qujing	8 762 132
玉溪市	Yuxi	7 829 849
保山市	Baoshan	1 238 017
昭通市	Zhaotong	2 215 687
丽江市	Lijiang	509 053
普洱市	Pu'er	1 927 303
临沧市	Lincang	1 047 239
楚雄州	Chuxiong	2 369 958
红河州	Honghe	6 462 381
文山州	Wenshan	1 534 430
西双版纳州	Xishuangbanna	526 360
大理州	Dali	2 383 770
德宏州	Dehong	935 683
怒江州	Nujiang	602 918
迪庆州	Diqing	318 792

C ontinued

(10 000 yuan)

流动负债合计 Total Current Liabilities	长期负债合计 Total Long-term Liabilities	所有者权益合计 Total Owners ' Equities	主营业务收入 evenue from Principal Busine	# 主营业务成本 Cost of Principal Business
1 918 872	256 682	1 637 576	4 947 211	4 475 599
3 795 655	695 760	2 966 164	10 076 824	8 867 082
100 154	20 369	47 217	189 907	169 993
282 515	32 713	204 378	454 242	372 137
385 410	66 515	117 384	392 125	339 538
510 884	49 564	524 708	782 307	670 098
385 359	49 564	461 052	658 112	570 597
347 372	34 789	171 426	534 800	449 375
78 304	22 495	108 354	131 194	106 789
127 873	73 997	162 400	129 777	102 999
119 718	73 846	157 319	116 977	92 556
19 992	3 436	42 766	57 928	47 982
8 666		2 602	15 058	12 691
3 701 049	5 262 363	3 465 337	4 755 052	3 665 171
103 083	34 600	47 996	92 819	92 003
84 162	84 035	340 887	104 711	65 125
8 247 659	2 088 466	9 135 538	16 902 821	13 550 090
3 112 381	2 048 182	3 538 125	5 994 628	4 462 656
2 052 286	649 946	5 053 051	6 144 618	4 069 155
478 722	285 223	420 098	554 841	421 470
694 695	483 687	958 809	1 220 866	739 287
222 934	74 858	199 864	255 544	194 766
679 111	728 316	509 382	544 271	391 838
512 692	268 585	260 985	523 867	377 219
821 949	211 676	1 329 681	1 813 753	1 299 453
2 897 881	933 812	2 549 588	4 920 978	3 646 058
581 067	366 774	583 578	1 181 152	885 644
180 956	82 329	246 407	329 724	201 827
890 990	399 911	1 091 432	1 770 744	1 301 618
295 562	338 941	300 919	396 716	276 806
146 552	135 379	320 987	391 448	206 013
94 155	105 186	106 119	120 178	85 902

11-15 全省年主营业务收入500万元及以上独立核算工业企业主要财务指标(三)(2007年)

单位：万元

行　　业	Sector	主营业务税金及附加 Taxes and Other charges on Principal Business
总　　计	**Total**	**3 271 079**
按轻重工业分:	**Grouped by Light and Heavy Industry**	
轻工业	Light Industry	3 091 000
重工业	Heavy Industry	180 080
按工业行业分	**Grouped by Industrial Sector**	
煤炭开采和洗选业	Coal Mining and Dressing	19 107
石油和天然气开采业	Extraction of Petroleum and Natural Gas	5
黑色金属矿采选业	Mining and Dressing of Ferrous Metals	8 807
有色金属矿采选业	Mining and Dressing of Nonferrous Metals	14 149
非金属矿采选业	Mining and Dressing fo Nonmetal Minerals	6 897
化学矿采选	Mining and Dressing of Chemical Minerals	5 137
采盐	Salt Mining	1 716
农副食品加工业	Agricultural Non-staple Food Processing	8 578
制糖	Sugar Refining	6 143
食品制造业	Food Production	913
饮料制造业	Beverage Production	13 921
精制茶加工	Refined Tea Processing	1 655
烟草制品业	Tobacco Production	3 044 324
卷烟制造	Cigarettes Production	2 716 705
纺织业	Textile Industry	193
纺织服装、鞋、帽制造业	Textile, Clothing, Footwear Headgear Production	71
皮革、毛皮、羽绒及其制品业	Leather, Furs, Down and Related Products	3
木材加工及竹、藤、棕、草制品业	Timber Processing,Bamboo,Cane,Palm Fiber and Straw Products	1 159
家具制造业	Furniture Manufacturing	42
造纸及纸制品业	Papermaking and Paper Products	1 257
印刷业、记录媒介的复制	Printing and Record Medium Reproduction	973
文教体育用品制造业	Cultural, Educational and Sports Goods	4
石油加工、炼焦业及核燃料加工业	Petroleum Processing,Coking and Nuclear fuel Processing	4 898
化学原料及化学制品制造业	Raw Chemical Materials and Chemical Products	17 740
基础化学原料制造	Basic Raw Chemical Materials Products	10 137
肥料制造	Fertilizer Production	5 106
日用化学产品制造	Chemical Products of Daily Use	304
医药制造业	Medical and Pharmaceutical Production	4 974
中成药制造	Traditional Chinese Medicine Products	3 278
化学纤维制造业	Chemical Fiber Production	
橡胶制品业	Rubber Products	61
塑料制品业	Plastic Products	329
非金属矿物制品业	Nonmetal Mineral Products	7 742
水泥制造	Cement Products	6 389

Main Finance Indicators of Industrial Enterprises of Annual Revenue over 5 Million Yuan from Principal Business with Independent Accounting Systems in Whole Province (Ⅲ)(2007)

(10 000 yuan)

营业费用 Business Operating Expenses	管理费用 Management Expenses	财务费用 Financial Expenses	利润总额 Total Profits	利税总额 Total Profits and Taxes
1 084 511	**2 088 791**	**720 189**	**3 886 105**	**9 961 303**
510 087	708 277	78 450	1 621 158	5 865 061
574 425	1 380 514	641 740	2 264 947	4 096 242
30 206	104 774	10 740	86 200	178 982
185	171	72	33	95
20 652	61 404	13 167	94 654	137 718
17 289	112 135	10 163	311 637	425 628
28 117	30 204	5 898	65 181	100 929
15 420	20 572	1 574	52 458	76 677
11 421	9 285	4 145	12 256	23 464
58 012	72 199	31 154	74 238	144 458
33 897	49 077	23 233	56 211	115 049
19 321	10 230	3 333	13 613	23 229
37 386	30 069	10 092	90 634	128 379
9 083	14 097	4 058	89 400	102 193
197 890	416 060	5 669	1 218 625	5 192 996
166 060	337 607	8 058	984 903	4 493 442
1 392	12 180	1 552	594	2 817
862	746	450	404	822
24	25	26	92	125
8 214	15 670	4 781	874	13 005
207	574	58	11	215
12 261	25 128	4 476	32 783	53 517
7 330	35 643	4 882	81 050	112 408
9	21		17	60
12 204	31 153	18 114	87 934	158 280
133 572	180 272	72 618	225 557	365 353
41 135	47 821	23 637	24 658	81 539
69 515	88 963	44 524	164 218	216 305
3 021	7 913	634	3 774	6 641
155 420	68 105	9 337	75 045	138 678
89 251	33 310	4 425	46 691	85 855
177	3 486	- 369	22 087	27 238
514	955	189	238	1 543
5 682	10 687	2 976	9 665	16 586
40 570	84 069	35 241	16 512	107 194
33 212	66 444	29 010	16 166	93 761

11-15 续表

单位:万元

行　　业	Sector	主营业务税金及附加 Taxes and Other charges on Principal Business
黑色金属冶炼及压延加工业	Smelting and Pressing of Ferrous Metals	17 915
有色金属冶炼及压延加工业	Smelting and Pressing of Nonferrous Metals	42 526
金属制品业	Metal Products	493
通用设备制造业	General-purpose Equipment Manufacturing	1 229
专用设备制造业	Special-purpose Equipment Manufacturing	1 470
交通运输设备制造业	Transport Equipment Manufacturing	3 909
汽车制造	Motor Vehicles Manufacturing	3 116
电气机械及器材制造业	Electric Equipment and Machinery Manufacturing	1 546
通信设备、计算机及其他电子设备制造业	Communication Equipment, Computers and other Electronic Equipment Production	779
仪器仪表及文化、办公用机械制造业	Instruments, Meters, Cultural and Clerical Machinery Manufacturing	138
光学仪器制造	Optical Instrument Manufacturing	96
工艺品及其他制造业	Handicraft Articles and Other Goods Production	113
废弃资源和废旧材料回收加工业	Recycling and Disposal of Waste	69
电力、热力的生产和供应业	Production and Supply of Electric Power and Heat	29 170
燃气生产和供应业	Gas Production and Supply	602
水的生产和供应业	Water Production and Supply	14 976
按州市分	**Grouped By Region**	
昆明市	Kunming	822 278
曲靖市	Qujing	496 928
玉溪市	Yuxi	1 041 415
保山市	Baoshan	5 495
昭通市	Zhaotong	160 285
丽江市	Lijiang	4 275
普洱市	Pu'er	4 385
临沧市	Lincang	6 544
楚雄州	Chuxiong	196 249
红河州	Honghe	395 466
文山州	Wenshan	10 353
西双版纳州	Xishuangbanna	4 277
大理州	Dali	115 807
德宏州	Dehong	2 387
怒江州	Nujiang	3 482
迪庆州	Diqing	1 454

Continued

(10 000 yuan)

营业费用 Business Operating Expenses	管理费用 Management Expenses	财务费用 Financial Expenses	利润总额 Total Profits	利税总额 Total Profits and Taxes
84 655	102 750	62 569	220 172	443 698
92 348	241 454	159 464	751 442	1 238 297
4 109	12 008	1 133	5 157	9 001
19 599	38 672	2 073	30 614	49 462
6 259	38 147	5 066	7 283	19 978
30 494	48 826	6 676	35 001	66 645
29 504	35 845	5 187	25 611	46 170
18 876	31 654	6 619	28 246	43 921
4 140	11 373	1 357	9 194	13 208
2 147	16 020	1 994	11 119	12 700
1 366	14 887	1 980	10 627	11 773
799	4 074	221	5 409	6 652
238	530	108	1 440	2 211
20 692	217 051	222 504	282 118	709 123
583	6 969	546	- 5 986	- 845
12 080	13 306	5 239	- 2 784	17 000
488 179	709 789	242 193	1 134 560	2 819 292
119 514	305 315	131 461	542 049	1 499 416
133 624	242 760	41 023	568 495	2 075 173
17 188	46 082	21 455	53 362	102 792
23 894	115 716	23 231	167 074	433 254
15 294	22 372	6 675	17 017	37 485
18 322	52 369	19 452	62 397	110 292
18 896	30 041	25 196	67 975	122 041
34 815	80 227	13 530	212 800	535 372
90 813	254 948	111 769	414 192	1 152 464
37 021	73 331	25 534	162 853	254 358
15 589	20 299	5 603	78 538	105 453
47 638	79 651	21 343	187 951	407 961
12 842	26 619	15 886	57 988	92 704
5 960	22 436	11 758	140 199	184 485
4 923	6 839	4 082	18 654	28 762

11-16 全省独立核算国有工业企业主要财务指标(一)(2007年)

单位:万元

行业	Sector	流动资产合计 Total Current Assets
总　计	**Total**	**9 046 726**
按轻重工业分	**Grouped by Light and Heavy Industry**	**9 046 726**
轻工业	Light Industry	6 185 852
重工业	Heavy Industry	2 860 874
按工业行业分	**Grouped by Industrial Sector**	**9 046 726**
煤炭开采和洗选业	Coal Mining and Dressing	256 132
烟煤和无烟煤开采洗选业	Mining and Dressing of Soft coal and Anthracite	89 389
黑色金属矿采选业	Mining and Dressing of Ferrous Metals	245 983
有色金属矿采选业	Mining and Dressing of Nonferrous Metals	111 409
铜矿开采业	Mining of Cuprum	103 483
化学矿采选	Mining and Dressing of Chemical Minerals	11 244
农副食品加工业	Agricultural Non-staple Food Processing	11 244
制糖业	Sugar Refining	2 201
食品制造业	Food Production	12 649
饮料制造业	Beverage Manufacturing	11 779
精制茶加工	Refining Tea Processing	6 027 252
烟草制品业	Tobacco Production	978 888
烟叶复烤业	Tobacco Parch	5 048 365
卷烟制造	Cigarettes Manufacturing	1 674
纺织业	Textile Industry	4 346
纺织服装、鞋、帽制造业	Textile Clothing, Footwear Headgear Production	8 432
木材加工及竹、藤、棕、草制品业	Timber Processing, Bamboo, Cane, Palm Fiber and Straw Products	1 782
家具制造业	Furniture Manufacturing	682
造纸及纸制品业	Papermaking and Paper Products	11 266
印刷业、记录媒介的复制	Printing and Record Medium Reproduction	189 049
石油加工、炼焦业及核燃料加工业	Petroleum Processing,Coking and Nuclear fuel Processing	447 754
化学原料及化学制品制造业	Raw Chemical Materials and Chemical Products	5 366
基础化学原料制造	Basic Raw Chemical Materials Products	343 314
肥料制造	Fertilizer Production	94 725
专用化学产品制造	Chemical Products of Special Purpose	3 028
医药制造业	Medical and Pharmaceutical Production	36 465
中成药制造	Made Traditional Chinese Medicine Products	5 214
橡胶制品业	Rubber Products	6 118
塑料制品业	Plastic Products	1 220
非金属矿物制品业	Nonmetal Mineral Products	30 861
水泥制造业	Cement Products	15 566

注：本表国有企业中含国有联营企业,国有独资公司。

Main Finance Indicators of State-owned Industrial Enterprises with Independent Accounting Systems in Whole Province (Ⅰ) (2007)

(10 000 yuan)

流动资产年平均余额 Annual Average Balance of Current Assets	固定资产合计 Total Fixed Assets	固定资产原值合计 Original Value of Fixed Assets	累计折旧 Cumulative Depreciation	固定资产净值年平均余额 Annual Average Balance of Net Value of Fixed Assets
8 457 701	**10 658 954**	**13 195 019**	**5 515 265**	**6 886 799**
5 827 063	3 708 251	3 549 723	2 227 878	1 319 213
2 630 638	6 950 703	9 645 296	3 287 387	5 567 586
193 688	299 182	352 234	155 392	184 492
78 613	148 691	179 895	68 004	97 917
293 299	394 781	567 899	185 183	283 761
102 616	126 907	138 517	48 383	90 727
94 602	118 199	127 326	45 437	81 962
14 307	20 180	27 680	8 600	15 997
14 307	20 180	27 680	8 600	15 997
2 135	300	1 717	1 417	339
10 015	2 215	3 930	1 754	1 984
9 166	1 603	2 518	915	1 411
5 672 128	3 414 177	3 117 795	2 058 505	1 066 584
862 568	270 195	510 945	304 754	190 788
4 809 560	3 143 981	2 606 850	1 753 751	875 796
1 993	2 978	6 255	3 857	2 416
2 853	2 134	3 150	1 053	2 086
9 230	14 745	19 917	5 409	14 041
1 502	1 127	960	397	521
682		221	221	
10 331	22 565	35 864	17 197	20 646
323 002	23 801	24 425	7 826	48 150
416 014	457 419	716 753	278 009	380 715
6 046	2 169	2 793	624	2 009
307 089	403 223	591 865	204 651	330 922
98 398	45 615	52 678	20 267	30 826
3 023	6 055	68 954	52 341	16 628
37 455	31 998	57 441	28 645	29 495
5 506	5 315	7 256	1 944	5 438
6 278	1 340	2 387	1 047	1 357
1 192	256	396	141	261
29 756	20 127	39 956	21 369	17 954
14 996	15 618	29 589	15 511	13 911

Note: The state-owned industrial enterprises in this table include state-Owned joint enterprises and wholly state-funded companies.

11-16 续表

单位:万元

行业	Sector	流动资产合计 Total Current Funds
黑色金属冶炼及压延加工业	Smelting and Pressing of Ferrous Metals	126 525
有色金属冶炼及压延加工业	Smelting and Pressing of Nonferrous Metals	557 578
金属制品业	Metal Products	37 621
通用设备制造业	General-purpose Equipment Manufacturing	24 645
专用设备制造业	Special-purpose Equipment Manufacturing	69 755
交通运输设备制造业	Transport Equipment Manufacturing	22 071
汽车制造	Motor Vehicles Manufacturing	19 965
电气机械及器材制造业	Electric Equipment and Machinery Manufacturing	32 634
仪器仪表及文化、办公用机械制造业	Instruments, Meters, Cultural and Clerical Machinery Manufacturing	22 086
光学仪器制造	Optical Instrument Manufacturing	21 568
工艺品及其他制造业	Handicraft Articles and Other Goods Production	37 239
电力、热力的生产和供应业	Production and Supply of Electric Power and Heat	613 048
燃气生产和供应业	Gas Production and Supply	60 981
水的生产和供应业	Water Production and Supply	36 024
按州市分	**Grouped By Region**	
昆明市	Kunming	2 695 636
曲靖市	Qujing	1 237 889
玉溪市	Yuxi	2 200 535
保山市	Baoshan	6 827
昭通市	Zhaotong	300 886
丽江市	Lijiang	8 204
普洱市	Pu'er	52 202
临沧市	Lincang	11 911
楚雄州	Chuxiong	421 314
红河州	Honghe	1 661 837
文山州	Wenshan	81 257
西双版纳州	Xishuangbanna	36 146
大理州	Dali	280 230
德宏州	Dehong	13 069
怒 江州	Nujiang	30 631
迪庆州	Diqing	8 154

continued

(10 000 yuan)

流动资产年平均余额 Annual Average Balance of Current Funds	固定资产合计 Total Fixed Assets	固定资产原值合计 Original Value of Fixed Assets	累计折旧 Cumulative Depreciation	固定资产净值年平均余额 Annual Average Balance of Net Value of Fixed Assets
118 995	336 162	372 895	56 575	293 544
443 276	533 471	624 571	136 699	469 019
32 021	7 143	9 356	3 079	6 266
25 994	12 403	22 926	11 916	11 074
83 793	16 803	37 375	20 102	17 723
19 605	20 049	23 680	5 487	17 655
17 940	19 204	22 138	4 789	16 869
28 338	10 154	16 701	6 806	9 870
20 804	18 513	20 522	10 143	13 848
20 310	18 479	20 481	10 135	13 843
36 498	13 975	16 044	5 985	9 932
419 932	4 548 601	6 610 800	2 321 332	3 680 997
65 829	114 902	112 941	64 831	42 759
34 142	190 548	209 711	47 905	152 586
2 576 577	2 194 148	3 441 709	1 509 690	1 692 038
1 032 951	1 542 668	2 354 515	1 007 142	1 217 982
2 218 411	2 867 184	1 965 635	850 740	977 306
6 787	41 031	45 739	9 028	35 040
287 371	479 325	833 102	386 208	436 865
7 976	38 761	33 340	6 690	21 712
31 270	250 516	323 370	83 072	213 521
8 881	274 135	548 516	281 455	231 668
413 160	611 832	539 106	245 587	245 284
1 449 563	1 456 208	2 090 394	771 609	1 237 259
85 619	79 557	83 117	28 448	49 703
35 656	110 662	159 026	53 099	107 136
249 461	519 293	581 403	250 401	289 825
16 466	69 166	70 538	12 530	36 104
29 179	88 528	86 249	10 893	65 983
8 372	35 940	39 262	8 676	29 373

11-17 全省独立核算国有工业企业主要财务指标(二) (2007年)

单位:万元

行　业	Sector	资产合计 Total Assets
总　计	**Total**	**22 832 045**
按轻重工业分	**Grouped by Light and Heavy Industry**	
轻工业	Light Industry	10 269 168
重工业	Heavy Industry	12 562 877
按工业行业分	**Grouped by Industrial Sector**	
煤炭开采和洗选业	Coal Mining and Dressing	594 636
烟煤和无烟煤的开采洗选	Mining and Dressing of Soft coal and Anthracite	243 078
黑色金属矿采选业	Mining and Dressing of Ferrous Metals	1 190 673
有色金属矿采选业	Mining and Dressing of Nonferrous Metals	316 125
铜矿采选	Dressing of Cuprum	292 681
农副食品加工业	Agricultural Non-staple Food Processing	31 837
制糖	Sugar Refining	31 837
食品制造业	Food Production	3 114
饮料制造业	Beverage Production	16 167
精制茶加工	Refined Tea Processing	14 010
烟草制品业	Tobacco Production	9 775 503
复烤烟叶	Tobacco Parch	1 284 351
卷烟制造	Cigarettes Production	8 491 152
纺织业	Textile Industry	6 741
纺织服装、鞋、帽制造业	Textile Clothing, Footwear and Headgear Production	6 480
木材加工及竹、藤、棕、草制品业	Timber Processing, Bamboo, Cane, Palm Fiber and Straw Products	26 238
家具制造业	Furniture Manufacturing	2 909
造纸及纸制品业	Papermaking and Paper Products	682
印刷业、记录媒介的复制	Printing and Record Medium Reproduction	41 792
石油加工、炼焦业及核燃料加工业	Petroleum Processing,Coking and Nuclear fuel Processing	1 054 211
化学原料及化学制品制造业	Raw Chemical Materials and Chemical Products	1 133 224
基础化学原料制造	Basic Raw Chemical Materials Products	9 760
肥料制造	Fertilizer Production	956 487
专用化学产品制造	Chemical Products of Special Purpose	155 971
日用化学产品制造	Chemical Products of Daily Use	9 329
医药制造业	Medical and Pharmaceutical Products	74 186
中成药加工	Made Traditional Chinese Medicine Products	11 309
橡胶制品业	Rubber Products	8 610
塑料制品业	Plastic Products	1 476
非金属矿物制品业	Nonmetal Mineral Products	54 467
水泥制造	Cement Products	32 597

注：本表国有企业中含国有联营企业,国有独资公司。

Main Finance Indicators of State-owned Industrial Enterprises with Independent Accounting Systems in Whole Province (Ⅱ) (2007)

(10 000 yuan)

流动负债合计 Total Current Liabilities	长期负债合计 Total Long-term Liabilities	所有者权益合计 Total Owners ' Equities	主营业务收入 Revenue from Principal Business	主营业务成本 Cost of Principal Business
6 264 625	**3 308 989**	**13 113 953**	**14 296 857**	**8 102 908**
2 102 698	71 402	8 091 455	7 408 495	2 544 530
4 161 927	3 237 586	5 022 497	6 888 362	5 558 378
210 177	120 829	263 630	282 762	208 257
141 890	20 516	80 673	156 164	126 757
188 754	149 862	852 057	205 863	148 424
114 529	31 000	170 596	306 582	229 143
108 140	31 000	153 541	270 759	211 335
20 943	1 794	9 101	24 004	19 266
20 943	1 794	9 101	24 004	19 266
2 220	77	818	4 002	3 021
12 871	1 002	2 294	33 021	29 306
11 277	700	2 033	31 716	28 023
1 940 917		7 834 248	7 207 027	2 392 319
444 238		840 010	1 271 739	638 116
1 496 679		6 994 237	5 935 289	1 754 203
6 625		117	3 139	3 612
3 007	55	3 418	4 326	3 619
9 235	3 512	13 491	10 682	8 614
3 187	87	- 365	1 165	857
497	170	13	1 325	1 237
22 397	29	19 366	23 703	19 420
107 876	144 884	801 452	195 182	188 010
352 049	315 707	463 439	716 532	513 876
9 861	422	- 529	13 424	14 064
272 971	305 287	377 255	560 612	399 969
61 813	9 997	84 147	136 600	94 865
7 098		1 196	4 517	3 850
15 630	11 852	46 705	30 788	14 057
3 816	1 225	6 268	11 214	6 784
8 499	100	11	10 537	9 509
1 164		312	749	602
38 397	16 981	- 911	30 346	29 858
21 727	16 870	- 5 999	19 344	18 245

Note: The state-owned industrial enterprises in this table include state-Owned joint enterprises and wholly state-funded companies.

11-17 续表

单位:万元

行业	Sector	资产合计 Total Assets
黑色金属冶炼及压延加工业	Smelting and Pressing of Ferrous Metals	469 470
有色金属冶炼及压延加工业	Smelting and Pressing of Nonferrous Metals	1 253 991
金属制品业	Metal Products	51 708
通用设备制造业	General-purpose Equipment Manufacturing	41 702
专用设备制造业	Special-purpose Equipment Manufacturing	109 099
交通运输设备制造业	Transport Equipment Manufacturing	44 881
汽车制造	Motor Vehicles Manufacturing	41 931
电气机械及器材制造业	Electric Equipment and Machinery Manufacturing	51 574
仪器仪表及文化、办公用机械制造业	Instruments, Meters, Cultural and Clerical Machinery Manufacturing	52 361
光学仪器制造	Optical Instrument Manufacturing	51 748
工艺品及其他制造业	Handicraft Articles and Other Goods Production	51 608
电力、热力的生产和供应业	Production and Supply of Electric Power and Heat	5 932 083
燃气生产和供应业	Gas Production and Supply	185 679
水的生产和供应业	Water Production and Supply	248 819
按州市分	**Grouped By Region**	
昆明市	Kunming	6 576 544
曲靖市	Qujing	2 903 029
玉溪市	Yuxi	5 224 930
保山市	Baoshan	56 697
昭通市	Zhaotong	1 080 241
丽江市	Lijiang	54 606
普洱市	Pu'er	360 868
临沧市	Lincang	305 529
楚雄州	Chuxiong	1 096 961
红河州	Honghe	3 639 980
文山州	Wenshan	205 585
西双版纳州	Xishuangbanna	179 120
大理州	Dali	875 509
德宏州	Dehong	102 092
怒江州	Nujiang	126 098
迪庆州	Diqing	44 258

continued

(10 000 yuan)

流动负债合计 Total Current Liabilities	长期负债合计 Total Long-term Liabilities	所有者权益合计 Total Owner's Equity	主营业务收入 Revenue on Major Business	# 主营业务成本 Cost of Major Business
219 390	25 916	224 164	561 183	523 832
633 844	140 292	468 641	1 024 167	838 780
32 713	14 499	4 464	33 045	28 936
25 943	5 547	10 212	28 404	21 238
100 398	1 704	6 997	72 107	71 988
24 331	12 958	7 562	28 625	21 821
22 925	12 958	6 047	24 543	18 744
22 284	7 810	17 694	32 173	24 932
21 445	5 800	20 149	18 270	13 910
21 349	5 800	19 632	17 183	13 143
12 534	1 719	37 355	40 211	31 563
1 954 914	2 205 587	1 651 739	3 242 853	2 588 496
103 083	34 600	47 996	92 819	92 003
54 773	54 618	137 191	31 266	22 404
1 782 053	1 045 116	3 737 763	4 143 541	2 526 487
984 204	425 489	1 461 867	2 123 265	1 238 059
768 633	329 825	4 125 835	3 293 622	1 538 285
14 293	34 132	8 271	19 673	15 076
250 380	278 361	551 141	690 248	372 039
11 278	18 000	21 023	11 217	4 266
124 812	127 446	99 613	96 645	69 838
101 436	173 248	30 845	104 715	63 665
183 779	136 278	776 903	596 547	292 316
1 622 356	402 893	1 545 849	2 496 102	1 560 914
88 136	32 605	84 844	184 023	132 969
57 038	36 692	68 722	84 896	69 029
198 526	161 818	515 067	370 810	159 086
27 944	39 201	34 947	21 205	14 747
36 270	48 693	41 135	39 918	30 946
13 486	19 192	10 129	20 432	15 185

11-18 全省独立核算国有工业企业主要财务指标(三) (2007年)

单位：万元

行　业	Sector	主营业务税金及附加 Taxes and Other Charges on Principal Business
总　计	**Total**	**3 085 470**
按轻重工业分	**Grouped by Light and Heavy Industry**	
轻工业	Light Industry	3 044 219
重工业	Heavy Industry	41 251
按工业行业分	**Grouped By Industrial Sector**	
煤炭开采和洗选业	Coal Mining and Dressing	5 898
烟煤和无烟煤开采洗选业	Mining and Dressing of Soft coal and Anthracite	1 540
黑色金属矿采选业	Mining and Dressing of Ferrous Metals	2 581
有色金属矿采选业	Mining and Dressing of Nonferrous Metals	2 206
铜矿采选	Dressing of Cuprum	1 918
农副食品加工业	Agricultural Non-staple Food Processing	269
制糖	Sugar Refining	269
食品制造业	Food Production	25
饮料制造业	Beverage Production	83
精制茶加工	Refinied Tea Processing	78
烟草制品业	Tobacco Production	3 043 143
烟叶复烤业	Tobacco Parch	326 573
卷烟制造	Cigarettes Production	2 716 570
纺织业	Textile Industry	20
纺织服装、鞋、帽制造业	Textile Clothing, Footwear and Headgear Production	43
木材加工及竹、藤、棕、草制品业	Timber Processing, Bamboo, Cane, Palm Fiber and Straw Products	90
家具制造业	Furniture Manufacturing	27
造纸及纸制品业	Papermaking and Paper Products	7
印刷业、记录媒介的复制	Printing and Record Medium Reproduction	158
石油加工、炼焦业及核燃料加工业	Petroleum Processing,Coking and Nuclear fuel Processing	1 018
化学原料及化学制品制造业	Raw Chemical Materials and Chemical Products	2 602
基础化学原料制造	Basic Raw Chemical Materials Products	22
肥料制造	Fertilizer Production	1 794
专用化学产品制造	Special-purpose Chemical Production Manufacturing	751
日用化学产品制造	Chemical Products of Daily Use	30
医药制造业	Medical and Pharmaceutical Production	217
中成药制造	Made Traditional Chinese Medicine Products	94
橡胶制品业	Rubber Products	41
塑料制品业	Plastic Products	3
非金属矿物制品业	Nonmetal Mineral Products	252
水泥制造	Cement Products	186

注：本表国有企业中含国有联营企业,国有独资公司。

Main Finance Indicators of State-owned Industrial Enterprises with Independent Accounting Systems in Whole Province (Ⅲ) (2007)

(10 000 yuan)

营业费用 Business Operating Expense	管理费用 Management Expenses	财务费用 Financial Expenses	利润总额 Total Profits	利税总额 Total Profits and Taxes
291 759	**881 849**	**140 384**	**1 621 579**	**6 072 914**
209 228	437 553	10 717	1 203 425	5 178 433
82 531	444 296	129 667	418 154	894 480
3 745	34 432	1 119	20 632	52 786
2 677	17 244	1 337	6 234	19 090
5 342	35 934	10 546	52 279	69 897
5 569	16 708	3 360	56 218	75 794
5 212	13 342	3 329	42 802	58 521
145	1 593	537	2 921	5 048
145	1 593	537	2 921	5 048
402	507	154	- 18	245
612	880	125	1 791	2 701
533	792	50	1 885	2 787
194 770	405 064	5 189	1 200 788	5 165 465
29 254	68 499	- 2 696	217 705	675 327
165 516	336 565	7 885	983 083	4 490 138
16	6 110	117	- 4 010	- 3 776
154	192	86	267	393
134	2 024	177	661	1 894
26	263	16	50	151
33	10	9	29	105
220	4 280	340	390	1 692
152	12 019	2 785	112	10 379
32 760	55 330	20 251	103 796	136 596
363	2 382	815	- 4 225	- 4 000
25 640	29 998	19 204	92 689	113 567
6 263	20 500	100	17 302	28 569
425	2 202	136	- 1 897	- 1 519
9 628	5 791	305	551	3 011
2 709	1 444	120	79	1 109
319	553	101	11	508
44	224	9	- 125	- 100
786	3 327	1 039	- 2 412	925
552	2 650	512	- 2 779	- 168

Note: The state-owned industrial enterprises in this table include state-Owned joint enterprises and wholly state-funded companies.

11-18 续表 continued

单位:万元 (10 000 yuan)

行业	Sector	主营业务税金及附加 Taxes and Other Charges on Principal Business	营业费用 Business Operating Expenses	管理费用 Management Expenses	财务费用 Financial Expenses	利润总额 Total Profits	利税总额 Total Profits and Taxes
黑色金属冶炼及压延加工业	Smelting and Pressing of Ferrous Metals	1 197	4 812	13 677	7 789	10 287	34 358
有色金属冶炼及压延加工业	Smelting and Pressing of Nonferrous Metals	6 027	14 352	89 989	18 981	82 503	140 001
金属制品业	Metal Products	96	511	6 071	- 59	- 1 962	- 1 516
通用设备制造业	General-purpose Equipment Manufacturing	353	415	6 527	16	1 173	2 922
专用设备制造业	Special-purpose Equipment Manufacturing	453	1 067	8 214	283	- 9 436	- 6 619
交通运输设备制造业	Transport Equipment Manufacturing	73	1 425	4 573	280	167	853
汽车制造	Motor Vehicles Manufacturing	45	989	3 954	282	138	590
电气机械及器材制造业	Electric Equipment and Machinery Manufacturing	135	1 623	3 229	393	2 904	4 390
仪器仪表及文化、办公用机械制造	Instruments, Meters, Cultural and Clerical Machinery Manufacturing	25		3 276	33	2 034	2 327
光学仪器制造	Optical Instrument Manufacturing	15		3 190	34	1 798	1 989
工艺品及其他制造业	Handicraft Articles and Other Goods Production	43	516	3 322	- 244	5 221	5 852
电力、热力的生产和供应业	Production and Supply of Electric Power and Heat	17 631	9 317	143 423	62 154	103 400	368 413
燃气生产和供应业	Gas Production and Supply	602	583	6 969	546	- 5 986	- 845
水的生产和供应业	Water Production and Supply	155	2 282	7 341	3 948	- 2 657	- 933
按州市分	**Grouped By Region**						
昆明市	Kunming	752 842	80 031	241 601	29 061	440 886	1 550 402
曲靖市	Qujing	469 426	31 992	138 033	24 557	233 719	921 420
玉溪市	Yuxi	1 026 826	84 345	144 296	9 932	422 241	1 804 206
保山市	Baoshan	85	189	998	217	- 437	1 067
昭通市	Zhaotong	153 634	9 943	71 937	10 543	87 267	302 131
丽江市	Lijiang	49	3 288	1 962	551	569	1 241
普洱市	Pu'er	583	700	14 235	1 295	5 097	12 757
临沧市	Lincang	1 366		1 288	7 632	29 805	46 701
楚雄州	Chuxiong	187 471	15 209	40 864	- 485	69 884	323 695
红河州	Honghe	384 356	49 930	175 808	50 431	252 452	849 254
文山州	Wenshan	874	3 950	9 046	251	29 698	47 148
西双版纳州	Xishuangbanna	488	1 725	4 683	2 122	3 742	9 723
大理州	Dali	106 824	8 129	28 860	658	41 596	189 548
德宏州	Dehong	170	124	3 127	328	2 259	3 981
怒江州	Nujiang	312		3 059	2 243	2 930	7 839
迪庆州	Diqing	162	2 205	2 051	1 048	- 130	1 801

11-19 全省年主营业务收入500万元及以上独立核算工业企业全员劳动生产率(2007年)

Overall Labor Productivity of Industrial Enterprises of Annual Revenue over 5 Million Yuan from Principal Business with Independent Accounting Systems in Whole Province (2007)

单位:元/人·年 (yuan/person/year)

行　　业	Sector	全员劳动生产率 Overall Labor Productivity	国有企业 State-owned Enterprises	集体企业 Collective-owned Enterprises	“三资”企业 Enterprises with Hong Kong, Macao, Taiwan and Foreign Funds
总　计	**Total**	**190 846**	**448 174**	**93 165**	**171 187**
按轻重工业分	**Grouped by Light and Heavy Industry**				
轻工业	Light Industry	408 710	1 591 337	59 699	172 883
重工业	Heavy Industry	129 975	145 090	100 716	169 213
按企业规模分	**Grouped by Scale of Enterprise**				
大型企业	Large-scale Enterprises	344 945	701 123	312 443	217 575
中型企业	Medium-scale Enterprises	174 068	313 219	94 914	183 764
小型企业	Small-scale Enterprises	96 534	108 955	74 313	144 464
按工业行业分	**Grouped by Industrial Sector**				
煤炭开采和洗选业	Coal Mining and Dressing	63 203	82 657	52 983	
石油和天然气开采业	Extraction of Petroleum and Natural Gas	122 632			
黑色金属矿采选业	Mining and Dressing of Ferrous Metals	133 961	84 349	45 160	785 992
有色金属矿采选业	Mining and Dressing of Nonferrous Metals	75 275	397 688	125 281	239 166
非金属矿采选业	Mining and Dressing fo Nonmetal Minerals	163 905		114 945	
化学矿采选	Chemical Minerals Mining and Dressing	212 512		114 945	
采盐	Salt Mining	113 088			
农副食品加工业	Agricultural Non-staple Food Processing	83 718	111 655	121 870	127 136
制糖	Sugar Refining	80 997	111 655	147 091	154 047
食品制造业	Food Production	63 004	57 374	33 995	86 457
饮料制造业	Beverage Production	121 849	94 020	19 369	186 819
精制茶加工	Refinied Tea Processing	151 407	93 888		41 469
烟草制品业	Tobacco Production	1 962 480	2 216 918	73 284	
卷烟制造	Cigarettes Production	2 371 425	2 464 052	76 263	

注：1.本表的劳动生产率按现价工业增加值计算。
　　2.国有企业含国有联营企业,国有独资公司。
　　3.集体企业含股份合作制企业、集体与集体联营企业。

Note: a. The labor productivity is calculated on the basis of added value of industry (at current prices).
b.The state-owned industrial enterprises in this table include state-Owned joint enterprises and wholly state-funded companies.
c. Collective-owned enterprises include cooperative enterprises and joint ownership enterprise by collective-owned.

11-19 续表1 continued

单位:元/人·年 (yuan/person/year)

行业	Sector	全员劳动生产率 Overall Labor Productivity	国有企业 State-owned Enterprises	集体企业 Collective-owned Enterprises	"三资"企业 Enterprises with Hong Kong, Macao, Taiwan and Foreign Funds
纺织业	Textile Industry	18 984	- 32 399	17 774	86 402
纺织服装、鞋、帽制造业	Textile Clothing, Footwear and Headgear Production	34 121	36 664		24 880
皮革、毛皮、羽绒及其制品业	Leather,Furs,Down and Related Products	18 643		18 643	
木材加工及竹、藤、棕、草制品业	Timber Processing, Bamboo, Cane, Palm Fiberand Straw Products	31 159	23 012	47 006	30 275
家具制造业	Furniture Manufacturing	47 175	12 431		
造纸及纸制品业	Papermaking and Paper Products	84 233	16 074	47 168	117 986
印刷业、记录媒介的复制	Printing and Record Medium Reproduction	141 899	46 668	104 044	208 795
文教体育用品制造业	Cultural, Educational and Sports Goods	71 963			
石油加工、炼焦业及核燃料加工业	Petroleum Processing,Coking and Nuclear fuel Processing	140 286	39 464	16 833	445 000
化学原料及化学制品制造业	Raw Chemical Materials and Chemical Products	121 473	193 926	42 325	154 113
基础化学原料制造	Basic Raw Chemical Materials Products	104 150	- 77 541	38 677	127 801
肥料制造	Fertilizer Production	141 955	326 133	39 692	158 226
日用化学产品制造	Chemical Products fo Daily Use	110 766	10 430	4 960	254 164
医药制造业	Medical and Pharmaceutical Products	184 635	190 615	80 792	174 701
中成药制造	Traditional Chinese Medicine Production	223 417	93 667	80 792	145 377
化学纤维制造业	Chemical Fiber Products	1 183 818			1 183 818
橡胶制品业	Rubber Products	69 114	69 028		75 255
塑料制品业	Plastic Products	64 207	28 038	67 431	153 969
非金属矿物制品业	Nonmetal Mineral Products	59 804	48 916	34 726	64 533
水泥制造	Cement Products	64 094	39 290	35 443	64 035
黑色金属冶炼及压延加工业	Smelting and Pressing of Ferrous Metals	145 565	98 494	90 518	133 288
有色金属冶炼及压延加工业	Smelting and Pressing of Nonferrous Metals	207 992	58 773	391 757	212 596
金属制品业	Metal Products	61 772	29 020	14 148	66 442
通用设备制造业	General-purpose Equipment Manufacturing	91 031	31 225	39 513	223 186
专用设备制造业	Special-purposes Equipment Manufacturing	68 697	37 811	20 515	104 968
交通运输设备制造业	Transport Equipment Manufacturing	99 105	56 330	25 179	66 560
汽车制造	Motor Vehicles Manufacturing	81 867	45 711	18 480	66 560

11-19 续表2 continued

单位:元 / 人·年 (yuan/person/year)

行 业	Sector	全员劳动生产率 Overall Labor Productivity	国有企业 State-owned Enterprises	集体企业 Collective-owned Enterprises	"三资"企业 Sino-foreign Joint and Cooperative and Foreignfunded Enterprises
电气机械及器材制造业	Electric Equipment and Machinery Manufacturing	106 789	79 677	38 167	345 439
通信设备、计算机及其他电子设备制造业	Communication Equipment, Computers and other Electronic Equipment Production	146 248			94 074
仪器仪表及文化、办公用机械制造业	Instruments, Meters, Cultural and Clerical Machinery Manufacturing	51 725	41 893	20 667	48 193
光学仪器制造	Optical Instrument Manufacturing	49 198	41 133	20 667	48 193
工艺品及其他制造业	Handicraft Articles and Other Goods Production	63 167	125 191	62 041	24 721
废弃资源和废旧材料回收加工业	Recycling and Dispasal of Waste	85 303		187 745	
电力、热力的生产和供应业	Production and Supply of Electric Power and Heat	264 419	292 505	359 102	414 097
燃气生产和供应业	Gas Production and Supply	36 189	36 189		
水的生产和供应业	Water Production and Supply	123 154	61 638	54 449	296 420
按州市分	**Grouped by Region**				
昆明市	Kunming	208 733	428 921	54 395	170 308
曲靖市	Qujing	174 384	307 716	127 939	213 861
玉溪市	Yuxi	351 714	1 493 861	68 284	121 630
保山市	Baoshan	96 805	191 631	28 029	107 989
昭通市	Zhaotong	179 166	486 001	43 786	189 103
丽江市	Lijiang	103 584	163 248	119 677	
普洱市	Pu'er	92 439	74 273	39 855	312 860
临沧市	Lincang	126 700	692 683	126 826	312 409
楚雄州	Chuxiong	96 575	548 004	24 342	81 850
红河州	Honghe	201 202	271 835	301 524	164 173
文山州	Wenshan	213 467	650 870	61 258	196 997
西双版纳州	Xishuangbanna	201 728	155 255	159 465	85 156
大理州	Dali	176 701	579 503	61 598	164 840
德宏州	Dehong	96 288	22 868	17 098	132 361
怒江州	Nujiang	301 831	283 105		
迪庆州	Diqing	277 974	69 198	230 308	817 579

11-20 全省年主营业务收入500万元及以上独立核算工业企业主要经济效益指标 （2007年）

行业	Sector	资产负债率(%) Assets-Liabilities Ratio(%)
总计	**Total**	**54.4**
按轻重工业分	**Grouped by Light and Heavy Industry**	
轻工业	Light Industry	34.02
重工业	Heavy Industry	62.17
按工业行业分	**Grouped by Industrial Sector**	
煤炭开采和洗选业	Coal Mining and Dressing	54.73
石油和天然气开采业	Extraction of Petroleum and Natural Gas	87.99
黑色金属矿采选业	Mining and Dressing of Ferrous Metals	35.72
有色金属矿采选业	Mining and Dressing of Nonferrous Metals	52.96
非金属矿采选业	Mining and Dressing fo Nonmetal Minerals	49.66
化学矿采选	Mining and Dressing of Chemical Minerals	48.29
采盐	Salt Mining	50.51
农副食品加工业	Agricultural Non-staple Food Processing	66.85
制糖	Sugar Refining	68.57
食品制造业	Food Production	61.31
饮料制造业	Beverage Production	69.98
精制茶加工	Refined Tea Processing	61.58
烟草制品业	Tobacco Production	20.09
卷烟制造	Cigarettes Production	17.74
纺织业	Textile Industry	67.16
纺织服装、鞋、帽制造业	Textile Clothing, Footwear and Headgear Production	75.43
皮革、毛皮、羽绒及其制品业	Leather, Furs, Down and Related Products	70.55
木材加工及竹、藤、棕、草制品业	Timber Processing, Bamboo, Cane, Palm Fiber and Straw Products	55.88
家具制造业	Furniture Manufacturing	90.81
造纸及纸制品业	Papermaking and Paper Products	54.46
印刷业、记录媒介的复制	Printing and Record Medium Reproduction	43.75
文教体育用品制造业	Cultural, Educational and Sports Goods	32.71
石油加工、炼焦业及核燃料加工业	Petroleum Processing,Coking and Nuclear fuel Processing	41.95
化学原料及化学制品制造业	Raw Chemical Materials and Chemical Products	62.44
基础化学原料制造	Basic Raw Chemical Materials Products	68.72
肥料制造	Fertilizer Production	63.46
日用化学产品制造	Chemical Products of Daily Use	50.89
医药制造业	Medical and Pharmaceutical Production	50.29
中成药制造	Traditional Chinese Medicine Products	52.57
化学纤维制造业	Chemical Fiber	8.08
橡胶制品业	Rubber Products	89.57
塑料制品业	Plastic Products	53.86

Main Indicators on Economic Benefits of Industrial Enterprises of Annual Revenue over 5 Million Yuan from Principal Business with Independent Accounting Systems in Whole Province (2007)

每百元固定资产原价）实现利税(元) Profits and Taxes Gained from Original Value of Per 100 yuan in Fixed Assets(yuan)	总资产贡献率(%) Ratio of Total Assets To Industrial Output Value(%)	资本保值增值率(%) Appreciation Ratio of Maintained Value of Capital(%)	成本费用利润率(%) Ratio of Profits to Industrial Cost(%)	每百元主营业务收入实现利润(元) Profits Gained from Revenue of Per 100 from Principal Business (yuan)
31.82	**19.9**	**122.55**	**10.79**	**9.02**
88.52	37.91	106.04	23.29	13.99
16.6	12.38	136.72	7.8	7.2
27.1	17.23	154.72	12.38	10.56
4.42	9.66	119.00	2.16	2.16
20.49	10.39	109.05	23.15	20.51
78.2	27.51	104.62	29.08	22.39
30.05	20.54	121.83	18.29	15.32
49.48	25.79	132.96	23.78	19
13.45	13.33	105	9.57	8.68
16.62	12.11	110.76	5.61	5.3
16.26	14.09	103.3	9.74	8.8
18.35	12.99	125.91	5.58	5.26
39.81	18.71	124.49	19.1	15.66
136.95	35.15	247.28	39.58	28.21
160.02	52.58	104.71	39.51	16.68
171.25	50.76	95.96	43.07	16.53
2.66	1.67	112.69	0.62	0.69
7.4	4.03	151.63	2.44	2.38
31.43	1.88	-3.77	18.84	15.76
6.07	5.37	139.8	0.52	0.58
8.37	3.1	133.19	0.2	0.2
13.08	10.98	113.96	10.18	9.36
26.84	21.31	106.2	22.02	18.17
29.07	10.04	83.54	2.6	2.58
28.7	13.75	603.24	9.22	8.91
13.61	9.76	120.46	6.6	6.26
10.45	8.11	117.34	2.37	2.31
13.78	10.43	113.32	9.08	8.47
6.66	6.12	99.38	4.06	4.03
33.02	13.64	107.54	12.91	11.43
50.92	16.2	112.33	17.22	14.44
42.65	35.83	102.3	26.17	20.74
37.71	10.55	25.25	0.86	0.85
12.33	8.77	133.21	4.12	3.99

11-20 续表

行　　业	Sector	资产负债率(%) Assets-Liabilities Ratio(%)
非金属矿物制品业	Nonmetal Mineral Products	64.44
水泥制造	Cement Products	63.82
黑色金属冶炼及压延加工业	Smelting and Pressing of Ferrous Metals	57.18
有色金属冶炼及压延加工业	Smelting and Pressing of Nonferrous Metals	61.51
金属制品业	Metal Products	71.86
通用设备制造业	General-purpose Equipment Manufacturing	60.73
专用设备制造业	Special Purposes Equipment Manufacturing	79.39
交通运输设备制造业	Transport Equipment	51.78
汽车制造	Motor Vehicle Manufacturing	48.54
电气机械及器材制造业	Electric Equipment and Machinery	69.24
通信设备、计算机及其他电子设备制造业	Communication Equipment, Computers and other Electronic Equipment Production	48.39
仪器仪表及文化、办公用机械制造业	Instruments, Meters, Cultural and Clerical Machinery Manufacturing	56.1
光学仪器制造	Optical Instrument Manufacturing	55.86
工艺品及其他制造业	Handicraft Articles and Other Goods Production	35.39
废弃资源和废旧材料回收加工业	Recycling and Disposal of Waste	76.91
电力、热力的生产和供应业	Production and Supply of Electric Power and Heat	72.71
燃气生产和供应业	Gas Production and Supply	74.15
水的生产和供应业	Water Production and Supply	33.33
按州市分	**Grouped By Region**	
昆明市	Kunming	53.57
曲靖市	Qujing	59.62
玉溪市	Yuxi	35.46
保山市	Baoshan	66.07
昭通市	Zhaotong	56.73
丽江市	Lijiang	60.74
普洱市	Pu'er	73.57
临沧市	Lincang	75.08
楚雄州	Chuxiong	43.89
红河州	Honghe	60.55
文山州	Wenshan	61.97
西双版纳州	Xishuangbanna	53.19
大理州	Dali	54.21
德宏州	Dehong	67.84
怒江州	Nujiang	46.76
迪庆州	Diqing	66.71

continued

每百元固定资产原价）实现利税(元 Profits and Taxes Gained from Original Value of Per 100 yuan in Fixed Assets (yuan)	总资产贡献率(%) Ratio of Total Assets To Industrial Output Value(%)	资本保值增值率(%) Appreciation Ratio of Maintained Value of Capital(%)	成本费用利润率(%) Ratio of Profits to Industrial Cost(%)	每百元主营业务收入实现利润(元) Profits Gained from Revenue of Per 100 from Principal Business (yuan)
6.79	6.87	108	1.54	1.53
6.94	7.18	105.47	1.95	1.93
22.91	14.72	192.62	4.66	4.45
48.66	20.25	141.83	8.03	7.46
20.99	6.18	107.64	2.75	2.72
27.06	10.96	150.56	7.08	6.74
11.5	5.06	89.76	1.87	1.86
21.94	7.6	157.03	4.63	4.47
16.69	6.4	158.77	3.99	3.89
29.59	9.69	110.14	5.58	5.28
24.35	7.4	108.91	7.44	7.01
8.06	4.24	127.58	9.03	8.57
7.54	4.08	125.62	9.59	9.08
31.38	9.53	115.97	10.19	9.34
56.87	5.77	6.38	10.62	9.56
6	7.84	119.7	6.84	5.93
-0.75	-0.18	97.65	-5.98	-6.45
4	4.28	102.6	-2.91	-2.66
31.7	16.58	120.46	7.6	6.71
25.46	20.98	175.75	10.8	9.04
62.93	26.78	89.44	12.67	9.25
14.53	10.95	119.06	10.54	9.62
33.08	22.62	117.72	18.52	13.68
10.93	9	110.32	7.12	6.66
9.39	8.62	134.59	12.95	11.46
12.52	15.53	102.54	15.06	12.98
45.86	27.58	224.23	14.9	11.73
28.05	21.14	120.52	10.09	8.42
33.65	20.2	126.1	15.94	13.79
36.28	24.12	142.01	32.28	23.82
31.04	21.12	185.66	12.96	10.61
15.02	13.78	154.42	17.46	14.62
59.23	34.5	114.36	56.95	35.82
19.25	12.48	146.87	18.33	15.52

11-21 全省独立核算国有工业企业主要经济效益指标(2007年)

行　　业	Sector	资产负债率(%) Assets-Liabilities Ratio(%)
总　计	**Total**	**42.56**
按轻重工业分	**Grouped by Light and Heavy Industry**	
轻工业	Light Industry	21.21
重工业	Heavy Industry	60.02
按工业行业分	**Grouped by Industrial Sector**	
煤炭开采和洗选业	Coal Mining and Dressing	55.67
烟煤和无烟煤的开采洗选	Mining and Dressing of Soft coal and Anthracite	66.81
黑色金属矿采选业	Mining and Dressing of Ferrous Metals	28.44
有色金属矿采选业	Mining and Dressing of Nonferrous Metals	46.04
铜矿采选业	Mining and Dressing of Copper Mine	47.54
农副食品加工业	Agricultural Non-staple Food Processing	71.41
制糖	Sugar Refining	71.41
食品制造业	Food Production	73.73
饮料制造业	Beverage Production	85.81
精制茶加工	Refined Tea Processing	85.49
烟草加工业	Tobacco Production	19.86
烟叶复烤业	Tobacco Parch	34.6
卷烟制造	Cigarettes Production	17.63
纺织业	Textile Industry	98.27
纺织服装、鞋、帽制造业	Textile Clothing, Footwear and Headgear Production	47.25
木材加工及竹、藤、棕、草制品业	Timber Processing, Bamboo, Cane, Palm Fiber and Straw Products	48.58
家具制造业	Furniture Manufacturing	112.54
造纸及纸制品业	Papermaking and Paper Products	98.09
印刷业、记录媒介的复制	Printing and Record Medium Reproduction	53.66
石油加工、炼焦业及核燃料加工业	Petroleum Processing,Coking and Nuclear fuel Processing	23.98
化学原料及化学制品制造业	Raw Chemical Materials and Chemical Products	59.1
基础化学原料制造	Basic Raw Chemical Materials Products	105.42
肥料制造	Fertilizer Production	60.56
专用化学产品制造业	Special-purpose Chemical Production Manufacturing	46.05
日用化学产品制造	Chemical Products of Daily Use	87.18
医药制造业	Medical and Pharmaceutical Production	37.04
中成药制造	Made Tradition Chinese Medicine Products	44.57
橡胶制品业	Rubber Products	99.87
塑料制品业	Plastic Products	78.86
非金属矿物制品业	Nonmetal Mineral Products	101.67
水泥制造	Cement Products	118.4

Main Indicators on Economic Benefits of Statse-owned Industrial Enterprises of Annual Revenue over 5 Million Yuan from Principal Business with Independent Accounting Systems in Whole Province (2007)

每百元固定资产原价)实现利税(元 Profits and Taxes Gained from Original Value of Per 100 yuan in Fixed Assets (yuan)	总资产贡献率(%) Ratio of Total Assets To Industrial Output Value(%)	资本保值增值率(%) Appreciation Ratio of Maintained Value of Capital(%)	成本费用利润率(%) Ratio of Profits to Industrial Cost (%)	每百元主营业务收入实现利润(元) Profits Gained from Revenue of Per 100 from Principal Business (yuan)
46.02	**28.61**	**115.14**	**17.22**	**11.34**
145.88	50.27	103.53	37.58	16.24
9.27	8.98	140.53	6.73	6.07
14.99	10.26	123.82	8.33	7.3
10.61	9.33	141.65	4.21	3.99
12.31	6.81	105.24	26.11	25.39
54.72	25.65	109.66	22.07	18.34
45.96	24.79	171.05	18.35	15.81
18.24	15.98	161.17	13.56	12.17
18.24	17	152.46	13.56	12.17
14.24	11.67	395.45	-0.43	-0.44
68.73	19.46	237.79	5.79	5.42
110.68	26.25	1544.99	6.41	5.94
165.68	53.21	104.56	40.06	16.66
132.17	77.04	412.73	29.69	17.12
172.24	50.86	95.96	43.42	16.56
-60.36	-48.76	3.1	-40.7	-127.74
12.47	9.1	161.54	6.6	6.18
9.51	6.34	86.17	6.03	6.19
15.69	6.43	24.26	4.32	4.31
47.51	0.16	0.02	2.24	2.18
4.72	4.05	74.59	1.61	1.64
42.49	2.4	101936.29	0.06	0.06
19.06	16.47	233.24	16.68	14.49
-143.21	-34.14	-17.34	-23.97	-31.47
19.19	17.27	364.49	19.52	16.53
54.23	18.86	102.14	14.21	12.67
-2.2	-6.99	14.38	-28.69	-42
5.24	4.63	100.4	1.85	1.79
15.29	10.77	96.93	0.71	0.7
21.26	7.03	140.26	0.1	0.1
-25.28	-5.96	53.47	-14.22	-16.7
2.31	1.37	-1.9	-6.89	-7.95
-0.57	0.34	-14.04	-12.65	-14.36

11-21 续表

行　　业	Sector	资产负债率(%) Assets-Liabilities Ratio (%)
黑色金属冶炼及压延加工业	Smelting and Pressing of Ferrous Metals	52.25
有色金属冶炼及压延加工业	Smelting and Pressing of Nonferrous Metals	62.63
金属制品业	Metal Products	91.37
通用设备制造业	General-purpose Machinery Manufacturing	75.51
专用设备制造业	Special Purposes Equipment	93.59
交通运输设备制造业	Transport Equipment	83.15
汽车制造	Motor Vehicles	85.58
电气机械及器材制造业	Electric Equipment and Machinery	65.69
仪器仪表及文化、办公用机械制造业	Instruments, Meters, Cultural and Clerical Machinery	61.52
光学仪器制造	Optical Instruments Manufacturing	62.06
工艺品及其他制造业	Handicraft Articles and Other Goods Production	27.62
电力、热力的生产和供应业	Production and Supply of Electric Power and Heat	72.16
燃气生产和供应业	Gas Production and Supply	74.15
水的生产和供应业	Water Production and Supply	44.86
按州市分	**Grouped By Region**	
昆明市	Kunming	43.17
曲靖市	Qujing	49.64
玉溪市	Yuxi	21.04
保山市	Baoshan	85.41
昭通市	Zhaotong	48.98
丽江市	Lijiang	61.5
普洱市	Pu'er	72.4
临沧市	Lincang	89.9
楚雄市	Chuxiong	29.18
红河市	Honghe	57.53
文山市	Wenshan	58.73
西双版纳州	Xishuangbanna	61.63
大理州	Dali	41.17
德宏州	Dehong	65.77
怒江州	Nujiang	67.38
迪庆州	Diqing	77.11

Continued

每百元固定资产原价） 实现利税(元 Profits and Taxes Gained from Original Value of Per 100 yuan in Fixed Assets (yuan)	总资产 贡献率(%) Ratio of Total Assets To Industrial Output Value (%)	资本保值 增值率(%) Appreciation Ratio of Maintained Value of Capital(%)	成本费用 利润率(%) Ratio of Profits to Industrial Cost (%)	每百元主营业务收入 实现利润(元) Profits Gained from Revenue of Per 100 from Principal Business (yuan)
9.21	8.87	216.84	1.87	1.83
22.42	12.34	93.12	8.58	8.06
-16.2	-3.34	175.89	-5.53	-5.94
12.75	5.02	247.34	4.16	4.13
-17.71	-7.21	57.65	-11.57	-13.09
3.6	2.26	66.63	0.6	0.58
2.66	2.01	131.31	0.58	0.56
26.28	9.24	103.13	9.62	9.03
11.34	4.75	110.23	11.81	11.13
9.71	4.09	107.4	10.99	10.46
36.47	9.42	111.39	14.85	12.98
5.57	7.87	115.49	3.69	3.19
-0.75	-0.18	97.65	-5.98	-6.45
-0.45	1.1	97.03	-7.39	-8.5
45.05	24.36	105.53	15.32	10.64
39.13	39.51	262.29	16.31	11.01
91.79	32.59	83.69	23.76	12.82
2.33	2.07	116.74	-2.65	-2.22
36.27	36.22	187.92	18.79	12.64
3.72	4.1	161.59	5.65	5.08
3.95	3.39	64.66	5.92	5.27
8.51	19.68	103.99	41.06	28.46
60.04	39.15	623.57	20.09	11.71
40.63	26	110.21	13.74	10.11
56.73	25.98	119.27	20.31	16.14
6.11	6.91	131.68	4.82	4.41
32.6	25.6	335.95	21.14	11.22
5.64	4.76	135.4	12.33	10.65
9.09	9.79	180.74	8.08	7.34
4.59	5.86	94.31	-0.63	-0.63

11-22 大中型企业主要指标及在全省工业中的地位(2007年)

单位:亿元

行业	sector	大中型企业合计 Total of Large and Medium-scale Industrial Enterprises	大型 Large-scale Enterprises
企业单位数(个)	Number of Enterprises (unit)	510.00	37.00
亏损企业数(个)	Number of Loss-making Enterprises (unit)	76.00	1.00
工业总产值(现价、新规定)	Gross Output Value of Industry (at current prices,by the new Standards)	3 320.53	1 670.97
新产品产值	Output Value of New Products	2 040.01	136.03
工业增加值(现价)	Added Value of Industry (at current prices, by the new Standards)	1 289.50	726.41
全部从业人员平均人数(万人)	Average Number of Employed Persons (10 000 persons)	53.41	21.06
流动资产合计	Total Circulating Funds	1 968.20	1 013.91
产成品	Finished Products	152.82	60.38
流动资产年平均余额	Annual Average Balance of Current Assets	1 781.50	925.03
固定资产合计	Total Fixed Assets	1 879.39	789.37
固定资产原价合计	Total Original Value of Fixed Assets	2 342.38	884.45
累计折旧	Cumulative Depreciation	865.21	363.12
本年折旧	Depreciation in Current Year	127.73	47.55
固定资产净值年平均余额	Annual Average Balance of Net Value of Fixed Assets	1 350.88	506.59
资产总计	Total Assets	4 478.93	2 150.19
负债总计	Total Liabilities	2 282.82	845.07
流动负债	Current Liabilities	1 617.95	663.83
所有者权益合计	Total Owner's Equity	2 196.12	1 305.12
主营业务收入	Revenue from Principal Business	3 339.09	1 700.83
主营业务成本	Cost of Principal Business	2 387.39	1 129.06
主营业务税金及附加	Taxes and Other Charges on Principal Business	320.65	248.76
营业利润	Business Operating Profits	322.21	178.74
利润总额	Total Profits	338.87	191.65
亏损企业亏损总额	Total Loss of Loss-making Enterprises	12.39	0.53
利税总额	Total Profits and Taxes	891.33	568.37
应交所得税	Income Tax Payable	67.66	40.80
本年应付工资总额	Total Wages Payable in Current Year	141.60	64.83

Main Indicators of Large-scale and Medium-scale Enterprises and Their Proportion to the Provincial Industry (2007)

(100 million yuan)

中型 Medium-scale Enterprises	国有大中型企业 State-owned Large and Medium-scale Enterprises	在合计中 In the Total		占规模以上工业比重(%) Proportion to the Industrial Enterprises above Designated Size (%)		
		轻工业 Light Industry	重工业 Heavy Industry	合计 Total	大型 Large Scale	中型 Medium Scale
473.00	95.00	124.00	386.00	18.90	1.37	17.53
75.00	15.00	16.00	60.00	10.22	0.13	10.08
1 649.55	1 355.35	990.04	2 330.48	77.25	38.88	38.38
67.98	65.90	61.55	142.45	922.21	61.49	30.73
563.09	755.84	672.83	616.67	82.34	46.38	35.95
32.35	14.86	10.17	43.24	65.09	25.66	39.42
2 328.74	857.80	723.91	1 057.59	78.57	40.48	92.96
92.43	42.85	39.55	113.27	69.74	27.55	42.18
856.47	803.00	723.91	1 057.59	78.45	40.74	37.72
1 090.01	970.97	460.61	1 418.78	73.11	30.71	42.40
1 457.93	1 203.35	513.53	1 828.86	74.82	28.25	46.57
502.09	520.53	294.40	570.80	80.24	33.68	46.57
80.18	59.86	27.01	100.72	76.66	28.54	48.12
844.29	608.18	220.66	1 130.22	70.69	26.51	44.18
2 328.74	2 126.39	1 321.71	3 157.23	76.77	36.86	39.92
1 437.74	865.58	375.47	1 907.35	71.93	26.63	45.30
954.12	563.90	339.03	1 278.93	73.85	30.30	43.55
891.00	1 260.81	946.24	1 249.88	82.55	49.06	33.49
1 638.26	1 351.47	961.13	2 377.96	77.53	39.49	38.04
1 258.33	753.00	405.98	1 981.41	74.35	35.16	39.19
71.89	308.12	307.52	13.13	97.91	75.95	21.95
143.47	157.57	152.63	169.58	88.91	49.32	39.59
147.22	160.99	152.82	186.05	87.20	49.32	37.88
11.86	3.49	1.69	10.69	43.92	1.88	42.04
322.96	600.76	567.46	323.88	89.48	57.06	32.42
26.86	45.14	45.71	21.95	88.91	53.61	35.30
76.77	62.98	35.04	106.56	74.64	34.18	40.47

11-23 全省主要工业产品生产能力(2007年)

Production Capacity of Main Industrial Products (2007)

产品名称	Item	年末生产能力 Production Capacity at the Year-end	本年生产量 Output of the Current Year	生产能力利用率(%) Unility Ration of Production Capacity
原煤(万吨)	Coal (10000ton)	3 608	3 556	98.56
发电装机容量(万千瓦)	Installed Capacity of Electricity Generation (10000kw)	2 004		
发电量（万千瓦时）	Electricity (10 000 kwh)		8 430 894	48.02
卷烟(亿支)	Cigarettes (10 000 pieces)	6 038	3 351	55.50
化学纤维(吨)	Chemical Fiber (ton)	59 000	35 877	60.81
棉纺锭(环绽纺)(锭)	Cotton Hasp (ingots)	227 768	8 832	3.88
焦炭(吨)	Coke (ton)	11 469 678	10 689 241	93.20
碳化钙(电石)(折300升/千克)(吨)	Calcium Carbide (300 liters/kg) (ton)	480 166	360 208	75.02
农用化学肥料总计(折纯)(吨)	Chemical Fertilizer (ton)	5 473 943	6 581 440	120.23
水泥熟料(吨)	Chamotte Using for Cement (ton)	42 086 935	22 945 809	54.52
其中:预分解窑熟料(吨)	Stove from beforehand Decompound (ton)	19 794 000	9 977 862	50.41
立窑熟料(吨)	Stove from Standing Decompound (ton)	9 409 054	6 264 995	66.58
预热器窑熟料(吨)	Stove from Warm-up Implement (ton)	4 040 000	2 212 334	54.76
湿法窑熟料(吨)	Stove from Wet Process (ton)	2 138 600	1 415 428	66.18
中空窑熟料(吨)	Stove from Hollow Model (ton)	57 000	33 483	58.74
水泥(吨)	Cement (ton)	53 400 737	30 560 767	57.23
平板玻璃(重量箱)(吨)	Plate Glass (weight case)	3 095 150	3 281 163	106.01
其中:浮法玻璃(重量箱)	Glass with Floating Process(weight case)	2 645 000	2 910 039	110.02
生铁(吨)	Pig Iron (ton)	15 209 600	11 929 683	78.44
粗钢(吨)	Steel (ton)	10 274 000	8 670 308	84.39
成品钢材(吨)	Steel Products (ton)	10 322 200	8 059 283	78.08
铁合金(吨)	Ferroalloy (ton)	833 092	546 355	65.58
原铝(电解铝)(吨)	Aluminum (ton)	607 000	592 341	97.59
金属切削机床(台)	Metal-cutting Machine Tools (unit)	26 915	27 691	102.88
汽车(辆)	Motor Vehicles (unit)	163 700	71 648	43.77
其中：轿车(辆)	car (unit)	20 000	1 958	9.79

注：本表为全部年主营业务收入500万元及以上独立核算工业数据。

Note: The Industrial data in this table cover all of the state-owned and non-state-owned enterprises with independent accounting systems and annual renevue on major business over 5 million Yuan.

主要统计指标解释

工业 我国的工业包括以下四个方面的生产活动:

(1) 对自然资源的开采,如:采矿、晒盐等,但不包括禽兽捕猎和水产捕捞和森林采伐。

(2) 对农副产品的加工、再加工,如:粮油加工、食品加工、缫丝、纺织、制革等。

(3) 对采掘品的加工、再加工,炼铁、炼钢、轧钢、化工生产、石油加工、机械制造、木材加工等,以及电力、水、燃气的生产和供应等。

(4) 对工业品的修理、翻新,如:机器设备的修理、交通运输工具(包括小卧车)的修理等。

1984 年以前农村的村及村以下办工业归属农业,1984 年及以后划归工业。

独立核算法人工业企业和工业活动单位 工业统计调查单位分为两类:独立核算法人工业企业和工业活动单位。

独立核算法人工业企业 是指从事工业生产经营活动的单位。应同时具备以下条件:

(1) 依法成立,有自己的名称,组织机构和场所,能够承担民事责任。

(2) 独立拥有和使用资产,承担负债,有权与其他单位签订合同。

(3) 独立核算盈亏,并能够编制资产负债表。

工业活动单位 是指在一个场所从事一种或主要从事一种工业生产活动的经济单位。一般应同时具备以下三个条件:

(1) 具有一个场所,从事一种或主要从事一种工业活动。

(2) 单独组织工业生产、经营或业务活动。

(3) 单独核算收入和支出。

国有经济(全民所有制工业) 是指生产资料归国家所有的一种经济类型。包括中央和地方各级国家机关,事业单位和社会团体使用国有资产和使用自有资金投资举办的工业企业。1957 年以前的公私合营和私营工业,后均改造为国营工业,这部分工业资料不单独列时,均包括在国有经济内。

集体经济 是指生产资料归公民、集体所有的一种经济类型,包括城乡所有使用集体投资举办的工业企业,以及部分个人通过集体自愿放弃所有权并依法经工商行政管理机关认定为集体所有制的工业企业。

私营经济 是指生产资料归公民私人所有,以雇佣劳动力为基础的一种经济类型,包括私营独资企业,私营合伙企业和私营有限责任公司。

个体经济 是指生产资料归劳动者个人所有,以个体劳动为基础,劳动成果归劳动者个人占有和支配的一种经济类型。

"三资工业" 包括外商投资经济和港、澳、台投资经济。

其他经济 指除国有经济、集体经济和私营、个体经济以外的其他经济,包括联营经济、股份制经济、外商投资经济、港、澳、台投资经济等。

轻工业 指提供生活消费品和制作手工工具的工业,是为满足人们吃、穿、用需要的工业。按其所使用的原料不同,可分为两大类:

(1) 以农产品为原料的轻工业 是指直接或间接以农产品为基本原料的轻工业。主要包括食品制造、饮料制造、烟草加工、纺织、缝纫、皮革和毛皮制作、造纸以及印刷等工业。

(2) 以非农产品为原料的轻工业 是指以工业品为原料的轻工业,主要包括文教体育用品、化学药品制造、合成纤维制造、日用化学制品、日用玻璃制品、日用金属制品、手工工具制造、医疗器械制造、文化和办公用机械制造等工业。

重工业 指生产生产资料的工业,是为国民经济各部门提供物质技术基础的工业。按其生产和产品用途,可分为下列三大类:

(1) 采掘工业 是指对自然资源的开采,包括石油开采、煤炭开采、金属矿开采和非金属矿开采等工业;

(2) 原材料工业 是指提供国民经济各部门使用的原料、动力和燃料的工业。包括金属冶炼及加工、 炼焦及焦炭化学、化工原料、水泥、人造板以及电力、石油和煤炭加工等工业；

(3) 加工工业 是指对原材料进行加工制造的工业。包括装备国民经济各部门的机械设备制造工业、金属结构、水泥制品等工业,以及为农业提供的生产资料和化肥、农药等工业。

根据上述划分原则,修理业中修理作业对象是重工业的划为重工业,否则划为轻工业。

大、中、小型企业 从2003年年报开始企业规模的划分标准，执行《统计上大中小型企业划分办法（暂行)》的规定，按照企业资产总计、主营业务收入、从业人员平均人数的大小，将企业划分为大型、中型和小型。

工业总产值 是以货币表现的工业企业在一定时间内生产的工业产品总量,它反映工业生产的总规模和总水平。它包括：在本企业内不再进行加工,经检验、包装入库的成品价值、对外加工费收入、自制半成品、在制品期末期初差额价值。工业总产值采用“工厂法”计算,即以工业企业作为一个整体,按企业工业生产活动的最终成果计算,企业内部不允许重复计算,不能把企业内部各个车间(分厂)生产的成果相加。但在企业之间、行业之间、地区之间存在重复计算。

轻重工业总产值的划分也是按“工厂法”计算的,即一个工业企业在正常情况下生产的主要产品的性质属于轻工业,则该企业的全部总产值作为轻工业总产值；一个工业企业生产的主要产品的性质属于重工业,则该企业的全部总产值作为重工业总产值。

工业总产值新规定的主要修订内容 自1992年起,国务院决定以国内生产总值作为衡量国民经济发展的总量指标,以工业增加值作为衡量工业经济的总量指标,淡化工业总产值指标的作用。但工业增加值指标的计算仍然要以工业总产值为基础。为使工业总产值的计算口径与工业中间投入的计算相配套,减少计算难度,保证工业增加值计算的准确性,在第三次全国工业普查方案中,针对工业总产值计算原规定的缺陷，对其作了下列四个方面的修订：

1.凡用自备原材料生产的产品,不论其加工的繁简程度如何,一律按全价,即工业总产值包括自备原材料的价值。

2.凡承接来料加工生产的产品,加工企业一律按财务上结算的加工费计算工业总产值,即不包括定货者来料的价值。

3.自制半成品、在制品期末期初差额价值,原则上应计入工业总产值,不再按生产周期是六个月以上还是六个月以下来区分是否计入工业总产值。

4.现价工业总产值一律采用不含销项税额的价格计算。

工业总产值计算新规定与原规定的区别主要包括以下两点：

1.计算口径不同

（1）全价与加工费的计算原则不同：新规定凡用自备原材料生产的产品,不论其加工的繁简程度如何,一律按加工费计算工业总产值。原规定则根据加工的繁简程度,有一些特殊规定 ,即对某些来料加工,允许按全价计算工业总产值,对某些自备原材料生产的产品,只允许按加工费计算总产值。

（2）自制半成品、在制品期末、期初差额价值计算规定不同：新规定要求原则上将自制半成品在制品期末期初差额价值计入工业总产值,并明确,如果会计的产品成本核算计算了这部分价值,工业总产值中也相应包括,否则可不包括；原规定,凡生产周期在六个月以上的产品,在计算工业总产值时应包括这部分差额价值,否则,可不包括这部分价值。

2.计算价格不同

按新规定计算的工业总产值按不含销项税额的价格计算；原规定则按含销项税额的价格计算。按1990年不变价格计算的工业总产值则不涉及计算价格扣除增值税的问题。

有关工业总产值计算的新规定详见《第三次全国工业普查实施方案》。

工业销售产值 是以货币表现的工业企业在一定时期内销售的本企业生产的工业产品产量。它包括已销售的成品、半成品的价值,对外提供的工业性作业价值和对本单位基本建设部门、生活福利部门提供的产品和工业性作业及自制设备的价值。已销售的成品、半成品,不论是本期生产的,还是上期生产的,只要是本期销售出去的均包括在内。对外提供的工业性作业是指企业按合同对外提供的工业性劳务。企业为本单位的基本建设部门、生活福利部门等提供的产品和工业性作业及自制设备也应视同销售,作为销售统计。

工业增加值 是指工业企业在一定时期内以货币表现的工业生产活动的最终成果。

工业企业主要财务指标

1．固定资产原价(原值)：指企业在建造、购置、安装、改建、扩建、技术改造某项固定资产时所支出的全部货币总额。一般包括买价、包装费、运杂费和安装费等。

2．固定资产净值：指固定资产原价减去历年所提折旧额的净额。

3．流动资产平均余额：流动资产是指可以在一年或者超过一年的一个营业周期内变现或者耗用的资产，包括现金及各种存款、短期投资、存货等；流动资产平均余额指全部流动资产报告期平均余额。计算公式为：

流动资产月平均余额=月初、月末流动资产余额之和÷2

流动资产季平均余额=季内各月流动资产平均余额之和÷3

流动资产年平均余额=1至12月各月流动资产平均余额之和÷12

工业企业主要经济效益指标

1.全员劳动生产率　指根据产品的价值量指标的平均每一职工在单位时间内的产品生产量。目前我国的全员劳动生产率是用工业总产值或工业增加值除以同一时期全部职工的平均人数来计算的。计算公式为：

全员劳动生产率=工业总产值/全部职工平均人数×12/累计月份

或=工业增加值/全部职工平均人数×12/累计月份

2.工业产品销售率　指报告期工业销售产值与同期全部工业总产值之比，反映工业产品生产已实现销售的程度。计算公式为：

工业产品销售率（%）=报告期现价工业销售产值/报告期现价工业总产值×100%

3.工业资产利税率　指报告期已实现的利税总额与同期的资产（流动资产和固定资产净值）之比，反映企业资金运用的经济效益。计算公式为：

工业资产利税率（%）=报告期止累计实现利税总额/报告期平均流动资产+固定资产净值平均余额×12/累计月数×100%

4.工业增加值率　指报告期工业增加值与同期工业总产值之比，反映降低中间消耗的经济效益。计算公式为：

工业增加值率（%）=报告期工业增加值/（报告期现价工业总产值（新规定）+报告期销项税额）×100%

5.工业成本费用利润率　指报告期实现利润总额与成本费用之比，反映降低成本的经济效益。计算公式为：

工业成本费用利润率（%）=报告期实现利润总额/报告期成本费用总额×100%

成本费用是产品销售成本、产品销售费用、管理费用、财务费用之和

6.流动资产周转率　指一定时期内流动资产完成的周转次数,反映流动资产的周转速度。计算公式为：

流动资产周转率=报告期止累计产品销售收入/报告期平均流动资产×12/累计月数

7.资产负债率　又称债务比率，该比率反映在企业资产总额中有多少资产是通过借债而得到的。是反映企业长期偿债能力的指标之一，也可以用于衡量企业利用债权人提供资金进行经营活动的能力以及企业在清算时保护债权人利益的程度。计算公式为：

资产负债率=负债总额÷资产总额×100%

8.总资产贡献率 是反映全部资产的获利能力，是企业管理水平和经营业绩的集中体现。计算公式为：

总资产贡献率（%）= 利润总额＋利息支出 / 平均资产总额×12/累计月数×100%

平均资产总额为资产总计期初、期末之和的算术平均值。即：

平均资产总额=（期初资产总额＋期末资产总额）÷2

9.资本保值增值率　反映企业资产的变动状况，是企业发展能力的集中体现。计算公式为：

资产保值增值率（%）= 期末所有者权益 / 期初所有者权益×100%

Explanatory Notes on Principal Statistical Indicators

Industry refers to the material production sector which is engaged in the following four aspects:

(1) extraction of natural resources, such as mining, salt production, but not including hunting, fishing and logging;

(2) processing and reprocessing of farm and sideline produces, such as rice husking, food processing, flour milling, wine making, oil pressing, cotton ginning, silk reeling, spinning and weaving, and leather making;

(3)manufacturing of extracted products, such as steel making, iron smelting, chemicals manufacturing, petroleum processing, machine building, timber processing; water and gas production and electricity generation and supply;

(4) repairing and renovating of industrial products, such as the repairing of machinery, equipment and means of transport (including cars) etc..

Prior to 1984, the rural industry run by villages and cooperative organizations under village was classified into agriculture. Since 1984, it has been grouped into industry.

Corporate Industrial Enterprises with Independent Accounting System and Industrial Activity Entities Units of industrial statistics and inquiry are classified into two categories: corporate industrial enterprises with independent accounting system and industrial activity entities.

Corporate Industrial Enterprises with Independent Accounting System refer to enterprises engaging in industrial production activities, which meet the following requirements:

(1) Established legally, having their own names, organizations, location, and being able to take civil liability;

(2) Legally possessing and having the right to their assets independently, to assume liabilities, and to sign contracts with other entities;

(3) Being able to calculate profit and loss independently and prepare their own balance sheets.

Industrial Activity Entities refer to the economic entities located in one single place and engaged entirely or primarily in one kind of industrial activity. Which generally meet the following requirements:

(1) Having regular location and entirely or mainly engaging in one kind of industrial activity;

(2) Operating and managing their industrial production activities independently;

(3) Having independent accounting system for income and expenditures.

State-owned Enterprises (Whole People Owned Industry) refers to a type of industrial enterprises where the means of production are owned by the state. It includes the industrial enterprises run by the central and local state agencies at all levels and by institutions and social groups in using state-owned assets and self-owned funds. Joint state-private industries and private industries, which existed before 1957, have been transformed into state industries. Statistics on these enterprises has been included in the state-owned industries since 1957 when separation of data was no longer necessary.

Collective-owned Enterprises refers to a type of industrial enterprises where the means of production are owned collectively, including urban and rural enterprises invested by collectives and some enterprises which were formerly owned privately but have been registered in industrial and commercial administration agencies as collective entities through raising funds from the public.

Private Enterprises refers to a type of economic entities where the means of production are owned privately and employed labor force is taken as their basis. It includes private solely-funded enterprises, private partnership enterprises and private limited liability companies.

Individual Enterprises refers to a type of economic entities where the means of production are owned by individual laborer, individual labor is taken as their basis and labor fruits are owned by individual laborer.

Joint-Venture, Cooperative and sole Investment Industry includes industrial enterprises invested by foreign businessmen and businessmen from Hong Kong, Macao and Taiwan.

Other Enterprises refers to other enterprises excluding state-owned, collective-owned, private-owned and individual enterprises. It includes joint ownership enterprises, joint stock enterprises, foreign funded enterprises, and enterprises funded by Hong Kong, Macao and Taiwan, etc.

Light Industry refers to the industry that produces consumer goods and hand tools, satisfying people's need of eating, clothing and using. It consists of two categories, depending on the materials used:

(1) Industries using farm products as raw materials. These are branches of light industry which directly or indirectly use farm products as basic raw materials, including food and beverages production, tobacco processing, textile, clothing, fur and leather making, paper making, printing, etc.;

(2) Industries using non-farm products as raw materials. These are branches of light industry which use manufactured goods as raw materials, including the manufacture of cultural, educational articles and sports goods, chemicals, synthetic fiber, chemical products for daily use, glass products for daily use, metal products for daily use, hand tools, medical apparatus and instruments, and cultural and clerical machinery.

Heavy Industry refers to the industry, which produces capital goods, and provides various sectors of the national economy with necessary material and technical basis. It consists of the following three branches according to the purpose of production or the use of products:

(1) Mining, quarrying and logging industry refers to the industry that extracts natural resources, including extraction of petroleum, coal, metal and non-metal ores and logging;

(2) Raw materials industry refers to the industry that provides various sectors of the national economy with raw materials, fuels and power. It includes smelting and processing of metals, coking and coke chemistry, chemical materials and building materials such as cement, plywood, and power, petroleum refining and coal dressing;

(3) Manufacturing industry refers to the industry that processes raw materials. It includes machine building industry which equips sectors of the national economy, industries of metal structure and cement products, industries producing means of agricultural production, such as chemical fertilizers and pesticides.

According to the above principle of classification, repairing trades which are engaged primarily in repairing products of heavy industry are classified into heavy industry while those engaged in repairing products of light industry are classified into light industry.

Large-scale, Medium-scale and Small-scale Enterprises Enterprises are classified into three categories: large-scale, medium-scale and small-scale enterprises according to their total assets, annual sales revenue of products and average number of employed persons. The regulations of Methods of Classification of Enterprises by Scale in Statistics have been carried out as the standards of classification since 2003.

Gross Industry Output Value is the total volume of industrial products produced during a given period in monetary terms, which reflects the total achievements and overall scale of industrial production. It includes value of finished products, which are not to be further processed in the enterprises and have been inspected, packed and put in storage, income from external processing, and differential value of self-made semi-finished products and products in process at the end and beginning of the report period. The gross industrial output value is calculated by the "factory method", i.e. an industrial enterprise is treated as the basic amounting unit in calculating the gross industrial output value; no double calculations are to be made within the same enterprise, e.g. the output value of the different workshops (branch factories) of an enterprises should not be added, however, this method does not exclude the possibility of double counting among different enterprises, industries and regions.

Output value of light and heavy industries is also classified by the "factory" method, i.e. if the major products of an industrial enterprise belong to light industry products, the gross output value of that enterprise is classified wholly into light industry; the same principle applies to heavy industry.

Explanation: differences between the new regulations and the original ones for calculation of gross

industrial output value (main points) Since 1992 the State Council has decided to adopt gross domestic product as the total amount index to measure development of the national economy, to adopt added value of industry as the total amount index to measure industrial economy and to downplay the function of the index of gross industrial output value. But the calculation of industrial added value is still based on gross industrial output value. In order to coordinate the principles of calculation of gross industrial output value and of calculation of industrial intermediate input, to reduce the difficulty of calculation and to ensure the accuracy of industrial added value, the revision was made in the following four aspects to counter the defects in the original regulations for the calculation of gross industrial output value in the Third National Industrial General Survey Scheme:

1. Products produced with self-prepared raw material are calculated at all-round price in reporting the gross industrial output value, irrespective complexity of simplicity of production, i.e., the gross industrial output value includes the value of self-prepared raw material.
2. Products processed with supplied materials are calculated, according to processing charges financially settled in reporting the gross industrial output value, i.e., the gross industrial output value excludes the value of orders' material.
3. Differential value of self-made semi-finished products and product in process at the end and beginning of the report period should be calculated into the gross industrial output value in principle and the old method in which inclusion or exclusion of the differential value is determined by whether the production cycle is over or below six months is not applied.
4. Current gross industrial output value is all calculated at price without sales tax.

There are two main differences between the new regulations and the original one for calculation of gross industrial output value:

1. Difference in principle of calculation

(1) Different principles of calculation for all-round price and processing charge: according to the new regulations, the product produced with self-prepared raw material is calculated at all-round price in reporting the gross industrial output value, no matter how complex or simple its processing is. Under the original regulations, the use of all-round price or processing charge in calculation the complexity or simplicity of processing, i.e., for some products processed with supplied materials gross industrial output value was calculated at all-round price and for some products produced with self-prepared materials, gross industrial output value was calculated only according to the processing charge.

(2) Different principles of calculating the differential value of self-made semi-finished products and product in process at the end and beginning of the report period: according to the new regulations, the differential value (of self-made semi-product and product in progress at the beginning and end of period) is calculated into gross industrial output value in principle and it is made clear that if the value is included in product cost, it should be included in gross industrial output value accordingly, otherwise it can not be included. Under the original regulations, for the product with the production cycle over six months, gross industrial output value should include the differential value, otherwise it can not be included.

2. Difference in calculation price

Gross industrial output value is calculated at price without sales tax under the new regulations, while at price with sales tax under the original regulations. The gross industrial output value calculated at fixed price in 1990 does not involve the question of whether value added tax is deducted from calculation price.

The details of the new regulations for calculation of gross industrial output value can refer to the Third National Industrial General Survey Scheme.

Industrial Sales Value is the total volume of industrial products produced and sold by industrial enterprises in a given period in monetary terms. It includes the value of finished-products and semi-finished products sold, the value of industrial operation provided for the outside, the value of products, industrial operation and self-made equipment provided for the capital construction departments and welfare benefits departments of the same enterprise. Finished products and semi-finished products sold out in the present report period are all included irrespective of their production time. Industrial operation provided for the outside refers to industrial labor provided by an enterprise according to the contract. Products, industrial operation and self-made equipment provided for the capital construction departments and welfare benefits departments of the same enterprise are also considered and recorded as sales.

Added Value of Industry refers to the final results of industrial production of industrial enterprises in monetary terms during the report period.

Principal Finance Indicators of Industrial Enterprises

1. Original Value of Fixed Assets refers to the value of payment made by enterprises, in building, purchase, installation, reconstruction, expansion, and technical transformation of a particular item of fixed assets, which includes expenses on purchase, package, transportation, and installation, etc.

2. Net value of fixed assets refers to the balance of the original value of fixed assets minus the amount of accumulated depreciation.

3. Average balance of current assets: current assets refer to the assets which can be liquidated or consumed within an operating cycle of one year or over one year, including cash and various deposits, short-term investment, inventory, etc.; average balance of current assets refers to the average balance of all the current assets in the report period. The formulae are as follows:

Monthly Average Balance of Current Assets = Sum of Balance of Current Assets at Beginning and End of Month ÷2

Quarterly Average Balance of Current Assets = Sum of Balance of Current Assets in Each Month of Quarter ÷2

Annual Average Balance of Current Assets = Sum of Balance of Current Assets in Each Month from January to December ÷2

Principal Indicators on Economic Performances of Industrial Enterprises

1. *Overall Labor Productivity* refers to the average output per employed person of industrial enterprises in unit time in value terms. At present, gross industrial output value or added value of industry and average number of staff and workers of an industrial enterprise in a given period are used to calculate overall labor productivity. The formula used is as follows:

Overall Labor Productivity = Gross Industrial Output Value/Average Number of Staff and Workers × 12/Aunmulated Months or = Added Value of Industry/Average Number of Staff and Workers × 12/Aunmulated Months

2. *Ratio of Sales to Gross Output Value* refers to the ratio of industrial sales value in the report period to gross industrial output value in the same period, which reflects the linkage between the industrial production and the realized sales. The formula is as follows:

Ratio of Sales to Gross Output Value = (Industrial Sales Value at Current Price in the Report Period/Gross Industrial Output Value at Current Price in the Report Period) × 100%

3. *Ratio of Profits and Tax to Assets* refers to the ratio of total realized profits and tax in the report period to assets (net value of current assets and fixed assets) in the same period, which reflects the economic efficiency of fund utilization. The formula is as follows:

Ratio of Profits and Tax to Assets (%) = [Total Accumulated Profit and Tax by the End of Report Period/(Average Current Assets in the Report Period + Average Balance of Net Value of Fixed Assets)] × 12/Accumulated Months × 100%

4. *Value-added Rate of Industry* refers to the ratio of added value of industry in the report period to gross output value in the same period, which reflects the economic efficiency of reduction in intermediate input and is calculated as follows:

Value-added Rate of Industry (%) = (Added Value of Industry in the Report Period/Gross Industrial Output Value at Current Price) in the Report Period + Sales Tax in the Report Period) × 100%

5. *Ratio of Profits to Total Costs and Expenses* refers to the ratio of profits realized in the report period to the

total costs and expenses in the same period, which reflects the economic efficiency of cost reduction. It is calculated as follows:

Ratio of Profits to Total Costs and Expenses (%) = (Total Profits Realized in the Report Period/Total Costs and Expenses in the Report Period)×100%

Costs and expenses are the sum of product sales cost, product sales expenses and financial expenses.

6. *Turnover Rate of Current Assets* refers to the number of times of turnover of current assets in a given period of time, which reflects the speed of the turnover of current assets. It is calculated as follows:

Turnover Rate of Current Assets (%) = (Accumulated Sales Revenue of Products by the End of Report Period/Average Current Assets in the Report Period)×12/Accumulated Months

7. *Ratio of Debts to Assets* reflects the proportion of assets obtained by borrowing in the total assets of an enterprise. It is one of the indicators reflecting the debt repaying capability of an enterprise in the long run and can also be used to measure the operating capability of an enterprise with the capital from creditors and the degree to which an enterprise can protect the interest of creditor during liquidation. The formula is as follows:

Ratio of Debts to Assets (%) = (Total Debts/Total Assets)×100%

8. *Contribution Rate of Total Assets* reflects the profit-making capability of all assets and it is a key indicator manifesting the performance and management level of an enterprise. The formula is as follows:

Contribution Rate of Total Assets (%) = [(Total Profits and Tax + Interest Payment)/Total Average Assets]×12/Accumulated Months×100%

Total average assets refer to the arithmetic average value of total assets at the beginning and end of period, i.e. Total Average Assets = (Total Assets at the Beginning of Period + Total Assets at the End of Period)÷2.

9. *Rate of Asset Hedge and Increment* reflects the variation of assets of an enterprise and manifests the development capability of an enterprise. The formula is as follows:

Rate of Asset Hedge and Increment (%) = (Owner's Equity at the End of Period/ Owner's Equity at the Beginning of Period)×100%

十二、能源、原材料生产和消费

Production and Consumption of Energy and Raw Material

Chapter 12

12-1 主要年份能源生产和消费总量及其构成
Total Production and Consumption of Energy and Their Composition in Significant Years

年份 Year	能源生产总量(万吨标准煤) Total Production of Energy (10 000 tons of SCE)	占能源生产总量的比重(%) Percentage to Total Production(%)		能源消费总量(万吨标准煤) Total Consumption of Energy (10 000 tons of SCE)	占能源消费总量的比重(%) Percentage to Total Consumption (%)			
		原煤 Coal	水电 Hydro Power		煤炭 Coal	石油 Petroleum	天然气 Natural Gas	水电 Hydro Power
1952	17.5	90.30	9.70	19.00	83.20	7.90		8.90
1957	114.3	96.00	4.00	119.20	92.00	4.10		3.90
1962	224.7	93.50	6.50	256.30	89.30	4.50		6.20
1965	326.1	93.90	6.10	348.70	87.80	6.50		5.70
1970	555.6	91.80	8.20	591.50	86.20	6.10		7.70
1975	861.1	85.60	14.40	920.30	80.10	6.40		13.50
1976	751.2	85.40	14.60	797.00	79.40	6.80		13.80
1977	893.2	86.30	13.70	931.10	79.60	7.30		13.10
1978	1 002.60	84.50	15.50	1 065.90	78.20	7.20		14.60
1979	933.9	82.70	17.30	1 072.20	72.00	7.50	5.40	15.10
1980	841.9	79.60	20.40	946.10	67.00	9.00	5.70	18.30
1981	872.5	77.90	22.10	948.40	65.90	8.60	5.90	19.60
1982	930.2	81.90	18.10	1 020.60	69.70	8.30	4.90	17.10
1983	966.3	83.30	16.70	1 094.70	72.20	8.50	4.60	14.70
1984	1 076.30	81.50	18.50	1 226.30	71.20	8.30	4.20	16.30
1985	1 162.80	80.40	19.60	1 298.33	69.60	8.50	4.40	17.50
1986	1 220.30	79.50	20.50	1 399.07	69.70	8.40	4.10	17.80
1987	1 355.30	91.10	8.90	1 533.22	72.20	8.40	3.50	15.90
1988	1 404.50	83.50	16.50	1 622.52	75.70	6.90	3.10	14.30
1989	1 522.79	81.80	18.20	1 706.87	72.30	8.10	3.20	16.40
1990	1 594.50	79.80	20.20	1 954.18	71.70	7.20	2.80	18.30
1991		75.30	24.70	1 961.92	67.00	8.50	2.80	21.70
1992	1 763.66	77.10	22.90	2 016.61	69.40	8.00	2.70	19.90
1993	1 811.57	76.70	24.30	2 089.80	70.00	8.00	2.70	19.30
1994	2 073.79	71.50	28.50	2 282.80	66.00	7.70	2.50	23.80
1995	2 313.65	69.20	30.80	2 640.55	66.10	6.90	2.20	24.80
1996	2 556.85	68.60	31.40	2 819.43	64.50	6.90	2.50	26.10
1997	2 619.97	71.85	28.15	3 428.98	71.38	6.01	2.01	20.60
1998	2 451.49	71.99	28.01	3 364.49	71.31	6.52	1.76	20.41
1999	2 267.97	67.06	32.94	3 287.97	68.22	7.18	1.88	22.72
2000	2 471.77	64.03	32.11	3 468.33	62.61	7.46	1.81	25.39
2001	2 611.54	65.48	30.53	3 741.03	62.33	10.62	1.72	22.57
2002	3 259.95	67.19	29.41	4 131.31	61.04	11.12	1.51	23.70
2003	3 608.45	64.24	30.78	4 449.97	60.85	11.64	1.53	22.01
2004	4 455.68	68.13	27.04	5 209.81	63.30	11.13	1.34	20.16
2005	5 353.36	68.92	26.61	6 023.97	62.58	11.14	1.35	21.01
2006	6 095.10	75.03	22.34	6 640.58	67.82	11.48	1.09	17.57
2007	6 587.28	73.37	23.55	7 173.26	66.09	12.30	1.02	17.83

注：采用数据为等价热值,2000至2004年数据根据全国第一次经济普查数据调整

Note:The selected data is equivalent caloricity.The data from the year 2000 to 2004 is regulated according to the data of the First National Economic Census.

12-2 主要行业能源消费总量和构成

行　　业	Sector	2000年 消费量（万吨标煤）Total Consumption of Energy (10 000 tons of SCE)	2000年 构成(%) Percentage (%)
工业	**Industry**	**2 193.27**	**100.00**
轻工业	Light Industry	314.69	14.35
重工业	Heavy Industry	1 878.58	85.65
采矿业	Mining	275.53	12.56
煤炭开采和洗选业	Coal Mining and Dressing	202.32	9.22
石油和天然气开采业	Petroleum and Natural Gas Extraction	6.36	0.29
黑色金属矿采选业	Ferrous Metals Mining and Dressing	11.19	0.51
有色金属矿采选业	Nonferrous Metals Mining and Dressing	28.23	1.29
非金属矿采选业	Nonmetal Minerals Mining and Dressing	23.42	1.07
木材及竹材采运业	Logging and Transport of Timber and Bamboo	3.99	0.18
制造业	Manufacturing	1 695.84	77.32
农副食品加工业	AgricuLtural Non-staple Food Processing	50.54	2.30
食品制造业	Food Manufacturing	107.00	4.88
饮料制造业	Beverage Manufacturing	6.79	0.31
烟草制品业	Tobacco Production	26.60	1.21
纺织业	Textile Industry	6.87	0.31
纺织服装、鞋、帽制造业	Textile,Clothing, Footwear Production	0.89	0.04
皮革、毛皮、羽绒及其制品业	Leather, Furs, Down and Related Products	0.47	0.02
木材加工及竹、藤、棕、草制品业	Timber Processing, Bamboo, Cane, Palm Fiber and Straw Products	8.40	0 .38
家具制造业	Furniture Manufacturing	0.15	0.01
造纸及纸制品业	Papermaking and Paper Products	24.12	1.10
印刷业	Printing	2.30	0.10
文教体育用品制造业	Cultural, Educational and Sports Goods	0.03	

注：能源综合消费量按等价热值计算。

Total Consumption of Energy Main Sectors and Its Composition

2004年		2005年		2006年		2007年	
消费量 (万吨标煤) Total Consumption of Energy (10 000 tons of SCE)	构成 (%) Percentage (%)	消费量 (万吨标煤) Total Consumption of Energy 10 000 tons (of SCE)	构成 (%) Percentage (%)	消费量 (万吨标煤) Total Consumption of Energy (10 000 tons of SCE)	构成 (%) Percentage (%)	消费量 (万吨标煤) Total Consumption of Energy (10 000 tons of SCE)	构成 (%) Percentage (%)
3 610.05	**100.00**	**4 390.71**	**100.00**	**4 882.98**	**100.00**	**5 300.95**	**100.00**
211.86	5.87	261.57	5.96	290.32	5.95	316.22	5.97
3 400.50	94.20	4 129.13	94.04	4 592.67	94.05	4 984.73	94.03
322.18	8.92	357.79	8.15	378.87	7.76	436.80	8.24
210.50	5.83	204.51	4.66	184.41	3.78	198.59	3.75
0.04	0.00	0.06	0.00	0.05	0.00	0.03	0.00
48.16	1.33	55.09	1.25	57.84	1.18	70.63	1.33
40.78	1.13	69.52	1.58	97.46	2.00	120.54	2.27
22.64	0.63	28.61	0.65	39.11	0.80	47.01	0.89
				0.00	0.00	0.00	0.00
2 958.68	81.96	3 734.80	85.06	4 113.89	84.25	4 432.17	83.61
84.02	2.33	101.79	2.32	100.81	2.06	138.88	2.62
7.99	0.22	13.58	0.31	21.05	0.43	18.61	0.35
12.78	0.35	27.43	0.62	28.94	0.59	26.48	0.50
31.55	0.87	32.62	0.74	35.66	0.73	35.05	0.66
9.8	0.27	16.15	0.37	17.34	0.36	11.49	0.22
0.42	0.01	0.37	0.01	0.65	0.01	0.64	0.01
0.48	0.01	0.25	0.01	0.12	0.00	0.02	0.00
15.11	0.42	18.20	0.41	19.52	0.40	15.45	0.29
0.45	0.01	0.52	0.01	0.51	0.01	0.13	0.00
34.68	0.96	40.98	0.93	53.73	1.10	61.36	1.16
4.59	0.13	5.94	0.14	7.03	0.14	3.26	0.06
0.03	0.00	0.07	0.00	0.05	0.00	0.01	0.00

Note:The energy consumption volume was calculated according to the equivalent caloricity

12-2 续表

行业	Sector	2000年 消费量(万吨标煤) Total Consumption of Energy (10 000 tons of SCE)	构成(%) Percentage (%)
石油加工、炼焦及核燃料加工业	Petroleum Processing,Coking and Nuclear fuel Processing	17.24	0.79
化学原料及化学品制造业	Raw Chemical Materials and Chemical Products	594.07	27. 09
医药制造业	Medical and Pharmaceutical Products	3.96	0.18
化学纤维制造业	Chemical Fiber	5.21	0.24
橡胶制品业	Rubber Products	22.11	1.01
塑料制品业	Plastic Products	4.45	0.21
非金属矿物制品业	Nonmetal Mineral Products	285.29	13.01
黑色金属冶炼及压延加工业	Smelting and Pressing of Ferrous Metals	343.46	15.66
有色金属冶炼及压延加工业	Smelting and Pressing of Nonferrous Metals	159.60	7.2 8
金属制品业	Metal Products	3.51	0.16
通用设备制造业	General-purpose Machinery Manufacturing	7.23	0.33
专用设备制造业	Special Purposes Equipment	4.39	0.20
交通运输设备制造业	Transport Equipment	4.64	0.21
电气机械及器材制造业	Electric Equipment and Machinery	3.88	0.18
通信设备、计算机及其他电子设备制造	Communication Equipment, Computers and other Electronic E	0.29	0.01
仪器仪表、文化办公用机械制造业	Instruments, Meters, Cultural and Clerical Machinery	1.24	0.0 6
工艺品及其他制造业	Handicraft Articles and Other Goods Production		
废弃资源和旧材料回收加工业	Recycling and Disposal of Waste		
电力、燃气及水生产和供应业	Production and Supply of Electric Power, Gas and Water	221.91	10.12
电力、热力的生产和供应业	Production and Supply of Electric Power and Heat	204.20	9.31
燃气生产和供应业	Gas Production and Supply	12.89	0.59
水的生产和供应业	Water Production and Supply	4.84	0.22
建筑业	**Construction**	**39.49**	
交通运输、仓储及邮电通信业	**Transport, Storage and Post Services**	**229.02**	

注：能源综合消费量按等价热值计算。

continued

2004年		2005年		2006年		2007年	
消费量 (万吨标煤) Total Consumption of Energy (10 000 tons of SCE)	构成 (%) Percentage (%)	消费量 (万吨标煤) Total Consumption of Energy 10 000 tons (of SCE)	构成 (%) Percentage (%)	消费量 (万吨标煤) Total Consumption of Energy (10 000 tons of SCE)	构成 (%) Percentage (%)	消费量 (万吨标煤) Total Consumption of Energy (10 000 tons of SCE)	构成 (%) Percentage (%)
54.93	1.52	145.41	3.31	170.61	3.49	147.02	2.77
856.79	23.73	996.86	22.70	1 102.28	22.57	1 143.41	21.57
19.38	0.54	11.66	0.27	15.00	0.31	11.42	0.22
1.55	0.04	5.33	0.12	6.65	0.14	7.13	0.13
1.9	0.05	2.24	0.05	1.80	0.04	2.00	0.04
9.13	0.25	10.91	0.25	7.54	0.15	6.97	0.13
443.26	12.28	591.27	13.47	709.97	14.54	658.21	12.42
901.82	24.98	1 104.86	25.16	1 142.28	23.39	1 403.78	26.48
423.19	11.72	560.59	12.77	636.30	13.03	707.62	13.35
8.04	0.22	6.14	0.14	5.34	0.11	3.09	0.06
13.72	0.38	13.63	0.31	10.20	0.21	9.87	0.19
4.79	0.13	6.98	0.16	5.04	0.10	4.04	0.08
8.67	0.24	10.09	0.23	6.73	0.14	7.44	0.14
4.84	0.13	3.84	0.09	4.12	0.08	3.43	0.06
0.3	0.01	0.30	0.01	0.38	0.01	0.53	0.01
1.55	0.04	1.40	0.03	1.12	0.02	1.36	0.03
2.55	0.07	4.89	0.11	2.77	0.06	1.73	0.03
0.33	0.01	0.51	0.01	0.34	0.01	1.74	0.03
329.19	9.12	298.12	6.79	390.22	7.99	431.98	8.15
293.18	8.12	280.90	6.40	377.88	7.74	397.49	7.50
30.59	0.85	12.09	0.28	7.08	0.14	26.92	0.51
5.4	0.15	5.13	0.12	5.26	0.11	7.57	0.14
56.78		**77.91**		**92.84**		**95.01**	
477.29		**570.30**		**627.20**		**671.23**	

Note:The energy consumption volume was calculated according to the equivalent caloricity

12-3 主要行业原煤消费量和构成

行业	Sector	2000年 消费量(万吨) Total Consumption of Coal (10 000 tons)	构成(%) Percentage (%)
工业	**Industry**	**2 169.57**	**100.00**
轻工业	Light Industry	176.57	8.14
重工业	Heavy Industry	1 993.00	91.86
采矿业	Mining	854.81	39.40
煤炭开采和洗选业	Coal Mining and Dressing	826.82	38.11
石油和天然气开采业	Petroleum and Natural Gas Extraction	0.06	
黑色金属矿采选业	Ferrous Metals Mining and Dressing	2.52	0.12
有色金属矿采选业	Nonferrous Metals Mining and Dressing	6.94	0.32
非金属矿采选业	Nonmetal Minerals Mining and Dressing	17.44	0.80
木材及竹材采运业	Logging and Transport of Timber and Bamboo	1.03	0.05
制造业	Manufacturing	671.80	30.96
农副食品加工业	AgricuLtural Non-staple Food Processing	59.18	2.73
食品制造业	Food Manufacturing	1.46	0.07
饮料制造业	Beverage Manufacturing	5.49	0.25
烟草制品业	Tobacco Production	11.64	0.54
纺织业	Textile Industry	3.59	0.17
纺织服装、鞋、帽制造业	Textile,Clothing, Footwear Production	0.03	
皮革、毛皮、羽绒及其制品业	Leather, Furs, Down and Related Products	0.23	0.01
木材加工及竹、藤、棕、草制品业	Timber Processing, Bamboo, Cane, Palm Fiber and Straw Products	5.07	0.23
家具制造业	Furniture Manufacturing	0.01	
造纸及纸制品业	Papermaking and Paper Products	22.01	1.01
印刷业	Printing	0.07	
文教体育用品制造业	Cultural, Educational and Sports Goods		

Total Consumption Coal of Main Sectors and Its Composition

2004年		2005年		2006年		2007年	
消费量 (万吨) Total Consumption of Coal (10 000 tons)	构成 (%) Percentage (%)	消费量 (万吨) Total Consumption of Coal (10 000 tons)	构成 (%) Percentage (%)	消费量 (万吨) Total Consumption of Coal (10 000 tons)	构成 (%) Percentage (%)	消费量 (万吨) Total Consumption of Coal (10 000 tons)	构成 (%) Percentage (%)
4 734.48	**100.00**	**5 919.34**	**100.00**	**6 760.15**	**100.00**	**6 893.22**	**100.00**
163.29	3.45	216.51	3.66	232.97	3.45	223.01	3.24
4 571.19	96.55	5 702.83	96.34	6 527.17	96.55	6 670.21	96.76
1 002.29	21.17	1 105.98	18.68	1 257.60	18.60	1 397.03	20.27
966.10	20.41	1 062.54	17.95	1 210.33	17.90	1 305.56	18.94
7.85	0.17	8.80	0.15	11.19	0.17	46.51	0.67
4.62	0.10	10.03	0.17	13.00	0.19	12.88	0.19
23.72	0.50	24.61	0.42	23.08	0.34	32.08	0.47
				0.00	0.00	0.00	0.00
2 002.20	42.29	2 950.42	49.84	2 862.59	42.35	2 476.05	35.92
52.82	1.12	51.04	0.86	40.16	0.59	56.43	0.82
8.06	0.17	15.70	0.27	19.00	0.28	19.57	0.28
15.19	0.32	21.10	0.36	22.99	0.34	18.74	0.27
22.13	0.47	25.74	0.43	33.65	0.50	23.89	0.35
5.51	0.12	12.53	0.21	13.71	0.20	11.79	0.17
0.35	0.01	0.33	0.01	0.65	0.01	0.65	0.01
0.33	0.01	0.28	0.00	0.07	0.00	0.02	0.00
12.85	0.27	11.47	0.19	12.33	0.18	8.67	0.13
0.02	0.00	0.02	0.00	0.09	0.00	0.07	0.00
44.18	0.93	52.07	0.88	55.97	0.83	63.49	0.92
1.61	0.03	4.10	0.07	4.69	0.07	0.33	0.00
		0.00	0.00	0.00	0.00		

12-3 续表

行业	Sector	2000年 消费量(万吨) Total Consumption of Coal (10 000 tons)	2000年 构成(%) Percentage (%)
石油加工、炼焦及核燃料加工业	Petroleum Processing,Coking and Nuclear fuel Processing	36.05	1.66
化学原料及化学品制造业	Raw Chemical Materials and Chemical Products	192.78	8.89
医药制造业	Medical and Pharmaceutical Products	3.40	0.16
化学纤维制造业	Chemical Fiber	4.28	0.20
橡胶制品业	Rubber Products	4.46	0.21
塑料制品业	Plastic Products	0.36	0.02
非金属矿物制品业	Nonmetal Mineral Products	226.94	10.46
黑色金属冶炼及压延加工业	Smelting and Pressing of Ferrous Metals	44.14	2.03
有色金属冶炼及压延加工业	Smelting and Pressing of Nonferrous Metals	40.50	1.87
金属制品业	Metal Products	0.77	0.04
通用设备制造业	General-purpose Machinery Manufacturing	1.32	0.06
专用设备制造业	Special Purposes Equipment	0.57	0.03
交通运输设备制造业	Transport Equipment	0.75	0.03
电气机械及器材制造业	Electric Equipment and Machinery	1.04	0.05
通信设备、计算机及其他电子设备制造	Communication Equipment, Computers and other Electronic Equipment Production	0.01	
仪器仪表、文化办公用机械制造业	Instruments, Meters, Cultural and Clerical Machinery	0.27	0.01
工艺品及其他制造业	Handicraft Articles and Other Goods Production		
废弃资源和废旧材料回收加工业	Recycling and Disposal of Waste		
电力、燃气及水生产和供应业	Production and Supply of Electric Power, Gas and Water	642.96	29.64
电力、热力的生产和供应业	Production and Supply of Electric Power and Heat	635. 83	29.31
燃气生产和供应业	Gas Production and Supply	7.13	0.33
水的生产和供应业	Water Production and Supply		
建筑业	**Construction**	**10.20**	
交通运输、仓储及邮电通信业	**Transport, Storage and Post Services**	**17.12**	

continued

2004年		2005年		2006年		2007年	
消费量 (万吨) Total Consumption of Coal (10 000 tons)	构成 (%) Percentage (%)	消费量 (万吨) Total Consumption of Coal (10 000 tons)	构成 (%) Percentage (%)	消费量 (万吨) Total Consumption of Coal (10 000 tons)	构成 (%) Percentage (%)	消费量 (万吨) Total Consumption of Coal (10 000 tons)	构成 (%) Percentage (%)
583.12	12.32	1 066.20	18.01	1 052.38	15.57	609.77	8.85
406.68	8.59	550.34	9.30	526.59	7.79	639.41	9.28
8.18	0.17	12.09	0.20	13.54	0.20	10.25	0.15
4.83	0.10	9.47	0.16	11.39	0.17	10.91	0.16
1.47	0.03	1.63	0.03	1.25	0.02	1.66	0.02
1.95	0.04	2.19	0.04	1.97	0.03	1.04	0.02
584.00	12.34	736.67	12.45	749.72	11.09	695.85	10.09
159.12	3.36	232.14	3.92	126.97	1.88	183.46	2.66
77.10	1.63	124.74	2.11	151.63	2.24	107.22	1.56
1.60	0.03	1.36	0.02	1.35	0.02	1.34	0.02
2.32	0.05	1.40	0.02	1.00	0.01	1.64	0.02
1.19	0.03	2.90	0.05	2.61	0.04	0.86	0.01
1.52	0.03	1.82	0.03	1.04	0.02	1.54	0.02
1.06	0.02	0.65	0.01	0.60	0.01	0.43	0.01
				0.00	0.00		
0.24	0.01	0.30	0.01	0.17	0.00	0.15	0.00
4.69	0.10	12.04	0.20	17.06	0.25	6.87	0.10
0.08	0.00	0.10	0.00	0.01	0.00	0.01	0.00
1 729.99	36.54	1 862.94	31.47	2 639.95	39.05	3 020.14	43.81
1 674.79	35.37	1 858.26	31.39	2 637.44	39.01	3 015.14	43.74
55.20	1.17	4.67	0.08	2.41	0.04	5.00	0.07
		0.01	0.00	0.10	0.00		
22.98		**25.28**		**25.79**			**25.68**
14.21		**27.73**		**24.96**			**24.96**

12-4 主要行业焦炭消费量和构成

行 业	Sector	2000年 消费量 (万吨) Total Consumption of Coke (10 000 tons)	2000年 构成 (%) Percentage (%)
工业	**Industry**	**358.84**	**100.00**
轻工业	Light Industry	1.61	0.45
重工业	Heavy Industry	357.23	99.55
采矿业	Mining	10.75	3.00
煤炭开采和洗选业	Coal Mining and Dressing	2.89	0.81
石油和天然气开采业	Petroleum and Natural Gas Extraction		
黑色金属矿采选业	Ferrous Metals Mining and Dressing	5.03	1.40
有色金属矿采选业	Nonferrous Metals Mining and Dressing	1.22	0.34
非金属矿采选业	Nonmetal Minerals Mining and Dressing	1.60	0.45
木材及竹材采运业	Logging and Transport of Timber and Bamboo	0.01	
制造业	Manufacturing	347.70	96.90
农副食品加工业	AgricuLtural Non-staple Food Processing	0.31	0.09
食品制造业	Food Manufacturing	0.03	0.01
饮料制造业	Beverage Manufacturing	0.04	0.01
烟草制品业	Tobacco Production		
纺织业	Textile Industry		
纺织服装、鞋、帽制造业	Textile,Clothing, Footwear Production	0.75	0.21
皮革、毛皮、羽绒及其制品业	Leather, Furs, Down and Related Products		
木材加工及竹、藤、棕、草制品业	Timber Processing, Bamboo, Cane, Palm Fiber and Straw Products		
家具制造业	Furniture Manufacturing	0.01	
造纸及纸制品业	Papermaking and Paper Products		
印刷业	Printing		

Total Consumption of Coke of Main Sectors and Its Composition

2004年		2005年		2006年		2007年	
消费量（万吨）Total Consumption of Coke (10 000 tons)	构成(%) Percentage (%)	消费量（万吨）Total Consumption of Coke (10 000 tons)	构成(%) Percentage (%)	消费量（万吨）Total Consumption of Coke (10 000 tons)	构成(%) Percentage (%)	消费量（万吨）Total Consumption of Coke (10 000 tons)	构成(%) Percentage (%)
1 042.82	**100.00**	**1 218.26**	**100.00**	**1 246.77**	**100.00**	**1 373.49**	**100.00**
0.34	0.03	1.47	0.12	0.11	0.01	0.15	0.01
1 042.48	99.97	1 216.79	99.88	1 246.66	99.99	1 373.34	99.99
10.95	1.05	24.98	2.05	21.34	1.71	17.26	1.26
1.35	0.13	10.87	0.89	9.28	0.74	5.97	0.43
6.98	0.67	9.52	0.78	7.93	0.64	9.70	0.71
1.61	0.15	2.58	0.21	2.32	0.19	1.54	0.11
1.01	0.10	2.01	0.16	1.81	0.15	0.05	0.00
1 030.23	98.79	1 192.21	97.86	1 224.07	98.18	1 354.59	98.62
0.22	0.02	0.26	0.02	0.08	0.01	0.13	0.01
0.02	0.00			0.00	0.00	0.00	0.00
0.06	0.01	0.61	0.05			0.00	0.00
		0.01	0.00				
0.01	0.00	0.01	0.00				
		0.01	0.00				

12-4 续表

行　　业	Sector	2000年 消费量（万吨） Total Consumption of Coke (10 000 tons)	2000年 构成(%) Percentage (%)
石油加工、炼焦及核燃料加工业	Petroleum Processing,Coking and Nuclear fuel Processing		
化学原料及化学品制造业	Raw Chemical Materials and Chemical Products	167.91	46. 79
医药制造业	Medical and Pharmaceutical Products		
化学纤维制造业	Chemical Fiber	0.01	
橡胶制品业	Rubber Products		
塑料制品业	Plastic Products		
非金属矿物制品业	Nonmetal Mineral Products	6.56	1.83
黑色金属冶炼及压延加工业	Smelting and Pressing of Ferrous Metals	152.55	42.51
有色金属冶炼及压延加工业	Smelting and Pressing of Nonferrous Metals	15.48	4.31
金属制品业	Metal Products	0.87	0.24
通用设备制造业	General-purpose Machinery Manufacturing	1.89	0.53
专用设备制造业	Special Purposes Equipment	0.91	0.25
交通运输设备制造业	Transport Equipment	0.19	0.05
电气机械及器材制造业	Electric Equipment and Machinery	0.14	0.04
通信设备、计算机及其他电子设备制造	Communication Equipment, Computers and other Electronic Equipment Production		
仪器仪表、文化办公用机械制造业	Instruments, Meters, Cultural and Clerical Machinery	0.01	
工艺品及其他制造业	Handicraft Articles and Other Goods Production		
废弃资源和废旧材料回收加工业	Recycling and Disposal of Waste		
电力、燃气及水生产和供应业	Production and Supply of Electric Power, Gas and Water	0.39	0.11
电力、热力的生产和供应业	Production and Supply of Electric Power and Heat	0.39	0.11
燃气生产和供应业	Gas Production and Supply		
水的生产和供应业	Water Production and Supply		
建筑业	**Construction**	**0.60**	
交通运输、仓储及邮电通信业	**Transport, Storage and Post Services**	**0.27**	

continued

2004年		2005年		2006年		2007年	
消费量 (万吨) Total Consumption of Coke (10 000 tons)	构成 (%) Percentage (%)	消费量 (万吨) Total Consumption of Coke (10 000 tons)	构成 (%) Percentage (%)	消费量 (万吨) Total Consumption of Coke (10 000 tons)	构成 (%) Percentage (%)	消费量 (万吨) Total Consumption of Coke (10 000 tons)	构成 (%) Percentage (%)
5.59	0.54	18.99	1.56	4.92	0.39	5.38	0.39
257.43	24.69	273.54	22.45	292.74	23.48	291.47	21.22
		0.01	0.00	0.01	0.00		
		0.01	0.00	0.01	0.00		
0.01	0.00	0.01	0.00	0.01	0.00	0.00	0.00
3.84	0.37	8.64	0.71	7.78	0.62	6.95	0.51
695.81	66.72	800.39	65.70	836.57	67.10	980.18	71.36
59.06	5.66	80.43	6.60	75.16	6.03	64.67	4.71
0.95	0.09	0.64	0.05	0.34	0.03	0.38	0.03
4.12	0.40	5.07	0.42	4.57	0.37	3.31	0.24
0.62	0.06	0.56	0.05	0.40	0.03	0.39	0.03
1.76	0.17	1.87	0.15	0.87	0.07	1.24	0.09
0.32	0.03	0.53	0.04	0.57	0.05	0.20	0.01
0.02	0.00	0.02	0.00	0.02	0.00	0.02	0.00
0.36	0.03	0.56	0.05	0.02	0.00	0.01	0.00
0.03	0.00	0.03	0.00			0.26	0.02
1.64	0.16	1.07	0.09	1.36	0.11	1.64	0.12
				0.21	0.02	0.21	0.02
1.64	0.16	1.07	0.09	1.15	0.09	1.43	0.10
1.12		**1.57**		**1.54**			
0.31		**0.61**		**0.64**			

12-5 主要行业石油消费量和构成

行　　业	Sector	2000年 消费量（万吨） Total Consumption of Petroleum (10 000 tons)	2000年 构成（%） Percentage (%)
工业	**Industry**	**42.11**	**100.00**
轻工业	Light Industry	6.51	15.46
重工业	Heavy Industry	35.60	84.54
采矿业	Mining	11.47	27.24
煤炭开采和洗选业	Coal Mining and Dressing	5.92	14.06
石油和天然气开采业	Petroleum and Natural Gas Extraction	0.75	1.78
黑色金属矿采选业	Ferrous Metals Mining and Dressing	0.19	0.45
有色金属矿采选业	Nonferrous Metals Mining and Dressing	0.85	2.02
非金属矿采选业	Nonmetal Minerals Mining and Dressing	1.97	4.68
木材及竹材采运业	Logging and Transport of Timber and Bamboo	1.79	4.25
制造业	Manufacturing	28.65	68.04
农副食品加工业	AgricuLtural Non-staple Food Processing	2.49	5.91
食品制造业	Food Manufacturing	0.13	0.31
饮料制造业	Beverage Manufacturing	0.14	0.33
烟草制品业	Tobacco Production	0.42	1.00
纺织业	Textile Industry	0.03	0.07
纺织服装、鞋、帽制造业	Textile,Clothing, Footwear Production	0.01	0.02
皮革、毛皮、羽绒及其制品业	Leather, Furs, Down and Related Products	0.01	0.02
木材加工及竹、藤、棕、草制品业	Timber Processing, Bamboo, Cane, Palm Fiber and Straw Produ	0.12	0.28
家具制造业	Furniture Manufacturing	0.01	0.02
造纸及纸制品业	Papermaking and Paper Products	0.16	0.38
印刷业	Printing	0.62	1.47
文教体育用品制造业	Cultural, Educational and Sports Goods		

Total Consumption of Petroleum of Main Sectors and Its Composition

2004年		2005年		2006年		2007年	
消费量 (万吨) Total Consumption of Petroleum (10 000 tons)	构成 (%) Percentage (%)	消费量 (万吨) Total Consumption of Petroleum (10 000 tons)	构成 (%) Percentage (%)	消费量 (万吨) Total Consumption of Petroleum (10 000 tons)	构成 (%) Percentage (%)	消费量 (万吨) Total Consumption of Petroleum (10 000 tons)	构成 (%) Percentage (%)
35.56	**100.00**	**36.22**	**100.00**	**40.75**	**100.00**	**40.83**	**100.00**
3.92	11.02	3.99	11.01	4.03	9.88	4.02	9.84
31.64	88.98	32.23	88.99	36.72	90.12	36.81	90.16
8.37	23.54	10.33	28.52	10.49	25.74	10.86	26.60
2.13	5.99	2.06	5.70	2.25	5.52	2.26	5.54
0.01	0.03	0.01	0.03	0.01	0.02		
2.69	7.56	3.50	9.67	3.49	8.57	2.99	7.32
1.48	4.16	2.52	6.94	2.50	6.14	2.61	6.40
2.06	5.79	2.24	6.18	2.23	5.48	3.00	7.35
23.89	67.18	22.50	62.13	25.50	62.57	25.22	61.76
1.47	4.13	1.21	3.35	1.22	2.99	1.66	4.06
0.48	1.35	0.91	2.52	0.80	1.97	0.81	1.98
0.23	0.65	0.35	0.97	0.47	1.14	0.33	0.81
0.35	0.98	0.44	1.22	0.43	1.05	0.31	0.76
0.2	0.56	0.11	0.29	0.10	0.24	0.04	0.10
0.04	0.11	0.04	0.10	0.03	0.08	0.04	0.09
		0.00	0.01	0.00	0.01	0.00	0.00
0.16	0.45	0.19	0.53	0.24	0.60	0.14	0.35
0.04	0.11	0.05	0.14	0.04	0.10	0.02	0.06
0.43	1.21	0.28	0.77	0.29	0.71	0.34	0.82
0.22	0.62	0.21	0.57	0.20	0.48	0.13	0.33
		0.01	0.03	0.01	0.02	0.00	0.00

12-5 续表

行　　业	Sector	2000年 消费量(万吨) Total Consumption of Petroleum (10 000 tons)	构成(%) Percentage (%)
石油加工、炼焦及核燃料加工业	Petroleum Processing,Coking and Nuclear fuel Processing	0.10	0.02
化学原料及化学品制造业	Raw Chemical Materials and Chemical Products	3.48	8.26
医药制造业	Medical and Pharmaceutical Products	0.07	0.17
化学纤维制造业	Chemical Fiber	0.03	0.07
橡胶制品业	Rubber Products	11.09	26.34
塑料制品业	Plastic Products	0.18	0.43
非金属矿物制品业	Nonmetal Mineral Products	1.78	4.23
黑色金属冶炼及压延加工业	Smelting and Pressing of Ferrous Metals	3.15	7.48
有色金属冶炼及压延加工业	Smelting and Pressing of Nonferrous Metals	2.69	6.39
金属制品业	Metal Products	0.16	0.38
通用设备制造业	General-purpose Machinery Manufacturing	0.32	0.76
专用设备制造业	Special Purposes Equipment	0.24	0.57
交通运输设备制造业	Transport Equipment	1.07	2.54
电气机械及器材制造业	Electric Equipment and Machinery	0.16	0.38
通信设备、计算机及其他电子设备制造	Communication Equipment, Computers and other Electronic Equipm	0.01	0.02
仪器仪表、文化办公用机械制造业	Instruments, Meters, Cultural and Clerical Machinery	0.05	0.12
工艺品及其他制造业	Handicraft Articles and Other Goods Production		
废弃资源和废旧材料回收加工业	Rocycling and Disposal of Waste		
电力、燃气及水生产和供应业	Production and Supply of Electric Power, Gas and Water	1.99	4.73
电力、热力的生产和供应业	Production and Supply of Electric Power and Heat	1.91	4.54
燃气生产和供应业	Gas Production and Supply	0.02	0.05
水的生产和供应业	Water Production and Supply	0.06	0.14
建筑业	**Construction**	**8.27**	
交通运输、仓储及邮电通信业	**Transport, Storage and Post Services**	**92.81**	

continued

2004年		2005年		2006年		2007年	
消费量 (万吨) Total Consumption of Petroleum (10 000 tons)	构成 (%) Percentage (%)	消费量 (万吨) Total Consumption of Petroleum (10 000 tons)	构成 (%) Percentage (%)	消费量 (万吨) Total Consumption of Petroleum (10 000 tons)	构成 (%) Percentage (%)	消费量 (万吨) Total Consumption of Petroleum (10 000 tons)	构成 (%) Percentage (%)
4.17	11.73	0.65	1.80	0.80	1.96	0.55	1.34
2.21	6.21	2.47	6.83	2.59	6.35	2.23	5.46
0.41	1.15	0.30	0.84	0.36	0.88	0.31	0.76
		0.01	0.03	0.02	0.05	0.00	0.01
0.05	0.14	0.10	0.29	0.11	0.27	0.03	0.06
0.35	0.98	0.39	1.07	0.38	0.94	0.26	0.65
5.28	14.85	5.74	15.84	6.52	16.00	6.44	15.78
0.92	2.59	1.87	5.17	3.19	7.82	2.25	5.50
4.1	11.53	4.82	13.31	5.18	12.72	7.71	18.87
0.42	1.18	0.21	0.57	0.21	0.52	0.16	0.38
0.48	1.35	0.23	0.64	0.23	0.56	0.21	0.51
0.34	0.96	0.33	0.91	0.53	1.29	0.42	1.03
0.76	2.14	1.14	3.14	1.05	2.57	0.57	1.39
0.65	1.83	0.25	0.69	0.30	0.73	0.19	0.45
0.01	0.03	0.01	0.02	0.01	0.03	0.01	0.02
0.05	0.14	0.05	0.14	0.06	0.14	0.02	0.06
0.03	0.08	0.06	0.17	0.06	0.16	0.02	0.06
0.04	0.11	0.06	0.17	0.07	0.17	0.02	0.06
3.3	9.28	3.39	9.35	4.77	11.70	4.75	11.64
3.16	8.89	3.24	8.93	4.60	11.28	4.55	11.13
0.06	0.17	0.07	0.19	0.09	0.21	0.15	0.37
0.08	0.22	0.08	0.23	0.08	0.20	0.06	0.14
15.5		**17.86**		**21.23**		**20.94**	
291.52		**337.99**		**384.96**		**415.5**	

12-6 主要行业电力消费量和构成

行业	Sector	2000年 消费量（亿千瓦小时）Total Consumption of Electricity (100 million kwh)	构成 (%) Percentage (%)
工业	**Industry**	**219.51**	**100.00**
轻工业	Light Industry	48.62	22.15
重工业	Heavy Industry	170.89	77.85
采矿业	Mining	13.1	5.97
煤炭开采和洗选业	Coal Mining and Dressing	3.99	1.82
石油和天然气开采业	Petroleum and Natural Gas Extraction	0.56	0.26
黑色金属矿采选业	Ferrous Metals Mining and Dressing	1.36	0.62
有色金属矿采选业	Nonferrous Metals Mining and Dressing	5.82	2.65
非金属矿采选业	Nonmetal Minerals Mining and Dressing	1.23	0.56
木材及竹材采运业	Logging and Transport of Timber and Bamboo	0.14	0.06
制造业	Manufacturing	177.93	81.06
农副食品加工业	AgricuLtural Non-staple Food Processing	4.07	1.85
食品制造业	Food Manufacturing	28.74	13.09
饮料制造业	Beverage Manufacturing	0.53	0.24
烟草制品业	Tobacco Production	4.43	2.02
纺织业	Textile Industry	1.04	0.47
纺织服装、鞋、帽制造业	Textile,Clothing, Footwear Production	0.03	0.0 1
皮革、毛皮、羽绒及其制品业	Leather, Furs, Down and Related Products	0.07	0 .03
木材加工及竹、藤、棕、草制品业	Timber Processing, Bamboo, Cane, Palm Fiber and Straw Products	1.06	0.48
家具制造业	Furniture Manufacturing	0.03	0.01
造纸及纸制品业	Papermaking and Paper Products	2.85	1.3
印刷业	Printing	0.37	0.17
文教体育用品制造业	Cultural, Educational and Sports Goods	0.01	

Total Consumption of Electricity of Main Sectors and Its Composition

2004年		2005年		2006年		2007年	
消费量 (亿千瓦小时) Total Consumption of Electricity (100 million kwh)	构成 (%) Percentage (%)	消费量 (亿千瓦小时) Total Consumption of Electricity (100 million kwh)	构成 (%) Percentage (%)	消费量 (亿千瓦小时) Total Consumption of Electricity (100 million kwh)	构成 (%) Percentage (%)	消费量 (亿千瓦小时) Total Consumption of Electricity (100 million kwh)	构成 (%) Percentage (%)
331.31	**100.00**	**425.94**	**100.00**	**506.91**	**100.00**	**589.35**	**100.00**
21.78	6.57	22.25	5.22	23.63	4.66	22.85	3.88
309.53	93.43	403.69	94.78	483.27	95.34	566.50	96.12
27.49	8.30	31.68	7.44	41.50	8.19	57.49	9.75
9.48	2.86	7.51	1.76	6.80	1.34	11.52	1.95
0.01	0.00	0.01	0.00	0.01	0.00	0.01	0.00
6.66	2.01	6.61	1.55	9.28	1.83	11.75	1.99
8.62	2.60	14.01	3.29	19.63	3.87	27.62	4.69
2.72	0.82	3.54	0.83	5.79	1.14	6.59	1.12
279.89	84.48	329.15	77.28	368.42	72.68	423.66	71.89
7.03	2.12	5.53	1.30	6.51	1.28	7.33	1.24
0.67	0.20	0.77	0.18	1.65	0.33	1.04	0.18
0.88	0.27	1.76	0.41	1.30	0.26	1.46	0.25
4.03	1.22	4.45	1.05	4.38	0.86	4.67	0.79
1.2	0.36	2.13	0.50	2.04	0.40	0.99	0.17
0.05	0.02	0.04	0.01	0.05	0.01	0.04	0.01
0.03	0.01	0.02	0.01	0.02	0.00	0.00	0.00
1.97	0.59	2.30	0.54	2.52	0.50	2.46	0.42
0.09	0.03	0.10	0.02	0.10	0.02	0.01	0.00
4.45	1.34	4.70	1.10	4.72	0.93	4.64	0.79
0.86	0.26	0.88	0.21	0.96	0.19	0.79	0.13
0.01	0.00	0.01	0.00	0.01	0.00	0.00	0.00

12-6 续表

行　业	Sector	2000年 消费量（亿千瓦小时） Total Consumption of Electricity (100 million kwh)	构成（%） Percentage (%)
石油加工、炼焦及核燃料加工业	Petroleum Processing,Coking and Nuclear fuel Processing	0.04	0.02
化学原料及化学品制造业	Raw Chemical Materials and Chemical Products	60.11	27.38
医药制造业	Medical and Pharmaceutical Products	0.28	0.13
化学纤维制造业	Chemical Fiber	0.43	0.2
橡胶制品业	Rubber Products	0.69	0.31
塑料制品业	Plastic Products	1.08	0.49
非金属矿物制品业	Nonmetal Mineral Products	21.04	9.58
黑色金属冶炼及压延加工业	Smelting and Pressing of Ferrous Metals	18.44	8.4
有色金属冶炼及压延加工业	Smelting and Pressing of Nonferrous Metals	28.63	13.04
金属制品业	Metal Products	0.49	0.22
通用设备制造业	General-purpose Machinery Manufacturing	1.04	0.47
专用设备制造业	Special Purposes Equipment	0.73	0.33
交通运输设备制造业	Transport Equipment	0.61	0.28
电气机械及器材制造业	Electric Equipment and Machinery	0.61	0.28
通信设备、计算机及其他电子设备制造	Communication Equipment, Computers and other Electronic Equipment Production	0.07	0.03
仪器仪表、文化办公用机械制造业	Instruments, Meters, Cultural and Clerical Machinery	0.25	0.11
工艺品及其他制造业	Handicraft Articles and Other Goods Production		
废弃资源和废旧材料回收加工业	Recycling and Disposal of Waste		
电力、燃气及水生产和供应业	Production and Supply of Electric Power, Gas and Water	28.48	12.97
电力、热力的生产和供应业	Production and Supply of Electric Power and Heat	26.77	12.2
燃气生产和供应业	Gas Production and Supply	0.42	0.19
水的生产和供应业	Water Production and Supply	1.29	0.59
建筑业	**Construction**	**4.94**	
交通运输、仓储及邮电通信业	**Transport, Storage and Post Services**	**6.25**	

continued

2004年		2005年		2006年		2007年	
消费量 (亿千瓦小时) Total Consumption of Electricity (100 million kwh)	构成 (%) Percentage (%)	消费量 (亿千瓦小时) Total Consumption of Electricity (100 million kwh)	构成 (%) Percentage (%)	消费量 (亿千瓦小时) Total Consumption of Electricity (100 million kwh)	构成 (%) Percentage (%)	消费量 (亿千瓦小时) Total Consumption of Electricity (100 million kwh)	构成 (%) Percentage (%)
0.93	0.28	2.78	0.65	3.14	0.62	4.54	0.77
92.73	27.99	92.06	21.61	109.57	21.62	111.28	18.88
0.84	0.25	1.02	0.24	1.14	0.23	1.10	0.19
0.27	0.08	0.56	0.13	0.58	0.11	0.59	0.10
0.26	0.08	0.30	0.07	0.19	0.04	0.24	0.04
1.87	0.56	2.07	0.49	1.47	0.29	1.64	0.28
30.22	9.12	44.64	10.48	45.53	8.98	45.37	7.70
47.08	14.21	57.99	13.61	62.00	12.23	76.82	13.04
78.05	23.56	98.75	23.18	116.01	22.89	153.18	25.99
0.81	0.24	0.64	0.15	0.52	0.10	0.44	0.08
1.94	0.59	1.84	0.43	1.24	0.25	1.45	0.25
0.76	0.23	1.07	0.25	0.56	0.11	0.67	0.11
1.28	0.39	1.40	0.33	0.94	0.18	1.14	0.19
0.78	0.24	0.65	0.15	0.71	0.14	0.71	0.12
0.07	0.02	0.06	0.01	0.09	0.02	0.13	0.02
0.33	0.10	0.28	0.07	0.24	0.05	0.33	0.06
0.35	0.11	0.28	0.07	0.17	0.03	0.18	0.03
0.05	0.02	0.07	0.02	0.06	0.01	0.40	0.07
23.93	7.22	65.11	15.29	96.98	19.13	108.20	18.36
22.17	6.69	63.40	14.88	95.18	18.78	105.61	17.92
0.44	0.13	0.48	0.11	0.48	0.09	0.51	0.09
1.32	0.40	1.23	0.29	1.33	0.26	2.08	0.35
5.09		**8.99**		**11.10**		**12.43**	
10.96		**15.20**		**12.57**		**13.1**	

12-7 主要年份能源利用经济效益指标(一)

Indicators on Economic Benefits from Energy Utilization in Significant Years(Ⅰ)

(按当年价格计算)

(data below are calculated at Current prices)

年 份 Year	能源消费量 (万吨标煤) Total Consumption of Energy (10 000 tons of SCE)	#工业部门消费 Industrial Consumption	万元工业产值耗能 (吨标准煤/万元) Energy Consumption of Industrial Output Value per 10 000 yuan (ton of SCE/10 000 yuan)	万元生产总值耗能 (吨标准煤/万元) Energy Consumption of Gross Domestic Product per 10 000 yuan (ton of SCE/10 001 yuan)	吨能创造工业产值(元) Industrial Output Value Created by Energy of One Ton (yuan)	吨能创造生产总值(元) Gross Domestic Product Created by Energy of Ton (yuan)
1949	16.80	9.20				
1952	19.00	11.40	4.99	1.61	2 005.00	6 200.00
1957	119.20	72.70	10.65	5.29	939.00	1 890.00
1962	256.30	166.60	17.72	10.46	564.00	956.00
1965	348.70	226.70	17.17	10.37	582.00	964.00
1970	591.50	390.40	19.19	15.36	521.00	651.00
1975	920.30	607.40	21.74	16.95	460.00	590.00
1976	797.00	494.10	24.45	16.18	409.00	618.00
1977	931.10	605.20	20.14	16.67	496.00	600.00
1978	1 065.9	692.80	19.23	15.44	520.00	648.00
1979	1 072.2	696.90	17.19	13.96	582.00	717.00
1980	946.10	615.50	14.48	11.23	691.00	891.00
1981	948.40	612.60	13.07	10.08	765.00	993.00
1982	1 020.6	668.20	12.21	9.27	819.00	1 079.00
1983	1 094.7	651.30	11.51	9.12	869.00	1 097.00
1984	1 226.3	709.70	10.92	8.79	916.00	1 138.00
1985	1 298.3	761.10	9.53	7.87	1 050.00	1 271.00
1986	1 399.1	875.00	9.52	7.68	1 051.00	1 303.00
1987	1 533.2	937.80	8.43	6.69	1 186.00	1 494.00
1988	1 622.5	991.50	6.63	5.39	1 508.00	1 856.00
1989	1 706.9	1 037.1	5.60	4.70	1 786.00	2 127.00
1990	1 954.8	1 143.6	5.66	4.33	1 766.00	2 311.00
1991	1 961.9	1 143.4	4.98	3.79	2 006.00	2 637.00
1992	2 016.6	1 189.1	4.23	3.26	2 366.00	3 068.00
1993	2 089.8	1 282.0	3.03	2.68	3 302.00	3 729.00
1994	2 282.8	1 402.7	2.41	2.34	4 156.00	4 267.00
1995	2 640.6	1 688.6	2.15	2.19	4 658.00	4 570.00
1996	2 819.4	1 746.0	2.18	1.89	4 580.00	5 291.00
1997	3 429.0	2 090.8	2.38	2.09	4 200.00	4 795.00
1998	3 364.5	2 222.9	2.24	1.88	4 468.00	5 332.00
1999	3 288.0	2 125.2	2.11	1.77	4 748.00	5 644.00
2000	3 468.33	2 292.44	1.44	1.72	6 933.05	5 798.73
2001	3 741.03	2 431.31	1.45	1.75	6 889.74	5 715.83
2002	4 131.31	2 747.12	1.48	1.79	6 736.00	5 598.27
2003	4 449.97	3 095.32	1.42	1.74	7 031.26	5 743.90
2004	5 209.81	3 752.62	1.51	1.69	6 606.24	5 915.57
2005	6 023.97	4 390.71	1.35	1.73	7 401.63	5 765.12
2006	6 640.58	4 882.98	1.19	1.66	8 418.00	6 034.00
2007	7 173.26	5 300.95	1.03	1.52	9 691.28	6 596.36

注：1.能源综合数据按等价热值计算；
2.生产总值、工业总产值按当年价计算；
3.2000至2004能源消费量根据第一次全国经济普查资料进行了调整。

Note: a.Comprehensive data of Energy was caculated according to equivalent caloricity
b.Total output value and gross value of industrial output were calculated according to the prices of their respective years.
c.The energy consumption volume of the year 2000to 2004 were regulated according to the materials of the First National Economic Census.

12-8 主要年份能源利用经济效益指标(二)
Indicators on Economic Benefits from Energy Utilization in Significant Years(Ⅱ)

年 份 Year	能源消费总量(万吨标准煤) Total Consumption of Energy (10 000 tons of SCE)		规模以上工业综合能耗(万吨标准煤) Comprehensive Energy Consumption of the Industrial above Enterprisers Designated Size (10 000 tons of SCE)	万元生产总值(GDP)耗能(吨标准煤/万元) Energy Consumption of Gross Domestic Product per 10 000 yuan (tons of SCE/10 000 yuan)		规模以上万元工业增加值能耗(吨标准煤/万元) Energy Consumption per 10 000 yuan of Industrial Added Value Above Designated Size (ton of SCE/10 000 yuan)
	等价热值 Equivalent Caloricity	当量热值 Equivalent heat Value	当量热值 Equivalent heat Value	按等价热值 by Equivalent Caloricity	按当量热值 by Equivalent heat Value	按当量热值 by Equivalent heat Value
			按2000年可比价计算			
2000	3 468.33	2 940.74		1.72	1.46	
2001	3 741.03	3 240.39		1.74	1.51	
2002	4 131.31	3 576.86		1.76	1.53	
2003	4 449.97	3 861.70		1.75	1.52	
2004	5 209.81	4 576.79	3 338.83	1.83	1.61	4.35
2005	6 023.97	5 219.55	3 546.35	1.95	1.69	4.26
			按2005年可比价计算			
2005	6 023.97	5 219.55	3 546.35	1.73	1.50	3.55
2006	6 640.58	5 996.54	3 961.67	1.71	1.54	3.40
2007	7 173.26	6 528.42	4 285.05	1.64	1.49	3.16

12-9 能源生产弹性系数
Elasticity Ratio of Energy Production

年 份 Year	能源生产平均增长(%) Average Growth Rate of Energy Production(%)	电力生产平均增长(%) Average Growth Rate of Electricity Production(%)	生产总值年平均增长(%) Annual Average Growth Rate of Gross Domestic Product(%)	能源生产弹性系数 Elasticity Ratio of Energy Production	电力生产弹性系数 Elasticity Ratio of Electricity Production
1980	-9.85	1.63	8.52		0.19
1985	3.72	5.31	11.25	0.33	0.47
1987	4.77	6.90	10.49	0.45	0.66
1988	4.64	7.07	11.09	0.42	0.64
1989	5.01	7.51	10.55	0.48	0.71
1990	4.98	7.76	10.38	0.48	0.75
1991	4.85	8.10	10.06	0.48	0.81
1993	4.85	8.45	10.16	0.48	0.83
1994	5.46	9.07	10.25	0.53	0.88
1995	5.83	9.27	10.31	0.57	0.90
1996	6.10	9.37	10.32	0.59	0.91
1997	5.90	8.82	10.26	0.57	0.86
1998	5.21	8.59	10.14	0.51	0.85
1999	4.54	8.79	9.99	0.45	0.88
2000	4.74	8.68	9.86	0.48	0.88
2001	4.79	8.88	9.70	0.49	0.92
2002	5.59	9.29	9.63	0.58	0.96
2003	5.79	9.37	9.59	0.60	0.98
2004	6.45	9.61	9.67	0.67	0.99
2005	6.95	9.77	9.64	0.72	1.01
2006	7.76	10.15	9.89	0.78	1.03
2007	7.22	10.50	9.97	0.72	1.05

注:以1979年为基期计算.
Note:The calculation is based on the year 1979.

12-10 能源消费弹性系数
Elasticity Ratio of Energy Consumption

(1979=100)

年 份 Year	能源消费平均增长(%) Average Growth Rate of Energy Consumption(%)	电力消费平均增长(%) Average Growth Rate of Electricity Consumption(%)	生产总值年平均增长(%) Annual Average Growth Rate of Gross Domestic Product(%)	能源消费弹性系数 Elasticity Ratio of Energy Consumption	电力消费弹性系数 Elasticity Ratio of Electricity Consumption
1980	-11.76	5.07	8.52		0.60
1985	3.24	5.74	11.25	0.29	0.51
1987	4.57	7.00	10.49	0.44	0.67
1988	4.71	8.45	11.09	0.42	0.76
1989	4.76	8.07	10.55	0.45	0.77
1990	5.61	8.48	10.38	0.54	0.82
1991	5.16	8.87	10.06	0.51	0.88
1993	4.88	10.14	10.16	0.48	1.00
1994	5.17	9.39	10.25	0.50	0.92
1995	5.79	9.70	10.31	0.56	0.94
1996	5.85	9.88	10.32	0.57	0.96
1997	6.67	9.58	10.26	0.65	0.93
1998	6.20	9.19	10.14	0.61	0.91
1999	5.76	9.22	9.99	0.58	0.92
2000	5.75	9.11	9.86	0.58	0.92
2001	5.84	9.12	9.70	0.60	0.94
2002	6.04	9.30	9.63	0.63	0.97
2003	6.11	9.08	9.59	0.64	0.95
2004	6.53	9.35	9.67	0.68	0.97
2005	6.86	9.64	9.64	0.71	1.00
2006	6.99	9.87	9.89	0.71	1.00
2007	7.02	10.06	9.97	0.70	1.01

12-11 全省年主营业务收入500万元及以上工业企业能源消费与库存(2007年)

Total Consumption and Inventory of Energy Raw Materials of Industrial Enterprises with Total Annual Sales Above 5 Million Yuan (2007)

(1979=100)

名 称	Item	年初库存 Stock in Early Year	消费量 Consumption 合 计 Total	工业生产 Industrial Production	非工业生产 Non-industrial Production	年末库存 Stock at Year-end
原煤 (万吨)	Raw Coal (10 000 tons)	321.92	6 073.78	6 045.74	28.04	421.82
洗精煤(万吨)	Well Washed Coal (10 000 tons)	56.65	975.15	975.15		70.23
其他洗煤(万吨)	Other Washed Coal (10 000 tons)	0.43	34.53	34.53		0.54
型煤(万吨)	Coal (10 000ton)	0.59	14.53	14.52	0.01	1.40
焦炭(万吨)	Coke (10 000 tons)	66.79	1 304.82	1 299.57	5.25	96.22
其他焦化产品(万吨)	Other Coked Products (10 000ton)	0.34	15.23	15.23	0.00	1.15
焦炉煤气 (亿立方米)	Coal Gas of Coking Furnace (10 000 cu.m)		8.75	8.75	0.00	
高炉煤气 (亿立方米)	Coal Gas of Furnace (10 000 cu.m)		98.51	98.51		
其他煤气 (亿立方米)	Other Coal Gas (10 000 cu.m)		2.52	2.52	0.00	
天然气(亿立方米)	Natural Gas (10 000 cu.m)		5.29	5.28	0.01	
原油(万吨)	Raw Oil (10 000ton)	0.01	0.08	0.08		0.01
汽油 (万吨)	Gasoline (10 000ton)	0.18	4.03	2.17	1.86	0.21
煤油(万吨)	Kerosene (10 000ton)	0.03	0.24	0.24	0.00	0.01
柴油(万吨)	Diesel Oil (10 000ton)	1.49	25.57	21.98	3.59	1.35
燃料油(万吨)	Fuel Oil (10 000ton)	0.70	4.86	4.85	0.01	0.39
液化石油气 (万吨)	Liquefied Petroleum Gas (10 000ton)	0.01	0.22	0.22	0.00	0.01
其他石油制品(万吨)	Other Petroleum Products (10 000ton)	0.38	4.56	4.56	0.00	0.36
热力 (万百万千焦)	Heat (10 000million kilo-joule)		875.19	870.84	4.36	
电力 (亿千瓦时)	Electricity (100 million kwh)		533.11	525.21	7.90	
其他燃料(万吨标煤)	Other Fuel (10000ton of SCE)	1.98	126.66	126.66	0.01	2.53

12-12 云南能源平衡表

Balance Sheet of Energy

行业	Sector	能源总量 (万吨标煤) (10 000 tons of SCE)	原煤 (万吨) (10 000 tons)	焦炭 (万吨) (10 000 tons)	石油 (万吨) (10 000 tons)	天然气 (亿立方米) Natural Gas Consumption (100 million cu.m)	电力 (亿千瓦时) Electricity Consumption (100 million kwh)
可供本地区消费的能源量	**Total Energy Available for Consumption**	**7 173.26**	**7 454.23**	**192.99**	**602.04**	**5.49**	**271.97**
一次能源生产量	Primary Energy output	6 587.28	7 755.19		0.10	0.20	430.96
调入量(含进口)	Imports	2 229.24	483.58	285.45	622.24	5.29	6.87
调出量(含出口)(-)	Exports (-)	-1 387.85	- 608.02	- 72.85	- 12.70		- 165.86
年初年末库存差额	Slock Changes in the Year	- 163.71	- 176.52	- 19.61	- 7.60		
加工转换投入量(-)	Input in Processing and Transformation(-)	-4 216.24	-5 122.72	- 95.35	- 2.37		
加工转换产出量(+)	Output in Processing and Transformation(+)	3 966.59		1 184.40			473.55
加工转换损失量	Losses in Processing and Transformation	- 249.65					
终端能源消费量	Final Energy Consumpltion	6 677.63	2 331.63	1 282.04	599.82	5.49	681.39
第一产业	Primary Indusrty	247.90	205.64	0.38	23.03		15.19
农、林、牧、渔业	Farming,Forestry,Animal Husbandry,fishery	247.90	205.64	0.38	23.03		15.19
第二产业	Secondary Industry	4 915.46	1 796.18	1 279.68	59.40	5.29	537.65
工业	Industry	4 820.46	1 770.50	1 278.14	38.46	5.29	525.22
建筑业	Construction	95.01	25.68	1.54	20.94		12.43
第三产业	Tertiary Iindustry	848.27	58.20	1.45	448.49		41.97
交通运输、仓储及邮电通讯业	Transport、Storage、Post and Telecommunication Services	671.23	24.96	0.64	415.50		13.10
批发和零售、住宿餐饮业	Wholesale and Relail Trade、hotel and Food Service	80.12	16.82	0.26	18.81		10.94
其它	Others	96.92	16.42	0.55	14.19		17.93
生活消费	Residential Consumption	681.10	271.61	0.53	68.89	0.20	86.58
损失量	Other Losses	230.87					64.13
平衡差额	Balance	- 0.30	- 0.13	0.00	- 0.15	0.00	0.00

注:本表为等价热值

Note:The selected data is Equivalent Caloricity.

主要统计指标解释

能源生产总量 指一定时期内全国(地区)一次能源生产量的总和。一次能源生产量包括原煤、原油、天然气、水电及其他动力能发电量(如风能、地热能等),不包括生物质能、太阳能等的利用和由一次能源加工转换而成的二次能源产量。能源生产总量是观察全国(地区)能源生产水平、规模、构成和发展速度的总量指标。

能源消费总量 指一定时期内全国(地区)用于生产和生活的各种能源消费量的总和。能源消费总量包括原煤和原油及其制品、天然气、电力的消费量,不包括生物质能和太阳能等的利用。能源消费总量分为三部分,即终端能源消费量、能源加工转换损失量和损失量。它是观察能源消费水平、构成和增长速度的总量指标。

1. 终端能源消费量 指一定时期内全国(地区)物质生产部门、非物质生产部门和生活消费的各种能源数量,不包括用于加工转换的中间能源消费量、加工转换损失量和损失量。

2. 能源加工转换损失量 指一定时期内全国(地区)投入加工转换的各种能源数量之和与产出各种能源产品及其他石油制品和其它焦化产品之和的差额。他是观察能源在加工转换过程中损失量变化的指标。

3. 能源损失量 指一定时期内能源在生产、输送、储存过程中发生的经营管理损失和由于客观原因造成的各种损失量,不包括各种气体能源放空、放散量。

能源生产弹性系数 是研究能源生产量的增长与国民经济增长之间关系的指标。其计算公式为:

能源生产弹性系数=能源生产总量年平均增长速度/国民经济年均增长速度

国民经济年平均增长速度,可根据不同的目的或需要,用工农业总产值、生产总值等指标来计算,本资料是采用生产总值指标计算的。

电力生产弹性系数 是研究电力生产量的增长与国民经济增长之间关系的指标。一般来说,电力的发展应当快于国民经济的发展,也就是说电力应超前发展。其计算公式为:

电力生产弹性系统=电力生产量年平均增长速度/国民经济年平均增长速度

能源消费弹性系数 是反映能源消费增长速度与国民经济增长之间比例关系的指标。其计算公式为:

能源消费弹性系数=能源消费年平均增长速度/国民经济年均增长速度

能源节约量 指一定时期内节约和少用的能源数量。它是评价和考核节约能源工作好坏的重要指标。包括由于提高管理水平和技术水平,使单位产品能耗降低而节约能源数量,以及由于调整产业结构、产品结构等使产值能耗降低而少用的能源数量。

能源节约率 是反映能源节约程度的综合性指标。能源节约率一般按年计算,如果要研究一个时期内能源节约程度的一般水平,可计算平均能源节约率指标。计算公式为:

能源节约率= (报告期单位能源消费量/基期单位能源消费量－1)×100/%

年平均节能率= $\sqrt[n]{(\text{报告期单位能源消费量/基基期单基期单位能}-1)\times 100/\%}$

式中:单位能源消费量可以按生产总值、国民收入或工业总产值等计算。

n 为基期与报告期间隔的年份数。

能源加工转换效率 指一定时期内能源经过加工转换后,产出的各种能源产品及其它石油制品和其他焦化产品的数量与同期内投入加工转换的各种能源数量的比率。它是观察能源加工转换装置和生产工艺先进与落后、管理水平高低等的重要指标。

能源折算标准 各种能源由于原始计算单位不同,热值也不一样。因此,必须折算成同一标准计算单位,才能进行汇总、对比和分析。国际上习惯采用两种标准计算单位:一种为标准煤,另一种为标准油。目前我国采用标准煤为能源的计算单位。标准煤亦称煤当量,就是将不同品种、不同含热量的能源按各自不同的含热量折合成为一种标准含量的统一计量单位的能源。各类能源折算标准煤是按1公斤标准煤的热值为7000千卡进行折算的。

当量热值 当量热值又称理论热值（或实际发热值）是指某种能源一个度量单位本身所含热量。其热值的计算可根据试样在充氧的弹筒中（放有浸没氧弹的水的容器）完全燃烧所放出的热量（用燃烧后水温升高计算出来的）进行实测。

等价热值 是指加工转换产出的某种二次能源与相应投入的一次能源的当量，即获得一个度量单位的某种二次能源所消耗的，以热值表示的一次能源量。也就是消耗一个度量单位的某种二次能源，就等价于消耗了以热值表示的一次能源量。等价热值是个变动值，随着能源加工转换工艺的提高和能源管理工作的加强，转换损失逐渐减少，等价热值会不断降低。等价热值是对二次能源及消耗工质而言，因此一次能源不存在折算问题，因此也无所谓等价热值。

等价热值=二次能源具有的能量÷转换效率

转换效率=二次能源产出标准量÷加工转换投入能源标准量

原材料、能源消费量 指在报告期内实际使用的原材料、能源的数量,包括企业主营活动和附营活动实际使用的数量。消费的核算原则为：“谁消费谁统计”,即按使用权来统计,核算方法为当进入第一道生产工序,改变原来的形态或性能、或已实际投入使用,即作消费统计。

原材料、能源库存量 指在报告期期初、期末实际结存的原材料、能源数量。库存的核算原则为“谁支配，谁统计”，即按所有权来统计。核算方法是指企业有权支配动用的某一时点实际结存的原材料、能源的数量。

Explanatory Notes on Principal Statistical Indicators

Total Energy Production Volume refers to the total production volume of primary energy by all energy production enterprises in the country in a given period of time. It is a comprehensive indicator to show the capacity, scale, composition and development of energy production of the country. The production volume of primary energy includes that of coal, crude oil, natural gas, hydro-power and electricity generated by nuclear energy and other means such as wind power and geothermal power, but excludes that of fuels of low calorific value, bio-energy, solar energy and the secondary energy converted from the primary energy.

Total Domestic Energy Consumption refers to the total consumption of energy of various kinds by material production sectors, non-material production sectors and households in the country in a given period of time. It is a comprehensive indicator to show the scale, composition and development of energy consumption. The total energy consumption includes that of coal, crude oil and their products, natural gas and electricity, but excludes that of fuels of low calorific value, bio-energy and solar energy. It can be divided into three parts:

(1) *Final energy consumption* refers to the total energy consumption by material production sectors, non-material production sectors and households in the country (region) in a given period of time, but excludes the consumption in conversion of the primary energy into the secondary energy and the loss in the process of energy conversion.

(2) *Loss in the process of energy conversion* refers to the total input of various kinds of energy for conversion, minus the total output of various kinds of energy in the country in a given period of time. It is an indicator to show the loss that occurs in the process of energy conversion.

(3) *Loss of energy* refers to the total loss of energy during the course of energy transport, distribution and storage and the loss caused by any objective reason in a given period of time. The loss of various kinds of gas due to gas discharges and stocktaking is excluded.

Elasticity Ratio of Energy Production is an indicator to show the relationship between the growth rate of energy production and that of the national economy. The formula is as follows:

Elasticity Ratio of Energy Production = Average Annual Growth Rate of Energy Production/Average Annual Growth Rate of National Economy.

The average annual growth rate of the national economy can be calculated by gross output value of industry and agriculture, gross output value or other indicators, depending upon the purposes or needs. Gross output value is used in calculation of the ratio in this chapter.

Elasticity Ratio of Electricity Production is an indicator to show the relationship between the growth rate of electricity production that of the national economy. The formula is as follows:

Elasticity Ratio of Electricity Production = Average Annual Growth Rate of Electricity Production/Average Annual Growth Rate of National Economy.

Elasticity Ratio of Energy Consumption is an indicator to show the relationship between the growth rate of energy consumption and that of the national economy. The formula is as follows:

Elasticity Ratio of Energy Consumption = Average Annual Growth Rate of Energy Consumption/Average Annual Growth Rate of National Economy.

Quantity of Energy Conservation refers to the quantity of energy saved and less used in a certain period. It is an important indicator to appraise and examine the work of energy conservation. It includes the quantity of energy saved in unit product by improving management level and technology level and the quantity of energy less used due to the adjustment of industrial structure and product structure.

Ratio of Energy Conservation is a comprehensive indicator reflecting the degree of energy conservation. Ratio of energy conservation is usually calculated annually. The indicator of average ratio of energy conservation can be calculated for the study of the energy conservation in a certain period. The formula is as follows:

Ratio of Energy Conservation = [(Unit Energy Consumption in the Report Period/Unit Energy Consumption in the Base Period) – 1] ×100%

Annual Average Ratio of Energy Conservation = the N-the Root of [(Unit Energy Consumption in the Report Period/Unit Energy Consumption in the Base Period) – 1] ×100%

In which: The unit energy consumption can be calculated according to gross output value, national product or gross industrial output value, etc. The n represents the number of years between base period and report period.

Efficiency of Energy Processing and Conversion refers to the ratio of the total output of energy products of various kinds after processing and conversion to the total input of energy of various kinds for processing and conversion in the same report period. It is an important indicator to show the current conditions of energy processing and conversion equipment, production technique and management.

Energy Conversion Standard Different units are often used to compute different caloric value of various energy sources, so a uniform standard computing unit has to be conversed to summarize, compare and analyze energy. There are two standard computing units practiced internationally: one is standard coal and the other is standard oil. Currently, standard coal is adopted as the computing unit in China for energy calculation, Standard coal also call calorie value equivalent, it refers a uniform standard energy of communistically unit is converted into by differed kinds, different caloric value of various energy .Every kind of energy is converted into standard coal according to one kilogram standard coal quail caloric of 7,000 kilocalories.

Consumption of Raw Materials and Energy refers to the quantity of raw materials and energy actually used in the report period. It includes the volume actually used in the main business line and sideline activities of an enterprise. The calculation principle of consumption is: "The one who consumes energy is responsible for conducting statistics on its consumption", i.e., statistics is made according to the use right. The calculation method is that when raw materials or energy enter the first production sequence and the original form or property is changed or they are put into actual use, they are treated as consumption statistics.

Inventory of Raw Materials and Energy refers to the quantity of raw materials and energy actually stored in the beginning and end of the report period. The calculation principle of inventory is: "The one who disposes energy is responsible for conducting statistics on its inventory", i.e., statistics is made according to the ownership. The calculation method refers to the quantity of raw materials and energy actually stored at a certain time that can be disposed by an enterprise.

十三、运输和邮电

Transport, Post and Telecommunication Services

Chapter 13

13-1 主要年份运输线路长度
Length of Transport Routes in Significant Years

(年底数)单位：公里 (year-end) (km)

年 份 Year	铁路营业里程 Length of Railways in Operation	公路通车里程 Total Length of Highways	内河航道里程 Length of Navigable Inland Waterways	民用航空航线里程 Length of Civil Aviation Routes	# 国际航线 International Lines
1978	1 705	41 816	2 809	1 009	
1980	1 682	44 149	1 006	1 009	
1985	1 679	49 541	1 042	22 720	1 318
1988	1 626	52 534	1 072	23 682	3 071
1989	1 694	54 732	1 072	22 682	3 071
1990	1 695	56 536	1 130	26 639	3 065
1991	1 684	58 123	1 130	30 773	3 114
1992	1 651	60 045	1 130	47 322	4 147
1993	1 644	63 086	1 130	45 132	6 964
1994	1 642	65 578	1 324	64 220	9 464
1995	1 644	68 236	1 324	51 638	9 464
1996	1 644	70 279	1 324	70 610	6 693
1997	2 023	73 821	1 324	89 781	6 693
1998	1 991	76 957	1 324	128 685	16 256
1999	2 015	102 405	1 530	133 105	33 672
2000	2 015	163 604	1 580	119 702	20 356
2001	2 015	163 953	1 824	135 114	20 744
2002	2 016	164 852	1 824	148 114	29 063
2003	1 984	166 133	1 810	145 498	20 907
2004	1 925	167 050	2 549	137 800	24 348
2005	1 925	194 495	2 764	135 448	24 413
2006	1 925	198 496	2 764	136 785	22 437
2007	1 924	200 333	2 764	129 879	26 251

13-2 各地区公路运输线路长度（2007年）
Length of Highways by Region (2007)

(年底数)单位：公里 (year-end) (km)

地 区	Region	公路通车里程 Total Length of Highways	按公路等级分 Expressway and Class I to IV Highway 合 计 Total	# 二 级 Second Class	# 三 级 Third Class	# 四 级 Fourth Class	等外公路 Highway Below Class IV
全省合计	**Total**	**200 333**	**104 771**	**4 370**	**9 469**	**87 825**	**95 562**
昆 明	Kunming	15 669	11 078	713	642	9 267	4 590
曲 靖	Qujing	20 203	15 013	312	969	13 243	5 190
玉 溪	Yuxi	16 366	15 912	244	1 004	14 348	453
保 山	Baoshan	11 536	6 121	244	319	5 404	5 415
昭 通	Zhaotong	14 034	3 779	219	186	3 239	10 255
丽 江	Lijiang	5 913	1 992	139	516	1 323	3 921
普 洱	Pu'er	19 090	5 834	101	799	4 800	13 256
临 沧	Lincang	13 634	4 867	395	214	4 247	8 767
楚 雄	Chuxiong	16 430	5 774	185	725	4 537	10 656
红 河	Honghe	18 918	11 095	401	1 285	9 033	7 823
文 山	Wenshan	12 055	5 895	102	1 253	4 238	6 160
西双版纳	Xishuangbanna	6 257	3 373	251	26	2 983	2 884
大 理	Dali	16 363	7 551	536	1 070	5 668	8 813
德 宏	Dehong	6 262	2 645	350	274	2 021	3 616
怒 江	Nujiang	3 708	1 002	10	129	863	2 706
迪 庆	Diqing	3 895	2 839	170	57	2 611	1 056

13-3 铁路里程和机车拥有量

Length of Railways and Number of Railway Locomotives Owned

指　　标	Item	1990年	2001年	2005年	2006年	2007年
铁路里程	**Length of Railways in Operation**					
正线延长里程(公里)	Length of Railways in Trunk Line (km)	1 693.4	2 082.40	2 041.60	2 071.20	2 172.10
营业里程(公里)	Length of Railways in Operation (km)	1 695.3	2 015.20	1 925.00	1 925.00	1 923.70
准　轨(公里)	Standard Tracks (km)	994.4	1 354.40	1 264.20	1 264.20	1 262.90
米　轨(公里)	Meter Tracks (km)	660.1	660.80	660.80	660.80	660.80
寸　轨(公里)	Inch Tracks (km)	33.5				
内燃机牵引里程(公里)	Length of Diesel Engine Routes (km)	1 369.3	1 026.30	842.30	842.30	857.90
占营业里程比重(%)	As Percentage of Railways in Operation (%)	80.8	50.90	43.76	43.76	44.60
半自动闭塞里程(公里)	Semi-automatic Blocking Length (km)	1 447.0	1 988.10	1 914.20	1 914.20	1 781.20
占营业里程比重(%)	As Percentage of Railways in Operation (%)	85.4	98.7	73.7	73.7	92.6
无缝线路里程(公里)	Length of Continuous Welded Rail (km)	224.2	385.8	518.7	704.6	946.6
占正线里程比重(%)	As Percentage of the Trunk Lines (%)	13.2	18.5	25.4	34.02	43.6
有电气集中的车站(个)	Number of Stations with Electric Interlocking (unit)	67	125	133	133	132
占正式营业线路车站比重(%)	As Percentage of Railways Stations in Operation (%)	37.9	100	100	100	67.0
办理客运业务车站(个)	Railways Station of Passenger Traffic (unit)	159				
营业线路主要车站(个)	Railways Station of in Operation (unit)	177	207	203	202	196
铁路机车拥有量	Number of Railway Locomotives					388
蒸气机车(寸)(台)	Steam Locomotives (inch) (unit)	2				
内燃机车(台)	Diesel Locomotives (unit)	221	165	168	171	171
东风1型(准)(台)	Dongfeng Model I (Standard)(unit)	88				
东风2型(准)(台)	Dongfeng Model II (Standard)(unit)	31				
东方红21型(米)(台)	Dongfanghong Model 21 (m) (unit)	102	91	71	71	71
电力机车(台)	Electric Locomotives (unit)	29	163	225	233	217

13-4 铁路客货车拥有量

Number of Railway Passenger Coaches and Freight Cars Owned

指　　标	Item	2006年	#准　轨 Standard Tracks	2007年	#准　轨 Standard Tracks
客车合计(辆)	**Passenger Coaches (coach)**	**970**	**924**	**1 023**	**977**
软卧车	Soft Berth Coaches	78	74	82	78
硬卧车	Hard berth Coaches	414	408	430	424
硬座车	Hard Seat Coaches	358	338	387	367
餐　车	Dining Cars	55	53	59	57
行李邮政车	Luggage and Post Cars	1		1	
其　它	Others	59	47	64	51
货车合计(辆)	**Freight Cars (coach)**	**1 584**		**1 567**	
按车型分	Grouped by Type of Car				
棚　车	Covered Cars	375		362	
敞　车	Open cars	994		990	
平　车	Flat Cars	100		100	
罐　车	Tank Cars	98		98	
其　它	Others	17		17	
按载重量分	Grouped by Capacity of Car				
25-40吨	25-40 Tons				
60 吨	60 Tons				
货车总载重(万吨)	Total Loading Capacity of Freight Cars (10 000 tons)	4.7		4.7	
平均每辆车载重量(吨)	Average Marked Loading Capacity Per Car (ton)	30		30	

13-5 各地区民用车辆拥有量(2007年)
Number of Civil Motor Vehicles Owned by Region (2007)

单位：辆 (unit)

地区	Region	总计 Total	营运 Operation	非营运 Non-operation	总计中：Of Total 进口 Import	个人 Private-owned	新注册 New Registration
全省合计	**Total**	**4 666 032**	**831 570**	**3 834 462**	**74 694**	**4 242 739**	**1 057 113**
昆明	Kunming	879 614	125 110	754 504	22 567	758 300	156 378
曲靖	Qujing	510 549	103 521	407 028	4 840	465 256	80 921
玉溪	Yuxi	389 702	84 901	304 801	4 774	360 445	76 871
保山	Baoshan	273 107	48 116	224 991	2 447	266 134	81 524
昭通	Zhaotong	208 482	25 970	182 512	1 570	195 912	54 106
丽江	Lijiang	83 826	24 125	59 701	867	73 680	18 334
普洱	Pu'er	292 298	52 620	239 678	4 892	274 734	84 496
临沧	Lincang	176 584	45 123	131 461	1 325	167 453	51 722
楚雄	Chuxiong	222 266	37 630	184 636	1 568	205 808	55 548
红河	Honghe	427 503	79 574	347 929	6 836	379 293	100 316
文山	Wenshan	263 974	39 819	224 155	2 433	248 415	70 295
西双版纳	Xishuangbanna	246 179	21 640	224 539	5 271	234 679	73 649
大理	Dali	328 847	58 462	270 385	2 548	301 909	79 095
德宏	Dehong	272 162	59 543	212 619	9 547	260 690	62 052
怒江	Nujiang	24 346	6 342	18 004	610	19 730	3 379
迪庆	Diqing	36 655	18 813	17 842	712	30 213	5 729

13-5 续表 1 continued

单位：辆 (unit)

地区	Region	汽车合计 Total	轿车 Car	载客汽车 Passenger Vehicles	大型 Large-scale	中型 Medium	小型 Small-scale	微型 Miniature
全省合计	**Total**	**1 429 367**	**467 163**	**891 749**	**16 771**	**32 146**	**690 140**	**152 692**
昆明	Kunming	475 516	242 871	392 774	6 674	8 837	311 768	65 495
曲靖	Qujing	160 218	41 677	85 583	1 738	2 466	64 563	16 816
玉溪	Yuxi	123 539	36 550	62 844	807	1 615	45 700	14 722
保山	Baoshan	48 355	9 326	23 180	337	1 330	18 395	3 118
昭通	Zhaotong	55 613	11 621	30 871	754	987	20 441	8 689
丽江	Lijiang	33 677	7 341	18 199	530	1 080	13 019	3 570
普洱	Pu'er	63 986	9 610	25 539	429	1 423	20 776	2 911
临沧	Lincang	29 307	7 553	16 157	248	600	13 498	1 811
楚雄	Chuxiong	46 717	10 676	24 967	554	1 405	17 581	5 427
红河	Honghe	120 437	24 955	58 803	1 395	2 884	46 257	8 267
文山	Wenshan	48 531	12 103	26 651	507	1 496	20 853	3 795
西双版纳	Xishuangbanna	36 416	9 031	19 311	500	1 680	15 015	2 116
大理	Dali	84 590	19 509	44 259	1 224	3 101	33 405	6 529
德宏	Dehong	41 963	10 173	20 528	244	878	15 647	3 759
怒江	Nujiang	12 322	1 961	7 140	117	396	6 038	589
迪庆	Diqing	22 898	3 510	10 561	414	624	7 597	1 926

13-5 续表2 continued

单位：辆 (unit)

地区	Region	载货汽车 Trucks	重型 Heavy	中型 Medium	轻型 Light	微型 Miniature
全省合计	**Total**	**430 037**	**54 208**	**141 681**	**224 163**	**9 985**
昆明	Kunming	73 375	10 891	16 503	44 493	1 488
曲靖	Qujing	60 588	9 202	23 695	26 608	1 083
玉溪	Yuxi	55 137	8 429	18 727	27 399	582
保山	Baoshan	20 992	2 868	9 128	8 836	160
昭通	Zhaotong	21 590	4 163	3 842	12 869	716
丽江	Lijiang	11 791	646	4 944	5 095	1 106
普洱	Pu'er	23 509	1 134	8 107	13 770	498
临沧	Lincang	8 160	904	1 857	4 972	427
楚雄	Chuxiong	13 841	1 235	5 043	7 113	450
红河	Honghe	42 644	5 184	16 253	20 968	239
文山	Wenshan	19 437	1 572	6 379	10 919	567
西双版纳	Xishuangbanna	15 544	535	3 396	11 560	53
大理	Dali	33 580	3 778	13 379	16 026	397
德宏	Dehong	14 697	1 507	3 963	7 503	1 724
怒江	Nujiang	4 265	163	1 723	2 094	285
迪庆	Diqing	10 061	1 931	4 656	3 295	179

13-5 续表3 continued

单位：辆 (unit)

地区	Region	其它汽车 Others	三轮 Three-wheel	低速货车 Four-wheel	摩托车 Motoers	普通 Common	轻便 Convenient
全省合计	**Total**	**107 581**	**5 074**	**91 978**	**2 930 332**	**2 831 637**	**98 695**
昆明	Kunming	9 367	2 244	3 356	366 453	344 147	22 306
曲靖	Qujing	14 047	756	12 393	332 026	321 882	10 144
玉溪	Yuxi	5 558	184	3 936	235 176	220 119	15 057
保山	Baoshan	4 183	197	3 642	204 964	200 720	4 244
昭通	Zhaotong	3 152	474	2 568	149 944	147 720	2 224
丽江	Lijiang	3 687	125	3 503	40 828	40 000	828
普洱	Pu'er	14 938	51	14 781	210 501	200 345	10 156
临沧	Lincang	4 990	18	4 823	117 331	116 227	1 104
楚雄	Chuxiong	7 909	202	7 044	159 060	150 840	8 220
红河	Honghe	18 990	481	17 202	291 086	282 401	8 685
文山	Wenshan	2 443	124	2 115	197 034	194 745	2 289
西双版纳	Xishuangbanna	1 561	14	1 425	198 945	193 979	4 966
大理	Dali	6 751	153	5 638	222 109	216 301	5 808
德宏	Dehong	6 738	38	6 563	185 781	183 494	2 287
怒江	Nujiang	917	13	858	9 521	9 312	209
迪庆	Diqing	2 276	1	2 117	4 917	4 750	167

13-5 续表4 continued

单位：辆 (unit)

地 区	Region	拖拉机 Tractors	大中型 Large and Medium	小型方向盘式 Small	挂 车 Trailer	其他类 Others	机动车驾驶员 Number of Motor Drivers	汽车驾驶员 Automobile Drivers
全省合计	**Total**	**304 264**	**144 552**	**76 487**	**1 997**	**72**	**4 873 622**	**3 088 724**
昆 明	Kunming	36 945	13 903	10 206	640	60	1 191 522	1 031 960
曲 靖	Qujing	18 232	7 826	8 603	73		600 986	372 747
玉 溪	Yuxi	30 419	6 602	18 869	568		352 552	219 968
保 山	Baoshan	19 684	18 780	524	103	1	264 552	104 781
昭 通	Zhaotong	2 915	517	2 130	10		224 120	125 114
丽 江	Lijiang	9 321	3 115	4 869			90 069	65 155
普 洱	Pu'er	17 783	6 628	1 453	28		268 907	121 804
临 沧	Lincang	29 938	18 691	1 315	8		185 998	82 372
楚 雄	Chuxiong	16 411	9 626	5 535	77	1	251 507	143 062
红 河	Honghe	15 832	13 208	2 207	146	2	398 056	264 416
文 山	Wenshan	18 395	9 539	6 034	14		280 595	108 666
西双版纳	Xishuangbanna	10 801	4 135	4 837	14	3	181 916	90 717
大 理	Dali	21 889	19 992	1 808	259		303 851	208 790
德 宏	Dehong	44 408	6 834	5 206	5	5	208 823	92 037
怒 江	Nujiang	2 502	2 434	65	1		34 809	27 977
迪 庆	Diqing	8 789	2 722	2 826	51		35 359	29 158

13-6 各地区私人车辆拥有量(2007年)

Number of Private Motor Vehicles by Region (2007)

单位：辆 (unit)

地 区	Region	总 计 Total	载客汽车 Passenger Vehicles	载货汽车 Trucks	拖拉机 Tractors	摩托车 Motoers
全省合计	**Total**	**4 242 739**	**624 681**	**310 005**	**304 264**	**2 906 257**
昆 明	Kunming	758 300	301 867	51 076	36 945	362 235
曲 靖	Qujing	465 256	61 757	44 980	18 232	327 192
玉 溪	Yuxi	360 445	48 775	41 971	30 419	234 617
保 山	Baoshan	266 134	18 184	19 578	19 684	204 568
昭 通	Zhaotong	195 912	22 394	18 348	2 915	149 184
丽 江	Lijiang	73 680	12 254	8 401	9 321	40 328
普 洱	Pu'er	274 734	15 142	17 809	17 783	209 337
临 沧	Lincang	167 453	8 910	6 986	29 938	116 883
楚 雄	Chuxiong	205 808	15 560	7 813	16 411	158 788
红 河	Honghe	379 293	36 103	20 510	15 832	289 549
文 山	Wenshan	248 415	17 120	14 965	18 395	195 742
西双版纳	Xishuangbanna	234 679	12 688	11 661	10 801	198 092
大 理	Dali	301 909	29 913	22 938	21 889	221 249
德 宏	Dehong	260 690	13 231	12 132	44 408	184 338
怒 江	Nujiang	19 730	3 706	3 301	2 502	9 401
迪 庆	Diqing	30 213	7 042	7 534	8 789	4 703

13-7 民用运输船舶年末实有数

Number of Civil Transport Vessels at the Year-end

指标	Item	2005年 合计 Total	2005年 #私人 Private-owned	2006年 合计 Total	2006年 #私人 Private-owned	2007年 合计 Total	2007年 #私人 Private-owned
机动船总计	**Total Motor Vessels**						
艘数(艘)	Number (unit)	1 174	868	1 188	1 001	1 088	922
净载重量(吨位)	Dead Weight Tonnage (ton)	50 647	21 456	58 488	28 234	66 017	35 797
载客量(客位)	Passenger Capacity (seat)	24 006	13 922	25 478	18 916	23 796	18 354
功率(千瓦)	Drawing Power (kw)	93 926	39 521	92 861	50 553	87 226	45 280
客船	Passenger Boat						
艘数(艘)	Number (unit)	912	720	926	848	727	660
载客量(客位)	Passenger Capacity (seat)	21 503	12 706	23 223	17 510	20 388	15 396
功率(千瓦)	Drawing Power (kw)	49 351	28 934	45 811	37 945	32 238	25 022
客货船	Passenger Boat and Cargo Vessel						
艘数(艘)	Number (unit)	99	79	100	79	162	154
净载重量(吨位)	Dead Weight Tonnage (ton)	2 093	1 415	1 919	1 318	2 348	1 848
载客量(客位)	Passenger Capacity (seat)	2 503	1 216	2 255	1 406	3 408	2 958
功率(千瓦)	Drawing Power (kw)	4 972	1 833	5 854	2 182	7 817	5 835
货船	Cargo Vessel						
艘数(艘)	Number (unit)	162	69	160	72	197	106
净载重量(吨位)	Dead Weight Tonnage (ton)	37 785	14 185	46 532	19 702	55 619	27 389
功率(千瓦)	Drawing Power (kw)	39 426	8 754	40 799	10 029	46 774	14 026
拖船	Tugboat						
艘数(艘)	Number (unit)	1		2	2	2	2
功率(千瓦)	Drawing Power (kw)	177		397	397	397	397
驳船	Barge						
艘数(艘)	Number (unit)					110	110
净载重量(吨位)	Dead Weight Tonnage (ton)					952	952

13-8 内河、湖泊主要港口码头泊位数(2007年)

Number of Berths in Major Ports of Inland Rivers and Lakes (2007)

名称	Name	港口所在地	Place of Port	旅客吞吐量(万人) Volume of Passenger Traffic (10 000 persons)	#出港量 *Export Volume	货物吞吐量(万吨) Volume of Freight Handled (10 000 tons)	出港量 *Export Volume	进港量 *Import Volume	生产用码头 Quay Line For Productive Use: 码头长度(米) Length of Quay Line (m)	泊位数(个) Number of Berths (unit)	最大靠泊能力(吨级) The Greatest Capacity (tons)
全省合计	**Total**			**786**	**393**	**326**	**181**	**145**	**9962**	**127**	**500**
昆明港	Kunming	昆明新篆塘	Kunming Xinzhuantang	210	105	30	15	15	1 090	24	100
水富港	Shuifu	昭通水富县	Zhaotong Shuifu County	15	8	60	12	48	800	4	500
绥江港	Suijiang	昭通绥江县	Zhaotong Suijiang County	20	10	80	69	11	1 094	14	350
下关港	Xiaguan	大理下关	Dali Xiaguan	201	100	16	8	48	2 010	34	100
景洪港	Jinghong	西双版纳景洪	Xishuangbanna Jinghong	16	8	43	30	13	645	7	300
普洱港	Pu'er	普洱市	Pu'er City	14	7	6	2	4	738	9	300
江川港	Jiangchuan	玉溪江川县	Yuxi Jiangchuan County	10	5	5	2	3	157	3	102
澄江港	Chengjiang	玉溪澄江县	Chengjiang County	10	5					12	100

13-9 主要年份客运量
Passenger Traffic in Significant Years

单位：万人 (10 000 persons)

年 份 Year	客运量总计 Total Passenger Traffic	铁 路 Railways	公 路 Highways	水 运 Waterways	民用航空 Civil Aviation
1978	3 941.0	1 267.0	2 534.0	31.0	8.9
1980	5 250.0	1 528.0	3 612.0	93.0	17.2
1985	9 393.0	1 509.0	7 735.0	126.0	23.0
1987	10 091.0	1 351.0	8 552.0	149.0	39.0
1988	10 551.0	1 444.0	8 864.0	211.0	32.0
1989	10 389.0	1 320.0	8 928.0	110.0	31.0
1990	10 702.0	1 016.0	9 475.0	177.0	34.0
1991	11 078.0	1 006.0	9 880.0	142.0	50.0
1992	10 565.0	1 086.0	9 277.0	119.0	83.0
1993	11 063.0	1 250.0	9 528.0	158.0	127.0
1994	25 163.0	1 359.0	23 518.0	141.0	145.8
1995	21 697.0	1 257.0	20 095.0	134.0	211.0
1996	23 904.0	1 119.0	22 397.1	135.2	253.0
1997	25 003.7	1 129.5	23 437.9	148.0	288.3
1998	29 863.0	1 295.0	28 048.0	189.0	331.1
1999	32 962.2	1 494.8	30 796.0	236.0	435.4
2000	33 704.0	1 531.6	31 586.0	241.0	345.0
2001	39 984.4	1 424.4	37 909.0	271.0	380.0
2002	38 879.6	1 391.6	36 726.0	369.0	393.0
2003	35 156.0	1 360.5	33 039.0	382.0	377.0
2004	38 902.0	1 524.0	36 502.0	412.0	464.0
2005	41 079.0	1 574.0	38 509.0	501.0	495.0
2006	43 844.0	1 840.0	40 861.0	544.0	599.1
2007	46 290.2	2 105.9	42 913.0	599.0	672.3

注：公路客运量1993年前为运输系统统计数,1994年改为全社会统计数。
Note: Before 1993 the total passenger traffic was included in transport computation, and since 1994 it has been changed in total social count.

13-10 主要年份旅客周转量
Passenger-kilometers in Significant Years

单位：亿人公里 (100 million persons-km)

年 份 Year	旅客周转量总计 Total Passengerkilometers	铁 路 Railways	公 路 Highways	水 运 Waterways	民用航空 Civil Aviation
1978	24.25	9.92	13.89	0.12	0.32
1980	33.74	12.86	20.30	0.26	0.32
1985	72.84	19.56	52.53	0.32	0.43
1987	88.41	23.20	59.92	0.55	4.74
1988	93.46	23.91	64.81	0.57	4.17
1989	94.01	21.92	67.66	0.42	4.01
1990	87.67	17.22	65.77	0.46	4.22
1991	95.86	17.95	71.83	0.37	5.72
1992	99.98	20.29	69.89	0.34	9.46
1993	111.90	22.86	73.38	0.37	15.29
1994	146.87	24.41	101.77	0.33	20.36
1995	137.93	23.03	93.10	0.35	21.45
1996	149.94	20.57	102.40	0.37	26.61
1997	172.37	22.73	119.47	0.38	29.78
1998	189.85	24.76	131.80	0.58	32.71
1999	237.99	32.82	164.20	0.64	40.34
2000	237.94	31.35	171.20	0.78	34.57
2001	304.20	31.79	232.76	0.82	38.83
2002	281.60	30.50	210.10	0.90	40.10
2003	263.45	30.07	192.87	0.88	39.60
2004	317.76	37.30	227.21	0.91	52.34
2005	331.60	41.04	233.12	1.05	56.39
2006	362.40	47.22	247.71	1.17	66.30
2007	393.40	52.63	265.80	1.21	73.76

13-11 主要年份货运量
Freight Traffic in Significant Years

单位：万吨 (10 000 tons)

年 份 Year	货运量总计 Total Freight Traffic	铁 路 Railways	公 路 Highways	水 运 Waterways	民用航空 Civil Aviation
1978	4 994.00	1 929	2 972	93	0.16
1980	4 758.00	2 106	2 587	65	0.22
1985	20 044.00	2 022	17 970	52	0.40
1987	21 583.00	2 308	19 184	91	0.50
1988	22 990.00	2 421	20 477	91	0.60
1989	30 822.00	2 541	28 189	91	1.00
1990	38 327.00	2 567	35 656	104	0.43
1991	30 834.00	2 577	28 165	91	0.63
1992	42 752.00	2 658	39 988	105	1.00
1993	35 704.00	2 718	32 869	115	1.84
1994	37 860.00	2 769	34 921	168	2.00
1995	38 400.00	2 829	35 446	123	2.40
1996	42 852.00	2 896	39 728	245	3.50
1997	46 782.00	2 904	43 716	157	5.60
1998	48 448.00	3 100	45 199	141	7.27
1999	50 781.00	3 287	47 368	118	7.75
2000	52 452.00	3 521	48 789	134	7.82
2001	53 198.63	3 859	49 189	142	8.63
2002	55 013.70	4 312	50 549	146	6.70
2003	58 664.10	4 634	53 864	160	6.10
2004	59 636.00	5 082	54 326	221	7.50
2005	62 246.00	5 300	56 702	236	7.93
2006	66 412.00	5 542	60 614	247	8.56
2007	71 828.91	6 021	65 537	262	8.74

13-12 主要年份货物周转量
Freight Ton-kilometers in Significant Years

单位：亿吨公里 (100 million tons-km)

年 份 Year	货物周转量总计 Total Freight Ton-kilometers	铁 路 Railways	公 路 Highways	水 运 Waterways	民用航空 Civil Aviation
1978	62.34	43.52	18.57	0.24	0.01
1980	68.76	50.59	17.84	0.32	0.01
1985	154.11	64.83	88.73	0.50	0.05
1987	195.89	79.77	115.35	0.69	0.08
1988	208.05	82.78	124.44	0.75	0.08
1989	225.21	88.00	136.10	1.04	0.07
1990	260.67	93.91	166.10	0.59	0.07
1991	233.12	96.07	136.42	0.55	0.08
1992	275.85	100.92	173.92	0.88	0.13
1993	241.61	106.23	134.06	1.08	0.24
1994	295.08	107.86	185.99	0.98	0.26
1995	307.71	114.24	192.10	1.06	0.31
1996	352.44	122.24	228.53	1.23	0.44
1997	384.94	129.00	253.96	1.21	0.76
1998	416.18	141.08	273.12	0.96	1.02
1999	443.09	152.64	288.14	0.92	1.11
2000	479.52	180.76	296.65	0.98	1.13
2001	517.31	196.58	318.49	0.99	1.25
2002	551.20	215.80	333.20	1.20	1.00
2003	595.88	235.79	357.64	1.54	0.90
2004	628.39	260.01	365.08	2.12	1.18
2005	656.49	270.37	381.96	2.93	1.23
2006	692.21	277.21	409.46	4.22	1.32
2007	770.96	314.23	450.83	4.59	1.31

注：公路从1984年起为国家统计局统一口径的全社会运量数。

Note: Since 1984 the approach in computation of freight-kilometers of highways has been included in total social count according to National Bureau of Statistics of China .

13-13 主要年份货物运输平均运距
Average Transport Distance of Freight in Significant Years

单位：公里 (km)

年份 Year	总计 Total	铁路 Railways	公路 Highways	水运 Waterways	民用航空 Civil Aviation
1978	124.8	225.6	62.5	25.8	625.0
1982	145.4	234.6	72.3	60.9	
1983	162.4	290.2	74.6	96.7	833.3
1984	134.2	222.7	74.6	58.8	1 333.3
1985	194.0	320.6	88.6	96.2	1 250.0
1986	204.7	312.9	100.7	82.8	1 200.0
1987	237.5	345.6	119.7	75.8	1 600.0
1988	178.2	341.9	71.5	82.4	1 333.3
1989	73.1	346.3	48.3	114.0	1 444.1
1990	68.0	365.8	46.6	57.0	1 595.3
1991	75.6	372.8	48.4	60.4	1 269.8
1992	64.5	379.7	43.5	84.3	1 256.7
1993	67.7	390.0	40.8	93.9	1 304.3
1994	77.9	389.5	53.3	58.3	1 300.0
1995	80.1	403.8	54.2	86.2	1 291.7
1996	82.3	422.1	57.5	54.7	1 257.1
1997	82.3	444.2	58.1	77.2	1 358.2
1998	85.9	455.0	60.4	68.1	1 483.0
1999	87.3	464.4	60.8	78.0	1 793.5
2000	91.4	513.4	60.8	73.1	1 445.0
2001	97.2	509.4	64.7	69.7	1 448.4
2002	100.2	500.5	65.9	82.2	1 515.1
2003	101.6	508.8	66.4	96.3	1 475.4
2004	105.4	512.0	67.2	95.9	1 573.3
2005	105.5	510.1	67.4	124.2	1 551.1
2006	104.2	500.2	67.6	170.9	1 542.1
2007	107.3	521.9	68.8	175.2	1 498.9

13-14 主要年份旅客运输平均运距
Average Transport Distance of Passengers in Significant Years

单位：公里 (km)

年份 Year	客运量总计 Total Freight Traffic	铁路 Railways	公路 Highways	水运 Waterways	民用航空 Civil Aviation
1978	61.5	78.3	54.8	38.7	359.6
1982	64.5	87.3	57.2	25.8	450.0
1983	66.7	92.8	59.2	25.8	484.4
1984	63.9	77.8	60.7	26.7	466.7
1985	77.5	129.6	67.9	25.4	487.0
1986	78.1	151.7	64.3	36.4	1 174.2
1987	87.6	171.7	70.1	36.9	1 215.4
1988	88.6	165.6	73.1	27.0	1 303.1
1989	86.4	166.1	72.6	31.4	1 292.7
1990	81.9	169.5	69.4	25.9	1 240.4
1991	86.5	178.4	72.7	26.1	1 144.0
1992	88.4	186.9	75.3	28.6	1 139.4
1993	101.1	182.9	77.0	23.4	1 203.9
1994	116.4	179.6	73.6	23.4	1 396.4
1995	63.6	183.2	46.3	26.1	1 016.6
1996	62.7	183.8	45.7	27.4	1 051.8
1997	68.9	201.3	51.0	25.9	1 032.9
1998	63.6	191.3	47.0	30.7	987.9
1999	72.2	219.5	53.3	27.1	926.5
2000	70.6	204.7	54.2	32.4	1 002.0
2001	90.3	223.2	61.4	30.3	1 021.8
2002	72.4	219.2	57.2	24.3	1 019.1
2003	74.9	221.0	58.4	23.0	1 050.4
2004	82.0	244.0	62.0	22.0	1 128.0
2005	80.7	260.7	60.5	21.0	1 139.2
2006	82.7	256.6	60.6	21.5	1 106.7
2007	85.0	249.9	61.9	20.2	1 097.1

13-15 铁路货物运输量
Railway Freight Traffic

(按货类分) (by category of cargo)

品 种	Item	2006年			2007年		
		货运量(万吨) Freight Traffic (10 000 tons)	货物周转量(百万吨公里) Freight Ton-kilometers (1 000 000 tons-km)	平均运距(公里) Average Transport Distance (km)	货运量(万吨) Freight Traffic (10 000 tons)	货物周转量(百万吨公里) Freight Ton-kilometers (1 000 000 tons-km)	平均运距(公里) Average Transport Distance (km)
合 计	**Total**	**9 402**	**27 721**	**295**	**10 501**	**31 423**	**299**
煤	Coal	1 864	3 836	206	2 016	4 451	221
焦 炭	Coke	160	275	173	206	372	181
石 油	Petroleum	371	1 019	274	408	1 191	292
钢 铁	Steel	1 449	4 827	333	1 624	5 407	333
金属矿石	Metal Ores	952	3 374	355	1 147	3 949	344
非金属矿石	Nonmetal Materials	213	625	294	214	736	344
磷矿石	Phosphate Mineral	532	1 571	295	563	1 715	305
矿建材料	Mineral Building Materials	323	1 010	313	306	1 074	352
水 泥	Cement	78	161	206	36	63	176
木 材	Timber	122	377	310	124	365	295
化肥农药	Chemical Fertilizers and pesticide	912	2 743	301	944	2 841	301
粮 食	Grain	218	553	254	279	745	267
棉 花	Cotton	2	7	315	2	6	304
盐	Salt	41	117	287	45	123	275
农副土特产品	Farm Crops	63	204	324	79	246	309
鲜活易腐货物	Goods of Live Animal and Putrescence	94	325	345	94	303	322
其 它	Others	2 699	8 798	326	2 414	7 836	325

13-16 公路部门货物运输量
Highway Freight Traffic

(按货类分) (by category of cargo)

品 种	Item	2006年			2007年		
		货运量(万吨) Freight Traffic (10 000 tons)	货物周转量(万吨公里) Freight Ton-kilometers (10 000 tons-km)	平均运距(公 里) Average Transport Distance (km)	货运量(万吨) Freight Traffic (10 000 tons)	货物周转量(万吨公里) Freight Ton-kilometers (10 000 tons-km)	平均运距(公 里) Average Transport Distance (km)
合 计	**Total**	**60 614**	**4 094 620**	**67.6**	**65 537**	**4 508 272**	**68.8**
煤	Coal	6 334	793 944	125.3	8 251	569 599	69.0
石 油	Petroleum	937	124 264	132.6	1 597	109 102	68.3
钢 铁	Steel	1 267	140 146	110.6	2 442	207 013	84.8
金属矿石	Metal Ores	2 189	242 056	110.6	3 809	253 593	66.6
非金属矿石	Nonmetal Materials	1 308	113 220	86.6	2 551	145 943	57.2
磷矿石	Phosphate Mineral	370	16 801	45.4	798	19 505	24.4
矿建材料	Mineral Building Materials	2191	183 397	83.7	5 373	168 649	31.4
水 泥	Cement	2 994	278 659	93.1	5 250	358 952	68.4
木 材	Timber	1 021	65 106	63.8	1 123	100 458	89.5
化肥农药	Chemical Fertilizers and pesticide	1 404	146 060	104.0	2 520	176 027	69.9
粮 食	Grain	1 067	117 308	109.9	1 952	131 993	67.6
盐	Salt	358	49 410	138.0	640	45 248	70.7
日用工业品	Daily Use Industrial Products	303	69 279	228.6	561	145 103	258.7
其 它	Others	33 051	1 076 770	32.6	29 468	2 096 592	71.1

13-17 铁路运输经济技术主要指标(准轨)

Principal Economic and Technical Indicators on (Standard) Railway Transport

指　　标	Item	2001年	2005年	2006年	2007年
货运机车日产量(万吨/公里)	Average Daily Ton-kilometers of Freight Locomotives (10 000 tons/km)	68.50	76.6	76.7	84.7
# 内燃机车(万吨/公里)	Steam Locomotives (10 000 tons/km)	28.50	26.7	24.8	23.5
货运机车平均牵引总重(吨)	Average Total Tonnage of Freight Locomotives (ton)	2 796	3 152	3 153	3182
# 内燃机车(吨)	Steam Locomotives (ton)	1 702	2 211	2 038	2071
货运机车日车公里(公里)	Daily Distance per Freight Locomotives (km)	396	389	379	410
客运机车日车公里(公里)	Daily Distance per Passenger Locomotives (km)	422	454	484	597
内燃机车每万吨公里耗油(公斤)	Oil Consumption of Steam Locomotive (kg/10 000 tons/km)	63.50	87.3	101.5	113.8
货物列车出发正点率(%)	Punctuality Rate of Freight Trains at Departure (%)	96.80	97.1	98.2	94.7
货物列车运行正点率(%)	Punctuality Rate of Freight Trains in Running (%)	91.70	96.5	97.8	93.5
旅客列车出发正点率(%)	Punctuality Rate of Passenger Trains at Departure (%)	99.80	99.9	99.7	99.7
旅客列车技术速度(公里/小时)	Technical Speed of Passenger Trains (km/hr)	55.40	62.1	61.9	98.5
旅客列车旅行速度(公里/小时)	Traveling Speed of Passenger Trains (km/hr)	48.00	52.6	51.3	55.1
每一旅客列车编成辆数(辆)	Number of Constitute per One Passenger Train (unit)	15.70	15	16	17
客运列车密度(列/日)	Density of Passenger Trains (unit/day)	57.50	66.2	63.5	77.1
客运密度(万人/公里)	Density of Passenger Trains (10 000 passenger-km/km)	0.90	1.13	1.32	1.51
每万名旅客拥有座卧车数(辆)	Number of Coaches per 10 000 Passengers (unit)	0.44	0.43	0.34	0.31
每百万旅客人公里拥有座卧车数(辆)	Number of Coaches per 10 000 Passengers/km (unit)	0.30	0.26	0.21	0.19
货物列车技术速度(公里/小时)	Technical Speed of Freight Trains (km/hr)	45.30	45.7	45.3	46.9
货物列车旅行速度(公里/小时)	Running Speed of Freight Trains (km/hr)	29.10	25.5	25	28.7
货运列车密度(列/日)	Density of Freight Transport (unit/day)	319	192.8	193.6	212.2
货运密度(吨公里/公里)	Density of Freight Transport (ton-km/km)	31 900	47 500	48 800	54 600
货车周转时间(天)	Turning Around Time of Freight Cars (day)	2.42	2.22	2.12	1.98
货车一次作业停留时间(小时)	Handling Time of Freight (hour)	20.50	14.7	14.5	14.8
货车周转停留时间(小时)	Transfer Waiting Time per Car (hour)	8.00	6.3	5.7	5.3
货车净载重(吨)	Static Load of Freight Cars (Standard Gauge) (ton)	57.50	58.9	59.4	60.6
货车载重力利用率(%)	Utilization Rate of Loading Capacity of Freight Cars (%)	98.00	99.3	99.3	98.4

13-18 铁路运输主要财务成本指标

Financial Cost Indicators on Railway Transport

单位：万元 (10 000 yuan)

指　　标	Item	2001年	2005年	2006年	2007年
运输总收入	Total Transport Revenue	269 494	485 251	550 387	601 965
客运收入	Revenue from Passenger Traffic	76 095	118 218	132 337	143 676
货运收入	Revenue from Freight Traffic	132 158	280 968	322 943	366 625
行李包裹收入	Revenue from Luggage	11 639	14 515	9 862	231
邮运收入	Revenue from Postal Delivery	1 051	1 051		
其它收入	Other Revenue	48 551	70 499	85 245	91 433
运输总成本	Total Transport Costs	3 040	506 048	516 727	577 968
工　资	Wages and Salaries	47 334	88 508	106 532	112 121
材　料	Materials	18 002	32 022	32 012	42 876
燃　料	Fuel	12 932	17 818	21 117	23 756
电　力	Electricity	26 784	52 184	54 482	66 658
折旧提成	Depreciation	38 173	63 267	76 161	83 477
其　他	Other Costs	141 475	252 249	226 423	249 078
营业外支出	Non-operating Net Revenue or Expenditure	19 283	26 512	23 263	21 869
应缴税金	Tax	10 458	12 529	13 459	27 713
实现利润	Profits	5 741	- 109 821	- 83 889	- 131 796
固定资产原值	Original Value of Fixed Assets	1 928 643	2 529 661	2 609 088	2 880 797
铁路运输职工平均人数(人)	Average Number of Saff and Employed Workers in Transport (person)	45 000	38 000	34 000	40 459

13-19 公路运输经济技术主要指标

Principal Economic and Technical Indicators on Highway Transport

指　　标	Item	2001年	2005年	2006年	2007年
载货汽车完好率(%)	Intact Rate of Trucks (%)				
载货汽车工作率(%)	Work Rate of Trucks (%)	124.8	72.5	70.1	75.22
载货汽车实载率(%)	Carry Rate of Trucks (%)	140.8	103.27	99.83	111.41
载货汽车车吨年产量 (吨公里)	Ton/year Yield of Trucks (ton/km)				
载货汽车单车年产量 (吨公里)	Unit/year Yield of Trucks (ton/km)				
载客汽车完好率(%)	Intact Rate of Passenger Vehicles (%)				
载客汽车工作率(%)	Work Rate of Passenger Vehicles (%)	157.3	82.41	79.1	85.66
载客汽车实载率(%)	Carry Rate of Passenger Vehicles (%)	129.3	76.7	69.9	76.44
载客汽车车座年产量 (人公里)	Seat/year Yield of Passenger Vehicles (person/km)				
载客汽车单车年产量 (人公里)	Unit/year Yield of Passenger Vehiles (person/km)				
客车每百车公里耗汽油 (升)	Consumption of Gasoline per 100 Passenger Vehicles/km (li)	45.1	23.48	25.8	24.54
客车每百车公里耗柴油 (升)	Consumption of Diesel Oil per 100 Passenger Vehicles/km (li)	35.2	22.82	23.4	22.65
客车每百吨公里耗汽油 (升)	Consumption of Gasoline per 100 Passenger Vehicles	8.2	17.17	12.28	9.8
客车每百吨公里耗柴油 (升)	Consumption of Diesel Oil per 100 Passenger Vehicles	6.6	11.41	9.1	8.88
货车百车公里耗汽油 (升)	Consumption of Gasoline per 100 Trucks/km (li)	64.1	32.15	26.9	25.15
货车百车公里耗柴油 (升)	Consumption of Diesel Oil per 100 Trucks/km (li)	54.2	30.27	25.5	23.11
货车百吨公里耗汽油 (升)	Consumption of Gasoline per 100 Trucks Ton/km (li)	6.7	10.45	8.07	8.02
货车百吨公里耗柴油 (升)	Consumption of Diesel Oil per 100 Trucks Ton/km (li)	4.6	7.24	7.88	7.7

13-20 民航运输生产主要指标
Principal Indicators of Civil Aviation

指　　标	Item	2001年	2005年	2006年	2007年
旅客发运量（人）	Passenger Traffic (person)	3 800 655	4 951 118	5 991 257	6 722 979
国际航线（人）	International Routes (person)	150 149	150 654	155 259	199 311
国内航线（人）	Domestic Routes person)	3 629 337	4 762 918	5 772 253	6 523 668
地区航线（人）	Regional Routes (person)	21 169	37 546	63 745	79 424
货邮发运量（吨）	Freight Traffic (ton)	86 282	79 252	85 574	87 442
国际航线（吨）	International Routes (ton)	3 423	1 322	1 658	1 669
国内航线（吨）	Domestic Routes (ton)	82 546	77 704	83 474	85 773
地区航线（吨）	Regional Routes (ton)	313	226	442	533
旅客周转量（万人公里）	Passenger-tons (10 000 persons-km)	388 252	563 853	663 031	737 649
货邮周转量（万吨公里）	Freight Ton-kilometers (10 000 tons-km)	12 468	12 290	13 175	13 063
总周转量（万吨公里）	Total Air Traffic Ton-kilometers (10 000 tons-km)	41 236	62 492	72 250	78 708
飞行班次（班次）	Number of Flying (number)	34 449	54 590	65 774	73 408
飞行里程（万公里）	Distance of Flying (10 000 km)	3 995	5 549	6 549	7 029
飞行小时（小时）	Hours of Flying (h)	61 763	90 656	107 942	120 616
飞机生产率（吨公里/小时）	Work Rate of Aircrafts (ton-km/h)	6 676	6 893	6 756	6 525
飞机载运率（%）	Carry Rate of Aircrafts (%)	59.3	74.2	77.2	79.4
客座利用率（%）	Utilization Rate of Seat (%)	59.9	71.5	74.5	77.3

13-21 主要年份邮电通信网基本情况
Basic Conditions of Post and Telecommunication Services and Networks in Significant Years

年　份 Year	邮电局所（处） Number of Post & Telecommunications Offices(unit)	#设在农村的 Set up in the Country	邮路总长度（公里） Length of Postal Routes and Rural Dilivery(km)	长话电路（路） Number of Long-distance Telephone Lines (line)	电报电路（路） Number of Long-distance Telegraph Lines (line)
1978	1 708	1 520	260 761	891	377
1980	1 700	1 495	255 779	996	376
1985	1 780	1 442	230 505	1 216	450
1986	1 693	1 441	227 388	1 268	457
1987	1 692	1 494	223 987	1 361	454
1988	1 686	1 496	223 240	1 426	524
1989	1 686	1 489	227 643	1 648	568
1990	1 700	1 419	227 720	1 841	596
1991	1 710	1 415	226 378	2 061	613
1992	1 732	1 419	228 263	2 977	618
1993	1 734	1 417	228 384	6 312	1 053
1994	1 771		232 083	16 289	990
1995	1 809	1 549	236 447	13 104	565
1996	1 843	1 568	293 361	16 277	559
1997	1 898	1 623	293 918	21 639	882
1998	2 105	1 685	292 900	32 454	478
1999	1 927	1 614	294 285	50 706	360
2000	1 946	1 604	295 496	95 725	384
2001	1977	1 477	317 931	179 484	
2002	1934	1 463	300 814	95 069	
2003	1908	1 465	301 561	198 828	
2004	1912	1 446	304 239		
2005	1897	1 406	311 426		
2006	1928	1 411	306 649		
2007	1977	1 338	330 104		

注:1.邮路总长度包括农村投递线路。
2.从1993年起调整了电报电路统计口径。

Note: a. The total length of postal routes includes that of rural delivery lines.
b. Since 1993 the approach in computation of the telegragh routes has been changed .

13-22 主要年份邮电业务量

Postal and Telecommunication Services in Significant Years

年份 Year	邮电业务总量(万元) Business Volume of Post (10 000 yuan)	函件(万份) Number of Letters (10 000 copies)	报刊期发数(万份) Newspapers and Magazines Circulation (10 000 copies)	电报(万份) Telegraph (10 000 copies)	长途电话(万张) Number of Long Distance Telephone Calls (10 000 times)	市内电话(户) Number of Telephone Subscribers in Urban Areas (subscriber)	农村电话(户) Number of Telephone Subscribers in Townships and Village(subscriber)
1978	3 017	5 572	255	351	462	21 842	40 299
1980	3 555	7 023	365	392	508	26 190	44 801
1985	6 675	9 497	640	578	731	38 524	52 261
1986	7 055	9 567	590	523	757	42 076	55 170
1987	8 000	10 508	711	601	819	44 992	34 166
1988	9 876	10 915	690	750	942	56 535	34 626
1989	11 012	9 725	466	734	979	64 591	35 684
1990	12 737	8 958	471	713	1 172	73 194	36 830
1991	26 267	9 378	577	729	1 557	92 801	38 389
1992	35 917	10 320	529	773	2 809	129 948	41 453
1993	55 855	12 582	533	754	4 997	206 708	47 335
1994	91 534	15 534	523	638	9 772	286 416	53 758
1995	139 729	16 024	485	510	16 750	640 510	99 029
1996	206 541	14 951	507	402	22 174	713 348	125 943
1997	298 404	14 476	597	335	24 891	1 029 841	202 001
1998	443 831	12 558	457	262	33 604	1 487 371	386 643
1999	612 636	10 475	640	212	37 954	1 741 121	560 798
2000	990 739	10 001	758	201	38 105	2 218 638	670 336
2001	1 009 580	8 876	459		31 053	2 762 291	836 939
2002	1 266 613	12 344	410		26 710	3 573 786	795 826
2003	1 599 693	9 969	329		24 151	4 831 855	1 148 706
2004	2 089 877	8 387	339			2 322 581	1 214 152
2005	2 722 323	7 933	318			4 440 115	1 537 507
2006	3 375 757	7 280	343			4 416 564	2 025 760
2007	4 693 535	6 696	265			4 186 079	2 100 714

注：1.1987年、1988年农村电话户数按邮电部统一口径做了调整。

2.邮电业务总量为各个时期不变价计算。1990年邮电业务总量按1990年不变价计算为22703万元;2000年邮电业务总量按2000年不变价计算为644600万元。

Note: a. The approach in computation of the number of subscribers of rural telephones in 1987 and 1988 is changed according to Ministry of Posts and Telecommunications.

b. The total volume of postal and telecommunication services are calculated at separate constant prices of the years. The total volume of postal and telecommunication services in 1990 computed at the constant prices in 1990 is 227.03 million yuan.The total volume of postal and telecommunic-ation services in 2000 computed at the constant prices in 2000 is 6,446 million yuan.

主要统计指标解释

铁路营业里程 指办理客货运输业务的铁路正线总长度。凡是全线或部分建成双线及以上的线路,以第一线的实际长度计算;复线、站线、段管线、岔线和特别用途线以及不计算运输量的联络线都不计算营业里程。铁路营业里程是反映铁路运输业基础设施发展水平的重要指标,也是计算客货周转量、运输密度和机车车辆运用效率等指标的基础资料。

公路里程 也称"公路通车里程",是指实际达到交通部制定的公路工程技术标准规定的等级的公路长度。他包括大中城市的郊区公路以及通过小城镇街道的公路里程,也包括桥梁、渡口的长度,但不包括城市的街道以及厂矿、林区和农业生产用道的里程。两条或多条公路共同经由同一路段,只计算一次,不得重复计算里程长度。公路里程是反映公路建设发展规模的重要指标,也是计算运输网密度等指标的基础资料。

内河航道里程 也称"内河通航里程",是指在枯水季节水深在 0.3 米及以上,能通航运输船舶及排筏的天然河流、湖泊水库、运河及通航渠道的长度,包括全年季节性通航累计三个月以上的航道,但不包括仅供零散流放竹、木排的航道。内河航道里程是反映内河水运网规模、水平和发展情况的主要指标。

民用航空航线里程 指民航运输定期班机飞行的航线长度的总和。航线长度按机场之间的距离计算,通常有两种计算方法;将每条航线长度相加称为重复计算航线里程;如将两条或两条以上航线经过同一区段里程,只计算一次航线长度称为不重复计算航线里程。民航常用的是后者,它能确切反映民航运输网的规模,表明民航事业为国民经济服务和方便人民程度的主要指标。

货(客)运量 指运输业实际运送的货物(旅客)数量。货运按吨计算,客运按人计算。货物不论运输距离长短,货物类别,均按实际重量统计;旅客不论行程远近或票价多少,均按一人一次作为客运量统计。半价票、小孩票也按一人统计。货(客)运量反映运输业为国民经济和人民生活服务的数量指标,也是制定和检查运输生产计划,研究运输发展规模和速度的重要指标。

货物(旅客)周转量 指运输业运送的货物(旅客)数量与其相应运输距离的乘积之总和,通常以吨公里和人公里为计算单位。计算货物周转量通常按发出站与到达站之间的最短距离,也就是计费距离计算。他是反映运输业生产总成果的重要指标,也是编制和检查运输生产计划、计算运输效率、劳动生产率以及核算运输单位成本的主要基础资料。

铁路货车净载重 指铁路货车在始发站静止状态下平均每车装载的货物重量。静载重的多少取决于运送货物的性质、种类、车辆的类型和装载技术的高低。根据货车的平均载重能力和净载重进行对比,可以反映货车载重能力的利用程度。计算公式为:

货车净载重=货物发送吨数/装车数

铁路货运机车平均日产量 指平均每台货运机车在一昼夜内所完成的总重吨公里数。他既包括载运货物的重,也包括车辆本身的自重,他从时间和牵引能力两方面反映了机车运用效率的综合性指标。计算公式为:

货运机车平均日产量=货物总重吨公里数/货运机车台日数

邮电业务总量 指以货币表现的邮电部门为用户传递信息和提供其他邮电服务的总量。他用各种邮电分类业务量,如函件件数、电报份数、长话张数、市内电话和农村电话的年均户数、订销报刊份数等,分别乘以相应的平均单价,(不变价),加总后再加上出租电路和设备的收入、代用户维护电话交换机和线路等设备的收入、其他业务收入求得。邮电业务总量综合反映了一定时期邮电工作的总成果,是研究邮电业务量构成和发展趋势的重要指标。

Explanatory Notes on Principal Statistical Indicators

Length of Railways in Operation refers to the total length of the trunk line under passenger and freight transportation (including both full operation and temporary operation). The calculation is based on the actual length of the first line even if this line has a full or partial double track or more tracks, excluding double tracks, station sidings, tracks under the charge of stations, branch lines, special-purpose lines and non-payable connecting lines. It is an important indicator to show the development of the infrastructure for the railway transport, and also the essential data to calculate volume of passenger and freight transport, traffic density and utilization efficiency of the locomotives and carriages.

Length of Highways refers to the length of highways which are built in conformity with the grades specified by the highway engineering standard formulated by the Ministry of Communications, and have been formally checked and accepted by the departments of highways and put into use. The length of highways includes that of the suburb highways at large and medium-sized cities, highways passing through streets at small cities and towns, and also the length of bridges and ferries. It does not include the length of streets in big and medium-sized cities and highways built for production purpose at factories, mines, forest and agricultural areas. If two or more highways go the same section of the way, the length of the section is only calculated for once and no duplication is allowed. The length of highways is an important indicator to show the development of the highway construction and to provide essential data to calculate the transport network density.

Length of Navigable Inland Waterways is an indicator reflecting the scale and development of the inland waterway network. It refers to the length of the natural rivers, lakes, reservoirs, canals, and ditches deeper than 0.3 m in dry season and open to navigation during a given period, which enables the transport by ships and rafts. It includes the channels open to navigation for over an accumulative 3 months in a year, but excludes the river courses which are only used to float odd logs and bamboo rafts.

Length of Civil Aviation Routes refers to the length of all routes for regular civil aviation flights. There are usually two ways to calculate the distance between airports connected by the route length: One is to put the length of all air routes together, called duplicated calculation of the length of the routes; the other is not to allow the duplication in calculation when two or more routes passing the same section of aviation routes. The latter is usually used, as it can precisely show the size of the civil aviation network and indicate the extent of civil aviation serving the national economy and the people.

Freight (Passenger) Traffic refers to the volume of freight (passenger) transported with various means. Freight transport is calculated in tons and passenger traffic is calculated in the number of persons. Despite the type of freight and traveling distance, the freight transport is calculated in the actual weight of the cargo; and despite the traveling distance and ticket price, the passenger traffic is calculated by the principle that one person can be counted only once in one travel. The passenger who travels with a half price ticket or a child ticket is also calculated as one person. The freight (passenger) traffic provides a quantitative measure to show how the transport industry serves the national economy and people, and is also an important indicator for formulating and examining production programs of the transport industry and for studying the development scale and speed of the transport industry.

Freight Ton-kilometers (Passenger-kilometers) refer to the sum of the volume of transported cargo (passengers) multiplied by the transport distance, usually using ton-kilometer and passenger-kilometer as units for measurement. Normally, the shortest distance between the departure station and the destination station (i.e., the payable distance) is the basis to calculate the freight ton-kilometers. It is an important indicator to show the total results of the transport industry, to formulate and examine transport programs and to measure the efficiency, the labors productivity and the unit cost of transport.

Static Load of Freight Cars refers to the average cargo weight as loaded by each freight car under the static condition at the departure station. The static load of freight cars is determined by the nature and type of cargo, and the type of vehicles and the technique of loading. The difference between the average marked load and static load of freight cars reflects the utilization extent of loading capacity of freight cars. The formula is as follows:

Static Load (ton) of Freight Car = (Tonnage of Goods Dispatched)/(Number of freight Cars Loaded)

Average Daily Haul of Freight Locomotives refers to the average total-kilometers accomplished by each freight transport locomotive over day and night during a given period of time. It includes both the weight of the cargo and the dead weight of the train itself. It is a comprehensive indicator reflecting the locomotive efficiency in terms of both time and pulling force.

Average Daily Haul of Freight Transport Locomotive (ton-kilometer) = [Total Ton/ (Kilometers of Freight)]/ (Daily Number of Freight Transport Locomotives)

Business Volume of Post and Telecommunications refers to the total amount of postal and telecommunications services, expressed in monetary terms, provided by the postal and telecommunications departments for the society. Postal and telecommunications services can be classified as letters, parcels, remittance, issue of newspapers and magazines, fast mail service, express mail service, savings deposits, stamps for collection, public and individual telegraph service, facsimiles, long-distance telephone service, leasing of telephone lines, urban paging service, mobile telephone service, data transmission, etc. The calculation approach is to multiply the volume of service products of all types by their average unit price (constant price) to get sum of business value, then plus income from other services such as leasing of telephone lines and equipment, maintenance of telephone switchboards and lines for customers. This indicator reflects the overall results of postal and telecommunications services during a given period, and is important to study the composition and the development of postal and telecommunications services.

Static Load of Freight Cars refers to the average cargo weight as loaded by each freight car under the static condition at the departure station. The static load of freight cars is determined by the nature and type of cargo and the type of vehicles and the technique of loading. The difference between the average marked load and static load of freight cars reflects the utilization extent of loading capacity of freight cars. The formula is as follows:

Static Load (ton) of Freight Car = (Tonnage of Goods Dispatched)/(Number of Freight Cars Loaded)

Average Daily Haul of Freight Locomotives refers to the average total-kilometers accomplished by each freight transport locomotive over day and night during a given period of time. It includes both the weight of the cargo and the dead weight of the train itself. It is a comprehensive indicator reflecting the locomotive efficiency in terms of both time and pulling force.

Average Daily Haul of Freight Transport Locomotive (ton-kilometer) = (Total Ton-Kilometers of Freight)/(Daily Number of Freight Transport Locomotives)

Business Volume of Post and Telecommunications refers to the total amount of postal and telecommunications services, expressed in monetary terms, provided by the postal and telecommunications departments for the society. Postal and telecommunications services can be classified as letters, parcels, remittance, issue of newspapers and magazines, fast mail service, express mail service, savings deposits, stamps for collection, public and individual telegraph service, facsimiles, long-distance telephone service, leasing of telephone lines, urban paging service, mobile telephone service, data transmission, etc. The calculation approach is to multiply the volume of service products of all types by their average unit price (constant price) to get sum of business value, then plus income from other services such as leasing of telephone lines and equipment, maintenance of telephone switchboards and lines for customers. This indicator reflects the overall results of postal and telecommunications services during a given period and is important to study the composition and the development of postal and telecommunications services.

十四、建筑业

Construction

Chapter 14

14-1 建筑施工企业个数和人数及施工产值

Number of Construction Enterprises, Employed Persons and Their Output Value

年 份 Year	总 计 Total	国有建筑施工企业 State-owned Enterprises	集体建筑施工企业 Collective-owned Enterprises	其 它 Others
施工企业个数(个) Number of Enterprises (unit)				
1985	2 522	144	2 378	
1990	3 010	123	2 887	
1995	2 657	140	2 517	6
1997	1 328	162	1 039	127
1998	1 450	171	1 016	263
1999	1 589	216	967	406
2000	1 564	201	854	509
2001	1 583	190	713	680
2002	1 317	152	440	725
2003	1 231	129	330	772
2004	1 663	122	325	1 216
2005	1 648	111	258	1 279
2006	1 796	110	243	1 443
2007	1 903	107	232	1 564
施工企业人数(人) Number of Employed Persons (person)				
1985	466 428	166 963	299 465	
1990	476 111	160 500	315 611	
1995	646 528	181 237	463 892	1 399
1997	544 281	162 815	353 796	27 670
1998	547 701	166 136	305 648	75 917
1999	594 043	180 056	304 559	109 428
2000	535 519	158 817	253 806	122 896
2001	555 784	141 518	223 031	191 235
2002	517 674	124 543	170 328	222 803
2003	573 651	153 486	135 960	284 205
2004	502 976	105 600	102 822	294 554
2005	553 068	94 660	86 334	372 074
2006	633 161	105 271	90 092	437 798
2007	647 721	116 372	74 208	457 141
建筑业总产值(万元) Gross Output Value (10 000 yuan)				
1985	212 751	102 616	110 135	
1990	366 810	185 895	180 915	
1995	1 812 155	737 385	1 071 367	3 403
1997	2 210 793	1 080 523	1 033 023	97 247
1998	2 541 656	1 111 900	1 102 020	327 737
1999	3 135 990	1 350 038	1 225 784	560 168
2000	3 113 352	1 305 512	1 088 314	719 526
2001	3 455 135	1 278 259	1 004 570	1 172 306
2002	3 582 375	1 218 833	777 624	1 585 918
2003	3 969 692	1 322 335	682 398	1 964 959
2004	4 485 045	1 363 090	664 112	2 457 843
2005	5 395 877	1 389 621	580 259	3 425 996
2006	6 728 819	1 839 452	637 809	4 251 558
2007	7 633 192	2 058 647	641 227	4 933 318

注：1996年起各种经济类型的具有资质等级证书的建筑企业均纳入国家统计；集体企业中的农村集体1996年的数据为测算数,以前年度为省乡镇企业局统计数。

Note: Since 1996 the state statistical coverage has included the construction enterprises of various types of ownership with credentials. The figures of rural Collective-woned in Collective-woned Enterprises in 1996 in this table are estimated；prior to 1996 they were included in the statistical coverage of the Provincial Bureau of Township and town Enterprises。

14-2 各种经济类型建筑企业主要指标（2007年）

指　标	Item	企业个数(个) Number of Enterprises(unit)	建筑业总产值（万元） Gross Output Value of Construction Enterprises(10 000 yuan)
合　计	**Total**	**1 903**	**7 633 192**
国　有	State-owned Enterprises	107	2 058 647
集　体	Urban Collective-owned Enterprises	232	641 227
其　他	Others	1 564	4 933 318

14-3 建筑施工企业主要经济指标（2007年）

		合　计 Total
企业个数(个)	Number of Enterprises (unit)	1 903
计算建筑业全员劳动生产率职工人数(万人)	Average Number of Employed persons (10 000 persons)	64.77
固定资产原价（万元）	Original Value of Fixed Assets (10 000 yuan)	2 222 119
固定资产净值（万元）	Net Value of Fixed Assets (10 000 yuan)	1 439 308
自有机械设备年末总台数（台）	Number of Machinery and Equipment Owned Year-end (set)	198 536
自有机械设备净值（万元）	Net Value of Machinery and Equipment Owned (10 000 yuan)	676 593
自有机械设备年末总功率（千瓦）	Total Power of Machinery and Equipment Owned at the Year-end (kw)	3 262 195
总产值（万元）	Gross Output Value (10 000 yuan)	7 633 192
固定资产折旧（万元）	Depreciation of Fixed Assets (10 000 yuan)	125 971
应付工资（万元）	Wages Payable (10 000 yuan)	692 526
应付福利费（万元）	Welfare Funds Payable (10 000 yuan)	63 220
工程结算税金及附加（万元）	Taxes and Surcharges on Project Settlement (10 000 yuan)	231 780
管理费用中的税金（万元）	Taxes in Management Expenses (10 000 yuan)	12 893
工程结算利润（万元）	Profits of Project Settlement (10 000 yuan)	594 741
房屋建筑施工面积(万平方米)	Floor Space of Buildings under Construction (10 000 sq.m)	5 785.80
房屋建筑竣工面积(万平方米)	Floor Space of Buildings Completed (10 000 sq.m)	3 179.50
利润总额（万元）	Total Profits and Tax (10 000 yuan)	266 531
利税总额（万元）	Total Profits and Tax (10 000 yuan)	511 204
按总产值计算的全员劳动生产率（元/人）	Overall Labor Productivity in Terms of Gross Output Value (yuan/person)	117 847
技术装备率（元/人）	Value of Machinery Per Laborer (yuan/person)	10 446
动力装备率（千瓦/人）	Power of Machines Per Laborer (kw/person)	5.04
房屋建筑面积竣工率(%)	Rate of Floor Space of Buildings Completed (%)	54.95
产值利润率(%)	Ratio of Profits to Gross Output Value (%)	3.49
产值利税率(%)	Ratio of Pre-tax Profits to Gross Output Value (%)	6.70

Principal Indicators of Various Construction Enterprises (2007)

固定资产净值(万元) Net Value of Fixed Assets (10 000 yuan)	利润总额(万元) Total Profits (10 000 yuan)	上缴税金(万元) Taxes (10 000 yuan)	平均人数(人) Average Number of Employed Persons(person)
1 439 308	**266 531**	**305 188**	**647 721**
284 408	37 385	73 525	116 372
175 508	23 222	23 739	74 208
979 392	205 925	207 923	457 141

Principal Economic Indicators of Construction Enterprises (2007)

国有经济 State-owned Enterprises	集体经济 Collective-owned Enterprises	股份制经济 Joint Stock Enterprises	港澳台投资经济 Enterprises Funded by Hong Kong,Macao and Taiwan
107	232	92	7
11.64	7.42	7.27	0.15
468 651	265 436	241 460	3 930
284 408	175 508	140 536	2 071
25 524	28 943	14 993	32
104 463	88 872	57 417	440
612 291	461 323	297 708	893
2 058 647	641 227	884 760	15 842
29 981	10 771	19 849	90
154 793	76 198	73 438	1 420
15 185	7 062	9 111	121
66 019	18 387	25 371	410
2 087	1 646	1 314	18
146 092	51 157	72 603	656
1 041.89	658.34	445.79	3.66
445.18	466.02	243.82	3.26
37 385	23 222	41 688	303
105 491	43 255	68 373	731
176 902	86 409	121 710	108 656
8 977	11 976	7 898	3 018
5.26	6.22	4.10	0.61
42.73	3.62	54.69	89.07
1.82	3.62	4.71	1.91
5.12	6.75	7.73	4.61

14-4 各地区建筑业企业单位数及从事建筑业生产的平均人数(2007年)
Number of Construction Enterprises and Average Number of Employed Persons by Region (2007)

(按经济类型分) (By ownership)

地 区	Region	企业单位数(个) Number of Enterprises (unit)	# 国有经济 State-owned Enterprises	# 集体经济 Collective-owned Enterprises	平均人数(人) Average Number of Employed Persons (person)	# 国有经济 State-owned Enterprises	# 集体经济 Collective-owned Enterprises
全省合计	**Total**	**1 903**	**107**	**232**	**647 721**	**116 372**	**74 010**
昆 明	Kunming	878	58	101	361 165	100 812	29 220
曲 靖	Qujing	170	6	28	52 126	1 897	11 307
玉 溪	Yuxi	144	4	11	32 720	1 165	6 319
保 山	Baoshan	43	2	1	30 736	242	65
昭 通	Zhaotong	72	2	12	15 473	407	1 798
丽 江	Lijiang	57	1	6	8 919	188	624
普 洱	Pu'er	70	7	8	17 706	4 606	1 995
临 沧	Lincang	44	2	2	10 321	917	315
楚 雄	Chuxiong	103	7	8	24 669	3 010	1 968
红 河	Honghe	107	8	25	37 593	1 479	10 407
文 山	Wenshan	29	4	6	8 400	370	2 118
西双版纳	Xishuangbanna	32	4	8	5 744	495	1 554
大 理	Dali	113	2	9	32 649	784	4 485
德 宏	Dehong	31		4	5 739		865
怒 江	Nujiang	3		2	1 036		670
迪 庆	Diqing	7		1	2 725		300

14-5 各地区建筑业总产值构成 (2007年)
Gross Output Value of Construction Enterprises and Its Composition by Region (2007)

单位：万元 (10 000 yuan)

地 区	Region	建筑业总产值 Gross Output Value of Construction Enterprises	按构成分 Grouped by Use of Funds			按经济类型分 Grouped by Ownership	
			建筑工程 Construction Engineering	安装工程 Installation Engineering	其他产值 Others	国有经济 State-owned Enterprises	集体经济 Collective-owned Enterprises
全省合计	**Total**	**7 633 192**	**6 791 201**	**677 349**	**156 706**	**2 058 647**	**641 227**
昆 明	Kunming	4 872 375	4 272 531	547 569	46 523	1 828 123	282 028
曲 靖	Qujing	478 047	438 702	16 095	21 928	7 747	87 889
玉 溪	Yuxi	264 725	248 007	10 578	6 140	10 396	24 626
保 山	Baoshan	171 276	167 372	1 851	2 053	8 300	522
昭 通	Zhaotong	133 352	125 718	5 351	2 283	11 590	26 060
丽 江	Lijiang	120 415	114 254	5 319	842	4 690	9 218
普 洱	Pu'er	224 628	214 707	8 523	1 398	76 454	35 331
临 沧	Lincang	118 939	108 398	9 065	1 477	7 995	4 692
楚 雄	Chuxiong	220 012	198 313	9 089	12 611	41 458	14 202
红 河	Honghe	442 989	385 269	39 906	16 949	24 085	80 138
文 山	Wenshan	93 228	67 054	4 972	21 203	6 732	30 031
西双版纳	Xishuangbanna	53 708	50 077	3 529	102	3 829	11 443
大 理	Dali	359 019	335 161	12 168	11 690	27 249	23 291
德 宏	Dehong	52 523	46 703	2 236	3 585		7 618
怒 江	Nujiang	11 842	3 412	1 000	7 430		2 889
迪 庆	Diqing	16 113	15 522	98	493		1 250

14-6 各地区建筑业总产值（2007年）

Gross Output Value of Construction Enterprises by Region (2007)

（按行业分） (By Sector)

单位：万元 (10 000 yuan)

地 区	Region	建筑业总产值 Gross Output Value of Construction Enterprises	房屋和土木工程建筑业产值 Civil Engineering	建筑安装业 Building Installation	建筑装饰业 Building Decoration	其他建筑业 Others
全省合计	**Total**	**7 633 192**	**6 834 198**	**537 166**	**152 024**	**109 805**
昆 明	Kunming	4 872 375	4 205 292	471 258	113 274	82 550
曲 靖	Qujing	478 047	465 130	6 332	6 199	386
玉 溪	Yuxi	264 725	251 378	2 433	10 009	906
保 山	Baoshan	171 276	168 912		1 614	750
昭 通	Zhaotong	133 352	123 358	5 236	1 048	3 710
丽 江	Lijiang	120 415	119 748		667	
普 洱	Pu'er	224 628	223 540	205	729	154
临 沧	Lincang	118 939	113 412	1 069	563	3 895
楚 雄	Chuxiong	220 012	215 988	953	2 171	901
红 河	Honghe	442 989	417 098	23 674	1 309	908
文 山	Wenshan	93 228	72 711	19 759	758	
西双版纳	Xishuangbanna	53 708	40 953	1 300	11 095	360
大 理	Dali	359 019	341 351	628	1 755	15 285
德 宏	Dehong	52 523	50 242	1 450	831	
怒 江	Nujiang	11 842	11 842			
迪 庆	Diqing	16 113	13 245	2 868		

14-7 各地区建筑企业技术装备情况（2007年）

Number and Power of Machinery and Equipment of Construction Enterprises by Region (2007)

地 区	Region	自有机械设备总台数(台) Number of Machinery and Equipment Owned (set)	自有机械设备总功率(千瓦) Total Power of Machinery and Equipment Owned(kw)	自有机械设备净值(万元) Net Value of Machinery and Equipment Owned (10 000 yuan)	技术装备率(元／人) Value of Machinery per Laborer (yuan/person)	动力装备率(千瓦／人) Power of Machines perLaborer (kw/person)
全省合计	**Total**	**198 536**	**3 262 195**	**676 593**	**10 446**	**5.0**
昆 明	Kunming	76 681	1 594 190	319 243	8 839	4.4
曲 靖	Qujing	17 829	314 779	82 573	15 841	6.0
玉 溪	Yuxi	19 952	258 908	61 466	18 785	7.9
保 山	Baoshan	13 178	136 680	31 425	10 224	4.5
昭 通	Zhaotong	6 356	77 506	14 331	9 262	5.0
丽 江	Lijiang	1 910	40 848	5 957	6 679	4.6
普 洱	Pu'er	6 086	86 373	22 608	12 769	4.9
临 沧	Lincang	6 197	78 711	16 439	15 928	7.6
楚 雄	Chuxiong	17 360	178 854	36 059	14 617	7.3
红 河	Honghe	8 532	212 904	30 878	8 214	5.7
文 山	Wenshan	2 026	18 659	2 582	3 074	2.2
西双版纳	Xishuangbanna	3 731	41 178	4 375	7 617	7.2
大 理	Dali	15 323	184 812	36 198	11 087	5.7
德 宏	Dehong	2 902	33 764	10 277	17 907	5.9
怒 江	Nujiang	332	602	843	8 137	0.6
迪 庆	Diqing	141	3 427	1 340	4 917	1.3

14-8 各地区房屋建筑面积（2007年）
Floor Space of Building Construction in Regions (2007)

单位：万平方米 (10 000 sq.m)

地 区	Region	房屋建筑面积 Floor Space of Buildings		国有经济 State-owned Enterprises		集体经济 Collective-owned Enterprises	
		施工面积 Floor Space under Constructrion	竣工面积 Floor Space Completed	施工面积 Floor Space under Constructrion	竣工面积 Floor Space Completed	施工面积 Floor Space under Constructrion	竣工面积 Floor Space Completed
全省合计	**Total**	**5 785.80**	**3 179.50**	**1 041.89**	**445.18**	**658.34**	**466.02**
昆 明	Kunming	2 900.21	1 400.31	971.75	402.19	212.08	157.30
曲 靖	Qujing	620.78	414.82	1.99	0.56	93.30	69.59
玉 溪	Yuxi	319.17	203.63			40.78	24.84
保 山	Baoshan	142.14	111.29			1.04	0.92
昭 通	Zhaotong	126.00	80.58	4.76	4.76	16.74	14.41
丽 江	Lijiang	82.96	52.68			10.17	5.10
普 洱	Pu'er	231.14	177.89	8.36	3.14	92.29	88.69
临 沧	Lincang	123.93	76.95			9.57	1.09
楚 雄	Chuxiong	190.88	110.77	4.36	3.38	20.14	8.55
红 河	Honghe	519.52	265.82	36.08	22.54	84.20	43.86
文 山	Wenshan	147.59	79.82	12.59	6.62	23.58	13.33
西双版纳	Xishuangbanna	64.91	22.75	2.00	2.00	15.57	9.83
大 理	Dali	253.40	138.09			23.25	17.80
德 宏	Dehong	51.40	32.48			12.23	7.31
怒 江	Nujiang	2.80	2.80			2.80	2.80
迪 庆	Diqing	8.98	8.82			0.61	0.61

14-9 各地区建筑企业劳动生产率（2007年）
Labor Productivity of Construction Enterprises by Region (2007)

单位：元/人 (yuan/person)

地 区	Region	按建筑业总产值计算的劳动生产率 Overall Lobor Productivity in Terms of Gross Output Value	# 国有经济 State-owned Enterprises	# 集体经济 Collective-owned Enterprises
全省合计	**Total**	**117 847**	**176 902**	**86 409**
昆 明	Kunming	134 907	181 340	96 519
曲 靖	Qujing	91 710	40 838	77 730
玉 溪	Yuxi	80 906	89 236	38 971
保 山	Baoshan	55 725	342 975	80 308
昭 通	Zhaotong	86 184	284 767	144 939
丽 江	Lijiang	135 010	249 468	112 141
普 洱	Pu'er	126 865	165 988	177 098
临 沧	Lincang	115 240	87 186	148 952
楚 雄	Chuxiong	89 186	137 734	72 165
红 河	Honghe	117 838	162 847	77 004
文 山	Wenshan	110 986	181 946	141 789
西双版纳	Xishuangbanna	93 503	77 354	73 636
大 理	Dali	109 963	347 564	51 931
德 宏	Dehong	91 519		88 069
怒 江	Nujiang	114 305		43 119
迪 庆	Diqing	59 130		41 667

14-10 各地区建筑业企业资本及资产（2007年）
Capital and Assets of Construction Enterprises by Region (2007)

(按经济类型分) (By ownership)

单位：万元 (10 000 yuan)

地 区	Region	实收资本 Called-up Capital	#国有经济 State-owned Enterprises	#集体经济 Collective-owned Enterprises	资产合计 Total Assets	#国有经济 State-owned Enterprises	#集体经济 Collective-owned Enterprises
全省合计	**Total**	**2 544 951**	**431 819**	**228 883**	**8 462 737**	**2 036 396**	**584 546**
昆 明	Kunming	1 367 598	358 244	99 608	5 552 383	1 692 057	268 662
曲 靖	Qujing	273 157	4 121	50 224	536 328	22 576	112 675
玉 溪	Yuxi	158 431	14 746	9 355	308 060	29 110	19 268
保 山	Baoshan	72 489	3 620	554	137 354	31 153	872
昭 通	Zhaotong	66 708	2 707	8 052	134 811	4 674	16 751
丽 江	Lijiang	69 319	310	3 876	189 326	9 217	7 434
普 洱	Pu'er	67 345	12 518	4 999	200 026	80 610	7 260
临 沧	Lincang	44 675	3 146	1 332	82 880	6 365	2 377
楚 雄	Chuxiong	111 519	16 193	7 163	241 476	61 121	15 516
红 河	Honghe	127 817	8 353	27 342	445 152	51 154	87 809
文 山	Wenshan	7 302	1 448	1 209	89 705	21 089	5 419
西双版纳	Xishuangbanna	20 267	1 340	3 135	51 046	5 226	14 152
大 理	Dali	116 381	5 073	9 792	400 886	22 044	20 314
德 宏	Dehong	30 585		1 197	72 428		4 353
怒 江	Nujiang	1 258		458	2 476		458
迪 庆	Diqing	10 099		588	18 401		1 228

14-11 各地区建筑业企业资产（2007年）
Assets of Construction Enterprises by Region (2007)

单位：万元 (10 000 yuan)

地 区	Region	资产合计 Total Assets	流动资产 Current Assets	固定资产 Fixed Assets	无形资产及递延资产 Intangible and Defered Assets	无形资产 Intangible Assets
全省合计	**Total**	**8 462 737**	**5 864 383**	**1 730 818**	**219 353**	**187 325**
昆 明	Kunming	5 552 383	4 165 607	808 170	115 174	97 119
曲 靖	Qujing	536 328	273 511	203 567	17 126	13 998
玉 溪	Yuxi	308 060	182 750	104 155	5 540	4 369
保 山	Baoshan	137 354	70 297	48 292	16 980	13 907
昭 通	Zhaotong	134 811	89 376	37 793	3 144	2 688
丽 江	Lijiang	189 326	105 970	49 632	7 317	5 553
普 洱	Pu'er	200 026	142 454	49 384	3 580	2 991
临 沧	Lincang	82 880	38 966	38 386	1 337	1 260
楚 雄	Chuxiong	241 476	125 053	76 122	15 584	14 707
红 河	Honghe	445 152	270 501	126 131	7 457	7 248
文 山	Wenshan	89 705	17 098	72 473	135	35
西双版纳	Xishuangbanna	51 046	31 141	17 860	765	763
大 理	Dali	400 886	299 045	69 343	15 760	15 491
德 宏	Dehong	72 428	40 631	24 324	6 484	4 403
怒 江	Nujiang	2 476	1 413	893		
迪 庆	Diqing	18 401	10 570	4 294	2 969	2 794

14-12 各地区建筑业企业负债及所有者权益（2007年）

Liabilities and Owner's Equity of Construction Enterprises by Region (2007)

单位：万元 (10 000 yuan)

地区	Region	负债合计 Total Liabilities	# 流动负债 Current Liabilities	# 长期负债 Long-term Liabilities	所有者权益 Owner's Equity	# 实收资本 Called-up Capital
全省合计	**Total**	**5 220 236**	**4 903 617**	**311 977**	**3 235 916**	**2 544 951**
昆明	Kunming	3 760 686	3 569 798	187 677	1 786 619	1 367 598
曲靖	Qujing	211 095	200 912	9 508	323 867	273 157
玉溪	Yuxi	124 200	115 730	8 470	183 860	158 431
保山	Baoshan	52 635	49 866	2 768	84 719	72 489
昭通	Zhaotong	55 445	51 525	3 920	79 367	66 708
丽江	Lijiang	105 886	80 070	25 817	83 440	69 319
普洱	Pu'er	125 221	116 941	8 280	74 806	67 345
临沧	Lincang	24 454	20 716	3 738	58 426	44 675
楚雄	Chuxiong	95 925	91 417	4 508	145 551	111 519
红河	Honghe	271 317	263 351	7 210	173 694	127 817
文山	Wenshan	81 587	42 172	39 415	8 118	7 302
西双版纳	Xishuangbanna	26 912	26 876	36	24 134	20 267
大理	Dali	244 497	236 134	8 363	156 388	116 381
德宏	Dehong	32 363	31 059	1 304	40 065	30 585
怒江	Nujiang	834	834		1 642	1 258
迪庆	Diqing	7 180	6 216	964	11 221	10 099

14-13 各地区建筑企业所有者权益（2007年）

Owner's Equity by Region (2007)

（按经济类型分） (By Ownership)

单位：万元 (10 000 yuan)

地区	Region	所有者权益总计 Owner's Equity	# 国有经济 State-owned Enterprises	# 集体经济 Collective-owned Enterprises	负债合计 Total Liabilities	# 国有经济 State-owned Enterprises	# 集体经济 Collective-owned Enterprises
全省合计	**Total**	**3 235 916**	**552 565**	**280 970**	**5 220 236**	**1 483 832**	**303 476**
昆明	Kunming	1 786 619	460 917	109 429	3 760 686	1 231 141	159 134
曲靖	Qujing	323 867	- 6 256	69 499	211 095	28 832	43 176
玉溪	Yuxi	183 860	16 693	11 933	124 200	12 417	7 334
保山	Baoshan	84 719	4 944	572	52 635	26 209	300
昭通	Zhaotong	79 367	2 963	9 678	55 445	1 711	7 073
丽江	Lijiang	83 440	3 100	4 858	105 886	6 117	2 576
普洱	Pu'er	74 806	13 411	5 455	125 221	67 199	1 804
临沧	Lincang	58 426	3 162	1 601	24 454	3 203	776
楚雄	Chuxiong	145 551	31 762	7 955	95 925	29 360	7 561
红河	Honghe	173 694	12 736	39 710	271 317	38 419	48 098
文山	Wenshan	8 118	2 203	1 270	81 587	18 886	4 149
西双版纳	Xishuangbanna	24 134	1 472	4 707	26 912	3 754	9 445
大理	Dali	156 388	5 458	11 550	244 497	16 586	8 764
德宏	Dehong	40 065		1 706	32 363		2 647
怒江	Nujiang	1 642		458	834		
迪庆	Diqing	11 221		588	7 180		640

14-14 各地区建筑企业总收入(2007年)

Total Income of Construction Enterprises by Region (2007)

单位：万元 (10 000 yuan)

地区	Region	企业总收入 Total Income of Enterprises	工程结算收入 Revenue from Project Settlement	#工程结算成本 Costs of Project Settlement Account	#工程结算利润 Profits of Project Settlement	其它业务收入 Other Business Revenue	#其它业务利润 Othe Business Profit
全省合计	**Total**	**7 296 302**	**7 200 391**	**6 301 855**	**594 741**	**95 911**	**23 898**
昆明	Kunming	4 861 952	4 808 839	4 242 086	382 862	53 113	11 202
曲靖	Qujing	437 270	427 913	366 908	35 918	9 357	1 827
玉溪	Yuxi	247 281	244 406	210 527	21 722	2 875	777
保山	Baoshan	151 246	151 122	133 136	8 717	124	62
昭通	Zhaotong	101 230	99 235	84 092	9 613	1 995	1 017
丽江	Lijiang	83 534	82 976	68 507	9 326	558	128
普洱	Pu'er	151 073	149 964	131 468	12 176	1 109	804
临沧	Lincang	101 699	101 545	84 902	10 721	154	89
楚雄	Chuxiong	204 502	200 057	172 095	17 078	4 445	1 198
红河	Honghe	408 570	402 590	347 084	38 374	5 980	2 643
文山	Wenshan	77 213	75 649	56 717	16 198	1 564	617
西双版纳	Xishuangbanna	49 380	47 553	41 879	2 531	1 827	1 193
大理	Dali	342 851	330 246	293 089	24 314	12 605	2 349
德宏	Dehong	43 324	43 128	37 296	3 229	196	- 11
怒江	Nujiang	11 842	11 842	10 049	1 284		
迪庆	Diqing	23 336	23 327	22 024	678	9	4

14-15 各地区建筑业企业总收入及利税总额(2007年)

Total Income and Total Pre-Tax Profits of Construction Enterprises by Region (2007)

(按经济类型分) (By ownership)

单位：万元 (10 000 yuan)

地区	Region	企业总收入 Total Income of Enterprises	#国有经济 State-owned Enterprises	#集体经济 Collective-owned Enterprises	利税总额合计 Total Pre-Tax Profits	#国有经济 State-owned Enterprises	#集体经济 Collective-owned Enterprises
全省合计	**Total**	**7 296 302**	**2 214 876**	**536 213**	**511 204**	**105 491**	**43 255**
昆明	Kunming	4 861 952	2 023 347	231 237	318 992	94 323	14 512
曲靖	Qujing	437 270	8 587	79 621	32 115	- 673	3 360
玉溪	Yuxi	247 281	6 607	24 315	18 355	423	1 310
保山	Baoshan	151 246	7 967	522	10 784	345	27
昭通	Zhaotong	101 230	3 128	16 972	9 133	280	1 125
丽江	Lijiang	83 534	4 593	4 511	6 088	359	267
普洱	Pu'er	151 073	68 123	6 489	12 818	3 100	748
临沧	Lincang	101 699	8 003	3 101	9 213	1 455	247
楚雄	Chuxiong	204 502	31 800	15 189	17 530	3 669	903
红河	Honghe	408 570	25 195	85 887	28 333	1 431	8 717
文山	Wenshan	77 213	5 034	26 899	15 228	131	8 984
西双版纳	Xishuangbanna	49 380	2 590	12 004	2 689	141	568
大理	Dali	342 851	19 900	18 761	24 508	509	1 410
德宏	Dehong	43 324		6 243	3 132		629
怒江	Nujiang	11 842		2 889	1 517		407
迪庆	Diqing	23 336		1 575	770		40

14-16 各地区建筑业企业利税总额(2007年)
Total Pre-tax Profits of Construction Enterprises by Region (2007)

地 区	Region	利税总额 Total of Pre-Tax Profits	利润总额 Total Profits	工程结算税金及附加 Taxes and Surcharges on Project Settlement	管理费用中的税金 Taxes in Overhead Costs	产值利税率(%) Ratio of Pre-tax Profits to Output Value (%)	资产利税率(%) Ratio of Pre-tax Profits to Assets (%)
全省合计	**Total**	**511 204**	**266 531**	**231 780**	**12 893**	**6.7**	**6.0**
昆 明	Kunming	318 992	168 289	144 357	6 346	6.6	5.8
曲 靖	Qujing	32 115	14 324	15 978	1 813	6.7	6.0
玉 溪	Yuxi	18 355	9 654	8 373	328	6.9	6.0
保 山	Baoshan	10 784	2 527	7 508	749	6.3	7.9
昭 通	Zhaotong	9 133	4 828	4 082	223	6.9	6.8
丽 江	Lijiang	6 088	2 894	2 828	366	5.1	3.2
普 洱	Pu'er	12 818	7 070	5 354	394	5.7	6.4
临 沧	Lincang	9 213	5 722	3 339	152	7.8	11.1
楚 雄	Chuxiong	17 530	9 402	7 473	655	8.0	7.3
红 河	Honghe	28 333	13 903	13 704	726	6.4	6.4
文 山	Wenshan	15 228	12 608	2 346	274	16.3	17.0
西双版纳	Xishuangbanna	2 689	236	2 289	164	5.0	5.3
大 理	Dali	24 508	12 513	11 473	522	6.8	6.1
德 宏	Dehong	3 132	1 375	1 658	99	6.0	4.3
怒 江	Nujiang	1 517	1 016	473	28	12.8	61.3
迪 庆	Diqing	770	170	544	56	4.8	4.2

14-17 各地区建筑业企业利润总额与工程结算利润(2007年)
Total Profits and Profits of Projects Settlement of Construction Enterprises by Region (2007)

(按经济类型分) (By Ownership)

单位：万元 (10 000 yuan)

地 区	Region	利润总额 Total Profits	#国有经济 State-owned Enterprises	#集体经济 Collective-owned Enterprises	工程结算利润 Profits of Project Settlement	#国有经济 State-owned Enterprises	#集体经济 Collective-owned Enterprises
全省合计	**Total**	**266 531**	**37 385**	**23 222**	**594 741**	**146 092**	**51 157**
昆 明	Kunming	168 289	32 753	6 383	382 862	131 229	16 536
曲 靖	Qujing	14 324	- 881	370	35 918	1 009	5 456
玉 溪	Yuxi	9 654	220	460	21 722	661	1 077
保 山	Baoshan	2 527	64	10	8 717	692	27
昭 通	Zhaotong	4 828	197	385	9 613	498	1 230
丽 江	Lijiang	2 894	119	32	9 326	554	302
普 洱	Pu'er	7 070	669	369	12 176	2 887	774
临 沧	Lincang	5 722	1 246	143	10 721	1 847	280
楚 雄	Chuxiong	9 402	2 669	227	17 078	3 551	864
红 河	Honghe	13 903	601	5 623	38 374	1 746	11 305
文 山	Wenshan	12 608	- 102	8 174	16 198	264	10 486
西双版纳	Xishuangbanna	236	44	- 23	2 531	175	279
大 理	Dali	12 513	- 214	469	24 314	979	1 367
德 宏	Dehong	1 375		398	3 229		800
怒 江	Nujiang	1 016		211	1 284		353
迪 庆	Diqing	170		- 11	678		21

主要统计指标解释

建筑施工企业 指从事房屋、构筑物和设备安装生产活动的独立施工单位,分为建筑安装企业和自营施工单位两种组织形式。建筑安装企业是指行政有独立组织,经济上实行独立核算的企业。一般称为建筑公司、安装公司、工程公司、工程局(处)等。自营施工单位是指附属于现有生产企业、事业内部或行政单位的,为建造和修理本单位固定资产而自行组织的,同时具备下述条件:

(1) 对内独立核算。

(2) 有固定组织和施工队伍。

(3) 全年施工期在半年以上。

建筑业总产值(自行完成施工产值) 指建筑施工企业在一定时期内所完成的以货币表现的生产总量。是反映全部生产规模、水平和成果的综合指标。

房屋建筑施工面积 指在报告期内施工的全部房屋建筑面积，包括本期新开工的房屋面积、上期施工跨入本期继续施工的房屋面积、上期停缓建在本期恢复施工的房屋面积、本期竣工的房屋面积及本期施工后又停缓建的房屋面积。

房屋建筑竣工面积 指在报告期内房屋建筑按照设计要求全部完工，达到了住人和使用条件，经验收鉴定合格，正式移交使用单位的房屋建筑面积。

自有机械设备年末总台数 指归本企业所有，属于本企业固定资产的生产性机械设备年末总台数。包括施工机械、生产设备、运输设备以及其他设备。

自有机械设备年末总功率 指本企业自有施工机械、生产设备、运输设备以及其他设备等 列为在册固定资产的生产性机械设备年末总功率，按设定能力或查定能力计算。包括机械本身的动力和为该机械服务的单独动力设备，如电动机等。计算单位用千瓦，动力换算可按 1 马力=0.735 千瓦折合成瓦数。电焊机、变压器、锅炉不计算动力。

企业总收入 指与企业生产经营直接有关的各项收入,包括工程结算收入与其他业务收入。

利润总额 指建筑施工企业在一定时期内实现的利润。

工程结算收入 指企业承包工程实现的工程价款结算收入，以及向发包单位 收取的除工程价款以外的按规定列作营业收入的各种款项，如临时设施费、劳动保险费、施工机械调迁费等以及向发包单位收取的各种索赔款。

工程结算利润 指已结算工程实现的利润，如亏损以“－”号表示。计算公式为 ：

工程结算利润=工程结算收入－工程结算成本－工程结算税金及附加

建筑业增加值 指建筑企业在报告期内以货币表现的建筑生产经营活动的最终成果。

产值利润率 是指报告期内企业实现的利润总额占同期建筑业总产值的百分比。

Explanatory Notes on Principal Statistical Indicators

Statistical Entities in Construction refers to corporate enterprises engaged in construction of buildings and structures and equipment installation. A corporate construction enterprise should meet the following requirements: (1) being established in line with relevant legal provisions, having its full mane, organization and location and capable of taking civil liability; (2) independently possessing and using its assets and bearing its liabilities, and being entitled to sign contracts with other entities; and (3) keeping independent accounts of its profits and losses and capable of preparing its balance sheet.

Gross Output Value of Construction (Output Value of Self-completed Projects) refers to the total volume of construction products, expressed in monetary terms and completed by construction and installation enterprises during a given period of time. It is a comprehensive indicator reflecting the whole production scale, level and fruits.

Floor Space of Buildings Under Construction refers to the floor space of buildings under construction during the report period, including newly started buildings, buildings started in the preceding period and continued during the current period, and buildings suspended in the preceding period but restarted in the current period, buildings completed during the current period, and buildings under construction and then suspended during the current period.

Floor Space of Buildings Completed refers to the floor space of buildings that are completed in the report period in accordance with the requirements of the design, up to the standard of putting them into use, and have been checked and accepted by concerned departments as qualified ones.

Total Number of Machinery and Equipment Owned at the Year-end refers to the number of machines and equipment owned by enterprises, and listed as their fixed assets by the end of the year, including machinery and equipment for construction, production and transportation.

Total Power of Machinery and Equipment Owned at the Year-end refers to the total power of machinery and equipment for construction, production and transportation owned by enterprises, and listed as their fixed assets by the end of the year, which is calculated on the basis of the designed or verified capacity, covering the power of machinery and equipment and separate power equipment serving them (such as electric motors), but excluding welders, transformers and boilers. The unit used for the calculation of power is kilowatt, with horsepower converted to kilowatt by 1 horsepower = 0.735 kilowatt.

Total Revenue of Enterprises refers to the sum of income from production and operation of enterprises, including income from settlement of projects and other operating income.

Total Profits refer to the profits made by construction enterprises in a certain period of time.

Income from Settlement of Projects refers to income received by construction enterprises from contracted projects through settlement, and other payments from entities which contract the projects out as operating income according to the relevant regulations except costs of the projects, such as expenses on temporary facilities, labor insurance premium, costs of moving construction equipment, and various claims.

Profit from Settlement of Projects refers to the profit made through settled projects. If there is a loss, it is expressed with the sign "-". It is calculated with the following formula:

Profit from Settlement of Projects = Income from Settlement of Projects – Settlement Costs – Taxes and Surcharges on Settlement.

Added Value of Construction refers to the final results of production and operation of construction enterprises in monetary terms in the report period.

Ratio of Profit to Output Value refers to the ratio of the total profits to the gross output value of construction in the report period.

十五、国内贸易

Domestic Trade

Chapter 15

15-1 流通业基本情况

Basic Statistics on Circulation of Commodities

指　　标	Item	1999年	2000年	2005年	2006年	2007年
全省限额以上法人企业（个）	**Corporate Enterprises Above Designated Size (unit)**	**963**	**931**	**1 699**	**1 763**	**1 671**
批发零售贸易业	Wholesale and Retail Trade	926	893	1 121	1 145	1 070
星级住宿业	Hotel Industry Attained Star level			501	534	518
餐饮业	Food Service	37	38	77	84	83
全省限额以上企业从业人员（人）	**Employed Persons in Enterprises Above Designated Size (person)**	**119 688**	**114 101**	**114 627**	**177 403**	**194 831**
批发零售贸易业	Wholesale and Retail Trade	114 129	108 310	104 087	117 982	134 555
星级住宿业	Hotel Industry Attained Star level			46 414	47 234	48 171
餐饮业	Food Service	5 559	5 791	10 540	12 187	12 105
全省批发零售贸易业（万元）	**Wholesale and Retail Trade (10 000 yuan)**					
商品购进总额	Total Purchases	9 103 769	9 878 101	18 941 809	20 239 147	21 848 437
商品销售总额	Total Sales	15 558 483	16 459 397	28 674 631	32 435 048	34 268 420
商品库存总额	Total Inventory	1 974 800	2 135 649	2 653 376	3 307 054	3 301 892
全省社会消费品零售总额(万元)	**Total Retail Sales of Consumer Goods (10 000 yuan)**	**5 389 506**	**5 831 702**	**10 344 024**	**11 888 789**	**13 945 445**
按销售单位所在地分	**Grouped by Location of Marketing Establishments**					
市	City	2 833 712	3 092 810	5 645 431	6 510 518	7 713 174
县	County	1 296 732	1 390 824	2 392 938	2 753 996	3 183 116
县以下	Under County Level	1 259 062	1 348 0 68	2 305 655	2 624 275	3 049 155
按行业分	**Grouped by Sector**					
批发零售贸易业	Wholesale and Retail Trade	3 534 699	3 764 867	8 238 291	9 498 002	10 709 415
住宿餐饮业	Food Service	617 778	748 688	1 554 424	1 787 139	2 318 824
制造业	Manufacturing	257 150	270 218			
农业生产者	Farm Producers	838 806	900 22 5			
其它	Others	141 073	147 704	551 309	603 648	917 207
按经济成份分	**Grouped by Type of Economic Ownership**					
国有及国有控股	State-owned and State-owned Holding Enterprises	1 467 103	1 485 298	1 167 997	1 317 374	1 626 217
集体及股份合作	Collective-owned and Joint Stock Cooperative Enterprises	797 617	808 815	708 813	732 447	814 460
个私经济	Individual and Private Enterprises	2 209 580	2 539 146	6 602 219	7 627 489	9 674 818
个体	Individual Enterprises	1 813 359	2 167 521	5 118 839	5 447 706	6 218 367
其它经济	Others	915 206	998 443	1 864 995	2 211 479	1 829 950

注：1. 1998年后批发零售贸易业购进总额和库存总额仅为限额以上批发零售贸易业数。
2.从2003年开始批零贸易业零售额与往年口径不一致。

Note: a. Total Purchases and inventory of Wholesale and Retail Trade after 1998 only represent the data of the wholesale and retail sales above designated size.

b. Data of Wholesale and Retail Trade have been calculated according to the new standards since 2003.

15-2 主要年份社会消费品零售总额

Total Retail Sales of Consumer Goods in Significant Years

单位：万元 (10 000 yuan)

年 份 Year	社会消费品零售总额 Total Retail Sales of Consumer Goods	市 City	县 County	县以下 Under County Level
1978	283 811	69 328	118 118	96 365
1980	379 641	107 937	135 611	136 093
1985	844 463	315 367	228 414	300 682
1986	919 066	303 496	277 269	338 301
1987	1 025 522	339 423	318 213	367 886
1988	1 355 679	462 446	428 875	464 358
1989	1 421 534	499 802	441 239	480 493
1990	1 455 944	524 397	451 364	480 183
1991	1 637 515	598 973	518 323	520 219
1992	2 045 994	809 999	630 477	605 518
1993	2 619 032	1 176 212	775 789	667 031
1994	3 049 700	1 420 495	867 316	761 889
1995	3 695 537	1 722 962	1 051 772	920 803
1996	4 141 796	1 920 664	1 169 422	1 051 710
1997	4 670 654	2 275 987	1 256 470	1 138 197
1998	5 000 868	2 562 627	1 262 706	1 175 535
1999	5 389 506	2 833 712	1 296 732	1 259 062
2000	5 831 702	3 092 810	1 390 824	1 348 068
2001	6 407 957	3 434 096	1 502 413	1 471 448
2002	7 112 500	3 846 051	1 657 612	1 608 837
2003	7 824 580	4 252 620	1 804 852	1 767 108
2004	9 153 100	4 989 624	2 112 366	2 051 110
2004	9 153 100	4 989 624	2 112 366	2 051 110
2005	10 344 024	5 645 431	2 392 938	2 305 655
2006	11 888 789	6 510 518	2 753 996	2 624 275
2007	13 945 445	7 713 174	3 183 116	3 049 155

15-3 社 会 消 费 品 零 售 总 额(2007年)

Total Retail Sales of Consumer Goods (2007)

项 目	Item	绝对数 (万元) Absolute Data (10 000 yuan)	比 重 (%) Percentage (%)
社会消费品零售总额	**Total Retail Sales of Consumer Goods**	**13 945 445**	**100.0**
按销售单位所在地分	**Grouped by Location of Marketing Establishments**		
市的零售额	City	7 713 174	55.3
县的零售额	County	3 183 116	22.8
县以下的零售额	Under County Level	3 049 155	21.9
按经济成份分	**Grouped by Type of Economic Ownership**		
国有及国有控股	State-owned and State-owned Holding Enterprises	1 626 217	11.7
集体及股份合作	Collective-owned and Joint Stock Cooperative Enterprises	814 460	5.8
个私经济	Individual and Private Enterprises	9 674 818	69.4
# 个体经济	Individual Enterprises	6 218 367	44.6
其它经济	Others	1 829 950	13.1
按行业分	**Grouped by Sector**		
批发零售贸易业	Wholesale and Retail Trade	10 709 415	76.8
住宿餐饮业	Food Service	2 318 824	16.6
其它行业	Others	917 207	6.6

15-4 各地区社会消费品零售总额(2007年)
Total Retail Sales of Consumer Goods by Region (2007)

单位：万元 (10 000 yuan)

地区	Region	社会消费品零售总额 Total Retail Sales of Consumer Goods	按销售单位所在地分 Grouped by Location of Marketing Establishments			按行业分 Grouped by Sector	
			市 City	县 County	县以下 Under County Level	批发零售贸易业 Wholesale and Retail Trade	住宿餐饮业 Food Service
全省合计	**Total**	**13 945 445**	**7 713 174**	**3 183 116**	**3 049 155**	**10 709 415**	**2 318 824**
昆明	Kunming	5 694 232	5 030 913	297 163	366 155	4 454 227	978 828
曲靖	Qujing	1 231 310	408 104	349 546	473 659	959 044	188 621
玉溪	Yuxi	781 776	311 797	232 393	237 586	609 660	145 143
保山	Baoshan	484 782	187 255	139 137	158 390	384 117	74 719
昭通	Zhaotong	592 323	202 124	195 110	195 089	475 697	58 153
丽江	Lijiang	224 927	102 265	70 001	52 661	163 920	56 786
普洱	Pu'er	431 923	128 257	193 465	110 201	345 144	78 638
临沧	Lincang	373 607	72 616	147 915	153 076	215 955	74 340
楚雄	Chuxiong	742 360	269 983	224 771	247 606	582 344	94 885
红河	Honghe	862 067	249 704	378 732	233 632	644 322	156 641
文山	Wenshan	755 110		423 573	331 537	579 327	147 077
西双版纳	Xishuangbanna	291 117	137 265	70 245	83 608	206 803	44 421
大理	Dali	840 699	283 675	252 706	304 318	682 380	126 284
德宏	Dehong	307 726	139 101	72 910	95 716	240 593	44 033
怒江	Nujiang	91 345		57 147	34 198	67 361	9 794
迪庆	Diqing	120 215		76 255	43 960	67 484	18 891

注：分地区不等于全省合计数.
Note: The sum of the data of various regions is not equal to the provincial total.

15-4 续表 continued

单位：万元 (10 000 yuan)

地区	Region	按经济成份分 (Grouped by Type of Ownership)			
		国有及国有控股 State-owned and State-Owned Holding Enterprises	集体及股份合作 Collective-owned and Joint Stock Cooperative Enterprises	个私经济 Individual and Private Enterprises	#个体经济 Individual Enterprises
全省合计	**Total**	**1 626 217**	**814 460**	**9 674 818**	**6 218 367**
昆明	Kunming	535 762	368 444	3 909 011	1 845 851
曲靖	Qujing	155 168	104 607	830 132	626 085
玉溪	Yuxi	81 918	59 004	594 437	379 236
保山	Baoshan	83 321	11 413	335 040	221 484
昭通	Zhaotong	125 727	5 041	416 108	361 829
丽江	Lijiang	13 653	21 072	164 801	117 340
普洱	Pu'er	16 584	25 975	382 185	311 712
临沧	Lincang	32 774	11 364	251 973	210 220
楚雄	Chuxiong	59 309	29 514	582 848	378 611
红河	Honghe	167 080	66 773	525 541	387 678
文山	Wenshan	62 879	35 141	657 061	532 104
西双版纳	Xishuangbanna	51 761	10 889	189 441	126 137
大理	Dali	125 684	37 930	568 478	426 814
德宏	Dehong	10 496	11 105	241 616	186 787
怒江	Nujiang	19 399	5 434	42 870	40 127
迪庆	Diqing	23 902	10 791	55 274	45 149

15-5 限额以上批发零售贸易业商品购进、销售、库存总额(按登记注册类型分)(2007年)

单位：万元

项 目	Item	法人企业数（个）Number of Corporate Enterprises (unit)	产业活动单位数（个）Number of Industrial Activity Entities (unit)
总 计	**Total**	**1 070**	**3 287**
一、批发业	Wholesale Trade	601	1 452
# 国有及国有控股	State-owned and State-owned Holding Enterprises	213	767
内资企业	Domestic-funded Enterprises	591	1 388
国有企业	State-owned Enterprises	70	214
集体企业	Collective-owned Enterprises	29	128
服份合作企业	Joint Stock Cooperative Enterprises	9	14
联营企业	Joint Ownership Enterprises	6	7
有限责任公司	Limited Liability Companies	128	418
国有独资公司	Wholly State-funded Companies	16	40
其他有限责任公司	Other Limited Liability Companies	112	378
股份有限公司	Incorporated Corporations	28	96
私营企业	Private Enterprises	318	489
私营独资企业	Private Sole Proprietorship Enterprises	6	7
私营有限责任公司	Private Limited Liability Companies	294	463
私营股份有限公司	Private Incorporated Corporations	18	19
其他企业	Other Enterprises	3	22
港澳台商投资企业	Enterprises Invested by Hong Kong, Macao and Taiwan	4	54
合资经营企业(港或澳台资)	Joint Ventures (Funded by Hong Kong, Macao and Taiwan)	2	52
独资经营企业(港或澳台资)	Enterprises Wholly-funded (by Hong Kong, Macao and Taiwan)	2	2
外商投资企业	Foreign-funded Enterprises	6	10
中外合资经营企业	Joint-venture Enterprises	4	4
外资企业	Wholly Foreign-funded Enterprises	1	4
外商投资股份有限公司	Share-holding Corporations Ltd.with Foreign Investment	1	2

Total Purchases, Sales and Inventory of Enterprises Above Designated Size in Wholesale and Retail Trade (Grouped by Status of Registration)(2007)

(10 000 yuan)

从业人员数（人）Number of Employed Persons (persons)	购进总额 Total Purchases	销售总额 Total Sales					年末库存总额 Inventory at the Year-end	年末零售营业面积（平方米）Retail Operational Area at the Year-end (sq.m)
		进口 Inports	合计 Total	批发 Wholesale	出口 Outputs	零售 Retail		
134 555	**21 848 437**	**2 027 569**	**27 506 218**	**23 541 468**	**1 099 857**	**3 964 750**	**3 301 892**	**2 843 741**
69 540	18 522 682	1 922 210	23 657 978	23 055 111	1 099 857	602 868	2 874 375	152 022
46 992	13 236 113	1 765 927	17 139 401	16 935 654	515 498	203 747	2 347 143	49 042
68 439	18 405 932	1 916 038	23 502 638	22 921 066	1 093 634	581 572	2 865 637	151 184
28 702	5 292 957	759 388	8 645 942	8 550 566	234 750	95 376	647 303	12 949
1 292	220 850	6 937	233 583	227 437	17 385	6 146	10 648	9 400
511	34 429	105	46 642	35 108	10 860	11 534	1 651	2 572
216	108 000		111 851	94 998	547	16 853	2 817	
17 860	7 474 307	760 263	8 081 812	8 035 469	252 112	46 343	1 696 527	26 674
6 741	2 438 266	750 289	2 811 652	2 809 847	166 920	1 805	1 503 280	15 402
11 119	5 036 040	9 974	5 270 160	5 225 622	85 192	44 538	193 247	11 272
4 787	1 372 008	248 466	2 130 159	1 837 355	188 929	292 804	124 136	55 888
14 945	3 889 311	140 879	4 232 934	4 130 590	389 050	102 344	380 747	42 121
613	37 948	11 995	38 131	34 470	791	3 661	3 669	
13 716	3 742 047	118 837	4 072 951	3 975 382	381 028	97 569	362 539	42 121
616	109 316	10 047	121 851	120 737	7 231	1 114	14 540	
126	14 070		19 716	9 543		10 173	1 808	1 580
514	48 790	6 172	60 608	40 104		20 504	3 035	838
421	27 533	6 172	35 361	27 183		8 178	1 525	
93	21 257		25 247	12 921		12 326	1 510	838
587	67 960		94 732	93 941	6 223	791	5 704	
181	18 025		19 959	19 168	2 685	791	2 268	
357	32 756		33 518	33 518	3 538		1 888	
49	17 179		41 256	41 256			1 548	

15-5 续表

(按登记注册类型分)

单位：万元

项　　目	Item	法人企业数 (个) Number of Corporate Enterprises (unit)	产业活动单位数 (个) Number of Industrial Activity Entities (unit)
二、零售业	Retail Trade	469	1 835
# 国有及国有控股	State-owned and State-Owned Holding Enterprises	127	561
内资企业	Domestic Funded Enterprises	460	1 811
国有企业	State-owned Enterprises	42	206
集体企业	Collective-owned Enterprises	19	50
股份合作企业	Joint Stock Cooperative Enterprises	15	20
联营企业	Joint Ownership Enterprises	2	18
集体联营	Collective-owned Ownership Enterprises	2	18
有限责任公司	Limited Liability Companies	78	304
国有独资公司	Wholly State-funded Companies	6	8
其他有限责任公司	Other Limited Liability Companies	72	296
股份有限公司	Incorporated Corporations	16	99
私营企业	Private Enterprises	285	1 111
私营独资企业	Private Sole Proprietorship Enterprises	17	28
私营合伙企业	Private Partnership Enterprises	4	4
私营有限责任公司	Private Limited Liability Companies	245	1 054
私营股份有限公司	Private Incorporated Corporations	19	25
其他企业	Other Enterprises	3	3
港澳台商投资企业	Enterprises Invested by Hong Kong, Macao and Taiwan	3	7
合资经营企业(港或澳台资)	Joint Ventures (Funded by Hong Kong, Macao and Taiwan)	2	5
独资经营企业(港或澳台资)	Enterprises Wholly Funded by Hong Kong, Macao and Taiwan	1	2
外商投资企业	Foreign-funded Enterprises	6	17
中外合资经营企业	Sino-foreign Joint Ventures	3	6
中外合作经营企业	Foreign-funded Cooperative Enterprises		2
外资企业	Foreign-funded Enterprises	3	8
外商投资股份有限公司	Incorporated Corporations by Foreign-funded		1

Continued

(Grouped by Status of Registration)

(10 000 yuan)

从业人员数 (人) Number of Employed Persons (persons)	购进总额 Total Purchases	进口 Inports	销售总额 Total Sales 合计 Total	批发 Wholesale	出口 Outputs	零售 Retail	年末库存总额 Inventory at the Year-end	年末零售营业面积(平方米) Retail Operational Area at the Year-end (sq.m)
65 015	3 325 755	105 359	3 848 240	486 358		3 361 882	427 517	2 691 719
15 344	883 679	5 110	1 056 037	170 226		885 811	83 229	893 963
59 181	2 965 978	104 402	3 375 999	473 957		2 902 042	389 159	2 467 769
6 551	620 476	3 130	694 377	141 911		552 466	43 832	391 952
1 194	37 274		39 556	5 489		34 067	3 255	30 250
653	28 345		30 200	7 593		22 607	6 972	43 254
1 335	28 442		55 813	823		54 989	3 045	47 120
1 335	28 442		55 813	823		54 989	3 045	47 120
11 089	401 134	3 908	416 437	31 684		384 753	52 354	356 894
957	11 708		13 357	981		12 376	2 920	10 340
10 132	389 426	3 908	403 080	30 703		372 377	49 433	346 554
1 823	189 955	5 148	268 552	42 848		225 704	29 438	382 218
36 477	1 648 982	92 217	1 859 074	236 435		1 622 638	249 133	1 209 881
1 310	53 841		54 940	6 678		48 261	8 144	70 675
73	1 891		7 621			7 621	660	1 760
34 499	1 543 913	89 041	1 753 884	226 194		1 527 690	231 520	1 104 387
595	49 338	3 175	42 629	3 563		39 066	8 809	33 059
59	11 370		11 991	7 173		4 818	1 130	6 200
1 031	110 084	772	170 553	12 287		158 267	12 272	71 037
616	37 391	772	79 666	12 287		67 380	10 786	29 263
415	72 693		90 887			90 887	1 486	41 774
4 803	249 694	185	301 687	114		301 573	26 086	152 913
2 165	91 667	185	127 748			127 748	9 077	97 312
186	22 813		25 603			25 603	2 688	5 975
2 422	134 798		147 777			147 777	13 855	49 166
30	416		559	114		445	466	460

15-6 限额以上批发零售贸易业商品购进、销售、库存总额(按国民经济行业分)(2007年)

单位：万元

项　目	Item	法人企业数(个) Number of Corporate Enterprises (unit)	产业活动单位数(个) Number of Industrial Activity Entities (unit)
总　计	**Total**	**1 070**	**3 287**
农畜产品批发	Wholesale of Agricultural and Livestock Products	9	10
食品、饮料、烟草制品批发	Wholesale of Food, Beverages and Tobacco Products	82	238
# 米、面制品及食用油批发	Wholesale of Rice, Flour Products and Edible Oil	27	38
烟草制品批发	Wholesale of Tobacco Producets	20	153
纺织、服装及日用品批发	Wholesale of Textiles, Clothing and Articles for Daily Use	15	17
# 服装批发	Wholesale of Clothing		
文化、体育用品及器材批发	Wholesale of Culture, Sports Goods and Equipments	8	8
医药及医疗器材批发	Wholesale of Medicine and Medical Equipments	43	216
矿产品、建材及化工产品批发	Wholesale of Mineral Products, Building Materials and Chemical Industrial Products	303	573
# 煤炭及制品批发	Wholesale of Coal and Related Products	21	22
石油及制品批发	Wolesale of Petroleum and Related Produces	21	159
金属及金属矿批发	Wholesale of Metal and Metal Ores	128	140
建材批发	Wholesale of Building Materials	23	23
化肥批发	Wholesale of Chemical Fertilizer	50	166
机械设备、五金交电及电子产品批发	Wholesale of Mechanical Equipment, Hardware and Electronic Products	99	124
# 汽车、摩托车及零配件批发	Wholesale of Motor Vehicles,Motorcycles and Related Parts and Fittings	26	39
家用电器批发	Wholesale of Household Appliances	4	8
计算机、软件及辅助设备批发	Wholesale of Computers, Software and Supplementary Equipment	18	18
贸易经纪与代理	Wholesale by Brokers and Agents	4	6
其他批发	Others	38	260

Total Purchases, Sales and Inventory of Enterprises Above Designated Size in Wholesale and Retail Trade (Grouped by Sector)(2007)

(10 000 yuan)

从业人员数（人） Number of Employed Persons (persons)	购进总额 Total Purchases	进口 Inports	销售总额 Total Sales 合计 Total	批发 Wholesale	出口 Outputs	零售 Retail	年末库存总额 Inventory at the Year-end	年末零售营业面积(平方米) Retail Operational Area at the Year-end (sq.m)
134 555	**21 848 437**	**2 027 569**	**27 506 218**	**23 541 468**	**1 099 857**	**3 964 750**	**3 301 892**	**2 843 741**
1 089	615 615	23 740	564 052	563 048	3 711	1 004	1 228 477	14 572
33 273	5 652 487	741 360	9 157 086	9 139 120	122 993	17 966	836 715	2 650
1 557	219 554		182 858	175 441	166	7 417	92 486	1 890
27 790	4 987 004	696 445	8 500 872	8 492 955	88 614	7 917	672 647	760
276	70 562	2 553	73 483	73 483	52 089		3 063	
1 325	215 482		222 988	197 080	2 408	25 908	70 986	30 000
6 751	799 037	12 065	859 328	825 655	13 419	33 674	63 669	42 000
15 448	9 165 837	1 110 759	10 503 531	10 074 416	624 440	429 115	428 917	54 675
1 461	389 711		411 781	406 096		5 684	7 418	750
4 690	1 012 531	27 629	1 917 468	1 574 099	40 921	343 369	78 667	11 669
3 803	6 389 515	1 045 473	6 696 897	6 659 250	362 265	37 647	213 396	119
678	387 261	8 586	371 197	346 544	14 632	24 653	40 368	
2 446	449 757		447 245	434 323	18 022	12 922	42 106	40 029
5 056	1 771 480	29 947	1 930 393	1 846 687	250 152	83 706	217 214	6 003
1 430	320 505	26 258	348 163	292 579	3 538	55 584	31 297	4 641
307	810 880	34	809 118	808 084	3 169	1 034	133 204	
525	75 263		82 615	74 178		8 438	5 550	
453	8 590		13 252	6 639	428	6 614	1 157	2 122
5 869	223 591	1 787	333 864	328 982	30 218	4 882	24 178	

15-6 续表

(按国民经济行业分)

单位：万元

项　　目	Item	法人企业数 (个) Number of Corporate Enterprises (unit)	产业活动单位数 (个) Number of Industrial Activity Entities (unit)
综合零售	General Retail	78	165
# 百货零售	Retail of General Merchandise	25	45
超级市场零售	Retail by Supermarkets	41	102
食品、饮料及烟草制品专门零售	Retail of Food,Beverages and Tobacco Products	40	120
纺织、服装及日用品专门零售	Retail of Textiles, Clothing and Commodities	7	19
# 服装零售	Retail of Clothing	3	5
文化、体育用品及器材专门零售	Retail of Sports Goods and Equipment	35	157
# 体育用品零售	Retail of Sports Goods		
图书零售	Retail of Books	31	135
医药及医疗器材专门零售	Retail of Medicine and Medical Equipment	25	889
# 药品零售	Retail of Medicine	25	889
汽车、摩托车、燃料及零配件专门零售	Retail of Motor Vehicles,Motorcycles, Related Parts and Fittings and Fuels	199	336
# 汽车零售	Retail of Motor Vehicles	158	172
机动车燃料零售	Retail of Fuels of Motor Vehicles	21	118
家用电器及电子产品专门零售	Retail of Household Appliances and Electronic Products	62	108
# 家用电器零售	Retail of Household Appliances	12	44
计算机、软件及辅助设备零售	Retail of Computers,Software and Supplementary Equipment	40	49
通信设备零售	Retail of Communication Equipment	9	13
五金、家电及室内装修材料专门零售	Retail of Hardware, Household Appliances and Interior Decoration Materials	5	6
无店铺及其他零售	Nonstore Retail and Others	18	35
# 邮购及电子销售	Retail by Mail Order and E-business		1

Continued

(Grouped by Sector)

(10 000 yuan)

从业人员数（人）Number of Employed Persons (persons)	购进总额 Total Purchases	销售总额 Total Sales					年末库存总额 Inventory at the Year-end	年末零售营业面积（平方米）Retail Operational Area at the Year-end (sq.m)
		进口 Inports	合计 Total	批发 Wholesale	出口 Outputs	零售 Retail		
24 017	577 333	185	722 561	19 783		702 778	71 808	689 987
5 896	184 751	185	253 492	6 374		247 118	23 494	256 582
17 245	365 478		441 877	4 899		436 978	43 160	388 569
4 094	92 283	4 581	113 497	29 781		83 716	23 037	214 707
372	13 180		15 495	2 016		13 479	5 181	20 959
338	9 343		10 925	1 584		9 341	5 014	18 160
5 309	178 614	2 457	171 516	29 606		141 910	49 465	163 218
4 503	131 225	529	114 539	11 794		102 745	30 207	150 776
7 985	241 426	1	250 203	77 029		173 174	38 576	224 387
7 985	241 426	1	250 203	77 029		173 174	38 576	224 387
9 929	1 776 828	98 135	2 074 356	296 684		1 777 672	183 227	1 136 852
5 866	1 102 433	98 135	1 270 610	161 535		1 109 075	153 094	463 125
3 609	642 759		772 649	131 547		641 102	24 176	651 111
4 937	390 660		440 747	28 631		412 115	49 963	161 774
2 636	213 851		213 298	1 499		211 799	25 301	135 157
1 136	127 562		122 977	26 750		96 226	13 740	11 485
1 130	47 893		101 998			101 998	10 463	14 886
298	19 248		18 506	96		18 410	4 186	35 259
8 074	36 184		41 359	2 733		38 627	2 075	44 576
293			1 830			1 830		1 000

15-7 各地区限额以上批发零售贸易业商品购进、销售、库存总额(2007年)

Total Purchases, Sales and Inventory of Enterprises Above Designated Size in Wholesale and Retail Trade by Region(2007)

单位：万元 (10 000yuan)

地区	Region	法人企业数(个) Number of Corporate Enterprises (unit)	产业活动单位数(个) Number of Industrial Activity Entities (unit)	从业人员数(人) Number of Employed Persons (persons)	购进总额 Total Purchases	销售总额 Total Sales	年末库存总额 Inventory at the Year-end	年末零售营业面积(平方米) Retail Operational Area at the Year-end (sq.m)
全省合计	**Total**	**1 070**	**3 287**	**134 555**	**21 848 437**	**27 506 218**	**3 301 892**	**2 843 741**
昆　明	Kunming	537	2 027	53 402	15 584 869	17 679 303	1 275 114	1 251 265
曲　靖	Qujing	36	61	8 555	723 075	1 112 133	192 986	117 277
玉　溪	Yuxi	89	198	16 869	1 608 855	1 758 088	1 310 905	238 420
保　山	Baoshan	28	107	3 993	210 376	368 269	41 639	308 629
昭　通	Zhaotong	24	45	5 308	392 607	516 158	23 664	49 899
丽　江	Lijiang	14	16	1 081	264 226	266 287	45 133	19 369
普　洱	Pu'er	23	47	2 879	194 079	304 112	19 457	52 062
临　沧	Lincang	9	35	399	96 274	131 831	10 064	94 161
楚　雄	Chuxiong	33	123	5 769	471 556	828 008	157 056	95 142
红　河	Honghe	78	179	8 265	571 576	1 111 906	61 047	311 995
文　山	Wenshan	25	45	8 850	208 158	1 490 357	52 214	111 709
西双版纳	Xishuangbanna	40	118	2 342	168 327	185 954	16 683	64 199
大　理	Dali	53	168	8 663	836 596	1 075 433	37 900	77 123
德　宏	Dehong	67	99	3 239	459 053	525 618	36 364	26 556
怒　江	Nujiang	4	5	333	25 067	43 977	2 256	18 523
迪　庆	Diqing	10	14	4 608	33 743	108 785	19 410	7 412

15-8 限额以上批发零售贸易业商品销售总额分类销售额
Total Sales of Enterprises above Designated Size in Wholesale and Retail Trade by Category of Commodities

单位：万元 (10 000 yuan)

项　目	Item	销售合计 Sales 2006年	销售合计 Sales 2007年	批发 Wholesale Trade 2006年	批发 Wholesale Trade 2007年	零售 Retail Trade 2006年	零售 Retail Trade 2007年
总　计	**Total**	**23 378 204**	**24 983 574**	**20 015 420**	**21 285 927**	**3 362 784**	**3 697 647**
食品、饮料、烟酒类	Food,Beverages,Tobacco and	5 858 185	5 078 224	5 515 342	4 628 201	342 843	450 024
粮油类	Grain and Oil	357 493	302 929	273 446	186 428	84 047	116 551
肉禽蛋类	Meat,Poultry and Eggs	44 199	58 170	3 292	12 424	40 907	45 746
其他食品类	Other Foodstuffs	376 623	56 528	261 880	458 271	114 743	107 457
饮料类	Beverages	73 835	103 433	52 499	65 889	21 336	37 544
烟酒类	Tobacco and Liquor	5 006 035	4 047 915	4 924 226	3 905 189	81 810	142 726
服装、鞋帽、针、纺织品类	Clothing, Footwerw, Headgear,	191 792	244 400	29 510	46 066	162 282	198 334
服装类	Clothing	119 296	153 161	3 340	9 179	115 957	143 983
鞋帽类	Footwerw and Headgear	30 821	35 563	686	2 241	30 135	33 322
针、纺织类	Knitting and Textile	41 674	55 676	25 484	34 647	16 190	21 029
化妆品类	Cosmetics	64 993	74 822	8 219	13 296	56 774	61 526
金银珠宝类	Gold,Silver and Jewelry	98 836	149 221	71 612	81 717	27 224	67 505
日用品类	Articles for Daily Use	85 729	107 916	27 873	36 402	57 856	71 514
洗涤用品类	Washing Articles	29 210	39 265	3 714	4 209	25 497	35 055
儿童玩具类	Children Toys	7 415	8 829	89	33	7 326	8 796
五金、电料类	Hardware and Electrical Materials	53 164	52 766	42 173	46 697	10 990	6 070
体育、娱乐用品类	Sports and Recreation Articles	6 215	11 134	1 158	1 043	5 056	10 091
书报杂志类	Newspapers and Magazines	174 174	184 865	94 747	96 824	79 427	88 041
电子出版物及音像制品类	E-journals and Audio-visual Products	8 161	12 463	3 101	3 259	5 060	9 204

注：粮油类因2003年归在其他食品类，故无法分。
Note:The datd of grain and oil in 2003 can't be divided out from the other food in this table.

15-8 续表 continued

单位：万元 (10 000 yuan)

项　目	Item	销售合计 Sales 2006年	销售合计 Sales 2007年	批发 Wholesale Trade 2006年	批发 Wholesale Trade 2007年	零售 Retail Trade 2006年	零售 Retail Trade 2007年
家用电器和音像器材类	Household Appliances and Audio-visual Equipment	378 290	1 099 109	152 876	799 781	225 414	299 328
中西药品类	Traditional Chinese and Western	767 002	1 064 889	585 685	837 445	181 317	227 444
西药	Medicines Western Medicine	648 925	879 436	490 568	691 424	158 357	188 012
中草药及中成药	Herban Medicine and Traditional Chinese Medicines Products	103 019	163 691	80 638	124 713	22 381	38 979
文化办公用品类	Cultural Goods and Office Supply	208 178	247 081	111 069	118 720	97 109	128 361
家俱类	Furniture	4 205	8 060	16	356	4 189	7 705
通讯器材类	Communication Equipment	149 246	150 077	83 282	16 593	65 964	133 485
煤炭及制品类	Coal and Related Products	281 097	364 164	278 780	361 717	2 317	2 447
木材及制品类	Timber and Related Products	47 116	41 819	46 570	41 806	545	12
石油及制品类	Petroleum and Related Products	2 852 421	2 657 432	2 053 881	2 078 214	798 539	579 219
化工材料及制品类	Chemical Industrial Materials and Related Products	1 034 063	976 106	1 014 055	939 774	20 008	36 332
化肥类	Fertilizer	458 609	394 561	458 403	384 749	205	9 811
金属材料类	Metal Materials	5 051 142	6 173 889	4 941 831	6 165 268	109 310	8 620
建筑及装潢材料类	Building and Decoration Materials	168 362	224 670	154 050	205 069	14 312	19 601
机电产品及设备类	Mechanical and Electric Products and Equipment	583 533	726 849	556 191	704 233	27 341	22 616
农机类	Agricultural Machinary	26 339	33 890	26 230	33 665	109	226
汽车类	Automobiles	1 415 417	1 453 815	413 799	333 769	1 001 618	1 120 045
种子饲料类	Seeds and Forage	16 047	7 655	15 915	5 459	132	2 196
棉麻类	Cotton and Hemp	2 958	2 860	2 860	2 656	98	204
其他类	Others	3 877 879	3 869 288	3 810 823	3 721 564	67 057	147 724

15-9 星级住宿业和限额以上餐饮业经营情况(2007年)

单位：万元

项　　目	Item	法人企业数(个) Number of Corporate Enterprises (unit)	产业活动单位数(个) Number of Industrial Activity Entities (unit)
总　计	**Total**	**601**	**796**
一、住宿业	**Hotel Industry**	**518**	**612**
其中：国有及国有控股	State-owned and State Share Holding	240	278
1.按登记注册类型分组	Grouped by Status of Registration		
内资企业	Domestic-funded Enterprises	491	583
国有企业	State-owned Enterprises	125	161
集体企业	Collective-owned Enterprises	36	44
股份合作企业	Joint Stock Cooperative Enterprises	9	11
联营企业	Joint Ownership Enterprises	2	5
国有联营企业	State -owned Joint Ownership	2	4
集体联营	Collective-owned Joint Ownership		1
有限责任公司	Limited Liability Companies	61	77
国有独资公司	Wholly State-funded Companies	7	7
其他有限责任公司	Other Joint Ownership Enterprises	54	70
股份有限公司	Incorporated Corporations	19	24
私营企业	Private Enterprises	227	248
私营独资企业	Private Sale Proprietorship Enterprises	115	118
私营合伙企业	Private Partnership Enterprises	6	7
私营有限责任公司	Private Limited Liability Companies	97	112
私营股份有限公司	Private Incorporated Corporations	9	11
其他企业	Other Enterprises	12	13
港澳台商投资企业	Enterprises Funded by Hong Kong, Macao and Taiwan	9	11
合资经营企业(港或澳台资)	Joint Ventures (funded by Hong Kong, Macao and Taiwan)	7	7
合作经营企业(港或澳台资)	Cooperative Enterprises(funded by Hong Kong, Macao and Taiwan)	1	2
独资经营企业(港或澳台资)	Enterprises Wholly Funded by Hong Kong, Macao and Taiwan	1	2
外商投资企业	Foreign-funded Enterprises	18	18
中外合资经营企业	Sino-foreign Joint Ventures	8	8
中外合作经营企业	Sion-foreign-funded Cooperative Enterprises	1	1
外资企业	Wholly Foreign-funded Enterprises	9	9
2.按国民经济行业分组	Grouped by Sector		
旅游饭店	Tour Hotel	455	530
一般旅馆	General Hatel	52	68
其他住宿服务	Other	11	14

Basic Statistics on Commodity Sales of Hotel Industry Attained Star level and Food Service above Designated Size(2007)

(10 000 yuan)

从业人员数(人) Number of Employed Persons (persons)	营业总收入 Total Business Income	客房收入 Hotel Income	餐费收入 Food Income	商品销售收入 Retail Sales of Commodities	其他收入 Other	年末餐饮营业面积(平方米) Food Service Operational Area at the Year-end (sq.m)	床位数(个) Number of Hotel beds (unit)	餐位数(位) Number of Food Seats (unit)
60 276	**470 973**	**197 615**	**227 106**	**9 479**	**36 773**	**746 435**	**112 977**	**266 059**
48 171	**338 733**	**193 102**	**107 205**	**6 303**	**32 123**	**545 247**	**109 908**	**196 778**
27 078	200 242	110 210	65 321	4 384	20 327	283 442	59 331	98 577
43 133	290 035	167 231	91 505	5 953	25 345	460 291	102 458	183 522
14 392	103 564	57 818	32 658	1 427	11 662	151 489	33 350	58 183
1 971	11 974	7 452	3 276	219	1 027	12 379	6 257	8 811
845	4 596	2 282	1 982	25	308	7 440	1 959	3 472
1 089	11 184	6 825	3 303		1 057	8 856	1 740	2 694
790	6 265	3 560	1 685		1 020	7 956	1 107	2 450
299	4 919	3 265	1 618		37	900	633	244
7 292	49 863	26 910	17 660	1 933	3 359	58 651	16 485	26 881
639	3 716	2 175	1 103	168	270	3 905	1 823	1 887
6 653	46 146	24 735	16 557	1 765	3 089	54 746	14 662	24 994
3 387	23 552	13 556	7 661	150	2 186	66 326	5 614	9 874
12 675	65 203	41 349	17 473	1 278	5 103	143 469	33 930	70 363
3 515	15 358	9 109	4 514	612	1 123	48 945	12 683	25 894
283	1 486	1 038	434	3	11	3 998	668	705
8 285	43 082	27 668	10 939	633	3 844	85 024	19 191	39 396
592	5 276	3 534	1 587	31	125	5 502	1 388	4 368
1 482	20 099	11 041	7 492	922	645	11 681	3 123	3 244
2 908	27 411	13 620	8 727	142	4 922	14 546	3 624	7 256
1 806	16 504	8 469	5 581	114	2 340	9 122	2 399	4 384
306	3 914	2 055	1 287	11	562	2 021	653	1 160
796	6 993	3 097	1 859	17	2 020	3 403	572	1 712
2 130	21 287	12 251	6 973	208	1 855	70 410	3 826	6 000
921	5 736	2 950	2 407	52	327	5 846	1 974	3 750
21	56	16	11	13	17	200	72	130
1 188	15 495	9 286	4 555	142	1 512	64 364	1 780	2 120
42 655	304 092	176 218	94 306	4 836	28 732	469 242	97 616	171 165
4 754	30 600	14 713	11 612	1 260	3 015	62 444	10 876	22 047
762	4 040	2 171	1 286	207	376	13 561	1 416	3 566

15-9 续表

单位：万元

项　　目	Item	法人企业数（个）Number of Corporate Enterprises (unit)	产业活动单位数（个）Number of Industrial Activity Entities (unit)
二、餐饮业	**Total of Food Service**	**83**	**184**
其中：国有及有国控股	State-owned and State Share Holding	15	18
1.按登记注册类型分组	Grouped by Status of Registration		
内资企业	Domestic-funded Enterprises	77	109
国有企业	State-owned Enterprises	4	6
集体企业	Collective-owned Enterprises	7	7
联营企业	Joint Ownership Enterprises		
有限责任公司	Limited Liability Companies	19	30
其他有限责任公司	Other Joint Ownership Enterprises	19	30
股份有限公司	Incorporated Corporations	3	4
私营企业	Private Enterprises	44	62
私营独资企业	Private Sale Proprietorship Enterprises	11	25
私营合伙企业	Private Partnership Enterprises	1	1
私营有限责任公司	Private Limited Liability Companies	31	35
私营股份有限公司	Private Incorporated Corporations	1	1
其他企业	Other Enterprises		
港澳台商投资企业	Enterprises Funded by Hong Kong, Macao and Taiwan	4	53
合资经营企业(港或澳台资)	Joint Ventures (funded by Hong Kong, Macao and Taiwan)	1	1
独资经营企业(港或澳台资)	Enterprises Wholly Funded by Hong Kong, Macao and Taiwan	3	52
外商投资企业	Foreign-funded Enterprises	2	22
外资企业	Wholly Foreign-funded Enterprises	2	22
2.按国民经济行业分组	Grouped by Sector		
正餐服务	Dinner Service	77	97
快餐服务	Snack Service	4	85
饮料及冷饮服务	Service of Beverages and Cold Drink		
其他餐饮服务	Others	2	2

Continued

(10 000 yuan)

从业人员数(人) Number of Employed Persons (persons)	营业总收入 Total Business Income	客房收入 Hotel Income	餐费收入 Food Income	商品销售收入 Retail Sales of Commodities	其他收入 Other	年末餐饮营业面积(平方米) Food Service Operational Area at the Year-end (sq.m)	床位数(个) Number of Hotel beds (unit)	餐位数(位) Number of Food Seats (unit)
12 105	**132 240**	**4 512**	**119 901**	**3 176**	**4 650**	**201 188**	**3 069**	**69 281**
1 767	16 817	1 788	14 655	115	260	15 814	1 798	11 660
10 347	98 998	4 512	88 534	1 951	4 001	186 755	3 069	61 868
501	2 533	663	1 780	30	59	4 573	557	4 700
500	3 083	471	2 475	42	95	7 542	705	4 710
2 842	37 214	1 190	34 138	1 182	704	59 682	1 096	16 987
2 842	37 214	1 190	34 138	1 182	704	59 682	1 096	16 987
971	3 121		3 121			11 709		1 848
5 533	53 048	2 188	47 021	697	3 142	103 249	711	33 623
974	7 471	1 006	6 458		7	23 706	163	9 653
98	2 064		2 064			1 292		800
4 346	42 484	730	38 056	697	3 001	77 551	394	22 890
115	1 030	452	444		134	700	154	280
594	13 042		11 167	1 225	650	5 425		4 146
102	3 874		2 648	1 225		1 500		2 600
492	9 168		8 519		650	3 925		1 546
1 164	20 200		20 200			9 008		3 267
1 164	20 200		20 200			9 008		3 267
10 073	96 956	4 512	85 270	3 176	3 997	184 272	3 069	62 538
1 473	25 713		25 063		650	14 520		5 833
559	9 571		9 568		4	2 396		910

15-10 限额以上批发、零售企业资产及负债(按登记注册类型分)(2007年)

Assets and Liabilities of Enterprises above Designated Size of Wholesale and Retail Trades (Grouped by Status Regitration)(2007)

单位：万元 (10 000 yuan)

项目	Item	资产总计 Total Assets	#流动资产 Working Capital	#固定资产 Fixed Assets	负债合计 Total Liabilities	所有者权益合计 Ownew's Equity
总计	**Total**	**13 840 691**	**10 370 647**	**1 713 830**	**8 065 565**	**5 775 126**
批发企业合计	**Total of Wholesale Trade**	**12 274 304**	**9 229 272**	**1 352 878**	**6 934 487**	**5 339 817**
#国有及国有控股	State-owned and State-Owned Holding Enterprises	9 718 607	7 109 256	1 160 375	4 961 484	4 757 123
内资企业	Domestic-funded Enterprises	12 222 153	9 186 668	1 344 452	6 895 951	5 326 202
国有企业	State-owned Enterprises	3 901 647	2 978 676	743 346	1 510 465	2 391 182
集体企业	Collective-owned Enterprises	72 465	58 052	13 113	57 972	14 493
股份合作企业	Joint Stock Cooperative Enterprises	21 105	8 790	8 503	13 128	7 977
联营企业	Joint Ownership Enterprises	34 887	31 529	1 921	28 084	6 803
有限责任公司	Limited Liability Companies	5 990 463	4 244 908	410 941	3 607 830	2 382 633
国有独资公司	Wholly State-funded Companies	4 365 984	2 941 004	289 893	2 337 785	2 028 199
其他有限责任公司	Other Limited Liability Companies	1 624 479	1 303 903	121 048	1 270 045	354 434
股份有限公司	Incorporated Corporations	384 622	304 754	43 806	296 617	88 005
私营企业	Private Enterprises	1 810 837	1 554 635	122 174	1 376 338	434 499
私营独资企业	Private Sole Proprietorship Enterprises	9 431	5 709	2 282	6 078	3 353
私营有限责任公司	Private Limited Liability Companies	1 745 824	1 503 598	114 768	1 331 070	414 754
私营股份有限公司	Private Incorporated Corporations	55 582	45 327	5 125	39 190	16 392
其他企业	Other Enterprises	6 127	5 324	646	5 515	612
港澳台商投资企业	Enterprises Invested by Hong Kong, Macao and Taiwan	33 556	25 674	6 325	21 046	12 510
合资经营企业(港或澳台资)	Joint Ventures (Funded by Hong Kong, Macao and Taiwan)	15 945	9 993	6 041	6 480	9 465
独资经营企业(港或澳台资)	Enterprises Wholly-funded (by Hong Kong, Macao and Taiwan)	17 612	15 681	284	14 566	3 046
外商投资企业	Foreign-funded Enterprises	18 595	16 930	2 101	17 491	1 104
中外合资经营企业	Joint-venture Enterprises	12 851	11 395	1 870	12 348	502
外资企业	Wholly Foreign-funded Enterprises	1 476	1 392	93	1 387	89
外商投资股份有限公司	Share-holding Corporations Ltd.with Foreign Investment	4 268	4 143	139	3 756	513

15-10 续表 continued

(按登记注册类型分) (Grouped by Status Regitration)

单位：万元 (10 000 yuan)

项　　目	Item	资产总计 Total Assets	# 流动资产 Working Capital	# 固定资产 Fixed Assets	负债合计 Total Liabilities	所有者权益合计 Ownew's Equity
零售企业合计	**Total of Retail Trade**	**1 566 386**	**1 141 375**	**360 953**	**1 131 077**	**435 309**
# 国有及国有控股	State-owned and State-Owned Holding Enterprises	311 287	195 882	115 309	215 910	95 377
内资企业	Domestic-funded Enterprises	1 386 840	1 017 253	305 131	1 025 006	361 834
国有企业	State-owned Enterprises	104 633	66 590	32 860	72 425	32 208
集体企业	Collective-owned Enterprises	15 634	9 078	8 625	11 749	3 885
股份合作企业	Joint Stock Cooperative Enterprises	16 912	8 594	8 947	11 440	5 473
联营企业	Joint Ownership Enterprises	36 714	26 282	11 894	33 207	3 507
集体联营企业	Collective-owned Joint Ownership	36 714	26 282	11 894	33 207	3 507
有限责任公司	Limited Liability Companies	266 252	179 146	81 469	179 515	86 738
国有独资公司	Wholly State-funded Companies	18 359	13 781	4 072	12 331	6 028
其他有限责任公司	Other Limited Liability Companies	247 893	165 365	77 397	167 184	80 709
股份有限公司	Incorporated Corporations	67 280	45 280	19 300	41 998	25 281
私营企业	Private Enterprises	873 809	677 703	141 127	670 358	203 451
私营独资企业	Private Sole Proprietorship Enterprises	19 963	15 399	5 131	13 344	6 619
私营合伙企业	Private Partnership Enterprises	2 453	2 239	296	1 355	1 097
私营有限责任公司	Private Limited Liability Companies	829 051	643 947	129 020	641 311	187 739
私营股份有限公司	Private Incorporated Corporations	22 343	16 118	6 679	14 347	7 996
其他企业	Other Enterprises	5 606	4 581	911	4 315	1 291
港澳台商投资企业	Enterprises Invested by Hong Kong, Macao and Taiwan	60 299	52 612	7 304	40 045	20 254
合资经营企业(港或澳台资)	Joint Ventures (Funded by Hong Kong, Macao and Taiwan)	20 775	14 240	4 714	12 678	8 097
独资经营企业(港或澳台资)	Enterprises Wholly-funded (by Hong Kong, Macao and Taiwan)	39 524	38 372	2 590	27 367	12 157
外商投资企业	Foreign-funded Enterprises	119 248	71 510	48 518	66 026	53 222
中外合资经营企业	Joint-venture Enterprises	67 003	33 236	44 183	41 979	25 025
外资企业	Wholly Foreign-funded Enterprises	52 244	38 273	4 335	24 047	28 197

15-11 限额以上批发、零售企业资产及负债(按国民经济行业分)(2007年)

Assets and Liabilities of Enterprises above Designated Size of Wholesale and Retail Trades(Grouped by Sector)(2007)

单位：万元 (10 000 yuan)

项　目	Item	资产总计 Total Assets	#流动资产 Working Capital	#固定资产 Fixed Assets	负债合计 Total Liabilities	所有者权益合计 Ownew's Equity
总计	**Total**	**13 840 691**	**10 370 647**	**1 713 830**	**8 065 565**	**5 775 126**
批发企业合计	**Total of Wholesale Trade**	**12 274 304**	**9 229 272**	**1 352 878**	**6 934 487**	**5 339 817**
#国有及国有控股	State-owned and State-Owned Holding Enterprises	9 718 607	7 109 256	1 160 375	4 961 484	4 757 123
农畜产品批发	Wholesale of Agricultural and Livestock Products	1 498 097	1 468 356	52 271	1 401 414	96 684
食品、饮料及烟草制品批发	Wholesale of Food, Beverages and Tobacco Products	4 700 859	3 507 027	929 752	1 801 786	2 899 072
#米、面制品食用油批发	Wholesale of Rice, Flour Products and Edible Oil	255 636	170 362	47 094	197 620	58 016
烟草制品批发	Wholesale of Tobacco Producets	4 160 469	3 123 729	827 788	1 389 894	2 770 576
纺织、服装及日用品批发	Wholesale of Textiles, Clothing and Commodities	22 238	17 227	4 373	15 613	6 626
#服装批发	Wholesale of Clothing					
文化、体育用品及器材批发	Wholesale of Culture, Sports Goods and Equipments	213 510	146 744	22 608	128 571	84 939
医药及医疗器材批发	Wholesale of Medicine and Medical Equipments	347 317	287 336	42 643	251 264	96 053
矿产品、建材及化工产品批发	Wholesale of Mineral Products, Building Materials and Chemical Industrial Products	4 235 462	2 775 402	216 653	2 427 984	1 807 478
#煤炭及制品批发	Wholesale of Coal and Related Products	187 707	163 788	18 929	154 362	33 345
石油及制品批发	Wolesale of Petroleum and Related Produces	115 259	60 880	36 468	83 217	32 042
金属及金属矿批发	Wholesale of Metal and Metal Ores	3 142 945	1 920 157	74 704	1 566 314	1 576 631
建材批发	Wholesale of Building Materials	249 028	209 650	14 011	199 496	49 532
化肥批发	Wholesale of Chemical Fertilizer	198 782	147 407	40 914	148 517	50 265
机械设备、五金交电及电子产品批发	Wholesale of Mechanical Equipment, Hardware and Electronic Products	1 012 863	862 564	50 545	744 452	268 411
#汽车、摩托车及零配件批发	Wholesale of Motor Vehicles and Motorcycles and Related Parts and Fittings	161 882	133 114	16 460	122 437	39 444
家用电器批发	Wholesale of Household Appliances	226 756	226 644	256	132 945	93 811
计算机、软件及辅助设备批发	Wholesale of Computers, Software and Supplementary Equipment	31 970	31 028	1 241	26 057	5 914
贸易经纪与代理	Wholesale by Brokers and Agents	14 751	7 305	8 407	10 550	4 201
其他批发	Others	229 207	157 310	25 624	152 853	76 353

15-11 续表 continued

(按国民经济行业分)　　(Grouped by Sector)

单位：万元　　(10 000 yuan)

项目	Item	资产总计 Total Assets	# 流动资产 Working Capital	# 固定资产 Fixed Assets	负债合计 Total Liabilities	所有者权益合计 Ownew's Equity
零售企业合计	**Total of Retail Trade**	**1 566 386**	**1 141 375**	**360 953**	**1 131 077**	**435 309**
# 国有及国有控股	State-owned and State-Owned Holding Enterprises	311 287	195 882	115 309	215 910	95 377
综合零售	General Retail	381 819	228 445	137 467	257 308	124 511
# 百货零售	Retail of General Merchandise	201 196	119 245	70 975	148 599	52 597
超级市场零售	Retail by Supermarkets	168 567	101 688	61 545	101 880	66 687
食品、饮料及烟草制品专门零售	Retail of Food, Beverages and Tobacco Products	110 872	65 343	35 645	73 028	37 844
纺织、服装及日用品专门零售	Retail of Textiles, Clothing and Articles for Daily Use	4 640	2 727	1 244	2 825	1 815
# 服装零售	Retail of Clothing	2 985	1 870	169	1 790	1 196
文化、体育用品及器材专门零售	Retail of Sports Goods and Equipment	124 779	79 361	53 837	76 912	47 867
# 体育用品零售	Retail of Sports Goods					
图书零售	Retail of Books	83 825	52 987	37 165	54 426	29 399
医药及医疗器材专门零售	Retail of Medicine and Medical Equipment	112 374	88 015	17 961	85 531	26 843
# 药品零售	Retail of Medicine	112 374	88 015	17 961	85 531	26 843
汽车、摩托车、燃料及零配件专门零售	Retail of Motor Vehicles,Motorcycles, Related Parts and Fittings and Fuels	649 646	519 285	93 622	506 843	142 802
# 汽车零售	Retail of Motor Vehicles	578 299	475 755	69 812	457 562	120 737
机动车燃料零售	Retail of Fuels of Motor Vehicles	57 927	33 346	20 722	42 647	15 280
家用电器及电子产品专门零售	Retail of Household Appliances and Electronic Products	146 400	134 901	10 134	107 061	39 339
# 家用电器零售	Retail of Household Appliances	88 572	82 320	5 470	65 932	22 640
计算机、软件及辅助设备零售	Retail of Computers,Software and Supplementary Equipment	32 500	29 085	2 818	22 573	9 926
通信设备零售	Retail of Communication Equipment	24 551	22 752	1 730	18 097	6 454
五金、家俱及室内装修材料专门零售	Retail of Hardware, Household Appliances and Interior Decoration Materials	13 606	10 407	2 679	6 978	6 629
无店铺及其他零售	Nonstore Retail and Others	22 252	12 892	8 364	14 592	7 660
# 邮购及电子销售	Retail by Mail Order and E-business					

15-12 各地区限额以上批发、零售企业资产及负债(2007年)
Assets and Liabilities of Enterprises above Designated Size of Wholesale and Retail Trades by Region (2007)

单位：万元 (10 000 yuan)

地区	Region	资产总计 Total Assets	#流动资产 Working Capital	#固定资产 Fixed Assets	负债合计 Total Liabilities	所有者权益合计 Ownew's Equity
全省合计	**Total**	**13 840 691**	**10 370 647**	**1 713 830**	**8 065 565**	**5 775 126**
昆　明	Kunming	7 945 148	5 845 141	593 930	4 514 029	3 431 119
曲　靖	Qujing	925 329	686 868	187 999	472 582	452 747
玉　溪	Yuxi	2 131 563	1 924 873	229 307	1 637 679	493 884
保　山	Baoshan	246 068	163 777	81 088	136 143	109 925
昭　通	Zhaotong	267 698	197 377	80 654	128 729	138 969
丽　江	Lijiang	228 553	157 126	35 584	152 530	76 022
普　洱	Pu'er	96 006	63 775	37 298	51 754	44 252
临　沧	Lincang	48 502	26 880	20 015	25 508	22 994
楚　雄	Chuxiong	357 487	272 343	70 168	184 980	172 507
红　河	Honghe	484 061	279 980	137 061	132 449	351 612
文　山	Wenshan	195 051	128 201	49 392	80 438	114 613
西双版纳	Xishuangbanna	106 034	70 998	34 657	59 417	46 617
大　理	Dali	503 049	336 388	100 366	283 039	220 010
德　宏	Dehong	158 167	102 972	41 039	96 378	61 789
怒　江	Nujiang	19 071	16 083	3 933	8 581	10 490
迪　庆	Diqing	128 906	97 863	11 338	101 330	27 576

15-13 各地区限额以上批发企业资产及负债(2007年)
Assets and Liabilities of Enterprises above Designated Size of Wholesale Trades by Region (2007)

单位：万元 (10 000 yuan)

地区	Region	资产总计 Total Assets	#流动资产 Working Capital	#固定资产 Fixed Assets	负债合计 Total Liabilities	所有者权益合计 Ownew's Equity
全省合计	**Total**	**12 274 304**	**9 229 272**	**1 352 878**	**6 934 487**	**5 339 817**
昆　明	Kunming	6 870 357	4 993 317	397 528	3 724 130	3 146 227
曲　靖	Qujing	886 933	665 053	170 863	443 877	443 055
玉　溪	Yuxi	2 017 932	1 859 041	194 175	1 555 354	462 578
保　山	Baoshan	186 781	135 654	63 409	99 244	87 537
昭　通	Zhaotong	238 469	179 988	73 398	108 189	130 280
丽　江	Lijiang	215 757	150 711	31 000	142 950	72 806
普　洱	Puer	73 467	50 078	28 721	38 336	35 131
临　沧	Lincang	44 466	24 709	19 502	22 704	21 762
楚　雄	Chuxiong	325 777	254 701	54 658	165 505	160 272
红　河	Honghe	432 903	251 363	121 971	91 495	341 408
文　山	Wenshan	161 087	107 423	36 330	57 924	103 164
西双版纳	Xishuangbanna	67 960	43 061	22 596	34 482	33 478
大　理	Dali	472 773	316 195	90 795	262 035	210 738
德　宏	Dehong	141 738	92 094	35 393	86 521	55 217
怒　江	Nujiang	10 725	8 619	2 321	1 883	8 842
迪　庆	Diqing	127 181	97 266	10 218	99 858	27 323

15-14 限额以上星级住宿业资产与负债（2007年）
Assets and Liabilities of Hotel Industry Attained Star level above Designated Size(2007)

单位：万元 (10 000 yuan)

项目	Item	资产总计 Total Assets	#流动资产 Working Capital	#固定资产 Fixed Assets	负债合计 Total Liabilities	所有者权益合计 Ownew's Equity
总计	**Total**	**1 332 908**	**304 687**	**1 214 371**	**687 093**	**645 815**
#国有及国有控股	State-owned and State-owned Holding Enterprises	824 894	185 538	795 639	352 450	472 444
(一)按登记注册类型分组	Grouped by Status of Registration					
内资企业	Domestic-funded Enterprises	1 121 490	261 532	985 777	561 348	560 143
国有企业	State-owned Enterprises	383 856	67 540	395 093	151 311	232 544
集体企业	Collective-owned Enterprises	28 955	7 911	25 356	18 052	10 903
股份合作企业	Joint Stock Cooperative Enterprises	22 387	2 613	17 632	16 890	5 497
联营企业	Joint Ownership Enterprises	11 781	3 153	11 515	17 791	- 6 009
国有联营企业	State -owned Joint Ownership	11 781	3 153	11 515	17 791	- 6 009
国有与集体联营企业	State -owned and Collective-owned Joint Ownership					
有限责任公司	Limited Liability Companies	287 097	87 235	220 806	87 270	199 827
国有独资公司	Wholly State-funded Companies	21 759	2 392	22 745	9 925	11 834
其他有限责任公司	Other Joint Ownership Enterprises	265 339	84 843	198 061	77 345	187 993
股份有限公司	Incorporated Corporations	42 938	10 157	46 030	29 395	13 543
私营企业	Private Enterprises	257 166	42 136	217 238	162 838	94 328
私营独资企业	Private Sale	59 084	8 994	49 517	25 660	33 424
私营合伙企业	Private Partnership Enterprises	2 170	502	1 484	1 166	1 004
私营有限责任公司	Private Limited Liability Companies	183 324	30 085	153 589	128 212	55 112
私营股份有限公司	Private Incorporated Corporations	12 589	2 554	12 649	7 800	4 789
其他企业	Other Enterprises	87 311	40 788	52 106	77 801	9 510
港澳台商投资企业	Enterprises Funded by Hong Kong, Macao and Taiwan	111 867	24 870	115 763	77 281	34 586
合资经营企业(港或澳台资)	Joint Ventures (funded by Hong Kong, Macao and Taiwan)	51 763	17 580	54 996	21 130	30 633
合作经营企业(港或澳台资)	Cooperative Enterprises(funded by Hong Kong, Macao and Taiwan)	37 617	4 674	39 968	43 786	- 6 169
独资经营企业(港或澳台资)	Enterprises Wholly Funded by Hong Kong, Macao and Taiwan	22 487	2 616	20 798	12 365	10 122
外商投资企业	Foreign-funded Enterprises	99 551	18 285	112 831	48 465	51 086
中外合资经营企业	Wholly Foreign-funded Enterprises	34 213	3 922	36 814	9 474	24 739
中外合作经营企业	Share-holding Corporations	712	19	1 129	734	- 22
外资企业	Ltd.with Foreign Investment	64 626	14 344	74 888	38 257	26 369
(二)按国民经济行业分组	Grouped by Sector					
旅游饭店	Dinner Service	1 140 476	233 445	1 084 313	629 816	510 660
一般旅馆	Snack Service	181 510	68 054	120 922	52 292	129 218
其他住宿服务	Others	10 922	3 188	9 136	4 986	5 936

15-15 各地区限额以上零售企业资产及负债(2007年)
Assets and Liabilities of Enterprises above Designated Size of Retail Trades by Region (2007)

单位：万元 (10 000 yuan)

地 区	Region	资产总计 Total Assets	#流动资产 Working Capital	#固定资产 Fixed Assets	负债合计 Total Liabilities	所有者权益合计 Ownew's Equity
全省合计	**Total**	**1 566 386**	**1 141 375**	**360 953**	**1 131 077**	**435 309**
昆 明	Kunming	1 074 791	851 823	196 402	789 899	284 892
曲 靖	Qujing	38 397	21 815	17 136	28 705	9 692
玉 溪	Yuxi	113 631	65 833	35 132	82 325	31 306
保 山	Baoshan	59 287	28 123	17 679	36 899	22 388
昭 通	Zhaotong	29 229	17 389	7 257	20 540	8 689
丽 江	Lijiang	12 796	6 415	4 584	9 580	3 216
普 洱	Pu'er	22 539	13 697	8 578	13 417	9 121
临 沧	Lincang	4 036	2 171	513	2 804	1 232
楚 雄	Chuxiong	31 709	17 643	15 510	19 475	12 235
红 河	Honghe	51 158	28 617	15 090	40 953	10 205
文 山	Wenshan	33 964	20 778	13 062	22 515	11 449
西双版纳	Xishuangbanna	38 075	27 938	12 062	24 935	13 140
大 理	Dali	30 276	20 193	9 570	21 003	9 272
德 宏	Dehong	16 429	10 878	5 646	9 857	6 572
怒 江	Nujiang	8 347	7 464	1 612	6 699	1 648
迪 庆	Diqing	1 724	598	1 121	1 472	252

15-16 各地区限额以上星级住宿业资产及负债(2007年)
Assets and Liabilities of Hotel Industry Attained Star level above Designated Size by Region(2007)

单位：万元 (10 000 yuan)

地 区	Region	资产总计 Total Assets	#流动资产 Working Capital	#固定资产 Fixed Assets	负债合计 Total Liabilities	所有者权益合计 Ownew's Equity
全省合计	**Total**	**1 332 908**	**304 687**	**1 214 371**	**687 093**	**645 815**
昆 明	Kunming	610 978	146 928	591 529	339 361	271 616
曲 靖	Qujing	22 427	3 715	22 188	14 203	8 224
玉 溪	Yuxi	70 381	7 259	83 644	29 995	40 386
保 山	Baoshan	16 304	4 231	12 566	2 083	14 221
昭 通	Zhaotong	2 030	417	1 946	1 233	797
丽 江	Lijiang	136 242	31 793	116 422	67 416	68 826
普 洱	Pu'er	15 739	2 969	16 859	6 125	9 614
临 沧	Lincang	24 800	5 170	17 912	16 693	8 107
楚 雄	Chuxiong	28 254	6 180	26 260	16 387	11 866
红 河	Honghe	178 265	63 548	114 385	47 665	130 601
文 山	Wenshan	13 505	3 047	12 565	7 609	5 896
西双版纳	Xishuangbanna	70 129	11 022	63 929	54 227	15 902
大 理	Dali	69 618	9 428	68 995	33 036	36 583
德 宏	Dehong	31 715	4 272	28 834	25 746	5 969
怒 江	Nujiang					
迪 庆	Diqing	42 523	4 709	36 338	25 315	17 208

15-17 限额以上餐饮企业资产及负债（2007年）

Assets and Liabilities of Food Service above Designated Size(2007)

单位：万元　　(10 000 yuan)

项　　目	Item	资产 总计 Total Assets	# 流动资产 Working Capital	# 固定资产 Fixed Assets	负债 合计 Total Liabilities	所有者 权益合计 Ownew's Equity
总　　计	**Total**	**126 694**	**56 417**	**75 833**	**92 959**	**33 735**
# 国有及国有控股	State-owned and State-owned Holding Enterprises	30 550	13 859	19 963	20 022	10 528
(一)按登记注册类型分组	Grouped by Status of Registration					
内资企业	Domestic-funded Enterprises	114 169	50 479	67 234	88 769	25 400
国有企业	State-owned Enterprises	5 932	1 353	4 633	4 617	1 315
集体企业	Collective-owned Enterprises	6 521	1 972	6 374	5 152	1 369
股份合作企业	Joint Stock Cooperative Enterprises					
联营企业	Joint Ownership Enterprises					
有限责任公司	Limited Liability Companies	49 181	25 851	26 938	37 710	11 471
其他有限责任公司	Other Joint Ownership Enterprises	49 181	25 851	26 938	37 710	11 471
股份有限公司	Incorporated Corporations	2 023	605	1 364	545	1 478
私营企业	Private Enterprises	50 513	20 698	27 925	40 745	9 768
私营独资企业	Private Sale Proprietorship Enterprises	4 808	1 578	3 233	1 908	2 900
私营合伙企业	Private Partnership Enterprises	946	716	69	634	311
私营有限责任公司	Private Limited Liability Companies	42 017	17 940	22 798	36 844	5 173
私营股份有限公司	Private Incorporated Corporations	2 742	464	1 824	1 359	1 383
其他企业	Other Enterprises					
港澳台商投资企业	Enterprises Funded by Hong Kong, Macao and Taiwan	7 253	4 535	2 786	1 858	5 395
合资经营企业(港或澳台资)	Joint Ventures (funded by Hong Kong, Macao and Taiwan)	1 943	1 707	367	371	1 573
独资经营企业(港或澳台资)	Enterprises Wholly Funded by Hong Kong, Macao and Taiwan	5 310	2 828	2 419	1 487	3 823
外商投资企业	Foreign-funded Enterprises	5 271	1 404	5 813	2 332	2 939
外资企业	Wholly Foreign-funded Enterprises	5 271	1 404	5 813	2 332	2 939
外商投资股份有限公司	Share-holding Corporations Ltd.with Foreign Investment					
(二)按国民经济行业分组	Grouped by Sector					
正餐服务	Dinner Service	104 101	41 866	64 844	86 178	17 922
快餐服务	Snack Service	10 852	4 427	8 642	3 685	7 168
饮料及冷饮服务	Service of Beverages and Cold Drink					
其他餐饮服务	Others	11 741	10 124	2 347	3 096	8 645

15-18 限额以上批发、零售企业主要财务指标(2007年)

Main Financial Indicators of Enterprises above Designated Size of Wholesale and Retail Trades(2007)

(按登记注册类型分) (Grouped by Status Registraion)

单位：万元 (10 000 yuan)

项 目	Item	主营业务收入 Major Business Income	主营业务成本 Cost of Major Business	主营业务税金及附加 Major Business Tax and Surcharge	主营业务利润 Profits of Major Business Lines
总 计	**Total**	**21 586 034**	**18 833 221**	**51 030**	**2 285 525**
批发企业合计	**Total of Wholesale Trade**	**18 651 275**	**16 214 302**	**44 641**	**1 993 318**
# 国有及国有控股	State-owned and State-Owned Holding Enterprises	13 784 905	11 648 176	32 813	1 721 166
内资企业	Domestic Funded Enterprises	18 549 816	16 127 144	44 622	1 979 035
国有企业	State-owned Enterprises	6 417 808	4 845 102	21 534	1 182 374
集体企业	Collective-owned Enterprises	215 529	200 374	227	10 143
股份合作企业	Joint Stock Cooperative Enterprises	41 064	35 008	69	2 664
联营企业	Joint Ownership Enterprises	87 780	84 343	152	3 286
国有联营企业	State-owned Joint Ownership	59 685	57 814	25	1 847
集体联营企业	Collective-owned Joint Ownership	393	320		72
国有与集体联营企业	State -owned and Collective-owned Joint Ownership	27 702	26 209	127	1 366
有限责任公司	Limited Liability Companies	6 977 762	6 448 509	10 227	513 682
国有独资公司	Wholly State-funded Companies	2 377 026	2 000 159	6 828	367 539
其他有限责任公司	Other Limited Liability Companies	4 600 737	4 448 350	3 399	146 143
股份有限公司	Incorporated Corporations	828 974	747 061	2 097	78 584
私营企业	Private Enterprises	3 961 960	3 748 606	10 299	187 522
私营独资企业	Private Sole Proprie-torship Enterprises	26 493	24 983	18	1 492
私营有限责任公司	Private Limited Liability Companies	3 824 286	3 622 866	9 919	176 014
私营股份有限公司	Private Incorporated Corporations	111 181	100 757	362	10 016
其他企业	Other Enterprises	18 939	18 142	17	780
港澳台商投资企业	Enterprises Invested by Hong Kong, Macao and Taiwan	59 339	47 762	14	11 563
合资经营企业(港或澳台资)	Joint Ventures (Funded by Hong Kong, Macao and Taiwan)	35 361	28 063	14	7 299
独资经营企业(港或澳台资)	Enterprises Wholly Funded by Hong Kong, Macao and Taiwan	23 978	19 699	14	4 264
外商投资企业	Foreign-funded Enterprises	42 121	39 395	5	2 721
中外合资经营企业	Sino-foreign Joint Ventures	18 717	17 412		1 305
外资企业	Sino-foreign Coo-perative Enterprises	3 538	3 422	5	116
外商投资股份有限公司	Share-holding Corporations Ltd.with Foreign Investment	19 866	18 562	5	1 299

15-18 续表 counited

(按登记注册类型分) (Grouped by Status Registraion)

单位：万元 (10 000 yuan)

项　目	Item	主营业务收入 Major Business Income	主营业务成本 Cost of Major Business	主营业务税金及附加 Major Business Tax and Surcharge	主营业务利润 Profits of Major Business Lines
零售企业合计	**Total of Retail Trade**	**2 934 758**	**2 618 919**	**6 389**	**292 206**
# 国有及国有控股	State-owned and State-Owned Holding Enterprises	474 205	395 308	1 880	67 904
内资企业	Domestic-funded Enterprises	2 555 532	2 305 750	6 332	226 206
国有企业	State-owned Enterprises	131 355	108 881	677	19 703
集体企业	Collective-owned Enterprises	29 292	26 434	43	2 140
股份合作企业	Joint Stock Cooperative Enterprises	23 538	19 463	28	1 181
联营企业	Joint Ownership Enterprises Limited Liability Companies	51 946	40 068	129	11 749
国有联营公司	State-owned Joint Ownership				
集体联营企业	Collective-owned Joint Ownership	51 946	40 068	129	11 749
其他联营企业	Other Joint Ownership				
有限责任公司	Limited Liability Companies	476 714	408 846	1 344	61 434
国有独资公司	Wholly State-funded Companies	11 518	7 628	29	744
其他有限责任公司	Other Limited Liability Companies	465 197	401 218	1 315	60 691
股份有限公司	Incorporated Corporations	152 422	134 924	1 007	16 063
私营企业	Private Enterprises	1 678 457	1 556 336	3 081	113 379
私营独资企业	Private Sole Proprietorship Enterprises	48 427	43 528	70	4 419
私营合伙企业	Private Partnership Enterprises	7 669	7 461	6	202
私营有限责任公司	Private Limited Liability Companies	1 585 606	1 471 188	2 619	106 618
私营股份有限公司	Private Incorporated Corporations	36 754	34 158	387	2 140
其他企业	Other Enterprises	11 808	10 799	22	558
港澳台商投资企业	Enterprises Invested by Hong Kong, Macao and Taiwan	147 620	124 787	- 2	22 834
合资经营企业(港或澳台资)	Joint Ventures (Funded by Hong Kong, Macao and Taiwan)	56 733	52 095	- 2	4 640
独资经营企业(港或澳台资)	Enterprises Wholly-funded (by Hong Kong, Macao and Taiwan)	90 887	72 693		18 195
外商投资企业	Foreign-funded Enterprises	231 607	188 382	59	43 166
中外合资经营企业	Joint-venture Enterprises	110 012	87 866	59	22 087
外资企业	Sino-foreign Coo-perative Enterprises	121 595	100 516		21 079

15-19 限额以上批发企业主要财务指标(2007)年

Main Financial Indicators of Enterprises above Designated Size of Wholesale Trades(2007)

(按国民经济行业分) (Grouped by Sector)
单位：万元 (10 000 yuan)

项目	Item	主营业务收入 Major Business Income	主营业务成本 Cost of Major Business	主营业务税金及附加 Major Business Tax and Surcharge	主营业务利润 Profits of Major Business Lines
总计	**Total**	**18 651 275**	**16 214 302**	**44 641**	**1 993 318**
# 国有及国有控股	State-owned and State-Owned Holdin Enterprises	13 784 905	11 648 176	32 813	1 721 166
农畜产品批发	Wholesale of Agricultural and Livestock Products	522 423	482 475	92	39 856
食品、饮料及烟草制品批发	Wholesale of Food, Beverages and Tobacco Products	7 024 584	5 147 658	26 250	1 479 525
# 米、面制品及食用油批发	Wholesale of Rice, Flour Products and Edible Oil	181 842	173 297	18	5 842
烟草制品批发	Wholesale of Tobacco Producets	6 447 313	4 600 686	25 140	1 453 021
纺织、服装及日用品批发	Wholesale of Textiles, Clothing and Commodities	71 684	69 703	16	1 850
# 服装批发	Wholesale of Clothing				
文化、体育用品及器材批发	Wholesale of Culture, Sports Goods and Equipments	121 957	97 607	326	24 024
医药及医疗器材批发	Wholesale of Medicine and Medical Equipments	760 576	682 977	1 031	76 268
矿产品、建材及化工产品批发	Wholesale of Mineral Products, Building Materials and Chemical Industrial Products	8 081 346	7 813 928	14 259	231 622
# 煤炭及制品批发	Wholesale of Coal and Related Products	392 125	367 721	1 007	23 360
石油及制品批发	Wolesale of Petroleum and Related Produces	377 986	353 345	332	16 548
金属及金属矿批发	Wholesale of Metal and Metal Ores	5 925 976	5 792 602	6 912	124 595
建材批发	Wholesale of Building Materials	352 351	339 730	708	11 913
化肥批发	Wholesale of Chemical Fertilizer	403 470	374 086	142	23 245
机械设备、五金交电及电子产品批发	Wholesale of Mechanical Equipment, Hardware and Electronic Products	1 742 182	1 646 678	1 418	93 068
# 汽车、摩托车及零配件批发	Wholesale of Motor Vehicles,Motorcycles and Related Parts and Fittings	283 904	269 537	185	13 734
家用电器批发	Wholesale of Household Appliances	760 614	722 877	606	37 132
计算机、软件及辅助设备批发	Wholesale of Computers, Software and Supplementary Equipment	78 230	75 561	72	2 597
贸易经纪与代理	Wholesale by Brokers and Agents	11 427	5 931	71	1 632
其他批发	Others	315 096	267 345	1 179	45 473

15-20 限额以上零售企业主要财务指标（2007年）
Main Financial Indicators of Enterprises above Designated Size of Retail Trades(2007)

(按国民经济行业分) (Grouped by sector)
单位：万元 (10 000 yuan)

项　　目	Item	主营业务收入 Major Business Income	主营业务成本 Cost of Major Business	主营业务税金及附加 Major Business Tax and Surcharge	主营业务利润 Profits of Major Business Lines
总　　计	**Total**	**2 934 758**	**2 618 919**	**6 389**	**292 206**
# 国有及国有控股	State-owned and State-Owned Holding Enterprises	474 205	395 308	1 880	67 904
综合零售	General Retail	641 600	526 638	1 589	107 505
# 百货零售	Retail of General Merchandise	275 122	220 234	970	50 603
超级市场零售	Retail by Supermarkets	347 978	290 988	520	55 335
食品、饮料及烟草制品专门零售	Retail of Food, Beverages and Tobacco Products	106 209	93 640	538	11 463
纺织、服装及日用品专门零售	Retail of Textiles, Clothing and Articles for Daily Use	8 377	6 097	41	2 099
# 服装零售	Retail of Clothing	7 252	5 318	33	1 901
文化、体育用品及器材专门零售	Retail of Sports Goods and Equipment	155 965	118 516	783	33 263
# 体育用品零售	Retail of Sports Goods				
图书零售	Retail of Books	98 205	72 370	200	22 232
医药及医疗器材专门零售	Retail of Medicine and Medical Equipment	214 600	174 712	569	39 036
# 药品零售	Retail of Medicine	214 600	174 712	569	39 036
汽车、摩托车、燃料及零配件专门零售	Retail of Motor Vehicles,Motorcycles, Related Parts and Fittings and Fuels	1 356 494	1 287 600	1 586	64 320
# 汽车零售	Retail of Motor Vehicles	1 204 329	1 146 116	1 003	54 467
机动车燃料零售	Retail of Fuels of Motor Vehicles	122 771	114 191	560	7 920
家用电器及电子产品专门零售	Retail of Household Appliances and Electronic Products	394 620	366 556	856	26 799
# 家用电器零售	Retail of Household Appliances	174 508	159 702	534	14 023
计算机、软件及 辅助设备零售	Retail of Computers,Software and Supplementary Equipment	120 258	113 570	221	6 308
通信设备零售	Retail of Communication Equipment	98 216	91 824	101	6 291
五金、家俱及室内装修材料专门零售	Retail of Hardware, Household Appliances and Interior Decoration Materials	19 424	15 453	3	3 967
无店铺及其他零售	Nonstore Retail and Others	37 471	29 708	422	3 754
# 邮购及电子销售	Retail by Mail Order and E-business				

15-21 各地区限额以上餐饮企业资产及负债(2007年)
Assets and Liabilities of Food Service above Designated Size by Region(2007)

单位：万元　　　　(10 000 yuan)

地 区	Region	资产总计 Total Assets	#流动资产 Working Capital	#固定资产 Fixed Assets	负债合计 Total Liabilities	所有者权益合计 Ownew's Equity
全省合计	**Total**	**126 694**	**56 417**	**75 833**	**92 959**	**33 735**
昆 明	Kunming	102 746	47 078	60 860	76 870	25 877
曲 靖	Qujing	3 126	943	2 180	214	2 912
玉 溪	Yuxi	13 668	6 295	7 607	11 681	1 987
保 山	Baoshan					
昭 通	Zhaotong					
丽 江	Lijiang					
普 洱	Pu'er					
临 沧	Lincang					
楚 雄	Chuxiong	1 164	848	97	991	174
红 河	Honghe	1 010	458	788	770	240
文 山	Wenshan	4 609	473	4 225	2 324	2 285
西双版纳	Xishuangbanna					
大 理	Dali	370	321	75	109	261
德 宏	Dehong					
怒 江	Nujiang					
迪 庆	Diqing					

15-22 各地区限额以上批发、零售企业主要财务指标 (2007年)
Main Financial Indicators of Enterprises above Designated Size of Wholesale and Retail Trades by Region(2007)

单位：万元　　　　(10 000 yuan)

地 区	Region	主营业务收入 Major Business Income	主营业务成本 Cost of Major Business	主营业务税金及附加 Major Business Tax and Surcharge	主营业务利润 Profits of Major Business Lines
全省合计	**Total**	**21 586 034**	**18 833 221**	**51 030**	**2 285 525**
昆 明	Kunming	15 188 870	14 032 430	28 954	1 127 203
曲 靖	Qujing	1 038 217	740 920	4 320	288 424
玉 溪	Yuxi	1 295 313	1 100 654	2 576	189 732
保 山	Baoshan	349 192	273 518	1 878	73 087
昭 通	Zhaotong	357 835	260 079	1 364	92 689
丽 江	Lijiang	250 478	215 242	785	31 952
普 洱	Pu'er	204 054	163 598	804	38 067
临 沧	Lincang	112 328	84 617	339	23 172
楚 雄	Chuxiong	449 151	309 070	2 319	23 217
红 河	Honghe	603 343	241 037	2 185	146 891
文 山	Wenshan	268 272	198 176	914	68 028
西双版纳	Xishuangbanna	201 781	175 220	367	20 723
大 理	Dali	660 616	510 552	1 487	95 679
德 宏	Dehong	473 801	442 798	1 630	25 721
怒 江	Nujiang	28 914	22 414	96	6 086
迪 庆	Diqing	103 870	62 898	1 014	34 855

15-23 各地区限额以上批发企业主要财务指标（2007年）

Main Financial Indicators of Enterprises above Designated Size of Wholesale Trades by Region(2007)

单位：万元 (10 000 yuan)

地区	Region	主营业务收入 Major Business Income	主营业务成本 Cost of Major Business	主营业务税金及附加 Major Business Tax and Surcharge	主营业务利润 Profits of Major Business Lines
全省合计	**Total**	**18 651 275**	**16 214 302**	**44 641**	**1 993 318**
昆明	Kunming	13 032 540	12 109 788	24 780	897 826
曲靖	Qujing	956 569	666 645	4 197	281 347
玉溪	Yuxi	1 131 443	950 674	2 404	178 359
保山	Baoshan	244 710	177 900	1 278	65 474
昭通	Zhaotong	317 528	227 222	1 333	88 968
丽江	Lijiang	229 069	197 041	579	28 950
普洱	Pu'er	170 661	135 806	728	33 787
临沧	Lincang	105 424	77 892	338	22 993
楚雄	Chuxiong	407 785	272 361	1 811	19 678
红河	Honghe	517 351	161 803	2 036	141 229
文山	Wenshan	227 406	162 033	776	64 596
西双版纳	Xishuangbanna	138 464	120 176	283	16 249
大理	Dali	594 752	452 791	1 431	89 501
德宏	Dehong	448 775	420 371	1 590	23 588
怒江	Nujiang	25 425	19 228	75	6 013
迪庆	Diqing	103 375	62 570	1 002	34 761

15-24 各地区限额以上零售企业主要财务指标（2007年）

Main Financial Indicators of Enterprises above Designated Size of Retail Trades by Region(2007)

单位：万元 (10 000 yuan)

地区	Region	主营业务收入 Major Business Income	主营业务成本 Cost of Major Business	主营业务税金及附加 Major Business Tax and Surcharge	主营业务利润 Profits of Major Business Lines
全省合计	**Total**	**2 934 758**	**2 618 919**	**6 389**	**292 206**
昆明	Kunming	2 156 330	1 922 642	4 174	229 377
曲靖	Qujing	81 648	74 275	122	7 077
玉溪	Yuxi	163 870	149 980	172	11 372
保山	Baoshan	104 482	95 618	600	7 614
昭通	Zhaotong	40 307	32 857	31	3 721
丽江	Lijiang	21 409	18 201	205	3 003
普洱	Pu'er	33 393	27 791	77	4 280
临沧	Lincang	6 904	6 725	1	178
楚雄	Chuxiong	41 366	36 709	508	3 539
红河	Honghe	85 992	79 234	149	5 662
文山	Wenshan	40 866	36 142	138	3 432
西双版纳	Xishuangbanna	63 318	55 044	85	4 473
大理	Dali	65 863	57 761	56	6 178
德宏	Dehong	25 026	22 427	41	2 133
怒江	Nujiang	3 489	3 186	22	73
迪庆	Diqing	495	328	12	94

15-25 星级住宿业主要财务指标(2007)年

Main Financial Indicators of Hotel Industry Attained Star level(2007)

单位：万元 (10 000 yuan)

项 目	Item	主营业务收入 Major Business Income	主营业务成本 Cost of Major Business	主营业务税金及附加 Major Business Tax and Surcharge	主营业务利润 Profits of Major Business Lines
总 计	**Total**	**298 756**	**85 735**	**16 883**	**181 944**
# 国有及国有控股	State-owned and State-owned Holding Enterprises	185 606	54 965	10 385	115 254
(一)按登记注册类型分组	Grouped by Status of Registration				
内资企业	Domestic-funded Enterprises	254 173	77 930	14 842	148 177
国有企业	State-owned Enterprises	90 697	28 163	5 231	54 538
集体企业	Collective-owned Enterprises	11 116	2 834	599	6 704
股份合作企业	Joint Stock Cooperative Enterprises	4 301	1 249	234	2 429
联营企业	Joint Ownership Enterprises	5 411	1 038	308	4 066
国有联营企业	State-owned Joint Ownership	5 411	1 038	308	4 066
集体联营企业	Collective-owned Joint Ownership				
国有与集体联营企业	State -owned and Collective-owned Joint Ownership				
有限责任公司	Limited Liability Companies	41 844	13 019	2 412	23 854
国有独资公司	Wholly State-funded Companies	3 613	926	205	1 960
其他有限责任公司	Other Joint Ownership Enterprises	38 231	12 093	2 208	21 893
股份有限公司	Incorporated Corporations	22 293	5 890	1 210	15 115
私营企业	Private Enterprises	58 598	21 810	3 726	26 636
私营独资企业	Private Sale Proprietorship Enterprises	15 701	6 718	1 065	5 540
私营合伙企业	Private Partnership Enterprises	1 412	419	63	842
私营有限责任公司	Private Limited Liability Companies	36 308	12 932	2 357	17 280
私营股份有限公司	Private Incorporated Corporations	5 177	1 740	241	2 975
其他企业	Other Enterprises	19 913	3 929	1 121	14 836
港澳台商投资企业	Enterprises Funded by Hong Kong,Macao and Taiwan	23 739	4 557	1 280	17 836
合资经营企业(港或澳台资)	Joint Ventures (funded by Hong Kong, Macao and Taiwan)	15 790	3 516	882	11 326
合作经营企业(港或澳台资)	Cooperative Enterprises(funded by Hong Kong, Macao and Taiwan)	3 809	622	190	2 997
独资经营企业(港或澳台资)	Enterprises Wholly Funded by Hong Kong, Macao and Taiwan	4 141	420	208	3 513
外商投资企业	Foreign-funded Enterprises	20 843	3 248	761	15 930
中外合资经营企业	Wholly Foreign-funded Enterprises	5 420	1 282	239	3 051
中外合作经营企业	Share-holding Corporations Ltd.with Foreign Investment	56	24	3	29
外资企业	Sino-foreign Coo-perative Enterprises	15 368	1 942	519	12 851
(二)按国民经济行业分组	Grouped by Sector				
旅游饭店	Dinner Service	270 917	73 584	15 184	169 392
一般旅馆	Snack Service	24 632	10 732	1 504	11 227
其他住宿服务	Others	3 207	1 419	194	1 324

15-26 限额以上餐饮企业主要财务指标(2007年)

Main Financial Indicators of Enterprises above Designated Size of Food Service(2007)

单位：万元 (10 000 yuan)

项　　目	Item	主营业务收入 Major Business Income	主营业务成本 Cost of Major Business	主营业务税金及附加 Major Business Tax and Surcharge	主营业务利润 Profits of Major Business Lines
总　　计	**Total**	**116 959**	**59 579**	**6 631**	**50 749**
# 国有及国有控股	State-owned and State-Owned Holding Enterprises	16 550	8 983	630	6 937
(一)按登记注册类型分组	Grouped by Status of Registration				
内资企业	Domestic-funded Enterprises	88 496	47 320	5 183	35 992
国有企业	State-owned Enterprises	2 471	1 523	130	818
集体企业	Collective-owned Enterprises	2 900	1 317	205	1 378
股份合作企业	Joint Stock Cooperative Enterprises				
联营企业	Joint Ownership Enterprises				
有限责任公司	Limited Liability Companies	29 622	16 710	1 655	11 257
其他有限责任公司	Other Limited Liability Companies	29 622	16 710	1 655	11 257
股份有限公司	Incorporated Corporations	2 044	1 106	118	820
私营企业	Private Enterprises	51 458	26 665	3 075	21 718
私营独资企业	Private Sole Proprietorship Enterprises	6 622	3 985	446	2 192
私营合伙企业	Private Partnership Enterprises	2 064	1 238	114	712
私营有限责任公司	Private Limited Liability Companies	41 742	21 124	2 432	18 186
私营股份有限公司	Private Incorporated Corporations	1 030	318	84	629
其他企业	Other Enterprises				
港澳台商投资企业	Enterprises Invested by Hong Kong, Macao and Taiwan	12 392	6 248	566	5 579
合资经营企业(港或澳台资)	Joint Ventures (Funded by Hong Kong, Macao and Taiwan)	3 874	2 475	132	1 266
独资经营企业(港或澳台资)	Enterprises Wholly-funded(by Hong Kong, Macao and Taiwan)	8 519	3 773	434	4 312
外商投资企业	Foreign-funded Enterprises	16 071	6 012	882	9 178
外资企业	Joint-venture Enterprises	16 071	6 012	882	9 178
外商投资股份有限公司	Sion-foreign-funded				
(二)按国民经济行业分组	Grouped by Sector				
正餐服务	Dinner Service	85 036	45 625	5 191	34 220
快餐服务	Snack Service	22 355	8 555	1 210	12 590
饮料及冷饮服务	Service of Beverages and Cold Drink				
其他餐饮服务	Others	9 568	5 400	229	3 939

15-27 各地区星级住宿企业主要财务指标(2007年)

Main Financial Indicators of Enterprises Attained Star level and above Designated Size of Hotel Industry by Region(2007)

单位：万元 (10 000 yuan)

地　区	Region	主营业务收入 Major Business Income	主营业务成本 Cost of Major Business	主营业务税金及附加 Major Business Tax and Surcharge	主营业务利润 Profits of Major Business Lines
全省合计	**Total**	**298 756**	**85 735**	**16 883**	**181 944**
昆　明	Kunming	142 133	37 632	7 963	96 538
曲　靖	Qujing	7 260	3 173	434	3 533
玉　溪	Yuxi	14 563	5 936	943	7 114
保　山	Baoshan	4 648	1 253	290	3 075
昭　通	Zhaotong	1 019	408	46	188
丽　江	Lijiang	41 748	9 026	2 060	26 637
普　洱	Pu'er	3 986	1 691	220	1 748
临　沧	Lincang	3 178	1 389	203	1 399
楚　雄	Chuxiong	7 538	2 851	504	3 924
红　河	Honghe	24 561	7 872	1 381	13 748
文　山	Wenshan	3 804	1 635	248	1 893
西双版纳	Xishuangbanna	15 885	4 129	945	9 004
大　理	Dali	15 206	6 209	967	7 123
德　宏	Dehong	2 590	712	142	1 629
怒　江	Nujiang				
迪　庆	Diqing	10 639	1 820	538	4 389

15-28各地区餐饮企业主要财务指标(2007年)

Main Financial Indicators of Enterprises above Designated Size of Food Service by Region(2007)

单位：万元 (10 000 yuan)

地　区	Region	主营业务收入 Major Business Income	主营业务成本 Cost of Major Business	主营业务税金及附加 Major Business Tax and Surcharge	主营业务利润 Profits of Major Business Lines
全省合计	**Total**	**116 959**	**59 579**	**6 631**	**50 749**
昆　明	Kunming	105 362	52 595	5 891	46 876
曲　靖	Qujing	3 908	2 909	242	757
玉　溪	Yuxi	3 445	2 033	229	1 183
保　山	Baoshan				
昭　通	Zhaotong				
丽　江	Lijiang				
普　洱	Pu'er				
临　沧	Lincang				
楚　雄	Chuxiong	533	327	29	176
红　河	Honghe	1 113	630	64	419
文　山	Wenshan	1 462	458	111	893
西双版纳	Xishuangbanna				
大　理	Dali	1 137	627	65	446
德　宏	Dehong				
怒　江	Nujiang				
迪　庆	Diqing				

主要统计指标解释

社会消费品零售总额 指国民经济各行业直接销售给城乡居民和社会集团的消费品总额。它是反映各行业通过多种商品流通渠道向居民和社会集团供应的生活消费品总量，是研究国内零售市场变动情况、反映经济景气变化程度的重要指标。

社会消费品零售总额包括：（1）售给城乡居民作为生活用品和修建房屋用的建筑材料；（2）售给社会集团的各种办公用品和公用消费品；（3）售给机关、团体、学校、部队、企业、事业单位的职工食堂和旅店（招待所）附设专门供本店旅客食用，不对外营业的食堂的各种食品、燃料；企业、单位和国营农场直接售给本单位职工和职工食堂的自己生产的产品；（4）售给部队干部、战士生活用的粮食、副食品、衣着品、日用品、燃料；（5）售给来华的外国人、华侨、港澳台同胞的消费品；（6）居民自费购买的中、西药品、中药材及医疗用品；（7）报社、出版社直接售给居民和社会集团的报纸、图书、杂志，集邮公司出售的新、旧纪念邮票、特种邮票、首日封、集邮册、集邮工具等；（8）旧货寄售商店自购、自销部分的商品；（9）煤气公司、液化石油气站售给居民和社会集团的煤气、灶具和罐装液化石油气；（10）农民售给非农业居民和社会集团的商品。

批发零售贸易业商品购、销、存总额 指各种登记注册类型的批发、零售贸易企业（单位）以本企业（单位）为总体的，从国内、国外市场购进的商品总量、销售和出口的商品总量、库存商品总量等情况。该指标对促进工农业生产发展、活跃市场、平抑物价、保障供给、满足需求具有举足轻重的作用。该指标可以反映商品流通过程中商品的购进、销售、库存之间的比例关系和存在的问题。

商品购进总额 指从本企业（单位）以外的单位和个人购进（包括从境外直接进口）作为转卖或加工后转卖的商品总额。它反映批发零售贸易业从国内、国外市场上购进商品的总量。商品购进总额包括：（1）从工农业生产者购进的商品；（2）从出版社、报社的出版发行部门购进的图书、杂志、报纸和音像制品；（3）从各种登记注册类型的批发零售贸易企业（单位）购进的商品；（4）从其他单位购进的商品，如：从机关、团体、企业等单位购进的剩余物资，从餐饮业、服务业购进的商品，从海关、市场管理部门购进的缉私和没收的商品，从居民手中收购的废旧商品等；（5）从国（境）外直接进口的商品。

商品销售总额 指对本企业（单位）以外的单位和个人出售（包括对境外直接出口）的商品总额。它反映批发零售贸易业在国内市场上销售商品以及出口商品的总量。商品销售总额包括：（1）售给城乡居民和社会集团消费用的商品；（2）售给工业、农业、建筑业、运输邮电业、批发零售贸易业、餐饮业、服务业等作为生产、经营使用的商品；（3）售给批发零售贸易业作为转卖或加工后转卖的商品；（4）对国（境）外直接出口的商品。

批发零售贸易业库存 指报告期末各种登记注册类型的批发零售贸易企业（单位）已取得所有权的商品。它反映批发零售贸易企业（单位）的商品库存情况和对市场商品供应的保证程度。期末库存包括：（1）存放在批发零售贸易业经营单位（如：门市部、批发站、经营处）仓库、货场、货柜和货架中的商品；（2）挑选、整理、包装中的商品；（3）已记入购进而尚未达到本单位的商品，即发货单或银行承兑凭证已到而货未到的部分；（4）寄放他处的商品，如：因购货方拒绝承付而暂时存放在购货方的商品和已办理加工成品收回手续而未提回的商品；（5）委托其他单位代销（未作销售或调出）尚未售出的商品；（6）代其他单位购进尚未交付的商品。

餐饮业商品零售额 指餐饮业、活动单位或个体户直接对居民和社会集团零售的各种商品。包括：（1）经烹饪、调制加工后出售的各种食品，如：主食、副食、炒菜、凉拌菜等；（2）不经加工直接转卖的各种外购商品，如：卷烟、酒、饮料、熟食、水果等；（3）附设非独立核算的专门销售商品的小卖部出售的各种食品及其他商品。

Explanatory Notes on Principal Statistical Indicators

Total Retail Sales of Consumer Goods refer to the total amount of consumer goods directly sold by all sectors of the national economy to urban and rural residents and social groups. This indicator is used to show the total supplies of consumer goods through various channels of commodity circulation to households and institutions, and to study changes in the domestic retail market and in economic climate.

Total retail sales of consumer goods include: (1) commodities sold to urban and rural residents for their daily use and building materials sold to them for construction or repair of houses; (2) office appliances and supplies sold to social groups; (3) food and fuels sold to staff canteens of government departments, organizations institutions, enterprises, schools, military units and to canteens attached to hotels and hostels that only serve their guests, and commodities produced by enterprises, institutions or state farms and sold directly to their employees or their staff canteens; (4) grain and non-staple food, clothing, articles for daily use and fuels sold to military personnel; (5) consumer goods sold to foreigners, overseas Chinese, and Chinese compatriots from Taiwan, Hong Kong and Macao during their stay in the mainland of China; (6) Chinese and western medicines, Chinese herbal medicine and medical facilities purchased by residents; (7) newspapers, books and magazines directly sold to residents and social groups by publishers, new and old commemorative stamps, special stamps, first-day covers, stamp albums and other stamp-collection articles sold by stamp companies; (8) consumer goods purchased and then sold by second-hand shops; (9) stoves, coal gas and liquefied petroleum gas sold by gas companies to households and social groups; and (10) commodities sold by farmers to non-agricultural residents and social groups.

Total Purchases, Sales and Inventory of Commodities in Wholesale and Retail Trade refer to the total volume of commodities purchased, total volume of sales and exports, and inventory of commodities by wholesale and retail enterprises (establishments) of different status of registration from domestic and overseas markets. This indictor plays an important role in promoting industrial and agricultural production, thriving market, stabilizing prices, ensuring market supply and meeting the needs of consumers. It also reflects the proportional relationship among purchase, sales and inventory of commodities in the circulation of goods and reveals the existing problems.

Total Purchases of Commodities refer to the total volume of commodities purchased by the enterprises (establishments) from other establishments or individuals (including direct imports from abroad) for the purpose of re-selling, either with or without further processing of the commodities purchased. This indicator is used to show the total volume of commodities purchased by wholesale and retail establishments from domestic and overseas markets. Total purchases include: (1) agricultural and industrial products purchased from producers; (2) books, magazines, newspapers and audiovisual products purchased from distribution departments of publishers; (3) commodities purchased from wholesale and retail establishments of different status of registration; (4) commodities purchased from other entities, such as surplus materials purchased from government departments, enterprises or institutions, commodities purchased from food and service establishments, confiscated goods purchased from customs authorities or market management agencies, second-hand goods and wastes purchased from residents; and (5) commodities directly imported from abroad.

Total Sales of Commodities refer to total volume of commodities sold by the establishments to other establishments and individuals (including direct exports). This indicator is used to show the total volume of commodities sold at domestic markets and exports. Total sales include: (1) commodities sold to urban and rural residents and social groups for their consumption; (2) commodities sold to establishments in industry, agriculture, construction, transportation, post and telecommunications, wholesale and retail trade, food service and other service industries for their production and operation; (3) commodities sold to wholesale and retail establishments for re-selling, with or without further processing; and (4) commodities for direct export to other countries.

Inventory of Commodities of Wholesale and Retail Enterprises refers to total commodities possessed by wholesale and retail enterprises (establishments) of various status of registration at the end of the report period, which reflects the commodity inventory level of various wholesale and retail enterprises and the potential for market supply. It includes: (1) commodities stored in warehouses, goods yards, counters, and shelves of operating establishments (such as stores, wholesale centers, and operating offices) of wholesale and retail trade; (2) commodities in the process of selecting, sorting, and packing; (3) commodities not arrived but recorded as purchase in the account, i.e. commodities not arrived but payment receipts for the commodities from the sellers or the banks arrived; (4) commodities deposited in other places rather than places mentioned above, for instance: commodities in the hold of purchasers temporarily due to the refusal of payment and commodities not taken back after going through the formalities; (5) commodities entrusted to other entities to sell but not sold yet; (6) commodities purchased for other entities but not delivered yet.

Retail Sales of Commodities in Food Service refer to retail sales of commodities to residents and social groups by catering enterprises, establishments and individual, including: (1) various food sold after cooking and processing, such as: staple food, non-staple food, cooked dishes, cold and dressed dishes and so on; (2) commodities re-sold without further processing, such as: cigarettes, liquor, beverages, cooked food, fruits and son on; (3) various food and other commodities sold in buffets with dependant accounting system..

十六、对外经济贸易和旅游

Foreign Trade and Eocnomy Cooperation,Tourism

Chapter 16

16-1 进出口贸易总额
Total Value of Import and Export Trade

单位：万美元 (USD 10 000)

年 份 Year	进出口总额 Total Value of Imports and Exports	出口总额 Total Exports	进口总额 Total Imports	差 额 (+出超、-入超) Balance
1980	11 037	9 601	1 436	+8 165
1985	20 953	12 901	8 052	+4 849
1987	34 217	26 226	7 991	+18 235
1988	44 388	34 196	10 192	+24 004
1989	54 768	37 442	17 326	+20 116
1990	54 842	43 449	11 393	+32 056
1991	55 051	40 097	14 954	+25 143
1992	67 056	46 653	20 403	+26 250
1993	84 008	52 291	31 717	+20 574
1994	134 406	91 016	43 390	+47 626
1995	189 609	121 548	68 061	+53 487
1996	192 220	109 631	82 589	+27 042
1997	193 698	117 224	76 474	+40 750
1998	190 329	117 376	72 953	+44 423
1999	165 967	103 443	62 524	+40 919
2000	181 283	117 516	63 767	+53 749
2001	198 906	124 412	74 494	+49 918
2002	222 635	142 965	79 670	+63 295
2003	266 767	167 658	99 109	+68 549
2004	374 777	223 882	150 895	+72 987
2005	473 822	264 158	209 664	+54 494
2006	623 174	339 143	284 031	+55 112
2007	877 976	473 612	404 363	+69 249

注：本表数字1998年以前为外贸业务数,且不含边境贸易统计数据。1999年后为海关进出口统计数。

Note: The data before 1998 were the statistics of foreign trade and excluded those of border trade. The data After 1999 refer to the customs. customhouse.

16-2 主要进出口贸易方式总值
Total Value of Main Modes of Import and Export Trade

单位：万美元 (USD 10 000)

项 目	Item	2000年 出口 Exports	2000年 进口 Imports	2006年 出口 Exports	2006年 进口 Imports	2007年 出口 Exports	2007年 进口 Imports
合 计	**Total**	**117 516**	**63 767**	**339 143**	**284 031**	**473 612**	**404 363**
一般贸易	General Trade	78 425	42 101	223 443	202 780	345 398	301 525
赠送物资	Assistance Goods	8	104	885	14		
来料加工装配贸易	Processing and Assembling Goods from Raw Materials	2 790	2 395	6 871	4 838		
进料加工贸易	Processing Goods with Imported Materials	6 592	5 760	58 541	43 331		
边境小额贸易	Frontier Small Value Trade of Small Value	27 808	7 821	46 538	31 111	56 774	44 327
出料加工贸易	Processing Goods with Exported Materials		2				
易货贸易	Barter	21	4				
保税仓库进出口货物	Import and Export Commodities in Bonded Warehouses	56	55	101	866		
对外承包工程出口货物	Expor Commodities for Constructed Projects in Foreign Countries	548		2 700			
补偿贸易	Compensation Trade	1 258					
外商投资进口设备物资	Imported Equipment and Goods as Foreign Investment Enterprises		5 443		949		
其 他	Others	9	68	62	142		

16-3 云南省对主要国家及地区出口总值
Total Value of Provincial Exports to Major Countries and Regions

单位：万美元 (USD 10 000)

名 称	Item	2006年	2007年	2007年比2006年(±%) Increase Rate in 2007 Over 2006 (±%)
亚洲小计	**Asia**	**265 786**	**363 107**	**36.6**
阿富汗	Afghanistan	2		
孟加拉国	Bangladesh	6 443	4 960	- 23.0
文莱	Brunei	1	4	300.0
缅甸	Myanmar	52 113	64 068	22.9
柬埔寨	Cambodia	351	990	182.1
朝鲜民主主义人民共和国	The Democratic People's Republic of Korea	28	823	2 839.3
中国香港	Hong Kong,China	36 504	43 751	19.9
印度	India	6 451	15 886	146.3
印度尼西亚	Indonesia	10 255	12 551	22.4
伊朗	Iran	1 696	8 548	404.0
以色列	Israel	1 070	728	- 32.0
日本	Japan	28 802	30 240	5.0
约旦	Jordan	45	34	- 24.4
科威特	Kuwait	34	16	- 52.9
老挝	Laos	3 469	3 591	3.5
黎巴嫩	Lebanon	120	138	15.0
中国澳门	Macao，China	531	622	17.1
马来西亚	Malaysia	3 376	5 581	65.3
尼泊尔	Nepal	9		
阿曼	Oman	7	37	428.6
巴基斯坦	Pakistan	283	13 832	4 787.6
菲律宾	The Philippines	2 925	4 543	55.3
沙特阿拉伯	Saudi Arabia	1 529	3 147	105.8
新加坡	Singapore	43 320	32 730	- 24.4
韩国	The Republic of Korea	9 594	9 117	- 5.0
斯里兰卡	Sri Lanka	669	2 578	285.4
叙利亚	Syria	131	127	- 3.1
泰国	Thailand	10 919	15 680	43.6
土耳其	Turkey	629	947	50.6
阿拉伯联合酋长国	The United Arab Emirates	1 149	1 491	29.8
越南	Viet Nam	37 463	77 773	107.6
中国台湾	Taiwan,China	4 790	7 208	50.5
非洲小计	**Africa**	**3 968**	**6 595**	**66.2**
阿尔及利亚	Algeria	120	104	- 13.3
埃及	Egypt	285	556	95.1
埃塞俄比亚	Ethiopia		38	
肯尼亚	Kenya	65	58	- 10.8
毛里求斯	Mauritius	243	424	74.5
摩洛哥	Morocco	49	189	285.7

16-3 续表1 continued

单位：万美元 (USD 10 000)

名 称	Item	2006年	2007年	2007年比 2006年(±%) Increase Rate in 2007 Over 2006 (±%)
尼日尔	Niger			
尼日利亚	Nigeria	210	247	17.6
南非(阿扎尼亚)	South Africa (Azania)	948	1 741	83.6
多哥	Togo	419	679	62.1
津巴布韦	Zimbabwe	1		
欧洲小计	**Europe**	**36 407**	**43 598**	**19.8**
比利时	Belgium	6 789	6 020	- 11.3
丹麦	Denmark	176	262	48.9
英国	The United Kingdom	2 554	2 563	0.4
德国	Germany	5 661	6 309	11.4
法国	France	1 986	2 491	25.4
爱尔兰	Ireland	219	181	- 17.4
意大利	Italy	6 051	8 226	35.9
荷兰	The Netherlands	5 883	11 583	96.9
希腊	Greece	296	386	30.4
葡萄牙	Protugal	736	268	- 63.6
西班牙	Spain	1 495	2 550	70.6
奥地利	Austria	12	91	658.3
保加利亚	Bulgaria	560	26	- 95.4
芬兰	Finland	124	147	18.5
匈牙利	Hungary	40	51	27.5
马耳他	Malta	27	1	- 96.3
挪威	Norway	50	14	- 72.0
波兰	Poland	532	574	7.9
罗马利亚	Romania	720	105	- 85.4
瑞典	Sweden	86	81	- 5.8
瑞士	Switzerland	113	92	- 18.6
拉脱维亚	Latvia	25	12	- 52.0
立陶宛	Lithuania	125	88	- 29.6
俄罗斯联邦	Russia	868	965	11.2
乌克兰	Ukraine	403	197	- 51.1
南斯拉夫	Yugoslavia			
斯洛文尼亚	Slovenia	708	38	- 94.6
捷克	Czech	162	274	69.1
拉丁美洲小计	**Latin America**	**5 209**	**28 231**	**442.0**
阿根廷	Argentina	787	4 081	418.6
巴西	Brazil	2 418	17 917	641.0
智利	Chile	449	315	- 29.8
哥伦比亚	Colombia	157	129	- 17.8
多米尼加联邦	The Commonwealth of Dominica			

16-3 续表2 continued 2

单位：万美元 (USD 10 000)

名 称	Item	2006年	2007年	2007年比2006年(±%) Increase Rate in 2007 0ver 2006 (±%)
古巴	Cuba	1	13	1 200.0
多米尼加共和国	The Dominican Republic	1		
海地	Haiti			
墨西哥	Mexico	1 002	4 278	326.9
巴拿马	Panama	148	361	143.9
巴拉圭	Paraguay			
秘鲁	Peru	60	108	80.0
波多黎各	Puerto Rico	9	2	- 77.8
圣卢西亚岛	Saint Lucia			
萨尔瓦多	El Salvador	4	16	300.0
乌拉圭	Uruguay	2	11	450.0
委内瑞拉	Venezuela	61	672	1 001.6
北美洲小计	**North America**	**24 373**	**24 619**	**1.0**
加拿大	Canada	2 662	3 127	17.5
美国	The United States	21 711	21 492	- 1.0
大洋洲小计	**Oceanica**	**3 400**	**7 462**	**119.5**
澳大利亚	Australia	2 669	6 716	151.6
斐济	Fiji	178	5	- 97.2
新西兰	New Zealand	261	523	100.4
巴布亚新几内亚	Papua New Guinea	286	156	- 45.5
合计中：东南亚国家联盟	**Total of ASEAN**	**164 194**	**217 510**	**32.5**
合计中：欧洲联盟	**Total of European Union**	**33 698**	**42 206**	**25.2**
合计中：亚太经合组织	**Total of APEC**			

16-4 云南省对主要国家及地区进口总值
Total Value of Provincial Imports from Major Countries and Regions

单位：万美元 (USD 10 000)

名 称	Item	2006年	2007年	2007年比2006年(±%) Increase Rate in 2007 0ver 2006 (±%)
亚洲小计	**Asia**	**93 148**	**147 845**	**58.7**
缅甸	Myanmar	17 095	23 289	36.2
中国香港	Hong Kong,China	1 056	1 125	6.5
印度	India	7 618	17 364	127.9
印度尼西亚	Indonesia	13 051	21 272	63.0
伊朗	Iran	4 638	13 920	200.1
以色列	Israel	1 130	857	- 24.2
日本	Japan	4 710	5 154	9.4
科威特	Kuwait	1 047	1 766	68.7
老挝	Laos	3 463	4 748	37.1
中国澳门	Macao,China			
马来西亚	Malaysia	758	1 844	143.3
菲律宾	The Philippines	215	327	52.1

16-4 续表 Continued

单位：万美元 (USD 10 000)

名　　称	Item	2006年	2007年	2007年比2006年(±%) Increase Rate in 2007 Over 2006 (±%)
卡塔尔	Qatar	52	154	196.2
沙特阿拉伯	Saudi Arabia	778	3 748	381.7
新加坡	Singapore	3 246	3 154	-2.8
韩国	The Republic of Korea	6 779	1 950	-71.2
泰国	Thailand	2 150	6 341	194.9
阿拉伯联合酋长国	The United Arab Emirates	3 978	10 932	174.8
越南	Viet Nam	13 280	19 394	46
中国台湾	Taiwan,China	1 178	598	-49.2
非洲小计	**Africa**	**12 913**	**28 183**	**118.3**
南非(阿扎尼亚)	South Africa	3 427	6 578	91.9
坦桑尼亚	Tanzania	7 720	12 361	60.1
欧洲小计	**Europe**	**36 768**	**38 769**	**5.4**
比利时	Belgium	986	619	-37.2
丹麦	Denmark	393	264	-32.8
英国	The United Kingdon	1 720	909	-47.2
德国	Federal Republic of Germany	14 075	12 821	-8.9
法国	France	1 809	1 056	-41.6
爱尔兰	Ireland		2	
意大利	Italy	5 751	5 471	-4.9
荷兰	The Netherlands	2 520	2 488	-1.3
西班牙	Spain	1 936	691	-64.3
奥地利	Austria	2 935	5 799	97.6
芬兰	Finland	789	396	-49.8
罗马利亚	Romania	107	710	563.6
瑞典	Sweden	1 698	1 710	0.7
瑞士	Switzerland	1 292	622	-51.9
哈萨克斯坦	Kazakhstan			
俄罗斯联邦	Russia	300	2 086	595.3
乌克兰	Ukraine	73	481	558.9
拉丁美洲小计	**Latin America**	**57 202**	**86 082**	**50.5**
阿根廷	Argentina	3 302	38	-98.8
巴西	Brazil	13 100	15 583	19
智利	Chile	15 748	25 904	64.5
圭亚那	Guyana			
墨西哥	Mexico	4 525	7 334	62.1
秘鲁	Peru	16 597	35 176	111.9
北美洲小计	**North America**	**26 630**	**39 088**	**46.8**
加拿大	Canada	14 024	11 279	-19.6
美国	The United States	12 607	27 809	120.6
大洋洲小计	**Oceanica**	**57 368**	**64 395**	**12.2**
澳大利亚	Australia	57 330	64 243	12.1
新西兰	New Zealand	38	152	300
合计中：东南亚国家联盟	**Total of ASEAN**	**53 260**	**80 370**	**50.9**
合计中：欧洲联盟	**Total of European Union**	**34 883**	**34 067**	**-2.3**
合计中：亚太经合组织	**Total of APEC**			

注：本表2006年云南省对主要国家及地区进口按原产国原则统计。2005年数据已调整为同口径数据。

16-5 边境贸易进出口总额

Total Value of Imports and Exports of Border Trade

单位：万美元 (10 000 yuan)

年 份 Year	总 额 Total	出口额 Exports	进口额 Imports
1996	13 645	4 537	9 108
1997	7 413	4 201	3 212
1998	13 091	8 902	4 189
1999	28 778	23 183	5 594
2000	35 624	27 803	7 821
2001	34 594	23 010	11 584
2002	36 803	23 095	13 708
2003	41 927	25 278	16 649
2004	52 412	30 875	21 537
2005	65 486	38 558	26 908
2006	77 649	46 538	31 111
2007	101 101	56 774	44 327

16-6 全省各地区进出口总值（2007年）

Total Value of Imports and Exports by Region (2007)

单位：万美元 (USD 10 000)

地 区	Region	进出口总额 Total Value of Imports and Exports	比上年增减(±%) Increase Rate Over Preceding Year (±%)	出口额 Exports	比上年增减(±%) Increase Rate Over Preceding Year (±%)	进口额 Imports	比上年增减(±%) Increase Rate Over Preceding Year (±%)
全省合计	**Total**	**877 976**	**40.9**	**473 612**	**39.6**	**404 363**	**42.4**
昆 明	Kunming	668 344	42.1	323 903	39.0	344 441	45.1
曲 靖	Qujing	11 488	-12.9	8 547	11.6	2 941	- 46.8
玉 溪	Yuxi	15 459	3.3	14 029	0.7	1 429	38.2
保 山	Baoshan	13 524	27.6	8 828	2.4	4 696	137.5
昭 通	Zhaotong	947	58.9	723	31.5	224	387.0
丽 江	Lijiang	1 715	18	1 712	19.1	3	- 81.3
普 洱	Pu'er	5 446	-8.1	2 711	-12.1	2 734	- 3.9
临 沧	Lincang	4 093	18	1 915	21.3	2 178	15.1
楚 雄	Chuxiong	2 908	34.3	2 479	38.3	429	14.7
红 河	Honghe	66 611	68.9	50 308	115.9	16 303	1.1
文 山	Wenshan	9 359	302.7	3 678	126.2	5 681	712.7
西双版纳	Xishuangbanna	11 419	7.9	5 683	14.0	5 736	2.5
大 理	Dali	9 035	93.8	5 159	43.3	3 875	264.5
德 宏	Dehong	55 902	31.2	43 463	29.7	12 439	36.7
怒 江	Nujiang	1 296	244.7	43	-38.6	1 252	309.2
迪 庆	Diqing	431	0.2	430	0.2	1	0.0

16-7 利 用 外 资 概 况
Utilization of Foreign Capital

年 份 Year	总 计 Total		对外借款 Foreign Borrowings		外商直接投资 Foreign Direct Investment		外商其它投资 Other Foreign Investment	
	项目(个) Number of Projects	金额(万美元) Value (USD 10000)	项目(个) Number of Projects	金额(万美元) Value (USD 10000)	项目(个) Number of Projects	金额(万美元) Value (USD 10000)	项目(个) Number of Projects	金额(万美元) Value (USD 10000)
签订利用外资协议(合同)额 Total Amount of Contracted Foreign Capital								
1985	15	1 751			12	1 478	3	273
1990	16	4 073		3 351	11	245		477
1995	277	70 206	8	32 807	269	37 399		
1999	140	57 874	2	25 280	138	32 594		
2000	110	73 149	4	43 400	106	29 749		
2001	140	29 444			140	29 444		
2002	150	33 298			150	33 298		
2003	167	54 351			167	54 351		
2004	167	31 818			167	31 818		
2005	152	43 623			152	43 623		
2006	204	79 771			204	79 771		
2007	170	96 608			170	96 608		
实际利用外资金额 Total Amount of Foreign Capital Aactually Used								
1985		163				156		7
1990		1 096		359		260		477
1995		34 479	27	11 979		22 500		
1999		23 765		8 380		15 385		
2000		22 062		9 250		12 812		
2001		20 679		14 222		6 457		
2002		28 362		17 196		11 166		
2003		29 452		12 700		16 752		
2004		21 422		7 270		14 152		
2005		29 247		11 895		17 352		
2006		42 894		12 660		30 234		
2007		55 233		15 780		39 453		

注：从1991年起实际利用外资额中对外借款从国家外汇管理局云南分局取得数字,1990年以前是从中国银行昆明分行取得数字。1994年后对外借款从省计委外经处 取得数字。

Note:Since 1991 data of borrowings in the foreign investment actually used have been obtained from Yunnan Branch of State Admistration of Exange Contral; Before 1990 they were obtained from Kunming Branch of Bank of China. Since 1994, data of forign borrowings have been obtained fromForeign Trade Section of Provincial Planning Committee.

16-8 对外签订利用外资协议(合同)额
Amount of Foreign Capital Utilized Through the Signed Agreements (Contracts)

项 目	Item	2000年		2006年		2007年	
		项目(个) Number of Projects	金额(万美元) Value (USD 10000)	项目(个) Number of Projects	金额(万美元) Value (USD 10000)	项目(个) Number of Projects	金额(万美元) Value (USD 10000)
总 计	**Total**	**110**	**73 149**	**204**	**79 771**	**170**	**96 608**
对外借款	Foreign Borrowings	4	43 400	-	-	-	-
外商直接投资	Foreign Direct Investment	106	29 749	204	79 771	170	96 608
合资经营企业	Joint Ventures	38	7 381	54	33 331	47	14 457
合作经营企业	Cooperative Enterprises	20	10 115	24	9 326	16	12 879
外资企业	Foreign-funded Enterprises	48	12 253	125	36 804	107	68 689
外商投资股份制企业	Foreign-funded Joint Stock Enterprises			1	310		583

16-9 分行业利用外商直接投资情况
Utilization of Foreign Direct Investment by Sector

行　业	Sector	协议投资 Contracted Investment				实际投资金额（万美元） Actual Investment (USD 10 000)	
		项目（个） Number of Projects (unit)		金额（万美元） Value (USD 10 000)			
		2006年	2007年	2006年	2007年	2006年	2007年
总　计	**Total**	**204**	**170**	**79 771**	**96 608**	**30 234**	**39 453**
农、林、牧、渔业	Farming,Forestry,Animal Husbandry and Fishery	21	25	7 917	3 169	847	972
采掘业	Mining and Quarrying	9	10	2 392	3 196	3 363	2 299
制造业	Manufacturing	60	51	28 233	18 236	8 302	11 977
电力、煤气及水的生产和供应业	Production and Supply of Electricity,Gas and Water	10	4	18 488	3 564	10 106	10 080
建筑业	Construction	1	1	92	9 980	9	
地质勘查,水利管理业	Geological Prospecting and Water Conservancy						
交通运输、仓储及邮电通信业	Transport,Storage,Postal and Telecommunication Services	1	1	-1 243	1 869	500	35
批发和零售贸易餐饮业	Wholesale and Retail Trade and Food Services	27	31	7 258	7 128	711	3 206
房地产业	Real Estate	9	10	3 152	44 222	845	5 111
社会服务业	Social Services	61	35	10 732	3 921	4 647	4 283
卫生体育和社会福利业	Health Care,Sports and Social Welfare						
教育、文化艺术和广播电影电视业	Education,CultureandArts,Broadcasting,Film and Television						
科学研究和综合技术服务业	Scientific Research and Polytechnic Services	5	2	2 750	1 323	904	1 490
其他行业	Others						

16-10 实际利用外商直接投资额(按国别,地区分)

Actually Utilized Foreign Direct Investment by Country and Region

单位：万美元 (USD 10 000)

名　称	Item	2006年	2007年	名　称	Item	2006年	2007年
总计	**Total**	**30 234**	**39 453**	丹麦	Denmark	1	10
亚洲	**Asia**	**12 734**	**17 422**	爱尔兰	Ireland		
# 中国香港	Hong Kong,China	8 995	15 827	希腊	Greece		
中国澳门	Macaot,China	304		葡萄牙	Portugal	41	
中国台湾	Taiwan,China	687	174	西班牙	Spain		95
菲律宾	The Philippines		1	芬兰	Finland		
泰国	Thailand	675	305	瑞士	Switzerland	4	
新加坡	Singapore	460	777	俄罗斯联邦	Russia	10 630	
马来西亚	Malaysia	30	9	拉丁美洲	**Latin America**		**14 761**
日本	Japan	399	141	# 巴西	Brazil	6 826	3
韩国	The Republic of Korea	421	87	维尔京群岛	Virgin Islands	1 804	14 538
缅甸	Myanmar	386	68	开曼群岛	Cayman Islands	911	
非洲	**Africa**	**2 954**	**4 691**	北美洲	**North America**	**340**	**1 968**
欧洲	**Europe**	**2 904**	**358**	# 加拿大	Canada	571	104
# 德国	Germany		1	美国	The United States	101	1 864
法国	France	51		大洋洲	**Oceanica**	**27**	**253**
意大利	Italy	1		# 澳大利亚	Australia		214
荷兰	The Netherlands	296	16	新西兰	New Zealand	74	
英国	The United Kingdom	200	138	其他	Others		
比利时	Belgium	1 017					

16-11 实 际 利 用 外 资 额

Foreign Investment Actually Utilized

单位：万美元 (USD 10 000)

项　目	Item	1995年	1999年	2000年	2005年	2006年	2007年
总　计	**Total**	**34 479**	**23 765**	**22 062**	**29 247**	**42 894**	**55 233**
对外借款	Foreign Borrowings	11 979	8 380	9 250	11 895	12 660	15 780
双边政府混合贷款	Mixed Loans from Bilateral Governments	8 044	1 007	1 271	4 065	3 880	4 920
国际金融组织贷款	Loans from International Financial Organizations	3 025	7 273	7 979	7 830	8 780	10 860
商业性货款	Commercial Loans	910					
出口信贷	Export Cresit						
外国银行现汇贷款	Loans of Spot Exchange from Foreign Banks						
外商直接投资	Foreign Direct Investment	22 500	15 385	12 812	17 352	30 234	39 453
合资经营企业	Joint Ventures	15 599	11 813	7 204	9 044	21 809	17 100
合作经营企业	Cooperative Enterprises	1 012	2 061	2 371	2 452	1 793	2 266
独资企业	Sole Proprietorship Enterprises	5 889	1 511	3 237	5 856	6 322	20 087
外商投资股份制企业	Foreingn-funded Joint Sock Enterprises					310	

16-12 各地区利用外商直接投资情况
Utilization of Foreign Direct Investment by Region

地　区	Region	协议投资 Contracted Investment				实际投资金额(万美元) Actual Investmen (USD 10 000)	
		项 目(个) Number of Projects (unit)		金额(万美元) Value(USD 10 000)			
		2006年	2007年	2006年	2007年	2006年	2007年
全省合计	**Total**	**204**	**170**	**79 771**	**96 608**	**30 234**	**39 453**
昆　明	Kunming	121	86	49 926	43 863	19 045	23 220
曲　靖	Qujing	2	4	71	1 495	2 019	154
玉　溪	Yuxi	6	11	2 302	1 188	423	286
保　山	Baoshan	4	1	1 726	10	257	1 268
昭　通	Zhaotong	2		769	300	155	
丽　江	Lijiang	2	8	214	15 628	488	1 241
普　洱	Pu'er	4	8	2 377	2 649	2 000	1 285
临　沧	Lincang	3	3	778	2 134	503	135
楚　雄	Chuxiong	-	2	85	1 154	77	77
红　河	Honghe	4	4	1 860	1 223	-	154
文　山	Wenshan	1	3	390	-3 240	35	
西双版纳	Xishuangbanna	6	4	1 345	5 035	254	148
大　理	Dali	11	6	6 035	589	1 476	1 007
德　宏	Dehong	2	5	565	3 769	710	1 171
怒　江	Nujiang	1	1	70	269	30	45
迪　庆	Diqing	4	2	545	905	360	334
省　直	Those Directly under Provincal Government	31	22	10 713	19 637	2 402	8 928

16-13 对外承包工程和劳务合作

Contracted Projects and Labor Cooperation with Foreign Countries

单位：万美元　　USD 10 000)

年份 Year	签订合同的国家和地区(个) Number of Countries or Territories with Contracts Signed	合同份数 Number of Contracts	合同金额 Contracted Value	完成营业额 Value of Business Fulfilled
承包工程 Contracted Projects				
1985	3	3	67	684
1990	6	19	681	448.14
1994		15	10 193	2 086
1995		46	21 971	10 126
1996		25	7 842	12 246
1997		47	7 739	9 054
1998		56	29 624	9 769
1999		120	24 995	12 489
2000		154	27 822	14 951
2001		58	14 400	14 265
2002		102	29 229	21 890
2003		62	30 335	24 152
2004		73	30 729	32 481
2005		120	53 181	38 502
2006		82	60 026	43 130
2007		90	68 260	49 485
劳务合作 Labor Consultation Senice				
1990		3	5	3.47
1994		7	271	66.48
1995		7	220	63.14
1996		9	195	92
1997		13	1 047	258
1998		11	377	123
1999		14	197	267
2000		8	405	215
2001		9	217	55
2002		2	20	77
2003		2	106	49
2004		2	23	60
2005		1	4	35
2006		-	-	38
2007		2	51	176
设计咨询 Design Consultancy				
1995		8	1 042	342
1998		16	1 015	109
2000		8	1 813	305
2001		2	876	239
2002		5	142	610
2003		9	336	223
2004		10	852	1 107
2005		11	181	229
2006		3	338	203
2007		6	1 787	367

16-14 旅游接待人数及旅游总收入情况
Number of Tourists and Total Tourism Revenue

项　　目	Item	1999年	2000年	2005年	2006年	2007年
国内旅游者（万人次）	Domestic Tourists (10 000 person-times)	3 674	3 841	6 861	7 721	8 986
其中：过夜游客（万人次）	Of which: Overnight Tourists (10 000 person-times)		2 409	4 107	4 748	5 401
一日游游客（万人次）	One-day Tourists (10 000 person-times)		1 432	2 754	2 972	3 585
海外旅游者（人次）	Overseas Tourists (person-time)	1 040 000	1 001 141	1 502 817	1 810 017	2 219 030
其中：外国人（人次）	Of which: Foreigners (person-time)	724 964	665 919	996 557	1 111 744	1 447 431
香港同胞（人次）	Tourists from Hong Kong (person-time)		105 704	193 423	307 306	338 114
澳门同胞（人次）	Tourists from Macao (person-time)		8 448	34 864	42 519	93 295
台湾同胞（人次）	Tourists from Taiwan (person-time)	174 681	221 070	277 973	348 448	340 190
海外旅游者人天数（人天）	Overseas Tourists (person-day)	1 648 475	1 557 453	2 616 071	3 241 139	4 004 101
国内旅游收入（万元）	Domestic Tourism Revenue (10 000 yuan)	1 750 768	1 831 938	3 861 529	4 471 017	4 947 396
其中：过夜游客收入（万元）	Of which: Revenue from Overnight Tourists (10 000 yuan)		1 592 504	3 316 386	3 654 301	3 957 198
一日游收入（万元）	Revenue from One-day Tourists (10 000 yuan)		239 433	545 143	816 716	990 198
旅游外汇收入（万美元）	Earnings in Foreign Exchange (USD 10 000)	35 032	33 901	52 801	65 844	85 958
折合人民币（万元）	Equivalent Amount Converted into RMB (10 000 yuan)		282 402	439 836	526 749	644 685
旅游总收入（万元）	Total Tourism Revenue (10 000 yuan)	2 042 589	2 114 340	4 301 365	4 997 766	5 592 081

16-15 全省分国别接待旅游人次
Number of International Tourists in Yunnan by Nationality

单位：人次 (person-time)

国家和地区	Country and Territory	1999年	2000年	2002年	2005年	2006年	2007年
总　计	**Total**	**1 040 000**	**1 001 141**	**1 303 550**	**1 502 817**	**1 810 017**	**2 219 030**
外国人	Foreigners	724 964	665 919	781 305	996 557	1 111 744	1 447 431
日　本	Japan	137 338	126 104	137 423	85 448	108 503	147 439
菲律宾	The Philippines	7 692	4 704	3 092	4 021	8 929	11 287
新加坡	Singapore	82 485	75 541	67 473	63 150	66 125	88 838
泰　国	Thailand	65 758	77 375	61 631	81 172	72 047	95 248
印度尼西亚	Indonesia	11 644	8 017	13 253	16 261	14 594	17 628
美　国	The United States	41 350	38 312	48 688	62 981	75 234	87 671
加拿大	Canada	7 439	6 965	10 630	15 479	16 474	22 936
英　国	The United Kingdom	17 080	9 676	13 355	17 289	22 007	31 674
法　国	France	16 002	15 461	21 471	43 768	45 368	74 918
德　国	Germany	13 559	14 299	15 838	28 543	29 521	43 595
意大利	Italy	7 266	4 323	5 226	14 730	18 079	26 301
俄罗斯	Russia	639	443	1 338	5 365	6 270	11 576
澳大利亚	Australia	9 125	8 286	12 066	25 501	31 381	35 801
新西兰	New Zealand	2 016	1 685	2 592	4 301	7 035	4 063
其　它	Others	305 571	274 728	367 229	528 548	590 177	748 456
华　侨	Overseas Chinese	4 639	-	-	-		
港澳和台湾同胞	Compatriots from Hong Kong, Macao and Taiwan	310 397	335 222	522 245	506 260	698 273	771 599
台湾同胞	Compatriots from Taiwan	174 681	221 070	339 025	277 973	348 448	340 190

16-16 各地区接待旅游人次(2007年)
Number of International Tourists by Region (2007)

单位：人次 (person-time)

地　区	Region	总计 Total	外国人 Foreigners	香港同胞 Compatriots from Hong Kong	澳门同胞 Compatriots from Macao	台湾同胞 Compatriots From Taiwan
全省合计	**Total**	**2 219 030**	**1 447 431**	**338 114**	**93 295**	**340 190**
昆　明	Kunming	713 448	487 641	64 583	1 920	159 304
曲　靖	Qujing	8 218	2 735	1 742	32	3 709
玉　溪	Yuxi	1 526	1 378	99	2	47
保　山	Baoshan	258	210	43		5
昭　通	Zhaotong	59 958	57 073	941	732	1 212
丽　江	Lijiang	19 687	19 627	50		10
普　洱	Pu'er	398 561	272 850	69 518	1 226	54 967
临　沧	Lincang	41 916	41 561	202	7	146
楚　雄	Chuxiong	2 727	2 104	282	16	325
红　河	Honghe	69 312	61 011	3 153	72	5 076
文　山	Wenshan	8 500	7 039	81		1 380
西双版纳	Xishuangbanna	68 212	62 954	1 885	692	2 681
大　理	Dali	264 442	161 942	51 290	15 045	36 165
德　宏	Dehong	62 420	62 335	25		60
怒　江	Nujiang	10 020	9 348	341	72	259
迪　庆	Diqing	489 825	197 623	143 879	73 479	74 844

16-17 边境地区口岸入境一日游旅客及外汇收入(2007年)
Number of One-day Entry Tourists and Earnings in Foreign Exchange in Border Areas (2007)

单位：人次

行政区域	Administrative Prefecture	口岸入境一日游人数(万人次) Number of One-day Entry Tourists (10 000 person-time)	比上年增长(%) Increase Rate Over Preceding Year (±%)	口岸入境一日游外汇收入(万美元) Earnings in Foreign Exchange from One-day Entry Tourists (USD 10 000)	比上年增长(%) Increase Rate Over Preceding Year (±%)
保山市	Baoshan	6.85	-13	314.42	-13
普洱市	Pu'er	9.15	-13.7	419.99	-13.7
临沧市	Lincang	22.22	6.7	1 019.69	6.7
红河州	Honghe	79.78	31	3 661.98	31
文山州	Wenshan	20.26	-0.3	930.07	-0.3
西双版纳州	Xishuangbanna	17.35	70.4	796.37	70.4
德宏州	Dehong	80.27	0.2	3 684.41	0.2
怒江州	Nujiang	2.08	-49.9	95.25	49.9

主要统计指标解释

进出口总额 指实际进出我省境内的货物总金额。包括对外贸易实际进出口货物，来料加工装配进出口货物，国家间、联合国及国际组织无偿援助物资和赠送品，华侨、港澳同胞和外籍华人捐赠品，租赁期满归承租人所有的租赁货物，进料加工进出口货物，边境地方贸易及边境地区小额贸易进出口货物（边民互市贸易除外），中外合资企业、中外合作经营企业、外商独资经营企业进出口货物和公用物品，到、离岸价格在规定限额以上的进出口货样和广告品（无商业价值、无使用价值和免费提供出口的除外），从保税仓库提取在中国境内销售的进口货物，以及其他进出口货物。该指标可以观察一个国家在对外贸易方面的总规模。我国规定出口货物按离岸价格统计，进口货物按到岸价格统计。

商品经营单位所在地进、出口额 指所在地海关注册登记的有进出口经营权的企业实际进、出口额。

利用外资 指各级政府、部门、企业和其他经济组织通过对外借款、吸收外商直接投资以及用其他方式筹措的境外现汇、设备、技术等。

对外借款 指通过对外正式签订借款协议，从境外筹措的资金，包括政府贷款、国际金融组织贷款、外国银行商业贷款、出口信贷以及以前还包括对外发行股票。该指标是利用外资的重要部分。

外商直接投资 指外国企业和经济组织或个人（包括华侨、港澳同胞以及我省在境外注册的企业）按中国有关政策、法规，用现汇、实物、技术等在云南境内开办外商独资企业、与中国境内的企业或经济组织共同举办中外合资经营企业、合作经营企业或合作开发资源的投资（包括外商投资收益的再投资），以及政府有关部门批准的项目投资总额内企业从境外借入的资金。

外商其他投资 指除对外借款和外商直接投资以外的各种利用外资的形式。包括企业在境内外股票市场公开发行的以外币计价的股票（目前主要是在香港证券市场发行的 H 股和在境内证券市场发行的 B 股）发行价总额，国际租赁进口设备的应付款，补偿贸易中外商提供的进口设备、技术、物料的价款，加工装配贸易中外商提供的进口设备、物料的价款。

对外承包工程 指各对外承包公司以招标议标承包方式承揽的下列业务：（1）承包国外工程建设项目；（2）承包云南对外经援项目；（3）承包云南驻外机构的工程建设项目；（4）承包云南境内利用外资进行建设的工程项目；（5）与外国承包公司合营或联合承包工程项目时云南公司分包部分；（6）对外承包兼营的房屋开发业务。对外承包工程的营业额是以货币表现的本期内完成的对外承包工程的工作量，包括以前年度签订的合同和本年度新签订的合同在报告期内完成的工作量。

对外劳务合作 指以收取工资的形式向业主或承包商提供技术和劳动服务的活动。云南对外承包公司在境外开办的合营企业，中国公司同时又提供劳务的，其劳务部分也纳入劳务合作统计。劳务合作营业额按报告期内雇主提交的结算数（包括工资、加班费和奖金等）统计。

旅游者人数 （1）入境国际旅游者人数：是指来云南参观、访问、旅行、探亲、访友、休养、考察、参加会议和从事经济、科技、文化、教育、宗教等活动的外国人、华侨、港澳同胞和台湾同胞的人数。不包括外国在我国的常住机构，如使领馆、通讯社、企业办事处的工作人员；来中国常住的外国专家、留学生以及在岸逗留不过夜人员。

（2）国内旅游者人数：指中国大陆居民和在我国常住 1 年以上的外国人、华侨、港澳台同胞，离开常住地在境内其他地方的旅游设施至少停留一夜，最长不超过 6 个月的人数。

国际旅游外汇收入 指入境旅游的外国人、华侨、港澳同胞和台湾同胞在中国大陆旅游过程中发生的一切旅游支出，对于国家来说就是国际旅游（外汇）收入。

Explanatory Notes on Principal Statistical Indicators

Total value of Imports and Exports refer to the total value of goods imported into and exported from the boundary of China, including the actual imports and exports through foreign trade, imported and exported goods under the processing and assembling trade gifts and supplies as aid given gratis between governments and by the United Nations and other international organizations, and contributions donated by overseas Chinese, compatriots in Hong Kong and Macao and Chinese with foreign citizenship, leasing commodities owned by leaseholders at the expiration of the lease term, imported and exported goods processed with imported materials, commodities trading in border areas (excluding mutual exchange goods), imported and exported goods and articles for public use of the Sino-foreign joint ventures, cooperative enterprises and wholly foreign-funded enterprises. Imported or exported samples and advertising goods for whose CIF or FOB value are beyond the permitted ceiling (excluding goods of no trading or use value and free commodities for export), imported goods sold in China from bonded warehouses and other imported or exported goods. This indicator can be used to observe the general scale of foreign trade in a country. In accordance with the stipulation of the Chinese government, imp orts are calculated at CIF, while exports are calculated at FOB.

Import and Export Value by Location of operating Establishments refers to actual value of import and export business operated by establishments which have been registered by the local customhouse and are entitled to run import and export business.

Utilization of Foreign Capital refers to spot exchange, equipment and technology raised from abroad, by foreign borrowings, foreign direct investment and other forms undertaken by t he Chinese governments at all levels, various departments, enterprises and other economic entities.

Foreign Borrowings refer to funds raised from abroad through formal borrowing agreements with foreign institutions, including loans of foreign governments, loans of international financial institutions, commercial loans of foreign banks, export credit, and funds raised by Chinese stocks issued abroad (before 1996). It is an import ant part of China's utilization of foreign capital.

Foreign Direct Investment refers to the investments inside China by foreign enterprises and economic organizations or individuals (including overseas Chinese, compatriots from Hong Kong, Macao and Taiwan, and Chinese enterprises registered abroad), following the relevant policies and laws of China, for the establishment of wholly foreign-funded enterprises, Sino-foreign joint ventures and cooperative enterprises or for co-operative exploration of resources with enterprises or economic organizations in Yunnan. It also includes the reinvestment of the foreign entrepreneurs with the profits gained from the original investment and the funds that enterprises borrow from abroad in the total investment of projects, which are approved by the relevant government departments.

Other Foreign Investment refers to all forms of utilization of foreign capital except foreign borrowings and foreign direct investment. It includes the total value of stocks in foreign currencies issued by enterprises at domestic or foreign stock exchanges (now mainly consisting of H shares issued at Hong Kong Security Market and B shares issued at the domestic security markets), rent payable for imported equipment through international leasing arrangement, costs of imported equipment, technology and materials provided by foreign counterparts in compensation trade and processing and assembling trade.

International Contracted Projects refer to projects undertaken by Chinese contractors (contracting companies) through bidding process, including: (1) overseas construction projects financed by foreign investors; (2) overseas projects financed by the Yunnan provincial government through its foreign aid programs; (3) construction projects of Yunnan diplomatic missions, trade offices and other institutions stationed abroad; (4)construction projects in Yunnan financed by foreign investors ; (5) sub-contracted projects undertaken by Yunnan contractors in joint or united contracts with foreign contractor(s); (6) housing development projects. Business volume of international contracted projects is the work volume of contracted projects completed during the report period, expressed in monetary terms, including completed work on projects contracted in previous years and the current year.

International Cooperation refers to the supply of technology and labor services to employers or contractors by receiving salaries and wages. Labor services provided by joint ventures of Yunnan international contracting corporations should be included in the statistics of labor co-operation with foreign countries. Business volume of labor cooperation is calculated according to the settled amount (including wages and salaries, overtime pay, bonuses, etc) provided by the employers during the report period.

Number of Tourists (1) International tourists refer to foreigners, overseas Chinese, Chinese compatriots from Hong Kong, Macao and Taiwan coming to Yunnan for sight-seeing, visits, tours, family reunions, vacations, study tours, conferences and other activities of a business, scientific and technological, cultural, educational and religious nature. It does not include representatives and employees of resident institutions of foreign countries in China such as embassies, consulates, news agencies and offices of foreign companies and organizations, nor does it include foreign experts or students permanently residing in China, or persons in transition without spending a night in China.

(2) Domestic tourists refer to residents of the mainland of China and foreigners, overseas Chinese and Chinese compatriots from Hong Kong, Macao and Taiwan who have resided in China for over one year, who stay for at least one night but no more than 6 months at tourist facilities in other places than their permanent residence within the territory of the mainland of China.

Foreign Exchange Earnings from International Tourism refer to the total expenditures of foreigners, overseas Chinese, Chinese compatriots from Hong Kong, Macao and Taiwan during their stay in the mainland of China, which are earnings in foreign exchange from international tourism from the point of view of the state.

十七、教育和科技

Education,Science and Technology

Chapter 17

17-1 主要年份各级各类学校数

Number of Schools in Significant Years by Level and Type of School

单位：所 (unit)

年 份 Year	普通高等学校 Regular Institutions of Higher Education	中等学校 Secondary Schools 普通中等专业学校 Secondary Specialized Schools	普通中学 Regular High Schools 合计 Total	高中 Senior High Schools	初中 Junior High Schools	职业中学 Secondary Vocational Schools	普通小学 Primary Schools	幼儿园 Kindergartens
1978	15	70	1 476	841	635		66 672	371
1980	18	100	1 435	610	825	59	59 499	591
1985	26	111	1 765	528	1 237	179	58 484	1 981
1990	26	138	2 030	503	1 527	228	53 556	1 434
1995	26	143	2 225	455	1 770	233	24 612	1 340
1996	26	144	2 242	442	1 800	217	24 078	1 501
1997	26	146	2 240	431	1 809	217	23 724	1 412
1998	26	142	2 245	419	1 826	211	23 249	1 500
1999	24	136	2 225	407	1 818	209	22 705	1 568
2000	24	127	2 236	418	1 818	199	22 151	1 770
2001	28	121	2 276	419	1 857	209	21 315	1 530
2002	31	121	2 267	411	1 856	193	20 595	1 711
2003	34	113	2 275	421	1 854	181	20 296	1 862
2004	43	99	2 280	429	1 851	177	19 725	2 103
2005	44	96	2 257	443	1 814	172	18 747	2 247
2006	50	93	2 266	452	1 814	168	18 127	2 495
2007	51	93	2 281	465	1 816	182	17 163	2 760

17-2 主要年份各级各类学校专任教师数

Number of Teachers in Significant Years by Level and Type of School

单位：人 (person)

年 份 Year	普通高等学校 Regular Institutions of Higher Education	中等学校 Secondary Schools 普通中等专业学校 Secondary Specialized Schools	普通中学 Regular High Schools 合计 Total	高中 Senior High Schools	初中 Junior High Schools	职业中学 Secondary Vocational Schools	普通小学 Primary Schools	幼儿园 Kindergartens
1978	3 743	2 221	59 003	11 561	47 442	222	164 100	2 474
1980	4 354	3 321	52 665	8 877	43 728	274	175 353	3 493
1985	6 383	4 631	52 140	10 722	41 418	1 947	171 574	8 064
1990	7 754	7 093	69 238	12 331	56 907	3 712	174 159	11 966
1995	7 415	7 886	80 139	12 668	67 471	5 474	181 384	16 330
1996	7 518	8 150	83 840	12 967	70 873	5 661	184 303	17 254
1997	7 690	8 432	88 120	13 057	75 063	5 983	189 129	18 937
1998	8 143	8 400	92 736	13 003	79 733	6 319	193 900	18 272
1999	8296	8 304	98 927	13 511	85 416	6 900	201 125	18 618
2000	9237	7 750	105 620	14 631	90 989	7 091	210 507	19 614
2001	9982	7 678	109 674	15 991	93 683	7 115	217 658	13 148
2002	11152	7 550	114 916	18 449	96 467	7 165	222 855	14 525
2003	12236	7 262	120 221	21 497	98 724	7 167	221 589	15 279
2004	15 162	6 145	124 718	25 076	99 642	7 219	218 969	16 963
2005	16 819	6 285	131 685	29 760	101 925	7 517	219 236	17 987
2006	19 402	6 133	138 465	34 046	104 419	7 978	222 022	19 608
2007	21 233	6 300	143 111	36 788	106 323	8 880	222 676	21 251

17-3 主要年份各级各类学校在校学生数

Number of Student Enrollment in Significant Years by Level and Type of School

单位：万人 (10 000 persons)

年 份 Year	普通高等学校 Regular Institutions of Higher Education	中等学校 Secondary Schools: 普通中等专业学校 Specialized Secondary Schools	普通中学 Regular Secondary Schools: 合 计 Total	高 中 Senior High Schools	初 中 Junior High Schools	职业中学 Secondary Vocational Schools	普通小学 Primary Schools	幼儿园 Kindergartens
1978	1.59	2.66	128.54	23.78	104.76	0.39	436.03	4.08
1980	1.81	4.02	96.86	14.67	82.20	0.54	424.39	10.32
1985	3.23	5.01	101.99	17.49	84.50	4.07	514.66	19.68
1990	4.35	7.38	123.95	18.06	105.89	6.82	446.86	30.06
1995	5.14	10.26	127.25	17.78	109.47	12.54	462.41	51.74
1996	5.40	10.97	133.43	17.61	115.82	9.78	473.12	53.35
1997	5.74	11.68	142.31	17.76	124.55	11.38	483.71	53.72
1998	6.24	12.24	152.15	17.84	134.31	12.51	485.45	54.37
1999	7.39	11.95	167.44	19.42	148.02	15.78	480.80	57.75
2000	9.04	11.92	185.97	22.21	163.76	15.85	472.06	60.35
2001	11.90	12.86	200.46	26.50	173.96	15.26	460.50	62.70
2002	14.34	13.89	215.14	31.55	183.58	14.64	450.93	66.85
2003	17.53	14.84	228.46	36.33	192.13	13.14	441.88	70.66
2004	20.06	14.76	235.06	41.98	193.09	13.21	440.65	75.37
2005	23.21	15.56	238.88	48.31	190.58	14.08	441.23	77.27
2006	26.81	17.35	244.70	54.54	190.16	16.21	452.26	82.38
2007	30.21	18.63	251.77	57.64	194.12	19.64	453.31	86.31

17-4 主要年份各级各类学校招生数

Number of New Student Enrollment in Significant Years by Level and Type of School

单位：万人 (10 000 persons)

年 份 Year	普通高等学校 Regular Institutions of Higher Education	中等学校 Secondary Schools: 普通中等专业学校 Specialized Secondary Schools	普通中学 Regular Secondary Schools: 合 计 Total	高 中 Senior High Schools	初 中 Junior High Schools	职业中学 Secondary Vocational Schools	普通小学 Primary Schools
1978	0.71	1.28	51.55	10.42	41.13		109.34
1980	0.50	1.48	34.97	6.27	28.70	0.35	111.97
1985	1.26	1.97	36.58	6.32	30.26	1.95	103.58
1990	1.30	2.29	44.40	6.51	37.89	3.28	79.99
1995	1.65	3.51	47.66	6.54	41.12	6.56	87.93
1996	1.72	3.70	48.77	5.84	42.93	6.13	87.52
1997	1.83	3.96	52.52	6.25	46.27	6.31	85.27
1998	2.04	3.94	56.30	6.56	49.74	7.31	75.80
1999	2.75	3.65	62.94	7.43	55.51	7.77	70.99
2000	3.20	3.76	69.84	8.82	61.02	6.42	70.20
2001	4.25	4.67	72.20	10.67	61.54	6.20	72.36
2002	5.04	4.81	77.74	12.44	65.30	6.17	73.71
2003	6.22	4.54	81.59	13.84	67.75	5.35	73.11
2004	6.67	5.17	80.13	16.73	63.40	5.00	73.25
2005	7.45	5.97	82.31	19.00	63.31	5.80	73.34
2006	9.07	6.60	86.04	20.47	65.57	6.67	76.03
2007	9.92	6.92	88.59	20.33	68.26	8.73	75.46

17-5 主要年份各级各类学校毕业生数

Number of Graduates in Significant Years by Level and Type of School

单位：万人 (10 000 persons)

年份 Year	普通高等学校 Regular Institutions of Higher Education	中等学校 Secondary Schools 普通中等专业学校 Specialized Secondary Schools	普通中学 Regular Secondary Schools 合计 Total	高中 Senior High Schools	初中 Junior Secondary Schools	职业中学 Secondary Vocational Schools	普通小学 Primary Schools
1978	0.33	0.99	44.60	9.19	35.41	0.11	56.76
1980	0.53	1.59	27.90	8.12	19.78	0.09	48.27
1985	0.54	1.23	24.32	4.63	19.69	0.58	51.90
1990	1.45	2.07	33.99	5.57	28.42	2.63	64.59
1995	1.63	2.63	35.71	5.55	30.16	2.83	56.03
1996	1.45	2.96	34.03	5.25	28.78	2.90	57.98
1997	1.49	3.20	37.03	5.48	31.55	2.97	61.25
1998	1.53	3.30	40.17	5.82	34.35	3.17	61.80
1999	1.58	3.50	42.80	5.15	37.65	3.50	65.61
2000	1.62	3.77	47.54	5.65	41.89	4.61	72.15
2001	1.94	3.69	52.50	5.93	46.56	4.94	76.04
2002	2.56	3.69	58.80	7.11	51.7	4.49	77.52
2003	3.13	3.94	63.94	8.45	55.49	4.30	77.15
2004	3.26	4.87	67.88	9.94	57.94	3.55	72.13
2005	4.49	4.88	73.10	11.60	61.50	4.07	69.32
2006	5.58	4.34	76.29	12.77	63.52	3.98	68.69
2007	6.61	5.07	76.21	15.33	60.88	4.51	71.46

17-6 全省研究生数

Number of Postgraduates

单位：人 (person)

年份 Year	招生数 New Student Enrollment	在学人数 Student Enrollment 攻读硕士学位 Study for a Master's Degree	攻读博士学位 Study for a Doctorate	毕业生数 Graduates 攻读硕士学位 Study for a Master's Degree	攻读博士学位 Study for a Doctorate
1985	448	724	5	98	1
1990	151	467	24	248	11
1991	140	481	26	221	8
1992	198	533	40	148	11
1993	275	612	42	187	8
1995	343	948	77	183	14
1996	414	1 030	156	266	18
1997	592	1 351	202	326	24
1998	643	1 483	175	373	50
1999	822	1830	247	538	74
2000	1 231	2 376	332	535	46
2001	1 777	3 428	396	559	77
2002	2 302	4 799	500	692	93
2003	3 307	6 739	667	1 052	117
2004	4 517	9 254	916	1 568	116
2005	5 483	12 223	1 147	2 053	151
2006	6 193	14 927	1 319	2 951	210
2007	6 549	16 751	1 507	4 048	207

17-7 各级各类成人学校基本情况（2007年）

Basic Statistics on Adult Schools by Level and Type of School (2007)

单位：所，人　　(unit, person)

项　　目	Item	学校数(所) Schools	毕业生数 Graduates	招生数 New Student Enrollment	在校学生数 Student Enrollment	教职工合计 Faculty	# 专任教师 Full-time Teachers
成人高等教育	**Adult Education Schools**	**2**	**62 373**	**53 700**	**155 337**	**1 842**	**898**
按办学形式:	**Grouped by Form of Running a School**						
函授	Correspondence Schools		34 182	33 980	99 845	47 234	
业余	Sparetime Schools		10 978	11 026	32 886	21 115	
脱产	Full-time Schools		17 213	8 694	22 606	11 370	
成人中专	**Secondary Specialized Schools for Adults**	**135**	**5 195**	**2 200**	**7 461**	**3 758**	**1 493**
成人小学	**Primary Schools for Adults**	**212**	**128 824**		**152 156**	**1 735**	**515**
小学班	Primary Courses	203	54 036		65 590	386	137

17-8 各级各类学校师生比例

Student-teacher Ratio by Level and Type of School

单位:人　　(person)

项　　目	Item	2006年	2007年
普通高等学校	Regular Institutions of Higher Education	18.5	18.8
普通中专	Secondary Specialize Schools	28.3	29.6
成人中专	Specialize Secondary Schools for Adult	4.3	3.0
普通高中	Senior High Schools	16.0	21.1
职业高中	Vocational Secondary Schools	18.8	15.7
普通初中	Junior High Schools	18.2	18.3
职业初中	Junior Vocational Schools	44.3	43.3
小　学	Primary Schools	20.4	20.4
幼儿园	Kindergartens	42.0	40.6

注:普通高等学校师生比例按教育部新标准测算

Note: The data in this table are calculated according to the new standards of educational departments .

17-9 小学学龄儿童入学率

Enrollment Rate of School-age Children in Primary Schools

年 份 Year	全省学龄儿童数(万人) School-Age Children (10 000 persons)	已入学学龄儿童数（万人） School-Age Children Enrolled in Schools (10 000 persons)	入学率(%) Enrollment Rate	年 份 Year	全省学龄儿童数（万人） School-Age Children (10 000 persons)	已入学学龄儿童数(万人) School-Age Children Enrolled in Schools (10 000 persons)	入学率(%) Enrollment Rate
1980	400.79	349.54	87.20	2001	429.62	426.92	99.37
1985	421.61	384.14	93.10	2002	421.63	419.86	99.58
1990	342.40	324.06	94.60	2003	412.87	396.92	96.14
1995	427.81	416.79	97.40	2004	416.06	400.02	96.15
1997	452.05	446.64	98.40	2005	420.31	404.77	96.30
1998	454.13	448.37	98.37	2006	427.83	413.17	96.57
1999	449.02	444.52	99.00	2007	425.09	414.84	97.59
2000	438.41	434.10	99.02				

17-10 全省自然科学研究成果获奖统计
Statistics on Prizes of Natural Science Research Achievements

单位：项 (unit)

年 份 Year	云南省科技进步奖 Provincial Scientific Technological Progress Prize				
	申报数 Applications Examined	获奖数 Number of Prize-wining	奖励等级 Reward Grade		
			一等 Grade I	二等 Grade II	三等 Grade III
1985	455	149	3	22	124
1990	179	90		11	79
1995	293	182	1	19	162
1999	377	208	2	24	182
2000	444	193	6	24	163
2002	298	173	8	29	136
2003	416	239	12	15	212
2004	374	221	12	42	167
2005	404	242	15	50	177
2006	358	193	7	33	153
2007	371	187	5	31	151

注:1.1985年一等奖中含特等奖一项。2.云南省星火奖从1988年开始实行，2000年以后不再统计。

Note: a. The first prizes in 1985 included the special awards; b. The Spark Prize was executed in 1988 in Yunnan province.

17-11 全省自然科学研究机构数（独立科研机构）
Number of Research Institutions of Natural Science (Independent Research Institutions)

单位：个 (unit)

年 份 Year	中国科学院 Chinese Academy of Sciences	国务院各部委直属 Directly under Departments of State Council	省业务局直属 Directly under Provincial Departments	地州(市)直属 Directly under Prefecture (municipal) Depts.	年 份 Year	中国科学院 Chinese Academy of Sciences	国务院各部委直属 Directly under Departments of State Council	省业务局直属 Directly under Provincial Departments	地州(市)直属 Directly under Prefecture (municipal) Depts.
1980	5	12	54	83	2001	4	9	55	65
1985	4	15	57	72	2002	4	9	55	64
1990	4	14	55	80	2003	3	8	55	64
1995	4	12	54	79	2004	3	5	24	62
1997	4	12	54	78	2005	3	4	23	61
1998	4	12	53	77	2006	3	4	22	60
1999	4	12	51	73	2007	3	4	21	58
2000	4	9	55	67					

17-12 全省分行业自然科学独立研究机构数
Number of Independent Research Institutions of Natural Science by Sector

单位：个 (unit)

年份 Year	合计 Total	农林牧渔业 Farming, Forestry, Animal Husbandry and Fishery	工业 Industry	地质普查及勘探业 Geological Prospecting	建筑业 Construction	交通运输邮电通讯业 Transport, Postal and Telecom-munication Services	社会服务业 Social Services	卫生、体育和社会福利业 Health Care, Sports and Social Welfare	科学研究与综合技术服务业 Scientific Research and Polytechnic Services
1985	149	59	44	1	2	3		16	24
1990	153	79	35	2	2	3	3	12	17
1994	150	77	32	2	2	3	3	12	19
1995	149	76	32	2	2	3	3	12	19
1996	149	61	36	3	2	3	5	11	28
1997	148	57	48	3	2	3	7	12	16
1998	146	57	46	3	2	3	7	12	16
1999	140	56	44	1	2	3	7	11	14
2000	135	67	25	1	1	3	4	5	29
2001	133	67	22	1	1	3	4	6	29
2002	132	70	22	1	1	3	4	6	25
2003	130	70	27		2	2	4	6	19
2004	94	57	10		1	1	6	7	12
2005	91	56	9	1	1	1	5	7	11
2006	89	56	8	1	1	1	5	7	10
2007	86	56	7	1	1	1	5	6	9

注:从1991年起不包括国防科工委系统。

Note: Starting from 1991 the units under Commission of Science, Technology and Industry for National Defense have not Been included since 1991.

17-13 全省分行业自然科学独立研究机构科技活动人员数
Number of Scientific and Technical Personnel in Independent Research Institutions of Natural Science by Sector

单位：人 (person)

年份 Year	合计 Total	农林牧渔业 Farming, Forestry, Animal Husbandry and Fishery	工业 Industry	地质普查及勘探业 Geological Prospecting	建筑业 Construction	交通运输邮电通讯业 Transport, Postal and Telecom-munication Services	社会服务业 Social Services	卫生、体育和社会福利业 Health Care, Sports and Social Welfare	科学研究与综合技术服务业 Scientific Research and Polytechnic Services
1985	8 012	1 956	3 522	96	60	193		845	1 340
1990	11 008	2 801	5 006	120	89	190	98	814	1 890
1994	8 875	2 818	2 746	123	72	187	105	876	1 948
1995	8 722	2 821	2 606	120	67	175	115	875	1 943
1996	8 260	2 572	2 523	143	64	170	331	562	1 895
1997	8 135	2 524	2 724	127	53	172	411	592	1 532
1998	7 863	2 305	2 619	128	62	154	400	623	1 482
1999	7 606	2 528	2 306	58	98	160	409	522	1 443
2000	7160	2 819	1 754	48	82	152	258	321	1 726
2001	7224	2 978	1 609	43	82	138	220	406	1 748
2002	6965	3 060	1 574	48	85	157	201	407	1 433
2003	6573	3 033	1 578		164	116	156	352	1 174
2004	5229	3 281	293		50	45	317	413	830
2005	5151	3 192	298	64	50	46	277	413	811
2006	5517	3 497	343	65	60	35	285	406	826
2007	5 467	3 452	373	61	55	35	292	334	865

注:从1991年起不包括国防科工委系统(下同)。

Note: Starting from 1991 the units under Commission of Science, Technology and Industry for National Defense have not Been included (Same below) since 1991.

17-14 各地区自然科学机构中从事科技人员数（2007年）

Number of Scientific and Technical Personnel in Natural Science Institutions by Region (2007)

单位：人 (person)

地 区	Region	科技人员数 Scientists and Technicians	高级技术人员 Senior Technicians	中级技术人员 Middle Technicians	初级技术人员 Junior Technicians
全省合计	**Total**	**5 467**	**1 115**	**1 793**	**1 498**
昆 明	Kunming	3 158	780	1 070	790
曲 靖	Qujing	61	17	30	9
玉 溪	Yuxi	44	11	20	9
保 山	Baoshan	113	17	45	17
昭 通	Zhaotong	78	16	38	24
丽 江	Lijiang	61	12	18	23
普 洱	Pu'er	145	22	40	50
临 沧	Lincang	88	8	28	46
楚 雄	Chuxiong	84	18	39	22
红 河	Honghe	218	34	54	50
文 山	Wenshan	178	23	71	72
西双版纳	Xishuangbanna	719	94	199	241
大 理	Dali	216	39	79	65
德 宏	Dehong	251	18	42	54
怒 江	Nujiang	31	2	10	19
迪 庆	Diqing	22	4	10	7

17-15 主要年份全省专利申请和批准数

Patent Applications Examined and Granted in Significant Years

单位:件 (piece)

年 份 Year	申请数（件） Applications Examined				批准数（件） Applications Granted			
	合 计 Total	发 明 Invention	实用新型 Utility Novelty	外观设计 Design	合 计 Total	发 明 Invention	实用新型 Utility Novelty	外观设计 Design
1985	135	66	65	4				
1990	461	77	326	58	362	24	312	26
1993	729	164	485	80	686	35	568	83
1994	883	171	499	213	439	25	367	47
1995	959	195	476	288	569	35	346	188
1996	1 290	266	665	359	602	33	336	233
1997	1 108	163	612	333	692	20	362	310
1998	1 136	163	579	394	832	45	477	310
1999	1 246	198	609	438	1 185	73	695	417
2000	1 710	341	737	632	1 216	139	606	417
2001	1 793	344	807	642	1 347	113	662	572
2002	1 780	448	722	610	1 128	83	522	523
2003	1 976	574	797	605	1 213	172	521	513
2004	1 710	341	737	632	1 216	139	606	471
2005	2 556	776	905	875	1 381	306	563	512
2006	3 085	1 005	1 076	1 004	1 637	355	689	593
2007	3 108	1 014	1 100	994	2 139	368	1 017	754

17-16 全省县级以上政府部门属独立研究与开发机构及情报文献机构数、人员数

Number of Independent Research and Development Institutions and Information and Literature Institutions Subordinated to Government Departments Above County Level, and Number of Their Personnel

单位:个、人 (unit,person)

指标	Item	1999年	2000年	2002年	2005年	2006年	2007年
机构合计	**Total Institutions**	**159**	**156**	**153**	**110**	**108**	**104**
人员合计	**Total Employees**	**12 355**	**11 645**	**11 097**	**7 660**	**7 638**	**7 522**
自然科学技术领域	Field of Natural Sciences and Technology						
机构数	Number of Institutions	140	135	132	91	89	86
人员数	Number of Employees	11 724	10 972	10 413	7 101	7 057	6 921
#科学家、工程师	Scientists and Engineers	4 822	4 555	4 524	3 307	3 304	3 520
社会、人文科学技术领域	Field of Social Sciences and Humanities						
机构数	Number of Institutions	14	14	14	13	13	12
人员数	Number of Employees	459	470	475	342	356	365
#科学家、工程师	Scientists and Engineers	345	357	362	274	279	279
科技情报和文献机构	Scientific-Technological Information and Literature Institutions						
机构数	Number of Institutions	5	7	7	6	6	6
人员数	Number of Employees	172	203	209	217	225	236
#科学家、工程师	Scientists and Engineers	106	139	155	156	183	176

17-17 各地区独立研究与开发机构情况

Basic Statistics on Independent Scientific Research and Development Institutions by Region

单位:个、人 (unit,person)

地区	Region	2006年 合计 Total 机构 Institutions	2006年 合计 Total 人员 Employees	2006年 自然科学 Natural Sciences 机构 Institutions	2006年 自然科学 Natural Sciences 人员 Employees	2007年 合计 Total 机构 Institutions	2007年 合计 Total 人员 Employees	2007年 自然科学 Natural Sciences 机构 Institutions	2007年 自然科学 Natural Sciences 人员 Employees
全省合计	**Total**	**108**	**7 638**	**89**	**7 057**	**104**	**7 522**	**86**	**6 921**
昆　明	Kunming	48	4 753	32	4 219	45	4 722	30	4 168
曲　靖	Qujing	3	79	3	79	3	81	3	81
玉　溪	Yuxi	3	64	2	52	3	67	2	55
保　山	Baoshan	4	114	4	114	4	117	4	117
昭　通	Zhaotong	2	90	2	90	2	87	2	87
丽　江	Lijiang	2	90	2	90	3	67	3	67
楚　雄	Chuxiong	5	229	4	203	4	139	3	113
红　河	Honghe	6	250	5	241	6	252	5	243
文　山	Wenshan	5	207	5	207	5	211	5	211
普　洱	Pu'er	5	170	5	170	5	173	5	173
西双版纳	Xishuangbanna	6	958	6	958	6	953	6	953
大　理	Dali	6	240	6	240	6	240	6	240
德　宏	Dehong	5	270	5	270	5	263	5	263
怒　江	Nujiang	2	34	2	34	2	36	2	36
迪　庆	Diqing	1	26	1	26	1	24	1	24
临　沧	Lincang	4	87	4	87	4	90	4	90

17-18 全省科技成果情况(2007年)
Scientific and Technological Achievements (2007)

项　　目	Item	发表科技论文(篇) S & T Papers	出版科技著作(种) S & T Works	专利申请数(件) Patent Applic-ations	发明专利申请数(件) Invention Patents Applied	拥有发明专利数(件) Invention Patents Owned
总　　计	**Total**	**18 525**	**853**	**1 134**	**639**	**1 227**
按单位类型分	**Grouped by Type of Unit**					
科学研究与技术开发机构	Scientific Research & Tech. Development Institutions	2 579	78	146	108	160
全日制普通高等学校	Full-time Regular Institutions of Higher Education	13 137	757	234	167	547
企业	Medium and Big Industrial Enterprises	71	5	747	359	515
其他	Others	2 738	13	7	5	5

17-19 科技活动经费筹集情况(2007年)
Funds Raising on Scientific and Technological Activities(2007)

单位:万元　　(10 000 yuan)

项　　目	Item	活动经费筹集总额 Total Funds Raised	政府拨款 Government Appropria-tions	自筹资金 Self-raised Funds	银行贷款 Bank Loans	事业单位资金 Institution Funds	国外资金 Foreign Funds	其他资金 Other Funds
总　　计	**Total**	**666 428**	**220 372**	**377 586**	**22 407**	**36 393**	**3 460**	**6 210**
按单位类型分	**Grouped by Type of Unit**							
科学研究与技术开发机构	Scientific Research & Tech. Development Institutions	172 348	152 821	2 412	12 083	2 047	2 274	711
全日制普通高等学校	Full-time Regular Institutions of Higher Education	35 609	22 986	10 122	990	54	435	1 022
企业	Medium and Big Industrial Enterprises	427 068	31 538	358 865	1 100	31 513	428	3 624
其他	Others	31 403	13 027	6 187	8 234	2 779	323	853
按隶属关系分	**Grouped by Leadership of Unit**							
中央	Central Government	218 456	108 079	101 315	4 716	1 500	2 396	450
地方	Local Government	447 972	112 293	276 271	17 691	34 893	1 064	5 760

17-20 科技活动单位及科技活动人员情况(2007年)

Basic Statistics on Units and Personnel for Scientific and Technological Activities(2007)

单位:个,人 (unit,person)

指　　标	Item	单位个数(个) Number of Units (unit)	#科技活动单位 Units for Scientific and Technological Activities	科技活动人员(人) Number of Personnel for Scientific and Technological Activities	#科学家和工程师 Scientists and Engineers
总计	**Total**	**3 767**	**1 184**	**67 164**	**43 471**
按单位类型分组	**Grouped by Types of Unit**				
科研机构	Science Research Institution	106	106	8 639	6 430
高等院校	Higher Eduction Academies	48	45	12 165	10 673
企　业	Enterprises	3 026	615	33 674	18 364
#工业企业	Industry Enterprises	2 731	482	24 601	13 302
其　他	Others	587	418	12 686	8 004
按隶属关系分组	**Grouped by Subjectiones of Unit**				
中　央	Central Government	168	67	9 570	7 432
地　方	Local Government	3 599	1 117	57 594	36 039

17-21 科技活动经费支出情况(2007年)

Expenditures on Scientific and Technological Activities (2007)

单位:万元 (10 000yuan)

项目	Item	合计 Total	内部支出 Internal Expenditure	经常费支出 Regular Expenditure	#人员劳务费 Labour Payment	#科研基建支出 Expenditure on Capital Construction of Science Research	固定资产购建 Expenditure on Fixed Assets	#设备购置 Expenses on Equipment	外部支出 Exterior Expenditure
合　计	**Total**	**669 747**	**637 355**	**551 186**	**111 741**	**86 169**	**224 102**	**194 664**	**32 392**
按单位类型分组	**Grouped by Type of Unit**								
科研机构	Science Research Institution	175 255	173 908	138 571	33 052	35 337	40 951	32 049	1 347
高等院校	Higher Eduction Academies	27 775	26 675	26 556	9 300	119	2 234	1 575	1 100
企　业	Enterprises	434 202	405 366	358 328	59 658	47 038	167 603	150 594	28 836
#工业企业	Industry Enterprises	411 246	383 168	337 962	53 360	45 206	157 816	141 195	28 078
其　他	Others	32 515	31 406	27 731	9 731	3 675	13 314	10 446	1 109
按隶属关系分组	**Grouped by Subjectiones of Unit**								
中　央	Central Government	236 460	219 979	162 590	28 258	57 389	79 207	64 902	16 481
地　方	Local Government	433 287	417 376	388 596	83 483	28 780	144 895	129 762	15 911

主要统计指标解释

普通高等学校 指按照国家的审批程序批准举办,通过全国统一招生考试,招收高级中等学校毕业和具有同等学历者,实施高等教育,培养高等专门人才的学校。包括大学、专门学院、专科学校和短期职业大学。

成人高等学校 指按国家规定的审批程序批准举办,招收职业高中毕业或同等学历者,利用多种形式对成人实施高等教育,培养相当普通高等专科或本科毕业水平的专门人才的学校。包括广播电视大学、职工高等学校、农民高等学校、干部管理学院、教育学院、独立函授学院以及普通高等学校举办的函授、夜大学等。

小学学龄儿童入学率 指调查范围内已入小学学习的学龄儿童占该地区校内外学龄儿童总数(包括弱智儿童在内,但不包括盲聋哑儿童)的比重。计算公式为:

小学学龄儿童入学率=已入学的小学学龄儿童数/校内外小学学龄儿童总数×100%

综合性研究机构 指主要从事揭示客观事物本质、运动规律,提出新发现、新学说和对有重大应用前景的新的产品、工艺、材料、方法等提出新的理论、构想、原理等工作的机构。

技术开发机构 指主要从事提供国际、国内第一次出现的新产品、工艺、材料、方法等和为新的技术成果应用提供完整的技术规模设计图纸、样品和操作规程的机构。

推广服务机构 指主要从事技术成果推广、服务工作,向用户提供新技术成果的可行性实验或示范,提供咨询和指导的机构。

科技活动 指在自然科学、农业科学、医药科学、工程与技术科学、人文与社会科学领域(简称科学技术领域)中，与科技知识的产生、发展、传播和应用密切相关的有组织的活动。可分为研究与试验发展(R&D)、研究与试验发展成果应用及相关的科技服务三类活动。该定义是联合国教科文组织考虑成员国特别是发展中国家开展科技统计工作的需要，而对科技活动所作的统计界定。

科技活动人员 指直接从事科技活动、以及专门从事科技活动管理和为科技活动提供直接服务，累计的实际工作时间占全年制度工作时间10%及以上的人员。(1)直接从事科技活动的人员包括：在独立核算的科学研究与技术开发机构、高等学校、各类企业及其他事业单位内设的研究室、实验室、技术开发中心及中试车间(基地)等机构中从事科技活动的研究人员、工程技术人员、技术工人及其它人员；虽不在上述机构工作，但编入科技活动项目(课题)组的人员；科技信息与文献机构中的专业技术人员；从事论文设计的研究生等。(2)专门从事科技活动管理和为科技活动提供直接服务的人员，包括：独立核算的科学研究与技术开发机构、科技信息与文献机构、高等学校、各类企业及其他事业单位主管科技工作的负责人，专门从事科技活动的计划、行政、人事、财务、物资供应、设备维护、图书资料管理等工作的各类人员，但不包括保卫、医疗保健人员、司机、食堂人员、茶炉工、水暖工、清洁工等为科技活动提供间接服务的人员。该指标用来反映投入科技活动人力的规模。

科学家与工程师 指科技活动人员中具有高、中级技术职称(职务)的人员和不具有高、中级技术职称(职务)的大学本科及以上学历人员。该指标用来反映投入科技活动人力的素质。

研究与试验发展(R&D) 指在科学技术领域，为增加知识总量、以及运用这些知识去创造新的应用进行的系统的创造性的活动，包括基础研究、应用研究、试验发展三类活动。国际上通常采用R&D 活动的规模和强度指标反映一国的科技实力和核心竞争力。

基础研究 指为了获得关于现象和可观察事实的基本原理的新知识(揭示客观事物的本质、运动规律，获得新发现、新学说)而进行的实验性或理论性研究，它不以任何专门或特定的应用或使用为目的。其成果以科学论文和科学著作为主要形式。用来反映知识的原始创新能力。

应用研究 指为获得新知识而进行的创造性研究，主要针对某一特定的目的或目标。应用研究是为了确定基础研究成果可能的用途，或是为达到预定的目标探索应采取的新方法(原理性)或新途径。其成果形式以科学论文、专著、原理性模型或发明专利为主。用来反映对基础研究成果应用途径的探索。

试验发展 指利用从基础研究、应用研究和实际经验所获得的现有知识，为产生新的产品、材料和装置，建立新的工艺、系统和服务，以及对已产生和建立的上述各项作实质性的改进而进行的系统性工作。其成果形式主要是专利、专有技术、具有新产品基本特征的产品原型或具有新装置基本特征的原始样机等。在社会科学领域，试验发展是指把通过基础研究、应用研究获得的知识转变成可以实施的计划(包括为进行检验和评估实施示范项目)的过程。人文科学领域没有对应的试验发展活动。主要反映将科研成果转化为技术和产品的能力，是科技推动经济社会发展的物化成果。

研究与试验发展人员 指参与研究与试验发展项目研究、管理和辅助工作的人员， 包括项目(课题)组人员， 企业科技行政管理人员和直接为项目(课题)活动提供服务的辅助人员。反映投入从事拥有自主知识产权的研究开发活动的人力规模。

研究与试验发展人员全时当量 指全时人员数加非全时人员按工作量折算为全时人员数的总和。例如：有两个全时人员和三个非全时人员（ 工作时间分别为２０％、３０％ 和70%)，则全时当量为2+0.2+0.3+0.7=3.2人年。为国际上比较科技人力投入而制定的可比指标。

专业技术人员 指从事专业技术工作和专业技术管理工作的人员，即企事业单位中已经聘任专业技术职务从事专业技术工作和专业技术管理工作的人员，以及未聘任专业技术职务，现在专业技术岗位上工作的人员。包括工程技术人员，农业技术人员，科学研究人员，卫生技术人员，教学人员。

科技活动经费筹集 指从各种渠道筹集到的计划用于科技活动的经费，包括政府资金、企业资金、事业单位资金、金融机构贷款、国外资金和其他资金等。反映各社会经济主体对促进科技进步所做的努力。

政府资金 指从各级政府部门获得的计划用于科技活动的经费，包括科学事业费、科技三项费、科研基建费、科学基金、教育等部门事业费中计划用于科技活动的经费以及政府部门预算外资金中计划用于科技活动的经费等。

科技活动经费内部支出 指报告年内用于科技活动的实际支出，包括劳务费、科研业务费、科研管理费，非基建投资购建的固定资产、科研基建支出以及其他用于科技活动的支出。不包括生产性活动支出、归还贷款支出及转拨外单位支出。反映科技投入实际完成情况。

劳务费 指以货币或实物形式直接或间接支付给从事科技活动人员的劳动报酬及各种费用。包括各种形式的工资、津贴、奖金、福利、离退休人员费用、人民助学金等。反映改善科技人员待遇情况。

固定资产购建费 指报告年内使用非基建投资购建的固定资产和用于科研基建投资的实际支出额，即固定资产实际支出和科研基建投资实际完成额之和。固定资产是指长期使用而不改变原有实物形态的主要物资设备、图书资料、实验材料和标本以及其他设备和家具、房屋、建筑物。反映用于改善科研条件和科研手段方面的投入情况。

新产品 指采用新技术原理、新设计构思研制、生产的全新产品，或在结构、材质、工艺等某一方面比原有产品有明显改进，从而显著提高了产品性能或扩大了使用功能的产品。既包括政府有关部门认定并在有效期内的新产品，也包括企业自行研制开发，未经政府有关部门认定，从投产之日起一年之内的新产品。用来反映科技产出及对经济增长的直接贡献。

专利 是专利权的简称，是对发明人的发明创造经审查合格后，由专利局依据专利法授予发明人和设计人对该项发明创造享有的专有权。包括发明、实用新型和外观设计。反映拥有自主知识产权的科技和设计成果情况。

发明 指对产品、方法或者其改进所提出的新的技术方案。是国际通行的反映拥有自主知识产权技术的核心指标。

实用新型 指对产品的形状、构造或者其结合所提出的适于实用的新的技术方案。反映具有一定技术含量的技术成果情况。

外观设计 指对产品的形状、图案、色彩或者其结合所做出的富有美感并适于工业上应用的新设计。反映拥有自主知识产权的外观设计成果情况。

Explanatory Notes on Principal Statistical Indicators

Regular Institutions of Higher Learning refer to the educational institutions set up according to the government evaluation and approval procedures, enrolling graduates from senior high schools and providing higher education courses and training senior professionals. They include fulltime universities and colleges, junior colleges and short-term schools for professional training.

Institutions of Higher Learning for Adults refer to the educational institutions, set up in line with relevant rules approved by the government, enrolling staff and workers with senior high school or equivalent education, and providing higher education courses in many forms of full time, part time, spare time, or correspondence for adults. Professionals thus trained receive a qualification equivalent to graduates studying regular courses at regular universities, colleges and professional colleges. Institutions of higher learning for adults include Radio and TV universities, colleges for staff and workers and for farmers, management colleges for cadres, education colleges, independent correspondence college and correspondence schools, night schools and the like run by regular institutions of higher learning.

Enrollment Rate of Primary School-age Children refers to the proportion of school-age children enrolled at school to the total number of school-age children both at and out of school (including retarded children, but excluding blind, deaf and mute children). The formula is as follows:

Enrollment Rate of Primary School-age Children = (Total Primary School-age Children at School)/(Total Primary School-age Children Both at and out of School) × 100%

Comprehensive Research Institutions refer to the institutions that are mainly engaged in revealing the nature of objective matters and laws of motion, and advancing new discoveries and theories, conceptions, principles, etc. which have potential application prospects for new products, processes, materials, methods, etc.

Technological Development Institutions refer to the institutions that are mainly engaged in providing original products, processes, materials, methods, etc. and complete technical-scale design drawings, samples and operation regulations for application of new technological achievements.

Technical Dissemination Institutions refer to the institutions that are mainly engaged in disseminating technological achievements, offering technical services, and providing users with feasibility experiments or demonstrations, consultation and guidance of new technological achievements.

Scientific and Technological Activities (S&T Activities) refer to organized activities which are closely related to the creation, development, dissemination and application of scientific and technological knowledge in the fields of natural sciences, agricultural science, medical science, engineering and technological science, humanities and social sciences (referred to as scientific and technological fields). S&T activities can be divided into three categories: research and development (R&D) activities, application of R&D results, and related S&T services. This statistical definition is made by UNICHIEF for scientific and technological activities to meet the need for carrying out statistical work in this field in its member countries, especially those developing countries.

Personnel Engaged in S&T Activities refer to personnel directly engaged in S&T activities, in the management of S&T activities, and in providing direct service to S&T activities, who spend over 10% of the total working hours in a year in S&T activities. (1) Personnel directly engaged in S&T activities include researchers, engineers, technicians and other related personnel engaged in S&T activities in independent-accounting R&D institutions, institutions of higher learning, and in research rooms and institutes, laboratories, technological development centers and central experiment workshops under enterprises and institutions. Also included are people working in S&T research project teams, professional and technical personnel working in S&T information and literature institutions, and graduate students working on the design of their theses. (2) Personnel engaged in the management of S&T activities and in providing direct service to S&T activities include administrative personnel responsible for S&T activities in independent-accounting R&D institutions, S&T information and literature institutions, institutions of higher learning, and enterprises and institutions where S&T activities are undertaken. Also included are people responsible for the planning, administration, personnel management, financial management, logistics supply, equipment maintenance, information and library management that are related to S&T activities. People providing indirect services are excluded, such as security personnel, medical staff, drivers, plumbers, cleaners and those providing food and related services. This indicator reflects the scale of personnel engaged in S&T activities.

Scientists and Engineers refer to persons engaged in S&T activities who have obtained technical or professional titles of senior and middle rank, and those without such title but have completed university or higher education. This indicator reflects the quality of personnel engaged in S&T activities.

Research and Development (R&D) refers to systematic and creative activities in the field of science and technology aiming at increasing and using the knowledge for new application. R&D falls into 3 categories of activities: basic research, applied research and experiment and development. The scale and intensity of R&D are widely used internationally to reflect the strength of S&T and the core competitiveness of a country in the world.

Basic Research refers to experimental or theoretical research aiming at obtaining new knowledge on the fundament al principles of phenomena and observable facts i.e. to reveal the nature and laws of motion of objects and to acquire new discoveries or theories. Basic research takes no specific or designated application as the aim of the research. Its results are mainly released or disseminated in the form of scientific papers or monographs. This indicator reflects the original creativity of knowledge.

Applied Research refers to creative research aiming at obtaining new knowledge on a specific objective or target. The purpose of applied research is to identify the possible use of results of basic research, or to explore new (fundamental) methods or approaches. Results of applied research are released in the forms of scientific papers, monographs, fundamental models or invention patents. This indicator reflects the exploration of ways to apply the results of basic research.

Experiment and Development refer to systematic activities aiming at using the knowledge from basic and applied research or from practical experience to develop new products, materials and equipment, to establish new production processes, systems and services, or to make substantial improvement on the existing products, processes or services. Results of experiment and development activities are embodied in patents, exclusive technology, and prototypes of new products or equipment. In social sciences, experiment and development activities refer to the process of converting the knowledge from basic or applied research into feasible programs (including demonstration projects for assessment and evaluation). There are no corresponding experiment and development activities in the humanities. This indicator reflects the capability of transforming the results of scientific research into techniques and products, which is the materialized measurement of S&T pushing forward the economic and social development.

R&D Personnel refer to persons engaged in research, management and auxiliary work of R&D, including persons in the project teams, persons engaged in the management of S&T activities of enterprises and auxiliary staff members providing direct services to research projects. This indicator reflects the scale of personnel engaged in R&D activities with independent intellectual property.

Full-time Equivalent of R&D Personnel refers to the total of the full-time personnel and the full-time equivalent of part-time personnel converted by workload. For instance, if there are 2 full-time persons and 3 part-time workers (20%, 30% and 70% of working hours respectively on R&D activities), the full-time equivalent is 2+0.2+0.3+0.7=3.2 person-years. This is an internationally comparable indicator of input of personnel in S&T activities.

Professional and Technical Personnel refer to persons engaged in professional and technical work or in the management of professional and technical activities, i.e., personnel with professional or technical titles who are engaged in professional and technical work or in the management of professional and technical activities, and personnel without professional or technical titles but working on professional or technical posts in enterprises and institutions. They include professionals and technicians working in the fields of engineering, agriculture, scientific research, health care and education.

Funding for S&T Activities refers to funds obtained from various sources for S&T activities, including government funds, self-raised funds by enterprises, self-raised funds by institutions, loans from financial institutions, foreign funds and other funds. This indicator reflects the efforts made by various social economic entities in promoting the development of S&T.

Government Funds refer to funds obtained from government departments at all levels for S&T activities, including funds for scientific undertakings, 3 kinds of funds for S&T activities, funds for capital construction for scientific research, science funds, funds from educational expenditures by educational departments for S&T activities, and extra-budgetary funds from government departments for S&T activities.

Internal Expenditures on S&T Activities refer to the actual expenditures on S&T activities during the report year, including service charges, operating expenses on research activities, overhead charges on research, fixed assets excluded in the investment in capital construction, expenditures on capital construction for scientific research, and other expenditures on S&T activities. Not included are expenditures on production activities, repayment of loans and transfer expenditures. This indicator reflects the real completion of input in S&T.

Service Charges refer to direct or indirect payments, in cash or in kind, made to personnel engaged in S&T activities as remuneration and other charges, including salaries, subsidies, bonus, benefits, retirement pensions, stipends, etc. This indicator reflects the improvement of treatment toward S&T personnel.

Expenditure on Purchase and Construction of Fixed Assets refers to the fixed assets purchased or constructed by using funds excluded in the investment in capital construction and the actual expenditures on capital construction for scientific research within the report year, i.e. the sum total of the actual expenditures on fixed assets and the actual investments in capital construction for scientific research. Fixed as set refers to main materials and equipment, literature and documents in libraries, materials for experiments, specimen, instruments, furniture, buildings and constructions that can be used for a long time without changing their original forms and shapes. This indictor reflects the input in improving the conditions and means of scientific research.

New Products refer to new products produced with new technology and design, or products that represent noticeable improvement in terms of structure, material, or production process so as to improve significantly the character or function of the older versions. They include new products certified by relevant government departments within the period of certification, and those designed and produced by enterprises within a year without certification by government departments. This indictor reflects the S&T output and its direct contribution to economic growth.

Patent is an abbreviation for patent right and refers to the exclusive right of ownership by the inventors or designers for their creations or inventions, conferred by the patent offices after the due process of assessment and approval in accordance with the Patent Law. Patent is granted for inventions, utility models and designs. This indicator reflects the achievements of S&T and design with independent intellectual property.

Inventions refer to the new technical proposals on products or methods or their modifications. This is universal core indicator reflecting the technologies with independent intellectual property.

Utility Models refer to the practical and new technical proposals on the shape and structure of the product or their combination. This indicator reflects the technological results with certain technical content.

Designs refer to the aesthetic and industrially applicable new designs for the shape, pattern and color of the product or their combinations. This indicator reflects the exterior design achievements with independent intellectual property.

十八、文化、体育、卫生和其他

Culture, Sports, Public Health and Others

Chapter 18

18-1 主要年份全省文化事业机构数

Number of Cultural Institutions in Significant Years

单位：个 (unit)

年 份 Year	艺术事业 Art Institutions		图书出版社 Publishing Houses	博 物 馆 Museums	公共图书馆 Public Libraries
	表演团体 Art Performance Troupes	艺术表演场所 Art Performance Sites			
1978	149	3	2	4	16
1980	154	26	2	4	80
1985	149	15	4	16	149
1990	137	46	7	20	148
1994	135	44	8	22	148
1995	134	44	8	22	148
1996	133	42	8	23	148
1997	132	40	8	26	148
1998	131	40	8	27	148
1999	130	39	8	27	147
2000	129	40	8	30	148
2001	128	41	8	30	147
2002	124	38	8	30	148
2003	123	39	8	30	149
2004	116	40	8	31	149
2005	135	38	8	32	149
2006	126	33	8	33	149
2007	131	31	8	36	149

18-1 续表 continued

单位：个 (unit)

年 份 Year	群众文化事业 Mass Culture		广播电视事业 Broadcasting and Television Stations	
	群众艺术馆及文化馆 Mass Art Centers Cultural Centers	文化站 Cultural Stations	电视发射台及转播台 Television Transmission Stations and Relay Stations	县级以上广播电台 Broadcasting Stations above County Level
1978	145	2	5	3
1980	148	388	5	4
1985	148	1 456	12	5
1990	147	1 477	24	12
1994	147	1 591	15	13
1995	147	1 567	30	14
1996	147	1 582	30	14
1997	147	1 577	44	13
1998	147	1 593	44	13
1999	147	1 580	44	13
2000	147	1 551	44	14
2001	146	1 586	28	14
2002	147	1 576	27	11
2003	148	1 582	17	12
2004	149	1 577	33	14
2005	149	1 535	33	15
2006	148	1 400	33	15
2007	148	1 375	56	15

18-2 主要年份艺术、群众文化活动情况

Basic Statistics on Artist and Mass Cultural Activities in Significant Years

年份 Year	艺术活动 Artist Activities		群众文化活动 Mass Cultural Activities	
	演出场次（场）Number of Performances (shows)	国内观众人次（千人次）Number of Domestic Spectators (1 000 person-time)	办展览（个）Number of Exhibitions (unit)	训练班结业（人次）Number of Persons Completing Courses(person-time)
1978	6 802	9 756	612	
1980	16 102	15 288	968	11 610
1985	9 105	8 864	754	20 229
1990	9 092	10 645	2 504	24 000
1995	14 500	12 954	2 138	70 300
1999	10 240	12 066	3 085	192 000
2000	10 080	13 292	3 427	178 000
2001	11 000	12 209	3 019	167 000
2002	8 874	11 113	3 052	208 000
2003	9 035	10 298	3 333	216 000
2004	10 302	13 220	5 272	218 847
2005	8 215	11 137	4 270	226 000
2006	8 896	12 277	11 507	231 000
2007	15 002	12 547	3 126	5 495

18-3 主要年份图书馆、博物馆活动情况

Basic Statistics on Services of Libraries and Museums in Significant Years

年份 Year	图书馆活动 Library Services Activity		博物馆活动情况 Museums Services	
	借阅册次（千册次）Number of Books Borrowed by the Readers (1 000 volume-times)	借阅人次（千人次）Number of Circulation Borrowing People (1 000 person-times)	陈列、展览（个）Number of Displays and Exhibitions (unit)	参观人数（千人次）Number of Visitors (1 000 person-times)
1978	552	358		
1980	3 384	2 889	19	40
1985	5 399	4 630	99	473
1990	7 100	5 170	85	506
1995	5 285	5 586	112	887
1999	7 426	4 030	146	1 437
2000	6 803	3 834	145	1 066
2001	6 877	3 729	156	1 112
2002	6 414	3 415	109	1 234
2003	6 181	3 422	98	580
2004	5 850	2 766	131	1 266
2005	7 005	3 519	139	1 371
2006	6 312	3 171	221	1 815
2007	6 071	3 965	131	1 514

18-4 主要年份图书、杂志、报纸出版情况

Publication of Books, Magazines and Newspapers in Significant Years

年 份 Year	出版总数(种) Number of Publications (kind)			出版印数(万册、万份) Printed Copies(10 000 copies)		
	图书 Books Published	杂志 Magazines Published	报纸 Newspapers Published	图书 Books Published	杂志 Magazines Published	报纸 Newspapers Published
1978	333	31	7	4 543.00	75.00	
1980	336	87	11	8 106.20	738.60	17 570
1985	568	65	43	11 410.50	1 160.70	32 138
1990	804	68	41	12 329.60	954.30	22 280
1995	1 452	99	44	11 889.00	1 604.00	25 936
2000	1 644	125	70	13 414.00	2 877.00	36 029
2004	2 476	124	61	15 052.62	2 379.00	47 240
2005	2 337	124	61	12 898.14	2 308.00	49 736
2006	2 471	124	61	17 388.14	2 898.00	53 314
2007	3 117	126	63	15 962.00	2 793.00	55 943

18-5 全省运动员比赛获奖情况

Prizes Won by Yunnan Athletes

单位：枚 (unit)

年 份 Year	金牌 Gold Medal		银牌 Silver Medal		铜牌 Copper Medal	
	国际 International Competitions	全国 National Competitions	国际 International Competitions	全国 National Competitions	国际 International Competitions	全国 National Competitions
1978	1	4	1	9	14	8
1980	4	13	2	13		21
1985	11	24	13	13	9	18
1990	4	22		27	6	19
1995	9	27	3	29	4	31
2000	1	44		38	5	36
2004	4	47	7	44	3	50
2005	1	34	1	30		32
2006	6	13	4	15	1	12
2007	2	13		15	1	15

18-6 主要年份等级裁判员、运动员人数

Number of Referees and Athletes in Significant Years

单位：人 (person)

项 目	Item	1978年	1985年	1990年	1995年	2000年	2005年	2006年	2007年
等级裁判员合计	**Number of Referees in Grades**	**92**	**1 316**	**1 920**	**1 675**	**2 229**	**1 198**	**786**	**1 414**
国际级裁判	International-level Referees			1					
国家级裁判	National-level Referees	6			12	7			
一级裁判	First Grade Referees	86	135	145	57	40	185	92	134
二级裁判	Second Grade Referees		280	455	316	519	1 013	694	1 280
三级裁判	Third Grade Referees		901	1 320	134	1 663			
等级运动员合计	**Number of Athletes in Grades**	**25**	**1 843**	**1 379**	**1 474**	**1 187**	**599**	**492**	**707**
国际级健将	International-level Master Sportsmen			4	3		7		
运动健将	Master Sportsmen	3		36	27		22		2
一级运动员	First Grade Sportsmen	11	63	38	52	12	65	68	53
二级运动员	Second Grade Sportsmen	11	83	352	328	353	505	424	652
三级运动员	Third Grade Sportsmen		861	583	703	479			
少年级运动员	Juvenile Sportsmen		836	433	361	343			

18-7 卫生机构数
Number of Health Institutions

单位：个 (unit)

年 份 Year	总 计 Total	医 院 Hospitals	门诊部所 Clinics	疾病预防控制中心（含卫生防疫站） CDCs	妇幼保健站 Maternity and Child-care Centers
1985	6 305	1 813	3 846	159	145
1990	6 671	1 908	4 085	150	144
1992	6 765	1 950	4 107	149	144
1993	6 469	1 969	3 772	157	143
1994	6 474	2 115	3 618	157	143
1995	6 400	2 108	3 522	158	145
1996	11 122	548	53	148	140
1997	11 454	589	46	149	140
1998	11 867	594	53	150	143
1999	11 875	603	51	151	140
2000	13 356	602	51	151	142
2001	12 552	590	37	152	142
2002	8 541	584	38	148	144
2003	9 804	566	52	153	151
2004	9 436	594	69	150	146
2005	10 110	648	73	153	148
2006	10 020	649	69	150	148
2007	9 693	668	73	150	148

注:1.2002年起卫生保健所、医务室统计口径有调整。
2.从1996年开始医院、县及县以上医院只包括正规医院。
Note: a. Since 2002, the statistical coverage of health care institutions and clinics has been adjusted.
b. Since 1996, hospitals at above has been included formal ones only.

18-8 卫生机构床位数
Number of Sickbeds in Health Institutions

单位：张 (unit)

年 份 Year	总 计 Total	医 院 Hospitals	#农 村 Rural Areas	平均每千人口有医院床位数 Number of Hospital Beds per 1000 Persons
1985	74 477	68 012	47 709	1.99
1990	84 530	76 145	48 286	2.04
1992	90 981	80 863	50 455	2.11
1993	92 684	82 529	51 904	2.14
1994	93 654	83 351	49 812	2.12
1995	95 552	83 959	50 942	2.10
1996	90 818	60 848	30 719	1.51
1997	93 993	63 418	30 170	1.55
1998	95 965	64 041	29 687	1.55
1999	97 197	64 575	30 551	1.53
2000	97 530	66 106	31 232	1.56
2001	99 768	65 978	31 722	1.55
2002	96 633	67 522	31 931	1.56
2003	98 388	67 930	31 530	1.55
2004	102 167	71 170	32 261	1.61
2005	106 961	74 697	32 482	1.68
2006	110 472	77 366	34 346	1.73
2007	119 038	83 193	31 931	1.84

18-9 卫生机构人员数

Number of Employed Persons in Health Institutions

单位：人 (person)

年份 Year	总计 Total	#卫生技术人员 Medical Technical Personnel	#医生 Doctors	平均每千人有 Number of Medical Technical Personnel or Doctors per 1 000 Persons: 卫生技术人员 Medical Technical Personnel	医生 Doctors
1978	79 520	65 486	31 145	2.12	1.01
1980	89 086	71 375	33 421	2.25	1.28
1985	107 905	87 337	42 660	2.56	1.25
1990	125 503	101 649	53 879	2.72	1.44
1992	131 775	105 622	53 471	2.76	1.40
1993	133 873	107 660	55 452	2.77	1.43
1994	137 167	110 900	57 675	2.82	1.46
1995	139 529	112 530	59 456	2.86	1.49
1996	138 748	111 591	56 392	2.76	1.40
1997	145 863	118 227	59 090	2.89	1.44
1998	147 159	119 200	59 138	2.88	1.43
1999	148 429	121 040	60 680	2.88	1.44
2000	151 588	124 055	62 572	2.93	1.48
2001	149 788	123 021	62 311	2.89	1.46
2002	133 155	109 713	51 746	2.56	1.20
2003	133 960	111 748	52 696	2.55	1.20
2004	136 697	113 871	53 248	2.58	1.21
2005	142 175	118 429	55 837	2.66	1.25
2006	145 621	121 424	56 476	2.71	1.26
2007	149 266	123 722	56 582	2.74	1.25

18-10 按床位分组的县及县以上医院数(2007年)

Number of Hospitals at and Above County Level by Sickbed (2007)

单位:个 (unit)

指标	Item	总计 Total	100张以下 Below 100 Sickbeds	100-199张 100-199 Sickbeds	200-299张 200-299 Sickbeds	300-399张 300-399 Sickbeds	400张以上 Above 400 Sickbeds
县及县以上医院	Hospitals at and above County Level	668	391	161	54	15	47
#综合医院	General Hospitals	464	254	114	47	13	36
中医医院	TCM Hospitals	104	69	27	2	2	4
其它医院	Others	100	68	20	5		7

18-11 主要年份卫生防疫机构、妇幼保健机构情况
Basic Statistics on CDCs, Maternity and Child-care Centers

单位：个、人　　(unit,person)

年 份 Year	卫生防疫机构 CDCs		妇幼保健机构 Maternity and Child Care Centers		
	机构数 Number of Institutions	人员数 Number of Employed Persons	机构数 Number of Institutions	床位数 Number of Beds	人员数 Number of Employed Persons
1978	149	3 604	142	82	1 194
1985	159	4 931	145	524	2 108
1990	150	5 930	144	928	3 001
1992	149	6 388	144	1 073	3 467
1993	157	6 606	143	1 244	3 669
1994	157	6 810	143	1 350	3 869
1995	158	6 962	145	1 510	4 197
1996	158	7 136	142	1 657	4 270
1997	159	7 344	142	1 836	4 559
1998	150	7 390	141	2 024	4 692
1999	151	7 493	140	2 252	4 822
2000	160	7 574	142	2 356	5 017
2001	175	7 810	142	2 588	5 124
2002	148	7 125	144	3 174	5 624
2003	153	7 241	151	3 341	5 650
2004	150	6 782	146	3 386	5 482
2005	153	7 590	148	3 521	5 641
2006	150	7 585	148	3 662	5 703
2007	150	7 844	148	3 954	5 782

18-12 自然灾害救济情况
Basic Statistics on Relief Work on Natural Disasters

年 份 Year	遭受自然灾害人次(万人) Disaster Victims (10 000 persons)	每万农业人口中遭受自然灾害人次 (人) Disaster Victims per 10 000 Farmers (person)	享受自然灾害国家救济人次 (万人次) Persons Enjoying State Relief (10 000 person-times)	享受国家救济人遭受自然灾害人数比重(%) Proportion of Persons Enjoying State Relief to Disaster Victims (%)
1985	856.7	2 845	404.80	47.30
1990	832	2 569	749.90	90.10
1993	1 133.88	3 371	623.20	54.90
1994	1 136.00	3 435	562.00	49.50
1995	1 004.36	3 972	532.30	52.90
1996	1 124.00	4 010	547.50	48.70
1997	2 913.00	8 308	936.40	32.10
1998	2 651.00	7 493	527.30	19.90
1999	3 165.21	8 904	600.00	19.00
2000	3 466.10	9 670	432.30	12.50
2001	2 566.48	7 109	886.97	34.60
2002	2 544.00	5 902	441.16	17.34
2003	2341.2	6 393	758.00	32.37
2004	1 825.30	4 945	1 014.60	55.58
2005	2756.5	7 409	667.40	24.21
2006	2161	4 820	605.30	28.01
2007	2 071.82	5 501	679.86	32.81

18-13 优抚事业基本情况

Basic Statistics on Special Care and Preferential Treatment to Disable Servicemen and to Family Members of Martyrs and Servicemen

年 份 Year	优抚事业单位（个） Number of Administrative Agencies for Martyrs	优抚事业单位经费（万元） Funds of Administrative Agencies (10 000 yuan)	年末在院人数（人） Number of Persons under Care at Yearend (person)	优抚对象人数（万人） Number of Persons Enjoying Special Care and Preferential Treatment (10 000 persons)	每万人口中优抚对象人数（人） Number of Persons Enjoying Special Care and Preferential Treatment per 10 000 Persons (person)	优抚事业费（万元） Allowances (10 000 yuan)
1985	1	59.9	83	96.9	283	1 265.5
1990	1	112.3	98	88.8	238	3 539.7
1993	1	211.5	80	88.8	229	4 615.0
1994	1	210.5	79	89.9	228	5 122.7
1995	1	184.3	66	91.6	231	6 293.8
1996	1	200.0	70	90.9	232	6 566.2
1997	2	273.2	93	92.4	226	7 601.5
1998	2	350.9	93	92.82	224	8 125.4
1999	2	424.0	84	93.62	223	10 199.8
2000	3	700.5	85	93.67	221	13 664.3
2001	3	806.8	98	90.99	213	14 976.5
2002	5	1 598.7	281	10.73	25	13 703.8
2003	4	1 305.5	179	10.89	25	16 365.5
2004	4	1 599.1	148	10.63	24	17 804.1
2005	4	1 407.3	197	10.24	23	24 307.7
2006	4	1 502.2	296	10.78	24	29 378.1
2007	5	1 863.8	465	30.48	67	42 867.3

注：2002年优抚对象人数统计口径调整为实际优抚人数。

Note: The statistical coverage of Persons Enjoying Special Care and Preferential Treatment was adjusted to the actual numbers in 2002.

18-14 社会福利事业基本情况

Basic Statistics on Social Welfare

年 份 Year	民政事业费总额（万元） Total Funds for Civil Affairs (10 000 yuan)	城市社会福利事业 Urban Social Welfare		
		单位数(个) Number of Institutions	单位经费(万元) Funds of Institution (10 000 yuan)	年末在院人数(人) Persons under Care at Year-end (person)
1985	10 136.5	34	243	1 405
1990	40 948.0	45	334	1 536
1993	30 502.3	49	457	1 590
1994	31 529.4	49	992	1 702
1995	36 916.0	50	1 083.0	1 801
1996	43 966.0	50	1 120.0	1 847
1997	55 903.3	50	1 308.9	2 176
1998	58 810.0	50	1 618.7	2 179
1999	63 169.3	50	1 853.2	1 172
2000	78 944.4	75	2 143.3	2 507
2001	98 782.6	112	2 337.2	2 785
2002	115 945.6	152	2 466.6	3 364
2003	150 814.0	781	2 798.2	11 026
2004	183 854.7	744	3 229.9	10 541
2005	202 345.9	767	5 649.1	10 709
2006	228 803.6	578	9 247.1	13 820
2007	445 267.8	669	14 794.5	16 054

18-15 各地区工业废水排放及处理情况(2007年)

Discharge and Disposal of Industrial Waste Water by Region (2007)

地　区	Region	工业用水总量(万吨) Total Consumption of Water for Industrial Use (10 000 tons)	工业用水重复利用率(%) Recycling Rate of Water for Industrial Use (%)	工业废水排放总量(万吨) Total Volume of Industrial Waste Water Discharged (10 000 tons)	工业废水排放达标量(万吨) Volume of Industrial Waste Water up to the Discharge Standards (10 000 tons)	工业废水排放达标率(%) Rate of Treated Industrial Waste Water up to the Discharge Standard (%)
全省合计	**Total**	**634 470**	**88**	**35 352**	**31 997**	**90.51**
昆　明	Kunming	219 054	91	4 708	4 566	96.97
曲　靖	Qujing	78 175	85	3 112	2 823	90.70
玉　溪	Yuxi	22 510	82	1 808	1 697	93.86
保　山	Baoshan	5 591	34	3 193	2 900	90.82
昭　通	Zhaotong	34 529	92	1 086	970	89.34
丽　江	Lijiang	14 873	95	144	141	97.71
普　洱	Pu'er	6 846	45	2 433	2 381	97.88
临　沧	Lincang	5 053	52	2 097	1 919	91.50
楚　雄	Chuxiong	39 684	91	2 035	1 742	85.61
红　河	Honghe	183 492	94	3 026	2 947	97.39
文　山	Wenshan	7 876	57	2 688	2 633	97.95
西双版纳	Xishuangbanna	2 839	38	1 670	1 393	83.43
大　理	Dali	3 125	65	691	510	73.87
德　宏	Dehong	8 710	28	5 853	5 135	87.73
怒　江	Nujiang	1 266	63	329	231	70.26
迪　庆	Diqing	849	2	479	9	1.88

注：1.工业用新鲜水量75454万吨；　2.工业重复用水量559016万吨；3.汇总工业企业1975个。

Note: a.Total Consumption of fresh water for industrial use: 754,540,000 tons;
b. Volume of Recycled Water for Industrial Use:5,590,160,000tons;
c. Total Number of industrial enterprises: 1,975

18-16 各地区工业废气排放及处理情况(2007年)

Emission and Disposal of Industrial Waste Gas by Region (2007)

地　区	Region	工业废气处理设施数(套) Number of Facilities for Disposal of Industrial Waste Gas (set)	工业废气治理设施处理能力(万标立方米/时) Capacity of Facilities for Disposal of Industrial Waste Gas (10 000 cu.m/h)	工业废气排放总量(万标立方米) Total Volume of Industrial Waste Gas Emitted (10 000 cu.m)	其中 Of Which: 燃料燃烧中排放的 Volume of Waste Gas Emitted During Fuel Combustion 合计(万标立方米) Total (10 000 cu.m)	生产工艺中排放的 Volume of Waste Gas Emitted During Industrial Production 合计(万标立方米) Total (10 000 cu.m)
全省合计	**Total**	**4 701**	**15 589**	**80 817 129**	**39 858 543**	**40 958 586**
昆　明	Kunming	1 253	4 111	23 620 519	7 935 537	15 684 982
曲　靖	Qujing	694	3 560	21 405 003	14 279 483	7 125 520
玉　溪	Yuxi	825	1 206	6 495 800	2 388 035	4 107 765
保　山	Baoshan	125	265	1 342 437	599 665	742 772
昭　通	Zhaotong	110	385	1 963 105	1 158 607	804 498
丽　江	Lijiang	43	47	534 867	165 152	369 715
普　洱	Pu'er	194	385	1 129 691	715 849	413 842
临　沧	Lincang	88	183	720 698	511 140	209 558
楚　雄	Chuxiong	201	821	3 602 813	1.138 593	2 464 220
红　河	Honghe	563	2 718	11 554 140	7 091 435	4 462 705
文　山	Wenshan	188	877	3 148 973	937 150	2 211 823
西双版纳	Xishuangbanna	35	125	196 985	158 641	38 344
大　理	Dali	271	569	3 153 779	2 088 803	1 064 976
德　宏	Dehong	77	336	1 044 346	596 774	447 572
怒　江	Nujiang	29	3	110 198	93 648	16 550
迪　庆	Diqing	5		793 775	31	793 744

18-17 各地区工业固体废物排放及处理利用情况(2007年)

Discharge, Disposal and Recycling of Industrial Solid Wastes by Region (2007)

地 区	Region	工业固体废物产生量(万吨) Volume of Industrial Solid Wastes Produced (10 000 tons)	工业固体废物综合利用量(万吨) Volume of Industrial Solid Wastes Utilized (10 000 tons)	工业固体废物综合利用率(%) Rate of Industrial Solid Wastes Utilized (%)	工业固体废物贮存量(万吨) Volume of Industrial Solid Wastes Stored (10 000 tons)
全省合计	**Total**	**7 098**	**3 036**	**42.67**	**1 691**
昆 明	Kunming	1 801	639	35.42	15
曲 靖	Qujing	1 164	536	45.83	371
玉 溪	Yuxi	1 226	489	39.83	90
保 山	Baoshan	170	108	63.47	55
昭 通	Zhaotong	67	36	53.47	1
丽 江	Lijiang	90	64	70.55	27
普 洱	Pu'er	134	84	62.37	50
临 沧	Lincang	100	93	92.73	3
楚 雄	Chuxiong	358	237	66.26	94
红 河	Honghe	1 101	300	27.06	619
文 山	Wenshan	308	222	72.12	77
西双版纳	Xishuangbanna	45	45	98.25	1
大 理	Dali	150	73	48.28	66
德 宏	Dehong	97	71	73.57	
怒 江	Nujiang	124	6	5.06	103
迪 庆	Diqing	162	34	21.17	121

注：工业固体废物产生量=(工业固体废物综合利用量-综合利用往年堆存量)+工业固体废物贮存量+(工业固体废物处置量-处置往年堆存量)+工业固体废物排放量 。

Note: Volume of industrial solid wastes produced=(Volume of industrial solid wastes utilized - volume accumulated industrial solid wastes utilized) + industrial solid wastes stored + (Volume of industrial solid wastes disposal - volume of accumulated industrial solid wastes disposal Volume) + industrial solid wastes.wastes volme of discharged.

18-17 续表 continued

地 区	Region	工业固体废物处置量(万吨) Volume of Industrial Solid Wastes Disposal (10 000 tons)	其中：处置往年贮存量(万吨) Of Which: Volume of Previously Stored Industrial Solid Wastes Disposal (10 000 tons)	工业固体废物排放量(万吨) Volume of Industrial Solid Wastes Discharged (10 000 tons)	"三废"综合利用产品产值(万元) Output Value of Products Made from Waste Gas, Waste Water and Solid Wastes (10 000 yuan)
全省合计	**Total**	**2 345**	**20**	**83**	**537 403**
昆 明	Kunming	1 108		42	199 049
曲 靖	Qujing	269	6		48 286
玉 溪	Yuxi	656			51 685
保 山	Baoshan	7		2	5 332
昭 通	Zhaotong	16		14	11 307
丽 江	Lijiang	5	5		3 257
普 洱	Pu'er	0.24			23 873
临 沧	Lincang	5			16 743
楚 雄	Chuxiong	27			24 269
红 河	Honghe	197			97 620
文 山	Wenshan	16	9	3	13 730
西双版纳	Xishuangbanna	1	1		943
大 理	Dali	3		9	35 044
德 宏	Dehong	26			4 546
怒 江	Nujiang	3		11	666
迪 庆	Diqing	7		1	1 055

18-18 全省“三废”治理项目完成情况
Completion of "Three Wastes" Disposal

指　　标	Item	2005年	2006年	2007年
汇总工业企业数(个)	**Number of Industrial Enterprises**	**301**	**390**	**317**
污染治理项目本年投资来源合计（万元）	**Total of Investment in Pollution Dispoal in the Year (10 000 yuan)**	**67 508**	**94 089**	**86 423**
按使用分	**By Use**			
治理废水(万元)	Disposal of Waste Water(10 000 yuan)	12 573	17 962	21 511
治理废气(万元)	Disposal of Waste Gas(10 000 yuan)	38 958	52 394	51 766
治理固体废物(万元)	Disposal of Solid Wastes(10 000 yuan)	8 260	9 944	7 501
治理噪声(万元)	Disposal of Noise Pollution(10 000 yuan)	973	442	284
治理其它(万元)	Disposal of Other Pollution(10 000 yuan)	6 744	13 347	5 361
本年施工项目总数(个)	**Number of Projects Under Consumption**	**429**	**542**	**461**
治理废水(个)	Disposal of Waste Water	107	140	129
治理废气(个)	Disposal of Waste Gas	233	325	275
治理固体废物（个)	Disposal of Solid Wastes	43	35	29
治理噪声(个)	Disposal of Noise Pollution	22	12	8
治理其它(个)	Disposal of Other Pollution	24	30	20
当年竣工项目数(个)	**Number of Projects Completed**	**350**	**506**	**425**
治理废水(个)	Disposal of Waste Water	90	133	116
治理废气(个)	Disposal of Waste Gas	197	302	257
治理固体废物（个)	Disposal of Solid Wastes	30	30	25
治理噪声(个)	Disposal of Noise Pollution	16	13	8
治理其它(个)	Disposal of Other Pollution	17	28	19
当年竣工项目新增设计处理能力	**Newly Added Design Capacity of Projects Completed**			
治理废水(吨／日)	Disposal of Waste Water(ton/day)	257 904	314 642	298 625
治理废气(万标立方米／时)	Disposal of Waste Gas (10 000cu.m/h)	808	693	321
治理固体废物(吨／日)	Disposal of Solid Wastes(ton/day)	8 166	10 923	4 178

注：1.治理类型中的“治理废气”包括燃料燃烧废气和生产工艺废气的治理。
2.治理类型中的“治理其它”包括：⑴电磁辐射治理；⑵放射性治理；⑶其它治理(包括搬迁)。
3.污染治理一年完成投资及投资来源均为当年投入的资金,不包括以往历年的投资。
4.2001年起治理固体废物的单位为吨/月。

Note: a. Disposal of waste gas refers to that of waste gas emitted fuel pluring and industrial production.
b. Disposal of other pollution refers to that of (1) electromagnetic radiation; (2) combustion; (3) others including relocation.
c. Completed investment in pollution disposal and investment sources radioactivity are the funds input in the current year, excluding investment in the previous years.
d. Since 2001, the unit for solid waste disposal has been ton/month.

18-19 各地区废水、废气、固体废物排放情况(2007年)

Waste Water, Waste Gas Emission and Solid Waste Discharged By Region(2007)

单位：万吨 (10 000 tons)

地 区	Region	废水排放总量 Total Volume of Waste Water Discharged	生活污水排放量 Total Emission of Residential	化学需氧量(COD)排放量 COD Discharge from Waste Water	生活污水中COD排放量 COD Discharge from Consumption Waste Water	二氧化硫(SO2)排放量 Volume of Sulphur Dioxide Emision	工业SO2排放量 Volume of Industry Sulphur Dioxide Removed	工业SO2排放达标量 Volume of Sulphur Dioxide Emision by Industry Got Discharging Standards	工业固体废物排放量 Volume of Industrial Solid Wastes Discharged	工业固体废物处置率(%) Ratio of Industrial Solid Wastes Utilized
全 省	**Total**	**837 58.94**	**484 06.66**	**29.00**	**19.21**	**53.37**	**44.54**	**34.50**	**82.66**	**32.94**
昆 明	Kunming	265 48.34	218 39.95	3.14	2.68	10.51	9.93	9.54	41.83	61.52
曲 靖	Qujing	80 86.62	49 74.14	3.25	2.75	9.18	8.27	8.18	0.24	23.01
玉 溪	Yuxi	37 50.54	19 42.71	1.33	0.99	1.85	1.21	1.10	0.03	53.54
保 山	Baoshan	53 38.60	21 45.47	2.75	0.93	0.91	0.80	0.48	2.22	4.39
昭 通	Zhaotong	30 77.19	19 91.05	2.11	1.57	4.03	0.95	0.85	13.90	23.47
丽 江	Lijiang	8 35.70	6 91.31	0.73	0.50	0.66	0.40	0.39		4.96
普 洱	Pu'er	39 55.05	15 22.32	1.49	1.14	1.31	1.08	1.07	0.29	0.18
临 沧	Lincang	29 20.06	8 23.02	2.68	1.14	0.39	0.35	0.35		4.63
楚 雄	Chuxiong	47 19.20	26 84.14	1.35	1.16	1.81	1.13	0.62	0.08	7.56
红 河	Honghe	64 36.24	34 10.69	2.71	2.04	18.65	18.08	10.44		17.85
文 山	Wenshan	42 80.35	15 92.50	1.65	1.18	1.74	0.90	0.68	2.67	5.14
西双版纳	Xishuangbanna	34 99.59	18 29.46	2.03	0.87	0.10	0.06	0.04	0.30	1.09
大 理	Dali	22 25.67	15 34.72	0.99	0.89	1.78	1.02	0.68	9.09	1.95
德 宏	Dehong	65 00.47	6 47.80	2.07	0.67	0.31	0.26		0.14	26.39
怒 江	Nujiang	8 70.86	5 42.04	0.49	0.47	0.11	0.08	0.08	11.34	2.25
迪 庆	Diqing	7 14.46	2 35.35	0.23	0.22	0.02	0.01		0.53	4.23

18-20 主要城市空气质量指标(2007年)

The Indicators of Air Quality By Main Cities and Towns (2007)

单位：毫克/立方米 (mg/m3)

城 市	City and Town	可吸入颗粒物(PM10) Particulate Matters	二氧化硫(SO2) Sulphur Dioxide	二氧化氮(NO2) Nitrogen Dioxide	空气质量达到及好于二级的天数(天)	主要污染物指标	空气综合污染指数 Index of Wastes Air Pollution
昆明市	Kunming	0.075	0.068	0.041	365	二氧化硫	2.91
曲靖市	Qujing	0.089	0.066	0.028	355	二氧化硫	2.69
玉溪市	Yuxi	0.065	0.039	0.016	364		1.70
保山市	Baoshan	0.049	0.027	0.016	363		1.34
昭通市	Zhaotong	0.052	0.148	0.021	314	二氧化硫	3.51
丽江市	Lijiang	0.033	0.007	0.025	365		1.07
普洱市	Pu'er	0.054	0.012	0.020	-		1.24
临沧市	Lincang	0.066	0.005	0.011	-		1.02
楚雄市	Chuxiong	0.034	0.044	0.002	363		1.12
个旧市	Gejiu	0.076	0.089	0.026	309	二氧化硫	2.89
开远市	Kaiyuan	0.125	0.047	0.029	-		2.76
蒙自县城	Mengzi	0.063	0.045	0.013	127		1.71
河口县城	Hekou	0.070	0.041	0.014	-		1.73
文山县城	Wenshan	0.099	0.007	0.022	-		1.66
景洪市	Jinghong	0.034	0.030	0.020	365		1.34
大理市	Dali	0.030	0.025	0.014	365		1.07
潞西市	Luxi	0.100	0.002	0.016	-		1.43
六库镇	Liuku	0.075	0.005	0.005	-		0.96
香格里拉县城	Shangri-la	0.040	0.005	0.023	-		1.06

注：空气质量监测城市19个，其中一级城市3个,二级城市12个，三级城市3个，劣三级城市1个。

Note:There are 19 cities towns air quality be monitored, of which: 8 secondary cities, 6 tertiary cities, and 1 town .

18-21 主要城市区域环境噪声声源构成情况(2007年)
The Source Composition of Environmental Noise By Main Cities and Towns (2007)

单位：分贝 (unit, LeqdB(A);dB(A))

城市	City and Town	等效声级 Average Equivalent Sound Level of Environmentalt Noise	交通噪声 Average Equivalent Sound Level of Traffic Noise	工业噪声 Average Equivalent Sound Level of Industrial Noise	施工噪声 Average Equivalent Sound Level of Construction Noise	生活噪声 Average Equivalent Sound Level of Residental Noise	其他 Other
全 省	**Total**	**53.0**	**55.2**	**54.1**	**53.9**	**51.4**	**52.2**
昆明市	Kunming	51.9	54.4	53.0	54.6	49.7	49.6
曲靖市	Qujing	52.2	54.3	52.8	51.5	45.7	46.6
玉溪市	Yuxi	48.9	50.1	49.1	47.1	48.2	52.8
保山市	Baoshan	55.1	62.7	60.1	58.3	53.3	55.2
昭通市	Zhaotong	49.6	50.0	50.1	-	49.3	-
普洱市	Pu'er	55.9	59.8	-	64.1	56.2	58.8
楚雄市	Chuxiong	51.9	56.2	57.0	54.8	49.8	-
个旧市	Gejiu	43.9	46.9	47.2	-	41.6	42.8
开远市	Kaiyuan	56.2	57.1	60.1	51.5	55.0	55.6
景洪市	Jinghong	49.2	49.7	57.2	42.1	49.4	49.6
大理市	Dali	52.4	54.7	49.4	53.4	52.1	-
潞西市	Luxi	56.0	60.3	56.1	55.4	58.0	-
文山县城	Wenshan	59.9	63.0	57.6	60.2	58.1	59.1
六库镇	Liuku	59.0	53.8	-	53.5	52.7	-

注：统计范围是州、市所在地监测城市。
Note:The data of ststistical coverage are the capital of prefectures and cities by monitored.

18-22 各地区城市人口和建设用地情况(2007年)
Basic Statistics on Urban Population and Land Use for Construction by Region(2007)

城 市	City	城区人口(万人) Number of Urban Population (10 000 persons)	城区面积(平方公里) City Area (sq.km)	建成区面积 Of Which: Developed Area	绿化覆盖面积(公顷) Coverage Area of Greenery and Plants (sq.km)	建成区面积 Of Which: Developed Area	人均公园绿地面积(平方米) Per Capita Public Park Area (sq.km)	建成区绿化覆盖率(%) Percentage of Coverage by Greenery and Plants in Developed Area (%)
全 省	**Total**	**935.97**	**3 329.68**	**1 150.34**	**33 006**	**25 576**	**6.02**	**22.23**
昆 明	Kunming	270.44	882.24	317.84	12 543	10 413	6.63	32.76
曲 靖	Qujing	105.00	122.75	122.75	2 889	2 102	5.84	17.12
玉 溪	Yuxi	41.76	116.79	55.09	2 385	1 376	9.11	24.98
保 山	Baoshan	37.26	88.90	46.69	1 111	967	9.41	20.71
昭 通	Zhaotong	70.62	179.24	67.28	1 617	1 028	1.93	15.28
丽 江	Lijiang	19.85	55.86	28.08	614	561	14.07	19.98
普 洱	Pu'er	44.09	87.20	65.46	1 433	1 285	4.87	19.63
临 沧	Lincang	47.15	76.53	43.14	1 283	670	1.46	15.53
楚 雄	Chuxiong	48.58	178.96	58.76	1 504	788	6.26	13.41
红 河	Honghe	85.22	382.31	107.00	3 418	2 862	6.58	26.75
文 山	Wenshan	41.86	97.45	55.22	551	457	2.42	8.28
西双版纳	Xishuangbanna	15.74	256.63	26.88	898	876	9.82	32.59
大 理	Dali	65.42	671.91	80.12	1 382	1 212	6.79	15.13
德 宏	Dehong	25.72	71.00	45.70	1 174	919	5.64	20.11
怒 江	Nujiang	9.68	26.31	15.66	17	14	0.66	0.89
迪 庆	Diqing	7.58	35.60	14.67	187	46	1.28	3.14

18-23 各地区城市污水排放和处理情况(2007年)
Basic Statistics on City Sewage Discharged and Disposal by Region(2007)

地区	Region	城市污水排放量(万立方米) Total Volume of City Sewage Discharged (10 000 cu.m)	污水处理总量(万立方米) Total Volume of Sewage Disposal (10 000 cu,m)	污水厂污水处理量 Volume of Sewage Disposal by Sewage Disposal Plants	污水再生利用量(万立方米) Volume of Utilized by Sewage regenerated (10 000 cu.m)	城市污水处理率(%) Ratio of City Sewage Disposal (%)	污水处理厂集中处理率(%) Ratio of Centralized Disposal by Sewage Disposal Plants (%)
全　省	**Total**	**72 405**	**36 825**	**31 712**	**2 796**	**50.86**	**43.79**
昆　明	Kunming	32 026	19 483	19 197	2 194	60.83	59.94
曲　靖	Qujing	8 088	5 389	2 559		66.63	31.64
玉　溪	Yuxi	4 058	2 150	1 933		52.98	47.63
保　山	Baoshan	3 982	720	360		18.08	9.04
昭　通	Zhaotong	2 435	980	490		40.25	20.12
丽　江	Lijiang	1 472	892	865	560	60.6	58.56
普　洱	Pu'er	1 991	520			26.12	
临　沧	Lincang	1 298					
楚　雄	Chuxiong	2 354	905	905		38.45	38.45
红　河	Honghe	7 212	2 222	2 222	37	30.81	30.81
文　山	Wenshan	1 529	73			4.77	
西双版纳	Xishuangbanna	1 454	748	748		51.44	51.44
大　理	Dali	3 149	2 112	2 112	5	67.07	67.07
德　宏	Dehong	941	474	237		50.37	25.19
怒　江	Nujiang	141					
迪　庆	Diqing	275	157	84		57.09	30.55

18-24 各地水资源及供、用水情况(2007年)
Basic Statistics on Water Resource and Tap Water Supply and Use by Region(2007)

单位：万立方米　　　　(10 000 cu.m)

地　区	Region	水资源总量 Total Amount of Water Resources	供水总量 Total Volume of Water Supply	用水总量 Total Volume of Water Use	农业 For Agriculture Use	生产 For Productive Use	生活 For Residential Use	生态 For Entironment Use
全　省	**Total**	**22 555 193**	**1 500 255**	**1 500 255**	**1 095 294**	**231 834**	**155 080**	**18 047**
昆　明	Kunming	653 800	212 287	212 287	88 082	81 712	31 845	10 648
曲　靖	Qujing	1 175 900	143 286	143 286	97 533	25 905	18 534	1 314
玉　溪	Yuxi	532 690	91 935	91 935	55 813	29 352	5 986	784
保　山	Baoshan	1 744 673	95 833	95 833	79 888	8 693	7 045	207
昭　通	Zhaotong	1 064 845	72 633	72 633	53 351	7 032	11 873	377
丽　江	Lijiang	863 100	60 358	60 358	51 529	3 997	4 650	182
普　洱	Pu'er	3 567 800	109 323	109 323	93 143	6 716	9 084	380
临　沧	Lincang	1 871 100	86 341	86 341	72 489	7 443	6 068	341
楚　雄	Chuxiong	712 387	108 250	108 250	90 415	7 074	10 163	598
红　河	Honghe	2 122 916	159 180	159 180	110 359	30 703	16 518	1 600
文　山	Wenshan	1 436 200	67 893	67 893	53 879	4 405	9 248	361
西双版纳	Xishuangbanna	974 900	63 149	63 149	55 932	2 497	4 479	241
大　理	Dali	1 143 082	122 318	122 318	99 713	9 344	12 602	659
德　宏	Dehong	1 480 200	76 695	76 695	66 576	4 902	4 975	243
怒　江	Nujiang	1 925 700	17 077	17 077	14 711	1 288	1 019	60
迪　庆	Diqing	1 285 900	13 697	13 697	11 881	772	992	52

18-25 各地区农村改水、改厕情况(2007年)

Basic Statistics on Rural Improventing Water Use and Improved on Sanitation Lavatories by Region(2007)

地　区	Region	农村改水(万人) Number of Rural Persons Benefited from Improventing Water Use (10 000 persons)				农村改厕 (万户) Number of Rural Households Improved on Sanitation Lavatories (units)				
		农村总人口 Total Number of Rural Population	累计已改水受益人口 Number of Rural Persons Benefited from Improventing Water Use by Accumulative	自来水 Tap Water	手压机井 Manual Pumped Well	农村总户数 Total Number of Rural Households	累计使用卫生厕所户数 Number of Rural Households Using Sanitation Lavatories by Accumulative	卫生厕所普及率(%) Percentage of Rural Households with Access to Sanitation Lavatories	无害化卫生厕所普及率(%) Percentage of Rural Households with Access to Innocuouslize Sanitation Lavatories	累计使用卫生公厕户数 Number of Rural Households Using Sanitation Lavatories by Accumulative
全　省	**Total**	**3 684.52**	**2 849.59**	**2 116.94**	**98.14**	**894.62**	**453.76**	**50.49**	**23.04**	**97.16**
昆　明	Kunming	314.54	261.75	234.78	6.88	82.82	51.90	59.78	28.75	11.47
曲　靖	Qujing	505.90	465.95	286.00	20.10	128.01	74.75	58.39	22.40	4.53
玉　溪	Yuxi	177.45	154.98	151.98		46.50	25.62	55.10	39.83	7.12
保　山	Baoshan	221.89	156.83	121.72	0.26	57.07	28.37	49.71	8.60	0.27
昭　通	Zhaotong	488.85	288.35	164.29	30.96	113.30	49.46	43.65	18.38	6.79
丽　江	Lijiang	113.66	93.60	77.88	12.30	27.32	15.28	55.93	32.94	2.30
普　洱	Pu'er	213.76	161.04	148.78	0.03	49.31	23.84	48.35	22.00	3.88
临　沧	Lincang	215.08	162.98	135.59	7.54	46.85	23.44	50.03	18.95	1.34
楚　雄	Chuxiong	225.70	182.57	127.10	0.96	56.84	36.77	64.69	23.36	18.74
红　河	Honghe	342.40	275.71	205.26	8.24	84.60	44.09	52.12	32.07	26.77
文　山	Wenshan	312.41	261.59	137.72	1.53	73.10	33.67	46.06	21.78	4.34
西双版纳	Xishuangbanna	83.04	62.34	58.87	3.47	18.46	3.10	16.79	16.00	5.29
大　理	Dali	303.46	191.99	143.11	3.20	72.59	32.96	45.41	22.93	2.26
德　宏	Dehong	86.47	72.65	68.24	2.67	18.67	6.70	35.89	14.52	1.29
怒　江	Nujiang	50.36	37.49	37.49		12.62	1.29	10.21	8.79	0.60
迪　庆	Diqing	29.55	19.77	18.13		6.57	2.52	38.36	9.59	0.17

18-26 各地区农村改水、改厕投资情况(2007年)

Basic Statistics on Rural Improventing Water Use and Rural Improved on Sanitation Lavatories by Region (2007)

单位:万元 (10 000 yuan)

地　区	Region	农村改水 Rural Improventing Water Use				农村改厕 Rural Improved on Sanitation Lavatories			
		农村改水投入 Investment in Rural Improventing Water Use	国家 State Investment	集体 Collective Investment	个人 Individual Investment	农村改厕投入 Investment in Rural Improved on Sanitation Lavatories	国家 State Investment	集体 Collective Investment	个人 Individual Investment
全　省	**Total**	**34 311.88**	**26 683.99**	**2 644.18**	**4 776.28**	**27 965.05**	**15 666.54**	**1 645.80**	**10 577.78**
昆　明	Kunming	1 808.60	1 654.30	32.84	85.46	3 124.00	940.00		2 184.00
曲　靖	Qujing	3 562.01	2 099.64	617.09	800.18	1 758.36	987.48	137.40	628.88
玉　溪	Yuxi	2 538.81	1 519.19	697.00	322.62	2 505.50	985.85	108.00	1 411.65
保　山	Baoshan	1 605.65	1 254.56	20.47	330.12	948.44	315.07	81.60	551.77
昭　通	Zhaotong	2 269.39	1 753.99	32.00	483.40	1 466.15	716.45	49.28	670.61
丽　江	Lijiang	442.40	404.90	22.50	15.00	691.53	212.63	15.00	460.70
普　洱	Pu'er	1 891.35	1 534.83	126.00	230.52	1 123.55	472.81	9.00	641.74
临　沧	Lincang	1 826.09	1 376.46	170.55	253.58	1 218.64	737.50	124.17	347.37
楚　雄	Chuxiong	3 734.98	2 434.38	231.10	1 069.50	2 168.08	1 381.55	219.80	566.73
红　河	Honghe	5 468.00	5 198.00	270.00		5 162.00	4 763.00	399.00	
文　山	Wenshan	2 114.13	1 606.70	36.60	470.83	1 703.35	1 078.16	172.00	453.19
西双版纳	Xishuangbanna	800.65	670.20	64.20	66.25	365.60	89.60	35.00	241.00
大　理	Dali	4 460.53	3 707.60	161.08	556.44	5 067.21	2 583.87	276.75	2 184.87
德　宏	Dehong	309.29	150.24	73.75	58.38	401.00	223.94	1.50	175.56
怒　江	Nujiang	1 363.00	1 229.00	89.00	34.00	231.79	160.08	15.00	50.71
迪　庆	Diqing	117.00	90.00			29.85	18.55	2.30	9.00

主要统计指标解释

文化事业机构 指从事专业文化工作和为专业文化工作服务的单独核算、独立建制的单位。不包括半工半艺、半农半艺的业余剧团。

艺术表演观众人数 指售票、包场演出或民族地区免费演出的艺术表演观众人数。不包括彩排审查和内部观摩演出的观看人次数。

等级运动员人数 指经考核正式批准授予等级运动员称号的人数。运动员等级分为国际级运动健将、运动健将、一级运动员、二级运动员、三级运动员、少年运动员。

等级裁判员人数 指经考核正式批准授予等级裁判员称号的人数。裁判员等级分为国际裁判、国家级裁判、一级裁判、二级裁判。

体育场 指有400米跑道(中心含足球场),有固定道牙,跑道6条以上,并有固定看台的田径场。以看台容纳观众人数为：甲级25000人以上,乙级15000-25000人,丙级5000-15000人,丁级5000人以下。

体育馆 指有固定看台可供篮球、排球、乒乓球、体操等项目训练比赛活动用的室内场地。经以看台容纳观众人数分：甲级6000人以上,乙级4000-6000人,丙级2000-4000人,丁级2000人以下。

医院 指名称为医院,设有固定床位能收容病人住院并能为病人提供医疗、护理服务的医疗机构。包括县及县以上医院、农村乡卫生院、其他医院三部分。按所属性质分为卫生部门、工业及其他部门、集体所有制三类。其中县及县以上医院按业务性质分为综合医院和专科医院。

卫生技术人员 指卫生事业机构支付工资的全部固定职工和合同制职工中现任职务为卫生技术工作的人员。包括中医师、西医师、中西医结合高级医师、护师、中药师、西药师、检验师、其他技师、中医师、西医士、护士、助产士、中药剂士、检验士、其他技士、其他中医、护理员、中药剂员、西药剂员、检验员、其他初级卫生技术人员。

医生 指经卫生部门审查合格,从事医疗工作的专业人员。分为中医医生和西医医生。包括卫生技术人员中的中医师、西医师、中西结合和其他中医师、西医师、中西结合高级医师、中医士、西医士和其他中医。

城市社会福利事业单位 包括社会福利院、儿童福利院和民政部门所属的精神病院等。

城乡社会救济费 社会救济是指国家或集体用于生活困难人员的财物支出。本指标包括城镇社会救济费、乡村社会救济费、精简退职的老职工救济费。

(1)城镇社会救济费 包括民政部门支出的城镇困难户救济费和机关企事业单位支付的职工生活困难补助费。

(2)乡村社会救济费 包括民政部门支出的农村五保户、困难户及麻风病人救济费。本指标包括农村集体支付的散居五保户、贫困户救济折款(包括实物)。

(3)精简退职的老职工救济费 指民政部门支出的精减退职的老职工救济费(包括按原工资 40%发给的救济费和其他困难救济费)。

自然灾害受灾人数 指遭受自然灾害人数中的成灾人数。所谓成灾是指遭受自然灾害,作物收成减产三成以上的单位,这种单位的全部农业人口即为成灾人口。

优抚事业单位 指革命残废军人休养院、荣复军人疗养院和复退军人精神病院、光荣院。

优抚对象 优抚是指我国人民群众对革命烈士家属、病故革命军人家属、革命残废军人、革命残废工作人员以及参战负伤致残的民兵、民工的优待和对这些人的抚恤。“优抚对象”包括烈军属、复退军人、革命残废人员。

优抚事业费 指民政部门开支的抚恤事业费。包括牺牲费、烈军属及复员退伍军人补助费、退伍军人安置费、优抚事业单位经费和其他抚恤事业费。

水资源总量 指评价区内降水形成的地表和地下产水总量，不包括过境水量。水资源总量等于地表水资源量与地下水资源量之和减去地表水和地下水资源重复量。

供水总量 指各种水源工程为用户提供的包括输水损失在内的毛供水量之和，不包括海水直接利用量。

用水总量 指分配给各类用户的包括输水损失在内的毛用水量之和，不包括海水直接利用量。按用户特性分为农业、工业、生活和生态用水四大类。

农业用水 指农田灌溉用水、林果地灌溉用水、草地灌溉用水和鱼塘补水。

工业用水 指工矿企业在生产过程中用于制造、加工、冷却、空调、净化、洗涤等方面的用水，按新水取用量计，不包括企业内部的重复利用水量。

生活用水 包括城镇生活用水和农村生活用水。城镇生活用水由居民用水和公共用水（含第三产业及建筑业等用水）组成；农村生活用水除居民生活用水外，还包括牲畜用水在内。

生态用水 仅包括人为措施供给的城镇环境用水和部分河湖、湿地补水，而不包括降水、径流自然满足的水量。

废水排放总量 为工业废水排放量与生活污水排放量之和。

工业废水排放量 指报告期内经过企业厂区所有排放口排到企业外部的工业废水量。包括生产废水、外排的直接冷却水、超标排放的矿井地下水和与工业废水混排的厂区生活污水，不包括外排的间接冷却水(清污不分流的间接冷却水应计算在废水排放量内)。

工业废水中污染物排放量 指排放的工业废水中所含汞、镉、六价铬、铅等重金属和砷、挥发酚、氰化物、化学需氧量、石油类、氨氮等一般无机物和有机物等污染物本身的纯重量。

化学需氧量(COD)排放量 为工业废水中COD排放量与生活污水中COD排放量之和。化学需氧量指用化学氧化剂氧化水中有机污染物时所需的氧量。COD值越高，表示水中有机污染物污染越重。

二氧化硫排放量 指报告期内工业SO_2排放量与生活SO_2排放量之和。

工业SO_2排放量 指报告期内企业在燃料燃烧和生产工艺过程中排入大气的SO_2总量。

生活SO_2排放量 指除工业生产活动以外的所有社会、经济活动及公共设施的经营活动中燃煤所排放的二氧化硫纯重量。

工业SO_2排放达标量 指排入大气的达到排放标准的工业二氧化硫量。

工业SO_2排放达标率 指工业SO_2排放达标量占工业SO_2排放量的百分率。计算公式为：

$$\text{工业}SO_2\text{排放达标率}=\frac{\text{工业}SO_2\text{排放达标量}}{\text{工业}SO_2\text{排放量}}\times100\%$$

工业固体废物产生量 指报告期内企业在生产过程中产生的固体状、半固体状和高浓度液体状废弃物的总量，包括危险废物、冶炼废渣、粉煤灰、炉渣、煤矸石、尾矿、放射性废物和其他废物等；不包括矿山开采的剥离废石和掘进废石(煤矸石和呈酸性或碱性的废石除外)。酸性或碱性废石指采掘的废石其流经水、雨淋水的PH值小于4或PH值大于10.5者。

工业固体废物排放量 指报告期内企业将所产生的固体废物排到固体废物污染防治设施、场所以外的量。不包括矿山开采的剥离废石和掘进废石(煤矸石和呈酸性或碱性的废石除外)。

工业固体废物综合利用量 指报告期内企业通过回收、加工、循环、交换等方式，从固体废物中提取或者使其转化为可以利用的资源、能源和其他原材料的固体废物量(包括当年利用的往年工业固体废物贮存量)。如用做农业肥料、生产建筑材料、筑路等。综合利用量由原产生固体废物的单位统计。

工业固体废物综合利用率 指工业固体废物综合利用量占工业固体废物产生量与综合利用往年贮存量之和的百分率。计算公式为：

$$\text{工业固体废物综合利用率}=\frac{\text{工业固体废物综合利用量}}{\text{工业固体废物产生量}+\text{综合利用往年贮存量}}\times100\%$$

工业固体废物贮存量 指报告期内企业以综合利用或处置为目的，将固体废物暂时贮存或堆存在专设的贮存设施或专设的集中堆存场所的量。专设的固体废物贮存场所或贮存设施必须有防扩散、防流失、防渗漏、防止污染大气、水体的措施。

工业固体废物处置量 指报告期内企业将固体废物焚烧或者最终置于符合环境保护规定要求的场所，并不再回取的工业固体废物量(包括当年处置往年的工业固体废物贮存量)。处置方式有填埋(其中危险废物应安全填埋)、焚烧、专业贮存场(库)封场处理、深层灌注、回填矿井及海洋处置(经海洋管理部门同意投海处置)等。

处置往年贮存量 指企业在报告期内对往年贮存的工业固体废物进行处置的量。

工业固体废物处置率 指工业固体废物处置量占工业固体废物产生量与处置往年贮存量之和的百分率。计算公式为：

$$工业固体废物处置率 = \frac{工业固体废物处置量}{工业固体废物产生量 + 处置往年贮存量} \times 100\%$$

“三废”综合利用产品产值 指报告期内利用“三废”作为主要原料生产的产品价值(现行价)；已经销售或准备销售的应计算产品价值，留作生产自用的不应计算产品价值。

Explanatory Notes on Principal Statistical Indicators

Cultural Institutions refer to entities which have their own organizational systems and independent accounting systems and specialize in or serve cultural development, excluding other establishments run by these cultural institutions and amateur cultural groups established by various departments.

Number of Spectators at Art Performance refers to the number of attendants at commercial shows, completely booked shows or a free show offered in minority nationality areas, and does not include the number of spectators at rehearsals of examination and internal shows for observation.

Number of Athletes in Grades refers to the number of athletes who have been conferred titles after examination. The titles of athletes include international masters of sports, masters of sports, first-grade, second-grade and third-grade sportsmen and young athletes.

Number of Referees in Grades refers to the number of referees who have been conferred titles after examination. They are classified as international-level referees, national-level referees and referees of the first, second and third grades.

Stadiums refer to the stadiums for track and field events with six-lane 400-meter tracks around soccer fields, permanent track marks and permanent bleachers. Stadiums are classified according to seating capacity, including: Class A stadiums seating over 25,000 people each, Class B stadiums seating 15,000 to 25,000 people each, Class C stadiums seating 5,000 to 15,000 people each, and Class D stadiums seating less than 5,000 people each.

Gymnasiums refer to the indoor sports grounds with permanent seats in which basketball, volleyball, badminton, table tennis and gymnastics matches can be held. Gymnasiums are classified according to seating capacity, including Class A gymnasiums seating over 6,000 people each, Class B gymnasiums seating 4,000 to 6,000 people each, Class C gymnasiums seating 2,000 to 4,000 people each, and Class D gymnasiums seating less than 2,000 people each.

Hospitals refer to the medical institutions with permanent sickbeds where sick or injured people receive medical treatment and nursing services. Hospitals fall into three categories: hospitals at and above county-level, hospitals of rural townships, and other hospitals. According to their ownership, hospitals can be divided into three categories: hospitals under the public health departments, hospitals under industrial and other departments and collective-owned hospitals. Hospitals at and above county-level are divided into general and specialized hospitals.

Medical Technical Personnel refers to all medical staff and workers employed by medical institutions, including doctors of traditional Chinese and Western medicine, senior doctors who integrate traditional Chinese therapeutics with Western therapeutics in practice, senior nurses, pharmacists of traditional Chinese and Western medicine, senior laboratory technicians, other senior technicians, assistant doctors of traditional Chinese and Western medicine, nurses, midwives, assistant pharmacists of traditional Chinese medicine, laboratory technicians, other technicians, other practitioners of traditional Chinese medicine, nursing workers, pharmacological workers of traditional Chinese and Western medicine, laboratory workers, and other junior medical personnel.

Doctors refer to the qualified medical professionals approved to practice by the public health departments. They are classified as doctors of traditional Chinese medicine and of Western medicine, specifically speaking, senior doctors who integrate traditional Chinese therapeutics with Western therapeutics, physicians of traditional Chinese and Western medicine, and other practitioners of traditional Chinese medicine.

Urban Social Welfare Institutions include social welfare institutions, children welfare institutions, metal hospitals subordinated to the civil affairs departments.

Urban and Rural Social Relief Funds refer to the financial expenditure for the needy by the state or collectives. This indicator includes urban social relief funds, rural social relief funds and relief funds for reduced or resigned old staff and workers.

(1) *Urban social relief funds* include the relief funds paid by the civil affairs departments to urban needy households and the living allowances paid by government departments, enterprises and institutions to staff and workers with financial difficulties.

(2) *Rural social relief funds* include the relief funds paid by the civil affairs departments to rural households (of infirm and childless old persons) enjoying the five guarantees, needy households and lepers. This indicator also includes the relief in money and in kind paid by rural collectives to scattered-living households (of infirm and childless old persons) enjoying the five guarantees and needy households.

(3) *Relief funds for reduced or resigned old staff and workers* refer to the relief funds paid by the civil affairs departments to reduced or resigned old staff and workers (including the relief funds paid at 40% of their original wages and other relief funds).

Number of Natural Disaster Victims refers to the number of people stricken by natural disaster of a certain extent. The so-called "disaster of a certain extent" means any natural disaster that causes crop yield to reduce by over 30% and the total agricultural population hit by it is the stricken population.

Institutions for Special Care refer to rest homes for disabled revolutionary servicemen, the sanatoriums for honorably retired servicemen and mental homes or honor homes for retired servicemen.

Persons Enjoying Special Care Special care means the special treatment and compensation given by the state to family members of revolutionary martyrs, family members of revolutionary servicemen died of illness, disabled revolutionary servicemen, disabled revolutionary working staff and militias and laborers wounded and disabled in war. "Person Enjoying Special Care" refers to family members of revolutionary martyrs, retired servicemen and disabled revolutionary persons.

Funds for Special Care refer to the funds spent by the civil affairs departments for special care, which include sacrifice pensions, allowances for family members of martyrs and retired servicemen, placement allowances for retired servicemen, funds of institutions for special care and other special funds.

Total Water Resources refers to total volume of water resources measured as run-off for surface water from rainfall and recharge for groundwater in a given area, excluding transit water.

Rate of Utilization of Industrial Solid Wastes refers to the percentage of industrial solid wastes utilized over industrial solid wastes produced (including stocks of the previous years). It is calculated as:

Water Use refers to gross water use distributed to users, including loss during transportation, broken down into use by agriculture, industry, living consumption and ecological protection.

Water Use by Agriculture includes uses of water by irrigation of farming fields and by forestry, animal husbandry and fishing. Water use by forestry, animal husbandry and fishery includes irrigation of forestry and orchards, irrigation of grassland and replenishment of fishing farms.

Water Use by Industry refers to new withdrawals of water, excluding reuse of water within enterprises.

Water Use by Living Consumption includes use of water for living consumption in both urban and rural areas. Urban water use by living consumption is composed of household use and public use (including services, commerce, restaurants, cargo transportation, posts, telecommunications and construction). Rural water use by living consumption includes both households and animals.

Water Use by Ecological Protection includes replenishment of rivers and lakes and use for urban environment.

Rate of Utilization of Industrial Solid Wastes refers to the percentage of industrial solid wastes utilized over industrial solid wastes produced (including stocks of the previous years). It is calculated as:

Waste Water Discharged by Industry refers to the volume of waste water discharged by industrial enterprises through all their outlets, including waste water from production process, directly cooled water, groundwater from mining wells which does not meet discharge standards and sewage from households mixed with waste water produced by industrial activities, but excluding indirectly cooled water discharged (It should be included if the discharge is not separated from waste water).

Industrial Waste Water Meeting Discharge Standards refers to volume of industrial waste water discharge which, with or without treatment, reaches national or local standards with regard to all pollutants.

Ratio of Industrial Waste Water Meeting Discharge Standards refers to percentage of industrial waste water meeting discharge standards over total industrial waste water discharge. It is calculated as:

$$\text{Ratio of industrial waste water meeting discharge standards} = \frac{\text{industrial waste water meeting discharge standards}}{\text{total industrial waste water discharge}}$$

Total Volume of Chemical Oxygen Demand (COD) Generate d by Urban Non-industrial Waster Water refers to total Volume of Chemical Oxygen Demand (COD) Generated by industry Waster Water and by Urban Non-industrial Waster Water. Volume of Chemical Oxygen Demand (COD) Generated by Urban Non-industrial Waster Water. Chemical Oxygen Demand (COD) refers to the amount of oxygen required when chemical oxidants are used to oxidize organic pollutants in water. A higher value of COD corresponds to more serious pollution by organic pollutants.

SO_2 Emission refers to total volume of sulphur dioxide emission through Industry Activities and Non-industrial Activities.

SO_2 Emission through Industrial Activities refers to volume of sulphur dioxide emission from fuel burning and production process by enterprises during a given period of time.

SO_2 Emission through Non-industrial Activities is calculated on the basis of consumption of coal by households and other activities and the sulphur content of coal.

Industrial Solid Wastes Produced refers to total volume of solid, semi-solid and high concentration liquid residues produced by industrial enterprises from production process in a given period of time, including hazardous wastes, slag, coal ash, gangue, tailings, radioactive residues and other wastes, but excluding stones stripped or dug out in mining - gangue and acid or alkaline stones not included (a stone is acid or alkaline according to the pH value of the water being below 4 or above 10.5 when the stone is in, or soaked by water).

Industrial Solid Wastes Discharged refers to the volume of industrial solid wastes discharged by producing enterprises to disposal facilities or to other sites. The wastes exclude stones stripped or dug from mining (gangue and acid or alkaline waste stones not included).

Industrial Solid Wastes Utilized refers to volume of solid wastes from which useful materials can be extracted or which can be converted into usable resources, energy or other materials by means of reclamation, processing, recycling and exchange (including utilizing in the year the stocks of industrial solid wastes of the previous year). Examples of such utilizations include fertilizers, building materials and road materials. The information shall be collected by the producing units of the wastes.

Rate of Utilization of Industrial Solid Wastes refers to the percentage of industrial solid wastes utilized over industrial solid wastes produced (including stocks of the previous years). It is calculated as:

$$\text{Rate of utilization of industrial solid wastes} = \frac{\text{volume of iindustrial solid wastes utilized}}{\text{industrial solid wastes produced + stock of previous years}} \times 100\%$$

Output Value of Products Made from Waste Gas, Waste Water and Solid Wastes refers to the current value of products with waste gas, waste water and solid wastes as main materials of production. Products sold and ready to sell shall be included while those produced for own use shall not be included.

十九、企业调查

Survey of Enterprises

Chapter 19

19-1 营业收入和资产总计均在3亿元以上重点企业(集团)财务指标(一)

单位:万元

指　　标	Item	单位数(个) Number of Groups(unit)
总 计	**Total**	**124**
按企业(集团母公司)控股情况分	**Grouped by Share-holding Situation of Parent Company**	
国有控股	State-controlled Enterprises	57
集体控股	collective-controlled Enterprises	11
私人控股	priviate-controlled Enterprisee	48
港澳台商控股	Enterprises controlled by Merchants From Hong Kong,Macao or Taiwan	2
外商控股	Enterprises controlled by Foreign Merchants	6
按企业(集团)主营行业分	**Grouped by Industry for Major Business**	
农、林、牧、渔业	Farming, Forestry, Animal Husbandry and Fishery	2
工业	Industry	81
采矿业	Mining	5
制造业	Manufacturing	65
电力、燃气及水的生产和供应业	Production and Supply of Electric Power, Gas and Water	11
建筑业	Construction	9
交通运输、仓储和邮政业	Transportation, Storage and Post	4
信息传输、计算机服务和软件业	Information Transmission, Computer Service and Software	2
批发和零售业	Wholesale and Retail Trade	16
金融业	Financial	1
房地产业	Real Estate	3
其他	Others	6
按企业(集团母公司)登记注册类型分	**Grouped by Types of Parent Company's Registration**	
国有企业	State-owned Enterprises	11
国有独资企业	State Sole funded Enterprises	18
其他有限责任公司	Other Limited Liability Corporations	49
股份有限公司	Share Holding Corporations Ltd.	31
中外合资企业	Sino-Foreign Joint Venture	4
外商投资股份有限公司	Foreign inversted Corporation Ltd.	2
港澳台合资企业	Joint Ventures invested by merchants from Hong Kong,Macao or Taiwan	1
港澳台商投资股份有限公司	Corporation Ltd.invested by Merchants from Hong Kong,Macao or Taiwan	2
其他	Others	6
按三次产业分	**Grouped by Types of Industry**	
第一产业	Primary Industry	2
第二产业	Secondary Industry	90
第三产业	Tertiary Industry	32

Financial Indicators of Main Enterprises (or Groups) with All of Annual Revenue and Total Assets Above 300 Million Yuan Ⅰ

(10 000 yuan)

年末资产 Assets at Year-end		年末负债 Liabilities at Year-end		年末股东权益 Shareholder's Equity at Year-end	
2006年	2007年	2006年	2007年	2006年	2007年
60 854 903	**75 695 066**	**34 977 966**	**43 395 569**	**25 876 937**	**32 299 497**
53 557 707	65 851 440	30 165 127	36 730 753	23 392 580	29 120 687
1 563 614	1 889 781	1 076 385	1 316 466	487 229	573 315
5 182 081	7 271 323	3 450 437	4 920 166	1 731 644	2 351 157
341 876	452 258	205 667	332 478	136 209	119 780
209 625	230 264	80 350	95 706	129 275	134 558
705 265	779 566	474 104	498 231	231 161	281 335
37 860 648	47 106 020	20 731 830	25 783 402	17 128 818	21 322 618
615 221	902 728	288 167	458 430	327 054	444 298
27 484 676	34 717 470	13 416 138	16 951 555	14 068 538	17 765 915
9 760 751	11 485 822	7 027 525	8 373 417	2 733 226	3 112 405
2 133 027	2 254 960	1 736 509	1 806 298	396 518	448 662
3 414 322	4 387 701	1 083 242	906 456	2 331 080	3 481 245
1 696 200	1 767 869	900 945	843 074	795 255	924 795
1 385 953	1 810 450	845 992	1 144 980	539 961	665 470
146 144	493 325	88 126	290 831	58 018	202 494
608 175	738 892	328 512	425 021	279 663	313 871
12 905 169	16 356 283	8 788 706	11 697 276	4 116 463	4 659 007
5 106 023	5 905 343	2 354 838	2 179 328	2 751 185	3 726 015
38 968 356	47 480 930	21 786 157	26 746 870	17 182 199	20 734 060
10 057 233	14 148 199	6 836 963	9 663 202	3 220 270	4 484 997
4 652 723	5 787 618	3 036 037	3 697 553	1 616 686	2 090 065
171 709	183 448	57 621	51 559	114 088	131 889
111 056	158 556	40 064	64 859	70 992	93 697
44 587	44 619	12 829	11 243	31 758	33 376
370 105	484 642	197 343	328 409	172 762	156 233
1 373 111	1 501 711	656 114	652 546	716 997	849 165
705 265	779 566	474 104	498 231	231 161	281 335
39 993 675	49 360 980	22 468 339	27 589 700	17 525 336	21 771 280
20 155 963	25 554 520	12 035 523	15 307 638	8 120 440	10 246 882

19-2 营业收入和资产总计均在3亿元以上重点企业(集团)财务指标(二)

单位:万元

指　　标	Item	营业收入 Business Income 2006年	2007年
总 计	**Total**	**33 491 259**	**41 435 665**
按企业(集团母公司)控股情况分	**Grouped by Share-holding Situation of Parent Company**		
国有控股	State-controlled Enterprises	27 769 409	34 068 033
集体控股	collective-controlled Enterprises	1 069 487	1 298 540
私人控股	priviate-controlled Enterprisee	4 162 506	5 503 734
港澳台商控股	Enterprises controlled by Merchants From Hong Kong,Macao or Taiwan	156 751	145 377
外商控股	Enterprises controlled by Foreign Merchants	333 106	419 981
按企业(集团)主营行业分	**Grouped by Industry for Major Business**		
农、林、牧、渔业	Farming, Forestry, Animal Husbandry and Fishery	435 181	547 943
工业	Industry	25 580 388	31 527 026
采矿业	Mining	308 900	519 395
制造业	Manufacturing	22 074 986	27 419 685
电力、燃气及水的生产和供应业	Production and Supply of Electric Power, Gas and Water	3 196 502	3 587 946
建筑业	Construction	1 777 744	2 074 377
交通运输、仓储和邮政业	Transportation, Storage and Post	1 193 352	1 561 566
信息传输、计算机服务和软件业	Information Transmission, Computer Service and Software	846 809	1 013 061
批发和零售业	Wholesale and Retail Trade	2 757 978	3 173 109
金融业	Financial	21 910	105 201
房地产业	Real Estate	176 781	278 877
其他	Others	701 116	1 154 505
按企业(集团母公司)登记注册类型分	**Grouped by Types of Parent Company's Registration**		
国有企业	State-owned Enterprises	2 034 691	2 519 676
国有独资企业	State Sole funded Enterprises	20 163 376	24 889 039
其他有限责任公司	Other Limited Liability Corporations	5 083 530	6 814 375
股份有限公司	Share Holding Corporations Ltd.	4 712 033	5 374 154
中外合资企业	Sino-Foreign Joint Venture	209 964	234 061
外商投资股份有限公司	Foreign inversted Corporation Ltd.	74 770	102 514
港澳台合资企业	Joint Ventures invested by merchants from Hong Kong,Macao or Taiwan	35 936	35 269
港澳台商投资股份有限公司	Corporation Ltd.invested by Merchants from Hong Kong,Macao or Taiwan	216 108	216 608
其他	Others	960 851	1 249 969
按三次产业分	**Grouped by Types of Industry**		
第一产业	Primary Industry	435 181	547 943
第二产业	Secondary Industry	27 358 132	33 601 403
第三产业	Tertiary Industry	5 697 946	7 286 319

Financial Indicators of Main Enterprises (or Groups) with All of Annual Revenue and Total Assets Above 300 Million Yuan Ⅱ

(10 000 yuan)

其中:营业税金及附加 Of Which Tax and Other Charges on Business		新产品销售收入 Sales Revenue of New Productions		出口销售总额 Total Value of Exports	
2006年	2007年	2006年	2007年	2006年	2007年
3 126 946	**3 661 415**	**961 018**	**1 289 173**	**1 004 543**	**1 505 521**
3 052 986	3 576 575	875 368	1 171 335	754 314	1 184 763
18 977	20 340	57 230	63 920	2 229	1 660
53 868	63 973	23 590	52 860	240 504	312 897
1 090	513	4 830	1 058		
25	14			7 496	6 201
866	943			2 176	
2 977 723	3 464 714	956 910	1 289 173	843 982	1 325 435
4 517	9 417				
2 938 065	3 421 687	956 910	1 289 173	843 982	1 325 435
35 141	33 610				
56 330	67 796	118			
25 375	32 910				
25 303	30 539				
15 351	13 692			157 149	178 517
898	5 230				
10 614	10 827				
14 486	34 764	3 990		1 236	1 569
36 644	46 672		1 013	30 118	
2 964 611	3 459 860	427 947	663 481	548 916	902 844
51 217	67 409	408 749	445 283	171 713	272 639
52 638	60 968	118 313	176 088	246 251	317 808
25	14			7 545	6 237
		1 179	2 250		2 116
		4 830	1 058		
1 090	513				
20 721	25 979				3 877
866	943			2 176	
3 034 053	3 532 510	957 028	1 289 173	843 982	1 325 435
92 027	127 962	3 990		158 385	180 086

19-3 营业收入和资产总计均在3亿元以上重点企业(集团)财务指标(三)

单位:万元

指标	Item	销售费用 Capital Stock 2006年	2007年
总 计	**Total**	**932 939**	**1 104 922**
按企业(集团母公司)控股情况分	**Grouped by Share-holding Situation of Parent Company**		
国有控股	State-controlled Enterprises	698 673	852 329
集体控股	collective-controlled Enterprises	39 012	48 900
私人控股	priviate-controlled Enterprisee	144 827	154 105
港澳台商控股	Enterprises controlled by Merchants From Hong Kong,Macao or Taiwan	9 552	3 158
外商控股	Enterprises controlled by Foreign Merchants	40 875	46 430
按企业(集团)主营行业分	**Grouped by Industry for Major Business**		
农、林、牧、渔业	Farming, Forestry, Animal Husbandry and Fishery	13 616	15 986
工业	Industry	630 816	785 826
采矿业	Mining	2 098	4 554
制造业	Manufacturing	610 974	757 540
电力、燃气及水的生产和供应业	Production and Supply of Electric Power, Gas and Water	17 744	23 732
建筑业	Construction	8 138	10 753
交通运输、仓储和邮政业	Transportation, Storage and Post	37 701	42 150
信息传输、计算机服务和软件业	Information Transmission, Computer Service and Software	34 488	37 465
批发和零售业	Wholesale and Retail Trade	162 977	154 034
金融业	Financial		
房地产业	Real Estate	5 719	15 793
其他	Others	39 484	42 915
按企业(集团母公司)登记注册类型分	**Grouped by Types of Parent Company's Registration**		
国有企业	State-owned Enterprises	86 745	91 717
国有独资企业	State Sole funded Enterprises	462 464	562 247
其他有限责任公司	Other Limited Liability Corporations	137 613	144 003
股份有限公司	Share Holding Corporations Ltd.	191 265	251 623
中外合资企业	Sino-Foreign Joint Venture	32 735	35 820
外商投资股份有限公司	Foreign inversted Corporation Ltd.	2 497	4 159
港澳台合资企业	Joint Ventures invested by merchants from Hong Kong,Macao or Taiwan	602	421
港澳台商投资股份有限公司	Corporation Ltd.invested by Merchants from Hong Kong,Macao or Taiwan	9 116	2 910
其他	Others	9 902	12 022
按三次产业分	**Grouped by Types of Industry**		
第一产业	Primary Industry	13 616	15 986
第二产业	Secondary Industry	638 954	796 579
第三产业	Tertiary Industry	280 369	292 357

Financial Indicators of Main Enterprises (or Groups) with All of Annual Revenue and Total Assets Above 300 Million Yuan Ⅲ

(10 000 yuan)

管理费用 Business Income		其中:税金 Of Which Tax		劳动、待业 保险费 Labor Insurance Funds for Unemployment	
2006年	2007年	2006年	2007年	2006年	2007年
1 729 104	**2 203 340**	**53 014**	**53 015**	**116 318**	**162 321**
1 489 655	1 897 740	42 971	44 748	103 183	145 699
72 604	79 599	1 612	2 304	5 166	6 092
137 306	189 719	7 989	5 445	5 759	8 106
15 075	18 851	310	340	1 909	1 974
14 464	17 431	132	178	301	450
73 464	73 955	568	554	283	18 608
1 283 840	1 616 031	44 354	41 830	81 966	105 562
37 611	49 062	264	307	2 846	3 814
1 165 099	1 478 608	41 777	38 625	75 629	97 645
81 130	88 361	2 313	2 898	3 491	4 103
69 690	72 574	1 216	2 254	13 994	16 174
84 354	109 143	1 206	1 466	5 323	5 712
53 763	73 987	1 353	1 813	4 652	4 980
72 801	96 484	2 185	2 804	5 725	6 074
9 440	25 818	1	2	3	16
4 465	25 873	51	49	360	702
77 287	109 475	2 080	2 243	4 012	4 493
140 238	156 285	1 034	1 269	7 972	7 987
1 064 146	1 357 465	33 372	32 809	67 350	107 233
265 224	347 925	8 817	9 647	19 677	22 514
178 645	226 280	7 920	6 901	16 517	18 825
11 233	12 411	72	119	304	1 149
5 403	7 174	153	169	231	195
2 815	2 903	25	47	620	663
15 161	18 601	348	392	1 346	1 369
46 239	74 296	1 273	1 662	2 301	2 386
73 464	73 955	568	554	283	18 608
1 353 530	1 688 605	45 570	44 084	95 960	121 736
302 110	440 780	6 876	8 377	20 075	21 977

19-4 营业收入和资产总计均在3亿元以上重点企业(集团)财务指标(四)

单位:万元

指标	Item	财务费用 Sales Revenue of New Productions 2006年	2007年
总计	**Total**	**640 725**	**974 216**
按企业(集团母公司)控股情况分	**Grouped by Share-holding Situation of Parent Company**		
国有控股	State-controlled Enterprises	561 625	861 249
集体控股	collective-controlled Enterprises	17 603	19 657
私人控股	priviate-controlled Enterprisee	55 909	86 179
港澳台商控股	Enterprises controlled by Merchants From Hong Kong,Macao or Taiwan	4 904	6 864
外商控股	Enterprises controlled by Foreign Merchants	684	267
按企业(集团)主营行业分	**Grouped by Industry for Major Business**		
农、林、牧、渔业	Farming, Forestry, Animal Husbandry and Fishery	7 606	7 464
工业	Industry	439 979	598 554
采矿业	Mining	1 903	5 729
制造业	Manufacturing	300 947	409 312
电力、燃气及水的生产和供应业	Production and Supply of Electric Power, Gas and Water	137 129	183 513
建筑业	Construction	19 292	16 106
交通运输、仓储和邮政业	Transportation, Storage and Post	36 789	34 681
信息传输、计算机服务和软件业	Information Transmission, Computer Service and Software	7 109	5 323
批发和零售业	Wholesale and Retail Trade	16 473	20 363
金融业	Financial	- 1 226	- 3 270
房地产业	Real Estate	3 110	9 610
其他	Others	111 593	285 385
按企业(集团母公司)登记注册类型分	**Grouped by Types of Parent Company's Registration**		
国有企业	State-owned Enterprises	71 881	74 232
国有独资企业	State Sole funded Enterprises	414 602	695 854
其他有限责任公司	Other Limited Liability Corporations	89 672	134 026
股份有限公司	Share Holding Corporations Ltd.	61 306	66 708
中外合资企业	Sino-Foreign Joint Venture	309	- 851
外商投资股份有限公司	Foreign inversted Corporation Ltd.	870	614
港澳台合资企业	Joint Ventures invested by merchants from Hong Kong,Macao or Taiwan	171	30
港澳台商投资股份有限公司	Corporation Ltd.invested by Merchants from Hong Kong,Macao or Taiwan	4 527	6 465
其他	Others	- 2 613	- 2 862
按三次产业分	**Grouped by Types of Industry**		
第一产业	Primary Industry	7 606	7 464
第二产业	Secondary Industry	459 271	614 660
第三产业	Tertiary Industry	173 848	352 092

Financial Indicators of Main Enterprises (or Groups) with All of Annual Revenue and Total Assets Above 300 Million Yuan Ⅳ

(10 000 yuan)

投资收益 Total Value of Exports		利润总额 Investment Revenue		应交所得税 Total Profits	
2006年	2007年	2006年	2007年	2006年	2007年
197 527	**369 725**	**2 680 808**	**3 832 543**	**745 167**	**860 961**
175 891	322 752	2 101 939	3 009 791	663 013	755 792
4 698	3 506	66 403	134 517	18 565	28 667
16 340	41 867	458 733	635 040	57 719	69 077
203	1 223	16 467	1 336	2 833	1 788
395	377	37 266	51 859	3 037	5 637
696	1 114	33 078	43 066	196	649
180 167	323 400	2 367 657	3 222 533	627 898	680 545
717	1 720	81 284	138 460	9 401	18 889
163 015	295 210	2 117 282	2 928 277	598 972	636 711
16 435	26 470	169 091	155 796	19 525	24 945
- 274	3 405	26 421	38 808	6 951	9 473
694	2 493	- 71 127	- 110 273	5 953	7 241
		199 554	280 847	68 008	100 120
3 058	6 028	99 562	94 907	21 824	26 945
		13 192	74 115		13 211
714	51	34 117	69 698	6 200	16 846
12 472	33 234	- 21 646	118 842	8 137	5 931
4 669	10 076	- 1 820	- 40 254	10 129	13 858
158 572	285 251	1 621 403	2 358 669	543 035	567 851
20 869	56 238	521 377	737 875	55 061	84 679
13 596	14 079	248 719	371 562	58 472	78 585
	- 85	21 298	22 405	3 082	3 601
- 777	2 481	5 160	20 986	716	2 195
	1 030	7 135	8 079	1 096	1 240
203	193	29 374	16 267	3 828	4 008
395	462	228 162	336 954	69 748	104 944
696	1 114	33 078	43 066	196	649
179 893	326 805	2 394 078	3 261 341	634 849	690 018
16 938	41 806	253 652	528 136	110 122	170 294

19-5 营业收入和资产总计均在3亿元以上重点企业(集团)财务指标(五)

单位:万元

指　　标	Item	应交增值税 Incom Tax Payable 2006年	2007年
总 计	**Total**	**1 871 288**	**2 207 622**
按企业(集团母公司)控股情况分	**Grouped by Share-holding Situation of Parent Company**		
国有控股	State-controlled Enterprises	1 628 567	1 905 002
集体控股	collective-controlled Enterprises	32 265	31 562
私人控股	priviate-controlled Enterprisee	181 585	237 970
港澳台商控股	Enterprises controlled by Merchants From Hong Kong,Macao or Taiwan	15 102	10 978
外商控股	Enterprises controlled by Foreign Merchants	13 769	22 110
按企业(集团)主营行业分	**Grouped by Industry for Major Business**		
农、林、牧、渔业	Farming, Forestry, Animal Husbandry and Fishery	4 836	5 724
工业	Industry	1 790 471	2 126 577
采矿业	Mining	34 900	55 784
制造业	Manufacturing	1 525 005	1 791 635
电力、燃气及水的生产和供应业	Production and Supply of Electric Power, Gas and Water	230 566	279 158
建筑业	Construction	965	969
交通运输、仓储和邮政业	Transportation, Storage and Post	4 374	5 784
信息传输、计算机服务和软件业	Information Transmission, Computer Service and Software		
批发和零售业	Wholesale and Retail Trade	47 569	47 955
金融业	Financial		
房地产业	Real Estate		
其他	Others	23 073	20 613
按企业(集团母公司)登记注册类型分	**Grouped by Types of Parent Company's Registration**		
国有企业	State-owned Enterprises	54 130	63 143
国有独资企业	State Sole funded Enterprises	1 401 820	1 620 337
其他有限责任公司	Other Limited Liability Corporations	252 408	330 993
股份有限公司	Share Holding Corporations Ltd.	118 274	139 111
中外合资企业	Sino-Foreign Joint Venture	10 631	13 985
外商投资股份有限公司	Foreign inversted Corporation Ltd.	4 177	6 397
港澳台合资企业	Joint Ventures invested by merchants from Hong Kong,Macao or Taiwan	2 848	2 280
港澳台商投资股份有限公司	Corporation Ltd.invested by Merchants from Hong Kong,Macao or Taiwan	16 899	13 849
其他	Others	10 101	17 527
按三次产业分	**Grouped by Types of Industry**		
第一产业	Primary Industry	4 836	5 724
第二产业	Secondary Industry	1 791 436	2 127 546
第三产业	Tertiary Industry	75 016	74 352

Financial Indicators of Main Enterprises (or Groups) with All of Annual Revenue and Total Assets Above 300 Million Yuan V

(10 000 yuan)

研究开发费 R&D Expenditure		年末从业人数(人) Employees at Year-end (persons)		从业人员劳动报酬 Remuneration of Employees	
2006年	2007年	2006年	2007年	2006年	2007年
233 060	**242 315**	**647 670**	**661 342**	**1 529 990**	**1 824 440**
210 724	219 767	487 514	503 586	1 308 890	1 556 790
3 027	3 315	35 356	33 556	45 360	59 932
10 354	8 813	114 588	113 860	149 919	181 789
3 769	3 917	4 039	4 321	10 845	10 807
5 186	6 503	6 173	6 019	14 976	15 122
1 639	1 783	94 506	95 463	93 817	101 524
225 061	235 375	343 221	359 457	1 017 871	1 230 431
3 575	1 007	13 494	17 116	24 922	41 142
202 104	214 424	277 240	289 890	804 161	961 084
19 382	19 944	52 487	52 451	188 788	228 205
5 224	3 892	99 278	90 320	122 143	142 527
967	1 062	50 701	47 359	169 372	186 235
		12 519	14 809	34 749	47 341
	39	24 022	25 705	40 845	46 466
169	164	352	432	2 521	5 025
		3 000	3 933	3 329	5 070
		20 071	23 864	45 343	59 821
5 997	8 507	66 605	61 614	196 469	216 075
168 873	168 027	338 021	353 192	890 760	1 064 018
32 949	39 579	129 407	141 523	245 017	300 447
16 115	13 809	89 435	78 167	130 453	160 441
396	486	4 476	4 509	9 883	10 256
3 218	5 214	2 471	2 711	6 243	9 044
450	336	724	705	1 681	1 791
3 331	3 584	3 653	3 951	12 060	11 968
1 731	2 773	12 878	14 970	37 424	50 400
1 639	1 783	94 506	95 463	93 817	101 524
230 285	239 267	442 499	449 777	1 140 014	1 372 958
1 136	1 265	110 665	116 102	296 159	349 958

19-6 营业收入和资产总计均在3亿元以上重点企业(集团)按规模分组汇总
Main Indicators Classified by Scale for Main Enterprises (or Groups) with All of Annual Revenue and Total Assets Above 300 Million Yuan

单位:万元，人 (10 000 yuan, persons)

指标	Item	单位数(个) Number of Groups (unit)	年末资产 Assets at Year-end 2006年	2007年	营业收入 Business Income 2006年	2007年	利润总额 Total Profils 2006年	2007年
总计	**Total**	**124**	**60 854 903**	**75 695 066**	**33 491 259**	**41 435 665**	**2 680 808**	**3 832 543**
按营业收入和资产总计分	**By Business Incom and Total Assets**							
50亿元及以上	5 Billion Yuan and over	12	30 349 109	36 945 520	21 101 206	25 808 040	1 792 321	2 536 938
10亿元及以上	1 Billion Yuan and over	56	52 811 006	65 060 273	29 417 727	36 458 235	2 339 966	3 378 642
5亿元及以上	0.5 Billion Yuan and over	86	59 181 981	73 681 871	31 619 192	39 187 474	2 524 065	3 639 870
按资产总计分	**By Total Assets**							
'1000亿元及以上	**100 Billion Yuan and over**	**1**	**9 507 166**	**11 014 165**	**60 718**	**245 665**	**- 88 329**	**- 28 638**
500-1000亿元	50-100 Billion Yuan	1	5 811 718	6 764 868	3 233 775	3 987 997	332 212	849 235
100-500亿元	10-50 Billion Yuan	14	30 532 051	38 618 434	18 147 897	22 284 506	1 527 021	1 752 723
50-100亿元	5-10 Billion Yuan	6	3 098 448	4 499 542	912 460	1 183 441	80 072	141 746
5-50亿元	0.5-5 Billion Yuan	79	11 207 027	13 941 240	9 860 785	12 108 876	729 764	980 768
3-5亿元	0.3-0.5 Billion Yuan	23	698 493	856 817	1 275 624	1 625 180	100 068	136 709
按营业收入分	**By Business Incom**							
100亿元及以上	10 Billion Yuan and over	12	29 565 344	36 094 527	22 058 822	26 698 582	1 628 912	2 265 544
50-100亿元	5-10 Billion Yuan	2	1 641 030	1 760 699	1 336 656	1 787 894	205 155	292 367
5-50亿元	0.5-5 Billion Yuan	87	28 420 429	36 397 782	9 233 838	12 010 289	749 552	1 167 591
3-5亿元	0.3-0.5 Billion Yuan	23	1 228 100	1 442 058	861 943	938 900	97 189	107 041
按利润总额分	**By Total Profits**							
10亿元及以上	1 Billion Yuan and over	7	15 787 808	18 770 758	10 977 073	13 645 802	1 570 767	2 444 705
5-10亿元	0.5-1 Billion Yuan	8	12 403 451	16 583 581	9 566 472	11 571 925	481 767	520 587
1-5亿元	0.1-0.5 Billion Yuan	36	11 137 705	15 158 526	5 909 631	7 285 543	619 438	824 773
0.5-1亿元	0.05-0.1 Billion Yuan	21	2 828 856	3 873 655	2 102 089	2 853 389	75 461	142 408
0.1-0.5亿元	0.01-0.05 Billion Yuan	27	2 003 609	2 305 774	1 889 829	2 371 335	42 239	73 169
0.05-0.1亿元	0.005-0.01 Billion Yuan	10	1 208 460	1 272 278	831 103	931 048	17 666	7 509
0.05亿元以下	Less Than 0.005 Billion Yuan	15	15 485 014	17 730 494	2 215 062	2 776 623	- 126 530	- 180 608
按从业人员分	**By Number of Employed Persons**							
10万人及以上	**1 00 000 Persons and over**							
5-10万人	50 000-1 00 000 Persons	1	656 005	719 389	365 747	477 864	31 351	41 726
1-5万人	10 000-50 000 Persons	14	29 917 106	36 498 030	20 593 069	25 421 977	1 629 760	2 376 782
0.5-1万人	5 000-10 000 Persons	9	11 416 123	13 200 373	3 013 477	3 547 667	174 224	242 061
0.1-0.5万人	1 000-5 000 Persons	59	14 744 595	20 144 685	6 873 161	8 769 527	595 770	809 705
0.05-0.1万人	500-1 000 Persons	20	2 538 269	2 923 326	1 415 125	1 607 693	117 178	121 266
0.05万人以下	Less Than 500 Persons	21	1 582 785	2 193 268	1 230 680	1 610 937	132 525	241 003

19-7 全省企业家信心指数(2007年)

Indices of Entrepreneurial Confidence (2007)

指标	Item	一季度 1st Quarter	二季度 2nd Quarter	三季度 3rd Quarter	四季度 4th Quarter
总体指数	**General Index**	**137.5**	**134.5**	**136.4**	**132.2**
按行业分类	**Grouped by Industrial Sector**				
工业	Industry	141.9	138.5	141.8	133.8
采矿业	Mining	143.9	141.6	136.0	140.4
制造业	Manufacturing	140.4	135.6	139.4	135.9
电力、燃气及水的生产和供应业	Production and Supply of Electric Power, Gas and Water	148.3	148.5	152.3	129.9
建筑业	Construction	122.2	112.4	111.1	112.0
房屋和土木工程建筑业	Building and Civil Enjineering	124.3	112.8	111.5	113.6
建筑安装业	Construction and Installation	106.5	106.5	106.5	106.5
交通运输、仓储及邮政业	Transportation,Storage and Post	132.1	137.6	144.2	142.7
铁路运输业	Railway Transport	150.0	200.0	200.0	200.0
道路运输业	Highway Transport	125.6	115.9	128.1	112.6
仓储业	Storage	130.4	150.0	113.8	94.2
邮政业	Post	144.5	141.2	147.7	166.4
批发和零售业	Wholesale and Retaile Trade	142.6	136.8	139.5	141.0
批发业	Wholesale trade	146.1	141.5	144.1	146.7
零售业	Retail Trade	140.5	131.2	136.0	132.0
房地产业	Real Estate	124.6	132.7	119.2	116.0
社会服务业	Social Services	139.4	131.9	137.6	134.3
租赁业	Leasehold Serviers	150.0	175.0	150.0	150.0
商务服务业	Business Serivers	134.2	127.2	135.2	134.2
居民服务业	Resident Serivers	120.0	125.0	150.0	133.3
信息传输、计算机服务和软件业	Information Transmission,Computer Services and Software Services	159.6	149.4	156.5	158.2
信息传输业	Information Transmission	160.3	150.9	158.4	160.8
计算机服务业	Computer Services	100.0	50.0	50.0	50.0
软件业	Software Services	200.0	200.0	200.0	150.0
住宿和餐饮业	Hotel and Food Service	105.6	120.0	115.2	115.5
住宿业	Hotel	103.7	118.3	112.5	111.4
餐饮业	Food Service	133.3	126.7	126.7	135.7
按企业登记注册类型分	**Grouped by Status of Registration**				
国有企业	State-owned Enterprises	143.4	131.7	145.2	131.3
集体企业	Collective-owned Enterprises	91.5	98.3	102.9	102.7
股份合作企业	Cooperative Enterprises	106.8	113.3	97.9	86.8
联营企业	Joint Ownership Enterprise	100.0	100.0	66.8	133.3
有限责任公司	Limited Liability Corporations	133.4	133.7	133.4	133.6
股份有限公司	Share-holding Corporations Ltd.	157.3	158.1	151.6	155.7
私营企业	Private Enterprises	118.9	124.9	119.1	123.2
其它内资企业	Other Enterprises	116.7	100.0	133.3	166.7
外商及港澳台企业	Enterprises with Fund From Foreigners, Hong Kong, Macao and Taiwan	151.6	156.6	153.0	156.1
按企业规模分	**Grouped by Size of Enterprises**				
大型企业	Large Enterprises	166.6	162.6	167.2	154.6
中型企业	Medium-sized Enterprises	120.7	118.1	119.3	120.2
小型企业	Small Enterprises	102.2	104.4	102.2	95.6
特殊分组	**Grouped by Special**				
国家重点企业	State Key Enterprises	174.2	138.0	172.0	135.9
乡镇企业	Enterprises of Township and Village	109.8	133.6	119.2	118.8
上市公司	Listed Companies	176.8	183.1	187.0	177.5
国有控股企业	State-holding Enterprises	146.6	140.1	146.2	139.3

19-8 全省企业景气指数(2007年)

Boom Indices of Enterprises (2007)

指标	Item	一季度 1st Quarter	二季度 2nd Quarter	三季度 3rd Quarter	四季度 4th Quarter
总体指数	**General Index**	**132.9**	**135.2**	**133.1**	**134.2**
按行业分类	**Grouped by Industrial Sector**				
工业	Industry	135.8	140.0	135.6	137.4
采矿业	Mining	134.8	146.2	113.5	125.0
制造业	Manufacturing	135.6	138.6	135.3	143.7
电力、燃气及水的生产和供应业	Production and Supply of Electric Power, Gas and Water	137.0	145.5	142.8	122.1
建筑业	Construction	113.1	117.0	106.5	104.5
房屋和土木工程建筑业	Building and Civil Enjineering	112.9	118.0	106.8	104.7
建筑安装业	Construction and Installation	106.5	106.5	106.5	106.5
交通运输、仓储及邮政业	Transportation,Storage and Post	137.2	135.2	140.0	140.3
铁路运输业	Railway Transport	150.0	200.0	200.0	150.0
道路运输业	Highway Transport	142.5	113.3	120.5	115.8
仓储业	Storage	150.0	150.0	130.4	130.4
邮政业	Post	143.3	140.1	137.5	156.2
批发和零售业	Wholesale and Retaile Trade	144.9	142.6	149.1	147.8
批发业	Wholesale Trade	152.1	147.1	154.8	153.5
零售业	Retail Trade	132.9	135.7	140.5	138.7
房地产业	Real Estate	118.8	125.6	127.9	130.4
社会服务业	Social Services	129.6	121.9	126.1	124.8
租赁业	Leasehold Serviers	125.0	125.0	125.0	125.0
商务服务业	Business Serivers	129.0	119.8	125.6	125.2
居民服务业	Resident Serivers	120.0	100.0	125.0	133.3
信息传输、计算机服务和软件业	Information Transmission,Computer Services and Software Services	150.4	150.5	149.6	154.4
信息传输业	Information Transmission	154.9	152.1	151.1	154.7
计算机服务业	Computer Services		100.0	50.0	100.0
软件业	Software Services	150.0	150.0	200.0	200.0
住宿和餐饮业	Hotel and Food Service	108.7	108.7	109.9	115.5
住宿业	Hotel	107.3	112.2	108.8	112.7
餐饮业	Food Service	133.3	86.7	113.3	128.6
按企业登记注册类型分	**Grouped by Status of Registration**				
国有企业	State-owned Enterprises	135.3	137.8	140.7	133.6
集体企业	Collective-owned Enterprises	98.0	97.9	91.4	101.6
股份合作企业	Cooperative Enterprises	91.3	88.8	99.9	97.7
联营企业	Joint Ownership Enterprise	133.3	100.0	100.0	166.7
有限责任公司	Limited Liability Corporations	132.4	133.5	129.7	130.1
股份有限公司	Share-holding Corporations Ltd.	150.6	158.2	153.5	171.7
私营企业	Private Enterprises	111.4	119.4	119.1	117.0
其它内资企业	Other Enterprises	133.3	116.7	133.3	133.3
外商及港澳台企业	Enterprises with Fund From Foreigners, Hong Kong, Macao and Taiwan	150.8	152.7	144.1	154.7
按企业规模分	**Grouped by Size of Enterprises**				
大型企业	Large Enterprises	163.6	166.8	168.1	167.0
中型企业	Medium-sized Enterprises	114.8	115.9	112.3	115.4
小型企业	Small Enterprises	104.4	100.0	104.4	97.8
特殊分组	**Grouped by Special**				
国家重点企业	State Key Enterprises	174.2	174.8	174.2	199.4
乡镇企业	Enterprises of Township and Village	109.0	124.4	126.9	117.1
上市公司	Listed Companies	180.9	185.8	182.4	193.3
国有控股企业	State Holding Enterprises	142.1	143.4	144.9	145.2

19-9 全省企业综合景气指数(2007年)
Comprehensive Boom Indices of Enterprises (2007)

指标	Item	一季度 1st Quarter	二季度 2nd Quarter	三季度 3rd Quarter	四季度 4th Quarter
生产(经营)总量	Volume of Production (Operation)	115.6	126.1	122.8	114.8
盈利(亏损)变化情况	Profit and loss	113.6	122.0	122.1	113.9
流动资金情况	Current Assets	91.0	94.4	92.9	87.5
货款拖欠情况	Payment Delayed By Client	109.1	105.1	107.0	105.8
劳动力需求情况	Employment	110.4	109.9	112.7	110.1
固定资本投资情况	Investment of Fixed Capital	100.5	117.6	113.2	120.3
产品订货	Total Order of Products	119.9	119.5	118.1	120.6
企业融资	Enterprise Financing	91.0	89.3	92.8	88.1

19-10 全省八大行业企业景气指数(2007年)
Boom Indices of Enterprises in Eight Major Trades (2007)
工 业 Industry

指　　标	Item	一季度 1st Quarter	二季度 2nd Quarter	三季度 3rd Quarter	四季度 4th Quarter
生产成本	Unit Operating Costs	76.3	73.9	68.0	50.5
生产总量	Volume of Production (Operation)	116.3	132.1	120.6	101.8
产品订货	Total Order of Products	128.4	133.5	123.7	126.9
# 国外订货	Of Which: Export Order	83.1	88.6	82.7	93.9
产品销售	Selling of Product	112.8	131.1	129.2	118.4
产品销售价格	Selling Prices	110.5	118.6	112.1	104.0
产成品库存	Stocks of Finished Goods	126.4	124.0	129.0	127.7
盈利(亏损)变化	Profit and loss	116.2	130.5	126.3	113.9
流动资金	Current Assets	96.1	100.4	98.9	91.5
企业融资	Enterprise Financing	99.7	93.4	97.0	91.9
货款拖欠	Payment Delayed By Client	109.3	100.5	110.6	110.4
劳动力需求	Employment	110.6	113.3	115.4	108.6
固定资产投资	Fixed Assets Investment	100.1	125.0	118.2	126.7
科技创新	R&D Expens	102.1	119.6	119.4	118.1
原材料及能源进价	Purchasing Price of Raw & Processed Material and Energy Sources	41.9	46.9	57.5	47.1
原材料及能源供应	Supply of Raw & Processed Material and Energy Sources	95.1	103.2	113.5	86.2

19-10 续表1 continued

建筑企业 Construction Enterprises

指 标	Item	一季度 1st Quarter	二季度 2nd Quarter	三季度 3rd Quarter	四季度 4th Quarter
工程合同数	Number of Contracts of Construction Works	99.7	100.8	123.3	117.1
其中：国(境)外合同	Thereinto: Overseas (Out of area) Contracts	97.6	103.9	113.6	99.8
建筑工程量	Number of Construction works	98.6	131.2	123.9	135.3
新开工工程量	Number of Newly Starting Construction Works	88.3	114.5	103.8	119.9
技术设备能力	Ability of Technology and Equipment	144.8	143.1	145.1	160.9
工程进度	Schedule of Projects	131.7	142.6	130.0	138.8
工程结算收入	Revenue of Engineering Settlement	83.7	115.8	107.6	127.1
建筑材料购进价格	Purchasing Price of Building Materials	65.7	49.0	47.1	13.7
工程结算成本	Costs of Engineering Settlement	75.4	63.7	57.3	26.5
盈利(亏损)变化	Variation of Profit and loss	94.4	100.4	98.5	86.1
流动资金	Current Assets	60.7	58.5	59.5	50.1
企业融资	Enterprise Financing	66.1	70.1	75.2	59.4
货款拖欠	Payment Delayed By Client	100.6	100.0	94.2	68.5
劳动力需求	Employment	110.9	116.0	110.5	123.3
固定资产投资	Fixed Assets Investment	94.4	113.5	108.6	110.7

19-10 续表2 continued

交通运输、仓储及邮政业 Transportation,Storage, Post and Telecommunication

指标	Item	一季度 1st Quarter	二季度 2nd Quarter	三季度 3rd Quarter	四季度 4th Quarter
业务预订	Subscribe for Business	148.3	129.1	141.2	148.5
业务量	Portfolio	158.0	130.2	147.7	148.6
业务收费价格	Business Charging Price	109.7	98.8	105.4	109.0
营业成本	Operating Cost	69.2	65.1	69.5	52.6
盈利(亏损)变化	Variation of Profit and loss	133.5	112.5	132.8	127.7
流动资金	Current Assets	84.7	87.0	94.8	89.3
企业融资	Enterprise Financing	89.1	87.1	93.7	92.1
货款拖欠	Payment Delayed By Client	116.7	124.0	121.3	120.5
劳动力需求	Employment	119.4	111.6	121.3	126.0
固定资产投资	Fixed Assets Investment	109.3	109.2	115.0	125.5

19-10 续表3 continued

批发和零售业 Wholesale and Retaile Trade

指标	Item	一季度 1st Quarter	二季度 2nd Quarter	三季度 3rd Quarter	四季度 4th Quarter
购货合同	Subscribe for Contract	112.6	95.3	98.0	112.5
商品购进价格	Purchasing Price of Goods	81.0	74.9	79.4	56.1
商品销售	Goods Selling	108.5	108.7	124.5	140.5
# 出口	Of Which: Export	93.3	96.4	97.2	91.2
商品销售价格	Selling Prices of Goods	104.3	116.2	108.1	130.1
商品库存	Stocks of Goods	122.7	118.5	113.5	110.9
经营费用	Operating Expenditure	94.4	83.7	76.1	72.5
竞争能力	Competitive Power	137.7	134.9	144.0	143.0
盈利(亏损)变化	Variation of Profit and loss	117.3	123.4	137.5	140.0
流动资金	Current Assets	102.9	108.8	106.3	100.4
企业融资	Enterprise Financing	101.6	107.6	106.4	106.7
货款拖欠	Payment Delayed By Client	114.2	121.2	105.2	114.0
劳动力需求	Employment	107.0	98.4	112.9	103.3
固定资产投资	Fixed Assets Investment	102.7	109.4	103.5	111.0

19-10 续表4 continued

房地产业 Real Estate

指标	Item	一季度 1st Quarter	二季度 2nd Quarter	三季度 3rd Quarter	四季度 4th Quarter
土地开发面积	Land Space Developed	97.1	97.3	93.7	80.7
完成投资	Investment Completed	97.9	105.2	113.0	105.2
新开工面积	Floor Space Started	97.7	100.9	101.2	103.0
房屋竣工面积	Floor Space Completed	98.0	102.8	92.1	102.1
商品房预售面积	Floor Space of Advance Selling House	92.3	96.4	99.5	84.2
商品房销售面积	Floor Space of Selling Houses	81.8	95.8	98.8	86.3
商品房销售价格	Selling Price of Houses	131.7	137.2	130.5	130.4
空置商品房面积	Floor Space of Unoccupied Houses	145.6	149.6	145.3	151.6
盈利(亏损)变化	Variation of Profit and loss	103.9	109.5	112.8	113.7
流动资金	Current Assets	83.9	91.2	79.8	84.2
企业融资	Enterprise Financing	58.7	66.8	69.5	70.8
货款拖欠	Payment Delayed By Client	120.4	115.1	105.7	123.5
劳动力需求	Employment	110.6	109.6	104.7	104.2
固定资产投资	Fixed Assets Investment	100.6	109.1	105.3	112.1

19-10 续表5 continued

社会服务业 Social Services

指标	Item	一季度 1st Quarter	二季度 2nd Quarter	三季度 3rd Quarter	四季度 4th Quarter
服务预订	Subscribe for Service	114.1	110.8	110.6	94.6
竞争能力	Competitive Power	136.2	138.1	137.9	138.5
旅游客源	Sources of Tourists	114.0	108.4	99.4	87.7
业务收费价格	Business Charge Price	110.6	92.5	97.5	99.1
业务量	Portfolio	127.2	116.8	112.5	98.1
营业成本	Operating Cost	59.7	68.2	76.6	62.1
盈利(亏损)变化	Variation of Profit and loss	114.3	117.7	104.0	91.8
流动资金	Current Assets	99.5	97.4	90.4	88.0
企业融资	Enterprise Financing	81.5	74.2	80.8	78.6
货款拖欠	Payment Delayed by Client	114.7	109.3	99.9	90.5
劳动力需求	Employment	115.3	109.4	109.7	115.7
固定资产投资	Fixed Assets Investment	109.0	101.4	111.8	109.5

19-10 续表6 continued 信息传输、计算机服务和软件业

Information Transmission,Computer Services and software Services

指标	Item	一季度 1st Quarter	二季度 2nd Quarter	三季度 3rd Quarter	四季度 4th Quarter
产品销售	Selling of Product	140.1	144.6	150.2	128.0
产品订货	Total Order of Products	109.9	108.0	109.2	110.0
竞争能力	Competitive Power	150.9	146.5	156.7	151.5
销售价格	Selling Prices	68.9	83.8	82.8	86.5
营业收入	Business Revenue	135.1	133.4	153.9	131.8
营业成本	Operating Cost	60.8	59.3	61.0	59.3
盈利(亏损)变化	Variation of Profit and loss	130.0	134.3	127.7	129.2
流动资金	Current Assets	101.4	102.1	104.2	105.8
企业融资	Enterprise Financing	94.4	107.8	110.7	103.9
货款拖欠	Payment Delayed By Client	98.0	92.8	98.9	96.9
劳动力需求	Employment	99.7	101.1	101.6	94.3
固定资产投资	Fixed Assets Investment	94.2	105.8	102.7	120.8

19-10　续表7 continued

住宿和餐饮业 Hotel and Food Services

指标	Item	一季度 1st Quarter	二季度 2nd Quarter	三季度 3rd Quarter	四季度 4th Quarter
业务预订	Subscribe for Business	86.6	89.1	84.7	111.2
业务量	Portfolio	86.0	87.0	91.0	114.0
竞争能力	Competitive Power	113.8	119.0	121.5	112.9
客房出租	Room Leased	70.4	78.3	80.8	81.0
业务收费价格	Business Charge Price	93.8	97.9	96.8	106.9
营业收入	Business Revenue	82.9	82.9	88.4	114.4
营业成本	Operating Cost	74.7	78.4	73.4	62.8
盈利(亏损)变化	Variation of Profit and loss	77.8	84.5	87.4	94.0
流动资金	Current Assets	74.1	78.8	73.7	85.0
企业融资	Enterprise Financing	68.1	64.4	69.9	73.9
货款拖欠	Payment Delayed by Client	86.2	91.8	89.5	96.8
劳动力需求	Employment	104.1	79.4	88.4	101.5
固定资产投资	Fixed Assets Investment	99.0	108.7	108.4	99.4

主要统计指标解释

企业（集团） 企业集团是指以母子公司为主体，通过投资及生产经营协作等多种方式，与众多的企事业单位共同组成的经济联合体。企业集团不具有企业法人资格。企业(集团)的统计范围包括：一是国家重点企业(包括520户和重组为集团公司的原512户国家重点企业)；二是由国务院主管部门批准的企业集团；三是由云南省人民政府及省政府授权部门批准的企业集团；四是云南省人民政府重点扶持的企业(集团)；五是由省政府授权云南省国有资产监督管理委员会履行出资人职责所监管的企业(集团)；六是云南省农业产业化国家重点龙头企业(集团)；七是云南省上市公司；八是各地州市党委、政府确定的支柱行业重点企业(集团)；九是年营业收入(主营业务收入与其他业务收入之和，下同)和资产总计均在5亿元以上的其他各类企业(集团)。上述企业集团的统计调查单位是以母子公司为整体的企业集团，即包括企业集团的母公司、在中国境内和境外的全资子公司(单位)、绝对控股子公司(单位)和相对控股子公司(单位)；不包括参股和协作企业(单位)。除企业集团外的重点企业以独立核算的法人企业为统计调查单位。

控股情况 指按所有制性质和控股状况划分的企业情况,包括：

1. 国有控股 指在企业(集团)的全部实收资本中,国有经济成分的出资人拥有的实收资本(股本)所占企业(集团)全部实收资本(股本)的比例大于50%的国有绝对控股。在企业(集团)的全部实收资本中，国有经济成分的出资人拥有的实收资本(股本)所占比例虽未大于50%，但相对大于其他任何一方经济成分的出资人所占比例的国有相对控股；或者虽不大于其他经济成分，但根据协议规定拥有企业(集团)实际控制权的国有协议控股。投资双方各占50%，且未明确由谁绝对控股的企业(集团)，若其中一方为国有经济成分的，一律按国有控股处理。

2. 集体控股 指在企业(集团)的全部实收资本中,集体经济成分的出资人拥有的实收资本(股本)所占企业(集团)全部实收资本(股本)的比例大于50%的集体绝对控股。在企业(集团)的全部实收资本中，集体经济成分的出资人拥有的实收资本(股本)所占比例虽未大于50%，但相对大于其他任何一方经济成分的出资人所占比例的集体相对控股；或者虽不大于其他经济成分，但根据协议规定拥有企业(集团)实际控制权的集体协议控股。

3. 私人控股 指在企业(集团)的全部实收资本中,私人经济成分的出资人拥有的实收资本(股本)所占企业(集团)全部实收资本(股本)的比例大于50%的私人绝对控股。在企业(集团)的全部实收资本中，私人经济成分的出资人拥有的实收资本(股本)所占比例虽未大于50%，但相对大于其他任何一方经济成分的出资人所占比例的私人相对控股；或者虽不大于其他经济成分，但根据协议规定拥有企业(集团)实际控制权的私人协议控股。

4. 港澳台商控股 指在企业(集团)的全部实收资本中,港澳台商经济成分的出资人拥有的实收资本(股本)所占企业(集团)全部实收资本(股本)的比例大于50%的港澳台商绝对控股。在企业(集团)的全部实收资本中，港澳台商经济成分的出资人拥有的实收资本(股本)所占比例虽未大于50%，但相对大于其他任何一方经济成分的出资人所占比例的港澳台商相对控股；或者虽不大于其他经济成分，但根据协议规定拥有企业(集团)实际控制权的港澳台商协议控股。

5. 外商控股 指在企业(集团)的全部实收资本中,外商经济成分的出资人拥有的实收资本(股本)所占企业(集团)全部实收资本(股本)的比例大于50%的外商绝对控股。在企业(集团)的全部实收资本中，外商经济成分的出资人拥有的实收资本(股本)所占比例虽未大于50%，但相对大于其他任何一方经济成分的出资人所占比例的外商相对控股；或者虽不大于其他经济成分，但根据协议规定拥有企业(集团)实际控制权的外商协议控股。

登记注册类型 是指在工商行政管理机关登记注册的具有法人资格的各类企业。其中：

1. 国有企业 指企业全部资产归国家所有,并按《中华人民共和国企业法人登记管理条例》规定登记注册的非公司制的经济组织。不包括有限责任公司中的国有独资公司。

2. 国有独资公司 指国家授权的投资机构或者国家授权的部门单独投资设立的有限责任公司。

3. 其他有限责任公司 指根据《中华人民共和国公司登记管理条例》规定登记注册，由两个以上，五十个以下的股东共同出资，每个股东以其所认缴的出资额对公司承担有限责任，公司以其全部资产对其债务承担责任的经济组织。其他有限责任公司不包括国有独资公司。

4. 股份有限公司 指根据《中华人民共和国公司登记管理条例》规定登记注册，其全部注册资本由等额股份构成并通过发行股票筹集资本，股东以其认购的股份对公司承担有限责任，公司以其全部资产对其债务承担责任的经济组织。

5. 中外合资企业 指外国企业或外国人与中国内地企业依照《中华人民共和国中外合资经营企业法》及有关法律的规定，按合同规定的比例投资设立，分享利润和分担风险的企业。

6.外商投资股份有限公司 指根据国家有关规定，经外经贸部依法批准设立，其中外资的股本占公司注册资本的比例达25%以上的股份有限公司。

7.港澳台合资企业 指港澳台地区投资者与内地企业依照《中华人民共和国中外合资经营企业法》及有关法律的规定，按规定的比例投资设立、分享利润和分担风险的企业。

8.港澳台商投资股份有限公司 指根据国家有关规定，经外经贸部依法批准设立，其中港、澳、台商的股本占公司注册资本的比例达25%以上的股份有限公司。

9.其他 指上述登记注册类型以外的其它登记注册类型。

企业集团主营行业 指按企业集团主要从事的生产经营活动进行的分类。本项由统计局或企业集团按照《国民经济行业分类》[GB/T4754-2002]中的行业小类(四位码)填列。从事多种经营的企业集团确定其主营行业类别时，要将各母子公司(单位)主营业务收入按行业小类分别汇总后，把主营业务收入合计最大的行业小类确定为企业集团的主营行业小类。

资产总计 指企业(集团)拥有或控制的全部资产，包括流动资产、长期投资、固定资产、无形资产、递延资产和其他资产等。

负债合计 指企业(集团)所承担的能以货币计量，将以资产或劳务偿付的债务。负债一般按偿还期的长短分为流动负债和长期负债。

股东（所有者）权益合计 指企业(集团)投资人对企业净资产的所有权，企业净资产等于企业全部资产减去负债合计后的余额，其中包括企业投资人对企业的最初投入以及资本公积金、盈余公积金和未分配利润。同时包括企业集团合并资产负债表中单独列示的少数股东权益。

股本（实收资本） 指股份制企业(集团)以发行股票的方式筹集的资本。非股份制企业(集团)指实际收到的投资人投入的资本。

营业收入 指企业(集团)从事生产、经营活动所取得的营业收入，为企业(集团)主营业务收入与其他业务收入之和。

主营业务税金及附加期 指企业(集团)因从事生产经营活动按税法规定缴纳的应从主营业务收入中抵扣的税金和附加，包括产品税、消费税、营业税、城市维护建设税、资源税和教育费附加等。

营业费用 指企业(集团)销售商品过程中发生的费用。根据会计“利润表”中对应指标年末数填列。

管理费用 指企业(集团)管理部门为组织和管理生产经营活动而发生的各项费用。根据会计“利润表”中对应指标年末累计数填列。

税金 指企业(集团)按规定从管理费用中支付的各种税金，包括房产税、土地使用税、车船使用税、印花税等。

劳动、待业保险费 指企业(集团)支付的劳动保险和待业保险的费用之和。

财务费用 指企业(集团)为筹集生产经营所需资金等而发生的费用，包括利息支出、汇兑损失以及相关的金融机构手续费等。根据会计“利润表”中对应指标年末累计数填列。

新产品销售收入 指企业(集团)在主营业务收入和其他业务收入中销售新产品实现的收入。新产品是经政府有关部门认定并在有效期内的产品；也包括企业自行研制开发，未经政府有关部门认定，从投产之日起一年之内的新产品。新产品是指采用新技术原理、新设计构思研制生产，或结构、材质、工艺等某一方面有所突破或较原产品有明显改进，从而显著提高了产品性能或扩大了使用功能，对提高经济效益具有一定作用的产品，并且在一定区域或行业范围内具有先进性、新颖性和适用性的产品。

出口销售总额 指企业(集团)直接向国外、境外出口的商品总额。包括主营业务收入和其他业务收入中直接向国外、境外出口的商品总额。

投资收益 指企业(集团)以各种方式对外投资所取得的收益。

利润总额 指企业(集团)实现的盈亏总额,反映企业或企业集团最终的财务成果。计算公式为:

利润总额=营业利润+补贴收入+投资收益+营业外收入－营业外支出。

应交所得税 指企业(集团)本年利润应交的所得税。

应交增值税 指企业(集团)应交纳的增值税额合计。按会企 01 表附表 3“应交增值税明细表”填列。

固定资产投资完成额 指企业(集团)在年度内建造和购置固定资产及有关费用的支出合计。包括:①建筑工程投资,②安装工程投资,③设备工器具购置,④应分摊计入固定资产的费用等。

研究开发(R&D)费用 指报告年度在企业(集团)科技活动经费内部支出中用于基础研究、应用研究和试验发展三类项目以及这三类项目的管理和服务的费用支出。不论何种经费来源,只要实际用于上述三类项目的经费支出都应计算在内。具体计算办法:可将企业(集团)全部科技项目中确定为基础研究、应用研究和试验发展三类项目的经费支出加总,再加上按上述三类项目支出占全部科技项目经费支出比重计算分摊的科技管理和服务费用取得。

从业人员 指在企业(包括集团母公司和子公司,下同)工作并领取工资或其他形式的劳动报酬的全部人员数,包括在岗职工、再就业的离退休人员以及在企业(集团)中工作的外方人员和港澳台方人员、兼职人员、借用的外单位人员和第二职业者。不包括离开本企业(集团)仍保留劳动关系的职工。

从业人员劳动报酬 指企业(集团)直接支付给本企业(集团)全部从业人员的劳动报酬总额。包括本企业(集团)在岗职工工资总额和其他从业人员劳动报酬两部分。

景气指数 又称景气度,它是对企业景气调查中的定性指标通过定量方法加工汇总,综合反映某一特定调查群体或某一社会经济现象所处的状态或发展趋势的一种指标。其计算原理是:在调查的各类企业中,通过问卷的形式让企业经营决策者回答本企业本期经营状况相对于前期是上升、持平还是下降,然后经过加权、汇总,求出企业景气指数,即景气指数值=回答上升的企业所占比重—回答下降的企业所占比重。景气指数取值 0—200 之间,100 为景气指数的临界值,当景气指数值大于 100 时,表明经济状况趋于上升或改善,处于景气状态;当景气指数小于 100 时,表明经济状况趋于下降或恶化,处于不景气状态。

企业家信心指数(亦称企业宏观经济景气指数) 是根据企业家对企业外部市场经济环境与宏观政策的认识、看法、判断与预期而编制的指数,用以综合反映企业宏观经济环境的感受与信心。

企业景气指数(亦称企业综合经营景气指数) 是根据企业家对本企业综合生产经营情况的判断与预期而编制的指数,用以反映企业的综合生产经营状况。

Explanatory Notes on Principle Statistical Indicators

Key Enterprises refer to the enterprises approved or administered by the competent authorities concerned, including the 520 state key enterprises approved and confirmed by the State Council, the original 512 key enterprises approved and confirmed by the State Council, the original “one hundred experimental enterprises” under the state modern enterprise system, the enterprises whose organization membership administered by and associated with the Enterprise Working Committee of the Yunnan Provincial CPC, the 30 large industrial enterprises and groups approved and confirmed by the People’s Government of Yunnan Province, the original experimental enterprises under the Yunnan provincial modern enterprise system, the key enterprises approved and confirmed by the relevant prefecture or municipal governments, the enterprises directly cared, aided and supported by the relevant important leaders, listed companies, key private enterprises, etc.

Enterprise Group refers to a multi-level and fair-scale economic association that consists of many enterprises and institutions by means of multiple forms of investment and operating coordination etc, with a mother company as the main body, property connections as a main tie, articles of association as the common norm. An enterprise group itself is not a legal person, but an association of legal persons composed of a mother company, subsidiary companies, equity participation companies and other member entities. Institutions as legal persons and mass organizations as legal persons can also become members of an enterprise group.

Status of Stock Holding refers to the status of an enterprise classified according to ownership and stock holding:

1. *State-owned absolute holding enterprise* refers to the enterprise in which national capital (capital stock) accounts for more than 50% of the total capital;

2. *State-owned relatively holding enterprise* refers to the enterprise in which the proportion of national capital (capital stock) is less than 50% in the total capital but relatively larger than that of other economic components or less than that of other economic components but the state has the actual control right according to the agreement (agreed control);

3. *Collective-owned absolute holding enterprise* refers to the enterprise in which collective capital (capital stock) accounts for more than 50% of the total capital;

4. *Collective-owned relative holding enterprise* refers to the enterprise in which the proportion of collective capital (capital stock) is less than 50% in the total capital but relatively larger than that of other economic components or less than other economic components but the collective has the actual control right according to the agreement (agreed control);

5. *Others* refer to enterprises with other kinds of status of stock holding except the above-mentioned four groups.

Registration Status of Enterprises refers to various enterprises as legal persons that are registered at administrative agencies for industry and commerce, including:

1. *State-owned enterprise* refers to the non-corporation economic entity in which the entire assets are owned by the state and that is registered according to the Regulations of the People’s Republic of China for Administration of Registration of Business Entities, excluding wholly state-funded companies in the category of limited liability companies.

2. *Wholly State-funded company* refers to the limited liability company solely invested and set up by the investment institution or department authorized by the state.

3. *Other limited liability companies* refer to the economic entity registered according to the Regulations of the People’s Republic of China for Administration of Registration of Business Entities and established with investment

from 2-50 investors, each investor bearing limited liability to the company depending on his/her share of investment and the company bearing liability to its debt to the maximum of its total assets. This category excludes wholly state-funded companies.

4. *Incorporated Corporation* refers to the economic entity registered according to the Regulations of the People's Republic of China for Administration of Registration of Business Entities with total registered capital divided into equal shares and raised through issuing stocks, each stockholder bearing limited liability to the corporation depending on the holding of shares and the corporation with bearing liability to its debt to the maximum of its total assets.

5. *Others* refer to other types of enterprises classified according to their registration status except the above groups.

Group Member Enterprises refer to the mother company, fully-owned, absolute-holding subsidiaries and relative-holding subsidiaries, excluding equity participation companies, cooperative enterprises and secondary companies of subsidiaries. However, if a subsidiary of an enterprise group is a purely managerial company, its secondary holding subsidiaries should be treated as a company or enterprise subordinated to the enterprise group. The above-mentioned various subsidiaries of an enterprise group should include those located at home and abroad.

Main Business Lines of Enterprise Group refers to the main trade of an enterprise group in its production and operation activities. An enterprise group is usually engaged in multiple production and operation, so its main business line is often determined according to its three sorts of products or operations that enjoy the largest revenue share in the enterprise group.

Total Registered capital refers to the total registered capital of an enterprise or each member enterprise of an enterprise group registered at an administrative agency for industry and commerce, including national capital, collective capital, corporate capital, individual capital, foreign capital, etc.

Original Value of Fixed Assets refers to the total sum of money paid by an enterprise group in building, purchases, installation, reconstruction, extension or technological renovation of a particular item of fixed assets.

Inventory refers to various assets stored by an enterprise or an enterprise group in the process of production and operation for the purpose of sales or consumption.

Average Balance of Current Assets refers to the total average balance of current assets of an enterprise or an enterprise group during the report period. The formula is as follows:

Annual average balance of current assets = Σ (Balance of current assets at the beginning and end of each month from January to December)/24.

Total Liabilities refer to the debts in monetary terms that an enterprise has to repay by assets or labor services within an operating cycle, divided into current and long-term liabilities according to the repayment period.

Current Liabilities refers to the debts repayable of an enterprise or an enterprise group within an operating cycle of one year or over one year, including short-term loans, bills payable, accounts payable, advance received on sales, wages payable, profits payable, other account payable, advanced expenses, etc.

Total Stockholder's (owner's) Equity refers to investors' ownership of the net assets of the enterprise, which is equal to the balance of the total assets minus the total liabilities of the enterprise, including the initial investment from enterprise investors, capital accumulation fund, surplus accumulation fund and undistributed profits as well as a few stockholders' equity separately listed in the consolidated balance sheet of the enterprise group.

Capital Stock (Called-up Capital) refers to the capital raised by a corporate enterprise by issuing stocks. For a non-corporation enterprise it means the actually received capital input by investors.

Operating Revenue refers to the total revenue from the main business line and other operations of an enterprise or an enterprise group.

Revenue from Main Business Lines refers to the operating revenue gained by an enterprise or an enterprise group from certain main production and operation activities. This indicator has different names in different accounting systems, but it is reported according to the definition of each accounting system or statement respectively. For an agricultural enterprise it means "revenue from main business line"; for an industrial enterprise it means "sales revenue of products"; for a transport enterprise it means "revenue from main business line"; for a construction enterprise it means "revenue from project settlement"; for a wholesale and retail enterprise it means "sales revenue of products"; for a real estate enterprise it means "revenue from real estate operation"; for other enterprises it means "business (operating) revenue".

Cost of Main Business Line refers to the cost incurred in an enterprise or an enterprise group for certain main production and operation activities.

Taxes and Surcharges on Main Business Lines refer to the taxes and surcharges levied on the main production and operating activities of an enterprise according to the tax regulations, which should be deducted from the revenue from main business lines, including business tax, consumption tax, urban construction tax, resource tax, land VAT, educational surcharge, etc.

Revenue from Other Operations refers to the revenue from other sales or business lines of an enterprise or an enterprise group rather than its main business lines.

Loss from Price Decrease of Inventory and Expenses of Operation, Management, Finance, etc. The loss from price Decrease of inventory refers to the loss due to market decline of inventory in the process of withdrawal or resale by a company; operating expenses refer to the expenses incurred in the process of selling products by a company or purchasing products by a commercial company; overhead costs refer to the overhead expenses incurred in the process of organizing and managing production and operation by a company; financial expenses refer to the expenses incurred in the process of raising funds needed for production and operation by a company.

Sales Revenue of New Products refers to the revenue from the sales of new products by an enterprise or enterprise group. New products refer to the products endorsed by the competent authorities concerned and within the period of validity as well as those developed by the enterprise itself and within one year from the start of production but without the endorsement of the authorities concerned. New Products are Products developed and made according to new technological principles or design ideas, or products which have some break through or notable improvement in structure, materials or technique as compared with original products, so that their functions are considerably improved or extended, thus they are helpful to raise economic benefits and characterized by advance, novelty and applicability in a particular area or business line.

Total Value of Exports refers to the total value of goods directly exported to foreign or overseas markets by an enterprise or an enterprise group, included in its revenue from the main business line or from other operations.

Expenses of Taxation refer to various taxes and duties disbursed on the overhead costs of an enterprise group according to the regulations, including real estate tax, land use tax, vehicle and vessel license tax, stamp duty, etc.

Expenses of Labor and Unemployment Insurance refer to the total expenses paid by an enterprise for labor and unemployment insurance.

Interest Payment refers to the net interest payment (after deducting interest income) by an enterprise in the process of its production and operation.

Return on Investment refer to the revenue from various external investment made by an enterprise or an enterprise group.

Total Profits refer to the total profit or loss made by an enterprise or an enterprise group, which reflect the final financial results of an enterprise or an enterprise group. The formula is as follows: Total profits = Business profit + Subsidy income + Return on investment + Non-operating income – non-operating expense.

Income Tax Payable refers to the tax on its profits for the current year that an enterprise or an enterprise group should pay.

Value Added Tax Payable refers to the amount VAT that should be paid by an enterprise or an enterprise group. The formula is as follows:

VAT Payable = Sales Tax + Export Tax Refund + Amount Removed from Purchase Tax – Purchase Tax.

Completed Investment in Fixed Assets refers to the total expenditure on building and purchases of fixed assets and other relevant expenses incurred by an enterprise or an enterprise group in the current year, including:

(1) investment on construction projects,

(2) investment on installation projects,

(3) purchases of equipment and tools,

(4) expenses that should be apportioned to fixed assets, etc.

R&D Expenses refer to the total actual expenditure paid by an enterprise or an enterprise group for research and development (fundamental research, applied scientific research and experimental development), including the direct expenditure on research and development projects and all indirect expenses such as institution's overhead costs, expenses for operation of R&D institutions, and expenditure on relevant capital construction.

Employed Persons refer to all the persons working and receiving wages and other forms of payment at an enterprise or an enterprise group (including the mother company and subsidiary companies), including full-time staff and workers, employees from Hong Kong, Macao and Taiwan, part-time employees, employees of other entities temporarily transferred to current posts, and employees holding the second job, but excluding stall and workers who have left their working entities while keeping their labor contracts (employment relations) unchanged.

Staff and Workers at Post refer to the persons working at an enterprise or an enterprise group, including those who are on the regular payroll but are temporarily not on duty due to off the job study and training, illness, injury, childbirth, etc.

Labor Remuneration of Employed Persons refers to the total payments directly made to all the employed persons working at an enterprise or an enterprise group, including two parts: total wages paid to staff and workers at post and payments for labor to other employed persons.

Boom Index refers to the index worked out through processing and summarizing the qualitative indicators used in the investigation of enterprise prosperity by the quantitative method reflecting a situation or developmental trend of a certain entity or a certain socio-economic phenomenon under investigation. Its calculation principle is: the decision-makers of the various enterprises investigated are enquired in a written form to reply whether the present operation is better, equal to or poorer than before; the results are then weighted and summarized to work out the boom index of enterprises, i.e., boom index=proportion of enterprises with a positive answer – proportion of enterprises with a negative answer. The boom index ranges from 0 to 200 and 100 is the critical value; when the boom index is greater than 100, the economic situation tends to rise or improve, which proves in a booming situation; when the boom index is less than 100, the economic situation tends to fall or deteriorate, which proves in a depressed situation.

Index of Entrepreneur Confidence (also called Boom Index of Business Macro-economy) refers to the index worked out according to the enterpriser's understanding, opinion, judgment and forecast of the external market economic environment and macro-policies. It is used to reflect the feelings on and confidence in the enterprise's macro-economic environment.

Boom Index of Enterprise (also called Boom Index of Enterprise's Comprehensive Operation) refers to the index worked out according to the enterpriser's judgment and forecast of the enterprise's comprehensive production and operation. It is used to reflect the situation of the enterprise's comprehensive production and operation.

二十、基本单位调查

Survey of Basic Entities

Chapter 20

三十八 基本事項調查

20-1 各地区法人单位数
Number of Legal Entities by Region

单位：个 (unit)

地　区	Region	2000年	2001年	2005年	2006年	2007年
全省合计	**Total**	**80 243**	**98 339**	**99 132**	**1 023 720**	**110 196**
昆　明	Kunming	22 281	26 559	27 967	29 430	33 341
曲　靖	Qujing	6 431	8 230	8 961	8 487	9 590
玉　溪	Yuxi	6 554	8 195	7 627	7 807	8 033
保　山	Baoshan	3 062	3 905	3 876	4 191	4 421
昭　通	Zhaotong	4 547	4 937	5 360	5 404	5 538
丽　江	Lijiang	2 080	5 926	2 598	2 697	2 931
普　洱	Pu'er	4 140	2 532	5 301	5 377	5 590
临　沧	Lincang	3 291	4 148	4 121	4 365	4 436
楚　雄	Chuxiong	4 673	8 851	6 150	6 348	6 792
红　河	Honghe	6 983	4 183	7 908	8 262	8 611
文　山	Wenshan	3 710	5 094	4 339	4 531	4 933
西双版纳	Xishuangbanna	2 141	7 179	2 160	2 394	2 597
大　理	Dali	5 562	3 795	7 250	7 318	7 343
德　宏	Dehong	2 734	2 402	3 430	3 652	3 893
怒　江	Nujiang	1 110	1 337	1 125	1 156	1 177
迪　庆	Diqing	944	1 065	959	953	970

20-2 各地区产业活动单位数
Number of Industrial Activity Entities by Region

单位：个 (unit)

地　区	Region	2000年	2001年	2005年	2006年	2007年
全省合计	**Total**	**128 946**	**165 429**	**159 224**	**160 306**	**169 190**
昆　明	Kunming	30 607	38 241	36 851	37 709	41 700
曲　靖	Qujing	12 185	15 432	16 362	15 192	16 984
玉　溪	Yuxi	8 809	11 229	10 472	10 333	10 598
保　山	Baoshan	5 538	7 934	7 856	7 965	8 220
昭　通	Zhaotong	8 322	10 066	10 223	10 258	10 308
丽　江	Lijiang	3 433	11 682	4 051	4 113	4 332
普　洱	Pu'er	6 720	4 172	8 800	8 763	9 018
临　沧	Lincang	6 072	8 231	7 094	7 279	7 325
楚　雄	Chuxiong	7 911	15 147	11 036	11 004	11 621
红　河	Honghe	12 092	8 229	13 909	14 201	14 524
文　山	Wenshan	6 678	8 476	8 160	8 363	8 793
西双版纳	Xishuangbanna	3 437	12 366	3 326	3 739	4 079
大　理	Dali	9 724	6 476	12 015	12 045	12 065
德　宏	Dehong	4 342	3 988	5 606	5 880	6 122
怒　江	Nujiang	1 742	2 113	1 793	1 823	1 843
迪　庆	Diqing	1 334	1 590	1 670	1 639	1 658

注：本表产业活动单位的汇总范围，包括外省(地、州)法人单位在本地的产业活动单位，但不包括本省(地、州)法人单位在外地的产业活动单位。

Note: The number of industrial activity entities by region does not include the number outside the province.

20-3 各地区基本单位数(2007年)
Number of Basic Entities by Region (2007)

单位：个 (unit)

地区	Region	法人单位数 Number of Impersonal Entities 合计 Total	单产业法人 Single-industry Corporation	多产业法人 Multi-industry Corporation	产业活动单位数 Number of Industrial Activity Entities 合计 Total	#多产业法人单位所属产业活动 Activity of Multi-industry Corporation
全省合计	**Total**	**110 196**	**98 799**	**11 397**	**169 190**	**70 391**
昆明	Kunming	33 341	31 407	1 934	41 700	10 293
曲靖	Qujing	9 590	8 697	893	16 984	8 287
玉溪	Yuxi	8 033	7 402	631	10 598	3 196
保山	Baoshan	4 421	3 647	774	8 220	4 573
昭通	Zhaotong	5 538	4 861	677	10 308	5 447
丽江	Lijiang	2 931	2 678	253	4 332	1 654
普洱	Pu'er	5 590	4 726	864	9 018	4 292
临沧	Lincang	4 436	3 839	597	7 325	3 486
楚雄	Chuxiong	6 792	5 912	880	11 621	5 709
红河	Honghe	8 611	7 475	1 136	14 524	7 049
文山	Wenshan	4 933	4 352	581	8 793	4 441
西双版纳	Xishuangbanna	2 597	2 250	347	4 079	1 829
大理	Dali	7 343	6 279	1 064	12 065	5 786
德宏	Dehong	3 893	3 404	489	6 122	2 718
怒江	Nujiang	1 177	1 033	144	1 843	810
迪庆	Diqing	970	837	133	1 658	821

注：本表产业活动单位的汇总范围，包括外省(地、州)法人单位在本地的产业活动单位，但不包括本省(地、州)法人单位在外地的产业活动单位。

Note: The number of industrial activity entities by region does not include the number outside the province.

20-4 各地区基本单位按产业划分(2007年)
Number of Basic Entities by Type of Industry and Region (2007)

单位：个 (unit)

地区	Region	法人单位数 Number of Impersonal Entities 合计 Total	第一产业 Primary Industry	第二产业 Secondary Industry	第三产业 Tertiary Industry	产业活动单位数 Number of Industrial Activity Entities 合计 Total	第一产业 Primary Industry	第二产业 Secondary Industry	第三产业 Tertiary Industry
全省合计	**Total**	**110 196**	**3 716**	**21 709**	**84 771**	**169 190**	**6 562**	**25 067**	**137 561**
昆明	Kunming	33 341	742	7 603	24 996	41 700	909	7 962	32 829
曲靖	Qujing	9 590	286	2 278	7 026	16 984	545	2 688	13 751
玉溪	Yuxi	8 033	144	1 871	6 018	10 598	154	2 100	8 344
保山	Baoshan	4 421	220	857	3 344	8 220	450	1 015	6 755
昭通	Zhaotong	5 538	71	1 011	4 456	10 308	431	1 163	8 714
丽江	Lijiang	2 931	88	558	2 285	4 332	190	657	3 485
普洱	Pu'er	5 590	521	667	4 402	9 018	809	781	7 428
临沧	Lincang	4 436	269	544	3 623	7 325	478	798	6 049
楚雄	Chuxiong	6 792	307	1 164	5 321	11 621	447	1 488	9 686
红河	Honghe	8 611	242	1 860	6 509	14 524	696	2 276	11 552
文山	Wenshan	4 933	129	903	3 901	8 793	302	1 068	7 423
西双版纳	Xishuangbanna	2 597	188	339	2 070	4 079	343	545	3 191
大理	Dali	7 343	288	1 174	5 881	12 065	372	1 501	10 192
德宏	Dehong	3 893	202	581	3 110	6 122	279	665	5 178
怒江	Nujiang	1 177	10	157	1 010	1 843	78	176	1 589
迪庆	Diqing	970	9	142	819	1 658	79	184	1 395

20-5 各地区法人单位按行业门类分组单位数(2007年)
Number of Legal Entities by Sector and Region (2007)

单位：个 (unit)

地 区	Region	合 计 Total	农、林、牧、渔业 Farming,Forestry ,Animal Husbandry and Fishery	采矿业 Mining	制造业 Manufacturing	电力、燃气及水的生产和供应业 Production and Supply of Electric Power, Gas and Water	建筑业 Construction
全省合计	**Total**	**110 196**	**3 716**	**3 861**	**12 998**	**1 347**	**3 503**
昆 明	Kunming	33 341	742	613	5 112	128	1 750
曲 靖	Qujing	9 590	286	797	1 134	84	263
玉 溪	Yuxi	8 033	144	166	1 332	98	275
保 山	Baoshan	4 421	220	133	572	79	73
昭 通	Zhaotong	5 538	71	448	318	146	99
丽 江	Lijiang	2 931	88	188	224	58	88
普 洱	Pu'er	5 590	521	76	418	53	120
临 沧	Lincang	4 436	269	86	311	72	75
楚 雄	Chuxiong	6 792	307	220	704	79	161
红 河	Honghe	8 611	242	513	989	137	221
文 山	Wenshan	4 933	129	213	505	110	75
西双版纳	Xishuangbanna	2 597	188	42	198	32	67
大 理	Dali	7 343	288	238	674	123	139
德 宏	Dehong	3 893	202	43	372	94	72
怒 江	Nujiang	1 177	10	52	77	15	13
迪 庆	Diqing	970	9	33	58	39	12

20-5 续表1 continued

单位：个 (unit)

地 区	Region	交通运输、仓储和邮政业 Transport, Storage and Post Services	信息传输、计算机服务和软件业 Information Transmission, Computer and software Services	批发和零售业 Wholesale and Retail Trade	住宿和餐饮业 Hotel and Food Services	金融业 Finance
全省合计	**Total**	**1 657**	**1 778**	**17 220**	**2 480**	**630**
昆 明	Kunming	593	945	9 011	849	156
曲 靖	Qujing	131	67	1 218	165	80
玉 溪	Yuxi	172	105	974	137	72
保 山	Baoshan	51	24	516	96	29
昭 通	Zhaotong	46	7	383	59	21
丽 江	Lijiang	24	16	229	132	18
普 洱	Pu'er	40	140	397	80	28
临 沧	Lincang	42	40	368	68	38
楚 雄	Chuxiong	103	145	667	129	29
红 河	Honghe	151	49	1 143	198	34
文 山	Wenshan	80	36	677	75	29
西双版纳	Xishuangbanna	46	6	346	84	18
大 理	Dali	102	148	535	225	28
德 宏	Dehong	45	42	624	113	26
怒 江	Nujiang	19	2	79	25	10
迪 庆	Diqing	12	6	53	45	14

20-5 续表2 continued

单位：个 (unit)

地 区	Region	房地产业 Real Estate	租赁和商务服务业 Leasing and Commercial Service	科学研究、技术服务和地质勘查业 Scientific Research, Technology Service and Geological Prospecting	水利、环境和公共设施管理业 Admistration Water Conservancy, of Environment and Public facilities	居民服务和其他服务业 Resident and Other Services
全省合计	**Total**	**3 457**	**5 196**	**3 881**	**1 640**	**1 261**
昆 明	Kunming	1 694	2 955	1 215	295	680
曲 靖	Qujing	212	285	239	167	110
玉 溪	Yuxi	129	310	427	165	100
保 山	Baoshan	117	135	119	46	32
昭 通	Zhaotong	63	91	96	25	22
丽 江	Lijiang	88	137	88	79	20
普 洱	Pu'er	133	111	146	79	16
临 沧	Lincang	116	106	137	99	18
楚 雄	Chuxiong	145	215	233	141	47
红 河	Honghe	235	201	272	113	81
文 山	Wenshan	128	132	192	55	39
西双版纳	Xishuangbanna	118	120	178	87	24
大 理	Dali	158	210	322	203	39
德 宏	Dehong	106	140	169	61	23
怒 江	Nujiang	7	10	26	12	5
迪 庆	Diqing	8	38	22	13	5

20-5 续表3 continued

单位：个 (unit)

地 区	Region	教育 Education	卫生、社会保障和社会福利业 Health Care, Social Security and Social Welfare	文化、体育和娱乐业 Culture, Sports and Entertainment	公共管理和社会组织 Public Administration and Social Organization	国际组织 International Organization
全省合计	**Total**	**6 433**	**3 807**	**2 047**	**33 284**	
昆 明	Kunming	1 502	617	517	3 967	
曲 靖	Qujing	645	305	158	3 244	
玉 溪	Yuxi	416	499	159	2 353	
保 山	Baoshan	255	133	73	1 718	
昭 通	Zhaotong	419	259	91	2 874	
丽 江	Lijiang	197	127	63	1 067	
普 洱	Pu'er	349	221	110	2 552	
临 沧	Lincang	314	168	90	2 019	
楚 雄	Chuxiong	318	243	153	2 753	
红 河	Honghe	541	337	152	3 002	
文 山	Wenshan	336	209	65	1 848	
西双版纳	Xishuangbanna	132	102	66	743	
大 理	Dali	622	356	217	2 716	
德 宏	Dehong	229	141	103	1 288	
怒 江	Nujiang	82	47	14	672	
迪 庆	Diqing	76	43	16	468	

20-6 全省法人单位按行业分组

Number of Legal Entities by Sector

单位：个 (unit)

行业	Sector	2006年	2007年
全省合计	**Total**	**102 372**	**110 196**
农、林、牧、渔业	Farming,Forestry,Animal Husbandry and Fishery	3 360	3 716
农业	Farming	933	1 130
林业	Forestry	462	510
畜牧业	Animal Husbandry	368	458
渔业	Fishery	55	62
农、林、牧、渔服务业	Services of Farming,Forestry,Animal Husbandry and Fishery	1 542	1 556
采矿业	Mining	3 533	3 861
煤炭开采和洗选业	Coal Mining and Dressing	1 566	1 574
石油和天然气开采业	Extraction of Petroleum and Natural Gas	1	2
黑色金属矿采选业	Mining and dressing of Ferrous Metals	309	373
有色金属矿采选业	Mining and Dressing of Nonferrous Metals	834	979
非金属矿采选业	Mining and Dressing of Nonmetal Minerals	813	905
其他采矿业	Mining and Dressing of Other Minerals	10	28
制造业	Manufacturing	12 138	12 998
农副食品加工业	Agricultural Non-staple Food Processing	982	1 080
食品制造业	Food Production	562	616
饮料制造业	Beverage Production	993	1 096
烟草制品业	Tobacco Production	30	30
纺织业	Textile Industry	189	207
纺织服装、鞋、帽制造业	Textile Clothing, Footwear and Headgear Production	145	155
皮革、毛皮、羽毛(绒)及其制品业	Leather,Furs,Down and Related Products	45	49
木材加工及木、竹、藤、棕、草制品业	Timber Processing,Bamboo,Cane,Palm Fiber and Straw Products	587	608
家具制造业	Furniture Manufacturing	171	185
造纸及纸制品业	Papermaking and Paper Products	357	379
印刷业和记录媒介的复制	Printing and Record Medium Reproduction	499	510
文教体育用品制造业	Cultural,Educational and Sports Goods	22	24
石油加工、炼焦及核燃料加工业	Petroleum Processing, and Coking and Nuclear Fuel Processing	158	158
化学原料及化学制品制造业	Raw Chemical Materials and Chemical Products	956	1 009
医药制造业	Medical and Pharmaceutical Products	236	250
化学纤维制造业	Chemical Fiber	3	2
橡胶制品业	Rubber Products	91	95
塑料制品业	Plastic Products	471	489
非金属矿物制品业	Nonmetal Mineral Products	2 011	2 182
黑色金属冶炼及压延加工业	Smelting and Pressing of Ferrous Metals	423	442
有色金属冶炼及压延加工业	Smelting and Pressing of Nonferrous Metals	570	630
金属制品业	Metal Products	631	668
通用设备制造业	General-purpose Equipment Manufacturing	569	595

20-6 续表1 continued

单位：个 (unit)

行　　业	Sector	2006年	2007年
专用设备制造业	Special-purpose Equipment Manufacturing	254	266
交通运输设备制造业	Transport Equipment Manufacturing	570	599
电气机械及器材制造业	Electric Equipment and Machinery Manufacturing	227	249
通信设备、计算机及其他电子设备制造业	Communication Equipment, Computers and other Electronic Equipment Production Manufacturing	35	37
仪器仪表及文化、办公用机械制造业	Instruments, Meters, Cultural and Clerical Machinery	110	117
工艺品及其他制造业	Handicraft Articles and Other Goods Production	179	194
废弃资源和废旧材料回收加工业	Discardeed Resource and Waste Materials Recycle and Processing	62	77
电力、燃气及水的生产和供应业	Production and Supply of Electric Power, Gas and Water	1 238	1 347
电力、热力的生产和供应业	Production and Supply of Electric Power and Heat	957	1 038
燃气生产和供应业	Gas Production and Supply	15	22
水的生产和供应业	Water Production and Supply	266	287
建筑业	Construction	3 079	3 503
房屋和土木工程建筑业	House Building and civil Engineering	1 613	1 766
建筑安装业	Burding Installation	438	504
建筑装饰业	Building Fiting up and Decoration	875	1 021
其他建筑业	Other Construction	153	212
交通运输、仓储和邮政业	Transport, Storage and Post Service	1 507	1 657
铁路运输业	Railway transport	4	9
道路运输业	Highway Transport	876	974
城市公共交通业	Urban Public Transit	155	163
水上运输业	Water Way Transport	30	30
航空运输业	Air Transport	13	15
管道运输业	Pipeline Transport		
装卸搬运和其他运输服务业	Lording, Unlording, Carrying and Other Transport Services	268	298
仓储业	Storage Service	135	142
邮政业	Post Service	26	26
信息传输、计算机服务和软件业	Information Transmission Computer Service and Software Service	1 488	1 778
电信和其他信息传输服务业	Telecommunications and Other Information Transmission Services	313	405
计算机服务业	Computer Service	950	1 084
软件业	Software Service	225	289
批发和零售业	Wholesale and Retail Trade	14 882	17 220
批发业	Wholesale	8 799	10 320
零售业	Retail	6 083	6 900
住宿和餐饮业	Hotel and Food Services	2 385	2 480
住宿业	Hotel Service	1 739	1 796
餐饮业	Food Service	646	684
金融业	Banking and Insurance	564	630
银行业	Banking	355	368
证券业	Securities Industry	12	13

20-6 续表2 continued

单位：个 (unit)

行　　　业	Sector	2006年	2007年
保险业	Insurance	111	141
其他金融活动	Other Financial Trade	86	108
房地产业	Real Estate Trade	2 913	3 457
房地产业	Real Estate Trade	2 913	3 457
租赁和商务服务业	Leasing Treade and Commercial Service	4 450	5 196
租赁业	Leasing	188	217
商务服务业	Commercial Service	4 262	4 979
科学研究、技术服务和地质勘查业	Scientific Research, Technology Service and Geological Prospecting	3 673	3 881
研究与试验发展	R & D	284	311
专业技术服务业	Professional Technology Service	1 744	1 865
科技交流和推广服务业	Communion and Popularization of Science and Technology	1 535	1 572
地质勘查业	Geological Prospecting	110	133
水利、环境和公共设施管理业	Admistration of Water Conservancy and Environment and Public facilities	1 580	1 640
水利管理业	Admistration of Water Conservancy	825	831
环境管理业	Admistration of Environment	337	357
公共设施管理业	Admistration of Public facilities	418	452
居民服务和其他服务业	Resident and Other Services	1 090	1 261
居民服务业	Resident Service	507	556
其他服务业	Other Services	583	705
教育	Education	6 230	6 433
教育	Education	6 230	6 433
卫生、社会保障和社会福利业	Health Care, Social Security and Social Welfare	3 757	3 807
卫生	Health Care	3 173	3 215
社会保障业	Social Security	243	250
社会福利业	Social Welfare	341	342
文化、体育和娱乐业	Culture, Sports and Entertainment	1 988	2 047
新闻出版业	News and Publishing	109	108
广播、电视、电影和音像业	Broadcasting, Television,Filmdom and Audio-visual Production	323	332
文化艺术业	Culture and Arts	1 079	1 096
体育	Sports	138	151
娱乐业	Entertainment	339	360
公共管理和社会组织	Public Administration and Social Organization	32 517	33 284
中国共产党机关	Organs of Communist Prty of China	1 853	1 867
国家机构	State Institutions	11 623	11 839
人民政协和民主党派	Chinese People's Political Consultative Conferences and Democratic Parties	225	228
群众团体、社会团体和宗教组织	Mass Groups, Social Groups and Religious Organization	5 014	5 412
基层群众自治组织	Grass-roots Autonomous Organization	13 802	13 938
国际组织	International Organizations		
国际组织	International Organizations		

20-7 全省产业活动单位按行业分组

Number of Industrial Activity Entities by Sector

单位：个 (unit)

行　业	Sector	2006年	2007年
全省合计	**Total**	**160 306**	**169 190**
农、林、牧、渔业	Farming,Forestry,Animal Husbandry and Fishery	6 192	6 562
农业	Farming	1 252	1 480
林业	Forestry	770	818
畜牧业	Animal Husbandry	391	486
渔业	Fishery	71	78
农、林、牧、渔服务业	Services of Farming,Forestry,Animal Husbandry and Fishery	3 708	3 700
采矿业	Mining	3 852	4 212
煤炭开采和洗选业	Coal Mining and Dressing	1 691	1 710
石油和天然气开采业	Extraction of Petroleum and Natural Gas	1	2
黑色金属矿采选业	Mining and dressing of Ferrous Metals	334	398
有色金属矿采选业	Mining and Dressing of Nonferrous Metals	936	1 090
非金属矿采选业	Mining and Dressing of Nonmetal Minerals	879	982
其他采矿业	Mining and Dressing of Other Minerals	11	30
制造业	Manufacturing	13 257	14 173
农副食品加工业	Agricultural Non-staple Food Processing	1 118	1 215
食品制造业	Food Production	620	710
饮料制造业	Beverage Production	1 102	1 208
烟草制品业	Tobacco Production	37	38
纺织业	Textile Industry	201	222
纺织服装、鞋、帽制造业	Textile Clothing, Footwear and Headgear Production	158	168
皮革、毛皮、羽毛(绒)及其制品业	Leather,Furs,Down and Related Products	48	52
木材加工及木、竹、藤、棕、草制品业	Timber Processing,Bamboo,Cane,Palm Fiber and Straw Products	668	687
家具制造业	Furniture Manufacturing	183	198
造纸及纸制品业	Papermaking and Paper Products	367	388
印刷业和记录媒介的复制	Printing and Record Medium Reproduction	533	546
文教体育用品制造业	Cultural,Educational and Sports Goods	22	24
石油加工、炼焦及核燃料加工业	Petroleum Processing, and Coking and Nuclear Fuel Processing	163	162
化学原料及化学制品制造业	Raw Chemical Materials and Chemical Products	1 019	1 073
医药制造业	Medical and Pharmaceutical Products	241	254
化学纤维制造业	Chemical Fiber	3	2
橡胶制品业	Rubber Products	98	102
塑料制品业	Plastic Products	498	515
非金属矿物制品业	Nonmetal Mineral Products	2 173	2 350
黑色金属冶炼及压延加工业	Smelting and Pressing of Ferrous Metals	459	476
有色金属冶炼及压延加工业	Smelting and Pressing of Nonferrous Metals	618	683
金属制品业	Metal Products	663	700
通用设备制造业	General-purpose Equipment Manufacturing	602	628

20-7 续表1 continued

单位：个 (unit)

行业	Sector	2006年	2007年
专用设备制造业	Special-purpose Equipment Manufacturing	280	291
交通运输设备制造业	Transport Equipment Manufacturing	728	757
电气机械及器材制造业	Electric Equipment and Machinery Manufacturing	240	263
通信设备、计算机及其他电子设备制造业	Communication Equipment, Computers and other Electronic Equipment Production	36	45
仪器仪表及文化、办公用机械制造业	Instruments, Meters, Cultural and Clerical Machinery	113	119
工艺品及其他制造业	Handicraft Articles and Other Goods Production	197	212
废弃资源和废旧材料回收加工业	Discardeed Resource and Waste Materials Recycle and Processing	69	85
电力、燃气及水的生产和供应业	Production and Supply of Electric Power, Gas and Water	2 044	2 156
电力、热力的生产和供应业	Production and Supply of Electric Power and Heat	1 671	1 754
燃气生产和供应业	Gas Production and Supply	20	28
水的生产和供应业	Water Production and Supply	353	374
建筑业	Construction	3 986	4 526
房屋和土木工程建筑业	House Building and civil Engineering	2 428	2 693
建筑安装业	Building Installation	471	542
建筑装饰业	Building Fiting up and Decoration	919	1 063
其他建筑业	Other Construction	168	228
交通运输、仓储和邮政业	Transport, Storage and Postal Service	4 017	4 180
铁路运输业	Railway transport	37	42
道路运输业	Highway Transport	1 795	1 906
城市公共交通业	Urban Public Transit	206	213
水上运输业	Water Way Transport	36	35
航空运输业	Air Transport	25	27
管道运输业	Pipeline Transport		
装卸搬运和其他运输服务业	Lording, Unlording, Carrying and Other Transport Services	317	351
仓储业	Storage Service	164	173
邮政业	Post Service	1 437	1 433
信息传输、计算机服务和软件业	Information Transmission, Computer Service and Software Services	1 966	2 292
电信和其他信息传输服务业	Telecommunications and Other Information Transmission Services	768	893
计算机服务业	Computer Service	971	1 108
软件业	Software Service	227	291
批发和零售业	Wholesale and Retail Trade	22 658	25 296
批发业	Wholesale	12 527	14 177
零售业	Retail	10 131	11 119
住宿和餐饮业	Hotel and Food Services	3 540	3 612
住宿业	Hotel Service	2 598	2 639
餐饮业	Food Service	942	973
金融业	Banking and Insurance	4 012	4 165
银行业	Banking	3 391	3 436
证券业	Securities Business	30	31
保险业	Insurance	476	556
其他金融活动	Other Financial Business	115	142

20-7 续表2 continued

单位：个 (unit)

行业	Sector	2006年	2007年
房地产业	Real Estate Trade	3 200	3 779
房地产业	Real Estate Trade	3 200	3 779
租赁和商务服务业	Leasing Treade and Commercial Service	5 423	6 195
租赁业	Leasing	233	261
商务服务业	Commercial Serive	5 190	5 934
科学研究、技术服务和地质勘查业	Scientific Research, Technology Service and Geological Prospecting	5 301	5 510
研究与试验发展	R & D	327	354
专业技术服务业	Professional Technology Service	2 135	2 270
科技交流和推广服务业	Communion and Popularization of Science and Technology	2 654	2 677
地质勘查业	Geological Prospecting	185	209
水利、环境和公共设施管理业	Admistration of Water Conservancy and Environment and Public facilities	2 848	2 904
水利管理业	Water Conservancy Admistrition	1 771	1 777
环境管理业	Admistration of Environment	571	584
公共设施管理业	Admistration of Public facilities	506	543
居民服务和其他服务业	Resident and Other Services	1 544	1 721
居民服务业	Resident Service	804	853
其他服务业	Other Services	740	868
教育	Education	19 091	19 437
教育	Education	19 091	19 437
卫生、社会保障和社会福利业	Health Care, Social Security and Social Welfare	10 324	10 509
卫生	Health Care	9 155	9 328
社会保障业	Social Security	544	557
社会福利业	Social Welfare	625	624
文化、体育和娱乐业	Culture, Sports and Entertainment	3 264	3 317
新闻出版业	News and Publishing	134	133
广播、电视、电影和音像业	Broadcast, Television,Filmdom and Audio & Video Production	636	651
文化艺术业	Culture and Arts	1 880	1 887
体育	Sports	160	173
娱乐业	Entertainment	454	473
公共管理和社会组织	Public Administration and Social Organization	43 787	44 644
中国共产党机关	Organizations of Communist Prty of China	1 981	1 996
国家机构	State Institutions	21 672	21 970
人民政协和民主党派	Chinese People's Political Consultative Conferences and Democratic Parties	239	242
群众团体、社会团体和宗教组织	Mass Groups, Social Groups and Religion Organization	6 076	6 472
基层群众自治组织	Grass-roots Autonomous Organization	13 819	13 964
国际组织	International Organizations		
国际组织	International Organizations		

主要统计指标解释

法人单位　指具备下列条件的单位：（1）依法成立，有自己的名称、组织机构和场所，能够独立承担民事责任；（2）独立拥有和使用（或授权使用）资产，承担负债，有权与其他单位签订合同；（3）会计上独立核算，能够编制资产负债表。法人单位包括企业法人、事业单位法人、机关法人、社会团体法人和其他法人。法人单位由产业活动单位组成，产业活动接受法人单位的管理和控制。法人单位只位于一个场所并主要从事一种社会经济活动，称为单位产业法人。单位产业法人本身也是一个产业活动单位。法人单位从事多种经济活动，或者位于多个地点，称为多产业法人。多产业法人由两个或两个以上产业活动单位组成。

产业活动单位　指具备下列条件的单位：（1）在一个场所从事一种或主要从事一种社会经济活动；（2）相对独立组织生产经营或业务活动；（3）能够掌握收入和支出等业务核算资料。产业活动单位按以下具体办法认定：

1．经过法定程序批准建立的、不能独立承担民事责任的单位，认定为产业活动单位。包括：由各级工商行政管理机关核准登记，领取《营业执照》的分支机构或经营单位；由各级登记主管机关备案，或依据相关法律法规由各级主管部门批准建立的事业单位分支机构和社会团体分支机构。

2．未经法定程序批准在法人内部建立的机构，符合产业活动单位应具备的三个条件。

Explanatory Notes on Principal Statistical Indicators

Legal Entity A legal entity should meet the following three requirements: (1) being set up in conformity with relevant legal provisions, having its full name, organization and location and being capable of taking civil liability; (2) independently possessing and using (or entrusted to use) its assets and bearing its liabilities, and being entitled to sign contracts with other entities; (3) keeping independent accounting and being capable of preparing its own balance sheet. Legal entities include business entities, institution entities, entities of government departments, entities of mass organizations, etc. A legal entity that is located in one seat and engaged in one kind of socio-economic activities is called a single-industrial entity, which is also an industrial activity entity; and one that is located in several seats or engaged in diversified economic activities is named a multi-industrial entity, which consists of two or more than two industrial activity entities.

Industrial Activity Entity An industrial activity entity should meet the following requirements: (1) being engaged in or mainly engaged in one kind of socio-economic activities in one seat; (2) organizing its production and operation or vocational work with relative independence; (3) being capable of possessing business accounting materials such as income and expenditure etc. The specific standards for identifying an industrial activity entity are as follows:

1. An entity that is set up according to legal procedure and is not capable of bearing civil liability is identified as an industrial activity entity. This category includes branches or operating entities that are registered at administrative departments for industry and commerce at all levels and receive business licenses, and branches of institutions and mass organizations that are kept on the files of registration departments at all levels or up with the approval of departments in charge at all levels in conformity with relevant legal provisions or regulations.

2. An organ that is set up within a legal entity without going through relevant legal procedure and meets the above-mentioned three requirements is identified as an industrial activity entity.

二十一、民族自治地方概况

General Survey of Minority Nationality Autonomous Areas

Chapter 21

21-1 民族自治地方行政区划(2007年)

Administrative Division of Minority Nationality Autonomous Areas (2007)

单位:个 (unit)

地　级	Autonomous Prefecture	县级市 Number of Cities at County Level	县 Number of Counties	自治县 Number of Autonomous Counties
全省合计	**Total**	**7**	**42**	**29**
8个自治州	**8 Autonomous Prefectures**	**7**	**42**	**9**
楚雄彝族自治州	Chuxiong Yi Autonomous Prefecture	1	9	
红河哈尼族彝族自治州	Honghe Hani & Yi Autonomous Prefecture	2	8	3
文山壮族苗族自治州	Wenshan Zhuang & Miao Autonomous Prefecture		8	
西双版纳傣族自治州	Xishuangbanna Dai Autonomous Prefecture	1	2	
大理白族自治州	Dali Bai Autonomous Prefecture	1	8	3
德宏傣族景颇族自治州	Dehong Dai & Jingpo Autonomous Prefecture	2	3	
怒江傈僳族自治州	Nujiang Lisu Autonomous Prefecture		2	
迪庆藏族自治州	Diqing Tibetan Autonomous Prefecture		2	2
其它5个州、市辖	**Other 5 Prefectures and Cities under the Jurisdiction of Provincial Government**		**2**	**1** **20**

21-2 少数民族自治县分布情况(2007年)

Geographical Distribution of Minority Nationality Autonomous Counties (2007)

地区	Region	自治县数（个） Number of Autonomous Counties(unit)	自治县名称 Schedule of Autonomous Counties
全省合计	**Total**	**29**	
昆明市	Kunming	3	禄劝彝族苗族自治县、石林彝族自治县、寻甸回族彝族自治县 Luquan Yi & Miao Autonomous County, Shilin Yi Autonomous County, Xundian Hui & Yi Autonomous County
玉溪市	Yuxi	3	峨山彝族自治县、新平彝族傣族自治县、元江哈尼族彝族傣族自治县 Eshan Yi Autonomous County Xinping Yi , Dai Autonomous County Yuanjiang Hani , Yi , Dai Autonomous County
丽江市	Lijiang	2	玉龙纳西族自治县、宁蒗彝族自治县 Yulong Naxi Autonomous County, Ninglang Yi Autonomous County
普洱市	Pu'er	9	宁洱哈尼族彝族自治县、景东彝族自治县、景谷傣族彝族自治县、墨江哈尼族自治县、孟连傣族拉祜族佤族自治县、澜沧拉祜族自治县、西盟佤族自治县、江城哈尼族彝族自治县、镇沅彝族哈尼族拉祜族自治县 Ning'er Hani & Yi Autonomous County, Jingdong Yi Autonomous County, Jinggu Dai & Yi Autonomous County,Mojiang Hani Autonomous County, Menglian Dai & Lahu Wa Autonomous County, Lancang lahu Autonomous County, Ximeng Wa Autonomous County, Jiangcheng Hani & Yi Autonomous County, Zhenyuan Yi & Hani Lahu Autonomous County
临沧市	Lincang	3	双江拉祜族佤族布朗族傣族自治县、耿马傣族佤族自治县、沧源佤族自治县 Shuangjiang Lahu & Wa & Bulang & Dai Autonomous County, Gengma Dai & Wa Autonomous County, Cangyuan Wa Autonomous County
红河州	Honghe	3	金平苗族瑶族傣族自治县、屏边苗族自治县、河口瑶族自治县 Jinping Miao & Yao & Dai Autonomous County, Pingbian Miao Autonomous County, Hekou Yao Autonomous County
大理州	Dali	3	漾濞彝族自治县、南涧彝族自治县、巍山彝族回族自治县 Yangbi Yi Autonomous County, Nanjian Yi Autonomous County, Weishan Yi & Hui Autonomous County
怒江州	Nujiang	2	贡山独龙族怒族自治县、兰坪白族普米族自治县 Gongshan Dulong, Nu Autonomous County Lanping Bai , Pumi Autonomous County
迪庆州	Diqing	1	维西傈僳族自治县 Weixi Lisu Autonomous County

21-3 少数民族分布的主要州市
Main Geographic Distribution of Minority Nationalities

民　族	Nationality	分布的主要州市	Main Geographic Distribution
彝　族	Yi	楚雄州、红河州、玉溪市、大理州、普洱市、昆明市	Chuxiong , Honghe ,Yuxi , Dali , Pu'er , Kunming
白　族	Bai	大理州	Dali
哈尼族	Hani	红河州、西双版纳州、普洱市、玉溪市	Honghe , Xishuangbanna , Pu'er , Yuxi
壮　族	Zhuang	文山州、红河州、曲靖市	Wenshan , Honghe , Qujing
傣　族	Dai	西双版纳州、德宏州、普洱市、临沧市	Xishuangbanna , Dehong , Pu'er , Lincang
苗　族	Miao	文山州、红河州、昭通市	Wenshan , Honghe , Zhaotong
傈僳族	Lisu	怒江州、迪庆州、丽江市、大理州	Nujiang , Diqing , Lijiang , Dali
回　族	Hui	昆明市、大理州、曲靖市、楚雄州、红河州、玉溪市	Kunming , Dali , Qujing , Chuxiong , Honghe , Yuxi
拉祜族	Lahu	普洱市、临沧市、西双版纳州	Pu'er , Lincang , Xishuangbanna
佤　族	Wa	临沧市、普洱市	Lincang , Pu'er
纳西族	Naxi	丽江市、迪庆州	Lijiang , Diqing
瑶　族	Yao	文山州、红河州	Wenshan , Honghe
藏　族	Tibetan	迪庆州	Diqing
景颇族	Jingpo	德宏州	Dehong
布朗族	Bulang	西双版纳州、普洱市、临沧市	Xishuangbanna , Pu'er , Lincang
普米族	Pumi	丽江市、怒江州、迪庆州	Lijiang , Nujiang , Diqing
怒　族	Nu	怒江州	Nujiang
阿昌族	Achang	德宏州、保山市	Dehong , Baoshan
基诺族	Jino	西双版纳州	Xishuangbanna
德昂族	De ang	德宏州、临沧市	Dehong , Lincang
蒙古族	Mongolian	玉溪市	Yuxi
布依族	Buyi	曲靖市	Qujing
独龙族	Dulong	怒江州	Nujiang
水　族	Shui	曲靖市	Qujing

21-4 少数民族自治地方主要社会经济指标占全省的比重(2007年)
Proportion of Principal Socioeconomic Indicators on Minority Nationality Autonomous Areas to Provincial Total (2007)

指　　标	Item	民族自治地方 Minority Autonomous Areas	全省 Provincial Total	民族自治地方占全省的比重(%) Proportion of Minority Autonomous Areas to Provincial Total (%)
市县数(个)	**Number of Cities and Counties(Unit)**	**78**	**129**	**60.5**
年底总人口(万人)	**Total Population at the Year-end (10 000 persons)**	**2 237.47**	**4 514.00**	**49.6**
# 少数民族人口(万人)	Minority Population (10 000 persons)	1 239.92	1 534.11	80.8
生产总值(当年价)(亿元)	**Gross Domestic Product (at Current prices) (100 million yuan)**	**1 820.20**	**4 741.31**	**38.4**
工农业总产值(当年价)(亿元)	**Gross Output Value of Industry and Agriculture (at Current prices) (100 million yuan)**	**1 991.90**	**6 552.09**	**30.4**
农业总产值(亿元)	Gross Output Value of Agriculture (100 million yuan)	548.95	1 414.79	38.8
工业总产值(亿元)	Gross Output Value of Industry (100 million yuan)	1 442.95	5 137.30	28.1
土地面积(平方公里)	**Land Area (sq.km)**	**276 674**	**394 193**	**70.2**
主要农产品产量	**Output of Major Agricultureal Products**			
粮食总产量(万吨)	Grain (10 000 tons)	759.83	1 460.70	52.0
甘蔗总产量(万吨)	Sugarcane (10 000 tons)	1 386.73	1 938.67	71.5
烤烟产量(万吨)	Flue-cured Tobacco (10 000 tons)	36.53	76.68	47.6
大牲畜年末数(万头)	Large Livestock at the Year-end (10 000 heads)	698.58	903.07	77.4
全社会固定资产投资总额(亿元)	**Total Investment in Fixed Assets (100 million yuan)**	**1 045.19**	**2 798.89**	**37.3**
社会消费品零售总额(亿元)	**Retail Sales of Consumer Goods (100 million yuan)**	**481.38**	**1 394.54**	**34.5**
财政	**Government Finance**			
财政收入(亿元)	Government Revenue (100 million yuan)	130.55	486.71	26.8
财政支出(亿元)	Government Expenditure (100 million yuan)	428.36	1 135.22	37.7
教育文化	**Number of Educational and Cultural Institutions**			
广播电台(个)	Radio Stations (Unit)	8	15	53.3
电视台(个)	Television Stations(Unit)	8	56	14.3
公共图书馆(个)	Public Libraries(Unit)	86	149	57.7
高等院校数(所)	Regular Institutions of Higher Education (Unit)	9	59	15.3
普通中学学校数(所)	Regular Secondary Schools(Unit)	1 216	2 281	53.3
小学学校数(所)	Primary Schools(Unit)	9 188	17 163	53.5
卫生	**Health Care**			
卫生机构(个)	Health Institutions(Unit)	4 517	9 693	46.6
卫生机构床位数(万张)	Number of Sickbeds of Health Care Institutions (10 000 units)	5.32	11.90	44.7
专业卫生技术人员(万人)	Number of Medical Technical Personnel (10 000 persons)	5.50	14.93	36.8

注：财政收入为地方财政收入。
Note:The government revenue refers to local government revenue.

21-5 少数民族自治地方基本情况(2007年)

地　　区	Region	建立时间
总　计	**Total**	
自治州小计	**Autonomous Prefectures**	
楚雄彝族自治州	Chuxiong Yi Autonomous Prefecture	1958年4月15日
红河哈尼族彝族自治州	Honghe Hani and Yi Autonomous Prefecture	1957年11月18日
文山壮族苗族自治州	Wenshan Zhuang and Miao Autonomous Prefecture	1958年4月1日
西双版纳傣族自治州	Xishuangbanna Dai Autonomous Prefecture	1953年1月24日
大理白族自治州	Dali Bai Autonomous Prefecture	1956年11月22日
德宏傣族景颇族自治州	Dehong Dai and Jingpo Autonomous Prefecture	1953年7月24日
怒江傈僳族自治州	Nujiang Lisu Autonomous Prefecture	1954年8月23日
迪庆藏族自治州	Diqing Tibetan Autonomous Prefecture	1957年9月13日
自治州以外的自治县小计	**Autonomous Counties Except the Above Prefectures**	
石林彝族自治县	Shilin Yi Autonomous County	1956年12月13日
禄劝彝族苗族自治县	Luquan Yi and Miao Autonomous County	1985年11月25日
寻甸回族彝族自治县	Xundian Hui and Yi Autonomous County	1979年12月20日
峨山彝族自治县	Eshan Yi Autonomous County	1951年5月12日
新平彝族傣族自治县	Xinping Yi and Dai Autonomous County	1980年11月25日
元江哈尼族彝族傣族自治县	Yuanjiang Hani and Yi and Dai Autonomous County	1980年11月22日
普洱哈尼族彝族自治县	Pu er Hani and Yi Autonomous County	1985年12月15日
墨江哈尼族自治县	Mojiang Hani Autonomous County	1979年11月28日
景东彝族自治县	Jingdong Yi Autonomous County	1985年12月20日
景谷傣族彝族自治县	Jinggu Dai and Yi Autonomous County	1985年12月25日
镇沅彝族哈尼族拉祜族自治县	Zhenyuan Yi and Hani and Lahu Autonomous County	1990年5月15日
江城哈尼族彝族自治县	Jiangcheng Hani and Yi Autonomous County	1954年5月18日
孟连傣族拉祜族佤族自治县	Menglian Dai and Lahu and Wa Autonomous County	1954年6月16日
澜沧拉祜族自治县	Lancang Lahu Autonomous County	1953年4月7日
西盟佤族自治县	Ximeng Wa Autonomous County	1965年3月5日
玉龙纳西族自治县	Yulong Naxi Autonomous County	2002年12月26日
宁蒗彝族自治县	Ninglang Yi Autonomous County	1956年9月20日
双江拉祜族佤族布朗族傣族自治县	Shuangjiang Lahu and Wa and Bulang and Dai Autonomous County	1985年12月30日
耿马傣族佤族自治县	Gengma Dai and Wa Autonomous County	1955年10月16日
沧源佤族自治县	Cangyuan Wa Autonomous County	1964年2月28日

Basic Conditions of Minority Autonomous Areas (2007)

Foundation Time	含乡镇、办事处数(个)	Number of Townships and Towns (Unit)	# 民族乡数 (个) Number of Nationality Townships and Towns (Unit)
	589乡338镇	**589 Townships and 338 Towns**	
	376乡287镇	**376 Townships and 287 Towns**	
April. 15,1958	71乡57镇	71 Townships and 57 Towns	6 Townships
Nov.18,1957	82乡60镇	82 Townships and 60 Towns	6 Townships
April.1,1958	75乡39镇	75 Townships and 39 Towns	16 Townships
Jan.24,1953	13乡19镇	13 Townships and 19 Towns	7 Townships
Nov.22,1956	55乡70镇	55 Townships and 70 Towns	13 Townships
July.24,1953	40乡24镇	40 Townships and 24 Towns	5 Townships
Aug.23,1954	20乡9镇	20 Townships and 9 Towns	3 Townships
Sept.13,1957	20乡9镇	20 Townships and 9 Towns	3 Townships
	213乡51镇	**213 Townships and 51 Towns**	
Dec.13,1956	8乡2镇 8	8 Townships and 2 Towns	
Nov.25,1985	15乡3镇	15 Townships and 3 Towns	
Dec.20,1979	11乡6镇	11Townships and 6 Towns	
May.12,1951	8乡4镇	8 Townships and 4 Towns ·	
Nov.25,1980	10乡2镇	10 Townships and 2 Towns	
Nov.22,1980	8乡3镇	8 Townships and 3 Towns	
Dec.15,1985	9乡2镇	9 Townships and 2 Towns	
Nov.28,1979	17乡2镇	17 Townships and 2 Towns	
Dec.20,1985	13乡3镇	13 Townships and 3 Towns	
Dec.25,1985	10乡2镇	10 Townships and 2 Towns	
May.15,1990	9乡2镇	9 Townships and 2 Towns	
May.18,1954	6乡2镇	6 Townships and 2 Towns	
June.16,1954	5乡2镇	5 Townships and 2 Towns	
April.7,1953	21乡2镇	21 Townships and 2 Towns	
March.5,1965	7乡1镇	7 Townships and 1 Town	
Dec.26,2002	15乡3镇	15 Townships and 3Towns	
Sept.20,1956	15乡1镇	15 Townships and 1 Town	
Dec.30,1985	5乡2镇	5 Townships and 2 Towns	
Oct.16,1955	7乡4镇	7 Townships and 4 Towns	
Feb.28,1964	8乡3镇	8 Townships and 3 Towns	

21-5 续表1 continued

地　　区	Region	土地面积 Land Area 绝对数（平方公里）Absolute Figures (sq.km)	占全省% Proportion to Provincial Total (%)	年末总人口 Total Population (year-end) 绝对数（万人）Absolute Figures (10 000 persons)	占全省% Proportion to Provincial Total (%)
总　计	**Total**	**276 674.0**	**70.2**	**2 228.4**	**49.7**
自治州小计	**Autonomous Prefectures**	**193 686.0**	**49.1**	**1 701.4**	**38.0**
楚雄彝族自治州	Chuxiong Yi Autonomous Prefecture	29 258	7.4	267.2	6.0
红河哈尼族彝族自治州	Honghe Hani and Yi Autonomous Prefecture	32 931	8.4	434.5	9.7
文山壮族苗族自治州	Wenshan Zhuang and Miao Autonomous Prefecture	32 239	8.2	339.1	7.6
西双版纳傣族自治州	Xishuangbanna Dai Autonomous Prefecture	19 700	5.0	105.7	2.4
大理白族自治州	Dali Bai Autonomous Prefecture	29 459	7.5	348.6	7.8
德宏傣族景颇族自治州	Dehong Dai and Jingpo Autonomous Prefecture	11 526	2.9	116.5	2.6
怒江傈僳族自治州	Nujiang Lisu Autonomous Prefecture	14 703	3.7	52.6	1.2
迪庆藏族自治州	Diqing Tibetan Autonomous Prefecture	23 870	6.1	37.2	0.8
自治州以外的自治县小计	**Autonomous Counties Except the Above Prefectures**	**82 988**	**21.1**	**527.0**	**11.8**
石林彝族自治县	Shilin Yi Autonomous County	1 777	0.5	23.9	0.5
禄劝彝族苗族自治县	Luquan Yi and Miao Autonomous County	4 378	1.1	43.9	1.0
寻甸回族彝族自治县	Xundian Hui and Yi Autonomous County	3 966	1.0	50.3	1.1
峨山彝族自治县	Eshan Yi Autonomous County	1 972	0.5	16.0	0.4
新平彝族傣族自治县	Xinping Yi and Dai Autonomous County	4 223	1.1	28.0	0.6
元江哈尼族彝族傣族自治县	Yuanjiang Hani and Yi and Dai Autonomous County	2 858	0.7	21.4	0.5
宁洱哈尼族彝族自治县	Ning'er Hani and Yi Autonomous County	3 670	0.9	19.4	0.4
墨江哈尼族自治县	Mojiang Hani Autonomous County	5 459	1.4	37.9	0.8
景东彝族自治县	Jingdong Yi Autonomous County	4 532	1.1	37.9	0.8
景谷傣族彝族自治县	Jinggu Dai and Yi Autonomous County	7 777	2.0	30.9	0.7
镇沅彝族哈尼族拉祜族自治县	Zhenyuan Yi and Hani and Lahu Autonomous County	4 223	1.1	21.4	0.5
江城哈尼族彝族自治县	Jiangcheng Hani and Yi Autonomous County	3 476	0.9	11.9	0.3
孟连傣族拉祜族佤族自治县	Menglian Dai and Lahu and Wa Autonomous County	1 957	0.5	13.3	0.3
澜沧拉祜族自治县	Lancang Lahu Autonomous County	8 807	2.2	49.8	1.1
西盟佤族自治县	Ximeng Wa Autonomous County	1 391	0.4	9.2	0.2
玉龙纳西族自治县	Yulong Naxi Autonomous County	7 648	1.9	22.9	0.5
宁蒗彝族自治县	Ninglang Yi Autonomous County	6 206	1.6	25.4	0.6
双江拉祜族佤族布朗族傣族自治县	Shuangjiang Lahu and Wa and Bulang and Dai Autonomous County	2 292	0.6	17.8	0.4
耿马傣族佤族自治县	Gengma Dai and Wa Autonomous County	3 837	1.1	28.3	0.6
沧源佤族自治县	Cangyuan Wa Autonomous County	2 539	0.6	17.3	0.4

21-5 续表2 continued

地 区	Rgion	少数民族人口 Population of Minority Nationalities		总人口按农业、非农业分 By Agricultural and Non-agricultural Standard	
		绝对数（万人） Absolute Figures (10 000 persons)	占本地区总人口的(%) Proportion to Local Total Population (%)	农业人口（万人） Agricultrural Population (10 000 persons)	非农业人口（万人） Non -agricultural Population (10 000 persons)
总 计	**Total**	**1239.9**	**55.4**	**1942.8**	**295.0**
自治州小计	**Autonomous Prefectures**	**930.6**	**54.4**	**1465.5**	**243.6**
楚雄彝族自治州	Chuxiong Yi Autonomous Prefecture	88.3	32.9	231.1	37.3
红河哈尼族彝族自治州	Honghe Hani and Yi Autonomous Prefecture	249.4	57.0	363.6	73.7
文山壮族苗族自治州	Wenshan Zhuang and Miao Autonomous Prefecture	195.5	57.4	312.3	28.6
西双版纳傣族自治州	Xishuangbanna Dai Autonomous Prefecture	80.5	75.6	76.4	30.1
大理白族自治州	Dali Bai Autonomous Prefecture	174.0	50.0	307.3	40.7
德宏傣族景颇族自治州	Dehong Dai and Jingpo Autonomous Prefecture	61.4	52.2	96.1	21.6
怒江傈僳族自治州	Nujiang Lisu Autonomous Prefecture	48.9	92.4	45.8	7.1
迪庆藏族自治州	Diqing Tibetan Autonomous Prefecture	32.7	87.2	32.9	4.5
自治州以外的自治县小计	**Autonomous Counties Except the Above Prefectures**	**309.3**	**58.5**	**477.3**	**51.4**
石林彝族自治县	Shilin Yi Autonomous County	8.3	34.6	21.6	2.4
禄劝彝族苗族自治县	Luquan Yi and Miao Autonomous County	13.5	30.5	41.9	2.3
寻甸回族彝族自治县	Xundian Hui and Yi Autonomous County	11.0	21.7	47.4	3.1
峨山彝族自治县	Eshan Yi Autonomous County	10.7	66.3	13.1	3.0
新平彝族傣族自治县	Xinping Yi and Dai Autonomous County	20.0	70.8	24.8	3.5
元江哈尼族彝族傣族自治县	Yuanjiang Hani and Yi and Dai Autonomous County	17.2	79.6	19.0	2.6
宁洱哈尼族彝族自治县	Ning'er Hani and Yi Autonomous County	9.9	50.8	16.3	3.2
墨江哈尼族自治县	Mojiang Hani Autonomous County	28.2	74.3	34.8	3.1
景东彝族自治县	Jingdong Yi Autonomous County	17.7	46.6	35.1	2.8
景谷傣族彝族自治县	Jinggu Dai and Yi Autonomous County	14.2	45.8	27.9	3.1
镇沅彝族哈尼族拉祜族自治县	Zhenyuan Yi and Hani and Lahu Autonomous County	11.2	52.4	19.3	2.1
江城哈尼族彝族自治县	Jiangcheng Hani and Yi Autonomous County	9.4	79.3	9.8	2.1
孟连傣族拉祜族佤族自治县	Menglian Dai and Lahu and Wa Autonomous County	11.4	85.5	11.6	1.8
澜沧拉祜族自治县	Lancang Lahu Autonomous County	38.3	76.8	46.2	3.7
西盟佤族自治县	Ximeng Wa Autonomous County	8.7	93.9	7.8	1.4
玉龙纳西族自治县	Yulong Naxi Autonomous County	20.5	89.2	21.5	1.5
宁蒗彝族自治县	Ninglang Yi Autonomous County	20.5	80.6	23.2	2.3
双江拉祜族佤族布朗族傣族自治县	Shuangjiang Lahu and Wa and Bulang and Dai Autonomous County	7.9	44.4	16.4	1.5
耿马傣族佤族自治县	Gengma Dai and Wa Autonomous County	14.6	51.8	24.4	3.8
沧源佤族自治县	Cangyuan Wa Autonomous County	16.1	93.2	15.2	2.1

21-6 少数民族自治地方生产总值(2007年)

Gross Domestic Product in Minority Nationality Autonomous Areas (2007)

单位：万元 (10 000 yuan)

地　　区	Region	生产总值 Gross Domestic Product	第一产业 Primary Industry	第二产业 Secondary Industry	第三产业 Tertiary Industry
总　计	**Total**	**18 201 999**	**4 640 048**	**7 335 986**	**6 225 965**
自治州小计	**Autonomous Prefectures**	**14 994 500**	**3 553 993**	**6 336 415**	**5 104 092**
楚雄彝族自治州	Chuxiong Yi Autonomous Prefecture	2 535 665	634 651	1 032 359	868 655
红河哈尼族彝族自治州	Honghe Hani and Yi Autonomous Prefecture	4 297 455	788 471	2 347 635	1 161 349
文山壮族苗族自治州	Wenshan Zhuang and Miao Autonomous Prefectu	2 082 839	570 179	727 900	784 760
西双版纳傣族自治州	Xishuangbanna Dai Autonomous Prefecture	1 075 431	344 300	321 643	409 488
大理白族自治州	Dali Bai Autonomous Prefecture	3 214 275	852 926	1 196 483	1 164 866
德宏傣族景颇族自治州	Dehong Dai and Jingpo Autonomous Prefecture	841 651	249 115	238 474	354 062
怒江傈僳族自治州	Nujiang Lisu Autonomous Prefecture	499 666	53 118	291 981	154 567
迪庆藏族自治州	Diqing Tibetan Autonomous Prefecture	447 518	61 233	179 940	206 345
自治州以外的自治县小计	**Autonomous Counties Except the Above Prefectures**	**3 207 499**	**1 086 055**	**999 571**	**1 121 873**
石林彝族自治县	Shilin Yi Autonomous County	222 322	66 362	58 047	97 913
禄劝彝族苗族自治县	Luquan Yi and Miao Autonomous County	217 115	88 391	46 694	82 030
寻甸回族彝族自治县	Xundian Hui and Yi Autonomous County	237 649	87 354	49 277	101 018
峨山彝族自治县	Eshan Yi Autonomous County	218 983	39 686	98 674	80 623
新平彝族傣族自治县	Xinping Yi and Dai Autonomous County	331 958	53 270	204 116	74 572
元江哈尼族彝族傣族自治县	Yuanjiang Hani and Yi and Dai Autonomous County	191 873	66 577	54 916	70 380
宁洱哈尼族彝族自治县	Ning er Hani and Yi Autonomous County	152 318	51 030	36 427	64 861
墨江哈尼族自治县	Mojiang Hani Autonomous County	158 728	49 825	51 195	57 708
景东彝族自治县	Jingdong Yi Autonomous County	192 262	88 301	41 079	62 882
景谷傣族彝族自治县	Jinggu Dai and Yi Autonomous County	234 727	87 673	89 097	57 957
镇沅彝族哈尼族拉祜族自治县	Zhenyuan Yi and Hani and Lahu Autonomous County	95 808	42 576	19 623	33 609
江城哈尼族彝族自治县	Jiangcheng Hani and Yi Autonomous County	84 824	36 317	20 956	27 551
孟连傣族拉祜族自治县	Menglian Dai and Lahu and Wa Autonomous County	72 700	29 245	16 778	26 677
澜沧拉祜族自治县	Lancang Lahu Autonomous County	176 514	65 283	50 202	61 029
西盟佤族自治县	Ximeng Wa Autonomous County	30 231	9 304	5 161	15 766
玉龙纳西族自治县	Yulong Naxi Autonomous County	124 899	43 297	33 799	47 803
宁蒗彝族自治县	Ninglang Yi Autonomous County	93 457	29 529	24 691	39 237
双江拉祜族佤族布朗族傣族自治县	Shuangjiang Lahu and Wa and Bulang and Dai Autonomous County	88 462	36 047	24 179	28 236
耿马傣族佤族自治县	Gengma Dai and Wa Autonomous County	194 221	85 536	49 943	58 742
沧源佤族自治县	Cangyuan Wa Autonomous County	88 448	30 452	24 717	33 279

注：本表按当年价格计算。

Note:The data above are calculated at the current prices.

21-7 少数民族自治地方农林牧渔业总产值(2007年)

Gross Output Value of Farming, Forestry, Animal Husbandry and Fishery in Minority Nationality Autonomous Areas (2007)

单位：万元 (10 000 yuan)

地区	Region	农林牧渔业总产值 Total	农业产值 Farming	林业产值 Forestry	牧业产值 Animal Husbandry	渔业产值 Fishery
总计	**Total**	**7 201 809**	**3 554 092**	**905 390**	**2 371 547**	**135 311**
自治州小计	**Autonomous Prefectures**	**5 489 481**	**2 656 609**	**681 200**	**1 841 826**	**115 294**
楚雄彝族自治州	Chuxiong Yi Autonomous Prefecture	1 010 184	473 152	62 829	371 782	15 518
红河哈尼族彝族自治州	Honghe Hani and Yi Autonomous Prefecture	1 190 541	612 386	87 283	432 716	34 966
文山壮族苗族自治州	Wenshan Zhuang and Miao Autonomous Prefecture	824 937	440 329	34 073	328 353	6 098
西双版纳傣族自治州	Xishuangbanna Dai Autonomous Prefecture	544 618	158 351	317 669	44 100	11 669
大理白族自治州	Dali Bai Autonomous Prefecture	1 367 926	666 291	112 593	530 608	31 492
德宏傣族景颇族自治州	Dehong Dai and Jingpo Autonomous Prefecture	383 571	231 010	44 754	80 643	14 699
怒江傈僳族自治州	Nujiang Lisu Autonomous Prefecture	77 588	33 447	11 143	25 756	127
迪庆藏族自治州	Diqing Tibetan Autonomous Prefecture	90 116	41 643	10 856	27 868	725
自治州以外的自治县小计	**Autonomous Counties Except the Above Prefectures**	**1 712 328**	**897 483**	**224 190**	**529 721**	**20 017**
石林彝族自治县	Shilin Yi Autonomous County	118 198	69 291	2 012	42 338	1 256
禄劝彝族苗族自治县	Luquan Yi and Miao Autonomous County	144 005	63 006	5 813	72 797	516
寻甸回族彝族自治县	Xundian Hui and Yi Autonomous County	146 232	58 830	7 661	77 112	1 216
峨山彝族自治县	Eshan Yi Autonomous County	59435	29025	2996	24490	686
新平彝族傣族自治县	Xinping Yi and Dai Autonomous County	102530	51961	9233	38021	1141
元江哈尼族彝族傣族自治县	Yuanjiang Hani and Yi and Dai Autonomous County	98290	72115	1296	23352	1089
普洱哈尼族彝族自治县	Pu'er Hani and Yi Autonomous County	74390	39199	14719	17048	1089
墨江哈尼族自治县	Mojiang Hani Autonomous County	72751	35945	12154	21346	1118
景东彝族自治县	Jingdong Yi Autonomous County	122868	63902	21507	34359	1074
景谷傣族彝族自治县	Jinggu Dai and Yi Autonomous County	132856	58874	49408	21636	1546
镇沅彝族哈尼族拉祜族自治县	Zhenyuan Yi and Hani and Lahu Autonomous County	66194	28329	14894	20919	817
江城哈尼族彝族自治县	Jiangcheng Hani and Yi Autonomous County	52358	32064	10809	8012	468
孟连傣族拉祜族佤族自治县	Menglian Dai and Lahu and Wa Autonomous County	45686	23851	13310	6056	272
澜沧拉祜族自治县	Lancang Lahu Autonomous County	99432	59099	10269	26084	1510
西盟佤族自治县	Ximeng Wa Autonomous County	15571	7434	3837	3603	117
玉龙纳西族自治县	Yulong Naxi Autonomous County	71 531	31 262	2 704	29 507	2 109
宁蒗彝族自治县	Ninglang Yi Autonomous County	39 234	18 436	3 895	15 609	524
双江拉祜族佤族布朗族傣族自治	Shuangjiang Lahu and Wa and Bulang and Dai Autonomous County	56647	30239	5388	17469	1166
耿马傣族佤族自治县	Gengma Dai and Wa Autonomous County	135735	88241	26162	17533	1338
沧源佤族自治县	Cangyuan Wa Autonomous County	58385	36380	6123	12430	965

注：本表按现行价格计算。
Note: The data above are calculated at the constant prices in 1990.

21-8 少数民族自治地方工农业总产值

单位:万元

地　　区	Region	工农业总产值 Gross Industrial and Agriculture Output Value	
		2006年	2007年
总　计	**Total**	**19 044 510**	**23 952 206**
自治州小计	**Autonomous Prefectures**	**15 973 056**	**19 918 969**
楚雄彝族自治州	Chuxiong Yi Autonomous Prefecture	2 924 742	3 628 712
红河哈尼族彝族自治州	Honghe Hani and Yi Autonomous Prefecture	5 727 791	7 170 576
文山壮族苗族自治州	Wenshan Zhuang and Miao Autonomous Prefecture	1 837 417	2 373 091
西双版纳傣族自治州	Xishuangbanna Dai Autonomous Prefecture	752 075	947 260
大理白族自治州	Dali Bai Autonomous Prefecture	3 311 592	4 089 178
德宏傣族景颇族自治州	Dehong Dai and Jingpo Autonomous Prefecture	691 439	897 764
怒江傈僳族自治州	Nujiang Lisu Autonomous Prefecture	506 266	530 747
迪庆藏族自治州	Diqing Tibetan Autonomous Prefecture	221 734	281 641
自治州以外的自治县小计	**Autonomous Counties Except the Above Prefectures**	**3 071 454**	**4 033 237**
石林彝族自治县	Shilin Yi Autonomous County	251 055	305 155
禄劝彝族苗族自治县	Luquan Yi and Miao Autonomous County	181 508	223 879
寻甸回族彝族自治县	Xundian Hui and Yi Autonomous County	247 098	354 826
峨山彝族自治县	Eshan Yi Autonomous County	327 534	417 904
新平彝族傣族自治县	Xinping Yi and Dai Autonomous County	420 248	669 590
元江哈尼族彝族傣族自治县	Yuanjiang Hani and Yi and Dai Autonomous County	186 687	234 293
宁洱哈尼族彝族自治县	Ning' er Hani and Yi Autonomous County	134 731	164 369
墨江哈尼族自治县	Mojiang Hani Autonomous County	97 617	125 551
景东彝族自治县	Jingdong Yi Autonomous County	132 950	163 067
景谷傣族彝族自治县	Jinggu Dai and Yi Autonomous County	233 789	309 298
镇沅彝族哈尼族拉祜族自治县	Zhenyuan Yi and Hani and Lahu Autonomous County	82 861	104 625
江城哈尼族彝族自治县	Jiangcheng Hani and Yi Autonomous County	58 223	75 175
孟连傣族拉祜族佤族自治县	Menglian Dai and Lahu and Wa Autonomous County	60 630	71 332
澜沧拉祜族自治县	Lancang Lahu Autonomous County	150 254	182 976
西盟佤族自治县	Ximeng Wa Autonomous County	18 966	22 301
玉龙纳西族自治县	Yulong Naxi Autonomous County	81 363	101 961
宁蒗彝族自治县	Ninglang Yi Autonomous County	63 498	76 189
双江拉祜族佤族布朗族傣族自治县	Shuangjiang Lahu and Wa and Bulang and Dai Autonomous County	87 624	117 028
耿马傣族佤族自治县	Gengma Dai and Wa Autonomous County	159 536	198 601
沧源佤族自治县	Cangyuan Wa Autonomous County	95 282	115 117

注：本表按当年价格计算。

Gross Output Value of Industry and Agriculture in Minority Nationality Autonomous Areas

(10 000 yuan)

工业总产值 Gross Industrial Output Value		农业总产值 Gross Agriculture Output Value	
2006年	2007年	2006年	2007年
12 955 443	**16 750 398**	**6 089 067**	**7 201 808**
11 270 016	**14 429 488**	**4 703 040**	**5 489 481**
2 073 688	2 618 528	851 054	1 010 184
4 741 637	5 980 035	986 154	1 190 541
1 121 482	1 548 154	715 935	824 937
262 099	402 642	489 976	544 618
2 122 209	2 721 252	1 189 383	1 367 926
373 291	514 193	318 148	383 571
434 640	453 159	71 626	77 588
140 970	191 525	80 764	90 116
1 685 427	**2 320 910**	**1 386 027**	**1 712 327**
153 616	186 959	97 439	118 196
63 708	79 874	117 800	144 005
130 373	208 594	116 725	146 232
278 665	358 469	48 869	59 435
337 218	567 060	83 030	102 530
106 272	136 003	80 415	98 290
71 448	89 979	63 283	74 390
38 335	52 800	59 282	72 751
35 056	40 198	97 894	122 869
129 898	176 442	103 891	132 856
32 635	38 431	50 226	66 194
19 396	22 817	38 827	52 358
24 782	25 646	35 848	45 686
67 810	83 544	82 444	99 432
6 346	6 730	12 620	15 571
22 397	30 430	58 966	71 531
31 590	36 955	31 908	39 234
42 933	60 381	44 691	56 647
47 676	62 866	111 860	135 735
45 273	56 732	50 009	58 385

Note:The figures in the table are calculated at prices of the previous years listed in the table.

21-9 主要年份全省少数民族自治地方主要指标

指　　标	Item	1952年
总人口(年末数)(万 人)	**Total Population (at the year-end)　(10 000 persons)**	**866**
# 少数民族人口 (万 人)	Minority Population　(10 000 persons)	478
工农业总产值 (万 元)	**Gross Output Value of Industry and Agriculture (10 000 yuan)**	**130 671**
农业总产值 (万 元)	Gross Output Value of Agriculture (10 000 yuan)	115 239
工业总产值 (万 元)	Gross Output Value of Industry (10 000 yuan)	15 432
农　业	**Agriculture**	
主要农业产品产量	Yields of Major Agricultural Products	
粮食总产量 (万 吨)	Grain (10 000 tons)	235
甘蔗产量 (万 吨)	Sugarcane (10 000 tons)	17
烤烟产量 (万 吨)	Flue-cured Tobacco (10 000 tons)	
大牲畜年末头数 (万 头)	Large Livestock at the Year-end (10 000 heads)	227
羊年末只数 (万 只)	Goats and Sheep at Year-end (10 000 heads)	122
生猪年末头数 (万 头)	Hogs at the Year-end (10 000 heads)	204
工　业	**Industry**	
主要工业产品产量	Output of Major Industrial Products	
钢 (万 吨)	Steel (10 000 tons)	
生铁 (万 吨)	Pig Iron (10 000 tons)	
原煤 (万 吨)	Coal (10 000 tous)	6
发电量 (万千瓦小时)	Electricity (10 000 kwh)	1 143
木材 (万立方米)	Timber (10 000 cu.m)	1
布 (万 米)	Cloth (10 000 m)	155
糖 (万 吨)	Sugar (10 000 tons)	1
卷烟 (万 箱)	Cigarettes (10 000 cases)	
运输、邮电	**Transport,Posts and Telecommunication Services**	
铁路通车里程 (公 里)	Length of Railways in Operation (km)	545
公路通车里程 (公 里)	Length of Highways in Operation (km)	2 328
邮电局(所)数 (个)	Number of Post Offices	464
财　政	**Government Finance**	
财政收入 (万 元)	Government Revenue (10 000 yuan)	6 288
财政支出 (万 元)	Government Expenditure (10 000 yuan)	2 834
卫　生	**Health Care**	
卫生事业机构数 (个)	Number of Health Institutions(Unit)	182
# 医院个数 (个)	Number of Hospitals(Unit)	92
床位数 (张)	Number of Sickbeds(Unit)	1 428
# 医院病床数 (张)	Number of Sickbeds of Hospitals(Unit)	1 359
专业卫生技术人员(人)	Number of Medical Technical Personnel (person)	1 715

注：1.1990年以前没有包括镇沅县。
2.工农业总产值1990年以前按1980年不变价格计算,1990年及以后按1990年不变价计算。
3.公路通车里程含乡村简易公路。

Principal Indicators on Minority Nationality Autonomous Areas in Significant Years

1957年	1965年	1978年	1980年	1985年
955	**1 118**	**1 597**	**1 638**	**1 752**
	537	801	828	909
201 717	**225 735**	**471 721**	**471 222**	**754 953**
160 884	167 861	276 017	268 367	413 042
40 833	57 874	195 704	202 855	341 911
310	327	456	436	476
43	73	117	123	340
1	1	3	3	16
316	338	405	414	547
238	358	378	398	431
363	528	717	703	897
			1	1
1		4	4	6
65	66	420	445	690
4722	5789	180 500	222 621	359 261
21	75	130	176	224
264	165	439	641	2 660
2	5	8	11	21
		1	5	28
545	545	913	913	913
6 200	12 481	28 233	32 500	43 200
652	732	1 026	1 000	1 000
11 753	19 836	30 215	30 234	77 875
7 689	13 398	50 410	56 774	130 300
982	1 703	2 681	3 114	3 157
99	171	1 045	1 067	1 044
4 902	13 481	29 819	33 262	37 299
3 558	8 864	26 957	30 297	34 210
8 462	17 557	30 073	33 222	39 548

Note:a.The figures excluded the data of Zhenyuan county before 1990 .

b.In this table the gross output values of industry and agriculture before 1990 were calculated at constant prices in 1980,and after 1990 they are calculated at the constant prices in 1990.

c.The length of highways includes the simple highways between villages.

21-9 续表

指　　标	Item	1990年
总人口(年末数)(万 人)	**Total Population (at the year-end) (10 000 persons)**	**1 914**
# 少数民族人口 (万 人)	Minority Population (10 000 persons)	1 019
工农业总产值(万 元)	**Gross Output Value of Industry and Agriculture (10 000 yuan)**	**2 122 135**
农业总产值 (万 元)	Gross Output Value of Agriculture (10 000 yuan)	1 158 481
工业总产值 (万 元)	Gross Output Value of Industry (10 000 yuan)	963 654
农　业	**Agriculture**	
主要农业产品产量	Yields of Major Agricultural Products	
粮食总产量 (万 吨)	Grain (10 000 tons)	565
甘蔗产量 (万 吨)	Sugarcane (10 000 tons)	489
烤烟产量 (万 吨)	Flue-cured Tobacco (10 000 tons)	15
大牲畜年末头数 (万 头)	Large Livestock at the Year-end (10 000 heads)	587
猪牛羊肉年末产量 (吨)	Goats and Sheep at Year-end (10 000 heads)	618 500
工　业	**Industry**	
主要工业产品产量	Output of Major Industrial Products	
钢产量 (万 吨)	Steel (10 000 tons)	1
生铁产量 (万 吨)	Pig Iron (10 000 tons)	16
原煤产量 (万 吨)	Coal (10 000 tous)	888
发电量 (万千瓦小时)	Electricity (10 000 kwh)	615 361
糖产量 (万 吨)	Sugar (10 000 tons)	35
卷烟产量 (万 箱)	Cigarettes (10 000 cases)	88
运输、邮电	**Transport,Posts and Telecommunication Services**	
铁路通车里程 (公 里)	Length of Railways in Operation (km)	913
公路通车里程 (公 里)	Length of Highways in Operation (km)	52 776
邮电局(所)数 (个)	Number of Post Offices	1 006
财　政	**Government Finance**	
财政收入 (万 元)	Government Revenue (10 000 yuan)	195 508
财政支出 (万 元)	Government Expenditure (10 000 yuan)	326 535
卫　生	**Health Care**	
卫生机构数 (个)	Number of Health Institutions (unit)	3 380
卫生机构床位数 (张)	Number of Health Institutions Sickbeds (unit)	39 453
专业卫生技术人员 (人)	Number of Medical Technical Personnel (person)	46 607

注：1.卫生机构、人员、床位数1994年报表制度作了调整，与以前年份不可比。
　　2.1994年以后财政收入不包括中央税收入。

continued

1995年	2000年	2001年	2005年	2006年	2007年
1 990	**2 070**	**2 081**	**2 214**	**2 228**	**2 237**
1 071	1 121	1 131	1 212	1 229	1 240
3 622 293	**5 188 349**	**5 299 907**	**15 400 892**	**19 044 510**	**23 952 206**
1 588 096	2 137 561	2 184 705	5 447 904	6 089 067	7 201 808
2 034 197	3 050 788	3 115 202	9 952 988	12 955 443	16 750 398
644	751	740	731	750	760
790	1 075.44	1 104.26	1 046	1 224	1 387
32	26	26	36	35	37
613	667	669	682	693	699
618 500	958 190	1 002 965	1 347 923	1 441 244	1 551 353
1	1	9	137	200	235
18	23	55	171	212	298
1 154	887	1 042	1 738	1 923	2 379
832 641	1 162 066	1 301 537	1 858 824	2 327 974	3 341 548
68	114	89	111	105	131
143	142	159	178	180	91
913	970	970			
71 000	94 633	100 199			
1 023	1 208	1 156			
281 815	464 155	526 020	831 449	1 011 547	1 305 485
713 377	1 292 331	1 715 074	2 613 989	3 289 306	4 283 623
3 380	1 612	1 604	4 130	2 057	4 517
39 453	47 281	47 929	47 134	47 825	53 203
47 000	48 645	48 716	47 396	47 487	55 019

Note:a.The number of health institutions,personnel and sickbeds can not be compared with those of the earlier years because of the tabling regulation changed in 1994.

b.The government revenue after 1994 in this table does not include the taxes turned over to the central government.

21-10 少数民族自治地方主要农作物产量(2007年)

Yields of Major Farm Crops in Minority Nationality Autonomous Areas (2007)

单位：吨 (ton)

地区	Region	粮食 Grain	# 稻谷 Rice	# 小麦 Wheat	# 玉米 Maize
总计	**Total**	**7 598 289**	**3 237 316**	**466 248**	**2 484 662**
自治州小计	**Autonomous Prefectures**	**5 787 505**	**2 527 072**	**340 163**	**1 874 101**
楚雄彝族自治州	Chuxiong Yi Autonomous Prefecture	979 195	465 822	91 200	230 074
红河哈尼族彝族自治州	Honghe Hani and Yi Autonomous Prefecture	1 311 138	608 437	78 509	414 823
文山壮族苗族自治州	Wenshan Zhuang and Miao Autonomous Prefecture	1 135 873	397 027	66 743	500 976
西双版纳傣族自治州	Xishuangbanna Dai Autonomous Prefecture	326 590	247 256	153	73 874
大理白族自治州	Dali Bai Autonomous Prefecture	1 308 651	481 540	47 926	418 102
德宏傣族景颇族自治州	Dehong Dai and Jingpo Autonomous Prefecture	425 944	276 594	16 466	100 338
怒江傈僳族自治州	Nujiang Lisu Autonomous Prefecture	166 636	36 172	12 864	77 413
迪庆藏族自治州	Diqing Tibetan Autonomous Prefecture	133 478	14 224	26 302	58 501
自治州以外的自治县小计	**Autonomous Counties Except the Above Prefectures**	**1 810 784**	**710 244**	**126 085**	**610 561**
石林彝族自治县	Shilin Yi Autonomous County	119 861	34 660	12 558	44 650
禄劝彝族苗族自治县	Luquan Yi and Miao Autonomous County	178 236	37 289	14 678	72 874
寻甸回族彝族自治县	Xundian Hui and Yi Autonomous County	192 599	49 250	12 109	38 826
峨山彝族自治县	Eshan Yi Autonomous County	47 598	24 818	2 096	15 922
新平彝族傣族自治县	Xinping Yi and Dai Autonomous County	78 731	38 443	3 362	27 940
元江哈尼族彝族傣族自治县	Yuanjiang Hani and Yi and Dai Autonomous County	50 038	21 725	4 300	19 341
普洱哈尼族彝族自治县	Pu er Hani and Yi Autonomous County	68 963	33 110	4 939	21 242
墨江哈尼族自治县	Mojiang Hani Autonomous County	113 830	39 633	4 651	55 961
景东彝族自治县	Jingdong Yi Autonomous County	126 470	47 297	14 903	48 261
景谷傣族彝族自治县	Jinggu Dai and Yi Autonomous County	115 738	65 585	3 447	34 723
镇沅彝族哈尼族拉祜族自治县	Zhenyuan Yi and Hani and Lahu Autonomous County	77 641	37 547	6 379	26 929
江城哈尼族彝族自治县	Jiangcheng Hani and Yi Autonomous County	33 860	19 496	370	12 678
孟连傣族拉祜族佤族自治县	Menglian Dai and Lahu and Wa Autonomous County	47 064	33 016	129	12 978
澜沧拉祜族自治县	Lancang Lahu Autonomous County	168 005	99 692	2 042	54 994
西盟佤族自治县	Ximeng Wa Autonomous County	32 420	19 417	518	9 836
丽江纳西族自治县	Yulong Naxi Autonomous County	97 569	10 611	25 345	34 431
宁蒗彝族自治县	Ninglang Yi Autonomous County	69 308	10 407	3 223	17 736
双江拉祜族佤族布朗族傣族自治县	Shuangjiang Lahu and Wa and Bulang and Dai Autonomous County	56 334	27 090	5 766	16 236
耿马傣族佤族自治县	Gengma Dai and Wa Autonomous County	85 258	36 316	4 585	26 979
沧源佤族自治县	Cangyuan Wa Autonomous County	51 261	24 842	685	18 024

21-10 续表 continued

单位：吨 (ton)

地 区	Region	豆类 Beans and Peas	油料 Oil-bearing Crops	甘蔗 Sugar-cane	烤烟 Flue-cured Tobacco	薯类 Tubers
总 计	**Total**	**531 378**	**181 944**	**13 867 251**	**365 303**	**426 686**
自治州小计	**Autonomous Prefectures**	**417 576**	**147 339**	**8 132 942**	**266 980**	**280 326**
楚雄彝族自治州	Chuxiong Yi Autonomous Prefecture	103 099	36 264	17 436	75 401	27 671
红河哈尼族彝族自治州	Honghe Hani and Yi Autonomous Prefecture	67 765	31 800	1 448 500	82 443	67 791
文山壮族苗族自治州	Wenshan Zhuang and Miao Autonomous Prefecture	75 556	34 350	524 986	39 118	76 214
西双版纳傣族自治州	Xishuangbanna Dai Autonomous Prefecture	2 371	1 659	976 995		2 587
大理白族自治州	Dali Bai Autonomous Prefecture	135 842	31 080	285 324	70 005	56 944
德宏傣族景颇族自治州	Dehong Dai and Jingpo Autonomous Prefecture	6 687	9 009	4 782 018		25 544
怒江傈僳族自治州	Nujiang Lisu Autonomous Prefecture	16 636	1 010	97 682		13 545
迪庆藏族自治州	Diqing Tibetan Autonomous Prefecture	9 620	2 167		12	10 030
自治州以外的自治县小计	**Autonomous Counties Except the Above Prefectures**	**113 802**	**34 605**	**5 734 309**	**98 323**	**146 360**
石林彝族自治县	Shilin Yi Autonomous County	10 141	1 346		16 124	10 097
禄劝彝族苗族自治县	Luquan Yi and Miao Autonomous County	12 568	1 235	2 468	12 919	22 108
寻甸回族彝族自治县	Xundian Hui and Yi Autonomous County	15 882	4 579		17 578	52 093
峨山彝族自治县	Eshan Yi Autonomous County	2 206	6 320	30 145	9 116	875
新平彝族傣族自治县	Xinping Yi and Dai Autonomous County	2 164	1 328	689 603	11 436	3 055
元江哈尼族彝族傣族自治县	Yuanjiang Hani and Yi and Dai Autonomous County	1 657	1 163	679 687	8 337	1 584
普洱哈尼族彝族自治县	Pu er Hani and Yi Autonomous County	2 262	1 263	387	1 549	5 936
墨江哈尼族自治县	Mojiang Hani Autonomous County	8 059	2 620	77 999	3 626	1 843
景东彝族自治县	Jingdong Yi Autonomous County	10 935	1 336	251 027	5 167	4 389
景谷傣族彝族自治县	Jinggu Dai and Yi Autonomous County	3 880	1 862	486 655	1 109	6 440
镇沅彝族哈尼族拉祜族自治县	Zhenyuan Yi and Hani and Lahu Autonomous County	5 221	1 133	45 254	4 653	897
江城哈尼族彝族自治县	Jiangcheng Hani and Yi Autonomous County	738	336	213 568		481
孟连傣族拉祜族佤族自治县	Menglian Dai and Lahu and Wa Autonomous County	596	719	338 847		141
澜沧拉祜族自治县	Lancang Lahu Autonomous County	4 467	1 401	681 512	7	2 093
西盟佤族自治县	Ximeng Wa Autonomous County	380	229	43 079		95
丽江纳西族自治县	Yulong Naxi Autonomous County	13 663	3 389		5 500	8 444
宁蒗彝族自治县	Ninglang Yi Autonomous County	8 858	242		711	17 636
双江拉祜族佤族布朗族傣族自治县	Shuangjiang Lahu and Wa and Bulang and Dai Autonomous County	1 814	1 054	390 026	49	2 752
耿马傣族佤族自治县	Gengma Dai and Wa Autonomous County	6 270	2 298	1 449 466	284	4 063
沧源佤族自治县	Cangyuan Wa Autonomous County	2 041	754	354 586	158	1 338

21-11 少数民族自治地方年主营业务收入500万元及以上独立核算工业企业单位数及总产值(2007年)

单位:个、万元

地　　区	Region	工业企业单位数 Number of Industrail Enterprises
总　计	**Total**	**915**
自治州小计	**Autonomous Prefectures**	**719**
楚雄彝族自治州	Chuxiong Yi Nationality	134
红河哈尼族彝族自治州	Honghe Hani , Yi Nationality	168
文山壮族苗族自治州	Wenshan Zhuang , Miao Nationality	111
西双版纳傣族自治州	Xishuangbanna Dai Nationality	55
大理白族自治州	Dali Bai Nationality	156
德宏傣族景颇族自治州	Dehong Dai , Jingpo Nationality	68
怒江傈僳族自治州	Nujiang Lisu Nationality	12
迪庆藏族自治州	Diqing Tibetan Nationality	15
自治州以外的自治县小计	**Autonomous Counties Except the Above Prefectures**	**196**
石林彝族自治县	Shilin Yi Nationality	13
禄劝彝族苗族自治县	Luquan Yi , Miao Nationality	8
寻甸回族彝族自治县	Xundian Hui , Yi Nationality	16
峨山彝族自治县	Eshan Yi Nationality	24
新平彝族傣族自治县	Xinping Yi , Dai Nationality	12
元江哈尼族彝族傣族自治县	Yuanjiang Hani , Yi , Dai Nationality	15
普洱哈尼族彝族自治县	Pu'er Hani , Yi Nationality	16
墨江哈尼族自治县	Mojiang Hani Nationality	7
景东彝族自治县	Jingdong Yi Nationality	7
景谷傣族彝族自治县	Jinggu Dai , Yi Nationality	11
镇沅彝族哈尼族拉祜族自治县	Zhenyuan Yi , Hani , Lahu Nationality	8
江城哈尼族彝族自治县	Jiangcheng Hani , Yi Nationality	5
孟连傣族拉祜族佤族自治县	Menglian Dai , Lahu , Wa Nationality	5
澜沧拉祜族自治县	Lancang Lahu Nationality	7
西盟佤族自治县	Ximeng Wa Nationality	2
玉龙纳西族自治县	Yulong Naxi Nationality	5
宁蒗彝族自治县	Ninglang Yi Nationality	8
双江拉祜族佤族布朗族傣族自治县	Shuangjiang Lahu , Wa , Bulang , Dai Nationality	10
耿马傣族佤族自治县	Gengma Dai , Wa Nationality	9
沧源佤族自治县	Cangyuan Wa Nationality	8

注：1.统计范围为年主营业务收入500万元及以上工业。2.工业总产值系按当年价格计算。

Number of Industrial Enterprises of Annual Revenue over 5 Million Yuan from Principal Business with Independent Accounting Systems and Their Gross Output Value in Minority Nationality Autonomous Areas (2007)

(unit ,10 000 yuan)

# 国有 Of Which State-owned	工业单位数中 In Imdustrail Number of Enterprise		工业总产值		在全部工业总产值中 In Gross Output Value of Imdustrail Enterprise	
	轻工业 Light Industry	重 工 业 Heavy Industry	Gross Output Value of Industry	# 国 有 Of Which State-owned	轻工业 Light Industry	重工业 Heavy Industry
102	**262**	**647**	**13 023 093**	**4 310 652**	**3 245 299**	**9 757 796**
80	**205**	**514**	**11 230 392**	**3 853 228**	**2 906 088**	**8 304 304**
15	36	98	1 899 008	604 930	554 170	1 344 838
26	39	129	5 040 042	2 514 333	1 062 324	3 977 718
8	22	89	1 134 104	151 888	231 868	902 236
12	28	27	360 653	83 663	227 742	132 911
10	62	94	1 842 765	423 757	632 838	1 209 927
4	17	51	392 479	22 602	181 065	211 414
2		12	416 092	40 079		416 092
3	1	14	145 249	11 976	36 081	109 168
22	**57**	**133**	**1 792 701**	**457 424**	**339 211**	**1 453 492**
1	3	10	59 975	7 404	11 666	48 309
1	1	7	34 066	9 795	1 851	32 215
1	2	14	178 328	11 478	3 145	175 183
2	4	20	304 862	13 545	5 670	299 192
3	2	10	549 766	339 852	13 937	535 829
2	2	13	98 215	12 420	27 796	70 420
2	4	12	55 368	5 160	9 483	45 885
1	2	5	39 815	3 828	3 840	35 975
1	2	5	27 256	2 417	8 188	19 069
	4	7	119 563		72 728	46 835
1		8	23 430	2 038		23 430
2	3	2	12 695	4 445	9 711	2 984
	2	3	16 997		13 715	3 282
2	3	4	67 844	39 071	20 474	47 370
2	1	1	4 350	4 350	3 690	660
	4	1	22 130		20 585	1 545
	2	6	17 979		5 277	12 702
	7	3	55 417		43 387	12 030
1	7	2	54 544	1 621	50 444	4 100
	2	6	50 101		13 624	36 477

Note: a.The data above are included industrial enterprises of state-owned and non-state-owned of annual revenue over 5 million yuan from principal business. b.The gross product value is calculated at the current prices.

21-12 少数民族自治地方主要工业产品产量（2007年）

地　　区	Region	钢(吨) Steel (ton)	生铁(吨) Pig Iron (ton)
总　计	**Total**	**2 346 620**	**2 975 974**
自治州小计	**Autonomous Prefectures**	**1 792 304**	**2 268 871**
楚雄彝族自治州	Chuxiong Yi Nationality	1 224 583	1 144 984
红河哈尼族彝族自治州	Honghe Hani , Yi Nationality	567 721	955 314
文山壮族苗族自治州	Wenshan Zhuang , Miao Nationality		
西双版纳傣族自治州	Xishuangbanna Dai Nationality		
大理白族自治州	Dali Bai Nationality		168 573
德宏傣族景颇族自治州	Dehong Dai , Jingpo Nationality		2 268 871
怒江傈僳族自治州	Nujiang Lisu Nationality		
迪庆藏族自治州	Diqing Tibetan Nationality		
自治州以外的自治县小计	**Autonomous Counties Except the Above Prefectures**	**554 316**	**707 103**
石林彝族自治县	Shilin Yi Nationality		31 456
禄劝彝族苗族自治县	Luquan Yi , Miao Nationality		
寻甸回族彝族自治县	Xundian Hui , Yi Nationality		
峨山彝族自治县	Eshan Yi Nationality	77 178	675 647
新平彝族傣族自治县	Xinping Yi , Dai Nationality	477 138	
元江哈尼族彝族傣族自治县	Yuanjiang Hani , Yi , Dai Nationality		
普洱哈尼族彝族自治县	Pu'er Hani , Yi Nationality		
墨江哈尼族自治县	Mojiang Hani Nationality		
景东彝族自治县	Jingdong Yi Nationality		
景谷傣族彝族自治县	Jinggu Dai , Yi Nationality		
镇沅彝族哈尼族拉祜族自治县	Zhenyuan Yi , Hani , Lahu Nationality		
江城哈尼族彝族自治县	Jiangcheng Hani , Yi Nationality		
孟连傣族拉祜族佤族自治县	Menglian Dai , Lahu , Wa Nationality		
澜沧拉祜族自治县	Lancang Lahu Nationality		
西盟佤族自治县	Ximeng Wa Nationality		
玉龙纳西族自治县	Yulong Naxi Nationality		
宁蒗彝族自治县	Ninglang Yi Nationality		
双江拉祜族佤族布朗族傣族自治县	Shuangjiang Lahu , Wa , Bulang , Dai Nationality		
耿马傣族佤族自治县	Gengma Dai , Wa Nationality		
沧源佤族自治县	Cangyuan Wa Nationality		

注：本表统计范围为全部工业法人单位。

Output of Major Industrial Products in Minority Nationality Autonomous Areas(2007)

原煤(万吨) Coal (10 000 tons)	发电量(万千瓦时) Electricity (10 000 kwh)	糖(吨) Sugar (ton)	卷烟(万支) Cigarettes (10 000)	农用化肥(吨) Chemicel Fertilizer(ton)	白酒(千升) Liquor (kiloliter)	啤酒(千升) Beer (kiloliter)	水泥(万吨) Cement (10 000 tons)
192 923.02	**3 341 548**	**1 311 888**	**4545000**	**926 011**	**148 670**	**183 939**	**1586.26**
192 469.00	**3 014 547**	**780 479**	**4 545 000**	**796 111**	**129 621**	**183 939**	**1212.37**
147.81	101 856	200		78 892	19 193	52 511	113.05
1 421.67	1 674 239	102 357	4 545 000	687 131	41 076	16 875	305.08
132.52	416 647	26 158		16 317	39 421		221.88
1.20	84 243	117 977			269		27.13
218.91	223 542	15 706		13 771	18 601	112 705	414.61
2.58	311 790	518 081			924	1 848	109.52
	91 265				1 184		3.1
	110 965				8 953		18
454.02	**327 001**	**531 409**		**129 900**	**19 049**		**373.89**
61.24	1 371				1 168		17.55
	8 731				917		54.25
246.12	58 250				1 331		54.22
35.61	2 271	3 230		64 950	2 684		21.22
0.24	32 668	40 316		64950	2684		16.85
	29 311	63 312			569		51.61
9.89	30 953				681		63.15
	40 118	8 256			671		4.9
5.96	6 738	20 347			1292		10.17
4.23	25 652	37 983			714		34.58
8.48	3 199	1 968			68		8.91
	20 276	18 746			448		
2.26	10 544	39 811			25		
22.79	10 097	56 413			468		9.17
	4 994	11 058			178		
2.94	7 515				380		
41.92	12 672				2873		
4.00	10 300	45 759			777		1.82
1.01	5 868	146 035			766		8
7.33	5 473	38 175			355		17.49

Note:The coverage of statistics are all industrial number of Legal entities in this table .

21-13 少数民族自治地方年主营业务收入500万元及以上独立核算工业企业主要财务指标(2007年)

单位:万元

地　　区	Region	现价总产值 Gross Output Value (at current prices)
总　　计	**Total**	**13 023 093**
自治州小计	**Autonomous Prefectures**	**11 230 392**
楚雄彝族自治州	Chuxiong Yi Nationality	1 899 008
红河哈尼族彝族自治州	Honghe Hani , Yi Nationality	5 040 042
文山壮族苗族自治州	Wenshan Zhuang , Miao Nationality	1 134 104
西双版纳傣族自治州	Xishuangbanna Dai Nationality	360 653
大理白族自治州	Dali Bai Nationality	1 842 765
德宏傣族景颇族自治州	Dehong Dai , Jingpo Nationality	392 479
怒江傈僳族自治州	Nujiang Lisu Nationality	416 092
迪庆藏族自治州	Diqing Tibetan Nationality	145 249
自治州以外的自治县小计	**Autonomous Counties Except the Above Prefectures**	**1 792 701**
石林彝族自治县	Shilin Yi Nationality	59 975
禄劝彝族苗族自治县	Luquan Yi , Miao Nationality	34 066
寻甸回族彝族自治县	Xundian Hui , Yi Nationality	178 328
峨山彝族自治县	Eshan Yi Nationality	304 862
新平彝族傣族自治县	Xinping Yi , Dai Nationality	549 766
元江哈尼族彝族傣族自治县	Yuanjiang Hani , Yi , Dai Nationality	98 215
普洱哈尼族彝族自治县	Pu'er Hani , Yi Nationality	55 368
墨江哈尼族自治县	Mojiang Hani Nationality	39 815
景东彝族自治县	Jingdong Yi Nationality	27 256
景谷傣族彝族自治县	Jinggu Dai , Yi Nationality	119 563
镇沅彝族哈尼族拉祜族自治县	Zhenyuan Yi , Hani , Lahu Nationality	23 430
江城哈尼族彝族自治县	Jiangcheng Hani , Yi Nationality	12 695
孟连傣族拉祜族佤族自治县	Menglian Dai , Lahu , Wa Nationality	16 997
澜沧拉祜族自治县	Lancang Lahu Nationality	67 844
西盟佤族自治县	Ximeng Wa Nationality	4 350
玉龙纳西族自治县	Yulong Naxi Nationality	22 130
宁蒗彝族自治县	Ninglang Yi Nationality	17 979
双江拉祜族佤族布朗族傣族自治县	Shuangjiang Lahu , Wa , Bulang , Dai Nationality	55 417
耿马傣族佤族自治县	Gengma Dai , Wa Nationality	54 544
沧源佤族自治县	Cangyuan Wa Nationality	50 101

Main Finance Indicators of Industrial Enterprises of Annual Revenue over 5 Million Yuan from Principal Business with Independent Accounting Systems in Minority Nationality Autonomous Areas (2007)Principal Finance Indicators of All State-owned and Non-state-owned Industrial

(10 000 yuan)

主营业务收入 Revenue From Principal Business	固定资产原值 Original Value of Fixed Assets	固定资产净值平均余额 Annual Average Balance of Value of Fixed Assets	利税总额 Total Profits	亏损企业的亏损总额 Total Loss of Loss-making Enterprises
12 689 073	**10 275 398**	**2 017 482**	**3 057 243**	**67 025**
10 924 693	**8 715 272**	**5 621 547**	**2 761 559**	**48 253**
1 813 753	1 167 314	688 816	535 372	3 942
4 920 978	4 109 086	2 641 207	1 152 464	20 239
1 181 152	755 994	532 502	254 358	5 292
329 724	290 652	189 887	105 453	2 938
1 770 744	1 314 320	776 180	407 961	7 659
396 716	617 005	436 059	92 704	5 491
391 448	311 460	241 664	184 485	1 337
120 178	149 441	115 232	28 762	1 355
1 764 380	**1 560 126**	**1 008 741**	**295 684**	**18 772**
58 776	59 455	33 182	10 430	173
35 514	37 825	30 025	6 939	5
157 663	196 216	168 019	17 920	2 181
286 898	92 600	61 121	31 283	3 073
567 029	437 551	251 241	106 560	4 700
112 986	88 756	44 900	21 786	1 692
58 014	53 793	32 848	6 065	210
40 246	29 736	15 712	16 997	752
25 408	17 450	10 267	1 121	1 978
114 533	235 378	152 677	20 008	492
21 506	17 306	10 020	4 357	513
12 396	13 384	7 546	1 862	
16 984	27 203	17 147	3 735	10
66 132	57 353	48 317	17 420	
4 415	11 337	9 430	792	78
14 281	21 955	15 896	1 881	
14 087	18 617	13 963	2 879	
54 263	41 092	25 699	8 097	566
55 067	67 778	34 814	9 544	905
48 182	35 341	25 917	6 008	1 444

21-14 少数民族自治地方职工人数(2007年)

Number of Staff and Workers in Minority Nationality Autonomous Areas (2007)

单位：人 (preson)

地　　区	Region	职工人数 Number of Staff and Workers 合计 Total	国有单位 State-owned Entities	城镇集体单位 Urban Collective-owned Entities	其它单位 Others
自治州	**Autonomous Prefectures**	**1 183 367**	**799 422**	**116 753**	**343 028**
楚雄彝族自治州	Chuxiong Yi Nationality	142 140	98 580	4 209	39 351
红河哈尼族彝族自治州	Honghe Hani , Yi Nationality	251 439	168 527	9 195	73 717
文山壮族苗族自治州	Wenshan Zhuang , Miao Nationality	126 403	94 568	3 833	28 002
西双版纳傣族自治州	Xishuangbanna Dai Nationality	99 764	80 319	3 654	15 791
大理白族自治州	Dali Bai Nationality	189 098	102 187	84 262	78 485
德宏傣族景颇族自治州	Dehong Dai , Jingpo Nationality	101 145	60 641	3 368	37 136
怒江傈僳族自治州	Nujiang Lisu Nationality	30 048	23 442	219	6 387
迪庆藏族自治州	Diqing Tibetan Nationality	21 330	18 277	368	2 685
自治州以外的自治县	**Autonomous Counties Except the Above Prefectures**	**222 000**	**152 881**	**7 645**	**61 474**
石林彝族自治县	Shilin Yi Nationality	14 946	9 747	830	4 369
禄劝彝族苗族自治县	Luquan Yi , Miao Nationality	12 036	10 716	580	740
寻甸回族彝族自治县	Xundian Hui , Yi Nationality	16 640	11 022	800	4 818
峨山彝族自治县	Eshan Yi Nationality	15 688	6 591	434	8 663
新平彝族傣族自治县	Xinping Yi , Dai Nationality	16 498	8 346	562	7 590
元江哈尼族彝族傣族自治县	Yuanjiang Hani , Yi , Dai Nationality	12 877	8 102	246	4 529
宁洱哈尼族彝族自治县	Ning'er Hani , Yi Nationality	10 542	8 061	142	2 339
墨江哈尼族自治县	Mojiang Hani Nationality	10 394	7 648	529	2 217
景东彝族自治县	Jingdong Yi Nationality	10 587	9 212	383	992
景谷傣族彝族自治县	Jinggu Dai , Yi Nationality	13 122	8 571	418	4 133
镇沅彝族哈尼族拉祜族自治县	Zhenyuan Yi , Hani , Lahu Nationality	7 464	6 093	169	1 202
江城哈尼族彝族自治县	Jiangcheng Hani , Yi Nationality	5 571	4 128	323	1 120
孟连傣族拉祜族自治县	Menglian Dai , Lahu , Wa Nationality	6 713	5 301	340	1 072
澜沧拉祜族自治县	Lancang Lahu Nationality	12 602	11 426	293	883
西盟佤族自治县	Ximeng Wa Nationality	3 907	3 456	358	93
玉龙纳西族自治县	Yulong Naxi Nationality	9 215	7 297	285	1 633
宁蒗彝族自治县	Ninglang Yi Nationality	14 425	5 526	362	8 537
双江拉祜族佤族布朗族傣族自治县	Shuangjiang Lahu , Wa , Bulang , Dai Nationality	7 545	5 224	239	2 082
耿马傣族佤族自治县	Gengma Dai , Wa Nationality	12 335	9 784	283	2 268
沧源佤族自治县	Cangyuan Wa Nationality	8 893	6 630	69	2 194

21-15 少数民族自治地方职工工资总额(2007年)

Total Wages of Staff and Workers in Minority Nationality Autonomous Areas (2007)

单位：千元 (1 000 yuan)

地　区	Region	职工工资总额 Total Wages of Staff and Workers 合　计 Total	国有单位 State-owned Entities	城镇集体单位 Urban Collective-owned Entities	其它单位 Others
自治州	**Autonomous Prefectures**	**17 008 303**	**13 588 927**	**515 345**	**3 904 031**
楚雄彝族自治州	Chuxiong Yi Nationality	2 703 077	2 109 111	78 210	515 756
红河哈尼族彝族自治州	Honghe Hani , Yi Nationality	4 781 496	3 640 566	128 786	1 012 144
文山壮族苗族自治州	Wenshan Zhuang , Miao Nationality	2 410 974	1 891 093	59 724	460 157
西双版纳傣族自治州	Xishuangbanna Dai Nationality	1 699 880	1 437 001	52 386	210 493
大理白族自治州	Dali Bai Nationality	2 624 144	2 423 995	138 339	1 061 810
德宏傣族景颇族自治州	Dehong Dai , Jingpo Nationality	1 601 301	1 101 226	47 490	452 585
怒江傈僳族自治州	Nujiang Lisu Nationality	618 110	464 850	3 234	150 026
迪庆藏族自治州	Diqing Tibetan Nationality	569 321	521 085	7 176	41 060
自治州以外的自治县	**Autonomous Counties Except the Above Prefectures**	**3 309 774**	**2 704 850**	**99 206**	**505 717**
石林彝族自治县	Shilin Yi Nationality	231 762	148 934	9 151	73 677
禄劝彝族苗族自治县	Luquan Yi , Miao Nationality	232 552	213 599	9 601	9 352
寻甸回族彝族自治县	Xundian Hui , Yi Nationality	286 912	202 339	13 755	70 818
峨山彝族自治县	Eshan Yi Nationality	29 132	18 318	507	10 307
新平彝族傣族自治县	Xinping Yi , Dai Nationality	39 617	22 141	812	16 663
元江哈尼族彝族傣族自治县	Yuanjiang Hani , Yi , Dai Nationality	28 214	20 899	415	6 900
宁洱哈尼族彝族自治县	Ning'er Hani , Yi Nationality	200 903	166 992	4 602	29 309
墨江哈尼族自治县	Mojiang Hani Nationality	211 361	174 714	10 258	26 389
景东彝族自治县	Jingdong Yi Nationality	218 552	200 048	6 488	12 016
景谷傣族彝族自治县	Jinggu Dai , Yi Nationality	251 604	188 336	5 467	57 801
镇沅彝族哈尼族拉祜族自治县	Zhenyuan Yi , Hani , Lahu Nationality	159 536	138 396	1 334	19 806
江城哈尼族彝族自治县	Jiangcheng Hani , Yi Nationality	107 849	86 594	4 554	16 701
孟连傣族拉祜族佤族自治县	Menglian Dai , Lahu , Wa Nationality	138 776	120 524	5 459	12 793
澜沧拉祜族自治县	Lancang Lahu Nationality	231 016	213 872	4 820	12 324
西盟佤族自治县	Ximeng Wa Nationality	81 289	77 095	3 485	709
玉龙纳西族自治县	Yulong Naxi Nationality	202 292	170 900	6 527	24 865
宁蒗彝族自治县	Ninglang Yi Nationality	180 057	157 339	2 931	19 787
双江拉祜族佤族布朗族傣族自治县	Shuangjiang Lahu , Wa , Bulang , Dai Nationality	116 960	91 110	3 280	22 570
耿马傣族佤族自治县	Gengma Dai , Wa Nationality	213 620	176 600	4 390	32 630
沧源佤族自治县	Cangyuan Wa Nationality	147 770	116 100	1 370	30 300

21-16 少数民族自治地方职工平均工资(2007年)
Average Wages of Staff and Workers in Minority Nationality Autonomous Areas (2007)

单位：元／人 (yuan / person)

地区	Region	职工平均工资 Average Wages of Staff and Workers 合计 Total	国有单位 State-owned Entities	集体单位 Collective-owned Entities	其它单位 Others
自治州	**Autonomous Prefectures**				
楚雄彝族自治州	Chuxiong Yi Nationality	19 607	21 642	18 914	14 219
红河哈尼族彝族自治州	Honghe Hani , Yi Nationality	19 328	21 647	15 214	14 306
文山壮族苗族自治州	Wenshan Zhuang , Miao Nationality	19 257	20 158	15 738	16 678
西双版纳傣族自治州	Xishuangbanna Dai Nationality	17 235	17 951	143 105	14 111
大理白族自治州	Dali Bai Nationality	19 524	23 877	15 488	14 125
德宏傣族景颇族自治州	Dehong Dai , Jingpo Nationality	16 364	18 555	15 110	12 798
怒江傈僳族自治州	Nujiang Lisu Nationality	20 613	20 058	15 183	22 735
迪庆藏族自治州	Diqing Tibetan Nationality	26 691	28 510	19 500	15 292
自治州以外的自治县	**Autonomous Counties Except the Above Prefectures**				
石林彝族自治县	Shilin Yi Nationality	15 215	14 961	10 920	16 598
禄劝彝族苗族自治县	Luquan Yi , Miao Nationality	19 389	20 045	16 611	12 305
寻甸回族彝族自治县	Xundian Hui , Yi Nationality	17 677	18 770	17 433	15 190
峨山彝族自治县	Eshan Yi Nationality	19 960	27 332	11 580	13 826
新平彝族傣族自治县	Xinping Yi , Dai Nationality	24 416	26 660	14 474	22 641
元江哈尼族彝族傣族自治县	Yuanjiang Hani , Yi , Dai Nationality	21 005	25 981	16 850	13 420
宁洱哈尼族彝族自治县	Ning'er Hani , Yi Nationality	19 018	20 667	34 602	12 467
墨江哈尼族自治县	Mojiang Hani Nationality	20 419	22 764	20 153	12 178
景东彝族自治县	Jingdong Yi Nationality	20 892	21 954	16 852	12 465
景谷傣族彝族自治县	Jinggu Dai , Yi Nationality	19 211	21 989	13 048	14 053
镇沅彝族哈尼族拉祜族自治县	Zhenyuan Yi , Hani , Lahu Nationality	21 521	23 509	7 893	14 595
江城哈尼族彝族自治县	Jiangcheng Hani , Yi Nationality	19 637	21 028	14 056	15 906
孟连傣族拉祜族佤族自治县	Menglian Dai , Lahu , Wa Nationality	21 748	22 961	16 056	16 153
澜沧拉祜族自治县	Lancang Lahu Nationality	18 536	19 007	15 157	13 801
西盟佤族自治县	Ximeng Wa Nationality	21 805	22 346	18 838	7 624
玉龙纳西族自治县	Yulong Naxi Nationality	22 077	23 488	22 742	15 541
宁蒗彝族自治县	Ninglang Yi Nationality	19 599	21 035	14 878	13 104
双江拉祜族佤族布朗族傣族自治县	Shuangjiang Lahu , Wa , Bulang , Dai Nationality	15 423	17 525	13 741	10 519
耿马傣族佤族自治县	Gengma Dai , Wa Nationality	17 225	17 937	15 502	14 356
沧源佤族自治县	Cangyuan Wa Nationality	16 434	17 304	20 132	13 378

21-17 少数民族自治地方财政收入和支出

Total Revenue and Expenditures in Minority Nationality Autonomous Areas

单位：万元 (10 000 yuan)

地　区	Region	财政收入 Total Revenue		财政支出 Total Expenditures	
		2006年	2007年	2006年	2007年
总　计	**Total**	**1 011 547**	**1 305 485**	**3 289 306**	**4 283 623**
自治州小计	**Autonomous Prefectures**	**868 602**	**1 121 431**	**2 630 536**	**3 371 977**
楚雄彝族自治州	Chuxiong Yi Autonomous Prefecture	143 191	179 503	434 625	570 960
红河哈尼族彝族自治州	Honghe Hani and Yi Autonomous Prefecture	294 903	377 116	635 457	819 795
文山壮族苗族自治州	Wenshan Zhuang and Miao Autonomous Prefecture	89 368	126 000	392 603	525 324
西双版纳傣族自治州	Xishuangbanna Dai Autonomous Prefecture	48 185	60 687	165 703	207 656
大理白族自治州	Dali Bai Autonomous Prefecture	187 490	227 817	501 487	607 140
德宏傣族景颇族自治州	Dehong Dai and Jingpo Autonomous Prefecture	53 621	78 953	221 121	280 082
怒江傈僳族自治州	Nujiang Lisu Autonomous Prefecture	33 688	47 789	140 780	174 157
迪庆藏族自治州	Diqing Tibetan Autonomous Prefecture	18 156	23 566	138 760	186 863
自治州以外的自治县小计	**Autonomous Counties Except the Above Prefectures**	**142 945**	**184 054**	**658 770**	**911 646**
石林彝族自治县	Shilin Yi Autonomous County	12 611	14 215	33 557	40 219
禄劝彝族苗族自治县	Luquan Yi and Miao Autonomous County	10 537	12 503	46 681	57 621
寻甸回族彝族自治县	Xundian Hui and Yi Autonomous County	11 931	15 374	53 210	64 791
峨山彝族自治县	Eshan Yi Autonomous County	13 928	18 023	33 844	40 293
新平彝族傣族自治县	Xinping Yi and Dai Autonomous County	17 827	26 339	50 348	67 940
元江哈尼族彝族傣族自治县	Yuanjiang Hani and Yi and Dai Autonomous County	8 215	11 211	32 665	40 968
宁洱哈尼族彝族自治县	Pu er Hani and Yi Autonomous County	5 929	9 322	28 486	82 631
墨江哈尼族自治县	Mojiang Hani Autonomous County	5 988	7 828	35 198	50 257
景东彝族自治县	Jingdong Yi Autonomous County	11 008	11 438	37 949	47 392
景谷傣族彝族自治县	Jinggu Dai and Yi Autonomous County	10 198	12 516	32 434	45 755
镇沅彝族哈尼族拉祜族自治县	Zhenyuan Yi and Hani and Lahu Autonomous County	3 382	4 301	26 846	34 834
江城哈尼族彝族自治县	Jiangcheng Hani and Yi Autonomous County	2 906	3 428	18 331	27 501
孟连傣族拉祜族自治县	Menglian Dai and Lahu and Wa Autonomous County	3 060	3 551	19 131	25 884
澜沧拉祜族自治县	Lancang Lahu Autonomous County	5 868	8 449	47 620	69 281
西盟佤族自治县	Ximeng Wa Autonomous County	919	1 278	16 885	22 409
玉龙纳西族自治县	Yulong Naxi Autonomous County	6 664	8 815	36 150	40 792
宁蒗彝族自治县	Ninglang Yi Autonomous County	2 260	3 049	32 951	48 291
双江拉祜族佤族布朗族傣族自治县	Shuangjiang Lahu and Wa and Bulang and Dai Autonomous County	2 474	2 840	22 107	29 832
耿马傣族佤族自治县	Gengma Dai and Wa Autonomous County	4 802	6 084	30 789	40 667
沧源佤族自治县	Cangyuan Wa Autonomous County	2 438	3 490	23 588	34 288

二十二、城市概况

General Survey of Cities

Chapter 22

22-1 地级城市社会经济主要指标(2007年)

(不含市辖县)

指　　　　标	Item	昆明市 Kunming
人口、劳动力及土地面积	**Population, Labor Force and Land Area**	
年末总人口(万人)	Total Population at Year-end (10 000 persons)	233.43
其中：非农业人口(万人)	Non-Agricultural Population (10 000 persons)	173.43
年末单位从业人员数(万人)	Number of Employed Persons at Year-end (10 000 persons)	67.39
第一产业(农、林、牧、渔业)(万人)	Primary Industry (10 000 persons)	0.45
第二产业(万人)	Secondary Industry (10 000 persons)	26.40
第三产业(万人)	Tertiary Industry (10 000 persons)	40.54
城镇私营和个体从业人员(人)	Number of Privately-owned and Self-employed Individuals (person)	668 386
行政区域土地面积(平方公里)	Administrative Land Area (sq.km)	4 104
其中：建成区面积(平方公里)	Of which: Developed Area (sq. km)	253
综合经济	**General Economy**	
地区生产总值(当年价)(万元)	Gross Domestic Products (10 000 yuan)	10 487 260
第一产业增加值(万元)	Primary Industry (10 000 yuan)	175 234
第二产业增加值(万元)	Secondary Industry (10 000 yuan)	4 633 327
其中：工业增加值(万元)	Of which: Industry (10 000 yuan)	3 782 214
第三产业增加值(万元)	Tertiary Industry Increased (10 000 yuan)	5 678 699
地方财政一般预算内收入(万元)	Budgetary Revenue of Local (10 000 yuan)	1 086 867
地方财政一般预算内支出(万元)	Budgetary Expenses of Local (10 000 yuan)	1 133 033
其中：科学技术支出(万元)	Of which: Operating Expenses for Science (10 000 yuan)	18 134
教育支出(万元)	Operating Expenses for Education (10 000 yuan)	134 306
医疗卫生支出(万元)		53 183
城乡居民储蓄年末余额(万元)	Deposit Balance of Urban/Rural Residents at Year-end (10 000 yuan)	9 943 165
保费收入(万元)--	Premiums (10 000 yuan)	437 927
工业	**Industry**	
工业总产值(当年价)(万元)		11 386 006
其中：内资企业(万元)	Enterprises with funded from Domestic Enterprises (10 000 yuan)	10 030 956
港、澳、台商投资企业(万元)	Enterprises with funded from Hong Kong, Macao and Taiwan (10 000 yuan)	478 951
外商投资企业(万元)	Enterprises with Funded from Foreigners (10 000 yuan)	876 099
主营业务收入(万元)	Revenue on Major Businese(10 000 yuan)	11 901 101
交通运输、邮电通信、能源电力	**Transport, Post, Telecommunication and Energy Electricity**	
铁路货物运量(万吨)--	Freight Traffic of Railways (10 000 tons)	2 576
境内铁路营业里程(公里)--	Length of Railways in Operation (km)	600
民用汽车拥有量(辆)--	Number of Civil Motor Vehicles Owned (unit)	879 766
其中：私人汽车拥有量(辆)--	Of which: Number of Private-owned Motor Vehicles (unit)	758 452
公路货运量(万吨)--	Freight Traffic of Highways (10 000 tons)	10 201
境内等级公路里程(公里)--	Length of Highways (km)	15 609
民用航空客运量(人)--	Passanger Traffic of Civil Aviation (10 000 tons)	6 720 000
年末邮政局(所)数 (处)	Number of Postal Offices at Year-end (unit)	188
邮政业务收入(万元)__	Post Business Revenue(10 000 yuan)	32 452
电信业务收入(万元)__	Revenue of TetecommuniCation Services(10 000 yuan)	521 414
年末固定电话用户数(万户)	Number of Telephone Sets at the Year-end in Local (10 000 households)	94.65
年末移动电话用户数(万户)	Number of Mobile Telephone at the Year-end (10 000households)	202.10

注：表中有“--”者为全市数。

Principal Socio-economic Indicators of Prefecture-level Cities (2007)

(city jurisdiction counties are not included)

曲靖市 Qujing	玉溪市 Yuxi	保山市 Baoshan	昭通市 Zhaotong	丽江市 Lijiang	普洱市 Pu'er	临沧市 Lincang
67.95	41.16	87.25	80.27	15.30	21.30	28.83
25.09	13.71	12.72	12.04	6.90	9.08	5.69
6.68	6.22	5.87	4.28	2.74	4.53	1.44
0.09	0.03	0.24	0.04	0.03	0.33	0.04
3.08	2.37	2.52	1.11	0.61	2.17	0.64
3.51	3.82	3.11	3.13	2.10	2.03	0.76
63 600	148 951	20 700	18 639	25 465	27 490	11 631
1 553	1 004	5 011	2 167	1 255	3 928	2 652
34	22	19	22	18	19	12
2 058 424	2 898 516	715 168	752 107	292 506	331 699	200 977
94 397	62 756	229 016	102 882	21 996	40 510	56 581
1 307 369	2 212 328	213 278	330 090	92 599	128 448	47 597
1 229 478	2 141 278	152 255	299 875	38 918	77 147	23 931
656 658	623 432	272 874	319 135	177 911	162 741	96 799
49 976	48 906	42 607	22 166	28 109	23 866	9 660
84 704	87 055	91 204	80 270	46 726	59 815	45 218
298	365	950	143	507	183	103
21 399	16 197	21 574	20 720	6 798	10 354	8 477
6 626	7 947	7 942	8 097	1 935	4 309	4 273
989 276	1 008 954	431 773	356 874	427 276	314 790	159 833
113 813	108 745	32 429	20 755	22 768	34 657	21 267
2 746 025	4 044 776	284 463	569 391	65 798	187 854	51 223
2 705 177	3 893 494	262 710	520 795	65 798	125 786	48 884
11 297	40 240		48 596		14 230	
29 551	111 042	21 753			47 838	2 339
2 713 226	3 975 755	269 515	549 716	60 827	164 823	52 314
1 042	224		291			
258	55		210			
160 321	123 539	48 355	55 613	74 505	63 986	29 307
119 818	95 275	41 781	43 809	64 359	47 609	20 626
10 504	2 526	1 335	1 270	853	1 869	1 927
26 195	16 348	6 105	3 863	6 436	5 795	13 678
		137 700	38 748	1 906 200	95 500	145 576
22	17	31	18	13	13	15
9 551	6 790	3 584	5 772	3 164	5 013	2 949
109 486	131 803	53 191	33 519	12 971	17 362	14 899
13.48	11.78	10.73	6.87	7.43	10.27	6.71
36.08	33.34	32.82	24.94	22.45	21.86	8.40

Note: "--" in this table are the data of the whole city.

22-1 续表1

指 标	Item	昆明市 Kunming
国际互联网用户数（户）	Number of Internet Users (household)	482 032
能源消费量(万吨/标准煤)		370
全年用电量（万千瓦时）	Annual Electricity Consumption (10 000 kwh)	724 051
其中：工业用电(万千瓦时)	Of which: Industrial Electricity Consumption (10 000 kwh)	446 658
居民生活消费用电（万千瓦时）	Residential Electricity Consumption in Urban Areas (10 000 kwh)	162 379
国内外贸易、外经、旅游	**Domestic Trade, Foreign Trade, Economic Cooperation and Tourism**	
限额以上批发零售贸易业商品销售总额（万元）	Total Wholesale and Retail Trade (10 000 yuan)	16 556 888
社会消费品零售额（万元）	Total Retail Sales of Consumer Goods (10 000 yuan)	4 904 714
货物进口额(海关数)(万美元)--	Total Imports (USD 10 000)	344 441
货物出口额(海关数)(万美元)--	Total Exports (USD 10 000)	323 903
当年合同外资金额(万美元)--	Utilized in the Signed Agreements & Contracts (USD 10 000)	44 697
当年实际使用外资金额(万美元)--	Amount of Foreign Capital Actually Utilized (USD 10 000)	30 038
海外游客人数(人)--	Number of International Tourists (person)	713 448
旅游(外汇)收入 (万美元) __	Foreign Exchange Earning (USD 10 000)	20 784
固定资产投资	**Investment in Fixed Assets**	
全社会固定资产投资总额(万元)	Total Investment in Fixed Assets (10 000 yuan)	4 808 148
其中：城镇固定资产投资额（万元）	Completed Investment in Fixed Assets (10 000 yuan)	4 540 888
其中：房地产开发投资额（万元）	Of which: Investment Completed of Real Estate Development (10 000 yuan)	2 038 361
其中：住宅 （万元）	Of which: Residential Buildings (10 000 yuan)	1 674 449
全年新增固定资产(万元)	Nery Increased Fired Assets in Whole Year(10 000 yuan)	1 989 710
商品房屋销售面积（万平方米）	Floor Space of Commercial House Sold (10 000 sq.m)	813.91
其中：住宅销售面积(万平方米)	Residential Building (10 000 sq.m)	757.32
商品房屋销售额（万元）	Total Sales of Commercial Housing (10 000 yuan)	2 679 202
其中：住宅(万元)	Residential Bulling (10 000 yuan)	2 398 182
商品房屋空置(万平方米)--	Empty Commercial Housing (10 000 sq.m)	57.18
教育、科技、文化、卫生	**Education, Science and Technology, Culture, Public Health**	
普通高等学校数 （所）	Number of Regular Institutes of Higher Education (unit)	40
中等职业技术学校数 （所）	Number of Specialized Secondary Schools (unit)	66
普通中学数 （所）	Number of Regular Secondary Schools (unit)	152
小学数 （所）	Number of Primary Schools (unit)	490
普通高等学校学生数 （人）	Number of Regular Institutes of Higher Education (person)	221 774
中等职业教育学校学生数（人）	Number of Students in Vocational Secondarg School (person)	90 138
普通中学学生数 （万人）	Number of Regular Secondary Schools (person)	13.16
小学学生数 （万人）	Number of Primary Schools (person)	25.46
从事科技活动人员数(人)	Number of Various S. & T. Personnel (10 000 persons)	4 148
体育场馆数（个）	Number of Stadium and Gymnasium (unit)	43
剧场、影剧院数 （个）	Number of Theaters, Cinemas and Opera-houses (unit)	8
公共图书馆图书藏量（千册、件）	Total Collection of Public Libraries (1 000 unit)	3 702
医院、卫生院数 （个）	Number of Hospitals (unit)	171
医院、卫生院床位数（张）	Number of Hospital Beds (unit)	18 791
医生数（人）	Number of Doctors (person)	12 751
人民生活、社会保障	**People's Livelihood**	
在岗职工平均人数（万人）	Average Number of Persons at Post (10 000 persons)	63.29
在岗职工工资总额（万元）	Total Wages of Workers at Post (10 000 yuan)	1 466 249

注：表中有“--”者为全市数。
Note: "--" in this table are the data of the whole city.

continued

曲靖市 Qujing	玉溪市 Yuxi	保山市 Baoshan	昭通市 Zhaotong	丽江市 Lijiang	普洱市 Pu'er	临沧市 Lincang
38 074	75 112	39 152	50 320	61 825	16 085	27 699
245	285	98	41	20	41	26
106 119	180 128	51 566	81 287	32 926	44 100	12 397
67 162	134 723	35 730	36 077	5 104	28 557	2 982
11 608	12 324	8 443	8 038	4 608	6 518	
1 012 391	1 450 863	197 795	504 636	342 009	289 024	128 516
323 991	362 912	245 212	235 067	104 817	137 872	101 362
2 941	1 112	4 696	224	3	2 734	2 305
14 183	15 717	8 828	723	1 712	2 711	3 666
1 559	1 190	10	300	580	2 648	2 134
2 021	1 831	647	1 872	1 872	2 204	1 386
11 956	1 526	59 958	258	400 725	19 687	264 071
170	40	1 501	9	11 900	884	2 641
836 631	694 520	448 354	200 151	273 356	320 323	108 873
489 821	603 009	235 897	127 984	190 800	204 163	52 074
240 183	152 463	41 047	45 201	72 561	83 022	35 130
215 374	146 571	29 805	33 200	53 020	35 406	18 836
256 557	827 951	196 209	104 456	151 164	83 894	96 597
159.95	76.63	21.65	13.87	32.13	52.93	11.34
153.67	71.96	21.00	7.99	29.82	44.12	9.00
312 799	128 880	49 081	27 799	71 375	125 024	18 565
289 778	114 036	36 663	10 987	62 421	68 989	15 667
6.00	1.92	1.67	0.78	10.35	3.54	4.58
3	2	3	1	2	2	1
7	4	1	10	1	5	6
34	22	40	29	13	18	23
107	77	425	185	53	63	112
12 768	9 822	5 337	4 126	11 944	5 145	4 893
17 264	13 190	1 956	8 247	1 721	5 605	4 588
5.52	2.56	5.79	5.14	1.23	1.76	1.64
7.57	3.67	8.70	10.24	1.40	2.38	2.48
1 245	11 849	6 501		9 749	240	16
2	3	3	4	6	2	
1	6	1	1	4	2	1
53	584	278	151	83	150	61
96	34	35	28	12	13	21
3 509	2 764	1 852	1 738	761	1 014	988
1 402	1 464	861	632	415	659	474
6.52	6.07	5.07	4.13	2.38	3.12	2.46
149 712	146 436	95 802	89 596	49 952	62 115	51 348

22-1 续表2

指　　　标	Item	昆明市 Kunming
城镇居民人均可支配收入（元）	Per Capita Disposable Income (yuan)	12 021
城镇居民人均消费支出（元）	Per Capita Living Expenditures for Consumption (yuan)	8 726
人均住房使用面积(平方米)	Per Residential Building Spaces (sq.m)	22.72
基本养老保险参保人数（人）	Contributors of Basic Endowment Insurance (person)	717 464
基本医疗保险参保人数（人）	Contributors of Basic Medicine Insurance (person)	927 203
失业保险参保人数（人）	Contributors of Unemployment Insurance (person)	458 488
社会福利院数（个）	Number of Social Welfare Homes (unit)	46
社会福利院床位数（张）	Number of Beds in Social Welfare Homes (unit)	5 280
城镇居民最低生活保障线以下人数（人）	Number of People at Minimum Standard of Living (person)	51 646
社会治安	**Social Offense Cases**	
交通事故死亡人数（人)--	Number of Death Persons in the Traffic Accidents (person)	392
交通事故损失额(万元)--	Losses of Death Persons in the Traffic Accident (10 000 yuan)	647
火灾事故死亡人数(人)--	Number of Death Persons in the Fire Accidents (person)	12
火灾事故损失额(万元)--	Losses of Death Persons in theFire Accidents (10 000 yuan)	392
刑事案件立案数（件)--	Number of Criminal Cases (cases)	6 464
犯罪人数(人)--	Number of Criminal Persons (persons)	10 446
市政公用事业	**Municipal Public Utilities**	
城市维护建设资金支出（万元）	Funds Expenditure in Maintenance of Cities (10 000 yuan)	296 283
年末实有城市道路面积（万平方米）	Area of Paved Roads at Year-end (10 000 sq. m)	2 127
排水管道长度（公里）	Length of Sewer Pipelines (km)	1 263
供水综合生产能力(包括自备水源)(万立方米/日)	Production Capacity of Tap Water (10 000 cu.m/day)	159.30
供水总量（万立方米）	Total Annual Volume of Water Supply (10 000 cu.m)	25 549
其中：居民家庭用水量（万立方米）	Of Which :Water Consumption for Residential Use (10 000 cu.m)	10 024
供气总量(人工、天然气)家庭用量（万立方米）	Consumption of Coal Gas and Natural Gas for Residential Use(10 000 cu.m)	12 358
液化石油气家庭用量（吨）	Consumption of Liquefied Petroleum Gas for Residential Use (ton)	72 345
年末实有公共汽(电)车营运车辆数（辆）	Number of Public Transport Vehicles in Use	4 514
全年公共汽(电)车客运总量（万人次）	Number of Passengers Carried (10 000 persons-times)	63 357
年末实有出租汽车数（辆）	Number of Taxis (unit)	7 742
绿地面积（公顷）	Area of Parks, Gardens and Green Areas (hectare)	7 672
其中：公园绿地面积（公顷）	Of which: Public Green Areas (hectare)	2 059
建成区绿化覆盖面积（公顷）	Afforested Developed Areas (hectare)	8 827
环境保护	**Environmental Protection**	
环境污染治理投资总额(万元)__	Total Investment for Environment Pollution Treatment (10 000 yuan)	427 727
城市环境基础设施建设本年完成投资额(万元)--	Completed Investment in Building Foundationally Establishments of City Environment (10 000 yuan)	240 105
工业废水排放量（万吨)--	Total Volume of Industrial Water Discharged (10 000 tons)	4 708
工业废水排放达标量(万吨)--	Volume of Treated Waste Water up to the Discharge Standard (10 000 tons)	4 566
工业二氧化硫去除量(吨)--	Volume of Industrial Sulfur Dioxide Removal (ton)	550 195
工业二氧化硫排放量(吨)--	Volume of Industrial Sulfur Dioxide Discharge (ton)	99 308
工业固体废物综合利用率		35.42
污水处理率（%)--	Rate of Annual Waste Disposal Cleared (%)	59.56
生活垃圾无害化处理率(%)--	Rate of Annual Garbage and Night Soil Disposal Cleared (%)	81.76

continued

曲靖市 Qujing	玉溪市 Yuxi	保山市 Baoshan	昭通市 Zhaotong	丽江市 Lijiang	普洱市 Pu'er	临沧市 Lincang
10 725	12 016	11 075	9 282	11 139	10 562	9 691
8 258	9 380	8 110	6 616	6 470	7 630	6 576
25.20	34.20	29.80	20.55	48.77	23.25	25.23
18 532	55 547	29 500	28 559	13 997	30 923	13 740
24 860	69 647	41 433	34 558	15 618	43 441	13 376
13 916	46 083	25 457	28 079	5 417	19 405	14 725
10	12	8	1	2	8	1
398	160	380	80	192	202	19
16 046	6 105	16 323	21 496	7 999	6 185	7 997
186	208	105	68	56	122	88
153	597	154	250	13	102	66
3		2	6	1	3	
439	2 550	275	156	67	157	178
14 993	7 992	1 380	1 621	1 846	5 727	1 283
4 214	2 275	2 030	2 075	862	2 359	1 651
33 926	9 538	15 000	6 872	30 263	467	300
633	321	236	116	200	68	107
383	323	132	96	90	162	60
19.00	11.00	6.20	3.58	6.50	3.50	5.60
5 234	1 956	2 160	1 313	1 009	851	834
1 568	1 229	1 642	665	340	518	640
		210	104			
6 000	3 950	120	1 108	1 850	1 350	1 500
338	150	137	54	113	98	58
6 034	1 953	768	1 100	2 360	659	58
1 589	317	450	531	777	260	207
1 191	878	225	282	571	581	80
279	193	129	84	310	37	28
1 202	740	190	675	523	581	80
15 475	35 264	19 000	3 373	3 913	10 990	2 034
178 685	31 452	11 400	11 224	7 050	4 250	1 149
3 112	1 808	3 193	1 086	143	2 433	2 097
2 823	1 697	2 900	970	140	2 381	1 919
228 750	11 050	7 942	10 928	396	3 186	
82 741	12 061	7 965	9 547	3 512	10 845	3 505
45.83	39.83	63.47	53.47	88.35	62.37	92.70
31.64	88.91	33.55		58.56	88.00	
52.43	86.50	98.00		71.75	97.00	

二十三、各县市主要指标

Principal Socio-economic Indicators by County and City

Chapter 23

23-1 各县市生产总值和指数(2007年)

GDP and Indices by County and City (2007)

地 区	Region	绝对数(万元)Absolute Figure (10 000 yuan)				指数(以上年为100) Index (preceding year=100)			
		生产总值 Gross Domestic Product	第一产业 Primary Industry	第二产业 Secondary Industry	第三产业 Tertiary Industry	生产总值 Gross Domestic Product	第一产业 Primary Industry	第二产业 Secondary Industry	第三产业 Tertiary Industry
全 省	**Total**	**47 413 100**	**8 373 500**	**20 510 800**	**18 528 800**	**112.5**	**105.5**	**115.2**	**112.6**
昆 明 市	**Kunming**	**14 050 473**	**939 467**	**6 465 495**	**6 645 511**	**112.5**	**105.6**	**115.0**	**111.0**
五华区	Wuhua	3 917 657	13 344	2 324 861	1 579 452	114.3	106.8	116.0	112.0
盘龙区	Panlong	1 599 754	15 352	468 910	1 115 492	112.2	101.0	118.7	109.8
官渡区	Guandu	3 034 668	95 520	1 123 520	1 815 628	112.6	100.2	109.9	115.0
西山区	Xishan	1 630 893	25 852	500 409	1 104 632	111.5	101.2	107.4	113.8
东川区	Dongchuan	304 288	25 166	215 627	63 495	118.9	108.6	119.9	120.4
呈贡县	Chenggong	463 995	74 266	223 451	166 278	130.1	106.2	134.8	139.0
晋宁县	Jinning	339 562	87 591	152 064	99 907	112.4	107.1	114.8	113.2
富民县	Fuming	140 937	34 287	63 054	43 596	115.7	106.3	120.5	117.0
宜良县	Yiliang	588 390	182 601	164 349	241 440	112.1	107.2	115.2	113.8
石林县	Shilin	222 322	66 362	58 047	97 913	111.1	106.7	114.7	111.8
嵩明县	Songming	281 044	75 026	125 479	80 539	114.0	107.2	118.5	113.2
禄劝县	Luquan	217 115	88 391	46 694	82 030	112.8	108.1	124.0	111.7
寻甸县	Xundian	237 649	87 354	49 277	101 018	109.9	107.1	104.9	115.2
安宁市	Anning	991 804	62 546	628 087	301 171	113.9	105.8	119.0	105.7
曲 靖 市	**Qujing**	**6 504 206**	**1 186 778**	**3 546 192**	**1 771 236**	**113.0**	**106.5**	**114.7**	**114.1**
麒麟区	Qilin	2 058 424	94 397	1 307 369	656 658	114.0	102.3	115.8	112.5
马龙县	Malong	138 836	38 326	55 584	44 926	113.6	105.2	123.7	110.0
陆良县	Luliang	592 599	219 609	215 725	157 265	114.6	113.8	114.5	115.6
师宗县	Shizong	327 592	103 922	135 039	88 631	114.0	111.3	114.8	115.8
罗平县	Luoping	541 016	136 696	232 464	171 856	113.0	109.8	115.1	112.6
富源县	Fuyuan	698 960	147 800	380 080	171 080	113.1	108.1	114.8	113.6
会泽县	Huize	668 171	103 515	435 178	129 478	113.0	109.8	114.8	109.7
沾益县	Zhanyi	534 578	137 451	309 238	87 889	115.0	109.4	117.7	114.4
宣威市	Xuanwei	949 250	205 187	454 938	289 125	113.5	108.9	114.1	115.8
玉 溪 市	**Yuxi**	**4 959 279**	**532 757**	**3 028 212**	**1 398 310**	**113.2**	**105.4**	**117.3**	**108.1**
红塔区	Hongta	2 898 516	62 756	2 212 328	623 432	116.7	103.7	122.4	100.2
江川县	Jiangchuan	303 806	82 311	113 174	108 321	110.3	103.9	113.2	112.3
澄江县	Chengjiang	198 597	42 074	85 179	71 344	110.2	105.4	112.0	111.0
通海县	Tonghai	325 736	67 270	138 726	119 740	110.3	104.1	113.5	110.3
华宁县	Huaning	216 065	65 645	66 983	83 437	112.6	107.1	122.5	110.0
易门县	Yimen	238 232	46 023	120 019	72 190	116.3	102.6	131.3	110.4
峨山县	Eshan	218 983	39 686	98 674	80 623	112.1	104.2	116.5	111.5
新平县	Xinping	331 958	53 270	204 116	74 572	118.0	103.1	127.9	111.8
元江县	Yuanjiang	191 873	66 577	54 916	70 380	111.3	106.7	116.9	112.0

23-1 续表1 continued

地区	Region	绝对数(万元) Absolute Figure (10 000 yuan) 生产总值 Gross Domestic Product	第一产业 Primary Industry	第二产业 Secondary Industry	第三产业 Tertiary Industry	指数(以上年为 100) Index (preceding year=100) 生产总值 Gross Domestic Product	第一产业 Primary Industry	第二产业 Secondary Industry	第三产业 Tertiary Industry
保山市	**Baoshan**	**1 623 779**	**524 335**	**455 533**	**643 911**	**113.9**	**106.8**	**120.1**	**115.6**
隆阳区	Longyang	715 168	229 016	213 278	272 874	114.5	108.5	120.8	113.7
施甸县	Shidian	148 553	60 080	23 011	65 462	113.2	104.9	130.8	116.2
腾冲县	Tengchong	413 854	116 550	111 421	185 883	114.5	109.6	121.1	113.9
龙陵县	Longling	175 600	60 790	66 200	48 610	114.0	106.8	123.0	112.1
昌宁县	Changning	220 883	95 749	54 052	71 082	113.8	107.9	122.1	115.7
昭通市	**Zhaotong**	**2 266 935**	**543 645**	**982 834**	**740 456**	**111.2**	**104.5**	**114.6**	**111.8**
昭阳区	Zhaoyang	752 107	102 882	330 090	319 135	109.4	102.4	97.9	126.7
鲁甸县	Ludian	164 807	46 012	81 185	37 610	115.3	105.4	124.5	109.4
巧家县	Qiaojia	168 905	74 091	45 154	49 660	115.3	105.8	143.5	109.8
盐津县	Yanjin	141 356	41 028	55 962	44 366	108.9	103.4	113.0	108.7
大关县	Daguan	84 588	31 928	24 834	27 826	106.6	102.8	107.1	110.3
永善县	Yongshan	179 314	58 790	64 134	56 390	112.0	103.8	119.6	112.0
绥江县	Suijiang	65 284	17 582	16 538	31 164	119.2	114.3	122.6	119.9
镇雄县	Zhenxiong	283 220	118 679	56 968	107 573	111.8	106.0	124.6	112.5
彝良县	Yiliang	166 753	59 193	60 220	47 340	116.1	104.6	137.1	109.4
威信县	Weixin	116 270	31 962	34 340	49 968	114.7	104.0	132.4	111.7
水富县	Shuifu	212 244	11 220	154 527	46 497	108.0	93.3	106.7	116.4
丽江市	**Lijiang**	**848 176**	**184 489**	**280 318**	**383 369**	**113.9**	**106.8**	**120.3**	**113.1**
古城区	Gucheng	292 506	21 996	92 599	177 911	114.5	107.0	117.9	113.7
玉龙县	Yulong	124 899	43 297	33 799	47 803	114.0	106.0	124.1	114.7
永胜县	Yongsheng	177 281	64 259	52 972	60 050	113.0	107.3	125.1	110.0
华坪县	Huaping	157 157	28 796	77 811	50 550	112.1	108.2	113.9	111.6
宁蒗县	Ninglang	93 457	29 529	24 691	39 237	114.9	105.2	115.4	122.6
普洱市	**Pu'er**	**1 515 080**	**493 489**	**447 418**	**574 173**	**114.6**	**104.1**	**121.9**	**117.9**
思茅区	Simao	331 699	40 510	128 448	162 741	119.2	108.5	127.2	116.5
宁洱县	Ning'er	152 318	51 030	36 427	64 861	117.0	115.1	110.0	122.9
墨江县	Mojiang	158 728	49 825	51 195	57 708	113.7	100.5	131.2	112.3
景东县	Jingdong	192 262	88 301	41 079	62 882	114.4	115.7	110.2	115.6
景谷县	Jinggu	234 727	87 673	89 097	57 957	113.5	108.5	119.7	111.6
镇沅县	Zhenyuan	95 808	42 576	19 623	33 609	115.8	114.2	121.6	114.6
江城县	Jiangcheng	84 824	36 317	20 956	27 551	113.0	112.2	119.0	109.6
孟连县	Menglian	72 700	29 245	16 778	26 677	112.0	111.1	109.9	114.4
澜沧县	Lancang	176 514	65 283	50 202	61 029	110.7	111.5	100.0	120.2
西盟县	Ximeng	30 231	9 304	5 161	15 766	112.3	118.1	107.0	111.2
临沧市	**Lincang**	**1 357 830**	**492 552**	**448 784**	**416 494**	**112.9**	**108.2**	**118.4**	**112.6**
临翔区	Lincang	200 981	56 581	47 601	96 799	113.0	108.5	118.2	113.0
凤庆县	Fengqing	182 690	81 820	44 099	56 771	113.3	108.1	123.1	113.1
云县	Yunxian	330 901	104 917	150 055	75 929	112.0	110.6	115.0	107.7
永德县	Yongde	135 086	58 999	37 192	38 895	113.3	108.6	119.7	113.9
镇康县	Zhenkang	105 370	34 055	40 348	30 967	113.1	105.6	122.5	111.3
双江县	Shuangjiang	88 462	36 047	24 179	28 236	113.2	106.1	126.3	112.9
耿马县	Gengma	194 221	85 536	49 943	58 742	111.9	110.2	117.1	110.3
沧源县	Cangyuan	88 448	30 452	24 717	33 279	111.5	107.5	115.6	112.2

23-1 续表2 continued

地 区	Region	绝对数(万元) Absolute Figure (10 000 yuan)				指数(以上年为 100) Index (preceding year=100)			
		生产总值 Gross Domestic Product	第一产业 Primary Industry	第二产业 Secondary Industry	第三产业 Tertiary Industry	生产总值 Gross Domestic Product	第一产业 Primary Industry	第二产业 Secondary Industry	第三产业 Tertiary Industry
楚 雄 州	**Chuxiong**	**2 535 665**	**634 651**	**1 032 359**	**868 655**	**112.3**	**105.8**	**116.4**	**112.5**
楚雄市	Chuxiong	1 014 106	111 691	556 451	345 964	113.9	106.5	113.7	116.7
双柏县	Shuangbo	78 975	36 871	14 351	27 753	112.5	105.8	123.6	116.2
牟定县	Mouding	121 481	46 185	35 603	39 693	112.1	105.5	119.5	114.2
南华县	Nanhua	133 311	58 296	32 532	42 483	113.6	107.0	123.8	115.3
姚安县	Yao'an	136 013	49 706	37 245	49 062	112.3	108.0	116.0	114.1
大姚县	Dayao	220 330	58 412	100 457	61 461	112.5	105.2	117.6	112.5
永仁县	Yongren	74 909	27 385	18 734	28 790	112.0	107.0	120.1	114.8
元谋县	Yuanmou	127 977	54 199	23 287	50 491	112.5	108.3	117.3	114.9
武定县	Wuding	156 855	60 328	45 669	50 858	112.2	106.6	115.5	116.6
禄丰县	Lufeng	557 909	115 085	221 692	221 132	113.1	105.8	118.4	112.1
红 河 州	**Honghe**	**4 297 455**	**788 471**	**2 347 635**	**1 161 349**	**111.9**	**106.8**	**112.1**	**114.9**
个旧市	Gejiu	856 443	48 212	610 697	197 534	116.1	105.6	117.6	114.2
开远市	Kaiyuan	542 900	68 731	297 718	176 451	112.3	101.3	115.7	111.2
蒙自县	Mengzi	391 246	80 012	178 525	132 709	118.7	105.1	133.7	110.0
屏边县	Pingbian	78 562	24 856	26 655	27 051	111.1	104.9	115.8	112.2
建水县	Jianshui	414 180	99 384	161 449	153 347	112.8	103.1	120.7	112.2
石屏县	Shiping	179 675	77 358	48 424	53 893	110.5	107.9	116.1	109.5
弥勒县	Mile	965 683	79 625	767 313	118 745	108.5	110.8	107.5	114.0
泸西县	Luxi	211 546	59 502	69 913	82 131	111.6	108.6	112.8	112.6
元阳县	Yuanyang	124 963	47 981	24 368	52 614	107.6	103.5	113.2	108.5
红河县	Honghe	89 320	45 228	12 277	31 815	107.1	102.1	120.1	109.2
金平县	Jinping	128 176	34 149	65 051	28 976	110.5	102.5	119.4	107.3
绿春县	Luchun	64 697	23 366	19 992	21 339	116.6	103.2	150.8	107.0
河口县	Hekou	103 438	23 924	26 098	53 416	114.7	108.1	121.5	114.5
文 山 州	**Wenshan**	**2 082 839**	**570 179**	**727 900**	**784 760**	**114.5**	**106.0**	**121.4**	**115.2**
文山县	Wenshan	622 099	81 995	274 638	265 466	117.0	105.0	124.2	114.2
砚山县	Yanshan	314 811	77 180	133 524	104 107	115.0	105.5	120.8	115.6
西畴县	Xichou	95 366	36 041	12 420	46 905	109.2	103.7	109.2	114.0
麻栗坡县	Malipo	160 080	47 531	61 475	51 074	112.7	105.5	119.1	112.5
马关县	Maguan	257 980	62 007	121 454	74 519	132.9	106.5	169.5	115.0
丘北县	Qiubei	168 208	77 166	25 336	65 706	113.1	107.9	121.1	116.6
广南县	Guangnan	268 369	123 184	55 321	89 864	113.2	105.5	133.5	113.9
富宁县	Funing	233 501	66 684	80 902	85 915	111.0	105.0	110.6	116.5
西双版纳州	**Xishuangbanna**	**1 075 431**	**344 300**	**321 643**	**409 488**	**112.6**	**106.4**	**122.8**	**111.2**
景洪市	Jinghong	541 380	157 629	135 674	248 077	108.0	106.2	103.6	111.7
勐海县	Menghai	270 460	60 419	125 958	84 083	134.3	103.9	197.8	104.9

23-1 续表3 continued

地区	Region	绝对数(万元) Absolute Figure (10 000 yuan) 生产总值 Gross Domestic Product	第一产业 Primary Industry	第二产业 Secondary Industry	第三产业 Tertiary Industry	指数(以上年为100) Index (preceding year=100) 生产总值 Gross Domestic Product	第一产业 Primary Industry	第二产业 Secondary Industry	第三产业 Tertiary Industry
勐腊县	Mengla	276 787	126 690	60 143	89 954	110.1	110.2	104.2	114.0
大理州	**Dali**	**3 214 275**	**852 926**	**1 196 483**	**1 164 866**	**113.0**	**107.0**	**118.3**	**112.4**
大理市	Dali	1 266 141	117 856	601 129	547 156	112.5	106.1	115.6	110.6
漾濞县	Yangbi	65 794	22 194	29 000	14 600	118.8	102.0	139.3	111.6
祥云县	Xiangyun	376 523	114 527	173 320	88 676	115.9	103.2	132.8	106.4
宾川县	Binchuan	307 693	158 238	57 226	92 229	112.1	107.2	119.2	116.3
弥渡县	Midu	154 534	55 503	42 226	56 805	114.0	107.7	121.0	115.0
南涧县	Nanjian	115 981	48 060	14 582	53 339	115.0	109.2	133.4	116.1
巍山县	Weishan	158 270	64 368	37 454	56 448	112.4	104.6	125.6	113.8
永平县	Yongping	115 263	49 560	23 890	41 813	108.0	104.2	118.6	107.1
云龙县	Yunlong	118 588	44 416	38 072	36 100	116.6	105.6	129.7	117.8
洱源县	Eryuan	172 113	68 845	46 507	56 761	113.1	107.1	125.6	111.5
剑川县	Jianchuan	100 954	24 853	50 423	25 678	116.9	96.7	138.6	105.5
鹤庆县	Heqing	142 562	44 412	57 150	41 000	112.1	105.6	118.5	110.6
德宏州	**Dehong**	**841 651**	**249 115**	**238 474**	**354 062**	**113.4**	**109.5**	**123.3**	**110.7**
瑞丽市	Ruili	186 579	39 277	45 271	102 031	113.1	107.7	126.8	111.3
潞西市	Luxi	277 931	84 045	76 533	117 353	115.2	110.1	130.3	110.8
梁河县	Lianghe	63 366	16 987	16 276	30 103	111.5	104.0	120.1	112.5
盈江县	Yingjiang	199 062	63 290	68 532	67 240	115.7	111.1	130.3	108.0
陇川县	Longchuan	116 279	45 516	31 862	38 901	109.6	108.7	109.0	111.2
怒江州	**Nujiang**	**499 666**	**53 118**	**291 981**	**154 567**	**112.0**	**103.0**	**111.4**	**116.4**
泸水县	Lushui	118 783	17 500	33 683	67 600	112.7	104.8	128.6	108.5
福贡县	Fugong	37 852	8 958	14 183	14 711	114.7	103.3	126.4	112.3
贡山县	Gongshan	23 520	6 484	7 021	10 015	112.5	109.6	124.2	107.2
兰坪县	Lanping	293 977	18 145	228 446	47 386	107.5	103.0	107.0	112.0
迪庆州	**Diqing**	**447 518**	**61 233**	**179 940**	**206 345**	**123.9**	**104.1**	**132.7**	**123.9**
香格里拉县	Shangri-La	279 685	29 055	131 354	119 276	123.5	105.4	128.6	123.1
德钦县	Deqin	60 555	8 731	26 201	25 623	130.1	100.2	143.4	130.5
维西县	Weixi	104 285	26 436	29 336	48 513	117.0	106.2	127.6	117.0

23-2 各县市人均生产总值

Per Capita GDP by County and City

单位：元/人 (yuan/person)

地　区	Region	2006年	2007年
全　省	**Total**	**8 970**	**10 540**
昆 明 市	**Kunming**	**19 730**	**22 762**
五华区	Panlong	38 326	44 554
盘龙区	Guandu	21 777	24 676
官渡区	Xishan	35 781	40 690
西山区	Xishan	20 986	23 701
东川区	Dongchuan	9 687	10 464
呈贡县	Chenggong	15 761	20 668
晋宁县	Jinning	10 461	12 003
富民县	Fuming	8 337	9 575
宜良县	Yiliang	12 355	14 100
石林县	Shilin	8 022	9 279
嵩明县	Songming	6 923	8 127
禄劝县	Luquan	4 161	4 955
寻甸县	Xundian	4 055	4 715
安宁市	Anning	26 801	31 337
曲 靖 市	**Qujing**	**9 453**	**11 381**
麒麟区	Qilin	25 402	29 958
马龙县	Malong	6 099	7 299
陆良县	Luliang	7 843	9 680
师宗县	Shizong	7 240	8 678
罗平县	Luoping	8 538	9 991
富源县	Fuyuan	8 357	9 947
会泽县	Huize	6 158	7 636
沾益县	Zhanyi	10 627	13 381
宣威市	Xuanwei	5 989	7 141
玉 溪 市	**Yuxi**	**18 606**	**21 992**
红塔区	Hongta	52 272	62 522
江川县	Jiangchuan	9 395	10 992
澄江县	Chengjiang	10 536	12 374
通海县	Tonghai	9 674	10 790
华宁县	Huaning	8 647	10 221
易门县	Yimen	9 985	13 354
峨山县	Eshan	11 432	13 661
新平县	Xinping	8 836	11 788
元江县	Yuanjiang	7 626	8 928
保 山 市	**Baoshan**	**5 541**	**6 630**
隆阳区	Longyang	6 745	8 117
施甸县	Shidian	3 922	4 596
腾冲县	Tengchong	5 611	6 584
龙陵县	Longling	5 090	6 444
昌宁县	Changning	5 219	6 427
昭 通 市	**Zhaotong**	**3 838**	**4 372**
昭阳区	Zhaoyang	8 470	9 717
鲁甸县	Ludian	3 328	4 310
巧家县	Qiaojia	2 695	3 189
盐津县	Yanjin	3 292	3 827
大关县	Daguan	2 955	3 333
永善县	Yongshan	3 697	4 512
绥江县	Suijiang	3 306	4 174
镇雄县	Zhenxiong	1 917	2 156
彝良县	Yiliang	2 550	3 094
威信县	Weixin	2 565	3 105
水富县	Shuifu	19 800	22 318
丽 江 市	**Lijiang**	**5 810**	**6 984**
古城区	Gucheng	14 372	17 146
玉龙县	Yulong	4 492	5 442
永胜县	Yongsheng	3 710	4 470
华坪县	Huaping	8 126	9 606
宁蒗县	Ninglang	3 018	3 677
普 洱 市	**Pu'er**	**4 853**	**5 884**
思茅区	Simao	10 226	12 962
宁洱县	Ning'er	6 476	7 831
墨江县	Mojiang	3 357	4 189
景东县	Jingdong	4 123	5 076
景谷县	Jinggu	6 123	7 582
镇沅县	Zhenyuan	3 576	4 471
江城县	Jiangcheng	5 767	7 152
孟连县	Menglian	4 643	5 425
澜沧县	Lancang	3 103	3 542
西盟县	Ximeng	2 837	3 279
临 沧 市	**Lincang**	**4 831**	**5 737**
临翔区	Lincang	5 458	6 626
凤庆县	Fengqing	3 314	4 046
云　县	Yunxian	6 419	7 468
永德县	Yongde	3 025	3 707
镇康县	Zhenkang	5 073	6 187
双江县	Shuangjiang	4 108	4 953
耿马县	Gengma	5 791	6 887
沧源县	Cangyuan	4 356	5 113

23-2 续表 continued

单位：元/人 (yuan/person)

地　区	Region	2006年	2007年	地　区	Region	2006年	2007年
楚 雄 州	**Chuxiong**	**8 160**	**9 469**	富宁县	Funing	5 190	5 908
楚雄市	Chuxiong	15 653	18 543	西双版纳州	**Xishuangbanna**	**8 687**	**10 138**
双柏县	Shuangbo	4 343	5 066	景洪市	Jinghong	10 324	11 354
牟定县	Mouding	4 944	5 955	勐海县	Menghai	5 768	8 198
南华县	Nanhua	4 505	5 583	勐腊县	Mengla	9 671	10 897
姚安县	Yao'an	5 743	6 558	大 理 州	**Dali**	**8 011**	**9 321**
大姚县	Dayao	6 381	7 634	大理市	Dali	18 404	20 900
永仁县	Yongren	5 718	6 920	漾濞县	Yangbi	5 250	6 489
元谋县	Yuanmou	5 176	6 028	祥云县	Xiangyun	6 757	8 252
武定县	Wuding	4 620	5 683	宾川县	Binchuan	7 963	9 234
禄丰县	Lufeng	10 682	12 767	弥渡县	Midu	4 046	4 813
红 河 州	**Honghe**	**8 325**	**9 859**	南涧县	Nanjian	4 398	5 289
个旧市	Gejiu	14 746	18 794	巍山县	Weishan	4 488	5 182
开远市	Kaiyuan	14 379	17 417	永平县	Yongping	5 586	6 271
蒙自县	Mengzi	7 795	9 853	云龙县	Yunlong	4 570	5 813
屏边县	Pingbian	4 443	5 273	洱源县	Eryuan	5 259	6 222
建水县	Jianshui	6 510	7 931	剑川县	Jianchuan	4 913	5 890
石屏县	Shiping	5 502	6 116	鹤庆县	Heqing	4 556	5 372
弥勒县	Mile	16 885	18 489	德 宏 州	**Dehong**	**6 077**	**7 187**
泸西县	Luxi	4 858	5 430	瑞丽市	Ruili	9 158	11 226
元阳县	Yuanyang	2 830	3 267	潞西市	Luxi	6 187	7 457
红河县	Honghe	2 656	3 130	梁河县	Lianghe	3 427	3 963
金平县	Jinping	3 247	3 816	盈江县	Yingjiang	5 608	6 752
绿春县	Luchun	2 425	3 030	陇川县	Longchuan	6 304	6 547
河口县	Hekou	8 334	10 043	怒 江 州	**Nujiang**	**8 249**	**9 471**
文 山 州	**Wenshan**	**5 121**	**6 126**	泸水县	Lushui	6 641	7 461
文山县	Wenshan	11 753	13 980	福贡县	Fugong	3 503	3 902
砚山县	Yanshan	5 808	6 962	贡山县	Gongshan	5 413	6 357
西畴县	Xichou	3 301	3 802	兰坪县	Lanping	13 675	14 626
麻栗坡县	Malipo	4 898	5 827	迪 庆 州	**Diqing**	**9 423**	**11 988**
马关县	Maguan	5 452	7 180	香格里拉县	Shangri-La	13 886	17 814
丘北县	Qiubei	3 090	3 659	德钦县	Deqin	7 082	9 643
广南县	Guangnan	2 939	3 514	维西县	Weixi	5 507	6 812

23-3 各县市工农业总产值
Gross Output Value of Industry and Agriculture by County and City

(按当年价格计算) (Calculated at the current year prices)

单位：万元 (10 000 yuan)

地　区	Region	2006年	2007年	地　区	Region	2006年	2007年
全省合计	**Total**	**53 200 100**	**65 520 868**	施甸县	Shidian	112 894	144 724
昆 明 市	**Kunming**	**15 945 838**	**19 235 746**	腾冲县	Tengchong	291 085	365 759
五华区	Wuhua	5 009 163	5 980 860	龙陵县	Longling	166 717	247 042
盘龙区	Panlong	798 700	993 184	昌宁县	Changning	184 450	256 721
官渡区	Guandu	2 387 021	2 722 695	昭 通 市	**Zhaotong**	**1 890 420**	**2 343 534**
西山区	Xishan	1 205 578	1 318 829	昭阳区	Zhaoyang	625 441	749 390
东川区	Dongchuan	942 280	1 190 933	鲁甸县	Ludian	159 644	218 702
呈贡县	Chenggong	981 749	1 050 485	巧家县	Qiaojia	115 587	167 273
晋宁县	Jinning	512 986	653 273	盐津县	Yanjin	115 185	140 055
富民县	Fuming	151 576	204 641	大关县	Daguan	58 416	74 083
宜良县	Yiliang	555 898	671 535	永善县	Yongshan	77 647	92 664
石林县	Shilin	251 055	305 155	绥江县	Suijiang	40 665	52 298
嵩明县	Songming	414 634	521 677	镇雄县	Zhenxiong	213 674	261 006
禄劝县	Luquan	181 508	223 879	彝良县	Yiliang	164 068	205 861
寻甸县	Xundian	247 098	354 826	威信县	Weixin	87 689	116 708
安宁市	Anning	2 306 592	3 043 774	水富县	Shuifu	232 404	265 494
曲 靖 市	**Qujing**	**7 947 305**	**9 916 681**	丽 江 市	**Lijiang**	**601 735**	**757 590**
麒麟区	Qilin	2 521 961	3 098 864	古城区	Gucheng	96 953	125 256
马龙县	Malong	257 142	295 838	玉龙县	Yulong,	81 363	101 961
陆良县	Luliang	749 095	986 402	永胜县	Yongsheng	152 801	196 582
师宗县	Shizong	305 980	371 467	华坪县	Huaping	207 120	257 603
罗平县	Luoping	495 102	627 995	宁蒗县	Ninglang	63 498	76 189
富源县	Fuyuan	911 804	1 094 684	普 洱 市	**Pu'er**	**1 178 868**	**1 495 418**
会泽县	Huize	722 589	871 559	思茅区	Simao	208 847	276 725
沾益县	Zhanyi	894 436	1 261 402	宁洱县	Ning'er	134 731	164 369
宣威市	Xuanwei	1 089 196	1 308 470	墨江县	Mojiang	97 617	125 551
玉 溪 市	**Yuxi**	**6 099 384**	**7 975 071**	景东县	Jingdong	132 950	163 067
红塔区	Hongta	3 353 937	4 313 374	景谷县	Jinggu	233 789	309 298
江川县	Jiangchuan	372 245	437 314	镇沅县	Zhenyuan	82 861	104 625
澄江县	Chengjiang	265 683	305 970	江城县	Jiangcheng	58 223	75 175
通海县	Tonghai	665 296	796 061	孟连县	Menglian	60 630	71 332
华宁县	Huaning	231 241	295 259	澜沧县	Lancang	150 254	182 976
易门县	Yimen	276 513	505 306	西盟县	Ximeng	18 966	22 301
峨山县	Eshan	327 534	417 904	临 沧 市	**Lincang**	**1 109 057**	**1 412 526**
新平县	Xinping	420 248	669 590	临翔区	Linxiang	113 521	148 343
元江县	Yuanjiang	186 687	234 293	凤庆县	Fengqing	151 998	206 944
保 山 市	**Baoshan**	**1 270 811**	**1 714 399**	云 县	Yunxian	298 041	360 862
隆阳区	Longyang	558 184	700 153	永德县	Yongde	114 885	149 727

23-3 续表 Continued

单位：万元 (10 000 yuan)

地 区	Region	2006年	2007年	地 区	Region	2006年	2007年
镇康县	Zhenkang	88 171	115 904	丘北县	Qiubei	153 551	182 356
双江县	Shuangjiang	87 624	117 028	广南县	Guangnan	236 115	279 430
耿马县	Gengma	159 536	198 601	富宁县	Funing	186 815	224 611
沧源县	Cangyuan	95 282	115 117	西双版纳州	**Xishuangbanna**	**752 075**	**947 260**
楚 雄 州	**Chuxiong**	**2 924 742**	**3 628 712**	景洪市	Jinghong	310 078	343 722
楚雄市	Chuxiong	1 032 434	1 229 220	勐海县	Menghai	202 660	338 240
双柏县	Shuangbo	80 093	101 833	勐腊县	**Mengla**	**239 337**	**265 298**
牟定县	Mouding	141 359	167 015	大 理 州	**Dali**	**3 311 592**	**4 089 178**
南华县	Nanhua	137 430	176 811	大理市	Dali	1 181 285	1 404 728
姚安县	Yao'an	156 065	189 277	漾濞县	Yangbi	93 191	131 447
大姚县	Dayao	267 784	343 882	祥云县	Xiangyun	536 124	685 548
永仁县	Yongren	70 546	93 031	宾川县	Binchuan	298 499	360 279
元谋县	Yuanmou	166 686	197 522	弥渡县	Midu	140 599	171 050
武定县	Wuding	176 647	214 605	南涧县	Nanjian	87 988	114 475
禄丰县	Lufeng	695 698	915 516	巍山县	Weishan	151 864	184 287
红 河 州	**Honghe**	**5 727 791**	**7 170 576**	永平县	Yongping	93 000	118 310
个旧市	Gejiu	2 123 538	2 692 332	云龙县	Yunlong	123 534	155 952
开远市	Kaiyuan	617 916	764 218	洱源县	**Eryuan**	**269 370**	**327 367**
蒙自县	Mengzi	433 307	692 299	剑川县	Jianchuan	155 878	199 171
屏边县	Pingbian	80 222	92 742	鹤庆县	Heqing	180 260	236 564
建水县	Jianshui	410 984	510 376	德 宏 州	**Dehong**	**691 439**	**897 764**
石屏县	Shiping	219 089	282 455	瑞丽市	Ruili	107 205	153 946
弥勒县	Mile	1 174 679	1 342 314	潞西市	Luxi	213 268	295 085
泸西县	Luxi	229 945	282 059	梁河县	Lianghe	54 933	64 354
元阳县	Yuanyang	75 192	93 074	盈江县	Yingjiang	181 006	240 768
红河县	Honghe	76 380	88 397	陇川县	Longchuan	135 027	143 611
金平县	Jinping	148 556	182 383	怒 江 州	**Nujiang**	**502 168**	**530 747**
绿春县	Luchun	51 602	59 902	泸水县	Lushui	75 954	92 285
河口县	Hekou	86 381	88 025	福贡县	Fugong	13 157	15 966
文 山 州	**Wenshan**	**1 837 417**	**2 373 091**	贡山县	Gongshan	13 223	15 178
文山县	Wenshan	489 654	611 940	兰坪县	Lanping	399 834	407 318
砚山县	Yanshan	307 452	398 811	迪 庆 州	**Diqing**	**221 734**	**281 641**
西畴县	Xichou	80 401	91 496	香格里拉县	Shangri-La	144 400	177 625
麻栗坡县	Malipo	138 584	181 251	德钦县	Deqin	30 762	49 006
马关县	Maguan	244 845	403 196	维西县	Weixi	46 572	55 010

23-4 主要年份各县市年末总人口
Total Population at the Year-end by County and City

单位：万人 (10 000 persons)

地　区	Region	1978年	1985年	1990年	1995年	2000年	2006年	2007年
全省合计	**Total**	**3 091.5**	**3 418.1**	**3 730.6**	**3 989.6**	**4 240.8**	**4 483.0**	**4 514.0**
昆 明 市	**Kunming**	**367.2**	**399.3**	**426.9**	**449.9**	**480.9**	**615.2**	**619.3**
五华区	Wuhua	23.4	31.3	36.6	39.8	45.5	87.8	88.1
盘龙区	Panlong	26.8	34.5	38.2	41.0	44.4	64.5	65.2
官渡区	Guandu	42.8	44.4	47.8	52.3	58.0	74.5	74.7
西山区	Xishan	28.0	29.0	29.9	31.5	33.3	68.5	69.1
东川区	Dongchuan	23.2	27.5	28.5	28.7	29.7	29.1	29.1
呈贡县	Chenggong	12.3	13.1	13.8	14.4	15.3	22.1	22.9
晋宁县	Jinning	22.5	23.0	24.0	25.1	26.6	28.3	28.3
富民县	Fuming	12	12.3	12.7	13.1	13.6	14.9	15.0
宜良县	Yiliang	33.4	35.0	36.3	37.6	39.5	41.6	41.8
石林县	Shilin	17.4	18.9	20.2	21.1	22.3	23.9	24.0
嵩明县	Songming	26.3	28.3	30.4	31.6	33.3	34.4	34.7
禄劝县	Luquan	36.8	39.7	42.2	43.9	45.2	43.9	44.2
寻甸县	Xundian	40.2	40	43.3	46.3	49.3	50.3	50.5
安宁市	Anning	22.1	22.3	22.9	23.5	25.0	31.5	31.8
曲 靖 市	**Qujing**	**397.7**	**442**	**482.1**	**511.5**	**547.1**	**570.0**	**572.9**
麒麟区	Qilin	68.3	75.8	83.2	91.8	60.6	68.2	69.2
马龙县	Malong	16	17	17.7	17.5	18.6	18.9	19.2
陆良县	Luliang	42.6	46.6	50.4	53.8	58.4	60.9	61.5
师宗县	Shizong	24.4	26.9	30.1	32	34.7	37.5	38.0
罗平县	Luoping	37.2	41.9	45.9	48.3	52.3	53.9	54.4
富源县	Fuyuan	44.8	50.4	55.8	60.0	65.4	70.2	70.4
会泽县	Huize	67.8	74.1	80.8	83.9	88.7	87.3	87.7
沾益县	Zhanyi					38.4	39.7	40.2
宣威市	Xuanwei	96.6	109.3	118.3	124.2	130	133.6	132.3
玉 溪 市	**Yuxi**	**156.6**	**168.9**	**181.9**	**190.6**	**201.7**	**224.6**	**226.4**
红塔区	Hongta	26.4	29.1	32.3	34.6	37.7	46.7	47.1
江川县	Jiangchuan	19.4	20.7	22.5	23.9	25.6	27.5	27.8
澄江县	Chengjiang	11.7	12.5	13.3	13.9	14.8	16.2	16.3
通海县	Tonghai	19.5	21.4	23.4	25.0	26.3	30.0	30.2
华宁县	Huaning	15.7	17.0	18.1	18.8	19.8	21.1	21.2
易门县	Yimen	15.2	15.7	16.2	16.6	17.2	17.8	17.9
峨山县	Ershan	11.9	12.7	13.5	14.1	14.7	16.0	16.1
新平县	Xinping	21.3	23.2	24.9	25.3	26.3	28.0	28.3
元江县	Yuanjiang	15.5	16.6	17.7	18.3	19.3	21.4	21.6

23-4 续表1 continued

单位：万人 (10 000 persons)

地 区	Region	1978年	1985年	1990年	1995年	2000年	2006年	2007年
保 山 市	**Baoshan**	**182.9**	**197.8**	**212.2**	**223.6**	**234.5**	**244.8**	**245.0**
隆阳区	Longyang	64.4	68.8	73.9	78.3	83	87.9	88.3
施甸县	Shidian	25.4	27.4	29.5	31.1	32.3	32.4	32.2
腾冲县	Tengchong	45.1	49.5	53.4	56.4	59.4	62.8	62.9
龙陵县	Longling	21.1	23	24.8	25.8	26.5	27.2	27.3
昌宁县	Changning	26.9	29.1	30.6	32	33.3	34.4	34.3
昭 通 市	**Zhaotong**	**339.4**	**381.4**	**429**	**457.1**	**491.9**	**511.8**	**525.2**
昭阳区	Zhaoyang	48.8	54.7	62.3	67.3	73.6	75.5	79.3
鲁甸县	Ludian	22.3	25.8	30.4	33.5	36.2	38.9	37.6
巧家县	Qiaojia	38.7	43.1	46.8	48	50.4	51.6	54.4
盐津县	Yanjin	25.3	28.1	31.8	33.1	35.5	36.8	37.1
大关县	Daguan	17.9	20.1	22.7	23.8	24.4	25.2	25.5
永善县	Yongshan	31.2	33.7	36.6	37.7	39.3	40.6	38.9
绥江县	Suijiang	11.5	12.3	13.5	14.4	15.3	15.6	15.7
镇雄县	Zhenxiong	78.1	90.7	102.7	111.5	121.6	127.3	135.5
彝良县	Yiliang	34.4	38.8	43.8	46.4	50.6	53.7	54.1
威信县	Weixin	24.5	26.6	30.3	32.8	35.7	37.3	37.6
水富县	Shuifu	6.7	7.5	8.2	8.6	9.1	9.5	9.6
丽 江 市	**Lijiang**	**87.4**	**94.5**	**101.5**	**105.9**	**109.9**	**121.3**	**121.6**
古城区	Gucheng						17.0	17.1
玉龙县	Yulong	28.4	30.1	31.9	33.2	34.7	22.9	23.0
永胜县	Yongsheng	30.9	33.1	35.4	36.8	37.7	39.6	39.7
华坪县	Huaping	12.3	13.3	14.0	14.5	14.8	16.3	16.4
宁蒗县	Ninglang	15.8	18.0	20.1	21.4	22.7	25.4	25.5
普 洱 市	**Pu'er**	**188.7**	**209.3**	**220.9**	**225.9**	**231.8**	**257.3**	**257.6**
思茅区	Simao	10.9	12.6	13.7	15.7	18.5	25.6	25.6
宁洱县	Ning'er	16.9	17.9	18.4	18.5	18.6	19.4	19.5
墨江县	Mojiang	31.2	34.2	35.2	35.6	35.2	37.9	37.9
景东县	Jingdong	29.9	32.7	34.1	34.4	35.1	37.9	37.9
景谷县	Jinggu	24.5	26.7	28	28.5	28.9	30.9	31.0
镇沅县	Zhenyuan	18.1	19.5	20.3	20.2	20.4	21.4	21.4
江城县	Jiangcheng	7.1	8.1	8.9	9.1	9.1	11.9	11.9
孟连县	Menglian	7.2	8.8	9.7	10.4	11.0	13.3	13.4
澜沧县	Lancang	37.1	41.8	44.8	45.5	46.8	49.8	49.9
西盟县	Ximeng	5.8	7.0	7.8	8.0	8.2	9.2	9.2
临 沧 市	**Lincang**	**161.7**	**183.8**	**199.4**	**207.1**	**213.8**	**236.6**	**236.8**
临翔区	Linxiang	21.3	23.8	25.7	26.4	27.3	30.3	30.4
凤庆县	Fengqing	33.3	37.1	39.9	41.3	42.1	45.1	45.2

23-4 续表2 continued

单位：万人 (10 000 persons)

地 区	Region	1978年	1985年	1990年	1995年	2000年	2006年	2007年
云 县	Yunxian	30.7	35.2	37.7	38.8	39.9	44.3	44.4
永德县	Yongde	24.8	28.2	30.2	31.1	32.1	36.4	36.5
镇康县	Zhenkang	11.1	12.9	14.2	14.9	15.5	17.0	17.1
双江县	Shuangjiang	11.7	13.6	15.0	15.7	16.2	17.8	17.9
耿马县	Gengma	17.1	19.7	22.0	23.4	24.9	28.3	28.2
沧源县	Cangyuan	11.7	13.3	14.7	15.4	15.8	17.3	17.3
楚 雄 州	**Chuxiong**	**208.6**	**211.1**	**233.2**	**242.0**	**250.8**	**267.2**	**268.4**
楚雄市	Chuxiong	34.9	37.9	40.5	44.0	47.4	54.6	54.8
双柏县	Shuangbo	13.4	14.2	14.9	15.1	15.4	15.9	15.9
牟定县	Mouding	18.1	18.6	19.4	19.5	19.8	20.4	20.5
南华县	Nanhua	18.8	20.2	21.5	22.1	22.8	23.8	23.9
姚安县	Yao'an	17.3	17.9	18.8	19.5	20.0	20.7	20.8
大姚县	Dayao	25.7	26.3	27.3	27.8	28.0	28.8	28.9
永仁县	Yongren	8.8	9.4	9.8	10.1	10.3	10.8	10.9
元谋县	Yuanmou	16.1	17.4	18.5	19.3	20.2	21.2	21.3
武定县	Wuding	20.8	22.5	24.2	25.1	26.0	27.5	27.6
禄丰县	Lufeng	34.7	36.7	38.4	39.5	40.9	43.6	43.8
红 河 州	**Honghe**	**304.3**	**335.5**	**364.0**	**379.6**	**394.2**	**434.5**	**437.3**
个旧市	Gejiu	30.7	34.2	37.1	38.0	38.5	45.5	45.7
开远市	Kaiyuan	19.4	21.7	24.0	25.3	26.0	31.1	31.2
蒙自县	Mengzi	23.6	25.6	28.0	29.6	31.5	39.5	39.9
屏边县	Pingbian	11.5	12.8	13.8	14.1	14.4	14.9	14.9
建水县	Jianshui	38.9	42.2	45.2	47.2	48.9	52.1	52.4
石屏县	Shiping	23.6	25.5	26.9	27.6	28.5	29.2	29.4
弥勒县	Mile	37.7	40.8	44.2	46.3	48.1	52.0	52.4
泸西县	Luxi	26.4	29.4	32.7	34.8	36.8	38.7	39.0
元阳县	Yuanyang	28.2	31.3	33.5	34.5	35.9	38.1	38.4
红河县	Honghe	19.6	22.0	24.0	25.4	26.8	28.5	28.6
金平县	Jinping	23.2	26.9	29.5	30.4	31.1	33.3	33.9
绿春县	Luchun	14.5	16.3	18.0	19.2	20.0	21.3	21.4
河口县	Hekou	7.0	6.8	7.0	7.6	7.7	10.3	10.3
文 山 州	**Wenshan**	**243.7**	**273.0**	**296.8**	**308.2**	**324.7**	**339.1**	**340.9**
文山县	Wenshan	29.1	32.7	36.8	38.8	41.4	44.3	44.6
砚山县	Yanshan	30.4	34.2	38.1	40.2	43.0	45.1	45.4
西畴县	Xichou	19.7	21.7	22.9	23.5	24.4	25.1	25.2
麻栗坡县	Malipo	21.7	24.2	25.3	25.9	26.7	27.4	27.5
马关县	Maguan	27.5	31.1	33.7	33.9	34.7	35.9	36.0

23-4 续表3 continued

单位：万人 (10 000 persons)

地 区	Region	1978年	1985年	1990年	1995年	2000年	2006年	2007年
丘北县	Qiubei	30.6	34.7	38.4	40.5	43.5	45.8	46.1
广南县	Guangnan	54.2	60.2	65.9	68.9	73.0	76.2	76.6
富宁县	Funing	30.5	34.2	35.7	36.6	38.0	39.4	39.5
西双版纳州	**Xishuangbanna**	**63.8**	**69.1**	**78.2**	**81.8**	**85.4**	**105.7**	**106.5**
景洪市	Jinghong	27.4	29.2	33.6	34.8	36.7	47.4	47.7
勐海县	Menghai	22.1	25.0	27.3	28.5	29.3	32.9	33.1
勐腊县	Mengla	14.3	14.9	17.3	18.5	19.3	25.5	25.7
大 理 州	**Dali**	**260.3**	**281.3**	**303.0**	**315.7**	**328.6**	**348.6**	**348.0**
大理市	Dali	35.9	39.6	43.6	46.9	50.1	62.4	62.5
漾濞县	Yangbi	8.0	8.5	9.3	9.7	9.8	10.6	10.7
祥云县	Xiangyun	35.9	37.6	39.8	41.3	43.5	46.0	44.7
宾川县	Binchuan	25.8	27.8	29.9	31.1	32.3	34.1	34.2
弥渡县	Midu	25.4	26.6	28.0	29.2	30.6	31.6	31.7
南涧县	Nanjian	17.4	19.1	20.2	20.6	21.2	22.2	22.2
巍山县	Weishan	23.4	25.6	27.6	28.5	29.6	31.1	31.1
永平县	Yongping	13.5	14.8	15.8	16.5	17.0	18.4	18.4
云龙县	Yunlong	15.7	17.4	18.8	19.4	19.7	20.7	20.7
洱源县	Eryuan	25.1	27.3	29.9	31.1	32.3	27.6	27.6
剑川县	Jianchuan	13.0	14.0	15.4	16.1	16.6	17.6	17.6
鹤庆县	Heqing	21.2	23.0	24.6	25.3	25.8	26.5	26.6
德 宏 州	**Dehong**	**69.4**	**80.6**	**90.6**	**96.6**	**101.8**	**116.5**	**117.7**
瑞丽市	Ruili	6.2	7.1	8.2	8.9	11.0	16.5	16.7
潞西市	Luxi	22.4	26.1	29.2	31.2	32.9	37.1	37.5
梁河县	Lianghe	11.3	12.9	14.3	15.1	15.6	15.9	16.0
盈江县	Yingjiang	17.5	20.5	23.4	24.7	25.8	29.3	29.7
陇川县	Longchuan	11.3	13.2	14.6	15.5	16.5	17.7	17.9
怒 江 州	**Nujiang**	**29.2**	**34.1**	**43.5**	**45.4**	**46.3**	**52.6**	**52.9**
泸水县	Lushui	8.8	10.5	14.4	15.0	15.3	18.4	18.6
福贡县	Fugong	4.2	5.0	8.5	8.8	8.9	9.4	9.5
贡山县	Gongshan	2.6	3.0	3.3	3.3	3.4	3.7	3.7
兰坪县	Lanping	13.6	15.6	17.3	18.3	18.7	21.1	21.2
迪 庆 州	**Diqing**	**26.0**	**29.0**	**31.5**	**32.5**	**33.1**	**37.2**	**37.5**
香格里拉县	Shangri-La	9.9	11.2	12.2	12.6	13.0	15.6	15.8
德钦县	Deqing	5.1	5.4	5.7	5.8	5.8	6.3	6.3
维西县	Weixi	11.0	12.4	13.6	14.1	14.3	15.3	15.3

23-5 各县市人口和构成（2007年）

Population and Its Composition by County and City (2007)

单位：万人 (10 000 persons)

地 区	Region	总户数 Total Households	总人口 Total Population	按性别分 By Sex 男 Male	女 Female	按农业、非农业分 By Agricultural and Non-agricultural Population 农业人口 Agricultural Population	非农业人口 Non-agricultural Population
全省合计	**Total**	**1 222.3**	**4 514.0**	**2 330.9**	**2 183.1**	**3 765.9**	**748.1**
昆 明 市	**Kunming**	**168.4**	**619.3**	**318.3**	**301.0**	**352.0**	**267.3**
五华区	Wuhua	20.8	88.1	45.5	42.6	14.4	73.7
盘龙区	Panlong	13.9	65.2	34.6	30.5	11.9	53.3
官渡区	Guandu	18.4	74.7	39.0	35.7	29.9	44.8
西山区	Xishan	19.0	69.1	34.9	34.2	21.0	48.1
东川区	Dongchuan	9.4	29.1	15.2	13.9	23.0	6.1
呈贡县	Chenggong	6.0	22.9	11.4	11.4	18.8	4.0
晋宁县	Jinning	10.1	28.3	14.0	14.3	23.5	4.8
富民县	Fuming	4.6	15.0	7.5	7.5	13.2	1.8
宜良县	Yiliang	12.9	41.8	20.8	21.0	37.8	4.0
石林县	Shilin	7.5	24.0	12.1	11.9	21.6	2.4
嵩明县	Songming	9.8	34.7	17.6	17.2	31.5	3.2
禄劝县	Luquan	12.1	44.2	22.9	21.2	41.8	2.3
寻甸县	Xundian	13.4	50.5	26.1	24.4	47.4	3.1
安宁市	Anning	10.5	31.8	16.5	15.2	16.2	15.6
曲 靖 市	**Qujing**	**171.4**	**572.9**	**300.8**	**272.1**	**507.7**	**65.3**
麒麟区	Qilin	21.9	69.2	35.4	33.8	46.3	22.9
马龙县	Malong	5.2	19.2	9.9	9.2	17.3	1.9
陆良县	Luliang	20.2	61.5	32.2	29.3	55.3	6.2
师宗县	Shizong	10.2	38.0	19.8	18.2	34.7	3.3
罗平县	Luoping	16.1	54.4	28.9	25.5	50.3	4.1
富源县	Fuyuan	18.2	70.4	36.7	33.7	65.5	4.9
会泽县	Huize	27.0	87.7	47.2	40.6	81.5	6.2
沾益县	Zhanyi	11.2	40.2	20.6	19.6	36.0	4.2
宣威市	Xuanwei	41.4	132.3	70.0	62.3	120.6	11.7
玉 溪 市	**Yuxi**	**66.9**	**226.4**	**115.8**	**110.6**	**189.4**	**37.0**
红塔区	Hongta	13.9	47.1	24.2	22.9	32.9	14.2
江川县	Jiangchuan	8.7	27.8	14.8	13.0	24.9	2.9

23-5 续表1 continued

单位：万人 (10 000 persons)

地 区	Region	总户数 Total Households	总人口 Total Population	按性别分 By Sex 男 Male	女 Female	按农业、非农业分 By Agricultural and Non-agricultural Population 农业人口 Agricultural Population	非农业人口 Non-agricultural Population
澄江县	Chengjiang	5.2	16.3	8.2	8.1	14.5	1.8
通海县	Tonghai	8.6	30.2	14.9	15.3	26.5	3.7
华宁县	Huaning	6.2	21.2	10.9	10.4	19.3	2.0
易门县	Yimen	5.6	17.9	9.2	8.7	14.5	3.4
峨山县	Ershan	4.9	16.1	8.1	8.0	13.1	3.0
新平县	Xinping	8.1	28.3	14.5	13.8	24.8	3.5
元江县	Yuanjiang	5.7	21.6	11.1	10.5	18.9	2.6
保 山 市	**Baoshan**	**63.7**	**245.0**	**125.2**	**119.8**	**221.1**	**23.9**
隆阳区	Longyang	23.6	88.3	44.5	43.9	76.8	11.5
施甸县	Shidian	8.2	32.2	16.4	15.8	29.7	2.5
腾冲县	Tengchong	15.8	62.9	32.4	30.5	57.9	5.0
龙陵县	Longling	7.0	27.3	14.3	13.0	25.1	2.2
昌宁县	Changning	9.1	34.3	17.6	16.7	31.5	2.8
昭 通 市	**Zhaotong**	**146.9**	**525.2**	**273.5**	**251.7**	**486.8**	**38.5**
昭阳区	Zhaoyang	23.3	79.3	41.2	38.1	68.5	10.8
鲁甸县	Ludian	10.4	37.6	19.6	17.9	35.4	2.1
巧家县	Qiaojia	15.1	54.4	27.2	27.2	52.0	2.4
盐津县	Yanjin	10.3	37.1	19.6	17.5	34.1	3.1
大关县	Daguan	7.8	25.5	13.5	12.0	23.8	1.7
永善县	Yongshan	12.6	38.9	20.6	18.3	36.9	2.0
绥江县	Suijiang	4.4	15.7	8.1	7.6	13.8	1.9
镇雄县	Zhenxiong	34.4	135.5	70.9	64.6	128.6	6.9
彝良县	Yiliang	14.3	54.1	28.5	25.6	51.5	2.6
威信县	Weixin	10.9	37.6	19.3	18.3	34.9	2.7
水富县	Shuifu	3.4	9.6	4.9	4.6	7.3	2.3
丽 江 市	**Lijiang**	**33.8**	**121.6**	**62.0**	**59.6**	**105.0**	**16.6**
古城区	Gucheng	4.4	17.1	8.6	8.5	10.1	7.0
玉龙县	Yulong	5.8	23.0	11.9	11.1	21.5	1.5
永胜县	Yongsheng	11.6	39.7	20.1	19.6	36.7	3.0
华坪县	Huaping	5.0	16.4	8.3	8.0	13.6	2.8

23-5 续表2 continued

单位：万人 (10 000 persons)

地区	Region	总户数 Total Households	总人口 Total Population	按性别分 By Sex 男 Male	女 Female	按农业、非农业分 By Agricultural and Non-agricultural Population 农业人口 Agricultural Population	非农业人口 Non-agricultural Population
宁蒗县	Ninglang	7.0	25.5	13.1	12.3	23.2	2.3
普洱市	**Pu'er**	**66.1**	**257.6**	**134.6**	**123.1**	**224.5**	**33.1**
思茅区	Simao	6.6	25.6	13.0	12.6	15.8	9.9
宁洱县	Ning'er	5.5	19.5	10.1	9.4	16.2	3.2
墨江县	Mojiang	8.5	37.9	20.4	17.5	34.8	3.1
景东县	Jingdong	9.9	37.9	19.8	18.1	35.1	2.8
景谷县	Jinggu	8.3	31.0	16.3	14.7	27.9	3.1
镇沅县	Zhenyuan	5.9	21.4	11.4	10.1	19.3	2.1
江城县	Jiangcheng	2.9	11.9	6.1	5.8	9.8	2.1
孟连县	Menglian	3.4	13.4	6.8	6.6	11.6	1.8
澜沧县	Lancang	12.4	49.9	25.9	24.0	46.2	3.7
西盟县	Ximeng	2.7	9.2	4.8	4.4	7.8	1.4
临沧市	**Lincang**	**56.0**	**236.8**	**123.5**	**113.3**	**214.0**	**22.8**
临翔区	Linxiang	8.1	30.4	15.6	14.7	25.2	5.2
凤庆县	Fengqing	10.4	45.2	23.4	21.8	42.1	3.1
云县	Yunxian	10.7	44.4	23.6	20.7	41.2	3.1
永德县	Yongde	7.9	36.5	19.3	17.2	33.9	2.6
镇康县	Zhenkang	4.1	17.1	9.0	8.1	15.7	1.3
双江县	Shuangjiang	4.0	17.9	9.2	8.7	16.3	1.5
耿马县	Gengma	6.5	28.2	14.5	13.7	24.4	3.8
沧源县	Cangyuan	4.3	17.3	9.0	8.3	15.2	2.1
楚雄州	**Chuxiong**	**73.8**	**268.4**	**137.6**	**130.8**	**231.1**	**37.3**
楚雄市	Chuxiong	15.1	54.8	28.1	26.7	40.3	14.5
双柏县	Shuangbo	4.4	15.9	8.3	7.6	14.4	1.5
牟定县	Mouding	5.6	20.5	10.5	10.0	19.0	1.4
南华县	Nanhua	6.1	23.9	12.3	11.6	22.1	1.9
姚安县	Yao'an	5.3	20.8	10.6	10.2	19.3	1.5
大姚县	Dayao	8.2	28.9	14.8	14.1	26.6	2.3
永仁县	Yongren	3.1	10.9	5.6	5.2	9.6	1.3

23-5 续表3 continued

单位：万人 (10 000 persons)

地 区	Region	总户数 Total Households	总人口 Total Population	按性别分 By Sex: 男 Male	女 Female	按农业、非农业分 By Agricultural and Non-agricultural Population: 农业人口 Agricultural Population	非农业人口 Non-agricultural Population
元谋县	Yuanmou	6.1	21.3	10.9	10.4	19.2	2.1
武定县	Wuding	7.2	27.6	14.1	13.5	23.6	4.0
禄丰县	Lufeng	12.7	43.8	22.4	21.4	37.0	6.8
红 河 州	**Honghe**	**115.8**	**437.3**	**225.9**	**211.4**	**363.6**	**73.7**
个旧市	Gejiu	13.0	45.7	23.5	22.2	22.6	23.1
开远市	Kaiyuan	8.6	31.2	15.7	15.5	19.9	11.3
蒙自县	Mengzi	10.2	39.9	20.5	19.4	32.4	7.5
屏边县	Pingbian	3.8	14.9	7.7	7.2	13.3	1.6
建水县	Jianshui	15.1	52.4	26.5	25.9	45.7	6.7
石屏县	Shiping	8.7	29.4	14.9	14.5	26.3	3.1
弥勒县	Mile	14.5	52.4	26.8	25.6	46.7	5.7
泸西县	Luxi	11.1	39.0	20.8	18.1	35.4	3.6
元阳县	Yuanyang	8.6	38.4	20.5	17.9	36.6	1.8
红河县	Honghe	6.4	28.6	14.9	13.7	27.1	1.6
金平县	Jinping	8.3	33.9	17.6	16.3	31.6	2.2
绿春县	Luchun	4.8	21.4	11.2	10.1	19.8	1.6
河口县	Hekou	2.7	10.3	5.2	5.1	6.3	4.0
文 山 州	**Wenshan**	**87.0**	**340.9**	**177.7**	**163.2**	**312.2**	**28.6**
文山县	Wenshan	12.9	44.6	22.8	21.8	35.9	8.6
砚山县	Yanshan	11.5	45.4	23.4	22.0	41.8	3.6
西畴县	Xichou	6.7	25.2	13.2	11.9	22.9	2.3
麻栗坡县	Malipo	7.2	27.5	14.5	13.0	25.6	2.0
马关县	Maguan	9.5	36.0	18.8	17.2	32.8	3.1
丘北县	Qiubei	11.7	46.1	24.2	22.0	43.1	3.0
广南县	Guangnan	18.2	76.6	40.4	36.2	73.0	3.6
富宁县	Funing	9.3	39.5	20.4	19.2	37.1	2.4
西双版纳州	**Xishuangbanna**	**24.7**	**106.5**	**53.7**	**52.7**	**76.3**	**30.1**
景洪市	Jinghong	11.4	47.7	23.9	23.7	30.2	17.5
勐海县	Menghai	7.2	33.1	16.7	16.4	28.6	4.5

23-5 续表4 continued

单位：万人 (10 000 persons)

地区	Region	总户数 Total Households	总人口 Total Population	按性别分 By Sex 男 Male	女 Female	按农业、非农业分 By Agricultural and Non-agricultural Population 农业人口 Agricultural Population	非农业人口 Non-agricultural Population
勐腊县	Mengla	6.1	25.7	13.1	12.6	17.6	8.1
大理州	**Dali**	**97.4**	**348.0**	**176.5**	**171.5**	**307.3**	**40.7**
大理市	Dali	18.1	62.5	31.1	31.4	42.6	19.9
漾濞县	Yangbi	2.9	10.7	5.5	5.2	9.6	1.0
祥云县	Xiangyun	13.1	44.7	22.7	22.0	41.3	3.4
宾川县	Binchuan	10.3	34.2	17.3	16.8	32.0	2.2
弥渡县	Midu	9.1	31.7	16.2	15.5	29.6	2.0
南涧县	Nanjian	6.1	22.2	11.5	10.7	20.9	1.3
巍山县	Weishan	8.3	31.1	15.8	15.3	29.0	2.1
永平县	Yongping	5.2	18.4	9.4	9.0	16.7	1.7
云龙县	Yunlong	5.8	20.7	10.7	10.0	19.1	1.7
洱源县	Eryuan	6.9	27.6	14.0	13.6	25.8	1.8
剑川县	Jianchuan	4.3	17.6	8.8	8.8	16.1	1.5
鹤庆县	Heqing	7.3	26.6	13.3	13.2	24.6	2.0
德宏州	**Dehong**	**27.6**	**117.7**	**59.3**	**58.4**	**96.1**	**21.6**
瑞丽市	Ruili	3.7	16.7	8.1	8.6	10.9	5.8
潞西市	Luxi	8.6	37.5	18.9	18.5	29.9	7.6
梁河县	Lianghe	4.0	16.0	8.2	7.8	14.4	1.6
盈江县	Yingjiang	6.7	29.7	15.0	14.6	26.2	3.5
陇川县	Longchuan	4.6	17.9	9.0	8.9	14.7	3.1
怒江州	**Nujiang**	**14.0**	**52.9**	**27.2**	**25.7**	**45.8**	**7.1**
泸水县	Lushui	4.6	18.6	9.5	9.0	15.4	3.2
福贡县	Fugong	2.6	9.5	4.9	4.6	8.6	0.8
贡山县	Gongshan	1.1	3.7	1.9	1.8	3.2	0.6
兰坪县	Lanping	5.7	21.2	10.9	10.3	18.6	2.6
迪庆州	**Diqing**	**8.8**	**37.5**	**19.1**	**18.3**	**32.9**	**4.5**
香格里拉县	Shangri-La	3.7	15.8	8.0	7.8	13.1	2.7
德钦县	Deqing	1.3	6.3	3.2	3.1	5.6	0.7
维西县	Weixi	3.8	15.3	7.9	7.4	14.2	1.2

23-6 各县市民族人口(2007年)

单位：人

地区	Region	总计 Total	汉族 Han	彝族 Yi	白族 Bai	哈尼族 Hani	壮族 Zhuang
全省合计	**Total**	**45 140 000**	**29 798 909**	**5 055 430**	**1 635 112**	**1 538 520**	**1 212 785**
昆明市	**Kunming**	**6 193 300**	**5 318 207**	**440 245**	**100 218**	**13 707**	**17 916**
五华区	Wuhua	880 900	756 759	27 200	34 456	3 764	5 039
盘龙区	Panlong	651 600	583 486	18 437	13 361	2 296	3 298
官渡区	Guandu	746 800	672 607	41 814	8 726	1 344	1 897
西山区	Xishan	691 300	587 708	42 571	26 661	1 357	2 021
东川区	Dongchuan	291 200	271 791	9 100	857	64	196
呈贡县	Chenggong	228 500	219 581	2 302	880	308	266
晋宁县	Jinning	283 200	253 917	22 553	815	1 556	273
富民县	Fuming	150 100	129 517	11 176	804	111	87
宜良县	Yiliang	418 400	383 583	25 996	473	321	375
石林县	Shilin	240 300	157 165	81 088	150	149	582
嵩明县	Songming	347 200	323 259	3 081	305	109	152
禄劝县	Luquan	441 500	306 638	98 009	205	1 190	2 758
寻甸县	Xundian	504 800	395 016	42 576	167	51	61
安宁市	Anning	317 500	277 183	14 344	12 357	1 088	913
曲靖市	**Qujing**	**5 729 200**	**5 330 627**	**215 609**	**4 455**	**1 197**	**31 150**
麒麟区	Qilin	691 800	665 194	14 910	1 805	349	817
马龙县	Malong	191 500	176 806	7 472	101	21	31
陆良县	Luliang	615 100	604 950	5 272	155	84	127
师宗县	Shizong	380 300	317 128	22 771	64	34	24 371
罗平县	Luoping	544 400	472 131	35 426	386	57	911
富源县	Fuyuan	703 800	644 759	43 352	721	110	140
会泽县	Huize	877 200	832 075	17 770	386	164	3 004
沾益县	Zhanyi	402 000	379 014	8 584	261	126	190
宣威市	Xuanwei	1 323 100	1 238 570	60 052	574	253	1 559
玉溪市	**Yuxi**	**2 264 000**	**1 538 051**	**448 156**	**11 928**	**120 989**	**1 142**
红塔区	Hongta	471 000	406 331	44 499	3 754	2 852	492
江川县	Jiangchuan	277 600	261 072	15 444	80	575	43
澄江县	Chengjiang	163 000	153 836	2 886	61	241	30
通海县	Tonghai	301 900	257 929	17 821	163	2 018	53
华宁县	Huaning	212 300	154 295	45 457	99	268	63
易门县	Yimen	178 900	124 152	48 372	349	3 358	123
峨山县	Eshan	160 800	54 104	89 261	122	10 930	56
新平县	Xinping	282 800	82 560	136 809	395	12 247	96
元江县	Yuanjiang	215 700	43 772	47 606	6 904	88 498	187

Population of Minority Nationalities by County and City (2007)

(person)

傣族 Dai	苗族 Miao	傈僳族 Lisu	回族 Hui	拉祜族 Lahu	佤族 Wa	纳西族 Naxi	景颇族 Jingpo
1 318 321	**1 064 049**	**678 705**	**709 664**	**471 169**	**415 411**	**333 803**	**149 647**
16 289	**49 339**	**18 083**	**172 562**	**2 230**	**1 417**	**11 747**	**1 454**
4 834	4 602	1 479	25 760	870	568	4 682	682
2 341	2 249	754	16 001	468	350	2 321	228
1 295	1 486	439	11 348	209	119	1 471	69
1 572	2 570	424	20 295	284	133	1 763	143
67	2 592	82	4 547	31	13	342	2
220	155	57	4 062	54	13	170	1
330	162	84	2 261	75	46	164	184
82	7 492	111	524	10	5	24	2
118	1 993	64	4 968	49	37	41	4
107	605	6	245	22	22	26	
79	3 175	58	16 456	29	18	57	7
4 461	12 724	13 924	980	13	8	28	6
50	5 389	21	61 223	5	15	37	
734	4 146	580	3 892	111	68	622	127
973	**27 425**	**443**	**71 650**	**241**	**183**	**569**	**90**
396	627	128	5 335	55	55	270	10
15	3 851	9	3 135	8		2	
55	63	34	3 843	10	13	15	
63	10 740	6	2 846	1	4	4	3
49	4 162	49	3 381	4	3	6	1
41	307	61	3 501	40	16	38	11
34	811	47	22 637	6	4	67	1
184	3 342	54	9 619	29	21	69	64
137	3 521	55	17 351	89	67	98	1
76 944	**6 767**	**274**	**43 464**	**6 353**	**115**	**453**	**33**
1 101	231	105	10 209	191	33	231	20
103	34	5	65	24	13	21	1
85	344	8	5 357	9	3	15	2
4 626	74	8	12 044	37	16	16	3
71	4 233	22	7 547	34	9	45	
130	746	21	1 330	18	17	68	
240	170	15	5 520	26	5	14	3
44 162	125	56	1 217	4 973	4	27	2
26 425	808	34	175	1 042	15	17	1

23-6 续表1

单位：人

地　区	Region	瑶　族 Yao	藏　族 Tibetan	布朗族 Bulang	阿昌族 Achang	怒　族 Nu	普米族 Pumi
全省合计	**Total**	**209 551**	**144 244**	**111 284**	**35 465**	**30 728**	**37 942**
昆 明 市	**Kunming**	**1 502**	**2 081**	**555**	**363**	**256**	**560**
五华区	Wuhua	580	950	219	183	115	201
盘龙区	Panlong	416	437	114	85	74	163
官渡区	Guandu	142	203	70	30	27	45
西山区	Xishan	136	278	62	28	20	77
东川区	Dongchuan	20	33	6		2	12
呈贡县	Chenggong	1	23	9	1		7
晋宁县	Jinning	49	27	30	10	3	5
富民县	Fuming	3	3	3	2		4
宜良县	Yiliang	24	11	4	1	2	
石林县	Shilin	45	9				
嵩明县	Songming	17	18	2	1	3	8
禄劝县	Luquan	4	24	10			
寻甸县	Xundian	19	5	1			2
安宁市	Anning	47	60	25	20	11	36
曲 靖 市	**Qujing**	**2 277**	**196**	**63**	**31**	**17**	**76**
麒麟区	Qilin	52	51	20	6	3	7
马龙县	Malong	1	4	4	3		
陆良县	Luliang	15	13	5		1	13
师宗县	Shizong	2 095	10			1	10
罗平县	Luoping	12	1	2	1		2
富源县	Fuyuan	18	67	13	4	5	2
会泽县	Huize	4	12				22
沾益县	Zhanyi	51	19	5	16	1	5
宣威市	Xuanwei	28	19	14	1	6	14
玉 溪 市	**Yuxi**	**102**	**78**	**58**	**45**	**10**	**36**
红塔区	Hongta	44	41	30	2	2	28
江川县	Jiangchuan	3	3	2		1	1
澄江县	Chengjiang	1	3	1	4	1	1
通海县	Tonghai	3		3		1	1
华宁县	Huaning		7			2	
易门县	Yimen	12	7	9	33	2	1
峨山县	Ershan		9	5	2		
新平县	Xinping	8	6	2	3		1
元江县	Yuanjiang	29	1	4			2

continued

(person)

德昂族 Deang	独龙族 Dulong	蒙古族 Mongolian	基诺族 Jinuo	水 族 Shui	满 族 Man	布依族 Buyi	其 他 Others
19 269	**6 446**	**19 585**	**26 137**	**10 606**	**12 798**	**48 353**	**46 063**
26	**122**	**3 163**	**215**	**388**	**6 483**	**4 101**	**10 070**
13	27	1 193	86	128	2 401	907	3 204
2	42	523	64	67	1 389	575	2 063
3	13	390	18	57	1 010	542	1 425
3	20	424	23	64	930	485	1 249
1	4	39		5	89	1 047	258
		44	4	7	84	54	193
1	1	76	5	11	193	55	314
		19		1	17	20	81
1	4	24	3	17	48	89	151
	1	8	1	15	9	15	29
2	1	41		4	38	42	240
	2	230	2	2	10	20	254
		19		1	9	21	113
	7	132	8	8	256	229	496
4	**12**	**993**	**6**	**9 330**	**592**	**29 444**	**1 549**
	2	322		116	329	319	621
		2		4	7	12	12
		69		6	28	30	297
		13		6	15	22	92
		17		68	8	27 684	39
	4	459	1	8 914	23	1 146	48
	2	27		1	55	36	36
4	1	21	1	20	64	100	135
	3	64	4	195	63	95	269
	3	**7 731**	**7**	**21**	**205**	**199**	**838**
		296	4	6	122	72	302
		22			5	23	59
		11		7	25	5	60
		7 003	3	2	3	38	34
		61		1	7	9	68
		47			16	8	81
		243			4	17	55
	3	15		4	21	4	57
		34			2	22	121

23-6 续表2

单位：人

地 区	Region	总 计 Total	汉 族 Han	彝 族 Yi	白 族 Bai	哈尼族 Hani	壮 族 Zhuang
保 山 市	**Baoshan**	**2 450 200**	**2 211 921**	**77 608**	**40 907**	**242**	**275**
隆阳区	Longyang	883 200	763 993	39 988	36 723	138	190
施甸县	Shidian	322 000	297 506	12 017	666	23	7
腾冲县	Tengchong	629 000	584 806	438	2 429	41	30
龙陵县	Longling	273 000	259 015	4 672	255	7	3
昌宁县	Changning	343 000	306 601	20 493	833	33	44
昭 通 市	**Zhaotong**	**5 252 196**	**4 703 541**	**176 543**	**6 619**	**122**	**4 320**
昭阳区	Zhaoyang	793 012	648 162	24 278	341	61	252
鲁甸县	Ludian	375 690	297 128	9 657	57	1	882
巧家县	Qiaojia	543 756	517 321	16 404	80	13	2 981
盐津县	Yanjin	371 072	358 659	65	51		2
大关县	Daguan	255 164	236 389	4 145	25	7	18
永善县	Yongshan	389 200	360 987	15 159	40	11	25
绥江县	Suijiang	157 023	156 439	118	18	2	18
镇雄县	Zhenxiong	1 354 700	1 234 868	80 964	5 838	7	77
彝良县	Yiliang	541 100	467 388	23 418	74	5	2
威信县	Weixin	375 979	334 050	2 212	42	2	9
水富县	Shuifu	95 500	92 150	123	54	13	55
丽 江 市	**Lijiang**	**1 215 999**	**482 897**	**232 973**	**53 206**	**112**	**3 865**
古城区	Gucheng	170 800	26 938	2 678	23 081	79	360
玉龙县	Yulong	229 800	24 785	6 902	22 231	3	208
永胜县	Yongsheng	397 100	268 445	50 965	6 796	21	871
华坪县	Huaping	163 800	113 281	12 147	315	3	1 225
宁蒗县	Ninglang	254 500	49 448	160 281	783	5	1 201
普 洱 市	**Pu'er**	**2 576 300**	**997 873**	**433 110**	**11 581**	**456 525**	**1 486**
思茅区	Simao	256 200	167 010	36 603	2 958	16 642	505
宁洱县	Ning'er	194 600	95 829	36 658	4 416	46 707	108
墨江县	Mojiang	379 100	97 487	36 424	281	230 396	111
景东县	Jingdong	379 000	202 346	150 646	640	12 769	180
景谷县	Jinggu	309 700	167 934	62 336	635	2 985	77
镇沅县	Zhenyuan	214 400	101 980	57 015	1 472	25 843	159
江城县	Jiangcheng	118 700	24 625	16 206	213	60 677	43
孟连县	Menglian	133 600	19 357	3 054	219	9 582	44
澜沧县	Lancang	498 600	115 641	33 221	604	50 100	245
西盟县	Ximeng	92 400	5 664	947	142	824	14
临 沧 市	**Lincang**	**2 368 000**	**1 431 420**	**372 567**	**33 675**	**542**	**1 235**
临翔区	Linxiang	303 600	245 486	16 198	3 097	57	254
凤庆县	Fengqing	452 000	289 362	134 936	8 400	12	143

continued

(person)

傣 族 Dai	苗 族 Miao	傈僳族 Lisu	回 族 Hui	拉祜族 Lahu	佤 族 Wa	纳西族 Naxi	景颇族 Jingpo
42 522	**9 448**	**29 598**	**13 267**	**88**	**4 234**	**1 066**	**2 343**
20 140	4 197	9 243	3 781	52	421	880	268
746	26	183	1 059	8	1 091	20	141
13 521	85	13 670	7 422	21	2 534	115	1 675
1 753	25	6 074	33	2	2	8	189
6 362	5 114	428	972	4	186	42	70
225	**176 957**	**84**	**180 291**	**14**	**13**	**113**	**2**
116	10 827	37	108 496	5	5	89	2
4	2 497	5	65 407				
13	5 249	6	257	1		1	
12	12 116	3	137	1	1	3	
12	10 035	13	4 341	1	3	4	
30	11 531	10	1 215	1	1	4	
14	379	2	4	4			
17	32 575	6	164		2	1	
5	49 155		175	1	1	6	
	39 640		7				
2	2 951	2	89			6	
11 071	**6 970**	**118 841**	**4 311**	**25**	**75**	**260 039**	**20**
261	1 753	1 722	547	16	11	111 767	12
26	1 733	32 270	57	1	1	134 175	2
4 692	877	49 409	2 901	5	54	9 497	1
5 854	1 893	26 998	657	1	7	1 199	5
239	714	8 442	149	1	2	3 400	
152 251	**9 532**	**6 178**	**13 184**	**307 002**	**160 080**	**304**	**243**
9 016	7 627	4 985	1 815	3 894	3 011	155	17
6 478	53	412	1 363	1 392	270	7	5
5 538	20	29	481	4 419	27	7	
2 828	644	267	1 741	1 409	105	26	4
60 125	74	29	2 027	11 348	54	10	
8 883	148	32	2 110	16 073	33	18	
9 149	808	18	373	1 919	67	28	2
27 738	55	325	260	40 386	32 230	11	144
19 040	47	37	2 942	209 822	59 580	34	68
3 456	54	45	72	16 340	64 703	8	1
122 485	**9 284**	**10 055**	**11 014**	**84 549**	**243 674**	**419**	**1 088**
18 092	295	386	1 087	16 266	1 205	84	15
1 322	7 300	956	6 278	439	724	86	25

23-6 续表3

单位：人

地 区	Region	瑶 族 Yao	藏 族 Tibetan	布朗族 Bulang	阿昌族 Achang	怒 族 Nu	普米族 Pumi
保 山 市	**Baoshan**	**57**	**94**	**10 181**	**3 055**	**139**	**28**
隆阳区	Longyang	36	55	147	211	85	26
施甸县	Shidian	7	6	8 318	19	2	
腾冲县	Tengchong	3	31	16	1 943	48	
龙陵县	Longling				862		
昌宁县	Changning	11	2	1 699	21	4	2
昭 通 市	**Zhaotong**	**20**	**51**	**2**	**7**	**3**	**7**
昭阳区	Zhaoyang	3	14	1	1		2
鲁甸县	Ludian		4				2
巧家县	Qiaojia		5				
盐津县	Yanjin	1	1				
大关县	Daguan	2	4		5	1	1
永善县	Yongshan		18			1	
绥江县	Suijiang			1	1	1	
镇雄县	Zhenxiong	3	3				2
彝良县	Yiliang						
威信县	Weixin						
水富县	Shuifu	11	1				
丽 江 市	**Lijiang**	**30**	**4 365**	**16**	**8**	**973**	**17 762**
古城区	Gucheng	23	846	14	7	19	426
玉龙县	Yulong	1	1 557	1	1	4	5 706
永胜县	Yongsheng	4	1 048			4	1 011
华坪县	Huaping	1	63	1		7	33
宁蒗县	Ninglang		851			939	10 586
普 洱 市	**Pu'er**	**9 284**	**89**	**13 609**	**73**	**132**	**219**
思茅区	Simao	181	32	712	4	116	17
宁洱县	Ning'er	87	3	179			26
墨江县	Mojiang	443	3	3 202			159
景东县	Jingdong	3 995	27	942	1	2	10
景谷县	Jinggu	261	8	1 380		1	1
镇沅县	Zhenyuan	28	3	41	68		4
江城县	Jiangcheng	4 191		250			
孟连县	Menglian	17	4	58			
澜沧县	Lancang	61	4	6 834		14	1
西盟县	Ximeng	20	3	11			1
临 沧 市	**Lincang**	**116**	**140**	**38 804**	**137**	**10**	**517**
临翔区	Linxiang	12	53	548	5	4	13
凤庆县	Fengqing	1	11	1 398		1	

continued

(person)

德昂族 Deang	独龙族 Dulong	蒙古族 Mongolian	基诺族 Jinuo	水 族 Shui	满 族 Man	布依族 Buyi	其 他 Others
1 052	**7**	**34**	**3**	**14**	**1 466**	**214**	**339**
977	1	16	2	4	1 345	126	154
22	1				88	26	18
16	3	9		10	6	41	86
34	2	7			25	4	28
2		1	1		3	18	53
	15	**149**		**536**	**188**	**1 622**	**753**
	1	38		7	110	46	117
		3			6	38	
	2	8			2	1 390	22
		4			1	4	12
	12	26		4	15	24	79
		22			4	6	136
		1			12	1	10
		40			19	8	105
		6		523	2	90	248
					4	7	7
		1		2	14	9	17
1	**12**	**143**	**4**	**32**	**160**	**128**	**17 961**
	4	27		14	90	36	69
1	1	18			7	19	90
	4	41	1	11	21	23	398
	1	21		4	27	22	35
	2	36	3	2	16	29	17 369
4	**16**	**847**	**148**	**73**	**894**	**254**	**1 309**
	16	175	111	16	99	77	404
		170	17		333	11	74
		6	3	1	7	15	39
		6	1	34	218	3	156
		8	10		175	11	209
		365	3		34	2	84
		30		10	4	26	61
		17			7	12	79
4		64	2	9	12	80	134
		5	1	2	4	15	67
3 513	**33**	**84**	**1**	**5**	**954**	**586**	**1 090**
22	20	6	1	2	222	49	121
4		5			464	13	120

23-6 续表4

单位：人

地 区	Region	总 计 Total	汉 族 Han	彝 族 Yi	白 族 Bai	哈尼族 Hani	壮 族 Zhuang
云 县	Yunxian	443 500	222 865	164 555	16 920	186	282
永德县	Yongde	364 800	284 393	32 530	3 184	105	41
镇康县	Zhenkang	170 500	123 781	21 921	2 265	24	44
双江县	Shuangjiang	178 600	99 284	2 762	724	41	231
耿马县	Gengma	282 000	135 797	6 853	1 621	101	211
沧源县	Cangyuan	173 000	11 700	1 686	465	19	28
楚 雄 州	**Chuxiong**	**2 684 000**	**1 801 364**	**718 104**	**16 160**	**5 395**	**783**
楚雄市	Chuxiong	548 100	413 237	116 240	4 664	397	436
双柏县	Shuangbo	159 100	83 192	70 660	764	3 767	12
牟定县	Mouding	204 900	162 335	41 779	124	37	19
南华县	Nanhua	239 300	146 902	81 193	8 664	51	17
姚安县	Yao'an	208 300	155 314	51 441	188	41	15
大姚县	Dayao	289 100	193 394	88 157	234	56	52
永仁县	Yongren	108 500	43 373	55 279	50	6	26
元谋县	Yuanmou	212 700	135 304	56 614	130	23	28
武定县	Wuding	276 000	133 941	81 246	83	768	32
禄丰县	Lufeng	438 000	334 374	75 494	1 259	248	144
红 河 州	**Honghe**	**4 373 000**	**1 879 458**	**1 074 425**	**4 631**	**726 707**	**114 885**
个旧市	Gejiu	456 600	290 144	103 130	1 473	3 353	17 827
开远市	Kaiyuan	312 200	144 072	112 928	1 155	972	15 768
蒙自县	Mengzi	399 100	145 804	143 301	611	1 333	46 756
屏边县	Pingbian	149 000	55 412	27 844	40	114	3 597
建水县	Jianshui	523 500	330 757	150 765	575	15 362	524
石屏县	Shiping	293 800	122 495	158 484	132	2 288	205
弥勒县	Mile	524 100	304 527	161 913	298	335	6 100
泸西县	Luxi	389 600	337 900	29 994	98	181	2 564
元阳县	Yuanyang	383 600	44 640	90 785	52	205 510	3 582
红河县	Honghe	286 100	14 527	40 193	39	220 318	71
金平县	Jinping	338 800	48 950	40 384	80	89 416	6 206
绿春县	Luchun	213 500	3 362	10 536	8	187 400	17
河口县	Hekou	103 100	36 868	4 168	69	125	11 668
文 山 州	**Wenshan**	**3 408 500**	**1 453 193**	**346 203**	**8 064**	**441**	**1 031 593**
文山县	Wenshan	445 800	198 464	77 548	543	151	97 513
砚山县	Yanshan	453 500	151 135	95 353	361	53	140 219
西畴县	Xichou	251 800	202 435	8 922	59	41	25 197
麻栗坡县	Malipo	275 300	163 796	5 849	64	21	33 809
马关县	Maguan	359 800	182 291	28 738	83	106	55 679

continued

(person)

傣族 Dai	苗族 Miao	傈僳族 Lisu	回族 Hui	拉祜族 Lahu	佤族 Wa	纳西族 Naxi	景颇族 Jingpo
15 297	1 880	1 702	4 130	4 823	861	118	58
6 514	567	1 426	411	2 284	23 101	32	
4 110	1 798	2 692	1 727	1 026	8 918	3	3
10 282	106	12	97	35 738	14 312	23	1
57 725	228	2 833	1 100	20 189	48 467	59	973
9 263	48	55	155	4 014	145 412	14	12
21 531	**42 863**	**52 416**	**21 602**	**220**	**192**	**652**	**52**
682	1 537	559	8 335	76	30	428	24
72	324	31	190	17		12	
37	375	46	43	42	19	3	12
40	54	101	2 177	28	36	5	
48	48	37	1 025	13	5	15	7
3 828	509	2 346	292	10	8	24	1
8 859	64	94	643		3	8	1
474	1 357	16 839	1 575	4	55	43	1
7 164	21 822	29 892	965	4	8	23	
327	16 774	2 470	6 358	25	27	91	5
107 960	**280 503**	**736**	**75 146**	**9 931**	**148**	**806**	**18**
6 852	12 362	61	19 584	33	15	197	
844	18 179	508	15 666	39	26	305	1
727	55 340	45	3 880	63	19	129	11
91	61 267	11	97	1		4	
6 361	4 816	24	13 906	35	13	46	1
8 696	133	9	1 039	59	9	17	
31 481	11 793	19	7 188	8	6	64	1
3 211	1 988	27	13 454	18	52	7	
18 285	12 496	12	48	5		5	
8 999	18	3	25	3			
18 063	85 973	4	102	7 108	7	3	4
1 872	4		3	2 552			
2 477	16 135	12	154	6		29	
15 869	**428 753**	**134**	**24 558**	**55**	**27**	**119**	**34**
5 751	58 954	44	5 500	19	9	65	4
240	52 792	12	11 043	2	4	6	
56	13 270	41	31	1	1	3	
2 897	46 415	25	14	1	3	14	30
6 822	76 569	12	119	10	1		

23-6 续表5

单位：人

地 区	Region	瑶 族 Yao	藏 族 Tibetan	布朗族 Bulang	阿昌族 Achang	怒 族 Nu	普米族 Pumi
云 县	Yunxian	25	25	8 802	113		225
永德县	Yongde	2	3	7 754	6		
镇康县	Zhenkang	17	25	1 738			
双江县	Shuangjiang	2	10	14 637	1		1
耿马县	Gengma	51	9	4 115	12	3	272
沧源县	Cangyuan	6	5	51		1	6
楚 雄 州	**Chuxiong**	**502**	**146**	**41**	**35**	**20**	**54**
楚雄市	Chuxiong	454	82	16	23	12	29
双柏县	Shuangbo	4	1		2		2
牟定县	Mouding		2	1	5		1
南华县	Nanhua	2	1		1	2	2
姚安县	Yao'an		10	5	1	1	
大姚县	Dayao	6	7			1	6
永仁县	Yongren	2	6				2
元谋县	Yuanmou	13	13	2		1	1
武定县	Wuding		2			2	
禄丰县	Lufeng	20	21	18	2	1	11
红 河 州	**Honghe**	**88 732**	**97**	**50**	**33**	**14**	**69**
个旧市	Gejiu	71	27	8	11	2	4
开远市	Kaiyuan	93	22	7	6		11
蒙自县	Mengzi	121	16	5	2		8
屏边县	Pingbian	332	1				
建水县	Jianshui	96	10	5	4	12	1
石屏县	Shiping	28	6	12			
弥勒县	Mile	22	3		3		8
泸西县	Luxi	8	2	3			1
元阳县	Yuanyang	8 139	2				
红河县	Honghe	1 844			5		
金平县	Jinping	41 881	5	4			2
绿春县	Luchun	7 729					
河口县	Hekou	28 367	1	5	1		34
文 山 州	**Wenshan**	**84 840**	**37**	**11**	**2**	**3**	**26**
文山县	Wenshan	413	21	3	2	2	9
砚山县	Yanshan	1 300	2				
西畴县	Xichou	842		2			
麻栗坡县	Malipo	19 280	9				17
马关县	Maguan	1 838		5			

continued

(person)

德昂族 Deang	独龙族 Dulong	蒙古族 Mongolian	基诺族 Jinuo	水　族 Shui	满　族 Man	布依族 Buyi	其　他 Others
475		24		2	25	8	99
2 182	3				21	141	99
		37			116	40	215
	4	3			9	248	71
877		9		1	79	76	340
	5				12	16	26
5	**14**	**157**	**15**	**40**	**340**	**164**	**1 131**
1		62	6	13	213	65	479
	5	2			6	14	22
				2	4	1	14
1	3			2	2		15
		1		1	3	15	65
	1	10	6	5	6	10	128
		10		5	3	1	63
		32		3	39	22	126
3	4			3	18	4	15
	1	40	3	5	46	30	205
1	**104**	**1 194**	**77**	**42**	**409**	**3 470**	**3 354**
	33	271	51	9	175	141	766
1	24	362		9	105	184	913
	28	226	1	5	57	146	465
		12		4		132	40
	6	37		6	9	52	75
		41	20		11	24	94
	8	86		1	18	88	130
	5	22			6	10	47
		15			1	6	17
		33	5			2	13
		8			12	44	542
							15
		82		6	16	2 640	236
	3	**4 608**	**2**	**21**	**110**	**6 914**	**2 879**
		512	2	5	48	202	15
		155			14	82	725
		779			9	26	86
	3	1 388		5	2	29	1 630
		996		3	3	6 466	58

23-6 续表6

单位：人

地区	Region	总计 Total	汉族 Han	彝族 Yi	白族 Bai	哈尼族 Hani	壮族 Zhuang
丘北县	Qiubei	461 300	173 672	77 485	6 801	27	130 515
广南县	Guangnan	765 800	288 443	39 790	111	14	327 406
富宁县	Funing	395 200	92 958	12 518	41	27	221 254
西双版纳州	**Xishuangbanna**	**1 064 500**	**259 026**	**53 803**	**4 062**	**211 547**	**1 883**
景洪市	Jinghong	476 800	149 409	22 235	2 599	81 001	573
勐海县	Menghai	330 900	41 556	6 032	595	69 144	195
勐腊县	Mengla	256 800	68 061	25 537	868	61 402	1 115
大理州	**Dali**	**3 480 000**	**1 739 916**	**439 509**	**1 168 687**	**755**	**1 771**
大理市	Dali	625 300	170 292	16 402	415 059	303	520
漾濞县	Yangbi	106 600	36 509	49 991	12 306	10	68
祥云县	Xiangyun	447 300	370 160	31 661	43 003	127	36
宾川县	Binchuan	341 700	267 965	20 655	44 361	17	38
弥渡县	Midu	316 700	286 194	26 250	1 559	116	59
南涧县	Nanjian	222 200	108 926	105 897	2 234	40	23
巍山县	Weishan	311 100	175 693	104 428	6 715	26	69
永平县	Yongping	184 000	112 579	45 803	5 870	26	70
云龙县	Yunlong	207 400	26 730	11 597	152 690	5	25
洱源县	Eryuan	276 100	88 805	9 235	169 863	69	6
剑川县	Jianchuan	176 000	6 367	3 831	161 082	3	13
鹤庆县	Heqing	265 600	89 694	13 759	153 945	13	845
德宏州	**Dehong**	**1 177 000**	**563 091**	**2 501**	**6 017**	**188**	**404**
瑞丽市	Ruili	167 000	71 105	675	1 322	46	147
潞西市	Luxi	374 600	185 907	1 063	1 730	76	154
梁河县	Lianghe	160 300	107 130	116	497	10	8
盈江县	Yingjiang	296 500	119 397	220	1 612	21	46
陇川县	Longchuan	178 600	79 551	427	857	36	49
怒江州	**Nujiang**	**529 300**	**40 373**	**9 960**	**149 731**	**33**	**48**
泸水县	Lushui	185 500	23 987	3 670	43 401	15	27
福贡县	Fugong	94 600	1 148	60	3 212	2	4
贡山县	Gongshan	37 100	1 381	33	813	10	4
兰坪县	Lanping	212 100	13 857	6 196	102 304	5	12
迪庆州	**Diqing**	**374 500**	**47 949**	**14 114**	**15 171**	**19**	**29**
香格里拉县	Shangri-La	158 000	24 703	11 874	5 109	13	27
德钦县	Deqin	63 100	504	11	157	2	1
维西县	Weixi	153 400	22 742	2 229	9 905	4	1

continued

(person)

傣 族 Dai	苗 族 Miao	傈僳族 Lisu	回 族 Hui	拉祜族 Lahu	佤 族 Wa	纳西族 Naxi	景颇族 Jingpo
45	62 964	1	6 349	11	3	18	
36	91 096		1 430	4		10	
21	26 693		72	7	6	3	
363 847	**3 866**	**311**	**4 104**	**59 807**	**3 890**	**191**	**169**
166 757	753	205	1 758	13 250	865	128	62
127 170	185	47	1 859	44 658	1 576	32	100
69 921	2 928	58	487	1 899	1 450	32	8
3 692	**10 171**	**32 449**	**70 537**	**554**	**416**	**4 562**	**92**
711	484	1 015	16 948	65	101	1 613	39
274	965	2 854	3 254	1	5	210	5
122	599	774	500	53	23	83	12
280	468	6 098	931	260	10	92	3
124	22	195	1 706	111	123	98	8
71	1 371	251	2 668	30	45	46	2
41	1 601	500	21 879	16	8	49	
125	2 108	2 464	14 658	6	85	83	15
1 640	1 127	10 467	392			50	4
121	30	1 089	6 185	3		400	
3	6	2 025	1 339	3	6	1 179	
177	1 389	4 717	76	5	9	660	5
382 211	**541**	**28 527**	**2 509**	**87**	**933**	**503**	**143 742**
71 100	191	779	629	27	43	147	17 859
136 700	156	3 517	737	29	85	201	31 213
35 109	14	1 206	135	3	731	53	1 835
109 170	132	18 271	492	2	41	23	45 513
30 132	48	4 754	515	26	33	80	47 322
423	**79**	**272 309**	**175**	**2**	**11**	**2 291**	**262**
413	49	110 576	106	2	10	1 128	260
2	18	71 067	16			332	
	5	19 924	18			535	1
8	6	70 741	34		1	297	1
27	**1 552**	**108 266**	**1 291**	**10**	**5**	**49 967**	**3**
18	1 510	12 618	1 117	8	1	29 484	1
2	3	9 392	72		2	961	
7	39	86 256	102	2	2	19 522	2

23-6 续表7

单位：人

地　　区	Region	瑶　族 Yao	藏　族 Tibetan	布朗族 Bulang	阿昌族 Achang	怒　族 Nu	普米族 Pumi
丘北县	Qiubei	3 237					
广南县	Guangnan	16 554	2	1			
富宁县	Funing	41 375	3			1	
西双版纳州	**Xishuangbanna**	**21 845**	**50**	**47 190**	**14**	**5**	**44**
景洪市	Jinghong	2 816	11	8 716	3	3	20
勐海县	Menghai	43	26	36 279		2	2
勐腊县	Mengla	18 987	13	2 195	11		22
大　理　州	**Dali**	**208**	**1 053**	**645**	**2 554**	**60**	**216**
大理市	Dali	50	493	43	29	3	45
漾濞县	Yangbi	24	51		2		8
祥云县	Xiangyun	3	19	18	1	3	8
宾川县	Binchuan	108	23	7		1	
弥渡县	Midu	7	15	17		1	6
南涧县	Nanjian	6	12	547		3	1
巍山县	Weishan	3	6	7		1	7
永平县	Yongping		4		5	4	
云龙县	Yunlong	4	4	1	2 511	37	18
洱源县	Eryuan	3	209	1	4		41
剑川县	Jianchuan		40	1		3	76
鹤庆县	Heqing		177	3	1	4	5
德　宏　州	**Dehong**	**33**	**81**	**58**	**29 096**	**9**	**34**
瑞丽市	Ruili	11	14	16	173	1	1
潞西市	Luxi	5	43	15	1 978	8	15
梁河县	Lianghe	1	1		12 652		
盈江县	Yingjiang	8	8	23	852		8
陇川县	Longchuan	7	14	4	13 441		9
怒　江　州	**Nujiang**	**3**	**2 002**		**11**	**28 907**	**16 534**
泸水县	Lushui	2	79		11	1 213	299
福贡县	Fugong		10			18 569	20
贡山县	Gongshan		1 848			6 765	28
兰坪县	Lanping	1	64			2 361	16 187
迪　庆　州	**Diqing**		**133 686**		**2**	**170**	**1 762**
香格里拉县	Shangri-La		71 008		1	12	273
德钦县	Deqin		51 976				1
维西县	Weixi		10 702		1	158	1 488

continued

(person)

德昂族 Deang	独龙族 Dulong	蒙古族 Mongolian	基诺族 Jinuo	水　族 Shui	满　族 Man	布依族 Buyi	其　他 Others
		77		2	12	45	34
		678		6	15	44	159
		23			7	20	172
9	**2**	**246**	**25 643**	**38**	**194**	**459**	**2 251**
9		152	24 491	23	136	183	643
	2	37	39	2	16	46	1 255
		57	1 113	13	42	230	353
10	**29**	**171**	**7**	**26**	**253**	**207**	**1 448**
7	9	122	3	20	145	120	658
		2		2	19	10	29
		6	1	2	1	18	66
		4		1	2	13	363
2	2	15			5	18	48
		4			1	5	16
	2	6			3	5	34
		2	3		71	1	17
	2	3			1	6	84
1	9	4			1	8	11
	1	1		1	2		15
	3	2			2	3	108
14 643	**3**	**23**	**7**	**15**	**490**	**563**	**691**
2 263	3	10		1	31	163	241
10 076		11	1	9	419	232	219
765			6	2	9	5	13
401		1		2	8	143	108
1 138		1		1	23	21	111
	5 971	**31**		**11**	**27**	**16**	**91**
	121	31		10	27	14	49
	107			1		1	30
	5 727					1	4
	15						9
	99	**10**	**1**	**15**	**31**	**11**	**308**
	1	8	1	14	13	11	176
		1					14
	98	1		1	18		118

23-7 各县市职工人数（2007年）

Number of Staff and Workers by County and City (2007)

单位：人 (person)

地区	Region	单位从业人员 Number of Employed Persons in Entities	职工人数 Number of Staff and Workers 合计 Total	国有单位 State-owned Entities	城镇集体单位 Urban Collective-owned Entities	其他单位 Other Ownership Entities
全省合计	**Total**	**2 962 811**	**2 807 197**	**1 751 698**	**119 271**	**936 228**
昆明市	**Kunming**	**877 124**	**835 001**	**441 165**	**42 908**	**350 928**
五华区	Wuhua	155 003	146 822	90 650	5 245	50 927
盘龙区	Panlong	117 547	114 039	69 755	7 617	36 667
官渡区	Guandu	170 939	164 167	53 834	6 650	103 683
西山区	Xishan	113 422	103 390	49 305	10 169	43 916
东川区	Dongchuan	24 794	24 162	8 657	848	14 657
呈贡县	Chenggong	17 167	16 985	6 669	486	9 830
晋宁县	Jinning	20 336	19 907	11 656	3 062	5 189
富民县	Fuming	10 858	10 781	5 970	309	4 502
宜良县	Yiliang	24 261	24 211	11 119	4 468	8 624
石林县	Shilin	15 139	14 946	9 747	830	4 369
嵩明县	Songming	21 392	21 316	10 093	248	10 975
禄劝县	Luquan	12 041	12 036	10 716	580	740
寻甸县	Xundian	18 649	16 640	11 022	800	4 818
安宁市	Anning	63 370	61 500	36 616	1 271	23 613
曲靖市	**Qujing**	**293 392**	**279 695**	**179 748**	**13 521**	**86 426**
麒麟区	Qilin	66 824	65 185	50 402	4 479	10 304
马龙县	Malong	9 893	9 758	5 766	119	3 873
陆良县	Luliang	30 734	28 816	18 822	4 289	5 705
师宗县	Shizong	19 712	19 290	10 826	478	7 986
罗平县	Luoping	18 384	16 172	12 564	878	2 730
富源县	Fuyuan	30 487	30 267	19 443	534	10 290
会泽县	Huize	36 355	36 321	18 581	1 221	16 519
沾益县	Zhanyi	21 127	19 760	10 087	270	9 403
宣威市	Xuanwei	59 876	54 126	33 257	1 253	19 616
玉溪市	**Yuxi**	**169 856**	**164 909**	**92 042**	**11 470**	**61 397**
红塔区	Hongta	62 159	60 748	34 528	8 541	17 679
江川县	Jiangchuan	10 718	10 541	6 498	218	3 825
澄江县	Chengjiang	9 151	8 699	5 216	302	3 181
通海县	Tonghai	18 535	18 119	6 746	708	10 665
华宁县	Huaning	10 348	9 874	6 656	274	2 944
易门县	Yimen	12 706	11 865	9 359	185	2 321
峨山县	Ershan	15 912	15 688	6 591	434	8 663
新平县	Xinping	17 393	16 498	8 346	562	7 590
元江县	Yuanjiang	12 934	12 877	8 102	246	4 529

23-7 续表1 continued

单位：人 (person)

地　区	Region	单位从业人员 Number of Employed Persons in Entities	职工人数 Number of Staff and Workers 合　计 Total	国有单位 State-owned Entities	城镇集体单位 Urban Collective-owned Entities	其他单位 Other Ownership Entities
保 山 市	**Baoshan**	**121 408**	**121 104**	**68 057**	**4 255**	**48 792**
隆阳区	Longyang	58 381	58 261	28 468	667	29 126
施甸县	Shidian	9 788	9 760	8 082	503	1 175
腾冲县	Tengchong	28 438	28 384	16 071	2 637	9 676
龙陵县	Longling	11 730	11 720	7 415	175	4 130
昌宁县	Changning	13 071	12 979	8 021	273	4 685
昭 通 市	**Zhaotong**	**161 069**	**157 443**	**122 378**	**6 021**	**29 044**
昭阳区	Zhaoyang	42 467	41 295	32 235	1 784	7 276
鲁甸县	Ludian	15 072	15 070	8 501	127	6 442
巧家县	Qiaojia	12 399	12 385	9 590	1 446	1 349
盐津县	Yanjin	9 202	9 196	5 961	322	2 913
大关县	Daguan	6 219	5 866	4 974	80	812
永善县	Yongshan	11 408	10 238	9 019	204	1 015
绥江县	Suijiang	6 975	6 464	4 084	310	2 070
镇雄县	Zhenxiong	23 307	23 304	20 030	518	2 756
彝良县	Yiliang	14 933	14 926	13 599	198	1 129
威信县	Weixin	9 266	8 892	8 324	198	370
水富县	Shuifu	9 821	9 807	6 061	834	2 912
市　属	Directly Under Municipality					
丽 江 市	**Lijiang**	**73 747**	**69 560**	**43 913**	**2 354**	**23 293**
古城区	Gucheng	27 245	24 065	14 074	858	9 133
玉龙县	Yulong	10 073	9 215	7 297	285	1 633
永胜县	Yongsheng	12 659	12 659	9 536	652	2 471
华坪县	Huaping	14 574	14 425	5 526	362	8 537
宁蒗县	Ninglang	9 196	9 196	7 480	197	1 519
普 洱 市	**Pu'er**	**138 464**	**112 652**	**84 254**	**3 889**	**24 509**
思茅区	Simao	45 282	31 750	17 889	934	10 458
宁洱县	Ning'er	11 533	10 542	8 061	142	2 339
墨江县	Mojiang	11 371	10 394	7 648	529	2 217
景东县	Jingdong	10 825	10 587	9 212	383	992
景谷县	Jinggu	14 438	13 122	8 571	418	4 133
镇沅县	Zhenyuan	9 134	7 464	6 093	169	1 202
江城县	Jiangcheng	6 087	5 571	4 128	323	1 120
孟连县	Menglian	8 516	6 713	5 301	340	1 072
澜沧县	Lancang	13 734	12 602	11 426	293	883
西盟县	Ximeng	7 544	3 907	3 456	358	93
临沧市	**Lincang**	**109 268**	**99 778**	**68 798**	**1 581**	**29 399**
临翔区	Linxiang	26 717	25 197	17 465	270	7 462

23-7 续表2 continued

单位：人 (person)

地 区	Region	单位从业人员 Number of Employed Persons in Entities	职工人数 Number of Staff and Workers 合 计 Total	国有单位 State-owned Entities	城镇集体单位 Urban Collective-owned Entities	其他单位 Other Ownership Entities
凤庆县	Yunxian	12 066	11 156	7 417	215	3 524
云　县	Yongde	18 260	17 051	8 974	188	7 889
永德县	Shuangjiang	13 887	11 415	8 998	230	2 187
镇康县	Zhenkang	7 412	6 186	4 306	87	1 793
双江县	Gengma	7 766	7 545	5 224	239	2 082
耿马县	Fengqing	14 199	12 335	9 784	283	2 268
沧源县	Cangyuan	8 961	8 893	6 630	69	2 194
楚 雄 州	**Chuxiong**	**151 209**	**142 140**	**98 580**	**4 209**	**39 351**
楚雄市	Chuxiong	52 703	51 534	35 731	1 859	13 944
双柏县	Shuangbo	7 063	6 130	5 139	179	812
牟定县	Mouding	9 247	8 414	5 170	243	3 001
南华县	Nanhua	9 974	9 020	6 156	179	2 685
姚安县	Yao'an	7 518	7 450	5 628	142	1 680
大姚县	Dayao	14 744	13 547	11 561	255	1 731
永仁县	Yongren	4 751	4 344	3 838	127	379
元谋县	Yuanmou	9 679	9 099	5 996	194	2 909
武定县	Wuding	8 870	8 250	6 798	420	1 032
禄丰县	Lufeng	26 660	34 352	12 563	611	11 178
红 河 州	**Honghe**	**263 623**	**251 439**	**168 527**	**9 195**	**73 717**
个旧市	Gejiu	61 320	60 233	44 099	3 751	12 383
开远市	Kaiyuan	31 236	30 730	19 284	1 449	9 997
蒙自县	Mengzi	32 165	31 240	17 876	287	13 077
屏边县	Pingbian	5 612	5 195	3 980	466	749
建水县	Jianshui	24 587	23 828	14 826	1 282	7 720
石屏县	Shiping	16 539	14 840	8 428	219	6 193
弥勒县	Mile	27 787	24 824	16 878	217	7 729
泸西县	Luxi	23 333	22 984	10 635	625	11 724
元阳县	Yuanyang	7 878	7 040	6 269	117	654
红河县	Honghe	6 595	6 583	6 071	126	386
金平县	Jinping	9 544	8 977	6 398	188	2 391
绿春县	Luchun	6 854	5 681	5 155	268	258
河口县	Hekou	10 173	9 284	8 628	200	456
文 山 州	**Wenshan**	**133 024**	**126 403**	**94 568**	**3 833**	**28 002**
文山县	Wenshan	42 140	38 922	25 146	842	12 934
砚山县	Yanshan	17 479	16 940	12 939	366	3 635

23-7 续表3 continued

单位：人 (person)

地区	Region	单位从业人员 Number of Employed Persons in Entities	职工人数 Number of Staff and Workers 合计 Total	国有单位 State-owned Entities	城镇集体单位 Urban Collective-owned Entities	其他单位 Other Ownership Entities
西畴县	Xichou	7 591	7 586	6 248	365	973
麻栗坡县	Malipo	12 494	11 753	9 428	707	1 618
马关县	Maguan	13 494	12 887	8 404	145	4 338
丘北县	Qiubei	13 044	12 327	11 248	495	584
广南县	Guangnan	16 366	15 640	12 750	586	2 304
富宁县	Funing	10 416	10 348	8 405	327	1 616
西双版纳州	**Xishuangbanna**	**100 093**	**99 764**	**80 319**	**3 654**	**15 791**
景洪市	Jinghong	56 558	56 378	44 573	2 921	8 884
勐海县	Menghai	16 723	16 596	11 159	429	5 008
勐腊县	Mengla	26 812	26 790	24 587	304	1 899
大理州	**Dali**	**203 146**	**189 098**	**102 187**	**84 262**	**78 485**
大理市	Dali	93 290	87 011	36 736	4 133	46 142
漾濞县	Yangbi	4 506	4 105	3 817	76	212
祥云县	Xiangyun	22 276	21 788	9 070	592	12 126
宾川县	Binchuan	11 853	10 744	7 883	140	2 721
弥渡县	Midu	10 154	9 992	6 194	1 209	2 589
南涧县	Nanjian	6 160	5 554	4 723	314	517
巍山县	Weishan	12 794	9 416	7 240	317	1 859
永平县	Yongping	6 813	6 276	4 705	82	1 489
云龙县	Yunlong	5 650	5 424	4 889	173	362
洱源县	Eryuan	9 973	8 967	5 969	105	3 794
剑川县	Jianchuan	9 062	9 047	5 064	611	3 372
鹤庆县	Heqing	10 633	9 874	5 898	674	3 302
德宏州	**Dehong**	**104 082**	**101 145**	**60 641**	**3 368**	**37 136**
瑞丽市	Ruili	24 231	23 817	11 881	1 127	10 809
潞西市	Luxi	40 086	39 247	23 715	1 019	14 513
梁河县	Lianghe	8 741	8 258	5 154	415	2 689
盈江县	Yingjiang	16 340	15 710	9 736	635	5 339
陇川县	Longchuan	14 684	14 113	10 155	172	3 786
怒江州	**Nujiang**	**33 935**	**30 048**	**23 442**	**219**	**6 387**
泸水县	Lushui	13 311	13 128	11 262	35	1 831
福贡县	Fugong	4 114	3 511	3 307	120	84
贡山县	Gongshan	2 493	2 340	2 075	9	256
兰坪县	Lanping	14 017	11 069	6 798	55	4 216
迪庆州	**Diqing**	**23 650**	**21 330**	**18 277**	**368**	**2 685**
香格里拉县	Shangri-La	14 454	13 090	10 394	144	2 552
德钦县	Deqin	3 642	3 640	3 593	47	
维西县	Weixi	5 554	4 600	4 290	177	133

23-8 各县市职工工资总额（2007年）

Total Wages of Staff and Workers by County and City (2007)

单位：千元 (1 000 yuan)

地 区	Region	职工工资总额 Total Wages ofStaff and Workers 合 计 Total	国有单位 State-owned Entities	城镇集体单位 Urban Collective-owned Entities	其他单位 Other Ownership Entities
全省合计	**Total**	**56 649 254**	**39 849 423**	**1 631 891**	**15 167 940**
昆 明 市	**Kunming**	**18 585 043**	**11 252 626**	**536 965**	**6 795 452**
五华区	Wuhua	3 208 404	2 169 617	68 930	969 857
盘龙区	Panlong	2 359 813	1 503 370	89 230	767 213
官渡区	Guandu	3 656 541	1 269 538	88 753	2 298 250
西山区	Xishan	1 837 415	1 059 543	109 237	668 635
东川区	Dongchuan	361 457	144 914	12 509	204 034
呈贡县	Chenggong	366 764	103 736	9 637	253 391
晋宁县	Jinning	354 938	257 316	24 446	73 176
富民县	Fuming	173 315	118 364	4 482	50 469
宜良县	Yiliang	436 435	251 739	52 800	131 896
石林县	Shilin	231 762	148 934	9 151	73 677
嵩明县	Songming	309 352	166 791	5 282	137 279
禄劝县	Luquan	232 552	213 599	9 601	9 352
寻甸县	Xundian	286 912	202 339	13 755	70 818
安宁市	Anning	1 530 523	1 168 293	35 076	327 154
曲 靖 市	**Qujing**	**5 791 997**	**4 112 725**	**214 035**	**1 465 237**
麒麟区	Qilin	1 497 121	1 267 546	73 364	156 211
马龙县	Malong	172 561	127 776	2 575	42 210
陆良县	Luliang	537 608	412 261	60 018	65 329
师宗县	Shizong	356 398	224 066	6 444	125 888
罗平县	Luoping	379 160	314 465	13 164	51 531
富源县	Fuyuan	541 006	388 035	9 525	143 446
会泽县	Huize	854 306	495 602	20 651	338 053
沾益县	Zhanyi	423 623	196 048	10 279	217 296
宣威市	Xuanwei	1 030 214	686 926	18 015	325 273
玉 溪 市	**Yuxi**	**364 341**	**258 955**	**8 883**	**96 503**
红塔区	Hongta	146 436	110 096	4 514	31 826
江川县	Jiangchuan	22 506	16 988	512	5 006
澄江县	Chengjiang	18 725	13 407	490	4 828
通海县	Tonghai	33 978	18 134	949	14 895
华宁县	Huaning	20 715	16 937	343	3 436
易门县	Yimen	25 018	22 035	341	2 642
峨山县	Eshan	29 132	18 318	507	10 307
新平县	Xinping	39 617	22 141	812	16 663
元江县	Yuanjiang	28 214	20 899	415	6 900

23-8 续表1 continued

单位：千元 (1 000 yuan)

地 区	Region	职工工资总额 Total Wages of Staff and Workers 合 计 Total	国有单位 State-owned Entities	城镇集体单位 Urban Collective-owned Entities	其他单位 Other Ownership Entities
保 山 市	**Baoshan**	**2 024 109**	**1 349 559**	**48 425**	**626 125**
隆阳区	Longyang	958 017	588 117	7 188	362 712
施甸县	Shidian	161 994	146 819	5 316	9 859
腾冲县	Tengchong	454 727	318 960	27 776	107 991
龙陵县	Longling	225 812	140 908	3 678	81 226
昌宁县	Changning	223 559	154 755	4 467	64 337
昭 通 市	**Zhaotong**	**3 040 729**	**2 555 800**	**98 632**	**386 297**
昭阳区	Zhaoyang	898 958	780 118	28 823	9 017
鲁甸县	Ludian	233 993	149 126	44 782	80 389
巧家县	Qiaojia	229 368	192 871	19 027	17 470
盐津县	Yanjin	185 929	127 004	6 026	52 899
大关县	Daguan	101 407	90 755	1 790	8 862
永善县	Yongshan	184 107	170 017	2 583	11 507
绥江县	Suijiang	123 043	86 878	4 039	32 126
镇雄县	Zhenxiong	447 080	392 763	12 350	41 967
彝良县	Yiliang	227 964	212 904	3 100	11 960
威信县	Weixin	172 909	167 878	2 180	2 851
水富县	Shuifu	235 971	185 486	14 236	36 249
市 属	Directly Under Municipality				
丽 江 市	**Lijiang**	**1 439 673**	**1 040 909**	**38 268**	**360 496**
古城区	Gucheng	499 519	361 912	9 738	127 869
玉龙县	Yulong	202 292	170 900	6 527	24 865
永胜县	Yongsheng	258 808	216 555	12 659	29 594
华坪县	Huaping	298 997	134 203	6 413	158 381
宁蒗县	Ninglang	180 057	157 339	2 931	19 787
普 洱 市	**Pu'er**	**2 222 035**	**1 854 073**	**59 460**	**308 502**
思茅区	Simao	621 149	301 338	12 993	120 654
宁洱县	Ning'er	200 903	166 992	4 602	29 309
墨江县	Mojiang	211 361	174 714	10 258	26 389
景东县	Jingdong	218 552	200 048	6 488	12 016
景谷县	Jinggu	251 604	188 336	5 467	57 801
镇沅县	Zhenyuan	159 536	138 396	1 334	19 806
江城县	Jiangcheng	107 849	86 594	4 554	16 701
孟连县	Menglian	138 776	120 524	5 459	12 793
澜沧县	Lancang	231 016	213 872	4 820	12 324
西盟县	Ximeng	81 289	77 095	3 485	709
临 沧 市	**Lincang**	**1 823 280**	**1 434 590**	**31 920**	**356 770**
临翔区	Linxiang	513 480	425 250	5 510	82 720

23-8 续表2 continued

单位：千元 (1 000 yuan)

地区	Region	职工工资总额 Total Wages of Staff and Workers			
		合计 Total	国有单位 State-owned Entities	城镇集体单位 Urban Collective-owned Entities	其他单位 Other Ownership Entities
凤庆县	Yunxian	213 740	164 610	4 500	44 600
云 县	Yongde	296 890	210 970	6 190	79 730
永德县	Shuangjiang	196 070	157 480	4 880	33 710
镇康县	Zhenkang	124 780	92 470	180	30 510
双江县	Gengma	116 960	91 110	3 280	22 570
耿马县	Fengqing	213 620	176 600	4 390	32 630
沧源县	Cangyuan	147 770	116 100	1 370	30 300
楚 雄 州	**Chuxiong**	**2 703 077**	**2 109 111**	**78 210**	**515 756**
楚雄市	Chuxiong	1 075 296	840 391	31 453	203 452
双柏县	Shuangbo	121 344	106 292	2 568	12 484
牟定县	Mouding	134 367	99 722	3 843	30 802
南华县	Nanhua	167 943	130 498	3 290	34 155
姚安县	Yao'an	133 800	111 452	3 666	18 682
大姚县	Dayao	249 667	224 287	5 816	19 564
永仁县	Yongren	87 963	79 132	1 258	7 573
元谋县	Yuanmou	150 799	115 427	3 237	32 135
武定县	Wuding	164 408	139 390	12 207	12 811
禄丰县	Lufeng	417 490	262 520	10 872	144 098
红 河 州	**Honghe**	**4 781 496**	**3 640 566**	**128 786**	**1 012 144**
个旧市	Gejiu	1 263 621	1 056 794	54 510	152 317
开远市	Kaiyuan	683 849	491 229	10 835	181 785
蒙自县	Mengzi	589 809	344 017	8 839	236 953
屏边县	Pingbian	90 248	77 107	6 371	6 770
建水县	Jianshui	395 844	285 627	13 412	96 805
石屏县	Shiping	238 311	165 072	5 218	68 021
弥勒县	Mile	548 708	434 103	9 975	104 630
泸西县	Luxi	310 386	204 722	5 668	99 996
元阳县	Yuanyang	137 704	126 612	3 160	7 932
红河县	Honghe	115 204	108 451	987	5 766
金平县	Jinping	164 406	118 252	3 399	42 755
绿春县	Luchun	69 014	64 899	2 274	1 841
河口县	Hekou	174 392	163 681	4 138	6 573
文 山 州	**Wenshan**	**2 410 974**	**1 891 093**	**59 724**	**460 157**
文山县	Wenshan	762 050	534 940	14 040	213 070
砚山县	Yanshan	308 551	259 911	4 887	43 763

23-8 续表3 continued

单位：千元 (1 000 yuan)

地区	Region	职工工资总额 Total Wages of Staff and Workers			
		合计 Total	国有单位 State-owned Entities	城镇集体单位 Urban Collective-owned Entities	其他单位 Other Ownership Entities
西畴县	Xichou	140 556	114 723	4 246	21 587
麻栗坡县	Malipo	217 412	175 386	829	33 736
马关县	Maguan	271 360	178 570	7 490	85 300
丘北县	Qiubei	201 362	190 889	5 492	4 981
广南县	Guangnan	296 307	244 393	10 800	41 114
富宁县	Funing	21 337	19 228	449	1 660
西双版纳州	**Xishuangbanna**	**1 699 880**	**1 437 001**	**52 386**	**210 493**
景洪市	Jinghong	986 079	840 781	35 390	109 908
勐海县	Menghai	291 940	214 307	7 431	70 202
勐腊县	Mengla	421 861	381 913	9 565	30 383
大理州	**Dali**	**2 624 144**	**2 423 995**	**138 339**	**1 061 810**
大理市	Dali	1 708 943	1 007 448	56 060	644 985
漾濞县	Yangbi	78 814	72 031	1 102	5 681
祥云县	Xiangyun	410 527	220 927	12 681	176 919
宾川县	Binchuan	212 385	170 068	2 314	40 003
弥渡县	Midu	182 000	134 022	24 646	23 332
南涧县	Nanjian	109 514	94 431	6 446	8 637
巍山县	Weishan	186 331	160 112	6 331	19 888
永平县	Yongping	118 664	99 764	1 788	17 112
云龙县	Yunlong	118 142	108 083	4 178	5 926
洱源县	Eryuan	186 282	136 247	3 982	6 405
剑川县	Jianchuan	145 551	99 317	9 008	37 226
鹤庆县	Heqing	167 441	121 590	9 803	36 048
德宏州	**Dehong**	**1 601 301**	**1 101 226**	**47 490**	**452 585**
瑞丽市	Ruili	333 670	196 878	12 151	124 641
潞西市	Luxi	663 672	448 641	16 259	198 772
梁河县	Lianghe	151 896	115 051	5 985	30 860
盈江县	Yingjiang	260 829	190 741	9 832	60 256
陇川县	Longchuan	191 234	149 915	3 263	38 056
怒江州	**Nujiang**	**618 110**	**464 850**	**3 234**	**150 026**
泸水县	Lushui	270 255	236 598	434	33 223
福贡县	Fugong	56 086	53 336	1 453	1 297
贡山县	Gongshan	48 959	42 644	120	6 195
兰坪县	Lanping	242 810	132 272	1 227	109 311
迪庆州	**Diqing**	**569 321**	**521 085**	**7 176**	**41 060**
香格里拉县	Shangri-La	358 282	316 120	3 620	38 542
德钦县	Deqin	93 836	92 781	1 055	
维西县	Weixi	117 203	112 184	2 501	2 518

23-9 各县市职工平均工资（2007年）
Average Wages of Staff and Workers by County and City (2007)

单位：元／人 (yuan/person)

地区	Region	职工平均工资 Average Wage of Staff and Workers 合计 Total	国有单位 State-owned Entities	城镇集体单位 Urban Collective-owned Entities	其他单位 Other Ownership Entities
全省合计	**Total**	**20 481**	**22 884**	**14 054**	**16 697**
昆明市	**Kunming**	**22 432**	**25 524**	**12 123**	**19 792**
五华区	Wuhua	21 854	23 869	12 657	19 218
盘龙区	Panlong	20 915	21 579	11 948	21 493
官渡区	Guandu	22 486	23 924	11 398	22 584
西山区	Xishan	17 696	21 425	10 600	15 170
东川区	Dongchuan	15 853	16 780	14 263	15 356
呈贡县	Chenggong	23 009	15 694	19 627	28 667
晋宁县	Jinning	17 943	22 259	8 055	14 110
富民县	Fuming	16 320	19 783	14 505	11 661
宜良县	Yiliang	18 199	22 716	11 820	15 642
石林县	Shilin	15 215	14 961	10 920	16 598
嵩明县	Songming	14 778	16 234	21 128	13 188
禄劝县	Luquan	19 389	20 045	16 611	12 305
寻甸县	Xundian	17 677	18 770	17 433	15 190
安宁市	Anning	25 141	32 028	27 107	14 158
曲靖市	**Qujing**	**20 879**	**22 899**	**15 533**	**17 437**
麒麟区	Qilin	22 720	25 085	15 478	14 704
马龙县	Malong	18 117	22 516	22 198	11 304
陆良县	Luliang	18 657	22 008	14 145	11 185
师宗县	Shizong	17 943	19 484	12 966	16 004
罗平县	Luoping	23 806	25 336	15 236	19 438
富源县	Fuyuan	18 028	20 144	17 606	14 055
会泽县	Huize	23 906	26 548	16 872	21 336
沾益县	Zhanyi	22 538	19 680	33 924	25 471
宣威市	Xuanwei	19 496	20 906	14 400	17 364
玉溪市	**Yuxi**	**22 780**	**27 845**	**11 177**	**16 359**
红塔区	Hongta	25 700	31 986	8 964	17 996
江川县	Jiangchuan	21 174	25 325	23 500	13 518
澄江县	Chengjiang	21 675	25 878	16 440	15 277
通海县	Tonghai	19 824	25 235	13 538	16 097
华宁县	Huaning	20 379	24 532	12 906	11 471
易门县	Yimen	20 618	21 184	18 460	11 013
峨山县	Eshan	19 960	27 332	11 580	13 826
新平县	Xinping	24 416	26 660	14 474	22 641
元江县	Yuanjiang	21 005	25 981	16 850	13 420

23-9 续表1 continued

单位：元／人 (yuan/person)

地 区	Region	职工平均工资 Average Wage of Staff and Workers 合 计 Total	国有单位 State-owned Entities	城镇集体单位 Urban Collective-owned Entities	其他单位 Other Ownership Entities
保 山 市	**Baoshan**	**16 988**	**20 251**	**11 304**	**12 983**
隆阳区	Longyang	17 153	21 422	10 665	13 083
施甸县	Shidian	16 723	18 238	10 590	8 686
腾冲县	Tengchong	16 334	20 290	10 557	11 382
龙陵县	Longling	18 818	19 070	17 854	18 440
昌宁县	Changning	16 231	19 272	16 483	11 755
昭 通 市	**Zhaotong**	**19 875**	**21 409**	**17 192**	**13 857**
昭阳区	Zhaoyang	21 790	24 272	14 811	12 556
鲁甸县	Ludian	15 487	17 825	35 824	12 147
巧家县	Qiaojia	19 384	20 351	18 121	13 377
盐津县	Yanjin	20 936	21 811	18 773	19 327
大关县	Daguan	18 092	18 872	22 375	12 377
永善县	Yongshan	18 230	19 060	12 915	11 754
绥江县	Suijiang	19 398	21 388	13 114	16 283
镇雄县	Zhenxiong	19 255	19 587	23 750	15 855
彝良县	Yiliang	18 133	18 273	15 657	16 542
威信县	Weixin	19 934	20 578	14 932	7 705
水富县	Shuifu	25 090	31 322	16 887	13 731
市 属	Directly Under Municipality				
丽 江 市	**Lijiang**	**20 976**	**23 822**	**16 086**	**15 979**
古城区	Gucheng	21 020	25 983	11 142	14 270
玉龙县	Yulong	22 077	23 488	22 742	15 541
永胜县	Yongsheng	20 584	22 843	19 151	12 169
华坪县	Huaping	21 438	24 268	17 814	19 658
宁蒗县	Ninglang	19 599	21 035	14 878	13 104
普洱市	**Pu'er**	**19 978**	**22 199**	**17 545**	**12 689**
思茅区	Simao	19 863	24 215	21 405	11 455
宁洱县	Ning'er	19 018	20 667	34 602	12 467
墨江县	Mojiang	20 419	22 764	20 153	12 178
景东县	Jingdong	20 892	21 954	16 852	12 465
景谷县	Jinggu	19 211	21 989	13 048	14 053
镇沅县	Zhenyuan	21 521	23 509	7 893	14 595
江城县	Jiangcheng	19 637	21 028	14 056	15 906
孟连县	Menglian	21 748	22 961	16 056	16 153
澜沧县	Lancang	18 536	19 007	15 157	13 801
西盟县	Ximeng	21 805	22 346	18 838	7 624
临沧市	**Lincang**	**18 263**	**20 962**	**20 017**	**11 971**
临翔区	Linxiang	20 905	24 988	19 831	11 382

23-9 续表2 continued

单位：元 / 人 (yuan/person)

地 区	Region	职工平均工资 Average Wage of Staff and Workers 合 计 Total	国有单位 State-owned Entities	城镇集体单位 Urban Collective-owned Entities	其他单位 Other Ownership Entities
凤庆县	Yunxian	18 757	22 398	21 336	11 634
云 县	Yongde	17 254	23 409	30 324	9 978
永德县	Shuangjiang	17 053	17 425	21 323	15 110
镇康县	Zhenkang	21 038	21 419	21 735	16 986
双江县	Gengma	15 423	17 525	13 741	10 519
耿马县	Fengqing	17 225	17 937	15 502	14 356
沧源县	Cangyuan	16 434	17 304	20 132	13 378
楚 雄 州	**Chuxiong**	**19 607**	**21 642**	**18 914**	**14 219**
楚雄市	Chuxiong	21 302	23 830	17 282	15 191
双柏县	Shuangbo	19 932	20 540	17 589	16 276
牟定县	Mouding	16 788	19 443	14 668	11 788
南华县	Nanhua	20 429	21 877	18 483	16 436
姚安县	Yao'an	18 030	19 625	25 817	11 676
大姚县	Dayao	18 679	19 559	23 171	11 871
永仁县	Yongren	21 066	20 485	10 483	19 982
元谋县	Yuanmou	17 706	19 823	16 859	12 844
武定县	Wuding	19 931	20 480	29 919	12 378
禄丰县	Lufeng	20 135	21 378	17 649	14 049
红 河 州	**Honghe**	**19 328**	**21 647**	**15 214**	**14 306**
个旧市	Gejiu	21 018	24 037	14 270	12 349
开远市	Kaiyuan	22 612	25 398	16 076	17 773
蒙自县	Mengzi	20 167	20 154	30 906	19 815
屏边县	Pingbian	17 402	19 378	13 850	9 063
建水县	Jianshui	16 774	19 430	10 503	12 700
石屏县	Shiping	16 792	19 581	23 935	12 269
弥勒县	Mile	21 815	24 694	45 757	14 224
泸西县	Luxi	14 010	19 363	9 127	12 916
元阳县	Yuanyang	19 888	20 421	27 009	13 068
红河县	Honghe	17 814	18 063	7 828	17 161
金平县	Jinping	18 522	18 690	18 274	18 094
绿春县	Luchun	12 019	12 457	8 485	6 973
河口县	Hekou	18 376	18 439	21 440	15 650
文 山 州	**Wenshan**	**19 257**	**20 158**	**15 738**	**16 678**
文山县	Wenshan	20 001	21 624	17 227	16 982
砚山县	Yanshan	18 224	20 073	12 827	12 150

23-9 续表3 continued

单位：元 / 人 (yuan/person)

地 区	Region	职工平均工资 Average Wage of Staff and Workers 合 计 Total	国有单位 State-owned Entities	城镇集体单位 Urban Collective-owned Entities	其他单位 Other Ownership Entities
西畴县	Xichou	18 516	18 341	11 633	22 232
麻栗坡县	Malipo	17 806	19 153	11 776	14 362
马关县	Maguan	21 330	21 041	52 378	20 845
丘北县	Qiubei	16 542	16 542	11 371	8 832
广南县	Guangnan	19 182	19 304	18 525	18 654
富宁县	Funing	21 283	22 776	13 988	13 154
西双版纳州	**Xishuangbanna**	**17 235**	**17 951**	**143 105**	**14 111**
景洪市	Jinghong	17 716	18 977	12 128	13 025
勐海县	Menghai	18 001	19 153	17 444	15 251
勐腊县	Mengla	15 769	15 551	30 079	16 196
大 理 州	**Dali**	**19 524**	**23 877**	**15 488**	**14 125**
大 理 市	Dali	19 644	27 794	12 297	13 971
漾濞县	Yangbi	19 242	18 030	14 500	26 797
祥云县	Xiangyun	20 683	24 671	21 206	17 183
宾川县	Binchuan	19 713	21 577	16 891	14 520
弥渡县	Midu	18 319	21 129	20 521	9 758
南涧县	Nanjian	20 153	20 555	19 357	17 036
巍山县	Weishan	20 053	22 109	20 098	11 463
永平县	Yongping	19 099	21 308	21 805	11 810
云龙县	Yunlong	21 874	22 171	24 433	16 599
洱源县	Eryuan	19 990	22 883	38 660	14 118
剑川县	Jianchuan	16 667	19 624	13 546	12 380
鹤庆县	Heqing	17 425	20 675	14 166	11 874
德 宏 州	**Dehong**	**16 364**	**18 555**	**15 110**	**12 798**
瑞丽市	Ruili	14 490	16 711	13 309	12 061
潞西市	Luxi	17 724	19 925	15 785	14 303
梁河县	Lianghe	19 257	21 815	15 076	13 920
盈江县	Yingjiang	17 315	19 727	15 532	12 654
陇川县	Longchuan	14 155	14 830	19 194	11 778
怒 江 州	**Nujiang**	**20 613**	**20 058**	**15 183**	**22 735**
泸水县	Lushui	20 834	21 412	12 400	17 606
福贡县	Fugong	16 140	16 306	12 108	15 441
贡山县	Gongshan	21 012	20 611	24 000	24 199
兰坪县	Lanping	21 660	19 495	23 151	25 003
迪 庆 州	**Diqing**	**26 691**	**28 510**	**19 500**	**15 292**
香格里拉县	Shangri-La	27 560	30 413	25 138	15 102
德钦县	Deqin	25 779	25 822	22 446	22 446
维西县	Weixi	25 478	26 150	141 291	18 932

23-10 主要年份各县市国有经济固定资产投资
Investment in Fixed Assets of State-Owned Economy by County and City in Significant Years

单位：万元 (10 000 yuan)

地　区	Region	1978年	1985年	1990年	1995年	2000年	2005年	2006年	2007年
全省合计	**Total**	**135 001**	**337 201**	**512 178**	**2 628 381**	**4 661 973**	**8 152 698**	**10 674 963**	**12 117 827**
昆明市	**Kunming**	**23 156**	**111 522**	**170 165**	**927 048**	**1 209 628**	**1 719 048**	**2 492 501**	**2 853 541**
五华区	Wuhua	2 604	17 584	24 321	172 540	196 321	475 027	213 124	390 321
盘龙区	Panlong	4 566	21 988	23 886	159 643	319 361	233 759	348 550	246 217
官渡区	Guandu	5 895	26 495	43 872	272 011	333 342	297 878	510 834	562 779
西山区	Xishan	4 269	20 077	16 130	72 536	140 147	103 298	296 503	377 468
东川区	Dongchuan	570	2 905	4 083	10 435	7 506	31 203	49 132	61 587
呈贡县	Chenggong	408	1 702	1 987	18 975	41 705	104 915	243 392	348 315
晋宁县	Jinning	1 983	5 130	13 230	26 664	19 284	7 965	20 086	19 084
富民县	Fuming	107	491	455	1 469	7 001	12 595	6 135	14 868
宜良县	Yiliang	576	2 306	4 104	14 160	43 171	22 190	14 604	19 948
石林县	Shilin	245	783	866	3 399	7 230	22 287	61 209	51 769
嵩明县	Songming	386	1 139	1 145	4 080	9 201	32 649	8 792	27 166
禄劝县	Luquan	246	320	1 463	3 513	10 294	15 385	37 352	33 941
寻甸县	Xundian	836	563	419	4 291	12 231	26 945	23 802	47 609
安宁市	Anning	1 871	4 526	25 954	17 805	62 834	216 804	187 674	120 163
不分县	Not to County		8 981	13 330			116 148	471 312	532 306
曲靖市	**Qujing**	**20 808**	**44 712**	**70 297**	**271 057**	**395 602**	**932 479**	**1 207 675**	**1 270 548**
麒麟区	Qilin	9 400	14 771	19 873	150 569	177 415	223 440	197 381	247 104
马龙县	Malong	2 038	786	453	4 741	5 052	5 335	6 293	17 121
陆良县	Luliang	1 004	1 235	1 595	16 111	9 656	44 560	63 349	50 808
师宗县	Shizong	275	746	876	8 829	4 380	94 949	151 737	92 244
罗平县	Luoping	1 495	15 813	29 423	2 299	13 620	46 548	37 498	55 478
富源县	Fuyuan	1 441	2 481	2 829	11 016	15 585	318 581	411 590	414 472
会泽县	Huize	556	3 857	2 548	25 550	22 149		60 480	181 438
沾益县	Zhanyi					28 098	39 832	24 537	20 784
宣威市	Xuanwei	2 763	4 356	11 226	47 651	119 647	159 234	253 060	191 099
不分县	Not to County		104	1 055				1 750	
玉溪市	**Yuxi**	**3 062**	**19 347**	**21 682**	**241 628**	**288 466**	**406 130**	**411 095**	**512 920**
红塔区	Hongta	1 057	9 943	10 030	145 681	169 291	256 836	181 859	280 852
江川县	Jiangchuan	127	603	781	8 629	12 075	21 464	23 991	22 305
澄江县	Chengjiang	239	1 390	1 656	17 715	14 895	8 120	5 115	10 060
通海县	Tonghai	174	714	1 223	5 408	25 932	10 965	16 226	6 736
华宁县	Huaning	399	297	1 010	7 076	9 985	20 958	19 514	33 438
易门县	Yimen	357	1 469	2 952	13 435	12 990	8 953	26 401	32 776
峨山县	Eshan	89	1 626	1 114	10 935	10 154	9 784	20 550	21 925
新平县	Xinping	306	1 558	744	22 701	18 077	52 255	108 675	58 944
元江县	Yuanjiang	314	1 691	1 547	10 048	15 067	8 146	8 764	22 919
不分县	Not to County		56	625			8 649		22 965

23-10 续表1 continued

单位：万元 (10 000 yuan)

地　区	Region	1978年	1985年	1990年	1995年	2000年	2005年	2006年	2007年
保 山 市	**Baoshan**	**2 335**	**5 777**	**12 092**	**42 769**	**82 225**	**302 572**	**389 144**	**583 353**
隆阳区	Longyang	1 495	2 850	5 047	20 634	24 433	73 025	259 468	123 795
施甸县	Shidian	334	218	665	1 279	4 356	23 910	32 709	49 593
腾冲县	Tengchong	130	695	692	9 776	31 190	25 148	43 262	56 234
龙陵县	Longling	229	435	2 811	2 819	7 307	145 197	8 496	31 068
昌宁县	Changning	147	1 571	2 054	8 261	14 939	35 292	44 626	67 644
不分县	Not to County		8	823				583	255 019
昭 通 市	**Zhaotong**	**4 546**	**9 893**	**12 146**	**77 413**	**158 124**	**407 280**	**619 095**	**677 482**
昭阳区	Zhaoyang	1 091	3 682	4 720	43 835	84 668	261 011	369 622	50 286
鲁甸县	Ludian	188	176	673	4 090	6 576	16 524	24 279	35 699
巧家县	Qiaojia	108	1 320	710	3 170	9 881	17 066	8 404	16 387
盐津县	Yanjin	664	306	199	1 129	5 670	4 182	11 388	20 055
大关县	Daguan	92	139	283	2 511	410	5 371	13 045	14 019
永善县	Yongshan	182	271	772	2 323	6 208	10 332	14 927	249 937
绥江县	Suijiang	52	333	421	2 360	2 737	695	1 436	2 140
镇雄县	Zhenxiong	254	1 252	770	2 648	6 088	11 311	16 345	22 822
彝良县	Yiliang	317	923	1 195	2 187	4 138	5 922	11 200	16 487
威信县	Weixin	274	225	467	2 602	4 973	8 173	8 299	17 049
水富县	Shuifu	1 324	1 216	1 340	10 558	26 775	66 693	139 431	81 034
不分县	Not to County		50	596				719	151 567
丽 江 市	**Lijiang**	**2 540**	**3 344**	**6 504**	**33 897**	**62 508**	**116 142**	**179 607**	**231 748**
古城区	Gucheng	1 908	1 838	2 162	24 121	36 726	40 154	55 738	38 215
玉龙县	Yulong						35 326	37 400	53 558
永胜县	Yongsheng	228	321	597	1 644	9 127	9 786	21 347	25 645
华坪县	Huaping	135	610	451	4 400	8 616	15 819	26 380	31 807
宁蒗县	Ninglang	269	541	372	3 732	8 039	15 057	17 477	15 820
不分县	Not to County		34	171				21 265	66 703
普 洱 市	**Pu'er**	**3 121**	**10 607**	**17 302**	**42 200**	**74 872**	**94 580**	**129 348**	**192 230**
思茅区	Simao	824	2 725	2 839	11 130	29 599	26 977	26 846	43 610
宁洱县	Ning'er	467	1 627	2 077	4 838	8 460	11 436	10 184	15 981
墨江县	Mojiang	239	773	1 226	4 504	2 753	13 575	10 330	7 447
景东县	Jingdong	250	689	512	4 435	8 699	8 981	18 329	12 279
景谷县	Jinggu	225	1 102	1 649	8 142	8 405	13 455	23 535	17 984
镇沅县	Zhenyuan	88	418	902	2 268	3 050	3 505	3 807	7 719
江城县	Jiangcheng	134	336	595	1 909	898	3 318	4 117	5 880
孟连县	Menglian	391	486	709	996	5 000	6 456	5 204	2 352
澜沧县	Lancang	437	1 010	5 935	3 569	3 970	2 137	6 633	32 753
西盟县	Ximeng	66	138	628	409	4 038	4 740	8 813	3 256
不分县	Not to County		1 303	230				11 550	42 969
临 沧 市	**Lincang**	**2 790**	**6 360**	**28 640**	**100 588**	**201 231**	**284 984**	**224 477**	**267 827**
临翔区	Linxiang	414	1 111	2 233	16 768	43 796	52 637	32 571	53 228
凤庆县	Fengqing	176	156	419	6 095	7 594	60 090	47 248	45 165
云　县	Yunxian	206	2 060	15 495	56 812	119 651	26 877	17 157	31 320
永德县	Yongde	160	403	762	6 541	13 763	46 258	33 036	36 550
镇康县	Zhenkang	135	377	303	3 012	1 672	19 793	23 352	21 846
双江县	Shuangjiang	143	484	1 480	3 587	3 379	14 041	16 869	22 926
耿马县	Gengma	620	933	5 426	8 122	6 802	36 470	41 583	36 708
沧源县	Cangyuan	936	438	2 429	2 663	4 574	28 818	11 803	20 084
不分县	Not to County		398	93				858	

23-10 续表2 continued

单位：万元 (10 000 yuan)

地区	Region	1978年	1985年	1990年	1995年	2000年	2005年	2006年	2007年
楚雄州	**Chuxiong**	**4 332**	**13 671**	**16 863**	**77 171**	**101 146**	**363 240**	**514 018**	**590 817**
楚雄市	Chuxiong	862	5 069	6 617	31 045	49 513	52 634	53 726	135 044
双柏县	Shuangbo	33	650	344	3 730	4 146	12 392	7 286	19 440
牟定县	Mouding	264	489	851	5 129	4 296	7 568	16 205	26 657
南华县	Nanhua	301	2 146	1 088	1 493	6 470	5 446	9 992	13 793
姚安县	Yao'an	279	269	221	1 873	6 911	11 059	15 758	23 788
大姚县	Dayao	690	1 245	1 843	4 973	8 127	25 338	28 856	44 610
永仁县	Yongren	80	298	160	1 999	2 719	4 213	12 196	21 505
元谋县	Yuanmou	216	1 110	445	1 603	5 412	14 458	11 115	24 413
武定县	Wuding	149	302	285	1 599	3 889	7 824	12 911	30 353
禄丰县	Lufeng	1 458	2 063	4 773	14 218	9 663	25 054	30 934	49 582
不分县	Not to County		30	236			197 254	315 039	201 632
红河州	**Honghe**	**12 826**	**43 599**	**48 916**	**223 040**	**280 010**	**692 437**	**1 068 690**	**1 345 028**
个旧市	Gejiu	2 197	11 771	8 913	30 673	85 338	50 299	41 165	102 855
开远市	Kaiyuan	2 312	22 948	22 971	42 616	45 211	79 347	206 936	206 924
蒙自县	Mengzi	459	1 727	1 071	12 293	28 172	211 810	90 402	160 181
屏边县	Pingbian	104	205	192	2 427	1 746	3 406	3 806	8 032
建水县	Jianshui	633	1 616	7 378	11 577	16 273	33 581	53 338	82 916
石屏县	Shiping	395	201	326	8 137	11 582	18 480	25 187	22 683
弥勒县	Mile	3 733	1 703	3 081	65 996	48 997	29 933	56 911	86 744
泸西县	Luxi	328	550	960	12 578	15 290	18 198	32 515	37 871
元阳县	Yuanyang	308	390	724	13 062	4 267	18 293	24 930	54 005
红河县	Honghe	228	225	171	3 957	4 894	23 310	10 283	17 631
金平县	Jinping	411	1 265	424	6 429	4 112	8 380	9 951	12 268
绿春县	Luchun	469	232	194	934	4 908	78 060	118 135	113 701
河口县	Hekou	1 249	740	1 023	12 361	9 220	119 340	6 598	34 474
不分县	Not to County		28	1 488				388 533	404 743
文山州	**Wenshan**	**2 557**	**7 954**	**6 435**	**53 517**	**85 666**	**421 020**	**643 656**	**762 582**
文山县	Wenshan	432	1 443	2 092	19 507	36 836	40 803	64 721	91 356
砚山县	Yangshan	175	897	688	4 799	13 306	61 885	58 903	50 809
西畴县	Xichou	156	659	160	5 406	2 300	7 174	12 610	7 740
麻栗坡县	Malipo	355	1 882	730	6 181	3 875	7 619	7 882	11 668
马关县	Maguan	351	890	272	6 705	8 971	3 952	8 519	7 691
丘北县	Qiubei	487	577	565	5 894	5 421	13 827	21 313	28 246
广南县	Guangnan	344	845	1 357	2 476	6 350	96 444	16 433	26 776
富宁县	Funing	257	736	350	2 549	8 607	189 316	215 962	160 769
不分县	Not to County		25	221				237 313	377 527
西双版纳州	**Xishuangbanna**	**4 215**	**6 041**	**14 176**	**61 863**	**85 279**	**232 491**	**317 942**	**247 927**
景洪市	Jinghong	2 421	3 232	7 299	34 521	63 520	41 209	31 286	15 473
勐海县	Menghai	594	930	2 892	7 549	5 710	9 625	19 323	11 679
勐腊县	Mengla	1 200	1 854	3 862	19 793	16 049	181 657	266 674	220 775
不分县	Not to County		25	123				659	

23-10 续表3 continued

单位：万元 (10 000 yuan)

地 区	Region	1978年	1985年	1990年	1995年	2000年	2005年	2006年	2007年
大 理 州	**Dali**	**11 078**	**15 610**	**12 589**	**108 80 2**	**143 127**	**402 763**	**547 086**	**449 052**
大理市	Dali	7 867	8 195	6 140	68 901	77 776	151 834	226 870	203 942
漾濞县	yangbi	917	3 203	201	2 778	4 228	6 053	4 751	8 907
祥云县	Xiangyun	579	286	333	5 771	4 448	11 789	6 780	14 538
宾川县	Binchuang	464	922	1 514	8 303	8 448	25 346	20 101	8 399
弥渡县	Midu	237	591	289	2 679	5 839	54 474	66 773	79 060
南涧县	Nanjian	139	261	100	1 391	6 383	7 845	11 532	17 925
巍山县	Weishan	156	383	794	1 221	4 161	14 782	19 726	20 195
永平县	Yongping	140	288	179	1 226	3 910	10 968	10 048	16 943
云龙县	Yunlong	176	270	266	3 447	4 172	2 118	3 456	3 029
洱源县	Eryuan	193	325	1 019	3 358	7 833	12 020	6 955	22 163
剑川县	Jianchuan	68	227	194	2 405	5 185	5 110	11 616	17 699
鹤庆县	Heqing	142	548	660	7 322	10 744	7 723	10 689	8 369
不分县	Not to County		111	900			92 701	147 789	27 883
德 宏 州	**Dehong**	**3 428**	**7 962**	**10 962**	**66 391**	**73 669**	**81 364**	**85 516**	**108 426**
瑞丽市	Ruili	1 186	1 519	2 426	30 710	36 712	12 569	13 768	21 503
潞西市	Luxi	1 031	4 109	4 203	9 987	14 186	26 543	27 814	34 572
梁河县	Lianghe	192	309	632	1 382	3 900	289	5 044	7 467
盈江县	Yingjiang	413	883	1 862	7 985	10 658	18 719	8 527	17 478
陇川县	Longchuan	606	1 123	1 255	2 854	8 213	23 244	29 734	27 406
不分县	Not to County		19	584				629	
怒 江 州	**Nujiang**	**1 174**	**1 926**	**7 156**	**9 058**	**27 153**	**62 814**	**52 219**	**62 370**
泸水县	Lushui	840	501	5 151	4 339	14 028	43 521	30 829	35 819
福贡县	Fugong	57	134	295	806	4 367		4 651	2 816
贡山县	Gongshan	39	213	342	2 260	2 382	677	8 095	7 812
兰坪县	Lanping	211	595	1 293	1 653	6 376	12 652	8 003	15 923
不分县	Not to County		299	75			5 964	641	
迪 庆 州	**Diqing**	**627**	**1 850**	**3 682**	**13 576**	**50 849**	**127 554**	**146 137**	**210 271**
香格里拉县	Shangri-La	372	1 176	2 514	8 901	36 101	72 939	83 292	117 637
德钦县	Deqin	81	330	263	689	6 412	41 104	43 604	69 399
维西县	Weixi	174	191	724	3 986	8 336	13 511	18 951	23 235
不分县	Not to County		153	181				290	
不分地区	**Not to Prefecture**	**14 573**	**24 121**	**51 239**	**271 373**	**1 342 418**	**1 505 800**	**1 646 757**	**1 751 705**

23-11 主要年份各县市财政收入

Final Statements of Government Revenue by County and City in Significant Years

单位：万元 (10 000 yuan)

地　区	Region	1978年	1990年	1995年	2000年	2004年	2005年	2006年	2007年
全省合计	**Total**	**117 606**	**774 246**	**983 491**	**1 807 450**	**2 633 618**	**3 126 490**	**3 799 702**	**4 867 146**
昆 明 市	**Kunming**	**39 523**	**211 214**	**255 821**	**545 299**	**725 730**	**906 655**	**1 037 160**	**1 330 993**
五华区	Wuhua	1 249	27 211	25 601	53 678	67 440	71 813	87 519	107 705
盘龙区	Panlong	1 810	12 241	26 015	53 253	63 700	58 258	64 597	78 928
官渡区	Guandu	654	10 571	27 160	72 157	94 640	55 273	70 699	101 699
西山区	Xishan	327	6 812	11 342	27 373	39 818	51 772	66 090	86 263
东川区	Dongchuan	240	1 667	2 747	3 298	5 568	9 006	23 195	37 043
呈贡县	Chenggong	240	2 464	4 998	7 505	11 653	19 280	25 144	43 198
晋宁县	Jinning	1 060	5 646	6 647	9 199	9 465	13 238	18 775	24 500
富民县	Fuming	152	568	2 915	5 619	5 856	4 422	6 092	8 200
宜良县	Yiliang	766	3 328	7 334	12 117	17 173	19 311	21 918	24 814
石林县	Shilin	326	3 187	7 466	8 510	10 285	11 427	12 611	14 215
嵩明县	Songming	735	2 687	6 847	8 385	9 719	11 165	13 458	15 969
禄劝县	Luquan	381	1 096	3 568	5 046	7 354	8 908	10 537	12 503
寻甸县	Xundian	462	2 231	6 417	6 984	8 081	9 445	11 931	15 374
安宁市	Anning	1 798	14 705	19 284	27 555	52 306	60 911	69 322	85 353
市　级	City-level	30 025	120 798	106 644	244 620	322 672	502 426	535 272	675 229
曲 靖 市	**Qujing**	**10 463**	**82 531**	**112 482**	**140 795**	**236 549**	**294 506**	**365 162**	**464 868**
麒麟区	Qilin	2 210	10 419	29 279	1 6 166	28 471	34 162	42 705	49 976
马龙县	Malong	398	2 431	4 319	3 826	5 022	8 315	10 084	12 656
陆良县	Luliang	958	3 150	12 511	11 952	14 300	16 482	21 000	25 200
师宗县	Shizong	399	1 929	6 890	6 234	9 233	12 092	15 009	18 293
罗平县	Luoping	555	3 463	8 311	8 910	13 887	16 106	18 266	21 226
富源县	Fuyuan	866	3 540	7 703	10 681	16 706	26 373	37 700	57 494
会泽县	Huize	1 260	5 428	10 349	12 071	30 916	32 986	36 366	41 322
沾益县	Zhanyi				10 717	18 804	23 367	29 492	36 139
宣威市	Xuanwei	2 020	8 087	14 610	18 268	32 575	42 679	52 968	63 166
市　级	City-level	1 335	41 853	12 093	41 970	66 635	81 944	101 572	139 396
玉 溪 市	**Yuxi**	**14 991**	**126 588**	**184 196**	**262 099**	**295 710**	**312 286**	**330 526**	**388 965**
红塔区	Hongta	856	7 623	12 484	22 0 99	24 532	31 927	37 491	48 906
江川县	Jiangchuan	470	2 147	7 142	7 406	10 744	11 934	13 508	16 339
澄江县	Chengjiang	284	1 469	5 041	5 281	7 456	9 389	10 310	11 168
通海县	Tonghai	652	3 178	7 780	8 667	10 080	11 652	13 380	17 490
华宁县	Huaning	840	1 616	5 769	5 527	7 548	9 680	9 989	12 022
易门县	Yimen	218	1 518	5 056	5 110	7 634	10 095	11 949	16 281
峨山县	Eshan	497	1 556	3 714	5 599	9 826	11 286	13 928	18 023
新平县	Xinping	616	1 784	3 885	6 611	9 986	14 943	17 827	26 339
元江县	Yuanjiang	745	1 550	2 737	5 849	6 386	8 852	8 215	11 211
市　级	City-level	10 313	104 148	130 588	189 950	201 518	192 528	193 929	211 186

23-11 续表1 continued

单位：万元 (10 000 yuan)

地 区	Region	1978年	1990年	1995年	2000年	2004年	2005年	2006年	2007年
保 山 市	**Baoshan**	**3 898**	**13 667**	**25 514**	**39 430**	**51 884**	**65 291**	**83 477**	**105 761**
隆阳区	Longyang	1 327	5 724	8 531	14 367	17 775	22 113	26 141	32 741
施甸县	Shidian	353	1 073	4 293	4 328	3 831	4 201	5 533	6 117
腾冲县	Tengchong	1 008	3 028	5 271	9 453	12 732	15 270	20 690	32 341
龙陵县	Longling	201	1 256	2 631	3 830	4 606	6 809	8 834	10 501
昌宁县	Changning	668	2 242	3 743	5 062	5 834	6 679	8 021	9 195
市 级	City-level	341	346	1 045	2 390	7 106	10 219	14 258	14 866
昭 通 市	**Zhaotong**	**4 817**	**65 360**	**40 717**	**52 837**	**69 674**	**85 216**	**103 000**	**128 874**
昭阳区	Zhaoyang	1 239	4 818	6 882	10 765	13 321	15 038	18 231	22 166
鲁甸县	Ludian	242	897	2 435	1 630	3 018	3 828	5 121	8 166
巧家县	Qiaojia	403	1 195	1 419	2 384	2 906	3 034	3 437	6 014
盐津县	Yanjin	267	945	1 187	1 642	2 338	2 721	3 586	5 167
大关县	Daguan	221	865	1 168	1 179	1 123	1 441	1 777	2 796
永善县	Yongshan	296	798	829	1 541	2 236	3 146	4 324	6 738
绥江县	Suijiang	180	2 790	1 534	1 094	1 300	1 596	1 845	2 626
镇雄县	Zhenxiong	900	5 229	6 585	5 680	6 985	7 557	9 313	11 699
彝良县	Yiliang	288	1 323	1 694	2 885	2 863	4 362	6 047	8 153
威信县	Weixin	435	1 928	2 148	1 986	2 300	2 760	3 589	5 389
水富县	Shuifu		5 252	1 813	3 983	5 916	7 564	9 519	10 233
市 级	City-level	346	39 318	13 023	18 068	25 368	32 169	36 211	39 727
丽 江 市	**Lijiang**	**1 303**	**5 971**	**10 634**	**21 069**	**34 025**	**40 595**	**50 829**	**72 831**
古城区	Gucheng					11 292	14 173	17 152	28 109
玉龙县	Yulong					3 471	4 942	6 664	8 815
永胜县	Yongsheng	391	1 289	2 909	3 336	4 667	3 718	4 337	6 069
华坪县	Huaping	99	1 069	1 828	3 659	5 637	7 997	12 299	16 037
宁蒗县	Ninglang	93	557	1 306	1 236	1 487	1 819	2 260	3 049
地区级	City-level	78	386	169	3 966	7 471	7 946	8 117	10 752
普 洱 市	**Pu'er**	**3 156**	**14 081**	**16 759**	**43 902**	**50 693**	**62 326**	**77 926**	**110 983**
思茅区	Simao	1 090	2 966	3 127	7 957	11 161	15 136	18 606	23 866
宁洱县	Ning'er	1 090	2 161	2 189	4 178	3 770	4 324	5 929	9 322
墨江县	Mojiang	291	995	1 279	4 369	5 565	5 245	5 988	7 828
景东县	Jingdong	478	1 468	2 606	5 681	7 947	9 468	11 008	11 438
景谷县	Jinggu	408	2 041	3 405	8 575	7 358	8 610	10 198	12 516
镇沅县	Zhenyuan	205	1 403	1 481	3 034	2 503	2 594	3 382	4 301
江城县	Jiangcheng	49	281	306	1 075	1 915	2 424	2 906	3 428
孟连县	Menglian	31	409	675	2 157	2 261	2 536	3 060	3 551
澜沧县	Lancang	314	1 492	1 397	3 267	3 801	4 526	5 868	8 449
西盟县	Ximeng	24	480	157	623	553	629	919	1 278
市 级	City-level	266	386	137	2 986	3 859	6 834	10 062	25 006
临 沧 市	**Lincang**	**2 507**	**7 631**	**17 489**	**36 141**	**41 939**	**46 000**	**55 530**	**69 554**
临翔区	Linxiang	478	1 404	1 884	4 712	4 740	5 368	6 079	9 660
凤庆县	Fengqing	908	1 801	2 708	4 544	5 871	6 280	6 765	8 300
云 县	Yunxian	468	1 219	3 871	7 987	10 955	13 044	14 080	15 596
永德县	Yongde	219	633	1 356	2 977	3 224	3 171	3 640	4 649
镇康县	Zhenkang	79	278	761	2 269	2 049	2 221	3 421	4 699
双江县	Shuangjiang	170	519	979	2 000	1 853	1 968	2 474	2 840
耿马县	Gengma	205	1 147	4 432	5 650	4 378	3 575	4 802	6 084
沧源县	Cangyuan	107	476	1 073	2 047	1 762	1 622	2 438	3 490
市 级	City-level	-127	154	425	3 955	7 107	8 751	11 831	14 236

23-11 续表2 continued

单位：万元 (10 000 yuan)

地 区	Region	1978年	1990年	1995年	2000年	2004年	2005年	2006年	2007年
楚 雄 州	**Chuxiong**	**4 668**	**56 660**	**56 015**	**72 299**	**107 327**	**122 935**	**143 191**	**179 503**
楚雄市	Chuxiong	798	5 674	16 008	23 503	29 313	32 915	40 823	58 336
双柏县	Shuangbo	186	939	2 416	2 463	2 630	3 278	3 860	4 925
牟定县	Mouding	283	1 322	3 064	2 828	3 299	3 906	4 905	4 898
南华县	Nanhua	692	1 817	4 340	4 067	4 154	5 278	6 468	7 711
姚安县	Yao'an	293	913	1 781	3 008	3 056	3 103	3 921	4 326
大姚县	Dayao	337	1 470	3 394	3 824	4 664	5 208	6 761	8 008
永仁县	Yongren	196	560	1 246	1 765	1 891	2 151	2 979	3 629
元谋县	Yuanmou	338	834	1 856	3 309	4 015	4 427	4 966	6 788
武定县	Wuding	334	1 121	2 624	3 191	4 030	4 750	5 717	7 553
禄丰县	Lufeng	1 445	4 108	8 018	9 277	14 161	18 644	22 709	28 918
州 级	Prefecture-level	-234	37 902	11 268	15 064	36 114	39 275	40 082	44 411
红 河 州	**Honghe**	**8 982**	**32 652**	**59 148**	**104 071**	**205 703**	**249 959**	**294 903**	**377 116**
个旧市	Gejiu	2 015	8 679	9 215	18 431	29 340	36 805	43 068	58 926
开远市	Kaiyuan	2 287	5 067	7 533	12 785	22 108	25 853	29 334	37 574
蒙自县	Mengzi	733	2 602	4 235	6 743	13 514	21 544	28 571	39 150
屏边县	Pingbian	100	310	882	1 152	2 045	2 533	3 068	3 534
建水县	Jianshui	1 032	3 529	6 219	8 757	12 768	17 322	21 110	26 976
石屏县	Shiping	306	1 490	4 013	4 556	6 979	8 180	10 018	12 168
弥勒县	Mile	1 028	4 503	9 720	12 583	23 794	28 164	31 930	39 010
泸西县	Luxi	430	2 012	6 142	7 224	10 684	11 892	13 328	15 478
元阳县	Yuanyang	203	507	833	1 843	2 487	2 737	3 157	5 209
红河县	Honghe	123	264	554	1 277	1 356	1 579	1 858	2 217
金平县	Jinping	155	601	1 242	2 258	3 579	5 094	6 336	9 566
绿春县	Luchun	93	279	494	654	1 926	2 944	3 454	4 750
河口县	Hekou	80	417	1 690	2 962	4 723	7 038	7 883	6 289
州 级	Prefecture-level	361	2 389	6 376	22 846	70 400	78 274	91 788	116 269
文 山 州	**Wenshan**	**2 313**	**8 269**	**14 432**	**36 666**	**55 175**	**70 917**	**89 368**	**126 000**
文山县	Wenshan	600	2 181	3 121	10 688	20 699	24 129	29 139	35 666
砚山县	Yanshan	240	858	1 724	4 300	7 537	9 539	11 539	15 551
西畴县	Xichou	148	589	1 305	2 610	2 307	2 389	2 463	2 711
麻栗坡县	Malipo	175	764	1 013	2 706	3 228	4 708	5 519	11 190
马关县	Maguan	283	761	1 237	3 699	5 266	6 678	8 519	15 007
丘北县	Qiubei	270	775	1 614	3 233	4 328	5 158	6 009	7 818
广南县	Guangnan	392	1 354	2 021	4 242	5 188	6 399	7 688	9 398
富宁县	Funing	236	796	1 531	3 288	4 238	7 513	9 018	10 806
州 级	Prefecture-level	-31	191	866	1 900	2 384	4 404	9 474	17 853
西双版纳州	**Xishuangbanna**		**2 520**	**6 478**	**30 852**	**27 208**	**36 430**	**48 185**	**60 687**
景洪市	Jinghong	599	3 351	8 217	15 547	13 630	17 428	21 054	25 834
勐海县	Menghai	481	1 779	4 163	6 237	3 954	4 315	5 249	6 839

23-11 续表3 continued

单位：万元 (10 000 yuan)

地　　区	Region	1978年	1990年	1995年	2000年	2004年	2005年	2006年	2007年
勐腊县	Mengla	153	1 271	4 913	6 397	3 474	5 793	9 646	13 046
州　级	Prefecture-level	24	76	1 442	2 671	6 150	8 894	12 236	14 968
大 理 州	**Dali**	**4 566**	**43 865**	**55 204**	**91 294**	**132 974**	**157 487**	**187 490**	**227 817**
大理市	Dali	1 521	9 886	17 425	11 664	45 885	55 977	74 625	90 122
漾濞县	Yangbi	146	601	1 268	2 305	2 871	3 551	4 335	5 042
祥云县	Xiangyun	442	3 658	7 491	8 509	10 961	13 362	16 342	20 379
宾川县	Binchuan	211	1 856	5 018	6 717	7 303	7 787	9 124	11 682
弥渡县	Midu	207	1 426	3 713	4 251	4 344	4 438	5 438	6 688
南涧县	Nanjian	154	715	3 304	4 316	6 109	7 607	8 189	9 916
巍山县	Weishan	245	1 196	3 102	3 716	4 249	4 866	5 847	6 681
永平县	Yongping	173	636	2 703	3 018	3 534	3 627	4 864	6 133
云龙县	Yunlong	175	1 260	1 154	2 459	2 788	3 121	4 397	5 778
洱源县	Eryuan	510	1 357	3 521	4 148	5 012	6 166	7 298	8 556
剑川县	Jianchuan	157	445	1 083	2 626	3 379	3 609	5 018	6 202
鹤庆县	Heqing	340	1 031	2 787	3 265	5 060	6 053	7 945	9 857
州　级	Prefecture-level	285	19 799	2 635	11 664	31 479	37 323	34 068	40 781
德 宏 州	**Dehong**	**1 464**	**12 815**	**14 333**	**22 086**	**32 510**	**40 585**	**53 621**	**78 953**
瑞丽市	Ruili	125	4 083	3 838	6 093	7 370	10 307	12 920	16 819
潞西市	Luxi	495	2 914	3 600	5 447	7 619	8 867	11 412	17 440
梁河县	Lianghe	189	909	1 150	1 804	2 447	2 529	3 195	3 700
盈江县	Yingjiang	288	1 931	3 206	4 855	6 729	8 466	10 750	14 621
陇川县	Longchuan	273	1 612	1 485	3 006	3 048	3 032	4 551	5 252
州　级	Prefecture-level	48	-148	450	881	5 297	7 384	10 793	21 121
怒 江 州	**Nujiang**	**316**	**3 479**	**4 985**	**9 669**	**14 818**	**20 088**	**33 688**	**47 789**
泸水县	Lushui	53	741	1 190	2 968	5 037	5 600	6 267	7 189
福贡县	Fugong	10	70	181	516	579	866	1 222	1 470
贡山县	Gongshan	2	20	117	778	954	1 146	1 170	1 309
兰坪县	Lanping	188	2 340	3 053	5 079	5 825	8 518	18 268	29 599
州　级	Prefecture-level	51	308	444	328	2 423	3 958	6 761	8 222
迪 庆 州	**Diqing**	**367**	**3 787**	**5 469**	**5 855**	**11 001**	**13 905**	**18 156**	**23 566**
香格里拉县	Shangri-La	166	1 535	2 053	2 902	4 613	5 723	7 668	10 188
德钦县	Deqin	79	1 126	838	486	918	1 178	1 529	2 008
维西县	Weixi	100	525	1 651	840	1 229	1 440	1 744	2 126
州　级	Prefecture-level	22	601	927	1 627	4 241	5 564	7 215	9 244
省　级	**Province-level**	**12 775**	**77 633**	**88 811**	**293 086**	**540 698**	**601 309**	**827 490**	**1 072 886**

23-12 各县市人均财政收入

Per Capital Government Revenue by County and City

单位：元/人 (yuan/person)

地　　区	Region	2004年	2005年	2006年	2007年	地　　区	Region	2004年	2005年	2006年	2007年
全省合计	**Total**	**599**	**705**	**851**	**1 082**	龙陵县	Longling	170	252	325	385
昆 明 市	**Kunming**	**1 446**	**1 500**	**1 695**	**2 156**	昌宁县	Changning	172	195	233	267
五华区	Wuhua	1 302	823	990	1 225	昭 通 市	**Zhaotong**	**135**	**170**	**202**	**249**
盘龙区	Panlong	1 374	925	1 010	1 218	昭阳区	Zhaoyang	175	201	242	286
官渡区	Guandu	1 539	743	949	1 363	鲁甸县	Ludian	78	100	132	214
西山区	Xishan	1 127	767	977	1 254	巧家县	Qiaojia	55	60	67	113
东川区	Dongchuan	184	320	811	1 273	盐津县	Yanjin	63	76	98	140
呈贡县	Chenggong	739	957	1 156	1 920	大关县	Daguan	44	58	71	110
晋宁县	Jinning	347	478	667	866	永善县	Yongshan	54	79	107	170
富民县	Fuming	424	306	414	547	绥江县	Suijiang	82	104	119	168
宜良县	Yiliang	423	472	531	595	镇雄县	Zhenxiong	54	61	73	89
石林县	Shilin	448	490	532	592	彝良县	Yiliang	54	83	113	151
嵩明县	Songming	283	329	394	462	威信县	Weixin	61	76	97	144
禄劝县	Luquan	164	207	242	284	水富县	Shuifu	626	810	1 011	1 077
寻甸县	Xundian	161	191	238	305	丽 江 市	**Lijiang**	**303**	**340**	**420**	**599**
安宁市	Anning	1 959	1 944	2 207	2 701	古城区	Gucheng	637	850	1 011	1 644
曲 靖 市	**Qujing**	**416**	**524**	**643**	**813**	玉龙县	Yulong	137	218	292	383
麒麟区	Qilin	443	507	628	727	永胜县	Yongsheng	121	95	110	153
马龙县	Malong	261	446	539	666	华坪县	Huaping	377	496	756	978
陆良县	Luliang	236	268	344	412	宁蒗县	Ninglang	63	73	89	120
师宗县	Shizong	257	332	405	485	普 洱 市	**Pu'er**	**215**	**244**	**303**	**431**
罗平县	Luoping	256	313	343	392	思茅区	Simao	558	602	730	932
富源县	Fuyuan	240	378	538	818	宁洱县	Ning'er	203	226	306	478
会泽县	Huize	340	375	412	472	墨江县	Mojiang	158	139	158	207
沾益县	Zhanyi	476	584	741	903	景东县	Jingdong	225	252	291	302
宣威市	Xuanwei	243	330	402	475	景谷县	Jinggu	249	280	330	404
玉 溪 市	**Yuxi**	**1 424**	**1 419**	**1 482**	**1 725**	镇沅县	Zhenyuan	122	122	158	201
红塔区	Hongta	619	701	809	1 043	江城县	Jiangcheng	203	210	246	288
江川县	Jiangchuan	407	443	495	592	孟连县	Menglian	196	193	230	265
澄江县	Chengjiang	481	595	643	689	澜沧县	Lancang	81	92	118	170
通海县	Tonghai	375	396	449	581	西盟县	Ximeng	66	69	100	139
华宁县	Huaning	372	470	478	570	临 沧 市	**Lincang**	**193**	**196**	**235**	**294**
易门县	Yimen	440	575	676	915	临翔区	Linxiang	170	179	201	319
峨山县	Eshan	657	716	877	1 126	凤庆县	Fengqing	138	140	150	184
新平县	Xinping	370	543	641	934	云　县	Yunxian	270	298	319	352
元江县	Yuanjiang	323	421	387	521	永德县	Yongde	99	88	100	128
保 山 市	**Baoshan**	**216**	**268**	**341**	**432**	镇康县	Zhenkang	129	129	199	276
隆阳区	Longyang	209	253	298	372	双江县	Shuangjiang	113	112	140	160
施甸县	Shidian	117	130	171	189	耿马县	Gengma	171	126	169	215
腾冲县	Tengchong	208	245	330	514	沧源县	Cangyuan	110	93	140	202

23-12 续表 continued

单位：元/人

地 区	Region	2005年	2006年	2007年
楚 雄 州	**Chuxiong**	**464**	**538**	**670**
楚雄市	Chuxiong	609	750	1066
双柏县	Shuangbo	208	244	310
牟定县	Mouding	193	241	240
南华县	Nanhua	223	272	323
姚安县	Yao'an	152	190	208
大姚县	Dayao	182	235	277
永仁县	Yongren	200	276	336
元谋县	Yuanmou	211	235	320
武定县	Wuding	174	209	275
禄丰县	Lufeng	432	522	662
红 河 州	**Honghe**	**582**	**681**	**865**
个旧市	Gejiu	828	950	1292
开远市	Kaiyuan	836	936	1204
蒙自县	Mengzi	562	730	986
屏边县	Pingbian	171	207	237
建水县	Jianshui	334	407	517
石屏县	Shiping	282	344	415
弥勒县	Mile	547	617	747
泸西县	Luxi	310	346	399
元阳县	Yuanyang	72	83	136
红河县	Honghe	56	66	78
金平县	Jinping	155	191	285
绿春县	Luchun	139	163	223
河口县	Hekou	705	769	611
文 山 州	**Wenshan**	**211**	**264**	**371**
文山县	Wenshan	551	661	803
砚山县	Yanshan	213	257	344
西畴县	Xichou	96	98	108
麻栗坡县	Malipo	172	202	407
马关县	Maguan	188	238	418
丘北县	Qiubei	114	132	170
广南县	Guangnan	85	101	123
富宁县	Funing	192	229	274
西双版纳州	**Xishuangbanna**	**349**	**459**	**572**
景洪市	Jinghong	372	446	544
勐海县	Menghai	132	160	207
勐腊县	Mengla	232	381	510
大 理 州	**Dali**	**456**	**539**	**654**
大理市	Dali	917	1 206	1444
漾濞县	Yangbi	335	408	471
祥云县	Xiangyun	288	353	449
宾川县	Binchuan	230	268	343
弥渡县	Midu	142	172	212
南涧县	Nanjian	348	371	447
巍山县	Weishan	158	189	215
永平县	Yongping	197	264	333
云龙县	Yunlong	152	213	279
洱源县	Eryuan	225	265	310
剑川县	Jianchuan	208	287	352
鹤庆县	Heqing	232	302	372
德 宏 州	**Dehong**	**355**	**462**	**674**
瑞丽市	Ruili	639	786	1013
潞西市	Luxi	244	310	468
梁河县	Lianghe	160	201	231
盈江县	Yingjiang	295	369	496
陇川县	Longchuan	175	260	295
怒 江 州	**Nujiang**	**390**	**648**	**905**
泸水县	Lushui	308	342	389
福贡县	Fugong	94	131	156
贡山县	Gongshan	321	319	354
兰坪县	Lanping	413	871	1403
迪 庆 州	**Diqing**	**379**	**491**	**632**
香格里拉县	Shangri-La	373	495	649
德钦县	Deqin	190	244	319
维西县	Weixi	95	114	139

23-13 主要年份各县市财政支出
Final Statements of Government Expenditure by County and City in Significant Years

单位：万元 (10 000 yuan)

地　区	Region	1978年	1990年	1995年	2000年	2005年	2006年	2007年
全省合计	**Total**	**182 840**	**907 586**	**2 350 993**	**4 141 074**	**7 663 115**	**8 935 821**	**11 352 175**
昆 明 市	**Kunming**	**15 810**	**146 397**	**339 844**	**688 003**	**1 148 259**	**1 336 765**	**1 646 540**
五华区	Wuhua	335	18 238	38 732	63 344	83 147	101 263	117 093
盘龙区	Panlong	303	7 654	23 015	47 416	68 263	77 760	92 191
官渡区	Guandu	698	9 658	31 608	64 973	73 190	83 683	105 100
西山区	Xishan	339	5 173	14 891	32 147	58 689	77 103	91 872
东川区	Dongchuan	1 269	4 399	10 008	21 085	50 247	70 180	119 985
呈贡县	Chenggong	422	2 821	8 699	12 644	28 060	36 112	49 611
晋宁县	Jinning	462	4 193	9 656	17 055	27 658	41 170	50 699
富民县	Fuming	334	2 047	6 926	11 868	19 103	24 222	30 891
宜良县	Yiliang	968	3 270	10 464	16 184	29 148	41 038	49 464
石林县	Shilin	530	2 796	8 986	15 244	27 788	33 557	40 219
嵩明县	Songming	639	3 068	9 430	14 560	29 580	42 398	53 947
禄劝县	Luquan	484	3 051	12 029	19 335	37 993	46 681	57 621
寻甸县	Xundian	562	4 701	11 595	21 254	42 433	53 210	64 791
安宁市	Anning	493	7 753	34 103	49 654	87 712	98 487	116 264
市　级	City-level	9 803	76 677	131 305	281 240	485 248	509 901	606 792
曲 靖 市	**Qujing**	**10 452**	**71 235**	**157 459**	**256 0 22**	**532 277**	**690 667**	**901 592**
麒麟区	Qilin	1 532	12 445	30 876	25 482	57 532	71 961	84 704
马龙县	Malong	508	3 321	6 040	11 294	22 062	26 427	33 307
陆良县	Luliang	1 333	5 377	12 929	18 940	41 017	54 934	73 205
师宗县	Shizong	500	3 271	7 353	13 533	30 500	42 020	53 288
罗平县	Luoping	571	5 059	9 903	19 145	39 661	49 096	65 668
富源县	Fuyuan	761	5 108	9 646	20 234	50 808	72 276	102 060
会泽县	Huize	1 003	8 019	23 273	29 934	72 268	91 491	112 554
沾益县	Zhanyi				21 327	34 261	46 118	59 927
宣威市	Xuanwei	1 045	9 696	19 573	39 176	86 737	118 843	145 827
市　级	City-level	2 637	14 239	26 271	56 957	97 431	117 501	171 052
玉 溪 市	**Yuxi**	**6 480**	**75 495**	**205 135**	**278 1 01**	**408 743**	**489 381**	**604 191**
红塔区	Hongta	523	9 823	28 438	43 429	60 968	70 345	87 055
江川县	Jiangchuan	326	4 387	11 946	14 823	29 567	34 454	39 188
澄江县	Chengjiang	310	3 982	9 968	12 756	20 723	29 087	28 381
通海县	Tonghai	396	4 695	11 818	14 655	26 171	33 504	40 546
华宁县	Huaning	348	4 195	9 969	13 355	23 773	26 296	31 610
易门县	Yimen	315	4 023	9 982	13 105	25 403	32 726	36 658
峨山县	Eshan	488	4 320	9 974	16 098	28 383	33 844	40 293
新平县	Xinping	450	5 685	14 388	19 944	40 427	50 348	67 940
元江县	Yuanjiang	430	4 933	11 551	17 651	28 226	32 665	40 968
市　级	City-level	2 894	29 451	87 101	112 285	125 102	146 112	191 552

23-13 续表1 continued

单位：万元 (10 000 yuan)

地 区	Region	1978年	1990年	1995年	2000年	2005年	2006年	2007年
保 山 市	**Baoshan**	**5 613**	**26 847**	**61 208**	**105 448**	**226 922**	**282 110**	**364 118**
隆阳区	Longyang	1 514	6 818	15 525	26 246	59 626	72 172	91 204
施甸县	Shidian	1 017	3 083	7 472	12 962	24 714	30 349	41 861
腾冲县	Tengchong	887	6 076	12 176	24 950	54 162	68 410	102 392
龙陵县	Longling	694	3 278	7 042	12 465	27 976	34 811	44 774
昌宁县	Changning	559	3 882	8 312	13 036	28 296	34 340	42 732
市 级	City-level	942	3 711	10 681	15 789	32 148	42 028	41 155
昭 通 市	**Zhaotong**	**7 734**	**62 028**	**111 373**	**177 962**	**371 777**	**486 176**	**630 555**
昭阳区	Zhaoyang	760	8 444	12 690	22 788	50 928	65 384	80 270
鲁甸县	Ludian	362	2 986	6 377	10 238	24 239	35 766	47 633
巧家县	Qiaojia	463	3 488	6 958	13 698	28 546	37 634	57 800
盐津县	Yanjin	378	2 521	4 925	10 425	23 364	39 032	42 318
大关县	Daguan	283	2 232	4 114	8 677	18 381	29 191	35 882
永善县	Yongshan	461	3 262	6 191	13 175	27 552	33 598	48 438
绥江县	Suijiang	240	2 968	6 677	8 743	14 223	17 170	24 292
镇雄县	Zhenxiong	785	8 346	12 740	22 628	58 506	72 816	100 633
彝良县	Yiliang	502	3 082	6 063	13 699	26 934	36 818	51 707
威信县	Weixin	497	3 346	6 695	10 680	25 037	31 558	42 668
水富县	Shuifu		2 043	4 811	7 431	17 231	22 395	26 102
市 级	City-level	3 003	19 310	33 132	35 780	56 836	64 814	72 812
丽 江 市	**Lijiang**	**3 955**	**15 456**	**31 752**	**79 256**	**175 712**	**223 486**	**287 181**
古城区	Gucheng					29 172	33 526	46 726
玉龙县	Yulong					27 992	36 150	40 792
永胜县	Yongsheng	565	3512	7122	16159	31 988	41 361	58 983
华坪县	Huaping	340	2 256	4 522	11 110	30 645	40 731	52 499
宁蒗县	Ninglang	426	2 916	5 559	14 872	25 216	32 951	48 291
市 级	City-level	2 009	2 357	6 007	15 528	30 699	38 767	39 890
普 洱 市	**Pu'er**	**5 682**	**35 391**	**65 588**	**153 907**	**290 364**	**374 445**	**558 022**
思茅区	Simao	581	3 752	5 652	13 494	30 409	38 790	59 815
宁洱县	Ning'er	581	3 266	5 647	11 266	21 182	28 486	82 631
墨江县	Mojiang	509	2 595	5 945	14 468	27 425	35 198	50 257
景东县	Jingdong	469	3 107	6 606	15 668	30 219	37 949	47 392
景谷县	Jinggu	464	3 445	6 579	14 121	26 835	32 434	45 755
镇沅县	Zhenyuan	378	2 693	5 434	10 811	21 647	26 846	34 834
江城县	Jiangcheng	277	1 633	3 504	7 832	14 169	18 331	27 501
孟连县	Menglian	263	1 782	4 487	7 440	14 688	19 131	25 884
澜沧县	Lancang	695	7 074	7 718	18 807	37 669	47 620	69 281
西盟县	Ximeng	250	2 006	3 131	6 670	13 917	16 885	22 409
市 级	City-level	1 796	4 040	10 885	33 330	52 204	72 775	92 263
临 沧 市	**Lincang**	**5 130**	**29 589**	**54 019**	**110 441**	**226 874**	**291 561**	**385 995**
临翔区	Linxiang	432	2 998	6 163	13 977	24 109	32 778	45 218
凤庆县	Fengqing	558	3 304	7 217	14 096	25 079	36 500	49 888
云 县	Yunxian	466	2 893	8 095	15 605	29 593	37 022	49 783
永德县	Yongde	406	2 595	4 881	10 872	24 220	30 248	42 822
镇康县	Zhenkang	374	1 998	4 064	8 952	18 679	23 154	33 083
双江县	Shuangjiang	335	3 083	3 993	8 340	17 105	22 107	29 832
耿马县	Gengma	459	5 808	7 947	11 544	22 617	30 789	40 667
沧源县	Cangyuan	430	4 041	4 592	9 159	18 080	23 588	34 288

23-13 续表2 continued

单位：万元 (10 000 yuan)

地 区	Region	1978年	1990年	1995年	2000年	2005年	2006年	2007年
市 级	City-level	1 670	2 871	7 067	17 896	47 392	55 375	60 414
楚雄州	**Chuxiong**	**6 579**	**58 509**	**133 228**	**189 202**	**356 140**	**434 625**	**570 960**
楚雄市	Chuxiong	488	9 326	22 473	30 494	55 147	72 704	101 620
双柏县	Shuangbo	301	2 510	6 836	9 714	18 349	20 141	30 087
牟定县	Mouding	272	3 758	8 142	11 162	20 156	23 099	30 022
南华县	Nanhua	472	4 316	9 179	12 524	21 085	26 265	38 365
姚安县	Yao'an	308	3 418	7 430	13 339	18 212	22 958	31 318
大姚县	Dayao	373	4 315	9 916	14 667	25 057	31 844	41 338
永仁县	Yongren	288	2 107	6 130	9 057	14 575	18 873	25 075
元谋县	Yuanmou	319	2 764	6 705	11 476	23 355	25 328	34 081
武定县	Wuding	351	3 545	10 089	15 175	22 955	29 675	40 210
禄丰县	Lufeng	488	7 250	14 185	18 558	45 517	52 404	71 588
州 级	Prefecture-level	2 919	15 199	32 143	43 036	91 732	111 334	127 256
红河州	**Honghe**	**10 351**	**52 278**	**130 239**	**236 622**	**524 183**	**635 457**	**819 795**
个旧市	Gejiu	1 155	7 964	14 623	25 872	67 792	75 419	97 674
开远市	Kaiyuan	496	4 780	10 364	18 368	44 590	46 862	62 070
蒙自县	Mengzi	607	3 596	8 165	14 089	39 822	52 672	71 042
屏边县	Pingbian	342	1 973	4 308	7 902	16 015	19 220	25 273
建水县	Jianshui	572	4 875	10 442	17 402	39 496	51 175	68 277
石屏县	Shiping	400	3 088	7 442	13 685	28 203	33 230	42 461
弥勒县	Mile	529	4 892	12 212	19 301	45 254	57 799	79 273
泸西县	Luxi	411	3 429	8 904	14 509	28 727	36 060	47 104
元阳县	Yuanyang	516	2 936	7 437	12 773	24 041	29 444	39 490
红河县	Honghe	377	2 315	5 434	10 701	20 704	26 191	33 985
金平县	Jinping	467	2 586	6 883	12 536	25 414	31 425	46 724
绿春县	Luchun	381	2 023	4 548	9 715	19 441	22 626	35 071
河口县	Hekou	305	1 690	4 124	9 116	18 737	24 336	25 494
州 级	Prefecture-level	3 793	6 132	25 353	50 653	105 947	128 998	145 857
文山州	**Wenshan**	**6 564**	**26 818**	**63 131**	**142 601**	**307 800**	**392 603**	**525 324**
文山县	Wenshan	457	3 492	7 732	20 526	50 530	60 582	69 120
砚山县	Yanshan	417	2 659	6 574	14 742	30 490	39 758	52 438
西畴县	Xichou	379	2 279	5 163	11 629	25 208	29 637	37 286
麻栗坡县	Malipo	602	2 709	5 235	12 403	26 466	33 704	47 999
马关县	Maguan	601	2 914	5 896	14 764	30 764	39 594	52 998
丘北县	Qiubei	438	2 668	5 812	15 273	28 180	39 277	54 774
广南县	Guangnan	694	3 535	7 263	18 446	40 933	53 018	68 162
富宁县	Funing	589	2 877	6 110	13 930	32 076	41 040	54 163
州 级	Prefecture-level	2 387	3 687	13 346	20 888	43 153	55 993	88 384
西双版纳州	**Xishuangbanna**	**2 644**	**15 981**	**36 457**	**63 148**	**128 223**	**165 703**	**207 656**
景洪市	Jinghong	511	4 913	10 453	19 415	38 608	51 808	68 077
勐海县	Menghai	538	3 997	8 107	13 038	27 157	34 253	47 292

23-13 续表3 continued

单位：万元 (10 000 yuan)

地区	Region	1978年	1990年	1995年	2000年	2005年	2006年	2007年
勐腊县	Mengla	418	3 221	7 928	11 699	25 423	35 421	43 059
州 级	Prefecture-level	1 177	3 850	9 969	18 996	37 035	44 221	49 228
大 理 州	**Dali**	**7 515**	**53 428**	**114 829**	**207 071**	**396 589**	**501 487**	**607 140**
大理市	Dali	774	8 654	18 961	35 167	83 134	111 389	123 929
漾濞县	Yangbi	205	1 551	3 602	8 761	16 185	18 214	24 822
祥云县	Xiangyun	437	4 236	10 463	16 552	30 976	40 034	52 676
宾川县	Binchuan	433	3 550	8 104	15 264	30 106	38 047	52 717
弥渡县	Midu	362	2 847	6 010	11 717	21 813	27 882	35 041
南涧县	Nanjian	290	2 271	5 688	11 624	21 868	24 458	31 822
巍山县	Weishan	407	3 025	6 374	13 542	22 715	27 332	37 874
永平县	Yongping	293	2 160	5 317	10 614	17 810	22 397	29 716
云龙县	Yunlong	352	2 777	5 402	11 144	20 288	28 041	34 408
洱源县	Eryuan	360	3 012	6 712	13 014	26 364	30 882	37 633
剑川县	Jianchuan	294	2 102	4 676	11 290	19 543	24 847	31 809
鹤庆县	Heqing	357	2 433	6 687	11 067	23 633	31 365	37 431
州 级	Prefecture-level	2 951	14 809	26 833	35 167	62 154	76 599	77 262
德 宏 州	**Dehong**	**4 551**	**24 760**	**43 640**	**71 826**	**168 212**	**221 121**	**280 082**
瑞丽市	Ruili	367	4 128	7 210	11 780	23 965	32 673	39 297
潞西市	Luxi	761	4 009	8 287	12 048	30 962	40 349	53 660
梁河县	Lianghe	450	2 082	4 359	7 644	17 165	21 788	27 573
盈江县	Yingjiang	592	3 632	7 484	11 594	29 865	37 774	51 213
陇川县	Longchuan	469	2 550	5 168	9 306	19 689	27 147	32 018
州 级	Prefecture-level	1 793	6 845	9 335	19 454	46 566	61 390	76 321
怒 江 州	**Nujiang**	**2 060**	**11 496**	**22 933**	**49 498**	**102 507**	**140 780**	**174 157**
泸水县	Lushui	369	2 676	4 799	11 283	28 780	33 528	37 151
福贡县	Fugong	291	1 671	3 178	7 871	14 490	19 947	24 191
贡山县	Gongshan	214	1 112	1 911	5 856	10 656	11 815	18 788
兰坪县	Lanping	439	3 354	7 803	13 577	27 184	43 849	58 620
州 级	Prefecture-level	488	2 683	5 242	10 911	21 397	31 641	35 407
迪 庆 州	**Diqing**	**1 714**	**9 917**	**20 713**	**50 252**	**107 095**	**138 760**	**186 863**
香格里拉县	Shangri-La	463	3 129	6 563	16 310	32 023	36 984	49 936
德钦县	Deqin	399	2 720	3 364	9 804	16 185	22 620	32 728
维西县	Weixi	382	1 873	5 223	12 409	24 994	29 016	35 804
州 级	Prefecture-level	470	2 195	5 563	11 729	33 893	50 140	68 395
省 级	**Provincial-level**	**78 737**	**187 562**	**749 437**	**1 281 714**	**2 191 438**	**2 130 694**	**2 602 004**

注：1994年以后全省分县财政支出数按新财政体制口径统计。
Note: Data of government expenditure by county after 1994 have been recorded according to the new financial system.

23-14 各县市人均财政支出

Final Statements of Per Capital Government Expenditure by County and City

单位：元/人 (yuan/person)

地　区	Region	2005年	2006年	2007年	地　区	Region	2005年	2006年	2007年
全省合计	**Total**	**1 729**	**2 000**	**2 524**	龙陵县	Longling	1 035	1 280	1 640
昆 明 市	**Kunming**	**1 899**	**2 184**	**2 667**	昌宁县	Changning	826	999	1 242
五华区	Wuhua	953	1 145	1 332	昭 通 市	**Zhaotong**	**740**	**953**	**1 216**
盘龙区	Panlong	1 084	1 215	1 423	昭阳区	Zhaoyang	682	870	1 037
官渡区	Guandu	984	1 123	1 409	鲁甸县	Ludian	635	923	1 247
西山区	Xishan	870	1 140	1 335	巧家县	Qiaojia	564	733	1 091
东川区	Dongchuan	1 784	2 454	4 123	盐津县	Yanjin	648	1 066	1 147
呈贡县	Chenggong	1 393	1 660	2 205	大关县	Daguan	739	1 162	1 413
晋宁县	Jinning	998	1 463	1 791	永善县	Yongshan	692	832	1 220
富民县	Fuming	1 322	1 646	2 059	绥江县	Suijiang	929	1 107	1 557
宜良县	Yiliang	713	994	1 186	镇雄县	Zhenxiong	470	575	766
石林县	Shilin	1 191	1 417	1 676	彝良县	Yiliang	511	689	959
嵩明县	Songming	872	1 240	1 559	威信县	Weixin	685	850	1 141
禄劝县	Luquan	885	1 073	1 310	水富县	Shuifu	1 844	2 377	2 748
寻甸县	Xundian	857	1 063	1 286	丽 江 市	**Lijiang**	**1 470**	**1 847**	**2 364**
安宁市	Anning	2 799	3 136	3 679	古城区	Gucheng	1 749	1 976	2 733
曲 靖 市	**Qujing**	**947**	**1 216**	**1 578**	玉龙县	Yulong	1 236	1 584	1 774
麒麟区	Qilin	854	1 058	1 233	永胜县	Yongsheng	818	1 049	1 486
马龙县	Malong	1 184	1 413	1 753	华坪县	Huaping	1 901	2 504	3 201
陆良县	Luliang	666	900	1 196	宁蒗县	Ninglang	1 010	1 303	1 901
师宗县	Shizong	838	1 135	1 413	普 洱 市	**Pu'er**	**1 135**	**1 457**	**2 167**
罗平县	Luoping	771	921	1 212	思茅区	Simao	1 209	1 521	2 337
富源县	Fuyuan	729	1 031	1 452	宁洱县	Ning'er	1 106	1 468	4 237
会泽县	Huize	822	1 036	1 286	墨江县	Mojiang	728	931	1 326
沾益县	Zhanyi	856	1 159	1 498	景东县	Jingdong	803	1 004	1 250
宣威市	Xuanwei	671	903	1 097	景谷县	Jinggu	871	1 049	1 476
玉 溪 市	**Yuxi**	**1 857**	**2 195**	**2 679**	镇沅县	Zhenyuan	1 022	1 255	1 628
红塔区	Hongta	1 338	1 517	1 856	江城县	Jiangcheng	1 227	1 553	2 311
江川县	Jiangchuan	1 097	1 262	1 420	孟连县	Menglian	1 118	1 437	1 932
澄江县	Chengjiang	1 314	1 815	1 752	澜沧县	Lancang	763	957	1 391
通海县	Tonghai	889	1 125	1 347	西盟县	Ximeng	1 531	1 835	2 436
华宁县	Huaning	1 155	1 259	1 498	临 沧 市	**Lincang**	**965**	**1 235**	**1 631**
易门县	Yimen	1 447	1 851	2 059	临翔区	Linxiang	804	1 086	1 492
峨山县	Eshan	1 801	2 131	2 518	凤庆县	Fengqing	560	811	1 104
新平县	Xinping	1 470	1 811	2 409	云　县	Yunxian	676	839	1 124
元江县	Yuanjiang	1 343	1 538	1 905	永德县	Yongde	674	834	1 176
保 山 市	**Baoshan**	**933**	**1 151**	**1 487**	镇康县	Zhenkang	1 083	1 350	1 946
隆阳区	Longyang	682	822	1 035	双江县	Shuangjiang	973	1 247	1 676
施甸县	Shidian	765	936	1 296	耿马县	Gengma	796	1 083	1 437
腾冲县	Tengchong	869	1 090	1 628	沧源县	Cangyuan	1 033	1 353	1 982

23-14 续表 continued

单位：元/人 (yuan/person)

地 区	Region	2005年	2006年	2007年	地 区	Region	2005年	2006年	2007年
楚 雄 州	**Chuxiong**	**1 344**	**1 634**	**2 132**	富宁县	Funing	819	1 044	1 371
楚雄市	Chuxiong	1 020	1 337	1 858	西双版纳州	**Xishuangbanna**	**1 227**	**1 578**	**1 957**
双柏县	Shuangbo	1 162	1 271	1 892	景洪市	Jinghong	824	1 097	1 433
牟定县	Mouding	997	1 136	1 472	勐海县	Menghai	832	1 044	1 433
南华县	Nanhua	893	1 105	1 605	勐腊县	Mengla	1 017	1 400	1 682
姚安县	Yao'an	891	1 114	1 506	大 理 州	**Dali**	**1 148**	**1 441**	**1 743**
大姚县	Dayao	877	1 109	1 430	大理市	Dali	1 362	1 800	1 986
永仁县	Yongren	1 354	1 748	2 322	漾濞县	Yangbi	1 528	1 716	2 320
元谋县	Yuanmou	1 112	1 199	1 608	祥云县	Xiangyun	669	865	1 160
武定县	Wuding	843	1 084	1 462	宾川县	Binchuan	888	1 116	1 546
禄丰县	Lufeng	1 054	1 205	1 638	弥渡县	Midu	697	884	1 109
红 河 州	**Honghe**	**1 221**	**1 468**	**1 881**	南涧县	Nanjian	1 002	1 109	1 433
个旧市	Gejiu	1 525	1 663	2 142	巍山县	Weishan	736	882	1 218
开远市	Kaiyuan	1 442	1 495	1 989	永平县	Yongping	967	1 216	1 615
蒙自县	Mengzi	1 039	1 345	1 789	云龙县	Yunlong	990	1 359	1 662
屏边县	Pingbian	1 081	1 296	1 696	洱源县	Eryuan	964	1 123	1 364
建水县	Jianshui	762	986	1 308	剑川县	Jianchuan	1 124	1 419	1 807
石屏县	Shiping	971	1 143	1 449	鹤庆县	Heqing	907	1 191	1 412
弥勒县	Mile	879	1 117	1 519	德 宏 州	**Dehong**	**1 472**	**1 906**	**2 392**
泸西县	Luxi	748	935	1 214	瑞丽市	Ruili	1 486	1 989	2 367
元阳县	Yuanyang	636	776	1 031	潞西市	Luxi	852	1 095	1 439
红河县	Honghe	732	924	1 192	梁河县	Lianghe	1 088	1 371	1 723
金平县	Jinping	771	949	1 391	盈江县	Yingjiang	1 040	1 298	1 736
绿春县	Luchun	921	1 068	1 647	陇川县	Longchuan	1 135	1 549	1 799
河口县	Hekou	1 876	2 375	2 475	怒 江 州	**Nujiang**	**1 988**	**2 707**	**3 298**
文 山 州	**Wenshan**	**915**	**1 162**	**1 545**	泸水县	Lushui	1 584	1 829	2 008
文山县	Wenshan	1 155	1 374	1 557	福贡县	Fugong	1 575	2 133	2 574
砚山县	Yanshan	682	885	1 160	贡山县	Gongshan	2 981	3 219	5 078
西畴县	Xichou	1 008	1 184	1 485	兰坪县	Lanping	1 318	2 091	2 778
麻栗坡县	Malipo	970	1 232	1 745	迪 庆 州	**Diqing**	**2 919**	**3 750**	**5 010**
马关县	Maguan	864	1 106	1 476	香格里拉县	Shangri-La	2 090	2 385	3 181
丘北县	Qiubei	620	860	1 191	德钦县	Deqin	2 606	3 613	5 195
广南县	Guangnan	541	698	892	维西县	Weixi	1 650	1 900	2 340

23-15 主要年份各县市城乡居民储蓄存款年末余额
Balance of Savings Deposits of Rural and Urban Residents at the Year-end in Significant Years

单位：万元 (10 000 yuan)

地　区	Region	1978年	1990年	1995年	2000年	2005年	2006年	2007年
全省合计	**Total**	**42 010**	**1 178 897**	**5 001 334**	**11 382 215**	**24 302 841**	**28 548 640**	**30 464 040**
昆 明 市	**Kunming**	**17 425**	**317 701**	**1 690 241**	**4438340**	**9 938 095**	**11 560 674**	**12 121 674**
五华区 盘龙区	Wuhua Panlong	9 391	2 646 490	643 779	2 646 490	6 424 160	6 841 944	7 643 653
官渡区	Guandu					991 633	1 189 593	1 241 419
西山区	Xishan					692 175	761 269	809 357
东川区	Dongchuan	443	8 103	33 509	62 756	146 629	213 705	248 736
呈贡县	Chenggong	608	10 127	37 091	100 761	271 043	384 756	425 673
晋宁县	Jinning	700	11 760	38 448	93 964	171 098	205 344	232 011
富民县	Fuming	185	4 751	18 784	43 252	84 857	100 506	112 634
宜良县	Yiliang	581	19 689	70 139	177 236	287 195	326 023	352 645
石林县	Shilin	185	7 434	30 173	66 022	104 561	124 151	126 123
嵩明县	Songming	257	10 023	37 883	93 839	171 613	196 799	213 550
禄劝县	Luquan	181	3 190	15 560	40 181	81 566	98 248	113 870
寻甸县	Xundian	430	3 674	18 063	45 053	104 951	218 361	143 409
安宁市	Anning	1 190	9 561	39 228	122 119	406 614	899 975	458 594
曲 靖 市	**Qujing**	**9 152**	**89 460**	**409 561**	**907 860**	**2 128 614**	**2 490 745**	**2 743 776**
麒麟区	Qilin	2 233	31 122	105 180	295 890	809 648	946 833	989 468
马龙县	Malong	282	3 717	13 526	22 987	63 338	73 453	85 191
陆良县	Luliang	952	11 106	36 855	89 412	170 399	207 454	226 269
师宗县	Shizong	464	3 570	12 322	32 188	100 029	113 853	140 470
罗平县	Luoping	285	5 777	18 150	47 170	126 779	151 793	164 494
富源县	Fuyuan	947	6 389	20 361	56 856	191 202	218 731	274 009
会泽县	Huize	837	7 150	29 924	85 014	189 362	218 943	242 156
沾益县	Zhanyi				60 725	132 762	148 665	161 806
宣威市	Xuanwei	2 722	16 955	47 311	142 161	345 095	410 909	459 917
玉 溪 市	**Yuxi**	**2 729**	**95 220**	**398 720**	**1 004 913**	**1 888 479**	**2 130 804**	**2 114 014**
红塔区	Hongta	1 076	34 596	114 516	407 108	899 354	1 016 307	1 008 954
江川县	Jiangchuan	139	9 110	34 982	89 495	156 500	174 412	180 655
澄江县	Chengjiang	159	6 884	23 411	61 165	123 725	138 206	124 030
通海县	Tonghai	280	14 082	42 886	103 604	231 366	253 631	267 273
华宁县	Huaning	141	6 990	6 872	61 886	96 253	105 579	99 879
易门县	Yimen	289	7 053	22 757	56 277	103 887	123 076	113 910
峨山县	Eshan	165	5 129	15 125	41 262	105 922	119 866	119 916
新平县	Xinping	238	5 291	14 522	42 687	100 602	117 902	121 480
元江县	Yuanjiang	242	6 085	16 501	41 385	70 870	81 828	77 885

23-15 续表1 continued

单位：万元 (10 000 yuan)

地 区	Region	1978年	1990年	1995年	2000年	2005年	2006年	2007年
保 山 市	**Baoshan**	**1 506**	**44 546**	**212 918**	**447 668**	**781 438**	**914 569**	**1 043 351**
隆阳区	Longyang	573	20114	67786	185739	333 669	390 636	431 773
施甸县	Shidian	89	3 762	16 418	33 038	60 736	68 912	80 878
腾冲县	Tengchong	463	12 436	50 015	132 312	248 982	292 876	332 086
龙陵县	Longling	169	4 266	15 294	39 729	73 617	88 525	102 213
昌宁县	Changning	213	3 968	15 377	37 426	64 434	73 618	96 399
昭 通 市	**Zhaotong**	**3 543**	**34 797**	**199 804**	**339 809**	**854 319**	**1 063 237**	**1 184 923**
昭阳区	Zhaoyang	705	11 988	42 119	119 787	289 573	338 862	356 874
鲁甸县	Ludian	151	1 214	3 832	11 690	31 366	38 298	46 534
巧家县	Qiaojia	342	2 629	7 831	20 593	48 180	60 254	70 899
盐津县	Yanjin	275	1 791	5 269	15 862	51 355	66 029	79 603
大关县	Daguan	274	1 477	4 438	13 415	33 983	46 816	52 345
永善县	Yongshan	190	2 300	7 795	19 930	69 928	87 226	100 342
绥江县	Suijiang	262	2 193	7 397	17 993	39 107	49 845	61 574
镇雄县	Zhenxiong	735	3 872	11 563	33 148	97 401	111 233	137 049
彝良县	Yiliang	258	2 426	7 103	19 519	66 911	106 270	103 367
威信县	Weixin	212	2 422	6 868	14 669	47 219	61 169	83 637
水富县	Shuifu	139	2 485	10 351	23 942	79 296	97 235	92 699
丽 江 市	**Lijiang**	**1 951**	**21 960**	**101 134**	**245 253**	**536 555**	**651 148**	**739 037**
古城区	Gucheng					311 384	376 455	406 668
玉龙县	Yulong							
永胜县	Yongsheng	385	4 975	23 165	53 531	101 121	119 185	136 921
华坪县	Huaping	356	4 361	16 302	37 822	93 278	115 660	148 911
宁蒗县	Ninglang	282	3 019	8 965	18 263	30 772	39 848	46 537
普 洱 市	**Pu'er**	**2 233**	**38 683**	**153 412**	**363 170**	**742 923**	**898 104**	**1 010 896**
思茅区	Simao	463	9 989	25 721	102 746	252 857	299 485	318 797
宁洱县	Ning'er	440	5 823	15 284	37 876	71 414	85 197	110 072
墨江县	Mojiang	241	4 300	13 108	32 375	65 717	81 763	93 552
景东县	Jingdong	240	3 683	11 922	32 076	63 175	79 791	88 147
景谷县	Jinggu	207	3 485	11 658	32 032	80 900	93 851	103 359
镇沅县	Zhenyuan	155	2 515	7 915	20 282	51 662	64 260	73 036
江城县	Jiangcheng	114	1 680	4 505	10 710	26 776	33 840	38 988
孟连县	Menglian	64	1 757	5 755	28 280	58 722	71 157	83 085
澜沧县	Lancang	245	4 600	13 184	27 665	59 709	73 696	85 352
西盟县	Ximeng	56	850	1 963	6 502	11 991	15.064	16 508
临 沧 市	**Lincang**	**1 045**	**25 890**	**102 931**	**243 038**	**483 790**	**565 309**	**627 746**
临翔区	Linxiang	347	6 731	16 559	67 310	142 281	158 124	158 990
凤庆县	Fengqing	129	4 051	12 408	28 331	65 417	77 853	93 802
云 县	Yunxian	82	3 343	11 600	40 146	75 596	86 496	95 907
永德县	Yongde	100	2 527	8 958	18 672	39 171	48 970	57 900
镇康县	Zhenkang	52	1 065	4 506	14 285	35 780	44 470	51 229
双江县	Shuangjiang	64	1 983	4 971	11 137	25 178	31 314	37 493
耿马县	Gengma	167	4 254	12 609	35 833	71 453	83 348	91 054
沧源县	Cangyuan	99	1 936	4 580	12 807	28 914	34 734	41 371

23-15 续表2 continued

单位：万元 (10 000 yuan)

地 区	Region	1978年	1990年	1995年	2000年	2005年	2006年	2007年
楚 雄 州	**Chuxiong**	**1 591**	**51 492**	**237 398**	**526 264**	**1 071 294**	**1 214 931**	**1 237 663**
楚雄市	Chuxiong	483	15 069	47 250	152 886	402 243	453 952	460 863
双柏县	Shuangbo	54	2 321	7 285	17 651	38 211	45 268	46 123
牟定县	Mouding	85	3 120	10 454	26 447	52 602	60 059	65 519
南华县	Nanhua	65	3 009	10 856	28 520	56 211	66 236	69 832
姚安县	Yao'an	85	2 840	9 794	26 488	58 726	70 164	70 700
大姚县	Dayao	129	3 945	13 277	37 551	81 503	92 951	95 129
永仁县	Yongren	41	1 380	5 092	14 808	32 274	36 441	35 549
元谋县	Yuanmou	94	3 721	14 119	28 880	66 740	75 819	77 640
武定县	Wuding	71	3 049	12 311	31 572	70 644	86 471	88 971
禄丰县	Lufeng	484	13 038	44 713	106 901	212 140	227 525	227 319
红 河 州	**Honghe**	**5 151**	**129 729**	**475 935**	**1 034 042**	**2 028 010**	**2 417 960**	**2 629 548**
个旧市	Gejiu	1 373	37 089	99 121	274 512	531 410	623 674	666 115
开远市	Kaiyuan	696	19 398	56 146	140 898	305 698	346 544	351 342
蒙自县	Mengzi	527	10 610	26 935	66 220	211 151	250 266	290 188
屏边县	Pingbian	90	1 920	6 018	13 859	32 102	37 610	41 617
建水县	Jianshui	752	18 360	51 887	138 973	260 864	335 272	375 551
石屏县	Shiping	587	12 235	36 362	81 584	147 754	166 393	177 155
弥勒县	Mile	336	10 786	31 217	86 913	208 038	249 804	253 895
泸西县	Luxi	146	5 577	19 206	37 009	115 674	141 487	170 142
元阳县	Yuanyang	102	2 757	10 252	24 709	45 739	57 926	71 334
红河县	Honghe	95	2 224	6 090	14 511	30 126	36 662	42 965
金平县	Jinping	149	3 042	8 149	17 321	41 000	51 989	58 364
绿春县	Luchun	101	1 528	4 379	8 317	20 153	23 993	29 340
河口县	Hekou	197	4 203	10 416	26 734	78 301	96 342	101 539
文 山 州	**Wenshan**	**2 865**	**43 207**	**161 846**	**347 726**	**781 706**	**967 102**	**1 151 072**
文山县	Wenshan	831	15 901	34 987	107 806	293 287	347 502	391 122
砚山县	Yanshan	300	4 755	13 307	36 988	95 691	117 337	141 644
西畴县	Xichou	118	2 790	7 489	16 944	38 286	46 078	57 577
麻栗坡县	Malipo	308	3 741	11 232	23 534	62 001	83 205	107 279
马关县	Maguan	385	5 265	14 115	37 289	94 674	129 492	149 300
丘北县	Qiubei	259	3 601	9 737	24 412	50 624	60 300	78 709
广南县	Guangnan	425	4 364	12 253	27 503	76 252	97 947	126 329
富宁县	Funing	239	2 790	7 509	18 950	70 891	85 235	99 112
西双版纳州	**Xishuangbanna**	**2 469**	**34 843**	**148 108**	**294 415**	**633 452**	**773 310**	**785 470**
景洪市	Jinghong	834	20 991	27 150	165 222	401 917	475 514	473 078
勐海县	Menghai	710	6 065	7 023	45 002	88 343	103 890	113 959

23-15 续表3 continued

单位：万元 (10 000 yuan)

地 区	Region	1978年	1990年	1995年	2000年	2005年	2006年	2007年
勐腊县	Mengla	925	9 013	7 792	51 910	143 192	193 906	198 435
大 理 州	**Dali**	**2 202**	**61 110**	**295 092**	**695 967**	**1 430 810**	**1 693 629**	**1 777 081**
大理市	Dali	1 172	29 878	99 301	322 109	736 165	855 929	855 107
漾濞县	Yangbi	58	1 959	5 601	17 199	29 057	34 723	35 447
祥云县	Xiangyun	143	5 174	19 531	57 474	137 700	164 652	181 672
宾川县	Binchuan	132	3 545	10 944	35 654	83 509	94 507	96 003
弥渡县	Midu	102	3 695	7 848	35 074	74 868	89 153	102 776
南涧县	Nanjian	56	1 735	5 594	18 563	41 049	47 281	50 031
巍山县	Weishan	86	2 889	18 334	43 498	66 793	83 626	89 899
永平县	Yongping	81	1 711	5 264	20 978	35 314	42 371	48 675
云龙县	Yunlong	75	2 200	7 037	18 588	32 462	40 490	50 782
洱源县	Eryuan	116	2 775	11 804	36 294	64 874	76 416	81 348
剑川县	Jianchuan	74	2 094	7 356	21 437	43 668	54 450	62 623
鹤庆县	Heqing	109	3 455	13 164	37 174	84 893	110 001	122 716
德 宏 州	**Dehong**	**1 052**	**27 883**	**155 400**	**366 642**	**717 818**	**852 653**	**895 604**
瑞丽市	Ruili	201	4 830	24 655	129 062	291 551	346 407	384 490
潞西市	Luxi	373	9 750	32 889	116 101	215 498	249 094	247 121
梁河县	Lianghe	77	3 061	10 218	24 002	39 438	47 503	52 914
盈江县	Yingjiang	172	5 480	18 711	48 440	116 844	140 704	136 446
陇川县	Longchuan	159	3 782	11 196	31 566	54 487	68 946	74 633
怒 江 州	**Nujiang**	**161**	**5 868**	**40 344**	**67 270**	**159 134**	**205 023**	**213 411**
泸水县	Lushui	68	2 478	6 771	27 701	76 072	90 345	80 873
福贡县	Fugong	15	542	1 142	3 954	12 483	14 311	14 907
贡山县	Gongshan	22	450	1 198	3 437	7 351	9 459	11 991
兰坪县	Lanping	30	2 398	9 002	28 263	63 228	90 908	105 640
迪 庆 州	**Diqing**	**1 102**	**6 376**	**26 632**	**60 961**	**126 404**	**149 522**	**188 858**
香格里拉县	Shangri-La	603	3 667	12 656	36 609	87 384	103 238	129 043
德钦县	Deqin	254	1 099	3 055	8 176	14 855	17 653	23 602
维西县	Weixi	245	1 610	5 426	13 380	24 165	28 631	36 118

23-16 各县市城乡居民人均储蓄存款

Per Capita Savings Deposits of Rural and Urban Residents by County and City

单位：元/人 (yuan/person)

地　区	Region	2005年	2006年	2007年
全省合计	**Total**	**5 461**	**6 368**	**6 772**
昆 明 市	**Kunming**	**16 330**	**18 792**	**19 638**
五华区	Wuhua	42 109	44 936	50 056
盘龙区	Panlong			
官渡区	Guandu	13 300	15 972	16 645
西山区	Xishan	10 363	11 115	11 762
东川区	Dongchuan	5 209	7 356	8 552
呈贡县	Chenggong	12 636	17 449	18 961
晋宁县	Jinning	6 106	7 269	8 203
富民县	Fuming	5 844	6 736	7 526
宜良县	Yiliang	7 012	7 833	8 451
石林县	Shilin	4 451	5 197	5 264
嵩明县	Songming	5 052	5 716	6 176
禄劝县	Luquan	1 894	2 238	2 586
寻甸县	Xundian	2 109	4 339	2 845
安宁市	Anning	13 003	28 534	14 492
曲 靖 市	**Qujing**	**3 762**	**4 370**	**4 801**
麒麟区	Qilin	11 952	13 877	14 402
马龙县	Malong	3 421	3 888	4 479
陆良县	Luliang	2 786	3 405	3 696
师宗县	Shizong	2 734	3 039	3 722
罗平县	Luoping	2 405	2 818	3 038
富源县	Fuyuan	2 728	3 118	3 899
会泽县	Huize	2 119	2 509	2 767
沾益县	Zhanyi	3 330	3 745	4 050
宣威市	Xuanwei	2 660	3 077	3 460
玉 溪 市	**Yuxi**	**8 532**	**9 487**	**9 375**
红塔区	Hongta	19 547	21 758	21 511
江川县	Jiangchuan	5 779	6 338	6 536
澄江县	Chengjiang	7 781	8 552	7 642
通海县	Tonghai	7 816	8 460	8 884
华宁县	Huaning	4 645	5 016	4 725
易门县	Yimen	5 909	6 922	6 387
峨山县	Ershan	6 708	7 506	7 483
新平县	Xinping	3 648	4 206	4 315
元江县	Yuanjiang	3 360	3 824	3 625
保 山 市	**Baoshan**	**3 199**	**3 736**	**4 260**
隆阳区	Longyang	3 806	4 445	4 901
施甸县	Shidian	1 875	2 124	2 502
腾冲县	Tengchong	3 974	4 663	5 283
龙陵县	Longling	2 710	3 251	3 749
昌宁县	Changning	1 876	2 138	2 805
昭 通 市	**Zhaotong**	**1 683**	**2 077**	**2 285**
昭阳区	Zhaoyang	3 867	4 488	4 611
鲁甸县	Ludian	813	984	1 217
巧家县	Qiaojia	942	1 169	1 339
盐津县	Yanjin	1 408	1 796	2 155
大关县	Daguan	1 358	1 855	2 063
永善县	Yongshan	1 739	2 150	2 525
绥江县	Suijiang	2 533	3 201	3 938
镇雄县	Zhenxiong	772	874	1 043
彝良县	Yiliang	1 257	1 979	1 918
威信县	Weixin	1 277	1 640	2 234
水富县	Shuifu	8 453	10 279	9 753
丽 江 市	**Lijiang**	**4 462**	**5 368**	**6 085**
古城区	Gucheng	18 431	22 092	23 837
玉龙县	Yulong			
永胜县	Yongsheng	2 575	3 009	3 452
华坪县	Huaping	5 760	7 080	9 103
宁蒗县	Ninglang	1 222	1 569	1 831
普 洱 市	**Pu'er**	**2 896**	**3 490**	**3 926**
思茅区	Simao	9 935	11 722	12 460
宁洱县	Ning'er	3 687	4 383	5 659
墨江县	Mojiang	1 739	2 159	2 469
景东县	Jingdong	1 673	2 108	2 327
景谷县	Jinggu	2 620	3 033	3 339
镇沅县	Zhenyuan	2 419	3 001	3 409
江城县	Jiangcheng	2 277	2 856	3 287
孟连县	Menglian	4 419	5 334	6 224
澜沧县	Lancang	1 201	1 479	1 713
西盟县	Ximeng	1 306	1 634	1 789
临 沧 市	**Lincang**	**2 049**	**2 389**	**2 652**
临翔区	Linxiang	4 729	5 219	5 242
凤庆县	Fengqing	1 456	1 726	2 078
云　县	Yunxian	1 720	1 953	2 164
永德县	Yongde	1 085	1 345	1 589
镇康县	Zhenkang	2 067	2 616	3 009
双江县	Shuangjiang	1 427	1 759	2 103
耿马县	Gengma	2 504	2 945	3 223
沧源县	Cangyuan	1 647	2 008	2 391

23-16 续表 continued

单位：元/人 (yuan/person)

地　区	Region	2005年	2006年	2007年	地　区	Region	2005年	2006年	2007年
楚 雄 州	**Chuxiong**	**4 032**	**4 547**	**4 622**	富宁县	Funing	1 808	2 164	2 512
楚雄市	Chuxiong	7 417	8 320	8 428	**西双版纳州**	**Xishuangbanna**	**6 035**	**7 316**	**7 405**
双柏县	Shuangbo	2 413	2 856	2 904	景洪市	Jinghong	8 535	10 040	9 955
牟定县	Mouding	2 593	2 946	3 205	勐海县	Menghai	2 699	3 160	3 455
南华县	Nanhua	2 372	2 780	2 924	勐腊县	Mengla	5 696	7 616	7 760
姚安县	Yao'an	2 867	3 385	3 402	**大 理 州**	**Dali**	**4 122**	**4 858**	**5 102**
大姚县	Dayao	2 845	3 227	3 297	大理市	Dali	11 990	13 728	13 695
永仁县	Yongren	2 991	3 374	3 284	漾濞县	Yangbi	2 744	3 263	3 328
元谋县	Yuanmou	3 168	3 580	3 658	祥云县	Xiangyun	2 957	3 579	4 005
武定县	Wuding	2 588	3 149	3 232	宾川县	Binchuan	2 452	2 771	2 812
禄丰县	Lufeng	4 893	5 218	5 202	弥渡县	Midu	2 380	2 820	3 248
红 河 州	**Honghe**	**4 704**	**5 565**	**6 032**	南涧县	Nanjian	1 872	2 133	2 254
个旧市	Gejiu	11 749	13 713	14 617	巍山县	Weishan	2 157	2 693	2 893
开远市	Kaiyuan	9 677	11 136	11 272	永平县	Yongping	1 912	2 308	2 648
蒙自县	Mengzi	5 443	6 334	7 308	云龙县	Yunlong	1 577	1 956	2 451
屏边县	Pingbian	2 173	2 526	2 793	洱源县	Eryuan	2 362	2 774	2 950
建水县	Jianshui	5 046	6 436	7 194	剑川县	Jianchuan	2 501	3 101	3 562
石屏县	Shiping	5 097	5 702	6 046	鹤庆县	Heqing	3 244	4 149	4 625
弥勒县	Mile	4 047	4 800	4 864	**德 宏 州**	**Dehong**	**6 238**	**7 319**	**7 648**
泸西县	Luxi	3 012	3 653	4 385	瑞丽市	Ruili	17 856	20 957	23 142
元阳县	Yuanyang	1 211	1 519	1 865	潞西市	Luxi	5 886	6 720	6 632
红河县	Honghe	1 067	1 288	1 506	梁河县	Lianghe	2 488	2 980	3 310
金平县	Jinping	1 245	1 561	1 738	盈江县	Yingjiang	4 043	4 803	4 629
绿春县	Luchun	955	1 127	1 376	陇川县	Longchuan	3 134	3 903	4 202
河口县	Hekou	7 669	9 372	9 863	**怒 江 州**	**Nujiang**	**3 058**	**3 898**	**4 045**
文 山 州	**Wenshan**	**2 319**	**2 852**	**3 386**	泸水县	Lushui	4 173	4 902	4 374
文山县	Wenshan	6 683	7 846	8 802	福贡县	Fugong	1 342	1 522	1 581
砚山县	Yanshan	2 137	2 602	3 132	贡山县	Gongshan	2 014	2 563	3 241
西畴县	Xichou	1 533	1 837	2 291	兰坪县	Lanping	3 031	4 313	4 996
麻栗坡县	Malipo	2 271	3 036	3 905	**迪 庆 州**	**Diqing**	**3 428**	**4 019**	**5 060**
马关县	Maguan	2 652	3 609	4 155	香格里拉县	Shangri-La	5 671	6 618	8 219
丘北县	Qiubei	1 111	1 317	1 712	德钦县	Deqin	2 381	2 811	3 749
广南县	Guangnan	1 007	1 286	1 654	维西县	Weixi	1 588	1 869	2 356

23-17 各县市农民人均纯收入

Per Capita Net Income of Farmers by City and County

单位：元/人 (yuan/person)

地　区	Region	2001年	2003年	2005年	2006年	2007年
全省合计	**Total**	**1 534**	**1 697**	**2 042**	**2 251**	**2 634**
昆明市	**Kunming**	**2 318**	**2 581**	**3 258**	**3 520**	**4 004**
五华区	Wuhua			4 254	4 595	5 266
盘龙区	Panlong			4 269	4 570	5 249
官渡区	Guandu	4 552	4 811	4 950	5 376	5 965
西山区	Xishan	3 858	4 175	4 978	5 288	5 938
东川市	Dongchuan	1 099	1 189	1 388	1 529	1 814
呈贡县	Chenggong	3 446	3 822	4 569	4 774	5 459
晋宁县	Jinning	2 618	2 709	3 229	3 391	3 820
富民县	Fuming	2 392	2 620	3 091	3 317	3 927
宜良县	Yiliang	2 831	2 989	3 308	3 539	3 999
石林县	Shilin	1 995	2 312	3 089	3 339	3 708
嵩明县	Songming	2 230	2 420	3 006	3 222	3 664
禄劝县	Luquan	1 255	1 401	1 632	1 779	2 041
寻甸县	Xundian	1 252	1 526	1 890	2 096	2 460
安宁市	Anning	2 806	3 086	3 759	4 058	4 669
曲靖市	**Qujing**	**1 529**	**1 696**	**2 078**	**2296**	**2 666**
麒麟区	Qilin	2 510	2 743	3 207	3528	3 847
马龙县	Malong	1 231	1 378	1 780	1960	2 260
陆良县	Luliang	2 108	2 290	2 805	3059	3 426
师宗县	Shizong	1 386	1 527	1 864	2061	2 326
罗平县	Luoping	1 512	1 716	2 168	2475	2 925
富源县	Fuyuan	1 590	1 726	2 106	2309	2 685
会泽县	Huize	1 084	1 180	1 415	1500	1 753
沾益县	Zhanyi	2 096	2 257	2 660	2884	3 269
宣威市	Xuanwei	1 439	1 609	2 004	2170	2 541
玉溪市	**Yuxi**	**2 408**	**2 588**	**3 314**	**3 534**	**4 008**
红塔区	Hongta	3 484	3 682	4 431	4 687	5 216
江川县	Jiangchuan	2 304	2 489	3 258	3 469	3 946
澄江县	Chengjiang	2 558	2 751	3 497	3 714	4 221
通海县	Tonghai	2 994	3 174	3 854	4 074	4 621
华宁县	Huaning	2 106	2 308	3 056	3 275	3 725
易门县	Yimen	1 956	2 137	2 834	3 054	3 505
峨山县	Eshan	2 045	2 224	2 928	3 137	3 542
新平县	Xinping	1 905	2 077	2 688	2 886	3 288
元江县	Yuanjiang	1 743	1 942	2 591	2 785	3 188
保山市	**Baoshan**	**1 463**	**1 601**	**1 879**	**2 052**	**2 365**
隆阳区	Longyang	1 613	1 771	2 121	2 341	2 714
施甸县	Shidian	1 392	1 498	1 717	1 846	2 086
腾冲县	Tengchong	1 525	1 712	2 035	2 241	2 592
龙陵县	Longling	1 421	1 508	1 750	1 890	2 174
昌宁县	Changning	1 425	1 566	1 853	2 001	2 348
昭通市	**Zhaotong**	**945**	**1 060**	**1 300**	**1 456**	**1 704**
昭阳区	Zhaoyang	1 048	1 193	1 499	1 668	2 016
鲁甸县	Ludian	912	1 055	1 286	1 464	1 688
巧家县	Qiaojia	878	1 004	1 222	1 367	1 712
盐津县	Yanjin	914	1 037	1 248	1 404	1 660
大关县	Daguan	783	918	1 155	1 324	1 559
永善县	Yongshan	858	986	1 227	1 372	1 610
绥江县	Suijiang	917	1 058	1 361	1 512	1 765
镇雄县	Zhenxiong	792	936	1 207	1 351	1 568
彝良县	Yiliang	876	1 000	1 260	1 390	1 629
威信县	Weixin	965	1 082	1 334	1 489	1 725
水富县	Shuifu	1 375	1 578	1 920	2 119	2 352
丽江市	**Lijiang**		**1 203**	**1 459**	**1 610**	**1 922**
古城区	Gucheng		1 861	2 463	2 766	3 220
玉龙县	Yulong		1 347	1 570	1 729	2 036
永胜县	Yongsheng		1 178	1 427	1 548	1 849
华坪县	Huaping		1 400	1 705	1 970	2 326
宁蒗县	Ninglang	760	738	895	1 001	1 261
普洱市	**Pu'er**	**1 166**	**1 290**	**1 553**	**1 753**	**2 155**
思茅区	Simao	1 473	1 599	1 922	2 180	2 588
宁洱县	Ning'er	1 373	1 513	1 803	1 998	2 420
墨江县	Mojiang	829	882	1 084	1 191	1 469
景东县	Jingdong	1 176	1 198	1 503	1 736	2 102
景谷县	Jinggu	1 453	1 537	1 746	1 960	2 366
镇沅县	Zhenyuan	1 126	1 141	1 334	1 468	1 774
江城县	Jiangcheng	825	912	1 028	1 116	1 324
孟连县	Menglian	879	1 066	1 265	1 369	1 588
澜沧县	Lancang	740	791	912	1 006	1 202
西盟县	Ximeng	566	669	806	886	1 080
临沧市	**Lincang**	**974**	**1 101**	**1 346**	**1 488**	**2 001**
临翔区	Linxiang	1 150	1 307	1 532	1 687	2 068
凤庆县	Fengqing	955	1 061	1 326	1 470	2 077

23-17 续表 continued

单位：元/人 (yuan/person)

地 区	Region	2001年	2003年	2005年	2006年	2007年
云 县	Yunxian	1 143	1 274	1 565	1 759	2 296
永德县	Yongde	903	1 027	1 281	1 430	1 899
镇康县	Zhenkang	915	976	1 158	1 260	1 705
双江县	Shuangjiang	771	820	1 011	1 106	1 574
耿马县	Gengma	1 110	1 211	1 525	1 680	2 238
沧源县	Cangyuan	937	977	1 159	1 260	1 678
楚雄州	**Chuxiong**	**1 636**	**1 815**	**2 223**	**2 385**	**2 737**
楚雄市	Chuxiong	1 940	2 067	2 484	2 668	3 068
双柏县	Shuangbo	1 466	1 581	1 847	1 978	2 190
牟定县	Mouding	1 584	1 728	2 014	2 066	2 379
南华县	Nanhua	1 581	1 713	2 081	2 247	2 603
姚安县	Yao'an	1 589	1 793	2 125	2 305	2 606
大姚县	Dayao	1 610	1 769	2 160	2 299	2 594
永仁县	Yongren	1 421	1 562	1 802	1 967	2 303
元谋县	Yuanmou	1 733	2 233	2 838	3 044	3 556
武定县	Wuding	1 441	1 557	1 791	1 890	2 141
禄丰县	Lufeng	1 972	2 148	2 530	2 695	3 161
红河州	**Honghe**	**1 445**	**1 634**	**1 991**	**2 210**	**2 528**
个旧市	Gejiu	2 418	2 684	3 264	3 498	4 096
开远市	Kaiyuan	2 131	2 386	2 951	3 269	3 710
蒙自县	Mengzi	1 430	1 645	2 029	2 262	2 602
屏边县	Pingbian	888	1 108	1 256	1 332	1 425
建水县	Jianshui	1 635	1 809	2 215	2 473	2 767
石屏县	Shiping	1 755	1 848	2 147	2 276	2 550
弥勒县	Mile	1 579	1 783	2 112	2 350	2 690
泸西县	Luxi	1 399	1 557	1 885	2 036	2 259
元阳县	Yuanyang	1 031	1 144	1 396	1 564	1 750
红河县	Honghe	1 089	1 148	1 344	1 462	1 588
金平县	Jinping	785	838	988	1 096	1 205
绿春县	Luchun	817	889	1 070	1 200	1 406
河口县	Hekou	1 216	1 378	1 760	1 950	2 235
文山州	**Wenshan**	**1 024**	**1 142**	**1 365**	**1 487**	**1 704**
文山县	Wenshan	1 090	1 303	1 610	1 764	2 063
砚山县	Yangshan	1 060	1 221	1 484	1 630	1 862
西畴县	Xichou	905	1 010	1 171	1 265	1 435
麻栗坡县	Malipo	995	1 112	1 320	1 436	1 610
马关县	Maguan	988	1 145	1 442	1 566	1 796
丘北县	Qiubei	1 179	1 196	1 314	1 425	1 647
广南县	Guangnan	863	1 006	1 200	1 299	1 516
富宁县	Funing	1 176	1 142	1 388	1 509	1 695
西双版纳州	**Xishuangbanna**	**1 761**	**1 910**	**2 172**	**2 413**	**2 727**
景洪市	Jinghong	1 840	2 111	2 468	2 774	3 103
勐海县	Menghai	1 541	1 720	1 916	2 175	2 578
勐腊县	Mengla	1 805	1 781	2 021	2 251	2 501
大理州	**Dali**	**1 819**	**1 959**	**2 251**	**2 431**	**2 677**
大理市	Dali	3 011	3 291	3 457	3 675	4 010
漾濞县	yangbi		1 362	1 581	1 771	2 031
祥云县	Xiangyun	1 711	1 847	2 077	2 253	2 554
宾川县	Binchuan	1 820	2 005	2 307	2 504	2 795
弥渡县	Midu	1 595	1 694	1 839	1 950	2 147
南涧县	Nanjian	1 298	1 364	1 533	1 660	1 837
巍山县	Weishan	1 294	1 394	1 538	1 632	1 750
永平县	Yongping		1 269	1 438	1 555	1 726
云龙县	Yunlong	1 172	1 227	1 341	1 418	1 512
洱源县	Eryuan	1 459	1 590	1 896	2 130	2 394
剑川县	Jianchuan		1 156	1 296	1 383	1 592
鹤庆县	Heqing		1 196	1 525	1 734	1 902
德宏州	**Dehong**	**1 161**	**1 322**	**1 504**	**1 687**	**2 046**
瑞丽市	Ruili	1 881	1 927	2 130	2 366	2 957
潞西市	Luxi		1 433	1 654	1 806	2 296
梁河县	Lianghe		985	1 096	1 173	1 278
盈江县	Yingjiang	1 278	1 328	1 516	1 816	2 218
陇川县	Longchuan	1 010	1 120	1 275	1 408	1 580
怒江州	**Nujiang**	**929**	**948**	**1 034**	**1 097**	**1 232**
泸水县	Lushui	1 146	1 152	1 282	1 348	1 485
福贡县	Fugong	700	696	750	783	927
贡山县	Gongshan	710	696	754	789	894
兰坪县	Lanping	1 034	1 172	1 332	1 406	1 572
迪庆州	**Diqing**	**1 013**	**1 116**	**1 425**	**1 614**	**1 866**
香格里拉县	Shangri-La	958	1 256	1 558	1 765	2 037
德钦县	Deqin		1 059	1 424	1 607	1 860
维西县	Weixi	1 073	1 029	1 285	1 461	1 690

注：按照国家统一的调查方法，统计口径，2002年以后各县农民人均纯收入数据均通过农村住户抽样调查取得。

Note: According to the national uniform investigation method and statistical coverage, the data of farmers' per capita net income in each county in 2002 were obtained by the sample surveys on rural households.

23-18 各县市农业总产值

Gross Output Value of Agriculture by County and City

(按现行价格计算) (Calculated at current prices)

单位：万元 (10 000 yuan)

地 区	Region	2006年	2007年	地 区	Region	2006年	2007年
全省合计	**Total**	**12 097 567**	**14 147 868**	保 山 市	**Baoshan**	**680 811**	**859 230**
昆 明 市	**Kunming**	**1 251 672**	**1 504 193**	隆阳区	Longyang	263 869	316 691
五华区	Wuhua	18 177	21 775	施甸县	Shidian	85 028	107 317
盘龙区	Panlong	20 900	23 654	腾冲县	Tengchong	148 212	176 730
官渡区	Guandu	121 948	135 890	龙陵县	Longling	66 229	95 965
西山区	Xishan	36 270	40 698	昌宁县	Changning	117 473	162 527
东川区	Dongchuan	40 457	49 950	昭 通 市	**Zhaotong**	**661 493**	**808 906**
呈贡县	Chenggong	104 256	122 507	昭阳区	Zhaoyang	113 557	144 656
晋宁县	Jinning	106 016	132 934	鲁甸县	Ludian	48 317	59 063
富民县	Fuming	54 834	66 742	巧家县	Qiaojia	77 635	105 353
宜良县	Yiliang	225 360	272 436	盐津县	Yanjin	44 895	55 241
石林县	Shilin	97 439	118 196	大关县	Daguan	34 115	40 015
嵩明县	Songming	114 485	134 956	永善县	Yongshan	59 809	67 840
禄劝县	Luquan	117 800	144 005	绥江县	Suijiang	20 204	26 095
寻甸县	Xundian	116 725	146 232	镇雄县	Zhenxiong	140 983	166 713
安宁市	Anning	77 005	94 218	彝良县	Yiliang	67 570	80 875
曲 靖 市	**Qujing**	**1 630 475**	**2 045 518**	威信县	Weixin	40 709	48 035
麒麟区	Qilin	147 101	175 409	水富县	Shuifu	13 699	15 020
马龙县	Malong	57 100	67 658	丽 江 市	**Lijiang**	**248 573**	**304 391**
陆良县	Luliang	284 082	380 183	古城区	Lijiang	31 635	39 023
师宗县	Shizong	120 961	155 497	玉龙县	Yulong	58 966	71 531
罗平县	Luoping	191 013	241 689	永胜县	Yongsheng	81 432	101 560
富源县	Fuyuan	176 540	208 805	华坪县	Huaping	44 632	53 043
会泽县	Huize	180 988	227 263	宁蒗县	Ninglang	31 908	39 234
沾益县	Zhanyi	162 949	211 881	普 洱 市	**Pu'er**	**595 722**	**747 256**
宣威市	Xuanwei	309 741	377 133	思茅区	Simao	51 407	65 150
玉 溪 市	**Yuxi**	**690 625**	**828 958**	宁洱县	Ning'er	63 283	74 390
红塔区	Hongta	94 376	117 155	墨江县	Mojiang	59 282	72 751
江川县	Jiangchuan	100 919	117 202	景东县	Jingdong	97 894	122 868
澄江县	Chengjiang	52 240	62 606	景谷县	Jinggu	103 891	132 856
通海县	Tonghai	92 859	106 356	镇沅县	Zhenyuan	50 226	66 194
华宁县	Huaning	78 932	93 399	江城县	Jiangcheng	38 827	52 358
易门县	Yimen	58 985	71 985	孟连县	Menglian	35 848	45 686
峨山县	Eshan	48 869	59 435	澜沧县	Lancang	82 444	99 432
新平县	Xinping	83 030	102 530	西盟县	Ximeng	12 620	15 571
元江县	Yuanjiang	80 415	98 290				

23-18 续表 continued

(按现行价格计算) (Calculated at current prices)

单位：万元 (10 000 yuan)

地 区	Region	2006年	2007年	地 区	Region	2006年	2007年
临 沧 市	**Lincang**	**611 058**	**765 749**	麻栗坡县	Malipo	60 608	70 001
临翔区	Linxiang	68 158	85 214	马关县	Maguan	79 125	91 022
凤庆县	Fengqing	94 957	122 810	丘北县	Qiubei	104 206	121 241
云 县	Yunxian	119 267	154 240	广南县	Guangnan	142 549	167 225
永德县	Yongde	75 076	95 791	富宁县	Funing	83 466	96 803
镇康县	Zhenkang	47 040	56 927	**西双版纳州**	**Xishuangbanna**	**489 976**	**544 618**
双江县	Shuangjiang	44 691	56 647	景洪市	Jinghong	228 347	246 552
耿马县	Gengma	111 860	135 735	勐海县	Menghai	86 278	101 716
沧源县	Cangyuan	50 009	58 385	勐腊县	Mengla	175 351	196 350
楚 雄 州	**Chuxiong**	**851 054**	**1 010 184**	**大 理 州**	**Dali**	**1 189 383**	**1 367 926**
楚雄市	Chuxiong	143 706	171 633	大理市	Dali	160 985	179 719
双柏县	Shuangbo	54 106	65 021	漾濞县	Yangbi	27 025	31 079
牟定县	Mouding	60 392	69 719	祥云县	Xiangyun	153 334	176 948
南华县	Nanhua	73 255	89 379	宾川县	Binchuan	227 988	267 758
姚安县	Yao'an	74 278	86 659	弥渡县	Midu	95 257	109 185
大姚县	Dayao	90 350	104 611	南涧县	Nanjian	70 858	83 960
永仁县	Yongren	38 134	45 920	巍山县	Weishan	90 836	104 000
元谋县	Yuanmou	81 284	92 110	永平县	Yongping	60 500	67 760
武定县	Wuding	88 866	108 883	云龙县	Yunlong	65 110	74 876
禄丰县	Lufeng	146 683	176 249	洱源县	Eryuan	121 958	137 666
红 河 州	**Honghe**	**986 154**	**1 190 541**	剑川县	Jianchuan	45 310	49 170
个旧市	Gejiu	66 340	82 518	鹤庆县	Heqing	70 222	85 805
开远市	Kaiyuan	79 150	95 551	**德 宏 州**	**Dehong**	**318 148**	**383 571**
蒙自县	Mengzi	107 288	126 160	瑞丽市	Ruili	46 614	55 496
屏边县	Pingbian	32 212	38 942	潞西市	Luxi	100 932	123 654
建水县	Jianshui	136 893	164 946	梁河县	Lianghe	30 629	36 146
石屏县	Shiping	119 637	140 803	盈江县	Yingjiang	80 799	99 235
弥勒县	Mile	128 479	153 535	陇川县	Longchuan	59 174	69 040
泸西县	Luxi	80 282	95 815	**怒 江 州**	**Nujiang**	**67 528**	**77 588**
元阳县	Yuanyang	49 854	65 051	泸水县	Lushui	25 370	27 960
红河县	Honghe	59 468	69 012	福贡县	Fugong	10 266	10 681
金平县	Jinping	53 282	60 853	贡山县	Gongshan	8 087	10 131
绿春县	Luchun	40 534	47 262	兰坪县	Lanping	23 805	28 816
河口县	Hekou	32 735	50 093	**迪 庆 州**	**Diqing**	**80 764**	**90 116**
文 山 州	**Wenshan**	**715 935**	**824 937**	香格里拉县	Shangri-La	35 071	39 871
文山县	Wenshan	103 180	116 217	德钦县	Deqin	11 044	12 294
砚山县	Yangshan	93 514	107 828	维西县	Weixi	34 649	37 951
西畴县	Xichou	49 287	54 600				

23-19 各县市主要农作物产量(一)(2007年)

Yield of Major Farm Crops by County and City (I)(2007)

单位：吨 (ton)

地 区	Region	粮 食 Grain Crops	稻 谷 Rice	小 麦 Wheat	玉 米 Maize	豆 类 Beans and Peas	#蚕 豆 Broad Beans	薯 类 Tubers
全省合计	**Total**	**14 607 000**	**5 897 000**	**912 000**	**4 986 000**	**801 000**	**427 289**	**1 622 000**
昆 明 市	**Kunming**	**1 136 634**	**361 861**	**91 323**	**356 692**	**109 386**	**67 342**	**135 180**
五华区	Wuhua	12 696	2 566	1 591	4 240	1 547	1 067	1 006
盘龙区	Panlong	9 451	235	1 711	5 623	942	271	470
官渡区	Guandu	21 888	1 330	1 876	13 368	2 422	1 037	1 431
西山区	Xishan	23 734	6 459	2 178	9 814	3 220	2 657	628
东川区	Dongchuan	68 832	15 792	3 411	22 870	2 116	269	22 828
呈贡县	Chenggong	5 521	814	60	3 459	720	75	450
晋宁县	Jinning	74 951	37 103	5 307	18 627	10 291	8 675	2 461
富民县	Fuming	58 203	18 556	10 008	17 900	7 438	1 975	2 866
宜良县	Yiliang	180 137	83 508	14 801	49 538	20 757	15 124	9 352
石林县	Shilin	119 861	34 660	12 558	44 650	10 141	7 172	10 097
嵩明县	Songming	141 465	59 077	7 477	34 106	18 511	14 751	7 347
禄劝县	Luquan	178 236	37 289	14 678	72 874	12 568	5 560	22 108
寻甸县	Xundian	192 599	49 250	12 109	38 826	15 882	6 949	52 093
安宁市	Anning	49 060	15 222	3 558	20 797	2 832	1 760	2 043
曲 靖 市	**Qujing**	**2 196 771**	**360 490**	**64 585**	**826 801**	**144 256**	**76 746**	**659 760**
麒麟区	Qilin	166 484	62 757	6 251	31 478	35 938	26 675	14 701
马龙县	Malong	76 500	21 822	2 969	20 300	2 530	708	14 042
陆良县	Luliang	260 861	94 045	5 049	46 107	21 520	18 318	73 595
师宗县	Shizong	156 373	29 285	5 406	71 691	9 770	2 330	34 475
罗平县	Luoping	208 215	35 174	5 446	124 640	11 465	3 049	25 786
富源县	Fuyuan	267 884	20 255	14 826	139 305	23 296	7 185	59 340
会泽县	Huize	315 215	28 271	7 963	80 068	10 945	4 859	180 926
沾益县	Zhanyi	199 071	46 115	752	64 489	15 092	9 963	40 379
宣威市	Xuanwei	546 168	22 766	15 923	248 723	13 700	3 659	216 516
玉 溪 市	**Yuxi**	**472 780**	**199 935**	**58 536**	**156 358**	**23 168**	**10 625**	**21 083**
红塔区	Hongta	74 674	37 450	11 714	20 859	2 869	1 061	392
江川县	Jiangchuan	39 387	18 390	5 490	6 092	3 040	2 088	6 274
澄江县	Chengjiang	36 097	15 293	6 607	9 508	2 300	1 105	1 795
通海县	Tonghai	26 714	8 592	3 513	10 734	1 241	449	1 622
华宁县	Huaning	67 866	19 094	11 116	28 920	4 909	1 252	3 418
易门县	Yimen	51 675	16 130	10 338	17 042	2 782	1 936	2 068
峨山县	Eshan	47 598	24 818	2 096	15 922	2 206	1 542	875
新平县	Xinping	78 731	38 443	3 362	27 940	2 164	753	3 055
元江县	Yuanjiang	50 038	21 725	4 300	19 341	1 657	439	1 584

23-19 续表1 continued

单位:吨 (ton)

地区	Region	粮食 Grain Crops	稻谷 Rice	小麦 Wheat	玉米 Maize	豆类 Beans and Peas	#蚕豆 Broad Beans	薯类 Tubers
保山市	**Baoshan**	**994 050**	**423 282**	**56 957**	**339 056**	**45 181**	**15 764**	**52 339**
隆阳区	Longyang	336 478	138 327	31 038	122 362	21 739	8 811	11 395
施甸县	Shidian	125 257	41 950	13 595	47 096	6 721	2 410	7 062
腾冲县	Tengchong	283 524	147 302	2 269	77 495	4 898	724	16 402
龙陵县	Longling	100 112	40 158	4 696	31 656	3 738	958	7 164
昌宁县	Changning	148 679	55 545	5 359	60 447	8 085	2 861	10 316
昭通市	**Zhaotong**	**1 405 878**	**149 049**	**83 489**	**695 536**	**56 461**	**7 915**	**394 060**
昭阳区	Zhaoyang	223 284	36 323	2 603	91 941	12 183	753	75 831
鲁甸县	Ludian	115 524	9 902	5 290	52 100	5 077	726	36 998
巧家县	Qiaojia	150 605	16 619	8 201	62 605	8 892	1 816	49 369
盐津县	Yanjin	99 667	18 740	1 924	56 519	2 966	448	19 351
大关县	Daguan	73 159	6 387	2 566	40 869	2 301	644	20 363
永善县	Yongshan	127 347	19 823	8 015	43 893	5 702	1 214	45 072
绥江县	Suijiang	33 949	8 549	6 932	14 508	1 431	284	2 310
镇雄县	Zhenxiong	304 330	3 312	28 310	175 171	7 761	734	85 238
彝良县	Yiliang	136 437	9 114	6 301	78 571	5 585	724	35 738
威信县	Weixin	123 313	12 799	11 332	73 196	3 896	407	21 912
水富县	Shuifu	18 263	7 481	2 015	6 163	667	165	1 878
丽江市	**Lijiang**	**410 248**	**126 679**	**55 238**	**117 504**	**49 450**	**22 497**	**38 535**
古城区	Gucheng	38 155	4 486	8 889	14 384	5 043	2 753	1 455
玉龙县	Yulong	97 569	10 611	25 345	34 431	13 663	2 178	8 444
永胜县	Yongsheng	141 875	74 494	7 381	34 288	18 046	14 622	5 344
华坪县	Huaping	63 341	26 681	10 400	16 665	3 840	608	5 656
宁蒗县	Ninglang	69 308	10 407	3 223	17 736	8 858	2 336	17 636
普洱市	**Pu'er**	**834 590**	**415 753**	**40 700**	**300 793**	**38 094**	**7 551**	**22 968**
思茅区	Simao	50 599	20 960	3 322	23 191	1 556	434	653
宁洱县	Ning'er	68 963	33 110	4 939	21 242	2 262	475	5 936
墨江县	Mojiang	113 830	39 633	4 651	55 961	8 059	1 278	1 843
景东县	Jingdong	126 470	47 297	14 903	48 261	10 935	2 399	4 389
景谷县	Jinggu	115 738	65 585	3 447	34 723	3 880	589	6 440
镇沅县	Zhenyuan	77 641	37 547	6 379	26 929	5 221	1 629	897
江城县	Jiangcheng	33 860	19 496	370	12 678	738	22	481
孟连县	Menglian	47 064	33 016	129	12 978	596	60	141
澜沧县	Lancang	168 005	99 692	2 042	54 994	4 467	630	2 093
西盟县	Ximeng	32 420	19 417	518	9 836	380	35	95
临沧市	**Lincang**	**720 028**	**267 523**	**57 059**	**287 376**	**39 245**	**14 567**	**40 606**
临翔区	Linxiang	77 690	34 800	6 398	25 462	2 799	1 262	4 926
凤庆县	Fengqing	136 653	41 397	18 205	59 587	6 988	3 975	6 589

23-19 续表2 continued

单位:吨 (ton)

地区	Region	粮食 Grain Crops	稻谷 Rice	小麦 Wheat	包谷 Maize	豆类 Beans and Peas	#蚕豆 Broad Beans	薯类 Tubers
云县	Yunxian	145 069	45 740	11 300	69 019	7 939	3 666	7 558
永德县	Yongde	116 506	38 425	7 193	50 302	7 751	2 422	10 767
镇康县	Zhenkang	51 257	18 913	2 927	21 767	3 643	1 088	2 613
双江县	Shuangjiang	56 334	27 090	5 766	16 236	1 814	640	2 752
耿马县	Gengma	85 258	36 316	4 585	26 979	6 270	1 131	4 063
沧源县	Cangyuan	51 261	24 842	685	18 024	2 041	383	1 338
楚雄州	**Chuxiong**	**979 195**	**465 822**	**91 200**	**230 074**	**103 099**	**78 695**	**27 671**
楚雄市	Chuxiong	179 125	77 843	14 760	49 900	17 916	15 161	4 092
双柏县	Shuangbo	55 549	24 871	4 705	17 628	7 842	5 016	
牟定县	Mouding	81 650	46 180	3 846	11 859	12 928	9 962	1 558
南华县	Nanhua	98 606	34 227	10 314	32 410	8 072	6 136	4 873
姚安县	Yao'an	81 194	45 155	9 817	8 005	10 919	9 037	741
大姚县	Dayao	107 821	48 644	10 894	20 113	18 885	14 718	6 221
永仁县	Yongren	41 996	22 247	2 269	11 019	3 421	2 588	1 324
元谋县	Yuanmou	68 855	44 251	3 451	15 710	1 796	1 047	3 115
武定县	Wuding	88 862	33 970	10 761	25 658	8 265	5 083	4 542
禄丰县	Lufeng	175 537	88 434	20 383	37 772	13 055	9 947	1 205
红河州	**Honghe**	**1 311 138**	**608 437**	**78 509**	**414 823**	**67 765**	**22 620**	**67 791**
个旧市	Gejiu	51 934	17 670	2 823	22 441	2 209	484	4 038
开远市	Kaiyuan	88 445	35 649	6 118	30 587	6 249	3 607	8 171
蒙自县	Mengzi	123 566	47 268	4 312	52 591	9 188	5 346	5 079
屏边县	Pingbian	60 044	26 331	1 833	23 050	2 838	384	2 325
建水县	Jianshui	164 545	87 189	13 184	37 065	7 047	2 667	18 206
石屏县	Shiping	91 385	47 640	11 886	18 287	4 695	1 145	7 289
弥勒县	Mile	179 953	59 283	26 969	77 348	6 481	4 859	4 329
泸西县	Luxi	132 997	43 478	5 943	41 138	5 983	2 686	4 479
元阳县	Yuanyang	128 901	78 679	224	30 022	9 360	372	6 239
红河县	Honghe	87 029	54 105	4 933	16 919	4 677	777	1 649
金平县	Jinping	110 025	66 475	241	34 997	4 842	98	1 989
绿春县	Luchun	75 800	36 901	43	22 892	3 676	195	3 888
河口县	Hekou	16 514	7 769		7 486	520		110
文山州	**Wenshan**	**1 135 873**	**397 027**	**66 743**	**500 976**	**75 556**	**10 141**	**76 214**
文山县	Wenshan	135 199	50 454	13 666	58 660	5 985	981	5 378
砚山县	Yanshan	176 013	59 689	14 019	89 400	4 955	809	6 300
西畴县	Xichou	84 260	24 334	4 271	38 008	6 319	485	8 285
麻栗坡县	Malipo	90 089	31 226	1 451	44 218	5 842	397	5 578
马关县	Maguan	128 813	42 307	5 549	58 494	10 934	861	8 444

23-19 续表3 continued

单位:吨 (ton)

地 区	Region	粮 食 Grain Crops	稻 谷 Rice	小 麦 Wheat	玉 米 Maize	豆 类 Beans and Peas	#蚕 豆 Broad Beans	薯 类 Tubers
丘北县	Qiubei	166 927	41 858	16 655	90 606	11 748	1 490	6 034
广南县	Guangnan	235 124	87 355	10 795	80 327	21 297	4 351	27 992
富宁县	Funing	119 448	59 804	337	41 263	8 476	767	8 203
西双版纳州	**Xishuangbanna**	**326 590**	**247 256**	**153**	**73 874**	**2 371**	**240**	**2 587**
景洪市	Jinghong	115 883	88 556		26 329	599	21	303
勐海县	Menghai	135 288	112 929	153	19 014	1 185	144	1 842
勐腊县	Mengla	75 419	45 771		28 531	587	75	442
大 理 州	**Dali**	**1 308 651**	**481 540**	**47 926**	**418 102**	**135 842**	**86 712**	**56 944**
大理市	Dali	147 204	81 979	3 321	27 691	20 882	20 170	5 114
漾濞县	Yangbi	47 567	11 271	3 739	21 242	4 270	2 495	3 438
祥云县	Xiangyun	160 171	46 912	4 883	49 013	18 989	16 805	14 496
宾川县	Binchuan	139 781	57 139	2 891	68 686	6 720	4 633	2 496
弥渡县	Midu	131 837	43 429	6 149	43 754	5 253	2 731	4 434
南涧县	Nanjian	82 823	8 385	6 485	45 669	3 112	1 789	2 942
巍山县	Weishan	125 148	46 373	4 637	36 491	14 801	6 805	5 043
永平县	Yongping	70 619	23 942	6 510	22 993	6 590	2 258	3 394
云龙县	Yunlong	92 418	24 479	2 686	41 724	13 458	2 313	3 225
洱源县	Eryuan	138 399	64 662	1 187	27 601	23 173	16 860	5 735
剑川县	Jianchuan	68 174	21 177	2 673	15 611	10 130	3 230	3 700
鹤庆县	Heqing	104 510	51 792	2 765	17 627	8 464	6 623	2 927
德 宏 州	**Dehong**	**425 944**	**276 594**	**16 466**	**100 338**	**6 687**	**1 633**	**25 544**
瑞丽市	Ruili	45 232	33 390	287	9 986	448	66	1 105
潞西市	Luxi	145 935	90 640	10 590	35 581	2 635	630	6 413
梁河县	Lianghe	40 611	30 937	946	5 284	594	192	2 827
盈江县	Yingjiang	123 827	80 559	4 215	25 754	2 100	416	10 999
陇川县	Longchuan	70 339	41 068	428	23 733	910	329	4 200
怒 江 州	**Nujiang**	**166 636**	**36 172**	**12 864**	**77 413**	**16 636**	**2 830**	**13 545**
泸水县	Lushui	52 048	15 837	1 622	25 055	3 819	1 377	4 035
福贡县	Fugong	30 197	7 109	9	17 677	2 045	270	2 297
贡山县	Gongshan	9 610	997	375	6 488	474	58	780
兰坪县	Lanping	74 781	12 229	10 858	28 193	10 298	1 125	6 433
迪 庆 州	**Diqing**	**133 478**	**14 224**	**26 302**	**58 501**	**9 620**	**1 411**	**10 030**
香格里拉县	Shangri-La	57 038	4 703	13 067	22 232	2 690	919	5 981
德钦县	Deqin	20 574	587	5 516	9 526	790	52	573
维西县	Weixi	55 866	8 934	7 719	26 743	6 140	440	3 476

23-20 各县市主要农作物产量(二)(2007年)

Yield of Major Farm Crops by County and City (II)(2007)

单位:百公斤 (100 kg)

地 区	Region	油 料 Oil-bearing Crops	#花 生 Peanuts	#油菜籽 Rapeseeds	甘 蔗 Sugar cane	烤 烟 Flue-cured Tobacco	茶 叶 Tea	水 果 Fruits
全省合计	**Total**	**3 664 721**	**610 538**	**2 906 948**	**193 867 318**	**7 668 177**	**1 698 656**	**20 237 277**
昆 明 市	**Kunming**	**139 067**	**12 742**	**113 621**	**31 227**	**903 767**	**745**	**1 213 592**
五华区	Wuhua	630		400		12 620		33 372
盘龙区	Panlong	167		143		7 640		23 205
官渡区	Guandu	505		283		13 276	4	69 683
西山区	Xishan	2 387		1 957		7 060		69 880
东川区	Dongchuan	11 214	7 063	4 113	5 847			39 885
呈贡县	Chenggong	30						128 537
晋宁县	Jinning	25 230	9	24 652		51 004		43 404
富民县	Fuming	3 430	60	2 080		26 340		219 420
宜良县	Yiliang	8 280	2 160	2 650	700	152 270	300	56 350
石林县	Shilin	13 460		9 213		161 244	131	201 307
嵩明县	Songming	530		530		117 507		63 676
禄劝县	Luquan	12 350	3 450	7 810	24 680	129 190	30	41 030
寻甸县	Xundian	45 794		45 470		175 776		31 813
安宁市	Anning	15 060		14 320		49 840	280	192 030
曲 靖 市	**Qujing**	**952 715**	**12 897**	**910 531**	**9 090**	**1 763 639**	**129**	**1 202 415**
麒麟区	Qilin	2 830		2 290		163 100		139 860
马龙县	Malong	8 340		6 330		139 500		67 340
陆良县	Luliang	53 480	10	48 130		204 040		290 620
师宗县	Shizong	154 784	2 575	145 894	5 470	188 323		67 757
罗平县	Luoping	580 690	120	570 570	1 720	262 430		43 715
富源县	Fuyuan	128 160	1 650	125 650		166 290	110	53 688
会泽县	Huize	16 853	7 792	8 577	1 900	99 406		192 860
沾益县	Zhanyi	6 760		3 090		182 560		169 320
宣威市	Xuanwei	818	750			357 990	19	177 255
玉 溪 市	**Yuxi**	**273 374**	**10 574**	**256 229**	**14 072 360**	**986 219**	**15 603**	**1 565 290**
红塔区	Hongta	80 960	86	80 781		69 204	139	36 853
江川县	Jiangchuan	47 487	16	47 239		149 275	79	28 640
澄江县	Chengjiang	3 623		3 087		99 590		9 857
通海县	Tonghai	12 449	88	12 242	17 840	95 342		98 509
华宁县	Huaning	16 701	2 473	13 049	17 520	160 097	15	563 068
易门县	Yimen	24 047	448	22 255	42 650	123 824	282	38 341
峨山县	Eshan	63 195	900	60 743	301 450	91 160	3 027	26 472
新平县	Xinping	13 279	4 333	7 507	6 896 030	114 362	3 828	256 778
元江县	Yuanjiang	11 633	2 230	9 326	6 796 870	83 365	8 233	506 772

23-20 续表1 continued

单位:百公斤 (100 kg)

地 区	Region	油 料 Oil-bearing Crops	#花 生 Peanuts	#油菜籽 Rapeseeds	甘 蔗 Sugar cane	烤 烟 Flue-cured Tobacco	茶 叶 Tea	水 果 Fruits
保 山 市	**Baoshan**	**351 734**	**10 914**	**336 623**	**25 609 057**	**404 747**	**191 767**	**654 492**
隆阳区	Longyang	65 695	4 687	59 157	7 271 085	90 733	12 597	380 951
施甸县	Shidian	25 041	1 701	22 044	3 898 502	102 514	8 011	80 488
腾冲县	Tengchong	212 722	72	212 530	1 202 900	94 500	65 060	41 094
龙陵县	Longling	13 010	2 841	10 087	5 286 360	20 000	37 326	23 717
昌宁县	Changning	35 266	1 613	32 805	7 950 210	97 000	68 773	128 242
昭 通 市	**Zhaotong**	**173 255**	**64 449**	**105 490**	**1 588 287**	**540 060**	**22 120**	**1 834 686**
昭阳区	Zhaoyang	2 661	73	1 540	55 021	133 352		1 481 767
鲁甸县	Ludian	7 284	2 243	4 327	2 917	104 528		74 292
巧家县	Qiaojia	9 696	8 354	658	1 015 274	38 706	5	31 796
盐津县	Yanjin	22 706	12 085	10 554	12 235	394	15 181	15 090
大关县	Daguan	5 961	5 484	463	6 620	15 000	728	4 763
永善县	Yongshan	25 575	6 949	18 204	463 717	10 010	412	128 047
绥江县	Suijiang	12 536	756	11 780	21 008		3 079	23 987
镇雄县	Zhenxiong	25 272	9 351	15 706		159 902	727	32 942
彝良县	Yiliang	7 298	5 890	1 256	3 725	48 168	1 153	26 775
威信县	Weixin	46 469	9 454	37 015	6 300	30 000	427	5 684
水富县	Shuifu	7 797	3 810	3 987	1 470		408	9 543
丽 江 市	**Lijiang**	**78 271**	**16 158**	**57 462**	**1 162 136**	**130 339**	**3 208**	**835 936**
古城区	Gucheng	13 901		13 291		7 238		61 653
玉龙县	Yulong	33 890		31 934		55 000		109 670
永胜县	Yongsheng	15 843	9 574	5 666	1 141 450	53 241	28	103 630
华坪县	Huaping	12 221	6 584	5 607	20 686	7 754	3 180	489 637
宁蒗县	Ninglang	2 416		964		7 106		71 346
普 洱 市	**Pu'er**	**118 034**	**93 217**	**23 843**	**21 385 714**	**172 488**	**459 424**	**451 010**
思茅区	Simao	9 052	7 000	2 030	2 436	11 379	81 778	120 062
宁洱县	Ning'er	12 628	8 596	4 032	3 874	15 489	44 287	19 379
墨江县	Mojiang	26 201	25 816	385	779 992	36 256	24 420	51 380
景东县	Jingdong	13 357	5 265	7 913	2 510 265	51 671	64 375	28 923
景谷县	Jinggu	18 618	16 790	1 707	4 866 550	11 087	46 870	81 837
镇沅县	Zhenyuan	11 334	6 333	5 001	452 540	46 534	16 404	42 579
江城县	Jiangcheng	3 360	3 250	110	2 135 680		76 000	39 700
孟连县	Menglian	7 186	7 126	57	3 388 470		15 270	26 162
澜沧县	Lancang	14 013	12 613	751	6 815 115	72	84 561	35 274
西盟县	Ximeng	2 285	428	1 857	430 792		5 459	5 714
临 沧 市	**Lincang**	**104 882**	**28 358**	**72 599**	**48 680 029**	**97 122**	**443 335**	**1 013 328**
临翔区	Linxiang	29 355	1 621	27 675	1 141 577	28 453	44 047	43 043
凤庆县	Fengqing	11 750	553	11 083	3 815 707	35 854	151 800	69 379

23-20 续表2 continued

单位:百公斤 (100 kg)

地 区	Region	油 料 Oil-bearing Crops	#花 生 Peanuts	#油菜籽 Rapeseeds	甘 蔗 Sugar cane	烤 烟 Flue-cured Tobacco	茶 叶 Tea	水 果 Fruits
云 县	Yunxian	15 680	3 816	11 528	6 317 327	9 056	60 389	169 189
永德县	Yongde	6 918	5 507	198	11 249 055	18 335	47 294	216 833
镇康县	Zhenkang	128	119		4 215 582	509	21 602	37 120
双江县	Shuangjiang	10 537	2 003	8 511	3 900 264	494	50 891	22 353
耿马县	Gengma	22 979	13 690	8 338	14 494 657	2 843	41 074	439 500
沧源县	Cangyuan	7 535	1 049	5 266	3 545 860	1 578	26 238	15 911
楚 雄 州	**Chuxiong**	**362 640**	**22 470**	**321 310**	**174 360**	**754 010**	**9 765**	**824 730**
楚雄市	Chuxiong	72 040	280	69 760	1 430	140 940	1 759	92 130
双柏县	Shuangbo	8 340	2 330	4 510	80 800	75 490	4 074	34 640
牟定县	Mouding	49 170	250	47 410		67 090	1 679	36 890
南华县	Nanhua	28 740	440	26 920	450	92 240	1 934	33 750
姚安县	Yao'an	54 090		53 210		70 270	40	58 690
大姚县	Dayao	20 680	320	19 210	18 750	66 350	3	57 890
永仁县	Yongren	9 060	1 350	2 320	7 470	32 130	14	29 460
元谋县	Yuanmou	15 660	14 240	1 070	32 960	18 310		225 010
武定县	Wuding	18 070	2 700	10 950	2 050	66 390	24	99 290
禄丰县	Lufeng	86 790	560	85 950	30 450	124 800	238	156 980
红 河 州	**Honghe**	**318 002**	**121 451**	**187 107**	**14 485 001**	**824 430**	**74 404**	**5 613 068**
个旧市	Gejiu	12 801	10 000	1 359	666 458	28 087	205	297 856
开远市	Kaiyuan	16 652	15 155		1 184 604	46 000	27	156 482
蒙自县	Mengzi	17 474	11 730	5 164	1 756 180	80 001	524	1 447 363
屏边县	Pingbian	9 253	6 505	2 636	202 656	7 136	13 503	128 841
建水县	Jianshui	19 643	14 807	3 993	2 126 520	134 817	800	416 469
石屏县	Shiping	11 498	3 197	6 527	981 865	124 566	35	336 306
弥勒县	Mile	26 313	5 926	18 453	4 177 449	210 759	1	351 122
泸西县	Luxi	149 981	427	148 867	1 600	193 064	3	108 096
元阳县	Yuanyang	13 224	12 712		1 237 497		12 255	81 165
红河县	Honghe	5 638	5 628		2 079 600		7 282	207 936
金平县	Jinping	17 050	16 997		39 299		3 737	652 336
绿春县	Luchun	15 160	15 160		15 563		35 359	9 914
河口县	Hekou	3 315	3 207	108	15 710		673	1 419 182
文 山 州	**Wenshan**	**343 496**	**184 654**	**122 900**	**5 249 864**	**391 182**	**59 120**	**1 144 383**
文山县	Wenshan	59 683	36 216	9 801	2 068 369	68 737	12	74 630
砚山县	Yanshan	62 871	56 921		21 100	91 546	15	95 032
西畴县	Xichou	13 398	7 299	3 898	209 656	23 036	4 038	43 039
麻栗坡县	Malipo	21 088	7 480	13 302	100 107	30 109	4 905	43 786
马关县	Maguan	43 154	13 882	26 945	531 328	32 556	2 155	585 775

23-20 续表3 continued

单位:百公斤 (100 kg)

地 区	Region	油 料 Oil-bearing Crops	# 花 生 Peanuts	# 油菜籽 Rapeseeds	甘 蔗 Sugar cane	烤 烟 Flue-cured Tobacco	茶 叶 Tea	水 果 Fruits
丘北县	Qiubei	33 912	16 392	11 963	26 988	70 662	180	63 641
广南县	Guangnan	74 738	32 660	36 880	1 692 124	74 536	44 970	177 329
富宁县	Funing	34 652	13 804	20 111	600 192		2 845	61 151
西双版纳州	**Xishuangbanna**	**16 586**	**16 465**		**9 769 950**		**253 361**	**1 469 326**
景洪市	Jinghong	6 287	6 274		98 500		100 606	393 885
勐海县	Menghai	8 052	7 965		8 522 130		121 607	180 302
勐腊县	Mengla	2 247	2 226		1 149 320		31 148	895 139
大 理 州	**Dali**	**310 797**	**8 571**	**293 179**	**2 853 243**	**700 052**	**45 891**	**2 123 614**
大理市	Dali	11 359		11 065		22 863	946	142 519
漾濞县	Yangbi	12 781		12 205		19 500	157	47 330
祥云县	Xiangyun	32 858		32 593		120 983	84	55 651
宾川县	Binchuan	61 754	5 543	52 942	70 153	106 832		1 359 521
弥渡县	Midu	17 741	1 109	12 667		81 985	2 575	37 016
南涧县	Nanjian	22 477	1 079	21 146	5 040	88 500	34 427	34 058
巍山县	Weishan	66 866	160	66 566		86 076	3 871	59 429
永平县	Yongping	21 900		21 662	1 050	53 000	1 519	36 010
云龙县	Yunlong	17 424		17 424		30 380	1 985	43 953
洱源县	Eryuan	29 684		29 636		44 500	325	176 433
剑川县	Jianchuan	11 217		11 217		22 254		42 673
鹤庆县	Heqing	4 736	680	4 056	2 777 000	23 179	2	89 021
德 宏 州	**Dehong**	**90 093**	**6 313**	**83 505**	**47 820 183**		**118 804**	**167 923**
瑞丽市	Ruili	6 496	252	6 244	5 993 436		3 387	65 288
潞西市	Luxi	16 308	4 785	11 336	10 201 460		57 870	42 009
梁河县	Lianghe	15 552	744	14 808	4 379 894		13 344	12 499
盈江县	Yingjiang	18 183	174	17 921	10 944 756		32 501	35 157
陇川县	Longchuan	33 554	358	33 196	16 300 637		11 702	12 970
怒 江 州	**Nujiang**	**10 104**	**1 305**	**4 256**	**976 817**		**980**	**51 542**
泸水县	Lushui	1 603	76	1 078	976 782		665	11 094
福贡县	Fugong	5 299	974	2 651			252	2 514
贡山县	Gongshan	968	255	494			63	2 021
兰坪县	Lanping	2 234		33	35			35 913
迪 庆 州	**Diqing**	**21 671**		**18 293**		**122**		**71 942**
香格里拉县	Shangri-La	14 928		12 457		122		33 606
德钦县	Deqin	139						18 646
维西县	Weixi	6 604		5 836				19 690

23-21 各县市年主营业务收入500万元及以上独立核算工业企业单位数和总产值(2007年)

Number of Industrial Enterprises of Annual Revenue over 5 Million Yuan from Principal Business with Independent Accounting Systems and Their Gross Output Value by County and City (2007)

(按当年价新规定计算)　　(It is calculated according to the new regulation in the current year)

地区	Region	工业总产值(万元) Gross Industrial Output Value (10 000 yuan)	企业单位数 Number of Enterprises (unit)	国有企业 State-owned Enterprisers		集体及股份合作制企业 Collective-owned and Cooperative Enterprises		其它企业 Other Enterprises	
				单位数(个) Number of Enterprise (unit)	总产值(万元) Gross Output Value (10 000 yuan)	单位数(个) Number of Enterprise (unit)	总产值(万元) Gross Output Value (10 000 yuan)	单位数(个) Number of Enterprise (unit)	总产值(万元) Gross Output Value (10 000 yuan)
全省合计	**Total**	**42 982 861**	**2 701**	**250**	**14 375 634**	**142**	**628 255**	**2 097**	**25 186 464**
昆明市	**Kunming**	**16 144 998**	**889**	**77**	**4 080 497**	**61**	**173 765**	**635**	**10 306 145**
五华区	Wuhua	5 914 179	162	18	1 801 438	4	6 466	111	3 629 397
盘龙区	Panlong	881 586	87	7	59 553	1	1 058	64	491 667
官渡区	Guandu	2 454 989	170	16	1 190 925	8	22 332	118	985 576
西山区	Xishan	1 078 308	127	10	74 771	11	19 425	87	691 405
东川区	Dongchuan	1 056 944	60			1	15 625	59	1 041 318
呈贡县	Chenggong	730 448	36	2	21 407	2	1 889	32	707 152
晋宁县	Jinning	348 740	33	1	13 771	2	3 083	23	253 320
富民县	Fuming	117 831	25			1	1 535	23	114 127
宜良县	Yiliang	267 161	37	4	90 656	11	24 994	20	149 505
石林县	Shilin	59 975	13	1	7 404	1	604	10	47 120
嵩明县	Songming	172 788	38	4	20 845			28	127 285
禄劝县	Luquan	34 066	8	1	9 795	1	1 162	6	23 109
寻甸县	Xundian	178 328	16	1	11 478	4	5 620	11	161 231
安宁市	Anning	2 849 654	77	12	778 456	14	69 972	43	1 883 933
曲靖市	**Qujing**	**6 153 684**	**337**	**40**	**2 151 511**	**34**	**145 782**	**248**	**3 522 915**
麒麟区	Qilin	2 472 474	68	15	1 274 150	2	4 714	45	1 152 762
马龙县	Malong	193 934	17	1	9 452			16	184 482
陆良县	Luliang	375 057	46	4	88 995	4	8 687	35	257 543
师宗县	Shizong	164 385	28	1	13 727	10	32 244	16	117 528
罗平县	Luoping	289 818	26	4	45 473			21	230 205
富源县	Fuyuan	512 463	50	4	100 776			45	404 250
会泽县	Huize	580 178	18	2	332 977	1	1 001	15	246 200
沾益县	Zhanyi	926 427	26	2	27 208	4	4 598	17	644 288
宣威市	Xuanwei	638 950	58	7	258 755	13	94 538	38	285 657
玉溪市	**Yuxi**	**6 210 411**	**302**	**18**	**3 343 846**	**18**	**96 828**	**243**	**2 566 318**
红塔区	Hongta	4 100 650	117	6	2 927 415	13	85 867	87	936 087
江川县	Jiangchuan	241 017	22	2	22 210			18	214 508
澄江县	Chengjiang	207 290	27					25	196 725
通海县	Tonghai	261 643	36			4	9 497	29	224 102
华宁县	Huaning	71 533	19	1	10 002			16	58 353
易门县	Yimen	375 434	30	2	18 404			27	355 934
峨山县	Eshan	304 862	24	2	13 545	1	1 464	20	287 346
新平县	Xinping	549 766	12	3	339 852			9	209 914
元江县	Yuanjiang	98 215	15	2	12 420			12	83 350

注：国有企业中含国有联营企业和国有独资公司。

Note: State-owned enterprises include state-owned jointly-run enterprises and solely owned enterprises.

23-21 续表1 continued

地 区	Region	工 业 总产值 (万元) Gross Industrial Output Value (10 000 yuan)	企 业 单位数 Number of Enterprises (unit)	国有企业 State-owned Industry		集体及股份合作制企业 Collective-owned and Cooperative Enterprises		其它企业 Other Enterprises	
				单位数 (个) Number of Enterprise (unit)	总产值 (万元) Gross Output Value (10 000 yuan)	单位数 (个) Number of Enterprise (unit)	总产值 (万元) Gross Output Value (10 000 yuan)	单位数 (个) Number of Enterprise (unit)	总产值 (万元) Gross Output Value (10 000 yuan)
保 山 市	**Baoshan**	**576 239**	**88**	**4**	**19 298**	**2**	**1 981**	**76**	**520 780**
隆阳区	Longyang	287 960	40	1	16 337			36	249 870
施甸县	Shidian	10 889	7	1	185	1	712	5	9 993
腾冲县	Tengchong	121 397	24	1	763			22	119 221
龙陵县	Longling	108 597	9	1	2 014	1	1 269	7	105 314
昌宁县	Changning	47 396	8					6	36 383
昭 通 市	**Zhaotong**	**1 256 832**	**148**	**13**	**711 562**	**1**	**1 698**	**130**	**494 977**
昭阳区	Zhaoyang	583 842	28	3	454 322			21	80 924
鲁甸县	Ludian	152 151	12	1	5 022			11	147 129
巧家县	Qiaojia	57 501	10	1	2 980			9	54 522
盐津县	Yanjin	60 271	11					11	60 271
大关县	Daguan	13 884	10	1	1 631			9	12 253
永善县	Yongshan	9 157	3	1	3 041			2	6 116
绥江县	Suijiang	11 096	7	1	2 342			6	8 754
镇雄县	Zhenxiong	35 597	25	1	9 085	1	1 698	23	24 814
彝良县	Yiliang	67 575	17	2	34 688			15	32 887
威信县	Weixin	29 645	19					19	29 645
水富县	Shuifu	236 114	6	2	198 451			4	37 663
丽 江 市	**Lijiang**	**293 668**	**56**	**3**	**13 156**	**5**	**6 742**	**48**	**273 771**
古城区	Gucheng	66 760	13	2	6 834	3	4 185	8	55 741
玉龙县	Yulong	22 130	5					5	22 130
永胜县	Yongsheng	62 050	10	1	6 322	1	906	8	54 822
华坪县	Huaping	124 749	20			1	1 650	19	123 099
宁蒗县	Ninglang	17 979	8					8	17 979
普 洱 市	**Pu'er**	**576 360**	**92**	**13**	**97 538**	**1**	**716**	**72**	**413 338**
思茅区	Simao	209 042	24	2	36 228			18	110 746
宁洱县	Ning'er	55 368	16	2	5 160			13	48 604
墨江县	Mojiang	39 815	7	1	3 828			6	35 987
景东县	Jingdong	27 256	7	1	2 417			6	24 839
景谷县	Jinggu	119 563	11					10	118 466
镇沅县	Zhenyuan	23 430	8	1	2 038	1	716	6	20 676
江城县	Jiangcheng	12 695	5	2	4 445			3	8 251
孟连县	Menglian	16 997	5					5	16 997
澜沧县	Lancang	67 844	7	2	39 071			5	28 772
西盟县	Ximeng	4 350	2	2	4 350				
临 沧 市	**Lincang**	**540 275**	**70**	**4**	**104 998**			**63**	**413 165**
临翔区	Linxiang	51 223	10	1	15 531			8	33 353
凤庆县	Fengqing	59 693	8					8	59 693
云 县	Yunxian	174 553	11	2	87 846			9	86 707
永德县	Yongde	42 099	8					8	42 099
镇康县	Zhenkang	52 645	6					5	33 383
双江县	Shuangjiang	55 417	10					9	54 907
耿马县	Gengma	54 544	9	1	1 621			8	52 923
沧源县	Cangyuan	50 101	8					8	50 101

23-21 续表2 continued

地 区	Region	工业总产值(万元) Gross Industrial Output Value (10 000 yuan)	企业单位数 Number of Enterprises (unit)	国有企业 State-owned Industry		集体及股份合作制企业 Collective-owned and Cooperative Enterprises		其它企业 Other Enterprises	
				单位数(个) Number of Enterprise (unit)	总产值(万元) Gross Output Value (10 000 yuan)	单位数(个) Number of Enterprise (unit)	总产值(万元) Gross Output Value (10 000 yuan)	单位数(个) Number of Enterprise (unit)	总产值(万元) Gross Output Value (10 000 yuan)
楚雄州	**Chuxiong**	**1 899 008**	**134**	**15**	**604 930**	**2**	**5 960**	**106**	**1 225 193**
楚雄市	Chuxiong	937 187	46	6	563 899			33	321 052
双柏县	Shuangbo	23 423	9	1	1 523			7	19 678
牟定县	Mouding	23 812	9	1	3 081			8	20 731
南华县	Nanhua	36 432	6	1	3 312			5	33 120
姚安县	Yao'an	10 236	4					3	5 373
大姚县	Dayao	192 941	9					8	192 691
永仁县	Yongren	12 565	5	1	2 148			4	10 418
元谋县	Yuanmou	24 062	9	1	3 745			7	16 964
武定县	Wuding	32 629	10	1	3 411	1	4 654	8	24 564
禄丰县	Lufeng	605 723	27	3	23 812	1	1 306	23	580 605
红河州	**Honghe**	**5 040 042**	**168**	**26**	**2 514 333**	**6**	**152 184**	**131**	**2 260 375**
个旧市	Gejiu	2 295 398	38	7	1 215 759	2	131 281	29	948 358
开远市	Kaiyuan	613 019	20	7	370 892	3	4 702	9	194 614
蒙自县	Mengzi	523 000	11	2	12 554			9	510 446
屏边县	Pingbian	36 660	9	1	1 412	1	16 201	7	19 047
建水县	Jianshui	207 293	17	1	658			14	157 800
石屏县	Shiping	47 750	11	1	6 262			10	41 489
弥勒县	Mile	1 061 626	26	3	886 482			22	169 112
泸西县	Luxi	114 299	10	1	12 261			8	86 567
元阳县	Yuanyang	24 980	5	1	4 904			4	20 077
红河县	Honghe	10 452	2	1	1 591			1	8 862
金平县	Jinping	91 148	14					14	91 148
绿春县	Luchun	5 931	2	1	1 560			1	4 371
河口县	Hekou	8 486	3					3	8 486
文山州	**Wenshan**	**1 134 104**	**111**	**8**	**151 888**	**1**	**4 195**	**100**	**970 008**
文山县	Wenshan	442 874	25	5	145 735			20	297 139
砚山县	Yanshan	195 188	24	2	3 658			20	183 517
西畴县	Xichou	8 289	3					3	8 289
麻栗坡县	Malipo	84 417	18					18	84 417
马关县	Maguan	277 311	15			1	4 195	14	273 116
丘北县	Qiubei	28 176	10	1	2 495			9	25 682
广南县	Guangnan	46 294	8					8	46 294
富宁县	Funing	51 555	8					8	51 555
西双版纳州	**Xishuangbanna**	**360 653**	**55**	**12**	**83 663**			**41**	**252 018**
景洪市	Jinghong	85 305	23	8	47 561			15	37 744
勐海县	Menghai	226 210	25	3	33 758			21	170 458
勐腊县	Mengla	49 138	7	1	2 344			5	43 816

23-21 续表3 continued

地 区	Region	工业总产值(万元) Gross Industrial Output Value (10 000 yuan)	企业单位数 Number of Enterprises (unit)	国有企业 State-owned Industry		集体及股份合作制企业 Collective-owned and Cooperative Enterprises		其它企业 Other Enterprises	
				单位数(个) Number of Enterprise (unit)	总产值(万元) Gross Output Value (10 000 yuan)	单位数(个) Number of Enterprise (unit)	总产值(万元) Gross Output Value (10 000 yuan)	单位数(个) Number of Enterprise (unit)	总产值(万元) Gross Output Value (10 000 yuan)
大 理 州	**Dali**	**1 842 765**	**156**	**10**	**423 757**	**3**	**4 351**	**135**	**1 295 242**
大理市	Dali	945 999	59	5	356 877	1	1 590	47	485 555
漾濞县	Yangbi	43 245	8			1	1 824	7	41 421
祥云县	Xiangyun	382 167	20	2	52 313			17	326 181
宾川县	Binchuan	**10 672**	4					4	**10 672**
弥渡县	Midu	19 866	7					7	19 866
南涧县	Nanjian	7 369	4					4	7 369
巍山县	Weishan	22 973	6	1	3 316			5	19 657
永平县	Yongping	13 414	7					7	13 414
云龙县	Yunlong	42 937	6					6	42 937
洱源县	Eryuan	155 653	10	1	4 000			9	151 653
剑川县	Jianchuan	108 075	8					7	94 311
鹤庆县	Heqing	90 395	17	1	7 251	1	938	15	82 206
德 宏 州	**Dehong**	**392 479**	**68**	**4**	**22 602**	**6**	**9 908**	**52**	**243 689**
瑞丽市	Ruili	125 549	12	1	2 229			8	17 433
潞西市	Luxi	133 283	23	2	6 225	3	5 189	16	113 210
梁河县	Lianghe	22 134	6			2	2 126	4	20 008
盈江县	Yingjiang	86 667	22			1	2 593	20	82 340
陇川县	Longchuan	24 847	5	1	14 148			4	10 698
怒 江 州	**Nujiang**	**416 092**	**12**	**2**	**40 079**			**10**	**376 013**
泸水县	Lushui	47 225	4	2	40 079			2	7 146
福贡县	Fugong	2 447	2					2	2 447
贡山县	Gongshan	3 601	1					1	3 601
兰坪县	Lanping	362 820	5					5	362 820
迪 庆 州	**Diqing**	**145 249**	**15**	**3**	**11 976**	**2**	**24 147**	**7**	**52 516**
香格里拉县	Shangri-La	110 129	12	3	11 976	2	24 147	5	35 855
德钦县	Deqin	35 121	3					2	16 661
维西县	Weixi								

23-22 各县市主要工业产品产量(2007年)

Output of Major Industrial Products by County and City (2007)

地　区	Region	原煤 (万吨) Coal (10 000 tons)	发电量 (万千瓦小时) Electricity (10 000 kwh)	农用化肥 (吨) Chemicel Fertilizer (ton)	白酒 (千升) Liquor (kiloliter)	啤酒 (千升) Beer (kiloliter)	糖 (吨) Sugar (ton)	水泥 (万吨) Cement (10 000 tons)
全省合计	**Total**	**7 755.19**	**9 045 061**	**3 162 612**	**231 721**	**354 412**	**1 880 360**	**3 568.53**
昆 明 市	**Kunming**	**503.11**	**1 627 287**	**761 254**	**19 168**	**84 087**		**631.72**
五华区	Wuhua		632 810	20018				
盘龙区	Panlong		4 760	7557				7.33
官渡区	Guandu		10 104	158 647		35110		65.96
西山区	Xishan		145 636	159 335	33			117.67
东川区	Dongchuan		6 382	3 723	505			21.04
呈贡县	Chenggong			10 445	705			9.91
晋宁县	Jinning			124 759	4 532			29.59
富民县	Fuming		13 073		1 633			5.86
宜良县	Yiliang	183.85	324 812	163227	3 458			93.3
石林县	Shilin	61.24	1 371		1 168			17.55
嵩明县	Songming	11.9			3 929	48977		45.52
禄劝县	Luquan		8 731		917			54.25
寻甸县	Xundian	246.12	58 250	57509	1 331			54.22
安宁市	Anning		421 358	56034	957			109.52
曲 靖 市	**Qujing**	**3 366.24**	**2 981 485**	**605 013**	**20 246**			**449.18**
麒麟区	Qilin	394.97	49 083	18 489				32.36
马龙县	Malong		341		1 560			15.32
陆良县	Luliang		57 408	11 812	2 477			191.16
师宗县	Shizong	289.41	12 919	1 170	3 300			25.18
罗平县	Luoping	180.27	329 946	2 660	5 202			15.7
富源县	Fuyuan	742.02	869 223		1 062			4.94
会泽县	Huize	10.5	119 107	13 362	3 025			19.26
沾益县	Zhanyi	41.03	561 074	196 943				49.92
宣威市	Xuanwei	1708.04	982 384	360 577	3 620			95.32
玉 溪 市	**Yuxi**	**51.78**	**119 058**	**103 769**	**10 990**		**106 858**	**524.74**
红塔区	Hongta		327	30 967	447			140.67
江川县	Jiangchuan			2 673	1 692			51.55
澄江县	Chengjiang		39 707		373			45.32
通海县	Tonghai		211	5 179				69.55
华宁县	Huaning	15.93	8 286		1 680			41.44
易门县	Yimen		4 277		3 225			86.53
峨山县	Eshan	35.61	2 271	64 950	2 684		3 230	21.22
新平县	Xinping	0.24	32 668		321		40 316	16.85
元江县	Yuanjiang		29 311		569		63 312	51.61

注：本表统计范围为全部工业法人单位。

Note:The coverage of statistics are all of the industrial legal entities in this table.

23-22 续表1 continued

地 区	Region	原 煤 (万吨) Coal (10 000 tons)	发电量 (万千瓦小时) Electricity (10 000 kwh)	农用化肥 (吨) Chemicel Fertilizer (ton)	白 酒 (千升) Liquor (kiloliter)	啤 酒 (千升) Beer (kiloliter)	糖 (吨) Sugar (ton)	水 泥 (万吨) Cement (10 000 tons)
保 山 市	**Baoshan**	**44.6**	**247 791**	**3 744**	**8 281**	**38 655**	**281 035**	**91.87**
隆阳区	Longyang	6.54	199 586		2 351	38 655	85 447	38.75
施甸县	Shidian		7 735		341		30 936	18.33
腾冲县	Tengchong		7 226	3 744	1 005		4 761	10.31
龙陵县	Longling	1.98	28 462		1 584		81 796	8.44
昌宁县	Changning	36.09	4 782		3 000		78 095	16.03
昭 通 市	**Zhaotong**	**1 088.32**	**167 023**	**390 650**	**15 112**		**6 859**	**167.49**
昭阳区	Zhaoyang	87.59	61 650	12 022	1 075			64.22
鲁甸县	Ludian		4 520		131			22.05
巧家县	Qiaojia	0.82	10 125		413		6 859	9.44
盐津县	Yanjin	128.61	15 826		1 306			15.39
大关县	Daguan	25.1	15 752		1 325			5.23
永善县	Yongshan	4.53	9 101		615			2.32
绥江县	Suijiang	65.19	1 850	3 200	134			8.75
镇雄县	Zhenxiong	420	18 528	588	4 200			25.6
彝良县	Yiliang	101.8	10 356		988			2.1
威信县	Weixin	253.4	11 385		4 340			12.4
水富县	Shuifu	1.29	7 930	374 840	585			
丽 江 市	**Lijiang**	**508.89**	**83 150**	**65 871**	**5 836**		**11 938**	**155.03**
古城区	Gucheng		12 408		156			41.51
玉龙县	Yulong	2.94	7 515		380			
永胜县	Yongsheng	22.32	7 147		2 205		11 938	76.98
华坪县	Huaping	441.7	43 408	65 871	222			31.75
宁蒗县	Ninglang	41.92	12 672		2 873			4.79
普 洱 市	**Pu'er**	**53.61**	**158 518**		**4 545**	**28 879**	**194 582**	**217**
翠云区			5 947			28 879		96.13
宁洱县	Ning'er	9.89	30 953		681			63.15
墨江县	Mojiang		40 118		671		8 256	4.9
景东县	Jingdong	5.96	6 738		1 292		20 347	10.17
景谷县	Jinggu	4.23	25 652		714		37 983	34.58
镇沅县	Zhenyuan	8.48	3 199		68		1 968	8.91
江城县	Jiangcheng		20 276		448		18 746	
孟连县	Menglian	2.26	10 544		25		39 811	
澜沧县	Lancang	22.79	10 097		468		56 413	9.17
西盟县	Ximeng		4 994		178		11 058	
临 沧 市	**Lincang**	**34.5**	**693 825**		**16 176**	**18 852**	**529 409**	**53.61**
临翔区	Linxiang	20.26	18 426		965		15 980	
凤庆县	Fengqing	0.6	9 141		1 473		39 856	12.68
云 县	Yunxian		618 091		10 454	18 852	63 001	7.33
永德县	Yongde	1.3	8 458		1 229		97 723	3.05
镇康县	Zhenkang		18 068		157		82 871	3.24
双江县	Shuangjiang	4	10 300		777		45 759	1082
耿马县	Gengma	1.01	5 868		766		146 035	8
沧源县	Cangyuan	7.33	5 473		355		38 175	17.49

23-22 续表2 continued

地区	Region	原煤 (万吨) Coal (10 000 tons)	发电量 (万千瓦小时) Electricity (10 000 kwh)	农用化肥 (吨) Chemicel Fertilizer (ton)	白酒 (千升) Liquor (kiloliter)	啤酒 (千升) Beer (kiloliter)	糖 (吨) Sugar (ton)	水泥 (万吨) Cement (10 000 tons)
楚雄州	**Chuxiong**	**147.81**	**101 856**	**78 892**	**19 193**	**52 511**	**200**	**113.05**
楚雄市	Chuxiong	27.59	33 508	12 939	2 085			30.57
双柏县	Shuangbo	6.67	29 352		1 294			27.8
牟定县	Mouding				1 277			
南华县	Nanhua	39.77			411	52 511		
姚安县	Yao'an		301		1 489		200	0.09
大姚县	Dayao		4 557		1 776			
永仁县	Yongren		6 125		2 363			4.03
元谋县	Yuanmou		3 678		3 111			8.02
武定县	Wuding			3 007	3 334			1.57
禄丰县	Lufeng	73.78	24 335	62 946	2 053			65.99
红河州	**Honghe**	**1 421.67**	**1 674 139**	**687 131**	**41 076**	**16 875**	**102 357**	**305.08**
个旧市	Gejiu		38 351	117 392	2 633			35.63
开远市	Kaiyuan	1124.83	974 643	414 324	2 628	16 875	7 668	166.42
蒙自县	Mengzi	9	3 794	19 979	3 340		8 107	18.56
屏边县	Pingbian		72 000		1 346			
建水县	Jianshui	17.1	1 780		7 123		8 885	32.37
石屏县	Shiping	9.8	10 457		1 790		6 101	12.62
弥勒县	Mile	113.54	280 380	52 211	16 019		36 675	12.11
泸西县	Luxi	147.41	99 976	77 678	857			25.04
元阳县	Yuanyang		4 766		2 234		14 230	
红河县	Honghe		4 808		2 860		20 691	
金平县	Jinping		171 288	5 547	246			2.34
绿春县	Luchun		4 567					
河口县	Hekou		7 428					
文山州	**Wenshan**	**132.52**	**416 647**	**16 317**	**39 421**		**26 158**	**221.88**
文山县	Wenshan	2.25	92 137	10 107	3 724		16 635	105.01
砚山县	Yanshan	8.08	1 280	6 210	3 503			63.62
西畴县	Xichou		24 203		830			29.38
麻栗坡县	Malipo		127 053		1 145			
马关县	Maguan	6.67	66 836		4 661			2.53
丘北县	Qiubei	1.81	48 140		22 610			4.32
广南县	Guangnan	1.52	30 702		1 080		9 523	8.84
富宁县	Funing	112.2	26 296		1 868			8.18
西双版纳州	**Xishuangbanna**	**1.2**	**84 243**		**269**		**117 977**	**27.13**
景洪市	Jinghong		45 155		237			20.88
勐海县	Menghai		37 183		32		92 958	
勐腊县	Mengla	1.2	1 905				25 019	7.05

23-22 续表3 continued

地 区	Region	原 煤 (万吨) Coal (10 000 tons)	发电量 (万千瓦小时) Electricity (10 000 kwh)	农用化肥 (吨) Chemicel Fertilizer (ton)	白 酒 (千升) Liquor (kiloliter)	啤 酒 (千升) Beer (kiloliter)	糖 (吨) Sugar (ton)	水 泥 (万吨) Cement (10 000 tons)
大 理 州	**Dali**	**218.91**	**223 542**	**13771**	**18 601**	**112 705**	**15 706**	**414.61**
大理市	Dali		41 382		3 626	112705		262.73
漾濞县	Yangbi		81 026		770			
祥云县	Xiangyun	101.1		13771	2 137			65.79
宾川县	Binchuan	48	6 727		3 230			6.27
弥渡县	Midu	38.09	415		1 262			16.62
南涧县	Nanjian	2.6	1 974		669			1.5
巍山县	Weishan				3 132		165	11.09
永平县	Yongping		7 903		805			6.5
云龙县	Yunlong		26 371		1 163			1.4
洱源县	Eryuan		9 218					3.71
剑川县	Jianchuan	19	12 425		165			38.61
鹤庆县	Heqing	10.12	36 101		1 642		15 541	0.41
德 宏 州	**Dehong**	**2.58**	**311 790**		**924**	**1 848**	**518 081**	**109.52**
瑞丽市	Ruili	0.48	2 565		26	1 848	60 165	15.54
潞西市	Luxi	0.79	53 376		120		111 410	65.51
梁河县	Lianghe	1.31	3 597		34		50 477	
盈江县	Yingjiang		7 545		70		177 839	
陇川县	Longchuan		244 707		674		118 190	28.47
怒 江 州	**Nujiang**		**91 265**		**1 184**			**3.1**
泸水县	Lushui		43 383		521			3.1
福贡县	Fugong		21 479		283			
贡山县	Gongshan		24 482					
兰坪县	Lanping		1 921		380			
迪 庆 州	**Diqing**		**110 965**		**8 953**			**18**
香格里拉县	Shangri-La		82 250		8 769			15
德钦县	Deqin		8 010		14			
维西县	Weixi		20 705		170			3

23-23 各县市年主营业务收入500万元及以上独立核算工业企业主要财务指标(2007年)

Main Finance Indicators of Industrial Enterprises of Annual Revenue over 5 Million Yuan from Principal Business with Independent Accounting Systems by County and City (2007)

单位:万元 (10 000 yuan)

地区	Region	资产总计 Total Assets	负债总计 Total Liabilities	所有者权益总计 Total Owners' Equities	主营业务收入 Revenue from Principal Business	利润总额 Total Profits	利税总额 Total Taxes and Profits
全省合计	**Total**	**58 341 157**	**31 736 637**	**26 604 520**	**43 066 145**	**3 886 105**	**9 961 303**
昆明市	**Kunming**	**19 677 587**	**10 542 049**	**9 135 538**	**16 902 821**	**1 134 560**	**2 819 292**
五华区	Wuhua	6 148 234	3 198 997	2 949 237	6 127 904	503 293	1 646 085
盘龙区	Panlong	1 458 181	532 773	925 408	887 510	99 979	153 139
官渡区	Guandu	3 243 783	2 105 891	1 137 893	2 637 757	100 192	240 434
西山区	Xishan	1 141 940	706 568	435 372	1 110 915	62 997	100 225
东川区	Dongchuan	502 205	331 734	170 471	1 137 016	57 705	125 884
呈贡县	Chenggong	671 368	408 790	262 578	743 532	53 171	80 549
晋宁县	Jinning	462 099	275 365	186 733	422 612	39 846	62 262
富民县	Fuming	139 949	91 780	48 169	111 236	6 551	10 985
宜良县	Yiliang	477 565	338 072	139 493	262 491	9 886	27 899
石林县	Shilin	70 704	15 460	55 243	58 776	6 599	10 430
嵩明县	Songming	155 496	106 357	49 139	167 973	1 566	9 382
禄劝县	Luquan	78 157	53 684	24 473	35 514	2 246	6 939
寻甸县	Xundian	359 320	281 520	77 800	157 663	6 754	17 920
安宁市	Anning	4 768 588	2 095 058	2 673 529	3 041 922	183 774	327 160
曲靖市	**Qujing**	**8 762 132**	**5 224 051**	**3 538 080**	**5 994 628**	**542 049**	**1 499 416**
麒麟区	Qilin	2 655 212	1 262 058	1 393 154	2 400 553	309 513	838 894
马龙县	Malong	144 010	103 971	40 039	212 498	2 870	16 489
陆良县	Luliang	404 220	229 139	175 082	370 586	10 915	32 434
师宗县	Shizong	198 375	129 788	68 587	179 355	4 605	18 026
罗平县	Luoping	291 720	182 118	109 602	253 160	15 418	38 334
富源县	Fuyuan	1 743 981	1 302 517	441 465	516 736	45 448	96 193
会泽县	Huize	598 777	169 143	429 634	541 073	97 874	297 657
沾益县	Zhanyi	1 546 563	1 007 186	539 376	885 120	34 296	83 773
宣威市	Xuanwei	1 179 274	838 132	341 142	635 546	21 110	77 617
玉溪市	**Yuxi**	**7 829 849**	**2 776 798**	**5 053 051**	**6 144 618**	**568 495**	**2 075 173**
红塔区	Hongta	5 483 019	1 333 210	4 149 809	4 031 229	408 875	1 803 098
江川县	Jiangchuan	284 368	143 243	141 125	239 553	22 557	32 917
澄江县	Chengjiang	345 110	246 239	98 871	240 395	9 720	17 741
通海县	Tonghai	230 113	139 199	90 914	237 411	9 574	19 110
华宁县	Huaning	94 869	65 992	28 877	66 374	2 790	6 411
易门县	Yimen	303 053	159 779	143 273	362 744	18 190	36 267
峨山县	Eshan	224 394	157 867	66 527	286 898	13 887	31 283
新平县	Xinping	730 797	447 701	283 096	567 029	70 485	106 560
元江县	Yuanjiang	134 126	83 568	50 557	112 986	12 417	21 786

23-23 续表1 continued

单位:万元 (10 000 yuan)

地区	Region	资产总计 Total Assets	负债总计 Total Liabilities	所有者权益总计 Total Owners' Equities	主营业务收入 Revenue from Principal Business	利润总额 Total Profits	利税总额 Total Taxes and Profits
保山市	**Baoshan**	**1 238 017**	**817 919**	**420 098**	**554 841**	**53 362**	**102 792**
隆阳区	Longyang	808 481	524 051	284 430	272 861	30 857	56 365
施甸县	Shidian	15 815	18 940	- 3 125	7 503	- 232	267
腾冲县	Tengchong	187 608	133 327	54 281	114 202	11 234	21 187
龙陵县	Longling	153 867	102 097	51 770	115 348	6 991	16 898
昌宁县	Changning	72 247	39 505	32 742	44 927	4 513	8 075
昭通市	**Zhaotong**	**2 215 687**	**1 256 878**	**958 809**	**1 220 866**	**167 074**	**433 254**
昭阳区	Zhaoyang	833 313	459 842	373 471	564 167	38 227	247 558
鲁甸县	Ludian	289 477	214 690	74 787	151 266	31 323	47 753
巧家县	Qiaojia	109 786	57 384	52 403	57 683	11 511	16 779
盐津县	Yanjin	106 240	70 345	35 896	60 363	2 752	8 136
大关县	Daguan	20 686	11 883	8 803	13 434	417	1 677
永善县	Yongshan	16 583	9 469	7 114	7 083	979	1 731
绥江县	Suijiang	9 912	6 582	3 329	10 888	160	1 649
镇雄县	Zhenxiong	44 638	29 679	14 959	34 863	2 458	6 319
彝良县	Yiliang	98 667	48 804	49 863	63 073	19 839	27 447
威信县	Weixin	31 177	13 730	17 447	29 204	2 068	5 641
水富县	Shuifu	655 208	334 470	320 738	228 845	57 341	68 565
丽江市	**Lijiang**	**509 053**	**309 189**	**199 864**	**255 544**	**17 017**	**37 485**
古城区	Gucheng	159 275	108 000	51 275	61 789	3 386	8 161
玉龙县	Yulong	39 221	20 972	18 250	14 281	1 403	1 881
永胜县	Yongsheng	135 496	69 478	66 018	48 468	1 537	4 345
华坪县	Huaping	146 577	94 597	51 979	116 920	8 918	20 219
宁蒗县	Ninglang	28 484	16 142	12 342	14 087	1 773	2 879
普洱市	**Pu'er**	**1 927 303**	**1 417 920**	**509 382**	**544 271**	**62 397**	**110 292**
思茅区	Simao	1 169 746	942 958	226 788	184 639	20 928	37 936
宁洱县	Ning'er	92 131	59 464	32 668	58 014	1 623	6 065
墨江县	Mojiang	63 197	28 905	34 292	40 246	15 441	16 997
景东县	Jingdong	79 656	42 696	36 960	25 408	- 1 076	1 121
景谷县	Jinggu	295 877	180 655	115 221	114 533	9 110	20 008
镇沅县	Zhenyuan	43 060	33 983	9 078	21 506	2 600	4 357
江城县	Jiangcheng	25 594	20 912	4 682	12 396	611	1 862
孟连县	Menglian	33 018	13 150	19 867	16 984	1 804	3 735
澜沧县	Lancang	113 329	81 073	32 257	66 132	11 072	17 420
西盟县	Ximeng	11 696	14 126	- 2 430	4 415	285	792
临沧市	**Lincang**	**1 047 239**	**786 254**	**260 985**	**523 867**	**67 975**	**122 041**
临翔区	Linxiang	157 341	104 385	52 956	52 314	7 735	13 186
凤庆县	Fengqing	88 536	72 548	15 989	44 622	1 666	4 353
云县	Yunxian	409 487	361 908	47 578	166 986	36 737	59 371
永德县	Yongde	104 791	64 364	40 427	49 120	2 482	6 605
镇康县	Zhenkang	92 459	61 461	30 997	53 315	9 313	14 878
双江县	Shuangjiang	71 195	34 290	36 905	54 263	3 969	8 097
耿马县	Gengma	65 718	50 092	15 626	55 067	4 136	9 544
沧源县	Cangyuan	57 713	37 206	20 507	48 182	1 939	6 008

23-23 续表2 continued

单位:万元 (10 000 yuan)

地 区	Region	资产总计 Total Assets	负债总计 Total Liabilities	所有者权益总计 Total Owners' Equities	主营业务收入 Revenue from Principal Business	利润总额 Total Profits	利税总额 Total Taxes and Profits
楚 雄 州	**Chuxiong**	**2 369 958**	**1 040 277**	**1 329 681**	**1 813 753**	**212 800**	**535 372**
楚雄市	Chuxiong	1 425 359	552 702	872 657	904 059	90 814	357 300
双柏县	Shuangbo	36 483	30 897	5 586	20 450	1 484	2 914
牟定县	Mouding	28 686	10 032	18 654	22 997	2 304	3 649
南华县	Nanhua	62 109	42 883	19 226	30 132	615	3 996
姚安县	Yao'an	11 563	5 856	5 707	8 535	1 545	2 224
大姚县	Dayao	150 256	58 994	91 262	169 149	40 150	51 861
永仁县	Yongren	10 907	6 689	4 218	10 844	138	921
元谋县	Yuanmou	24 047	16 261	7 786	26 865	233	1 409
武定县	Wuding	29 509	11 884	17 625	31 241	4 687	7 052
禄丰县	Lufeng	591 040	304 078	286 962	589 482	70 831	104 045
红 河 州	**Honghe**	**6 462 381**	**3 912 792**	**2 549 588**	**4 920 978**	**414 192**	**1 152 464**
个旧市	Gejiu	1 917 130	1 213 181	703 949	2 269 646	103 207	213 408
开远市	Kaiyuan	1 317 774	923 846	393 927	610 645	25 658	82 570
蒙自县	Mengzi	457 325	219 649	237 676	484 270	57 893	93 737
屏边县	Pingbian	73 880	32 471	41 409	34 571	6 857	9 711
建水县	Jianshui	197 052	82 952	114 100	239 700	18 587	32 278
石屏县	Shiping	38 344	20 452	17 892	48 576	213	3 660
弥勒县	Mile	1 842 963	973 474	869 489	1 010 816	167 866	665 603
泸西县	Luxi	284 702	194 224	90 478	100 316	9 138	14 887
元阳县	Yuanyang	51 182	33 269	17 913	28 511	4 925	6 110
红河县	Honghe	21 329	17 143	4 186	10 575	164	901
金平县	Jinping	229 257	184 294	44 963	68 003	18 960	27 671
绿春县	Luchun	15 834	9 021	6 813	6 037	452	728
河口县	Hekou	15 609	8 815	6 794	9 313	275	1 201
文 山 州	**Wenshan**	**1 534 430**	**950 852**	**583 578**	**1 181 152**	**162 853**	**254 358**
文山县	Wenshan	574 172	305 465	268 707	457 088	61 443	99 161
砚山县	Yanshan	161 689	85 387	76 302	210 764	24 544	39 981
西畴县	Xichou	14 762	12 084	2 678	8 592	- 44	713
麻栗坡县	Malipo	195 708	150 485	45 223	89 024	12 910	21 424
马关县	Maguan	368 075	258 133	109 942	295 831	45 382	64 911
丘北县	Qiubei	36 698	25 227	11 471	23 726	1 340	2 049
广南县	Guangnan	73 184	44 413	28 771	45 293	5 909	9 592
富宁县	Funing	110 142	69 657	40 484	50 834	11 368	16 528
西双版纳州	**Xishuangbanna**	**526 360**	**279 952**	**246 407**	**329 724**	**78 538**	**105 453**
景洪市	Jinghong	233 483	134 897	98 586	88 446	5 464	13 144
勐海县	Menghai	224 137	117 558	106 579	186 612	65 197	76 553
勐腊县	Mengla	68 740	27 497	41 242	54 666	7 877	15 756

23-23 续表3 continued

单位:万元 (10 000 yuan)

地区	Region	资产总计 Total Assets	负债总计 Total Liabilities	所有者权益总计 Total Owners' Equities	主营业务收入 Revenue from Principal Business	利润总额 Total Profits	利税总额 Total Taxes and Profits
大理州	**Dali**	**2 383 770**	**1 292 338**	**1 091 432**	**1 770 744**	**187 951**	**407 961**
大理市	Dali	1 387 400	645 183	742 217	893 924	99 121	269 929
漾濞县	Yangbi	91 699	53 754	37 946	41 389	3 340	6 967
祥云县	Xiangyun	358 248	214 567	143 681	411 861	50 285	71 142
宾川县	Binchuan	20 676	13 258	7 418	10 125	378	1 151
弥渡县	Midu	30 362	15 819	14 543	18 586	2 650	3 849
南涧县	Nanjian	13 510	12 165	1 345	7 340	- 159	148
巍山县	Weishan	22 215	14 129	8 086	20 919	293	1 569
永平县	Yongping	32 988	20 778	12 210	13 589	3 478	4 775
云龙县	Yunlong	35 262	25 842	9 420	42 986	301	5 376
洱源县	Eryuan	126 386	93 773	32 613	141 511	11 261	13 849
剑川县	Jianchuan	121 893	73 919	47 973	89 995	5 643	12 611
鹤庆县	Heqing	143 132	109 150	33 982	78 518	11 361	16 594
德宏州	**Dehong**	**935 683**	**634 764**	**300 919**	**396 716**	**57 988**	**92 704**
瑞丽市	Ruili	119 400	62 109	57 292	124 225	24 424	33 908
潞西市	Luxi	368 823	253 273	115 550	133 731	8 469	21 401
梁河县	Lianghe	46 461	36 037	10 424	29 891	1 341	4 111
盈江县	Yingjiang	372 944	266 276	106 668	86 230	20 884	28 816
陇川县	Longchuan	28 055	17 070	10 985	22 638	2 869	4 469
怒江州	**Nujiang**	**602 918**	**281 931**	**320 987**	**391 448**	**140 199**	**184 485**
泸水县	Lushui	158 533	104 633	53 901	47 064	4 667	10 094
福贡县	Fugong	10 385	6 255	4 129	1 983	882	1 006
贡山县	Gongshan	31 519	33 071	-1 552	3 423	- 923	- 702
兰坪县	Lanping	402 481	137 972	264 509	338 978	135 573	174 086
迪庆州	**Diqing**	**318 792**	**212 673**	**106 119**	**120 178**	**18 654**	**28 762**
香格里拉县	Shangri-La	246 962	158 508	88 453	112 406	16 414	25 620
德钦县	Deqin	71 830	54 165	17 666	7 772	2 240	3 142
维西县	Weixi						

23-24 各县市年主营业务收入500万元及以上独立核算工业企业主要经济效益指标(2007年)

Main Finance Indicators of Industrial Enterprises of Annual Revenue over 5 Million Yuan from Principal Business with Independent Accounting Systems by County and City (2007)

单位 % (%)

地 区	Region	资产负债率 Assets-Liabilities Ratio	每百元固定资产原价实现利税 Profits and Taxes Gained from Original Value of Per 100 yuan in Fixed Assets (yuan)	总资产贡献率 Ratio of Total Assets To Industrial Output Value	资本保值增值率 Rate of Capital Maintained and Appreciation	成本费用利润率 Ratio of Profits to Cost	每百元主营业务收入实现利润 Profits Gained from Revenue of Per 100 from Principal Business (yuan)
全省合计	**Total**	**54.40**	**31.82**	**19.9**	**122.55**	**10.79**	**9.02**
昆 明 市	**Kunming**	**53.57**	**31.70**	**17.05**	**134.21**	**7.57**	**6.71**
五华区	Wuhua	52.03	79.34	30.48	117.90	10.26	8.21
盘龙区	Panlong	36.54	27.77	11.62	136.41	12.63	11.27
官渡区	Guandu	64.92	12.35	8.61	120.20	4.24	3.80
西山区	Xishan	61.87	14.89	9.82	95.97	5.94	5.67
东川区	Dongchuan	66.06	85.83	30.34	139.19	5.27	5.08
呈贡县	Chenggong	60.89	17.56	14.39	114.60	7.68	7.15
晋宁县	Jinning	59.59	25.08	15.74	107.20	10.43	9.43
富民县	Fuming	65.58	12.80	11.59	141.03	6.32	5.89
宜良县	Yiliang	70.79	5.12	7.65	119.35	3.94	3.77
石林县	Shilin	21.87	17.54	15.65	103.05	12.59	11.23
嵩明县	Songming	68.40	12.16	8.03	118.25	0.95	0.93
禄劝县	Luquan	68.69	18.35	13.20	194.01	6.74	6.32
寻甸县	Xundian	78.35	9.13	8.01	142.93	4.38	4.28
安宁市	Anning	43.93	18.25	9.76	192.70	6.26	6.04
曲 靖 市	**Qujing**	**59.62**	**25.46**	**19.65**	**126.81**	**10.80**	**9.04**
麒麟区	Qilin	47.53	53.15	33.30	107.86	16.98	12.89
马龙县	Malong	72.20	26.11	14.23	123.36	1.47	1.35
陆良县	Luliang	56.69	12.04	9.64	124.40	3.01	2.95
师宗县	Shizong	65.43	15.39	12.14	162.95	2.57	2.57
罗平县	Luoping	62.43	10.68	15.73	149.64	6.92	6.09
富源县	Fuyuan	74.69	9.48	6.18	136.67	9.81	8.80
会泽县	Huize	28.25	91.72	59.35	151.06	31.90	18.09
沾益县	Zhanyi	65.12	7.59	8.85	150.20	4.01	3.87
宣威市	Xuanwei	71.07	7.33	9.60	140.13	3.46	3.32
玉 溪 市	**Yuxi**	**35.46**	**62.93**	**26.78**	**89.44**	**12.67**	**9.25**
红塔区	Hongta	24.32	86.67	31.14	83.28	16.17	10.14
江川县	Jiangchuan	50.37	31.26	15.32	150.20	10.51	9.42
澄江县	Chengjiang	71.35	9.95	7.24	125.81	4.19	4.04
通海县	Tonghai	60.49	14.22	10.24	101.61	4.21	4.03
华宁县	Huaning	69.56	12.93	8.41	85.56	4.38	4.20
易门县	Yimen	52.72	27.80	15.55	188.09	5.24	5.01
峨山县	Eshan	70.35	33.78	17.02	115.56	5.10	4.84
新平县	Xinping	61.26	24.35	18.70	144.08	14.10	12.43
元江县	Yuanjiang	62.31	24.55	18.51	124.91	12.40	10.99

23-24 续表1 continued

单位 % (%)

地 区	Region	资产负债率 Assets-Liabilities Ratio	每百元固定资产原价实现利税 Profits and Taxes Gained from Original Value of Per 100 yuan in Fixed Assets (yuan)	总资产贡献率 Ratio of Total Assets To Industrial Output Value	资本保值增值率 Rate of Capital Maintained and Appreciation	成本费用利润率 Ratio of Profits to Cost	每百元主营业务收入实现利润 Profits Gained from Revenue of Per 100 from Principal Business (yuan)
保山市	**Baoshan**	**66.07**	**14.53**	**10.95**	**119.06**	**10.54**	**10.99**
隆阳区	Longyang	64.82	11.84	9.64	120.98	12.51	9.62
施甸县	Shidian	119.76	1.93	6.05	58.99	-3	11.31
腾冲县	Tengchong	71.07	32.61	13.97	109.93	10.92	-3.09
龙陵县	Longling	66.35	15.89	13.72	107.97	6.44	9.84
昌宁县	Changning	54.68	17.33	13	127.23	11.17	6.06
昭通市	**Zhaotong**	**56.73**	**33.08**	**22.62**	**117.72**	**18.52**	**10.05**
昭阳区	Zhaoyang	55.18	34.5	32.69	126.13	9.99	13.68
鲁甸县	Ludian	74.16	124.58	20.77	162.9	27.47	6.78
巧家县	Qiaojia	52.27	38.29	19.79	151.8	25.18	20.71
盐津县	Yanjin	66.21	23.3	9.58	109.16	5.24	19.96
大关县	Daguan	57.45	8.96	11.39	175.12	3.27	4.56
永善县	Yongshan	57.1	17.35	12.85	110.1	16.18	3.1
绥江县	Suijiang	66.41	21.43	22.21	316.06	1.6	13.82
镇雄县	Zhenxiong	66.49	15.04	21.25	369.97	7.77	1.47
彝良县	Yiliang	49.46	58.69	25.14	67.02	47.64	7.05
威信县	Weixin	44.04	26.03	24.75	216.39	8.13	31.45
水富县	Shuifu	51.05	20.89	12.61	104.81	31.91	7.08
丽江市	**Lijiang**	**60.74**	**10.93**	**9**	**110.32**	**7.12**	**25.06**
古城区	Gucheng	67.81	7.04	6.28	113.72	5.95	6.66
玉龙县	Yulong	53.47	8.57	6.27	93.13	10.57	5.48
永胜县	Yongsheng	51.28	4.25	4.86	97.99	3.14	9.83
华坪县	Huaping	64.54	23.97	16.3	130.81	8.24	3.17
宁蒗县	Ninglang	56.67	15.46	12.69	131.78	15.12	7.63
普洱市	**Pu'er**	**73.57**	**9.39**	**8.62**	**134.59**	**12.95**	**12.58**
思茅区	Simao	80.61	5.33	5.95	137.05	13.64	11.46
宁洱县	Ning'er	64.54	11.27	8.05	101.27	2.89	11.33
墨江县	Mojiang	45.74	57.16	35.51	206.25	63.04	2.8
景东县	Jingdong	53.6	6.43	3.47	433.22	-4.1	38.37
景谷县	Jinggu	61.06	8.5	8.29	108.33	8	-4.24
镇沅县	Zhenyuan	78.92	25.17	12.63	325.43	13.57	7.95
江城县	Jiangcheng	81.71	13.92	11.75	532.94	5.39	12.09
孟连县	Menglian	39.83	13.73	11.69	122.22	11.97	4.93
澜沧县	Lancang	71.54	30.37	18.25	95.18	19.1	10.62
西盟县	Ximeng	120.78	6.98	6.98	52.72	7.02	16.74
临沧市	**Lincang**	**75.08**	**12.52**	**15.53**	**102.54**	**15.06**	**6.45**
临翔区	Linxiang	66.34	9.25	10.07	122.85	17.47	12.98
凤庆县	Fengqing	81.94	8.86	8.55	108.85	3.96	14.79
云县	Yunxian	88.38	11.2	19.72	58.89	29.02	3.73
永德县	Yongde	61.42	11.52	8.06	95.11	5.33	22
镇康县	Zhenkang	66.47	28.81	21.85	243.32	21.4	5.05
双江县	Shuangjiang	48.16	19.7	14.86	134.35	7.76	17.47
耿马县	Gengma	76.22	14.08	18.48	131.07	8.17	7.31
沧源县	Cangyuan	64.47	17	14.4	96.26	4.16	7.51

23-24 续表2 continued

单位 % (%)

地区	Region	资产负债率 Assets-Liabilities Ratio	每百元固定资产原价实现利税 Profits and Taxes Gained from Original Value of Per 100 yuan in Fixed Assets (yuan)	总资产贡献率 Ratio of Total Assets To Industrial Output Value	资本保值增值率 Rate of Capital Maintained and Appreciation	成本费用利润率 Ratio of Profits to Cost	每百元主营业务收入实现利润 Profits Gained from Revenue of Per 100 from Principal Business (yuan)
楚雄州	**Chuxiong**	**43.89**	**45.86**	**27.58**	**224.23**	**14.17**	**11.73**
楚雄市	Chuxiong	38.78	54.49	31.86	414.14	7.82	10.05
双柏县	Shuangbo	84.69	7.92	10.98	108.74	11.21	7.26
牟定县	Mouding	34.97	36.05	18.36	315.18	2.18	10.02
南华县	Nanhua	69.04	15.93	8.99	109.48	21.65	2.04
姚安县	Yao'an	50.65	20.43	19.32	111.15	32.5	18.1
大姚县	Dayao	39.26	63.89	40.2	133.98	1.29	23.74
永仁县	Yongren	61.33	16.16	9.8	93.75	0.89	1.27
元谋县	Yuanmou	67.62	7.17	6.93	130.15	20.43	0.87
武定县	Wuding	40.27	54.58	22.76	91.23	13.39	15
禄丰县	Lufeng	51.45	33.65	20.6	114.51	10.09	12.02
红河州	**Honghe**	**60.55**	**28.05**	**21.14**	**120.52**	**4.89**	**8.42**
个旧市	Gejiu	63.28	19.43	12.55	103.59	4.51	4.55
开远市	Kaiyuan	70.11	6.74	9.69	117.5	13.34	4.2
蒙自县	Mengzi	48.03	33.87	24.98	220.49	24.41	11.95
屏边县	Pingbian	43.95	18.12	13.52	109.42	8.37	19.83
建水县	Jianshui	42.1	22.36	17.19	136	0.44	7.75
石屏县	Shiping	53.34	9.98	13.33	162.6	33.44	0.44
弥勒县	Mile	52.82	83.74	41.71	117.67	10.09	16.61
泸西县	Luxi	68.22	7.02	9.51	224.02	21.7	9.11
元阳县	Yuanyang	65	17.1	16.3	277.43	1.55	17.27
红河县	Honghe	80.37	5.73	4.2	80.92	38.04	1.55
金平县	Jinping	80.39	14.11	15.15	89.61	7.97	27.88
绿春县	Luchun	56.97	9.07	6.39	171.5	3.08	7.48
河口县	Hekou	56.47	9.49	5.57	45.02	15.94	2.96
文山州	**Wenshan**	**61.97**	**33.65**	**20.2**	**126.1**	**15.64**	**13.79**
文山县	Wenshan	53.2	31.81	20.05	116.07	13.03	13.44
砚山县	Yanshan	52.81	61.07	28.99	154.39	-0.52	11.65
西畴县	Xichou	81.86	4.37	5.98	34.93	16.57	-0.51
麻栗坡县	Malipo	76.89	17.94	13.64	100.77	17.96	14.5
马关县	Maguan	70.13	60.7	23.61	143.42	6.01	15.34
丘北县	Qiubei	68.74	8.06	8.34	132.43	14.76	5.65
广南县	Guangnan	60.69	20.12	15.79	116.34	29.35	13.05
富宁县	Funing	63.24	26.21	20.32	209.91	32.28	22.36
西双版纳州	**Xishuangbanna**	**53.19**	**36.28**	**24.12**	**142.01**	**6.92**	**23.82**
景洪市	Jinghong	57.78	7.6	7.49	126.54	54	6.18
勐海县	Menghai	52.45	95.93	44.06	177.99	18.05	34.94
勐腊县	Mengla	40	41.51	23.55	115.45	12.96	14.41

23-24 续表3 continued

单位:% (%)

地区	Region	资产负债率 Assets-Liabilities Ratio	每百元固定资产原价实现利税 Profits and Taxes Gained from Original Value of Per 100 yuan in Fixed Assets (yuan)	总资产贡献率 Ratio of Total Assets To Industrial Output Value	资本保值增值率 Rate of Capital Maintained and Appreciation	成本费用利润率 Ratio of Profits to Cost	每百元主营业务收入实现利润 Profits Gained from Revenue of Per 100 from Principal Business (yuan)
大理州	**Dali**	**54.21**	**31.04**	**21.12**	**185.66**	**12.96**	**10.61**
大理市	Dali	46.5	32.07	23.78	235.77	14.91	11.09
漾濞县	Yangbi	58.62	7.39	10.96	102.94	8.95	8.07
祥云县	Xiangyun	59.89	65.78	23.76	114.94	13.91	12.21
宾川县	Binchuan	64.12	6.96	8.69	106.16	3.89	3.73
弥渡县	Midu	52.1	20.97	18.69	207.75	15.78	14.26
南涧县	Nanjian	90.05	1.53	2.45	104.65	-2.14	-2.17
巍山县	Weishan	63.6	14.9	11.95	242.57	1.47	1.4
永平县	Yongping	62.99	36.18	19.45	145.46	33.71	25.6
云龙县	Yunlong	73.29	26.15	23.27	204.66	0.74	0.7
洱源县	Eryuan	74.2	26.39	14.82	127.21	8.69	7.96
剑川县	Jianchuan	60.64	22.93	12.04	141.4	6.75	6.27
鹤庆县	Heqing	76.26	22.51	15.51	169.68	16.65	14.47
德宏州	**Dehong**	**67.84**	**15.02**	**13.78**	**154.42**	**17.46**	**14.62**
瑞丽市	Ruili	52.02	30.46	30.43	110.13	25.9	19.66
潞西市	Luxi	68.67	9.11	8.45	132.97	6.84	6.33
梁河县	Lianghe	77.56	22.65	9.34	107.94	4.69	4.49
盈江县	Yingjiang	71.4	12.27	13.23	270.18	32.06	24.22
陇川县	Longchuan	60.84	25.27	20.19	161.27	14.1	12.67
怒江州	**Nujiang**	**46.76**	**59.23**	**34.50**	**114.36**	**56.95**	**35.82**
泸水县	Lushui	66	8.39	10.31	189.35	11.22	9.92
福贡县	Fugong	60.24	12.91	13.76	127.14	80.61	44.48
贡山县	Gongshan	104.92	-2.49	-2.27	246.84	-21.33	-26.97
兰坪县	Lanping	34.28	112.19	46.47	105.97	68.08	39.99
迪庆州	**Diqing**	**66.71**	**19.25**	**12.48**	**146.87**	**18.33**	**15.52**
香格里拉县	Shangri-La	64.18	19.25	13.23	125.92	17.3	14.6
德钦县	Deqin	75.41	19.21	9.27	665.49	32.7	28.83
维西县	Weixi						

23-25 各县市社会消费品零售总额

Total Retail Sales of Consumer Goods of Each County and City

单位：万元 (10 000 yuan)

地　区	Region	2006年	2007年	地　区	Region	2006年	2007年
全省合计	**Total**	**11 888 789**	**13 945 445**	**保 山 市**	**Baoshan**	**412 267**	**484 782**
昆 明 市	**Kunming**	**4 842 035**	**5 694 232**	隆阳区	Longyang	210 303	245 212
五华区	Wuhua	1 636 180	1 892 914	施甸县	Shidian	37 409	43 221
盘龙区	Panlong	942 446	1 125 897	腾冲县	Tengchong	89 963	105 950
官渡区	Guandu	794 102	937 438	龙陵县	Longling	32 118	39 587
西山区	Xishan	764 318	903 062	昌宁县	Changning	42 473	50 813
东川区	Dongchuan	39 021	45 404	**昭 通 市**	**Zhaotong**	**507 532**	**592 323**
呈贡县	Chenggong	81 449	91 293	昭阳区	Zhaoyang	195 934	235 067
晋宁县	Jinning	60 371	71 455	鲁甸县	Ludian	22 367	26 377
富民县	Fuming	35 132	42 813	巧家县	Qiaojia	34 718	40 188
宜良县	Yiliang	88 428	106 527	盐津县	Yanjin	22 300	24 450
石林县	Shilin	75 805	91 800	大关县	Daguan	16 014	18 906
嵩明县	Songming	86 293	98 633	永善县	Yongshan	32 005	36 230
禄劝县	Luquan	36 887	45 703	绥江县	Suijiang	12 107	14 701
寻甸县	Xundian	59 396	75 179	镇雄县	Zhenxiong	71 418	84 702
安宁市	Anning	142 207	166 114	彝良县	Yiliang	42 035	47 376
曲 靖 市	**Qujing**	**1 051 663**	**1 231 310**	威信县	Weixin	26 300	29 956
麒麟区	Qilin	282 543	323 992	水富县	Shuifu	32 334	34 370
马龙县	Malong	27 060	30 816	**丽 江 市**	**Lijiang**	**183 396**	**224 927**
陆良县	Luliang	96 203	116 010	古城区	Gucheng	85 067	104 826
师宗县	Shizong	51 208	58 905	玉龙县	Yulong	21 809	26 189
罗平县	Luoping	93 887	109 942	永胜县	Yongsheng	29 183	35 895
富源县	Fuyuan	89 286	106 060	华坪县	Huaping	29 486	35 561
会泽县	Huize	77 626	89 294	宁蒗县	Ninglang	17 850	22 456
沾益县	Zhanyi	71 150	82 434	**普 洱 市**	**Pu'er**	**372 050**	**431 923**
宣威市	Xuanwei	262 700	313 857	思茅区	Simao	118 578	137 872
玉 溪 市	**Yuxi**	**685 333**	**781 776**	宁洱县	Ning'er	28 932	33 601
红塔区	Hongta	316 301	362 912	墨江县	Mojiang	31 590	35 097
江川县	Jiangchuan	51 410	58 760	景东县	Jingdong	34 957	40 618
澄江县	Chengjiang	39 170	45 110	景谷县	Jinggu	46 200	54 377
通海县	Tonghai	63 209	71 996	镇沅县	Zhenyuan	24 516	28 626
华宁县	Huaning	39 585	45 326	江城县	Jiangcheng	16 268	18 856
易门县	Yimen	42 261	47 580	孟连县	Menglian	21 883	25 429
峨山县	Eshan	34 626	38 464	澜沧县	Lancang	41 897	49 151
新平县	Xinping	45 562	51 800	西盟县	Ximeng	7 229	8 296
元江县	Yuanjiang	53 209	59 828				

23-25 续表 Continued

单位：万元 (10 000 yuan)

地 区	Region	2006年	2007年	地 区	Region	2006年	2007年
临沧市	**Lincang**	**321 262**	**373 607**	麻栗坡县	Malipo	42 325	50 627
临翔区	Linxiang	87 684	101 362	马关县	Maguan	67 288	82 470
凤庆县	Fengqing	46 798	53 771	丘北县	Qiubei	41 663	50 051
云 县	Yunxian	50 993	61 251	广南县	Guangnan	75 696	94 680
永德县	Yongde	32 869	38 921	富宁县	Funing	85 928	102 398
镇康县	Zhenkang	18 101	20 571	西双版纳州	**Xishuangbanna**	**249 068**	**291 117**
双江县	Shuangjiang	19 425	21 931	景洪市	Jinghong	145 288	170 922
耿马县	Gengma	40 260	47 701	勐海县	Menghai	50 465	57 232
沧源县	Cangyuan	25 132	28 100	勐腊县	Mengla	53 315	62 963
楚 雄 州	**Chuxiong**	**635 913**	**742 360**	大 理 州	**Dali**	**718 386**	**840 699**
楚雄市	Chuxiong	289 751	337 987	大理市	Dali	301 865	350 324
双柏县	Shuangbo	14 638	16 730	漾濞县	Yangbi	15 450	18 078
牟定县	Mouding	27 937	32 549	祥云县	Xiangyun	79 874	93 882
南华县	Nanhua	43 896	51 127	宾川县	Binchuan	51 550	59 860
姚安县	Yao'an	29 876	34 806	弥渡县	Midu	47 387	53 926
大姚县	Dayao	40 020	46 615	南涧县	Nanjian	31 338	36 606
永仁县	Yongren	11 504	13 223	巍山县	Weishan	40 957	45 890
元谋县	Yuanmou	26 854	31 285	永平县	Yongping	22 420	26 011
武定县	Wuding	29 118	33 457	云龙县	Yunlong	25 837	30 100
禄丰县	Lufeng	122 319	144 581	洱源县	Eryuan	36 944	42 847
红 河 州	**Honghe**	**738 477**	**862 067**	剑川县	Jianchuan	21 019	24 856
个旧市	Gejiu	149 612	110 630	鹤庆县	Heqing	30 760	35 396
开远市	Kaiyuan	90 283	173 849	德 宏 州	**Dehong**	**253 965**	**307 726**
蒙自县	Mengzi	95 547	107 020	瑞丽市	Ruili	58 825	70 361
屏边县	Pingbian	23 210	26 170	潞西市	Luxi	90 644	113 617
建水县	Jianshui	79 688	93 800	梁河县	Lianghe	20 963	23 122
石屏县	Shiping	51 004	58 707	盈江县	Yingjiang	62 799	75 512
弥勒县	Mile	81 067	94 850	陇川县	Longchuan	20 735	25 114
泸西县	Luxi	64 570	77 308	怒 江 州	**Nujiang**	**81 121**	**91 345**
元阳县	Yuanyang	29 358	32 997	泸水县	Lushui	34 155	39 528
红河县	Honghe	18 936	22 306	福贡县	Fugong	10 953	10 743
金平县	Jinping	24 564	27 055	贡山县	Gongshan	7 038	7 898
绿春县	Luchun	19 258	23 100	兰坪县	Lanping	28 975	33 176
河口县	Hekou	11 380	14 316	迪 庆 州	**Diqing**	**99 462**	**120 215**
文 山 州	**Wenshan**	**633 589**	**755 110**	香格里拉县	Shangri-La	70 725	83 237
文山县	Wenshan	207 317	242 529	德钦县	Deqin	12 100	17 113
砚山县	Yanshan	88 900	105 260	维西县	Weixi	16 637	19 865
西畴县	Xichou	24 472	27 095				

二十四、乡镇概况

General Survey of Townships and Towns

Chapter 24

24-1 全省乡镇基本情况指标(2007)

Basic Conditions of Townships and Towns Established with the Approval of the State Council (2007)

指　　标	Item	2007年
基本情况	**Basic Conditions**	
乡个数(个)	Number of Township (unit)	733
建制镇个数(个)	Number of Towns Established with the Approval of the State Council (unit)	585
居民委员会个数(个)	Number of Towns Communities (unit)	633
村民委员会个数(个)	Number of Townships Committees and Subdistrict Offices (unit)	12 798
乡镇总户数(户)	Total Households of Townships and Towns (unit)	10 705 616
乡镇总人口(人)	Total Population of Townships and Towns (person)	40 211 314
其中：外来人口	Of Which: Ab extra Population (person)	1 306 135
乡镇从业人员数(人)	Employed Persons of Townships and Towns (person)	21 843 379
其中：外来从业人口	Of which: Ab extra Population (person)	827 434
第二产业(人)	Employed Persons of Secondary Industry (person)	2 019 347
第三产业(人)	Employed Persons of Tertiary Industry (person)	3 236 696
乡镇行政区域面积(公顷)	Administrative Area of Townships and Towns (hectare)	38 290 037
年末常用耕地面积(公顷)	Area of Cultivated Land in Common Use at the Year-end (hectare)	2 654 176
农作物总播种面积(公顷)	Total Sown Area of Farm Crops (hectare)	5 535 160
其中:粮食播种面积(公顷)	Of which: Sown Area of Grain Crops (hectare)	3 621 023
乡镇用电总量(万千瓦小时)	Irrigated Area at the Year-end (hectare)	870 464
年末有效灌溉面积(公顷)	Effective Irrigated Area at the Year-end (hectare)	1 103 663
农技推广服务机构(个)	Number of Service Organization of Agricultural Scince & Technology and Generalizing (unit)	2 987
农技推广服务从业人员(人)	Number of Employed Persons of Agricultural Scince & Technology and Generalizing (person)	23 622
农业专业合作经济组织个数(个)	Number of Economic Organization of Agricultural Professional Cooperation (unit)	1 690
农业专业合作经济组织成员(户)	Number of Economic Organization Member of Agricultural Professional Cooperation (unit)	220 692
经济指标	**Economic Indicators**	
农民人均纯收入(元)	Per Capita Net Income of Farmers (yuan)	2 634
粮食总产量(吨)	Total Yield of Grain (ton)	13 658 602
肉类总产量(吨)	Total Output of Meat (ton)	3 457 512
财政总收入(万元)	Total Government Revenue (10 000 yuan)	1 378 926
一般预算收入(万元)	Government Revenue of General Budgetary (10 000 yuan)	706 815
财政支出(万元)	Government Expenditure (10 000 yuan)	1 062 272
居民储蓄存款余额(万元)	Residents' Savings Deposits at the Year-end (10 000 yuan)	12 154 148
财政供给人数(人)	Number of Persons Supply by Government Finance (person)	111 189
其中：公务员(人)	Of which: Civil Servants (person)	37 298
事业编制(人)	Institution Authorized (person)	58 888
财政供给人员全年工资总额(万元)	Total Wages of Persons Supply by Government Finance in This Year(10 000 yuan)	236 007
年末资产总额(万元)	Total Assets at the Year-end (10 000 yuan)	1 711 673
年末债务总额(万元)	Total Liability at the Year-end (10 000 yuan)	526 873
其中:当年负债(万元)	Of which: Total Liabilities in this Year (10 000 yuan)	44 702
固定资产投资完成额(万元)	Total Investment in Fixed Assets (10 000 yuan)	3 818 238
其中:农业投资完成额(万元)	Of which: Agricultural Investment in Fixed Assets (10 000 yuan)	540 707

24-1 续表 continued

指 标	Item	2007年
社区环境	**Community Conditions**	
通电的村(个)	Number of Villages with Electricity Supply (unit)	12 722
通电话的村(个)	Number of Villages with Telephone Service (unit)	12 268
通公路的村(个)	Number of Villages with Highway (unit)	12 613
通有线电视的村(个)	Number of Villages with CATV (unit)	6 274
通自来水的村(个)	Number of Villages with Tap Water Supply (unit)	11 166
垃圾集中处理的村	Number of Bus Stations (unit)	1 233
储蓄所(个)	Number of Savings Deposits Seats (unit)	2 836
乡镇政府到县政府距离(公里)	Distance from Government of Township and Town to Government of County (km)	63 582
本乡镇公路里程(公里)	Length of Highways in Townships and Towns (km)	172 621
市场个数(个)	Number of Markets (unit)	2 850
公园个数(个)	Number of Parks (unit)	245
小学校总数(个)	Number of Primary Schools (unit)	22 428
小学在校学生总数(人)	Number of Students Enrollment in Primary Schools (person)	4 182 302
小学教师总数(人)	Total Number of Teachers of Primary School (person)	219 315
中学校总数(个)	Total Number of Students Enrollment (person)	2 036
中学在校学生总数(人)	Total Number of Secondary Schools (unit)	2 087 503
中学教师总数(人)	Total Number of Teachers of Secondary School (person)	131 471
幼儿园、托儿所(个)	Number of Kindergartens (unit)	3 675
图书馆、文化站(个)	Number of Libraries and Cultural Stations (unit)	1 379
影剧院(个)	Number of Cinemas and Theaters (unit)	177
体育场馆(个)	Number of Stadiums and Gymnasiums (unit)	159
医院、卫生院(个)	Number of Hospitals and Cliniques (unit)	2 128
医生数(人)	Number of Doctors (person)	46 866
病床数(张)	Number of Sickbeds (unit)	80 377
敬老院、福利院(个)	Number of Resthomes and Welfare Center (unit)	685
参加农村新型合作医疗(人)	Number of Persons of joined New Cooperative Medical Treatment (person)	30 687 635
基本养老保险参保人数(人)	Number of Persons of joined Endowment Insurance (person)	1 036 126

24-2 全省建制镇基本情况指标(2007年)

Basic Indicators on Towns Established with the Approval of State Council(2007)

乡镇名称	Schedule of Towns Communities and Subdistrict Offices	总人口(人) Total Population (person)	乡镇从业人员数(人) Number of Employed Persons of Townships and Towns (person)	财政总收入(万元) Government Revenue (10 000 yuan)	万人拥有农业技术人数(人) Number of Technical Personnel Engaged in Agriculture Production per 10 000 Persons (person)	万人拥有教师数(人) Number of Teachers per 10 000 Persons(person)	万人拥有医生数(人) Number of Doctors per 10 000 Persons(person)
官渡区小板桥镇	Xiaobanqiao	72 529	42 037	10 545	0.28	35.85	3.58
官渡区官渡镇	Guandu	34 420	21 803	5 628	3.78	47.94	12.78
官渡区大板桥镇	Dabanqiao	48 725	38 748	16 890	0.82	186.97	5.54
西山区碧鸡镇	Biji	27 562	20 380	5 298	3.99	57.69	4.35
西山区海口镇	Haikou	69 874	17 143	8 226	0.72	69.98	16.03
西山区团结镇	Tuanjie	34 168	21 984	3 983	6.15	105.95	7.02
东川区铜都镇	Tongdu	125 609	61 290	1 692	1.75	107.64	71.65
东川区汤丹镇	Tangdan	44 529	21 719	552	1.57	91.85	6.06
东川区因民镇	Yinmin	16 425	8 716	321	1.83	93.76	6.70
东川区阿旺镇	Awang	36 838	26 699	509	1.36	63.79	3.53
东川区乌龙镇	Wulong	25 022	14 176	110	2.40	98.31	7.99
东川区红土地镇	Hongtudi	22 234	13 772	374	3.15	75.56	7.65
东川区拖布卡镇	Tuobuka	31 637	20 584	346	2.21	74.91	6.32
呈贡县龙城镇	Longcheng	44 892	12 955	5 568	0.45	138.11	92.00
呈贡县洛羊镇	Luoyang	32 000	23 458	15 609	1.56	60.94	4.06
呈贡县斗南镇	Dounan	35 769	10 870	3 331	0.84	57.31	2.24
晋宁县昆阳镇	Kunyang	88 475	56 737	7 226	4.75	49.84	1.24
晋宁县晋城镇	Jincheng	57 611	38 375	3 046	0.87	63.53	19.09
晋宁县宝峰镇	Baofeng	17 282	10 826	1 117	2.31	82.75	9.26
富民县永定镇	Yongding	47 417	20 850	2 298	7.59	120.00	14.13
富民县大营镇	Daying	23 183	14 726	2 917	1.73	83.25	14.67
宜良县匡远镇	Kuangyuan	112 517	66 160	397	5.78	96.79	20.53
宜良县北古城镇	Beigucheng	56 943	35 972	1 378	1.05	70.60	1.93
宜良县南羊镇	Nanyang	41 181	25 492	420	5.34	52.69	3.16
宜良县狗街镇	Goujie	63 663	39 955	631	5.81	59.53	10.84
宜良县汤池镇	Tangchi	54 219	31 833	756	10.33	67.87	4.06
石林县鹿阜镇	Lufu	58 802	30 727	1 925	21.94	148.97	41.33
石林县石林镇	Shilin	38 387	20 498	1 306	7.03	85.45	5.99
石林县路美邑镇	Lumeiyi	30 357	16 772	1 174	5.27	88.94	2.64
石林县板桥镇	Banqiao	33 137	18 258	779	1.51	88.12	4.22
石林县西街口镇	Xijiekou	19 859	11 518	828	3.02	89.13	2.52
石林县长湖镇	Changhu	17 019	9 731	982	4.11	98.71	4.11
石林县圭山镇	Guishang	24 776	12 364	1 110	2.83	134.40	4.44
嵩明县嵩阳镇	Songyang	64 215	27 789	2 480	8.72	124.58	48.28
嵩明县小街镇	Xiaojie	65 963	36 199	2 139	1.67	99.30	1.52
嵩明县杨林镇	Yanglin	61 080	25 357	2 702	5.08	73.67	3.44
嵩明县牛栏江镇	Niulanjiang	53 454	28 322	25 348	3.74	83.62	2.43
嵩明县滇源镇	Dianyuan	36 886	20 084	263	3.80	93.53	7.59
禄劝县屏山镇	Pingshan	66 846	30 754	2 048	13.31	119.38	32.91
禄劝县撒营盘镇	Sayingpan	46 548	25 828	456	4.30	119.23	9.67
禄劝县转龙镇	Zhuanlong	33 256	18 081	280	3.01	108.55	9.62
寻甸县仁德镇	Rende	71 759	36 855	2 990	13.24	129.04	21.18
寻甸县塘子镇	Tangzi	29 528	18 789	483	12.87	71.12	5.08
寻甸县羊街镇	Yangjie	45 637	26 616	497	3.29	83.27	5.04
寻甸县柯渡镇	Kedu	38 683	20 569	292	2.84	54.80	3.10
寻甸县倘甸镇	Tangdian	41 813	26 682	247	9.81	97.34	8.13
寻甸县功山镇	Gongshan	40 645	22 003	212	2.71	65.20	5.41
安宁市连然镇	Lianran	137 835	29 833	16 856	0.65	89.82	29.31

24-2 续表 1 continued

乡镇名称	Schedule of Towns Communities and Subdistrict Offices	总人口(人) Total Population (person)	乡镇从业人员数(人) Number of Employed Persons of Townships and Towns (person)	财政总收入(万元) Government Revenue (10 000 yuan)	万人拥有农业技术人数(人) Number of Technical Personnel Engaged in Agriculture Production per 10 000 Persons (person)	万人拥有教师数(人) Number of Teachers per 10 000 Persons(person)	万人拥有医生数(人) Number of Doctors per 10 000 Persons(person)
安宁市八街镇	Bajie	40 852	24 281	4 414	5.14	73.19	6.12
安宁市温泉镇	Wenquan	13 091	6 570	1 625	8.40	65.69	38.96
安宁市青龙镇	Qinglong	10 014	6 565	12 831	3.99	78.89	6.99
安宁市禄脿镇	Lubiao	13 782	8 321	1 134	13.06	79.81	7.98
安宁市草铺镇	Caopu	17 796	11 667	6 927	10.68	82.60	3.37
安宁市太平镇	Taiping	19 589	5 067	3 277	2.04	52.58	47.99
安宁市县街镇	Xianjie	28 229	18 005	5 192	10.98	61.28	4.25
麒麟区三宝镇	Sanbao	61 584	34 537	863	7.79	93.69	1.46
麒麟区越州镇	Yuezhou	75 128	39 724	2 160	2.40	81.99	1.33
麒麟区东山镇	Dongshan	77 351	42 355	1 769	5.43	87.65	6.72
马龙县通泉镇	Tongquan	46 402	19 765	5 354	11.42	112.06	34.48
马龙县旧县镇	Jiuxian	29 908	16 324	914	9.03	86.60	4.35
马龙县马过河镇	Maguohe	15 920	8 990	391	13.19	84.80	5.65
马龙县王家庄镇	Wangjiazhuang	33 652	21 585	897	9.21	101.93	5.65
马龙县纳章镇	Nazhang	14 472	8 425	381	12.44	110.56	5.53
陆良县中枢镇	Zhongshu	105 306	29 739	960	10.16	111.01	110.35
陆良县板桥镇	Banqiao	92 467	66 874	1 158	6.16	80.46	4.65
陆良县三岔河镇	Sanchahe	112 141	67 566	9	5.89	85.78	2.50
陆良县马街镇	Majie	109 337	49 959	1 295	2.38	89.54	5.40
陆良县召夸镇	Zhaokua	31 314	18 785	131	24.27	105.06	11.82
陆良县大莫古镇	Damogu	49 918	26 185	1 614	10.42	100.56	7.01
陆良县芳华镇	Fanghua	32 890	17 964	1 341	16.42	113.71	8.21
陆良县小百户镇	Xiaobaihu	41 469	26 172	1 852	16.88	111.17	3.62
师宗县丹凤镇	Danfeng	104 438	42 869	2 451	11.68	125.82	79.95
师宗县雄壁镇	Xiongbi	55 822	26 707	735	2.15	76.13	3.40
师宗县葵山镇	Kuishan	40 166	23 217	630	4.73	91.12	2.49
师宗县彩云镇	Caiyun	41 421	22 289	615	14.73	77.50	3.62
罗平县罗雄镇	Luoxiong	114 280	46 082	1 764	1.93	177.55	55.65
罗平县板桥镇	Banqiao	49 026	27 737	620	3.67	99.13	19.58
罗平县马街镇	Majie	59 465	31 864	808	2.19	86.61	5.04
罗平县富乐镇	Fule	48 667	26 778	1 014	12.74	92.05	3.29
罗平县九龙镇	Jiulong	78 645	44 955	1 200	3.05	98.29	1.65
罗平县阿岗镇	Agang	62 791	34 442	1 640	1.27	90.62	10.67
富源县中安镇	Zhongan	125 637	47 655	3 507	1.11	62.08	52.85
富源县营上镇	Yingshan	76 094	39 909	1 746	0.92	80.95	4.07
富源县黄泥河镇	Huangnihe	56 480	30 251	10 200	1.59	92.60	5.31
富源县竹园镇	Zhuyuan	49 944	33 843	2 700	1.20	102.92	2.60
富源县后所镇	Housuo	69 582	32 009	1 267	0.86	105.92	5.75
富源县大河镇	Dahe	80 724	39 182	1 121	0.74	78.54	3.59
富源县墨红镇	Mohong	61 298	34 429	1 936	0.82	85.48	3.10
富源县富村镇	Fucun	90 022	46 918	1 500	1.22	87.53	0.33
会泽县金钟镇	Jinzhong	141 003	74 544	4 818	5.82	102.13	39.22
会泽县娜姑镇	Nagu	68 834	44 154	2 522	5.67	69.30	7.12
会泽县迤车镇	Yiche	79 211	45 854	3 029	8.08	67.92	10.10
会泽县乐业镇	Leye	67 824	36 585	3 368	8.11	76.67	7.08
会泽县矿山镇	Kuangshan	23 150	11 645	1 541	8.64	72.57	6.91
会泽县者海镇	Zhehai	103 102	48 145	3 272	4.66	90.30	27.64
会泽县待补镇	Daibu	47 343	29 163	2 606	7.39	83.43	10.56
会泽县大井镇	Dajing	40 373	23 791	2 222	7.93	79.26	3.47

24-2 续表 2 continued

乡镇名称	Schedule of Towns Communities and Subdistrict Offices	总人口(人) Total Population (person)	乡镇从业人员数(人) Number of Employed Persons of Townships and Towns (person)	财政总收入(万元) Government Revenue (10 000 yuan)	万人拥有农业技术人数(人) Number of Technical Personnel Engaged in Agriculture Production per 10 000 Persons (person)	万人拥有教师数(人) Number of Teachers per 10 000 Persons(person)	万人拥有医生数(人) Number of Doctors per 10 000 Persons(person)
沾益县西平镇	Xiping	108 228	48 750	5 375	6.19	135.73	14.97
沾益县白水镇	Baishui	34 123	18 848	3 500	9.67	94.36	3.52
沾益县盘江镇	Panjiang	73 034	35 597	4 859	6.16	61.48	6.16
宣威市来宾镇	Laibin	81 510	45 190	868	2.45	80.48	5.77
宣威市格宜镇	Geyi	58 945	31 584	2 055	5.09	84.15	3.73
宣威市田坝镇	Tianba	73 118	31 736	3 176	1.78	66.60	5.47
宣威市羊场镇	Yangchang	57 371	26 818	2 373	2.61	83.67	13.25
宣威市板桥镇	Banqiao	61 287	39 643	1 989	5.55	81.26	25.13
宣威市倘塘镇	Tangtang	80 402	45 379	3 196	6.22	75.99	2.49
宣威市落水镇	Luoshui	41 442	21 882	2 274	6.52	89.28	5.55
宣威市务德镇	Wude	47 675	26 742	1 068	6.29	121.03	2.94
宣威市海岱镇	Haidai	60 874	37 048	540	4.93	80.17	3.45
宣威市龙场镇	Longchang	53 590	30 102	2 383	8.21	80.43	11.38
宣威市龙潭镇	Longtan	60 573	32 365	2 485	4.46	80.07	1.32
宣威市热水镇	Reshui	76 696	47 231	2 430	6.00	73.93	5.35
宣威市宝山镇	Baoshan	68 308	36 036	2 772	2.93	69.68	3.22
宣威市东山镇	Dongshan	55 113	29 238	2 323	7.62	85.10	2.54
红塔区北城镇	Beicheng	60 133	34 423	5 030	1.66	87.31	6.49
红塔区春和镇	Chunhe	55 368	33 788	9 717	0.90	89.04	3.61
红塔区李棋镇	Liqi	30 323	17 921	5 376	5.94	67.28	10.22
红塔区大营街镇	Dayingjie	46 937	28 528	15 667	3.41	85.01	8.74
红塔区研和镇	Yanhe	49 603	28 243	22 797	4.64	74.79	4.64
红塔区高仓镇	Gaocang	21 128	12 477	2 723	8.52	88.03	5.68
江川县大街镇	Dajie	77 822	36 965	3 374	7.07	81.08	21.59
江川县江城镇	Jiangcheng	70 206	44 608	2 427	6.27	71.50	7.55
江川县前卫镇	Qianwei	47 588	28 962	754	3.99	77.75	2.31
江川县九溪镇	Jiuxi	26 156	15 944	508	7.65	66.91	5.73
江川县路居镇	Luju	28 254	17 358	1 295	9.91	67.25	2.83
澄江县凤麓镇	Fenglu	21 356	5 988	1 173	3.28	115.19	66.96
澄江县龙街镇	Longjie	55 793	35 318	3 532	1.08	95.53	5.38
澄江县阳宗镇	Yangzong	24 130	13 385	437	7.46	70.87	9.53
澄江县右所镇	Yousuo	37 545	23 317	1 180	1.60	124.38	1.33
澄江县海口镇	Haikou	11 334	6 555	813	9.71	69.70	22.06
澄江县九村镇	Jiucun	11 455	7 076	1 625	11.35	99.52	11.35
通海县秀山镇	Xiushan	63 968	30 213	6 076	0.31	107.40	26.58
通海县杨广镇	Yangguang	50 085	34 748	1 998	1.80	74.27	9.98
通海县九街镇	Jiujie	34 940	21 780	775	8.01	60.68	3.72
通海县河西镇	Hexi	50 688	29 994	1 248	4.14	98.45	5.33
通海县四街镇	Sijie	43 115	26 719	1 589	1.62	97.65	5.80
通海县纳古镇	Nagu	20 298	8 093	1 476	3.94	47.79	3.94
华宁县宁州镇	Ningzhou	77 873	37 910	2 654	7.19	115.44	21.57
华宁县盘溪镇	Panxi	52 715	29 108	1 139	6.64	94.09	6.83
华宁县华溪镇	Huaxi	13 116	8 780	548	10.67	91.49	6.10
华宁县青龙镇	Qinglong	53 279	29 488	3 045	4.13	68.88	4.50
易门县龙泉镇	Longquan	56 473	24 145	2 884	8.50	135.46	26.92
华宁县六街镇	Liujie	25 240	15 165	922	5.94	87.16	10.70
华宁县绿汁镇	Lüzhi	21 816	8 842	493	7.79	73.80	36.21

24-2 续表 3 continued

乡镇名称	Schedule of Towns Communities and Subdistrict Offices	总人口(人) Total Population (person)	乡镇从业人员数(人) Number of Employed Persons of Townships and Towns (person)	财政总收入(万元) Government Revenue (10 000 yuan)	万人拥有农业技术人数(人) Number of Technical Personnel Engaged in Agriculture Production per 10 000 Persons (person)	万人拥有教师数(人) Number of Teachers per 10 000 Persons(person)	万人拥有医生数(人) Number of Doctors per 10 000 Persons(person)
峨山县双江镇	Shuangjiang	47 323	21 658	4 581	9.51	139.47	32.54
峨山县小街镇	Xiaojie	25 141	13 662	1 456	17.10	106.60	3.18
峨山县甸中镇	Dianzhong	19 861	12 052	661	15.10	90.13	6.04
峨山县化念镇	Huanian	11 280	6 030	860	22.16	102.84	11.52
峨山县塔甸镇	Tadian	14 264	9 308	1 062	26.64	118.48	10.52
新平县桂山镇	Guishan	34 373	10 673	1 047	2.04	168.45	96.30
新平县扬武镇	Yangwu	21 342	13 450	629	8.90	90.43	8.43
新平县漠沙镇	Mosha	38 313	24 635	223	4.44	97.88	1.83
新平县戛洒镇	Gasa	21 679	15 265	582	7.84	89.03	9.69
新平县水塘镇	Shuitang	22 577	13 824	823	9.30	85.49	2.21
新平县腰街镇	Yiaojie	14 334	8 667	735	8.37	96.27	11.16
元江县澧江镇	Lijiang	45 849	18 470	2 250	4.14	97.28	2.84
元江县因远镇	Yinyuan	29 400	17 722	1 516	4.76	95.24	7.48
元江县青龙厂镇	Qinglongchang	14 576	8 831	576	7.55	168.08	18.52
元江县东峨镇	Donger	15 341	8 415	445	6.52	146.01	7.82
隆阳区板桥镇	Banqiao	100 861	53 866	721	4.07	79.81	9.52
隆阳区河图镇	Hetu	49 646	29 476	250	5.04	84.20	3.63
隆阳区汉庄镇	Hanzhuang	69 607	35 242	897	3.30	75.28	5.46
隆阳区蒲缥镇	Pupiao	50 109	28 872	334	5.59	76.23	3.19
隆阳区瓦窑镇	Wayao	36 672	21 003	1 152	6.82	79.35	7.09
隆阳区潞江镇	Lujiang	70 011	38 313	789	3.00	71.27	9.14
施甸县甸阳镇	Dianyang	46 995	18 220	1 617	3.62	50.43	64.26
施甸县由旺镇	Youwang	40 227	23 897	1 104	1.24	91.73	11.44
施甸县姚关镇	Yaoguan	36 745	22 657	602	1.91	92.53	5.99
施甸县仁和镇	Renhe	52 913	30 414	1 310	2.65	88.83	8.88
施甸县太平镇	Taiping	31 502	19 555	1 388	9.52	93.33	6.67
腾冲县腾越镇	Tengyue	110 879	42 090	10 624	0.36	135.19	23.18
腾冲县固东镇	Gudong	43 973	25 816	1 328	4.32	75.27	14.55
腾冲县滇滩镇	Diantan	26 660	15 874	3 215	3.75	90.02	11.25
腾冲县猴桥镇	Houqiao	26 678	14 427	1 586	5.25	81.72	9.00
腾冲县和顺镇	Heshun	6 358	3 956	404	11.01	265.81	6.29
龙陵县龙山镇	Longshan	46 696	30 234	2 318	12.42	147.76	67.67
龙陵县镇安镇	Zhenan	41 935	23 026	608	4.53	103.97	4.53
龙陵县勐糯镇	Mengnuo	17 537	11 931	615	8.55	110.05	9.69
昌宁县田园镇	Tianyuan	58 906	24 925	2 488	6.79	124.10	52.12
昌宁县漭水镇	Mangshui	29 405	16 253	1 092	4.42	76.52	3.40
昌宁县柯街镇	Kejie	28 280	16 603	653	1.77	92.64	4.60
昌宁县卡斯镇	Kasi	38 257	23 641	1 636	3.14	87.30	7.06
昌宁县勐统镇	Mengtong	25 240	14 706	1 076	5.15	65.37	6.34
昭阳区旧圃镇	Jiupu	66 364	32 686	205	2.11	78.96	4.22
昭阳区永丰镇	Yongfeng	40 485	22 273	345	2.47	64.22	2.72
昭阳区北闸镇	Beizha	49 150	34 120	694	4.88	68.36	6.31
鲁甸县文屏镇	Wenping	59 806	20 752	1 056	3.51	159.68	28.09
鲁甸县水磨镇	Shuimou	38 223	18 318	563	2.62	68.02	15.17
鲁甸县龙头山镇	Longdoushang	51 151	23 419	712	2.93	49.07	2.93
巧家县白鹤滩镇	Baihetan	99 962	53 002	807	1.30	106.24	8.90
巧家县大寨镇	Dazhai	35 535	21 254	351	2.53	63.32	2.53
巧家县小河镇	Xiaohe	43 729	22 275	308	1.14	66.32	2.52
巧家县药山镇	Yaoshan	50 005	28 485	380	2.60	52.59	1.60
巧家县马树镇	Mashu	31 399	17 774	270	3.18	59.24	1.91
巧家县老店镇	Laodian	55 984	27 345	360	2.32	58.05	1.25

24-2 续表 4 continued

乡镇名称	Schedule of Towns Communities and Subdistrict Offices	总人口(人) Total Population (person)	乡镇从业人员数(人) Number of Employed Persons of Townships and Towns (person)	财政总收入(万元) Government Revenue (10 000 yuan)	万人拥有农业技术人数(人) Number of Technical Personnel Engaged in Agriculture Production per 10 000 Persons (person)	万人拥有教师数(人) Number of Teachers per 10 000 Persons(person)	万人拥有医生数(人) Number of Doctors per 10 000 Persons(person)
盐津县盐井镇	Yanjing	55 248	21 906	1 343	6.34	137.92	35.84
盐津县普洱镇	Puer	62 794	31 043	851	0.80	66.25	2.23
盐津县豆沙镇	Dousha	22 473	11 721	1 396	2.22	69.86	2.22
盐津县中和镇	Zhonghe	35 300	15 994	487	2.55	79.32	2.27
大关县翠华镇	Cuihua	40 011	14 226	802	2.00	110.47	22.74
大关县玉碗镇	Yuwan	15 670	6 573	452	2.55	90.62	10.21
大关县吉利镇	Jili	18 726	8 201	328	1.60	112.68	5.87
大关县天星镇	Tianxing	62 380	29 565	633	2.08	83.84	15.23
大关县木杆镇	Mugan	28 104	12 926	12	1.42	82.91	2.49
大关县悦乐镇	Xiluodu	35 813	16 536	82	1.40	96.33	4.19
永善县溪洛渡镇	Guixi	86 006	37 260	883	11.51	137.55	40.93
永善县桧溪镇	Huanghua	17 141	8 012	379	10.50	93.34	19.25
永善县黄华镇	Maolin	56 977	29 543	592	2.11	78.80	6.67
永善县茂林镇	Daxing	24 293	12 585	295	2.88	53.92	3.70
永善县大兴镇	Daxing	37 912	17 759	368	6.33	81.77	6.86
永善县莲峰镇	Lianfeng	38 780	18 164	512	5.93	66.27	4.38
绥江县中城镇	Zhongcheng	75 560	27 251	673	7.15	81.26	8.87
绥江县南岸镇	Nanan	16 157	8 455	231	11.76	94.70	2.48
绥江县新滩镇	Xintan	23 958	9 564	239	8.35	78.47	3.34
绥江县会仪镇	Huiyi	25 002	11 960	271	10.00	74.79	6.40
镇雄县乌峰镇	Wufeng	121 371	32 118	1 635	2.47	117.41	33.86
镇雄县泼机镇	Poji	115 325	48 704	2 717	0.35	67.90	2.51
镇雄县黑树镇	Heishu	27 739	13 660	930	0.72	63.09	3.24
镇雄县母享镇	Muxiang	62 025	29 739	1 595	0.48	56.43	4.84
镇雄县大湾镇	Dawan	52 266	23 612	910	0.38	66.58	3.25
镇雄县以勒镇	Yile	63 454	34 500	1 226	0.47	61.30	4.41
镇雄县赤水源镇	Chishuiyuan	57 068	28 043	990	0.53	60.98	1.23
镇雄县芒部镇	Mangbu	46 053	19 995	810	1.09	55.81	2.17
镇雄县雨河镇	Yuhe	42 498	18 984	910	1.18	55.77	2.59
镇雄县罗坎镇	Luokan	73 588	33 163	1 550	0.82	69.30	2.72
镇雄县牛场镇	Niuchang	42 041	17 566	960	0.71	66.36	2.14
镇雄县五德镇	Wude	68 529	31 137	1 580	1.90	80.40	2.63
镇雄县坡头镇	Potou	68 800	28 176	2 044	0.87	73.84	3.34
镇雄县以古镇	Yigu	30 288	16 171	634	0.99	68.01	2.31
镇雄县场坝镇	Changba	54 927	23 700	900	0.73	43.15	2.55
镇雄县塘房镇	Tanfang	56 374	25 304	1 700	0.89	65.81	2.13
彝良县角奎镇	Jiaokui	106 447	66 630	1 198	10.15	109.35	28.65
彝良县洛泽河镇	Luozehe	59 047	27 279	814	5.42	75.36	2.37
彝良县牛街镇	Niujie	40 829	18 201	311	2.69	77.15	11.27
威信县扎西镇	Zaxi	117 968	43 017	792	1.44	121.81	2.37
威信县旧城镇	Jiucheng	30 178	14 900	343	2.32	63.62	4.64
水富县向家坝镇	Xiangjiaba	64 216	23 335	1 291	5.61	80.51	17.75
玉龙县黄山镇	Huangshan	14 177	6 269	415	32.45	110.74	18.34
玉龙县石鼓镇	Shigu	22 532	12 809	477	7.10	75.89	14.65
玉龙县巨甸镇	Judian	21 909	11 805	397	2.74	109.54	35.15
永胜县永北镇	Yongbei	59 133	23 807	1 052	0.34	119.39	60.37
永胜县仁和镇	Renhe	25 001	14 233	373	4.00	110.40	4.80
永胜县期纳镇	Qina	36 514	23 784	300	12.05	98.32	10.13
永胜县三川镇	Sanchuan	65 100	37 029	2 299	3.38	85.41	12.14
永胜县程海镇	Chenghai	44 399	25 414	286	2.93	84.24	6.98

24-2 续表 5 continued

乡镇名称	Schedule of Towns Communities and Subdistrict Offices	总人口(人) Total Population (person)	乡镇从业人员数(人) Number of Employed Persons of Townships and Towns (person)	财政总收入(万元) Government Revenue (10 000 yuan)	万人拥有农业技术人数(人) Number of Technical Personnel Engaged in Agriculture Production per 10 000 Persons (person)	万人拥有教师数(人) Number of Teachers per 10 000 Persons(person)	万人拥有医生数(人) Number of Doctors per 10 000 Persons(person)
华坪县中心镇	Zhongxin	22 260	12 449	690	4.04	289.31	116.80
华坪县荣将镇	Rongjiang	24 411	13 692	614	9.83	118.39	9.42
华坪县兴泉镇	Xingquan	16 320	8 923	644	11.03	130.51	10.42
宁蒗县大兴镇	Daxing	46 895	6 668	221	4.05	58.22	3.20
翠云区思茅镇	Simao	88 441	44 672	5 186	7.35	136.36	44.66
翠云区南屏镇	Nanping	69 394	17 610	3 827	5.91	85.31	87.04
翠云区倚象镇	Yixiang	37 845	24 850	776	5.81	84.56	1.85
翠云区思茅港镇	Simaogang	17 950	9 925	1 447	6.69	88.58	6.69
宁洱县宁洱镇	Ninger	69 296	27 020	2 588	2.74	117.61	20.78
宁洱县磨黑镇	Mohei	23 497	12 338	435	3.40	98.74	14.90
墨江县联珠镇	Lianzhu	82 750	43 139	1 161	3.50	89.18	12.93
墨江县通关镇	Tongguan	29 891	14 664	599	8.03	83.97	4.68
景东县锦屏镇	Jinping	54 369	19 794	1 241	9.75	113.85	19.50
景东县文井镇	Wenjing	63 122	34 699	905	12.04	79.85	6.81
景东县漫湾镇	Manwan	20 497	10 922	229	15.61	76.11	2.93
景东县大朝山东镇	Dachaoshandong	28 567	13 666	343	15.40	58.81	2.80
景谷县威远镇	Weiyuan	77 426	35 882	2 122	3.87	96.48	45.33
景谷县永平镇	Yongping	68 724	41 426	2 678	2.33	79.30	4.80
景谷县正兴镇	Zhengxing	21 859	12 721	1 027	5.49	57.18	2.74
景谷县民乐镇	Minle	24 834	17 591	1 482	12.89	68.45	8.46
镇沅县恩乐镇	Enle	28 961	12 719	590	5.52	142.95	30.04
镇沅县按板镇	Anban	20 741	11 961	520	3.86	85.82	6.27
镇沅县勐大镇	Mengda	41 998	26 138	941	4.05	89.29	3.57
镇沅县者东镇	Zhedong	28 331	16 190	760	7.77	81.18	4.94
江城县勐烈镇	Menglie	31 739	19 215	635	13.23	113.74	15.44
江城县整董镇	Zhengdong	11 413	6 079	63	2.63	61.33	10.51
孟连县娜允镇	Nayun	38 785	19 811	1 003	6.19	135.62	16.76
孟连县勐马镇	Mengma	30 362	19 729	1 117	1.32	57.97	4.61
孟连县芒信镇	Mangxin	15 779	7 578	634	5.07	39.93	3.80
澜沧县勐朗镇	Menglang	62 574	21 413	1 095	4.00	92.69	55.45
澜沧县上允镇	Shangyun	47 588	26 151	137	4.62	86.16	19.75
澜沧县糯扎渡镇	Nuozadu	29 666	17 858	1 246	8.76	75.17	7.08
西盟县勐梭镇	Mengsuo	13 128	7 791	266	10.66	259.75	34.28
西盟县勐卡镇	Mengka	16 734	7 636	336	6.57	126.09	9.56
临翔区博尚镇	Boshan	38 249	21 866	573	3.66	75.82	6.27
凤庆县凤山镇	Fengshan	72 440	28 481	1 146	2.76	89.32	30.78
凤庆县鲁史镇	Lushi	29 328	16 521	399	3.75	77.40	7.84
凤庆县小湾镇	Xiaowan	25 845	13 791	401	6.96	73.13	8.13
凤庆县营盘镇	Yingpan	42 512	21 335	467	2.59	68.22	3.53
凤庆县三岔河镇	Sanchahe	26 606	14 398	281	5.26	73.67	4.89
凤庆县勐佑镇	Mengyou	48 009	25 389	448	3.33	85.82	3.54
凤庆县雪山镇	Xueshan	28 950	16 554	292	3.45	79.45	3.80
凤庆县洛党镇	Luodang	36 321	20 057	336	6.33	80.94	3.30
云县爱华镇	Aihua	84 145	69 200	855	3.09	58.47	21.39
云县漫湾镇	Manwan	21 282	12 363	378	5.17	93.51	5.17
云县大朝山西镇	Dachaoshanxi	16 053	9 899	271	4.98	76.00	4.36
云县涌宝镇	Yongbao	44 118	23 851	1 091	3.63	64.60	5.21
云县茂兰镇	Maolan	40 234	25 740	355	3.23	74.07	3.98
云县幸福镇	Xinfu	43 490	22 661	518	4.14	80.25	5.06
云县大寨镇	Dazhai	36 682	18 138	360	2.18	69.79	2.45

24-2 续表 6 continued

乡镇名称	Schedule of Towns Communities and Subdistrict Offices	总人口(人) Total Population (person)	乡镇从业人员数(人) Number of Employed Persons of Townships and Towns (person)	财政总收入(万元) Government Revenue (10 000 yuan)	万人拥有农业技术人数(人) Number of Technical Personnel Engaged in Agriculture Production per 10 000 Persons (person)	万人拥有教师数(人) Number of Teachers per 10 000 Persons(person)	万人拥有医生数(人) Number of Doctors per 10 000 Persons(person)
永德县德党镇	Dedang	62 595	35 626	663	5.91	119.50	30.67
永德县小勐统镇	Xiaomengtong	48 974	29 566	379	7.35	62.89	2.45
永德县永康镇	Yongkang	55 298	28 053	515	8.32	94.40	6.51
镇康县凤尾镇	Fengwei	17 729	7 112	457	2.26	80.09	6.77
镇康县勐捧镇	Mengpeng	41 673	19 014	548	3.36	76.07	5.28
镇康县南伞镇	Nansan	34 723	15 127	776	8.93	122.97	19.01
双江县勐勐镇	Mengmeng	30 308	67 926	477	12.87	222.05	39.59
双江县勐库镇	Mengku	33 943	15 029	96	3.24	107.24	10.02
耿马县耿马镇	Gengma	52 238	30 387	1 087	4.02	110.46	20.87
耿马县勐永镇	Mengyong	30 287	16 705	351	5.94	64.38	3.30
耿马县勐撒镇	Mengsa	34 369	16 279	389	2.33	94.27	5.53
耿马县孟定镇	Mengding	73 250	40 815	4 173	7.65	81.50	9.83
沧源县勐董镇	Mengdong	27 182	11 688	1 310	9.93	145.32	56.29
沧源县岩帅镇	Aishuai	32 135	14 724	396	5.60	78.73	5.29
沧源县勐省镇	Mengsheng	22 898	9 161	285	5.68	79.05	4.37
沧源县芒卡镇	Mangka	13 736	6 918	238	12.38	75.71	7.28
楚雄市鹿城镇	Lucheng	154 499	95 984	2 656	1.55	120.84	51.84
楚雄市东瓜镇	Donggua	62 488	46 513	2 052	5.92	96.82	2.72
楚雄市吕合镇	Lühe	28 468	17 019	769	5.62	77.28	3.86
楚雄市紫溪镇	Zixi	14 958	9 483	633	8.02	98.28	6.69
楚雄市东华镇	Donghua	29 950	18 124	1 379	4.01	91.15	6.68
楚雄市子午镇	Ziwu	34 677	20 138	1 355	8.07	79.88	2.60
楚雄市苍岭镇	Cangling	32 687	19 426	778	6.42	67.31	2.75
楚雄市三街镇	Sanjie	24 975	14 052	702	6.01	87.69	6.41
楚雄市八角镇	Bajiao	17 031	10 970	790	11.74	92.77	7.05
楚雄市中山镇	Zhongshan	24 198	13 851	668	6.61	64.05	5.79
楚雄市新村镇	Xincun	15 165	8 870	458	10.55	89.68	14.51
双柏县妥甸镇	Tuodian	40 700	17 735	795	7.62	119.41	22.36
双柏县大庄镇	Dazhuang	26 919	16 130	575	8.92	68.35	2.97
双柏县法裱镇	Fabiao	24 797	15 605	576	8.87	75.82	5.24
双柏县鄂嘉镇	Erjia	27 063	15 048	645	8.13	67.25	2.96
双柏县大麦地镇	Damaidi	9 677	6 205	261	13.43	52.70	5.17
牟定县共和镇	Gonghe	74 618	48 500	1 520	6.30	102.12	14.74
双柏县新桥镇	Xinqiao	29 356	17 805	629	9.54	67.79	5.11
双柏县江坡镇	Jiangpuo	29 957	17 294	879	8.68	75.11	2.00
双柏县凤屯镇	Fengtun	18 575	11 880	427	9.69	57.60	1.62
南华县龙川镇	Longchuan	79 475	45 155	1 067	6.67	107.20	18.24
南华县沙桥镇	Shaqiao	34 612	21 242	590	7.51	66.74	13.87
南华县五街镇	Wujie	17 771	11 746	323	5.06	60.21	6.75
南华县红土坡镇	Hongtupo	13 738	7 745	430	7.28	72.06	8.01
南华县马街镇	Majie	18 572	11 103	447	3.23	66.23	9.15
南华县兔街镇	Tujie	14 162	8 600	277	5.65	81.20	10.59
姚安县栋川镇	Dongchuan	90 111	45 912	2 734	6.66	101.54	11.87
姚安县光禄镇	Guanglu	34 714	21 069	1 168	10.08	82.10	7.49
姚安县前场镇	Qianchang	17 531	11 354	743	5.13	70.73	3.42
姚安县弥兴镇	Mixing	21 948	13 251	303	8.66	77.91	6.38
姚安县太平镇	Taiping	9 804	6 325	583	12.24	112.20	6.12
大姚县金碧镇	Jinbi	97 323	49 056	1 411	1.34	101.31	9.97
大姚县石羊镇	Shiyang	27 823	16 873	260	3.23	92.73	10.06
大姚县六苴镇	Liuju	13 955	7 262	269	3.58	83.12	22.93

24-2 续表 7 continued

乡镇名称	Schedule of Towns Communities and Subdistrict Offices	总人口(人) Total Population (person)	乡镇从业人员数(人) Number of Employed Persons of Townships and Towns (person)	财政总收入(万元) Government Revenue (10 000 yuan)	万人拥有农业技术人数(人) Number of Technical Personnel Engaged in Agriculture Production per 10 000 Persons (person)	万人拥有教师数(人) Number of Teachers per 10 000 Persons(person)	万人拥有医生数(人) Number of Doctors per 10 000 Persons(person)
永仁县永定镇	Yongding	28 794	19 510	502	24.31	70.50	33.34
永仁县宜就镇	Yijiu	17 264	9 915	381	10.43	78.78	4.05
永仁县中和镇	Zhonghe	11 932	7 742	379	15.09	82.97	6.70
元谋县元马镇	Yuanma	58 171	37 405	975	3.27	89.91	25.44
元谋县黄瓜园镇	Huangguayuan	36 549	22 546	204	5.47	96.86	4.10
元谋县羊街镇	Yangjie	17 946	11 221	478	10.03	85.81	8.36
武定县狮山镇	Shishang	79 348	38 049	946	2.77	84.69	20.42
武定县高桥镇	Gaoqiao	36 086	23 094	670	4.16	83.41	7.21
武定县猫街镇	Maojie	26 106	16 837	477	4.21	82.74	2.68
禄丰县金山镇	Jinshan	78 969	40 712	15 010	8.48	104.09	25.58
禄丰县仁兴镇	Renxing	33 946	21 142	1 608	13.55	84.84	4.42
禄丰县碧城镇	Bicheng	46 367	24 695	744	8.20	98.78	6.25
禄丰县勤丰镇	QinFeng	27 501	15 175	739	11.64	83.63	2.91
禄丰县一平浪镇	Yipinglang	47 103	28 184	2 279	6.16	78.13	14.44
禄丰县广通镇	Guangtong	43 952	19 803	1 569	12.29	106.71	24.12
禄丰县黑井镇	Heijing	17 786	10 652	107	11.24	87.71	3.94
禄丰县土官镇	Tuguan	12 231	6 567	330	21.26	89.94	3.27
禄丰县罗川镇	Luochuan	20 189	11 841	141	17.83	73.31	3.96
禄丰县和平镇	Heping	23 272	14 246	657	19.77	93.25	4.73
个旧市锡城镇	Xicheng	16 264	9 303	4 723	8.61	51.65	1.84
个旧市沙甸镇	Shadian	14 091	6 172	8 351	0.71	163.22	10.65
个旧市鸡街镇	Jijie	94 900	48 000	13 900	0.21	17.39	7.59
个旧市大屯镇	Datun	66 308	43 960	13 024	3.92	67.87	15.53
个旧市老厂镇	Laochang	51 878	43 184	3 352	1.16	28.72	6.17
个旧市卡房镇	Kafang	35 977	20 381	4 467	4.17	82.83	4.45
个旧市蔓耗镇	Manhao	6 197	3 914	932	27.43	140.39	19.36
开远市小龙潭镇	Xiaolongtang	16 322	9 903	936	5.51	98.64	8.58
蒙自县文澜镇	Wenlan	135 513	82 485	6 619	4.13	111.80	27.16
蒙自县草坝镇	Caoba	37 511	22 772	789	4.00	73.58	8.26
蒙自县雨过铺镇	Yuguopu	22 316	15 810	3 594	6.27	77.97	5.83
蒙自县新安所镇	Xinansuo	33 683	18 829	452	3.27	73.03	8.31
蒙自县芷村镇	Zhicun	33 415	20 761	1 929	2.99	78.71	6.88
蒙自县鸣鹫镇	Mingjiu	17 989	12 647	505	3.89	67.26	3.89
蒙自县冷泉镇	Lengquan	20 833	14 197	310	4.32	67.20	5.76
屏边县玉屏镇	Yuping	30 854	14 307	1 490	3.57	46.67	4.54
建水县临安镇	Linan	147 309	58 355	15 131	5.70	116.76	41.82
建水县官厅镇	Guanting	34 651	27 009	796	9.81	81.96	3.17
建水县西庄镇	Xizhuang	35 214	18 521	566	8.52	88.60	3.98
建水县青龙镇	Qinglong	15 264	9 353	516	26.21	106.13	3.28
建水县南庄镇	Nanzhuang	49 362	29 439	423	8.31	92.58	6.48
建水县岔科镇	Chake	24 786	14 917	731	14.52	80.69	4.03
建水县曲江镇	Qujiang	70 153	40 054	850	9.55	87.67	24.66
建水县面甸镇	Miandian	38 863	23 461	472	9.78	83.11	4.12
石屏县异龙镇	Yilong	90 827	42 831	2 449	18.83	105.26	20.48
石屏县宝秀镇	Baoxiu	52 350	30 695	807	19.29	92.45	4.58
石屏县坝心镇	Baxin	30 741	19 345	478	12.04	87.18	4.23
石屏县龙朋镇	Longpeng	27 597	19 646	770	10.51	85.52	6.16
石屏县龙武镇	Longwu	22 670	14 448	398	11.03	88.66	2.65
石屏县哨冲镇	Shaochong	18 180	11 795	459	10.45	79.76	3.85
石屏县牛街镇	Niujie	27 717	15 788	1 148	14.43	72.16	3.97

24-2 续表 8 continued

乡镇名称	Schedule of Towns Communities and Subdistrict Offices	总人口(人) Total Population (person)	乡镇从业人员数(人) Number of Employed Persons of Townships and Towns (person)	财政总收入(万元) Government Revenue (10 000 yuan)	万人拥有农业技术人数(人) Number of Technical Personnel Engaged in Agriculture Production per 10 000 Persons (person)	万人拥有教师数(人) Number of Teachers per 10 000 Persons(person)	万人拥有医生数(人) Number of Doctors per 10 000 Persons(person)
弥勒县弥阳镇	Miyang	134 591	39 595	15 913	3.57	104.98	18.65
弥勒县新哨镇	Xinshao	39 993	23 322	2 252	2.00	94.02	3.00
弥勒县虹溪镇	Hongxi	46 079	27 858	1 631	1.52	73.35	2.82
弥勒县竹园镇	Zhuyuan	56 519	36 979	2 143	0.88	86.52	12.74
弥勒县朋普镇	Pengpu	48 937	27 090	1 661	1.02	60.69	7.77
弥勒县巡检司镇	Xunjiansi	31 047	17 385	7 748	1.61	74.08	4.19
弥勒县西一镇	Xiyi	26 726	18 464	1 080	1.12	66.60	2.25
弥勒县西二镇	Xier	39 819	26 261	1 307	1.26	54.50	4.02
弥勒县西三镇	Xisan	23 172	14 874	1 155	2.16	90.63	4.32
弥勒县东山镇	Dongshan	19 625	12 108	890	2.04	62.17	2.55
泸西县中枢镇	Zhongshu	111 814	82 415	5 754	19.68	137.10	24.24
泸西县金马镇	Jinma	52 434	30 236	2 299	11.63	85.82	6.48
泸西县旧城镇	Sanhe	56 569	43 929	2 658	26.52	85.74	5.13
泸西县午街铺镇	Jiucheng	47 837	28 032	2 165	8.57	93.44	5.44
泸西县白水镇	Baishui	51 019	28 789	2 351	14.90	96.24	3.33
元阳县南沙镇	Nansha	22 866	10 573	404	6.56	127.26	56.85
元阳县新街镇	Xinjie	71 886	37 933	80	1.95	58.01	5.29
红河县迤萨镇	Yisa	21 313	10 590	872	2.35	185.80	25.81
金平县金河镇	Jinhe	72 792	37 086	1 588	2.06	76.24	11.68
金平县金水河镇	Jinshuihe	18 456	9 958	394	4.88	84.53	3.79
绿春县大兴镇	Daxing	48 094	23 111	472	3.74	89.62	24.95
河口县河口镇	Hekou	27 228	7 685	634	17.26	121.93	179.59
河口县南溪镇	Nanxi	16 184	3 967	850	3.09	77.24	15.45
文山县开化镇	Kuaihua	150 235	78 522	26 208	2.53	191.57	97.51
文山县古木镇	Gumu	26 077	13 687	163	3.07	85.13	14.57
文山县平坝镇	Pingba	36 523	20 130	186	2.46	76.94	10.68
文山县马塘镇	Matang	34 995	20 056	839	2.00	88.58	13.72
文山县德厚镇	Dehou	36 168	20 139	423	2.21	85.43	1.94
文山县小街镇	Xiaojie	24 593	12 343	234	8.54	70.35	4.47
文山县薄竹镇	Bozhu	30 233	17 697	193	7.94	84.34	3.97
文山县追栗街镇	Zhuilijie	10 755	6 270	476	3.72	92.98	12.09
砚山县江那镇	Jiangna	63 328	28 027	3 872	2.53	126.64	37.42
砚山县平远镇	Pingyuan	77 196	38 792	3 029	1.55	94.69	13.34
砚山县稼依镇	Jiayi	44 249	24 851	1 782	7.23	114.80	11.07
砚山县阿猛镇	Ameng	56 503	31 325	579	7.26	88.67	3.54
西畴县西洒镇	Xisa	44 956	17 682	888	6.45	117.67	19.13
西畴县兴街镇	Xingjie	47 602	27 853	533	5.67	105.04	6.51
麻栗坡县麻栗镇	Mali	47 515	24 564	4 315	7.16	168.58	18.94
麻栗坡县大坪镇	Daping	24 259	16 098	1 002	8.66	92.75	4.53
麻栗坡县董干镇	Donggan	46 863	25 933	1 726	5.97	96.24	3.20
马关县马白镇	Mabai	64 719	36 858	5 687	5.10	144.93	26.58
马关县八寨镇	Bazhai	42 300	25 309	2 423	9.46	90.54	5.67
马关县仁和镇	Renhe	33 492	19 310	1 570	7.17	78.23	4.78
马关县木厂镇	Muchang	26 929	15 717	1 161	8.54	65.73	2.60
马关县夹寒箐镇	Jiahanqing	39 359	24 950	1 627	6.86	75.71	1.52
马关县小坝子镇	Xiaobazi	14 350	10 169	749	11.85	75.26	1.39
马关县都龙镇	Dulong	32 479	23 164	4 859	7.70	83.75	3.69
马关县金厂镇	Jinchang	8 677	5 812	655	16.13	86.44	2.30
马关县坡脚镇	Pojiao	23 833	15 271	1 518	15.11	90.63	5.45

24-2 续表 9 continued

乡镇名称	Schedule of Towns Communities and Subdistrict Offices	总人口(人) Total Population (person)	乡镇从业人员数(人) Number of Employed Persons of Townships and Towns (person)	财政总收入(万元) Government Revenue (10 000 yuan)	万人拥有农业技术人数(人) Number of Technical Personnel Engaged in Agriculture Production per 10 000 Persons (person)	万人拥有教师数(人) Number of Teachers per 10 000 Persons(person)	万人拥有医生数(人) Number of Doctors per 10 000 Persons(person)
丘北县锦屏镇	Jinping	41 790	22 611	4 240	4.31	209.62	43.55
丘北县曰者镇	Yuzhe	34 115	18 925	298	3.52	90.58	2.05
丘北县双龙营镇	Shuanglongying	75 941	37 846	1 121	1.98	79.01	2.37
广南县莲城镇	Liancheng	88 653	46 258	4 227	5.53	163.22	19.18
广南县八宝镇	Babao	68 930	42 406	1 913	4.35	89.80	2.90
广南县南屏镇	Nanping	41 022	22 301	993	4.39	69.72	2.44
广南县珠街镇	Zhujie	37 183	21 154	902	5.92	62.93	2.15
广南县那洒镇	Nasa	50 481	29 889	1 599	5.35	71.91	2.77
广南县珠琳镇	Zhulin	62 840	36 500	2 526	3.34	80.68	1.91
广南县坝美镇	Bamei	59 486	33 138	1 756	6.05	87.25	3.70
富宁县新华镇	Xinhua	43 718	33 009	3 862	5.03	188.71	40.03
富宁县归朝镇	Guichao	41 343	27 214	1 874	3.63	82.00	4.35
富宁县剥隘镇	Boai	21 999	15 063	1 031	4.09	65.00	6.82
富宁县里达镇	Lida	22 575	13 579	929	9.75	78.85	6.64
富宁县田蓬镇	Tianpeng	55 843	33 351	2 081	4.12	68.41	6.80
富宁县木央镇	Muyiang	49 817	35 449	2 678	1.61	70.06	6.22
景洪市嘎洒镇	Gasa	72 072	28 936	1 219	5.41	86.30	5.00
景洪市勐龙镇	Menglong	70 787	44 761	1 156	4.10	111.60	3.81
景洪市勐罕镇	Menghan	26 970	16 526	1 275	10.01	114.94	17.43
景洪市勐养镇	Mengyang	14 910	8 794	247	28.84	164.99	19.45
景洪市普文镇	Puwen	14 252	3 893	546	31.57	129.81	22.45
勐海县勐海镇	Menghai	51 527	40 324	2 003	1.36	171.37	26.59
勐海县打洛镇	Daluo	18 755	11 661	1 162	10.13	82.64	4.27
勐海县勐混镇	Menghun	30 521	19 465	1 294	3.28	79.29	5.90
勐海县勐遮镇	Mengzhe	52 206	37 032	1 868	9.96	93.28	4.41
勐海县勐满镇	Mengman	18 880	10 756	857	10.06	75.21	3.18
勐海县勐阿镇	Menga	21 057	11 503	976	2.85	90.23	3.80
勐腊县勐腊镇	Mengla	17 042	9 690	622	30.51	338.58	120.29
勐腊县勐捧镇	Mengpeng	30 129	17 666	392	17.59	165.95	2.99
勐腊县勐满镇	Mengman	12 729	8 912	58	26.71	130.41	8.64
勐腊县勐仑镇	Menglun	14 649	8 565	751	19.11	173.39	15.02
勐腊县尚勇镇	Shangyong	16 057	8 454	469	18.06	117.08	8.10
勐腊县勐伴镇	Mengban	10 539	8 243	270	24.67	95.83	11.39
勐腊县关累镇	Guanlei	12 224	10 806	167	23.72	131.71	9.82
大理市下关镇	Xiaguan	190 094	21 717	13 027	2.00	96.37	57.92
大理市大理镇	Dali	67 341	29 490	1 070	7.42	65.64	44.55
大理市凤仪镇	Fengyi	65 842	33 207	12 797	6.53	75.64	6.38
大理市喜洲镇	Xizhou	65 648	36 213	1 089	2.28	52.25	2.59
大理市海东镇	Haidong	23 084	12 840	1 529	9.96	90.97	6.06
大理市挖色镇	Wase	21 678	13 183	275	7.38	59.51	4.15
大理市湾桥镇	Wanqiao	25 927	13 460	960	8.87	59.01	10.80
大理市银桥镇	Yinqiao	30 372	16 489	2 905	1.98	59.27	2.30
大理市双廊镇	Shuanglang	17 710	10 159	376	0.56	73.97	2.82
大理市上关镇	Shanguan	40 929	22 073	198	1.47	80.87	15.39
漾濞县苍山西镇	Cangshang	40 307	16 627	212	11.41	119.33	19.35
漾濞县漾江镇	Yiangjian	15 138	8 196	64	9.91	91.82	3.30
漾濞县平坡镇	Pingpo	8 736	4 525	64	12.59	106.46	4.58

24-2 续表 10 continued

乡镇名称	Schedule of Towns Communities and Subdistrict Offices	总人口(人) Total Population (person)	乡镇从业人员数(人) Number of Employed Persons of Townships and Towns (person)	财政总收入(万元) Government Revenue (10 000 yuan)	万人拥有农业技术人数(人) Number of Technical Personnel Engaged in Agriculture Production per 10 000 Persons (person)	万人拥有教师数(人) Number of Teachers per 10 000 Persons(person)	万人拥有医生数(人) Number of Doctors per 10 000 Persons(person)
祥云县祥城镇	Xiangcheng	108 187	50 223	6 332	7.86	69.23	64.98
祥云县沙龙镇	Shalong	32 740	15 747	135	2.44	61.70	1.83
祥云县云南驿镇	Yunnanyi	97 954	56 301	1 187	0.71	50.23	2.76
祥云县下庄镇	Xiazhuang	54 469	29 358	701	2.02	80.60	9.55
祥云县普棚镇	Pupeng	27 233	16 244	320	1.47	64.63	6.24
祥云县刘厂镇	Liuchang	37 994	20 821	257	1.84	51.85	2.37
祥云县禾甸镇	Hedian	47 808	28 280	609	0.84	55.85	2.93
祥云县米甸镇	Midian	27 674	17 039	290	2.17	55.29	5.42
宾川县金牛镇	Jinniu	87 501	42 739	1 016	13.83	107.66	20.91
宾川县宾居镇	Binju	36 854	20 585	378	6.51	65.39	4.07
宾川县州城镇	Zhoucheng	44 950	26 585	437	6.67	95.22	3.11
宾川县大营镇	Daying	23 790	15 832	297	10.51	79.87	2.10
宾川县鸡足山镇	Jizhushan	25 410	14 289	396	7.48	66.51	4.33
宾川县力角镇	Lijiao	30 749	22 393	353	6.50	78.05	4.88
宾川县平川镇	Pingchuan	36 273	20 548	539	13.23	76.64	6.34
宾川县乔甸镇	Qiaodian	22 257	14 683	328	10.78	79.97	4.94
弥渡县弥城镇	Micheng	84 613	43 538	1 599	2.36	64.65	15.84
弥渡县红岩镇	Hongyan	51 111	33 297	667	0.39	55.76	3.91
弥渡县新街镇	Xinjie	51 946	25 410	617	3.08	59.48	2.12
弥渡县寅街镇	Yinjie	47 059	26 054	296	2.12	86.49	4.25
弥渡县苴力镇	Juli	25 376	14 766	555	4.33	62.66	3.15
南涧县南涧镇	Nanjian	45 992	22 294	1 611	6.96	118.28	19.79
南涧县小湾东镇	Xiaowandong	18 997	11 598	703	6.84	58.96	1.05
南涧县公郎镇	Gonglang	31 044	17 860	516	6.44	82.46	4.19
南涧县宝华镇	Baohua	30 641	18 506	658	10.12	75.06	11.10
巍山县南诏镇	Nanzhao	45 534	18 550	585	7.91	71.38	30.53
巍山县庙街镇	Miaojie	62 477	41 067	396	3.36	62.90	2.24
巍山县大仓镇	Dacang	50 387	28 267	447	4.17	69.07	7.34
巍山县永建镇	Yongjian	51 602	29 074	373	7.36	63.95	1.55
永平县博南镇	Bonan	52 412	20 160	1 632	34.92	127.64	51.32
永平县杉阳镇	Shanyang	42 313	19 982	355	4.25	63.34	4.73
永平县龙街镇	Longjie	23 122	11 561	358	12.97	85.20	5.62
云龙县诺邓镇	Nuodeng	24 504	9 497	595	2.45	84.48	8.98
云龙县旧州镇	Jiuzhou	34 779	17 696	272	8.05	89.13	9.78
云龙县漕涧镇	Caojian	34 311	16 174	662	2.04	80.44	11.37
云龙县白石镇	Baishi	14 055	7 113	3 800	4.98	91.07	10.67
洱源县茈碧湖镇	Cibihu	56 130	25 500	1 090	2.85	90.15	51.67
洱源县邓川镇	Dengchuan	16 420	7 628	1 310	13.40	131.55	27.41
洱源县右所镇	Yousuo	53 850	29 088	592	0.74	51.25	0.93
洱源县三营镇	Sanying	39 417	22 922	991	3.30	79.66	5.07
洱源县凤羽镇	Fengyu	31 949	17 799	60	1.88	59.47	2.50
洱源县乔后镇	Qiaohou	20 746	11 444	187	2.41	68.45	7.23
剑川县金华镇	Jinhua	51 154	21 671	755	4.69	83.08	2.93
剑川县甸南镇	Diannan	32 800	18 155	316	4.27	88.11	3.66
剑川县沙溪镇	Shaxi	22 618	11 924	374	6.19	79.58	9.28
剑川县马登镇	Madeng	21 040	10 315	271	5.23	95.53	16.63
剑川县老君山镇	Laojunshan	16 771	9 467	456	4.77	100.77	13.12

24-2 续表 11 continued

乡镇名称	Schedule of Towns Communities and Subdistrict Offices	总人口(人) Total Population (person)	乡镇从业人员数(人) Number of Employed Persons of Townships and Towns (person)	财政总收入(万元) Government Revenue (10 000 yuan)	万人拥有农业技术人数(人) Number of Technical Personnel Engaged in Agriculture Production per 10 000 Persons (person)	万人拥有教师数(人) Number of Teachers per 10 000 Persons(person)	万人拥有医生数(人) Number of Doctors per 10 000 Persons(person)
鹤庆县云鹤镇	Yunhe	22 215	16 000	2 076	3.60	146.30	79.68
鹤庆县辛屯镇	Xintun	37 067	19 672	267	2.97	67.72	7.28
鹤庆县松桂镇	Shonggui	33 541	17 691	385	4.17	84.37	21.47
鹤庆县黄坪镇	Huangping	35 786	25 850	241	4.47	79.92	5.87
鹤庆县草海镇	Caohai	45 270	23 986	449	3.53	58.76	4.42
鹤庆县西邑镇	Xiyi	14 181	7 525	470	8.46	69.81	33.85
瑞丽市勐卯镇	Mengmao	55 021	38 515	431	4.36	127.04	23.08
瑞丽市畹町镇	Wanding	13 579	8 084	6 496	29.46	110.46	26.51
瑞丽市弄岛镇	Nongdao	12 492	10 269	612	13.61	98.46	7.20
潞西市芒市镇	Mangshi	105 250	72 141	1 253	27.74	99.76	58.15
潞西市遮放镇	Zhefang	52 343	27 795	544	5.35	69.16	6.88
潞西市勐戛镇	Mengga	30 841	15 077	489	6.48	71.33	1.62
潞西市芒海镇	Manghai	5 828	2 945	188	25.74	82.36	6.86
潞西市风平镇	Fengping	62 325	36 463	1 344	9.63	90.17	2.09
梁河县遮岛镇	Zhedao	17 587	4 986	255	3.41	163.76	100.07
梁河县芒东镇	Mangdong	32 518	20 138	407	2.77	96.87	6.77
梁河县勐养镇	Mengyang	17 533	9 459	285	10.84	100.38	11.41
盈江县平原镇	Pingyuan	56 287	39 401	7 572	7.11	155.81	26.29
盈江县旧城镇	Jiuchang	20 988	11 583	323	4.29	105.77	2.86
盈江县那邦镇	Nabang	1 555	885	378	12.86	128.62	77.17
盈江县弄璋镇	Nongzhang	46 477	25 702	479	10.97	77.03	7.10
盈江县盏西镇	Zhanxi	22 235	13 481	283	1.35	92.20	2.70
盈江县卡场镇	Kachang	7 280	3 732	187	6.87	118.13	8.24
盈江县昔马镇	Xima	11 802	4 683	341	4.24	99.14	5.93
盈江县太平镇	Taiping	28 629	13 819	677	6.99	97.80	3.14
陇川县章凤镇	Zhangfeng	42 129	20 927	1 029	5.46	141.00	22.08
陇川县陇把镇	Longba	9 969	4 663	272	11.03	203.63	30.09
陇川县景罕镇	Jinghan	26 462	13 898	306	6.80	100.90	2.27
陇川县城子镇	Chengzi	25 509	11 224	459	8.62	124.27	19.99
泸水县六库镇	Liuku	59 503	24 522	1 627	3.19	138.31	30.25
泸水县鲁掌镇	Luzhang	11 196	6 282	544	8.04	139.34	13.40
泸水县片马镇	Pianma	5 620	4 026	263	8.90	49.82	8.90
福贡县上帕镇	Shangpa	28 173	18 063	452	5.68	111.10	12.07
贡山县茨开镇	Cikai	13 129	7 406	135	6.86	116.54	21.33
兰坪县金顶镇	Jinding	42 053	28 988	950	26.63	157.18	46.61
兰坪县啦井镇	Lajing	15 568	9 385	324	21.20	109.84	8.99
兰坪县营盘镇	Yingpan	35 943	21 489	409	11.13	91.81	14.75
兰坪县通甸镇	Tongdian	22 818	12 323	492	21.91	116.14	15.34
香格里拉县建塘镇	Jiantang	54 616	9 379	820	4.58	100.89	2.93
香格里拉县小中甸镇	Xiaozhongdian	10 121	6 214	255	5.93	77.07	26.68
香格里拉县虎跳峡镇	Hutiaoxia	18 533	12 460	3 752	7.01	130.58	31.30
香格里拉县金江镇	Jinjiang	17 199	7 644	533	7.56	106.40	17.44
德钦县升平镇	Shengping	9 448	4 746	327	4.23	77.27	2.12
德钦县奔子栏镇	Bengzilan	9 453	5 754	428	6.35	126.94	17.98
维西县保和镇	Baohe	14 550	6 865	256	4.81	190.38	59.79
维西县叶枝镇	Yezhi	10 209	6 176	375	12.73	102.85	16.65
维西县塔城镇	Tacheng	15 657	7 974	475	10.86	79.84	12.14

二十五、附　录

Appendix

Chapter 25

云南省2007年国民经济和社会发展统计报告

2007年，在省委、省政府的正确领导下，全省上下认真贯彻党的十六大、十七大和省第八次党代会精神，坚持以科学发展观统领经济社会发展全局，始终突出科学发展、突出和谐建设、突出改善民生，狠抓节能减排工作，努力转变经济增长方式，全省经济社会发展呈现出经济效益良好、增长速度较快、结构协调优化、社会和谐稳定、民生不断改善的新局面。

一、综　合

2007年全省生产总值(GDP)完成4741.31亿元，比上年增长12.5%，增速比上年加快0.6个百分点。其中：第一产业增加值837.35亿元，增长5.5%；第二产业增加值2051.08亿元，增长15.2%；第三产业增加值1852.88亿元，增长12.6%。三次产业结构由上年的18.7:42.8:38.5调整为17.7:43.2:39.1。全省人均GDP达到10540元(按年末汇率折合1443美元)，比上年增长11.7%。非公有制经济创造增加值1773.25亿元，占全省生产总值的比重达37.4%，比上年提高0.9个百分点。

图1　2003-2007年生产总值及其增长速度

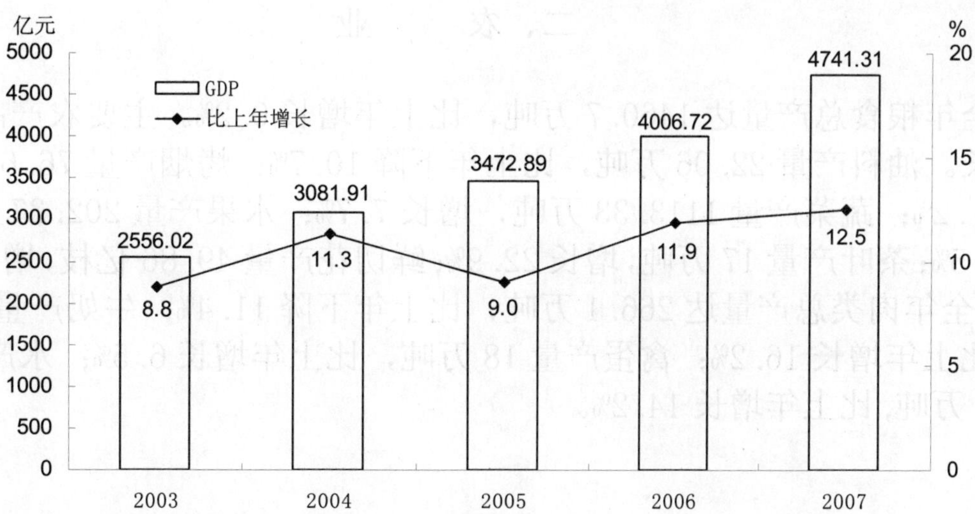

表 1　2007 年居民消费价格比上年涨跌幅度

单位：%

指　标	全省	城市	农村
居民消费价格	5.9	5.9	5.9
食　品	14.1	14.7	13.6
其中：粮食	5.7	6.5	5.3
油脂	31.2	37.2	25.9
肉禽及其制品	32.0	33.1	30.0
#猪肉	49.1	51.6	44.9
鲜蛋	13.2	13.6	12.5
烟酒及用品	2.9	3.3	2.5
衣　着	-2.2	-3.7	-0.3
家庭设备用品及服务	1.7	1.2	2.2
医疗保健及个人用品	5.9	7.0	3.7
交通和通信	-1.4	-2.0	-0.2
娱乐教育文化用品及服务	持平	0.3	-0.3
居　住	4.2	3.1	5.8

全省财政总收入完成 1111.3 亿元，比上年增长 25.3%。地方财政一般预算收入完成 486.7 亿元，比上年增长 28.1%；其中增值税完成 85.72 亿元，增长 27.0%；营业税 112.47 亿元，增长 25.7%；企业所得税 55.51 亿元，增长 34.4%。全省地方一般预算支出完成 1135.22 亿元，比上年增长 27.0%，其中，用于交通运输、教育、科技、医疗卫生、社会保障和就业的支出分别增长 122.3%、14.1%、19.3%、31.1%和 26.9%。

全省积极推进城市化战略，城市化进程进一步加快。年末全省城市化水平达 31.6%，比上年提高 1.1 个百分点。

居民消费价格比上年上涨 5.9%，其中食品价格上涨 14.1%。商品零售价格上涨 4.4%。工业品出厂价格上涨 5.7%。原材料、燃料、动力购进价格上涨 8.2%。固定资产投资价格上涨 4.2%。农业生产资料价格上涨 7.0%。

二、农　　业

全年粮食总产量达 1460.7 万吨，比上年增长 0.2%。主要农产品产量稳定增长。油料产量 22.06 万吨，比上年下降 10.7%；烤烟产量 76.68 万吨，增长 1.2%；蔬菜产量 1113.33 万吨，增长 7.7%；水果产量 202.37 万吨，增长 24.5%；茶叶产量 17 万吨，增长 22.9%；鲜切花产量 49.86 亿枝，增长 25.3%。

全年肉类总产量达 266.1 万吨，比上年下降 11.4%；牛奶产量 42.3 万吨，比上年增长 16.2%；禽蛋产量 18 万吨，比上年增长 6.5%；水产品产量 33.39 万吨，比上年增长 14.2%。

表 2　2007 年主要农产品产量及其增长速度

单位：万吨

产品名称	产　量	比上年增长%
粮食	1460.7	0.2
油料	22.06	-10.7
甘蔗	1491.06	1.4
烤烟	76.68	1.2
蔬菜	1113.33	7.7
水果	202.37	24.5
茶叶	16.99	22.9
橡胶	28.22	6.8
肉类总产量	266.1	-11.4
牛奶	42.30	16.2
水产品产量	33.39	14.2

注：粮食产量和肉类总产量由国家统计局云南调查总队报出。

三、工业和建筑业

全年全部工业完成增加值 1711.78 亿元，比上年增长 17.0%；其中规模以上工业完成增加值 1566.1 亿元，增长 17.5%。在规模以上工业中，轻工业增加值 732.44 亿元，比上年增长 17.9%；重工业增加值 833.66 亿元，增长 16.5%。

图 2　2003-2007 年工业增加值及其增长速度

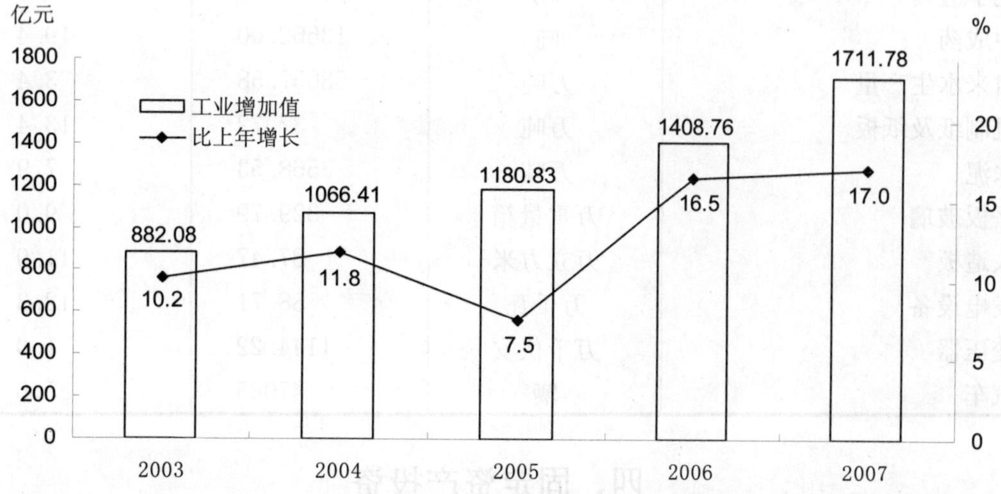

主要能源、原材料生产平稳较快增长。全年原煤产量 7755.19 万吨，比上年增长 5.7%；发电量 904.51 亿千瓦小时，增长 20.0%；粗钢产量 883.85 万吨，增长 39.1%；钢材产量 789.99 万吨，增长 34.3%；十种有色金属产量 233.77 万吨，增长 13.0%；水泥产量 3568.53 万吨，增长 7.9%。

全年全社会建筑业完成增加值 339.3 亿元，比上年增长 6.9%。全省具有资质的建筑业企业完成总产值 763.32 亿元，比上年增长 13.4%；实现利润 26.65 亿元，增长 43.7%；上缴税金 30.52 亿元，增长 11.8%。

表 3　2007 年主要工业产品产量及其增长速度

产品名称	单　位	产量	比上年增长%
原煤	万吨	7755.19	5.7
发电量	亿千瓦小时	904.51	20.0
其中：水电	亿千瓦小时	430.96	21.1
火电	亿千瓦小时	473.55	19.0
铁矿石原矿量	万吨	1847.94	21.9
粗钢	万吨	883.85	39.1
钢材	万吨	789.99	34.3
十种有色金属	万吨	233.77	13.0
其中：铜	万吨	40.17	8.5
原铝	万吨	57.87	24.3
硫酸（折 100%）	万吨	805.49	15.9
烧碱（折 100%）	万吨	14.49	75.4
化肥（折 100%）	万吨	317.64	4.1
卷烟	万箱	670.26	3.4
成品糖	万吨	188.04	34.0
精制茶叶	万吨	10.74	17.1
化学医药	吨	3198.05	114.1
中成药	吨	13662.00	19.4
自来水生产量	万吨	58657.58	3.4
机制纸及纸板	万吨	37.72	13.4
水泥	万吨	3568.53	7.9
平板玻璃	万重量箱	329.79	9.0
人造板	万立方米	87.47	11.0
发电设备	万千瓦	88.71	12.3
变压器	万千伏安	1144.22	1.0
汽车	辆	47085	25.6

四、固定资产投资

2007 年全社会固定资产投资规模达到 2798.89 亿元，比上年增长 26.1%。分城乡看，城镇投资完成 2443.79 亿元，增长 22.1%；农村投资 355.1 亿元，增长 62.4%。

全年房地产开发投资完成 422.86 亿元，比上年增长 27.3%，其中，商品住宅投资 320.46 亿元，增长 34.2%。全省商品房屋施工面积 4302 万平方米，增长 29.5%；竣工面积 1017 万平方米，下降 12.3%。商品房屋销售面积 1974 万平方米，增长 16.6%，商品房屋销售额 483.93 亿元，增长 20.1%。

图 3　2003-2007 年全社会固定资产投资及其增长速度

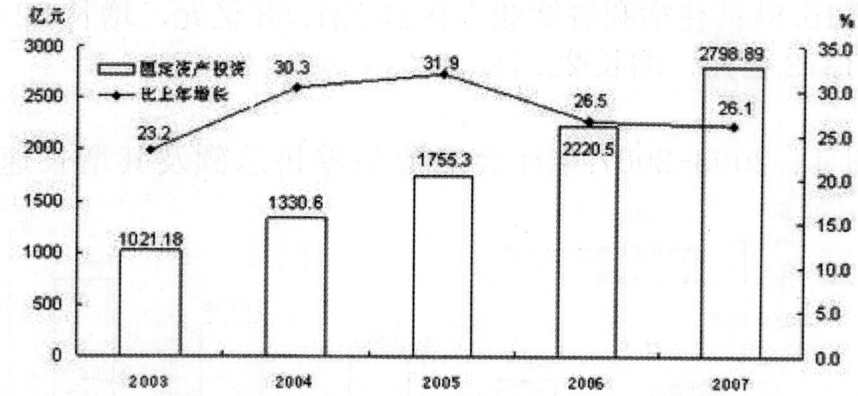

分三次产业看，第一产业投资 72.19 亿元，增长 10.5%；第二产业投资 997.47 亿元，增长 24.9%；第三产业投资 1729.23 亿元，增长 27.5%。

表 4　2007 年分行业全社会固定资产投资及其增长速度

单位：亿元

行　　业	投资额	比上年增长%
总　　计	2798.89	26.1
农、林、牧、渔业	72.19	10.5
采矿业	128.33	46.0
制造业	318.24	34.3
电力、燃气及水的生产和供应业	531.99	12.8
交通运输、仓储和邮政业	409.95	2.0
信息传输、计算机服务和软件业	54.67	14.7
批发和零售业	39.24	19.8
住宿和餐饮业	22.11	30.5
金融业	4.22	-0.9
房地产业	516.94	36.3
科学研究、技术服务和地质勘察业	12.86	498.1
水利、环境和公共设施管理业	198.06	4.9
居民服务和其他服务业	3.48	-23.2
教育	59.25	24.9
卫生、社会保障和社会福利业	17.65	41.9
文化、体育和娱乐业	24.54	56.1
公共管理和社会组织	149.43	97.9

五、国内贸易和对外经济

全年实现社会消费品零售总额1394.54亿元，比上年增长17.3%。分地域看，城市实现消费品零售额771.32亿元，增长18.3%；县及县以下实现消费品零售额623.23亿元，增长16.1%。分行业看，批发和零售业零售额1070.94亿元，增长15.8%；住宿和餐饮业零售额231.88亿元，增长22.4%；其他行业零售额91.72亿元，增长22.4%。

图4　2003-2007年社会消费品零售总额及其增长速度

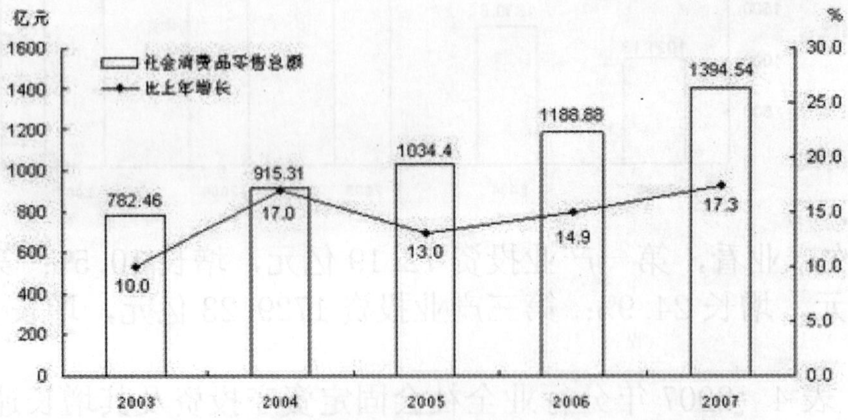

注：2004年社会消费品零售总额为第一次经济普查数。

在限额以上批发和零售业行业中，粮油类零售额比上年增长38.7%，肉禽蛋类零售额增长11.9%，汽车类零售额比上年增长11.8%，文化办公用品类零售额增长32.2%，通讯器材类零售额增长1倍，家用电器和音像器材类零售额增长32.8%，建筑及装潢材料类零售额增长37.0%，家具类零售额增长83.9%，中西药品类零售额增长24.5%，化妆品类零售额增长8.4%，金银珠宝类增长1.5倍。

全年外贸进出口总额完成87.8亿美元，比上年增长41.0%。其中出口完成47.36亿美元，比上年增长39.6%，进口完成40.44亿美元，比上年增长42.4%。全年对亚洲出口36.3亿美元，增长36.6%；对欧盟出口4.22亿美元，增长25.2%；对东盟出口21.75亿美元，增长32.5%；对非洲出口0.66亿美元，增长66.2%。

全年共批准利用外资项目170个，合同外资9.66亿美元，比上年增长21.1%，实际外商直接投资3.95亿美元，比上年增长30.5%。

六、交通、邮电和旅游

全年交通运输邮政仓储业增加值为196.06亿元，比上年增长13.3%。

交通运输业稳步发展。全年各种运输方式完成货物周转量770.96亿吨公里，比上年增长11.4%。其中，铁路314.23亿吨公里，增长13.4%；公路450.82亿吨公里，增长10.1%；航空1.31亿吨公里，下降0.8%；水运4.59

亿吨公里，增长8.8%。旅客周转量393.4亿人公里，比上年增长8.6%。其中，铁路52.63亿人公里，增长11.5 %；公路265.8亿人公里，增长7.3 %；航空73.76亿人公里，增长11.3 %；水运1.21亿人公里，增长3.4%。

邮电通信业快速发展。全省邮电业务总量469.35亿元,比上年增长39.0%；其中邮政业务总量11.1亿元，增长11.8%；电信业务总量457.46亿元，增长39.6%。全省年末局用交换机总容量为420万门，比上年下降1.1%。固定电话普及率达14.09部/百人。年末全省固定电话减少用户17万户，达627.2万户，比上年下降2.6%；移动电话新增用户278.4万户，达到1346.4万户，增长26.1%。

旅游业“二次创业”成效明显。全年接待海外入境旅客(包括口岸入境一日游)458.36万人次，比上年增长16.2%，实现旅游外汇收入8.6亿美元，比上年增长30.6%。全年接待国内游客8986.15万人次，比上年增长16.4 %；实现国内旅游收入494.74亿元，比上年增长10.7%；全省实现旅游业总收入559.21亿元，比上年增长12.6%。

七、金融、保险和证券

年末金融机构人民币存款余额达7170.87亿元，比年初增加1041.17亿元,增长17.0%,其中居民储蓄存款余额3046.4亿元，比年初增加191.69亿元。年末全省金融机构人民币各项贷款余额达5671.66亿元，比年初增加868.16亿元，增长18.1%。其中，短期贷款余额2125.16亿元，比年初增加236.11亿元；中长期贷款余额3363.25亿元，比年初增加634.98亿元。

全年保险公司保险保费收入111.86亿元，比上年增长17.4%。其中，财产险保费收入48.14亿元，增长36.6%；寿险保费收入50.26亿元，增长4.7%；意外伤害险保费收入6.07亿元，增长18.3%；健康险保费收入7.39亿元，增长6.6%。全年保险赔付额47.75亿元，比上年增长65.3%。其中，财产险赔付额23.16亿元，增长34.3%；寿险赔付额18.53亿元，增长193.2%；健康险赔付额 3.61亿元，增长5.9%；意外伤害险陪付额2.45亿元，增长27.6%。

全年云南企业通过证券市场发行、配售股票共筹集资金91.31亿元，比上年增加52.32亿元。罗平锌电、绿大地两家公司成功上市。年末全省共有上市公司26家，总股份99.46亿股；总市值3482亿元，比上年增加2757亿元。

八、教育和科学技术

全年普通高等学校，招生9.92万人，比上年增长3.7%；在校学生30.21万人，比上年增长12.7%；毕业生6.61万人，比上年增长18.5%。各类中等职业教育招生15.65万人，在校生38.27万人，毕业生9.58万人。普通高中招生20.33万人，在校生57.64万人，毕业生15.33万人。初中招生68.26万人，在校生194.12万人，毕业生60.88万人。普通小学招生75.46万人，在校生453.31万人，毕业生71.46万人。幼儿园在园幼儿86.31万人。小学学龄儿童入学率达97.6%，小学毕业生升学率达96.2%。高等教育毛入学率达14.6%，高中阶段教育毛入学率达45.7%。全面落实“两免一补”政策，投入经费19.6亿元，享受免杂费、免教科书费的学生分别达到611万人和602万人。

全年科学研究与试验发展(R&D)经费支出22.14亿元，增长5.0%，占GDP的比重达0.47%，比上年下降0.06个百分点。全年省部级以上科技成果648项，其中基础理论成果32项，应用技术成果556项，软科学成果60项。已建立国家级高新技术开发区1个，省级高新技术开发区3个。专利申请3108件，获专利授权2139件；签订技术合同869项，成交金额达14.3亿元。

九、文化、卫生和体育

年末全省共有各种艺术表演团体126个，文化馆148个，公共图书馆149个，博物馆36个。全省广播、电视人口覆盖率分别达到92.65%和94.02%。中、短波广播发射台和转播台56座，广播电台15座，电视台17座，有线电视用户404万户。全年出版各类报纸5.59亿份，各类期刊2793万册，图书15962万册（张）。

年末全省共有卫生机构9693个，医院668个；卫生机构拥有床位数11.9万张，卫生技术人员12.37万人；其中，医生5.66万人。疾病预防控制机构152个，卫生技术人员6202人；专科防治机构30个，卫生技术人员532人；妇幼保健院（所、站）148个，卫生技术人员4778人。截至2007年末全省农村卫生服务体系项目竣工700个。

全年云南运动员在国际比赛中获金、银、铜牌3枚；在全国比赛中获金、银、铜牌43枚。群众体育蓬勃开展。

十、资源、生态环境和安全生产

年末全省共有各级环境监测站91个，环境监测人员1146人。全年完成限期治理项目3531个，项目总投资4.77亿元；烟尘控制区19个，环境噪声达标区15个。城市污水处理率为50.86%。工业废水排放达标率为90.51%；工业固体废物结合利用率42.67%；分别上年提高1.35个和1.71个百分点。全年二氧化硫（SO2）排放总量53.37万吨，化学需氧量（COD）排放总量29万吨，分别比上年下降3.14%和1.36%，完成了省政府确定的年度污染减排目标。

全年共完成造林478.83万亩。本年新增封山育林面积136.5万亩，年末实有封山育林面积达2184.3万亩，全省森林覆盖率达到49.91%。全年完成水土流失治理面积2480平方公里。年末全省共有自然保护区176个，其中国家级自然保护区16个，省级自然保护区45个。自然保护区面积288.33万公顷，其中国家级自然保护区面积 14.36 万公顷，省级自然保护区面积 85.68 万公顷。

全年水资源总量 2255.52 亿立方米，比上年增加 33.4%；人均水资源 4996 立方米，增加 30.3%。全年平均降水量 1293 毫米，增加 17.5%。年末全省水利工程蓄水总量 68 亿立方米，比上年末增长 1%。全年总用水量 150.03 亿立方米，比上年增加 3.6%。万元生产总值用水量 313 立方米，比上年下降 14.4%。万元工业增加值用水量 115 立方米，下降 15.1%。全省人均用水量为 333.5 立方米，比上年增加 2.0%。

全年能源消费总量 7173.26 万吨标准煤(等价热值，下同)，较上年增长 8.02%，增幅较上年下降 2.4 个百分点。单位 GDP 能耗为 1.641 吨标准煤/万元，(按 2005 年可比价计算，下同)比上年下降 3.98%。全年共实现节能量 296.76 万吨标准煤。全省规模以上工业万元增加值能耗为 3.156 吨标准煤，较上年同比下降 7.11%。全年全社会用电量为 745.52 亿千瓦时，较上年增长 15.5%。全省单位 GDP 电耗为 1704.7 千瓦时/万元，比上年上升 2.64%。

全年生产安全事故死亡人数为 3027 人，比上年下降 15.7%。亿元 GDP 生产安全事故死亡人数为 0.64 人，下降 28.6%；工矿商贸企业(不含煤矿)生产安全事故死亡人数为 386 人，下降 17.0%；煤矿百万吨死亡人数为 2.58 人，下降 33.8%。全年共发生道路交通事故 5425 起，造成 2323 人死亡、6248 人受伤，直接财产损失 2213 万元；道路交通事故万车死亡人数为 4.99 人，下降 30.9%。

十一、人口、劳动就业、社会保障与人民生活

2007 年全省人口出生率为 13.08‰，死亡率为 6.22‰，自然增长率为 6.86‰，比上年下降 0.04 个千分点。年末全省总人口为 4514 万人，比上年末增加 31 万人。其中，城镇人口 1426.4 万人，乡村人口 3087.6 万人。

全年领取《再就业优惠证》的下岗失业人员实现就业 8.7 万人。城镇新增就业人数 21.89 万人。年末全省城镇实有登记失业人数 14.02 万人，城镇登记失业率 4.18%。

全年城镇居民人均可支配收入为 11496 元，扣除价格上涨因素，比上年实际增长 7.8%；城镇居民人均消费性支出 7922 元，比上年增长 7.3%。全省职工年平均工资 20481 元，比上年增长 9.5 %。农民人均纯收入达到 2634 元，扣除价格上涨因素，比上年实际增长 10.1%；农民人均生活消费支出 2637.2 元，比上年增长 20.1%。城镇居民家庭恩格尔系数为 45.0%，农村居民家庭恩格尔系数为 46.5%。按当年人均纯收入低于 785 元的农村绝对贫困标准，年末农村绝对贫困人口为 196.5 万人，比上年净减少 31.9 万人；按当年人均纯收入 786—1067 元的农村低收入贫困标准，年末农村低收入人口为 400 万人，比上年净减少 42.4 万人。

图 5　2003-2007 年城镇居民人均可支配收入及其增长速度

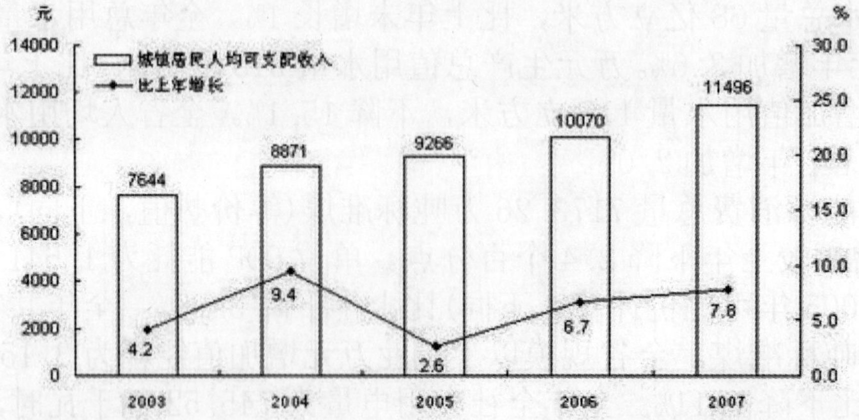

年末全省各类收养性社会福利单位床位 2.02 万张，全年收养各类人员 1.6 万人。城镇建设各种社区服务设施 37 个。全年销售社会福利彩票 18.7 亿元，筹集社会福利资金 6.9 亿元，接受社会捐赠 12833.8 万元。

图 6　2003-2007 年农村居民人均纯收入及其增长速度

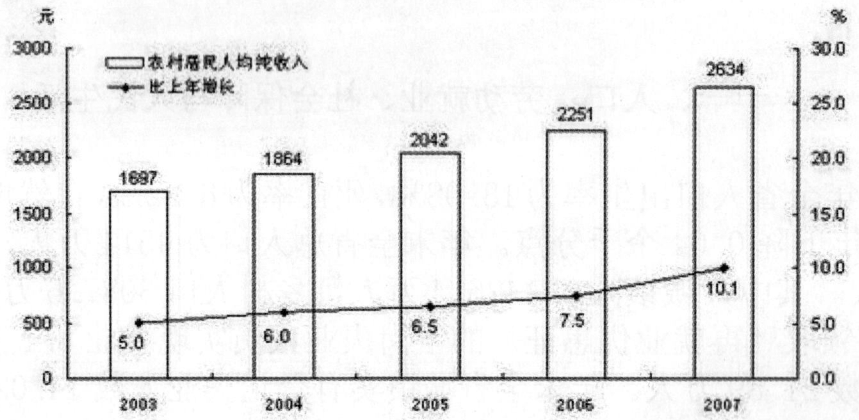

年末全省参加基本养老保险人数 279.35 万人，其中参保职工 191.75 万人，参保离退休人员 87.61 万人。全省参加失业保险人数为 190 万人，比上年末增加 0.64 万人。全省参加城镇居民基本医疗保险人数为 345.81 万人。参加农村养老保险的人数为 139.66 万人，比上年末增加 0.41 万人；参加新型农村合作医疗的农民为 3100.65 万人，参合率达 86.14%，比上年提高 1.15 个百分点。新型农村合作医疗基金累计支出总额为 18.64 亿元，累计受益 6900 万人次。全省享受城市最低生活保障的居民为 79.3 万人，比上年增加 6.3 万人；享受农村最低生活保障的农民为 250.1 万人，比上年增加 235.3 万人。

注释：

1、本报告中数据以中国统计出版社出版的2008年版《云南统计年鉴》为准。

2、生产总值、三次产业增加值的绝对值按现价计算，增长速度按可比价计算。

3、恩格尔系数是指居民食品消费支出占家庭消费总支出的比重。

4、规模以上工业企业是指年主营业务收入500 万元及以上独立核算工业企业。

5、城镇居民人均可支配收入和农村居民人均纯收入的增长速度为扣除价格因素影响后的实际增速。

6、涉及物价、城乡居民收支、城乡居民家庭恩格尔系数、贫困人口、粮食总产量、畜牧业产量的相关指标由国家统计局云南调查总队提供。

Statistical Report of National Economic and Social Development of Yunnan Province on 2007

In 2007, under the correct leadership of Yunnan Provincial Committee of the Communist Party and The People's Government of Yunnan Province, the governments and organizations of each level in Yunnan province conscientiously implemented the spirit of the 16th,17th CPC Central Committee and the 8th Yunnan Congress of CPC, guiding the overall development of the society and the economy by the Scientific Outlook on Development, gave prominence to scientific development, harmonious construction and improving people's lives all the time, worked hard on saving energy and reducing emissions, made efforts on changing the pattern of economic increase. A new situation was displayed all of that the economic performance well, growth rapidly, economic structure optimized, society taken on harmonious and steady and people's living standards improved continuously in the whole province of economic and social development.

I. General Outlook

In 2007, the gross domestic product (GDP) of Yunnan was 474.13 billion yuan, up by 12.5 percent over the previous year. The growth was 0.6 percentage points higher over the previous year. The value added of the primary industry was 83.74 billion yuan, up by 5.5 percent, that of the secondary industry was 205.11 billion yuan, up by 15.2 percent and the tertiary industry was 185.29 billion yuan, up by 12.6 percent. The value added of the primary industry, secondary industry and the tertiary industry accounted for 17.7 percent, 43.2 percent and 39.1 percent respectively of the GDP, which was18.7 percent,42.8 percent,38.5 percent respectively in the previous year. Per capita GDP of Yunnan was 10,540 yuan （1443 us dollars converted by the year-end exchange rate）, up by 11.7 percent. The value added of non-public sector of the economy was 177.3 billion yuan, which accounted for 37.4 percent of the GDP, and 0.9 percentage point higher over the previous year.

Figure 1: Gross Domestic Product and Its Growth, 2003-2007

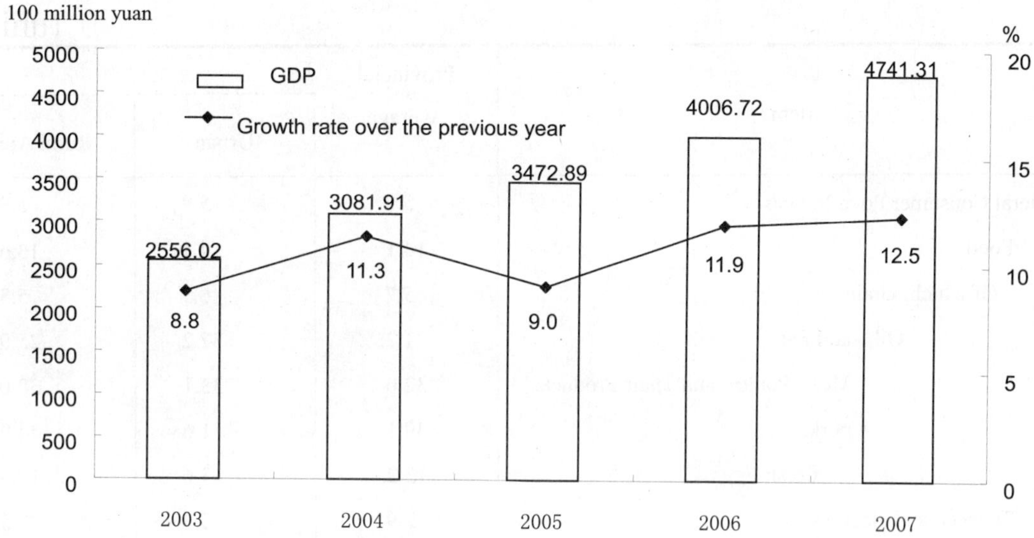

Yunnan provincial government revenue was 111.1 billion yuan, up by 25.3 percent. The local government revenue (general budget) was 48.67 billion yuan, up by 28.1 percent, Of the total, value added tax was 8.57 billion yuan, up by 27.0 percent, business tax was 11.25 billion yuan, up by 25.7percent, enterprises' income tax was 5.56 billion yuan, up by 34.4 percent. The local expenditure (general budget) was 113.52 billion yuan, up by 27.0 percent , of which, the amount of expenditures on traffic, education, science and technology, medical care and public health, social security and employment was 122.3 percent,14.1 percent,19.3 percent,31.3 percent and 26.9 percent respectively.

Yunnan energetically promoted the strategy of urbanization and further accelerated the course of urbanization. At the end of 2007, the level of urbanization reached 31.6 percent with 1.1 percentage point up over the previous year.

The general level of consumer price in Yunnan went up by 5.9 percent over the previous year. Of this total, The price of food went up by 14.1percent.The retail price of commodities went up by 4.4 percent. The producer price for manufactured goods went up by 5.7 percent. The purchasing prices for raw materials, fuels and power went up by 8.2 percent. The price for investment in fixed assets went up by 4.2 percent. The price of means of agricultural went up by 7.0 percent.

Table 1: Change in Consumer Prices in 2007 over 2006

(unit %)

Item	Provincial Average	Urban	Rural Areas
General Consumer Price Indices	5.9	5.9	5.9
Food	14.1	14.7	13.6
Of which: Grain	5.7	6.5	5.3
Oil and Fat	31.2	37.2	25.9
Meat, Poultry and Their Products	32.0	33.1	30.0
# pork	49.1	51.6	44.9
Fresh Eggs	13.2	13.6	12.5
Tobacco and alcohols	2.9	3.3	2.5
Clothing	-2.2	-3.7	-0.3
Household appliances and services	1.7	1.2	2.2
Medical, health and Personal Articles	5.9	7.0	3.7
Transportation and Communication	-1.4	-2.0	-0.2
Recreational, Educational , Cultural and Services	0.0	0.3	-0.3
Housing	4.2	3.1	5.8

II. Agriculture

In 2007, the total output of grain reached 14.61 million tons, up by 0.2 percent over the previous year. The total output of Major Farm Products has increased stably, and that of oil-bearing crops was 220.6 thousand tons, down by 10.7 percent, that of flue-cured tobacco was 766.8 thousand tons, up by 1.2 percent, that of vegetables was 11.13 million tons, up by 7.7 percent, that of fruits was 2.02 million tons, up by 24.5 percent, that of tea was 169.9 thousand tons, up by 22.9 percent, and that of cut flowers was 4.99 billion branches, up by 25.3 percent.

The total output of meat for the year reached 2.66 million tons, down by 11.4 percent over the previous year. The total output of milk was 423 thousand tons, up by 16.2 percent over the previous year. The total output of poultry eggs reached 180 thousand tons, up by 6.5 percent over the previous year. The total output of aquatic products was 334 thousand tons, up by 14.2 percent over the previous year.

Table 2: Output of Major Farm Products and the Growth Rates in 2007

Unit:10,000 tons

Item	Output	Increase over 2006 (%)
Grain	1460.7	0.2
Oil-bearing crops	22.06	-10.7
Sugarcane	1491.06	1.4
Cured tobacco	76.68	1.2
Vegetables	1113.33	7.7
Fruits	202.37	24.5
Tea	16.99	22.9
Rubber	28.22	6.8
Meat	266.1	-11.4
Milk	42.30	16.2
Aquatic products	33.39	14.2

Note: The data of output of grain and meat was adjusted by agricultural census.

III. Industry and Construction

In 2007, the total value added of the industrial sector was171.18 billion yuan, up by 17.0 percent over the previous year. The value added of industrial enterprises above the designated size was 156.61 billion yuan, up by 17.5 percent over the previous year, of the sum, the value added of light industry was 73.24 billion yuan, up by 17.9 percent, and the value added of heavy industry was 83.37 billion yuan, up by 16.5 percent.

Figure 2: Industrial Value Added and Its Growth, 2003-2007

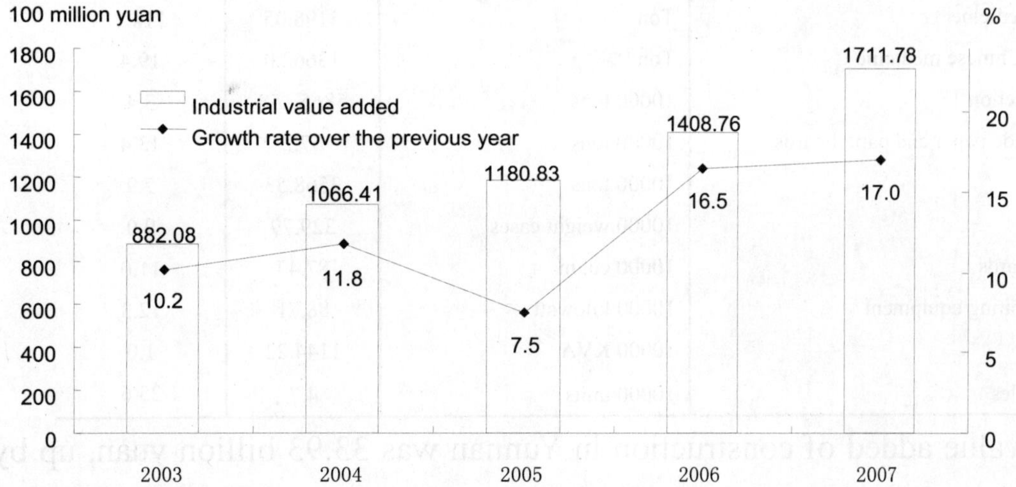

Output of main energy and raw materials went up rapidly on an even keel. In 2007, the output of coal was 77.55 million tons, up by 5.7 percent over the previous year. The electricity generated in the whole year was 90.45 billion kilowatt-hours, up by 20.0 percent. The output of crude steel was 8.84 million tons, up by 39.1 percent. The output of rolled steel was 7.90 million tons, up by 34.3 percent. The production of 10 kinds of nonferrous metals was 2.34 million tons, up by 13.0 percent. The output of cement was 35.69 million tons, up by 7.9 percent over the previous year.

Table 3: Output of Major Industrial Products and the Growth Rates in 2007

Product	Unit	Output	Increase over 2006 (%)
Coal	10000 tons	7755.19	5.7
Electricity	100 million kilowatt-hours	904.51	20.0
Of which: Hydro-power	100 million kilowatt-hours	430.96	21.1
Thermal-power Hydro-power	100 million kilowatt-hours	473.55	19.0
Final iron ores products	10000 tons	1847.94	21.9
Crude steel	10000 tons	883.85	39.1
Rolled steel	10000 tons	789.99	34.3
Ten kinds of nonferrous metals	10000 tons	233.77	13.0
Of which: Cuprum Primary aluminum	10000 tons	40.17	8.5
	10000 tons	57.87	24.3
Sulfuric acid (100 percent equivalent)	10000 tons	805.49	15.9
Caustic soda (100 percent equivalent)	10000 tons	14.49	75.4
Chemical fertilizers (100 percent equivalent)	10000 tons	317.64	4.1
Cigarettes	10000 cases	670.26	3.4
Sugar (final product)	10000 tons	188.04	34.0
Refined Tea	10000 tons	10.74	17.1
Chemical medicine	Ton	3198.05	114.1
Traditional Chinese medicine	Ton	13662.0	19.4
Water production	10000 tons	58657.58	3.4
Machine-made paper and paperboards	10000 tons	37.2	13.4
Cement	10000 tons	3568.53	7.9
Plate glass	10000 weight cases	329.79	9.0
Artificial boards	10000 cu. m	87.47	11.0
Power generating equipment	10000 kilowatt	88.71	12.3
Transformer	10000 KVA	1144.22	1.0
Motor vehicles	10000 units	4.7	25.6

In 2007, the value added of construction in Yunnan was 33.93 billion yuan, up by 6.9 percent over the previous year. The value added of qualified construction enterprises reached 76.33 billion yuan, up by 13.4 percent over the previous year. The profits made by construction enterprises reached 2.67 billion yuan, up by 43.7 percent, and the revenue reached 3.05 billion yuan, up by 11.8 percent.

IV. Investment in Fixed Assets

The completed investment in fixed assets of Yunnan in 2007 was 279.89 billion yuan, up by 26.1 percent over the previous year. Of the total investment, in terms of investment in different areas, that in urban area was 244.38 billion yuan, up by 22.1 percent, and in rural area was 35.51 billion yuan, up by 62.4 percent.

Figure 3: Investment in Fixed Assets and Its Growth, 2003-2007

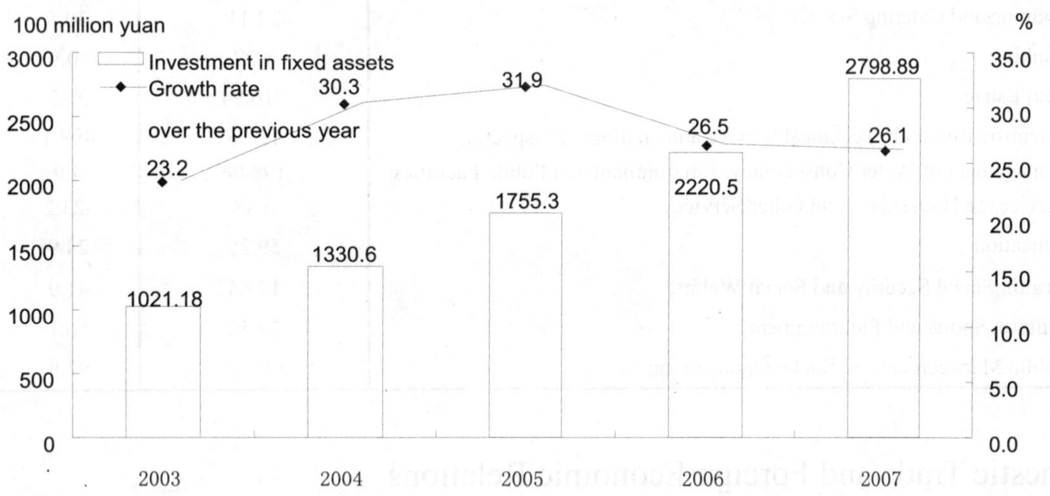

In terms of investment in different industry, the investment in the primary industry was 7.22 billion yuan, up by 10.5 percent; that in the secondary industry was 99.75 billion yuan, up by 24.9 percent; and that in the tertiary industry was 172.92 billion yuan, up by 27.5 percent.

In 2007, the investment in real estate development was 42.29 billion yuan, up by 27.3 percent over the previous year. Of this total, the investment in commercial buildings reached 32.05 billion yuan, an increase of 34.2 percent. The constructing floor space of commercial buildings reached 43.02 million square meters, up by 29.5 percent. The completed floor space of commercial buildings reached 10.17 million square meters, down by 12.3 percent. The sold floor space of commercial buildings was 19.74 million square meters, up by 16.6 percent. The total sales of commercial buildings reached 48.39 billion yuan, up by 20.1 percent.

Table 4: Fixed Assets Investment in Yunnan and Its Growth Rates by Sector in 2007

Unit: 100 million yuan

Sector	Investment	Increase over 2006 (%)
Total	2798.29	26.1
Agriculture, Forestry, Animal Husbandry and Fishing	72.19	10.5
Mining	128.33	46.0
Manufacturing	318.24	34.3
Production and Supply of Electricity, Gas and Water	531.99	12.8
Transport, Storage and Post	409.95	2.0
Information, Transmission, Computer Services and Software	54.67	14.7
Wholesale and Retail Trade	39.24	19.8
Lodging and Catering Services	22.11	30.5
Banking	4.22	-0.9
Real Estate	516.94	36.3
Scientific Research, Technical Service and Geologic Prospecting	12.86	498.1
Management of Water Conservancy, Environment and Public Facilities	198.06	4.9
Services to Households and Other Services	3.48	-23.2
Education	59.25	24.9
Health, Social Security and Social Welfare	17.65	41.9
Culture, Sports and Entertainment	24.54	56.1
Public Management and Social Organization	149.43	97.9

V. Domestic Trade and Foreign Economic Relations

In 2007, the total retail sales of consumer goods reached 139.45 billion yuan, up by 17.3 percent over the previous year. In terms of different areas, the retail sales of consumer goods in cities reached 77.13 billion yuan, up by 18.3 percent and the retail sales of consumer goods at and below county level was 62.32 billion yuan, up by 16.1 percent. In terms of different sectors, the sales of the wholesale and retail industry reached 107.10 billion yuan, up 15.8 percent; the sales of the lodging and catering industry was 23.19 billion yuan, up by 22.4 percent, and the sales of the other industries was 9.17 billion yuan, up by 22.4 percent.

In the total retail sales by wholesale and retail enterprises above designated size, the retail sales of grain and oil-bearing crops was up by 38.7 percent, that of meat, poultry and eggs was up by 11.9 percent, vehicles was up by 11.8 percent, cultural and office goods was up by 32.2, telecommunication equipment was up by 1.0 times, electric and electronic appliances for household use and audio-video equipment was up by 32.8 percent, building and decoration materials up by 37.0 percent than that of the previous year, furniture was up 83.9 percent, the drug of traditional Chinese medicine and Western medicine was up by 24.5 percent ,cosmetics was up by 8.4 percent, and gold, silver and jewelry was up by 1.5 times than that of the previous year.

Figure 4: Total Retail Sales of Consumer Goods and Its Growth, 2003-2007

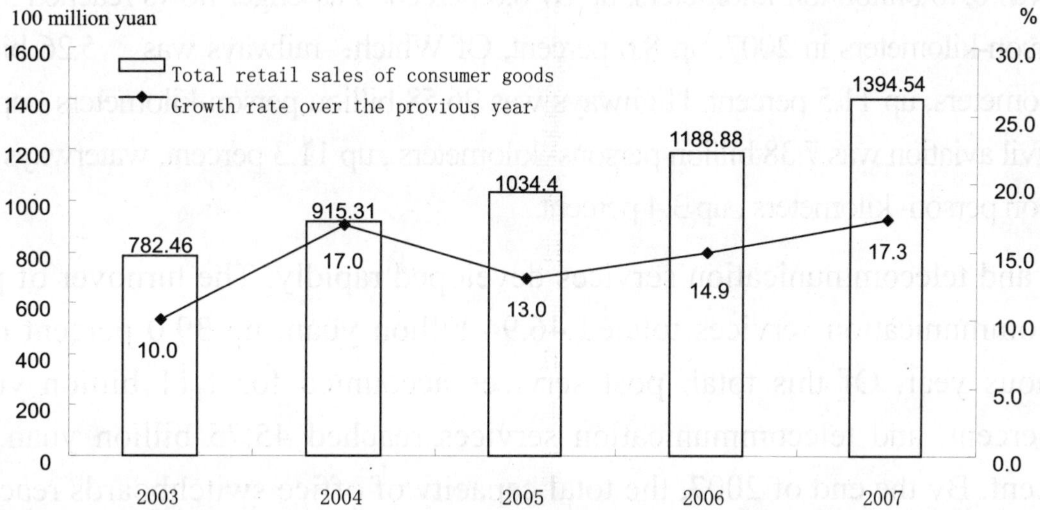

Note: The total retail sales of consumer goods in 2004 was from the data of the 1st economic census.

The total value of imports and exports in 2007 reached 8.78 billion US dollars, up by 41.0 percent over the previous year. Of this total, the value of exports was 4.74 billion US dollars, up by 39.6 percent, and the value of imports was 4.04 billion US dollars, up by 42.4 percent. Total value of exports from Yunnan to Asia was 36.3 billion US dollars, up by 36.6 percent, the exports to European Union was 0.42 billion US dollars, up by 25.2 percent, the exports to ASEAN was 2.18 billion US dollars, up by 32.5 percent, the exports to Africa was 66 million US dollars, up by 66.2 percent over the previous year.

In 2007, 170 projects of utilizing foreign capital were ratified. The total amount of contracted foreign capital was 0.966 billion US dollars, up by 21.1 percent over the previous year. The total amount of foreign capital that was actually utilized reached 0.395 billion US dollars, up by 30.5 percent.

VI. Transportation, Post, Telecommunications and Tourism

The value added of the transportation, storage, post and telecommunication sectors reached 19.61 billion yuan in 2007, up 13.3 percent over the previous year.

The transportation industry increased steadily. Freight turnover by all means of transportation reached 77.10 billion ton-kilometers in 2007, up 11.4 percent over the previous year. Of which: Railways turnover was 31.42 billion ton-kilometers, up by 13.4 percent, highways turnover was 45.08 billion ton-kilometers, up by 10.1 percent, civil aviation turnover was 0.131 billion ton-kilometers, down by 0.8 percent, Waterways turnover was 0.46 billion ton-kilometers, up by 8.8 percent. Passenger flows reached 39.34 billion person-kilometers in 2007, up 8.6 percent, Of Which：railways was 5.26 billion person-kilometers, up 11.5 percent, Highways was 26.58 billion person-kilometers , up 7.3 percent, civil aviation was 7.38 billion persons- kilometers , up 11.3 percent, waterways was 0.121 billion person- kilometers , up 3.4 percent.

The post and telecommunication services developed rapidly. The turnover of post and telecommunication services totaled 46.94 billion yuan, up 39.0 percent over the previous year. Of this total, post services accounted for 1.11 billion yuan, up11.8 percent, and telecommunication services reached 45.75 billion yuan, up 39.6 percent. By the end of 2007, the total capacity of office switchboards reached 4.20 million lines, down by 1.1 percent. On average, fixed telephone coverage is 14.09 sets per 100 local persons. Newly reduced number of fixed telephone users was 0.17 million at the end of 2007, and total number of the users reached 6.27 million, down by 2.6 percent over the previous year. Newly increased number of mobile phone users was 2.78 million in 2007. The number of mobile phone users was 13.46 million by the end of 2007, up 26.1 percent over the previous year.

Tourism showed achievement in “the second carving out”. In 2007, the number of international tourists including Chinese compatriots from Hong Kong, Macao and Taiwan totaled 4.58 million person-times（It’s included inbound visitors to China only one day）, up by 16.2 percent. Foreign exchange earnings from international tourism totaled 0.86 billion US dollars, up 30.6 percent over the previous year. the number of domestic l tourists was 89.86 million, up by 16.4 percent. The tourism earning Of all the inbound visitors totaled 49.47 billion yuan, up by 10.7 percent over previous year, that of Yunnan totaled 55.92 billion yuan, up 12.6 percent over the previous year.

VII. Banking, Insurance and Securities

The balance of savings deposit in Renminbi in all items in financial institutions totaled 717.09 billion yuan at the end of 2007, an increase of 104.12 billion yuan over the beginning of 2007, up by 17.0 percent, Of which: The balance of savings deposit by the urban and rural households was 304.64 billion yuan, an increase of 19.17 billion yuan over the beginning of 2007. Loans in Renminbi in all items in financial institutions reached 567.17 billion yuan, an increase of 86.82 billion yuan over the beginning of 2007, up by 18.1 percent. Of which: The balance of short-term loans was 212.52 billion yuan, an increase of 23.61 billion yuan over the beginning of 2007,the balance of medium and long-term loans was 336.33 billion yuan, An increase of 63.50 billion yuan over the beginning of 2007.

Total of various premium incomes from Insurance companies reached 11.19 billion yuan in 2007, up by 17.4 percent over the previous year. Of which: premium incomes from property insurance was 4.81 billion yuan, up by 36.6 percent, Premium incomes from life insurance was 5.03 billion yuan, up by 4.7 percent, Premium incomes from unforeseen human injury insurance was 0.61 billion yuan, up by 18.3 percent, Premium incomes from health insurance was 0.74 billion yuan, up by 6.6 percent. Total of various insurance indemnities payments reached 4.78 billion yuan in 2007, up by 65.3 percent over the previous year. Of which: that of property insurance was 2.32 billion yuan, up by 34.3 percent, that of life insurance was 1.85 billion yuan, up by 193.2 percent, that of health insurance was 0.36 billion yuan, up by 5.9 percent, that of unforeseen human injury insurance was 0.25 billion yuan, up 27.6 percent.

In 2007,the funds rose by the enterprises of Yunnan reached 9.13 billion yuan through issuing stocks and share rights ,an increase of 5.23 billion yuan over the previous year. Both Yunnan luoping Zinc & Electricity Co., Ltd and Yunnan Green-land Biological Technology Co. Ltd issued A-shares successfully. There were 26 listed companies by the end of 2007, representing 9.95 billion shares, the market value reached 348.2 billion yuan, an increase of 275.7 billion over the previous year.

VIII. Education, Science and Technology

In 2007,the number of new entrants in the regular institution of higher education was 0.10 million students, up by 3.7 percent over the previous year, and the number of enrollment was 0.31 million students, up by 12.7 percent over the previous year. The number of graduates was 66.1 thousand students, up by 18.5 percent over the previous year. In vocational secondary education of all types, the number of new entrants was 156.5 thousand students, that of enrollment was 38.27 thousand students, and the number of graduates was 95.8 thousand students. In regular senior secondary schools, the number of new entrants was 203.3 thousand students, that of enrollment was 576.4 thousand students, and the number of graduates was 153.3 thousand students. In regular junior secondary schools, the number of new entrants was 682.6 thousand students that of enrollment was 1.94 million students, graduates was 608.8 thousand students. In regular primary school, the number of new entrants was 754.6 thousand students, that of enrollment was 4.53 million students, and graduates was 714.6 thousand students. Kindergartens accommodated 863.1 thousand children. Enrollment rate of school-age children was 97.6 percent in primary school. In primary school graduates, the proportion of entering into junior secondary schools was 96.2 percent. The gross enrolment rate of higher education was 14.6 percent, and that of regular senior secondary school was 45.7 percent. The policy of "to grant exemption from incidental fee ,schoolbook expense and to provide allowance for the rural students in compulsory education period" was carried out all over the province, funds invested reached 1.96 billion, number of students who got exemption from incidental fee and schoolbook expenses reached 6.11 million and 6.02 million respectively.

The amount of expenditures on research and development activities (R&D) was 2214 million yuan in 2007, up by 5.0 percent, and the proportion of that in GDP was 0.47 percent, down by 0.66 percent. 648 scientific research outcomes at and above provincial or ministerial level were achieved, of the total, there were 32 fundamental theory research items, 556 applied research items 60 soft science items. One development zone of high technology of national level, 3 of provincial level have been established. Number of patent application reached 3108 items, and number of patented items reached 2139 items. A total of 869 technology transfer contracts were signed, representing 1.43 billion yuan.

Ⅸ. Culture, Public Health and Sports

At the end of 2007, Yunnan has 126 art performance troupes, 148 culture centers, 149 public libraries and 36 museums. Radio broadcasting and television broadcasting coverage rates reached 92.65 percent and 94.02 percent respectively. The province has 56 medium & short wave radio transmission stations and relay stations, 15 radio broadcasting stations and 17 TV stations. Number of wire-television users reached 4.04 million. A total of 27.93 million copies of magazines and 0.559 billion pieces newspaper were issued, and159.62 million copies of books published.

By the end of 2007, there were 9.69 thousand health institutions in Yunnan, including 668 general hospitals, possessing 119 thousand beds and 123.7 thousand medical technical staff, including 56.6 thousand doctors. The province has 152 CDCs, 6202 medical technical staff, 30 technical CDCs, and 532 medical technical staff, 148 Maternity and child-care units, and 4778 medical technical staff. By the end of 2007, the number of rural health center service system that have already completed reached 700 units.

In 2007, the total number of golden, silver and bronze medals that Yunnan's athletes won in international games reached 3, Total number of golden, silver and bronze medals won in national games reached 43. The amateur sports activities were carried out vigorously.

X.Resources, Environment and Work Safety

By the end of 2007, the number of station for environmental monitoring in all levels were 91, the number of environmental monitoring staff was 1146. In 2007, the number of projects that must be rectified within deadlines was 3531, and the projects have been completed with the total investment of 477 million. Yunnan province has 19 smog and dust control area, 15 qualified areas in disposal and noise control. City sewage treatment rate was 50.86 percent .The rate of qualified industrial enterprises in waste water disposal was 90.51 percent, and that of utilizing solid wastes in industrial sectors was 42.67 percent, increased 1.35 and 1.71 percent over the previous year respectively. In 2007, the quantity of sulfur dioxide emissions was 53.37 thousand tons, the total quantity of the emission of chemical oxygen demand was 290 thousand tons, increased 3.14 and 1.36 percent over the previous year.

In 2007,319.22 thousand hectares of forest were planted by manpower. Newly increased mountain area where the mountains were set apart for forestry reached 91 hectares. By the end of 2007, the actual mountain area where the mountains were set apart for forestry reached 1456.2 thousand hectares. The province's forest coverage rate reaches 49.26 percent. The soil erosion management area that has been completed reached 2480 square kilometers in the year. By the end of 2007, Yunnan province has 176 natural conservations, 16 national level nature protection areas, 45 provincial level natural conservations. Natural protection area was 2.88 million hectares, in the total, that of national level was 0.14 million hectares, that of provincial level was 0.86 million hectares. The key projects in the management to the pollution of nine plateau lakes ran in order, the worsening tendency of the water obtained preliminary containment.

The total stock of water resources in 2007 was 225.56 billion cubic meters, up by 33.4 percent, or 4996 cubic meters in per capita terms, up by 30.5 percent. The annual average precipitation was 1293 millimeters, up by 17.5 percent. Volume of water conservancy stored 6.8 billion cubic meters of water at the end of 2007, up 1% than that at the end of 2006. Total water consumption rose by 3.6 percent to reach 15.00 billion cubic meters. Water consumption for every 10 thousand yuan worth of GDP produced was 313 cubic meters, a decline of 14.4 percent. Water consumption for every 10 thousand yuan worth of industrial value added was 115 cubic meters, down by 15.1 percent. Per capita water consumption was 333.5 cubic meters, rose by 2.0 percent than that at the end of 2006.

The total energy consumption in 2007 amounted to 71.73 million tons of standard coal equivalent(calculated with energy conversion standard, as its thereinafter), up by 8.0 percent, and the amplitude velocity of growth was down by 2.4 percentage points than that in 2006. The energy consumption for every 10 thousand yuan worth of GDP was 1.64 tons of standard coal equivalent(calculated at comparable prices of 2005, as its thereinafter)，down by 3.98 percent .In 2007, the amount of energy conservation in Yunnan province was 2.97 million tons of standard coal equivalent，Energy consumption for every 10 thousand yuan worth of value added of industrial enterprises above the designated size was 3.16 tons of standard coal equivalents, down by 7.11 percent over that in 2006.The total electric power consumption of Yunnan province in 2007 amounted to 74.55 billion kilowatt hours, up 15.5 percent. The electric power consumption for every 10 thousand yuan worth of GDP was 1577.9 thousand kilowatt hours, up by 2.6 percent.

The death toll due to work accidents amounted to 3027 people, a year-on-year decrease of 15.7 percent. The death toll from work accidents every 100 million yuan worth of GDP was 0.64 persons, a decline of 28.6 percent. The deaths of work accidents in industrial and commercial enterprises (non including mining enterprises) was 386, down 17.0 percent. The death toll for producing one million tons of coal in coal mines was 2.58 persons, down 33.8 percent. The year 2007 witnessed 5425 traffic accidents, claiming 2323 lives, injuring 6248 people and causing a direct property loss of 22.13 million yuan. The death toll per ten thousand vehicles was 4.99 persons, down by 30.9 percent.

XI. Population, Labor employment, Social Security and Living Conditions

In 2007, the birth rate of the province was 13.08 per thousand, the death rate was 6.22 per thousand, and the natural growth rate was 6.86 per thousand, a decrease of 0.004 percent. At the end of 2007, the population of the province was 45.14 million, an increasing of 0.31 million compare with the end of the previous year, of the total, the urban population was 14.26 million, the rural population was 30.87 million.

In 2007, there are 87 thousand people got re-employment who received "privilege certificate for re-employment". Number of newly increased employed people was 218.9 thousand in the year. At the end of the year, number of the registered urban unemployed persons was 140.2 thousand. The registered urban unemployed rate was 4.18 percent.

Figure 5 Per Capita Annual Disposable Income of Urban Residents and its growth 2003-2007

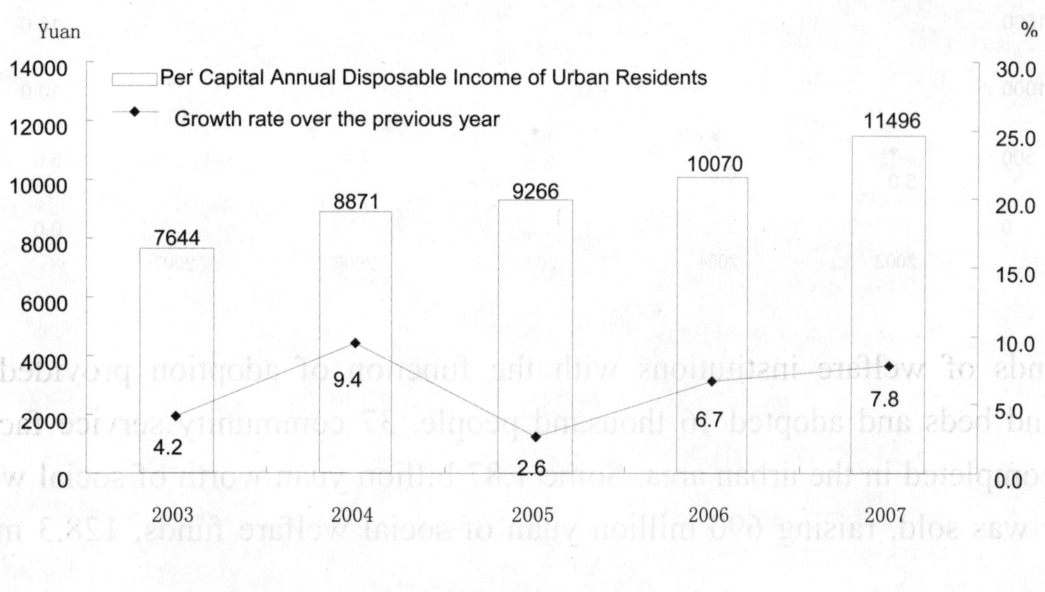

The disposable income of the urban residents was 11496 yuan, increased 7.8 percent after the deduction of the price rising. The per capita consumption expenditure of the urban residents was 7922 yuan, an increase of 7.3 percent over the previous year. The average wage of staff and workers in the province was 20481 yuan, an increase of 9.5 percent. The average net income of farmers was 2634 yuan, increased 10.1 percent over the previous year. The per capita consumption expenditure of the farmers was 2637.2 yuan, an increase of 20.1 percent. The Engel coefficient (that is the proportion of the resident family's expenditure on food consumption in the whole household consumption's expenditure) of the urban residents was 45 percent, that of rural residents was 46.5 percent. By the standard of the absolute poverty level in the rural area, which means the annual per capita net income was lower than 785 yuan, the number of absolute poverty population totaled 1.97 million at the end of 2007, an decrease of 0.32 million over the previous year. By the standard of low income poverty level, which means the annual per capita net income was between 786 yuan and 1067 yuan, the low income population was 4 million in the rural area at the end of the year, an decrease of 0.42 million over the previous year.

Figure 6 Per Capita Annual Net Income of Rural Residents 2003-2007

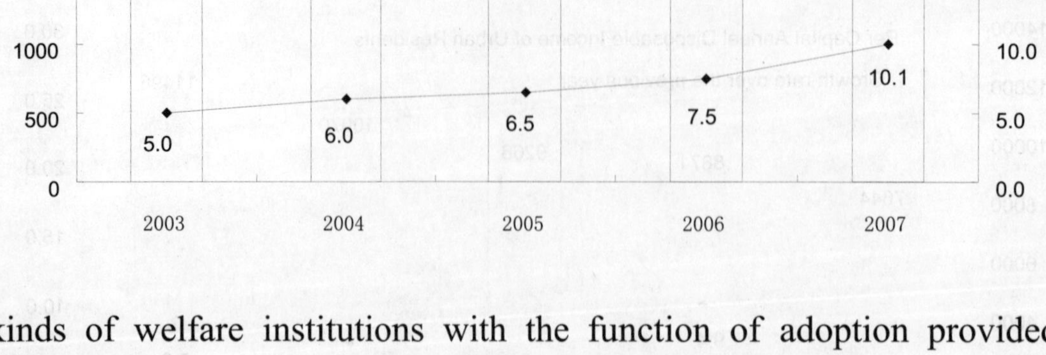

All kinds of welfare institutions with the function of adoption provided 20.2 thousand beds and adopted 16 thousand people. 37 community service facilities were completed in the urban area. Some 1.87 billion yuan worth of social welfare lottery was sold, raising 690 million yuan of social welfare funds, 128.3 million yuan was received from social donation.

At the end of 2007, 2.79 million people participated in basic pension programs, of this total, 1.92 million were staff and workers, and 0.87 million were retirees. About 1.90 million people participated in unemployment insurance programs, an increase of 6.4 thousands people over the previous year. Number of people in the urban area who been participated medical care insurance reached 3.45 million, that in the rural was 1.40 million, an increase of 4.1 thousands people over the previous year. There were 31 million farmers who been participated the new-style cooperative medical care system in rural areas, and the participating rate of new-style cooperative medical care system in rural areas reached 86.14 percent, an increase of 1.15 percent. The total expenditure of new-style cooperative medical care system was 1.86 billion yuan, and the total number of people who got benefit from the new-style cooperative medical care system was 69 million. Number of residents who got the guarantee of minimum standard of living in urban area reached 793 thousand, increased 63 thousand people; Number of farmers who got the guarantee of minimum standard of living in rural area reached 2501 thousand, increased 2353 thousand people.

Notes:

1.All figures in this report are ststistical date take as 《Ynnan Statistical Yearbook》(2008) from published by China Statistics Press.

2. Gross domestic product (GDP) and value added quoted in this Communiqué are calculated at current prices, whereas their growth rates are at comparable prices.

3. The Engel coefficient is the proportion of expenditure on food to the total expenditure of households.

4. Industrial enterprises above designated size refer to industrial enterprises with dependent accounting systems and with an annual sales income of over 5 million yuan.

5. The growth rate of both per capita disposable income of urban residents and per capita annual net income of rural residents are real growth rate after the deduction of the price rising.

6.The items that related with price, income and expenditure of the residents in both urban and rural areas, total ouput of grain, output of animal husbandry were provided by the survey office of Natioval Bureau of statistics in Yannan.

中国统计出版社最新资料书简目

（仅供参考，以最后出书为准）

中国统计年鉴-2008
中国统计摘要-2008
国际统计年鉴-2008
2008中国发展报告
中国区域经济统计年鉴-2008
长江和珠江三角洲及港澳特别行政区统计年鉴-2008
中国社会统计年鉴-2008
中国第三产业统计年鉴-2008
中国城市统计年鉴-2007
中国劳动统计年鉴-2008
中国人口和就业统计年鉴-2008
中国工业经济统计年鉴-2008
中国建筑业统计年鉴-2008
中国房地产统计年鉴-2008
中国城市(镇)生活与价格年鉴-2008
中国商品交易市场统计年鉴-2008
中国零售和餐饮业连锁经营统计年鉴-2008
中国能源统计年鉴-2008
全国农产品成本收益资料汇编-2008
中国贸易外经统计年鉴-2008
中国基本单位统计年鉴-2008
中国民政统计年鉴-2008
中国农村统计年鉴-2008
中国农村住户调查年鉴-2008(中文)
中国农村住户调查年鉴-2008(英文)
中国县(市)社会经济调查年鉴-2008
中国农产品价格调查年鉴-2008
中国经济普查年鉴-2004
中国百强县(市)发展年鉴-2008
中国教育经费统计年鉴-2007
中国农村全面建设小康监测报告-2008
中国农村贫困监测报告-2008
中国国内生产总值核算历史资料（1952-2004）
中国季度国内生产总值核算历史资料(1992-2005)
中国高技术产业统计年鉴-2008
中国科学技术协会统计年鉴-2008
工业企业科技活动资料-2008
中国棉花年鉴-2006/2007
2004年经济普查年鉴系列
2005年中国1%人口抽样调查系列资料
第二次全国残疾人抽样调查资料系列
北京统计年鉴-2008
天津统计年鉴-2008
河北经济年鉴-2008
山西统计年鉴-2008
内蒙古统计年鉴-2008
辽宁统计年鉴-2008
吉林统计年鉴-2008

黑龙江统计表年鉴—2008
上海统计年鉴—2008
江苏统计年鉴—2008
浙江统计年鉴—2008
安徽统计年鉴—2008
福建统计年鉴—2008
江西统计年鉴—2008
山东统计年鉴—2008
河南统计年鉴—2008
湖北统计年鉴—2008
湖南统计年鉴—2008
广东统计年鉴—2008
广西统计年鉴—2008
海南统计年鉴—2008
重庆统计年鉴—2008
四川统计年鉴—2008
贵州统计年鉴—2008
云南统计年鉴—2008
西藏统计年鉴—2008
陕西统计年鉴—2008
甘肃年鉴—2008
青海统计年鉴—2008
宁夏统计年鉴—2008
新疆统计年鉴—2008
新疆生产建设兵团统计年鉴—2008
石家庄统计年鉴—2008
唐山统计年鉴—2008
邯郸统计年鉴—2008
呼和浩特经济统计年鉴—2008
包头统计年鉴—2008
沈阳年鉴—2008
大连统计年鉴—2008
长春统计年鉴—2008
吉林市社会经济统计年鉴—2008
四平统计年鉴—2008
延吉统计年鉴—2008
哈尔滨统计年鉴—2008
齐齐哈尔经济统计年鉴—2008
黑龙江垦区统计年鉴—2008
上海浦东新区统计年鉴—2008
苏州统计年鉴—2008
无锡统计年鉴—2008
常州统计年鉴—2008
徐州统计年鉴—2008
南通统计年鉴—2008
盐城统计年鉴—2008
镇江统计年鉴—2008
江阴统计年鉴—2008
丹阳统计年鉴—2008

杭州统计年鉴—2008
宁波统计年鉴—2008
绍兴统计年鉴—2008
台州统计年鉴—2008
舟山统计年鉴—2008
温州统计年鉴—2008
金华统计年鉴—2008
嘉兴统计年鉴—2008
湖州统计年鉴—2008
衢州统计年鉴—2008
安庆统计年鉴—2008
福州统计年鉴—2008
福州经济技术开发区年鉴—2008
厦门经济特区年鉴—2008
南昌统计年鉴—2008
上饶经济社会统计年鉴—2008
九江统计年鉴—2008
济南统计年鉴—2008
青岛统计年鉴—2008
潍坊统计年鉴—2008
东营统计年鉴—2008
郑州统计年鉴—2008
洛阳统计年鉴—2008
三门峡统计年鉴—2008
南阳统计年鉴—2008
武汉统计年鉴—2008
宜昌统计年鉴—2008
十堰统计年鉴—2008
荆州统计年鉴—2008
黄冈统计年鉴—2008
长沙统计年鉴—2008
广州统计年鉴—2008
东莞统计年鉴—2008
惠州统计年鉴—2008
深圳统计年鉴—2008
桂林经济社会统计年鉴—2008
南宁统计年鉴—2008
柳州经济统计年鉴—2008
来宾市统计年鉴—2008
河池统计年鉴—2008
海口统计年鉴—2008
成都统计年鉴—2008
贵阳统计年鉴—2008
昆明统计年鉴—2008
西安统计年鉴—2008
庆阳年鉴—2008
银川统计年鉴—2008
乌鲁木齐统计年鉴—2008
吐鲁番统计年鉴—2008

欲购以上图书请与中国统计出版社发行部联系
电　　话：(010)63376907，63376908　　同椙行书店电话：68783171，68783172
通讯地址：北京市西城区三里河月坛南街57号　　邮政编码：100826